象山年鉴

（2021）

象山县地方志编纂委员会　编

方志出版社
Publishing House of Local Records

图书在版编目(CIP)数据

象山年鉴. 2021 / 象山县地方志编纂委员会编. --
北京:方志出版社,2021. 11
ISBN 978-7-5144-4884-9

Ⅰ. ①象… Ⅱ. ①象… Ⅲ. ①象山县—2021—年鉴
Ⅳ. ①Z525. 54

中国版本图书馆 CIP 数据核字(2021)第 275701 号

象山年鉴(2021)

编　　者:象山县地方志编纂委员会
责任编辑:罗　滔

出 版 者:方志出版社
地址　北京市朝阳区潘家园东里 9 号(国家方志馆 4 层)
邮编　100021
网址　http://www. zgfzcb. cn
发　　行:方志出版社图书营销中心
电话(010)67110500
经　　销:各地新华书店
印　　刷:福州印团网印刷有限公司

开　　本:889×1194　　1/16
印　　张:38. 25
字　　数:1478 千字
版　　次:2021 年 12 月第 1 版　　2021 年 12 月第 1 次印刷
印　　数:001～600 册

ISBN　978-7-5144-4884-9　　　　定价:128. 00 元

象山县地方志编纂委员会

名誉主任　包朝阳

主　　任　李晓东

副 主 任　胡颖磊

象山县地方志编纂委员会办公室

主　　任　周明峰

副 主 任　吴家唯

《象山年鉴(2021)》编辑部

主　　编　吴家唯

副 主 编　沈学东

编　　辑(以姓氏笔画为序)

　　　　厉　攀　白炎根　史复明　张利民　邵　鹏

摄　　影　陈洪杰

编 辑 说 明

一、《象山年鉴》以马克思列宁主义、毛泽东思想、邓小平理论、“三个代表”重要思想、科学发展观、习近平新时代中国特色社会主义思想为指导，坚持辩证唯物主义和历史唯物主义的立场、观点和方法，真实、全面、准确地反映象山县年度历史。

二、《象山年鉴(2021)》(以下简称本年鉴)是《象山年鉴》的第15卷本，记载时限为2020年1月1日至2020年12月31日。

三、本年鉴由地图、照片、大事记、特载、专记、正文等组成。正文采用分类编辑法。设置类目、分目、条目三个层次的框架，并以条目为独立主题信息的主要载体。编排次序根据年鉴的基本体例、行业归类的特点以及读者的阅读需求和习惯确定。

四、本年鉴使用规范的语体文记述。采用统计公报公布的数据。统计公报未作统计的，以有关业务部门所供为据。

五、本年鉴数字用法、标点符号、计量单位分别执行国家标准《出版物上数字用法》(GB/T 15835—2011)、《标点符号用法》(GB/T 15834—2011)、《国际单位制及其应用》(GB 3100—1993)和《有关量、单位、符号的一般原则》(GB 3101—1993)。考虑到社会使用习惯，全书中亩不统一换算。

六、本年鉴所载文字资料，由象山县各有关职能部门提供，并经各级领导审核。所用图片，由有关单位和个人提供。

◎ 5月9日，象山县十八届人大四次会议开幕

◎ 5月8日，政协第十届象山县委员会第四次会议开幕

◎ 5月27日，潘银浩任中共象山县委书记

◎ 5月10日，包朝阳（右）当选为象山县人民政府县长

◎ 3月12日，象山县获评省首批实施乡村振兴战略优秀单位

◎ 12月21日，定塘镇入选美丽城镇省级样板

◎ 象山县入列全市首个省大花园示范县建设单位

◎ 象山县入列第四批全国农村综合改革标准化试点

◎ 3月10日，象山县入选全国村庄清洁行动先进县。图为茅洋乡溪东村

◎ 象山县第三次获浙江省“五水共治”“大禹鼎”奖

◎ 象山县入列第四批全国农村综合改革标准化试点

◎ 3月8日，象山县农村宅基地“三权分置”入选浙江省改革创新最佳实践案例。图为鹤浦镇小白丈村

◎ 3月13日，象山县入选省首批文旅产业融合试验区培育名单。图为花岙盐场

◎ 9月15日，“石浦一冷”变身国字号海洋渔文化馆

◎ 6月16日，墙头镇方家岙村入选全国乡村旅游重点村

◎ 10月21日，石浦镇入选首批省职工疗休养基地

◎ 象山清廉乡村建设获评全国“十佳”。图为东陈乡上周村

◎ 象山县上榜2020中国县域旅游综合竞争力百强县市

◎ 泗洲头镇墩岙村入选2019年中国美丽休闲乡村

◎ 1月3日，“俏倾橙”红美人上榜中国农产品百强标志性品牌

◎ 象山“大白鹅扶贫”项目入选全国“携手奔小康”典型案例

◎ 11月15日，“中国第一棵红美人”在晓塘乡晓塘村揭牌

◎ 1月8日，涂茨镇旭拱岙村获称全国乡村治理示范村

◎ 8月18日，殷夫公园水生态修复项目全部完工

◎ 12月10日，石浦镇东门岛生态绿道及滨海栈道工程通过竣工验收

◎ 6月1日，青草巷特色街区对外开放

◎ 9月23日，石浦番西渔港上榜国家“定点”名单

◎ 3月5日，丹西街道仇家山村、墙头镇方家岙村、泗洲头镇后王村、西周镇儒雅洋村、晓塘乡青山头村、石浦镇下金鸡村、新桥镇板岭村入围国家林业和草原局公布两批国家森林乡村的名单。图为晓塘乡青山头村

◎ 1月17日，贤庠镇成功创建省级森林城镇

◎ 12月3日，象山万达广场正式开业运营

◎ 3月5日，象山县21个重大项目集中开工

◎ 象山政实小学开工建设

◎ 9月17日，象山县老城更新改造一期项目开建

◎ 中心城区主干道　靖南大街改造工程动工

◎ 4 月 16 日，沿海南线石浦镇海宁路至白云路段拓宽改建工程动工

◎ 12 月 31 日，石浦高速雄姿初显。石浦高速连接线公路工程进入施工高峰期

◎ 中心城区环城西路工程加速推进

◎ 机械科学研究总院南方中心一期项目动建

◎ 5月13日，石浦高速连接线牛头山隧道双向全线贯通

◎ 6月24日，石浦高速连接线竹岩洞连拱隧道贯通

◎ 松兰山西翅膀栈道工程动建

◎ 8月7日，大目湾城市综合广场工程主体封顶

◎ 6月18日，大目湾游仙桥竣工

◎ 12月31日，象山县海岸线整治修复项目通过验收。图为大佳何至西周岸段

◎ 大目湾乐惠啤酒文化广场项目一期工程结顶

◎ 7月28日，滨海水厂二期正式通水

◎ 花岙岛蓝色海湾生态修复工程接近尾声

◎ 新东大河贯通

◎ 国电象山1号海上风电场（一期）工程项目开工建设

◎ 9月30日，宁波舟山港象山港港区大中庄通用码头工程通过交工验收

◎ 亚帆道路工程快速推进

◎ 7月13日，鹤浦镇双湾至大文沙公路开工建设

◎ 4月16日，象山县崇站港水域渔船防台避风锚地完成升级扩建

◎ 8月28日，象山县制造业高质量发展大会召开

◎ 1月9日，华宇食品研发项目获教育部科技进步一等奖

◎ 4月20日，象山县成立首家医用口罩生产企业宁波薇爱达医疗器械有限公司

◎ 浙江林氏汽车零部件有限公司实施“机器换人”助企提质增效

◎ 浙江大唐乌沙山发电有限责任公司斥资 2 亿元建造全封闭煤场

◎ 锦浪科技建造第二生产基地项目

◎ 宁波乐惠国际工程装备股份有限公司高 39 米厂房投产

◎ 宁波日星铸业有限公司建成国内最大的风电铸件生产基地

◎ 3月26日，象山县涂茨镇旭拱岙村、茅洋乡溪东村、黄避岙乡高泥村、定塘镇叶口山村、丹西街道上吴村入选省农村引领型社区。图为定塘镇叶口山村

◎ 1月3—5日，第二届象山农博会举行

◎ 3月25日，象山大白鹅在仙居县安新家

◎ 1月12日，“甬红柑橘”获国家绿色食品认证

◎ 1月20日，茅洋乡白岩下村举办众筹旅游项目分红仪式，派发310万元“压岁钱”（夏　雨　摄）

◎ 9月22日，宁波大学—象山县乡村振兴设计研究中心在象山县涂茨镇黄沙村揭牌

◎ 1月20日，定塘镇荣获“浙江省小城镇环境综合整治突出贡献集体”称号

◎ 晓塘乡青山头村变身体育特色景区村

◎ 1月10日，涂茨镇创建美丽庭院。图为汤岙村

◎ 茅洋乡管溪水闸工程动建

◎ 全县农贸市场改造提升。图为新桥镇东溪村农贸市场

◎ 象山县成功创建浙江省农业“机器换人”示范县。图为贤庠镇亚春农场

◎ 6月1日，首批环保新型网箱在黄避岙乡西沪港凤凰礁水域下水投用

◎ 3 月 10 日，东站—大徐—牛岙公交线路开通试运行

◎ 1 月 16 日，黄避岙乡客运站投入试营运

◎ 1 月 20 日，丹大线产业区至大徐段改建工程正式通车

◎ 2 月 21 日，来薰路（洋心段）三标工程建设

◎ 3 月 16 日和 4 月 10 日，“浙象农渡 101”轮和“浙象农渡 102”轮先后投入营运

◎ 5 月 22 日，高塘岛乡石三线至杏八农村公路通过竣工验收

◎ 高塘交通管理站设立

◎ 10 月 30 日，40 项民生实事工程提前完成。图为农村港湾式停靠站

◎ 三角地至高泥公路获评“市美丽公路走廊”

◎ 黄避岙乡龙屿景区村建设开启全域旅游“村时代”

◎ 泗洲头镇金家岙村龙溪峡谷漂流项目动建

◎ 象山获评首批省 3A 级景区城。图为墙头镇溪里方村

◎ 定塘镇中坭村打造灵岩火山峰登山游园景区

◎ 松兰山游客服务中心项目动建

◎ 10月20日，南铂黄避呑度假酒店项目开工动建

◎ 6月27日，五彩渔镇端午开市

◎ 11 月 22 日，“中化膜产业杯”2020 象山大目湾半程马拉松赛在大目湾新城开跑

◎ 7 月 5 日，“东海新城·亚帆启航”迎亚运（2020）第三届大目湾自行车环城赛

◎ 8 月 11 日，2020 年浙江省少年儿童田径冠军赛开幕　　（蒋曼儒　摄）

◎ 9 月 20 日，大目湾“最美海岸线—太极迎亚运”活动展演

◎ 10 月 14 日，2020 年浙江省青少年沙滩排球冠军赛在大目湾中心广场人工沙滩开赛（蒋曼儒　摄）

◎ 5月20日，2020宁波市全民健身季暨“美丽乡村健身行”在墙头镇方家岙村启动（蒋曼儒　摄）

◎ 5月20日，爵溪街道获评“浙江省文化强镇”

◎ 7月17日，定塘镇非遗文化街区开街

◎ 6月12日，象山县非物质文化遗产馆开馆

◎ 12月17日，塔山遗址公园标志性建筑初立

◎ 8月22日，“中国乡贤文化之乡”创建

◎ 5月6日，象山影视学院开学　（蒋曼儒　摄）

◎ 1月17日，象山县首个省级特色食品作坊园区运营

◎ 4月3日，象山影视学院一期工程建成交付

◎ 11月25日，象山县委书记潘银浩（右）会见全国先进工作者陈淑芳（左）

◎ 12月22日，第七届“最美象山人”颁奖典礼
（周 科 摄）

◎ 6月10—11日，象山县纪念殷夫诞辰110周年学术研讨会召开

◎ 7月29日，张苍水诞辰400周年纪念座谈会

◎ 10月15日，《象山县志》出版发行

◎ 1月22日，全县开展新型冠状病毒疫情防控工作

◎ 1月25日，象山县确诊新型冠状病毒感染的肺炎1例，全县启动重大公共突发卫生事件一级响应

◎ 1月27日，村庄街道小区实行封闭管理

◎ 2月27日，市民购买口罩

◎ 受疫情影响，2909名考生于7月7日参加高考

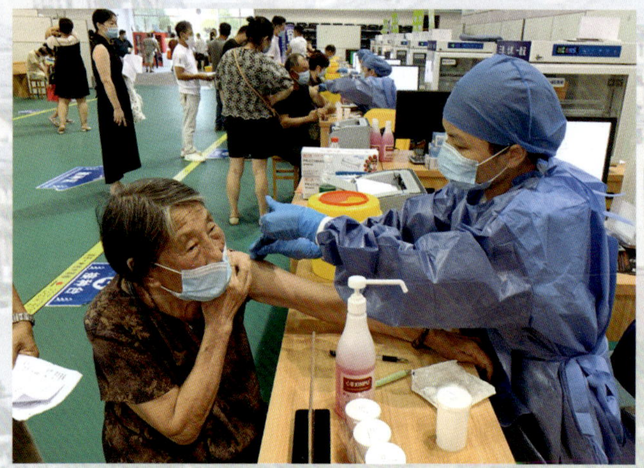

◎ 12月31日，重点人群接种新冠疫苗

◎ 11月13日，县领导为省级抗疫先进个人及集体颁奖

◎ 1月2日，象山县消防救援大队挂牌成立

◎ 1月6日，大目湾人民法庭开庭

◎ 6月11日，象山县饮用水水源地环境保护站成立

◎ 全县城乡供水抗旱Ⅱ级应急响应。11月23日起，水务集团在全县范围内实施计划性限时供水，分时段、分区域限供居民用水，缓解城乡供水压力

◎ 7月30日，大徐镇村民捕获眼镜蛇
（摘自今日象山）

◎ 7月1日，贤庠镇村民发现国家级保护动物狗獾
（摘自今日象山）

◎ 5月9日，韭山列岛再现“国保”欧亚水獭
（摘自今日象山）

◎ 12月30日，“霸王级”寒潮来袭，山区最低气温降至 -8℃

◎ 12月15日，雪后初霁、美如仙境

象山县地图
鄞州区
奉化市
宁海县
舟山市
台州市
北仑区
六横岛
象山县
丹东街道
丹西街道
爵溪街道
西周镇
墙头镇
茅洋乡
泗洲头镇
新桥镇
定塘镇
晓塘乡
石浦镇
鹤浦镇
高塘岛乡
南田岛
花岙岛
檀头山岛
韭山、渔山列岛
图例
县人民政府驻地
乡（镇）政府 街道办事处 驻地
行政村
自然村
河流、水库
水 渠
堤
码头、航线
隧 道
桥 梁
山体及山峰
国家2A及以上景区
其他景区
设区市界
县（市、区）界
乡（镇、街道）界
铁 路
高速编号及出入口
在建或拟建高速公路
省道编号
建成一级公路
在建一级公路
建成二级公路
在建二级公路
其他公路
城区道路
在建道路
规划道路
象山县地图
浙江省工程勘察院
象山县规划测绘与地理信息局
编制
地图审核号：浙甬S（2018）15号
编制日期：2018年6月
（本图界线不作为划界依据，基础地理底图资料由浙江省测绘与地理信息局提供）

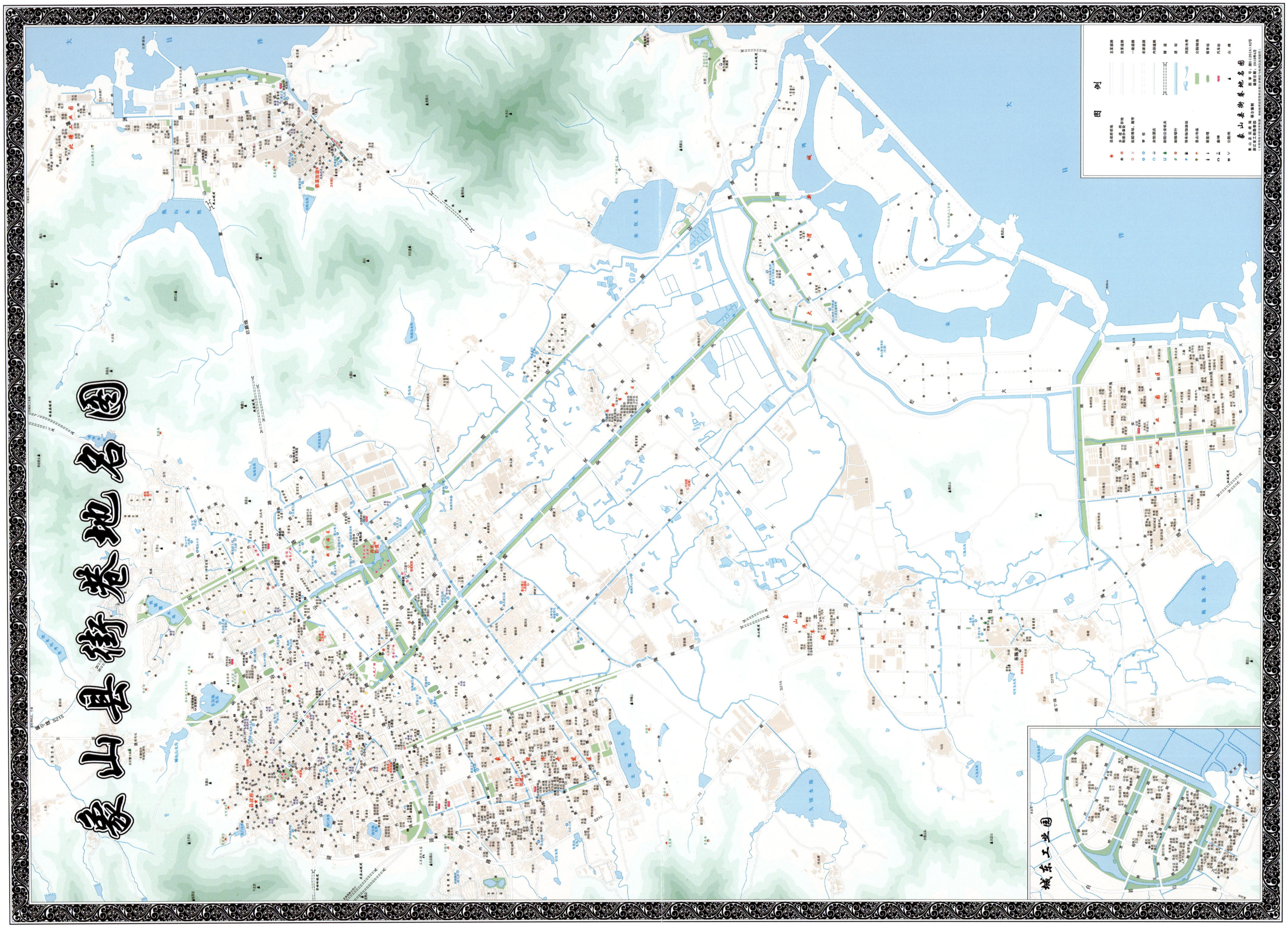
象山县街巷地名图
城东工业园

总目

General catalogue

目　录

特　载

专　记

2020年大事记

县情概览

中国共产党象山县委员会

象山县人民代表大会

象山县人民政府

政协象山县委员会

纪检监察

民主党派

群众团体

法 治

军　事

农业·农村

工　业

金融·保险

商　贸

旅 游

邮政·通信

城乡建设和管理

环境保护

交通运输

人力资源管理

社会服务

综合管理

人民生活

教　育

科学技术

文化·传媒

体　育

卫生健康

街道・镇乡

特　载

象山县政府工作报告

——政府工作报告 2021 年 2 月 2 日

在象山县第十八届人民代表大会第五次会议上

县长　包朝阳

各位代表：

我代表县人民政府向大会报告工作，请予审议，并请县政协委员和其他列席人员提出意见。

一、2020 年和“十三五”工作回顾

2020 年极不平凡。面对极其复杂严峻的宏观环境，特别是新冠肺炎疫情的严重冲击，县政府深入学习贯彻习近平总书记考察浙江重要讲话精神，忠实践行“八八战略”，认真落实“六争攻坚”，在县委的正确领导下，在县人大、县政协的监督支持下，团结依靠广大干部群众，围绕“聚力一二五，奋力上台阶”，扎实做好“六稳”工作，全面落实“六保”任务，持续稳企业、增动能、补短板、保平安，奋力在打造“重要窗口”中争先创优，全县经济社会保持平稳健康发展。完成地区生产总值 563 亿元、增长 1.6%，财政总收入 81.7 亿元、增长 6.3%，一般公共预算收入 51.8 亿元、增长 12%，城乡居民人均可支配收入分别增长 3.4%、6.3%。

（一）强智控快反应，疫情防控交出高分答卷。在大战大考面前，坚持人民至上、生命至上，坚决扛起统筹疫情防控和经济社会发展责任。全力打赢疫情防控阻击战。坚持扁平指挥、快速反应，率先采取高速出入口设卡检查、聚集性公共场所关停、退热药品销售管控、发热门诊分窗接诊等措施，依法运用“大数据+网格化”精密排查，全面实施健康码管理，及时发现并有效管控输入型病例 2 例，是全市最为安全的地区。全力推进复工复产。坚持先行一步、靠前服务，率先出台复工复产方案，研发应用“健康返象和有序复工”在线管理系统，组织直通车分赴 7 省 20 城 30 县接回 3 万余人，创新推出“复工保、复工担、复工贷”，多管齐下补断点通堵点破难点，是全市生产生活秩序较快恢复的地区。全力抓好常态化疫情防控。坚持外防输入、内防反弹，全面落实精密智控机制，建立海陆齐抓、“人”“物”并防的工作闭环，深入开展“净海”行动，认真抓好秋冬季疫情防控，及时处置苗头性风险，为后疫情时期经济社会发展营造良好环境。平凡铸就伟大，英雄来自人民。在安与危的重大关头，18 名医护人员无私无畏、逆行出征，上万名党员干部、网格员和志愿者坚守岗位、冲锋在前，社会各界人士捐款捐物、大爱无疆，广大人民群众风雨同舟、守望相助，共同筑起了疫情

县长包朝阳在象山县第十八届人民代表大会第五次会议上作政府工作报告（周科　摄）

防控的铜墙铁壁和生命防线，充分彰显了象山人民的大义担当和家国情怀！

（二）强攻坚优服务，经济运行企稳回升。坚持准确识变、主动应变，以“专班+工作组”方式，扎实开展“一线攻坚三服务、争先创优促发展”行动，坚决稳住经济基本盘。企业发展保持稳定。深入开展“五减”“两直”行动，出台兑现35项惠企政策，降本减负资金15.5亿元。实施企业融资畅通工程，普惠小微贷款、制造业贷款分别增长33.9%和15.5%，企业贷款平均利率下降0.57个百分点。强化驻企联企服务，推广运用“企业码”，解决涉企问题2748个。支持市场主体发展壮大，完成“个转企”131家、“小升规”80家，新增亿元企业5家。加大外贸帮扶力度，完成出口156亿元。完善建筑企业扶持政策，实现建筑业总产值688亿元。消费市场逐步回暖。开展促消费系列活动，举办第十八届象山海鲜美食节，鼓励发展夜间经济，万达广场开业运营，完成社会消费品零售总额209亿元。顺应疫后旅游消费新趋势，策划打造“北纬30度最美海岸线”品牌，发放旅游消费券1058万元，举办旅游推介活动8次，接待游客2533万人次。推进电商发展，鼓励企业开展直播营销，实现网络零售总额16.5亿元、增长15.4%。有效投资持续扩大。健全项目快速推进机制，每季度举办重大项目集中开工活动，完成固定资产投资228亿元。中国海装海上风电装备产业园一期开工，中化膜产业基地一期主体完工，新建或投产亿元以上工业项目31个，完成工业投资76.9亿元、增长19%。组建9支招商小分队，实施产业链精准招商，签约亿元以上项目40个、10亿元以上项目11个、50亿元以上项目2个，实际利用内资110.6亿元、增长10.2%。积极申报国家专项债券，争取各类债券资金14亿元。

（三）强动能调结构，产业层次逐步提升。坚持退旧育新、聚链成群，扎实推进国家级海洋经济发展示范区建设，构建更具竞争力的标志性产业链。制造业加快高质量。召开制造业高质量发展大会，培育“123”百亿级产业集群，完成规上工业增加值137亿元、增长3.3%，战略性新兴产业、装备制造业增加值增速均高于规上工业。突出科技创新赋能，研发经费支出占比2.8%，新增高新技术企业43家、市级以上研发机构22家，引进高层次人才358人，机械科学研究总院南方中心动建。推动企业智能化改造，实施“两化融合”项目13个，新增数字化车间1个、首台套产品2个。发展数字经济，新建5G基站458个，针织云、模具云列入市工业互联网重点项目，完成数字经济核心产业增加值9亿元。推进质量强县建设和知识产权保护，新认定“品字标”企业4家，新增发明专利153件。加快重点平台建设，经济开发区、浙台（象山石浦）经贸合作区启动整合提升，象保合作区航天发射场列入省“十四五”重大项目。服务业加速高级化。完成服务业增加值247亿元、增长2.4%。实施旅游业高质量发展行动计划，创成首批省级文旅产业融合试验区，新增省AAA级以上景区镇6个、A级以上景区村44个、等级民宿13家。松兰山国家级旅游度假区创建加快设施改造，半边山五彩渔镇建成运营，影视城启动“5G+影视数字”制作基地建设、营业收入增长34.9%。落实商贸流通业高质量发展政策，编制新一轮商业网点规划，创成省级放心农贸市场6家、星级农贸市场9家，建成社区邻里中心2个。发展绿色金融业，首创保险新产品7个，存贷款余额分别增长13.9%、18.6%。农渔业迈向高水平。完成农渔业总产值146亿元、增长2.9%。加快农业园区建设，建成市级以上农业绿色发展示范区6个、市级多彩农业美丽田园2个，大塘港省级现代农业园区通过验收，贤庠镇被评为省级特色农业强镇。发展数字农业，建成省级数字农业工厂2个、“红美人”5G+区块链基地7个，改造数字种养基地12个。推动科技兴农、品牌强农，率先攻克小黄鱼人工繁育难题，象山柑橘品牌培育列入国家标准化示范项目，新增市级以上知名水产品牌企业4家。

（四）强改革促开放，内生动力不断集聚。坚持系统集成、内外互动，积极推进关键改革，主动对接重大战略，努力争取更多改革开放红利。“最多跑一次”改革扩面延伸。加快政务服务2.0建设，开展9类公共场所服务大提升改革，跻身全国营商环境百强县第39位。69个“一件事”实现线上联办，128个事项实现智能秒办。建成“政银e家”9个，完成乡镇行政服务中心标准化改造，民生事项“就近办”率100%。产业项目“一链式”服务创新推行，“最多80天”改革实现率100%，低风险小型项目审批最多15个工作日。推进机关内部“最多跑一次”改革，“一业联管”“一网通考”做法全省推广。重点领域改革纵深推进。狠抓国企投融资体制改革，象港集团获评AA+信用等级，盘活资产资源279.2亿元，国企营业收入增长34.7%，融资综合成本率下降1.15个百分点，争取到52.5亿元额度的专项债券置换隐性债务全国试点。推进宅基地“三权分置”改革，盘活宅基地2.1万平方米、闲置农房3.1万平方米，成为全国农村宅基地制度改革试点县。深化“亩均论英雄”改革，整治低效企业80家，消化批而未供土地2134亩，处理闲置土地2294亩、低效用地1254亩，规上企业亩均税收提高15%。开放融入加快步伐。主动融入长三角一体化发展，六大对接计划扎实推进，新建研究生联合培养实践点3个，51个事项实现长三角通办。沿海高铁过境设站取得实质性进展，宁象市域铁路纳入长三角交通一体化发展规划，象山港二通道完成预可行性研究，高速石浦连接线顺利推进。积极参与南湾新区建设，环石浦港区域20个项目完成投资36.4亿元，150个事项实现三门湾区域三县通办。加强宁波舟山港对接合作，象山港、石浦港水陆域对外开放取得实质性进展。

（五）强统筹迎亚运，城乡融合协调共进。坚持发挥优势、彰显特色，编制新一轮国土空间总体规划，召开亚运城市行动大会，有效提升城乡品质。美丽县城精心打造。深化“迎接亚运、城市双修”行动，实施城区公共空间品质提升工程，完成项目30个、投资136亿元。加快棚改拆后区块开发，老城区一期启动建设、二期完成土地出让，城中村改造启动7个、完工3个。完善市政园林，建成塔山公园，新增城市绿地32.1万平方米。开展全国文明城市创建，强化占道经营、建筑垃圾等整治，创成省级以上文明镇村7个。加快建设大目湾新城，开工项目12个、建成9个，完成投资25亿元。创成省市级美丽城镇样板乡镇3个，石浦、西周、贤庠等城镇功能不断完善。乡村振兴深入推进。创建部省共建乡村振兴示范县，建成省级新时代美丽乡村精品村41个、市级美丽乡村示范镇村6个，新增市级以上美丽宜居示范村6个，获评全国首批村庄清洁行动先进县。稳步推进行政村规模优化调整，行政村数减少135个，完成村社组织换届。改善乡村基础设施，新改建"四好农村路"30公里，建设海塘安澜工程10公里，改造农村供水一户一表9742户，增容改造配电变压器63台。生态环境持续优化。打好污染防治攻坚战，完成中央环保督察迎检工作，入选省大花园建设十佳优秀典型案例。空气质量优良率96.4%，PM2.5平均浓度下降25%。创成省级美丽河湖1个、"污水零直排区"3个，石浦门前塘污水处理厂建成运行。完成"三改"23.7万平方米，拆违28.8万平方米，全域土地综合整治3.4万亩，修复海岸线30.2公里。启动创建"无废城市"，生活垃圾焚烧发电项目试运行，静脉产业园沼气综合利用项目动工建设。

（六）强保障优治理，民生福祉持续改善。坚持以人为本、以民为先，民生支出占一般公共预算支出75.1%，民生实事项目较好完成。社会保障更加健全。打好精准脱贫攻坚战，"两不愁三保障"突出问题、人均年收入9000元以下家庭、集体经济薄弱村实现"三个清零"，东西部扶贫、山海协作年度任务全面完成。实施"乐业象山"行动，城镇登记失业率2%。本地户籍养老保险参保率99%，新增县内异地就医直接结算医院10家。新建区域性居家养老服务中心8家，老年助餐服务实现乡镇（街道）全覆盖。发放社会救助金1.3亿元、慈善救助金6245万元，石浦获评省级慈善镇。蝉联全国双拥模范县"六连冠"，圆满完成年度征兵任务。社会事业加快发展。创新实施新时代文明实践指数测评，建成文明实践示范站所26个。深化海洋文化强县建设，第二十三届中国开渔节创新举办，中国海洋渔文化馆试运营，送文艺活动进乡村810场，爵溪创成省级文化强镇（街道）。推进亚运赛事筹办，亚帆中心主体完工、沙滩排球场馆主体结顶，承办省市级体育赛事11次。象山影视学院一期建成投用，改扩建学校（幼儿园）10所，公办民办学校实现同步招生，中小学教师平均工资收入达到公务员平均水平。启动全国健康促进县创建，医共体建设全省领先，全国基层中医药工作先进单位通过验收。平安建设不断深化。推进市域社会治理现代化试点，"村民说事""平安渔港""智治影城"等做法走在全国全省前列。完善社会矛盾纠纷调处化解中心，化解信访积案145件，"信访四无村"达到87.6%。深化扫黑除恶专项斗争，获评省级禁毒示范县，打击和防范电信网络诈骗工作全市领先。实施安全生产综合治理三年行动，狠抓危化品运输、渔业生产、道路交通等专项整治，事故起数、死亡人数分别下降36.8%、66.6%。

（七）强落实转作风，政府建设与时俱进。坚持"整体智治、唯实惟先"，学习贯彻习近平总书记重要讲话精神，增强"四个意识"，坚定"四个自信"，做到"两个维护"。效能建设进一步提速。建立政府系统"晒清单抓落实比担当"工作机制，开发应用重点工程"掌上督"系统，推行首问负责即问即办制度，开展电视问政，政府执行力得到增强。深化"三服务"活动，协调解决问题6569个。加快政府数字化转型，在全市率先启动数据中台建设，互联网+政务服务网上受理率91.9%，互联网+监管掌上执法率100%。法治建设进一步提效。自觉接受人大、政协监督，办理人大代表建议181件、政协委员提案150件。开展法治督察，乡镇重大行政决策合法性审查实现全覆盖，行政执法规范化建设深入推进，行政争议发案量、败诉率实现双下降。完成事业单位改革，整合清理单位49个。推进五大领域综合执法改革，"局队合一"体制试点推行。廉政建设进一步提标。坚决落实省委巡视反馈问题整改，支持纪检监察机关开展工作，政府系统全面从严治党纵深推进。严肃纠治"四风"问题，问责干部45人。出台国企重大事项报告制度，完善政府采购、国有资产等领域信息化监管平台，廉政风险防范机制不断健全。实施财政预算绩效评价，完成审计项目29个，一般性支出压减8%。试行村居清廉指数考评，培育清廉示范村16个。

与此同时，民族宗教、外事、对台、统计、老干部、关心下一代、地方志、档案、公积金、海关、海事、邮政、通信、烟草、盐业等工作取得新成效，工会、共青团、妇联、工商联、侨联、文联、残联、科协、红十字会等群团组织作用有效发挥。

各位代表，2020年是"十三五"收官之年。"十三五"期间，全县上下自觉践行新发展理念，深入实施"双突破双驱动"战略，全力打好三大攻坚战，"十三五"规划目标任务总体完成，高水平全面建成小康社会即将胜利实现。综合实力迈上新台阶，国家级海洋经济发展示范区获批建设，工业经济结构优化，全域旅游活力激发，人均生产总值超过10万元，财政总收入突破80亿元，农渔业总产值稳居全省前列，规上工业总产值超过650亿元，旅游综合收入年均增长11%。改革创新呈现新气象，"最多跑一次"改革成效明显，"村民说事"、宅基地"三权分置"等改革领跑全国，全国乡村治理现场会在象召开；省级全面创新改革联系点建设持续深化，高新技术企业数翻番，研发经费支出年均增长10.1%，科技创新实力跻身全国百强县。城乡环境彰显新魅力，城镇化率提高到60.8%，甬台温高速复线象山段建成通车，沿海高铁、市域铁路等项目前期取得重大进展，成功创建国家生态文明建设示范县、省首批美丽乡村示范县，2022年杭州亚运会分赛区落户象山。民生保障取得新进步，最低生活保障标准增长37.8%，15年基础教育普及率在99%以上，平均预期寿命提高到82岁，城乡居民收入差距逐步缩小，法治象山、平安象山建设扎实推进，获评国家级海洋渔文化生态保护区、国家级慢性病防控示范区、省教育基本现代化县，夺得省平安金鼎。

各位代表，回顾2020年工作和“十三五”发展历程，我们深感成绩来之不易。这是县委坚强领导和县人大、县政协有力支持的结果，是广大干部负重拼搏、攻坚克难的结果，也是全县人民团结奋斗、不懈努力的结果。在此，我代表县人民政府，向全县人民、广大建设者，向人大代表、政协委员，向各民主党派、工商联和无党派人士、各人民团体，向离退休干部，向驻象山单位、驻象山人民解放军、武警部队官兵、公安干警、消防救援队伍，向所有关心支持象山发展的同志们、朋友们，表示衷心的感谢！

在总结成绩的同时，我们也清醒地看到，发展道路上还有诸多困难和挑战，政府工作仍存在不少问题与不足。主要是：传统产业升级、新兴产业培育步伐不快，科技创新、人才支撑较为薄弱，营商环境还有待优化提升；城市能级相对较低，开放优势不够明显，综合交通体系、城乡供水能力短板突出，优质公共服务供给能力仍需增强；部分领域风险隐患不容忽视，安全生产、社会治理、环境保护还存在薄弱环节，财政收支平衡压力持续增大；政府职能转变还不到位，少数政府工作人员服务意识、担当精神、专业素养与新形势新要求不相适应，怕担当、慢作为和轻规矩、乱作为等问题还不同程度存在。对此，我们将坚持问题导向，采取有力措施，持之以恒抓好政府自身建设、提升政府工作水平。

二、“十四五”发展展望

“十四五”时期，是我国开启全面建设社会主义现代化新征程的第一个五年，是实现“两个一百年”奋斗目标的历史交汇期。放眼全球，世界百年未有之大变局加速演变，新一轮科技革命和产业变革深入发展，全球新冠肺炎疫情大流行带来巨大变量，外部环境不稳定不确定性明显增加。纵观全国，以国内大循环为主体、国内国际双循环相互促进的新发展格局加快构建，“一带一路”、长三角一体化等重大战略加速推进，我国经济长期向好的基本面将持续维持。从象山看，正面临省“四大”建设、市“拥江揽湖滨海”等重大决策部署叠加的历史机遇，海洋时代、亚运时代、轨交时代孕育着新的发展潜能，我县加快高质量发展具备更多优势和更好条件。面对新形势新挑战新机遇，我们将保持战略定力、发扬斗争精神，坚持系统观念、鼓励创新思维，善于在危机中育先机、于变局中开新局，奋发有为办好自己的事，以确定性工作应对不确定性形势，全力以赴推动象山实现更高质量、更有效率、更加公平、更可持续、更为安全的发展。

根据《中共象山县委关于制定象山县国民经济和社会发展第十四个五年规划和二〇三五年远景目标的建议》，“十四五”发展的总体要求是：高举习近平新时代中国特色社会主义思想伟大旗帜，深入贯彻党的十九大和十九届二中、三中、四中、五中全会以及习近平总书记考察浙江重要讲话精神，统筹推进“五位一体”总体布局，协调推进“四个全面”战略布局，坚持党的全面领导，坚持以人民为中心，坚持新发展理念，坚持深化改革开放，坚持系统观念，坚持稳中求进工作总基调，以推动高质量发展为主题，以深化供给侧结构性改革为主线，以改革创新为根本动力，以满足人民日益增长的美好生活需要为根本目的，统筹发展和安全，全面落实省委忠实践行“八八战略”、奋力打造“重要窗口”的战略部署，紧扣“聚力一二五，奋力上台阶”目标要求，主动融入新发展格局，抢抓机遇快追赶、时不我待攀新高，全面实施“海洋强县、美丽富民”战略，大力提升平台能级、产业能级、城市能级、治理能级、党建能级，全力打造海洋之城、美丽之城、善治之城、幸福之城，加快建设社会主义现代化滨海城市。

总体目标是：到2025年，经济总量和发展质量跃上新台阶，平台、产业、城市、治理、党建“五大能级”明显提升，民生福祉进一步改善，地区生产总值、一般公共预算收入年均增长7%，海洋经济增加值、规上工业增加值年均分别增长15%和13%，研发投入强度提高到3.4%，常住人口城镇化率达到65%，全力打造宁波城市南翼副中心，成为甬台温舟沿海经济大走廊的重要节点、宁波市辐射温台地区的“桥头堡”。

为实现上述目标，在具体工作中重点抓牢以下四个方面：

第一，海洋是象山最大的资源，我们要致力打造海洋之城。以国家级海洋经济发展示范区为统领，加快园区整合提升，努力成为宁波争创海洋中心城市的重要功能区。聚焦“123”百亿级产业集群，推动海洋产业特色化发展，奋力实现制造业“五年翻一番、挺进千百亿”。积极争取沿海高铁过境设站，动建宁象市域铁路、象山港二通道，加快口岸开放和港口建设，加快建设5G信息高速公路，着力构建陆港、海港、空港、信息港联动的大开放格局。

第二，生态是象山最大的优势，我们要致力打造美丽之城。加强海陆生态全域治理，打好生态环境巩固提升持久战，让绿色成为最动人的底色。坚持以人为核心的新型城镇化战略，提升城市能级，积极争取撤县设区，更高标准建设滨海大花园，基本形成“北工、中城、南闲”的区域发展格局。以改革思路拓宽“两山”转化通道，精心打造“北纬30度最美海岸线”，高质量发展全域旅游，力争成为全国知名的海洋休闲度假旅游目的地。

第三，治理是发展最大的支撑，我们要致力打造善治之城。坚持市场有效、政府有为，加强数字化改革引领，持续激发市场活力和社会创造力，基本建成营商环境最优县、市场机制最活县、改革探索领跑县。健全法治象山、平安象山建设体系，加快推进县域整体智治，不断提升治理效能，努力推动党建统领的“四治融合”基层治理体系走在全国前列。

第四，民生是群众最大的关切，我们要致力打造幸福之城。坚持以人民为中心的发展思想，围绕人的全生命周期服务需求，加强普惠性、基础性、兜底性民生建设，扎实推动共同富裕，努力让改革发展成果更多地惠及人民群众。坚持以百姓之心为心,用心解决人民群众普遍关注、反映强烈、反复出现的问题,努力让人民群众的获得感成色更足、幸福感更可持续、安全感更有保障。

三、2021年工作建议

2021年是中国共产党成立100周年,是"十四五"开局之年,也是我县"快追赶、攀新高"的关键一年。按照中央和省市委经济工作会议精神,根据县委十四届九次全会部署,今年政府工作将按照"立足新发展阶段,坚持新发展理念,构建新发展格局"要求,进一步扬优势、补短板、强支撑,奋力推动经济社会发展取得新突破,在宁波当好"重要窗口"模范生中争先创优,以优异成绩庆祝建党100周年。建议主要预期目标为:地区生产总值增长7%以上,财政总收入增长8.6%,一般公共预算收入增长7.5%,固定资产投资增速快于经济增长,研发投入强度达到2.9%,居民消费价格涨幅3%左右,城镇登记失业率控制在3.5%以内,城乡居民收入稳步增长,能源和环境指标完成省市下达的任务。

围绕上述目标,重点抓好八方面工作:

(一)抓好疫情防控,构建更收放自如的科学防控体系

坚持"人""物"并防、平战一体,深化运用精密智控机制,着力堵漏洞补短板固根基,持续巩固扩大抗疫成果,不断完善优化疫情防控体系。加强重点场所日常监管,严格落实冷链食品物防措施,坚决守牢"小门"和海上输入关口,确保冷链物防闭环管控、不出现聚集性疫情、不发生院内感染、不发生疫情风险点失管漏管,力争不发生本土新增病例。完善疫情监测预警、快速响应、物资保障等机制,强化健康码使用和管理,稳妥有序推进疫苗接种。加快建设公共卫生临床中心、台胞医院感染大楼等项目,实施疾病防控机构标准化工程,增强突发公共卫生事件应对能力。深入开展爱国卫生运动,推进环境卫生整治和健康教育,倡导文明健康生活方式,创成国家级卫生镇3个。

(二)深耕海洋经济,培育更具竞争力的制造业链群

整合提升重点园区平台。坚持大平台引领大产业,做深做实国家级海洋经济发展示范区主体区,设立实体化机构,组建研究智库,完善海洋经济支持政策,办好中国海洋经济论坛,海洋经济增加值增长10%以上。推进经济开发区强区扩权改革,调整盘活土地1500亩,新开工项目19个,园区工业投资增长25%。优化浙台(象山石浦)经贸合作区管理体制,突破打鼓峙—雷公山区块开发,打造国家级现代渔港经济区。加快象保合作区建设,引进生产型项目4个,力争航天发射场列入国家规划。推动影视城发展"5G+影视数字",建设影视科技创新中心、LED摄影棚,开发特效演艺体验项目,营业收入突破60亿元。推动松兰山—大目湾融合发展,实施产业项目10个,按照产城融合、职住平衡的新理念,推动大目湾青创社区建设实现新突破。

加快构建标志性产业链。坚持制造业"一号工程"不动摇,集中力量培育"123"百亿级产业集群,提升产业基础高级化和产业链现代化水平,实现规上工业增加值增速高于全市平均,工业投资增长16%。做强临港装备产业链,建成中国海装海上风电装备产业园一期主体工程等项目3个,动建日星风电装备产业园、华美达注塑机等项目5个。提升汽模配产业链,投产若宇汽车装备一期等项目5个,建成昌晖汽车零部件一期等项目5个,动建峰梅汽车部件产业园。提升纺织服装产业链,推动行业变革重组,建成爵溪时尚针织产业集聚区。培育功能材料产业链,投产中化膜产业基地一期,力争动建宁波生物基可降解新材料产业基地、激智功能膜材料产业园。培育绿色能源产业链,建成国电海上风电场一期主体工程、长大涂滩涂光伏项目,推进锦浪逆变器项目建设。培育海洋生物产业链,优化提升石浦门前塘水产品加工园,积极引进海洋生物医药企业。

全力推动应用型创新。坚持"铁了心抓创新",做强重点产业创新链、人才链,打造支撑有效的创新型县。推动数字技术与海洋经济深度融合,建设数字经济产业园,完成"两化融合"项目8个、数字化车间2个,数字经济核心产业增加值增长15%以上。强化企业创新主体地位,支持企业组建创新综合体,带动产业链协同创新,建成市级以上研发机构14家,新增高新技术企业25家、科技型小巨人企业20家。推动企业与高校院所合作研发,建成机械科学研究总院南方中心一期,实体运行中国电子科学研究院创新分中心,力争宁波大学象山海洋研究院落地。加强知识产权保护,推进质量标准品牌建设,新增授权发明专利140件、"浙江制造"标准3个、"品字标"企业2家。升级"半岛英才海纳"计划,实施"半岛青年""象山儿女回归"等行动,引进高层次人才500人,培养高技能人才4500人。发扬"轿子抬人才"好传统,建成人才综合服务云平台,构建更具知音感的人才服务体系,营造更具吸引力的城市文化氛围。

(三)提升美丽经济,打造更具影响力的"两山"转化高地

擦亮生态底色。扎实抓好中央环保督察反馈问题整改,深入实施蓝天、碧水、净土、清废行动,高标准建成省大花园示范县。加强工业废气、城市扬尘等整治,疏堵结合管控秸秆焚烧,空气质量优良率保持95%以上。严格落实河长制、湾(滩)长制,强化农业面源污染治理,建成省级"污水零直排区"1个。启动松兰山省级生态海岸带示范段创建,推进西沪港海岸带保护修复,加快花岙海岛公园建设,谋划环象山港海岸带和蟹钳港蓝色海湾项目。实施土地综合整治项目2个,完成矿地综合利用项目2个。加快建设"无废城市",建成工业固废分拣中心4个,完成生活垃圾焚烧发电、生态循环改造项目,垃圾分类示范小区覆盖率达到50%以上。推进国家森林城市创建,完成绿化造林6300亩、森林抚育5000亩。启动实施碳排放达峰行动,开展船舶修造行业整治,淘汰落后产能企业15家。完善"绿水青山就是金山银山"实现机制,试行生态系统生产总值核算,探索组建"两山银行",试点推进排

污权、碳排放权等市场化交易。

提升全域旅游。紧跟后疫情时期旅游市场新变化，做深IP、流量、体验三篇文章，决战冲刺国家全域旅游示范区创建，旅游接待人次增长7%。聚焦滨海旅游这一主线，持续打响“北纬30度最美海岸线”品牌，创造性推进中国美院校地合作计划，高水平融入浙东唐诗之路黄金旅游带。借鉴互联网思维，创新线上线下营销宣传，进一步提升象山旅游精准获客与有效导流能力。推动文旅、农旅、康旅、体旅融合发展，升级影视文化、农渔事、康养度假等传统业态，开发休闲游艇、帆船帆板、沙滩排球、越野赛等新兴业态。推进松兰山国家级旅游度假区、影视城5A级景区创建，创成半边山省级旅游度假区，启动中国渔村二期、渔港古城二期、东海铭城二期建设。统筹引导乡村旅游有序发展，试点打造沙塘湾等精品民宿村，新增省AAA级以上景区镇4个、A级以上景区村40个。积极发展智慧旅游，健全适应自助出行的公共服务体系，提升旅游从业人员服务水平，打造长三角滨海自驾游美好目的地。

（四）融入双循环，厚植更适应新发展格局的比较优势

持续促进消费扩容提质。抓住疫情激发的消费方式转变机遇，完善促消费政策措施，发展消费新业态新模式，培育消费热点，确保社会消费品零售总额增速高于全市平均。优化商业网点布局，推动闲置商业综合体盘活利用，建成大目湾城市综合广场，建设海鲜餐饮集聚示范区，创建夜市街区2个。促进专业市场集聚，启动再生资源、石材、二手车等市场建设。实施数字生活新服务行动，发展网上菜场、网上超市，建成中心菜场数字化农贸市场。提升城镇商贸业，推动石浦渔人码头改造，创建省级放心农贸市场4家。培育现代物流企业，做强城乡高效配送网络，建成现代物流园公共服务中心二期、航运物流中转站。加强金融产品创新，丰富保险服务功能，存贷款余额分别增长8%、10%。

深度参与对外合作。积极融入长三角、接轨大上海，力争与上海建立友好区县合作关系，探索设立异地研发中心，主动承接长三角各类资源溢出。抢抓“轨道上的长三角”机遇，全力争取沿海高铁过境设站，加快宁象市域铁路、象山港二通道工程可行性研究，完成G527石浦至长街象山段初步设计批复。加快融入甬舟一体化，争取象山港、石浦港口岸正式对外开放，开展综合保税区可行性研究，完成石浦港区主航道疏浚工程、万吨级公共航道建设。积极参与南湾新区建设，配合完成规划编制，谋划推进环石浦港区域重点项目。主动把握区域全面经济伙伴关系协定（RCEP）机遇，深度对接浙江自贸试验区宁波片区，支持企业开拓国内外市场，加快贸易新业态发展，确保出口份额稳步提升。鼓励企业开展“丝路电商”、布局海外仓，建立跨境电商服务平台，新增市级跨境电商试点企业10家以上。

精准扩大有效投资。抢抓“两新一重”建设机遇，积极争取地方政府专项债券，进一步优化投资结构，确保产业投资增速高于固定资产投资增速。聚焦目标产业链，大抓产业链精准招商，力争签约亿元以上项目40个、10亿元以上项目10个、50亿元以上项目取得突破，实际利用外资1.2亿美元、内资120亿元人民币。加强稳商扩资，支持企业实施技术改造、增资扩产，工业技改投资增长13%。推进5G、物联网等新基建项目建设，新增5G基站500个，实现重点乡镇5G信号全覆盖。围绕“月月有项目、季季抓开工”，健全项目推进“三个一”机制，实行项目落地“四张清单”制度，确保省市县长项目落地率100%。加强项目全生命周期闭环管理，强势攻坚征地拆迁、政策处理等关键环节，完善重点项目警官制，营造更加良好的项目建设环境。

推进建筑业现代化。引导企业延长产业链、融合价值链，转型工程总承包、建营一体化、全过程咨询服务等发展模式，统筹抓好国内、国外两个市场，建筑业总产值增长10%。实施建筑业回归行动，力争招引企业12家。支持优质企业走出去，积极向重点区域、高端市场拓展，稳步开拓“一带一路”沿线市场。鼓励建筑企业创优夺杯，创建市级以上优质工程奖28项。加强建筑质量监管，建立建筑企业白名单制度，强化人才、司法和金融等服务，持续优化建筑业发展环境。

（五）推进市场化改革，涵养更具内生活力的营商环境

激发市场主体活力。落实民营企业发展促进条例，保障企业合法权益，支持民营经济健康发展。高效落实惠企政策，拓展“企业码”“甬易办”惠企功能，千方百计帮企排忧解难。深入实施融资畅通工程，建立政策性融资担保市场化运作机制，普惠小微贷款增长20%、制造业贷款增长13%以上。推进新一轮“凤凰行动”，设立象商基金，力争上市企业1家、新三板挂牌1家。突出扶强扶优导向，优化企业评定和扶持办法，培育领军型、标杆型、创新型企业各30家。鼓励企业“专精特新”发展，新增单项冠军、隐形冠军企业3家。引导小微企业入园集聚，建成大徐小微企业集聚区，新增“个转企”100家、“小升规”70家。大力弘扬企业家精神，实施新生代企业家“星火行动”，营造崇尚创业创新的浓厚氛围。围绕国有企业“做优资产、做大收入、做活机制”，健全资产统筹开发利用机制，优化国企组织架构，实质性推动国企实体化市场化转型，力争新增AA+信用等级企业1家，国企营业收入增长10%以上。

深化要素市场化改革。树立全要素资源理念，开展省级自然资源资产储备制度试点，强化自然资源有序管理，促进资源资产化。健全海洋资源价格评估体系，推行海域使用权立体分层设权。深化“亩均论英雄”改革，倒逼亩均税收万元以下企业动态出清，规上工业亩均增加值、税收均增长10%以上。加大闲置低效土地处置力度，批而未供、供而未用土地总量分别下降15%、20%以上，盘活低效用地1200亩以上。提高做地水平，推进村留地政策改革，探索新型产业用地模式。加强资金全生命周期绩效评价，推进专项债券置换隐性债务全国试点，做好隐性债务降本化险工作。建立数据资源清单管理机制，探索数据市场化交易。

争创营商环境最优县。对标国内外营商环境评价体系，实施营商环境优化行动，营造市场化法治化国际化营商环境。建立重点生产要素成本监测机制，研究解决企业用气、物流、建材等反映突出的问题，切实降低企业交易成本。完善政务服务"一窗受理""一网通办"，持续推动政务服务2.0向乡镇延伸，新增"政银e家"服务事项50个，构建全域智办便利化体系。深入推进"一件事"集成改革，拓展产业项目"一链式"服务领域，实行项目开工前"最多50天"、竣工"最多30天"审批。深化"证照分离"改革，扩大告知承诺事项范围，努力做到准入即准营。全领域推开"一业联管"，探索新业态"准入+监管"模式，构建"大综合一体化"行政执法体系。巩固省级信用县创建成果，加强信用信息归集共享，完善信用监管、评价和惩戒体系。畅通政企亲清直通车，构建亲清新型政商关系。

（六）加快新型城镇化，建设更人本化的精美滨海城市

实施亚运城市行动。聚焦"办全运、迎亚运"，深入实施"168"工程，加快改善城市品质，创建中心城区AAAA级景区城。坚持以宁波城区标准规划建设，编制实施国土空间总体规划，优化"一核两翼三极"城乡空间布局。加快"迎亚运"系列规划编制，强化城市设计和风貌管控。深化城市有机更新，加快老城区、城西片区改造，启动城南片区联动开发，推动人民广场区块征迁，改造老旧小区5个、城中村9个，谋划未来社区试点1个。以公园城市理念创建国家级园林城市，依托山体、滨河、田园等资源，串点成线构建慢行系统，建设丹阳公园、环中心城区绿道一期、大地景观示范区，新增城市绿地25万平方米。开展城市公共空间品质提升行动，推进城市家具更新，改造天安路、象山港路夜景灯光，实施巨鹰路拓宽工程，贯通"断头路"4条。推进亚运设施建设，建成投用亚帆中心、沙滩排球场馆，新改建亚运主题公园1个、亚运观赛空间4个。

提升城市管理运营水平。注重城市智慧化、精细化管理，突出微循环、微改造的绣花功夫，努力让城市更加精致宜居。完善智慧城管场景化应用平台，谋划建设"城市大脑"，构建实时感知、预测预警、辅助决策的信息系统。聚焦住宅小区控违和城郊村拆违，加大影响市容秩序、侵占公共绿地、涉及消防安全等违建整治力度，巩固"无违建县"成果。健全物业管理机制，加快执法进小区，试点小区封闭管理，物业管理覆盖率达到65%。打好"拆改提"组合拳，强势攻坚棚改、路网征迁清零，确保区块开发和市政建设无障碍施工。加强交通治堵，优化公交线路5条，增设公共停车位150个。全面开展"促文明有礼、促整洁有序"活动，启动新一轮全国文明城市创建，整治环境卫生薄弱村36个，建成新时代文明实践示范线3条。倡导"人人都是东道主"理念，开展"文明啄木鸟"志愿者行动，引导市民积极参与城市管理、亚运赛事服务。强化亚运赋能、片区策划，推行XOD等开发模式，谋划重点区块开发项目，引导社会资本有序参与城市建设。

深化美丽城镇建设。实施石浦、西周新一轮省级小城市培育行动，加快贤庠省级中心镇建设，重点打造汽配智造小镇、星光影视小镇、航天科技小镇。推进"百镇样板、千镇美丽"工程，创建省市级美丽城镇样板乡镇4个。增强城乡供水能力，加快丹石引水、平潭水库扩容、白仙山水库新建等项目前期，连通一批小型水库管网。提高水资源利用效率，推进分质供水，改造老旧管网65公里，力争乡镇供水管网漏损率下降10个百分点。着力构建县域30分钟交通圈，建成高速石浦连接线、沿海南线海宁路至白云路拓宽工程、鹤浦镇双下湾至大文沙公路，加快石浦客运中心、盛宁线茅洋至泗洲头改建工程建设，谋划象山北至临港装备工业园高速连接线。推进电网建设，基本完成海上风电场220千伏送出工程，改造10千伏配电网500公里。

（七）统筹"三农"工作，推动更可持续的乡村振兴

促进乡村产业兴旺。聚力乡村产业振兴行动，推进"亩均超万美元"农业供给侧改革，力争柑橘、梭子蟹全产业链产值均超过20亿元，争创国家级特色农产品优势区，探索创建农业国际产业园。加强粮食生猪稳产保供，保持粮食播种面积17万亩以上，生猪出栏能力达到24万头。积极发展优势种业，建设柑橘种质资源库、大黄鱼良种场，着力打造种业强县。强化耕地用途管控，开展农村乱占耕地建房整治，新建高标准农田1.9万亩，农田宜机化改造500亩。抓好农业园区建设，创成定塘国家级农业产业强镇、晓塘省级特色农业强镇。提升渔业发展水平，推进南极磷虾极地渔业项目，动建北欧鲑鱼陆基养殖、正大南美白对虾种虾场项目。深化数字农业工程，建成现代农业大数据服务中心，完成种养基地数字化改造10个。建设国家级柑橘公用品牌标准化示范区，申报红美人、小黄鱼国家地理标志证明商标。

深化乡村集成改革。积极稳妥推进国家级农村宅基地制度改革试点，试行宅基地资格权票制度，赋予宅基地更多财产收益。完善农村产权流转交易体系，开展集体经营性建设用地入市试点，探索集体农户土地入股，完成农村产权交易额1.2亿元。强化金融服务乡村振兴，完善农村信用体系，创新宅基地使用权抵押贷款等信贷产品，确保涉农贷款增速高于各项贷款平均增速。加快海洋渔业经营体制改革，探索组建渔业产供销联合体。深化"三位一体"农合联改革，创建省级农业服务中心3家。

实施乡村建设行动。遵循乡村发展规律，优化乡村规划设计，加强历史文化村落保护利用，谋划建设数字乡村和未来乡村，创成部省共建乡村振兴示范县。深化"千万工程"，推动美丽乡村片区化打造、组团式发展，建成省市级美丽宜居示范村5个，新增市级美丽乡村示范镇村7个、乡村振兴示范带2条、小集镇式中心村1个。完善农村配套设施，维修加固海塘12公里，整治山塘水库20座，新改建农村公路20公里。做好村社组织换届后续工作，启动新一轮村级集体经济巩固提升计划，打造一批"强村综合体"。健全"两进两回"机制，实施乡村人才振兴工程，畅

通资本、人才下乡通道。加强低收入农户动态管理，实现收入增长10%以上。

（八）重视民生关切，提供更优质均衡的公共服务

加快社会事业发展。高水平建设国家级海洋渔文化生态保护区，实施文化基因解码工程，提升石浦-东门渔文化核心区，精心办好中国开渔节。新建城市书房（乡镇书吧）3家，以城市会客厅理念综合谋划图书馆、博物馆、规划展示馆等公共场馆建设。立足全民迎亚运，开展全民健身，发展老年体育，举办全国运动会帆船帆板比赛等省级以上赛事6次。加快创建全国义务教育优质均衡发展县，组建城乡义务教育共同体10个，分类开展名优教师培养。加强职业教育产教融合，启动创建象山港技师学院。建成投用塔山中学，新改建学校（幼儿园）10所。深化健康象山建设，创成全国健康促进县，居民健康素养水平达到32%。完善医共体内部融合机制，促进向健共体转型，县域就诊率稳定在90%以上。搬迁县中医院，提标改造基层卫生院2家。加强婴幼儿照护服务，新增托育服务机构2个。完成第七次人口普查。推动民族宗教、外事、对台、传媒、档案等工作取得新进展，提升老干部、关心下一代、邮政、通信等事业工作水平。

织密社会保障网络。推行新增就业、新吸纳大学生等榜单激励机制，建设人力资源产业园，新增城镇就业1.2万人。稳妥落实基本养老保险基金省级统筹政策，持续推动社保扩面提标，实现企业职工保险应保尽保。加快医保支付方式改革，实现跨省异地就医门诊直接结算。坚持“房住不炒”，优化商品房供给结构，新改建中央财政支持租赁住房10万平方米。发展普惠型养老，推进智能应用和老年人家庭适老化改造，养老服务机构医养结合率达到100%。加强多元化社会救助，推进村社慈善“四大工程”建设，强化残疾人服务保障，保护妇女儿童权益，支持红十字等公益事业发展。继续做好国防动员、双拥共建工作，进一步完善退役军人服务。认真落实东西部扶贫、山海协作任务。

共建平安和谐社会。坚持法治引领，启动“八五”普法，强化公共法律服务，支持审判执行、公益诉讼。以市域社会治理现代化象山试点为抓手，完善“一中心四平台一网格”联动机制，建立“四治融合”基层治理体系，构建“县乡一体、条抓块统”治理格局。推进“村民说事”国家级标准化试点建设，深化推广“大徐经验”，打造全国乡村治理体系建设示范县。加强信访源头治理，创建“无信访积案县”。健全社会治安防控体系，建设侦查办案双中心，常态化开展扫黑除恶专项斗争，全面打好禁毒人民战争，严厉打击和防范电信网络诈骗。完善网络综合治理体系，引导树立正确舆论导向。深入实施安全生产综合治理三年行动，突出抓好涉海涉渔、道路交通、消防等10个重点领域整治，力争事故起数、死亡人数均下降20%。强化食品药品安全监管，创成市级食品安全规范超市4家。深化基层应急管理体系建设，加强自然灾害预警防范，提高防灾减灾救灾水平。支持工会、共青团、妇联、工商联、侨联、文联、科协等开展工作，培育发展社会组织，凝聚更多力量参与社会治理。

各位代表，民生无小事，枝叶总关情！经过前期广泛征求意见和论证，我们列出了十三方面民生实事候选项目，提请会议票决。我们将带着责任、带着感情，时时刻刻挂心上，桩桩件件扎实办，以看得见的变化、摸得着的实惠，不断增强人民群众的获得感、幸福感和安全感。

四、全面提高政府治理现代化水平

面对时代的变局和人民的期待，我们深知“打铁还需自身硬”，坚信“办法总比困难多”。新的一年，我们将加快建设“整体智治、唯实惟先”的现代政府，心无旁骛抓发展，脚踏实地惠民生，努力在新征程中干出新业绩、展现新气象。

（一）忠诚坚定，务实利民。学懂弄通做实习近平新时代中国特色社会主义思想，增强“四个意识”，坚定“四个自信”，做到“两个维护”，确保党中央决策部署一贯到底、高效落地。秉持务实朴实作风，多做既利当前、更惠长远的工作，以实干论英雄，让业绩说了算。厚植利民为本理念，实施“三服务”2.0版，助力企业、群众、基层解难题开新局。

（二）系统谋划，创新制胜。增强系统观念，善于从全局视角谋划问题、从整体格局把握问题，抓牢具有乘数效应的关键环节。坚持深度学习，赶上时代潮流，升级认知水平，打开发展空间，成为服务构建新发展格局的行家里手。保持创造性张力，坚决破除思维定式、障碍壁垒，鼓励基层积极探索、大胆创新，做出特色、做强优势，为一域争光、为全局添彩。

（三）攻坚克难，担当作为。大力倡导“象山发展我担当”，勇当逢山开路、遇水架桥的先锋，争做闯关夺隘、骁勇善战的猛将，敢于开展斗争，打破利益藩篱。强势推进蜗牛项目破难提速、工业土地全域治理、自然资源有序收储、城乡建设征迁清零、留地政策改革优化、实体经济融资畅通等专项攻坚行动，以铁一般的决心和手段，直面历史遗留难题，破解发展瓶颈制约。

（四）高效协同，闭环落实。坚持“制度管人、流程管事”，加强跨部门协作、多业务协同，推动执行有力、运转顺畅。实行首问责任制，落实容错纠错机制，让担当者脱颖而出、实干者大显身手。健全大抓落实机制，坚持项目化、清单化、闭环化管理，强化捆绑式督考、差别化激励，做到事事有落实、件件有回应。深化政府数字化转型，建成政府数据中台系统，实现系统集成、数据共享、流程再造、业务协同。

（五）依法行政，规范廉洁。加快创建省级法治政府建设示范县，严格规范公正文明执法，倡导“办事不求人”的社会氛围。聘请专业顾问建言献策，邀请社会公众参与决策，使重大行政决策既科学前瞻接天线，又贴近民意接地气。自觉接受县人大、县政协监督，认真办好建议、提案。压实全面从严治党主体责任，开展省委巡视整改“回头看”，强化重点领域监管、审计监督运用，坚决惩处各类腐败行为。坚持政府过紧日子，压减一般性支出不低于5%，集中财力为发展添后劲、为群众谋

福利。

各位代表,新征程已扬帆起航,星光不负赶路人,岁月不负有心人。让我们在中共象山县委的坚强领导下,以"海纳百川、勇立潮头"的精神,以"快追赶、攀新高"的劲头,以"战必胜、攻必克"的决心,下好先手棋、勇开顶风船,聚力一二五、奋力上台阶,为加快建设社会主义现代化滨海城市而努力奋斗!

名词解释

聚力一二五,奋力上台阶 "一"指咬定"快追赶、攀新高"这一目标,"二"指发展海洋经济、美丽经济两大经济,"五"指提升平台、产业、城市、治理、党建等五大能级。

六稳 指稳就业、稳金融、稳外贸、稳外资、稳投资、稳预期。

六保 指保居民就业、保基本民生、保市场主体、保粮食能源安全、保产业链供应链稳定、保基层运转。

五减 指减税、减费、减租、减息、减支。

两直 指财政资金直接到达市县基层、直接惠企利民。

"123"百亿级产业集群 "1"指发展壮大临港装备这一核心产业集群,"2"指改造提升汽模配、纺织服装两大传统产业集群,"3"指培育形成功能材料、绿色能源、海洋生物三大新兴产业集群。

两不愁三保障 "两不愁"指稳定实现贫困人口不愁吃、不愁穿,"三保障"指保障贫困人口义务教育、基本医疗和住房安全。

信访四无村 指无去市赴省进京访、无群体访、无信访滋事扰序事件、无信访舆论炒作事件的村。

四治融合 指自治、法治、德治、智治相互融合的基层治理体系。

两新一重 指新型基础设施、新型城镇化建设,交通、水利等重大工程建设。

项目推进"三个一"机制 指一个项目推进计划表、一个项目协调机制、一个项目督查机制。

项目落地"四张清单" 指行政审批、政策处理、基础配套、中介服务四张清单。

"168"工程 "1"指整治一条亚运路线,"6"指会战西谷湖门户、老城区、体育馆周边、大目湾、松兰山入口、东谷湖等六大区块,"8"指实施规划统筹、城市更新、生态维育、功能增强、服务提标、都市发展、人文复兴、城市治理等八大工程。

一核两翼三极 "一核"指突出中心城区核心地位,"两翼"指打造北翼象山港产业新城、南翼环石浦港经济区,"三极"指建设汽配智造小镇、星光影视小镇、航天科技小镇。

XOD 指以城市基础设施为导向的城市空间开发模式。

两进两回 指科技进乡村、资金进乡村,青年回农村、乡贤回农村。

慈善"四大工程" 指基层慈善组织建设工程、基层善款募集长效机制构建工程、基层慈善义工品牌建设工程、慈善文化进基层工程。

一中心四平台一网格 "一中心"指县级社会矛盾纠纷调处化解中心,"四平台"指乡镇综合治理平台、市场监管平台、综合执法平台、公共服务平台,"一网格"指村社全科网格。

专 记

第二十三届中国开渔节

2020中国农民丰收节系列活动——第二十三届中国(象山)开渔节是在全国上下喜迎建成小康社会和当前疫情防控常态化的大背景下举行的一届特殊的开渔节。活动于2020年7月28日至10月15日在象山县举行，共举办27项活动。本届开渔节以"庆丰收 迎小康"为主题，以"感受北纬30度最美海岸线"为主线，创新采用"云开渔"模式，拓展节庆载体，瞄准目标人群，运用网络直播、网红带货、抖音短视频、"云系列"等方式，加大线上推介力度，立足长三角、辐射全中国，打响"嗨象山"全域旅游品牌，在助推产业发展的同时扩大象山对外知名度和影响力。

7月28日，中国(象山)开渔节执委会在上海龙之梦大酒店举行"庆丰收 迎开渔"上海市场推介发布会，会上中共象山县委副书记、县长包朝阳对开渔节和象山影视城进行推介；象山影视城与春秋旅游、分众传媒、欢乐谷集团进行了项目签约；春秋航空向象山县赠送"象山开渔号"春秋航空飞机模型；活动现场还举行千名上海幸运游客免费游象山影视城启动仪式。本次推介活动的举行，扩大中国(象山)开渔节与象山影视城在长三角地区的知名度与影响力，全方位打响"嗨象山"旅游IP，构建"处处皆风景、时时能旅游、行行加旅游、人人享旅游"的全域旅游发展格局。

7月29日，团县委联合县资规局、县水利与渔业局、县综合行政执法局、县志愿者协会在韭山列岛国家级自然保护区开展了以蓝色护海之青春携手守护最美海岸线为主题的护岛净岛及鸟类摄影活动，共有30余名志愿者参加了本次活动。

8月3日，第二十三届中国(象山)开渔节暨象山北纬30度最美海岸线发布会在半边山皇冠假日酒店举行。中国美院副院长宋建明，宁波市文化广电旅游局副局长邱金岳，巨量引擎浙江公司总经理王雪芹，中共象山县委副书记、象山县人民政府县长包朝阳，中共象山县委常委、宣传部部长应建勇，象山县人民政府副县长张微燕、宁波影视文化产业区管委会党工委书记、主任(副县长级)陈建瑜以及近百家长三角重点旅行商、自驾俱乐部、OTA平台、媒体等参加了发布会。会上举行北纬30度——象山最美海岸线IP发布、第二十三届中国(象山)开渔节情况发布、赶海产品上线签约仪式等。

8月7日至9日，东旦时尚运动海滩亲水运动嘉年华之沙滩风情音乐节在象山县东陈乡东旦沙滩举行。音乐节邀请本土、国内、国际知名乐队，为观众带来曲风多样、热情洋溢的音乐秀。活动期间举办方还开展沙滩泡泡音乐趴、水上运动表演、环保公益比赛等活动。本次嘉年华活动吸引2万多名游客走进象山，感受美丽滨海与沙滩音乐。

8月10日，中国(象山)开渔节首次面向全国招募祭海仪式陪祭团成员。自招募令发布以后，执委会通过象山港网站、象山旅游公众号、阿拉旅游、上海旅游时报、甬派、新浪、网易、抖音等平台推送，并对接长三角赶海直通车合作旅行社对外发布讯息，报名人数达到千余人，主要来自江苏、安徽、上海等地区。9月12日，通过摇号方式产生12名祭海仪式陪祭团成员。

8月18日，"渔开天下·我为泥狂"2020年长三角首届滩涂赶海趣味运动会在象山县茅洋乡滩涂赶海乐园举行。共有20支队伍160人参加比赛。

8月28日晚，象山开渔集市在宁波市老外滩举行。整个集市以"线上互动直播+线下展位销售及舞台推介"的模式进行，市民通过"蜗牛游世界"小程序直播间参与产品抢购，并参与象山"东海第一网"海鲜套餐卡、民宿房券的低价拍卖、有奖问答、微信赛跑等舞台推介互动。现场还展示象山特色农特产品、渔文化技艺、传统文化体验、象山全域旅游风光摄影图片等。

9月1日至8日，15名象山籍海内外乡贤及24位影视明星通过短视频方式寄语象山，为"云开渔"送上祝福。

9月14日18时，春秋航空9C8825"象山开渔号主题航班"40名游客从石家庄正定机场出发，直达宁波栎社机场参加中国(象山)开渔节活动。

9月16日9时28分，第二十三届中国(象山)开渔节祭海仪式在中国渔村举行。所有参加祭祀的渔民全部由当地16个渔村推选组成，12名祭海团成员从全国各地千余名自发报名的游客中招募产生。

9月16日11点45分，中国农民丰收节系列活动暨第二十三届中国(象山)开渔节开船仪式在石浦港举行。

9月16日，"渔你相逢——中国民协走进象山北纬30度最美海岸线"系列活动之"渔村故事与民间信仰"主题论坛在石浦半岛酒店举行。

9月16日，由县供销合作社携手阿里巴巴、聚划算、淘宝共同承办的“天猫正宗原产地——象山开渔”溯源直播在石浦港畔的汐澜民宿举行。

自7月下旬起，中国（象山）开渔节执委会以“嗨象山”“感受北纬30度最美海岸线”“万象山海 渔开天下”为宣传重点，抓好“主流象山”“网红象山”两个舆论场，精心策划每个活动不同时间节点宣传报道，挖掘活动亮点，通过开展上海市场推介会、第二十三届（宁波象山）开渔节新闻发布会、象山北纬30度最美海岸线发布会、东旦沙滩时尚运动嘉年华、“抖音开渔”全民共拍、长三角首届滩涂运动会、开船仪式、祭海仪式、天猫抓鱼等活动，创新线下体验、线上分享、多点辐射的传播模式，形成以中央级、长三角、市级等主流媒体为引领，网络媒体和自媒体自发参与的现象级传播。据统计，此次开渔节网上相关信息共11948条，其中，网络媒体报道6325篇（次），同比增长248%。抖音互动话题#象山最美海岸线征集11.5万个视频，合计播放10亿次。

美丽乡村建设

2020年，象山县根据宁波市委办公厅、市政府办公厅《关于高水平建设新时代美丽乡村的实施意见》文件精神和宁波市“百村示范千村整治”工程协调小组办公室要求，规范创建标准、完善工作措施、加大建设力度，总投入约0.85亿元，共有1个市级美丽乡村示范乡镇、2条市级美丽乡村风景线、5个市级美丽乡村示范村通过市级验收。

1个市级美丽乡村示范乡镇

黄避岙乡　黄避岙乡因“南宋康王避金南渡至此得救”传说，故得名“王（黄）避岙”，是象山北部门户乡镇，三面环海，南依西沪港与墙头、西周毗邻，北靠象山港与奉化、鄞州隔港相望，象山港大桥穿乡而过。全乡陆域面积43.6平方公里，海岸长28.6公里，辖13个行政村，人口1.37万人。按照“科学规划布局美、村容整洁环境美、创业增收生活美、乡风文明身心美”总要求，黄避岙乡发挥山海滩涂、历史人文等各类资源优势，精心规划、周密部署、多方联动，高标准推进美丽乡村示范乡镇创建。基础设施提升，投入1750万元成立专项资金，用于各村全域旅游节点小品打造，提升斑斓古道、休闲绿道、旅游公厕及A级景区村庄打造等旅游配套设施建设水平，投入60万元成立垃圾分类专项资金，发挥“红马甲”“蚂蚁中队”“小手拉大手”等垃圾分类志愿者队伍作用，点面线结合推进村庄生活垃圾分类处理，农村人居环境得到明显改善。该乡先后荣获省AAAA级景区镇、省美丽乡村示范乡镇、市全域旅游示范区等荣誉称号，2020年创建市级美丽乡村示范乡镇。

2条市级美丽乡村风景线

丹东街道“梅映丹东”风景线

“梅映丹东”亚运风景线总长11公里，以岙里村为起点，串联后山村、梅溪村、田洋里村、河东村、东环村、桥头林村、上余村、下余村、赤坎村、寨梅村等11个村。该风景线以党建为引领，系统谋划美丽乡村发展路径，将文化、文明、生态、产业、旅游等要素融于一体，以巨鹰路为主线，因地制宜选择节点串联成线，通过沿线各村环境提升、公路两边绿化提升、沿线各村标示标牌设立、风景线各村口节点打造、特色亮点打造等一系列工程，形成“运动田洋里”“后山浪漫花海”“凤起岙里”等一批特色节点，连点成线、以线带面，形成融党建、文明、新农村、旅游等多线合一的“梅映丹东”示范线，同步构建北部梅溪区块中端民宿产业区与南部赤坎、梅岙中高端民宿集聚区，逐步形成集旅游、休闲、娱乐、度假于一体的美丽乡村风景线。

泗洲头镇“灵岩乡韵”风景线

“灵岩乡韵”风景线位于泗洲头镇境内，以泗洲头村为起点，串联峙后村、峙前村、下马岙村、上马岙村、墩岙村、苏岙村、大理村等8个村，全长约19.7公里。该风景线根据沿线山水自然景观、农业产业基地、乡村田园风光等特色，结合镇域实际情况，从美丽集镇、魅力海湾、灵岩风光、田园风光等四大板块进行创建提升。美丽集镇段主要实现灵峰路溪坑沿岸绿化美化，打造东岙桥头镇区标志性形象节点；魅力海湾段通过建设沿海观光步道和海边观景台，展现泗洲头沿线港湾风情；灵岩风光段主要打造望山亭设立灵岩观景最佳角度，凸显灵山秀美壮观景色；田园风光段通过杨梅市场改造、稻田农耕文化点建设，展现泗洲头特色农业产业和农耕文化。因地制宜建成一条环境洁美、生态优美、生活甜美、乡风和美的美丽乡村风景线。

5个市级美丽乡村示范村

泗洲头镇墩岙村　墩岙村地处泗洲头镇南部，与宁海县长街镇相邻，区域面积2.5平方公里，全村现有247户806人，党员44名。该村突出党建引领，发展红色乡村旅游经济，建成民宿15栋，拥有床位170个，平均入住率70%，年营业额300余万元。打造形成杨梅、桃形李、柑橘和水产农旅种植体验基地5000余亩，村年集体经营性收入220余万元，村民人均可支配收入4万余元。墩岙村在依托现有自然资源基础上，深度挖掘村庄文化底蕴、旅游资源，因地制宜开展美丽乡村示范村创建工作，陆续开展景观提升、停车场建设、环村公路建设、节点小品打造、全村环境整治、庭院围墙提升、绿化提升等项目，改善村庄环境面貌，提升村民生活幸福指数。该村先后荣获省级民主法治建设示范村、卫生村、省级第一批传统村落、市级小康村、文明村、生态示范村，2020年创建市级美丽乡村示范村。

新桥镇东溪村　东溪村地处新桥镇北部，东旦线穿村而过，全村现有1226户3326人，拥有耕地面积120公顷、旱地面积73公顷、山林面积525公顷，主要以种植、养殖业为主，2020年全村人均收入2.1万元。该村高度重视美丽乡村建设，结合乡村振兴战略，统筹多方资金，整合各类资源，按照市级美丽乡村示范村创建标准，以环境卫生整治、基础设施完善为重点，打造新农村建设升级版。投资20余万元对建筑垃圾堆放杂乱、菜园地脏乱差等问题进行综合整治，提升农村人居环境；在村内修建停车场5处，在祠堂门口和新菜场附近修建公共厕所2处，完善村庄基础设施建设，满足游客旅游需求。先后获得省级第一批传统村落、AA级景区村庄等荣誉称号，2020年创建市级美丽乡村示范村。

东陈乡旦门村 旦门村位于东陈乡境内，地处象山东南沿海中部，三面环山，缓坡绵延，外口开敞，直面大海，由双农、双渔、旦仁、旦义、大湾5个自然村合并而成，全村现有1060户3526人，党员137人，拥有耕地面57公顷、山林187公顷，2020年村民人均收入22630元，村集体经济收入30.6万元。该村注重村庄建设和环境提升，开展环境综合整治提升、危旧房拆除、矮墙整理等工程，通过旦门村南入口门户景观提升、旦仁老年安置房北首溪坑整治及圆廊建设、休闲栈道建设等工程，完善基础设施，提升村民幸福感，2020年创建市级美丽乡村示范村。

晓塘乡西边塘村 西边塘村位于晓塘乡境内，地处三门湾、石浦港、大塘港交汇地带，桥海相连、岛屿川崎、果色花香，富有“海山果园别有天”之意境。全村现有户数470户、人口1775人，以水果种植、水产养殖产业为主。为加快推进美丽乡村建设步伐，提升村民幸福指数，该村美丽乡村建设内涵，将农业产业与旅游开发相结合，全力做好“环境综合治理、公共基础提升、旅游设施配套提升”三大重点工作，配套庭院集中整治、村内道路硬化、葡萄长廊美化提升等10个项目，形成环境优美、生活富裕、乡风文明、特色鲜明的美丽乡村。先后获评省级小康示范村、省级森林村庄、市级文明村、市级特色村等荣誉称号，2020年创建市级美丽乡村示范村。

黄避岙乡龙屿村 龙屿村位于象山港大桥南岸，南距县城18公里，距甬台温高速连接线象山北出口3公里，为黄避岙乡政府驻地。该村由龙屿、上龙屿、谢家岙3个自然村合并而成，全村现有768户人口1942人。村落背靠青山，面临碧海，中间平畴，属典型的沿海丘陵地貌，拥有水田120公顷、林地350公顷，林特产品较为丰富。水田打破传统单一水稻种植模式，兼载蔬菜、瓜果诸类作物，其中尤以茭白著称，种植27公顷，畅销县内及周边县、市。龙屿村在“绿水青山就是金山银山”理念指引下，以“产业振兴”“人才振兴”为重要抓手，坚持守护自然资源，改善人居环境，高标准实施浙江“千村示范万村整治”工程和美丽乡村建设，投资30万元对村主干道路进行拓宽、扩建，并在道路两侧种植花木，提升乡村道路“颜值”，投资80万元在村东停车场、中央水库等地块建造农村公厕，解决游客停车难问题。先后荣获省AA级旅游景区村庄、市村落文化建设示范点、市级生态村、市民主法治示范村等荣誉称号，2020年创建市级美丽乡村示范村。

高速公路建设

宁波舟山港石浦港区沈海高速连接线新桥至石浦段工程起点与三门湾大桥及接线工程（规划沿海高速第二段）的新桥枢纽互通（黄吉岙处）立交相接，向东南布线过黄吉岙，经下七里北侧，穿黄狗盘山、乌竹湾山，在两山之间设置新桥互通立交，路线折向南，经上盘西侧，设隧道穿竹岩洞山，新岙东侧，向南经楼下舍东侧、下山西侧，路线折向南偏东，经陆家东侧设置定塘互通立交，在小新城西侧设隧道穿后门山，经铁路坑西侧，设隧道穿牛头山，路线终于石浦镇白门头东侧，设置石浦互通立交与沿海南线相接。

宁波舟山港石浦港区沈海高速连接线新桥至石浦段路线总长约17.51公里。其中桥梁总长约9361米/7座（含分离式立交及互通主线桥），其中特大桥8237米/4座、大桥1028米/2座、分离式96米/1座。主线桥上部结构以30米装配式T梁为主，个别跨路处采用预应力钢筋混凝土现浇箱梁，下部结构采用单排双柱式桥墩、桩基础。

工程主线共设隧道约4095米/3座，其中：竹岩洞隧道为连拱隧道，长约560米；后门山隧道、牛头山隧道为长隧道，共长约3535米。

工程共设置互通式立交3处，在新桥镇西南侧设新桥互通，采用双喇叭互通与在建的新桥连接线相接；在定塘镇东侧设定塘互通，采用双喇叭互通形式与定塘连接线相接；在石浦镇西侧设石浦互通，石浦至宁波方向设置一处单向匝道，互通主线跨越沿海南线后与石浦镇规划道路白云路相接。

项目设置匝道收费站3处，主线收费站1处，路政管理站、交警管理站、路段监控通信站、隧道监控通信站、养护工区各1处（与定塘互通合址建设）；沿线设置完善的交通安全设施、监控设施、通信设施、收费设施、供电照明设施，管理用房总建筑面积约12006.5平方米。

石浦高速连接线工程共征收红线内土地1672.14亩，交地率为100%，临时借地259.59亩；拆迁住宅40户共7414平方米，各类生产用房2099平方米；迁移坟墓2077穴，强弱电管线127处；以上各项工作全部按时完成。“工完场清”及“小三改”按计划有序进行中。2020年共拨付征迁资金2.158亿元。

2020年1月9日，宁波舟山港石浦港区沈海高速连接线新桥至石浦段公路工程TJ1标竹岩洞连拱隧道左洞掌子面贯通。

2020年5月8日，石浦高速连接线牛头山隧道双向全线贯通。

2020年9月24日，石浦高速连接线隧道全部贯通。9月22日和9月24日，石浦高速连接线后门山隧道左右幅相继实现贯通，这标志着石浦高速全线设计建设的3座隧道全部贯通，为2021年年底高速建成通车奠定了坚实基础。

三门湾大桥及接线工程宁波段累计总投资81.2亿元，其中象山段投资约40.6亿元。象山段共征收红线内土地1879.18亩，新增用地33.65亩，临时借地444.72亩；拆迁住宅51户共10328平方米，厂矿企业8家共22824平方米，生产用房4471平方米；共迁移坟墓3087穴，强弱电管线106处。按时保质完成31处“工完场清”和74处“小三改”；共拨付征迁资金3.58亿元。

（俞银巧）

象山县青草巷特色街区工程

青草巷特色街区位于老城区空间结构的中心，是象山县最具历史文化渊源的旧城区，东起县府广场，南至西街，西接北山路，北靠后堂街，西北紧依大丹山，旧称蓬莱山，地处象山人文发祥地，系打造慢生活城区的示范点。

青草巷特色街区工程为老城区第一批棚户改造项目，于2018年1月16日开工，2020年7月20日完成竣工验收。该项目总用地面积26741.38平方米，总建筑面28101.56平方米，其中地上建筑面积13825.16平方米、地下建筑面积14276.40平方米，总停车位256个，共有建筑17幢，其中保留建筑6幢，新建11幢，层数1—2层，局部3层。项目总投资2.6亿元，土地款0.6亿元，工程建设费2亿元。由苏州园林设计院有限公司设计，宸宇建设集团有限公司总承包。设计初期，通过文保专家对保留房屋整体鉴定，确认需要保留及修缮的部分，通过多地考察实勘，确定设计方案。

为保留青草巷特色老街的历史韵味，一是对5幢保留的建筑进行修缮，部分建筑雕刻按原样进行修复，范家宅院总占地面积488.6平方米，总建筑面积约为400平方米，平面布局采用原有的三合院式布局，置前后天井，坐北朝南，正厅三间二弄，立帖抬梁式屋架一层楼屋；吴泰和宅院建筑总面积319.4平方米，占地面积404平方米，坐北朝南，正厅三间二弄，立帖抬梁式屋架一层楼屋；王家谟烈士故居总占地面积629.6平方米，总建筑面积约为453平方米，坐北朝南，正厅三间二弄，立帖抬梁式屋架一层木结构房屋；李宅建筑总面积1114平方米，占地面积1243平方米，坐北朝南，正斤五间二弄，立帖抬梁式屋架一层木结构房屋；王家宅院分王家宅院南、王家宅院北，建筑总面积858.4平方米，占地面积872平方米，坐北朝南，南正厅三间二弄，立帖抬梁式屋架一层木结构房屋。二是吴泰和宅院及范家宅院作为历史保留建筑，因靠近西街街面，考虑整体布局，将两幢古宅整体落架迁移后进行整体修缮。三是街区内根据整体建筑景观空间布局与象山具有人文特色渊源的历史民俗风貌有机糅合，设计了8座雕塑——东海渔歌、乡贤童心、青草寻踪、浙东大白鹅、古韵流芳、浣纱溪畔、担水日月、打铁声扬。四是整个建筑立面采用先进的泛光照明技术，提升了青草巷街区建筑整体韵味。

青草巷商业街区保留原来基地内青草巷、横十字巷及直十字巷的空间走势及布局，结合现代使用功能及相应法律法规做相应拓宽，并结合不同功能定位及功能分区赋予不同的主题特色，街巷布局从传统老街的经典模式出发，结合凤跃溪的设计依水而建，依托文化、历史、片区功能定位等赋予每一条主街以不同的景观特色，形成丰富的空间感受体验，以打破传统商业街单一的街巷空间感受。通过文化传承、街巷空间人文景观和建筑风貌等手法，形成集中展现象山文化历史人文的、具有活力及生命力的特色商业街区，也成为形象鲜明的旅游文化胜地。

由于建成年代久远，建筑密集、空间狭小，公共设施配套能力严重不足，周边危房、乱搭建、私拉电线等现象严重，今年通过宁波市特色街区考核契机，全面进行提升改造工作，提升周边居民生活环境、完善基础设施、消除安全隐患，同时结合现代使用需求及不同功能定位，融入特色文化及商业元素，划分各类商铺30余间。青草巷的全新改造，既见证了象山老城区的历史，也连接着未来的社会价值。

2020年大事记

1月

1月1日起，象山县各公立医疗机构取消医用耗材加成，实行零差率销售。生育保险和职工医保两险合并正式实施，参加职工医保女性的医疗生育费用实现直接刷卡结算，在职女职工的生育补贴正常受理申请并发放。

1月1日，象山新开通217路（象山客运东站—石浦东站）公交线路，线路合计33.8公里。

1月1日至2月29日，象山县博物馆临展厅举办海派书画展。展出海派书画54套66件，包括赵之谦、吴湖帆、冯超然、白蕉、唐云、江寒汀等名家作品。

1月2日，县第十次归侨侨眷代表大会召开。

1月3日至5日，象山县举办第二届象山农业博览会。农博会以“美丽乡村、美好生活”为主题，展销产品有象山县18个镇乡（街道）特色农产品，全省知名百强品牌企业农产品，宁波优质农产品，敦化、龙井、遂昌等对口扶贫协作地区特色农产品，以及农家特色小吃等。

1月4日，文化中心广场举行“象上吧·红领巾”公益嘉年华暨第六届少儿春晚启动仪式。

1月9日，宁波舟山港石浦港区沈海高速连接线新桥至石浦段公路工程TJ1标竹岩洞连拱隧道左洞掌子面贯通。

1月9日，宁波久源润滑设备制造有限公司的“YDX系列胶印机橡皮布自动清洗装置”入选浙江省经济和信息化厅公布“宁波市2019年度浙江省装备制造业重点领域首台（套）产品”名单。

1月10日，县人民政府确定授予宁波华翔电子股份有限公司、宁波博禄德电子有限公司、宁波乐惠国际工程装备股份有限公司3家企业“2019年度象山县县长质量奖”。

1月13日，丹大线产业区至大徐段改建工程通过交工验收。

1月17日，石浦渔港旅游开发中心负责管理的象山县渔乡风情小镇投资发展有限公司分别与市旅投和沙塘湾村村民委员会签署《象山县沙塘湾民宿项目合作开发协议》和《沙塘湾村房屋租赁协议》，推动石浦镇快沙塘湾民宿集聚区开发建设，加快镇域旅游目的地建设。

1月19日，浙江荣辉模具制造有限公司在签订完象山县临港装备工业园经三路东侧的国有建设用地使用权出让合同时，同步完成使用权首次登记申请表、询问表、界址表等表单签字、盖章手续，实现建设用地规划许可证、建设用地批准书、不动产权证书合一办理，实现国有建设用地使用权首次登记“零跑次”。

1月20日，象山华宇食品有限公司和浙江大学等承担的“罐头生产节水及柑橘新型果胶回收关键技术与产业化”项目获教育部科技进步一等奖。

1月21日，象山县政府组织国网浙江象山县供电有限公司、县自然资源与规划局、县发改局、县港航局等单位，实地勘查高塘岛乡、三门湾大桥等地，统筹规划清洁能源消纳事宜，确定象山1号海上风电场（一期）和海上风电送出线路（二期）路径方案。

1月22日，天安集团箱变事业部申请立项并承担研发的“立体建站模式预制舱”新产品，在箱变总装车间通过公司专家组成员的技术评审。立体建站模式预制舱是智能变电站应用新技术、新材料、新设备，由预制舱体、35千伏开关柜、二次设备屏柜和舱体辅助设施等模块组成。

1月25日，县纪委县监委召开全县疫情防控督导部署会议。县纪委县监委抽调30名干部组建4个疫情防控督导组，1月26日起分赴全县18个镇乡（街道）重点场所开展疫情防控监督检查。

2月

2月3日，宁波兄弟服饰有限公司启动“有拒水抗菌作用全棉口罩”的研发。2月13日，自主研发的防护口罩投入批量生产，日生产完成3000多个口罩。

2月17日，全县567家（除停产倒闭外）规模企业全部实现复工。

2月24日，象山县旅游摄影协会成立。

3月

3月5日，象山乡贤馆正式开启，开辟联络联谊“新空间”、架起乡韵乡愁“同心桥”、打通回归回报“快车道”。

3月5日，全县“产业项目攻坚年”活动重大项目集中开工仪式在宁波锦浪12万台分布式组串式逆变器项目现场举行。集中开工的21个重大项目，其中产业项目 13 个，民生和基础设施项目 8 个。

3 月 11 日，高塘岛乡花岙岛田园综合体芸苔农业公园项目在杭州签约。项目是县“海岛大花园”建设的标志性工程。

3 月 12 日，亚帆中心竞赛培训中心等 3 幢建筑进入内部装修工程，海域部分防波堤主体填筑完成。该工程建设分为陆域和海域两个部分，其中陆地面积约 15.69 公顷，用海面积约 49.6 万平方米。

3 月 17 日至 4 月 9 日，象山县实施姜毛庙保养性修缮工程。姜毛庙位于象山县丹西街道五丰村南街 12 号。

3 月 21 日，宁波勤邦新材料科技有限公司以“做国内最好功能性聚酯薄膜供应商”为战略目标，形成系统完备的流水线生产太阳能背板膜产品。

3 月 23 日，松兰山西翅膀栈道工程正式动建。工程总投资 500 余万元，年底竣工。建设内容包括新建单层服务建筑、观景平台、玻璃栈道、索桥等。

3 月 25 日，象山设立象山经济开发区应急管理所。

3 月 25 日，宁波合力模具科技股份有限公司打造国内领先的铝合金部品自动化数字化车间。生产现场智能 AGV 小车操作，运输全程自动化、物料全程不落地，智能化机器人全自动作业，智能立体仓库物料自动识别且自动出库，只需一名工人就可以控制 8 台机器，一条流水线就能够兼容 12 道工序，实现人工智能、工业互联网与制造业的紧密结合。

3 月 27 日，中国共产党象山县第十四届纪律检查委员会第六次全体会议召开。会议由县委副书记、代县长包朝阳主持。县委书记叶剑鸣出席会议并讲话。

3 月 28 日，2020“宁波人游宁波”百万职工健步走启动仪式暨宁波职工疗休养产品发布会在宁波工人疗养院正式举行。

3 月，宁波新光钢结构有限公司绿色装配式建筑产业园项目签约，落户象山西泽塘区块，总投资 10.8 亿元，用地 232 亩。

4 月

4 月 1 日起，地面气象观测自动化改革从试运行切换调整为正式业务运行。

4 月 7 日，县生活垃圾分类工作领导小组正式发文，成立宁波垃圾分类学院象山分院。该分院设立于宁波广播电视大学象山学院内，旨在建立从上到下、从点到面、从线到片的生活垃圾分类宣传培训体系。

4 月 7 日，县委常委会扩大会议召开，传达学习习近平总书记在浙江、宁波考察时重要讲话精神和省委、市委常委会扩大会议精神，研究部署贯彻落实意见。县委书记叶剑鸣主持会议并讲话。

4 月 11 日，浙江新乐造船股份有限公司为瑞士船东建造的“SIDER BUFFALO”轮下水，为全县乃至全市拉开年内新建船舶出口的序幕。

4 月 9 日，浙江科普特新材料有限公司研发生产熔喷无纺布用改性 PP 料。企业自主研发的免烤漆材料及 TPV 热塑性弹性体具有节能环保、综合成本低等优点。

4 月 15 日，省委第九巡视组巡视象山县工作动员会议召开，省委第九巡视组组长施利民作动员讲话，省监委委员郭卫东就配合做好巡视工作提出要求，县委书记叶剑鸣主持会议并作表态发言。

4 月 15 日，象港集团受让宁波能源集团有限公司和宁波经济技术开发区沿海新区投资有限公司持有的国电象山海上风电有限公司 49%股权，这标志着全县首个央地联合开发绿色清洁能源项目“国电象山 1 号海上风电场(一期)”项目正式落地。

4 月 15 日，宁波象港开发控股集团有限公司正式完成受让国电象山海上风电有限公司 49%股权变更，标志着象山县国企参与的首个央地联合开发绿色清洁能源项目“国网象山 1 号海上风电场(一期)”正式落地。

4 月 18 日，象山县举办第五届“茶文化杯”名优茶评比大赛。参赛茶样 65 个。象山茅洋宏财茶场选送的条形绿茶、象山东陈南堡村明中茶场选送的扁形绿茶、象山墙头沈记家庭农场选送的白茶和象山智门寺茶场周林国选送的红茶获得金奖。

4 月 20 日，象山县不动产登记服务中心启用“智能人脸认证”系统，所有受理窗口均布置专门设备用于互联网可信身份认证。

4 月 27 日，国网浙江象山县供电有限公司丹城供电中心和运维检修中心揭牌成立。丹城供电中心下设综合班、高压供电服务一班、高压供电服务二班、低压供电服务班、爵溪供电服务站等 5 个班组。

4 月 29 日，石浦高速公路定塘连接线(马漕线改建)工程通过交工验收，5 月 1 日正式通车试运行。项目路线起自茅石线 K30+700，终点至沿海南线 K24+450，路线全长 10.06 公里，采用一级公路设计标准，设计速度 80 公里/小时，项目概算总投资约 8.1 亿元。

4 月 30 日，宁波市 2020 年海洋伏季休渔暨中国渔政亮剑 2020 海上执法行动在石浦渔政码头正式启动。

4 月，中化国际股份有限公司投资建设的中化膜技术分盐总部经济项目签约落户象山滨海工业区。总投资 5 亿元。

5 月

5 月 6 日，县第一所全日制本科大学象山影视学院正式开学。在校生 4000 人。

5 月 8 日，石浦高速连接线牛头山隧道双向全线贯通。

5 月 13 日，县委编委发文撤销象山县城南学校，88 名财政全额补助事业编制划入象山县丹城第六小学、象山县丹城第四小学等 14 所学校。

5 月 13 日，县委编委发文设立爵溪派出所、西泽派出所、石浦港区派出所、高塘岛派出所。

5 月 13 日，县委编委发文撤销县水利和渔业局下属事业单位县水利建筑设计院。

5月13日，县委编委发文撤销县教育局下属事业单位县丹城城区教育管理办公室。

5月13日，县委编委发文撤销县住建局下属事业单位县建筑设计院和县城乡建设档案馆。

5月13日，县委编委发文撤销县传媒中心下属事业单位中国象山港网站。

5月13日，天安集团新研发的40.5千伏充气环网柜在国家电器产品质量监督检验中心通过整套型式试验。

5月14日，民进宁波市委会机关与象山县支部联合开展“追寻先辈足迹　砥砺矢志前行——纪念马叙伦135周年诞辰活动”。

5月21日，象山县经济和信息化局和爵溪街道联合举办以“开启传统企业的直播之路”为主题的网红直播带货业务知识培训，200余名企业负责人和电商创业者参加。

5月24日，以“海上茶路，话说象山”为主题的象山县首个国际茶日活动在黄避岙乡高登洋茶场举行。

5月24日，象山县旅游发展中心、象山县石浦渔港旅游开发中心、浙江吉利控股集团汽车销售有限公司、象山紫航投资有限公司联合主办的“吉‘象’如意，一起去嗨”——第三届中国南龙大脉旅游节开幕式暨吉利汽车—中国南龙大脉旅游经济带联盟景区战略合作签约仪式，在东海半边山正式启幕。

5月28日，举办对口协作地区农特产品品鉴会。县商务局、县对口支援和区域合作局、县总工会、县供销合作社联合社主办，宁波山耕农业发展有限公司、象山供销电子商务有限公司（象山馆）、象山县粮食收储有限公司承办。东西部协作对口地区吉林省延边州龙井市、敦化市，山海协作对口地区浙江省丽水市（遂昌县）。

5月30日，全县物业企业全部完成信用基本信息录入和审核，象山县物业企业信用管理平台正式上线。

6月

6月1日，县综合行政执法局联合公安局联合整治违规养犬行为，开出首批不文明养犬行为罚单。

6月2日，浙江日报报业集团（宁波）县级融媒体中心共享联盟“浙甬融”象山工作站，在象山县传媒中心挂牌成立.

6月5日，象山县丹城至林善岙公路工程（二期）竣工。

6月7日，省林业局一级巡视员杨幼平一行到象山开展松材线虫病防治工作、“新增百万亩国土绿化行动”调研暨“三服务”指导，市自然资源和规划局、县局相关领导陪同调研。

6月9日，靖南大街（东谷路至巨鹰路）民生改造工程开工，改造范围全长1320米，投资约2300万元，9月中旬开通主车道及人行道。

6月9日，象山县机关事务管理局开展“重要窗口”模范生大讨论活动。机关干部围绕聚焦树立“窗口意识”、肩负“窗口担当”、贡献“窗口标准”，开展“不负韶华、攻坚担当”机关干部责任大讨论活动。

6月9日，象山公交公司园中路公交首末站启用。该公交首末站总占地11857平方米，建筑面积3272.54平方米。

6月10日，机械科学研究总院南方中心（中试孵化基地一号工程）完成招标，总投资约11.5亿元，月底动工建设，2021年2月完工并投入使用。

6月10日，丹山路（新丰路—来薰路）路段建设动工，路段分为新丰路至来薰路路段和来薰路至天安路路段，道路全长1825米，宽24—36米，项目总投资约1.99亿元，2020年度投资5000万元。

6月10日，宁波恒冠机械制造有限公司投资建设的年产2000套风力发电机零部件生产项目签约。项目位于临港装备工业园区块，用地面积63891平方米，总投资5亿元。

6月11日，大徐镇组织召开“纪念殷夫110周年诞辰座谈会”。

6月12日，象山县非物质文化遗产馆正式开馆。综合展厅1600平方米，馆内设有7位传承人工作室，展出国家级非遗项目6个、省级非遗项目15个、市级非遗项目46个。

6月12日，象山石浦公交西站新能源充电桩通过验收。充电桩项目采用900千瓦分体式直流充电机，共30个公共汽车充电桩及配套设施建设完成并投入使用。

6月12日，县慈善总会召开第十九次“慈善一日捐”活动动员大会。

6月16日，象山县疫情防控指挥部发布第二十三号通告：继续守好“小门”，落实“亮码准入”制度，农贸市场落实“亮码+测温+戴口罩”管控措施。

6月18日，象山县针织服装企业拼多多专题招商培训会举行，拼多多浙江区域总监云崖等专业人士分析服装业务、电商入驻规则、直播实操等内容，64家企业参加培训。

6月25日，2020中国长三角城市汽车定向交流系列大型自驾游活动——象山站活动仪式在半边山皇冠假日酒店举行。

6月27日，宁波阿里中心揭牌，乐惠国际与阿里云就精酿行业级工业互联网平台项目举行签约仪式。这是象山县与阿里巴巴开展深度合作的第一个项目。

6月30日，象山县2020年民办教育培训机构年中工作会议在象山县智胜教育培训有限公司召开。会议就民办教育培训机构的审批及法人转更变更、消防安全，规范办学等具体工作开展规范办学业务专题培训。

7月

7月1日，象山县人民检察院检察服务中心入驻县矛调中心，组织18名员额检察官、检察官助理、司法雇员轮班接访，对接县社会治理中心，建立“12309+12345”信访舆情对接机制，促进社会矛盾化解。

7月1日至3日，第十届“中绿杯”

名优绿茶质量推选活动中，象山县选送的茶叶获得 4 个特别金奖、5 个金奖和 2 个银奖的优异成绩。

7 月 3 日，国网浙江象山县供电有限公司开展省公司配电自动化交接验收及实用化工作考评，成为全省首家配电自动化主站系统通过交接验收的县级公司。

7 月 4 日，象山影视城第七届泼水节在“大理皇宫”启幕。

7 月 7 日，石浦首家城市书房正式开馆。该馆位于石浦镇火炉头路 68-1 号，开放时间为周一至周五 14：00—17：00。

7 月 8 日，鹤浦镇双湾至大文沙公路工程开工。工程全长为 4.593 公里，路基宽度 6.5 米，由象山县鹤浦农业服务有限公司负责实施，总投资 5427 万元。

7 月 8 日，象山县鹤浦镇双湾至大文沙公路工程开工。项目起于南双线双湾村道，终于大文沙村道，全长 4.593 公里，路基宽度 6.5 米。

7 月 9 日，象山县举办 2020 象山出口商品新加坡网上展。通过线上模式开拓国际市场，展会现场设有“方舱展厅”，搭建起 40 个视频会议室，41 家境外采购商和 16 家象山参展商通过线上 200M 视频会议系统即时交互信息，实现双方供需洽谈。

7 月 10 日，县政务办在西周镇建立宁波市首个“政务服务+金融”综合体。综合体涵盖“办事创业、智慧政务、普惠金融、政策服务”四大服务体系。

7 月 14 日，县第三期“聚焦民生、问政问效”电视问政专项活动在县传媒中心演播大厅完成录制。县委书记潘银浩，县委副书记、县长包朝阳，县人大常委会主任罗来兴，县政协主席俞骏等县四套班子领导和市“六争”办相关领导出席活动。

7 月 16 日，省林业局、省野生动植物保护管理总站、省自然博物院、市自然资源和规划局、国家林草局和县人大、县府办等多部门在韭山列岛为“中华凤头燕鸥监测与保护研究基地”揭牌。中华凤头燕鸥首次发现于清咸丰十一年（1861），被称为“神话之鸟”。

7 月 16 日，县委编办发文，县公安局下属反恐怖大队增挂县反恐怖工作领导小组办公室牌子。

7 月 17 日，大塘“五月廿七”庙会，中站红庙街正式开市。中站红庙街全长 300 米，是象山首条非遗街区。

7 月 21 日，“致敬·共和国卫士”象山县关爱退役军人协会、退役军人优抚联盟授牌仪式暨军地双拥共建签约仪式召开。

7 月 21 日，象山县渔业船舶防台避风锚地改扩建工程通过交工验收。象山县渔业船舶防台避风锚地是浙江省规模最大、功能最全、设施最完善的渔业船舶防台避风专用锚地，有利于解决象山县 3000 余艘渔船的避风锚泊问题。

7 月 21 日，“致敬·共和国卫士”象山县关爱退役军人协会举行成立大会。县优抚联盟授牌仪式同日举行。

7 月 24 日，县委统战部举办象港两地共叙乡情联谊活动，邀请香港象山联谊会会长李志刚，副会长张志意、吴晓琦等 10 余位在甬乡亲共叙乡情、共话发展。

7 月 27 日至 30 日，象山县 2020 年度法治政府建设专题培训班在杭州开班，全县 18 个镇乡（街道）、36 个县级有关部门的法治工作分管领导或业务骨干共 80 余人参加培训。

7 月 28 日，象山县民宿经济促进会东陈分会成立大会暨一届一次会员大会在东陈乡政府召开。

7 月 28 日至 10 月 15 日，象山县举办第二十三届中国（象山）开渔节，开渔节以“庆丰收 迎小康”为主题，以“感受北纬 30 度最美海岸线”为主线，创新采用“云开渔”模式，拓展节庆载体，瞄准目标人群，运用网络直播、网红带货、抖音短视频、“云系列”等方式，共 27 项活动。

7 月 29 日，团县委联合县资规局、县水利与渔业局、县综合行政执法局、县志愿者协会在韭山列岛国家级自然保护区开展“以蓝色护海之青春，携手守护最美海岸线”为主题的护岛净岛及鸟类摄影活动，共有 30 余名志愿者参加活动。

7 月，青草巷特色街区完成竣工验收。总用地面积 2.67 万平方米，总建筑面积 2.8 万平方米，总停车位 256 个，共 17 幢，总投资 2.6 亿元。

8 月

8 月 3 日至 5 日，受 2004 号台风“黑格比”影响，象山普遍出现阵雨，局部大雨，全县面雨量 20.7 毫米，最大西周寒山 53.8 毫米；内陆出现 7—9 级，沿海地区和海面 9—12 级大风，最大杨柳坑 34.4 米/秒（12 级）。

8 月 7 日至 9 日，东旦时尚运动海滩亲水运动嘉年华之沙滩风情音乐节在象山县东陈乡东旦沙滩举行。举办方开展沙滩泡泡音乐趴、水上运动表演、环保公益比赛等活动，吸引 2 万多名游客走进象山。

8 月 7 日至 12 日，县委四个巡察组到县文化和广电旅游体育局、县文学艺术界联合会、县水利和渔业局、县中国水产城发展管理中心、县交通运输局、县直机关工委、县自然资源和规划局召开巡察进点动员会议，正式对 7 家单位党组织开展常规巡察。

8 月 10 日，浙江金源矿山机械制造有限公司投资建设的金源矿山二期项目签约。项目位于滨海工业园区块，用地面积 9436 平方米，总投资 5000 万元。

8 月 12 日，天安集团与宁波市轨道交通集团有限公司机电部、中铁电气化宁波集成项目部联合开发的智能模块化终端配电系统通过样机验收。智能模块化终端配电系统采用模数化、系列化的外形设计，标准化设计的分线系统；关键元器件采用国内首创的 5G 断路器、日本进口新型双电源自动转换开关、新型液晶控制屏等；终端配电系统可实现温度监测、湿度监测、漏电监测、三相电流不平衡监测，具有火灾预警功能，电量参数监测满足远程监控需求。

8 月 14 日，机关事务管理局向全县机关单位发出倡议书，倡导干部职工“厉行节约、从我做起”，开展“光盘行动”，响应“文明用餐”，拒绝“舌尖上”的浪费。

8月18日至19日，市、县防指办主要领导会同象山海事处、宁波海关、宁波海警局和两家扣押看管企业等多家单位对船厂码头、白礁水道及马岙门大桥附近水域等重点区域扣押船舶进行现场实地核查。

8月19日，中化（浙江）膜产业发展有限公司与天津大学国家结晶盐工程技术中心宣布，象山县成立中化膜与结晶分盐研究院。

8月20日，县正式启用园林废弃物中转站。该中转站位于大目湾环卫服务站东侧，总面积6亩。

8月22日，象山县首届新乡贤培育“青蓝行动”启动仪式在象山中学举行，县委常委、统战部部长干维岳出席并宣布启动，县人民政府副县长钮晶莹出席并讲话。

8月，滨海水厂二期工程竣工。工程总投资18034万元，其中2020年完成投资7125万元。水厂的日供水能力由10万吨提升至20万吨。

9月

9月1日，新南幼儿园投入使用。新南幼儿园坐落于丹西街道丰饶路与丹山路交叉口，西临象山县实验小学（南校区），总用地面积12797平方米，建筑面积6862.1平方米，设计办学规模为18个班，分设小班、中班、大班3个年龄段，总投资3252.7万元。

9月1日至2日，受第9号台风“美莎克”影响，象山县普降阵雨，局部中雨，沿海海面和地区出现8—9级、内陆7—8级大风。

9月，县工商联联合县主流媒体创办刊发《象商》杂志，第一期发行1000本。

9月10日，天安集团研发完成国内首创的5兆瓦风电专用华式箱变，在国家电器产品质量监督检测中心一次性通过全部型式试验项目。产品采用华式箱变结构，电压等级35千伏，额定容量5750千伏安，可按1.15系数配套5兆瓦风电机组，满足国内陆上风电5兆瓦装机容量需求，可应用于海上风电塔筒外置方案。

9月10日，宁波恒冠机械制造有限公司投资建设的年产2000套风力发电机零部件生产项目开工建设。项目位于临港装备工业园区块，用地面积63891平方米，总投资5亿元。

9月11日，象山政企联合严选长大涂光伏220千伏送出线路方案。大唐浙江象山长大涂光伏电站项目场址位于象山县高塘岛乡高塘岛西部滩涂围垦区，场址面积约7000亩，规划装机容量30万千瓦。

9月14日至16日，中国开渔节期间，两岸石浦人共同参加两岸妈祖如意信俗交流活动，以“石浦—富冈如意信俗”、影视文化主题为重点，打造如意信俗文化、影视文化等两岸交流品牌。

9月15日，县不动产登记中心启用“宁波电子证明共享核查平台”。办事群众可凭姓名和身份证号码并经现场高清数码人脸认证、企业凭企业名称和企业统一信用代码等资料进行核查并打印身份证、户口簿等文件。

9月16日，中国农民丰收节系列活动暨第二十三届中国（象山）开渔节开船仪式举行。浙江省副省长彭佳学，宁波市政协主席徐宇宁，宁波市委常委、宣传部部长李军等领导出席仪式。

9月16日，第二十三届中国（象山）开渔节祭海仪式在中国渔村举行。

9月下旬，县委四个巡察组分别向丹东街道、丹西街道、爵溪街道、贤庠镇、东陈乡5个镇乡（街道）党（工）委及所辖132个村级党组织反馈巡察意见。

9月21日，提前启动白溪引水5万立方米/日，12月1日起增加至8万立方米/日，启动方家岙水库、丹西九顷水库、莲花大口井等所有备用水源，完成晓塘施娘岙—石浦应急引水工程，多利用40多万立方米原水，减轻全县原水供水压力。

9月22日，宁波大学—象山县乡村振兴设计研究中心揭牌仪式在涂茨镇黄沙村召开。涂茨镇黄沙村入选宁波大学象山县乡村校地合作项目。

9月22日和9月24日，石浦高速连接线后门山隧道左右幅相继实现贯通。

9月23日，县商务局组织召开三季度全县商贸经济运行和商贸固定资产投资工作推进会。

9月24日，石浦高速连接线隧道全部贯通。

9月25日，锦浪科技股份有限公司入围国家第五批绿色制造公示名单，荣获“绿色工厂”称号。

9月25日，县委巡察办牵头召开并村换届专项巡察及扶贫帮扶领域“回头看”检查反馈会议。石浦、新桥、鹤浦、高塘、泗洲头、茅洋乡6个镇乡党委副书记，县农业农村局、县财政局、县民政局、县残联、县经信局5家单位政工分管领导，县委各巡察组副组长参加反馈会议。

9月27日，象山县入选中央农办、农业农村部公布新一轮农村宅基地制度改革试点地区名单。

9月28日，县重大项目集中开工仪式在石浦科技园区举行。县委书记潘银浩讲话并宣布开工。县委副书记、县长包朝阳主持开工仪式。

9月28日，象山县重大项目集中开工仪式在石浦科技园区举行。开工共27个重大项目，总投资190.4亿元。其中工业项目13个，服务业项目4个，房地产项目5个，基础配套项目5个。

9月30日，象山县招商发展中心启动“三库一图”建设。“三库”是指“人才库、资源库、项目库”合一的“象山县招商引资信息管理系统”；“一图”是指为投资客商可视化展示全县各项投资资源信息的“象山县智慧招商地图平台”。

10月

10月1日，云朵数据小镇在象山经济开发区城南高新创业园奠基开工。云朵数据小镇是云朵网在象山建立的全国总部基地，集产业数据加工、数据人才培养、数据服务为一体。总建筑面积1.4万平方米，投资6500万元。

10 月 10 日，盛宁线茅洋至泗洲头段改建工程动工。项目起点位于 71 省道盛宁线东陈至茅洋段改建工程的终点，终点接规划 S203 泗长线改建段，全线长约 3.52 公里。

10 月 15 日 9 时起，启动城乡供水抗旱Ⅳ级应急响应。全县中心城区及其余 16 个乡镇（街道）计划日供水量 2200 立方米至 68000 立方米不等，合计供水量 20.2 万立方米/日，其中联网供水区域 17.8 万立方米/日。

10 月 15 日，象山县 56 家企业参展第 128 届广交会 17 个展区。

10 月 15 日，晓塘乡青山头村入选国家级体育现代化社区（村）标准化试点。青山头村打造集 500 平方米篮球场、350 平方米门球场、1000 平方米笼式足球场、1000 平方米休闲广场及 200 米健身步道为一体的“四场一道”大型体育中心。连续承办省全民建设生态运动会、宁波市美丽乡村奥运会迷你马拉松赛等各类体育特色活动。

10 月 16 日，全县餐饮行业在局机关 11 楼会议室举行“厉行节约、反对浪费”活动启动仪式，吹响推进厉行节约、反对浪费的号角。

10 月 16 日，象山县科学技术协会联合中国畜牧兽医学会宁波（象山）服务站举办“中国白鹅产业技术高峰论坛暨产业扶贫交流会”，推动白鹅产业扶贫工作，助力乡村振兴。

10 月 16 日至 20 日，象山县举办第八届象山白鹅节。活动以“产业扶贫、共奔小康”主题，举办白鹅产业技术高峰论坛暨产业扶贫交流会、白鹅强镇建设研讨会、“石榴籽”工程启动仪式、品尝白鹅宴等系列活动。

10 月 22 日，大目湾新城学校正式动建，该校是区域内第二所九年一贯制学校，2022 年 9 月投入使用。学校占地 75 亩，总建筑面积约 4.37 万平方米，总规模约 2500 人，设置 54 个班级。

10 月 23 日，中国海装象山大型海上风电智能化装备产业园项目开工。项目将分期建设“风电机组总装、叶片生产、叶片检测、变频器生产、机舱罩生产、塔筒生产、工程安装、运维公司”等 8 大基地，总用地面积约 800 亩（不含堆场）。

10 月 23 日，中国海装象山大型海上风电智能化装备产业园项目开工仪式在鹤浦镇船舶基地举行。市政协副主席叶剑鸣宣布开工。

10 月 25 日，象山县全民健身活动中心举行 2020 践行健康象山行动暨庆祝全国第八个老年节活动。活动由象山县健康象山健身领导小组办公室、象山县老龄工作委员会办公室主办，象山县老年人体育协会、象山县心理卫生协会承办，参与人数近千人。

10 月 26 日，象山县人民检察院与县工商联共同举办“服务‘六稳’‘六保’护航民企发展”检察开放日活动，倾听民企呼声、增进司法认同、征求意见建议，维护民营经济健康发展。

10 月 27 日，万洋众创城项目在第三届世界“宁波帮 · 帮宁波”大会开幕式上正式签约落户象山石浦科技园区。投资金额 50 亿元，用地面积约 1000 亩。

10 月 28 日，“清廉宁波你我同行”系列活动第一站——走进村居，在旭拱岙村举行。市委常委、市纪委书记、市监委主任傅祖民出席会议并宣布活动启动，县委书记潘银浩致辞。活动公布全市清廉村居微视频获奖单位并进行视频展播，发布宁波市清廉文化云地图和“象廉相依”剪纸作品征集启事。

10 月 29 日，象山影视城通过国家级影视拍摄基地服务业标准化试点终期验收，成为全国首个该领域通过的试点。

10 月 29 日，爵溪街道丈莎路西端地块举行街道中心幼儿园迁建工程试桩（开工）仪式，幼儿园项目正式转入施工建设阶段。

10 月 30 日，象东供电所营业大厅智慧新设备上线投用，标志象山首个供电服务无人营业厅正式营业。

10 月，中国船舶重工集团海装风电股份有限公司的中船海装项目开工动建。总投资 102 亿元，用地约 750 亩，建设风电机组总装，叶片生产、叶片检测等 8 大基地。

11 月

11 月 2 日，象山县政务服务大数据可视化系统在县行政服务中心大厅正式上线。该系统包括群众端和部门端两个界面，群众端可对外展示不同时段的办件量对比、部门前五办件量、当日取号量、等待时间以及实时办件动态等；部门端主要提供即办率、承诺压缩率等 6 大办事核心指标、线上线下收件分析以及满意度分析。

11 月 2 日，农工党象山县支部举行换届大会。大会选举产生钮晶莹、朱爱春、黄胜、孙丽姹、陈云峰、吴益燕、赵康康为新一届支委班子成员。

11 月 3 日至 10 日，县委四个巡察组分别到县司法局、县卫生健康局、县红十字会、县审计局、县农机站、县机关事务局召开县委第十四轮巡察进点动员会议。

11 月 3 日，县委编委发文，县自然资源行政执法队在县自然资源和规划局挂牌，实行“局队合一”管理体制。下设 3 个执法中队。

11 月 3 日，县委编委发文，调整县森林公安机关管理体制。撤销县自然资源和规划局下属象山县森林公安局，增设森林防火科。

11 月 5 日，县委编委发文设立象山县“12345”政务热线服务中心，负责管理“12345”政务热线、“81890（65786578）”民生服务热线，负责做好各类电话投诉反映、政策咨询和意见建议的登记、转送、交办、协调、催办和结案工作。

11 月 5 日，象山县 57 家企业 121 人次参展第三届中国国际进口博览会。

11 月 7 日，农业农村部公布第二批全国农业综合行政执法示范单位名单，象山县农业农村局入选第二批全国农业综合行政执法示范单位。

11 月 13 日至 15 日，象山县东谷湖举行“全民健身迎亚运”航海模型 2020 浙江“象山杯”公开赛。比赛由浙江省智力运动管理中心、宁波市体育局、象山县人民政府主办。

11月14日至15日，象山影视城5G+数字影视高峰论坛在浙江象山召开。论坛由中国通信工业协会、中国广播电视社会组织联合会电视制片委员会、北京电影学院—未来影像高精尖中心、中国电影科学技术研究所、中国电影报、《经济》杂志、经济网和象山县人民政府联合主办，象山影视城与中国通信工业协会5G专委会共同承办。

11月15日，墙头方舫登山健身步道入选国家百万公里健身步道。墙头环港全长13.5公里，始于方家岙水库，终于舫前智门禅寺。

11月16日，第四届象山柑橘文化节暨定塘镇柑橘采摘仪式在四季橘歌活动主会场拉开帷幕。搭建柑橘产销平台，推广定塘“红美人”品牌。

11月16日，第四届象山柑橘文化节暨象山柑橘红美人开摘仪式在象山影视城举办。柑橘文化节以“发展柑橘产业，共奔小康生活”为主题，创新运用掌上云节庆的新型传播模式，推出云直播、云游览、云互动、云推介等系列线上活动。

11月20日，由宁波爱庭智能家居有限公司投资建设的智能家具生产项目签约。项目位于滨海工业园区块，用地面积41093平方米，总投资1500万美元。

11月22日，由象山县精神文明建设委员会、象山县委宣传部主办，象山县传媒中心承办的第七届“最美象山人”颁奖典礼晚会在象山县文化活动中心举行。

11月22日，农业农村部果树专家指导组工作会议在象山召开。

11月23日，象山县丹东街道东谷路81号房屋出租项目在象山县产权交易中心网络竞价平台经过9轮竞价最终以9.59万元成交，此为县首例国有产权项目网上竞价交易。

11月25日，2020象山大目湾半程马拉松赛在大目湾新城鸣枪开跑，4000名专业选手及马拉松爱好者参加。

12月

12月1日，以“聚力一二五，发展面对面——聚焦营商环境”为主题的第四期《聚焦民生·问政问效》大型电视问政节目在县传媒中心演播大厅完成录制。

12月3日，象山第一家万达广场开业，万达影城、世纪联华—鲸选、大玩家、海底捞、钱小奴等12家主力店、168个知名品牌入驻。

12月9日，象山县水利和渔业局颁出浙江省首张海水水产苗种产地检疫电子合格证，标志着浙江省海水水产苗种产地检疫工作进入实施阶段，电子出证系统正式启用，并在全省推广应用。

12月10日，位于贤庠镇的宁波天翼制造公司象山工厂综合工段获得共青团中央、应急管理部联合命名表彰2019年度全国青年安全生产示范示范岗荣誉。

12月11日至13日，由中国电视艺术交流协会副会长兼秘书长、中国伦理学会常务副秘书长王海滨带领的中国伦理学会专家组一行，在象山县认证考察“中国乡贤文化之乡”创建工作。先后考察陈汉章故居、乡贤剪纸馆、溪里方村、沙塘湾村民宿群并召开汇报会。

12月14日，花岙岛生态岛礁建设项目通过省自然资源厅及相关单位专家组成的验收组验收。

12月18日，象山县设立地方金融监督管理局。象山县人民政府金融工作管理中心更名为象山县金融发展服务中心。

12月18日，县委编委发文，设立象山县地方金融监督管理局，简称县地方金融监管局。

12月下旬，县委第一、第二、第三巡察组分别向县文化和广电旅游体育局、县文学艺术界联合会、县水利和渔业局、县中国水产城发展管理中心、县交通运输局、县直机关工委6家单位党组织反馈巡察情况，市资规局第一巡察组和县委第四巡察组联合向县自然资源和规划局党组反馈巡察情况。

12月21日，民盟象山县基层委员会二届一次盟员大会召开。

12月25日，国网浙江象山县供电有限公司完成象山生活垃圾焚烧发电厂至220千伏象北变电站的35千伏配套送出线路工程。象山县垃圾焚烧发电工程位于象山县东陈乡水桶岙垃圾填埋场旁边。路径总长23.68公里。

12月25日，农业农村部公布178个农产品地理标志登记产品，象山白鹅名列其中，是继象山红柑橘后象山第二个入选地理标志登记的农产品。

12月27日，上海象山商会成立大会在上海举行，大会选举宁波华翔电子股份有限公司董事长周晓峰为第一届理事会会长，龙元建设集团股份有限公司总裁赖朝晖为第一届监事会监事长。

12月29日，象山塔山遗址公园列入浙江省文物局公布第三批省级考古遗址公园名单。

12月29日，象山县与正大集团举办南美白对虾全产业链项目签约仪式。县委书记潘银浩，正大集团农牧食品企业（中国区）资深副董事长霍尔峰出席签约仪式。

12月29日，宁波农民画艺术专业委员会第一次委员会议确定象山县丹西街道成人学校、象山县丹城第六小学校、象山县鹤浦中学三家单位为第一批宁波市农民画教育传承基地。

12月29日，象山县与正大集团签约南美白对虾全产业链项目。项目落户于涂茨镇毛湾村宁波市水产种业园区，总投资1.5亿美元，总用海面积约638亩。

12月29日，寒潮，出现降温、大风和低温雨雪冰冻天气。16时起大风，过程极大风力沿海海面11级，沿海地区及内陆10级。夜里出现小雨和雨夹雪。受寒潮影响，县农作物寒潮受灾4.36万亩，大棚设施损失70.02万平方米，经济损失5231万元。

12月30日，象山县林业特产有限公司、浙江省柑橘研究所共同起草的《“红美人”柑橘设施绿色栽培技术规程》地方标准经浙江省市场监督管理局批准发布，于2021年1月30日起实施。

12月31日，宁波弘基机械有限公司投资建设的重型装备制造配套设备生产项目签约。项目位于临港装备工业园区块,用地面积 19695 平方米,总投资 1.2 亿元。

12 月 31 日,宁波天安智能电网科技股份有限公司投资建设的智能输配电及控制设备项目签约。项目位于滨海工业园区块,用地面积 27393 平方米,总投资 1.5 亿元。

12 月 31 日,宁波海纳机械有限公司投资建设的年产 3000 万套轴承盖项目签约。项目位于滨海工业园区块,用地面积 27393 平方米,总投资 2 亿元。

12 月 31 日,象山县入选浙江省农业和农村工作领导小组办公室、浙江省农业农村厅公布第一批新时代乡村集成改革试点。

12 月,浙江浙华投资有限公司及浙江毅杰世峰大健康集团有限责任公司共同投资建设的大目湾新城全龄智慧健康示范区项目正式签约入驻象山大目湾不老文化区,总投资 30 亿元,总用地面积 314 亩。

12 月,上海河姆渡实业发展有限公司投资建设的河姆渡工业互联网数字经济平台项目正式签约入驻象山大目湾新城综合广场商务楼,总投资 5 亿元,建筑面积约 1.1 万平方米。

县情概览

象山县是中国浙江省宁波市下辖县，位于东海之滨，居长三角地区南缘、浙江省东部沿海，位于象山港与三门湾之间，三面环海，两港相拥。唐神龙二年（706）立县，因县城西北有山"形似伏象"，故名象山，由象山半岛东部及沿海656个岛礁组成。陆域面积1382平方公里，海域面积6618平方公里，海岸线长达925公里，占浙江省海岸线的1/8，其中大陆海岸线349公里、岛礁海岸线576公里。全县辖有3个街道、10个镇和5个乡，490个行政村。根据第七次人口普查数据，截至2020年11月1日零时，象山县常住人口567665人。

经济和社会发展

2020年，面对复杂严峻的国内外形势特别是突如其来的新冠肺炎疫情冲击，全县上下学习贯彻习近平总书记考察浙江、宁波重要讲话精神，按照中央决策和浙江省、宁波市部署，做好"六稳"工作，落实"六保"任务，全县经济社会保持平稳健康发展。

（一）聚焦产业稳增长，县域经济企稳向好

经济总量平稳增长。统筹疫情防控和经济社会发展，在宁波市率先采取高速出入口设卡检查、聚集性公共场所关停、退热药品销售管控、发热门诊分窗接诊等措施，在宁波市最早出台复工复产方案，制定落实"惠企20条""复工保、复工担、复工贷"等系列政策，开展"一线攻坚'三服务'、争先创优促发展"行动，"两手硬两战赢"取得实效。实现地区生产总值563亿元、同比增长1.6%，财政总收入81.7亿元、同比增长6.3%，其中一般公共预算收入51.8亿元，同比增长12%，城乡居民人均可支配收入分别同比增长3.4%和6.3%。

三次产业加速复苏。工业经济回稳向好，召开制造业高质量发展大会，培育"123"百亿级产业集群，规模以上工业增加值、工业投资同比分别增长3.3%、19%。建筑业平稳发展，完善建筑企业扶持政策，完成建筑业总产值687.6亿元。服务业逐步回暖，编制新一轮商业网点规划，多措并举刺激消费，策划打造"北纬30度最美海岸线"品牌，商品销售、金融业较快增长，支撑服务业增加值同比增长2.4%。农业经济稳中有进，主要农产品供应平稳有序，"两红一白"农业全产业链优化提升，完成农渔业总产值145.9亿元、同比增长2.9%。

平台建设推进。加快国家级海洋经济发展示范区主体区建设，理清"十大指标""十大标志性项目""十大创新事项"，明确80项工作举措，基本形成"1+8"海洋产业规划体系，37个海洋经济重大项目完成投资60.4亿元。象山经济开发区、浙台经贸合作区启动园区整合提升，象保合作区航天发射场列入浙江省"十四五"重大项目，象山影视城通过国家级影视拍摄基地服务业标准化试点验收，大目湾新城学校等功能性项目动建、城市综合广场主体完工。

（二）聚焦项目扩投资，发展基础更为夯实

投资稳步增长。开展"产业项目攻坚年"活动，开发运行投资项目管理平台，成立前期工作专班，创新编制政策处理、基础配套、审批节点、中介服务四张清单，试行重大项目"捆绑考核"，构建重大项目闭环服务链，完成固定资产投资228亿元，同比增长3.5%。加强"十四五"重大项目谋划储备，申报国家专项债券，争取各类债券资金14亿元。

项目建设全力争速。2020年每季度举办重大项目集中开工活动，促进项目提速，142个重点工程建设项目完成投资169.8亿元。亚帆中心、高速石浦连接线、浙江广电象山影视基地三期等重大项目稳步建设，群惠新型墙体材料生产等23个项目完工，国电海上风电场等41个项目实现开工。29个县政府民生实事工程完成年度目标。

招商引资发力。建立招商项目全县域统筹机制，编制临港装备、汽模配、纺织服装、功能材料、绿色能源、海洋生物、影视文化、滨海旅游、商业航天等产业发展（招商）规划，组建9个招商小分队，推进产业链招商。签约亿元以上项目40个，其中10亿元以上项目11个，50亿元以上项目2个，实际利用国内资金110.6亿元、同比增长10.2%。

（三）聚焦转型求突破，发展动能蓄积

重点改革有新亮点。20个改革事项领先浙江省、宁波市，跻身中国营商环境百强县第39位。"最多跑一次"改革，建成宁波市首个"政务服务+金融"综合体，"一业联管""一网通考"做法全省推广。农村宅基地所有权、承包权、经营权"三权分置"改革和海域使用权立体分层设权研究，列入全国农村宅基地制度改革试点县、浙江省自然资源资产储备制度试点。推进宁波市社会治理现代化试点，象山县矛调中心实体化运作,“村民说事”“平安渔港”“智治影城”等做法走在全国和浙江省前列。

产业创新有新成效。推进浙江省创新改革联系点建设、科创平台建设、科技型企业培育、产学研成果转化、科技金融服务等工作,中国机械科学研究总院南方中心启动建设,果香晓塘柑橘小镇星创天地通过浙江省备案,全县研发经费支出占 GDP 比重 2.8%,新增高新技术企业 43 家、总数突破 140 家。人才工作取得新成效,引进高层次人才 358 人,人才总量突破 15 万人。

战略对接有新进展。主动融入长三角一体化发展,产业转型、科技创新、文化旅游、交通设施、公共服务、体制机制六大对接计划稳步推进,51 个事项实现长三角通办,宁象市域铁路纳入长三角交通一体化发展规划。参与“一带一路”建设,出台对外及对港澳台贸易惠企 6 条和促进开放型经济稳步发展政策,加大对外及对港澳台贸易帮扶力度,完成货物出口总额 152.8 亿元。高标准推进大花园建设,升格为浙江省大花园建设示范县创建单位,入选浙江省大花园建设十佳优秀典型案例。

(四)聚焦民生补短板,发展成果更惠百姓

城乡面貌更加美丽。召开亚运城市行动大会,“迎接亚运、城市双修”行动,棚改拆后区块加快开发,危旧房治理、老旧小区改造实施,万达广场建成运营。美丽城镇、美丽乡村建设加强,创成省市级美丽城镇样板乡镇 3 个,新增浙江省 AAA 级以上景区镇 6 个、A 级以上景区村 44 个。美丽乡村“千万工程”,建成浙江省新时代美丽乡村精品村 41 个,宁波市美丽乡村示范镇村 6 个、风景线 2 条。农村人居环境专项整治,卫生厕所普及率、垃圾分类覆盖率实现 100%,获评全国首批村庄清洁行动先进县。

社会保障日益完善。社保覆盖面扩大,象山县户籍养老保险参保率达到 99%,困难群体全部纳入养老保障范围。加快医保支付方式改革,打造“智慧医保”平台,建成宁波市首个医疗保障视频监控中心。援企稳岗工作,多渠道促进各类群体创业就业,新增城镇就业 1.6 万人,城镇登记失业率 2%。新建区域性居家养老服务中心 8 家,老年助餐服务实现乡镇(街道)全覆盖。

社会事业协调发展。推进新时代文明实践中心全国试点县建设,创新实施新时代文明实践指数测评,“善行象山”品牌打响。国家级海洋渔文化生态保护区建设工作推进,中国海洋渔文化馆试运营,第二十三届中国开渔节传播力稳步增强。实行义务教育阶段“公民同招”制度改革,推进集团化办学、校际联盟等模式,“县管校聘”实现全覆盖。启动全国健康促进县创建,形成“颐养小屋”医养结合象山模式,“医共体”改革实施。

注 1:2020 年度宁波海洋经济发展示范区主体区建设“十大指标”(累计数):海洋产业增加值(亿元)、海洋工程装备及船舶工业产值(亿元)、海洋新材料产业产值(亿元)、海洋渔业及水产品加工产值(亿元)、旅游总收入(亿元)、海洋领域 R&D 投入占海洋产业增加值比重(%)、海洋科技研发成果转化个数(个)、入海污水排放达标率(%)、涉海基础设施建设投资(亿元)、等级以上公路里程(公里)。

“十大标志性项目”:中船海上风电智能化装备产业园、中化膜产业生产基地和膜研发创新中心项目、宁波日星铸业大中庄区块扩建项目、浙江广电象山影视基地三期项目、波威重工大型机械加工制造项目、浙江省海洋运动中心(亚帆中心)、宁波锦浪 12 万台分布式租串并网逆变器新建项目和研发中心项目、中国机械科学研究总院南方中心、中国渔村二期项目、国电象山 1#海上风电场(一期)工程项目。

“十大创新事项”:争创渔港经济区建设国家试点、争创海洋经济运行监测与评估国家试点、创建国家全域旅游示范区、国家级海洋渔文化(象山)生态保护区建设、海洋生态文明建设、无居民海岛使用权市场化出让、省创新改革联系点建设、完善“智慧渔港”体系、海域“三权分置”改革、创新涉海金融服务。

注 2:“1+8”海洋产业规划体系:象山县海洋经济发展“十四五”规划、象山县临港装备产业发展(招商)规划、象山县功能材料产业发展(招商)规划、象山县绿色能源产业“十四五”发展规划、象山县海洋生物(现代渔业)产业发展(招商)规划、象山县十四五旅游业发展规划、宁波航天智慧科技城“十四五”规划、象山县影视文化产业发展(招商)规划、象山县“十四五”体育产业发展规划。

(陈赛赛　陈嘉逸)

数字象山

2020 年象山县各项事业基本数据统计表

表 1　　　　人口—经济—财政—物价

类　目	数　量	比 2019 年增长(%)
年末总户数	18.25 万户	0.2

续表1

类　　目	数　　量	比 2019 年增长(%)
总人口	54.42 万人	-0.45
城镇人口	20.42 万人	5.5
乡村人口	34.00 万人	-3.7
出生人口	3262 人	-15.1
死亡人口	3587 人	-2.6
生产总值	563.01 亿元	1.6(可比价)
第一产业增加值	81.69 亿元	2.7(可比价)
第二产业增加值	234.65 亿元	0.4(可比价)
工业增加值	164.89 亿元	2.4(可比价)
第三产业增加值	246.67 亿元	2.4(可比价)
财政总收入	81.69 亿元	6.3
中央财政收入	29.88 亿元	-2.4
一般公共预算收入	51.81 亿元	12.0
一般公共预算支出	83.96 亿元	8.4
居民消费价格总指数	2.1	—
服务价格指数	1.4	—
消费品价格指数	2.6	—
食品和烟酒	6.1	—
食品	8.3	—
粮食	1.1	—
水产品	0.2	—
烟酒	-0.3	—
衣着	-0.2	—
居住	1.0	—
生活用品及服务	0.7	—
交通和通信	-4.4	—
教育文化和娱乐	4.1	—

续表1

类　　目	数　　量	比 2019 年增长(%)
医疗保健	1.2	—
其他用品和服务	3.4	—

人民生活—社会保障

类　　目	数　　量	比 2019 年增长(%)
居民人均可支配收入	51448 元	4.2
城镇居民人均可支配收入	60773 元	3.4
农村居民人均可支配收入	35557 元	6.3
城镇居民人均消费性支出	32180 元	-3.8
食品烟酒类支出	8642 元	-1.8
衣着类支出	2418 元	1.3
医疗保健类支出	2570 元	-0.5
交通通信类支出	3965 元	-14.8
教育文化娱乐类支出	3316 元	-25.8
居住类支出	8365 元	7.2
农村居民生活消费类支出	22120 元	3.5
食品烟酒类支出	6263 元	4.1
衣着类支出	1321 元	4.7
医疗保健类支出	2511 元	-5.0
交通通信类支出	2868 元	26.2
教育文化娱乐类支出	1468 元	-20.5
居住类支出	6388 元	6.1
生活用品及服务类支出	961 元	1.9
其他用品和服务消费支出	340 元	-5.6
养老保险参保人数	43.76 万人	—
医疗保险参保人数	51.9 万人	—
工伤保险参保人数	15.1 万人	6.3
全县低保户数	6707 户	—

续表1

类　　目	数　　量	比2019年增长（%）
低保人员	9574人	3
发放低保金	7841万元	0.03
居家养老服务中心	18个	—
床位	7889张	22.3
每千人老人床位	56.3张	—

农业

类　　目	数　　量	比2019年增长（%）
农林牧渔业产值	145.87亿元	2.9（可比价）
农业产值	23.01亿元	3.1（可比价）
林业产值	1.64亿元	3.3（可比价）
牧业产值	11.03亿元	1.2（可比价）
渔业产值	106.40亿元	3.1（可比价）
农林牧渔专业及辅助性活动	3.80亿元	8.3（可比价）
粮食播种面积	11140公顷	0.8
粮食总产量	7.28万吨	1
蔬菜播种面积	7989公顷	1.2
蔬菜总产量	19.18万吨	-1.6
水果总面积	10807公顷	-2.6
水果总产量	16.62万吨	1.1
柑橘总产量	12.79万吨	2.1
杨梅总产量	1.47万吨	4.8
枇杷总产量	0.84万吨	-8.9
茶叶总产量	421吨	-32.5
肉类总产量	1.65万吨	2.1
生猪年末存栏	10.90万头	43.1
生猪年内出栏	14.47万头	1.7
家禽年末存栏	163.88万羽	30.1

续表1

类　　目	数　　量	比 2019 年增长(%)
家禽年内出栏	177.69 万羽	10.5
水产品总产量	59.07 万吨	3.2
海洋捕捞产量	34.47 万吨	-6.7
海水养殖产量	15.09 万吨	7.7
淡水养殖产量	1.35 万吨	9.9
远洋渔业产量	7.96 万吨	62.8
海水养殖面积	1.11 万公顷	-0.1

工业—建筑业

类　　目	数　　量	比 2019 年增长(%)
规模以上工业企业家数	591 家	—
规模以上工业产值	651.92 亿元	-1.8
其中:新产品	248.98 亿元	2.0
其中:轻工业	173.29 亿元	-10.0
重工业	478.63 亿元	1.6
其中:有限责任公司	118.33 亿元	7.4
股份有限公司	32.25 亿元	-15.9
私营企业	378.83 亿元	-2.2
外商投资企业	75.27 亿元	1.3
港澳台商投资企业	41.37 亿元	-13.1
其中:农副食品加工业	28.04 亿元	-7.8
纺织服装服饰业	93.24 亿元	-15.1
通用设备制造业	88.54 亿元	11.1
专用设备制造业	36.29 亿元	0.8
汽车制造业	116.62 亿元	-3.1
电气机械及器材制造业	64.48 亿元	3.4
橡胶和塑料制品业	21.77 亿元	13.6
非金属矿物制品业	35.83 亿元	-13.9

续表1

类　　目	数　　量	比2019年增长(%)
船舶和其他运输设备制造业	29.24亿元	-3.1
电力热力生产和供应业	57.59亿元	-0.3
规模以上工业销售产值	621.44亿元	0.2
其中:出口交货值	108.74亿元	-9.9
工业产销率(%)	95.32	1.9
规模以上工业营业收入	622.07亿元	2.9
规模以上工业利税总额	66.61亿元	9.6
其中:利润总额	50.80亿元	18.1
规模以上工业平均从业人数	69310人	-1.0
本年新签合同额	674亿元	—
建筑业总产值	687.64亿元	—
其中:在外省完成的产值	297亿元	—
房屋施工面积	7416.7万平方米	—
竣工面积	1465.9万平方米	—
有建筑资质企业	127家	—
国家特级资质企业	5家	—
一级资质企业	23家	—
二级资质企业	78家	—
三级及以下资质企业	21家	—
从事建筑业活动从业人员期末人数	16.6万人	—

国内贸易—对外经济

类　　目	数　　量	比2019年增长(%)
社会消费品零售总额	208.88亿元	0.7
进出口总额	24.36亿美元	-16.9
进口	2.29亿美元	-9.8
出口	22.07亿美元	-17.5

续表1

类　　目	数　　量	比 2019 年增长(%)
其中:针纺织类	8.12 亿美元	-18.7
农产品类	2.05 亿美元	1.3
机电类	9.10 亿美元	-13.7
其中:美国	6.23 亿美元	-10.8
欧盟	4.19 亿美元	-16.4
日本	1.52 亿美元	-15.2
韩国	0.64 亿美元	-10.1
新批外商投资项目	11 个	—
合同利用外资	4507 万美元	-94.1
实际利用外资	1814 万美元	-83.5

交通—通信—旅游

类　　目	数　　量	比 2019 年增长(%)
货物运输量	3884.27 万吨	-5.5
水运货运量	3190.48 万吨	-7.9
货物周转量	421.48 亿吨公里	3.9
旅客运输量	297.77 万人	-30.8
旅客周转量	1.68 亿人公里	-38.7
机动车保有量	16.5 万辆	6.5
9 座以下私人汽车	13.74 万辆	7.3
海洋运输船舶	105 艘	—
总运力	161.37 万吨	1.9
固定电话用户	9.6 万户	—
宽带用户	25.8 万户	—
移动电话	76.3 万户	—
5G 移动电话用户	7.6 万户	—

续表1

类　　目	数　　量	比 2019 年增长(%)
旅游经济总收入	273.79 亿元	-16.0
接待游客	2532.79 万人次	-13.1

科技—教育—文化

类　　目	数　　量	比 2019 年增长(%)
实现规模以上工业高新技术产业增加值	72.01 亿元	4.6
专利申请量	2131 项	—
申请发明专利	734 项	-19.0
专利授权量	1674 项	—
发明专利授权量	230 项	29.2
实现技术市场交易额	6.82 亿元	29.8
普通高中	7 所	—
在校生	6867 人	2.1
中等职业学校	3 所	—
在校生	4747 人	2.4
初中	22 所	—
在校生	16568 人	4.3
小学	24 所	—
在校生	35649 人	-3.2
幼儿园	71 所	—
在园幼儿数	17538 人	-4.8
义务教育学龄人口入学率	100%	—
初升高比例	99.5%	—
财政预算内教育支出	15.01 亿元	15.3
县图书馆总藏书量	57.45 万册	8.6
数字电视入户率	100%	—
卫生事业机构(含村卫生室)	309 个	—

续表1

类　目	数　量	比2019年增长(%)
床位	2406张	—
卫生技术人员	4420人	5.4
执业医生(含助理)	1883人	12.4
千人拥有医生	3.08人	—

(周娴)

2020年气候

气候特点:2020年气温偏高,降水量明显偏少,降水日数和日照时数较常年偏少。年降水时空分布不均,总体呈北多南少。梅雨期时间长雨量大,台汛期降水偏少,秋旱严重。年内主要气象灾害有低温、雨雪、冰冻、台风、暴雨、强对流、高温、干旱等,给生产生活带来一定影响。2020年气候季节开始时间均比常年偏早,冬、春、夏、秋季分别比常年早20天、17天、30天、19天。

2020年象山年平均气温18.6℃,比常年[1]同期偏高1.4℃,是1997年以来连续第24个偏高年。年累计降水量1095.2毫米,比常年同期偏少27%,为有气象记录[2]以来第二少,仅多于2003年881.3毫米。2019年12月至2020年2月,全县平均气温10.1℃,比常年偏高2.9℃,为有气象记录以来第一高,是象山有气象记录以来第15个暖冬,是2000年以来第11个暖冬。2020年7月西北太平洋和南海无台风生成,是自1949年有气象记录以来首次出现7月"空台"。

梅雨:2020年于5月29日入梅,比常年偏早15天(常年6月13日),为1980年以来最早;7月18日出梅,比常年晚15天(常年7月3日);梅期50天,比常年偏长28天(常年22天)。全县梅雨量分布不均,平均梅雨量352.6毫米,其中象山国家气象站345.5毫米,比常年平均梅雨量偏多54%(常年224毫米),城区378毫米,最大蟹钳港558.1毫米。

高温:象山国家气象站年内日最高气温≥35℃的高温日数7天,较常年偏少1天,与常年基本持平。城区≥35℃高温日数达27天,较常年偏多19天,≥37℃高温日数7天,其中8月出现高温14天,8月12—16日连续5天出现高温。8月26日,极端最高气温38.9℃。5月4日城区出现首个高温日,最高气温35.7℃,破有气象记录以来最早高温日记录。

强对流:2020年象山县主要出现3次明显强对流天气过程。其中3月21日傍晚到夜里象山县出现强对流天气,伴有强雷电、8—10级雷雨大风和短时强降水,全县面雨量14.9毫米,最大蟹钳港29.5毫米,最大风力蟹钳港10级(24.5米/秒)。5月15日夜里象山县普遍出现雷阵雨,局部伴有强雷电、短时暴雨、7—9级雷雨大风和小冰雹,全县面雨量22.4毫米,最大西周下沈46.6毫米,最大风力南韭山23.2米/秒(9级)。7月9日,象山全县普遍出现阵雨或雷雨,局部地区出现7—8级雷雨大风。

强降水:2020年象山县主要出现5次明显强降水天气过程。受梅雨带低涡系统影响,5月29日夜里到30日全县普降大雨,局部暴雨,全县面雨量30.6毫米,最大杨柳坑51.2毫米,城区24.8毫米,沿海海面和地区普遍出现8—9级大风,最大南韭山20.8米/秒(9级)。6月2—6日全县普降中到大雨,局部暴雨,全县面雨量36.4毫米,最大山头王70.3毫米,城区28.3毫米。6月19—22日出现一次性降水过程,全县面雨量122毫米,中北部130—180毫米,南部50—100毫米,其中象山国家气象站129.2毫米,城区146.8毫米,最大蟹钳港180毫米。6月29—30日全县普降中到大雨,部分暴雨,全县面雨量38.3毫米,共14个站点超过50毫米,最大土上村63.5毫米,城区45.5毫米。8月26日夜里象山中北部地区出现了一次大到暴雨过程,全县面雨量22.4毫米,其中象山国家气象站22.6毫米,城区55.5毫米,最大新桥67毫米。

台风:2020年主要有2个台风影响,分别为2004号"黑格比"和2009号"美莎克"。8月3—5日受2004号"黑格比"影响,象山普遍出现阵雨,局部大雨,全县面雨量20.7毫米,最大西周寒山53.8毫米;内陆出现7—9级大风,沿海地区和海面9—12级大风,最大杨柳坑34.4米/秒(12级)。9月1—2日受第9号台风"美莎克"影响,象山县普降阵雨,局部中雨,沿海海面和地区出现8—9级大风、内陆7—8级大风。

干旱:8月6日—12月31日,象山县降水量偏少,累计降水量仅243.4毫米,较常年同期偏少61%,为有气象记录以来同期最少。其中11月累计降水量仅4.7毫米,比常年同期偏少95%,破有气象记录以来同期最少记录;12月累计降水量26毫米,比常年同期偏少50%。10月23日至11月19日连续无明显降水长达28天。受旱情影响,全县水库河网蓄水不足,部分地区供水紧张。

寒潮及强冷空气:2020年象山县

主要出现4次寒潮及强冷空气天气过程。受强寒潮影响，2月14—16日象山出现明显降温、降水和沿海大风天气过程，局部山区出现积雪。48小时象山国家气象站降温幅度为10.1℃，16日最低气温降至0℃左右。从15日中午起沿海海面出现8级以上偏北大风，其中15日夜里至16日白天沿海海面出现9—10级、沿海地区8—9级、内陆7—8级偏北大风。3月26—28日受冷空气影响，象山国家气象站降温幅度达13.6℃。12月13—14日，受冷空气影响，象山出现降温、雨雪和大风过程，日平均气温过程降温幅度6—7℃，14日出现初雪，蒙顶山、珠山等多地山区有降雪并有积雪。受寒潮影响，12月29日起出现强降温、大风和低温雨雪冰冻天气。日平均气温过程降温幅度在12—14℃，日最高气温降幅达18—20℃。29日（16时）起大风，过程极大风力沿海海面11级，沿海地区及内陆10级；最大北渔山11级（29.9米/秒），9级以上大风时间约35小时。29日夜里出现小雨和雨夹雪。过程最低气温普遍在－6—－3℃，山区－9—－6℃，最低寒山站－9℃，有严重冰冻。

气象灾害：8月3—5日，受台风“黑格比”影响，8月4日G1523甬莞高速（象山港大桥及连接线）多个入口关闭，多地设施大棚、树木等遭受大风灾害，造成一定经济损失。据统计，此次台风造成全县经济损失4000多万元，其中农业损失占99%以上（畜牧业损失200多万元，大棚损失100多万元，农作物损失2000多万元，水产养殖损失1300万元左右）。

12月29日起受寒潮影响，全县农作物寒潮受灾4.36万亩（其中柑橘2万亩、损失2000万元，枇杷2万亩、损失2500万元），大棚设施损失70.02万平方米，经济损失5231万元。

【1】常年指象山国家气象站1981—2010年。

【2】有气象记录指象山国家气象站1979年建站以来。

（徐彬　申倩倩）

城乡居民生活

【概况】 2020年，象山县面对疫情的巨大冲击和复杂严峻的内外部环境，做好“六稳”工作，落实“六保”任务，促进居民增收，经济稳定，民生兜底保障。象山县全体居民和城镇居民可支配收入分别踏上“5万元”和“6万元”台阶。据城乡一体化住户调查数据显示，2020年象山县全体居民人均可支配收入51448元，同比增长4.2%。分城乡来看，城镇居民人均可支配收入60773元，同比增长3.4%，农村居民人均可支配收入35557元，同比增长6.3%，增速分别低于全市平均水平1.4和0.5个百分点。城乡收入倍差为1.71，比上年缩小0.05。从全体居民五等分收入分组情况来看，2020年20%最高收入组和20%最低收入组人均可支配收入分别为159050元和19321元，收入差距倍数由上年的8.57下降到8.23，缩小了0.34。城乡居民人均生活消费支出为28030元，同比增长0.1%。分城乡看，城镇人均生活消费支出为32180元，同比下降3.8%，农村人均生活消费支出为22120元，同比增长3.5%。

表2　**2020年象山县城乡居民人均可支配收入分项数据一览表**

指　标	城　镇			农　村		
	绝对数（元）	增幅（%）	占比（%）	绝对数（元）	增幅（%）	占比（%）
可支配收入	60773	3.4	100.0	35557	6.3	100.0
一、工资性收入	32662	3.2	53.7	13725	5.9	38.6
二、经营净收入	12760	4.8	21.0	13634	7.3	38.3
三、财产净收入	8719	2.4	14.4	1545	6.6	4.4
四、转移净收入	6632	3.5	10.9	6653	5.4	18.7

【城乡居民工资性收入】 平稳增长。城镇居民人均工资性收入为32662元，同比增长3.2%，占可支配收入的比重为53.7%，拉动可支配收入增长1.7个百分点；农村居民人均工资性收入为13725元，同比增长5.9%，占可支配收入的比重为38.6%，拉动可支配收入增长2.3个百分点。工资增长主要原因是落实社保降费减负政策，象山县全年发放稳岗返还金4818万元，惠及3067家企业的员工；实施“乐业象山”行动，多渠道促进各类群体就业，举办高校毕业生专场招聘会等各类招聘会66场，提供岗位数1.2万个。

【城乡居民经营净收入】 增速回升。城镇居民人均经营净收入12760元，农村居民人均经营净收入13634元，同比分别增长4.8%和7.3%，增速同比回升0.2和1.2个百分点，增速排四大收入之首，成为居民收入增长的重要力量。主要原因是疫情防控期间，县政府落实国家相关政策，相继出台为企业纾困解难的措施文件，对个体经营户和小微企业加大政策支持力度，进行阶段性减税降费、减租降息、普惠性金融等政策支持，企业利润逆势上扬；随着疫情防控进入常态化，各类经营活动基本回归正常，特别是三季度以来，教育、娱乐、旅游等行业开放，经营净收入实现恢复性增长。

【城乡居民财产净收入】 由负转正。城镇居民人均财产净收入8719元，同比增长2.4%，农村居民人均财产净收入1545元，同比增长6.6%，占可支配收入的比重分别为14.4%和4.4%。一是农村改革推进，土地流转面积增加，农村闲置农房盘活利用，促进农民财产性收入增收；二是外来人口和县城陪读家长的增多，拉动了城区房屋租赁市场，城镇居民的出租房屋净收入提升；三是疫情使居民对未来预期的不确定性增加，家庭投资理财意识增强，储蓄、理财产品、基金等红利收入增加，都对财产净收入的由负转正，起到了作用。

【城乡居民转移净收入】 增长。城镇居民人均转移净收入6632元，同比增长3.5%，农村居民人均转移净收入6653元，同比增长5.4%，占可支配收入的比重分别为10.9%和18.7%。主要原因是象山县出台并实施退休人员养老金标准调整、失业补助金发放、特殊群体困难补助、政策性惠农补贴等民生政策，加大政策帮扶及优惠力度，居民从政府获得的政策红利、所得实惠在疫情特殊时期没有丝毫缩水。

【后期需关注的问题】 一是收入增收压力较大。象山县经济发展恢复情况良好，居民收入增长与经济增长基本保持同步趋势。但是在经济下行和疫情防控交织影响下，城乡居民收入增速放缓，分别较上年同期下降4个百分点和2个百分点。同时随着居民收入的基数在扩大，需要更多的增长点以支撑其增长，居民增收压力较大。二是经营收入快速增长受限。疫情下，居民家庭经营压力越来越大。一方面，部分企业面临资金周转困难、产品滞销、招工难、用工成本居高不下等问题。另一方面疫情下的产业链未完全恢复、市场消费需求萎缩，部分市场主体复工达效恢复缓慢，经营收入快速增长受到限制。三是要提高收入的稳定性。对于打零工、计件、计时等灵活就业者而言，工作的不稳定直接影响其收入的稳定性。同时这部分人员的社保、医疗等社会保障处于较低水平，抗风险能力需加强。四是低收入群体增收难。2020年，象山县全体居民20%最低收入户家庭人均可支配收入为19321元，仅为20%最高收入户家庭人均可支配收入水平的12.1%，部分大龄低技能低学历的劳动者与市场需求难以匹配，成为增收难的主要群体。

【城乡居民食品烟酒支出】 人均食品烟酒支出为7580元，同比增长0.9%，占八大类支出的比重高达27.0%，占比居八大类之首。分城乡看，城镇人均食品烟酒支出为8642元，同比下降1.8%；农村人居食品烟酒支出为6263元，同比增长4.1%。

【城乡居民衣着支出】 人均衣着支出为1855元，同比增长2.5%。分城乡看，城镇人均衣着支出为2418元，同比增长1.3%；农村人均衣着支出为1321元，同比增长4.7%。

【城乡居民居住支出】 人均居住支出为7310元，同比增长6.9%，占比仅次于食品烟酒。居住支出中，自有住房折算租金为5477元，同比增长6.1%。分城乡看，城镇人均居住支出为8365元，同比增长7.2%；农村人均居住支出为6388元，同比增长6.1%。

【城乡居民生活用品及服务支出】 人均生活用品及服务支出为1559元，同比增长9.5%。分城乡看，城镇人均生活用品及服务支出为1807元，同比增长11.9%；农村人均生活用品及服务支出为961元，同比增长1.9%。

【城乡居民交通通信支出】 人均交通通信支出为3970元，同比增长6.5%，其中交通支出为2960元、同比增长6.5%，通信支出为1010元、同比增长6.8%。分城乡看，城镇人均交通通信支出为3965元，同比下降14.8%，其中交通支出为2908元、同比下降19.6%，通信支出为1057元、同比增长1.7%；农村人均交通通信支出为2868元，同比增长26.2%，其中交通支出为2007元、同比增长35.2%，通信支出为861元、同比增长9.3%。

【城乡居民教育文化娱乐支出】 人均教育文化娱乐支出为2498元，同比下降24.7%，其中教育支出1868元、同比下降15.2%，文化娱乐支出为630元、同比下降43.6%。分城乡看，城镇人均教育文化娱乐支出为3316元，同比下降25.8%，其中教育支出为2426元、同比下降14.4%，文化娱乐支出为890元、同比下降45.5%；农村人均教育文化娱乐支出为1468元、同比下降20.5%，其中教育支出1126元、同比下降16.9%，文化娱乐支出为342元、同比下降30.5%。

【城乡居民医疗保健支出】 人均医疗保健支出为2516元，同比下降2.6%，分城乡看，城镇人均医疗保健支出为2570元，同比下降0.5%；农村人均医疗保健支出为2511元，同比下降5.0%。

【城乡居民其他用品和服务支出】 人均其他用品和服务支出为742元，同比下降4.6%。分城乡看，城镇人均其他用品和服务支出为1097元，同比下降4.2%；农村人均其他用品和服务支出为340元，同比下降5.6%。

（陈琼）

中国共产党象山县委员会

综　述

【概况】　2020年，县委常委会坚决贯彻落实中央决策和省市委部署要求，做好“六稳”“六保”各项工作，众志成城抗疫情、高效抓发展，全力推动经济社会发展企稳回升向好。全年实现地区生产总值563亿元、同比增长1.6%；财政总收入81.68亿元、同比增长6.3%，其中一般公共预算收入51.8亿元、同比增长12%；城乡居民人均可支配收入同比分别增长3.5%和6.5%。

【“两战”统筹取得实效】　统筹做好疫情防控和经济社会发展。在全市率先采取高速出入口设卡检查、关停聚集性公共场所、管控退热药品销售等措施，推动形成全体动员、全员参与、全线压上、全力以赴的生动局面，累计确诊输入型病例2例。慎终如始做好秋冬季疫情防控，落实精密智控机制，开展“净海”专项行动，“外防输入、内防反弹”工作。在全市最早出台复工复产行动方案，制定落实“惠企20条”“复工保、复工担、复工贷”等系列政策，“健康返象和有序复工”系统研发等工作在新闻联播播出。主动开展抗疫合作，18名医务工作者逆行驰援武汉。开展“一线攻坚三服务、争先创优促发展”行动，解决各类困难6569个，兑现“两直”资金4.4亿元，降本减负资金15.5亿元。

【经济形势回稳向好】　2020年新引进亿元以上项目40个，市外国内资金、浙商回归资金同比分别增长17.4%、8.7%。国电海上风电等一批重大项目实现开工，固定资产投资同比增长3.5%。制造业回稳向好，规模以上工业增加值、工业投资同比分别增长2.5%、15%，战略性新兴产业、高新技术产业、装备制造业增加值增速均快于规模以上工业。建筑业平稳发展，实现总产值687.6亿元。旅游业回暖复苏，开展线上线下宣传营销，“象山北纬30度最美海岸线”品牌影响力扩大，获评2020中国县域旅游综合竞争力百强县。象山影视城剧组拍摄数创历史新高，通过国家级影视拍摄基地服务业标准化试点验收。服务业增加值增长3.5%，社会消费品零售总额增速居全市前列。农渔业稳产增效，“两红一白”（柑橘、梭子蟹和大白鹅）农业全产业链优化提升，完成农业总产值145.8亿元、同比增长2.9%。

【改革创新推进】　纵深推进重点领域和关键环节改革，20个改革事项领先省市。完成事业单位改革。“最多跑一次”改革，建成全市首个“政务服务+金融”综合体，“一网通考”“一业联管”改革全省推广。聚焦营商环境领域改革，全力推进企业投资项目“最多80天”和小型低风险项目审批“最多15个工作日”改革，跻身中国营商环境百强县。投融资体制改革，融资综合成本降幅超1个百分点，列入隐性债务风险化解全国试点。农村宅基地“三权分置”改革，构建确权登记、资格权管理、抵押融资等制度体系，列入全国农村宅基地制度改革试点县。海域使用权立体分层设权研究，推广浅海滩涂“三权分置”改革，成为省自然资源资产储备制度试点。推进省创新改革联系点建设，科创平台建设、科技型企业培育、产学研成果转化、科技金融服务等工作，中国机械科学研究总院南方中心园区项目启动建设，全县高新技术企业总数达到142家、实现三年翻番。人才工作取得新成效，引进各类高层次人才358人，人才总量突破15万人。

【城乡品质提升】　抓住亚运机遇、赋能城市发展。按照“多规合一”的理念和要求，初步完成新一轮县域国土空间总体规划编制。推进城市有机更新，棚改区块加快开发，危旧房治理、老旧小区改造实施。提升城市商圈品质，万达广场建成运营，线上消费、夜市经济等新业态新模式逐步兴起。大目湾功能品质提升，象山影视学院正式投用。高速石浦连接线推进，定塘高速连接线建成通车。开展“十大美丽”系列创建，建成美丽乡村示范镇村6个、风景线2条，入选全省大花园建设十佳优秀典型案例。农村人居环境专项整治，卫生厕所普及率、污水处理率、垃圾分类覆盖率均实现100%，获评全国村庄清洁行动先进县。实施蓝天碧水净土清废四大行动，“污水零直排区”创建、“三改一拆”等工作纵深推进，生活垃圾焚烧发电项目年内投用。

【社会民生改善】　法治象山建设，“七五”普法收官。推进市域社会治理现代化象山试点工作，县矛调中心实体化运作，“村民说事”“平安渔港”“智治影城”等做法走在全国全省前列。决战冲刺“星级平安金鼎”，安全生产死亡人数、刑事立案数、四级走访总量均实现大幅下降，全市信访“四无村”创建现场会召开。打好扫黑除恶收官战，累计打掉涉黑涉恶团伙45个，查处“保护伞”17人。推进新时代文明实践中心全国试点县建设，全国首创新时代文明实践指数测评，“善行象山”品牌打响。国家级海洋渔文化生态保护区建设工作推进，第二十三届中国开渔节传播力明显增强。实行义务教育阶段“公民同招”制度改革，“县管校聘”实现全覆盖。启动国家级健康促进县试点创建，“医共体”改革实施。加强就业和社会保障、援企稳岗工作，困难群体基本保障实现全覆盖。档案、残疾人、慈善、红十字、关工委等工作取得新进展。

重要会议

【县委社会安全稳定工作专题会暨安全生产（消防安全）工作推进会】 1月7日，县委社会安全稳定工作专题会暨安全生产（消防安全）工作推进会召开。县委书记叶剑鸣在会上作重要讲话。县委副书记、代县长包朝阳主持会议。县领导金红旗、俞骏等出席会议

【县“不忘初心、牢记使命”主题教育总结大会】 1月10日，县“不忘初心、牢记使命”主题教育总结大会召开。县委书记叶剑鸣在会上作重要讲话。县委副书记、代县长包朝阳主持会议。市委第五巡回指导组副组长周永全代表巡回指导组讲话。金红旗、俞骏等县四套班子领导出席会议。

【推进新时代文明实践中心全国试点县建设动员大会】 1月14日，县推进新时代文明实践中心全国试点县建设动员大会召开。县委书记叶剑鸣在会上作重要讲话。市文明办相关负责人及县领导罗来兴、奚海峰、胡建萍、钮晶莹、励茂平出席会议。

【2019年度全县基层党建和人才工作述职评议会】 1月19日，县2019年度基层党建和人才工作述职评议会召开。县委书记叶剑鸣在会上作重要讲话。市委组织部副部长朱志坚到会指导。县委常委、组织部部长范焕平主持会议。县领导奚海峰、邬火龙、周坚栋等出席会议。

【县“产业项目攻坚年”活动重点工程推进第一次工作例会暨重大项目集中开工仪式】 3月5日，县“产业项目攻坚年”活动重点工程推进第一次工作例会暨重大项目集中开工仪式召开。县委书记叶剑鸣在会上作重要讲话。县委副书记、代县长包朝阳主持会议。县领导陈兴立、奚海峰、周坚栋、石坚定、钮晶莹、张微燕、吴志辉等出席会议。

【县领导干部会议】 3月18日，县领导干部会议召开。县委书记叶剑鸣在会上传达中央和省市系列会议精神并作重要讲话。县委副书记、代县长包朝阳主持会议。金红旗、俞骏等县四套班子领导出席会议。

【县委常委会扩大会议】 4月7日，县委常委会扩大会议召开，传达学习习近平总书记在浙江、宁波考察时重要讲话精神和省委、市委常委会扩大会议精神，研究部署贯彻落实意见。县委书记叶剑鸣主持会议并讲话。

【县新时代文明实践中心全国试点县建设专题会议】 4月17日，县新时代文明实践中心全国试点县建设专题会议召开。县委书记叶剑鸣在会上作重要讲话。县领导罗来兴、胡建萍、钮晶莹、欧亚群等出席会议。

【县委改革委员会第三次全体（扩大）会议】 4月20日，县委改革委员会第三次全体（扩大）会议召开。县委书记叶剑鸣在会上作重要讲话。县委改革委员会成员、有关县领导出席会议。

【县渔业领域“一打三整治”暨渔业安全生产工作会议】 4月22日，县渔业领域“一打三整治”（严厉打击非法、违法生产经营建设行为专项行动和开展道路交通、海洋渔业、消防安全专项整治。）暨渔业安全生产工作会议召开。县委书记叶剑鸣在会上作重要讲话。县领导罗来兴、奚海峰、应伟刚、范建富、吴志辉、莫俶茜等出席会议。

【县委依法治县委员会第二次全体（扩大）会议】 5月13日，县委依法治县委员会第二次全体（扩大）会议召开。市政协副主席、县委书记叶剑鸣在会上作重要讲话。县领导陈兴立、范焕平、奚海峰、陈善方、陈爱武、穆锦斌、范建富、欧亚群及县人民法院院长陈海虹出席会议。

【“一线攻坚三服务、争先创优促发展”活动动员大会】 5月15日，县“一线攻坚三服务、争先创优促发展”活动动员大会召开。市政协副主席、县委书记叶剑鸣在会上作重要讲话。县委副书记、县长包朝阳分析经济社会发展形势并作工作部署。罗来兴、俞骏等县四套班子领导出席会议。县委常委、组织部部长范焕平宣读表彰名单。副县长范建富、吴志辉分别部署平安建设和“三农”工作。

【县领导干部会议】 5月27日，县领导干部会议召开。市委常委、组织部部长钟关华出席会议并讲话。市政协副主席叶剑鸣，县委书记潘银浩，县委副书记、县长包朝阳作表态发言。市委组织部常务副部长、市委人才办常务副主任金彦宣布省委、市委任免决定。县领导罗来兴、俞骏等出席会议。

【县领导干部会议】 6月2日，县领导干部会议召开。县委书记潘银浩主持会议并作重要讲话。县委副书记、县长包朝阳传达全国两会精神。罗来兴、俞骏等县四套班子领导，县人民法院院长、县人民检察院检察长，担任过副县级以上领导职务的离退休党员老同志出席会议。

【县机关党的建设工作座谈会】 6月29日，县机关党的建设工作座谈会召开。县委书记潘银浩在会上作重要讲话。县委常委、组织部部长范焕平主持会议，县委常委、石浦镇党委书记奚海峰等人出席会议。

【县委常委(扩大)会议】 7月10日，县委常委(扩大)会议召开。县委书记潘银浩主持会议并作重要讲话。县委副书记、县长包朝阳传达市委全会精神。罗来兴、俞骏等县四套班子领导出席会议。

【县第三期“聚焦民生、问政问效”电视问政专项活动】 7月14日，县第三期“聚焦民生、问政问效”电视问政专项活动在县传媒中心演播大厅完成录制。县委书记潘银浩，县委副书记、县长包朝阳，县人大常委会主任罗来兴，县政协主席俞骏等县四套班子领导和市“六争”办相关领导出席活动。

【县委理论学习中心组(扩大)会议】 7月15日，县委理论学习中心组(扩大)会议召开。浙江大学医学院附属第一医院副院长、浙江省援鄂重症肺炎诊疗国家队领队陈作兵，作题为《武汉保卫战——我们为什么会赢》的专题讲座。县委理论学习中心组全体成员，各地各部门主要负责人出席会议。

【“致敬·共和国卫士”象山县关爱退役军人协会、退役军人优抚联盟授牌仪式暨军地双拥共建签约仪式】 7月21日，“致敬·共和国卫士”象山县关爱退役军人协会、退役军人优抚联盟授牌仪式暨军地双拥共建签约仪式召开。驻象某部部队长华明、县委书记潘银浩出席并讲话。罗来兴、俞骏等县四套班子领导出席活动。

【中共象山县委十四届八次全体(扩大)会议】 7月22日，中共象山县委十四届八次全体(扩大)会议在县委党校召开。县委常委会主持会议。县委书记潘银浩代表县委常委会作工作报告。县委委员、候补委员，县纪委委员，县人大、县政府、县政协领导班子成员，县级各部门、各镇乡(街道)党政主要负责人，县委巡察组组长，担任过副县级以上领导职务的离退休党员老同志，部分县党代会代表出席会议。

【省委第九巡视组巡视象山县情况反馈会】 2020年7月24日，省委第九巡视组向象山县反馈巡视情况。省纪委副书记、省监委副主任胡志权出席并传达了省委书记车俊关于巡视工作讲话和指示精神，省委第九巡视组组长施利民主持会议并向潘银浩反馈巡视情况。之后，胡志权对抓好巡视整改工作提出要求，施利民代表省委巡视组向象山县领导班子进行反馈。宁波市委常委、市纪委书记、市监委主任傅祖民参加相关反馈会议并就抓好象山县巡视整改工作提出要求。潘银浩主持会议并作表态讲话。省委第九巡视组副组长及有关同志，省委巡视工作领导小组办公室、省纪委省监委相关监督检查室、省委组织部、省委宣传部相关处(室)有关同志；宁波市纪委有关同志，象山县委、县人大常委会、县政府、县政协领导班子成员，县人民法院、县人民检察院主要负责人参加会议。其他在职副县级及以上领导干部，县纪委县监委机关和县委组织部领导班子成员，县政协秘书长，县人大各委办主任、县政协各委室主任，各镇乡党委(街道党工委)书记、镇乡长(街道办事处主任)，县级部门党政主要负责人，县直属国有企业主要负责人，县委巡察组组长，近5年退休的原四套班子领导等列席会议。

【县委党管武装工作暨县国防动员委员会全体会议】 8月11日，县委党管武装工作暨县国防动员委员会全体会议召开。县委书记、县人武部党委第一书记、县国动委第一主任潘银浩在会上作重要讲话。县委副书记、县长包朝阳主持会议。县委常委、县人武部政委邬火龙作工作部署。县领导奚海峰、吴志辉等出席。爵溪街道、西周镇、泗洲头镇、茅洋乡党委负责人在会上作党管武装工作述职。

【县制造业高质量发展大会】 8月28日，县制造业高质量发展大会召开。县委书记潘银浩在会上作重要讲话。县委副书记、县长包朝阳主持会议。罗来兴、俞骏、李晓东等县四套班子领导出席。会议表彰了2019年度工业经济发展各项先进，华翔集团、日星铸业、锦浪科技、中化国际等企业代表以及西周镇、象山经济开发区、人行象山支行等单位负责人在会上作交流发言。

【县委理论学习中心组(扩大)会议】 9月8日，县委理论学习中心组(扩大)会议召开。宁波大学法学院副院长、宁波市《中华人民共和国民法典》宣讲团副团长何跃军作《释放民法典的法治力量》专题讲座。县委理论学习中心组全体成员，各地各部门主要负责人参加会议。

【县民政会议】 9月17日，县民政工作会议召开。县委书记潘银浩在会上作重要讲话。县领导李晓东、陈爱武、吴志辉、莫俶茜出席会议。会议传达学习了省、市民政工作会议精神，石浦镇、西周镇、鹤浦镇、丹东街道塔山社区、应急救援类社会组织代表作交流发言。

【县重大项目集中开工仪式】 9月28日，县重大项目集中开工仪式在石浦科技园区举行。县委书记潘银浩讲话并宣布开工。县委副书记、县长包朝阳主持开工仪式。罗来兴、俞骏、李晓东等县四套班子领导出席。开工仪式上，18个镇乡(街道)和象山经济开发区、大目湾、宁波影视文化产业区向县委、县政府报告投资情况。县自然资源和规划局、石浦镇、万洋众创城投资集团浙东区域公司代表作表态发言。

【烈士纪念日向烈士敬献花篮仪式】 9月30日，烈士纪念日向烈士敬献花篮仪式在革命烈士纪念馆举行。县四套班子领导，县人民法院院长、县人民检察院检察长，其他现职副县级领导，县级部门党政主要负责人，驻象部队代表，有关部门代表以及烈属、退役军人等社会各界代表参加敬献花篮仪式。县委副书记、政法委书记李晓东主持仪式。

【县优化营商环境工作推进会暨警示教育大会】 10月16日，县优化营商环境工作推进会暨警示教育大会召开。县委书记潘银浩在会上作重要讲话。县委副书记、县长包朝阳主持会议。罗来兴、俞骏等县四套班子领导出席。会议设主会场和分会场,县级领导干部、县级部门党政主要负责人、镇乡党委书记(街道党工委书记),部分县级部门县管副局级以上领导干部在主会场参加会议;部分县级部门县管副局级以上领导干部,各镇乡长(街道办事处主任)、乡镇副局级以上领导干部在分会场参加会议。会议还组织观看《象山县党员干部违纪违法案例警示录》。

【中国海装象山大型海上风电智能化装备产业园项目开工仪式】 10月23日,中国海装象山大型海上风电智能化装备产业园项目开工仪式在鹤浦镇船舶基地举行。市政协副主席叶剑鸣宣布开工。10月22日,在项目开工前,县委书记潘银浩会见中国船舶集团有限公司党组成员、副总经理钱建平和中国船舶重工集团海装风电股份有限公司董事长王满昌等一行。县领导包朝阳、罗来兴、俞骏、陈兴立以及中国船舶重工集团海装风电股份有限公司董事长王满昌等出席开工仪式。副县长石坚定主持开工仪式。

【县委常委会(扩大)会议暨经济社会形势专题分析会】 10月30日,县委常委会(扩大)会议暨经济社会形势专题分析会召开,学习贯彻习近平总书记考察浙江、宁波重要讲话精神,按照省委、市委的决策部署,分析前三季度经济社会形势,部署四季度工作。县委书记潘银浩主持会议。包朝阳、罗来兴、俞骏、李晓东等出席会议。

【县委召开常委会(扩大)会议】 11月2日,县委常委会(扩大)会议召开,传达学习中共十九届五中全会精神,研究部署县贯彻落实工作。县委书记潘银浩主持并讲话,县委副书记、县长包朝阳传达全会有关精神。

【县委改革委员会第四次全体(扩大)会议】 11月6日,县委改革委员会第四次全体(扩大)会议召开。县委书记、县委改革委员会主任潘银浩在会上作重要讲话。县委改革委其他成员参加会议,各镇乡党委(街道党工委)书记、县直及驻象山垂直管理有关单位主要负责人列席会议。会议听取县委改革办年内以来改革工作情况和县委宣传部、县发改局等单位重点改革项目推进情况的汇报,审议通过了"亩均超万美元"农业供给侧改革、全县资产资源实施统筹开发利用和产业项目"一链式"服务、"一业联管"及"党建+改革"等实施方案。

【县委"学习贯彻党的十九届五中全会精神"专题学习会】 11月10日,县委"学习贯彻党的十九届五中全会精神"专题学习会召开。县委书记潘银浩在会上作重要讲话。县领导罗来兴、俞骏、李晓东、陈兴立、范焕平、奚海峰等围绕高质量发展主题,紧扣忠实践行省委"八八战略"(指2003年时任浙江省委书记习近平作出"发挥八个方面的优势 推进八个方面的举措"的决策部署)、市委"六争攻坚"(宁波市委提出的"项目争速、产业争光、科技争投、城乡争优、服务争效、党建争强"决策部署)、在宁波当好"重要窗口"模范生中争先创优的使命任务,针对象山"十四五"发展的重大问题作交流发言。

【全县亚运城市行动工会会议】 11月30日,全县亚运城市行动工作会议召开。县委书记潘银浩在会上作重要讲话。包朝阳、罗来兴、俞骏、李晓东等县四套班子领导出席会议。会议观看了亚运筹办工作情况宣传片,亚筹办、县住建局、县文明办等分别作表态发言。

【县第四期"聚焦民生、问政问效"电视问政专项活动】 12月1日,以"聚力一二五,发展面对面——聚焦营商环境"为主题的第四期《聚焦民生·问政问效》大型电视问政节目在县传媒中心演播大厅完成录制。县委书记潘银浩,县委副书记、县长包朝阳,县人大常委会主任罗来兴,县政协主席俞骏,县委副书记李晓东等县四套班子领导全程参加。

【县委读书会】 12月3日,县委读书会召开。县委书记潘银浩主持会议并作重要讲话。市委宣传部、市委组织部有关领导到场巡听。县委副书记、县长包朝阳作专题发言。会上,县领导罗来兴、俞骏、李晓东、范焕平、干维岳、奚海峰、陈善方、周坚栋、应建勇、石坚定、钮晶莹、范建富、张微燕、吴志辉等一一发言,交流课题调研成果及2021年工作思路。

(许子川)

表3　　**2020年象山县委重要文件一览表**

发 文 号	发文日期	文 件 标 题
县委发〔2020〕1号	1月9日	县委、县政府关于落实预算绩效管理的实施意见
县委发〔2020〕2号	1月6日	县委、县政府关于印发象山县安全生产(消防安全)委员会组织结构设置及工作规则的通知
县委发〔2020〕3号	1月23日	中共象山县委关于印发《2020年度县委重点工作责任分解》的通知
县委发〔2020〕4号	1月31日	县委关于坚决贯彻落实习近平总书记重要指示精神发挥各级党组织和党员干部在打赢疫情防控阻击战中作用的通知

续表3

发 文 号	发文日期	文 件 标 题
县委发〔2020〕5号	2月25日	县委、县政府关于科学防治施策分区分级做好新冠肺炎疫情防控工作的实施意见
县委发〔2020〕6号	4月29日	县委关于学习贯彻习近平总书记在浙江、宁波考察时重要讲话精神的通知
县委发〔2020〕7号	5月6日	县委、县政府关于高质量推进“三农”发展高水平实现农村小康的实施意见
县委发〔2020〕8号	6月30日	县委、县政府关于2020年度县级部门目标管理考核的实施意见
县委发〔2020〕9号	6月30日	县委、县政府关于2020年度镇乡（街道）目标管理考核的实施意见
县委发〔2020〕10号	6月30日	县委、县政府关于印发《新时代象山产业工人队伍建设改革实施方案》的通知
县委发〔2020〕11号	6月30日	县委、县政府关于公布2020年度强势型（培育）、实力型和潜力型工业企业名单的通知
县委发〔2020〕12号	6月30日	县委、县政府关于2019年度全县目标管理考核先进单位的通报
县委发〔2020〕13号	6月30日	县委、县政府关于加快推进新时代民政事业高质量发展的实施意见
县委发〔2020〕14号	7月23日	县委关于打造高素质人才队伍加快建设高水平创新型县的决定
县委发〔2020〕15号	8月3日	县委、县政府关于表扬在全县经济高质量发展·工业、科技和开放型经济工作中作出突出贡献的集体和个人的通报
县委发〔2020〕16号	8月25日	县委批转《关于召开县红十字会第五次会员代表大会的请示》的通知
县委发〔2020〕17号	8月27日	县委、县政府关于加快培育“123”百亿级产业集群推动制造业高质量发展的实施方案
县委发〔2020〕18号	9月4日	县委关于调整县委常委分工的通知
县委发〔2020〕19号	11月4日	县委、县政府印发《关于加强新时代关心下一代工作的意见的通知》的通知
县委发〔2020〕20号	12月18日	县委关于十四届省委第九轮巡视整改进展情况的通报
县委发〔2020〕21号	12月24日	县委关于制定象山县国民经济和社会发展第十四个五年规划和二〇三五年远景目标的建议

组织工作

【概况】 2020年以来，组织部门坚持以新时代党的建设为统领，践行新时代党的组织路线，落实全国和省、市组织部长会议精神，紧扣省委“争先创优”、市委“六争攻坚”和县委“四个年”总体部署，勠力同心、履职尽责、真抓实干，在保障打赢疫情防控和复工复产“两场硬仗”、迎接省委巡视和选人用人专项检查“两项要事”、牵头完成行政村规模优化调整和村社组织换届“两件大事”中彰显了组织部门的政治本色和铁军风范，为宁波现代化滨海大都市建设提供了坚强的组织保证。全县领导班子和领导干部队伍：县委设11个常委，40个委员，9个候补委员。全县现职县管领导干部797名，其中女性领导干部137名，女性正局级23名；非中共党员领导干部29名；18个镇乡（街道）领导干部301名，县级部门领导干部496名。基层组织建设：下设9个派出党工委，91个基层党委，62个党组，114个党总支，1747个党支部；全县355个行政村在县委统一领导下，建立党组织483个。全县共有党员35496名，其中女党员9080名，占25.58%；35岁以下党员6839名，占19.27%；61岁以上党员11714名，占33%；大专以上学历党员15291名，占43.08%；全年发展新党员477名，其中大专以上文化占74.21%，女党员占37.53%，35岁以下占48.85%。人才队伍建设：人才总量达到15.3万余人，高技能人才3.9万人，其中工业工程类高级技师98人、技师495人；各类专业技术人才6.39万人，其中高级职称3632人，中级职称17532人。引育市级以上各类人才计划26人，其中国家级引才工程2人、人才培养工程2人，省级引才工程5人、人才培养工程3人，市3315系列计划团队项目7个、个人项目11个。创建浙江象山海洋经济示范区专家服务基地（国家级）1个，国家级专家院士工作站1个，省级博士后工作站10个，累计招收博士后14个，市级专家工作站4家。

【保障服务中心大局】 紧扣大局全局谋划工作、调配力量、保障，把贯彻落实新时代党的组织路线的最终成效，体现到服务改革发展稳定的实绩实效上。坚持“疫情防控和复工复产两手硬、两战赢”，制定出台“双报到、五参与”制度，抽调2184名县级机关、企事业单位干部下沉村社一线，充实基层防疫工作力量，象山为全市疫情最轻地区。选派1476名干部组建21个复工复产服务指导组和400多个服务小组,一线联系服务5100余家县级企业和重点工程项目,全县规模以上企业在全市率先实现100%复工复产。坚持"两个担当"(干部职业担当和组织干部担当)良性互动贯穿始终,注重实干实绩导向,一线开展两轮专项调研,考准考实干部表现,掌握了82名表现较为突出的优秀年轻干部,全年累计调整干部225人次,提拔转重72人。制定《关心关爱十二条举措》,推进干部心理健康援助中心建设,激励关爱防疫一线党员干部和医务工作者。21名个人和8个集体(团队)获省市表彰,11月又推荐市级抗疫先锋个人35名、集体15个。"象山发展我担当"的争先创优意识,"双对双排"("岗位对责,绩效对账;块上排位,线上排位")绩效考核制度,开展对标对表争先活动,搭建"双随机一通报""技能大比武"等亮绩赛绩平台,选派165名年轻干部组建海洋经济发展、大通道建设、招商引资、亚运保障等攻坚小分队,加大中心工作保障力度,助推全县经济运行呈现回稳向好态势。

【高素质专业化干部队伍建设】 源头储备,推进"百名学子回巢"计划,新招录紧缺高层次人才11名、党政储备人才24名。实施"优苗选育"综合比选,开展优秀年轻干部专题调研,公开选拔县管正职储备人选8名、副职储备人选20名,"一人一策一档"精细培养。加大年轻干部选拔力度,全年共选拔35周岁以下年轻干部23人,其中乡镇党政正职2人,干部队伍结构优化。组织开展以"四炼三化"为主要内容的"干部能力提升年"活动,通过十九届四中全会精神培训、县管干部"周末课堂"、中层干部"科长讲坛"、年轻干部"青春塔山"读书会等载体,政治教育、专业培训,提升干部综合素质能力。全年累计开设主体班次43个,完成线上线下教育培训117场、超6500人次。落实省委巡视和选人用人专项检查反馈问题整改,梳理2015年以来选人用人工作,制定出台干部工作三年规划、领导干部家属工作变动预报告等制度文件,组织处理各级干部职工12人,整改工作得到省组认可。干部诚信体系建设,结合领导干部个人有关事项报告,梳理分析证券交易、民间借贷、经商办企业等重点项目,实现77名提任重用干部诚信体检全覆盖。完善干部大监督机制,抓实抓细干部考勤等日常监督,推行干部监督信息月报送制度,及时收集涉干监督信息,均及时予以处置。

【巩固基层基础】 坚持党建引领,突出并村并心,制定"五个不变"(在行政村社规模优化调整期间,原则上农村土地(林地)承包关系不变;签订的各类有效经济合同不变;公益生产生活设施的投入和受益范围不变;已实施的各类扶持资金和帮扶项目的享受对象不变;原村主职干部基本报酬不变),"三项奖补"(设立县级财政奖补资金,对调整涉及村按人口规模分别给予20万元、15万元、10万元三类补助;对在行政村规模优化调整中实现集体"三资"融合的,除上述资金补助外,再给予新村30万元奖励,作为新村运维经费。在上一轮行政村规模调整集体"三资"已经融合或2年内实现融合的行政村给予20万元奖励;5年内县政府每年安排4000万资金用于新村和上一轮完成村规模调整且实现集体"三资"融合的行政村建设),"八个优先"(优先安排新农村建设项目,优先推进新村规划编制,优先保障新村基础设施用地,优先安排农村宅基地建设指标;优先预留村集体产业发展空间;优先资金扶持特色村创建,优先享受金融支农政策;优先安排新村交通道路建设项目)等一系列扶持和奖补政策,通过县领导带队指导、工作组蹲点联系、镇乡(街道)干部全员压上,圆满完成214个涉调村规模优化调整工作,共组建新村79个,行政村数从490个减至355个,并村过程平静安静、务实,相关做法获市委办专报刊发,得到市委副书记宋越舜批示肯定。县级领导、县级部门、县派工作组和镇村两级党组织书记5个层面责任落实,抓实抓细"换届调研月""包乡走村""包村联户"等机制,以"三张清单"(确定人选、意向人选、无合适人选)、"三级过堂"[乡镇党委书记逐村反复研究人选,县(市、区)委书记或组织部部长逐镇听取党委书记汇报,强化把关;市委常委、组织部部长逐县听取县(市、区)委组织部部长汇报,共同分析研判]及"云端联审"等方式研判把关人选情况,以信访快查快办、"四清"行动、质量评估等举措护航换届秩序,真正把有担当、善作为、能干事的人选出来。截至11月12日,完成385个村社党组织换届选举,总体过程平稳、结果理想,在省市电话调度抽查和信访问题反馈上获市换届办肯定。坚持问题导向,以省委巡视反馈整改为契机,以"书记账本"为牵引,分类制定8个层级和领域党组织书记抓党建责任清单,先后出台机关党建质量评估体系、行业系统党建工作指导意见、"两新"组织"党建处方"等制度文件,统筹提升全领域基层党组织组织力,完成后进基层党组织整转20个,全县三星级以上基层党组织达95.8%,新培育市级"双强六好"(发展强、党建强;生产经营好、企业文化好、劳动关系好、党组织班子好、党员队伍好、社会反映好)党组织19个,建成"星光璀璨""象建红领""晓城先锋"等一批互联共享的党建联盟,相关做法在《浙江共产党员》《浙江非公党建》等刊发。以"村民说事"入选第四批全国农村综合改革标准化试点项目(全省唯一)为契机,开展立标创标,先后制定《"村民说事"操作规程》《党员联户规范》等国家标准、行业标准、重点标准59项,研发"村民说事e点通"系统,提升"村民说事"这一党建引领基层治理品牌的实效性和影响力。"村民说事"相关做法获评全国乡村治理现代化十佳案例,在《人民日报》、"学习强国"等报道,省标试点项目获评优秀等级,以99.5分的高分通过验收。

【推动高层次人才集聚】 坚持把人才作为实现高质量发展的核心驱动力,实施"半岛英才·海纳"引才计划,优化创业创新服务举措,以高质量人才引领"聚力一二五、奋力上台阶"战略实施。加快融入长三角一体化,对接上海、杭州、南京等长三角重点城市,加大社会引才力度,开拓机构引才渠道,与在甬高校院所产学研合作，全年对接人才项目18个，引进落地5个，其中特优人才1人、博士11人。组织申报省级引才计划12人、省领军型创业创新团队2个。组织申报市“3315系列计划”项目30个，入选创新团队C类2个。协助推进“一基地二中心三院所”（浙江省研究生联合培养基地；南方中心、创新分中心；机械科学研究总院、中国电子科学研究院、浙江理工大学）建设进度，其中机械科学研究总院南方中心一期中试厂房完成基地桩基、基础地梁和钢结构立柱，截至年底，南方中心到岗人员134人，研究生及以上学历占比75.4%，其中特优人才3人、领军人才2人，建成博士后工作站，招收博士后进站4人，入选市“3315计划”创新团队1个。新海洋科技人才创业园于10月开工建设，原孵化项目企业新上规2家。出台《疫情防控期间关心关爱人才服务人才企业十条举措》《鼓励推荐引进企业用工奖励办法》等激励政策，及时帮助企业核心人才、海外高层次人才回国返岗19人次。实施“3111”［企业强基人才3000名，国企雏鹰人才100名，农旅创客人才100名，党政储备（事业专业）人才100名］抢才计划，抽调干部分赴7省20城30县开展招聘服务，牵线宏润建设、龙元建设、宁波立强机械等10家企业与3所高校签订校地合作协议，依托象山人才网等平台开展网络招聘会16场，引进企业强基人才2635名、国企雏鹰人才49名、农旅创客人才52名、党政储备（事业专业）人才242名，培养高技能人才1725人。

宣传工作

【概况】 2020年，象山县宣传思想文化战线在县委的坚强领导下，学习贯彻习近平新时代中国特色社会主义思想和中共十九届五中全会精神，围绕中心工作和上级宣传部门工作部署，自觉践行“山海雄心、万象更新、只争朝夕、争创一流”的工作要求，奋力做好宣传思想文化领域各项工作。

【理论学习制度建设】 坚持把习近平新时代中国特色社会主义思想学习教育作为理论武装的重中之重。中心组学习的规范化制度化建设，打响“学共体”品牌，制定《关于做好2020年全县各级党委（党组、党工委）理论学习中心组学习的通知》《关于做好全县机关干部理论学习工作的实施方案》，组织开展县委理论学习中心组学习34场次。组建“党的十九届五中全会精神”县委宣讲团，县级领导、乡镇党政班子成员带头赴基层开展宣讲渐成常态。

【理论宣传】 “十团百堂”特色党课进基层、“五分钟时政大喇叭”等宣讲载体建设，打造新时代青年理论宣讲队伍，形成象山地方特色的宣讲品牌，全年宣讲1200余场次，受益群众10余万人。举办全县第十三届微型党课比赛，8.5万余名网友收看决赛直播。方语薇荣获市微型党课宣讲比赛二等奖，胡慧君、陈海敏分获全市“我最喜欢的习总书记的一句话”宣讲比赛一、三等奖，党课《人心就是力量》被浙江“之江思享汇”录用展播。

【理论武装载体建设】 完善文化礼堂“建管用育”一体运行机制，完成98家建设任务，实现行政村全覆盖，教育教化、家德家风、文化文艺进礼堂成常态。年内莲花村文化礼堂等6家礼堂获评省五星级礼堂，县省五星级礼堂、市四星级礼堂数量位列全市第一。“学习强国”学习平台运用推广取得阶段性成效，新增学员2.3万余人。

【重大主题宣传】 精心组织“决胜小康、决战脱贫攻坚”重大主题宣传，生动展示推进城乡统筹发展、迈向共同富裕的象山探索。聚焦疫情防控、复工复产复学等主题，全媒体全方位开展报道，为统筹推进新冠肺炎疫情防控和经济社会发展营造良好舆论氛围。“党的十九届五中全会精神”“六争攻坚”“聚力一二五、奋力上台阶”等重大主题宣传浓墨重彩。做大做强“象山发布”新媒体阵地，助力“指尖上的政府”建设。媒体融合推进，再造采编发流程，挂牌成立“浙甬融”象山工作站，做精“山海万象”手机APP平台，加快培育全媒体人才。

【对外宣传交流】 借助重大会议、重大活动，组织邀请中央、省、市各级新闻媒体开展集中采访，刊播稿件5000余篇。中央电视台刊播92条，其中《新闻联播》8条，《焦点访谈》1条；人民日报（包括海外版）20篇，其中头版2篇，报道数量居全省前列。策划推出“嗨象山”“象山北纬30度最美海岸线”等一批镌刻象山印记的“金名片”，用金名片讲好象山故事。

【新时代文明实践中心全国试点县建设奋力推进】 制定象山县新时代文明实践工作标准，全国首创新时代文明实践指数测评，举办首届新时代文明实践志愿服务项目大赛，抓好“文明实践联动化、优势资源融合化、运行管理制度化”三化建设，打响“百姓大讲台、百姓大舞台、百姓大擂台、百姓大篷车”四百文明实践品牌。

【新时代公民道德建设】 贯彻落实《新时代公民道德建设实施纲要》《新时代爱国主义教育实施纲要》，打造善行象山2.0版，组织开展殷夫110周年诞辰系列活动。做好各级道德模范、身边好人推荐工作，入选中国好人1人、浙江好人4人、宁波好人10人，最美浙江人1人，上榜人数居全市前列。加强未成年人思想道德建设，组织开展“扣好人生第一粒扣子”主题教育实践活动，创建省级文明校园1所、市级文明校园7所。

【新时代乡风文明建设】 “十大文明好习惯”（垃圾分类、文明就餐、文明交通、随手志愿、重信守诺、文明乡风、文明旅游、文明上网、守序排队、文明经营）养成行动，“公筷公勺”逐渐成为文明新风尚。用好“四会说四风”（红白理事会、家庭联盟会、乡贤参事会、道德评议会；婚丧新风、优良家风、和谐村风、最美民风）载体，婚丧礼俗整治，焕发新时代文明新气象。实施创建全国文明城市“五整顿两提升”［社区（小区）整顿行动、背街小巷整顿行动、菜市场及周边整顿行动、城乡接合部整顿行动、景区（景点）整顿行动、公益宣传提升行动、双百提升行动］，开展“促文明有礼、促整洁有序”活动，打造文明有礼、整洁有序的城市环境。创成浙江省文明县，创建全国文明村2个、省级文明镇1个、省级文明村4个、省级文明单位3家、市级文明单位4个、市级文明社区1个，获评省级文明家庭2户。纵深推进文明示范线建设，新建“海上仙缘”等文明示范线4条。

【文化惠民工作】 科学编制“十四五”文化改革发展规划，系统谋划未来5年县文化发展的目标任务、政策举措。统筹城乡公共文化设施布局，亚帆中心项目稳步推进，乡村文旅周末剧场项目完成，新建城市书房（乡镇书吧）5家。推进全民艺术普及工程，举行“抗击疫情——象山文艺界在行动”“我与亚运同行”“第十四届陈汉章读书节”等文艺活动3000余场。打响“塔山讲坛”“月读”品牌，全民阅读氛围的营造。做好新闻出版电影工作，推进“扫黄打非”基层站点规范化标准化建设，溪里方村入选第四批全省“扫黄打非”进基层示范点。

【文艺精品创作】 文艺精品创作，“象山竹根雕”获得国家知识产权局颁发的商标注册证书，成为宁波市唯一一个工艺品类别的国家地理标志证明商标，《翩跹》入围第三十届中国电视金鹰奖纪录片奖提名，《情满果园》等7幅农民画入选“决胜小康”全国农民画创作展，剪纸大师谢才华的“两山理念”剪纸作品入选浙江省“绿水青山就是金山银山——十五年探索与实践大型图片展”。

【文化产业建设】 培育壮大影视文化、竹根雕等特色文化产业，浙江广电三期项目等重大项目建设推进，云朵网“浙江省文化产业大数据服务平台”项目入选浙江省软件产业高质量发展重点项目，37°湾文创园获评市级文创园区。出台《象山影视城应对疫情支持影视企业共渡难关八项措施》等一系列扶持政策，为文化企业渡过难关提供保障。

【中国（象山）开渔节举办】 顺应移动互联网传播规律，主动求新求变，以“庆丰收 迎小康”为主题，以“嗨象山”“感受北纬30度最美海岸线”为主线，创新“两增两减云开渔”模式，打通传统媒体和新兴媒体两个舆论场，工作成效得到中宣部领导、省委宣传部领导、市委常委、宣传部部长李军以及县委县政府主要领导批示肯定，为全国的节庆活动，提供一个特殊时期办节的“象山方案”。《人民日报》、中央电视台《新闻联播》等涉开渔节宣传报道1.2万余条，其中，9月16日《新闻联播》栏目播出《浙江：东海开渔在即 渔民整装待发》。开船仪式和祭海仪式直播期间，新华网、凤凰网等平台最高观看人数达960余万人次，同比增长860%。

【海洋渔文化（象山）生态保护区建设】 全国仅有7个入选，系全省唯一入选的国家级生态保护区。出台生态保护区管理办法，制定三年建设规划，建成县非遗馆，推出系列非遗品牌，高质量完成生态保护区各项建设任务。2020年9月承办全省文化传承生态保护区创建工作现场会。

【队伍战斗力提升】 坚持以党的政治建设为统领，将学习习近平总书记重要讲话精神以及省委书记、市委书记、县委书记讲话精神作为宣传系统周二夜学的规定动作，推进宣传文化战线党的建设。广泛开展“四力”（脚力、眼力、脑力、笔力）教育实践工作，组织开展“三服务”（服务企业、服务群众、服务基层）、“强基提质”大练兵、“新时代新文化”展示等实践活动，锻造过硬素质、过硬本领。抓好优秀文化人才的挖掘、推介，秦雯入选省级宣传文化系统“五个一批”人才。

（朱益波）

国家级主流媒体对象山报道目录

【1月发稿情况】

《人民日报》海外版　1.1　12版　鲜活的石浦

央视十套《探索与发现》　1.6　象山清代沉船考古记

央视十七套《致富经》　1.14　土专家遇上“红美人”之后

央视四套《中国新闻》　1.27　浙江象山：对重点地区返乡人员进行排摸

【2月发稿情况】

央视一套《新闻联播》　2.10　浙江：大数据助力防疫有序复工

央视十三套《24小时》　2.8　浙江象山 应对返工返岗 搭建数字化防疫平台

央视十三套《新闻直播间》　2.9　浙江象山应对返工搭建数字化防疫平台

央视六套《中国电影报道》　2.10　象山影视城推出应对疫情支持影视企业共渡难关八项措施

央视六套《中国电影报道》　2.12　象山影视城应对疫情 支持影视企业共渡难关八项措施

央视二套《生财有道》　2.14　寻味山海间，美味在舌尖！

央视六套《中国电影报道》　2.15　象山影视城推八项措施助力影视企业

央视十三套《新闻直播间》　2.18　浙江象山“共享员工”跨企上岗 助企业复工

央视十三套《新闻直播间》　2.19　浙江象山567家规模以上企业全部复工

央视四套《当日环球》　2.19　浙江象山：规模以上企业复工率达100%

央视十三套《新闻直播间》　2.23　复工缺员工 千名职校师生进企支援

【3月发稿情况】

央视六套《中国电影报道》　3.3

浙江象山影视城开园:影视剧组着手复工

央视六套《当日影评》 3.6 在春天

央视十三套《朝闻天下》 3.7 宁波象山出台8项举措 助力影视企业复工复产

央视十三套《新闻直播间》 3.7 宁波象山针织企业的复工复产之路

《人民日报》 3.9 19版 电力大数据支持疫情防控

央视一套《新闻联播》 3.10 结合地区实际 复工复产高效推

央视十套《地理·中国》 3.13 象山“仙源”(上)

央视十套《地理·中国》 3.14 象山“仙源”(下)

央视十三套《新闻直播间》 3.18 象山水域出现上万只野鸭

央视一套《新闻联播》 3.20 各地多措施助力复工复产

【4月发稿情况】

《人民日报》海外版 4.1 12版 春回四明游人欢

央视十七套《乡村振兴资讯》 4.6 疫情下的中国农民

央视二套《天下财经》 4.15 浙江宁波:海带丰收 养殖户抢晴晾晒

央视二套《第一时间》 4.15 浙江宁波:还带丰收 养殖户抢晴晾晒

央视二套《正点财经》 4.15 浙江宁波:还带丰收 养殖户抢晴晾晒

央视二套《正点财经》 4.16 象山提前发放2.2亿元柴油补贴,助力渔业生产复工复产

央视十三套《新闻直播间》 4.21 浙江象山:科技服务助力中小微企业转型升级

央视二套《正点财经》 4.21 浙江象山:科技服务助力中小微企业转型升级

央视十套《地理·中国》 4.23 象山晒盐技艺

央视十三套《新闻直播间》 4.23 浙江象山鹅安家吉林龙井 巩固脱贫成果

央视一套《正大综艺．动物来啦》 4.26 能在陆地上“跳舞”的鱼儿 弹涂鱼生存秘诀大揭秘

央视十三套《新闻直播间》 4.29 “净海”行动查获非法入境人员37名

《人民日报》 4.29 18版 “风光”产业期待更风光(产经观察·复工复产一线调查③)

【5月发稿情况】

央视十三套《新闻直播间》 5.1 浙江宁波 东海伏季休渔开始 数千艘渔船回港

央视一套《新闻联播》 5.3 假日洒汗水 拼搏在一线

央视十三套《新闻直播间》 5.4 “五一”假期前三天 国内旅游收入约350亿元

央视十三套《东方时空》 5.4 “五一”假期前三天 国内旅游收入约350亿元

央视一套《晚间新闻》 5.4 “五一”假期前三天 国内旅游收入约350亿元

央视十三套《24小时》 5.4 “五一”假期前三天 国内旅游收入约350亿元

央视十三套《午夜新闻》 5.5 “五一”假期前三天 国内旅游收入约350亿元

央视四套《中国新闻》 5.5 “五一”假期前三天 国内旅游收入约350亿元

央视四套《当日环球》 5.5 “五一”假期前三天 国内旅游收入约350亿元

《人民日报》海外版 5.7 乐游宁波度“五一”

《人民日报》海外版 5.20 跟着“游圣”游宁波

【6月发稿情况】

央视六套《中国电影报道》 6.9 象山影视城迎来开机热潮 影视从业者干劲十足

央视六套《中国电影报道》 6.11 战疫电影《一呼百应》开机

央视一套《正大综艺·动物来啦》 6.14

《人民日报》 6.15 19版 智能终端实现电力作业全程可视

央视十三套《新闻直播间》 6.21 浙江象山 解决“民生小事”办好民生实事

央视十套《地理·中国》 6.22 花岙岛上的秘密

央视六套《中国电影报道》 6.24 第七届象山影视城泼水节启幕

央视十三套《焦点访谈》 6.24 “北斗”就在你身边

【7月发稿情况】

《人民日报》 7.15 14版 各地加强堤防水库巡查、隐患排查

央视六套《加油中国电影》 7.20 探班象山影视城

央视一套《新闻联播》 7.22 跨省团队游有序开放,各地旅游市场回暖

央视四套《当日环球》 7.22 世界极度濒危鸟类中华凤头燕鸥孵化19只雏鸟

央视二套《经济信息联播》 7.22 年内以来19只中华凤头燕鸥雏鸟孵化

央视十三套《新闻直播间》 7.22 浙江宁波 孵化出极危物种中华凤

《人民日报》 7.28 6版 花样盐场

《人民日报》 7.29 20版 伴着青山绿水,飞翔

【8月发稿情况】

央视十三套《新闻直播间》 8.3 浙江象山:台风“黑格比”逼近 陆续召回在外作业渔船避险

《人民日报》 8.8 5版 文化生态保护区的有益实践

《人民日报》海外版 8.10 2版 跨省游恢复半月人气渐旺暑期游助推旅游业复苏

央视六套《中国电影报道》 8.10 贴心:浙江象山影视城推出防暑降温服务

《人民日报》 8.21 11版 拟命名的全国双拥模范城(县)名单

【9月发稿情况】

央视十三套《朝闻天下》 9.1 浙江象山"美莎克"来袭 渔船撤回安全水域避风

央视一套《新闻联播》 9.6 杭州亚运会倒计时两周年活动今天开启

《人民日报》海外版 9.16 12版 浙江省乡村文旅运营研讨会近日举行 把乡村优势转化为经济优势

央视十三套《新闻直播间》 9.16 浙江 东海开渔在即 渔民整装待发

央视十三套《新闻30分》 9.16 浙江 东海开渔 渔船扬帆出海

央视二套《天下财经》 9.16 节前看消费 东海开渔 浙江万艘渔船扬帆出海

央视二套《天下财经》 9.16 节前看消费 捕鱼变海钓"新渔民"

央视十三套《新闻直播间》 9.16 浙江 东海开渔 渔船扬帆出海

央视十三套《新闻直播间》9.16 浙江象山 捕鱼变海钓"新渔民"的新生活

央视二套《正点财经》 9.16 捕鱼变海钓"新渔民"的新生活

央视二套《经济信息联播》 9.16 浙江:东海开渔 乘风破浪去"追鲜"

央视一套《晚间新闻》 9.16 东海开渔 乘风破浪去"追鲜"

央视十三套《午夜新闻》 9.16 浙江 东海开渔 渔船扬帆出海

央视十三套《24小时》 9.16 浙江 东海开渔 渔船扬帆出海

央视十三套《朝闻天下》 9.17 浙江 东海开渔 乘风破浪去"追鲜" 1.8万艘渔船奔赴东海

央视十三套《新闻直播间》 9.17 浙江 东海开渔 渔船扬帆出海

央视十三套《第一时间》 9.17 浙江 东海开渔 乘风破

央视十七套《乡村振兴资讯》 9.17 伏季休渔期结束 东海正式开渔

《人民日报》海外版 9.18 12版 宁波:东海开渔 千舟竞发

央视四套《中国新闻》 9.19 浙江象山:海域连发两起事故 渔业部门7小时救援

央视四套《当日环球》 9.19 浙江象山:海域连发两起事故 渔业部门7小时救援

央视十七套《乡村振兴资讯》 9.19 浙江宁波:农村红白宴席劲吹"节俭风"

央视二套《正点财经》 9.22 节前看消费 浙江宁波:海洋捕捞秋汛回港 水产交易市场24小时营业

央视十三套《新闻30分》 9.22 渔船回港 水产市场开启24小时交易

央视二套《第一时间》 9.22 浙江宁波:海洋捕捞回港 水产交易市场24小时营业

央视二套《天下财经》 9.22 节前看市场 浙江宁波:海鲜到港 水产交易市场24小时营业

《人民日报》 9.27 8版 农民画,描绘乡村之美

【10月发稿情况】

央视一套《新闻联播》 10.2 欢度国庆中秋 品味美好生活

央视十七套《中国三农报道》 10.11 我国脱贫攻坚重点工作取得新进展 吉林延边:跨越2300公里 浙江白鹅落户东北

央视二套《正点财经》10.22 浙江宁波:稻田套养青蟹 量增价平

央视一套《新闻联播》 10.23 浙江516个重大项目集中开工

《人民日报》 10.20 头版 为实现中国梦强军梦凝聚强量——党的十八大以来双拥工作综述

央视频直播《远方的家》 10.24—10.26 寻源大运河·宁波站

央视二套《天下财经》 10.25 聚焦减税降费 宁波:"税保协动"助企业应对外贸坏账

《人民日报》 10.26 18版 浙江宁波为刚性执法增添柔性手段,求取环境治理"最大公约数" 搭建生态环境议事厅 合力画出环保"同心圆"

《人民日报》 10.27 头版 前八月累计为企业减负超一点八万亿元 减税降费为市场主体添活力

《人民日报》 10.27 2版 从三个村庄看协调发展健全一体化 乡村别样美

【11月发稿情况】

《人民日报》海外版 11.1 8版 保护海洋 小人物 大能量 林永法:"渔老大"的海洋情

《人民日报》 11.5 14版 凤头燕鸥的守护者

央视六套 《中国电影报道》 11.16 首届5G产业峰会 象山影视城5G+数字影视高峰论坛举

央视十二套 《热线12》 11.19 热线关注 浙江宁波 有话当面讲 有理大家评

央视二套 《天下财经》 11.22 关注光伏产业 光伏需求旺盛 多种原材料价格暴涨

【12月发稿情况】

《人民日报》 12.2 7版 恒丰银行加大贷款投放力度

央视六套 《中国电影报道》 12.3 拥抱5G新时代 打造影视新高地 电影人探讨5G与影视的融合变革

《人民日报》海外版 12.11 为筑梦之城赋能

《人民日报》海外版 12.15 8版 宁波:潮音时入耳 带水亦盈盈

央视十三套 《新闻直播间》 12.29 寒潮将至 大棚作物提前穿上"保暖衣"

央视二套 《正点财经》 12.31 浙江宁波:寒潮来袭 农业生产严防冻害

统战工作

【概况】 全县统一战线学习贯彻落实习近平新时代中国特色社会主义思想和中共十九大,十九届二中、三中、四中、五中全会精神,落实中央、省、市委统战工作决策部署,领悟习近平总书记关于加强和改进统一战线工作的重要思想,贯彻落实习近平总书记在浙江考察时的重要讲话精神,围绕忠实践行"八八战略"、奋力打造"重要窗口"主题主线,坚持大团结大联合,以

政治建设为统领，把握凝聚人心这个根本，广泛团结统一战线人士，围绕“聚力一二五、奋力上台阶”的目标任务，为加快建设社会主义现代化滨海城市贡献力量。获评2020年度全省统战信息工作成绩突出单位、2020年全市侨联工作先进单位和全县改革先进集体，《发挥统战人士资源优势助推沪浙互动合作的调研与思考——以象山为例》获评2020年度全省统战理论政策研究优秀成果三等奖。在全省新乡贤工作推进会上作经验交流，全市新乡贤助推乡村振兴推进会在象山召开，“中国乡贤文化之乡”通过专家评审。

【中国伦理学会专家组到象山认证考察“中国乡贤文化之乡”创建工作】 12月11日至13日，由中国电视艺术交流协会副会长兼秘书长、中国伦理学会常务副秘书长王海滨带领的中国伦理学会专家组一行，到象山县认证考察“中国乡贤文化之乡”创建工作。县委书记潘银浩，县委副书记、县长包朝阳，县人大常委会主任罗来兴，县委常委、统战部部长干维岳参加相关活动。专家组先后考察陈汉章故居，乡贤剪纸馆，溪里方村、沙塘湾村民宿群并召开汇报会，通过观看象山乡贤文化宣传片、听取象山县创建工作汇报等形式，详细了解象山县在乡贤文化挖掘、乡贤参与基层治理、乡贤助力乡村振兴等方面情况。专家组指出，象山推动乡贤文化建设发展及新乡贤作用发挥等方面的先进做法、理念值得学习借鉴。

【以梦为马 向贤而行——象山县举行首届新乡贤培育“青蓝行动”】 8月22日，象山县首届新乡贤培育“青蓝行动”启动仪式在象山中学举行，县委常委、统战部部长干维岳出席并宣布启动，县人民政府副县长钮晶莹出席并讲话，县委统战部、县政府办、县教育局等部门机关相关负责人以及全县50名2020届优秀高中毕业生代表、120名新高三学生代表参加活动，5名象山新乡贤代表应邀出席。当天，穿着统一服饰的50名应届优秀高中毕业生代表陆续走进象山中学，签名留念、留言祝福，并参观乡贤馆、象山中学校史馆。县教育局党委书记、局长胡海峥宣读优秀高中毕业生名单。范良火（华东师范大学特聘教授、亚洲数学教育中心主任）、胡家锡（象山中学在沪联合校友会会长）、黄河（浙江金道律师事务所高级合伙人）、张灵敏（杭州爵品工业产品设计有限公司总经理）、欧曙辉（浙江钰烯腐蚀控制股份有限公司董事长）等新乡贤代表为优秀高中毕业生颁发纪念徽章和“县长的一封信”。优秀高中毕业生代表姜悦宣读《倡议书》，教师代表黄黎莲和新乡贤代表范良火寄语。

【助力打赢“两战”工作】 新冠肺炎疫情发生以来，全县统一战线发挥优势助力“两手硬、两战赢”。严格落实“外防输入、内防扩散”涉侨疫情防控措施，采取大数据+网格化手段，开展全县侨情大调查，掌握侨胞、留学生返乡情况，精密智控指数位列全市前茅。严格落实宗教领域“双暂停一延迟”措施，严密排查宗教和民间信仰场所754处，全力确保宗教领域和谐稳定。发放“同心防疫”倡议书1000余份，280余名统战人士参与一线疫情防控，组织动员海内外象山人捐款捐物1100余万元，向象山籍侨胞捐助爱心口罩5.8万只，雪中送炭促联谊。组织党外人士开展专题调研，向县委、县政府提交建议2篇，助力复工复产。县网联会举办“服务理事、服务社会”网络直播活动近百场，助力市场回暖。县新联会联合县退役军人事务局开展同心拥军活动，成立优抚联盟，33家会员企业加盟提供“三优”服务。举办专场招聘沙龙，提供就业岗位370余个，达成就业意向49名，助力落实“六稳”“六保”任务。

【新乡贤工作】 落实“两进两回”（科技进乡村、资金进乡村；青年回农村，乡贤回农村），成立以县委书记为组长的新乡贤工作领导小组，启动乡贤回农村三年行动计划，引进农渔业综合体、森森生态农业旅游度假区等乡贤项目6个，投资逾3亿元；实施新乡贤工作星级评定，推进镇、村、基地（项目）示范建设；乡贤工作首次列入县委乡村振兴表彰项目。3月5日，象贤馆正式开启，开辟联络联谊“新空间”、架起乡韵乡愁“同心桥”、打通回归回报“快车道”。4月6日，县委常委、统战部部长干维岳与部分商会会长、镇乡（街道）新乡贤参事会长座谈交流，为他们加快投入复工复产“壮行”，县政协副主席、工商联主席励茂平参加。4月22日，象山县召开首次新乡贤工作联席会议，推进象山县乡贤回农村三年行动计划实施。县委常委、统战部部长干维岳出席会议并讲话。5月19日，象山县推出新乡贤工作星级评定管理办法，凝聚乡村振兴的新乡贤力量，推动象山经济高质量发展。6月10日，县委副书记、县长包朝阳赴郑裕国院士团队合作企业宁波春华汽配有限公司调研，县委常委、统战部部长干维岳，副县长石坚定陪同。8月7日，浙江省新乡贤工作推进会召开，省委常委、统战部部长熊建平出席会议并讲话，副部长谢辉主持，象山县在大会上作经验交流。8月26日，象山新乡贤黄伦祥的故事在第四十一期《和合天下》播出。9月9日，第二十三届中国（象山）开渔节临近，39位乡贤、明星纷纷通过短视频寄语象山，为“云开渔”送上祝福，其中包括15名海内外乡贤及24位影视明星。9月16日，象山县召开乡贤文化研究工作座谈会。县委常委、统战部部长干维岳出席会议并讲话，10余位史志专家围绕乡贤文化研究和新乡贤工作开展讨论。12月8日，宁波市象山乡贤剪纸馆在东陈乡樟岙村才华剪纸艺术馆里正式开馆，象山县委常委、统战部部长干维岳出席开馆仪式，并参加座谈会。12月27日，在沪象山乡贤代表座谈会召开。象山县委书记潘银浩出席会议并讲话，市政府驻沪办事处主任孙毅，县委副书记、县长包朝阳，县人大常委会主任罗来兴，县政协主席俞俊，县委常委、统战部部长干维岳等参加。

【民主党派和无党派人士工作】 政治引领凝聚思想共识，推进无党派人士结构化建设，调整市委统战部重点联系的无党派人士5人，新增7人。民盟象山县基层委员会获得2020年度民盟宁波市委会调查研究优秀组织。7月21日，民盟省委会、民盟市委会到象山调研民盟社会服务工作。县人大常委会副主任、民盟象山县基层委员会主委胡建萍，县残联理事长、民盟象山县基层委员会副主委史丹丹等参加调研。9月10日、11日，民进浙江省委会副主委张宝珍率会史研究会一行到象山，踏寻马叙伦在象山避难时的足迹，缅怀先贤，挖掘会史教育资源。民进象山县支部主委、象山县政协副主席杨盛昂，民进宁波市委会秘书长梅旭东，象山县委、统战部副部长俞湛陪同。10月10日，民盟象山县基层委员会的"书记点题、统战领题"调研课题《关于象山县游艇产业发展的调研与思考》一文获得县长包朝阳批示肯定。11月2日，中国农工党象山县支部委员会换届大会举行。市政协副主席、农工党市委会主委陈为能，县委书记潘银浩出席并讲话。市委统战部二级巡视员黄国海，县委常委、统战部部长干维岳，副县长、农工党象山县支部主委钮晶莹，县政协副主席、县党外知识分子联谊会会长莫俶茜参加会议。县政协副主席、民进象山县支部主委杨盛昂代表象山民主党派基层组织到会祝贺。农工党宁波市委会专职副主委吴道涛主持会议。12月21日，民盟象山县基层委员会二届一次盟员大会召开。副市长、民盟市委会主委许亚南，县委书记潘银浩分别讲话。市委统战部二级巡视员黄国海，民盟宁波市委会专职副主委郭强，县委常委、县委统战部部长干维岳，县政协副主席莫俶茜，县政协副主席、民进象山县支部主委杨盛昂参加会议。县人大常委会副主任、民盟象山县基层委员会第一届主委胡建萍作过去五年工作报告，副县长、农工党象山县支部主委钮晶莹代表象山民主党派到会祝贺，奉化区政协副主席、民盟奉化区总支部主委邬旭光代表民盟兄弟组织祝贺。

【党外知识分子工作】 7月9日，县委统战部召开网络界人士代表座谈会，研究当前网络界人士统战工作面临的新热点新情况，听取网络界人士代表意见建议。县委常委、统战部部长干维岳出席会议并讲话，县委统战部常务副部长俞湛，县网联会会长、县人大城建环保工委主任朱建新参加座谈。8月19日，陈淑芳同心工作室在东陈乡象山文杰大白鹅养殖基地成立，搭建党外知识分子服务农业产业的平台。象山县委常委、统战部部长干维岳出席活动并讲话，县委统战部、县农业农村局等部门相关负责人参加。10月16日，象山网联会作品"直播助农，喜上'梅'梢"获得中央统战部统一战线"脱贫攻坚奋斗有我"随手拍活动三等奖。10月20日，象山县党外知识分子联谊会的"书记点题、统战领题"的调研文章《关于推进象山县双创平台整合提升的建议》一文获得县委书记潘银浩和县长包朝阳批示肯定。11月3日，"象山发展我担当"党外人士座谈会召开。县委书记潘银浩在会上强调，要不忘合作初心、继续携手前进，形成最大公约数、画出最大同心圆，"聚力一二五、奋力上台阶"，在当好"重要窗口"模范生中争先创优作出新的更大的贡献。县领导俞骏、干维岳、胡建萍、钮晶莹、励茂平、莫俶茜、杨盛昂等参加。

【新的社会阶层人士统战工作】 以"智治影城"建设为契机，制定《在象影视行业从业人员自治二十三条》，引导在象山影视行业从业人员群体自治。加强组织建设，出台《象山县新的社会阶层人士联谊会理事履职综合评价积分制管理办法》，提升履职水平。1月1日，县新联会二届二次暨影视城新联会一届二次理事大会召开，县委常委、统战部部长、县政协党组副书记干维岳出席会议并讲话，县政协副主席、县知联会会长莫俶茜，县有关部门负责人，县新联会、影视城新联会全体理事，县新联会科创分会、双创分会、爵溪分会代表等90余人参加活动。4月17日至18日，市、县统战社团——新的社会阶层人士联谊会联合举办"跟着西门町游象山"活动，整合两级新联会理事中的新媒体、新技术力量，邀请网络大V"西门町吃在宁波"博主周奇，在腾讯、看点等平台开启"新力甬动 & 象新力"象山旅游优品直播，创新网络新零售的营销理念，以"互联网+"方式推介象山旅游和旅游产品，助推疫情影响下象山旅游产业平稳健康发展。6月19日，象新力法律服务工作站在新桥镇"象漂之家"新的社会阶层人士统战工作实践创新基地举行揭牌仪式，县委统战部常务副部长俞湛，宁波影视文化产业区管委会、新桥镇政府以及县新联会等单位相关负责人出席并揭牌。

【少数民族事务管理】 实地调研各地上报的11个少数民族发展专项资金项目，经审核上报其中6个项目，帮助少数民族群众发展生产，改善生活。举办第十四届象山县民族和睦邻里节活动，助力少数民族同胞创业致富。做好宁波市第四次民族团结进步先进集体、先进个人评选的初审及复审工作，推荐上报先进集体1个、先进个人4名。挖掘茶光菊、牟友顺、王天飞、崔海萍等少数民族妇女同胞奋斗、创业先进典型，相关事迹在中央统战部网站、《中国妇女报》等平台刊登并取得良好反响，茶光菊还荣膺"最美诚信浙江人"称号，受到省委书记袁家军亲切接见。8月1日，市民族宗教事务局、市民族团结促进会携手举办"送医下乡"活动，为在爵溪街道务工、生活的少数民族同胞送上健康义诊。宁波市民宗局二级巡视员李伟波，民族处处长邬天波等参加本次活动。10月17日，县"石榴籽"·白鹅产业项目启动仪式在晓塘乡西边塘村举行。中国畜牧兽医学会副秘书长李传业、刘琳，市委统战部二级巡视员黄国海，民盟宁波市委员会专职副主委郭强，县委常委、统战部部长干维岳，县人大常委会副主任、民盟象山基层委员会主委胡建萍等出席。

【宗教工作】 调整宗教工作协调小组，成立县民宗行业专业安全生产（消防安全）委员会，实现部门之间信息共享、联动共管。稳步推进宗教中国化进程，组织民族宗教界人士举办爱国主义教育活动，加强与宗教界人士联络联谊，以社会主义核心价值观为引领，推进宗教文化建设。创新安全管理模式，在全省率先研发应用宗教场所留宿人员自助登记系统并在53处场所安装使用，52处寺院安装智慧烟感器，委托第三方专业机构检查检测754处场所、2330幢房屋，全市首创“微型消防站”，推进重点场所安装智慧用电和视频监控。3月5日，象山县召开第一次民族宗教工作联席会议。重点研究部署在疫情防控期间宗教和民间信仰场所的管理工作，县委常委、统战部部长干维岳出席会议并讲话。7月22日，宁波市宗教工作协调小组一行赴象山民间信仰场所调研，县委常委、统战部部长干维岳陪同调研。12月31日，宁波象山县委召开理论学习中心组学习（扩大）会议，邀请浙江省社会主义学院教研部副教授和杭州师范大学马克思主义学院教授，分别作《新时代中国特色社会主义宗教理论与政策》和《新时代意识形态安全与反邪教治理》专题讲座。象山县委理论学习中心组全体成员、县直及驻象山垂直管理各单位主要负责人和镇乡党委（街道党工委）书记参加会议。

【非公有制经济领域统一战线工作】加强系统推进。调整县民营经济“两个健康”工作领导小组，完善县领导与民营经济代表人士列名结对名单；举办银企圆桌对话会，提升企业家信心，为象山高质量发展献策聚力；举办“亲清直通车”政企恳谈会，帮扶中小企业渡难关；将清廉企业建设纳入象山县“清廉细胞工程”示范点建设内容，推动政策落地。建设亲清家园，依托县商会协同服务平台，建立“象山县亲清家园”微信公众号，设置“最多跑一次”“亲清来监督”等功能7项，指导爵溪街道开展亲清家园示范点创建工作。1月3日，县新生代创业联谊会二届三次会员大会暨迎新团拜会举行，60余名新生代企业家欢聚一堂，畅叙情谊，共话发展。县委副书记、代县长包朝阳出席并致辞。县人民政府副县长石坚定，县政协副主席、工商联主席励茂平出席活动。12月27日，上海象山商会成立大会在上海举行。县委书记潘银浩到会祝贺并讲话。上海市闵行区委常委、副区长吴斌，省驻沪办副主任章春华，市驻沪办主任孙毅等应邀出席或参加相关活动。县领导包朝阳、罗来兴、俞骏、干维岳、励茂平等出席会议。

【港澳台交流及海外统一战线工作】联络联谊，推动象山和香港大埔结对交流，筹划香港大埔区与象山渔业合作交流基地创建工作，邀请在甬象山籍香港乡亲参加象港两地共叙乡情联谊活动，组织回国返象山海外留学生参加“同心海联·海燕家乡行”活动，承办2020侨界新生代代表人士“看浙江”参访团到象山考察活动。加强侨团建设，新建德国海外（人才）工作联络站和德国象山同乡会，实现基层侨联组织全覆盖，推动丹西街道、东陈乡创建市级示范基层侨联组织，丹东街道创建市级先进基层侨联。助推引资引智，在县科创中心创建“宁波市侨联侨界创新创业基地”和浙江宁波“侨梦苑”分区中心，协同县人才办、县招商发展中心加入“宁波侨界招商引才服务联盟”，与舟山市岱山县签订“友好侨联”协议书，与丽水市遂昌县成立引才联盟。维护侨益关爱侨胞，联合县自然资源和规划局在全省率先制定《关于象山籍华侨申请宅基地建房的备忘录》，对华侨回乡申请宅基地建房事宜提供制度性规范。1月2日，县第十次归侨侨眷代表大会召开。县委书记叶剑鸣出席并讲话。县领导包朝阳、金红旗、俞骏、干维岳及市侨联党组书记徐挺出席会议。6月9日，省侨联副主席、市侨联巡视员李承成，市侨联一级调研员张勇军一行到象山调研侨贤参事创新工作。县委常委、统战部部长干维岳，县委统战部副部长、县侨联主席陈海波等陪同。7月20日，宁波甬港联谊会会长柴利能到象山调研。县委常委、统战部部长干维岳，县委统战部副部长、侨办主任、侨联主席陈海波，香港象山联谊会会长李志刚等参加调研。其间，柴利能还看望香港象山联谊会名誉顾问周辞美。7月24日，县委统战部举办象港两地共叙乡情联谊活动，邀请香港象山联谊会会长李志刚，副会长张志意、吴晓琦等10余位在甬乡亲共叙乡情、共话发展。县委常委、统战部部长干维岳，市委统战部一级调研员王自力，县委统战部副部长、侨办主任、侨联主席陈海波出席活动。10月22日，象山县侨界代表人士侨务知识培训班在县社会主义学院举办。市侨联党组成员、二级巡视员王东海出席会议并授课，县委统战部副部长、侨联主席陈海波主持会议并作开班动员讲话，全县侨界代表人士、各镇乡（街道）统战干事、侨务工作者和县侨联全体干部共70余人参加培训。10月28日至30日，以“在希望的田野上”为主题的象台民宿合作论坛在象山县举行，县委常委、统战部部长干维岳出席相关活动并作“‘浙’里有约·心‘象’事成”致辞，20名来自台湾的文创、民宿等行业代表实地体验象山民宿产业和乡村旅游发展，与象山县星级民宿的代表们探讨民宿管理和发展。

【统一战线宣传调研工作】 组织民主党派成员参加征求意见、协商恳谈等活动，为全县中心工作解难题。组织开展“最多跑一次”改革、安全生产等专项民主监督，更好助推县委决策部署落地落实。推行“书记点题、党派领题”调研机制，认领课题6个，开展深度调研。通过党外人士建言资政直通车《观察与建议》等形式提交报告6篇，获县委县政府主要领导批示5篇次。1月30日，市委常委、统战部部长胡军一行以明察暗访相结合的方式，检查指导象山县新型冠状病毒感染的肺炎疫情防控工作。5月28日，县委书记潘银浩到县委统战部走访调研。全年中央统战部《每日汇报》、杂志、网站及微信公众号刊发信息5篇，省、市统战工作杂志、简报、微信公众号及各级新媒体刊载100余篇。

（周贤）

调研改革

【概况】 2020年，县委改革办坚定不移实施改革驱动战略，以“最多跑一次”改革为总抓手，按照“系统集成、协同高效”要求，紧扣“让营商环境更优化、让人民生活更美好、让治理制度更完善”三大目标，重点领域和关键环节改革，提升改革工作整体效能，新增市级以上改革项目11个，16个市级以上改革试点、20个全县重点改革项目、105个“一镇乡(街道)一特色、一部门一品牌”改革创新项目推进，改革工作得到时任市委书记郑栅洁批示肯定。县委改革办获评宁波市推进“六争攻坚、三年攀高”行动先进集体、2019—2020年度宁波市改革突出贡献集体、2020年度法治象山建设工作先进集体和2020年度象山县乡村振兴共建先进单位等多项荣誉。

【召开县委改革委员会第三次全体(扩大)会议】 4月20日，县委改革办组织召开县委改革委员会第三次全体(扩大)会议。县委书记叶剑鸣主持会议并讲话。他强调，要坚决扛起示范先行的使命担当，争当新时代改革领跑者，聚力推进象山高质量发展、高水平治理。会议听取县委改革办、县农业农村局、县自然资源和规划局、县政务办等单位重点改革事项情况汇报，并审议通过有关改革方案。

【全县公共场所服务大提升工作会议】 7月9日，县委改革办组织召开全县公共场所服务大提升工作会议，贯彻落实省委市委关于推进公共场所服务大提升的工作部署。县委常委、常务副县长陈兴立出席会议并讲话。陈兴立强调，要围绕公共场所服务便利化、智慧化、人性化、特色化、规范化“五化”要求，以等不起的紧迫感、慢不得的危机感、坐不住的责任感，迅速行动、抓紧落实，推进公共场所服务大提升，打造“重要窗口”的标志性成果。

【县委改革委员会第四次全体(扩大)会议】 11月6日，县委改革办牵头召开县委改革委员会第四次全体(扩大)会议。县委书记潘银浩主持会议并讲话。他强调，要学习贯彻落实中央和省委、市委改革委员会会议精神，主动改、勇敢闯、大胆试，系统集成、久久为功，先行先试、探路领跑，聚焦重点、闯关突破，确保高效率高质量完成各项改革任务，以改革“加速度”育新机开新局，为“聚力一二五、奋力上台阶”提供强大动力。会议听取县委改革办、县委宣传部、县发改局等单位重点改革项目情况汇报，并审议通过有关改革方案。

【县委读书会暨2021年工作思路汇报会】 12月3日，县委改革办牵头召开县委读书会暨2021年工作思路汇报会。县委书记潘银浩主持会议并讲话。他强调，要认清形势、科学谋划、担当实干，做到扬优势、补短板、强支撑，为“十四五”开好局起好步打好基础。县委副书记、县长包朝阳作专题发言。罗来兴、俞骏、李晓东等15位县级领导围绕课题调研成果及2021年工作思路交流发言。市委组织部徐磊、市委宣传部雷同凯专题到场巡听。

(屠立东)

党校工作

【概况】 2020年，县委党校围绕县委中心工作，以习近平新时代中国特色社会主义思想为指导，贯彻中央、省市县委关于党校工作的指示精神及《中国共产党党校(行政学院)工作条例》，立足党校性质和职能，创造性地开展各项工作，在干部培训、教学科研、后勤服务及机关自身建设等方面都取得的成绩。

【干部培训工作】 按照《2020年象山县干部培训班次计划》的总体安排，全年分别举办了县管领导干部“周末课堂”、全县新录用公务员初任培训班、全县党员发展对象培训班、全县新的社会阶层人士素质提升培训班、全县统战干部与党外人士能力提升培训班以及东西部协作龙井班、敦化班等主体班次共27期，累计培训学员3280人次。立足实际，教学模式改革创新。受“新冠病毒”疫情影响，考虑到2020年培训现状的局限性，按照严格的防疫防控要求，做好各重要班次的具体方案修改完善工作。创新教学方式和教学内容，探索实施“互联网+”培训模式，采用“线上+线下”相结合教学方式。在部分班次中新增“学员微课”环节，通过对接高校优秀师资和优质课程，依托中国人民大学等高质量高校网络直播平台，在相关班次中开设“云端讲堂”。发挥优势，对外培训规模扩大。象山县乡村治理学院由于疫情影响，培训于5月底开始恢复，全年共举办乡村治理培训班27期、培训学员1446人次。其中，承办农业农村部党校培训班3期(农业农村部农村宅基地专题培训班、农业农村系统党支部书记与党务干部培训班、农业农村部发展壮大集体经济培训班)，培训学员333人次。同时，根据培训需求完善课程体系建设和现场教学基地拓展。在原有课程体系的基础上，新开设《高水平实施乡村振兴》《乡村文化振兴》《乡村生态振兴》3门专题课程。在原有的旭拱岙村、高泥村、溪里方村、方家岙村等8处现场教学基地的基础上，拓展梅山村、宁海县委党校、岔路湖头村、岔路下畈村4处实地考察基地。具体干部培训主体班次见表4：

表 4　　2020 年县委党校干部培训一览表

主体班次名称	办班时间	人次
全县新录用公务员初任培训班	6 月 29 日至 7 月 17 日	50
县管干部“周末课堂”(第一期)	7 月 11 日	128
全县机关党务干部能力提升培训班	7 月 15 日	100
县管干部“周末课堂”(第二期)	8 月 22 日	152
2020 年度全县党员发展对象培训班	9 月 9 日至 11 日	418
县管干部“周末课堂”(第三期)	9 月 12 日	150
2020 年全市纪检监察干部“点题”培训案件审理专题培训班	9 月 23 日至 25 日	144
全县新的社会阶层人士素质提升培训班(社会主义学院)	9 月 24 日至 25 日	40
象山县新生代企业家培训班(社会主义学院)	9 月 25 日	60
象山县人大代表履职能力提升培训班	10 月 15 日至 16 日	91
2020 年东西部协作干部能力提升培训班(龙井)	10 月 18 日至 24 日	23
象山县机构编制业务培训班	10 月 19 日	76
象山县侨界人士培训班(社会主义学院)	10 月 22 日	72
2020 年全县统战干部与党外人士能力提升培训班(社会主义学院)	10 月 26 日至 28 日	54
敦化市驻村书记、领导干部能力提升专题班	10 月 26 日至 11 月 1 日	51
全县食品安全工作培训班	10 月 29 日	74
国土空间规划编制和农村宅基地“三权分置”改革工作专题培训班	11 月 5 日	60
2020 年度新聘用事业单位工作人员岗前培训班	11 月 9 日至 13 日	52
2020 年新闻发言人暨意识形态工作主体责任培训班	11 月 10 日至 11 日	140
县管干部“周末课堂”(第四期)	11 月 14 日	132
“青春塔山”干部读书会集中专题教学	11 月 14 日	180
全县“模范机关、清廉机关、文明机关”创建工作推进会暨机关党建业务培训会	11 月 24 日至 26 日	62
全县县管干部学习贯彻党的十九届五中全会精神集中轮训暨县管干部“周末课堂”(第一期)	12 月 21 日至 23 日	190
全县县管干部学习贯彻党的十九届五中全会精神集中轮训暨县管干部“周末课堂”(第二期)	12 月 21 日至 23 日	171
全县县管干部学习贯彻党的十九届五中全会精神集中轮训暨县管干部“周末课堂”(第三期)	12 月 24 日至 26 日	210
全县县管干部学习贯彻党的十九届五中全会精神集中轮训暨县管干部“周末课堂”(第四期)	12 月 28 日至 30 日	230
全县县管干部学习贯彻党的十九届五中全会精神集中轮训暨县管干部“周末课堂”(第五期)	12 月 28 日至 30 日	170
共　计	27 期	3280

【教科研工作】 围绕县委、县政府中心工作开展各类调研。全年共撰写论文 27 篇，其中，获奖 3 篇(翚婷的《小康视角下提升乡村治理效能的逻辑路径探究——基于象山县“村民说事”制度变迁的审视》获宁波党校系统理论

研讨会三等奖、《质量管理视角下落实机关党建主体责任探究——以象山县为例》获2019—2020年宁波市党建研究会优秀微调研报告一等奖、《基层党建引领城市社区治理的调查与思考—基于丹西街道瑶琳社区的考察》获2019—2020年宁波市党建研究会综合调研报告优秀奖)、发表6篇。省市课题结项5项(省级2项、市级3项)、立项4项(省级1项、市级3项)。科研成果在数量和质量上都呈现出稳中有升的发展态势。参与县委、县政府中心工作。与县级各部门进行联合课题调研。发挥理论研究优势,分别与组织部、统战部、县直机关工委、县社科联进行合作,完成8项县级课题。发挥好智库作用。参加县"十四五"规划修改意见座谈会、象山融入长三角一体化对策建议和象山民宿经济发展座谈会、全域旅游座谈会等各类座谈会及县政府工作报告起草、县改革创新项目评审工作,为县委、县政府和相关部门的中心工作出谋划策、贡献力量。

【对外宣讲工作】 贯彻落实中央和省市县委有关部署要求,开展基层理论宣讲工作。精心备课,教学奖项创新突破。两名教师参加宁波市委党校精品课比赛,分别获教学精品课和教学创新奖。对外宣讲有声有色。围绕习近平新时代中国特色社会主义思想、中共十九届五中全会精神、习近平总书记考察浙江、宁波重要讲话精神等专题课程开展理论宣讲,全年共宣讲137场次,受众2万多人次。其中,中共十九届五中全会精神宣讲31场次,在全市各县市区党校中名列前茅。魏行进被县委宣传部授予象山县宣讲名师称号,挂牌成立宣讲名师工作室。

【队伍建设工作】 加强政治理论学习。牢牢把握"党校姓党"这一根本原则,营造"用学术讲政治"的浓厚氛围。及时组织全体教职工学习中央、省、市党校工作会议精神及重要文件,加深对"用学术讲政治"的系统理解和把握。以"周二夜学"为平台,学习贯彻习近平新时代中国特色社会主义思想和习近平总书记考察浙江、宁波重要讲话精神。围绕重点时政内容,县委党校发挥师资优势,以专题党课、理论探讨、全员讨论、撰写文章等多种方式,将政治理论学深悟透。圆满完成疫情防控任务。2020年年初,按照县委统一部署,党校迅速把思想统一到习近平总书记重要指示精神上,坚决完成好疫情防控任务。从2月3日开始,县委党校18名志愿者第一时间参与到高速卡口、客运中心和社区防控一线,助力疫情防控工作。据统计,共有579人次参与到一线防控工作中。高度重视青年干部培养。以"一线攻坚三服务、争先创优促发展"工作组为平台,校领导带队,共5人分别赴晓塘乡、定塘镇、贤庠镇、县"三服务"新村融合工作材料组参与"三服务"工作,围绕"六个一"攻坚任务基层一线开展调研、服务,增加农村工作经验,提升基层工作能力。选派一名工作能力强、工作作风硬的优秀中层干部挂职"第一书记",锻炼青年干部的基层工作能力。

【后勤服务工作】 为县委县政府及各部门提供会议服务。县委党校实际承担了全县会议中心的职能,每年为县委、县政府全体会议、县委理论中心组会议、全县领导干部会议等重要会议提供服务。2020年共接待各类会议341场次。

【特色亮点工作】 象山县干部心理健康关爱中心运行良好。2020年,象山县干部心理健康关爱中心加强"半岛心使"心理教师团队建设,研发设计7大模块、40节心理健康科普课程。采取"送教上门"的方式,邀请杭州市公安局心理训练中心主任陈亚丽、北京师范大学心理学博士叶枝、宁波市康宁医院科教科科长周东升等知名专家,为鹤浦镇、晓塘乡、东陈乡等15个乡镇街道的干部开展心理健康系列专题讲座。为县妇联、县自然资源与规划局、县综合行政执法局、县公安局等16个部门提供心理健康服务。全年共为2100名余干部提供心理健康服务,为5名有需要的干部提供"一对一、面对面"个体心理咨询服务。新冠疫情暴发后,第一时间开通心理帮扶热线,为全县抗疫一线的干部提供心理援助,并协助县总工会开通全县职工心理帮扶热线,疫情期间服务干部群众549人次。与暨南大学管理学院建立干部管理战略合作关系,开展县管干部胜任力指标评价体系构建课题研究。

"青春塔山"干部读书会推进。通过收集整理、统计分析读书会三年来的培训资料做好第一批会员的结业准备工作并总结经验做法,同时配合组织部做好新一轮"青春塔山"干部读书会报名审核。新一期的读书会将会更加关注个性发展,创新教学模式,完善课程设置,实现科学管理。

(黄朋朋)

老干部工作

【概况】 2020年,全县由县委老干部局负责服务管理的离退休干部79人,其中离休干部47人,退休(副县级以上)干部32人。离休干部中,享受地专级1人,地专级二项待遇1人,享受县处级待遇16人,享受科级待遇29人。按参加革命时期划分,抗日战争时期入伍的4人,解放战争时期入伍的43人;按人员性质划分,属行政编制的有13人,事业编制的有10人,企业编制的有24人。在离退休干部中,党员有58人,其中,离休干部党员31人,县级退休干部党员有27人。离休干部平均年龄90.55岁,最大的97岁,最小的84岁。

【落实老干部政治待遇】 坚持向老干部通报工作,让老同志及时了解象山县发展的重要情况和上级重大决策部署。抓好思想政治学习,多种形式组织引导离退休干部学习习近平总书记在浙江、宁波考察时的重要讲话精神和全国、省市县两会精神等。坚持为老干部征订《中国老年报》《离退休党建》等学习资料,并按时送到老干部家中。建立健全分片联系老干部制度,落实"四送"(夏日送清凉、冬日送温暖,生日送祝福,节日送健康）服务、“七必访”（传统节日提前访，生病住院及时访，突发情况随时访，生活困难经常访，思想顾虑定期访，生日寿辰按时访，协助善后立刻访）机制，2020年累计看望慰问500多人次。开展常态化调研，加大面上工作指导和推动力度，明确老干部主管单位的服务管理职责，确保老干部相关政策落实到位。

【保障老干部生活待遇】 确保老干部老有所养、老有所医，推进社区“四就近”（就近学习，就近活动，就近得到关心照顾，就近发挥作用）服务体系建设，联合丹城中心卫生院开展上门巡诊，调整健康体检内容和标准，安排“一对一”体检反馈。健全特困帮扶机制，对生活困难、生患重病、长期卧床、家庭重大变故的老干部予以更多帮助和补助，2020年共落实帮扶资金近10万元，并及时为全县离退休干部增加生活补贴、工作补贴。

【党组织建设】 推行积分制管理，修订完善离退休干部党支部积分评议，每季度开展自评，半年开展一次督查总评，结果作为党支部星级评定、优秀离退休干部党支部推荐的主要依据。开展划片管理，将象山县98家离退休干部党支部、“银辉”党支部，划分为5个片组和1个“银辉”支部片组，以片组为平台，开展联合共建，共享党建资源和党建经验，实现互学互促互促进。创新“银辉”党建模式，年内实现“银辉”党组织在象山县19个社区的全覆盖，成立“银辉”党支部22个、“银辉”之家2个、“银辉”品牌工作室4个、“银辉”正能量示范基地2个。

【服务老干部】 完善老干部信息数据库，提供“一人一策”的个性化服务。2020年疫情期间，为老干部赠送防疫物资，组织开展电话健康专访、上门巡诊，并与县第一人民医院门诊分部对接开放时间，方便老同志就近看病配药。协调老年医院、老年公寓，为居住在老年公寓的离休干部提供免费更换导尿管、寻找护工等个性化、亲情化服务。针对秋冬时期流感疫苗紧张的情况，与有关部门沟通，帮助老干部联系接种，解决了部分老干部的燃眉之急。

【完善“银辉”体系建设】 实现城区19个社区“银辉”党支部全覆盖，并在老年大学、亲和源、新桥老小关爱服务站3个涉老机构中成立“银辉”党支部。加强宁波“银辉”志愿者协会象山分会建设，健全工作机制，壮大工作队伍，截至2020年年底，分会下辖银辉宣讲、老园丁志愿服务、义务红娘等近30个老干部志愿服务组织，拥有各类“银辉”志愿者700余名。建成和完善了县离退休干部党员学习服务中心、县老年大学两个“银辉”之家，树立郑老师义务红娘工作室等4个老干部品牌工作室，选树银辉（红色）讲师11名。

【“银辉”党建阵地建设】 建成一批在县内外有一定影响力的“银辉”党建共享基地如才华剪纸艺术馆、新桥关爱老小服务站等，同时培育挖掘新的工作品牌，以“服务式”建强县离退休干部党员学习服务中心，完善离退休干部党员学习服务中心的服务项目设置；以“结合式”建设“银辉”党建共享基地中的“银领先锋馆”，展示新时代广大老干部、老党员、老同志的银辉风采，建成以来累计参观人次达3000人次；以“融入式”完善社区“银辉”党建服务阵地，开展老年大学和新华社区结对共建工作，把老年大学的文化资源和“银辉”志愿服务资源向社区下沉，让社区成为文化养老的校社共建基地、“银辉”志愿的服务基地、老年大学的教学实践基地。

【“银辉”示范引领作用】 围绕县委、县政府中心工作，引导老同志唱响时代主旋律。疫情期间，各“银辉”党支部党员发挥示范带动作用，参与社区联防联控；全县“银辉”志愿者创作剪纸、诗词、书法等抗疫文艺作品，宣传防控知识、助力复工复产；广大离退休干部党员捐款捐物助力抗疫，累计捐款40余万元；谢才华等11名老同志被省委老干部局评为“最美银耀老干部抗疫志愿者”；此外，组建“银辉初心”宣讲团开展“五进”活动进行“重要窗口”理论宣讲。全年宁波“银辉”志愿者联合会象山分会共计开展“银辉”志愿服务819场，参加志愿服务老同志1300余人次，累计服务群众17800余人次，累计志愿服务时长9689小时，累计开展宣讲26场次，受教育人员2000人次。

【“银辉”党建赋能城市社区治理】 组织引导“银辉”党员发挥独特优势，助推城市基层党建和社会治理、社区自治。如北路社区“银辉”党支部依托社区“讲白搭”平台宣讲党的优良传统、家风家训等；丹桂社区的“银辉”党员们支持和参与社区红色物业建设，在垃圾分类、环境整治、纠纷调解、疫情防控中发挥了重要作用，成为社区里靠谱的“红管家”；欢乐社区“银辉”党支部针对廉租房小区孤寡老人、独居老人较多的实际，开展每月2次的“银辉来敲门”行动，动态关注这一特殊群体的身心健康并及时反馈他们的困难。

【创新疫情下的学习方式】 线上促学强信心，开启“三微”线上学习模式，建立“微”信群、推出“微”感言、开设“微”课堂，打造网上“银辉”课堂，推送“银耀半岛”公众号。线下送学暖人心，针对离休干部进入后双高期、出行不便以及部分老干部居住在外地的实际，开展电话宣讲、送学上门、邮寄学习资料等个性化、亲情化服务。云端交流话初心，组织离退休干部党支部开展网上“一读三谈”主题党日活动，通过视频连线的方式集中研学，畅谈初心体会，发挥余热。

【老年大学软硬实力】 夯实“硬基础”，对教学楼进行整体鉴定维修，安装电子门禁系统，采购新电脑等。提升“软实力”，打造“云端”课堂，确保老同志停课不停学。及时“补洞”，查找当前管理运行、制度建设的不足，内部管理，促进规范化办学，创建市级文明单位；开展教育教学研究，优化专业设置，教师队伍建设；引导广大学员发挥作用，创作剪纸、书画、摄影等一批文艺作品，宣传疫情防控，凝聚抗疫合力。

【机关队伍建设】 学习提素质，坚持领导班子中心组理论学习和“周二夜学”制度，组织全体党员干部学习习近平总书记在浙江、宁波考察时的重要讲话精神和全国、省市县两会精神及中共十九届五中全会精神等内容，开展“不负韶华、攻坚担当”等大讨论，引导全体党员干部牢固树立“窗口”意识、肩负“窗口担当”、贡献“窗口标准”。优化作风树形象，贯彻落实支部工作条例，加强机关党建工作，落实好主题党日、“三会一课”等制度。发挥党支部的战斗堡垒作用和党员的先锋模范作用，组织党员干部参与高速卡点检查、人员排查、社区执勤、“三服务”工作等，为打赢疫情防控和经济社会发展“双线战役”做出贡献。主动适应从严治党新要求，压实党风廉政建设主体责任，抓实抓细干部日常管理监督，推进清廉机关建设。完成事业单位机构改革，完成老干部活动中心和老年大学两个事业单位的“三定”方案，明确县老干部活动中心增挂“县离退休干部党建工作指导中心”牌子，加强党建工作力量。

（胡桢平）

县直属机关党建工作

【概况】 2020年以来，县直机关工委贯彻落实中共十九大，十九届二中、三中、四中、五中全会精神和习近平新时代中国特色社会主义思想，贯彻落实习近平总书记在中央和国家机关党的建设工作会议上的重要讲话精神，立足“围绕中心、建设队伍、服务群众”核心职责，坚定不移推进机关党建高质量发展，奋力实现机关党建工作走在前、作表率。

【政治引领】 注重率先垂范，带头扛起从严治党政治责任，在全省机关党的建设工作座谈会和全市机关党的建设工作座谈会召开后，第一时间贯彻落实机关党建工作部署，专题传达学习会议精神，研究贯彻落实意见。6月29日，在县委党校召开全县机关党的建设工作座谈会，县委书记潘银浩作重要讲话，县委常委、组织部部长、县直机关工委书记范焕平主持会议，传达学习中央和国家机关党的建设工作会议及省、市机关党的建设工作座谈会精神，引领带动各地各部门党组（党委）增强抓党建、强党建的政治自觉和行动自觉。

【党员教育管理工作】 用好“周二夜学”等学习载体，以党组（党委）理论中心组学习为龙头、党员干部集中轮训为抓手、党支部政治学习为基础，以“必修+选修”送学方式，学深学透新理念新思想新战略。围绕“不负韶华，攻坚担当”、当好浙江建设“重要窗口”模范生等主题，有重点、分层次、全覆盖地在全县各级机关掀起大学习、大讨论、大实践的热潮。累计组织开展“大讨论”活动565场次，8758名党员参与讨论活动，梳理发现问题3014条，形成大讨论成果报告103份。6月12日，在石浦半边山“重走长征路”党建教育基地举行新党员入党宣誓活动，共有25名新党员参加宣誓活动。6月29日，组织开展2020年县级机关入党积极分子培训工作，共有367名入党积极分子受训并结业。11月24日至26日，在浙江省委党校四明山分校举办“模范机关、清廉机关、文明机关”创建工作推进会暨机关党建业务培训会，县直机关及国有企事业单位60余名机关党建负责人参加。

【推进支部标准化规范化建设】 完善机关党组织设置，加强分类指导，升格机关党总支2家。规范基层党组织换届选举程序，共发出13份换届提醒函，督促61家次机关基层党组织抓好换届选举、书记任命、增补委员等工作，确保支部工作有序开展。规范党员发展流程，严格执行发展前集中教育、发展中预审、公示、政审，发展后教育、宣誓等程序，确保党员发展质量，年内共计发展党员23名。

【压紧压实主体责任】 学习领会习近平总书记关于加强和改进机关党建必须牵住责任制这个“牛鼻子”的重要指示精神，坚持“书记抓、抓书记”，推行“书记账本”，条目式明确党组（党委）书记、机关党委（总支）书记、支部书记的任务清单、责任清单，突出党政主要负责人管党治党主体责任，重点抓好“一把手”主体责任的监督检查，推动形成“定责明责、履责述责、督责问责”的责任闭环体系，构建一级抓一级、层层抓落实的责任传导机制和工作格局。

【机关党建督查考核】 落实机关党建工作责任制，建立健全《象山县机关党建质量评估体系实用手册》，将机关党建考评标准分解为书记主责主业、政治思想建设、班子队伍建设、制度执行落实、阵地经费保障等五类基本项目和16项二级评价指标，使机关基层党组织做有规则、抓有方向，实现了机关党建工作由“软任务”向“硬指标”的转变。通过开展机关片组全覆盖交叉检查，提升机关党建工作精细化、规范化水平。经综合评定，6家单位党组织被评为2020年度机关党建工作示范点，18家党组织被评为“五星级”机关党组织、32家党组织被评为“四星级”机关党组织、25家党组织被评为“三星级”机关党组织，2家党组织被评为“二星级”机关党组织。

【建设专职党务干部队伍】 严格落实县直各部门机关党委或机关党总支必须配备专职副书记的要求，配齐机关专职党务干部队伍。把专职党务干部培训纳入全县干部教育培训计划，联合县委组织部、县委党校举办机关党组织书记、专职副书记、基层党支部书记理论和业务培训班。7月15日，举行全县机关党务干部能力提升培训班，共计100名党务干部参加培训。开展党务干部“学考评”比武活动，以每周推送党建实务、每季度开展应知应会测试、年末评选业务标兵，使党务干部及时得到充电赋能，锻造过硬党务干部队伍。

【构建城乡基层党建工作新格局】 建立完善城乡党组织结对共建机制，围绕决胜脱贫攻坚中心工作，助力困难对象脱贫致富，组织88家县级部门党组织与53家农村党组织、510名农村困难对象开展新一轮结对共建活动，广泛发动机关党员干部基层一线“访民情、听民声、解民忧”，建立健全城乡基层党组织相融互促的工作机制，形成以城带乡、城乡互促、双向受益、共同提高的城乡基层党建工作新格局，推动城乡基层党组织进步、过硬。2020年以来，累计慰问488户困难对象，发放慰问金40万余元。

【社区联防联控】 坚决贯彻县委防疫复工的部署要求，组织开展全县机关党员干部“双报到五参与”工作，第一时间发动全县机关党员干部，统一志愿者着装赴街道社区共同开展疫情防控工作，慎终如始抓好“守小门”工作，坚决守牢疫情防控底线。

【拓展党员志愿服务】 围绕创建“全国最清洁县”，完善机关党组织与社区定向结对服务机制，结合城市社区管理、文明城市创建等，定期开展政策宣传、治安巡逻、文明餐桌、环境整治、垃圾分类等活动，全县76家县级部门党组织累计开展志愿活动1100余次。推进“微心愿”公益项目，以社区困难家庭、农村重点低收入农户为重点，组织引导机关企事业单位党员干部认领微心愿743个，上门送达慰问物品折合人民币23万元。

【机关党建调研工作】 开展机关党建工作理论和实践研究，探索拓展机关党建工作的新办法新载体新途径，针对调研结果形成的《象山县探索建立专业化党员志愿服务与助推民营经济发展融合机制》和《治理效能提升视域下机关党建融合式发展初探》分别荣获2020年度机关党建工作创新案例优秀创新成果和2020年度机关党建工作优秀课题调研成果三等奖。

【推动志愿服务顾问团提质升级】 按照省委“三服务”活动要求，结合县“一线攻坚‘三服务’、争先创优促发展”活动，把志愿服务企业助企成长行动作为长期坚持的机关党建工作品牌和发挥党员示范引领作用的载体实施。重点筛选出12个围绕工业经济、全域旅游示范区、重点工程等中心工作的项目，党员志愿顾问团坚持需求导向、着眼服务、创新服务方式、提质扩面，建立健全“每月走访—定期会商—跟踪问效”制度，量身打造“一企一策”，为中小企业发展提供零距离、专业化的智力支持。12月3日，象山县共产党员志愿者协会推送的《“先锋聚力·领跑营商”红领专家志愿服务顾问团助企成长行》项目荣获首届象山县新时代文明实践志愿服务项目大赛铜奖。

【优化营商环境】 聚焦营商环境突出问题，紧盯涉企服务各个领域，结合机关作风民主评议工作，在开展“日常评议+集中评议”的基础上，组织开展涉企重点项目实地督查，县域各窗口服务单位开展明察暗访。同时，重点围绕服务基层、服务群众、服务企业开展专项评议，结合“手机二维码评议”、营商环境满意度定向回访，畅通群众反映意见渠道，加大对评议对象督促检查和跟踪落实力度，助力打造稳定、公平、透明、可预期的营商环境。

【保持正风肃纪高压态势】 围绕“十项规定”、“四条禁令”、首问负责即问即办制度落实情况等，聚焦工作纪律、服务效能、机关干部行为规范，采取“不发通知、不打招呼、拨打电话、直插现场”的随机抽查方式，加强机关作风的日常监督和检查，推动机关干部提精神、强能力、优服务，优化营商环境，提升机关服务效能。累计组织开展检查活动7次，涉及319家单位，印发通报7期，对8名工作人员违反纪律情况进行了实名通报。

象山县人民代表大会

综　述

2020年是极不平凡的一年。在中共象山县委的坚强领导下，县人大常委会高举习近平新时代中国特色社会主义思想伟大旗帜，落实省市县委人大工作会议精神，围绕县委“聚力一二五，奋力上台阶”目标要求，聚焦发展大局，践行为民责任，依法履职、探索创新，善于作为、敢于担当，圆满完成县十八届人大四次会议确定的各项目标任务，在宁波当好浙江建设“重要窗口”模范生中奋力争先创优，为推进象山县经济社会发展做出贡献。全年依法举行常委会会议10次、主任会议14次，听取审议专项工作报告28个，作出决议决定5个，交办审议意见13个，组织执法检查和代表视察22次，任免地方国家机关工作人员60人次，人民陪审员109人，各项工作取得了新的进展和成效。

象山县人民代表大会及常委会会议

【县十八届人大第四次会议】　5月9日至5月11日，县十八届人民代表大会第四次会议在丹城召开。应到代表243人，出席会议代表235人，列席58人，举行全体会议3次，主席团会议4次。会议听取和审查代县长包朝阳作的《象山县人民政府工作报告》、县人大常委会主任金红旗作的《象山县人民代表大会常务委员会工作报告》、县人民法院院长陈海虹作的《象山县人民法院工作报告》、县人民检察院检察长袁学宏作的《象山县人民检察院工作报告》，并作出相应决议。《象山县2019年国民经济和社会发展计划执行情况与2020年国民经济和社会发展计划草案的报告》和《象山县2019年预算执行情况和2020年预算草案的报告》由大会秘书处书面印发全体代表，进行审议。会议通过了接受金红旗辞职的决定，通过了选举办法、有关专委会主任委员和组成人员人选通过办法，以及2020年县民生实事项目票决办法。会议以无记名投票方式选举罗来兴为县人大常委会主任，包朝阳为县人民政府县长，陈爱武为县人大常委会副主任，朱海东、芦祖水、陈洪、金建文、黄建国、蔡东波为县人大常委会委员。通过了专门委员会组成人员名单，朱海东为监察和司法委员会主任委员、蔡东波为财政经济委员会主任委员、芦祖水为社会建设委员会主任委员，方芳（女）、翁华清、凌晓辉、蒋杰峰、蒋凌燕（女）、蔡带娣（女）等为社会建设委员会委员。

【县十八届人大常委会第二十五次会议】　1月10日，县第十八届人民代表大会常务委员会第二十五次会议举行。常委会组成人员23人出席会议。会议听取县人大常委会办公室主任黄建国受主任会议委托提请的《关于召开象山县第十八届人民代表大会第四次会议的决定（草案）》议案的说明。会议经过审议，表决通过了这个决定。象山县第十八届人民代表大会第四次会议于2月11日召开。会议听取县人民政府办公室主任张有为所作的关于政府工作报告草案形成过程和主要内容的说明，县财政局局长董连胜受县人民政府委托所作的关于县2019年预算执行

5月11日，新当选的县人大常委会主任罗来兴（前排右四）与常委会组成人员合影

情况和2020年预算草案的报告，县发改局局长史建立受县人民政府委托所作的关于县2019年国民经济和社会发展计划执行情况与2020年计划草案的报告以及2020年重点工程项目、2020年政府性投资项目，并对上述报告进行审议，提出了修改意见和建议。会议要求县政府及有关部门根据审议意见，继续修改完善，为即将召开的县十八届人大四次会议做好准备。会议听取县发改局局长史建立受县人民政府委托所作的关于2019年县民生实事项目实施完成情况的报告和2020年县民生实事候选项目建议方案的汇报，并对上述报告进行审议，提出了修改意见和建议。会议要求县政府及有关部门根据审议意见，继续修改完善，为即将召开的县十八届人大四次会议做好准备。会议还审议通过了《象山县民生实事项目满意度测评办法》，并对2019年县民生实事项目实施完成情况进行满意度测评。测评结果为：医疗卫生服务项目、城乡社会保障项目、就业创业服务项目、公共教育事业项目、生态环境治理项目、美丽乡村建设项目、公共安全保障项目、养老助残服务项目8项为满意等次，市民交通出行项目、文化体育事业项目2项为基本满意等次。会议听取县人大常委会办公室主任黄建国所作的关于县人大常委会工作报告草案起草过程和主要内容的说明。会议经过审议，原则通过了县人大常委会工作报告，要求县人大常委会办公室根据会议意见，对报告作修改完善后，提请县十八届人大四次会议审查。会议听取县人大常委会副主任、县十八届人大四次会议筹备办公室主任黄敏求所作的关于县十八届人大四次会议筹备工作情况的报告。审议通过提请县十八届人大四次会议预备会议以及主席团第一次会议通过的有关文件和名单（审议稿），通过大会其他程序性文件，决定大会列席人员名单。会议审议部分市人大代表辞职事项，决定接受黄焕利、金红旗辞去宁波市第十五届人民代表大会代表职务；并以无记名投票的方式，补选包朝阳、罗来兴两位同志为象山县出席宁波市第十五届人民代表大会代表。会议审议县人民政府有关人事任免议案，决定任命吴志辉为县人民政府副县长，决定免去周坚栋的县人民政府副县长职务。会议还审议了县人民法院和县人民检察院有关人事任免职的议案。会议还书面审议了县人大常委会丹东、丹西、爵溪街道工作委员会2019年度工作情况的报告。

【县十八届人大常委会第二十六次会议】 4月14日，县第十八届人民代表大会常务委员会第二十六次会议举行。常委会组成人员26人出席会议。会议传达学习习近平总书记在浙江、宁波考察时和在中共中央政治局常务委员会上的重要讲话精神，对全县人大系统贯彻落实提出具体要求。会议指出，在统筹推进疫情防控阻击战和经济社会发展总体战的关键时刻，习近平总书记专程到浙江、宁波考察调研，体现了总书记对浙江、宁波工作的高度重视，对浙江、宁波干部群众的深切关爱。尤其是3月29日，习近平总书记第一站就来到宁波，这对全县人民来说是巨大的鼓舞和鞭策。会议要求，全县人大系统要把学习贯彻习近平总书记在浙江、宁波考察时的重要讲话精神，与学习贯彻习近平新时代中国特色社会主义思想结合起来，与学习贯彻落实党的路线方针政策和重大决策部署结合起来，做到学思用贯通、知信行统一。要发挥“三站一体”（实体联络站、网络联络站、一线联络站）代表联络站优势，组织全县各级人大代表走进人大代表联络站，开展“打赢两战促发展”主题活动，助力全县打赢疫情防控与复工复产攻坚战。要准确把握习近平总书记赋予浙江的新目标新定位，将贯彻落实习近平总书记重要讲话精神与调研“十三五”规划完成情况和“十四五”规划编制情况结合起来，助力象山县融入长三角一体化发展，加快宁波现代化滨海城区建设。要准确把握“促进城乡协调发展”要求，将贯彻落实习近平总书记重要讲话精神与象山县低收入农户帮扶工作相结合，助力象山县脱贫攻坚、城乡融合发展。要聚焦推进从严治党，增强“两个维护”的思想自觉、政治自觉和行动自觉，在疫情防控与经济社会发展、人民生活保障、基层治理现代化等方面，发挥人大职能作用，贡献人大智慧。会议审议个别市人大代表补选事项，以无记名投票的方式，补选李军为象山县出席宁波市第十五届人民代表大会代表。会议审议县人民政府有关人事免职议案，决定免去普布次旦的县人民政府副县长职务。

【县十八届人大常委会第二十七次会议】 5月6日，县第十八届人民代表大会常务委员会第二十七次会议举行。常委会组成人员25人出席会议。会议传达市十五届人大五次会议精神。会议要求，县人大常委会组成人员要把学习贯彻市人代会精神作为当前的一项重要政治任务抓紧抓好，把思想和行动统一到市人代会精神上来。要把贯彻市人代会精神同贯彻县委“在宁波当好浙江建设‘重要窗口’的模范生中奋力争先创优”新定位结合起来，推动“双突破双驱动”（突破工业经济和旅游经济；改革驱动，创新驱动。）战略、“四个年”活动，在疫情防控常态化条件下，高质量推进县域治理现代化，高水平建成小康社会。要把贯彻市人代会精神同开好县人代会结合起来，组织好、引导好代表，集中精力把四次人代会开成一个坚定信心、战胜困难、鼓舞士气、奋发有为、勠力同心的大会。会议审议通过《象山县人民代表大会常务委员会代表资格审查委员会关于代表变动情况和选举代表资格审查的报告》，确认选举杨雪娟、张浩、郑波波3名代表资格。象山县第十八届人民代表大会实有代表243名，出缺5名。会议听取县人代会筹备办公室副主任黄建国关于县十八届人大四次会议相关调整事项的报告。根据县委要求，县十八届人大四次会议于5月9日正式开幕。会议认为，县十八届人大四次会议，是全县人民政治生活中的一件大事，本次人代会是在疫情防控常态化条件下召开的，在当前有着特殊意义、特殊要求。会议要求，大会筹备办公室要按照市委、市人大“压缩会期、压缩规模、压缩报告时长”的总要求，落实疫情防控各项工作措施，形成“清单式管理、封闭式防控”的工作格局，实行会场、驻地宾馆全封闭管理，确保会议标准不降、确保疫情防控万无一失。会议审议通过县十八届人大四次会议选举办法（审议稿）、2020年县民生实事项目票决办法（审议稿）、有关专委会主任委员和组成人员人选通过办法（审议稿）。会议原则通过县人大常委会工作报告，要求县人大常委会办公室根据会议意见，对报告作修改完善后，提请县十八届人大四次会议审查。

【县十八届人大常委会第二十八次会议】 5月10日，县第十八届人民代表大会常务委员会第二十七次会议举行。常委会组成人员33人出席会议。会议听取县人大常委会办公室主任黄建国所作的关于《象山县人大常委会2020年工作要点（草案）的说明》。会议经过审议，原则通过了县人大常委会2020年工作要点，要求县人大常委会办公室根据会议意见，对报告作修改完善后印发实施。罗来兴主任在会议结束前作了讲话，对做好县人大常委会2020年工作提出要求。罗来兴指出，因受新冠肺炎疫情冲击，2020年全县人大的目标任务更加艰巨更加紧迫。全县人大要在政治站位上见行动，发挥人大制度优势和联系群众优势，把握重点作为，在监督上发力，在支持上给力，推动常态化疫情防控下的复工复产达产工作。要在争先创优上见行动，增强做好特殊历史节点下人大工作的责任感、使命感，在依法履职基础上加快求新求变，通过精选创新课题，挖掘创新案例，推进制度创新、实践创新，为“两个机关”建设增添新动能。要在狠抓落实上见行动，抓好常委会年度计划安排，挖掘代表优势，把坚持问题导向和目标指向统一到监督落实中，维护好人民群众的利益，在宁波当好浙江建设“重要窗口”模范生奋力争先创优中作出更大贡献。

【县十八届人大常委会第二十九次会议】 5月28日，县第十八届人民代表大会常务委员会第二十七次会议举行。常委会组成人员27人出席会议。会议听取和审议市生态环境局象山分局局长干焊受县人民政府委托所作的关于象山县2019年度环境状况和环境保护目标完成情况的报告。会议认为，象山县贯彻落实习近平生态文明思想和系列重要指示精神，围绕加快建设宁波现代化滨海城区目标，以美丽象山建设为总抓手，打好“蓝天保卫”“治水提升”“清废净土”三大污染防治攻坚战，环境保护工作任务基本完成，年度目标实现。会议指出，加强生态环境保护是重大政治任务，是推动高质量发展的重要举措，是增进民生福祉的迫切需要。要突出重点，坚持问题导向，分析、补齐环境治理短板，提高环境治理现代化水平，坚决打好污染防治攻坚战。要调研，适度超前规划建设环保基础设施，着力打造“百千工程”升级版，推进大花园建设。要部门联动，严格执法监督，牢固树立“一盘棋”思想，妥善处理治标与治本、当前与长远、发展与保护的关系，群策群力、齐抓共管，形成众志成城的强大合力。要宣传，及时发布生态环境信息，完善公众知情、公众参与、公众监督机制，提升全民环保的主体意识和责任意识。会议要求，县人大常委会城建环保工委对常委会组成人员的意见和建议进行汇总，结合前期调研情况，整理形成审议意见稿，经主任会议讨论后交县人民政府研究处理。会议听取和审议县发改局局长史建立受县人民政府委托所作的关于象山县营商环境建设情况审议意见研究处理的报告、县国有资产管理中心主任黄国敏受县人民政府委托所作的关于全县国有企业资产管理情况审议意见研究处理的报告、县综合行政执法局局长石雷霆受县人民政府委托所作的关于迎亚运城市精细化管理情况审议意见研究处理的报告。会议对县政府及有关部门落实常委会审议意见给予了肯定，同时就继续抓好审议意见办理落实工作，提出了意见和建议。会议强调，要开展争先创优行动，“最多跑一次”“最多跑一地”改革，营造更好的营商生态，推动经济回升向好，奋力夺取疫情防控和经济社会发展“双胜利”。要推进国有企业改革，建立现代企业管理制度，管理和考核，提高经营效益，推动国有企业做大做强，加强风险管控，确保国有资产安全完整、保值增值。要抓住宁波国家海洋经济发展示范区主体区建设和亚运赛事承办机遇，加强部门协同联动，引导公众广泛参与，以绣花功夫补短板，以更高标准抓整治，以机制促常态，打造“重要窗口”半岛风景线。会议要求，县政府及有关部门继续抓好审议意见的办理工作，确保各项审议意见真正落到实处。会议审议并通过《象山县第十八届人大常委会代表资格审查委员会组成人员调整名单》《象山县第十八届人大常委会各工作委员会组成人员调整名单》。会议审议并通过《象山县人大常委会关于建立街道居民议事会制度的实施办法》。会议指出，加强街道人大工作和建设，是贯彻中央和省委、市委有关决策部署的重要内容。建立街道居民议事会制度，对于推进象山县基层民主政治建设，促进经济社会发展，维护社会稳定，具有十分重要的意义。会议要求，丹东、丹西、爵溪3个人大街道工委要严格依照规定程序，稳妥组织实施，高水平地发挥交办监督功能、民主议事功能、代表履职功能和代表述职功能，成为县人大行权的基础平台、联系代表的工作平台、汇聚社情民意的综合平台。同时，要探索完善，推动象山县街道人大工作创新发展。会议还听取林娅、章国锋、周青法3位市人大代表的述职报告，郑经治、蒋小花、谢光辉、刘燕君4位市人大代表书面述职。

【县十八届人大常委会第三十次会议】 6月28日，县第十八届人民代表大会常务委员会第三十次会议举行。常委会组成人员34人出席会议。会议分别听取和审议县财政局局长董连胜受县人民政府委托所作的关于2019年象山县财政决算草案的报告、县审计局局长徐小平受县人民政府委托所作的关于2019年度象山县本级预算执行和其他财政收支的审计工作报告，审查批准了2019年县本级决算。会议认为，2019年县政府及财政部门面对复杂的国内外形势和严峻的财政经济现状，围绕人代会确定的全年经济社会发展目标，克服各种不利因素带来的影响，负重前行，共克时艰，推动了象山县经济社会各项事业稳步发展，基本完成了县人代会批准的财政预算任务。县审计局主动履职，依法开展审计监督，为规范预算管理和财政资金运行、促进全县经济健康有序发展发挥了重要作用。常委会组成人员对此予以肯定，同时指出了存在的问题和不足之处，并提出了针对性的意见、建议。会议指出，要集中精力做好“六稳”“六保”工作，着力推动各项政策措施落实落地，着重扶持实体经济、稳定市场信心、兜住民生底线。要严格预算执行刚性约束，探索“零基预算”改革，建立健全责任制度，确保预算“刚性”。要从严加强风险隐患管控，规范政府性债务管理，完善政府举债融资机制，防范化解各类风险。要抓好审计意见的整改落实，依法加强对重点支出、重大政策执行及其绩效的审计监督，对苗头性、倾向性问题要早发现早提醒早处理。会议要求，县人大常委会财经工委对常委会组成人员的意见和建议进行汇总，结合前期调研情况，整理形成审议意见稿，经主任会议讨论后交县政府研究处理。会议审议通过《象山县人大常委会审议意见研究处理情况满意度测评办法（修订草案）》。会议认为，修订审议意见研究处理情况满意度测评办法，是为了抓好审议意见的落实落地落细，推动相关工作开展和重点问题处理解决。会议要求，县政府及有关部门要高度重视，县人大常委会各委办要跟踪监督，共同推动审议意见办理工作。会议审议县人民政府有关人事免职议案，决定免去穆锦斌的县人民政府副县长职务。会议还审议了县人民检察院有关人事免职议案。主任罗来兴在会议结束前作了总结讲话，对县人大常委会组成人员在当好浙江建设“重要窗口”的模范生中奋力争先创优提出要求。罗来兴指出，县人大常委会组成人员身份特殊、职责重要、责任重大，要在讲政治重规矩上做表率，把坚持党的领导贯穿于工作始终，牢牢把握人大工作坚定正确的政治方向。要在履职能尽职责上做表率，始终秉持对人民负责、为人民办事、受人民监督、让人民满意的理念，正确行使民主权利，做到依法办事、按规矩办事、按制度办事。要在提素质转作风上做表率，把学习放在突出位置，基层、群众、一线，将落脚点放在为民发声代言、解难题、办实事上。要在守纪律正法纪上做表率，始终做到忠诚、干净、担当，把遵纪守法作为基本要求和行为习惯，营造齐心协力的工作氛围，为人大争先创优贡献每个人的力量。

【县十八届人大常委会第三十一次会议】 8月27日，县第十八届人民代表大会常务委员会第三十一次会议举行。常委会组成人员31人出席会议。会议听取和审议县发改局局长史建立受县人民政府委托所作的关于贯彻实施《关于加快推进宁波海洋经济发展示范区主体区建设的决定》工作情况的报告。会议认为，海洋经济是象山发展的永恒主题，是象山实现弯道超车的关键所在。会议指出，要提高统筹管理水平，机构职能职责，充实象山县海洋经济发展领导力量。要争取上级支持，抢抓政策机遇，举全县之力推进国家级宁波海洋经济发展示范区主体区建设。要加强战略谋划，科学编制海洋经济发展“十四五”规划，加快打造千亿级海洋产业集群。要做强功能平台，加强产业链、创新链联动发展，打造象山跨越发展的强力引擎。会议要求，县人大常委会农业农村工委对常委会组成人员的意见和建议进行汇总，结合前期调研情况，整理形成审议意见稿，经主任会议讨论后交县政府研究处理。会议听取和审议县经信局局长周良虹受县人民政府委托所作的关于对接“246”产业集群建设推进制造业高质量发展的报告。会议认为，象山县对接市“246”万千亿级产业集群发展，做好外引内育文章，聚力打造“123”新型产业体系，制造业发展取得一定成效。会议指出，要坚持“工业强县”不动摇，坚定不移贯彻新发展理念，打好制造业高质量发展组合拳。要聚力稳定发展施策，抓好传统产业转型升级和战略性新兴产业培育，推动县域经济提质增量、跨越赶超。要突出重点招商引资，围绕“四群五链”狠抓项目谋划、招商、建设和服务，积蓄发展后劲。要多管齐下优化营商环境，“最多跑一次”改革、要素市场化配置改革，加快政府数字化转型和法治政府建设，全力推动象山县走在高质量发展前列。会议要求，县人大常委会财经工委对常委会组成人员的意见和建议进行汇总，结合前期调研情况，整理形成审议意见稿，经主任会议讨论后交县政府研究处理。会议听取和审议县发改局局长史建立受县人民政府委托所作的关于2020年上半年县国民经济和社会发展计划执行情况的报告、县财政局局长董连胜受县人民政府委托所作的关于2020年上半年县预算执行情况的报告。会议认为，年初以来，面对大变局大事件大考验，全县上下坚定不移统筹推进疫情防控和经济社会发展工作，开展争先创优行动，从眼前的危机和挑战中育新机、抢先机，经济运行企稳回升向好，复工复产取得的成绩来之不易。会议指出，要认清严峻形势，牢牢抓住“稳和保”两大关键，以稳求进、以进固稳。要加强分析研究，做好政策兑现，扶持产业，齐心协力推进发展。要提高谋划标准，融入国家和省市战略，提升平台能级，将资源优势转化为发展胜势。要严控各项风险，守住安全底线。会议要求，县人大常委会财经工委对常委会组成人员的意见和建议进行汇总，结合前期调研情况，整理形成审议意见稿，经主任会议讨论后交县政府研究处理。会议分别听取和审议县卫健局局长林法星和县医保局局长贺挺受县人民政府委托所作的关于象山县医共体建设情况的报告。会议认为，2019年3月，县第一人民医院、县中医医院、县红十字台胞医院三家医疗健康集团组建，医共体建设各项工作取得明显进展，实现了医疗资源互通互联、资源共享，极大地提高了全县医疗服务保障水平。会议指出，要确保总院医疗水平提升，做强特色学科，降低外转病患比例。要确保医生性发挥，实施名医带动战略，夯实医共体内部建设基础。要确保医防深度融合，完善分级诊疗制度，发挥医共体服务保障人民群众健康作用。要确保部门合力运作，鼓励引导社会办医，扩大卫生服务供给。会议要求，县人大常委会教科文卫工委对常委会组成人员的意见和建议进行汇总，结合前期调研情况，整理形成审议意见稿，经主任会议讨论后交县政府研究处理。会议听取县人大常委会办公室主任黄建国受主任会议委托所作的关于提请《象山县人大常委会工作评议办法（草案）》议案的说明。会议经过审议，表决通过了《象山县人大常委会工作评议办法》。会议审议个别县人大代表辞职议案、《象山县人民代表大会常务委员会代表资格审查委员会关于部分县人大代表辞职的审查报告》。会议决定接受蒋善智辞去县十八届人大代表职务，其代表资格终止，县十八届人大常委会委员职务相应终止；叶剑鸣因调离本县，其代表资格自行终止。县十八届人民代表大会实有代表241名，缺额7名；县人大常委会组成人员34名。会议审议县人民政府有关人事任免的议案，决定任命章洪浩为县人民政府副县长（挂职）。会议还审议了县人民政府、县人民法院其他人事议案，并举行宪法宣誓仪式。会议书面通报县人大常委会上半年主要工作情况及下半年工作安排。主任罗来兴传达了省人大常委会主任学习会精神，并在会议结束前作了总结讲话。罗来兴要求，全县人大系统要在学习贯彻落实县委全会精神和省人大常委会主任学习会精神上做表率，分析争先创优10方面的任务举措和15项标志性成果，立足人大职能分项跟进，用扎实的履职成果来检验贯彻落实的成效。要在提升人大履职质效上显担当，对照省委书记车俊和省人大常委会副书记梁黎明提出的工作要求，及时做好查漏补缺，逐项研究落实举措，在“最多跑一地”专项监督、“十四五”规划编制等重点任务的推进过程中花更多精力、下更大功夫，并继续在“四个年”活动推进和村级组织换届选举等全县中心工作中发挥人大作用。要在打造特色亮点工作上下功夫，以更高站位、更大格局来认识和推进代表工作，加强探索创新，稳步迈向制度化、常态化、品牌化，合力把象山县人大“代表督事”这个品牌做大做强做优，成为地方人大推进县域治理体系和治理能力现代化的样板。

【县十八届人大常委会第三十二次会议】 9月24日，县第十八届人民代表大会常务委员会第三十二次会议暨社会救助体系建设专题询问会议举行。常委会组成人员28人出席会议。会议听取和审议县人民政府副县长吴志辉所作的关于象山县社会救助体系建设情况的报告。会上，部分县人大常委会组成人员和县人大代表围绕医疗救助、教育助学、住房保障、产业帮扶等情况进行询问，县政府办公室及相关职能部门主要负责人一一应询。会议认为，象山县贯彻落实党中央、国务院脱贫攻坚战略和关于做好民生工作的决策部署以及省、市相关要求，以“提升保障水平、完善救助机制、规范建设”为重点，逐步健全工作机制，实施分层分类救助，规范审核管理流程，发挥了政府救助的“保底”作用。会议对象山县社会救助体系建设工作取得的成绩表示肯定；同时指出，社会救助事关困难群众基本生活和衣食冷暖，应成为为民谋福祉的一项兜底性工作，必须经得起检验，如实际救助与困难群众需求存在差距、基础救助工作力量薄弱等问题亟待解决。会议强调，要完善救助政策，加快建立“1+8+X”的新时代社会救助体系，细化救助标准，完善科学合理的财政投入机制，稳妥地推进低保扩面工作，使社会救助扩面工作更“接地气”。要落实工作机制，形成工作合力，实现各项社会救助工作统一管理，加紧构建数字化社会救助网络，提高社会救助工作效率，实现救助。要夯实救助基础，创新公共服务提供模式，关注救助对象脱贫能力建设和精神救助方面工作，提升救助水平。要基层民政干部队伍建设，做实做细各项社会救助工作，发挥乡镇（街道）、村（社区）工作平台宣传优势，提高人民群众对救助政策的知晓度。会议要求，县人大常委会社会建设工委对常委会组成人员和代表的意见和建议进行汇总，整理形成审议意见稿，经主任会议讨论后交县政府研究处理，并加强对审议意见整改落实情况的跟踪监督，推动重点问题解决，确保监督工作取得实效。

【县十八届人大常委会第三十三次会议】 10月30日，县第十八届人民代表大会常务委员会第三十三次会议举行。常委会组成人员28人出席会议。会议传达学习中国共产党第十九届中央委员会第五次全体会议公报。会议听取和审议县公安局政委林江受县人民政府委托所作的关于象山县道路交通安全综合整治情况的报告。会议认为，象山县围绕“减量控大”“五最”目标，在加强道路交通基础设施建设、规范道路交通执法、缓解中心城区交通拥堵和依法惩处交通安全违法犯罪行为等方面做了大量的工作。会议指出，县政府及有关部门要加强规划引领，源头治理，缓解“停车难”问题。要严格执法，以大数据分析，实现实时管理、从严治堵。要协作配合，健全长效工作机制，确保痛点问题、重点隐患治理。要加大宣传力度，创新方式方法，提高交通参与者的安全意识和守法意识。会议要求，县人大常委会监察司法工委对常委会组成人员的意见和建议进行汇总，结合前期调研情况，整理形成审议意见稿，经主任会议讨论后交县政府研究处理。会议听取和审议县财政局局长董连胜受县人民政府委托所作的关于2019年度象山县行政事业性国有资产管理情况的专项报告，书面审议2019年度象山县国有资产管理情况的综合报告。会议认为，县政府及有关部门健全管理制度，行政事业性国有资产管理工作规范，取得了一定成效。会议指出，县政府及有关部门要完善体制机制，规范管理，破解监管中存在的越位、缺位、错位等问题。要夯实工作基础，提升管理水平，推进资产管理信息化建设。要改革创新，建立健全资产调剂使用、共享共用机制，促进科学合理配置资源和提高财政资金使用效益。会议要求，县人大常委会财经工委对常委会组成人员的意见和建议进行汇总，结合前期调研情况，整理形成审议意见稿，经主任会议讨论后交县政府研究处理。会议听取和审议县财政局局长董连胜受县人民政府委托所作的关于2020年1—9月全县预算执行情况和预算调整方案的报告、关于2020年象山县政府债务限额和新增地方政府债券预算调整方案的报告，审查批准预算调整方案、政府债务限额和新增地方政府债券预算调整方案。会议审议个别县人大代表辞职议案、《象山县人民代表大会常务委员会代表资格审查委员会关于部分县人大代表辞职的审查报告》。会议决定接受罗欣、罗军雷2名同志辞去县十八届人大代表职务，其代表资格终止。县十八届人民代表大会实有代表239名，缺额9名。会议审议县人大常委会和“一府两院”有关人事任免的议案，并举行宪法宣誓仪式。会议还审议了县人民法院人民陪审员任职议案，任命寥春燕等109名同志为县人民陪审员。罗来兴在会议结束前作了总结讲话，就如何抓好下阶段县乡两级人大工作提了要求。罗来兴指出，要坚持学用结合，贯彻落实全省县（市、区）人大常委会主任专题培训会议精神，把强学习的基本功打得更实、敢担当的标杆拉得更高、抓落实的功夫下得更足，推动中央和省市县委各项决策部署落地见效。要坚持县乡联动，提升监督工作质效，围绕“十四五”规划、国土空间规划编制“把牢图”，重点关注2000万元以下政府投资项目“管好钱”，常态化制度化规范化开展工作评议“盯住法”，同时启动2021年工作思路调研。要坚持守正创新，在“代表督事”制度过程中，扩大督事主体，加强县乡协调，丰富督事形式，完善落实机制，扩大影响力，在全省乃至全国打响“代表督事”品牌。

9月24日，县十八届人大常委会第三十二次会议暨社会救助体系建设专题询问会议召开

【县十八届人大常委会第三十四次会议】 11月18日，县第十八届人民代表大会常务委员会第三十四次会议暨工作评议专题会议举行。常委会组成人员30人出席会议。自2020年9月4日启动工作评议以来，县人大常委会工作评议调查组、案卷评查组、评议指导组以及财政检查和审计组，分别调查了解被评单位整体工作、作风建设、财政资金使用等情况。会上，各工作评议调查组分别作关于县教育局、司法局、农业农村局、应急管理局工作情况的调查报告，县审计局作财政审计报告，县人大代表中心组作评议发言。参会的县人大代表对被评议的四个部门进行满意度测评，测评结果为全部满意。会上，被评议的四个部门主要负责人作评议整改表态发言。县委常委、常务副县长陈兴立代表县政府对四个被评议部门提出整改要求。陈兴立指出，要端正态度，正视差距，变压力为动力；要措施，落实责任，抓好整改；要转变职能，改进作风，主动接受监督；要同心同德，开拓创新，为促进县域经济社会发展做出新的贡献。主任罗来兴在会议结束前作了总结讲话。罗来兴指出，工作评议是县人大常委会对政府部门工作监督的重要形式，年内，县人大常委会重新修订了工作评议办法，目的是提高监督力度，促进“一府一委两院”及有关部门依法行政、公正司法、为民履职，保障法律法规在象山县正确实施。此次评议使县人大常委会和广大代表对被评议的四个部门工作有了更为的了解，肯定成绩实事求是，指出问题客观，提出建议有较强针对性。罗来兴要求，四家被评议单位要以此次评议为契机，认识抓整改，提升法治意识、人大意识、监督意识，真心实意接受评议调查组和代表中心组的批评和建议，真正把评议意见当作宝贵财富。要措施抓整改，集中时间和精力，建立问题台账，突出整改重点，具体责任，做到整改有的放矢。要改进作风抓整改，把抓整改与县委“四个年”活动相结合，把各项工作纳入制度化、规范化轨道，把工作水平提高到一个新高度。罗来兴强调，各评议调查组和代表中心组要继续担负起责任，保持与被评议单位的密切联系和沟通，了解整改动态，掌握整改进度，加强督促检查，跟踪问效。县政府要加强领导和协调，督促被评议单位落实整改措施，帮助解决实际困难和问题，促进象山县经济社会高质量发展，在当好建设“重要窗口”模范生中奋力争先创优。

【县十八届人大常委会第三十五次会议】 12月18日，县第十八届人民代表大会常务委员会第三十五次会议举行。常委会组成人员30人出席会议。会议听取县人大常委会办公室主任黄建国受主任会议委托提请的《关于召开象山县第十八届人民代表大会第五次会议的决定（草案）》的说明。会议经过审议，表决通过了这个决定。象山县第十八届人民代表大会第五次会议将于2021年1月19日召开（召开日期如有调整，授权主任会议确定）。会议听取和审议县审计局党组书记陈胜跃受县人民政府委托所作的关于2019年县本级预算执行和其他财政收支审计工作情况审议意见研究处理的报告，审议关于2020年上半年县国民经济和社会发展计划及预算执行情况审议意见研究处理的报告。会议对县政府及有关部门落实常委会审议意见给予肯定，同时就继续抓好审议意见办理落实工作提出意见和建议。会议强调，县政府及有关部门要推进进度抓整改，落实责任抓整改，逐项跟踪抓整改，县审计局要适时组织“回头看”，县财经工委要加大跟踪监督力度，县监委要依法依规严肃问责，对存在“屡审屡犯”问题的单位和个人加重追责问责力度。会议听取和审议县财政局副局长胡斌代表局长受县人民政府委托所作的关于要求将石浦客运中心工程项目政府付费列入财政预算的报告，审议通过《关于批准将石浦客运中心工程项目财政责任支出纳入预算的决议》。会议决定，同意批准将石浦客运中心工程工程项目政府付费暂定价格53238万元纳入预算管理。会议听取和审议县自然资源和规划局局长杨梓良受县人民政府委托所作的关于《石浦镇历史文化名镇保护规划》编制工作情况的报告。会议指出，要明确定位，处理好保护与利用、继承发展与经济利益的关系，坚持规划优先、多规融合，结合石浦特色挖掘历史文化价值，突出重点统筹兼顾，继承和弘扬象山县优秀文化传统。会议要求，县人大常委会城建环保工委对常委会组成人员的意见和建议进行汇总，结合前期调研情况，整理形成审议意见稿，经主任会议讨论后交县政府研究处理。会议听取和审议县人民政府办公室副主任胡向阳受县人民政府委托所作的关于县十八届人大四次会议代表建议办理情况的报告，代表工委主任陈洪所作的关于代表建议督办情况的报告。县十八届人大四次会议期间共收到代表建议181件，均按规定期限办结，对办理工作满意的166件，占91.7%，对办理结果满意的153件，占84.5%。会议审议通过《象山县人民代表大会代表资格审查委员会关于代表变动情况和选举代表资格审查的报告》，确认选举李晓东、杨志国、潘银浩3名代表资格。象山县第十八届人民代表大会实有代表242名，缺额6名。会议还审议通过了《象山县人大代表督事制度实施办法(试行)》《象山县人民代表大会常务委员会任免国家机关工作人员办法》，书面通报了县政府组成部门局长(主任)2020年履职情况报告、市人大代表象山中心组2020年度履职情况报告。罗来兴在会议结束前作了总结讲话，就如何抓好下阶段人大工作提了要求。罗来兴强调，2021年是“十四五”的开局之年，是完成第一个百年目标后开始向第二个百年目标奋进的开局之年。全县人大系统党员干部要学思践悟，抓好中共十九届五中全会和省、市委全会精神的贯彻落实工作，以“快追赶、攀新高”的姿态，着力营造“唯实唯先、善作善成”的干事创业氛围。要调研，做好审查批准“十四五”规划和二〇三五年远景目标纲要的准备，确保规划编制更具科学性、前瞻性、可操作性。要发挥代表主体作用，密切关注打造现代化滨海城市的民情民声，狠抓县委重大决策部署贯彻落实，助推事关象山县全局和长远的高铁、城际铁路、二通道、集装箱码头等重大项目落实落地，增进百姓福祉，书写“人民选我当代表，我当代表为人民”新篇章。

7月7日，全县乡镇、街道人大工作会议在海洋酒店召开

监督与视察

【概况】 根据省、市人大常委会统一部署，开展动物防疫和野生动物保护“两法两条例两决定”及《宁波市科技创新促进条例》《中华人民共和国水法》《宁波市生活垃圾分类管理条例》等执法检查，确保相关法律法规在象山县贯彻实施。配合市人大常委会开展水污染防治执法检查回头看，列出问题清单17条，县政府落实整改。专题监督海关、海事、税务等驻象垂直管理部门营商环境建设情况，形成监督建议12条并要求限期落实。围绕“十四五”规划纲要编制，参与县委专项调研，完成关于市域铁路建设专题研究，形成交通基础建设总体建议。完善规范性文件备案审查机制，对县政府报备的8件规范性文件进行审查，出台《关于县人民法院、县人民检察院规范性文件备案审查工作规定》，规范“两院”规范性文件备案审查工作。专题调研县社会矛盾纠纷调处化解中心建设运行情况，助推矛盾纠纷调处化解“最多跑一地”工作，注重诉前调解，诉源治理。开展检察公益诉讼监督，提升公益诉讼案件质量。专题调研民主法治示范村建设情况，推进基层治理现代化的思路。组织

《浙江省华侨权益保护条例》实施情况专项调研，提出优化侨资企业的投资环境、华侨人性化服务、华侨权益保障等意见建议。组织开展生态环境保护专项督查，提出意见建议，督促限期整改，为迎接第二轮中央环保督察做好准备。助推全县生活垃圾分类及109项目建设，重点监督管理体制、源头减量、投放处置、设施建设、宣传教育等工作情况。加强涉法涉诉信访人员接待工作，依法依规办理信访件57件。开展小区物业管理、菜市场管理、法治乡村建设、宗教活动场所管理等法规的立法调研和视察活动，为市人大立法工作提供最基层的意见建议。开展企业复工复产税费减免、企业用工支持政策落实情况专项监督，及时回应企业诉求，确保惠企政策落地见效。组织大量人员投入“两战”工作一线，全县人大代表捐款捐物折合人民币970余万元。疫情最严重期间，收集代表意见建议45条，专报市人大和县委决策参考。

【促进经济提质增效】 调研“十四五”规划纲要编制情况，提出抓住特色编制规划、全力提升国土空间利用效率、前瞻性谋划交通基础建设等意见建议，助推象山县在新发展阶段赢得先机。听取和审议贯彻实施《关于加快推进宁波海洋经济发展示范区主体区建设的决定》情况报告，要求理顺管理体制机制、夯实海洋发展基础、做优做强海洋产业、提升科技创新能力，推动主体区加快建设步伐。听取石浦港清淤工作情况汇报，提出规范石浦港区域的开发建设行为等意见，提升石浦港的通航能力。组织开展全县推进制造业高质量发展情况专题调研，听取和审议专项工作报告，着力助推传统产业转型升级、新兴产业培育突破、助企政策落地见效、企业亩均效益提高等关键问题解决。听取象山县融入长三角一体化发展情况的报告，提出明确目标定位、厘清发展思路、产业对接、推进共建共享等建议要求。联动开展数字经济专题调研，助推象山县谋实数字经济发展举措。

【财政监督】 依法做好年度预算草案、决算和同级审、半年度预算执行及预算调整等法定议题的审查监督工作，为财政健康平稳运行严格把关。将预算监督重点转向部门预算，开展县综合行政执法局、港航管理中心和残联3个部门预算编制、执行和决算全过程监督。督促审计问题整改，推行审计发现问题整改清单制，逐项明确整改任务和整改时限，落实责任追究，建立解决问题长效机制。开展预算支出项目绩效评价工作审查。高度关注政府债务情况，作出批准政府债务限额、债券分配方案等决议。督查全口径债务管理情况，提出针对性意见建议。

【国资和项目监督】 听取和审议全县行政事业单位国有资产管理情况专项报告，针对基础管理工作相对薄弱、资产权属意识有待等问题提出对策建议。跟踪督查2019年县级企业国有资产管理审议意见研究处理情况，确保整改落实到位。领办县委点题项目，重点加强2000万元以下政府投资项目专项督查，分8个小组赴各镇乡街道实地走访调研，梳理政府投资项目管理现状和存在问题，就项目论证、项目推进以及项目绩效等环节，提出明确要求和意见建议，规范政府投资行为，提高投资效益。年中、年末专门组织常委会组成人员和部分代表，开展重点工程、民生实事项目专题视察，督查重点工程完成情况，调研提交人代会票决的民生实事候选项目。

【关注重大民生事项】 开展城市精细化管理审议意见落实情况跟踪监督，推进象山县文明城市创建工作。听取和审议全县渔业安全管理长效机制建设情况的报告，督促加大监督执法力度，推进层层落实安全责任，实现“港清”“船清”“人清”，渔业安全生产形势得到明显好转。听取和审议象山县道路交通安全综合整治工作的报告，要求提高交通规划科学性、曝光典型违法案例、增设交通管制措施等，维护车辆安全有序通行。开展省学前教育条例执法检查跟踪监督，推进住宅小区配套幼儿园建设。听取和审议县域医疗服务共同体建设情况的报告，提出增强集团综合实力、完善公共卫生服务体系、明确医保资金导向、解决医卫人才短缺等意见建议，促进医共体内部融合，提高县域就诊率。专项调研稳就业工作，提出促进经济增长与扩大就业联动、企业自身发展与政府援企稳岗联动、公共服务供给与劳动者能力提升联动等意见建议。调研全县公共卫生服务体系建设、非遗保护工作情况等。

【聚焦农业农村发展】 专题调研象山县农村集体经济发展情况，针对象山县村级集体经济薄弱、产业项目资金不足、“造血”能力不强等问题，提出建立集体经济发展长效机制、制定“一村一策”发展规划、加快区域融合发展等意见建议，着力推动农村集体经济发展。专题调研象山县低收入农户增收及东西部扶贫协作情况，提出组织领导、完善动态管理、推进产业扶贫、帮扶举措、加强宣传引导五方面建议，相关调研报告提交县委决策参考，全力助推低收入农户奔小康。

代表工作

【拓展代表督事】 总结各地经验做法，制定出台代表督事实施办法，推进代表督事制度化规范化科学化发展。代表联络站标准化建设，新建改建代表联络站10个，完善“三站一体”履职平台体系。全县乡镇街道现有联络站84家，其中实体联络站23家，网络联络站18家，一线联络站43家。因地制宜探索多种实践形式，丰富代表督事内涵和形式，采取县乡联督、“问政+督事+评议”等协同方式，提高监督效果。全年累计开展代表督事活动211次，跟踪解决民生实事209项。代表督事制度是象山县首创并全市推广，列入全省改革创新候选项目，相关新闻获全国人大新闻奖三等奖，创新实践通讯报道在《人民代表报》刊登，理论文章在全省获奖，影响力和知名度扩大，百度搜索结果达4120万条。

【督办落实代表建议】 完善代表建议多元督办体系，采取重点督办、工委督办、跨年度跟踪督办等“组合拳”，推动主协办单位之间工作协同、办理单位与代表之间密切沟通，提升建议办理质量。县十八届人大四次会议期间共收集代表建议181件，均按规定时间发文交办、完成办理。从代表反馈情况看，办理工作满意件166件，满意率为91.7%；办理结果满意件153件，满意率为84.5%。关于加快象山县数字经济产业发展等9件重点督办件，由县长、副县长领衔办理，一批群众重大关切事项得到解决，对增强高质量发展后劲和基层治理水平提升起到的推动作用。

【代表活动】 常态化开展代表联络站活动，以“三站一体”联络站为阵地搜集社情民意135条，组织代表进联络站宣讲疫情防控要求等，发挥联络站桥梁纽带作用。开展“养成好习惯，代表在行动”代表活动月活动，发挥代表文明健康的引领示范作用。跟踪监督民生实事项目推进情况，开展满意度测评。服务省市人大代表活动，开展会前集中视察，精心准备撤县设区、沿海高铁过境、市域铁路建设、加快海洋经济主体区建设等重点建议和发言，以PPT形式现场展示，提高代表建议和发言的质量。组织部分省市代表参与《中华人民共和国水法》《宁波市生活垃圾分类管理条例》等执法检查。

【代表培训管理】 举办全县基层人大代表履职能力提升培训班，55名县人大代表和30余名人大干部参加培训，增强履职意识，提高履职能力。组织参加全市乡镇街道人大专题培训班，提升人大干部素质，增强基层人大服务代表工作能力。邀请代表参加县人大常委会培训学习，组织代表学习《中华人民共和国民法典》，引导代表当好宣传者、实践者、推动者。代表述职工作，加强代表履职评价。

人事任免

【概况】 2020年，县人大常委会依法做好人事任免工作，全年共任免国家工作人员169人次。其中，决定任命政府组成人员5人次，决定免去政府组成人员6人次；任命县人大常委会各工作委员会负责人3人次，免去县人大常委会各工作委员会负责人3人次；任命县人民法院庭长、副庭长、审判委员会委员、审判员19人次，免去县人民法院庭长、副庭长、审判委员会委员、审判员职务18人次，任命人民陪审员109人次；任命县人民检察院副检察长、检察员6人次。

表5 **2020年县人大常委会人事任免一览表**

时　间	会　议	姓　名	任免、决定或辞去职务
1月10日	县十八届人大常委会第二十五次会议	周坚栋	决定免去其县人民政府副县长职务
1月10日	县十八届人大常委会第二十五次会议	陈　俊	免去其县人民法院审判委员会委员、审判员职务
1月10日	县十八届人大常委会第二十五次会议	赵　蓉	免去其县人民法院石浦人民法庭庭长职务
1月10日	县十八届人大常委会第二十五次会议	谢世常	免去其县人民法院西周人民法庭副庭长职务
1月10日	县十八届人大常委会第二十五次会议	陶振明	免去其县人民法院定山人民法庭副庭长职务
1月10日	县十八届人大常委会第二十五次会议	白锡茂	免去其县人民法院审判员职务
1月10日	县十八届人大常委会第二十五次会议	何　滨	免去其县人民法院审判员职务
1月10日	县十八届人大常委会第二十五次会议	葛乾兴	免去其县人民法院审判员职务
1月10日	县十八届人大常委会第二十五次会议	吴志辉	决定任命为县人民政府副县长
1月10日	县十八届人大常委会第二十五次会议	马旭东	任命为县人民法院审判员
1月10日	县十八届人大常委会第二十五次会议	王博闻	任命为县人民法院审判员
1月10日	县十八届人大常委会第二十五次会议	卢碧蓉	任命为县人民法院审判员
1月10日	县十八届人大常委会第二十五次会议	赖　臣	任命为县人民法院审判员
1月10日	县十八届人大常委会第二十五次会议	陈　波	任命为县人民检察院副检察长
1月10日	县十八届人大常委会第二十五次会议	张金阳	任命为县人民检察院检察员
1月10日	县十八届人大常委会第二十五次会议	林　玲	任命为县人民检察院检察员
1月10日	县十八届人大常委会第二十五次会议	殷　超	任命为县人民检察院检察员
4月14日	县十八届人大常委会第二十六次会议	普布次旦	决定免去其县人民政府副县长职务（挂职）

续表5

时　间	会　　议	姓　名	任免、决定或辞去职务
8月27日	县十八届人大常委会第三十一次会议	黄秀贵	决定免去其县住建局局长职务
8月27日	县十八届人大常委会第三十一次会议	蒋善智	免去其县人大常委会丹西街道工作委员会主任职务
8月27日	县十八届人大常委会第三十一次会议	陈文晖	免去其县人民法院西周人民法庭庭长职务
8月27日	县十八届人大常委会第三十一次会议	孙素静	免去其县人民法院大徐人民法庭庭长职务
8月27日	县十八届人大常委会第三十一次会议	余　鑫	免去其县人民法院定山人民法庭庭长职务
8月27日	县十八届人大常委会第三十一次会议	虞宏达	免去其县人民法院刑事审判庭庭长职务
8月27日	县十八届人大常委会第三十一次会议	王　林	免去其县人民法院民事审判庭一庭(综合审判庭)庭长职务
8月27日	县十八届人大常委会第三十一次会议	韩晓红	免去其县人民法院民事审判庭二庭庭长职务
8月27日	县十八届人大常委会第三十一次会议	陈　瑛	免去其县人民法院民事审判庭三庭庭长职务
8月27日	县十八届人大常委会第三十一次会议	黄振贤	免去其县人民法院石浦人民法庭副庭长职务
8月27日	县十八届人大常委会第三十一次会议	李增光	免去其县人民法院大徐人民法庭副庭长职务
8月27日	县十八届人大常委会第三十一次会议	张伟波	免去其县人民法院定山人民法庭副庭长职务
8月27日	县十八届人大常委会第三十一次会议	贺　峰	免去其县人民法院审判员职务
8月27日	县十八届人大常委会第三十一次会议	章洪浩	决定任命为县人民政府副县长(挂职)
8月27日	县十八届人大常委会第三十一次会议	黄振贤	任命为县人民法院审判委员会委员、刑事审判庭庭长
8月27日	县十八届人大常委会第三十一次会议	孙素静	任命为县人民法院石浦人民法庭庭长
8月27日	县十八届人大常委会第三十一次会议	余　鑫	任命为县人民法院大徐人民法庭庭长
8月27日	县十八届人大常委会第三十一次会议	王　林	任命为县人民法院西周人民法庭庭长
8月27日	县十八届人大常委会第三十一次会议	韩晓红	任命为县人民法院定山人民法庭庭长
8月27日	县十八届人大常委会第三十一次会议	陈文晖	任命为县人民法院大目湾人民法庭庭长
8月27日	县十八届人大常委会第三十一次会议	李增光	任命为县人民法院民事审判一庭(综合审判庭)庭长
8月27日	县十八届人大常委会第三十一次会议	陈　瑛	任命为县人民法院民事审判二庭庭长
8月27日	县十八届人大常委会第三十一次会议	张伟波	任命为县人民法院民事审判三庭庭长
8月27日	县十八届人大常委会第三十一次会议	虞宏达	任命为县人民法院西周人民法庭副庭长
10月30日	县十八届人大常委会第三十三次会议	徐大栋	决定免去其县科学技术局局长职务
10月30日	县十八届人大常委会第三十三次会议	徐颖峰	决定免去其县商务局局长职务
10月30日	县十八届人大常委会第三十三次会议	周良宏	决定免去其县经济和信息化局局长职务
10月30日	县十八届人大常委会第三十三次会议	朱合兴	免去其县人大常委会丹东街道工作委员会副主任职务
10月30日	县十八届人大常委会第三十三次会议	叶姣蓉	免去其县人大常委会爵溪街道工作委员会副主任职务
10月30日	县十八届人大常委会第三十三次会议	徐大栋	决定任命为县经济和信息化局局长
10月30日	县十八届人大常委会第三十三次会议	江立峰	决定任命为县科学技术局局长
10月30日	县十八届人大常委会第三十三次会议	徐颖峰	决定任命为县住房和城乡建设局局长
10月30日	县十八届人大常委会第三十三次会议	陈亚云	任命为县人大常委会丹东街道工作委员会副主任
10月30日	县十八届人大常委会第三十三次会议	杨志国	任命为县人大常委会丹西街道工作委员会主任
10月30日	县十八届人大常委会第三十三次会议	金海明	任命为县人大常委会爵溪街道工作委员会副主任

续表5

时　间	会　　议	姓　名	任免、决定或辞去职务
10月30日	县十八届人大常委会第三十三次会议	毕妍妍	任命为县人民法院审判员
10月30日	县十八届人大常委会第三十三次会议	郑　波	任命为县人民法院审判员
10月30日	县十八届人大常委会第三十三次会议	郑　琴	任命为县人民法院审判员
10月30日	县十八届人大常委会第三十三次会议	鲁　云	任命为县人民法院审判员
10月30日	县十八届人大常委会第三十三次会议	瞿沙利	任命为县人民法院审判员
10月30日	县十八届人大常委会第三十三次会议	徐晶晶	任命为县人民检察院检察员
10月30日	县十八届人大常委会第三十三次会议	周非儿	任命为县人民检察院检察员
10月30日	县十八届人大常委会第三十三次会议	寥春燕	任命为人民陪审员
10月30日	县十八届人大常委会第三十三次会议	陈孝常	任命为人民陪审员
10月30日	县十八届人大常委会第三十三次会议	郑美君	任命为人民陪审员
10月30日	县十八届人大常委会第三十三次会议	黄静芝	任命为人民陪审员
10月30日	县十八届人大常委会第三十三次会议	吴绮菲	任命为人民陪审员
10月30日	县十八届人大常委会第三十三次会议	庞玉莲	任命为人民陪审员
10月30日	县十八届人大常委会第三十三次会议	张雪珍	任命为人民陪审员
10月30日	县十八届人大常委会第三十三次会议	盛兴豪	任命为人民陪审员
10月30日	县十八届人大常委会第三十三次会议	鲍英钱	任命为人民陪审员
10月30日	县十八届人大常委会第三十三次会议	王增良	任命为人民陪审员
10月30日	县十八届人大常委会第三十三次会议	卢圣贵	任命为人民陪审员
10月30日	县十八届人大常委会第三十三次会议	顾成钢	任命为人民陪审员
10月30日	县十八届人大常委会第三十三次会议	姚明达	任命为人民陪审员
10月30日	县十八届人大常委会第三十三次会议	郑鸣鹃	任命为人民陪审员
10月30日	县十八届人大常委会第三十三次会议	胡晓华	任命为人民陪审员
10月30日	县十八届人大常委会第三十三次会议	陈爱菲	任命为人民陪审员
10月30日	县十八届人大常委会第三十三次会议	陈佳林	任命为人民陪审员
10月30日	县十八届人大常委会第三十三次会议	钱婉露	任命为人民陪审员
10月30日	县十八届人大常委会第三十三次会议	金盼盼	任命为人民陪审员
10月30日	县十八届人大常委会第三十三次会议	胡加勇	任命为人民陪审员
10月30日	县十八届人大常委会第三十三次会议	郎月芬	任命为人民陪审员
10月30日	县十八届人大常委会第三十三次会议	沈亚琴	任命为人民陪审员
10月30日	县十八届人大常委会第三十三次会议	许　铭	任命为人民陪审员
10月30日	县十八届人大常委会第三十三次会议	邱沿波	任命为人民陪审员
10月30日	县十八届人大常委会第三十三次会议	董欣峰	任命为人民陪审员
10月30日	县十八届人大常委会第三十三次会议	王世国	任命为人民陪审员
10月30日	县十八届人大常委会第三十三次会议	张　光	任命为人民陪审员
10月30日	县十八届人大常委会第三十三次会议	朱国艇	任命为人民陪审员

续表5

时间	会议	姓名	任免、决定或辞去职务
10月30日	县十八届人大常委会第三十三次会议	朱慧素	任命为人民陪审员
10月30日	县十八届人大常委会第三十三次会议	叶其云	任命为人民陪审员
10月30日	县十八届人大常委会第三十三次会议	盛孙佳	任命为人民陪审员
10月30日	县十八届人大常委会第三十三次会议	陈新力	任命为人民陪审员
10月30日	县十八届人大常委会第三十三次会议	吴丹静	任命为人民陪审员
10月30日	县十八届人大常委会第三十三次会议	姚善忠	任命为人民陪审员
10月30日	县十八届人大常委会第三十三次会议	杨月铭	任命为人民陪审员
10月30日	县十八届人大常委会第三十三次会议	励祥增	任命为人民陪审员
10月30日	县十八届人大常委会第三十三次会议	史久云	任命为人民陪审员
10月30日	县十八届人大常委会第三十三次会议	胡　林	任命为人民陪审员
10月30日	县十八届人大常委会第三十三次会议	张永富	任命为人民陪审员
10月30日	县十八届人大常委会第三十三次会议	施海峰	任命为人民陪审员
10月30日	县十八届人大常委会第三十三次会议	史悠林	任命为人民陪审员
10月30日	县十八届人大常委会第三十三次会议	陈继跃	任命为人民陪审员
10月30日	县十八届人大常委会第三十三次会议	郑　建	任命为人民陪审员
10月30日	县十八届人大常委会第三十三次会议	林银祥	任命为人民陪审员
10月30日	县十八届人大常委会第三十三次会议	朱晶超	任命为人民陪审员
10月30日	县十八届人大常委会第三十三次会议	金双勇	任命为人民陪审员
10月30日	县十八届人大常委会第三十三次会议	贺敬喜	任命为人民陪审员
10月30日	县十八届人大常委会第三十三次会议	林准来	任命为人民陪审员
10月30日	县十八届人大常委会第三十三次会议	徐万颂	任命为人民陪审员
10月30日	县十八届人大常委会第三十三次会议	张绍凯	任命为人民陪审员
10月30日	县十八届人大常委会第三十三次会议	史原良	任命为人民陪审员
10月30日	县十八届人大常委会第三十三次会议	陈海燕	任命为人民陪审员
10月30日	县十八届人大常委会第三十三次会议	蒋芳芳	任命为人民陪审员
10月30日	县十八届人大常委会第三十三次会议	郭家宇	任命为人民陪审员
10月30日	县十八届人大常委会第三十三次会议	史纪彬	任命为人民陪审员
10月30日	县十八届人大常委会第三十三次会议	陈　迪	任命为人民陪审员
10月30日	县十八届人大常委会第三十三次会议	卢　伟	任命为人民陪审员
10月30日	县十八届人大常委会第三十三次会议	张国芳	任命为人民陪审员
10月30日	县十八届人大常委会第三十三次会议	金美非	任命为人民陪审员
10月30日	县十八届人大常委会第三十三次会议	吴静飞	任命为人民陪审员
10月30日	县十八届人大常委会第三十三次会议	欧亚芳	任命为人民陪审员
10月30日	县十八届人大常委会第三十三次会议	章罗永	任命为人民陪审员
10月30日	县十八届人大常委会第三十三次会议	翁　平	任命为人民陪审员

续表5

时　间	会　　议	姓　名	任免、决定或辞去职务
10月30日	县十八届人大常委会第三十三次会议	陆海滨	任命为人民陪审员
10月30日	县十八届人大常委会第三十三次会议	张静苏	任命为人民陪审员
10月30日	县十八届人大常委会第三十三次会议	叶晓萍	任命为人民陪审员
10月30日	县十八届人大常委会第三十三次会议	吕　敏	任命为人民陪审员
10月30日	县十八届人大常委会第三十三次会议	章　咪	任命为人民陪审员
10月30日	县十八届人大常委会第三十三次会议	蔡保荣	任命为人民陪审员
10月30日	县十八届人大常委会第三十三次会议	金海燕	任命为人民陪审员
10月30日	县十八届人大常委会第三十三次会议	陈莹莹	任命为人民陪审员
10月30日	县十八届人大常委会第三十三次会议	顾明渝	任命为人民陪审员
10月30日	县十八届人大常委会第三十三次会议	黄　望	任命为人民陪审员
10月30日	县十八届人大常委会第三十三次会议	唐超君	任命为人民陪审员
10月30日	县十八届人大常委会第三十三次会议	陈建国	任命为人民陪审员
10月30日	县十八届人大常委会第三十三次会议	王慧丽	任命为人民陪审员
10月30日	县十八届人大常委会第三十三次会议	金海慧	任命为人民陪审员
10月30日	县十八届人大常委会第三十三次会议	黄芳芳	任命为人民陪审员
10月30日	县十八届人大常委会第三十三次会议	刘敏芝	任命为人民陪审员
10月30日	县十八届人大常委会第三十三次会议	陈蓉蓉	任命为人民陪审员
10月30日	县十八届人大常委会第三十三次会议	汤春梅	任命为人民陪审员
10月30日	县十八届人大常委会第三十三次会议	朱莉莉	任命为人民陪审员
10月30日	县十八届人大常委会第三十三次会议	朱亦文	任命为人民陪审员
10月30日	县十八届人大常委会第三十三次会议	汪国芳	任命为人民陪审员
10月30日	县十八届人大常委会第三十三次会议	郑　灿	任命为人民陪审员
10月30日	县十八届人大常委会第三十三次会议	黄春林	任命为人民陪审员
10月30日	县十八届人大常委会第三十三次会议	何玉婷	任命为人民陪审员
10月30日	县十八届人大常委会第三十三次会议	王世荣	任命为人民陪审员
10月30日	县十八届人大常委会第三十三次会议	励爱琴	任命为人民陪审员
10月30日	县十八届人大常委会第三十三次会议	屠晓红	任命为人民陪审员
10月30日	县十八届人大常委会第三十三次会议	贺华春	任命为人民陪审员
10月30日	县十八届人大常委会第三十三次会议	余晓萍	任命为人民陪审员
10月30日	县十八届人大常委会第三十三次会议	陈　翔	任命为人民陪审员
10月30日	县十八届人大常委会第三十三次会议	岩赛月	任命为人民陪审员
10月30日	县十八届人大常委会第三十三次会议	郑　蔚	任命为人民陪审员
10月30日	县十八届人大常委会第三十三次会议	徐潇宇	任命为人民陪审员
10月30日	县十八届人大常委会第三十三次会议	沈秋霞	任命为人民陪审员
10月30日	县十八届人大常委会第三十三次会议	吴良宇	任命为人民陪审员

续表5

时　间	会　　议	姓　名	任免、决定或辞去职务
10月30日	县十八届人大常委会第三十三次会议	许青素	任命为人民陪审员
10月30日	县十八届人大常委会第三十三次会议	董慧芝	任命为人民陪审员
10月30日	县十八届人大常委会第三十三次会议	欧丽莎	任命为人民陪审员
10月30日	县十八届人大常委会第三十三次会议	卢长国	任命为人民陪审员
10月30日	县十八届人大常委会第三十三次会议	陈林军	任命为人民陪审员
10月30日	县十八届人大常委会第三十三次会议	史久夫	任命为人民陪审员
10月30日	县十八届人大常委会第三十三次会议	朱海芬	任命为人民陪审员
10月30日	县十八届人大常委会第三十三次会议	王　敏	任命为人民陪审员
10月30日	县十八届人大常委会第三十三次会议	欧丹锋	任命为人民陪审员
10月30日	县十八届人大常委会第三十三次会议	蒋先进	任命为人民陪审员
10月30日	县十八届人大常委会第三十三次会议	朱常福	任命为人民陪审员

自身建设

【党的建设】 以常委会党组扩大会议、机关党组集中学习、机关支部“周二夜学”等为载体，开展当好“重要窗口”模范生、“象山发展我担当”等大讨论，更好地凝聚共识、汇聚众智，增强争先创优的责任感和使命感。以最严肃的态度配合做好迎接省委巡视工作，自查发现问题即查即改，反馈指出问题及时整改落实，建章立制避免问题反弹。规范党内政治生活，常态化落实谈心谈话、民主评议党员、请示报告及按月交纳党费等制度。组织参与党员志愿服务活动，开展结对帮扶，把党的温暖带给困难党员群众。明确党风廉政建设责任制，严格落实党风廉政建设和意识形态工作任务。重视做好老干部工作，丰富退休支部活动内容。

【提升履职水平】 为增强常委会会议审议实效，制定出台审议意见研究处理情况满意度测评办法。推行审议意见清单制，形成“闭环式”监督模式，增强审议监督的刚性。在各项监督工作中共列出整改事项89条，完成整改65条，其他整改事项将继续跟踪监督。修订完善机关相关制度，加强干部绩效管理，建立机关月度工作例会制度，提升办文办会办事水平。继续推进学习型机关建设，组织县人大常委会机关干部和部分代表赴市人大常委会开展“走进人大”专题学习活动。落实会前学法制度，组织传染病防治、民营企业发展、数字经济等专题学习会，邀请专家作《中华人民共和国民法典》专题讲座，提升法治意识。利用“学习强国”、党员干部学习网等平台资源，提高干部理论水平。设立县人大常委会微信公众号，建立网络志愿者队伍，提升人大工作影响力。

【规范基层人大工作】 贯彻落实《浙江省乡镇人民代表大会工作条例》和《宁波市乡镇人民代表大会议程及内容清单》，精心指导各乡镇开好一年两次人代会，规范大会议程和票决制办法，依法开展民生实事项目代表票决制工作。定期召开乡镇街道人大工作例会，精心部署工作任务，及时了解重点工作进程，推进基层人大各项工作开展。贯彻《浙江省街道人大工作条例》精神，出台街道居民议事会实施意见，指导三个街道建立居民议事会，为街道人大工作搭建良好的活动平台。健全乡镇人大主席列席常委会会议制度，邀请参与常委会重点监督活动，提升全县人大工作整体水平。

（励石开）

9月23日，县人大常委会赴市人大常委会开展“走进人大”专题学习活动

象山县人民政府

综　述

【概况】 2020年，面对极其复杂严峻的宏观环境，特别是新冠肺炎疫情的严重冲击，县政府学习贯彻习近平总书记考察浙江重要讲话精神，忠实践行“八八战略”，落实“六争攻坚”，在县委的正确领导下，在县人大、县政协的监督支持下，团结依靠广大干部群众，围绕“聚力一二五、奋力上台阶”，做好“六稳”工作，落实“六保”任务，稳企业、增动能、补短板、保平安，奋力在打造“重要窗口”中争先创优，全县经济社会保持平稳健康发展。2020年，完成地区生产总值563亿元、同比增长1.6%，财政总收入81.7亿元、同比增长6.3%，一般公共预算收入51.8亿元、同比增长12%，城乡居民人均可支配收入同比分别增长3.4%、6.3%。

“十三五”期间，全县上下自觉践行新发展理念，实施“双突破双驱动”战略，全力打好“三大攻坚战”，“十三五”规划目标任务总体完成，高水平建成小康社会即将胜利实现。综合实力迈上新台阶，国家级海洋经济发展示范区获批建设，工业经济结构优化，全域旅游活力激发，人均生产总值超过10万元，财政总收入突破80亿元，农渔业总产值稳居全省前列，规模以上工业总产值超过650亿元，旅游综合收入年均增长11%。改革创新呈现新气象，“最多跑一次”改革成效明显，“村民说事”、宅基地“三权分置”等改革领跑全国，全国乡村治理现场会在象山召开；省级创新改革联系点建设，高新技术企业数翻番，研发经费支出年均增长10.1%，科技创新实力跻身全国百强县。城乡环境彰显新魅力，城镇化率提高到60.8%，甬台温高速复线象山段建成通车，沿海高铁、市域铁路等项期取得重大进展，创建国家生态文明建设示范县、省首批美丽乡村示范县，2022年杭州亚运会分赛区落户象山。民生保障取得新进步，最低生活保障标准增长37.8%，15年基础教育普及率在99%以上，平均预期寿命提高到82岁，城乡居民收入差距逐步缩小，法治象山、平安象山建设推进，获评国家级海洋渔文化生态保护区、国家级慢性病防控示范区、省教育基本现代化县，夺得省平安金鼎。

【智控快反应，疫情防控交出高分答卷】 在大战大考面前，坚持人民至上、生命至上，坚决扛起统筹疫情防控和经济社会发展责任。全力打赢疫情防控阻击战。坚持扁平指挥、快速反应，率先采取高速出入口设卡检查、聚集性公共场所关停、退热药品销售管控、发热门诊分窗接诊等措施，依法运用“大数据+网格化”精密排查，实施健康码管理，及时发现并管控输入型病例2例，是全市最为安全的地区。全力推进复工复产。坚持先行一步、靠前服务，率先出台复工复产方案，研发应用“健康返象和有序复工”在线管理系统，组织直通车分赴7省20城30县接回3万余人，创新推出“复工保、复工担、复工贷”，多管齐下补断点通堵点破难点，是全市生产生活秩序较快恢复的地区。全力抓好常态化疫情防控。坚持外防输入、内防反弹，落实精密智控机制，建立海陆齐抓、“人”“物”并防的工作闭环，开展“净海”行动，抓好秋冬季疫情防控，及时处置苗头性风险，为后疫情时期经济社会发展营造良好环境。平凡铸就伟大，英雄来自人民。在安与危的重大关头，18名医护人员无私无畏、逆行出征，上万名党员干部、网格员和志愿者坚守岗位、冲锋在前，社会各界人士捐款捐物、大爱无疆，广大人民群众风雨同舟、守望相助，共同筑起了疫情防控的铜墙铁壁和生命防线，彰显了象山人民的大义担当和家国情怀。

【攻坚优服务，经济运行企稳回升】 坚持准确识变、主动应变，以“专班+工作组”方式，开展“一线攻坚三服务、争先创优促发展”行动，坚决稳住经济基本盘。企业发展保持稳定。开展“五减”“两直”行动，出台兑现35项惠企政策，降本减负资金15.5亿元。实施企业融资畅通工程，普惠小微贷款、制造业贷款同比分别增长33.9%和15.5%，企业贷款平均利率下降0.57个百分点。驻企联企服务，推广运用“企业码”，解决涉企问题2748个。支持市场主体发展壮大，完成“个转企”131家、“小升规”80家，新增亿元企业5家。加大对外及对港澳台贸易帮扶力度，完成出口156亿元。完善建筑企业扶持政策，实现建筑业总产值688亿元。消费市场逐步回暖。开展促消费系列活动，举办第十八届象山海鲜美食节，鼓励发展夜间经济，万达广场开业运营，完成社会消费品零售总额209亿元。顺应疫后旅游消费新趋势，策划打造“北纬30度最美海岸线”品牌，发放旅游消费券1058万元，举办旅游推介活动8次，接待游客2533万人次。推进电商发展，鼓励企业开展直播营销，实现网络零售总额16.5亿元、同比增长15.4%。投资扩大。健全项目快速推进机制,每季度举办重大项目集中开工活动,完成固定资产投资228亿元。中国海装海上风电装备产业园一期开工,中化膜产业基地一期主体完工,新建或投产亿元以上工业项目31个,完成工业投资76.9亿元、同比增长19%。组建9支招商小分队,实施产业链招商,签约亿元以上项目40个、10亿元以上项目11个、50亿元以上项目2个,实际利用国内资金110.6亿元、同比增长10.2%。申报国家专项债券,争取各类债券资金14亿元。

【动能调结构,产业层次逐步提升】 坚持退旧育新、聚链成群,推进国家级海洋经济发展示范区建设,构建更具竞争力的标志性产业链。制造业加快高质量发展。召开制造业高质量发展大会,培育"123"百亿级产业集群,完成规模以上工业增加值137亿元、同比增长3.3%,战略性新兴产业、装备制造业增加值增速均高于规模以上工业。突出科技创新赋能,研发经费支出占比2.8%,新增高新技术企业43家、市级以上研发机构22家,引进高层次人才358人,机械科学研究总院南方中心动建。推动企业智能化改造,实施"两化融合"项目13个,新增数字化车间1个、首台套产品2个。发展数字经济,新建5G基站458个,针织云、模具云列入市工业互联网重点项目,完成数字经济核心产业增加值9亿元。推进质量强县建设和知识产权保护,新认定"品字标"企业4家,新增发明专利153件。加快重点平台建设,经济开发区、浙台(象山石浦)经贸合作区启动整合提升,象保合作区航天发射场列入省"十四五"重大项目。服务业加速高级化。完成服务业增加值247亿元、同比增长2.4%。实施旅游业高质量发展行动计划,创成首批省级文旅产业融合试验区,新增省AAA级以上景区镇6个、A级以上景区村44个、等级民宿13家。松兰山国家级旅游度假区创建加快设施改造,半边山五彩渔镇建成运营,影视城启动"5G+影视数字"制作基地建设、营业收入增长34.9%。落实商贸流通业高质量发展政策,编制新一轮商业网点规划,创成省级放心农贸市场6家、星级农贸市场9家,建成社区邻里中心2个。发展绿色金融业,首创保险新产品7个,存贷款余额同比分别增长13.9%、18.6%。农渔业迈向高水平。完成农渔业总产值146亿元、同比增长2.9%。加快农业园区建设,建成市级以上农业绿色发展示范区6个、市级多彩农业美丽田园2个,大塘港省级现代农业园区通过验收,贤庠镇被评为省级特色农业强镇。发展数字农业,建成省级数字农业工厂2个、"红美人"5G+区块链基地7个,改造数字种养基地12个。推动科技兴农、品牌强农,率先攻克小黄鱼人工繁育难题,象山柑橘品牌培育列入国家标准化示范项目,新增市级以上知名水产品牌企业4家。

【改革促开放,内生动力集聚】 坚持系统集成、内外互动,推进关键改革,主动对接重大战略,争取更多改革开放红利。"最多跑一次"改革扩面延伸。加快政务服务2.0建设,开展9类公共场所服务大提升改革,跻身全国营商环境百强县第39位。69个"一件事"实现线上联办,128个事项实现智能秒办。建成"政银e家"9个,完成乡镇行政服务中心标准化改造,民生事项"就近办"率100%。产业项目"一链式"服务创新推行,"最多80天"改革实现率100%,低风险小型项目审批最多15个工作日。推进机关内部"最多跑一次"改革,"一业联管""一网通考"做法全省推广。重点领域改革纵深推进。狠抓国企投融资体制改革,象港集团获评AA+信用等级,盘活资产资源279.2亿元,国企营业收入同比增长34.7%,融资综合成本率下降1.15个百分点,争取到52.5亿元额度的专项债券置换隐性债务全国试点。推进宅基地"三权分置"改革,盘活宅基地2.1万平方米、闲置农房3.1万平方米,成为全国农村宅基地制度改革试点县。"亩均论英雄"改革,整治低效企业80家,消化批而未供土地2134亩,处理闲置土地2294亩、低效用地1254亩,规模以上企业亩均税收提高15%。开放融入加快步伐。主动融入长三角一体化发展,六大对接计划推进,新建研究生联合培养实践点3个,51个事项实现长三角通办。沿海高铁过境设站取得实质性进展,宁象市域铁路纳入长三角交通一体化发展规划,象山港二通道完成预可行性研究,高速石浦连接线推进。参与南湾新区建设,环石浦港区域20个项目完成投资36.4亿元,150个事项实现三门湾区域三县通办。加强宁波舟山港对接合作,象山港、石浦港水陆域对外开放取得实质性进展。

【统筹迎亚运,城乡融合协调共进】 坚持发挥优势、彰显特色,编制新一轮国土空间总体规划,召开亚运城市行动大会,提升城乡品质。美丽县城精心打造。"迎接亚运、城市双修"行动,实施城区公共空间品质提升工程,完成项目30个、投资136亿元。加快棚改拆后区块开发,老城区一期启动建设、二期完成土地出让,城中村改造启动7个、完工3个。完善市政园林,建成塔山公园,新增城市绿地32.1万平方米。开展全国文明城市创建,占道经营、建筑垃圾等整治,创成省级以上文明镇村7个。加快建设大目湾新城,开工项目12个、建成9个,完成投资25亿元。创成省、市级美丽城镇样板乡镇3个,石浦、西周、贤庠等城镇功能完善。乡村振兴推进。创建部省共建乡村振兴示范县,建成省级新时代美丽乡村精品村41个、市级美丽乡村示范镇村6个,新增市级以上美丽宜居示范村6个,获评全国首批村庄清洁行动先进县。稳步推进行政村规模优化调整,行政村数减少135个,完成村社组织换届。改善乡村基础设施,新改建"四好农村路"30公里,建设海塘安澜工程10公里,改造农村供水一户一表9742户,增容改造配电变压器63台。生态环境优化。打好污染防治攻坚战,完成中央环保督察迎检工作,入选省大花园建设十佳优秀典型案例。空气质量优良率96.4%,PM2.5平均浓度下降25%。创成省级美丽河湖1个、"污水零直排区"3个,石浦门前塘污水处理厂建成运行。完成“三改”23.7万平方米，拆违28.8万平方米，全域土地综合整治3.4万亩，修复海岸线30.2公里。启动创建“无废城市”，生活垃圾焚烧发电项目试运行，静脉产业园沼气综合利用项目动工建设。

【保障优治理，民生福祉改善】 坚持以人为本、以民为先，民生支出占一般公共预算支出75.1%，民生实事项目完成。社会保障更加健全。打好脱贫攻坚战，“两不愁三保障”突出问题、人均年收入9000元以下家庭、集体经济薄弱村实现“三个清零”，东西部扶贫、山海协作年度任务完成。实施“乐业象山”行动，城镇登记失业率2%。本地户籍养老保险参保率99%，新增县内异地就医直接结算医院10家。新建区域性居家养老服务中心8家，老年助餐服务实现乡镇（街道）全覆盖。发放社会救助金1.3亿元、慈善救助金6245万元，石浦获评省级慈善镇。蝉联全国双拥模范县“六连冠”，圆满完成年度征兵任务。社会事业加快发展。创新实施新时代文明实践指数测评，建成文明实践示范站所26个。海洋文化强县建设，第二十三届中国开渔节创新举办，中国海洋渔文化馆试运营，送文艺活动进乡村810场，爵溪创成省级文化强镇（街道）。推进亚运赛事筹办，亚帆中心主体完工、沙滩排球场馆主体结顶，承办省市级体育赛事11次。象山影视学院一期建成投用，改扩建学校（幼儿园）10所，公办民办学校实现同步招生，中小学教师平均工资收入达到公务员平均水平。启动全国健康促进县创建，医共体建设全省领先，全国基层中医药工作先进单位通过验收。平安建设。推进市域社会治理现代化试点，“村民说事”“平安渔港”“智治影城”等做法走在全国全省前列。完善社会矛盾纠纷调处化解中心，化解信访积案145件，“信访四无村”达到87.6%。扫黑除恶专项斗争，获评省级禁毒示范县，打击和防范电信网络诈骗工作全市领先。实施安全生产综合治理三年行动，狠抓危化品运输、渔业生产、道路交通等专项整治，事故起数、死亡人数同比分别下降36.8%、66.6%。

【落实转作风，政府建设与时俱进】 坚持“整体智治、唯实惟先”，学习贯彻习近平总书记重要讲话精神，增强“四个意识”，坚定“四个自信”，做到“两个维护”。效能建设提速。建立政府系统“晒清单抓落实比担当”工作机制，开发应用重点工程“掌上督”系统，推行首问负责即问即办制度，开展电视问政，政府执行力得到增强。“三服务”活动，协调解决问题6569个。加快政府数字化转型，在全市率先启动数据中台建设，互联网+政务服务网上受理率91.9%，互联网+监管掌上执法率100%。法治建设提效。自觉接受人大、政协监督，办理人大代表建议181件、政协委员提案150件。开展法治督察，乡镇重大行政决策合法性审查实现全覆盖，行政执法规范化建设推进，行政争议发案量、败诉率实现双下降。完成事业单位改革，整合清理单位49个。推进五大领域综合执法改革，“局队合一”体制试点推行。廉政建设提标。坚决落实省委巡视反馈问题整改，支持纪检监察机关开展工作，政府系统从严治党纵深推进。严肃纠治“四风”问题，问责干部45人。出台国企重大事项报告制度，完善政府采购、国有资产等领域信息化监管平台，廉政风险防范机制健全。实施财政预算绩效评价，完成审计项目29个，一般性支出压减8%。试行村居清廉指数考评，培育清廉示范村16个。

重要政事

【县政府第三十五次常务会议】 2020年1月15日，包朝阳主持召开县政府第三十五次常务会议。会议讨论研究的有关事项摘要如下：

一、审议《象山县2020年财政预算收支安排方案（送审稿）》。

二、听取关于丹东街道蒋家和丹西街道周建、里新、下蒋家4个村城中村改造方案的汇报。

三、听取关于“109”项目股权调整有关情况的汇报。

四、听取关于收购国晨阳水产等6家企业资产的汇报。

五、听取关于机械科学研究总院南方中心新建基地项目有关情况的汇报。

六、审议《象山县行政审批和公共资源交易领域中介机构“三色令”管理办法（送审稿）》。

七、审议县《关于被征地农民参加社会保障实行“人地对应”政策的实施意见（送审稿）》。

八、审议县《开展开放式养殖用海海域“三权分置”促进乡村振兴的实施意见（送审稿）》。

九、听取关于加强国有建设用地使用权出让合同履约管理有关情况的汇报。

【县政府第三十六次常务会议】 2020年3月4日，包朝阳主持召开县政府第三十六次常务会议。现将会议讨论研究的有关事项摘要如下：

一、审议《关于应对新冠肺炎疫情支持商贸企业发展的实施意见（送审稿）》。

二、审议《关于疫情防控期间支持县对外及对港澳台贸易企业渡过难关的若干意见（送审稿）》。

三、审议《关于实施“复工保、复工担、复工贷”助力工业企业复工复产的通知（送审稿）》。

四、审议《象山县融资平台公司实体化、市场化转型实施方案（送审稿）》。

五、听取关于象港集团参与投资开发国电象山1#海上风电场（一期）项目的汇报。

六、听取关于共同发起设立中化膜材料应用绿色环保产业基金、拟参股中化膜产业发展有限公司的汇报。

七、关于中国·浙江海洋运动中心（亚帆中心）项目设计方案优化的汇报。

【县政府第三十七次常务会议】 2020年3月26日，包朝阳主持召开县政府第三十七次常务会议。会议讨论研究的有关事项摘要如下：

一、审议《象山县高水平建成小康社会八大领域补短板工作清单（送审稿）》。

二、听取全县脱贫攻坚战工作情况汇报，审议《象山县2020年度东西部扶贫协作任务分解表（送审稿）》《象山县促进吉林省龙井市和敦化市对口帮扶协作实施办法（送审稿）》和《2020年象山县山海协作工作要点及任务分解（送审稿）》。

三、审议《关于高质量推进“三农”发展高水平实现农村小康的实施意见（送审稿）》和《关于实施“两进两回”行动加快推进乡村人才振兴的实施意见（送审稿）》。

四、听取县污染防治攻坚战工作情况的汇报。

五、听取关于县长江经济带生态环境问题再排查工作的汇报。

六、审议《关于应对新冠肺炎疫情支持房地产业平稳健康发展的若干意见（送审稿）》。

七、审议《象山远洋捕捞南极磷虾股权投资基金方案（送审稿）》。

八、听取关于落实义务教育教师工资待遇的情况汇报。

九、审议《象山县政府信息化建设项目管理办法（试行）（送审稿）》。

十、听取关于上一轮省委巡视反馈问题整改工作有关情况的汇报。

十一、听取关于复工复产相关惠企政策落实情况的汇报。

十二、组织学习《中华人民共和国野生动物保护法》，由县自然资源和规划局进行解读。

【县政府第三十八次常务会议】 2020年4月24日，包朝阳主持召开县政府第三十八次常务会议。现将会议讨论研究的有关事项摘要如下：

一、审议《关于疫情防控期间加快政府（国有）投资项目建设的若干意见（送审稿）》。

二、听取关于工业集聚区规划编制工作的汇报，审议《象山县工业集聚区规划（送审稿）》。

三、审议《象山县采矿权出让政策处理实施办法（送审稿）》。

四、审议《象山县“千吨万人”以上饮用水水源保护区整治工作方案（送审稿）》。

五、审议《高水平推进县域治理现代化加快象山政府数字化转型三年行动计划（2020—2022年）（送审稿）》。

六、听取关于2020年度县政府重大行政决策目录的汇报。

七、组织学习《浙江省民营企业发展促进条例》，由宁波大学法学院郑曙光教授进行解读。

【县政府第三十九次常务会议】 2020年6月8日，包朝阳主持召开县政府第三十九次常务会议。会议讨论研究的有关事项摘要如下：

一、审议《关于促进开放型经济稳步发展的若干意见（送审稿）》。

二、审议《象山县国有资产产权交易管理办法（送审稿）》。

三、听取关于“两岛五滩”有关情况的汇报。

四、听取关于东西部对口扶贫项目有关情况的汇报。

五、审议并原则同意《关于2020年县政府工作报告和民生实事项目任务责任分解（送审稿）》。

六、审议并原则同意《象山县“六保”工作责任清单（送审稿）》。

七、组织学习《中华人民共和国证券法》，由宁波证监局公司监管处杨才表进行解读。

【县政府第四十次常务会议】 2020年7月15日，包朝阳主持召开县政府第四十次常务会议。会议讨论研究的有关事项摘要如下：

一、审议《象山县闲置土地专项整治方案（送审稿）》。

二、审议《象山县“十四五”规划编制目录清单（送审稿）》。

三、听取关于延续打赢疫情防控阻击战20条意见的汇报。

四、听取关于县城投集团鑫泰利置业有限公司股权转让有关事项的汇报。

五、听取关于全县防汛防台抗旱工作的汇报。

六、听取关于国家海洋环保督察、中央环保督察、大塘港水质整治等有关情况的汇报。

七、听取关于县政府领导班子分工调整的汇报。

八、组织学习《最高人民法院关于审理行政协议案件若干问题的规定》，由县人民法院进行解读。

【县政府第四十一次常务会议】 2020年7月22日，包朝阳主持召开县政府第四十一次常务会议。现将会议讨论研究的有关事项摘要如下：

一、学习贯彻落实省委副书记、市委书记郑栅洁在象山调研时的讲话精神。

二、听取统计工作有关情况的汇报。

三、审议《象山县自然资源生态修复工作指导意见（送审稿）》。

四、审议《象山县“两直”资金分配实施方案（送审稿）》。

五、审议《象山县小微企业和个体工商户“两直”补助工作实施方案（送审稿）》。

六、听取关于2020年度科技型“小巨人”培育企业考核指标调整的汇报。

七、听取关于创建象山县数字经济产业园的汇报。

八、审议《关于加快推进5G网络建设及促进应用和产业发展的实施意见（送审稿）》。

九、审议《象山县工业固体废物专项整治行动实施方案（送审稿）》。

十、审议并原则同意《象山县重点领域公共场所服务大提升改革任务分工方案（送审稿）》。

十一、审议并原则同意《象山县第二轮安全生产综合治理三年行动计划（送审稿）》。

十二、听取并原则同意关于对李伟伟等人见义勇为进行表彰和奖励的决定。

【县政府第四十二次常务会议】 2020年9月14日，包朝阳主持召开县政府第四十二次常务会议。会议讨论研究的有关事项摘要如下：

一、传达学习习近平总书记在经济

社会领域专家座谈会上的重要讲话精神。

二、传达学习习近平总书记在推进长三角一体化发展座谈会上的重要讲话精神。

三、传达学习习近平总书记在全国抗击新冠肺炎疫情表彰大会上的重要讲话精神。

四、传达学习习近平总书记在中央改革委员会第十五次会议、中共中央政治局会议上的重要讲话精神。

五、听取关于2020年象山县国有(政府)投资项目年中调整计划的汇报。

六、审议《2020年资产资源盘活利用工作方案(送审稿)》。

七、审议《海洋渔文化(象山)生态保护区管理办法(试行)(送审稿)》。

八、审议《象山县国有企业重大事项报告管理办法(送审稿)》。

九、审议《关于加快推进制造业高质量发展的若干意见(送审稿)》。

十、审议《象山县产业链招商工作的实施方案(送审稿)》。

十一、审议县城投集团关于中化(浙江)膜产业发展有限公司股权转让的有关事项。

十二、审议《象山县旅游业高质量发展九大行动计划实施方案(送审稿)》。

十三、审议并原则同意《象山县创建省文旅产业融合试验区实施方案(送审稿)》《象山花岙岛海岛公园建设实施方案(送审稿)》《象山县国有企业社会化管理工作实施方案(送审稿)》。

十四、组织学习新《中华人民共和国土地管理法》,由县自然资源和规划局进行解读。

【县政府第四十三次常务会议】 2020年10月19日,包朝阳主持召开县政府第四十三次常务会议。会议讨论研究的有关事项摘要如下:

一、传达学习习近平总书记重要讲话精神和重要批示精神,会议就习近平总书记在深圳经济特区建立40周年庆祝大会、中央党校(国家行政学院)中青年干部培训班开班仪式、教育文化卫生体育领域专家代表座谈会等会议上的重要讲话精神以及对供销合作社工作的重要批示精神分别进行了学习。

二、传达学习浙江省诗路文化带建设暨浙东唐诗之路启动大会、全省未来社区建设工作推进电视电话会议等精神。

三、审议《象山县2020年财政预算调整方案(送审稿)》。

四、审议《象山县“三线一单”生态环境分区管控方案(送审稿)》。

五、审议《象山县“无废城市”建设实施方案(送审稿)》和《关于推进工业固废处置试点工作的实施意见(送审稿)》。

六、审议《2020年度镇乡(街道)招商引资奖励评价办法(送审稿)》和《2020年度县级部门、园区招商引资考核评价办法(送审稿)》。

七、审议《关于推进海洋运输业健康发展的实施意见(送审稿)》。

八、审议《象山县房屋征收拆迁资金使用和管理办法(送审稿)》。

九、听取关于新一轮商业网点规划布局情况的汇报。

十、审议并原则同意《关于加快推进商贸流通业高质量发展的若干意见(送审稿)》《关于完善审计整改落实工作机制的意见(送审稿)》。

【县政府第四十四次常务会议】 2020年12月10日晚上,包朝阳主持召开县政府第四十四次常务会议,传达学习习近平总书记在推进长江经济带发展座谈会上的重要讲话精神,并专题听取、研究县长江经济带有关工作情况。

【县政府第四十五次常务会议】 2020年12月11日,包朝阳主持召开县政府第四十五次常务会议。会议讨论研究的有关事项摘要如下:

一、传达学习习近平总书记有关重要讲话精神,会议就习近平总书记在浦东开发开放30周年庆祝大会、中央依法治国工作会议上以及在江苏考察时的重要讲话精神分别进行了学习。

二、传达学习浙江省委十四届八次全体会议、袁家军书记在贯彻中共十九届五中全会精神集中轮训班和中国(浙江)自由贸易试验区建设推进大会等的讲话精神。

三、听取市生态环保局象山分局关于第二轮中央生态环保督察迎检工作情况的汇报。

四、听取县应急管理局关于县当前旱情及应对措施有关情况的汇报。

五、听取县人力资源和社会保障局关于全县规范企业职工养老保险省级统筹工作情况的汇报。

六、听取县财政局关于加强国有企业经营预算管理的汇报。

七、审议县国资管理中心提交的《关于加快县属国有企业市场化转型的实施意见(送审稿)》。

八、审议县自然资源和规划局提交的《象山县海域分层确权管理办法(送审稿)》。

九、审议县自然资源和规划局提交的《象山县农村乱占耕地建房问题专题整治三年行动实施方案(送审稿)》。

十、审议并原则同意县自然资源和规划局提交的《关于对全县资产资源实施统筹开发利用的实施意见(送审稿)》和县卫生健康局提交的《关于促进3岁以下婴幼儿照护服务发展的实施意见(送审稿)》。

【县政府第四十六次常务会议】 2020年12月18日,包朝阳主持召开县政府第四十六次常务会议。会议讨论研究的有关事项摘要如下:

一、传达学习中共中央政治局有关会议精神和习近平总书记有关重要讲话精神,会议学习了11月30日中共中央政治局会议、12月11日中共中央政治局会议和习近平总书记在中央政治局第二十六次集体学习时的重要讲话精神。

二、传达学习中共宁波市委十三届九次全体(扩大)会议精神。

三、听取县经济和信息化局关于“亩均论英雄”改革有关情况的汇报。

四、审议宁波工程学院象山研究院提交的《象山县人民政府与宁波工程学院共建宁波工程学院象山研究院第二轮合作协议（送审稿）》。

五、专题研讨《关于制定象山县国民经济和社会发展第十四个五年规划和二〇三五年远景目标的建议（意见征求稿）》。

六、听取县住建局关于象山县建筑设计院转制事宜的汇报。

七、审议县旅游发展中心提交的《中国美术学院 象山县人民政府校地战略合作协议（送审稿）》。

八、审议县农业农村局提交的《象山县实施"3435"乡村产业振兴行动方案（送审稿）》。

九、听取县水利和渔业局、水务集团关于水资源平衡规划有关情况的汇报。

十、审议并原则同意市生态环境局象山分局提交的《关于象山县经济开发区（城东工业园、临港装备工业园）"区域环评+环境标准"改革实施方案（送审稿）》。

【县政府第四十七次常务会议】 2020年12月24日，包朝阳主持召开县政府第四十七次常务会议。会议讨论研究的有关事项摘要如下：

一、听取浙台经贸合作区管委会提交的关于高塘岛乡黄湾区块收储方案有关情况的汇报。

二、审议县旅游发展中心提交的《关于东海铭城项目补充协议（送审稿）》、县自然资源和规划局提交的《爵溪街道ZX30单元（牛昌咀—箩箕湾—下沙湾）控制性详细规划修编（东海铭城）（送审稿）》。

三、审议县发改局提交的《象山县国民经济和社会发展第十四个五年规划和二〇三五年远景目标纲要（送审稿）》。

四、审议县府办提交的2021年《政府工作报告（送审稿）》。

办公室工作

【概况】 县政府办公室是协助县政府领导处理日常工作的综合性办事机构，按照"服务全局、协调各方"的要求，践行习近平总书记对办公厅（室）提出的"五个坚持"要求，参与政务、事务管理，发挥参谋和助手作用，为领导服务，为机关服务，为基层服务。内设科室为秘书科、综合一科、综合二科、政务信息科、接待科（挂县委县政府接待办公室牌子）、工业科技科、社会事业科、建设交通科、农业农村科、商贸金融科、口岸海防打私科。县委外事工作委员会办公室设在县府办（县外办），设置县委外办协调科。根据象编〔2020〕66号，下属事业单位象山县政府发展研究中心调整为副科（局）级公益一类事业单位。

【中心工作落实】 发挥办公室中枢作用，召开各类协调会100个，帮助部门、企业解决实际困难。一是助力疫情防控。全办干部第一时间投入疫情工作，牵头组建并派驻骨干力量充实到防疫工作专班。二是协助复工复产。协助出台全市首个复工复产行动方案，推动"健康返象和有序复工"系统设计。协调出台惠企系列政策，全县企业电力复产率、电力复工率均居全市前列。三是牵头产业项目攻坚。牵头制订开展产业项目攻坚年活动方案，围绕"四群五链"，推进产业链招商机制建设，研究出台加快政府投资项目建设5条意见，制定支持房地产健康发展15条意见，同时研究建立增量项目"三个一"推进机制。四是推进政府数字化转型。研究出台全县信息化项目管理办法，制定政府数转三年行动规划。以浙政钉2.0和政务服务2.0升级为契机，推动"随身钉"、投资项目管理、督查系统等一批智能政府管理应用，上线运行内跑"一件事"系统9个，数据开放应用走在全市前列，3个创新应用入选宁波30强。在全市率先启动政府数据中台——宁波城市大脑平台象山分平台建设，被宁波市大数据局列为试点，为省大数据局"16号线信息高铁"过境象山奠定基础。

【围绕中心当好参谋】 一是围绕发展抓调研。围绕重大问题、群众关注的热点难点问题组织开展调研，为县政府决策提供有价值的参谋意见。结合"三服务"活动，加强对产业链规划、投融资改革等重大课题调查研究，为9条产业链谋划、融资成本下降等工作出谋划策。二是服务决策抓信息。突出重大信息上报的时效性和准确性，为领导施政提供第一手资料，共计编发政务信息201期，编写国办约稿203篇，186篇被采用。三是督办抓落实。牵头开展疫情防控、重点工程、棚改清零、民生实事等各类专项督查25次，配合开展中央环保督察、国务院大督查、"六争攻坚"督查等上级督查11次，督促落实省、市、县领导重要批示（指示）978件。

【提升服务保障水平】 一是带头整治形式主义官僚主义。大幅削减"文山会海"，推行"多会合一"，严格控制全县性会议，县政府及政府部门印发的精简三类文件较2019年同期下降25.1%，全县性会议较2019年同期下降40.7%。二是牢固树立公文精品意识。坚持把握工作要点，准确领会领导意图和领导决策的广度，全年共完成政府工作报告、领导讲话等综合材料160余篇。完善优化办文流转程序，提高公文处理质量和运转效率。三是节俭周全地做好接待工作。严格掌握接待标准，体现地方特色，圆满完成了第23届中国开渔节等大型活动的服务保障工作以及外地来客的接待工作，展示了对外良好形象，促进了对外交流与协作。

【涉外工作】 坚决贯彻落实上级要求，调整县委外事工作委员会组成人员，外事统一领导。坚持人员和经费双项把控，年度出访计划坚持任务导向和成效导向。一是做好疫情防控各项工作。按要求在县防控工作领导小组下设立境外疫情输入防控工作组。防控前期，联合公安、卫健、侨办、大数据中心等多个部门，统筹抓好境外疫情输入防控工作，征召翻译志愿者20余人。组织县科技局、经信局走访高层次外籍人员，宣传政策并协助解决生产生活问题。防控后期，按照上级规定开辟绿色通道助力企业复工复产，为12批次57人次经贸人员申请来华邀请函，协助办理签证并落实管控。加强与教育系统联防联控,为3批次3人次外籍教师入境复工办理上报手续。会同公安、海关、卫生防疫等部门,协调涉外渔船出入境9艘49航次,涉及船员168人(其中外籍船员42人)。二是加强涉外安全管理。象山公安局、县科技局、县教育局等发挥部门优势,摸清外籍人员底数,为加强外籍人员服务管理奠定基础。配合公安部门开展打击治理跨境赌博工作,牵头负责外事工作组。加强与上级及联合审批部门沟通协商,建立办案审批"绿色通道"。妥善处理神洲船厂新建船舶交接工作、"红洋丸"轮外籍船员出入境事宜、"欧亚1"远洋渔船紧急入境工作等5起船舶涉外事件。三是友城协调合作。新冠肺炎疫情突袭而至后,国际友城日本宇和岛市紧急采购1万只口罩驰援象山县。2020年3月以来,象山县先后向日本宇和岛市援助4万只口罩、1万只一次性手套和480套隔离服、50万只医用口罩。援助行动被日本NHK等多家电视台及爱媛报纸详细报道,大大提升了象山县的国际形象。协助宁波帮博物馆做好宁波市荣誉市民荣誉馆吉本正先生展厅筹备工作。

(郑汉)

表6　　**2020年县政府重要文件一览表**

序号	文　号	文　件　名
1	象政发〔2020〕1号	关于印发象山县促进开放型经济稳定发展的若干意见的通知
2	象政发〔2020〕2号	关于同意墙头镇镇区控规QT01-01-33、34地块局部调整报告象山客运站周边地块控规ZX-06-68地块局部调整报告、经济开发区三期(滨海工业园)控规D-6-5等地块局部调整报告的批复
3	象政发〔2020〕3号	关于公布2019年度象山建筑业发展工作中做出贡献的集体和个人名单的通知
4	象政发〔2020〕4号	关于同意象山县石浦镇昌国盐场工业4-9地块等三幅地块国有建设用地使用权出让方案的批复
5	象政发〔2020〕5号	关于同意丹山路与丰饶路交叉口东南角地块国有建设用地使用权出让方案的批复
6	象政发〔2020〕6号	关于同意象山县南部新城(ZX10、ZX11地段)控制性详细规划(修编)、象山县白沙湾区块(ZX29地段)控制性详细规划(修编)的批复
7	象政发〔2020〕7号	关于同意象山县2020年大徐镇大磊头村等10个建设用地复垦项目立项的批复
8	象政发〔2020〕8号	关于公布2020年度重大火灾隐患整改单位的通知
9	象政发〔2020〕9号	关于象山元贞元石料加工厂"11·17"一般车辆伤害事故调查报告的批复
10	象政发〔2020〕10号	关于象山乔易塑胶制品有限公司"9·19"一般高处坠落事故调查报告的批复
11	象政发〔2020〕11号	关于立即停止农产品交易市场活禽交易的通告
12	象政发〔2020〕12号	关于打赢疫情防控阻击战帮扶中小企业共渡难关的二十条意见
13	象政发〔2020〕13号	关于同意征收土地方案进行公告的批复
14	象政发〔2020〕14号	关于实施"复工保、复工担、复工贷"助力工业企业复工复产的通知
15	象政发〔2020〕15号	关于同意实施象山县林地保护利用规划(2010—2020年)双下湾村等五个村局部调整方案的批复
16	象政发〔2020〕16号	关于印发象山县行政审批和公共资源交易领域中介机构"三色令"管理办法的通知
17	象政发〔2020〕17号	关于开展第七次全国人口普查的通知
18	象政发〔2020〕18号	关于同意第二批象山县历史建筑保护图则的批复
19	象政发〔2020〕19号	关于印发关于疫情防控期间支持商贸企业发展的实施意见的通知
20	象政发〔2020〕20号	关于同意征收土地补偿安置方案的批复

续表6

序号	文　号	文　件　名
21	象政发〔2020〕21号	关于同意征收土地方案进行公告的批复
22	象政发〔2020〕22号	关于疫情防控期间支持县对外及对港澳台贸易企业渡过难关的若干意见
23	象政发〔2020〕23号	关于印发森林禁火令的通知
24	象政发〔2020〕24号	关于同意塔山路与新华路交叉口西北角地块国有建设用地使用权出让方案的批复
25	象政发〔2020〕25号	关于同意象山经济开发区城南高新创业园19-01-12-1-1地块国有建设用地使用权出让方案的批复
26	象政发〔2020〕26号	关于同意收回浙江象山经济开发区城南开发有限公司十一宗国有建设用地使用权的批复
27	象政发〔2020〕27号	关于同意收购宁波奔腾塑业有限公司和象山县精密模具厂国有建设用地使用权的批复
28	象政发〔2020〕28号	关于同意象山县气象局申报中国百年气象站的批复
29	象政发〔2020〕29号	关于同意县应急管理局2020年度安全生产监督检查工作计划的批复
30	象政发〔2020〕30号	关于同意实施象山县林地保护利用规划（2010—2020年）西周镇工厂和鹤浦镇小网巾村局部调整方案的批复
31	象政发〔2020〕31号	关于应对新冠肺炎疫情支持房地产业平稳健康发展的若干意见
32	象政发〔2020〕32号	关于调整县政府领导分工的通知
33	象政发〔2020〕33号	关于同意大目湾新城ZX26-01-17-01地块等三幅国有建设用地使用权出让方案的批复
34	象政发〔2020〕34号	关于印发象山县政府信息化建设项目管理办法（试行）的通知
35	象政发〔2020〕35号	关于同意象山县第四、五、六、批次建设用地、象山县城镇低效用地再开发2019年度第一批次建设用地征收土地补偿安置方案的批复
36	象政发〔2020〕36号	关于象山丰源墙体材料有限公司“3·6”一般窒息事故调查报告的批复
37	象政发〔2020〕37号	关于宁波振和新型墙体材料有限公司“12·23”一般机械伤害事故调查报告的批复
38	象政发〔2020〕38号	关于同意象山经济开发区城东工业园A-1-11b地块等五幅地块国有建设用地使用权出让方案的批复
39	象政发〔2020〕39号	关于同意靖南路与城西路交叉口西北角地块等二幅国有建设用地使用权出让方案的批复
40	象政发〔2020〕40号	关于2020年象山县禁渔休渔的通告
41	象政发〔2020〕41号	关于同意实施象山县林地保护利用规划（2010—2020年）泗洲头村等4个村和县林场花香林区局部调整方案的批复
42	象政发〔2020〕42号	关于同意征收土地补偿安置方案的批复
43	象政发〔2020〕43号	关于同意象山县石浦客运中心地块一等四幅地块国有建设用地使用权出让方案的批复
44	象政发〔2020〕44号	关于印发高水平推进县域治理现代化 加快象山政府数字化转型三年行动计划（2020—2022年）的通知
45	象政发〔2020〕45号	关于同意2020年度经营性用地做地、入库、出让计划的批复
46	象政发〔2020〕46号	关于同意象山县2020年度国有建设用地供应计划的批复
47	象政发〔2020〕47号	关于同意西周镇北部新区控制性详细规划XZ-01-07等地块局部调整报告宁波松兰山旅游度假区白沙湾以南区块（ZX28）控制性详细规划的批复

续表6

序号	文　　号	文　　件　　名
48	象政发〔2020〕48 号	关于调整部分县政府领导成员工作分工的通知
49	象政发〔2020〕49 号	关于同意《象山县丹东街道蒋家村改造项目征收集体所有土地房屋拆迁补偿实施方案》等四个方案的批复
50	象政发〔2020〕50 号	关于同意水库放水预警方案的批复
51	象政发〔2020〕51 号	关于同意涂茨镇珠山、泊戈洋村等 34 项土地整治项目验收意见的批复
52	象政发〔2020〕52 号	关于同意象山县 2020 年海岸线整治修复行动实施方案的批复
53	象政发〔2020〕53 号	关于象山石浦国龙水产有限公司“3・31”一般机械伤害调查报告的批复
54	象政发〔2020〕54 号	关于宁波东大建设有限公司“2・22”一般高处坠落调查报告的批复
55	象政发〔2020〕55 号	关于同意茅石线(老)与五狮山公路交叉口西南角地块等二幅国有建设用地使用权出让方案的批复
56	象政发〔2020〕56 号	关于公布象山县犬类重点管理区和一般管理区的通告
57	象政发〔2020〕57 号	关于同意石浦水产品加工园区配套区 2-1-4 工业地块等二幅地块国有建设用地使用权出让方案的批复
58	象政发〔2020〕58 号	关于同意收购宁波杭钢富春管业有限公司和象山瀛达企业服务有限公司西周镇养老院项目国有建设用地使用权的批复
59	象政发〔2020〕59 号	关于同意征收土地补偿安置方案的批复
60	象政发〔2020〕60 号	关于同意象山经济开发区临港装备工业园 DG01-04-07 地块国有建设用地使用权出让方案的批复
61	象政发〔2020〕61 号	关于同意收储国网浙江省电力有限公司宁波供电公司国有建设用地使用权的批复
62	象政发〔2020〕62 号	关于同意第二批象山县历史建筑保护图则的批复
63	象政发〔2020〕63 号	关于同意泗洲头镇灵岩山区块控制性详细规划、涂茨镇玉泉经陵地块(TCLX—01)控制性详细规划、城东工业园区控制性详细规划 D-3-03 等地块局部调整报告的批复
64	象政发〔2020〕64 号	关于同意《象山县石浦镇番西片区(SP06)控制性详细规划 SP06-03-03b 地块局部调整报告》和《宁波市石浦镇昌国卫特色风貌区保护规划》两个规划的批复
65	象政发〔2020〕65 号	关于同意象山县中心城区户外广告详细规划的批复
66	象政发〔2020〕66 号	关于同意注销浙〔2018〕象山县农村土地承包经营权第 245527 号承包经营权证的批复
67	象政发〔2020〕67 号	关于同意石浦镇经五路与纬二路交叉口东南角地块一等四幅地块国有建设用地使用权出让方案的批复
68	象政发〔2020〕68 号	关于下达象山县 2020 年国民经济和社会发展计划指标的通知
69	象政发〔2020〕69 号	关于开展开放式养殖用海海域“三权分置”促进乡村振兴的实施意见的通知
70	象政发〔2020〕70 号	关于印发象山县采矿权出让政策处理实施办法的通知
71	象政发〔2020〕71 号	关于同意实施象山县林地保护利用规划(2010—2020 年)西周镇伊家片、贤庠镇蒲门村和定塘镇定山村局部调整方案的批复
72	象政发〔2020〕72 号	关于同意收回宁波三立置业有限公司和象山产业区投资建设有限公司国有建设用地使用权的批复

续表6

序号	文　号	文　件　名
73	象政发〔2020〕73 号	关于印发象山县小微企业和个体工商户“两直”补助工作实施方案的通知
74	象政发〔2020〕74 号	关于表彰徐富良等 3 名见义勇为先进个人的决定
75	象政发〔2020〕75 号	关于同意追加 2020 年度土地储备出让新增项目用地计划的批复
76	象政发〔2020〕76 号	关于同意象海出 114 号、148 号、164 号、176 号宗海海域使用权出让方案的批复
77	象政发〔2020〕77 号	关于同意象海出 116 号、150 号、166 号、170 号宗海海域使用权出让方案的批复
78	象政发〔2020〕78 号	关于象山县十里澜山小区“5·4”一般高处坠落事故调查报告的批复
79	象政发〔2020〕79 号	关于同意象海出 126 号、155 号、165 号宗海海域使用权出让方案的批复
80	象政发〔2020〕80 号	关于同意象海出 119 号、152 号、167 号、173 号宗海海域使用权出让方案的批复
81	象政发〔2020〕81 号	关于印发象山县防汛防台抗旱应急预案的通知
82	象政发〔2020〕82 号	关于同意象海出 122 号、153 号、168 号、175 号宗海海域使用权出让方案的批复
83	象政发〔2020〕83 号	关于象山县沈海高速连接线在建工程“4·10”一般坍塌事故调查报告的批复
84	象政发〔2020〕84 号	关于同意收购象山县高塘岛乡金高椅渔港提升改造项目国有建设用地使用权的批复
85	象政发〔2020〕85 号	关于同意象山经济开发区城南高新创业园 19-01-12-1-3 地块等四幅地块国有建设用地使用权出让方案的批复
86	象政发〔2020〕86 号	关于同意收购象山华彩塑料厂和象山先峰塑料厂国有建设用地使用权的批复
87	象政发〔2020〕95 号	关于同意丹河路与丰饶路交叉口西南角地块等六幅国有建设用地使用权出让方案的批复
88	象政发〔2020〕96 号	关于同意象山经济开发区滨海工业园 F-7-4 地块等三幅地块国有建设用地使用权出让方案的批复
89	象政发〔2020〕97 号	关于调整县政府领导工作分工的通知
90	象政发〔2020〕98 号	关于同意收回黄避岙乡中心幼儿园等三宗国有建设用地使用权的批复
91	象政发〔2020〕99 号	关于同意丹东街道撤村并居的批复
92	象政发〔2020〕100 号	关于同意丹西街道撤村并居的批复
93	象政发〔2020〕101 号	关于同意丹西街道优化调整部分行政村规模的批复
94	象政发〔2020〕102 号	关于同意爵溪街道撤村并居的批复
95	象政发〔2020〕103 号	关于同意爵溪街道优化调整部分行政村规模的批复
96	象政发〔2020〕104 号	关于同意石浦镇撤村并居的批复
97	象政发〔2020〕105 号	关于同意石浦镇优化调整部分行政村规模的批复
98	象政发〔2020〕106 号	关于同意西周镇撤村建居的批复
99	象政发〔2020〕107 号	关于同意西周镇优化调整部分行政村规模的批复
100	象政发〔2020〕108 号	关于同意贤庠镇优化调整部分行政村规模的批复
101	象政发〔2020〕109 号	关于同意鹤浦镇优化调整部分行政村规模的批复
102	象政发〔2020〕110 号	关于同意定塘镇优化调整部分行政村规模的批复

续表6

序号	文　号	文　　件　　名
103	象政发〔2020〕111 号	关于同意墙头镇优化调整部分行政村规模的批复
104	象政发〔2020〕112 号	关于同意泗洲头镇优化调整部分行政村规模的批复
105	象政发〔2020〕113 号	关于同意涂茨镇优化调整部分行政村规模的批复
106	象政发〔2020〕114 号	关于同意大徐镇优化调整部分行政村规模的批复
107	象政发〔2020〕115 号	关于同意东陈乡优化调整部分行政村规模的批复
108	象政发〔2020〕116 号	关于同意黄避岙乡优化调整部分行政村规模的批复
109	象政发〔2020〕117 号	关于同意晓塘乡优化调整部分行政村规模的批复
110	象政发〔2020〕118 号	关于同意茅洋乡优化调整部分行政村规模的批复
111	象政发〔2020〕119 号	关于同意收购象山华腾针织厂和象山伟栋针纺织有限公司国有建设用地使用权的批复
112	象政发〔2020〕120 号	关于同意象海出 144 号宗海海域使用权出让方案的批复
113	象政发〔2020〕121 号	关于同意象海出 146 号宗海海域使用权出让方案的批复
114	象政发〔2020〕122 号	关于同意象山县黄避岙乡大林工业区 01-01 地块国有建设用地使用权出让方案的批复
115	象政发〔2020〕123 号	关于印发象山县自然资源生态修复工作指导意见的通知
116	象政发〔2020〕124 号	关于同意象海出 120 号、157 号宗海海域使用权出让方案的批复
117	象政发〔2020〕125 号	关于同意象海出 123 号、159 号宗海海域使用权出让方案的批复
118	象政发〔2020〕126 号	关于同意象海出 134 号宗海海域使用权出让方案的批复
119	象政发〔2020〕127 号	关于同意象海出 127 号、161 号宗海海域使用权出让方案的批复
120	象政发〔2020〕128 号	关于同意象海出 131 号、163 号宗海海域使用权出让方案的批复
121	象政发〔2020〕129 号	关于同意象海出 141 号宗海海域使用权出让方案的批复
122	象政发〔2020〕130 号	象山县鹤浦镇镇中心区控制性详细规划 HP01-01-01、02、03、14 等地块和道路布局局部调整报告等两个控规的批复
123	象政发〔2020〕131 号	关于同意收购象山经济开发区科技园区建设开发有限公司七宗国有建设用地使用权的批复
124	象政发〔2020〕132 号	关于同意实施象山县林地保护利用规划（2010—2020 年）丹东街道梅溪片、东门外片、丹西街道北门片、西周镇牌头村、赖岙村局部调整方案的批复
125	象政发〔2020〕133 号	关于同意收回西周镇文化活动中心—北侧等七宗国有建设用地使用权和调整 20110041 号海域使用收储方案的批复
126	象政发〔2020〕134 号	关于同意西周镇 XZ04-01-21 工业地块一等二幅地块国有建设用地使用权出让方案的批复
127	象政发〔2020〕135 号	关于同意西周镇、新桥镇优化调整部分行政村规模的批复
128	象政发〔2020〕136 号	关于印发象山县旅游业高质量发展九大行动计划实施方案的通知
129	象政发〔2020〕137 号	关于印发象山花岙海岛公园建设实施方案的通知
130	象政发〔2020〕138 号	关于印发象山县创建省文旅产业融合试验区实施方案的通知

续表6

序号	文　号	文　件　名
131	象政发〔2020〕139 号	关于同意收回象山县贤庠镇人民政府和宁波象山交通开发建设有限公司三宗国有建设用地使用权的批复
132	象政发〔2020〕140 号	关于同意高塘岛乡大唐浙江象山长大涂滩涂光伏项目升压站地块（GTLX-2001）控制性详细规划（2020—2030）的批复
133	象政发〔2020〕141 号	141 号关于同意石浦科技园区科昌路与海业路交叉口东南角地块等四幅国有建设用地使用权出让方案的批复
134	象政发〔2020〕142 号	关于同意鹤浦镇万寿塘工业区块地块一等二幅地块国有建设用地使用权出让方案的批复
135	象政发〔2020〕143 号	关于印发海洋渔文化（象山）生态保护区管理办法（试行）的通知
136	象政发〔2020〕144 号	关于同意收购宁波润东海洋渔业有限公司土地、海域等资产的批复
137	象政发〔2020〕145 号	关于同意天安路与宝海路交叉口西北角地块等三幅国有建设用地使用权出让方案的批复
138	象政发〔2020〕146 号	关于同意《象山县鹤浦镇水湖涂村移民安置地（HPLX-2004—HPLX-2008）控制性详细规划（2020—2030）》等两个控规的批复
139	象政发〔2020〕160 号	关于同意象海出 143 号宗海海域使用权出让方案的批复
140	象政发〔2020〕161 号	关于同意实施象山县林地保护利用规划（2010—2020 年）盛平山村等四个村和林场花香林区局部调整方案的批复
141	象政发〔2020〕162 号	关于同意实施象山县林地保护利用规划（2010—2020 年）爵溪街道白沙湾村和西周镇大坑村局部调整方案的批复
142	象政发〔2020〕163 号	关于同意临港装备工业园区物流园项目象山县贤庠镇蒲门村小海山建筑用石料（凝灰岩）矿政策处理所涉费用的批复
143	象政发〔2020〕164 号	关于象山万达广场项目“7·11”一般车辆伤害事故调查报告的批复
144	象政发〔2020〕165 号	关于浙江金川船业有限公司“7·22”一般高处坠落事故调查报告的批复
145	象政发〔2020〕166 号	关于同意涂茨镇长沙村区域生态环境改造提升工程项目征收集体所有土地房屋拆迁补偿实施方案的批复
146	象政发〔2020〕167 号	关于同意鹤浦镇水湖涂区域环境改造提升工程项目征收集体所有土地房屋拆迁补偿实施方案的批复
147	象政发〔2020〕168 号	关于同意临港装备工业园区物流园项目象山县贤庠镇蒲门村小海山建筑用石料（凝灰岩）矿采矿权出让方案的批复
148	象政发〔2020〕169 号	关于同意象山县河道管理范围划界方案的批复
149	象政发〔2020〕170 号	关于同意丹东街道撤村并居的批复
150	象政发〔2020〕171 号	关于同意象山县节水行动实施方案的批复
151	象政发〔2020〕172 号	关于同意南街以西、西街以南地块等三幅地块国有建设用地使用权出让方案的批复
152	象政发〔2020〕173 号	关于同意收回宁波象东城市建设开发有限公司和象山县大目湾新城投资开发有限公司地块的批复
153	象政发〔2020〕174 号	关于同意贤庠镇西泽塘工业地块十六等二幅地块国有建设用地使用权出让方案的批复
154	象政发〔2020〕175 号	关于要求将象山县石浦客运中心工程项目政府付费列入财政预算的报告

续表6

序号	文　　号	文　　件　　名
155	象政发〔2020〕176 号	关于印发象山县房屋征收拆迁资金使用和管理办法的通知
156	象政发〔2020〕177 号	关于同意象山经济开发区滨海工业园 E-7-2 地块等二幅地块国有建设用地使用权出让方案的批复
157	象政发〔2020〕178 号	关于同意石浦镇番西区块改造项目 A 地块等十一幅地块国有建设用地使用权出让方案的批复
158	象政发〔2020〕179 号	关于印发《关于加快推进商贸流通业高质量发展的若干意见》的通知
159	象政发〔2020〕180 号	关于象山苏宜矿业有限公司"10·17"一般高处坠落事故调查报告的批复
160	象政发〔2020〕181 号	关于宁波逸洋船业有限公司"9·12"一般机械伤害事故调查报告的批复
161	象政发〔2020〕182 号	关于同意实施象山县林地保护利用规划(2010—2020 年)涂茨镇屿岙村、贤庠镇蒲门村和丹东街道河东村局部调整方案的批复
162	象政发〔2020〕183 号	关于同意象山县中心城区赵岙水库(ZX37)片区控规 ZX37-01-23 地块局部调整报告象山县西周镇东部新区(XZ06)控制性详细规划 XZ06-01-16 等地块局部调整报告的批复
163	象政发〔2020〕184 号	关于推进海洋运输业健康发展的实施意见
164	象政发〔2020〕185 号	关于同意石浦镇昌国片区(SP01)控规 SP01-01-03a 等地块局部调整报告等两个规划的批复
165	象政发〔2020〕186 号	关于同意收回浙江象山经济开发区城南开发建设有限公司等六宗国有建设用地使用权的批复
166	象政发〔2020〕187 号	关于同意收购象山县浦港建设有限公司等六宗国有建设用地使用权的批复
167	象政发〔2020〕188 号	关于象山县高塘岛乡花岙岛生态绿道建设工程"10·12"一般车辆伤害事故调查报告的批复
168	象政发〔2020〕189 号	关于象山县城东工业园"10·22"一般机械伤害事故调查报告的批复
169	象政发〔2020〕190 号	关于同意大目湾新城 ZX24-01-08 地块等四幅地块国有建设用地使用权出让方案的批复
170	象政发〔2020〕191 号	关于同意象山县东陈乡马岗村大岩山脚等 7 个土地整治项目立项的批复
171	象政发〔2020〕192 号	关于印发象山县"三线一单"生态环境管控方案的通知
172	象政发〔2020〕193 号	关于同意丹东街道赤坎村等 9 个土地整治项目验收意见的批复
173	象政发〔2020〕194 号	关于同意象山县建筑设计院改制实施方案的批复
174	象政发〔2020〕195 号	关于同意象山县高塘岛乡纱帽绿山石斑鱼产业配套服务区地块控制性详细规划等两个规划的批复
175	象政发〔2020〕196 号	关于同意宁波象保合作区起步区(XB01-01)单元控制性详细规划(2020—2035)(修编)控规的批复
176	象政发〔2020〕197 号	关于同意爵溪街道周家湾控制性详细规划(修编)等两个规划的批复
177	象政发〔2020〕198 号	关于印发象山县海域分层确权管理办法(试行)的通知
178	象政发〔2020〕199 号	关于同意象山二期棚户区改造项目丹西街道油车巷地块等五幅地块国有建设用地使用权出让方案的批复

续表6

序号	文　号	文　件　名
179	象政发〔2020〕200号	关于同意收购宁波海祥置业有限公司和宁波三立海城置业有限公司六宗国有建设用地使用权的批复
180	象政发〔2020〕201号	关于同意涂茨镇泊戈洋工业地块一等五幅地块国有建设用地使用权出让方案的批复

编制管理

【概况】 2020年，县委编办坚持以习近平总书记在浙江考察时的重要讲话精神为引领，围绕“聚力一二五、奋力上台阶”目标，以“机构编制供给侧结构性改革”为主线，推进机构职能优化协同高效，为全县高质量发展提供体制机制保障，奋力当好建设“重要窗口”模范生。机关内部“最多跑一次”有关经验做法得到市委领导批示肯定，在全省机关内部“最多跑一次”改革推进会上对象山E考通等“一件事”作经验交流。

【政治建设得到加强】 县委编办领导班子始终牢固树立“四个意识”、坚定“四个自信”、做到“两个维护”，自觉做习近平新时代中国特色社会主义思想的坚定信仰者和忠实实践者。学习习近平总书记系列重要讲话精神，学习中共十九届五中全会精神和省市县委全会精神，巩固拓展主题教育成果。学习领会习近平总书记在浙江考察时的重要讲话精神，主动对标对表浙江建设“重要窗口”新目标新定位，把握机构编制工作的新目标新使命，把准机构编制工作方向，为确保“两手硬、两战赢”提供的体制机制保障。

【机构编制事业实现新发展】 1. 机构改革成果巩固。探索矛盾纠纷化解新模式，完成社会矛盾纠纷调处化解中心组建工作。加强应急体系建设，设立象山经济开发区应急管理所，所有镇乡（街道）应急管理所3—5名人员全部配备到位。推进自然资源行政执法改革，县自然资源行政执法队在县自然资源和规划局挂牌，实行“局队合一”管理体制。县森林公安机关管理体制得到调整优化。2. 体制机制得到优化。调整县招商发展中心职责，主动适应新发展格局。建立与地方金融监管相适应的机构职能体系，形成上下一体联动的工作格局。理顺市场开发中心体制，促进商贸流通领域优质资源集聚。加强县府办工作力量，将县政府发展研究中心机构级格由正科（股）级调整为副科（局）级。3. 事业单位清理整合规范高质量完成。根据《象山县事业单位清理整合规范工作方案》，撤并设置过于分散、公益职能弱化以及上级明确不宜保留的事业单位，推进职能相近事业单位优化整合，统一增加加强党对事业单位的领导和发挥基层党组织作用内容。改革共涉及事业单位248家，减少事业单位49家，其中撤销4家、整合45家，精简比例达到19.8%，共收回事业编制150名，清理整合规范后涉改事业单位全部重新印发机构编制规定。4. 部门职能实现协同高效运转。按照一件事情原则上由一个部门负责，建立起一个部门牵头多部门配合的“一件事”发现推进机制，实现“一件事”跨部门、跨层级联办，推进部门职能从“物理整合”到“化学反应”转变。全县实施象山特色“一件事”41个，减少环节67个，材料精简45%以上，时间压缩60%以上。5. 机构编制资源配置更加科学。出台《象山县事业单位编制周转管理办法（试行）》，重点保障县委县政府重点工作和特殊高层次人才引进。完成2家县级公立医院报备员额，共增加报备员额194名。优化教育编制资源布局，撤销县城南学校，划转88名编制到丹城第六小学、第五小学等学校。推进公安边防体制改革，设立爵溪派出所等5个派出所，整合资源设立县公安局侦查实战中心。6. 机构编制法定化水平提升。抓好《中国共产党机构编制条例》的学习宣传和贯彻落实，召开县委机构编制委员会第三次会议，传达学习《中国共产党机构编制工作条例》。举办全县机构编制工作业务培训班，安排《中国共产党机构编制工作条例》专题学习和机构编制监督检查业务培训。机构编制专项审计纳入常规巡察和年度审计项目。7. 实名制数据化更。会同县公安局、县人力社保局对全县1.3万余名所有机关事业单位人员姓名、身份证、社保、工资等数据进行比对，实现实名制数据零差错。召开全县机构编制实名制系统操作培训会，推动机构编制实名制信息真实准确、即时更新。8. 编外用工管理得到规范。通过问卷调查、蹲点调研和实地考察等途径，摸清全县编外用工情况，学习先进地区做法，吸收各地管用措施，结合县实际起草了《象山县机关事业单位编外用工管理办法》。参照正式在编人员管理方式，开发编外用工实名制审批系统，对编外人员用工形式、岗位名称、岗位职责、用工成本等信息进行登记，全县编外用工新增指标实现零增长。9. 事业单位登记管理实现新突破。梳理优化事业单位登记管理工作流程，汇编形成《象山县事业单位登记管理办事指南》，制定《象山县事业单位法人年度报告量化等级评定表》，从10个纬度设立正向和反向指标实行百分制量化考核，完成全县207家事业单位法人年度报告量化评定，并对评定结果进行通报，对存在的问题进行跟踪整改，相关做法在省、市会议上进行交流。

【“小编办、大担当”队伍形象展现】 坚持围绕中心、建设队伍、服务群众，推进机关党建和业务工作深度融合、相互促进，巩固拓展主题教育成果。一体推进党风廉政建设责任体系，形成以一把手为“第一责任人”，班子成员负责抓好分管范围内的党风廉政建设的责任体系。坚持马克思主义思想的指导地位，落实意识形态工作责任。按照“干部能力提升年”活动部署，开展业务大讲堂，让干部参与到疫情防控、事业单位改革、机关内部“最多跑一次”改革、“三服务”、“一户一策一干部”扶贫结对帮扶等工作中，增强干部能力，提升干部队伍素质。

【《象山县事业单位编制周转管理办法（试行）》】 2020年1月9日，县委编委印发《象山县事业单位编制周转管理办法（试行）》（象编〔2020〕1号），推动机构编制服务高质量发展，着力破解编制总量控制与刚性需求之间的矛盾，资源统筹调配，提升编制使用效益。

【核减部分镇乡（街道）事业编制】 2020年4月20日，根据《县委办公室、县政府办公室关于印发〈象山经济开发区安全生产和消防安全管理体制机制改革方案〉的通知》（县委办〔2020〕13号）文件要求，县委编委发文（象编〔2020〕3号），核减丹东街道公共事务综合服务中心等8个单位事业编制各1名。

表7 **部分镇乡（街道）事业编制核减计划一览表**

单位：人

序号	单　位　名　称	现有编制数	拟核减编制数	核减后编制数
1	丹东街道公共事务综合服务中心	38	1	37
2	丹西街道公共事务综合服务中心	39	1	38
3	墙头镇公共事务综合服务中心	28	1	27
4	泗洲头镇公共事务综合服务中心	23	1	22
5	涂茨镇公共事务综合服务中心	26	1	25
6	大徐镇公共事务综合服务中心	25	1	24
7	新桥镇公共事务综合服务中心	25	1	24
8	茅洋乡公共事务综合服务中心	21	1	20

【设立象山经济开发区应急管理所】 2020年4月20日，根据《县委办公室、县政府办公室关于印发〈象山经济开发区安全生产和消防安全管理体制机制改革方案〉的通知》（县委办〔2020〕13号）文件要求，县委编委发文（象编〔2020〕4号），设立象山经济开发区应急管理所，为象山经济开发区管理委员会下属正科（股）级事业单位，核定财政全额补助事业编制8名，中层职数1正3副。

【撤销象山县城南学校】 为适应县教育事业发展需要，根据《象山县教育局关于要求撤销象山县城南学校的请示》（象教〔2020〕9号），2020年5月13日，县委编委发文（象编〔2020〕9号），撤销象山县城南学校，88名财政全额补助事业编制划入象山县丹城第六小学、象山县丹城第四小学等14所学校。

表8 **象山县城南学校编制划转安排一览表**

单位：人

序号	单　位　名　称	划转编制数	划转后总编制数
1	象山县丹城第六小学	22	32
2	象山县丹城第四小学	10	10
3	象山县丹城第五小学	10	10
4	象山县政实小学	10	10
5	象山县丹城实验初级中学	10	10
6	象山县塔山中学	10	10
7	象山县培智学校	2	2

续表8

序号	单位名称	划转编制数	划转后总编制数
8	象山县素质教育实践学校	2	2
9	象山县丹西街道成人学校	2	2
10	象山县爵溪街道成人学校	2	2
11	象山县西周社区教育学院	2	2
12	象山县贤庠镇成人学校	2	2
13	象山县鹤浦镇成人学校	2	2
14	象山县定塘镇成人学校	2	2
合计		88	98

【设立爵溪派出所等】 2020年5月13日，根据《象山县公安局关于设立爵溪派出所等四个派出所及相关职数的请示》（象公请〔2020〕1号）、《象山县公安局关于设立侦查实战中心机构与职数的请示》（象公请〔2020〕5号）、《象山县公安局关于设立大目湾派出所的请示》（象公请〔2020〕8号），县委编委发文（象编〔2020〕10号）：1. 按照《中共浙江省委办公厅、浙江省人民政府办公厅关于转发省委组织部、省委政法委、省委编办、省公安厅、省财政厅、省人力社保厅、省退役军人事务厅〈浙江省公安现役部队划转地方公安机关实施方案〉的通知》（浙委办发〔2018〕112号）明确的"原实体化运行的边防派出所按属地原则划归地方公安机关，由接收地公安机关根据实际情况和工作需要进行机构整合、职责分配、辖区调整"的要求，设立爵溪派出所、西泽派出所、石浦港区派出所、高塘岛派出所。爵溪派出所、高塘岛派出所科（股）级领导职数各2名；石浦港区派出所科（股）级领导职数3名；西泽派出所科（股）级领导职数4名。2. 整合资源，提高打击犯罪能力，设立象山县公安局侦查实战中心，为局直属正科（股）级执法勤务机构。侦查实战中心设主任1名、教导员1名，正科（股）级；副主任1名，副科（股）级。3. 适应大目湾区域发展需要，保障社会治安，设立大目湾派出所，核定科（股）级领导职数2名，同步撤销未实体化运行的淡港派出所，核减科（股）级领导职数1名。

【核减中国教育工会象山县委员会事业编制】 2020年5月13日，根据《县委办公室县政府办公室关于印发〈象山县事业单位清理整合规范工作方案〉的通知》（县委办〔2020〕9号）文件精神，县委编委发文（象编〔2020〕11号），核减县教育局下属事业单位中国教育工会象山县委员会财政全额补助事业编制1名。核减后，中国教育工会象山县委员会共计财政全额补助事业编制1名。

【核减县智慧城管中心事业编制】 2020年5月13日，根据《县委办公室县政府办公室关于印发〈象山县事业单位清理整合规范工作方案〉的通知》（县委办〔2020〕9号）文件精神，县委编委发文（象编〔2020〕12号），核减县综合执法局下属事业单位县智慧城管中心财政全额补助事业编制1名。核减后，县智慧城管中心共计财政全额补助事业编制39名。

【核减县市场开发中心事业编制】 2020年5月13日，根据《县委办公室县政府办公室关于印发〈象山县事业单位清理整合规范工作方案〉的通知》（县委办〔2020〕9号）文件精神，县委编委发文（象编〔2020〕13号），核减县商务局下属事业单位县市场开发中心经费自理事业编制5名。核减后，县市场开发中心共计经费自理事业编制74名。

【核减县农业机械化管理站事业编制】 2020年5月13日，根据《县委办公室县政府办公室关于印发〈象山县事业单位清理整合规范工作方案〉的通知》（县委办〔2020〕9号）文件精神，县委编委发文（象编〔2020〕14号），核减县农机站参公事业编制2名。核减后，县农业机械化管理站共计参公事业编制20名。

【核减县旅游发展中心事业编制】 2020年5月13日，根据《县委办公室县政府办公室关于印发〈象山县事业单位清理整合规范工作方案〉的通知》（县委办〔2020〕9号）文件精神，县委编委发文（象编〔2020〕15号），核减县旅游发展中心参公事业编制2名。核减后，县旅游发展中心共计参公事业编制17名。

【核减县科技创新中心事业编制】 2020年5月13日，根据《县委办公室县政府办公室关于印发〈象山县事业单位清理整合规范工作方案〉的通知》（县委办〔2020〕9号）文件精神，县委编委发文（象编〔2020〕16号），核减县科创中心财政全额补助事业编制4名。核减后，县科技创新中心共计财政全额补助事业编制13名。

【核减县机关事务管理局事业编制】 2020年5月13日，根据《县委办公室县政府办公室关于印发〈象山县事业单位清理整合规范工作方案〉的通知》

(县委办〔2020〕9号)文件精神,县委编委发文(象编〔2020〕17号),核减县机关事务局财政全额补助事业编制1名。核减后,县机关事务管理局共计财政全额补助事业编制11名。

【核减县供销合作社联合社事业编制】 2020年5月13日,根据《县委办公室县政府办公室关于印发〈象山县事业单位清理整合规范工作方案〉的通知》(县委办〔2020〕9号)文件精神,县委编委发文(象编〔2020〕18号),核减县供销社参公事业编制1名。核减后,县供销合作社联合社共计参公事业编制13名。

【核减县港航管理中心事业编制】 2020年5月13日,根据《县委办公室县政府办公室关于印发〈象山县事业单位清理整合规范工作方案〉的通知》(县委办〔2020〕9号)文件精神,县委编委发文(象编〔2020〕19号),核减县港航管理中心财政全额补助事业编制1名。核减后,县港航管理中心共计财政全额补助事业编制28名。

【核减县房屋征收中心事业编制】 2020年5月13日,根据《县委办公室县政府办公室关于印发〈象山县事业单位清理整合规范工作方案〉的通知》(县委办〔2020〕9号)文件精神,县委编委发文(象编〔2020〕20号),核减县房屋征收中心财政全额补助事业编制1名。核减后,县房屋征收中心共计财政全额补助事业编制16名。

【核减县房管中心事业编制】 2020年5月13日,根据《县委办公室县政府办公室关于印发〈象山县事业单位清理整合规范工作方案〉的通知》(县委办〔2020〕9号)文件精神,县委编委发文(象编〔2020〕21号),核减县住建局下属事业单位县房管中心经费自理事业编制4名。核减后,县房管中心共计经费自理事业编制42名。

【核减县档案馆事业编制】 2020年5月13日,根据《县委办公室县政府办公室关于印发〈象山县事业单位清理整合规范工作方案〉的通知》(县委办〔2020〕9号)文件精神,县委编委发文(象编〔2020〕22号),核减县档案馆参公事业编制2名。核减后,县档案馆共计参公事业编制13名。

【调整县自然资源和规划局下属事业单位编制】 2020年5月13日,根据《县委办公室县政府办公室关于印发〈象山县事业单位清理整合规范工作方案〉的通知》(县委办〔2020〕9号)文件精神,县委编委发文(象编〔2020〕23号),将县自然资源规划局下属事业单位县不动产登记服务中心5名财政全额补助事业编制划转至县自然资源储备中心。调整后,县不动产登记服务中心共计财政差额补助事业编制17名,县自然资源储备中心共计财政全额补助事业编制18名。

【撤销县水利建筑设计院】 2020年5月13日,根据《县委办公室县政府办公室关于印发〈象山县事业单位清理整合规范工作方案〉的通知》(县委办〔2020〕9号)文件精神,县委编委发文(象编〔2020〕24号),撤销县水利和渔业局下属事业单位县水利建筑设计院,3名经费自理事业编制予以收回。

【撤销县丹城城区教育管理办公室】 2020年5月13日,根据《县委办公室县政府办公室关于印发〈象山县事业单位清理整合规范工作方案〉的通知》(县委办〔2020〕9号)文件精神,县委编委发文(象编〔2020〕25号),撤销县教育局下属事业单位县丹城城区教育管理办公室,3名财政全额补助事业编制予以收回。

【撤销县住房和城乡建设局下属县建筑设计院等2个事业单位】 2020年5月13日,根据《县委办公室县政府办公室关于印发〈象山县事业单位清理整合规范工作方案〉的通知》(县委办〔2020〕9号)文件精神,县委编委发文(象编〔2020〕26号),撤销县住建局下属事业单位县建筑设计院和县城乡建设档案馆,县建筑设计院的16名经费自理事业编制予以收回,县城乡建设档案馆的3名财政全额补助事业编制划转至县住建局下属事业单位县村镇建设管理服务中心。调整后,县村镇建设管理服务中心共核定财政全额补助事业编制6名。

【撤销中国象山港网站】 2020年5月13日,根据《县委办公室县政府办公室关于印发〈象山县事业单位清理整合规范工作方案〉的通知》(县委办〔2020〕9号)文件精神,县委编委发文(象编〔2020〕27号),撤销县传媒中心下属事业单位中国象山港网站,3名经费自理事业编制予以收回。

【调整县中国水产城发展管理中心经费形式】 2020年5月13日,根据《县委办公室县政府办公室关于印发〈象山县事业单位清理整合规范工作方案〉的通知》(县委办〔2020〕9号)文件精神,县委编委发文(象编〔2020〕28号),将县中国水产城发展管理中心经费形式从财政差额补助调整为财政全额补助,原有人员身份性质保持不变。

【调整县市场监督管理局行政编制】 为保障县各项行政管理体制改革用编需求,2020年11月3日,县委编委发文(象编〔2020〕58号),暂核减县市场监督管理局机关行政编制3名。核减后,县市场监督管理局机关核定行政编制31名、后勤服务人员编制6名。

【象山县自然资源行政执法队机构设置等事项】 根据《中共浙江省委办公厅 浙江省人民政府办公厅印发〈关于完善自然资源行政执法体制机制的实施意见〉的通知》(浙委办发〔2020〕22号)、《宁波市机构改革协调小组办公室印发〈关于完善自然资源行政执法体制机制的实施方案〉的通知》(甬机改〔2020〕2号)以及《关于同意象山县自然资源和规划局增挂牌子的批复》(甬编办字〔2020〕30号)等文件精神,2020年11月3日,县委编委发文(象编〔2020〕59号):一、县自然资源行政执法队在县自然资源和规划局挂牌,实行"局队合一"管理体制。二、县自然资源行政执法队贯彻落实中央决策和省委、市委、县委部署要求,在履行职责过程中坚持加强党的领导。主要职责是:(一)贯彻执行国家、省、市相关的土地、矿产、规划、林业、测绘等自然资源行政执法的法律、法规、规章。(二)开展执法动态巡查,及时发现、制止和纠正自然资源违法行为。(三)受理自然资源违法线索方面的投诉、举报和群众来信、来访。(四)以县自然资源和规划局名义开展行政执法工作,依法承担除划转到综合行政执法部门以外的土地、矿产、规划、林业、测绘等自然资源违法案件查处工作。(五)负责自然资源领域行政执法体系建设;研究制定自然资源行政执法工作计划,建立健全自然资源行政执法管理制度。(六)完成上级交办的其他任务。三、县自然资源行政执法队与镇乡(中心城区)自然资源和规划所(分局)应按照职权法定、属地管理、重心下移的原则,坚持优化协同高效,合理划分自然资源行政执法权限,明确责任分工和执法重点。县自然资源行政执法队主要负责执法巡查、执法监管、行政处罚等职责。镇乡(中心城区)自然资源和规划所(分局)主要负责日常巡查、线索报告、苗头性违法行为处置和相关行政执法等工作。四、县自然资源行政执法队下设3个执法中队:(一)一中队。负责全县自然资源领域行政执法统筹协调和综合事务,牵头承办上级交办的专项执法,负责重大或疑难案件查处等工作。(二)二中队。负责丹东街道、丹西街道、爵溪街道、西周镇、贤庠镇、墙头镇、涂茨镇、大徐镇、东陈乡、黄避岙乡等10个镇乡(街道)执法巡查、执法监管、行政处罚等工作。(三)三中队。负责石浦镇、鹤浦镇、定塘镇、泗洲头镇、新桥镇、晓塘乡、茅洋乡、高塘岛乡8个镇乡执法巡查、执法监管、行政处罚等工作。五、县自然资源行政执法队核定参公事业编制10名。县自然资源行政执法队队长由县自然资源和规划局局长兼任,在现有领导职数内明确1名副科(局)级以上领导干部担任副队长,专门分管执法工作;核定中层职数3名,正科(股)级。六、县自然资源和规划局下设石浦自然资源和规划分局、中心城区自然资源和规划所、西周自然资源和规划所、贤庠自然资源和规划所、鹤浦自然资源和规划所、墙头自然资源和规划所、定塘自然资源和规划所、泗洲头自然资源和规划所、涂茨自然资源和规划所、大徐自然资源和规划所、东陈自然资源和规划所,共核定参公事业编制50名、中层职数17名,其中正科(股)级11名、副科(股)级6名。七、海上行政执法由县自然资源行政执法队人员派驻县海洋与渔业执法队,实行联合执法。

【调整县森林公安机关管理体制】 根据省委办公厅、省政府办公厅《关于印发〈浙江省森林公安机关管理体制调整工作实施方案〉的通知》(厅字〔2020〕15号)、省委编办《关于森林公安机关管理体制调整后宁波市编制调整有关事宜的通知》(浙编办函〔2020〕154号)和市委编办《关于森林公安机关管理体制改革中机构编制调整政策口径》等文件精神,2020年11月3日,县委编委发文(象编〔2020〕60号),调整县森林公安机关管理体制:一、撤销县自然资源和规划局下属象山县森林公安局(挂县公安局森林警察大队牌子),现有8名编制,1名划入县自然资源和规划局,7名划入县公安局,调整后,县自然资源和规划局核定行政编制25名、后勤服务人员编制3名,县公安局核定政法专项编制698名;现有6名公务员1名后勤服务人员,1名公务员1名后勤服务人员划入县自然资源和规划局,5名公务员划入县公安局。核增县自然资源和规划局下属事业单位县自然保护地管理中心事业编制1名,核增后,该中心共有事业编制5名。二、县自然资源和规划局增设森林防火科,增加正科(股)级职数1名。县公安局增设森林警察大队,核定中层职数2名。三、管理体制调整后,县公安局森林警察大队职能保持不变,业务上接受县自然资源和规划局指导,继续承担森林防火有关工作。县自然资源和规划局按照以防为主、防救结合的原则承担森林防火有关工作,履行森林防灭火工作行业管理责任。其主要职责分别如下:(一)县公安局森林警察大队职责。1. 负责火场警戒、交通疏导、治安维护、火案侦破等,查处森林领域其他违法犯罪行为。2. 协同林业主管部门开展防火宣传、火灾隐患排查、重点区域巡护、违规用火处罚等工作。3. 依法行使森林法规定的行政处罚权。(二)县自然资源和规划局职责。1. 落实综合防灾减灾规划相关要求,组织编制森林火灾防治规划、防护标准并组织实施。2. 组织指导和开展防火巡护、火源管理、火灾隐患排查、防火设施建设、火情早期处理等工作并监督检查。3. 承担林业领域行政执法工作。4. 组织指导国有林场林区开展防火宣传教育、监测预警和督促检查等工作。

【调整县招商发展中心职责等】 为主动适应以国内大循环为主体、国内国际双循环相互促进的新发展格局,融合内贸对外及对港澳台贸易两方面资源,助力本县对外及对港澳台贸易企业开拓内需市场,2020年11月3日,县委编委发文(象编〔2020〕61号):一、职责及机构调整。县商务局承担对外及对港澳台贸易易和对外经济合作等工作,县招商发展中心不再承担。撤销县招商发展中心内设科室对外及对港澳台贸易易和跨境电商科、对外经济合作科(挂服务贸易科牌子),投资促进科不再挂中东欧工作科牌子,核减正科(股)级职数2名,调整后,县招商发展中心核定中层职数6名,其中正科(股)级4名、副科(股)级2名。撤销县商务局内设科室资产财务科,有关职责划入办公室,增设对外及对港澳台贸易易科、对外经济合作科(挂中东欧工作科牌子)、电子商务科3个科室,核增正科(股)级职数2名,调整后,县商务局核定中层职数7名,其中正科(股)级6名、副科(股)级1名。二、县贸促会管理体制调整。中国国际贸易促进委员会象山县支会(简称"县贸促会")调整为与县商务局合署办公,核定会长 1 名,正科(局)级,由县商务局局长兼任;副会长 1—2 名,副科(局)级,1 名兼县商务局党委委员,具体分管对外及对港澳台贸易易和对外经济合作工作;兼职副会长若干名;秘书长 1 名,正科(股)级,负责县贸促会日常工作。三、编制和人员调整。根据职责调整,划入县商务局公务员 2 名、县商务局下属事业单位县菜篮子工程建设中心事业人员 4 名,相应核增县商务局行政编制 2 名,核增后,县商务局核定行政编制 11 名;核增县菜篮子工程建设中心事业编制 4 名,核增后,该中心核定事业编制 16 名。核减县招商发展中心事业编制 16 名,核减后,该中心核定事业编制 12 名。核减县贸促会群团事业编制 1 名,核定参公事业编制 14 名。县招商发展中心现有公务员挂靠在县贸促会。

【调整象山县市场开发中心管理体制等事项】 为推进全县商贸流通领域改革,根据市机构改革协调小组办公室有关工作要求,2020 年 11 月 3 日,县委编委发文(象编〔2020〕62 号),县市场开发中心从县商务局下属事业单位调整为县市场监督管理局下属事业单位,现有人员成建制划转,机构级格由副科(局)级调整为正科(股)级。调整后,县市场开发中心核定经费自理事业编制 72 名,中层职数 4 名,其中正科(股)级 1 名、副科(股)级 3 名。该中心人员只出不进,资金来源渠道不变。

【设立象山县"12345"政务热线服务中心】 为理顺市县工作体制,推进县基层治理体系和治理能力现代化,2020 年 11 月 5 日,县委编委发文(象编〔2020〕64 号),设立象山县"12345"政务热线服务中心,为县委县政府信访局下属财政全额补助事业单位(公益一类),核定事业编制 3 名,正科(股)级职数 1 名。该中心的主要职责:负责管理"12345"政务热线、"81890(65786578)"民生服务热线,负责做好各类电话投诉反映、政策咨询和意见建议的登记、转送、交办、协调、催办和结案工作;负责民情热线情况的综合分析,定期编写工作案例、预警信息和各类工作通报,对集中投诉和反映的重点问题、疑难问题及时汇总上报;负责做好加盟企业管理,为群众提供各类民生服务。

【核增象山县疾病预防控制中心事业编制】 为加强县疾病预防控制体系和能力建设,根据《关于印发浙江省各级疾病预防控制中心机构编制标准的通知》(浙编办发〔2017〕40 号)和《关于抓紧补齐市县疾病预防控制中心编制配备的通知》(浙编办字〔2020〕114 号)文件精神,2020 年 11 月 13 日,县委编委发文(象编〔2020〕65 号),核增象山县疾病预防控制中心事业编制 7 名,调整后,该中心共核定财政全额补助事业编制 47 名。

【设立象山县地方金融监管局】 根据宁波市机构改革协调小组办公室《关于组建区县(市)地方金融监管机构的通知》和中共宁波市委编办《关于同意象山县人民政府办公室增挂牌子的批复》(甬编办字〔2020〕36 号)等文件精神,2020 年 12 月 18 日,县委编委发文(象编〔2020〕67 号):一、设立象山县地方金融监督管理局(以下简称县地方金融监管局),在象山县人民政府办公室挂牌,其主要职责是:负责做好全县小额贷款公司、融资担保公司、区域性股权市场、典当行、融资租赁公司、商业保理公司、地方资产管理公司等地方金融组织的监督管理相关工作。负责新兴金融业的规范发展;协调有关部门对本辖区内交易场所实施监管;负责做好开展信用互助的农民专业合作社的监督管理相关工作;负责规范引导全县民间融资;协助国家金融监管部门及其派出机构开展互联网金融监管,建立健全工作机制。负责地方金融机构组织的风险防范处置;配合国家金融监管部门防范、化解和处置区域性系统性金融风险;协调有关部门防范和处置非法集资;建立健全全县金融风险监测预警体系;建立健全全县金融突发公共事件应急工作机制。完成县委、县政府交办的其他任务。二、象山县人民政府金融工作管理中心更名为象山县金融发展服务中心。三、县金融发展服务中心主任兼任县人民政府办公室(县地方金融监管局)副主任(副局长),专门负责地方金融监管工作。四、象山县经济和信息化局、象山县商务局不再承担融资担保公司、典当行等地方金融组织的监督管理职责。

【双拥工作机构设置】 为加强双拥工作,根据《关于商请调整充实双拥工作职能的函》(象退役军人局发〔2020〕2 号),2020 年 3 月 24 日,县委编办发文(象编办〔2020〕9 号):同意拥军优抚和褒扬纪念科更名为优抚褒扬纪念科,挂双拥科牌子。优抚褒扬纪念科(挂双拥科牌子)主要职责中增加承担县双拥领导小组办公室日常工作。同意县退役军人服务中心增挂县双拥服务中心牌子。

【落实县反恐办专职人员】 为加强反恐工作,根据《象山县公安局关于要求县反恐办实体运作的请示》(象公请〔2020〕11 号),2020 年 7 月 16 日,县委编办发文(象编办〔2020〕70 号),在县公安局下属反恐怖大队增挂县反恐怖工作领导小组办公室(以下简称县反恐办)牌子,在内部调剂一名中层职数专门用于县反恐办日常工作。

【增挂海域海岛管理科牌子等】 为整合优化涉海职责,加强海域监管和开发,根据《象山县自然资源和规划局关于要求行政科室增减挂牌的请示》(象自然资规〔2020〕55 号),2020 年 7 月 16 日,县委编办发文(象编办〔2020〕71 号),在县自然资源和规划局海域海岛管理科增挂国家海域动态监管科牌子。同时撤销办公室所挂的改革发展科牌子。

【增挂象山县干部心理健康服务指导办公室牌子】 2020 年 10 月 9 日,根据《关于要求在县委组织部公务员工资福利科增挂象山县干部心理健康服务指导办公室牌子的函》,县委编办发文(象编办〔2020〕75 号),同意公务员工资福利科增挂象山县干部心理健康服务指导办公室牌子，其主要职责是：统筹做好全县各级干部心理健康服务工作机构整体规划；指导建立综合性服务平台，拓展线上心理服务功能，组建全覆盖服务网络；构建“预防—发现—评估—援助—运用”全链式工作机制，推进干部心理服务制度化、常态化；组建全县干部心理健康服务专家团队和专业骨干队伍；承担对全县各级干部心理健康服务的督查、评比、考核工作；负责对全县干部心理健康服务工作人员的业务培训；完成上级交办的其他任务。

【增挂象山县干部心理素质提升中心牌子】 2020年10月14日，根据《关于县委党校干部教育培训科增挂县干部心理素质提升中心牌子的函》（象县委校〔2020〕9号），县委编办发文（象编办〔2020〕76号），同意县委党校干部教育培训科增挂象山县干部心理素质提升中心牌子。象山县委党校增加以下职责：承担全县干部心理教育培训和素质拓展等工作。

【象山县公安局情指联勤中心更名等事项】 2020年11月18日，根据《象山县公安局关于情指联勤中心等三个单位更名的请示》（象公请〔2020〕13号）、《象山县公安局关于增设境外非政府组织管理办公室的请示》（象公请〔2020〕14号），县委编办发文（象编办〔2020〕80号）：一、同意象山县公安局情指联勤中心更名为情报指挥中心。二、同意象山县公安局国内安全保卫大队更名为政治安全保卫大队，并增挂境外非政府组织管理办公室牌子。境外非政府组织管理办公室负责对境外非政府组织在本县开展的活动依法实施监督管理、提供服务，并承担县境外非政府组织管理工作协调小组日常工作。三、同意象山县公安局网络警察大队更名为网络安全保卫大队。

【增挂象山县公益林和林场管理中心牌子】 2020年12月8日，根据《关于要求县自然保护地管理中心增挂县公益林和林场管理中心牌子的请示》（象自然资规〔2020〕79号），县委编办发文（象编办〔2020〕81号），同意象山县自然保护地管理中心增挂象山县公益林和林场管理中心牌子，县公益林和林场管理中心的主要职责是：做好国有林场的权益保护和生产服务工作；承担国有生态公益林建设保护、森林资源培育保护和林业科技示范工作；创建生态公益林管护责任体系；参与建立国有生态公益林火灾预防和扑救机制；开展国有林场森林病虫害综合防治和对生态公益林的监测工作；编制国有生态公益林发展规划和森林经营方案并组织实施；做好林业项目申报与实施工作；完成县自然资源和规划局交办的其他任务。

（徐卫民）

信访工作

【概况】 2020年，县信访总量120871件，与2019年同比上升25.41%，信、访、网、电呈两降两升趋势。2020年，共登记普通群众来信555件，同比下降2.02%。共有来访群众1022批2811人次，同比批次、人次分别下降12.12%和23.66%，其中集体来访119批1376人次，同比批次、人次分别下降16.78%和36.24%。网上来信3785件，同比上升5.90%。受理群众来电115509件，同比上升26.80%。

【签订信访工作责任书】 3月27日，县委召开信访工作部署暨推进信访四五村创建工作会议。县委政法委、县信访局县管领导干部；县级各部门主要负责人；各镇乡党委（街道党工委）书记，政法信访分管领导，专职信访干部参加会议。会上，县委主要领导与18个镇乡（街道）和20个县级重点部门党政正职签订了《2018年度信访工作目标管理责任书》。会后，镇乡（街道）与村（社区）、重点部门与下属单位签订信访工作责任书，实行一级抓一级、层层抓落实。

【开展领导干部大接访】 5月6日，全市信访工作座谈会上通报了县级领导接访率低的问题，信访局以问题为导向及时整改，推出三项措施，发挥县级领导在群众接访工作中的统筹协调、高位推动优势。一是提高县级领导接访频次。在每周总接访天数不变的情况下，每周安排接访的县级领导由3名改为6名，每名县级领导接访1天改为半天。二是改变县级领导接访形式。将原来县级领导分线接访约访模式和随到随接相结合，当天县级领导分管领域或联系镇乡（街道）无信访件的，采用随到随接的方式，避免出现空接现象。三是提高县级领导接访实效。根据《宁波市县级领导干部下访接访工作制度》要求，建议县级领导在每月16日，到联系镇乡（街道）开展带案下访工作，压实镇乡（街道）信访工作责任，督促属地加大信访积案，尤其是骨头案、钉子案的攻坚化解力度，解决群众反映强烈的合理诉求。2020年，县级领导接待来访群众214批，案件办结率100%、息访率达80%以上。

【制定领导包案督办稳控化解方案】 年初，印发《关于报送2020年县级信访积案备选件的通知》，通过“走下去，请上来”的方式，对初步排摸的积案逐一听取汇报详细了解。3月1日印发《关于开展2020年度象山县重点疑难信访诉求领导包案督办稳控化解工作的通知》。截至年底，县级领导包案件（化解类）共化解43件，其他历史积案件共化解96件。爵溪街道（5件）、贤庠镇（3件）、茅洋乡（1件）、县退役军人事务局（4件）、县教育局（3件）、县自然资源和规划局（2件）、县水务集团（1件）、县综合行政执法局（1件）积案化解率为100%，定塘镇、涂茨镇、新桥镇、晓塘乡积案化解率80%以上。

【护航重大会议活动】 始终把执行重大任务保障作为年度信访工作的重中之重，完善重大活动期间矛盾排查、属地稳控、应急处置工作机制，超前谋划、精心组织、统筹实施，圆满完成了各级两会、开渔节安保等重要节点信访保障任务。

【统筹管理话务接听】 每月开展2次常规业务学习会，采用业务考试、“一对一”业务辅导、邀请职能部门讲座等形式进行，从信访知识、政策法规文件、各部门职责等入手，统筹规划业务培训内容。年内以来，开展18次业务培训学习会和10次业务考试。精心组织各类业务大比拼，鼓励话务员参加省、市、县业务比赛，营造“比、学、赶、帮、超”的良好氛围。在提升话务员自身素质之外，落实“12345”效能指数通报制度，督促责任单位提升办理质量。

【严格落实初访流程】 按照《关于严格落实初信初访事项工作责任的实施办法》，明确事权单位和属地镇乡初信初访化解责任，明确到县级信访局初次上访的人员，由责任单位主要领导第一时间接访处理。初访后，两次以上到县信访局上访的，由县信访联席办向责任单位发预警提示单。对有答复意见的初次信访件进行回访并征求信访人的满意度评价。2020年，初次信访事项共14563件，同比上升30.21%（12月初次信访事项共1323件，同比下降16.95%）。

【信访责任意识】 县委、县政府高度重视信访工作，县委书记办公会议、县委常委会听取信访工作专题汇报6次，县委、县政府主要领导专题研究信访工作7次，县级领导牵头召集信访工作会议36次。县信访局制定出台《信访听证终结实施细则》《信访听证操作手册》《信访听证注意事项》《象山县信访代办工作实施方案（试行）》《象山县信访“四无村”创建考核评审办法（试行）》《关于开展2020年度象山县重点疑难信访诉求领导包案督办稳控化解工作的通知》《关于开展集中治理重复信访、化解信访积案领导包案督办化解工作的通知》等指导性文件，以制度为抓手，拧紧县、镇乡（街道）、村（社区）三级信访责任链条，夯实基层群众工作基础，提升基层社会治理能力。

【联席会议协调意识】 县信联办和维稳专班建立维稳信访形势分析会制度，不定期对面上重大不稳定因素和信访突出问题进行分析协调。在重要时期，建立信访快查快办会商机制，及时研究处置辖区内的不稳定因素。年初以来，县信联办共牵头会商化解疑难信访积案27件。

【考核督查通报】 将信访工作纳入县目标管理和平安建设“双考核”，其中初信初访化解、越级访治理、重点信访人员稳控、信访联席会议交办件化解等12条信访工作条款列入平安象山创建工作考评细则，信访代办、初信初访化解、越级访治理等9条信访工作条款列入基层考核。县信访局专门成立4个督查小组，对18个镇乡（街道）的信访代办制、信访“四无村”创建、信访积案化解等工作进行10次督查，对落实不到位的，要求限时整改。年初以来编发各类信访通报22期，提请县委、县政府主要领导约谈镇乡（街道）领导3次，县委副书记约谈镇乡（街道）主要领导5次，县委、县政府督查督办10次，县信访局主要领导约谈镇乡（街道）分管领导25次。

【规范复查办理】 年初以来，共接待复查申请9批、21人次，引导通过其他途径解决2批、5人次，调解解决3批、11人次，立案审查4件，出具不予受理告知书2份，复查意见书2份，向市局报送复查案例5篇。

【推进依法终结】 梳理排摸2005年以来所有复查复核件相关备案终结情况，做好相关终结备案入库工作，重点做好林某琴案件三级终结会审及终结备案入库等系列工作。开展信访公开听证评议5件，探索信访信用管理，完成一般失信人员评定2名。

【开展信访“四无村”创建】 年初以来，以市域治理现代化试点工作为统领，率先开展信访“四无村”创建，推动责任、制度、举措、力量向村级下沉，初步构建“信访源头治理、矛盾就地化解”的工作机制。全县311个行政村达到信访“四无村”标准、占比达到87.61%。

【常态化推动“主官办信”】 根据甬党办〔2020〕61号文件要求，把群众来信办理作为“三服务”活动的一项重要工作，按照“属地管理、分级负责，谁主管、谁负责”原则，推动领导干部“亲拆、快批、速办”群众来信，重视来信办理规范化，并通过回访核实跟踪、督办来信事项，压实有关部门信访责任，提升办信工作质效，确保群众合理诉求得到及时解决。2020年，县委、县政府主要领导批阅群众来信75件，办结率100%。

【首问负责即问即办】 根据市、县统一部署，制定出台《象山县实行首问负责即问即办的若干规定（试行）》《首问负责即问即办承办单位职责争议认定办法、“吹哨报到”联合执法办法和首问热线电话接听处置办法》《首问负责即问即办效能指数测评办法（试行）》等指导性文件，召开全县首问负责即问即办工作动员部署会、培训会3次，提升镇乡（街道）、事权部门来电事项办理效能。

（金冶倩）

涉台事务

【概况】 2020年以来，县台办领导班子学习贯彻习近平新时代中国特色社会主义思想和习近平总书记重要指示批示，特别是习近平总书记考察浙江、宁波重要讲话精神，学习贯彻中共十九届五中全会和省、市、县委全会精神，按照省、市台办的工作部署，围绕县委的工作大局，准确把握两岸形势，主动发挥对台工作的灵活性，统筹各方力量，全力做好新冠肺炎疫情期间的对台工作。

【海峡两岸交流基地整改工作】 县委书记、县长听取基地建设工作情况汇报，赴基地展示中心调研指导，并作出指示，要求全力支持和保障基地建设和活动开展，把基地建设好、管理好。8月，县委常委会专题听取海峡两岸交流基地建设情况汇报，要求挖掘涉台元素，继续拓宽交流渠道，宣传联动，营造交流合作良好社会氛围，并成立由县委书记任组长的象山县海峡两岸交流基地建设管理领导小组，开展工作。自2020年起在县级目标管理考核中新增海峡两岸交流基地建设内容，营造全县上下一盘棋的良好氛围。

【交流基地平台建设】 通过走访调研，梳理象山特有的涉台元素，整合海洋、影视、民宿等资源，完善石浦东门渔村海神庙、影视城、海峡两岸交流基地展示中心、黄避岙茶场、渔山岛、渔文化艺术村、渔港古城、东势果园、柑橘博览园、旭拱岙村基层治理示范点等10个涉台交流阵地，使之成为“服务之家”“联谊之家”、台胞在象山就业创业和人文交流的聚集地。出台《关于设立象山县海峡两岸基层交流点及有关工作的方案》，明确基层交流点工作内容、责任人和考核奖励标准，并挂牌。年内8月，对海峡广场基地展示中心进行全新的改版扩容，丰富展示内容，提升展示质量，将其打造成为宣传展示海峡两岸交流成果的重要窗口。

【开渔节期间的涉台交流活动】 以“石浦—富冈如意信俗”、影视文化主题为重点，打造如意信俗文化、影视文化等两岸交流品牌。9月14日至16日中国开渔节期间，邀请两岸石浦人共同参加两岸妈祖如意信俗交流活动，并邀请50名在甬台商参加中国开渔节系列活动，举办“象山经济发展环境专项招商推介活动”。

【甬台创业青年联谊活动】 9月3日至4日，举办“甬上弄潮——说出你的故事来”为主题的甬台创业青年联谊活动，60余名在甬台湾籍创业青年、宁波籍创业青年和宁波新的社会阶层代表人士齐聚一堂，讲述青春故事，分享创业经验，畅游象山美景。相关新闻被央视四套《海峡两岸》栏目、中新网、台湾网等媒体录用播出或发表。

【象台民宿交流合作论坛】 10月28日至30日，作为第三届海峡两岸乡村振兴论坛的分论坛之一，象山县举办了以“在希望的田野上”为主题的象台民宿交流合作论坛。50余名来自台湾的文创、民宿等行业青年代表实地体验象山民宿产业和乡村旅游发展，与县31家星级民宿的代表们探讨民宿管理和发展。活动第一次尝试抖音短视频的方式宣传活动内容，相关新闻相继被央视四套《海峡两岸》栏目、中新网、台湾网等媒体录用播出或发表。

【具有县特色的象台青年交流活动】 9月初，邀请58名在甬大学生在象山开展“美丽新农村建设”交流体验活动。8月28日，在象山影视城开展以“文创欣赏，影视交流”为主题的宁波陆生和台生文创体验营活动，推动甬台两地大学生之间的交流以及促进同学们对两岸影视行业的了解。

【服务台资企业】 自疫情防控开展以来，县台办及时与台资企业沟通分享疫情信息和防控经验，多次走访威霖住宅设施、正源电力等台企，帮助解决企业存在的问题和困难，协助台资企业享受政策支持，帮助落实“五减”等惠企措施，有序复工复产。县共有5家台资企业减费减税50.36万元，年内总共可减免122.69万元。

【服务台属台胞和赴台大学生】 7月底，组织在象山台胞、台属42名赴绍兴参加“在象台胞台属看浙江”活动，让台胞台属们真切感受祖国的发展变化，增加两岸统一的认同感。在疫情期间不定期联系走访慰问在象山台商、台湾创业青年、台资企业，提供疫情期间在象山台胞有关隔离的咨询回复，赠送口罩等慰问品，特别是对在影视城进行拍摄工作的导演、制片、演员开展探班慰问，赠送夏日清凉用品。针对疫情期间象山籍在台湾上学的大学生无法赴台高校就读的情况，县台办通过座谈、走访、电话、网络等多种形式及时宣传疫情防控信息，了解掌握县9名象山籍在台湾上学的大学生受疫情影响情况，做好解释、沟通和安慰工作，支持其向台湾就读院校表达合理诉求，维护自身权益，稳定学生思想动态，指导其涉台注意事项。对在象山台胞做好疫情期间在象山人员的防控政策宣传解释工作，及之后的复工复产服务。

【参加社区新冠肺炎疫情基层防控工作】 根据县疫情防控指挥部统一安排，县台办负责金秋社区新华小区出入口的执勤工作，在疫情最紧张的时候，每天抽调2名干部作为党员志愿者参与防疫工作，连续两个半月向群众宣传疫情防控工作的最新动态和政策信息，严格执行各项防控措施，帮助群众解决防疫相关问题。

【千名干部“一线攻坚三服务、争先创优促发展”活动】 根据县“三服务”办的统一安排，抽调2名干部分别到丹东街道、大徐镇工作组，到一线调查研究，参与解决行政村规模优化、信访积案、困难户帮扶、安全生产检查等重点工作。

（郑杰）

县直机关事务管理

【概况】 2020年，县机关事务管理局围绕市局中心工作以及县委、县政府“四个年”活动，以“党建引领，创新发力，服务升级，管理提效”为主线，以“两清两创两讲”专题活动为抓手，顺应新时代机关事务发展新形势，对标象山在宁波当好浙江建设“重要窗口”模范生中奋力争先创优的要求，抓好各项工作落实，全力做好疫情防控，管理服务能力提升。全年累计完成县府大院餐饮服务13.1万人次、工程项目维修153次，商务楼会议接待284场次、餐饮服务24万人次、工程项目维修1000余次，通过“机关事务通”APP完成线上办理事项613人次；调配办公用房8处，总面积3500平方米；完成维修改造工程4处，总面积7500平方米。公务用车管理中心完成出车任务1610余次，重点服务“三权分置”、“四无”村现场会等重要会议重大活动7次；车辆购置费用同比下降10%，全年公务车辆维修资金审减率达13.02%；聚焦示范创建，节能降耗提升，2020年人均综合能耗、单位面积能耗和人均水耗同比下降。

【召开“不忘初心、牢记使命”主题教育总结大会】 1月14日，象山县机关事务管理局召开“不忘初心、牢记使命”主题教育总结大会，传达贯彻中央和省、市、县委主题教育总结大会精神，总结主题教育工作。县委第三巡回指导组组长出席会议并讲话，全局党员干部职工参加会议。会议要求按照“守初心、担使命、找差距、抓落实”总要求，以理论学习为基础，以抓实调查研究为载体，以检视问题为契机，以狠抓整改落实为驱动，坚持密切联系实际、坚持问题导向，把学习教育、调查研究、检视问题、整改落实四项重点措施贯通起来，有机融合、统筹推进。会议强调，要抓学习，夯实守初心担使命的思想根基，把学习成效转化为干事创业的激情和动力。要聚焦智慧后勤建设，激发践行初心使命的担当作为，加强管理，做优服务。要党建引领，展现机关事务守护初心使命的新风貌，提升机关党员干部形象。

【消防应急演练暨消防安全知识培训会】 1月17日，象山县机关事务管理局、县应急管理局、县消防救援大队联合开展消防应急演练暨消防安全知识培训会，南部新城商务楼25家单位，120余名干部职工参加。会上，县消防救援大队大队长王秦科，分别从认识火与火灾、常见的消防安全隐患、常见的消防设施、消防安全知识、公务人员如何履职等5方面进行详细的讲解。演习现场，疏散组，安保应急分队、消防救援大队分工合作完成演练。活动后胡向阳强调：要提高认识，绷紧消防安全之弦；要明确责任，层层抓好工作落实；要掌握知识，提升自防自救能力。

【“两清两创两讲”专题活动】 2月28日，机关事务管理局印发《关于开展“两清两创两讲”专题活动的通知》，开展“工作事项条条清，工作落实日日清；创市级文明单位，创四星级党支部；讲一堂廉政党课，讲授一堂微教课”专题活动，全年累计完成讲授党课微教课19堂，建立工作职能清单10份。

【疫情防控保障工作】 新型冠状病毒感染的肺炎疫情发生后，象山县机关事务管理局全力做好县疫情防控指挥部后勤保障以及全县防疫物资调配等工作，为打赢疫情防控阻击战提供坚强的后勤保障。2月，县机关事务管理局先后3次召开专题会议，建立综合、专班、保障、食堂、消毒、测温6个专项工作小组，明确职责分工，落实具体防疫工作。制定出台《关于做好县级集中办公区域疫情防控工作的通知》，明确相关事项，并细化防疫期间就餐安排、体温检测、消毒等操作流程。疫情期间，紧急采购不锈钢含盖餐盒1400个、推车17辆、口罩500个、温度计15个、护目镜22副、消毒液10公斤等，提供疫情用车保障90余次。

【选举首届机关党总支委员】 2020年4月24日，象山县机关事务管理局于召开全体党员大会，选举产生首届机关党总支委员。经过大会选举，赵伟、郑珺、沈云峰、张琦、王汝阳、欧敏、陈岳男7名同志当选象山县机关事务管理局党总支部委员会委员。会议要求，要把党支部建设成坚强的战斗堡垒。要以党总支成立为新的起点，加强自身建设，牢固树立“四个意识”、坚定“四个自信”、做到“两个维护”。要发挥好党员的先锋模范作用，要激发党员争优创先的意识。要以党总支成立为契机，新鲜血液输入为动力，争创四星级党支部。

【县两会后勤保障任务】 5月10日，象山县机关事务管理局圆满完成县两会后勤保障工作。会前，象山县机关事务管理局主动与县人大办、政协办对接，领取工作任务，专题召开领导班子会议，明确责任分工，精心制定《县两会后勤保障全周期责任清单》以及《县两会后勤保障组工作流程图》。会中组织消防、防疫、食品安全等11个部门对会场、驻点酒店进行检查并实行封闭式管理，对所有后勤保障人员实施严格健康监控，实施参会人员先行健康申报审核制度，疫情期间两会后勤保障圆满完成任务。

【“重要窗口”模范生大讨论活动】 6月9日，象山县机关事务管理局开展“重要窗口”模范生大讨论活动。机关干部围绕聚焦树立“窗口意识”、肩负“窗口担当”、贡献“窗口标准”，开展“不负韶华、攻坚担当”机关干部责任大讨论活动。参加讨论的人员立足岗位职责，解读剖析，轮流对照发言，通过讨论，理解了习近平总书记赋予浙江的新目标、新定位，深刻把握了“重要窗口”的内涵要求，锻造了与“重要窗口”目标定位相匹配的能力与作风。

【文明劝导志愿服务活动】 为推进文明城市创建工作，倡导文明安全出行习惯，7月6日，象山县机关事务管理局组织公车驾驶员志愿小分队开展文明劝导志愿服务活动。活动期间，志愿者们身着红色“小马甲”，手持文明劝导“小黄旗”，协助交警维护正常交通秩序，提醒行人及非机动车注意交通信号灯，及时纠正劝阻闯红灯、乱穿马路、翻越隔离栏等不文明行为，劝导机动车礼让斑马线，提供问路指引等便民服务，为提升城市文明，维护安全有序出行环境，营造了良好氛围。

【“新能源汽车进机关”展示推广活动】 为贯彻落实绿色发展理念，响应国家“蓝天保卫战”号召，落实2020年国家节能宣传周“绿水青山，节能增效”和全国低碳日“绿色低碳，全国小康”主题，7月13日，象山县机关事务管理局联合县节能办举办“新能源汽车进机关”展示推广活动，小灵狗出行科技有限公司携12款纯电动汽车进行展示推广。活动现场，干部职工踊跃参加，驻足聆听新能源汽车的设计理念、产品性能、技术支持、维修保养、政策优惠及销售等相关情况，领取宣传资料，进行试乘试驾，参与购车注册活动，近距离感受新能源汽车的优势与魅力。此次活动对发挥党政机关在节能减排、绿色出行方面的示范带头作用，推进新能源汽车的推广应用具有重要作用。

【象山县机关食堂推出特色美食专区】 为提升机关食堂的服务质量和水平，丰富菜品、调剂口味，带给广大干部职工更好的用餐体验。8月象山县机关事务管理局在南部商务楼机关食堂设立特色美食区。美食区以象山海鲜面为主，可供自由选择搭配对虾、熏鱼、蛏子、螃蟹等10余种食材，满足不同干部职工的用餐需求，增强干部职工的获得感和满意度。

【制止餐饮浪费行为】 为落实习近平总书记作出的重要指示强调，坚决制止餐饮浪费行为，象山县机关事务管理局践行落实习近平总书记重要指示精神。8月14日，向全县机关单位发出《倡议书》，倡导干部职工“厉行节约、从我做起”，开展“光盘行动”，响应“文明用餐”，拒绝“舌尖上”的浪费。同时在两大院机关醒目位置设置提示牌、宣传语，安排专人进行现场劝告引导，落实专人负责厨房食材消耗监管，实施每日用餐人数统计，从源头杜绝浪费，推动厨余垃圾减量。

【首届“迎国庆、乐工作、促安全”职工秋季趣味运动会】 9月25日，象山县机关事务管理局举办首届“迎国庆、乐工作、促安全”职工秋季趣味运动会。运动会以小组团体赛的形式进行，共组建了“红、黄、绿、蓝”4支参赛队伍，95名物业服务人员参赛，分别设置了运球、跳长绳、拔河3个团队项目游戏，通过增进了物业服务人员的凝聚力，提升了组织力、战斗力、号召力，推进了物业队伍的文化建设。

【消防演练活动】 为了增强物业服务人员消防安全意识，防范化解火灾风险，提高应对火灾突发事件的能力，10月26日，象山县机关事务管理局在南部商务楼举办了以“安全发展，防患未然”为主题的消防应急演练活动。通过活动，对物业服务人员熟悉应急流程，掌握灭火技巧，提升协调和处置能力起到了促进作用，为今后安全高效有序开展生产工作奠定了基础。

【“传承红色基因　重走长征路”主题党日活动】 为巩固“不忘初心、牢记使命”主题教育成果，“铭记历史、缅怀先烈”，12月27日象山县机关事务管理局组织党员干部赴东海半边山开展“传承红色基因重走长征路”主题党日活动。活动中党员干部换上红军装，戴上红军帽，踏上了万里长征艰辛历程，详细阅读长征路上发生的重要事情，聆听讲解员讲述长征路上的艰辛历程和感人故事，用实际行动感受和传递了“红军不怕远征难，万水千山只等闲”的红色革命文化。通过此次主题党日活动，全体党员坚定了理想信念，洗涤了心灵，锤炼了党性，加深了对历史的了解。

（陈晶晶）

政协象山县委员会

综　述

2020年是政协十届象山县委员会的第四年。本届政协共有委员241人，设中共、无党派、共青团、总工会、妇联、工商联等17个界别组。县政协机关内设“一办六委”，即办公室、提案委员会、经济和城建资源环境委员会、教科卫体文化文史和学习委员会、社会法制和港澳台侨委员会、委员工作委员会、农业农村委员会。在乡镇街道设丹东、丹西、爵溪和石浦、西周等18个联络工作委员会。象山县有省政协委员1人，市政协委员12人。一年内，面对大变局大事件大考验的深刻影响，县政协及其常委会在中共象山县委的坚强领导下，坚持以习近平新时代中国特色社会主义思想为指导，贯彻中共十九大和十九届二中、三中、四中、五中全会精神，落实中央和省市县委政协工作会议部署，坚持团结和民主两大主题，把加强思想政治引领、广泛凝聚共识作为中心环节，发挥专门协商机构作用，围绕“聚力一二五、奋力上台阶”，全力服务“六稳”“六保”，为县经济社会发展做出贡献。

重要会议

【县政协十届四次会议】　中国人民政治协商会议第十届象山县委员会第四次会议，于2020年5月8日至9日在黄金海岸大酒店召开。出席委员236人，列席5人。第一次全体会议分别听取了十届县政协主席俞骏和副主席欧亚群所作的常委会工作报告和提案工作情况的报告。第二次全体会议进行了大会选举，通过了选举办法和总监票人名单。选举王潇、苏峰、陈海波、俞湛为政协第十届象山县委员会常务委员。第三次全体会议听取了市政协副主席、县委书记叶剑鸣代表中共象山县委所作的讲话，通报了大会期间提案收集和初审情况，通过了县政协十届四次会议决议。在本次大会期间，委员们还分组审议了政协常委会工作报告和提案工作情况的报告，列席了县十八届人大四次会议，听取和协商讨论了政府工作报告、县人民法院工作报告、县人民检察院工作报告及其他有关报告。

会议认为，县政协及其常委会始终以习近平新时代中国特色社会主义思想为指导，坚持发扬民主和增进团结相互贯通、建言资政和凝聚共识双向发力，紧扣中心大局履职尽责，发挥专门协商机构作用，抓好“请你来协商”“委员工作室”等履职平台建设，开展人民政协成立70周年系列庆祝活动，全力参与疫情防控，助推复工复产，为加快建设宁波现代化滨海城区贡献了智慧和力量。会议指出，面对2019年风险挑战明显上升的复杂局面，县委、县政府团结带领全县人民，落实中央和省市委的决策部署，坚定不移实施“双突破双驱动”战略，民生福祉增进，经济社会发展再上新台阶。会议强调，2020年县政协要以习近平新时代中国特色社会主义思想为指导，贯彻中共十九大和十九届二中、三中、四中、五中全会精神，贯彻习近平总书记在浙江、宁波考察时的重要讲话和对浙江、对宁波工作的重要指示精神，增强“四个意识”，坚定“四个自信”，做到“两个维护”，落实中央和省、市、县委政协工作会议部署，围绕团结和民主两大主题，发挥专门协

5月8日，县政协十届四次会议召开

商机构作用，把加强思想政治引领、广泛凝聚共识作为中心环节，履行政治协商、民主监督、参政议政职能，求真务实，凝心聚力，为县高水平推进县域治理现代化、实现高质量发展做出新的更大贡献。会议号召，政协各参加单位和全体政协委员，要更加紧密地团结在以习近平同志为核心的党中央周围，在中共象山县委的坚强领导下，不忘初心、牢记使命，树立新样子、谱写新篇章，在宁波当好浙江建设“重要窗口”的模范生中奋力争先创优，为加快建设“两强两美”宁波现代化滨海城区而奋斗。

【县政协十届十四次常委会议】 1月17日召开，县政协主席俞骏主持会议。协商讨论县政府工作报告、县人民法院工作报告、县人民检察院工作报告、2020年县经济社会发展计划与重点项目和财政预算安排。听取县政协十届四次会议筹备工作报告。审议通过人事任免事项。县委副书记、代县长包朝阳出席会议并讲话，县人民法院院长陈海虹、县人民检察院检察长袁学宏应邀出席会议。

【县政协十届十五次常委会议】 4月23日召开，县政协主席俞骏主持会议。传达学习习近平总书记考察浙江、宁波时的重要讲话精神，审议通过人事任免事项、关于召开县政协十届四次会议的决定（草案）、县政协十届四次会议相关事项。

【县政协十届十六次常委会议】 8月14日召开，县委副书记、县长包朝阳通报上半年全县经济社会发展情况和下半年主要工作安排。徐贤国、王惠、徐杰、周姣华、韩东道、徐亚青、陈云峰、蒋良欢等委员就加大科技创新扶持力度、加快中心城区核心区谋划建设、创新融资方式、优化营商环境、增强象山柑橘标杆地位、培育高起点教师队伍、夯实基层联防联控体系、加快推进象山旅游业复苏等方面作了议政发言。

【县政协十届十七次常委会议】 9月27日召开，县政协主席俞骏主持会议。传达学习习近平总书记在全国抗击新冠肺炎疫情表彰大会上的讲话精神，全国地方政协工作经验交流会和全省政协主席暑期读书会暨市、县（市、区）政协工作经验交流会精神，审议通过人事任免事项。

【县政协十届十八次常委会议】 10月20日召开，县政协主席俞骏主持会议。听取全国政协常委、宣讲团成员、中国医学科学院北京协和医学院院校长王辰关于《弘扬抗疫精神，发展医学卫生健康事业》的视频报告，审议通过人事任免事项。

【县政协十届十九次常委会议】 12月17日召开，就中共象山县委《关于制定象山县国民经济和社会发展第十四个五年规划和二〇三五年远景目标的建议（征求意见稿）》开展专题协商，县政协主席俞骏主持会议。欧亚群、励茂平、莫假茜、杨盛昂副主席和周姣华、张西平、徐贤国、周虹、史丹丹、黄庆宏、谢彩娟、吕彤、洪佩平等常委就临港装备产业集群、制造业高质量发展、中心城区能级提升、象山特色文化、白鹅产业发展等方面作交流发言。县委副书记李晓东应邀出席会议并讲话。审议通过人事任免事项、关于召开县政协十届五次会议的决定（草案）。

【县十届政协主席会议】 2020年，十届县政协共举行主席会议16次。详见表9。

表9　　2020年度十届县政协主席会议情况一览表

时　间	会　　次	会　议　主　要　情　况
1月16日	第39次主席会议	县政协主席俞骏主持会议，传达学习中国共产党第十九届中央纪律检查委员会第四次全体会议精神、省政协十二届三次会议精神，审议通过有关人事任免事项
2月21日	第40次主席会议	县政协主席俞骏主持会议，传达学习习近平总书记在中共中央政治局常务委员会会议、中央改革委员会第十二次会议上的讲话精神，省委、市委常委会议精神以及县疫情防控和“三复”工作视频连线会议精神。研究部署政协系统疫情防控和助推企业复工复产相关工作
4月1日	第41次主席会议	就学校疫情防控和开学准备工作开展专项视察。县政协主席俞骏，副主席欧亚群、励茂平，秘书长翁英豪，部分县政协委办主任和政协委员参加活动。实地视察了文峰学校、象山中学的校内教室、餐厅、学生宿舍等重点领域的疫情防控落实情况，听取县教育局、象山中学关于学校疫情防控和开学准备工作情况的汇报，与会委员提出加强防疫工作体系建设、密切关注学生心理健康、科学普及疫情防控知识等意见建议
4月22日	第42次主席会议	县政协主席俞骏主持会议，审议通过有关人事任免事项，讨论通过县政协十届四次会议参政议政材料、讨论组安排等有关事宜

续表9

时　间	会　　次	会议主要情况
5月25日	第43次主席会议	县政协主席俞骏主持会议，审议县政协十届四次会议提案相关情况，确定8件提案为重点提案，明确重点提案督办分工，审议通过开展城乡生活垃圾分类处理专项集体民主监督、围绕高水平建成小康社会补短板开展专项集体民主监督、开展生态环境空间管控民主监督等实施方案
7月23日	第44次主席会议	就健全县公共卫生应急管理体系建设进行专项议政。县政协主席俞骏讲话，县政协副主席励茂平主持会议。县卫健局主要负责人作县公共卫生应急管理工作情况汇报，县政协教科文卫学习委课题组作专项建言。欧亚群，周礼胜、陆振明、陆振一、杨志国、胡玲英、陈春静、王笑龙、陈孝林、汪剑军、柯沪琦等与会政协委员围绕公共卫生应急管理体系建设，提出树立大健康理念、加强传染病监测预警体系建设、转变健康宣教模式和形式、提升基层治理和服务能力等建议。副县长、公安局局长范建富出席会议并讲话
7月30日	第45次主席会议	就促进县汽模配产业高质量发展进行专项议政。县政协主席俞骏主持会议并讲话。县经信局主要负责人作县汽模配产业发展情况汇报，县政协经建委课题组作专项建言。欧亚群、周平飞、励茂平，陈明吉、周姣华、刘永跃、徐文中、郑才玉、蔡波、夏永远、徐晓燕等与会政协委员围绕汽模配产业高质量发展，提出加强政策支持和服务保障、模具行业贸易风险防控体系建设、加强企业管理队伍建设等建议。副县长石坚定出席会议并讲话
8月13日	第46次主席会议	就县燃气领域安全生产工作开展专项视察。县政协主席俞骏，副主席欧亚群、周平飞、莫假西，秘书长翁英豪，县政协委办主任和部分委员参加活动。实地视察了象山华润燃气有限公司液化石油气储备站、液化天然气储备站，听取县应急管理局、县住建局关于县安全生产工作及燃气领域安全生产工作情况的汇报，徐贤国、陆海滨、汪海月、郑玲玲、俞能伟、陈孝林等与会委员提出健全安全监管机制、加快推进燃气管道改造工作、提升燃气管理智能化水平等建议。县政府党组成员章洪浩出席会议并讲话
9月27日	第47次主席会议	县政协主席俞骏主持会议，审议有关人事任免事项
10月14日	第48次主席会议	就国土空间总体规划编制情况开展专题协商。县政协主席俞骏主持会议。县自然资源和规划局汇报国土空间总体规划编制工作情况，浙江省城乡规划设计研究院介绍国土空间总体规划内容。与会人员提出拓宽临港装备发展空间、优化城市发展布局、谋划公共基础设施建设用地等建议。审议有关人事任免事项
10月28日	第49次主席会议	审议2020年县政协提案办理工作民主评议情况报告，“生活垃圾分类处理”“推进‘最多跑一地’改革”“生态环境空间管控”和“高水平建成小康社会补短板”专项民主监督建议书。县政协主席俞骏主持会议。听取4个专项民主监督组的汇报。与会人员提出要提高生活垃圾源头分类质量、探索建立信息资源共建共享模式、优化国土空间管控、推进“多规合一”空间规划体系建设等建议。会议通过专项民主监督建议书
11月5日	第50次主席会议	就县政协十届四次会议重点提案办理落实情况进行专项议政。县政协主席俞骏主持会议。县政府办公室汇报关于在疫情时期做好企业降本减负工作、加快建设数字政府、规范户外广告市场管理、发挥落地象山的科研院所作用、优化城区医疗卫生服务布局、清理整顿棚改后社区人户分离现象、后疫情时期促进商贸流通业发展、科学发展乡村旅游破解经济薄弱村发展难题等8件重点提案办理落实情况。县政协副主席和相关委办主任，韩天山、吕彤、陆海滨、史静波、徐亚青等与会政协委员提出了加大科技创新力度、优化城区医疗卫生服务布局、加快推动数字政府建设、落实降本减负政策等建议，促进重点提案建议落实。副县长石坚定应邀出席会议并讲话

续表9

时　间	会　　次	会 议 主 要 情 况
11月25日	第51次主席会议	对县重大商贸旅游项目建设情况开展专项视察。县政协主席俞骏，副主席欧亚群、周平飞、励茂平、莫俶茜、杨盛昂，秘书长翁英豪，县政协委办主任和部分委员参加活动。实地视察了青草巷特色街区、万达广场、大目湾城市综合广场工程、半边山五彩渔镇和亚运沙滩排球等项目，听取项目有关负责人情况介绍。副县长钮晶莹应邀出席
12月4日	第52次主席会议	县政协主席俞骏主持会议，讨论县政协十届五次会议筹备工作方案、县政协十届五次会议参政议政选题，审议有关人事任免事项
12月17日	第53次主席会议	就象山县“十四五”综合交通规划开展专题协商。县政协俞骏主持会议。县交通运输局汇报象山县“十四五”综合交通规划编制总体情况，宁波交通规划设计院介绍交通规划内容。与会人员提出加快内通外联交通谋划、打造县域旅游交通主干道、完善交通基础设施等建议。审议有关人事任免事项
12月30日	第54次主席会议	县政协主席俞骏主持会议，讨论县政协常委会工作报告和提案工作情况的报告，讨论县政协十届五次会议议程、日程、各次会议主持人及报告人等有关事项，审议有关人事任免事项，讨论确定2020年度政协工作各项先进

“请你来协商”活动

【县委书记与委员面对面协商会】 11月16日，召开“对接融入长三角一体化”为主题的“请你来协商·书记与委员面对面”协商会，县委书记潘银浩出席会议并讲话，县政协主席俞骏主持会议。县发改局汇报象山县对接融入长三角区域一体化发展情况。徐辉、钱豪、谷志杰、周虹、宋厘国、陆振一等委员就临港产业发展、旅游对接融入、科技飞地建设、人才队伍建设、教育对接融入、医疗对接融入等方面作交流发言。

【县长与委员面对面协商会】 10月29日，举行“加强县土地储备出让统筹管理”为主题的“请你来协商·县长与委员面对面”协商会，县委副书记、县长包朝阳应邀出席会议并讲话，县政协主席俞骏主持会议，县委常委、常务副县长陈兴立应邀出席会议。县自然资源和规划局汇报土地储备出让统筹管理工作情况。赖文浩、王惠、陈道欢、王亚玲、张西平、顾学锋、田领土、陈忠祥等委员，围绕村级留地改革、城中村改造、闲置土地盘活、建立利益分享机制等方面作交流发言。

【请你来协商·第五十一次协商恳谈会】 3月31日召开，专题就疫情后县旅游产业加快复苏振兴开展协商恳谈。县政协副主席周平飞主持会议，县政协办公室组织协商。胡金文、郑赛敏、叶红、洪佩平、林永奎、吴敏、蒋良欢等委员，县旅游发展中心、县旅游集团、宁波影视文化产业区管委会、县大目湾开发建设管理中心等单位负责人参加会议，就加强宣传营销、做精旅游产品策划、针对性制定涉旅企业帮扶政策、组织全县涉旅从业人员培训等方面达成协商意见。

【请你来协商·第五十二次协商恳谈会】 4月24日召开，专题就高层住宅小区消防设施维修改造开展协商恳谈。县政协主席俞骏主持会议，副主席周平飞参加会议。县政协办公室、经建委组织协商。赖伟杰、郑赛敏、陆振明、赖文浩、杨志国、张西平、俞海江、王惠、汪海月、郑玲玲、柯沪琦、范旭东、胡可、蒋良欢、陈孝林、陆海滨、王爱敏、盛东坡等委员，县政府办、县委宣传部、县应急管理局、县财政局、县消防救援大队、县水务集团、丹东街道、丹西街道、石浦镇等单位负责人以及部分物业公司、小区业委会代表参加会议，就完善维修改造方案、明确工作职责、部门联动执法、加快消防设施维修改造、构建高层住宅小区消防安全管理长效机制等方面达成协商意见。

【请你来协商·第五十三次协商恳谈会】 5月28日，举行“外来人口服务管理”为主题的“请你来协商·局长与委员面对面”协商会，县政协副主席莫俶茜主持会议。陈明吉、黄刚、史丹丹、陈峰、俞晓圆、陈道欢、王益敏、黄恩荣、郑玲玲、叶维琴等委员，县公安局、县人社局、县卫健局、县教育局、县总工会、县住建局、县大数据发展中心、丹东街道、丹西街道、爵溪街道等单位负责人参加会议，就加强信息采集共享、加快健全体制机制、优化公共服务供给、推进社会融合共治等方面达成协商意见。

【请你来协商·第五十四次协商恳谈会】 6月5日召开，通报县开展“作风建设年”活动推动干部队伍建设的有关情况。县政协主席俞骏主持会议，副主席欧亚群、周平飞、叶富兴、励茂平、莫俶茜、杨盛昂，秘书长翁英豪，部分政协委员参加会议。县委常委、组织部部长范焕平应邀参加会议。

【请你来协商·第五十五次协商恳谈会】 6月8日召开，专题就园林垃圾处理工作开展协商恳谈。县政协副主席欧亚群主持会议。县政协提案委组织协商。周礼胜、李淑著、周威、汪海月、田领土、郑玲玲等委员，县政府办、县住建局、县综合行政执法局、县自然资源和规划局、市生态环境局象山分局、县园林处、县物业办等单位负责人参加会议，就探索县中心城区园林垃圾处置模式、优化园林垃圾处理管理机制、研究落实园林垃圾临时性集中堆放和处置场地、保障措施等方面达成协商意见。

【请你来协商·第五十六次协商恳谈会】 7月8日召开，专题就小区快递(邮件)服务用房规划建设开展协商恳谈。县政协副主席周平飞主持会议。县政协办公室组织协商。胡金文、郑赛敏、汪海月、吴攀、盛红娣、郑玲玲、陈孝林、陆海滨等委员，县自然资源和规划局、县交通运输局、县住建局、县邮政局等单位负责人参加会议，就建立协调会商机制，优化完善快递末端网点布局，制定快递投放、老旧小区信报箱改造计划，探索引进菜鸟驿站等第三方管理方式等方面达成协商意见。

【请你来协商·第五十七次协商恳谈会】 7月17日召开，专题就宁波至石浦客运班车增设象山影视城站点开展协商恳谈。县政协副主席周平飞主持会议。县政协经建委组织协商。赖伟杰、陆振明、洪佩平、吴兴定、吴敏、励茂坚等委员，县交通运输局、县自然资源和规划局、宁波影视文化产业区管委会等单位负责人参加会议，就完善影视综合交通规划方案、加快宁波至石浦客运班车增设影视城站点可行性研究、优化现有公交运营班次等方面达成协商意见。

【请你来协商·第五十八次协商恳谈会】 7月24日召开，专题就加强社区业委会队伍建设开展协商恳谈。县政协副主席莫俶茜主持会议。县政协社法委组织协商。陈明吉、黄刚、沈颖洪、史静波、郑颖、郑燕女、陶英娣、汪海月、郑玲玲等委员，县政府办、县住建局、县民政局、丹东街道、丹西街道、石浦镇等单位负责人参加会议，就加强统筹规划、优化选人体系、完善体制机制、加大宣传力度等方面达成协商意见。

【请你来协商·第五十九次协商恳谈会】 8月19日召开，专题就加强海岛学校教师队伍建设开展协商恳谈。县政协副主席励茂平主持会议。县政协教科文卫学习委组织协商。谢彩娟、韦金红、倪永捍、宋厘国、徐亚青、陈荣、陈海丹、王银亚等委员，县教育局、鹤浦镇、高塘岛乡等单位负责人参加会议，就完善海岛教师补充机制、提升海岛教师业务水平、建立健全教师培训常态化机制、创新实施海岛教师“艰苦津贴”制度等方面达成协商意见。

【请你来协商·第六十次协商恳谈会】 8月26日召开，政协丹东街道联委会举行“请你来协商·协商恳谈会”向基层延伸专题协商活动，专题就丹东街道大碶头街到后洋村路段马路市场整治进行协商恳谈。县政协副主席周平飞参加会议。胡金文、周文、欧世意、赖文浩、田领土、蒋燕红、陆海滨、蔡波、叶维琴、陈孝林、孙嘉国、汪海月、史伟东、陈海丹、陈敏、陈孝敏、潘安平、贺贤敏等委员，县综合行政执法局、县住建局、县交通局、县商务局、丹城交警中队、丹东城管中队等单位负责人参加会议，就开展分类整治、提升改造道路、落实长效管理机制等方面达成协商意见。

【请你来协商·第六十一次协商恳谈会】 9月25日，举行“亚运时代体育旅游发展”为主题的“请你来协商·局长与委员面对面”协商会，县政协副主席励茂平主持会议。谢彩娟、韦金红、倪永捍、宋厘国、胡可、陈孝林、卢圣贵、周虹等委员，县文化和广电旅游体育局、县旅游发展中心、县住建局、县自然资源和规划局、县旅游集团等单位负责人参加会议，就探索创新运营模式、完善人才培养渠道、加强客源市场营销宣传、补齐体育设施短板等方面达成协商意见。

【请你来协商·第六十二次协商恳谈会】 9月30日召开，专题就“农创客”培育发展开展协商恳谈。县政协副主席莫俶茜主持会议。县政协社法委组织协商。陈明吉、黄刚、王潇、王雪、陈孝敏、励成、杨溢、郑明土等委员，县农业农村局、团县委、县供销联社、县科技局、县商务局等单位负责人参加会议，就加快集聚平台建设、加大政策扶持力度、加强人才引进培养等方面达成协商意见。

【请你来协商·第六十三次协商恳谈会】 10月30日召开，专题就居民住宅小区生活垃圾分类开展协商恳谈。县政协副主席欧亚群主持会议，县政协提案委组织协商。周礼胜、李淑著、周威、汪海月、汪剑军、陈孝林、陆海滨等委员，县综合行政执法局、县垃圾分类办、县住建局、县大目湾开发建设管理中心、县直机关工委、丹东街道、丹西街道、爵溪街道、石浦镇等单位负责人参加会议，就提高思想认识、稳步提高源头分类质量、主体责任落实、完善激励约束机制等方面达成协商意见。

专项民主监督

【“生活垃圾分类处理”专项集体民主监督】 根据省、市政协的统一部署，5月以来，县政协组织开展城乡生活垃圾分类处理专项集体民主监督活动。年内垃圾分类民主监督把生活垃圾源头分类质量和再生资源回收利用等情况作为监督重点，主席、副主席带队农村、小区和有关企业、单位走访调研，各专委会、界别组、联委会组织委员开展垃圾分类“七个一”民主监督活动。各民主监督组共提出意见建议30余条，向县委、县政府报送《专项民主监督专刊》2期，民主监督所提出的做好园林垃圾处置、推行撤桶并点、定时定点、桶边督导、破袋投放等建议，得到相关部门采纳落实，推动垃圾分类工作的开展。

【推进“最多跑一地”改革专项集体民主监督】 根据省政协开展“最多跑一地”改革省、市、县政协三级联动专项集体民主监督要求，自4月以来，县政协组织开展“最多跑一地”专项集体民主监督活动，牵头组织妇联界别组等委员通过座谈交流、听取汇报、查阅资料、走访群众等形式，多次前往县委政法委、县信访局、县矛调中心、镇乡（街道）矛调中心开展“最多跑一地”改革专项民主监督调研，提出优化场地布局、整合信息资源、部门协同等意见建议，形成推进“最多跑一地”改革专项民主监督建议书。

【高水平建成小康社会补短板专项民主监督】 根据宁波市政协《关于围绕高水平建成小康社会补短板开展两级政协联动专项集体民主监督的实施方案》要求，县政协于5月底组建专项民主监督组，重点聚焦科技创新服务、交通基础设施建设、安全生产和低收入农户增收四个领域中的问题和短板，组织监督组成员，对照四个领域监督内容，分别听取有关部门情况通报，赴涂茨镇进行实地调研视察，与部门、乡镇开展协商交流座谈，形成“高水平建成小康社会补短板”民主监督建议书。

【生态空间管控专项民主监督】 根据浙江省政协《关于“长三角区域污染防治协作机制落实情况”联动民主监督的方案》和宁波市政协《关于开展生态环境空间管控民主监督的实施方案》要求，县政协于5月底组建专项民主监督组，重点围绕“三线一单”推进情况、规划引领情况、自然保护地和饮用水水源地生态环境保护情况以及生态修复工作，组织召开县发改局、县自然资源和规划局、市生态环境局象山分局等职能部门和部分镇乡（街道）参与的民主监督动员会，多次组织规划、水利等方面专长的委员参与监督调研，提出了推进“多规合一”的空间规划体系建设、做好存量挖潜与盘活利用文章、聚焦饮用水水源地环保工作整治、形成生态修复工作和资金保障合力等建议。

【“雪亮工程”专项视察】 5月22日，县政协社法委组织委员开展“雪亮工程”专项视察，县政协副主席莫俶茜参加活动。委员们实地视察了“智安小区”丹桂花园小区，听取县公安局关于县“雪亮工程”情况介绍，提出要实现信息共享、健全监管流程、加强人才培训等意见。

“象山政协·崇学讲堂”

【第十三期崇学讲堂】 6月5日举行，县政协主席俞骏，副主席欧亚群、周平飞、叶富兴、励茂平、莫俶茜、杨盛昂，秘书长翁英豪参加。听取市政协主席徐宇宁《人民政协是什么 干什么 怎么干》专题讲座，徐宇宁在讲课中回顾了人民政协的发展历史，用“专门协商机构”回答了人民政协是什么之问；回溯人民政协主要职能的演变过程，用“提高政治协商、民主监督、参政议政水平，更好凝聚共识”阐释了人民政协干什么之问。县政协常委会组成人员，部分在象山省市县政协委员，政协机关干部，镇乡（街道）联委会联络员等参加讲座。

【第十四期崇学讲堂】 8月26日举行，县政协副主席欧亚群参加。邀请宁波方太集团董事长茅忠群作“企业文化建设”专题讲座。茅忠群围绕企业文化理念和文化体系建设、为疫情时期企业发展方向和思路等方面，浅出阐释了战略决策、产品创新、企业文化对于企业发展建设的重要性。部分县政协委员、政协机关干部等参加讲座。

【第十五期崇学讲堂】 10月20日举行，县政协主席俞骏，副主席欧亚群、周平飞、励茂平、莫俶茜、杨盛昂，秘书长翁英豪参加。收看全国政协重大专项工作委员宣讲团浙江宣讲报告会。全国政协常委、宣讲团成员、中国医学科学院北京协和医学院院校长王辰以《弘扬抗疫精神，发展医学卫生健康事业》为题，宣讲习近平总书记关于统筹推进疫情防控和经济社会发展工作的重要论述以及在全国抗击新冠肺炎疫情表彰大会上的重要讲话精神。十届县政协常委，在象山省政协委员及县政协机关干部等参加讲座。

提案工作 专项工作

【提案工作】 县政协十届四次会议以来，共收到以提案形式提出的意见建议158件。经审查，立案150件，立案率94.9%。“关于在疫情时期做好企业降本减负的建议”“关于加快数字政府建设提高服务效能的建议”等8件重点提案，由县委、县政府领导领衔办理，县政协主席、副主席分工督办，并组织主席会议专项议政，推动有关问题逐步解决。35件重要提案由承办部门与各界别组、联委会集中协商，取得良好成效。筛选5件民生类提案，由县政协领导牵头组织召开协商恳谈会，园林垃圾处理等一批群众关注的民生问题得到解决。组织评议组对县商务局、市生态环境局象山分局近四年提案办理落实情况开展民主评议，加强跟踪回访和“回头看”工作，提高提案落实成效。一年内，所提问题解决或基本解决的42件，占28%；部分解决或列入计划解决的99件，占66%；因条件能力所限尚不能解决的9件，占6%。

【推进疫情防控和经济社会发展】 县政协高度重视、迅速响应，把助力统筹推进疫情防控和经济社会发展作为首要政治任务，及时发出倡议，立即动员部署，团结带领政协各参加单位、广大政协委员同向给力、双向发力，开展“一线走亲连心，助力防疫复工”、旅游业复苏振兴协商恳谈、开学复课准备工作专项视察等履职活动。全体机关干部下沉社区、高速卡口参与一线防控，赴乡镇、经济开发区服务指导复工复产工作。广大政协委员坚守初心使命，投身抗“疫”一线，克服困难复工复产，捐款捐物志愿服务，凝心聚力，共克时艰，展现新时代政协委员“为国履职、为民尽责”的使命担当和良好风采。30余名委员累计捐款捐物300万余元，形成委员参与疫情防控先进事迹专题报道25篇。

【委员工作室】 立足“让政协走近群

众、让群众走进政协”，发挥政协人才荟萃、智力密集优势，“半岛·农技”“阳明心坊”2个市政协委员工作室，张西平、张明珠、戴天刚、汪海月、陈春静、盛红娣、徐亚青等7个以委员个人名义命名的县政协委员工作室和18个镇乡（街道）联委会委员工作室发挥自身专业特长优势，组织开展传统文化教育、法律咨询、心理健康辅导、文化惠民、助残帮困等服务活动136次，发挥“政策法规宣传员、社情民意收集员、联系群众服务员、团结联谊联络员”作用。

【应用型智库】 立足智库优势，经济、农业农村、城乡建设规划、文化旅游教育卫生、社会与法律5个专业组、23名专家委员，发挥委员主体作用，紧贴中心工作，履行职能。智库委员全年参加汽模配产业高质量发展、中心城区能级提升、加快“十四五”时期象山白鹅产业发展等课题调研活动49人次，为履行政治协商、民主监督、参政议政职能提出专业见解、提供智力支持、发挥智囊作用。

【政协委员“走基层、办实事”服务活动】 7月，启动政协委员“走基层、办实事”服务活动。累计开展送健康、送文化、送安全法规等活动25次，服务群众2000余人次，发放各类宣传资料1500余份。工商联界别组参与山海协作的扶贫工作，出资援建遂昌三仁畲族乡坑口村村口景观项目。科协界别组联合农业界别组赴定塘镇、泗洲头镇开展种植技术帮扶服务活动，帮助农民解决实际困难和问题。县政协妇联界别组开展少数民族妇女创业帮扶活动，解决少数民族同胞户口迁移、子女教育、求医看病等难题。同时，其他界别组、镇乡（街道）联委会相继开展法律咨询服务、乡村治理法治宣传、农技专题讲座、采风创作交流等活动。

【文史工作】 编撰《半岛古韵》。召开征集文稿、收集史料座谈会和编审会议，走访查阅县志办、县档案馆和文管会有关档案资料，开展象山古道、古桥、古亭、古渡研究和资料整理、筛选、汇编工作，梳理荟萃象山境内大小古道、古桥、古亭和古渡，丰富了象山文化内涵。开展专委会视察。组织委员赴定塘镇开展横湾古沉船遗址视察。视察组实地察看了横湾古沉船遗址，听取县文广旅游体育局、县文管会办公室、定塘镇有关情况介绍。委员们提出尽快组建专门班子，研究细化古船发掘和后续保护工作，丰富象山海洋文化内涵等建议。

界别、联委会工作

【界别工作会议】 7月24日召开，县政协副主席周平飞主持会议并讲话。17个界别组着重就年初以来的重点工作、特色工作和下步工作打算作交流发言。总结界别工作成效，明确界别工作重点，注重发挥界别特色作用。

【界别活动】 界别组立足自身优势，创新活动形式，发挥界别特色作用。围绕大目湾新城消防救援能力建设、重视家庭教育、推进社会基层治理等主题开展专题调研和视察活动100余次，开展社会服务活动30余次，反映社情民意信息65篇。

【联委会活动】 联委会聚焦当地经济社会发展，以联片活动为重点，组织开展企业复工复产、海钓旅游、安全生产、爱心助学等主题活动90余次，围绕垃圾分类等主题开展联委会联片活动4次，撰写提案85件，反映社情民意信息112篇。

联谊团体

【县政协之友联谊会】 围绕团结、民主两大主题和“老有所学、老有所为、老有所乐”宗旨，组织开展活动，为县经济社会发展献计出力。开展每月10日的学习畅谈活动10次，学习习近平总书记系列重要讲话精神以及国内外重大形势等，累计参加130余人次。开展各类考察调研活动4次，建言献策和反映社情民意信息。累计编发《联谊通讯》6期，会员撰稿30篇。

【象山县政协书画院】 组织各类文艺活动，发挥传承和繁荣书画艺术作用。组织书画院部分成员赴绍兴柯桥区政协书画院开展书画走亲活动，与当地书画家现场泼墨交流书艺，增进彼此友谊。组织选送14件作品分别参展全市政协系统书画作品巡回展海曙站和江北站，其中2件作品作为礼品分别赠送海曙区政协和江北区政协。

【缨溪诗社】 按照“促联谊、育人才、出作品、扩影响、树形象”的要求，开展诗词创作交流活动。发动社员撰写抗疫诗（联）130多首（副），助力战疫；在沙塘静湾民宿设立“中国诗瞭望”诗人驿站，成立缨溪诗社墙头分社，举办端午诗会、重阳雅集；编辑出版《缨溪风》社刊和《中国诗瞭望2020》。

期刊　宣传

【《参政议政》期刊】 2020年，共编发7期，《关于做好山地农田改造的建议》《关于推进县民宿经济健康发展的建议》《开辟“象东港”刍议》得到县委、县政府领导批示，其中县委书记批示2期、县长批示2期。

【《社情民意》期刊】 2020年，共编发15期，《汽车城4S店企业融资难问题亟待解决》等10期得到县委、县政府领导批示。

【《民主监督专刊》】 2020年共编发6期，《关于生活垃圾“定时定点”分类投放试点工作的建议》《推进“最多跑一地”改革专项民主监督建议书》得到县委、县政府领导批示，其中县长批示1期。

【《协商恳谈会纪要》】 2020年共编印纪要13期。

【《象山政协》】 2020年共刊发4期，

每期发行300余册，得到委员和读者的好评。

【《委员视角》《政协视线》】 2020年共刊发《委员视角》10期，播放《政协视线》9期，反映的不少问题及建议得到政府相关部门重视。

【对外宣传】 2020年编发微信公众号信息345篇，《当日象山》报道95篇，在人民政协网、省政协联谊报、“同心苑”微信公众号报道35篇，政协工作影响力提升。

纪检监察

综述

中国共产党象山县第十四届纪律检查委员于2016年12月28日由中国共产党象山县第十四次代表大会第三次全体会议选举产生，共有纪委委员22人，其中常委7人（书记1人、副书记2人）。象山县监察委员会于2017年2月组建成立，与县纪委合署办公，设有监委主任1人，副主任2人，委员4人。县纪委县监委机关共有编制52名（行政编制46名，事业编制6名），现有干部人数42人，共设置11个内设职能室。下设11个派驻机构（综合派驻7个，单独派驻4个），现有干部人数44名。18个镇乡（街道）配有纪（工）委书记、专职副书记（监察办主任、副主任）共36名，6个镇乡（街道）配备专职纪检干事，镇乡（街道）除纪委书记、副书记外另有纪委委员35名。2020年，县纪委县监委在县委和上级纪委监委的坚强领导下，坚持稳中求进工作总基调，履行党章和宪法赋予的职责，向主业聚焦、为大局聚力，一体推进不敢腐、不能腐、不想腐，各项工作呈现高质量发展的良好态势。

重要会议和活动

【概况】 2020年，县纪委县监委贯彻习近平新时代中国特色社会主义思想和中共十九大，十九届二中、三中、四中、五中全会精神，在县委和上级纪委监委的正确领导下，围绕中心大局，立足主责主业，主动适应党风廉政建设和反腐败斗争工作新形势、新要求，推动纪检监察工作高效稳步发展。

【县纪委县监委机关主题教育总结大会召开】 1月14日，县纪委县监委机关召开“不忘初心、牢记使命”主题教育总结大会。县委常委、县纪委书记、县监委主任陈善方出席会议并讲话，县委“不忘初心、牢记使命”主题教育第五巡回指导组组长赖海平到会指导。陈善方指出，按照中央和省、市、县委的统一部署，县纪委县监委机关紧扣“守初心、担使命，找差距、抓落实”总要求，坚持以上率下，把“学习教育、调查研究、检视问题、整改落实”贯通起来、贯穿始终，把开展主题教育与做好纪检监察工作结合、有机融合，推动了主题教育往深里走、往心里走、往实里走，取得了明显成效，达到了预期目的。陈善方强调，不忘初心、牢记使命是加强党的建设的永恒主题，是全体党员干部的终身课题，必须常抓不懈。一要理论武装不懈怠，推动学习伟大思想走深、走心、走实。二要推进自我完善不停顿，确保问题整改落实、有序。三要严格履职尽责不动摇，力除从严治党痛点、难点、堵点。四要锻造过硬铁军不手软，激发纪检监察队伍潜力、能力、活力。赖海平强调，要坚持扎根铸魂不停步，持之以恒用党的创新理论滋养初心；要坚持自我革命不懈怠，一以贯之推动从严治党向纵深发展；要坚持对表对标不松劲，全力以赴走在高质量发展前列；要坚持为民服务不避难，锲而不舍提升群众获得感满意度；要坚持常态长效不动摇，坚定不移巩固扩大主题教育成果。县纪委县监委机关广大党员干部要以此次大会为新的起点，把主题教育中激发出来的热情转化为干事创业的强大动力，为象山经济社会高质量发展做出新的更大贡献。

【全县疫情防控督导部署会议召开】 1月25日，县纪委县监委召开全县疫情防控督导部署会议，县纪委副书记、县监委副主任娄海东主持会议。根据会议安排，县纪委县监委抽调30名干部组建4个疫情防控督导组，自1月26日起每日不间断分赴全县18个镇乡（街道）各村（社）、车站、码头、商超、农贸市场、景区、宗教场所及高速公路出入口等重点场所开展疫情防控监督检查，督促各镇乡（街道）和部门落实疫情防控各项工作要求，坚决维护人民群众生命健康安全。

【市纪委副书记、市监委副主任杨晔在象山督导检查肺炎疫情防控工作】 1月31日，市纪委副书记、市监委副主任杨晔在象督导检查新型冠状病毒感染的肺炎疫情防控工作。县委常委、县纪委书记、县监委主任陈善方等陪同。杨晔一行实地走访了甬台温高速复线象山出口、塔山社区居委会、涂茨镇黄沙村和宁波日星铸业有限公司等防控卡点，查看了交通卡点的车辆排查、体温检测等情况，询问了社区防疫宣传、疫情排查和村主要道口设卡、居家隔离观察点管控情况，并听取了企业停工停业情况。杨晔要求，县纪委县监委要立足纪检监察职能，改进方式方法，加大暗访督查，提高监督度，做到到位不越位，帮忙不添乱，推动职能部门及工作人员尽责履职，为打赢疫情防控阻击战提供坚强的纪律和作风保障。

【中国共产党象山县第十四届纪律检查委员会第六次全体会议召开】 2020年3月27日,中国共产党象山县第十四届纪律检查委员会第六次全体会议在县委党校一楼报告厅举行,象山宾馆设分会场。全会任务是学习贯彻习近平新时代中国特色社会主义思想,贯彻落实中共十九大和十九届二中、三中、四中全会精神,按照十九届中央纪委四次全会、省纪委十四届五次全会和市纪委十三届五次全会部署,回顾总结2019年纪检监察工作,部署2020年任务。会议由县委副书记、代县长包朝阳主持。县委书记叶剑鸣出席会议并讲话。叶剑鸣指出,过去一年,全县各级党组织和纪检监察组织使命担当,主动作为,从严治党取得新进展新成效,但从严治党只有进行时,没有完成时。各地各部门要把思想和行动统一到中央和省市委的决策部署上来,始终保持"赶考"的清醒坚定,持之以恒清廉象山建设,为高水平推进县域治理现代化提供坚强政治保证。叶剑鸣强调,要突出政治建设,全力推动"两个维护"走深走实,把学深悟透习近平新时代中国特色社会主义思想、推动上级决策部署落地落实、压紧压实从严治党责任贯彻始终。要整治"四风",转作风强担当抓落实,开展"三问三治"专项行动,紧盯"四风"问题在县的三种具体表现,集中整治干部队伍中存在的"形式主义、官僚主义""不担当、不作为""毛估估、差不多"问题。要注重标本兼治,一体推进不敢腐、不能腐、不想腐,抓住"不敢腐"这个前提,震慑效应,抓住"不能腐"这个关键,扎紧制度笼子,抓住"不想腐"这个根本,筑牢思想堤坝。要坚持问题导向,突出巡察的政治属性,抓牢关键少数,狠抓整改落实,联动协同,提升巡察工作质量和水平。随后,县委常委、纪委书记、监委主任陈善方作工作报告。报告总结了2019年纪检监察工作,肯定了过去一年全县党风廉政建设和反腐败斗争所取得的各项成绩。报告确定了2020年要着重抓好七项工作:一是以政治建设为统领,增强践行"两个维护"的自觉性。二是以化风成俗为目标,坚定不移纠"四风"、树新风。三是以贯通融合为方向,提升政治巡察全覆盖的质效。四是以标本兼治为方针,巩固发展反腐败斗争压倒性胜利。五是以执纪为民为根本,增强群众获得感安全感幸福感。六是以改革为驱动,构建管用的权力监督体系。七是以过硬为标准,锻造忠诚干净担当的纪检监察铁军。

中共象山县第十四届纪律检查委员会第六次全体会议

【县纪委县监委与驻象山垂管单位监督执纪执法协作座谈会】 4月8日,县纪委县监委与县税务局、工商银行象山支行、中国人寿象山支公司等24家驻象(垂直管理)单位召开座谈会,正式建立监督执纪执法协作机制。双方根据《中国共产党纪律检查机关监督执纪工作规则》《监察机关监督执法工作规定》等有关规定制定的《象山县纪委县监委与驻象(垂直管理)单位监督执纪执法协作机制》,明确了监督检查、问题线索与信访举报移送、审查调查、教育培训、日常沟通等五方面十二条协作内容,推动建立权威高效、衔接顺畅的协作监督模式。

【县纪委县监委学习习近平总书记在浙江、宁波考察时的重要讲话精神会议】 4月11日,县纪委常委会召开扩大会议,传达学习习近平总书记在浙江、宁波考察时的重要讲话精神以及省市县委和省市纪委常委会会议精神,研究部署贯彻落实具体措施。县委常委、县纪委书记、县监委主任陈善方主持会议并讲话。陈善方指出,在统筹推进疫情防控和经济社会发展的关键时期,习近平总书记亲临浙江、宁波考察指导,意义十分重大。全县纪检监察组织要把学习贯彻习近平总书记重要讲话精神作为当前和今后一个时期的首要政治任务,贯彻落实党中央和省市县委各项决策部署,履行纪检监察职责,为"努力成为新时代全面展示中国特色社会主义制度优越性的重要窗口"提供坚强纪律保障。陈善方强调,一要深刻领会、准确把握"成为新时代展示中国特色社会主义制度优越性的重要窗口"的新目标新定位;二要深刻领会、准确把握"疫情防控要慎终如始"的要求;三要深刻领会、准确把握"复工复产要化危为机"的要求;四要深刻领会、准确把握"改革开放要不断深化"的要求,五要深刻领会、准确把握"治理体系和治理能力要补齐短板"的要求;六要深刻领会、准确把握"发展不平衡不充分问题要率先突破"的要求;七要深刻领会、准确把握"生态文明建设要先行示范"的要求;八要深刻领会、准确把握"从严治党要走向纵深"的要求。

【省委第九巡视组巡视象山县工作动员会议】 4月15日，省委第九巡视组巡视象山县工作动员会议召开，省委第九巡视组组长施利民作动员讲话，省监委委员郭卫东就配合做好巡视工作提出要求，县委书记叶剑鸣主持会议并作表态发言。省委第九巡视组副组长及巡视组其他成员，省委巡视办有关同志，宁波市委常委、宣传部部长李军，象山县四套班子成员，县人民法院院长、县人民检察院检察长出席会议。其他在职副县级以上领导干部，近五年退休的原四套班子领导，纪委监委和组织部领导班子成员，党委和人大常委会、政府、政协办公室主任，巡察组组长，各部门主要负责人，所辖乡镇（街道）党政主要负责人，直属国有企业主要负责人列席会议。施利民指出，巡视是从严治党重大举措、党内监督战略性制度安排。中共十九大、十九届四中全会把政治巡视作为健全党和国家监督体系的重要举措，对政治巡视、政治监督作出详细部署，为理解和准确把握新时代巡视工作的内在要求指明了方向、提供了遵循。省委要求细致谋划、统筹安排、稳步推进本轮巡视工作。被巡视党组织领导班子和党员领导干部要不忘初心、牢记使命，深刻领会中央、省委关于从严治党的战略部署，以接受这次巡视为契机，以管党治党的实际成效为高水平谱写新时代中国特色社会主义的浙江篇章提供坚强政治保障，向省委和全省广大人民群众交上一份合格答卷。施利民强调，省委巡视组将以习近平新时代中国特色社会主义思想为指导，聚焦“六围绕一加强”和“五个”“四个落实”的要求开展政治巡视，突出问题导向，紧盯“关键少数”，查找政治偏差，紧扣被巡视党组织的政治责任，检查贯彻落实党的路线方针政策和重大决策部署情况、落实从严治党战略部署情况、落实新时代党的组织路线情况，以及落实整改情况，推进党的建设新的伟大工程在浙江的生动实践。郭卫东强调，巡视是重要的党内自上而下监督方式，旨在对党的组织和党员领导干部履职用权、对全体党员履行义务情况进行检查督促，目的是发现问题、推动解决

省第九巡视组巡视象山工作动员会议（徐丽丽　摄）

问题。本轮对县（市、区）开展巡视中，省委巡视组要坚决扛起“两个维护”政治责任，牢牢把握政治巡视监督定位，牢固树立斗争意识、发扬斗争精神，注重运用科学的思想方法和工作方法来发现问题，发挥巡视的政治监督和政治导向作用。象山县要自觉把思想和行动统一到省委的决策部署上来，严格落实管党治党政治责任，既要主动、真心地接受“政治体检”，又要以本次巡视为契机，增强党性、改进工作，真正把政治巡视要求不折不扣落到实处。各级党员领导干部要增强责任感、使命感，提高自觉接受监督的政治意识，信任、坚决支持、配合、监督省委巡视组工作，共同推动本次巡视任务圆满完成。对隐瞒不报或者故意向巡视组提供虚假情况、干扰和阻挠巡视工作等违纪违规行为，将依纪依规严肃追责问责。叶剑鸣表态，省委巡视是对县各项事业发展、各级党员干部干事的一次“检阅”和“综合会诊”，各地各部门要提高站位，迅速把思想和行动统一到省委对巡视工作的部署要求上来，站在讲政治、顾大局、守规矩的高度，增强接受巡视监督、支持巡视工作的自觉性和主动性，履行好应尽的责任和义务。要端正态度，自觉接受巡视各项检查，坚持从县委常委做起，从县四套班子领导做起，带头接受监督检查，实事求是反映问题，严格执行工作纪律。要坚决服从，全力支持做好巡视工作，密切配合、协同联动，落实落细各个环节，自觉服从巡视安排，确保畅通信访渠道，贴心做好后勤保障，为巡视工作创造良好的工作条件和工作环境。要照单全收，抓好巡视反馈问题整改，主动认领、剑指问题，不推卸责任、不敷衍了事、不找理由借口，即知即改、边巡边改，做到事事有回音、件件有落实，同时坚持“两手抓、两促进”，把接受巡视监督检查和全县各项中心工作统筹推进，奋力实现全年经济社会发展目标任务。

【全县纪检监察系统扶贫协作专项监督和清廉村居建设“两项工作”推进会召开】 6月12日，县纪委县监委召开全县纪检监察系统扶贫协作专项监督和清廉村居建设“两项工作”推进会，县委常委、县纪委书记、县监委主任陈善方出席会议并讲话。丹东街道、墙头镇、贤庠镇、东陈乡、涂茨镇、定塘镇等围绕“两项工作”作交流发言。陈善方肯定了前阶段各单位“两项工作”取得的成绩，同时对下阶段工作推进提出具体要求，一要提升“三种意识”，用更加全面的视角看待“两项工作”。二要升级“三项措施”，用更加精准的方式推进“两项工作”。三要优化“三个环节”，用更加健全的制度保障“两项工作”。

【派驻（出）机构半年度会议召开】 8月5日，县纪委县监委召开派驻（出）机构半年度会议。县委常委、县纪委书记、县监委主任陈善方出席会议并讲话。陈善方书记指出，上半年，全县各派驻（出）机构克服疫情影响，在疫情防控督导检查挤占了大量的时间和精力的情况下，仍有序开展派驻工作，取得明显成效。一是疫情防控督导高效；二是配合省委巡视稳扎稳打；三是相关业务工作开展有声有色。陈善方要求，派驻（出）机构要突出重点，强化履职意识。一是政治监督要坚持原则、敢于碰硬；二是日常监督要抓早抓小、形成常态；三是执纪监督要精准有效、恰到好处；四是协同监督要提高效力、形成合力。同时应改进作风，树好形象。一是坚持以政治建设立组；二是坚持以本领过硬强组；三是坚持以严管厚爱建组。

【全县新任县管领导干部警示教育培训】 8月12日，县纪委县监委举办全县新任县管领导干部警示教育培训班，县纪委副书记、县监委副主任娄海东出席会议并作集体廉政谈话。娄海东讲解了中共十九大以来党风廉政建设和反腐败工作的新特点、新成效、新要求，提出了违规借贷、违规房产交易、违规收受礼品礼金等十方面需要重点注意的问题。娄海东要求，全体新任县管领导干部要做到讲政治、守纪律、有担当，在争当“重要窗口”模范生中争先创优。培训结合县查办的违纪违法典型案例，对《中国共产党纪律处分条例》和职务犯罪相关法律规定等进行了解读，并组织党章党纪党规“应知应会”测试。

【全县纪检监察系统专题教育推进会召开】 8月13日，县纪委县监委召开全县纪检监察系统专题教育推进会。县委常委、县纪委书记、县监委主任陈善方出席会议并讲话。陈善方强调，全体纪检监察干部要统一思想、提高站位，高度重视这次专题教育活动；要正视问题、锻钢铸魂，做到绝对忠诚、严肃党内政治生活、落实落细内部监督、慎终如始锤炼作风，推动教育活动走深走实；要振奋精神、争先创优，开展“两项工作”，落实巡视问题反馈整改，推进涉纪信访整治，以推动纪检监察工作的新成效检验铁军成色。

【全市纪检监察干部案件审理专题培训班召开】 9月23日，全市纪检监察干部案件审理专题培训班在象山召开，150名干部参与为期3天的课程学习。培训采用集中授课和分组交流结合的模式，安排审理流程、审理文书制作规范、党纪政务处分决定执行、职务犯罪案件办理需重点把握的问题等内容，参训人员分成7组，每组安排15名左右干部围绕案件质量提高、审理证据标准、审理环节衔接重点难点问题等开展交流、研讨，提出意见建议，培训结束后安排纪检监察干部应知应会知识测试。

【全县优化营商环境工作推进会暨警示教育大会召开】 10月16日，全县优化营商环境工作推进会暨警示教育大会召开。会议由县委副书记、县长包朝阳主持。县委书记潘银浩出席会议并讲话。潘银浩指出，环境就是生产力，服务就是竞争力，要拉高标杆、直面问题、动真碰硬，转变作风、优化服务，加快打造全省营商环境强县，为“聚力一二五、奋力上台阶”奠定坚实基础。潘银浩强调，要全员发动，汇聚优化营商环境的强大合力。结合违纪违法典型案例和廉洁从政的心得体会，潘银浩强调，要时时刻刻忠诚，坚定理想信念、把牢政治方向、始终表里如一。要清清白白为官，守底线、慎用权、讲原则，做到工作有声有色、生活有滋有味、交友有情有义。要老老实实干事，善作善成、为发展担当，尽职尽责、为人民尽心，严抓严管、为同志负责。要堂堂正正做人，怀德自重、修身正行、树好家风。包朝阳强调，要坚持目标导向抓落实，对标落实工作任务，推进优化营商环境各项改革措施，真正让企业减负、减压、赋能、增值。坚持问题导向抓落实，对照八方面突出问题，坚持项目化、清单化推进整改落实。要坚持责任导向抓落实，压实压紧工作责任，激励鞭策，加大宣传引导，真正将专项行动的成果转化为改进干部作风、净化政治生态、助推经济社会高质量发展的实际成效。会议观看了《象山县党员干部违纪违法案例警示录》。

【“清廉宁波你我同行”系列活动第一站——走进村居活动举行】 10月28日，“清廉宁波你我同行”系列活动第一站——走进村居，在县旭拱岙村举行。市委常委、市纪委书记、市监委主任傅祖民出席会议并宣布活动启动，县

10月28日，市委常委、市纪委书记傅祖民走访旭拱岙村

委书记潘银浩致辞。市纪委副书记、市监委副主任杨晔，省纪委省监委宣传部副部长黄剑伟，宁波广电集团副总裁、党委副书记、总编辑李可，市纪委常委陈增青，县委副书记李晓东，县委常委、县纪委书记、县监委主任陈善方等参加活动。县纪委县监委、涂茨镇、旭拱岙村等在活动中交流清廉村居建设经验做法，活动现场公布了全市清廉村居微视频获奖单位并进行视频展播，同时发布了宁波市清廉文化云地图和“象廉相依”剪纸作品征集启事。

【省纪委党风廉政建设责任制落实情况第三抽查组在象山延伸检查】 12月9日，省纪委第七监督检查室副主任郑武洪带队省纪委党风廉政建设责任制落实情况第三抽查组赴象山延伸检查。检查组通过查阅资料和座谈模式，对象山落实党风廉政建设责任制情况和落实省委巡视反馈问题整改工作进行了解，并对相关工作提出了具体要求。

（徐丽丽）

党风廉政

【概况】 全县纪检监察组织履行党章和法律赋予的职责，落实从严治党各项要求。协助党委履行主体责任，层层传导压力；推进基层治理，夯实廉洁基础；培育廉政文化，凝聚廉政建设合力。

【压紧压实主体责任】 协助县委分级制定“四责协同”任务详单，严格落实“三书三查两报告”、任前廉政提醒交底等制度，运用评议报告、约谈提醒、检查抽查等多种举措，压紧压实管党治党责任。扩大清廉象山建设覆盖面，在29家单位开展清廉示范点建设，与27家驻象单位建立监督执纪执法协作机制，共建清廉的合力形成。

【巩固作风建设成果】 高标准推动落实中央八项规定及其实施细则精神，常态化开展正风肃纪，共查处违反中央八项规定精神问题33起45人，党纪政务处分28人，其中形式主义、官僚主义问题17起22人，党纪政务处分8人。开展党员干部参与赌博、违规借贷以及餐饮浪费、人防系统腐败问题等专项治理，规范廉洁从政行为。组织开展改进工作作风优化营商环境“六个一”活动，推出“象廉通”二维码、开通投诉专线、发放监督卡，严肃查处损害亲清政商关系问题8起8人。加大典型案例通报曝光力度，公开曝光党员干部作风问题10期34人，释放越往后越严的强烈信号。

【优化巡视巡察工作】 配合省委巡视和市委提级巡察，督促推动全县各级党组织和党员领导干部自觉接受巡视监督，为巡视组开展工作、了解情况提供支持。对转交的具体事项、问题线索和信访反映快查快办，共办结转交信访件73件，处理党员干部59人，推动完善相关制度66项。灵活运用市县联合巡察、“1+3”巡察等方式，完成3轮常规巡察、1轮行政村合并换届专项巡察和扶贫帮扶领域巡察“回头看”，共移送问题线索72条，党纪政务处分13人。建立健全巡察意见提级反馈、公开通报等机制，探索开展巡察整改量化评估，反馈问题整改完成率达92.5%。加强巡察工作规范化建设，建立实施巡察问题底稿、组办会商、部门协作等配套制度，配齐配强巡察工作力量，提升巡察全覆盖质量。

【夯实基层清廉基础】 实施“三清践廉”工程，试点推行村居“清廉指数”考评体系，以评促建培育清廉示范村16个。相关经验做法入选全国清廉乡村治理十佳案例，“清廉宁波·你我同行”首站活动在县举办。融合村民说事“说、议、办、评”流程，构建县镇村三级监督体系，以公开透明、监督保障“小微权力”规范运行。

【保障村（社）组织换届】 严明村（社）组织换届纪律，督促执行“十严禁”“十不准”要求，对9264名村（社）干部候选人进行资格审查，取消换届候选人（自荐人）资格37人，保障换届选举平稳有序。

【涉纪信访专项整治】 开展涉纪信访“减存遏增、提质增效”专项行动，加大领导包案化解力度，及时处置初次信访，稳步“清淤”重复信访，共办结重点信访件28件，签订息访承诺书15份，涉纪信访量同比下降45.9%。严格按照“三个区分开来”要求，开展澄清正名工作，旗帜鲜明为11名受到失实举报的党员干部澄清正名，体现组织关爱。

【共建清廉文化】 加强清廉文化培育，举办“象廉相依”品牌标识、剪纸作品征集大赛，建成张苍水兵营遗址、贺威圣烈士故居等清廉文化教育基地，全社会崇廉尚廉氛围愈加浓厚。

（徐丽丽）

监督执纪

【概况】 立足监督执纪问责和监督调查处置主责主业，综合运用检查抽查、受理信访举报、提出纪检监察建议等形式，提升监督工作的针对性和实效性。

【突出政治监督】 围绕习近平总书记重要指示批示精神和上级重大决策部署落实落细政治监督，做到党委重大决策部署到哪里，监督检查就跟进到哪里。自觉融入战“疫”大局，牵头成立督查指导组一线督导，督促整改问题248个，党纪政务处分10人，报送督导专报31期，推动疫情防控成果巩固和拓展。

【健全专项工作问责问效机制】 严肃查处中央环保督察、服务企业发展等工作中的不作为、慢作为、假作为问题，累计处理失责党员干部132人，涉及县管干部4人。实地督导东西部扶贫协作，创新开展扶贫帮扶领域专项“问制”工作，发现扶贫对象资格认定不严等问题26个，查处9人，督促完善相关制度7项。运用“四种形态”，全年共处理党员干部821人次，同比增长7%，占比分别为70.4%、21.2%、5.1%、3.3%。

【推进体制机制改革】 派驻机构一体化管理，优化片区协作机制，创新实施轮驻监督、点题监督等工作方法，“探头”作用得到更好发挥。全年派驻机构共处置问题线索79件，立案查处违纪违法行为38起38人。镇乡（街道）纪检监察机构规范化建设，优化业务考核办法和工作规程，延伸设立村级监察工作联络站，在全市率先实现镇乡（街道）自办案件破零。严把干部选拔任用和评先评优廉洁关，对112名拟提任领导干部人选进行廉政审核，向县级有关部门回复各类党风廉政意见19批507人次。

（徐丽丽）

审查调查

【概况】 主动健全反腐败工作机制，纪律监督、监察监督、派驻监督和巡察监督“四个全覆盖”，形成坚强的监督闭环，提高职务违法和职务犯罪查处能力，推进制度优势向治理效能转变，奋力夺取压倒性胜利。

【保持惩治腐败高压态势】 2020年全县各级纪检监察组织共立案224件，党纪政务处分231人，其中涉及县管干部11人、采取监察留置措施3人、移送司法机关5人。严肃查处了县住建局原党组书记、局长黄某严重违纪违法案件。加强与司法机关的密切合作、协同作战，圆满完成扫黑除恶“打伞破网”各项任务。

【规范案件办理流程】 严格落实办案安全工作责任制，梳理制定《监督执纪执法业务操作手册》，规范使用各类审查调查措施。研究推广简易案件审理模版，提升案件办理效率。开展年度“十佳案卷”评选，严把案件质量关。

【落实“一案五必须”】 建立实施“三会一补两访”工作机制，印发纪检监察建议书、整改通知书37份，推进以案促改“全覆盖”。制作党员干部违纪违法案例警示录，召开全县领导干部千人警示教育大会，常态化开展警示教育。在强力震慑和政策感召下，全年共有10名党员干部主动投案，29名党员干部主动上缴违纪违法所得400余万元。

（徐丽丽）

队伍建设

【概况】 坚定不移“打铁必需自身硬”理念，高度重视纪检监察干部队伍建设，完善机关“三基一化”工程，提升内部工作流转效率；坚持刀刃向内加强自我监督，磨炼党性纯度、锻炼能力厚度、锤炼作风硬度。

【加强能力提升】 高标准完成省纪委省监委警示教育月活动部署，开展“强素质、提能力、树形象”专题教育活动，对标“重要窗口”模范生打造纪检监察铁军。建立委班子成员“两联系三指导”工作制度，一线走访调研，推动各项任务举措实施、落实。实施能力素质提升“七个一”工程，先后开展项目化实训、“金点子”评选等活动，提高干部综合能力，12名纪检监察干部受到县委和上级纪委监委的嘉奖表彰。

【“三基一化”】 增设信息技术保障中心，完成纪检监察专网一期工程，提升纪检监察信息化水平。加强内控机制建设，制定纪检监察文书使用管理办法，健全纪检监察干部廉政档案，组织开展“连心廉访”，织密内部监督网，严防“灯下黑”。

【机关党建】 专题研究部署党建工作、“三服务”、慰问老党员等工作，累计300余人次参加“两进两捡”、孤寡老人慰问、残疾人帮扶、微心愿认领等志愿活动。落实低收入农户“一户一策一干部”制度，派出53名党员干部结对帮扶贤庠镇低收入农户76户。落实各项基层组织生活制度和意识形态工作责任制，完成104名党员的谈心谈话；组织党员干部赴鹤浦镇樊岙村、梁弄镇横坎头村等地参观学习，重温入党誓词、党员过“政治生日”等。开展“奋斗新时代，争当‘排头兵’”主题党课展播展示活动，全年组织“周二夜学”43次。机关各支部共收缴党费5.74万元，累计转接组织关系13人，其中转入12人，转出1人，发展中共预备党员1名。

（徐丽丽）

县委巡察

【概况】 2020年，县委巡察机构按照“三个聚焦”监督要求，做好巡察工作各项任务。全年开展3轮常规巡察、1轮并村换届专项巡察和扶贫帮扶领域巡察“回头看”，共对13个县级部门、5个镇乡街道和151个村级党组织进行巡察，发现各类问题1488个，移送问题线索72个，党纪政务立案13人，问责24人次，督促相关单位建立完善制度128项，发挥巡察震慑和治本作用。配合完成省委巡视和党委巡察专项检查工作，相关整改工作得到上级领导的肯定。

【政治监督】 坚持把“两个维护”作为巡察监督的根本任务，落细落实县域巡察“三个聚焦”要求，将疫情防控、复工复产、“六稳六保”、优化营商环境等中心工作纳入巡察监督重点。通过巡察，推动建材价格、城区违建等11个面上问题落实整改。围绕县委县政府中心工作，开展并村换届专项巡察和扶贫帮扶领域巡察“回头看”，对5个重点职能部门、4个相对欠发达乡镇及19个复杂村（党建薄弱村、信访矛盾复杂村、小微权力不合格村）开展巡察，发现各类问题211个，移送问题线索6个，督促相关部门对全县2714户低收入农户（低保户、低边户、特困户）信息进行核查，清退收入财产超标低保对象255户353人、低边对象296户679人。落实省委巡视反馈整改。配合做好省委巡视及反馈问题整改工作，牵头做好党委巡察专项检查整改工作，落实整改措施31项，建立健全制度7项，整改成效得到省委巡视办的肯定。参与市委提级巡察，组织骨干力量对宁海县前童镇进行了提级交叉巡察，配合做好新桥提级巡察，并指导全县各镇乡做好未巡先改工作，起到“巡察一地、教育一批”的作用。

【推进贯通融会】 开拓创新巡察监督机制，制定巡察机构与县纪委县监委机关、县委组织部、县信访局等部门的协作配合机制，实行互通信息、共享资源、联动监督，提升监督质效。在第十四轮常规巡察中，对县卫生健康局等7个单位实行“1+3”巡察模式（在常规巡察期间结合开展选人用人、意识形态、法治象山工作责任制落实情况专项检查），提升巡察发现问题的广度和深度，推进相关工作的落实。探索开展市县联动巡察，与市资规局党组共同组建联合巡察组，对县资规局进行巡察，破解“熟人社会”监督难问题，得到了市委巡察工作领导小组主要负责人的肯定。系统推进村居巡察全覆盖，科学采用“巡镇带村”“直接巡村”等方式，对151个村级党组织进行了巡察，督促整改问题1275个，移送问题线索29个。同时，村居巡察中群众反映集中的问题，一律实行快移快查快办，在第十三轮村级巡察期间巡纪联动查处了石浦、新桥等地3名村干部违纪问题，赢得了群众好评。

【成果运用】 落实巡察“双反馈”制度，在向被巡察单位反馈意见同时，提级向县级分管领导反馈，压实县级领导“一岗双责”责任。县级分管领导已约谈被巡察单位主要负责人18人次，协同督促被巡察单位抓好整改工作。建立健全巡察发现问题交办督办机制，规范问题线索管理、处置和督办程序。2019年始，根据县委“五人小组”会议要求，移交职能部门处置问题线索72个，其中已到办理期限的57个问题线索，按期办结率为93%。督促相关职能部门开展工程违法违规发包、基层商会财务管理等13个面上共性问题专项治理，出台全县性规范制度文件9个，发挥巡察治标治本作用。制定出台《巡察整改量化评估办法》，由县委巡察办牵头，县纪委县监委机关、县委组织部配合，对巡察整改工作进行综合量化评估，做深做实巡察后半篇文章。已对10家被巡察单位完成评估，各单位反馈问题整改率达90.3%，建立完善制度76项，挽回经济损失705.5万元。

【队伍建设】 落实省委巡察专项检查整改工作为契机，推进巡察机构规范化建设。制定实施组办会商机制，在每轮巡察中期、后期进行集体会商，重点聚焦“关键少数”，查找政治偏差，提升巡察报告质量。实施巡察进点通告、反馈意见和整改落实情况报告“三公开”制度，设立县委巡察网络信息收集平台，编印发放《巡察警示教育读本》宣传手册，扩大巡察影响力和社会参与度。发挥巡察岗位熔炉作用，建立抽调优秀年轻干部参与巡察工作锻炼机制，加强教育培训和实践锻炼，组织开展巡察业务专题培训7次，先后选派5名干部到省巡视办、市巡察办跟班锻炼，提升了干部履职能力。

（县委巡察办）

县委巡察工作重要会议和活动

县纪委十四届六次全会暨县委巡察工作推进会召开。2020年3月27日，县纪委十四届六次全会暨县委巡察工作推进会在县委党校一楼报告厅召开。会议的主要任务是学习贯彻习近平总书记系列重要指示精神，贯彻落实中央、省市纪委全会和上级巡视巡察工作会议精神，推动县从严治党向纵深发展、向基层延伸。县四套班子领导，县人民法院院长、县人民检察院检察长，其他现职副县级领导；县纪委委员、监委委员；县政协秘书长；部分县级部门党政主要负责人在县委党校主会场参加会议；部分县级部门党政主要负责人；有关驻象山单位纪检组组长（纪委书记）或分管纪检工作的负责同志；县委巡察组组长、副组长、巡察专员，县委巡察办副主任；县纪委县监委机关各室主要负责人、副局级纪检监察员，各派驻纪检组组长、副组长，县直属机关纪检监察工委书记，县属企业纪委书记；县委组织部相关科室负责人在象山宾馆分会场参加会议；各镇乡党委（街道党工委）书记、副书记，纪（工）委书记、副书记，组织委员在各镇乡（街道）分会场以视频形式参加会议。县委叶剑鸣书记在会上作重要讲话，并对巡察工作提出四点要求，一要突出政治属性，重点握好三个聚焦；二要抓牢关键少数，加强对“一把手”的监督检查；三要狠抓整改落实，形成有序衔接、互为补充、协调一致的整改监督链条；四要联动协同，完善巡察监督与纪律监督、监察监督、派驻监督配合机制。

十四届县委第十三轮第一批巡察进点动员会议陆续召开：根据县委统一部署，2020年4月2—3日，县委第一、第二、第三、第四巡察组分别到丹东街道、丹西街道、贤庠镇、爵溪街道、东陈乡召开巡察进点动员部署会议，正式对5个镇乡（街道）党委（党工委）及下辖132个村社党组织开展“巡镇带村”常规巡察。被巡察镇乡（街道）领导班子成员、全体机关干部、下属单位和基层站所主要负责人，以及下辖各村党支部书记参加会议。会上，县委巡察办有关同志传达了叶剑鸣书记在巡察工作推进会上的讲话精神，各巡察组组长作动员讲话，被巡察镇乡（街道）党委（党工委）书记作表态发言。

十四届县委第十一轮巡察情况反馈会议陆续召开：根据县委统一部署，2020年4月3—9日，县委第一、第二、第三、第四巡察组分别对西周镇、大徐镇、涂茨镇、定塘镇、晓塘乡、黄避岙乡、墙头镇、高塘岛乡8个镇乡下属168个村级党组织巡察情况进行反馈。所在镇乡党政领导班子成员、相关职能科室、主联村干部，以及被巡察村党组织主要负责人参加会议。县委巡察工作领导小组和县委巡察办有关领导出席巡察反馈会议，并提出具体整改要求。

并村换届专项巡察及扶贫帮扶领域“回头看”检查动员会议召开：根据县委统一部署，2020年6月中旬，在县委巡察办集中召开并村换届专项巡察及扶贫帮扶领域“回头看”检查动员部署会议。对石浦镇、鹤浦镇、新桥镇、泗洲头镇、茅洋乡5个镇乡辖内19个基层基础薄弱村、小微权力运行不合格村及矛盾纠纷复杂村开展并村换届专项巡察;对鹤浦镇、新桥镇、泗洲头镇、高塘岛乡4个镇乡,以及县农业农村局、县财政局、县民政局、县残联和县经信局5个部门展扶贫帮扶领域“回头看”检查。

十四届县委第十二轮巡察情况反馈会议陆续召开:根据县委统一部署,2020年7月上旬,县委第一、第二、第三、第四巡察组分别到县房屋征收办、县住房公积金中心、县经信局、县国资管理中心、县招商发展中心召开巡察意见反馈会议,向5家单位党组织反馈巡察情况。县委巡察工作领导小组有关领导传达了县委潘银浩书记在“五人小组”会议上的讲话精神,并对被巡察单位落实巡察整改工作提出具体要求,县委各巡察组长向被巡察单位反馈巡察意见,各被巡察单位主要负责人在会上作了表态发言。县委巡察组及巡察办有关同志出席会议。

十四届县委第十三轮第二批巡察进点动员会议陆续召开:根据县委统一部署,2020年8月7日至12日,县委四个巡察组到县文化和广电旅游体育局、县文学艺术界联合会、县水利和渔业局、县中国水产城发展管理中心、县交通运输局、县直机关工委、县自然资源和规划局召开巡察进点动员会议,正式对7家单位党组织开展常规巡察。其中,对县自然资源和规划局党组的巡察工作,由市自然资源和规划局党组第一巡察组和县委第四巡察组联合开展。县委巡察工作领导小组领导和县委巡察办有关同志传达了县委巡察工作要求,各巡察组组长部署安排巡察任务,被巡察单位党组织主要负责人作表态发言。

十四届县委第十三轮第一批巡察情况反馈会议陆续召开:根据县委统一部署,2020年9月下旬,县委四个巡察组分别向丹东街道、丹西街道、爵溪街道、贤庠镇、东陈乡5个镇乡(街道)党(工)委及所辖132个村级党组织反馈巡察意见。县委巡察工作领导小组成员有关同志出席会议,传达县委“五人小组”会议精神,并对抓好巡察整改工作提出具体要求。县委各巡察组长向被巡察单位反馈巡察意见,各被巡察单位主要负责人在会上作了表态发言。

并村换届专项巡察及扶贫帮扶领域“回头看”检查反馈会议召开:根据县委统一部署,2020年9月25日,县委巡察办牵头召开并村换届专项巡察及扶贫帮扶领域“回头看”检查反馈会议。石浦、新桥、鹤浦、高塘、泗洲头、茅洋乡6个镇乡党委副书记,县农业农村局、县财政局、县民政局、县残联、县经信局5家单位政工分管领导,县委各巡察组副组长参加反馈会议。县委巡察办林峰就巡察意见进行集中反馈,并就整改情况提相关要求。6个镇乡党委副书记和5家单位政工分管领导分别签收《巡察反馈意见签收单》。

十四届县委第十四轮巡察进点动员会议陆续召开:根据县委统一部署,2020年11月3日至10日,县委四个巡察组分别到县司法局、县卫生健康局、县红十字会、县审计局、县农机站、县机关事务局召开县委第十四轮巡察进点动员会议,对6家单位党组织开展常规巡察。县委巡察工作领导小组领导和县委巡察办有关同志传达了县委巡察工作要求,各巡察组组长部署安排巡察任务,被巡察单位党组织主要负责人作表态发言。

十四届县委第十三轮第二批巡察情况反馈会议陆续召开:根据县委统一部署,2020年12月下旬,县委第一、第二、第三巡察组分别向县文化和广电旅游体育局、县文学艺术界联合会、县水利和渔业局、县中国水产城发展管理中心、县交通运输局、县直机关工委等6家单位党组织反馈巡察情况,市资规局第一巡察组和县委第四巡察组联合向县自然资源和规划局党组反馈巡察情况。县委巡察工作领导小组成员有关领导出席反馈会,并对巡察整改工作提出要求。县委各巡察组长向被巡察单位反馈巡察意见,各被巡察单位主要负责人在会上作了表态发言。县纪委县监委、县委组织部相关科室同志参加反馈会议。

民 主 党 派

民主同盟象山县基层委员会

【概况】 2020年,民盟象山县基层委员会共有盟员76人,当年新入盟的有徐晶晶、徐阳2位盟员。硕士以上学历12人,博士2人,具有中高级专业技术职称63人,占盟员总数的82.9%,其中正高级职称12人,1人入选浙江省“151”培养人才工程第二层次,2人入选市拔尖和领军人才培养工程第一层次,全国榜样人物1人,省市级劳模3人,各级人大代表与政协委员21人次,拥有省、市级个人工作室3个。

【抗击疫情】 新冠疫情期间,民盟象山县基层委员会投身疫情防控第一线,通过盟省委为台胞医院和康复医院争取4000个外科口罩;周敏峰所在的华翔集团海外紧急采购防疫紧缺物资120万元捐赠家乡人民;医疗卫生界的陆振一、张光辉、宋世忠、陈仔等盟员冲在防控第一线,开展人员隔离、流行病学调查等工作;王森栋、胡洁两位乡镇干部盟员接好疫情防控“千条线”,当好基层服务“一根针”;旅发中心办公室主任钱豪盟员,十万火急传达各项防控指令,紧急叫停文旅活动7场,取消旅行团队200个,守护了3.23万名游客的健康安全;陈淑芳发动盟员为养殖户销售滞销鸡蛋60吨、鹅苗60万只、鸡1.5万只;另外,教育支部、综合支部均发挥自身优势,或人才输出,或资金扶持,或技术共享,为共同战胜疫情彰显责任担当。

【参政议政】 向民盟市委会提交《关于加强无障碍环境规范化建设的建议》等21篇社情民意,在宁波市民盟各基层组织的每月排序中,总量和质量位居前列。叶能章、陆振一、黄恩荣、申倩倩等各级人大代表、政协委员提交了《关于加强新冠肺炎疫情防控知识宣传普及工作的建议》等10余篇建议提案。

【课题调研】 每年都承担民盟市委会的招标课题,年内完成由周奕执笔的《关于优化我市县级营商环境的对策建议》。根据县委统一安排,民盟象山县基层委员会围绕“游艇产业发展”进行走访、调研、讨论、撰写,由钱豪执笔的《关于象山县游艇产业发展的调研与思考》,被县委统战部刊物《观察与建议》录用,并得到县长包朝阳批示肯定。同时,盟员钱豪完成县政协课题《关于开展旅游行业专业人才自主评价调查与建议》和《关于推进县土特产电商高质量发展的建议》。林娅执笔的课题《中职学校HOPE生涯教育模式的构建与应用》在全国教育科学“十三五”规划2020年度教育部重点课题中立项,并同时在2020全国职业教育科学研究规划课程立项,获省教育科学研究优秀成果一等奖。

【同心基地品牌】 在建设“畜牧·同心服务基地”“润禾·同心服务基地”2个同心服务基地基础上,2020年5月,民盟象山县基层委员会在县残联建设“助残·同心服务基地”,通过组建残疾人合唱团,开展声乐指导以及不定期开展书画艺术指导与赠送书画作品活动,丰富残疾人精神文化生活,共享高质量小康生活,实现文化助残。2020年8月,陈淑芳同心工作室在东陈乡象山文杰大白鹅养殖基地成立,县委常委、统战部部长干维岳为工作室授牌,这是县第一个党外代表人士同心工作室。

【社会服务渠道】 3月,盟员陈淑芳、朱红曙等人来到县残疾人扶贫基地开展爱心助残助农植树活动;6月,盟员徐阳前往金华兰溪范院坞村等地,做好对口帮扶柑橘种植指导工作;8月,盟员徐阳在定塘镇横湾举办红美人病虫害防治技术培训会,近200名红美人种植户参加培训,9月,盟员王爱菊等人前往定塘镇等地开展下乡义诊;10月,盟员林娅、朱红曙等人前往延边开展支教考察;10月,民盟宁波市委会为甬盟科技服务陈淑芳工作站授牌。

【组织学习】 5月,民盟象山县基层委员会组织盟员观看“宁波民盟成立70周年”现场直播;8月,组织学习象山县委十四届八次全体会议精神;11月,组织7名新老盟员座谈交流学习中共十九届五中全会精神。

【合作共建】 6月6日,民盟象山县基层委员会与民盟宁波大学委员会举行合作共建启动仪式就共建友好基层组织达成共识,以宁波建设工程学校(象山县职业高级中学)为基地,设立“宁波大学海洋教育象山基地”,并为该基地揭牌。即日起至2023年6月,民盟象山县基层委员会和民盟宁波大学委员会将开展为期3年的结对合作工作。

【岗位建功】 广大盟员立足本职,奋

发进取，以出色的工作业绩，树立民盟组织的良好社会形象。盟员陈淑芳被评为2020年度全国优秀工作者（全国劳模），并赴京受表彰，得到民盟中央致贺信，祝贺荣获“全国先进工作者”荣誉称号。盟员林娅在宁波民主党派“四比四强”风采展示活动中荣获一等奖。盟员翁立东在十四届市中等职业学校（技工学校）技能大赛教师类机电维修项目比赛中荣获一等奖。还有许多盟员在自己的工作岗位上求真务实，取得优异的成绩，为助推经济社会发展作出贡献。

中国民主促进会象山支部委员会

【概况】 民进象山县支部成立于2013年4月11日。2020年新发展会员1人，共有会员21人，其中市、县政协委员和人大代表共8人。支部成立以来连续7年获评宁波市优秀基层组织荣誉。现任主委杨盛昂，副主委宋厘国、吴永建、洪佩平，委员陈再宏、陈红飞、虞亚凤。

【众志成城抗疫】 2020年，面对新冠肺炎疫情，全体民进人积极响应，主动抗疫，捐款捐物，勇于担当，谱写了一曲壮美赞歌。吴永建、虞亚凤分别担任新桥镇、涂茨镇抗疫领导小组副组长，从大年三十干到抗疫工作取得阶段性胜利。宁波戴维医疗器械股份有限公司董事长陈再宏捐赠价值100万元的巡回体检车、价值43.1万元的输液泵等医疗物资。陈再宏荣获“宁波民进抗疫工作特别贡献奖”。4月17日，《今日象山》刊发《虞亚凤：奋战抗疫一线 展现“巾帼担当”》。

【调查研究，建言献策】 全年提交提案建议8篇，其中宋厘国领衔撰稿的《加强海岛教师队伍建设的建议》在《联谊报》全文刊载。完成《智慧旅游促进旅游融合发展》《民进基层组织履职能力提升的路径分析》《美丽乡村生成转换美丽经济的对策与思考》等调研课题，获得市县有关领导的肯定。朱文荣《关于优化海洋生态环境加强蓝色粮仓的建议》《关于提升象山海水养殖业发展水平的研究》先后被民进省委会、市委会采用。洪佩平《后疫情时期象山旅游宣传推广进行头脑风暴》被县旅发中心采用。

【“纪念马叙伦135周年诞辰”“庆祝中国民主促进会成立75周年”主题教育活动】 以庆祝中国民主促进会成立75周年为契机，录制《庆祝民进75周年华诞，我为民进祝福》小视频，联合民进市委会机关开展“追寻先辈足迹 砥砺矢志前行——纪念马叙伦135周年诞辰活动”，撰写《建议高规格创建国家级民进会史教育基地》在县委统战部《观察与建议》发表，组织会员多次到新桥东溪调研，并赴杭州师范大学马叙伦历史资料陈列馆学习考察，推动民进会史教育基地创建工作。

【双岗建功，多名会员获表彰】 朱文荣《东海可食性浒苔设施化养殖及资源利用关键技术与产业示范》课题获省科技进步三等奖、市科技进步二等奖。欧赛萍获评宁波市名校长工作室优秀首席导师，其《城乡教师联动发展的实践研究》获省教育科学研究优秀成果二等奖、省师训专项课题一等奖。王群作品《远去的渔村》荣获第八届市公益美术精品展览会金奖。

陈再宏荣获“宁波民进抗疫工作特别贡献奖”。陆洁获市委会“2020年度会务工作先进个人”，朱文荣、解爱静获市委会“2020年度岗位优秀人物”荣誉称号。陈再宏、陆洁、朱文荣、谢爱静、虞亚凤、欧赛萍、吴晨7名会员获支部“2020年度优秀会员”荣誉称号。

【开启“父亲联盟行动”第七季，创办“小学生诗词大会”】 确定“诗词”主题，联合县教育局、传媒中心启动“父亲联盟行动”第七季活动，在县影视城举办“宁波银行杯”象山县小学生诗词大会决赛，12所学校的小学生同台竞技，穿越千年时空，品读诗词之美，上演了一场精彩的诗词对决。活动将“爸爸陪我读古诗”贯穿始终，呼吁号召爸爸们陪伴孩子读诗，邀请爸爸们共同参与比赛，点亮父子（父女）亲子时光。该活动网络直播当天点击量超18万次，产生了良好的社会影响。

【开展共读哲学原典第三、四季活动】 继续开展“民进共读哲学原典活动”。吸引民进会员、有关学校师生、哲学爱好者等50余人参与，共读康德《道德形而上学奠基》、杜威《确定性追求》等世界哲学名著。

【省内外兄弟支部在象山调研交流】 5月14日 民进宁波市委会机关与象山县支部联合开展“追寻先辈足迹 砥砺矢志前行——纪念马叙伦135周年诞辰活动”。

8月29日 民进海曙二支部调研墙头新农村建设，并与象山县支部进行交流座谈。

9月10—11日 民进省委会副主委张宝珍率马叙伦研究会在象调研，踏寻马叙伦象山避难史迹，探讨民进会史教育基地创建工作。

农工党象山支部委员会

【概况】 2020年，农工党象山支部共有党员20名，党员中有高级职称11人，占60%。主体界别医疗卫生、人口资源、生态环境领域15人，占82%。支部现有农工党省代表1人、市政协委员1人、县政协委员5人。支部被农工党省委会评为2020年度全省社会服务先进基层支部。薛金玉被农工党市委会评为通讯员。

【支部换届】 2020年11月2日，农工党象山县支部举行换届大会。大会选举产生了钮晶莹、朱爱春、黄胜、孙丽姹、陈云峰、吴益燕、赵康康为新一届支委班子成员。在随后举行的新一届支委班子会议上，推举钮晶莹为主委，朱爱春、黄胜、孙丽姹为副主委，并讨论通过了班子成员工作分工。

【思想和组织建设】 支部始终坚持中国特色社会主义政治发展道路，开展丰富多样的学习教育活动，增强全体党员的政治把握能力、参政议政能力、合作共事能力。组织学习贯彻中共十九大以及习近平新时代中国特色社会主义思想，召开会议及时学习传达上级精神，跟进学习中共中央总书记习近平最新重要讲话、最新重要指示批示精神，重温学习习近平总书记对浙江、宁波和象山工作重要指示精神。响应市委、县委号召，开展争当浙江建设“重要窗口”模范生、“聚力一二五、奋力上台阶”和“象山发展我担当”等学习讨论。开展“不忘合作初心，继续携手前进”主题教育，加强统一战线理论学习，夯实思想基础，讲好多党合作的故事，发出多党合作的好声音。派员参加“崇学讲堂”“前进讲堂”“同心论坛”等学习。推荐和安排优秀党员和党务骨干参加市委统战部、农工党市委会、县委举办的学习培训，邀请专家为党员举办专题讲座。严把入党质量关，吸引优秀人才加入组织，新发展党员2名，镇海支部申请转入1名。

【参政议政】 支部在融入大局、服务大局、保障大局中找准履职尽责的切入点和突破口，开创参政议政工作新局面。一是聚焦两会履职尽责。两会期间，向县政协提交《关注加强青少年近视综合防控工作的建议》等参政议政材料6篇。二是政治协商务实建言。参加县委、县政府、县政协各类协商会、座谈会、情况通报会，提出高质量的意见建议，并广泛反映社情民意。在县政府召开的征求意见座谈会上对《政府工作报告》提出意见建议，在“请你来协商·书记（县长、局长）与委员面对面”等活动上围绕健康素养提升、亚运时代体育旅游发展、教育高质量发展等内容发言；朱爱春、励成、王晓、陈云峰等委员围绕“健康象山建设”“校外培训治理”“公共卫生应急管理”，在县政协主席议政会议、常委会、恳谈会等进行专题发言。在“走基层、办实事”服务基层活动中，听取群众意见，反映百姓呼声，提交社情民意和信息12篇。三是调查研究提质。支部结合热点难点和任务要求，选定调研课题，完善调研工作机制，全县开展调查研究，高质量完成《增强县城集聚度和吸引力研究》等课题调研3篇。

【服务社会】 支部发挥自身优势，服务特色，提升服务质量，扩大工作实效与影响。鼓励和支持广大党员根据自身实际参与社会服务活动，在贤庠镇中心卫生院“同心”服务基地开设农工党专家门诊及义诊服务，定期定点为社区居民提供家门口的健康服务。集中打造“象·健康”社会服务工作品牌，举办送健康进学校、进机关、进基层活动5场次。探索新的潜在品牌培育项目，创立“象健康·艺童爱”“象艺堂”品牌，举办舞蹈普及工程，策划形体、拉丁、爵士、中国舞等公益培训项目，对丹东街道、丹西街道、石浦镇城区及下属村与社区居民开展舞蹈普及培训，培训人次近1万人次。以“市政协委员工作室”为平台，打造“象健康·壹心爱”心理服务品牌，在疫情期间第一时间开通疫情防控心理健康服务专线，组建微信网络咨询队伍，开设手机端心理健康服务平台，组织心理咨询师进驻隔离点、走访一线抗疫干部群众，为各类人群提供多元化心理咨询、心理疏导和危机干预等服务。特别是在2020年的抗击新冠肺炎疫情中，支部全体在职党员发挥派别优势，坚守在工作岗位、冲在抗击疫情的第一线，主委、副主委在疫情防控指挥部连续作战指挥全县应急工作，卫健系统和机关干部党员坚持在临床一线救治病人、冲锋在流调和应急前线、企业社区落实防控措施，企业家党员为象山抗疫捐款捐物，为县战胜新冠肺炎疫情做出贡献。

（农工党象山县支部）

群众团体

象山县总工会

【概况】 2020年，县总工会在县委和上级工会的正确领导下，坚持以习近平新时代中国特色社会主义思想为指导，学习贯彻习近平总书记关于工人阶级和工会工作的重要论述，围绕疫情防控和经济社会发展大局，以发展和谐劳动关系为主线，以服务经济社会发展为主责，以工会改革、产业工人队伍建设和夯实基层基础为抓手，动员带领全县广大职工抗疫防疫、复工复产、助力“六稳”“六保”，在“聚力一二五、奋力上台阶”中展现工会作为。2020年，获评全国先进工作者1人，宁波市五一劳动奖章7人、宁波市五一劳动奖状集体2家；宁波市工人先锋号5家；“港城工匠”2人、“半岛工匠”15人。

【把握正确政治方向，凝聚力量跟党走】 各级工会把学习、宣传、贯彻习近平新时代中国特色社会主义思想，特别是中共十九届五中全会精神、习近平总书记在浙江考察时的重要讲话精神，以及给郑州圆方集团职工回信精神作为首要政治任务，发挥象山县总工会网站、象山工会、“象山惠”等各类工会媒体作用，推动相关精神进企业、进班组、进职工头脑。

【参与疫情防控，推动企业复工复产】 县总工会集中精力抓好“六稳”工作，守住“六保”底线，稳就业、保民生，对关心关爱和复工复产工作及时作出部署，出台暖8条，设立1个100万元的疫情防控专项资金。全县各级工会累计慰问疫情防控相关单位460家，7000余人次；组织工会干部和工会志愿者前往高速路口、社区、企业等卡口参与防控工作，累计参与近万人次；开展网上助力企业招工活动，发布线上招聘50期，线上线下共提供岗位8675个，求职登记2361人；组织60名援鄂医疗队员及一线医务工作者开展疗养和体检活动；组建心理援助服务队，开通5条心理咨询服务热线，为防控一线工作人员提供情绪疏导与心理支持。继续减轻企业负担，对全县受疫情影响的小微企业工会经费实行全额返还，为800余家企业减负625万元。

【推进基层工会建设】 县总工会加大建会力度，按照省总“两基”工作要求，将工会会员实名制工作和基层组建工作整体联动、同步推进。集中开展“八大群体”“五大领域”农民工入会和两新组织建会攻坚行动，全年新建工会61家，新增涵盖单位210个，发展会员2880人，职工入会率为97%。推进“一部门一品牌”创新项目建设，建立工会联系劳动关系领域社会组织机制，购买公益法律、心理健康、“文艺轻骑兵”、“工惠有约”等服务12项，惠及职工3万余人，该项工作得到《浙江工人日报》专版报道。实施“职工说事”制度，健全职工利益诉求表达和协调机制，全县五星级活力基层工会100%建立“职工说事”工作制度，标准化设立“职工说事室”100家。推行《2019—2021年“活力基层工会”星级创建活动实施方案》，建立“梯次创建、滚动晋级”工会组织建设管理长效机制。新培育三星级工会42家，新增五星级工会22家，石浦东门渔村船老大联合工会、贤庠镇机械模具行业工会联合会获评市五星级区域性行业性工会联合会。

【推进工会自身建设】 加强机关干部队伍作风建设，常态化开展“周二夜学”，组织开展“当一周工人、体工会初心”下基层活动，全县各级工会干部基层一线走到职工中间，服务企业、服务职工。严格落实党风廉政建设主体责任和监督责任，坚持不懈正风肃纪，内控制度建设得到完善。工会经费审计监督，实现对镇乡（街道）总工会、产业工会、局（县直机关）工会联合会常态化审计检查。工会经费预算源头控制得到加强，经费支出结构得到优化，一般性行政开支得到压缩。对外交流得到加强，赴敦化市总工会、龙井市总工会开展东西部扶贫协作工作，赴遂昌县总工会开展“山海协作”工作，签订职工疗休养合作协议，工会经费购买扶贫产品1028万元。

【推进产业工人队伍建设改革】 贯彻落实县委《关于打造高素质人才队伍加快建设高水平创新型县的决定》，制定《工匠人才队伍建设三年行动计划（2020—2022年）》，明确人才队伍建设方向、目标；开展产改县级试点企业扩面，确定27家县级示范试点企业、2家市级示范试点企业。组织开展职工技能培训，加强与行业协会、职业院校合作，征集2020年度职工技能项目制培训项目18个，全年培训职工3万余名。组织开展“牢记嘱咐再出发、助力发展立新功”劳动竞赛活动，安排针织服装制作、焊接、砌筑等劳动和技能大赛100场。开展“名师带徒”“工匠沙龙”“技术帮扶”等活动，其中带徒结对147

对,浙江工匠、港城工匠、半岛工匠结对36对。加强劳模工匠品牌建设,举办劳模工匠沙龙活动暨县第六批劳模工匠创新工作室授牌仪式,命名李姣、徐济辉、韩东道、李永军、冯礼伟等5家县级劳模工匠创新工作室。开展劳模(工匠)学堂,与企业职工开展互动交流,邀请省劳模(港城工匠)李姣与全县针织服装行业职工分享针织服装制作的技能技巧、心得经验。

【构建和谐劳动关系】 推进集体协商提质增效,评选出10家工资集体协商"示范企业"和2家"示范行业"。承办宁波市第二届集体协商竞赛,象山队荣获二等奖。开展以"三送一强"为主要内容的高温期间劳动保护集中行动,覆盖企业533家,职工5.2万余人,慰问金额114万元。

【做实工会法律服务】 全力做好劳动关系矛盾预防和调处工作,6家工会劳动关系调处工作室共调解各类矛盾纠纷183起,涉及人数682人,涉及金额1610万元。其中,船舶渔业纠纷案件27件,欠薪案件72件,工伤案件61件。东陈乡"老鲍工作室"被评为市级工会劳动关系调处工作室。县职工服务中心受理法律援助案件20件,接待来电来访32件,涉及资金210.05万元。开展"心理关爱进企业"暨"遵法守法·携手筑梦"公益法律服务行动60场次。

【民生事实项目】 向系统在档困难职工家庭发放各类救助金63.22万元,累计发放202户次。困难建档职工降至7户(深度困难5名、意外致困2名)。开展金秋助学活动,共帮扶困难家庭学生88人,发放助学金15.28万元。开展"两节"送温暖"四大行动",走访慰问困难职工324人次、困难企业1家,发放款物32.14万元。组织职工参加医疗互助保障8.32万人次,总参保金为207.09万元,共为267名职工报销与赔付82.37万元。开展一线职工体检活动,由体检车提供上门服务,做到职工体检"零跑腿",惠及8家企业900名职工。开展一线优秀职工休养活动,共惠及400名职工。开展"象山人游象山"疗休养活动,全县职工疗休养外出审批1089批次,总计20347人。经省总工会审定和公示,认定石浦镇入选首批浙江省职工疗休养基地。改善职工住宿条件,宿舍安全管理,宁波日星铸业有限公司、象山海螺水泥有限责任公司获评2020年度市级"五好职工宿舍"。

【职工文体赛事活动】 开展全县职工"最美抗疫人"摄影展,挖掘防疫抗疫、复工复产的生动画面,收到参赛作品500余幅,76幅作品获奖,72家单位5000余名职工前来参观。举办"书香溢远·悦读阅美"职工读书活动,推动基层工会组建20支职工阅读团队,传承和弘扬中华优秀传统文化。举办"工惠有约"公益课堂,摄影讲座、音乐讲座、高考志愿填报技巧等培训课21期。开展"职工文艺轻骑兵"进企业活动,以公益性"你点我演"的形式,为广大企业单位提供各类文艺活动18场次。

【象山县总工会第十五届四次全委会】 4月10日,象山县总工会十五届委员会第四次全体(扩大)会议召开,总结2019年工作情况,部署2020年工作任务。会议强调,全县各级工会要始终高举习近平新时代中国特色社会主义思想伟大旗帜,学习贯彻中共十九大、十九届四中全会和习近平总书记在浙江、宁波考察时的重要讲话精神,按照县委十四届七次全会部署要求,围绕提升治理体系现代化和治理能力现代化水平,以推进"四个年"活动为牵引,以发展和谐劳动关系为主线,以服务经济社会发展为主责,以工会改革、产业工人队伍建设和夯实基层基础为抓手,着力在政治引领、推动发展、社会治理、普惠共享、改革创新五方面,团结带领全县广大职工为推动象山高质量发展贡献智慧力量。县人大常委会副主任、县总工会主席伊珍林出席会议并讲话,县总工会党组书记、常务副主席翁华清作工作报告。

(王静)

共青团县委员会

【概况】 2020年,象山团县委学习宣传贯彻习近平总书记在浙江考察时的重要讲话精神,围绕县委决策部署和团市委工作要求,做好思想引领、建功党政中心、服务青年成长,改革攻坚等工作,组织动员全县广大团员青年为象山在宁波当好浙江建设"重要窗口"模范生进程中贡献青春力量。

【先进典型】 围绕县委"四个年"活动,对各行业优秀青年群体的政治引领、服务凝聚和建功动员。开展"新时代好少年"评选等活动,发挥榜样引领作用。2020年,2名少先队员获评省级优秀少先队员、3名少先队员获评市级"新时代好少年"、1名少先队辅导员获评浙江省优秀少先队辅导员,丹城五小606班获评浙江省优秀少先队集体。10位团员青年、志愿者和11个团组织、志愿者组织、突击队被评为市级寻访疫情防控和复工复产一线表现突出的青年集体和个人。象山县大徐镇团委、象山海洋与渔业行政执法大队团支部被评为2020—2021年度宁波市五四红旗团组织。青年文明号创建工作,象山县消防救援大队被评为2020年度宁波市级青年文明号。

【思想引领工作】 始终树立"全团抓思想政治引领"的意识,以"红船精神""浙江精神"为引领,围绕"五四""六一""七一"等重要时间节点,通过青春故事分享、团队仪式教育、"青年说改革""象山发展我担当"主题大讨论等形式,全方位学习宣传贯彻习近平新时代中国特色社会主义思想,重点学深悟实习近平总书记在浙江、宁波考察时的重要讲话精神,引领青年增强"四个意识",坚定"四个自信"。"五四"期间由54名团员青年组成的"象上青年讲师团"成立,走海岛、进乡村、进企业开展订单式青春团课巡回宣讲30余场。"青年大学习"专项行动,组织动员全县团员青年线上参加青年大学习活动

达36万余人次，综合排位名列全市第一。依托抖音、微博、微信等平台开展青年工作网络宣传，“象山新青年”微信公众号影响力多次位居全县前三名，《真善美大传播|“节约用水”特色章邀你来评选》等推文阅读量破2万人次，《众志成城共抗疫情，离别52天开心得像两个孩子》抖音视频点赞量破5.5万人次，阅读量超23万人次。

【助力乡村振兴】 实施“乡村振兴青年发展计划”，创建省级示范性青创农场2家、市级农场3家、县级农场6家，辐射带动农村青年就业200余人。成立象山县“青宿联盟”，凝聚105家青年民宿主实现民宿集群联盟化发展，助推全域旅游产业转型升级，经验做法被《中国共青团》宣传报道。完善市级大学生农业创业实践基地建设，培育“新农人”队伍，开设农业创业创新人才培训班2期，联合县信用联社推出“青创贷”等金融产品，累计贷款近7000万元，覆盖创业青年345户。“团团带你游象山”“象上青春直播间”等品牌活动，从商贸、餐饮、旅游领域等对象山进行全方位推介，为象山本土产品直播带货，帮助农户、企业带动销售5000余单，销售金额达25.6万元，助推经济复苏。

【助力防疫复工】 2020年，团县委组建26支防疫青年突击队，动员3千余名青年志愿者投身战“疫”一线，开展防疫志愿服务492场次。开展“象爱‘医’线·半岛关怀”专项活动，为援鄂医疗队员、一线医护人员家庭提供“六个一”关心关爱服务。发动青年志愿者、商圈青年、青创客等为一线防疫人员派送各类暖心物资2万余份，会商县农信联社向全县青年医务工作者、援鄂医疗队员发放“关爱贷”134笔、发放金额3745万元。开展“绽放战疫青春·坚定制度自信”等主题教育活动，开设“象上云团课”“团团陪你来防疫”等专题网课12场，普及防疫知识，宣传先进事迹。在团属媒体开设防疫工作专栏，累计发布疫情防控和复工复产等信息347条，阅读量达32.8万余人次。其中，动员新兴青年独立音乐人欧鑫创作歌曲《加油中国》，为打赢疫情防控阻击战加油鼓劲，被团中央宣传报道。

【助力人才回归】 实施“象山未来人才储备计划”，建成象山籍大学生联盟之家，实现全县8家中学联盟分会全覆盖，发布象山籍大学生联盟会员卡，开展岗位实习、走进名企等活动，覆盖象山籍大学生6000余名。实施“青春助推转型升级”行动，推进创业融资、导师帮扶、项目培训等工作，为青年人才提供全方位扶持。开展“亲青办”“青春助跑”等项目，常态化开展“三服务”活动，多渠道助力企业复工复产提速，助推经济平稳健康发展。开展“乐业象山决胜小康”青年就业创业线上专场招聘会，以“直播招聘”的方式为青年直播带岗，吸引8.76万人次观看，668人达成就业意向并办理入职，被浙江广电《1818黄金眼》媒体宣传报道。举办大型余缺调剂招聘会暨高校毕业生供需洽谈会，为高校毕业生、青年志愿者拓宽就业渠道。举办“何须远方 家乡亦成大业”人才主题活动，发布象山县青年人才驿站宣传片，在37°湾科创中心授牌打造青年人才就业创业实践基地，聘任50名象山籍大学生引才使者，吸引和凝聚青年人才回乡创业就业。

【青少年权益维护】 推进重点青少年群体服务管理和预防犯罪工作，成立县级青少年禁毒教育基地，打造青少年“三禁三防三自”常态化宣教窗口。利用“亲青筹”“亲青帮”等平台，“青少年万人圆梦行动”、天使儿童之家、“小海鸥计划”等项目，为困境青少年儿童提供心理咨询、关心关爱、结对帮扶等184场次，支持物资达52万元。依托各类公益助学金，为困难大学生提供就学、见习、就业等多方面服务，2020年累计申请助学金13万元。“象爱延伸”品牌建设，联合县慈善总会签订对口帮扶发展项目协议，支持龙井、敦化市331万元的物资经费，助力脱贫攻坚。

【青年婚恋交友】 利用“亲青恋”平台开展青春派对、素拓交友、泼水相亲等多元化交友项目19场，参加单身青年达1500余人次。海影城打造为省级“亲青恋”活动基地，2020年5月，为20对因一线抗疫工作延期婚礼的新人举办“情定象山·一路有你”集体汉式婚礼，引导青年婚恋新风尚。推出一批具有象山特色的青年文创产品和网络文化课程，常态化开展青年读书会、青春文化夜市、青少年非遗课堂等活动120余场；邀请象山籍青年体育健将担任健康大使，推出公益健身项目，开展“团团带你迎亚运”“美丽乡村骑行”等活动21场，掀起青年健康时尚的生活新热潮。

【共青团组织建设】 实施“潮头工程”，提升基层组织力，建强“青年之家”实体阵地，2020年新增大徐殷夫故居青年之家入驻云平台，全县累计5家，共开展各类活动547场，活动人数达2680人次。在传统领域，根据机构改革及时调整完善组织设置；在两新领域，打造特色小镇、青年集聚区等重点区域团建品牌，活跃两新领域的团组织创新团建工作；在新兴领域，巩固扩大象漂等新兴青年群体的联系联络，探索快递小哥、网络主播、自媒体从业人员等群体的组织覆盖工作。打造益园（益创空间），获评2020年度市级新兴青年群体“筑梦空间”。管好团员队伍，控制团学比例，提高推优入党质量。印发2020年度团员发展指标，推进学生团员“三亮三比”积分入团试点及入团后教育管理的改革工作。运用好智慧团建平台，规范团员档案信息化管理，稳步实现发展团员总量调控目标。2020年学社衔接转出发起率达100%，团员发展录入率达100%，志愿书上传率达99.75%，列全市前茅。建立象山县青年工作联席会议制度，推进“一专一站两联”工作，指导推进团工作对标提质。推进共青团项目大赛，全年新增创新项目35个，内容涉及志愿服务、青年创业、乡村振兴等方面，提升共青团改革再出发的实绩实效。

象山县妇女联合会

【概况】 2020年,象山县妇联在县委县政府的正确领导和宁波市妇联的精心指导下,在社会各界的支持配合下,紧扣县委“四个年”“六争攻坚三服务”“最多跑一次”改革等中心工作部署要求,找准工作切入点、结合点、着力点,团结带领全县各级各类妇女组织始终围绕政治引领这一主线,构建家庭建设、创业创新两大平台,突出妇女发展、妇女维权、妇联改革三个重点,完成了各项工作任务,推进了县妇女事业迈上新台阶。

【巾帼防疫】 疫情期间,发起“你在前方战‘疫’,我在后方守护”系列行动,组织全县3万多名巾帼志愿者开展“守‘小家’为‘大家’”行动,投身一线防疫,争当宣传员、防控员、监督员;开展“特别的爱给特别的你”——关爱新冠肺炎防治一线女性医务人员、“邻里守望·姐妹相助”等活动。组织社会各界爱心接力,县女企业家协会、县女能手联谊会等团体会员捐赠150多万元抗疫物资,14家巾帼精品民宿为援鄂一线医务人员提供免费客房81间,对县老年公寓的230名护工开展慰问活动。挖掘“姐妹驿站”、妇女之家、特色家庭、“吉象妈妈阅读团”等各类资源,推送心理咨询、家庭教育等线上服务,累计课程100期,分享亲子绘本阅读音频120期。“象山女性”微信公众号增设心理陪伴微课堂,“12338”维权热线、丹山心理工作室接待心理咨询50余人次。其间,《你们守护大家,我们温暖你家,象山妇联慰问援汉医务人员》《象山妇联支援抗疫一线女性医务人员女性卫生用品》《12天!“全国三八红旗手”陈淑芳帮养殖户卖禽蛋136吨!》等多篇信息在《中国妇女报》《中国妇女》《婚姻与家庭》等全国级杂志和全国妇联官方微信发表,形成有形、有声的思想引领和宣传舆论体系。

【复工复产】 一手抓防疫,一手抓复工,在复工复产和社会经济发展的关键时刻,开设“居家防疫·网上学技”专题,推送手工编织、美食制作等网络课程,助力妇女居家学技;搭建“吉象芳华”微信销售平台,开展爱心助农促发展活动,为创业女能手助销禽蛋、柑橘、大米、蔬菜等农副产品15万余元;联合人力社保局在城区、石浦镇开展3场招聘洽谈会,50家企业为女性提供300个就业岗位。巾帼文明岗岗员、巾帼志愿者、女企业家、来料加工经纪人、三八红旗手等各类“娘子军”踊跃投身服务一线,为企业复工保驾护航。全国三八红旗手陈淑芳带领并帮助全县畜禽养殖户销售禽蛋330吨,家禽7万羽,苗鹅100万羽;县税务局第一税务所和西周税务所等全国巾帼文明岗通过“非接触式”和“线上+线下”联动模式为企业服务;县民政局“跨行”巾帼志愿服务,帮助企业加速防疫口罩生产;县女企业家协会理事、宁波兄弟服饰总经理贺秀女、宁波市三八红旗手李姣为做好企业大规模复工自主研发“有拒水抗菌作用全棉口罩”;县民宿女主人联盟提供免费“锦鲤”休养住宿88间,鼓励新象山人返象复工复产;大徐、贤庠、西周、黄避岙等镇乡妇联组织本地妇女帮助企业解决用工荒问题,为来料加工点复工提速提供“保姆式”服务。

【特色家庭寻找】 开展寻找“最美家庭”活动,产生县级抗疫“最美家庭”104户、市级抗疫“最美家庭”5户、省级“最美家庭”2户,陈绍雷家庭获评“全国最美家庭”。“5·15”国际家庭日期间,开展象山县抗疫最美家庭“我家的战疫故事”宣讲活动暨“国际家庭日”启动仪式。开展寻找象山县“书香家庭”活动,产生“十佳书香家庭”10户、“书香家庭”50户。举办“情定象山一路有你”象山县第七届集体婚礼,20对一线防疫新人通过着汉服、行礼如仪、宣读“新时代文明家风家训倡议书”等形式宣传倡导新时代文明实践;举办“七夕限定·乘风破浪遇见你”交友联谊会,为40对青年男女搭建沟通交流平台。

【美丽庭院创建】 制定实施《关于实施“美丽庭院”示范村升级三年行动(2020—2022年)的工作方案》,以“美丽庭院”精品村和示范村创建为载体,推动乡村庭院内外兼修,提升美丽乡村建设和人居环境水平。联合县农业农村局创建“美丽庭院”精品村12个,示范村10个;联合县文明办创建最美庭院150户;联合市生态环境局象山分局创建县级“绿色家庭”93户。参与“定时定点 桶边督导”垃圾分类试点工作,开展“垃圾分类·科普同行”家庭垃圾分类系列宣传活动,通过绘本故事比赛、“垃圾分类·我就是影响力”30天微信朋友圈打卡等活动,营造垃圾科学分类的浓厚氛围。组织各级妇联开展垃圾分类相关宣传活动54场次,发放宣传册5万余份、专用垃圾袋10万余卷;评定县级垃圾分类示范家庭50户,推报市级乡村生活垃圾分类达人8人;推荐青山头村、丹河社区、塔幼垃圾分类巾帼志愿服务队获评宁波市最佳巾帼志愿者服务队伍。

【家庭教育】 在“象山女性”微信公众号开设“家庭云课堂”栏目,创建“象家里”家庭教育专用微信公众号,开展直播课堂20场次,指导做好家庭教育工作。开展“迎亚运 同成长”家庭课堂进村(社区)、进企业、进机关活动30余场次,惠及家长5000余人次。家庭建设工作月期间,开展亲子职业体验活动4期次、“家庭家教家训巡讲活动”10场次,惠及家庭成员1500余人次。培育“吉象妈妈亲子阅读推广中心”等家教社会组织,继续开展“撒播阅读种子收获幸福快乐”亲子阅读推广工作。举办“绘聚一起 爱不缺席”百日打卡争做“吉象·悦读家庭”颁奖典礼及爱心义卖活动,新创“吉象·悦读家庭”120户。做好基地培育工作,新创市级示范家长学校8所、县级亲子阅读体验基地7家。“5·15”家庭教育宣传周期间,通过“象山女性”微信公众号、全县机关干部周二夜学等平台开展《浙江省家庭教育促进条例》(以下简称《条例》)知识竞赛、《条例》推送等活动,做好《条例》学习贯彻落实工作。11月,全国妇联对县亲子阅读推广工作开展调研，并给予高度肯定。

【普法工作】 在“三八”维权月、国际禁毒日、全国法制宣传日等重要节点，各妇联组织以“建设法治象山巾帼在行动”主题活动为载体，开展《中华人民共和国民法典》普法培训、平安家庭建设、法律咨询服务等普法宣传和维权服务40余场次，发放《中华人民共和国反家暴法》《中华人民共和国婚姻法》《中华人民共和国妇女权益保障法》等宣传资料2万余份。在微信公众平台开设“平安家庭”知识宣传，发动各级妇联组织开展“平安三率”宣传活动。发挥好“12338”维权热线作用，接待来信来访80余起，调处率99%。推动受家暴妇女的人身安全保护、家庭暴力告诫等权益保护制度落地实施，通力协作相关部门，推动发放《人身安全保护令》2份、《家庭暴力告诫书》88份。

【创业创新品牌培育】 搭建“产品+网上推介”服务平台，用好“吉象芳华”公共商标品牌，推介县优质特色产品，帮助巾帼农创客拓宽销售渠道，振兴乡村经济发展。举办乡村厨娘、女能手、民宿女主人、好阿姨育婴师等“乡村振兴·巾帼行动”技能培训25期，参与培训农村妇女1500名，其中取得上岗证500人。开展寻找2020年象山最美民宿女主人活动，展示女性在乡村旅游、民宿发展方面的创业风采。承办宁波市“海味·妈妈的味道”民间美食美物巧女秀活动，全市68位女能手（其中象山33人）参与集市活动。全年共举办“吉象芳华”电商平台、巾帼云带货直播、集市日等各类展销活动7场次，实现销售额100余万元。培育各级巾帼云创客200余人，创建巾帼创业创新示范基地20个。在与农村信用合作联社合作推出妇女创业贷款的基础上，拓宽金融支农渠道和覆盖面，与国民村镇银行开展妇女创业贷款合作项目，授信1亿元支持妇女创业。累计发放妇女创业贷款余额为2.3亿元，受惠创业妇女1300余人，为农村创业妇女发放小额贷款贴息15万元。扶持做好来料加工工作，发放奖励金50余万元。

【岗位建功】 发挥各级巾帼文明岗、各类巾帼示范基地的示范带动作用，推动城乡妇女岗位建功、岗位成才。在“象山女性”微信公众号设立巾帼文明岗专题宣传，展示了各级文明岗岗员在助力联防联控、复工复产、弘扬好家风等领域的先进事迹，激励妇女姐妹立足岗位，争做最美巾帼奋斗者。国家税务总局象山县税务局石浦税务所办税服务厅、象山县老年公寓护理部、象山县行政服务中心人力社保局分中心、象山影视城导游与服务部等荣获省巾帼文明岗称号，象山县公共交通有限公司公交驾驶员赖海燕荣获省巾帼建功标兵称号，象山县畜牧兽医总站站长陈淑芳荣获全国三八红旗手标兵称号。

【基层妇联组织建设】 开展特色妇女组织建设，成立象山县民宿女主人联盟，指导、服务、统筹全县巾帼民宿的发展；成立首个功能性妇联组织“东航渔嫂”妇联，以行业集聚为特点，实现妇联工作二次覆盖。同时通过渔嫂促进会、渔嫂护航团等社团组织指导开展女性素养提升、妇女权益维护、家风家训建设等活动，提升渔区家庭素养，促进渔业安全生产，服务渔区平安和谐。结合行政村规模调整和换届，专题部署村（社区）妇联换届选举工作，试点村换届观摩会指导全县村（社区）妇联高质量完成换届任务。

【关爱帮扶】 以“吉象芳华·巾帼战‘疫’”为主题的“展示、祝福、关爱、宣教、福利”五个篇章关爱活动共开展45场次。“爱心助农 鲜花接力 送巾帼最美抗疫人”活动，帮助泗洲头女能手销售鲜花，为全县妇联干部送去“三八”节日慰问。为一线医护人员及援鄂人员家庭寄送近万元的“三八”爱心大礼包34份；开展“特别的爱给特别的你”网络募捐活动，3天内为援鄂女性医务人员募集关爱资金5万元；组织女性行业带头人、家庭代表录制语音，隔空为援鄂及一线医护人员送去祝福和鼓励。县妇儿活动中心承接市、县两级购买服务项目，为基层680位老妇女主任送去健康讲座、养生茶话会等关爱活动和各类慰问物资7万余元。撬动社会资源，联合县民宿女主人联盟为老妇女主任和一线抗疫先进妇联干部免费提供66间民宿。组织各级妇联发动广大妇女及社会各界爱心人士开展“康乃馨”捐款活动，争取上级救助金，做好贫困“两癌”妇女救助工作，全年救助对象37人，发放救助金17万元。推动妇女安康保险工程，整合社会资源，为低保妇女安排免费安康保险300人，落实资金5万余元。圆满完成山海协作及东西部扶贫三年工作任务。赴遂昌县签订两地妇联美丽庭院、妇女帮扶等协作协议，走访慰问山区贫困妇女、看望遂昌县民族中学的少数民族学生，捐赠9万元物资。为敦化、龙井两地“两癌”困难妇女送去爱心捐款4万元，为龙井市福利院等机构送去冬衣、文具等6万元慰问品。牵头组织相关部门开展好县级领导“六一”慰问活动。发动全县各级妇联整合资源、发动社会力量，通过走访、赠书、文艺活动等形式开展“把爱带回家”特别行动，多形式多角度关爱困境儿童。如西周巾帼管理者联谊会组织慰问西周小学等困境儿童，看望结对学生；塔山幼儿园教师、家委会成员将“汇聚一堂·爱不缺席”爱心义卖活动所得款（7000余元）为困境儿童送去慰问物资。

（李静波）

象山县科学技术协会

【概况】 象山县科学技术协会（以下简称象山县科协）是县级学会、县属企事业单位科协组成的科技工作者的群众组织，是县委领导下的人民团体，是党和政府联系科技工作者的桥梁和纽带，是推动象山县科技事业发展的重要力量和科技工作者之家。

【疫情防控工作】 2020年1月27日，印发《关于开展新型冠状病毒感染的肺炎疫情应急科普工作的通知》，成立新冠肺炎疫情应急科普工作领导小组，召开专题工作会议布置落实相关任务，确保“疫情不解除，科普不掉线”。同时，配合全县疫情防控工作，抽调干部至复工复产服务指导、县疫情指挥部，做好相关工作。

【一线志愿服务】 与有关单位、县级学会、媒体等建立应急科普联动机制，组织相关应急科普资源生产和传播。各镇乡(街道)科协一线投身疫情防控工作，发动村、社区科普志愿者，做好疫情应急科普工作。县医学会、县中医药学会等组织会员全力投入疫情防控工作，在急诊、普通门诊、发热门诊和隔离点之间连轴转；县药学会组织会员通过发挥零售药店网络覆盖优势和早期监测作用，扩大疫情排摸覆盖面；县畜牧兽医学会针对农户鸡蛋、肉禽滞销难题，“私人订制”解决方案，组织社区团购和商超销售的方式，帮助销售滞销鸡蛋120吨；县科技人才联合会对400余名会员进行人员排摸；县室内设计师协会、县抗癌康复协会开展疫情募捐活动，共募集资金5万多元。

【科技经济融合行动计划试点】 围绕县委县政府的重大战略部署，聚焦“四群五链”建设的需要，对接宁波市科技经济融合计划试点工作，探索科技经济融合计划实施，新建园区科协组织1家，企业科协组织2家；在县科技人才联合会成立“人力资源服务组”，针对企业需求提供个性化服务；围绕农业转型产业升级需要，建立学会服务站联合体，打通农、林、牧、渔人才壁垒，整合共同资源，实施科技成果互享、信息资源互通、人才力量互助、科技难关互攻的科技助推乡村振兴行动。

【加强与院士的联络慰问】 春节前夕县长包朝阳，县委常委、统战部部长干维岳赴杭州慰问象山籍院士郑裕国；赴上海慰问象山籍院士俞建勇；赴广州慰问在象山设立院士工作站的林浩然院士。

【关怀服务援鄂医疗队员活动】 向18名象山援鄂医疗队员提供了2个月家庭后勤服务，为援鄂人员家属解决实际困难，使他们能安心一线救援工作。

【加强对学会的管理】 指导学会开展2019年度年检工作；探索社会组织参与社区治理现代化工作，围绕“红社领航·象益山海”主题，指导县级学(协)会参与社区治理现代化“项目式”“菜单式”服务，县青少年科技活动中心开设青少年科普课堂，县科技人才联合会全年为全县有关社区提供12场次的“健康身心”义诊项目。县抗癌康复协会党支部被县委新经济与新社会组织工作委员会、县民政局评为红领党组织；县科技人才联合会、县青少年科技活动中心被评为品牌社会组织；县果蔬专业技术协会朱雷仁被评为社会组织领军人物。

【举办中国白鹅产业技术高峰论坛暨产业扶贫交流会】 2020年10月16日，联合中国畜牧兽医学会宁波(象山)服务站举办“中国白鹅产业技术高峰论坛暨产业扶贫交流会”，推动白鹅产业扶贫工作，助力乡村振兴。

【承办宁波市第十一届学术大会海洋经济分会】 2020年11月27日，联合承办主题为“推进海洋生态建设、助力渔业绿色发展”的宁波市第十一届学术大会海洋经济分会。

【人才选树举荐宣传工作】 举荐优秀科技工作者参加宁波市“科技追梦人”活动，县中医药学会黄颂敏被评为浙江省“百名科技追梦人”、宁波市“十佳科技追梦人”，县畜牧兽医学会罗锦标、县医学会盛红被评为宁波市“科技追梦人”。余玉枝被评为浙江省“百佳企业科协工作者”“创新达人”，徐万土被评为浙江省“百佳企业科技工作者”“创新达人”。

【组织参省信息学奥赛】 组织学生参加浙江省信息学奥赛，浙江师范大学附属大目湾实验学校学生周禹卿获得浙江省一等奖。

【青少年科技创新大赛】 组织全县中小学生参加象山县、宁波市、浙江省青少年科技创新大赛，象山县选手取得成绩，获得省级奖项8项，其中省一等奖2项；宁波市级奖项46项，其中市一等奖8项。

表10 **2020年省创新大赛象山获奖名单一览表**

(创新成果)

序号	作品名称	选　手	辅导老师	学 校 名 称	奖　项
1	单圆孔易拔插头	史钰涵	江惠丽	实验小学	省一等奖
2	关于延长冰冻鲜鱼“保鲜期”的实践研究	何锦帆	汤朝霞	石浦镇中心小学	省二等奖
3	基于孢子集块技术在礁膜育苗中的应用试验	赖昱筱	朱文荣	象山中学	省二等奖

续表10

序号	作品名称	选　手	辅导老师	学　校　名　称	奖　　项
4	提高功率因数对电路变化的研究平台	赖治文 金　城 胡朝辉	胡　聪 林浩俊 林江南	象山县技工学校	省三等奖

（实践活动）

序号	作品名称	选　手	辅导老师	学　校　名　称	奖　　项
1	田园定塘，“红美人”飘香	定塘镇中心小学综合实践活动组	张　艺　吴国立	定塘镇中心小学	省三等奖

（少年儿童科学幻想画）

序号	作品名称	选　手	辅导老师	学　校　名　称	奖　　项
1	南极保护站	高　翔	蒋辰和	金星学校	省二等奖
2	独居老人的小伙伴	陈思羽	郑斐斐	涂茨镇中心小学	省三等奖

表 11　　2020 年象山县统计表

序号	项　　目	市　级		省　级		全　　国
		总得奖数	市一等奖	总得奖数	省一等奖	
1	创新大赛——创新成果	22	2	4	1	—
2	创新大赛——实践活动	4	—	1	—	—
3	创新大赛——科幻画	20	6	2	—	—
4	信息学奥赛	—	—	1	1	—
16	小　计	46	8	8	2	—

县工商联

【概况】 象山县工商业联合会（以下简称县工商联）是中华全国工商业联合会的地方组织，成立于 1953 年。2020 年，拥有 2418 家（个）会员，辖 18 个镇乡街道商会、8 个行业商会、4 个县外异地商会、2 个县内异地商会。

【县工商联十届五次执委（扩大）会议召开】 9 月 18 日，县工商联（商会）召开十届五次执委会会议。学习贯彻习近平总书记视察浙江、宁波考察时的重要讲话和对做好新时代民营经济统战工作的重要指示精神，回顾总结上一年工作，部署下阶段任务，表彰各类先进。县政协副主席、县工商联（商会）主席（会长）励茂平作工作报告，县委统战部副部长、县工商联党组书记苏峰主持会议。县工商联（商会）主席（会长）领导班子和执常委成员、所属商会会长、秘书长及工商联全体机关干部参加会议。会议审议通过了执委会成员退出机制，通报了常委会会议选举结果——增补常委 3 名、执委 1 名。

【上海象山商会成立】 12 月 27 日，上海象山商会成立大会在上海举行，大会选举宁波华翔电子股份有限公司董事长周晓峰为第一届理事会会长，龙元建设集团股份有限公司总裁赖朝晖为第一届监事会监事长。县委书记潘银浩到会祝贺并讲话。上海市闵行区委常委、副区长吴斌，省驻沪办副主任章春华，市驻沪办主任孙毅等应邀出席或参加相关活动。县委副书记、县长包朝阳，县人大常委会主任罗来兴，县政协主席俞骏，县委常委、县委统战部部长干维岳等出席会议。县政协副主席、县工商联主席励茂平主持会议。

【引导企业家主动参政议政】 发动界别组政协委员在县两会期间开展参政议政，作大会发言 1 次、提案撰写上报 16 个，其中列入县重要提案 2 个、县重点提案 2 个，开展政企恳谈亲清直通车活动4次，建诤言、献良策，广泛凝聚民营企业家群体创新智慧，既立足当前，聚焦企业复工复产等方面，又放眼长远，聚焦疫情过后治理体系和治理能力现代化水平的提升，经济社会发展秩序的快速恢复。

【参与新冠疫情防控工作】 派出机关干部3人赴兰湾社区支援基层防控。助力返工疫情管控，设置表格发至各基层商会，对接武汉宁波商会了解象山籍企业家返乡情况，确保管控人员零遗漏。利用官微、微信群，将市县的文件精神及时传达给会员企业，做好"上情下达、下情上传"。对接各种资源渠道帮助商会及会员企业采购物资，并倡议发动社会各界捐助和采购。全县工商联(商会)及会员企业累计捐款近2000万元，捐赠物资折价近400万元。为应对疫情影响，保障象山企业复工复产，县工商联党组书记苏峰任贵州用工招聘组组长，一行7人赴贵州开展对接工作，破解企业用工难题。

【新生代企业家培育工作】 贯彻落实县《关于做好新生代企业培育工作的若干意见》文件精神，专题举办"减税降费"政策解读培训等，组织赴余姚、三门等地开展红色教育；集中走访4批次12家新创会会员企业，了解运行情况。推荐2名新生代企业家参加全省"新生代企业家红色传承培训示范班"、推荐2名企业家参加"宁波市新生代企业家复旦班成长计划"。疫情期间，新创会发动会员企业捐款捐物，捐赠价值10万元的口罩用于本地疫情防控助力企业复工。与路桥区新生代企业家联谊会开展互学互访活动。成立新创会爵溪分会。

【启动亲清家园建设】 整合商会平台、民营经济服务中心、商会人民调解委员会和同心驿站、象商总会等资源，开启亲清家园综合服务平台实体化运作，注入多种服务项目，组织赴北仑学习考察亲清家园建设，开设线上平台，推进线下和网上的互动，推动县"营商环境提升年"活动和构建亲清政商关系落地落实。2020年9月，全国工商联副主席叶青率队第一联系调研组第三小组到象山专题调研亲清政商关系。

【创办《象商》杂志】 县工商联在广泛征求企业家及社会各界意见基础上，联合县主流媒体创办《象商》杂志。旨在搭建象山企业交流平台，传播象山企业文化，弘扬创业精神；传播象山企业形象，推广象山企业品牌，维护企业合法权益。杂志为季刊，主要围绕象商创业典范、经商之道、象山品牌、政策解读、县外的企业经营案例、商会工作等内容。《象商》第一期于2020年9月刊发，共发行1000本。

【搭建服务平台】 为助力商贸企业复工营业，活跃消费市场，在2020年5月、10月分别举办了第十届、第十一届家居建材博览会，两次活动共签订单3126笔，实际成交金额突破8200万元。联合县退役军人事务局打造"甬尚老兵·心心象荣"优抚联盟，通过政府引导，商户参与，让利于军，开创社会化拥军优抚新模式，打造刺激消费增长与践行拥军优属的"双赢"格局。联合中国人民银行象山支行在全县开展"百地千名行长助企复工复产"专项行动，排摸复工复产中有迫切需求的企业，特别是需要纾困的小微企业，形成对接清单。继续引导基层商会互助资金会的规范化运作，对2019年度10家商会给予财政专项奖励160万元的发放。2020年，互助资金会累计周转资金3.83亿元，周转252次，帮扶84家中小微企业缓解融资困难。

【"浙里汇"平台象山馆开馆】 2020年11月21日，"浙里汇"平台象山馆开馆仪式在商会大厦举行，县政协副主席、县工商联主席励茂平出席活动并揭牌。县供销联社、县商务局、县经信局、37°湾—象山科创中心等单位领导出席活动。镇乡(街道)商会、行业商会、县内异地商会会长、秘书长、企业代表等30余人参加活动。"浙里汇"平台象山馆为拓展浙江省对口扶贫地区及省内26个加快发展县的农特产品的本地市场，提升对口地区特色农产品品牌知名度、帮助省域特色农产品打开销路、提升销量，助力对口建档立卡贫困户脱贫攻提供了展示和线上销售平台。

(夏喜燕)

残疾人联合会

【概况】 2020年是建成小康社会和"十三五"规划收官之年，是贯彻落实上级残联要求、推动县残疾人事业高质量发展的开局之年。象山县残联高举习近平新时代中国特色社会主义思想伟大旗帜，贯彻落实中共十九大和十九届二中、三中、四中、五中全会精神以及习近平总书记关于残疾人事业重要论述精神，在县委、县政府的正确领导下，落实省、市残联工作部署和县委高水平推进县域治理现代化部署要求，紧扣残联"代表、服务、管理"职责，着力抓好各项改革，聚焦残疾人脱贫攻坚，凝聚社会合力，创新服务方式，提升服务能力，确保实现"建成小康社会，残疾人一个不能少"目标，提高广大残疾人的获得感、幸福感和安全感。

【政治建设加强】 学习习近平新时代中国特色社会主义思想，组织开展县委十四届八次全会精神学习研讨，明确目标使命。推进"不忘初心、牢记使命"主题教育学习常态化，严格落实周二夜学制度，筑牢思想之基。落实"一岗双责"，开展清廉残联建设，修订内控制度，筑牢拒腐防变防线。加强与龙井、敦化两地残联协作，助力315名建档立卡残疾人实现脱贫。

【残联改革走深走实】 贯彻落实上级群团改革精神，准确把握"增三性、去四化"(增强"政治性、先进性、群众性"、解决好"机关化、行政化、贵族化、娱乐化"问题)要求，出台《象山县残联改革实施方案》。组织开展"基层组织建设年"活动，落实镇乡(街道)残联理事长与工青妇等人民团体负责人同等政治待遇。加强专门协会建设，建立县残联领导联系协会制度，完善协会运行管理，确保协会履行“代表、服务、维权、监督”职能。

【智慧助残实现突破】 首次推行二维码预约残疾评定模式，首建“集中评+上门评+住院评+异地评”四评联动机制，优化残疾评定秩序，群众满意度大幅提升。县委改革办、县残联联合出台《象山县全链条全周期助残扶残实施方案》，建立“1张残疾证办理+多部门联动服务+一个残疾人不少”的“1+X+1”模式，形成一证通享、部门联办、镇村协办的全链条全周期助残服务机制。实现16个助残服务事项“零跑腿”，7个助残服务事项“跑一次”。

【规划编制谋深谋实】 坚持早部署、早启动要求，成立“十四五”规划编制工作领导小组，系统谋划推进课题调研、意见征集等工作。严格按照统一标准、口径和方法，组织开展残疾人基本服务状况和需求信息动态更新，实时了解、实时反映残疾人状况，提供服务和需求数据，为“十四五”规划编制提供决策依据。同时，推动残疾人相关工作纳入县“十四五”规划总体安排和各相关专项规划。

健康安全底线全力守护。按照疫情发展态势，部署残疾人证办理、残疾人之家管理等工作，严格落实残疾人服务机构全封闭管理规定。重点排查、访视重度残疾、一户多残、老残一体等残疾人家庭的照护情况，做好春季期间精神残疾人免费服药救治工作，全县没有发生冲击社会道德底线事件。

【疫情防控有序推进】 按照疫情发展态势，部署残疾人证办理、残疾人之家管理等工作，严格落实残疾人服务机构全封闭管理规定。重点排查、访视重度残疾、一户多残、老残一体等残疾人家庭的照护情况，做好春季期间精神残疾人免费服药救治工作，全县没有发生冲击社会道德底线事件。坚持“越是非常时期越要服务好残疾人”工作理念，7×24小时全时段值守全县残疾人维权热线“12385”，每月及时发放困难残疾人生活补贴和重度残疾人护理补贴1.6万人次，及时纾困解难。组织开展“两问两送”（问健康、送关爱，问需求、送服务）活动，开展配药送菜、护理照料等代购、代办、代跑“三代”服务，惠及2130余人。为满足疫情期间患者康复需求，康复医院专门开辟“在线问诊咨询”平台，在线问诊服务累计1040人次。有序推进全县“残疾人之家”与盲人按摩机构复工复业，助残机构开展指导、帮助，严格落实复工复产疫情防控各项规定，确保人员安全、运行稳定。参加县委县政府疫情防控复工复产专项工作累计29人次。

【民生保障落实】 残疾人“两项补贴”年度发放5454万元，困难生活补贴惠及0.68万人，护理补贴惠及0.92万人。发放学费补助35.06万元，惠及47名残疾学生（儿童）和困难残疾人家庭子女。残疾人意外伤害保险和残疾人服务机构综合保险全覆盖，1.72万名残疾人和12家残疾人托养机构参保。残疾人之家机构补助资金发放265.37万元，惠及智力、精神及重度残疾人341名。为13户困难残疾人家庭大病医疗补助资金发放34650元。19户困难残疾人家庭落实安居工程与净居亮居改造资金19万元，中国狮子会浙江正力志愿服务队协助改造并捐赠家电家具，改善残疾人居住环境与生活品质。

【就业创业强势推进】 推进党政机关事业单位带头安置残疾人就业，新招录残疾人事业干部1名。疫情形势下，创新残疾人就业服务方式，会同县人社局、县民政局举办第十二届残疾人就业线上直播专场招聘会，35家爱心企业推出66个岗位，关注人次达1.05万人次，42名残疾人达成就业意向。第29个“国际残疾人日”，联合县统战部网联会三思桥志愿服务团队开展“象山县助力残疾人文创作品直播活动”，宣传残疾人自立自强的创业精神，推销残疾人手工艺品60余件，帮助创收5000多元。建成天星汽配、百易东和等5家工疗车间，新增中轻度智力、精神残疾人就业207名。创新职业技能培训形式，“线上+线下”双轨推进，培训400余人次。开展“四访四助”（走访困难残疾人危房户，助力其危房改造；走访年家庭人均收入8000元以下困难残疾人，助力其基本生活保障提升；走访未就业残疾人大学生，助力其就业创业；走访居住环境“黑脏臭乱”困难残疾人家庭，助力其净居亮居。）专项行动，9名有就业意愿的残疾人大学应届毕业生实现100%就业。

【省民生实事超额完成】 为改善残疾人家庭生活质量，及早部署，排摸，规范流程，开展“量体裁衣”式改造，完成困难残疾人无障碍改造127户，完成率达到110%。以新建工疗车间与提升敬老院残疾人之家两种方式，因地制宜、高质量推进星级“残疾人之家”提升改造工程，全年共改造提升残疾人之家6家，新增庇护性生活照料服务150人。

【康复服务】 落实儿童抢救性康复补贴政策，281名残疾人得到基本辅具适配和维修服务，1313名精神残疾人实现门诊免费服药，全年康复补贴发放资金达到153万元。配合卫健局完成残疾人家庭医生签约服务11228名，签约率85%。县康复医院注重人才培养、特色建设，开展“6S管理”，树立康复服务品牌，全年累计康复服务13132人次。建成爵溪、西周等4家社区康复指导站，形成“专业机构+社区+家庭”三位一体的康复服务网络。开展康复宣传“六进”活动，首次在文峰学校与丹城六小开展青少年脊椎侧弯筛查与诊治试点工作，促进“健康象山”建设。

【权益保障】 落实各项惠残政策，维护残疾人合法权益。发挥残疾人法律救助站作用，多措并举畅通群众诉求渠道。推进“首问负责即问即办”工作，做到“件件有回音、事事有落实”，残疾人信访满意率100%。

【文体活动】 开展文化助残“五个一”工程和特殊文艺“六进”活动，惠及残疾人918人次。组织参加第三届省残疾人书画大赛,1 人获奖。依托象山民盟“助残·同心服务基地”,组建“向阳花开”残疾人声乐合唱队,开展送春联送祝福活动。组织盲人协会、肢残协会赴黄避岙、墙头开展“迎亚运、健步走”“有爱无障、共享发展成果”活动,会同丹东街道举办“迎亚运、展风采”残疾人趣味运动会,丰富残疾人精神文化生活,共享高质量小康生活。

残疾人事业宣传飞跃提升。借助各类公共信息平台,加大残疾人事业宣传力度,全年推送助残惠残等各类信息 227 篇。人民日报、中国蓝新闻、宁波晚报、象山电视台、当日象山等媒体报道 20 余篇,省残联、市残联、县委县政府等录用 58 篇。县康复医院院长高萍、定塘爱心阳光家园陈忠芬获第七届最美象山人荣誉称号。推荐 1 对残疾人参加首届省残疾人集体婚礼。

【“阳光助残”行动】 县政协陈春静委员工作室,以“搭建爱心舞台,共创温情世界”为主旨,开展残疾人励志、教育、文化等助残项目。“送教上门”服务品牌擦亮,送教范围从丹城城区扩展到新桥、贤庠等乡镇,惠及 38 个居家重度残疾儿童。第 30 个全国助残日,爱心人士史川捐赠 100 万元,成立全市首个残疾儿童专项帮扶基金——“向日葵”慈善助残基金,惠及 43 名残疾儿童。县政协、县传统文化促进会、县慈善总会联合捐赠儿童国学经典吟诵机 240 台。各镇乡(街道)残联纷纷开展形式多样的助残活动,助残惠残氛围浓厚。

【无障碍环境建设】 参与全国文明城市创建与亚运城市提升行动,开展无障碍环境建设知识宣传。创建省级无障碍社区 1 个。主动发现无障碍环境建设存在问题,调研撰写《象山县无障碍环境建设的调研与思考》,获包朝阳县长批示、肯定,俞骏主席高度关注,将此编入县政协十届五次全会参政议政材料,转化为政协提案。

(章瑞燕)

法　治

政法委及综治

【概况】 2020年，县委政法委围绕“两手硬、两战赢”，紧扣县委、县政府中心工作要求，发挥职能作用，全力以赴战疫情、防风险、护安全、保稳定，高标准推进市域社会治理现代化试点工作，项目化推进平安建设专项整治，坚决打好扫黑除恶专项斗争收官战，开展执法司法规范化水平提升年活动，各项工作均取得成绩，社会面安定有序。全县刑事立案2332起，同比下降20.7%，其中盗窃立案815起，同比下降49.1%；全县四级走访总量719人次，同比下降18.5%，集体访119批1376人次，同比分别下降16.7%、36.2%，实现进京“零非访”；发生各类安全生产事故12起，同比下降14.3%；火灾发生数88起，同比下降32.3%；办理审查批捕案件221件417人，办理移送审查起诉案件668件1047人。受理各类审判执行案件18284件，办结案件18805件，一线法官人均结案373.4件；各级人民调解组织化解各类矛盾纠纷4953起，调解4943起，调解率达99.8%。

【维护社会安全稳定】 面对“月月有安保、周周有维稳”的严峻形势，全年累计启动等级响应197天，圆满完成各级两会、省委巡视组驻象山、开渔节、国庆中秋等重大活动和重要节点及行政村规模优化调整、村社组织换届等的维稳安保任务，保持全县疫情防控、复工复产和社会稳定大局向好态势。委机关直接参与防疫指挥专班，“一中心四平台一网格”发挥作用，全县政法干警、治保干部、网格长奋战一线、联防联控，打出防疫、维稳、法治、服务“组合拳”，牢牢掌握防疫主动权，县新冠肺炎疫情控制最好、影响最小。针对疫情后可能出现的新矛盾新问题，未雨绸缪、主动应对，由政法委牵头组建调研团队专题分析研判，形成高质量调研报告，为县委、县政府决策做好参谋，推动补短板强弱项防风险专项行动落实，在全市最早启动涉疫情风险防控，挂图作战推进21项具体措施，累计排查化解各类不稳定问题262件，确保面上可控。常态化推进维稳安保，维稳专班高效指挥、研判、严密督查，累计开展日会商145次，研判涉稳信息1300余条，发布预警信息320余条，协调重大涉稳事件35起、网上舆情47起。累计排查相关重大项目涉稳风险79条、矛盾纠纷63条，及时交办处理涉村社组织换届信访件269件，确保中心工作推进。依法妥善处置重大矛盾纠纷和群体性上访事件，第一时间介入协调，及时平稳处置非正常死亡事故，扭转历年来“逢死比闹”现象。开展扫黑除恶“十大专项行动”和“六清”行动，加快线索清仓，违法犯罪打击，突出办案质量，重点行业领域专项整治。2018年以来，全县共侦办涉黑涉团伙45个，破获涉黑涉恶刑事案件1200余起，查处认定“保护伞”17人，采取强制措施1157人，逮捕起诉以上906人，判处涉黑涉恶案件52件182人，冻结扣押非法资产5.68亿元，总体成绩名列全市前茅。

【平安象山建设】 特色化执行“一督查一测评两通报”和每月平安建设动态预警机制，实体化运行平安（反恐）专班，实施脉冲式督导，采用实时提示、问题抄告、检查反馈、集体约谈、挂牌整治等方式确保问题整改常态化，全年发现并整改问题960余处。督促开展道路交通安全集中攻坚行动，全县道路交通事故同比下降12.9%。推进“两小企业”消防生命通道畅通工程专项整治行动，火灾数同比下降32.4%，消防安全问题得到控制。防范打击电信网络诈骗，累计挽损1700万余元。助力健全涉海涉渔安全管理体系，渔业安全生产形势基本稳定。规范和拓展24项系列平安创建活动，实行目标化管理、项目化推进、标准化考核，“积小安为大安”。健全“平安渔港”区域治理体系，完善渔业安全智能化体系，全省首创渔船进出港雷达识别系统、渔船动态管理体系等“四大系统”为一体的“智慧渔港”管理平台。全县3家医疗健康集团总院创建省级平安医院，“平安校园”实现360度全景监管，智安小区创建经验在全市推广。优化平安宣传质效。围绕“共建平安象山、共享象山平安”主题，开展平安宣传集中活动。刚性贯彻“六滚动、六比见、六比有、六比挂”标准，整合宣传资源，固化宣传阵地，营造“全域覆盖、全民共建”氛围。推广干部职工“1包10”“小喇叭”、平安宣讲团等人群“包干”工作法，“穿靴戴帽”组织平安夜巡逻、平安问卷调查等，促进“平安三率”稳步上升。在近期全市群众安全感第二次预调查中，县总体群众安全感96.7%，电诈防范知识知晓率92.1%，平安创建活动参与率83.1%，相关指数均居全市前列。

【试点创新工作】 以市域社会治理现代化象山试点建设工作为契机，高标准设计、集成化实施，抓好“三层级两示范”引领项目推进，谋划社会治理示范布局，投入600多万元专项经费，加快六个示范点打造，取得显著成效。“村民说事”，筑牢基层治理“桥头堡”。推动村民说事与基层治理各项制度相融合，90%的村达到规范化创建要求。推进“村民说事”国家标准体系建设，高分通过省级标准化试点工作，国家级标准化试点创建正有序推进。加强村级小微权力管理，实现村级监察联络站全覆盖，清廉村居建设在“清廉宁波你我同行”活动中作首站介绍。加快“乡贤回归”助推乡村治理，“乡贤参事”经验入选全省统战工作实践创新优秀案例，在全省推进会上作经验介绍。开展全县信访“四无村”创建，工作经验在全市推广。完善乡村法治实践平台，创新探索乡村法治“五个一”工程，新时代文明实践中心建设试点在全国工作座谈会上作经验介绍。拓展乡村自治创新平台，自主研发“村民E说通”信息系统，提升“村民说事+网络+网格”工作机制。推广“大徐经验”，建强镇乡治理“中坚层”。实施“大徐经验”与“一中心四平台”治理机制融合，确保矛盾纠纷调处“日汇总、周研判、月分析、季通报”制度落地。“代表督事”制度，经验做法在全市推广。县级部门派驻机构属地管理，完善镇乡街道事权清单管理，推进镇乡街道强权赋能。社区、社会组织、社会力量“三社联动”，多元参与社会治理活力增强。丹西街道、大徐镇作为全市矛盾纠纷化解试点镇街，经验做法得到推广和提升。围绕群众诉求，构建三级治理“指挥链”。紧抓矛盾纠纷调处化解“最多跑一地”改革这个“牛鼻子”工程，建成“一窗受理、一揽子调处、一条龙服务、全链条解决”的规范化县级矛调中心。2020年，县矛调中心共接待群众3183批、6177人次，办结信访事项3162件、办结率99.3%。镇乡街道矛调中心规范化建设实现全覆盖。其中，爵溪街道矛盾纠纷调处化解机制做法在全市镇乡矛调中心建设现场会上作经验交流。健全“警网融合”机制、规范网格事务准入、推进多元力量参与网格治理，县镇村三级一线回应办理群众诉求29966件，按期办结率达99.8%。

【优化政法队伍素质形象】 抓好专业建设，提升战斗力。实战锻炼，开展政法干警学习轮训、岗位“大练兵”“技能大比武”等系列活动，提升干警业务能力和专业领域办案能力。开设政法干警大讲堂，举办读书会、法律沙龙、主题征文、主题演讲等活动，法律支撑和治理能力提升。推进“政法铁军下基层”等活动，落实青年干警轮班接访制度，提升政法干警基层服务能力。公正执法司法，提升公信力。开展执法司法规范化水平提升年活动，重点围绕执法司法理念、行为、作风及制约监督等五个方面，比照排查问题清单，完善或新建制度52个。推进诉源治理工作，发挥“五调联动”机制作用，完善立案、诉前调解机制，将更多矛盾纠纷解决在非诉讼机制中。探索立案、审判、执行协调配合机制，推进认罪认罚从宽制度，加大刑事和解力度，加快推动案结事了。注重实战应用，提升政法智能化水平。着力政法领域改革，推进政法一体化单轨制办案应用，增拨专项经费448万元，推动政法各单位在单轨制协同办案中齐抓共管，县数字卷宗单轨制协同办案模式推广应用专项指标排名位全市前列。运用ODR平台在线调解矛盾纠纷，让群众足不出户就能解决矛盾，年内共受理案件5654件，调解率76.7%。雪亮工程建设，重点公共区域、行业领域视频监控全覆盖，农村覆盖率达100%，联网率达90%以上。

公　安

【概况】 2020年，象山县公安局在象山县委、县政府和市公安局的坚强领导下，围绕中心、忠诚履职、拼搏奉献，在全年工作中经受了系列重大考验，构建符合亚运新时代要求、与高水平推进全县治理现代化相匹配的现代警务模式，为建设宁波现代化滨海城区创造更加安全稳定的社会治安环境。是年，该局共接报警情9.6万余起，与上年相比下降5.6%，刑事立案2517起，与上年相比下降3.71%，其中盗窃案件立836起，与上年相比下降22.23%；命案发2起、破2起，连续12年实现破案率100%；破获刑事案件522起，采取刑事强制措施1609人，查处治安案件1976起，行政处罚2763人。年内，该局综合实绩评估居全市第二，荣获全市公安机关主要业务指标月度排行工作年度总榜领跑者大奖，连续5年获评全市优秀公安局。共有1人获评“中国好人”称号、1人获评省级平安建设先进个人、1人获评全市“六争攻坚”好干部、1人获评全市优秀党员、2人获评全市抗疫先进个人，1个集体荣立二等功，6个集体、48名个人荣立三等功，15个集体、102名个人获嘉奖，该局获评全省抗疫先进集体，其中禁毒大队获评全国禁毒工作先进集体。

【开展疫情防控】 2020年，象山县公安局坚持“疫情就是命令、防控就是责任”，最早最严在全市开展24小时设卡查控和拦截劝返工作，累计投入警力10余万人次，第一时间拦截劝返高危人员755人，集中隔离4673人、居家隔离3890人，运用“大数据+网格化”手段，实现隔离对象“零失控”。重点围绕涉及该县的相关确诊对象，穷尽资源手段，全方位追踪活动轨迹，确保接触及关联对象零遗漏。全国多地再次暴发疫情后，该局以最快速度研判落地9万余条风险人员数据，全力将疫情输入性风险降到最低点。强势推进“净海”行动，高效运作精密智控机制，管好“海门”“小门”。2020年，该县确诊人数2例，为全市各县市区最少，疫情防控精密智控成绩居全市第一，该局获评全省抗疫先进集体，该局精密智控指数工作组获评全市抗疫先进集体。

【保障党政中心工作】 2020年，象山县公安局以护航该县东陈垃圾焚烧项目和沼气综合利用项目作为重大政治责任和中心工作任务，实现“零阻工、零信访、零聚集、零打击”的终极目标。聚焦聚力该县行政村（社区）规模优化调整和村级组织换届选举工作，及时处置苗头性矛盾纠纷，并全力配合党委、政府做好各项工作。

【反恐安全设防】 2020年，象山县公安局坚决维护意识形态领域安全，全年未发生有重大影响的涉政谣言案事件。反恐安全设防，加强沿海区域“海上封控”能力建设，固化出境通道排查管控机制，保持涉恐重点人100%管控，坚决守牢暴恐案事件零发生底线。

【全力攻坚大要案件】 2020年，象山县公安局依法从重从快打击严重刑事犯罪，全力维护社会治安和谐安定。坚定“命案必破”理念，全年命案发破2起，并破获28年前和9年前的命案积案各1起，连续12年实现命案全破。快侦快破放火、爆炸、劫持、绑架、强奸等“五类”重大刑事案件11起，同比下降26.7%，以100%破案率提升广大群众安全感。

【决胜扫黑除恶专项斗争】 2020年，象山县公安局决战决胜扫黑除恶专项斗争，全力向“象山无黑”总目标发力冲刺，共采取刑事强制措施346人、逮捕起诉241人，其中225名采取刑事强制措施的为小黑小恶对象，占65%。扫黑除恶综合实绩位居全市第一，并作为全市唯一一家公安机关，被推荐评选全省扫黑除恶专项斗争先进集体。

【严厉打击侵财犯罪】 2020年，象山县公安局对群众反映强烈的侵财型案件保持高压严打态势，提前谋划、开展“雷霆一号”“云剑攻坚一号”等侵财型专项行动，共破获刑事盗窃案件280起、诈骗案件160起，刑事强制563人。将防范打击电信网络诈骗等新型案件作为重中之重，共破获本地电信网络诈骗案件126起，破案率位居全市前列，采取刑事强制措施306人，同比上升69%，打击治理电信网络新型犯罪工作绩效位居全市第一。

【纵深推进扫黄禁赌】 2020年，象山县公安局以“面上清零、根上清除”为整治目标，治理涉黄涉赌社会丑陋现象，肃清社会风气，共破获涉赌案件112起，采取刑事强制措施186人，行政处罚302人；破获涉黄案件75起，刑事拘留45人，行政处罚236人，该县黄赌警情1836起，同比下降40.6%。

【创建禁毒示范点】 2020年，象山县公安局以提升县域毒品治理现代化水平为目标，创建“省级禁毒示范县”，全市仅两县市；该局禁毒大队在全国禁毒工作会议上被国家禁毒委授予“全国禁毒工作先进集体”称号，全省仅两县，在此基础上，坚持示范引领，在县级层面出台《象山县禁毒示范创建工作2020—2022年三年计划》；坚持以打开路，查处吸毒对象199人，强戒41人，移送起诉45人；坚持以管促防，通过开发信息化管控平台，620名社戒社康人员管控率达到100%，提升社会化管控整体智治水平，全链开创象山禁毒工作新局面。

【维护经济秩序】 2020年，象山县公安局坚持围绕中心、服务大局，对恶意逃废债、传销型、涉众型经济犯罪等坚持从重从快、严厉打击，共抓获犯罪嫌疑人166人，提请刑事拘留80人次，取保150人次，逮捕19人次，移送起诉107人次，紧盯破坏营商环境、侵害企业合法权益等各类犯罪活动，维护市场秩序良性循环，为民营经济健康发展提供更强力的保障和更优质的服务。

【创建“枫桥式公安派出所”】 2020年，象山县公安局以“全所提升、五所示范”（丹西所、石浦港区所、新桥所、东陈所、西周所）为引领，在2019年丹西所、石浦港区所被市局评为市级“枫桥式公安派出所”的基础上，秉承助推石浦港区所推荐为省级“枫桥式公安派出所”重点培育单位，推荐新桥所参与市级“枫桥式公安派出所”评选。以“枫桥式公安派出所”创建和“百万警进千万家活动”为抓手，开展平安建设、防范电信网络诈骗、疫情防控等宣传，累计走访家庭16839户，企业11785家，受众10万余人。主动宣传选树“好民警、好辅警、好故事”，新桥所社区民警郭克亮荣登“中国好人榜”，优秀事迹在多方媒体广为刊登；在全市社区警务工作进行交流会上，该局社区民警（石浦所、新桥所）代表发言并均荣获三等奖；警调衔接制度，完善人民调解驻所工作室，实体运作“两代表一委员”驻警联络站，累计衔接矛盾纠纷1552起，化解矛盾纠纷1321余起；派出所工作平台与“E宁波综合信息平台”实现联动，流转处置各类事件423条，高效互通、分类，靶向处理。

【聚力交通安全整治】 2020年，象山县公安局坚持“人民至上、生命至上”的工作理念，集中开展道路交通安全攻坚行动，狠抓重点纠违、上路管事、基础管控等工作，一体推进14个道路交通安全隐患治理项目，提高交通事故预防、城区疏堵保畅能力，全力减少事故数、压降伤亡率，共发生道路交通事故2.03万起，同比下降12.9%。打击驾乘“三小车”未戴安全头盔、“工程车”超载超限超速等6大类17小类“两类车”突出违法行为，累计纠违12.58万起，其中查处驾乘电动自行车未佩戴安全头盔6.25万起，工程车超载超速771起，该县“三小车”亡人事故数同比下降23.3%。该县全年交通事故实际死亡人数68人，亡人数同比下降18.1%，交通安全综合治理工作居全市第一。

【深度清理行业场所隐患】 2020年，象山县公安局以县居住出租房安全生产（消防）专委会牵头单位为契机，强力推进居住出租房安全隐患整治。累计排查登记居住出租房20470户，清退4049户，完成安全隐患整改13597户，特别是1613户10间以上群租房安全隐患整改率达到99.5%，火灾警情与2019年同期相比下降50%。未发生出租房屋重大财产损失和伤人火灾安全事故。狠抓寄递行业“三个100%”（寄运品100%“先验视、后封箱”，寄递物流活动100%实名制，邮件快件100%通过X光机安检）安全监管制度，发现并整改隐患问题23个，实现该县寄递渠道安全平稳；联系住建、行政执法部门建立瓶装燃气行业监管情报互通、联合查处工作机制，联合查处非法储存、运输、买卖燃气案件3起，行政处罚5人。整治危化品领域突出问题，坚决守住该县危爆安全领域不出事底线。

【推进信息化建设】 2020年，象山县公安局“雪亮工程”建设，建设并整合联网视频监控，全县重点公共区域的视频监控覆盖率达到100%。建设“智安小区”189个、智能警务亭8个，借助“智安小区”平台搭建社区数据汇聚中心，获取全县60个小区的社区类数据。创新开展“微卡口”建设，在农村、偏远等地区灵活布建低成本的微智能摄像机，全力消除视频盲区、轨迹断点。快速推进“智慧港区”“智治影城”纵深建设，打造具有象山辨识度的“整体智治”半岛品牌。

【“最多跑一次”改革】 2020年，象山县公安局坚持以人民为中心，以企业和群众需求为导向，聚焦“掌上办事”和“掌上办公”目标，高标准、高质量推进政府数字化转型，依托“浙政钉”开设“内跑办事专区”，对接“互联网+政务服务”2.0平台，高效梳理维权申请、人民警察证申领、婚丧报备事宜申报、执法办案系统权限开通、一代证底卡查询等特色事项10个，该局86个总事项接入政务服务2.0平台，为民警提供统一的掌上办事入口，政务服务办件线上受理率达到90%，掌上执法率达到100%，机关内部非涉密事项达93%，实现非涉密程序性审批事项“一窗受理、一网通办”100%“零跑”，提升办事实现率、满意率。

【纵深推进“最多访一地”工作】 2020年，象山县公安局信访“最多访一地”改革工作，集中梳理历年涉警信访积案46件，逐案落实领导包案，对有理涉警信访，竭尽全力依法侦办，并用足用好补偿、赔偿、赔礼道歉等手段进行化解，以诚挚态度赢得信访人理解，让信访人在救济渠道上感受到象山公安执法的公平正义，在情理上获得满足，推动有理信访清零。针对无理信访对象，加强和上级部门沟通对接，依法终结信访。累计化解积案44件，化解率达95.7%，信访工作绩效位居全市第一。

【政治建警】 2020年，象山县公安局始终把理想信念教育摆在首位，围绕学习中共十九届五中全会精神和习近平总书记重要训词精神，加强“四个意识”、坚定“四个自信”、落实“两个维护”，提高思想政治工作的时代性和感召力，队伍正规化考核居全市第三。

【从严治警】 2020年，象山县公安局着眼规范管理，坚决杜绝“灯下黑”，加强队伍作风建设，整治队伍突出问题。用好用活监督执纪，共立案查处涉违纪案件民警6人，其中党内严重警告3人、党内警告2人、行政警告处分1，加速查摆问题，完善监察漏洞，筑牢民警忠诚干净担当的思想基础，在该局营造“清廉公安”建设氛围。

【从优待警】 2020年，象山县公安局加速提升基础设施水平，有序实施该局侦查办案中心、爵溪所、墙头所、鹤浦所业务技术用房，以及看守所地下管网改造等12个项目建设，新建营房首先确保城区派出所一人一床、农村派出所一人一房。坚持正确的选人用人导向，选出一批德才兼备、实绩突出、敢于担当的民警到干部队伍中来、落实“减员增薪”计划，内部挖潜，将节约经费向技术含量高、急难险重岗位的辅警倾斜。

【法治强警】 2020年，象山县公安局执法规范化建设，推进政法一体化办案系统单轨制市级试点工程。执法主体力量建设，29名民警通过高级执法资格考试，20名民警通过国家法律职业资格考试，执法质量和执法公信力稳步提升。该局执法质量考核全市第一，代表宁波参评全国执法示范单位。2020年，该局执法规范化考核均居全市第一，连续3年法规范化考核均居全市第1，连续9年获评全省优秀执法质量单位。

（朱俊）

检　察

【概况】 2020年，象山县人民检察院设有政治部、办公室（挂司法警察大队牌子）、第一检察部、第二检察部、第三检察部、第四检察部、第五检察部、第六检察部、第七检察部（挂公益损害与诉讼违法举报中心牌子）9个内设机构，石浦检察室1个基层检察室。全院共有在编干警74人（政法编制69人、事业编制5人），司法雇员11人，其中员额检察官29人，新入额2人，退额6人，本科以上81人，占95.3%，硕士研究生12人，占14.1%，博士研究生1人。2020年，象山县人民检察院在县委和上级检察院的领导下，在县人大及其常委会的监督下，在县政府、县政协及社会各界的支持下，以习近平新时代中国特色社会主义思想为指导，贯彻中共十九大和十九届二中、三中、四中、五中全会精神，领会习近平总书记考察浙江、宁波重要讲话精神，推进“四大检察”协调发展，提升司法规范化水平，加强检察队伍建设，各项工作取得新进展。全年共受理提请批准逮捕案件383件710人，受理移送审查起诉案件748件1184人。经审查，批准逮捕240件438人，同比下降43.5%和18.9%，提起公诉560件878人，同比下降14.2%和6.4%。2020年，共获得集体和个人县级（含）以上荣誉60项，其中国家级荣誉4项、省级荣誉10项、市级荣誉34项。

【打击刑事犯罪】 履行批捕、起诉职能，严厉打击妨害社会管理秩序犯罪，批准逮捕黄、赌、毒犯罪嫌疑人126人，起诉82人，其中涉跨境开设赌场犯罪嫌疑人120人。重点打击涉众涉网犯罪，批准逮捕电信诈骗、侵犯公民个人信息等犯罪嫌疑人82人，起诉135人，其中办理以股票投资、网络交友等为名实施的电信诈骗犯罪27件82人，挽回经济损失近千万元。落实监察法与刑事诉讼法衔接措施，凝聚惩治腐败工作合力，依法逮捕犯罪嫌疑人3人，起诉

12 人。紧盯司法重点环节，提升线索发现能力，协助查办 7 名原辅警滥用职权案。

10 月 26 日，象山县人民检察院与县工商联共同举办“服务‘六稳’‘六保’护航民企发展”检察开放日活动（方芳　摄）

【扫黑除恶专项斗争】　落实全省检察机关“扫黑除恶决战决胜年”行动方案，完成“案件清洁”任务，批准逮捕涉黑涉恶犯罪嫌疑人 39 人，起诉 130 人，妥善办理受害人近百名的董某等恶势力犯罪集团“套路贷”诈骗案。突出“破网打伞”“打财断血”，深挖彻查“保护伞”，移送线索 2 条，开展涉黑涉恶罪犯财产刑执行专项监督 75 人。针对办案中发现的执法管理问题，依法监督纠正，推进扫黑除恶长效常治。

【全力抗击疫情】　严厉打击涉疫犯罪，集中力量快捕快诉，起诉生产销售伪劣口罩等犯罪 5 件 6 人，提起民事公益诉讼 3 人，遏制妨害疫情防控的违法犯罪滋生蔓延。响应疫情防控工作要求，组织 80 余名检察人员下沉一线执勤，在 11 个小区、3 个行政村、2 个高速口参与联防联控 700 余人次，服务时长达 1000 余小时。

【助力复工复产】　护航民营企业，明确涉民营企业刑事案件办案规则，推行涉企案件办理公开听证，对犯罪情节轻微、退赃退赔的涉案企业重要岗位人员，不起诉 6 人。加强涉罪企业人员羁押必要性审查，建议变更强制措施 3 人，促成 170 余名员工到岗就业。制定《主动参与优化营商环境建设的十条意见》，依法为经济健康发展提供司法保障。

【服务“六稳”“六保”】　重点打击破坏市场经济秩序犯罪，批准逮捕企业反映强烈的强迫交易、合同诈骗、挪用资金等犯罪嫌疑人 10 人，起诉 11 人。知识产权保护，移送起诉仿冒天安驰名商标等侵犯知识产权犯罪嫌疑人 10 人。护航海洋经济发展，联合出台《关于惩处非法捕捞水产品案件的会议纪要》，依法办理非法捕捞水产品等涉海涉渔犯罪嫌疑人 38 人。维护金融管理秩序，起诉违规发放贷款、骗取贷款等犯罪嫌疑人 10 人，针对某金融企业治理结构不完善、违规操作多发等问题，发出检察建议督促整改。联合人民银行象山支行建立金融检察联动机制，出台《加强金融检察联动工作座谈会纪要》。与县工商联共同举办“服务‘六稳’‘六保’护航民企发展”检察开放日活动，走访重点企业和重点工程，提高风险排查评估和防范化解意识。

【参与基层治理】　落实县委“一线攻坚‘三服务’、争先创优促发展”活动，选派 2 名干警赴茅洋乡开展指导督导和攻坚帮扶工作，组织 47 名干警上海岛、进渔村，排查风险隐患，化解矛盾纠纷。服务基层组织建设，保障行政村合并和村级组织换届，提供犯罪记录查询

8 月 18 日，宁波市、象山县两级检察机关赴贵州省桐梓县，联合桐梓县人民检察院、黄莲乡人民政府共同对刑事案件被害人家庭开展司法救助（方芳　摄）

约5万人次。司法救助对接脱贫攻坚，加大因案致贫致困被害人司法救助力度，办理司法救助案22件，发放救助款14.2万元。运用“防调诉一体”办案模式，落实首办责任制，处理信访454件次。探索新时代“枫桥经验”检察模式，“检察官以案释法”工作品牌，通过官方微信发布检察官出镜说法视频14期，上万余人次观看、转发、点赞。

【检察服务中心入驻县矛调中心】 根据浙江省人民检察院《关于“检察‘12309’服务中心入驻矛调中心”工作的提示》要求，2020年7月1日，象山县人民检察院检察服务中心入驻县矛调中心，组织18名员额检察官、检察官助理、司法雇员轮班接访，对接县社会治理中心，建立“12309+12345”信访舆情对接机制，促进社会矛盾化解。

【依法从宽处理】 实施认罪认罚从宽制度，适用认罪认罚办理699件1009人，适用率达91.6%，提出确定刑量刑建议716人，法院采纳率97.9%。建立融合社会调查办理认罪认罚不起诉机制，对犯罪情节轻微，不需要判处刑罚的危险驾驶、非法捕捞水产品等犯罪，不起诉208人，同比上升26.1%。坚持审慎办案理念，对无社会危险性的犯罪嫌疑人，不批准逮捕127人，对悔过的犯罪嫌疑人建议变更强制措施14人，促成刑事和解9件10人。

【未成年人检察工作】 加强未成年人关护，开展法治进校园活动，联合县民政部门开展涉罪无人抚养儿童保护，协同文广部门加强娱乐场所违规接纳未成年人监管，协助教育局查询新入职教师性侵违法信息161条，推进未成年人保护社会治理体系建设。探索构建罪错未成年人分级干预机制，封存未成年人犯罪记录17人，开展心理测评和疏导14人，进行亲职教育26次。

【刑事检察】 侦查活动监督，准确把握逮捕条件，因证据不足不批准逮捕155人。对办案中发现的执法不规范问题，向侦查机关发出书面纠正意见15份。加强引导侦查，监督刑事立案、撤案18件32人，追捕、追诉17件24人，其中3人被判处有期徒刑10年以上刑罚。加强刑事审判监督，检察长列席审委会发表意见4次，严格审查诉判不一案件，提出抗诉4件，发出再审检察建议2件。严格刑事执行监督，联合县人民法院、公安局、司法局、卫生健康局出台《关于规范罪犯暂予监外执行相关工作的实施意见》，办理申请减刑、假释、暂予监外执行案件22件。监督财产刑执行立案107人，金额950万余元。监督纠正判处实刑未收监执行和社区矫正人员违法问题，建议收监23人。

【民事检察】 构建民事诉讼多元化监督格局，听取群众诉求，定期走访基层律所，集中调阅案件卷宗，破解监督线索发现难问题。开展涉民营企业民事执行专项监督，针对执行程序不规范等问题，发出检察建议9件。联合政法各部门开展虚假诉讼专项治理，运用分类检索、数据比对手段，发现涉虚假诉讼监督线索32条，提请抗诉12件，发出再审检察建议2件。对疑难复杂案件，综合采取会商研讨，互联网专家咨询和公开听证等方式，明辨事理法理，定纷止争。

【行政检察】 行政诉讼执行监督，办理涉及生态环境和资源保护、国有财产保护领域的行政非诉执行案件18件，发出检察建议14件，督促落实整改，确保生效行政裁判得到执行。协同推进行政争议实质性化解，与县司法局建立信息互通共享机制，参与化解行政复议案件4件。加强与行政机关、法院协作配合，依法介入诉前调解、诉后执行等环节，协力化解非诉执行阶段争议案件19件。

【公益诉讼检察】 服务美丽象山建设，办理乡村垃圾堆放、美丽河湖整治等生态环境类案件21件，收缴生态补偿款11万余元，增殖放流鱼苗182万余尾。加强国有资产保护，联合民政、医保部门专项清理违规享受低保、医保问题，追回国有资金14万余元。拓展工作领域，探索办理消防安全、英烈保护等新领域案件，扩大公益诉讼保护范围。针对群众反映强烈的问题，联合有关部门开展海洋环境资源保护、饮用水安全等专项行动18项。

【规范司法行为】 贯彻执法司法规范化水平提升年部署要求，严格把关案件质量，不批捕、不起诉和二次退回补充侦查案件一律层级审批。规范检察官联席会议、检委会工作程序和议事规则，加大对疑难复杂和新类型案件的把关力度，办理检委会议案17件，开展检察官联席会议14次。开展案件质量评查，对涉黑恶案件、法律监督案件和退回补充侦查案件进行专项评查，集中通报存在的问题和短板，要求各自认领，限期整改。健全业务监管体系，成立工作专班定期研判业务数据，发布督导报告8份，改进办案程序不规范、法律文书说理不够透彻等一批问题。

【接受外部监督】 自觉接受人大法律监督，严格执行重点工作、重大事项、重要人事任免向人大常委会报告制度，报送文件材料118份，专题汇报公益诉讼工作情况2次，落实整改意见。加强人大代表、政协委员和人民监督员沟通联络，上门走访50余人次，邀请参加检察开放日、公开听证等活动17次，出台《关于邀请人大代表、政协委员、人民监督员参与公益诉讼案件办理实施办法》，办理代表委员意见建议。阳光检察，接收律师阅卷116人次，提供数字卷宗116份，发布程序性信息1707件，公开法律文书729份，接受群众电话咨询1600余人次。

【打造智慧检察】 稳步实施政法一体化“单轨制”协同办案，采购专用设备保障数字卷宗流转畅通。升级启用“零接触”远程提讯系统，实现手机APP线上办理认罪认罚案件，提升办案效率。建成投用公益诉讼快速检测实验室，常态应用掌上公益、律师网上预约。业务监管软件全方位覆盖，案卡质量巡查系统全天候运行，案件流程监控全过程提醒，科技促规范实效性日益凸显。

【政治建设】 把学习贯彻习近平新时代中国特色社会主义思想和中共十九届五中全会精神作为首要政治任务，自觉增强“四个意识”，坚定“四个自信”，做到“两个维护”。开展“重要窗口”建设大学习大讨论，提出象山发展意见建议5条。巩固“不忘初心、牢记使命”主题教育成果，加强党组理论学习中心组学习，落实“三会一课”等制度，促进干警对标对表新目标和新定位，作为，主动担当。压紧压实意识形态主体责任，加强阵地建设管理，定期分析队伍状况，相关工作得到省委巡视组肯定。

【专业能力建设】 细化业绩考评，实行“岗—人—绩”三位一体管理，落实“双随机一通报”工作，激励干警深耕业务、历练成长。1人入选全省百名检察业务教官，11人获得市级以上荣誉。健全能力提升机制，选送4名业务骨干挂职锻炼，选派1名技术人才援藏，专业领域办案能力和群众工作能力提升，工作做法被最高人民检察院队伍建设专刊录用。坚持以文育检，做优“青年说”“青悦读”“青随想”文化专栏，做实理论研究和成果转化，3篇调研文章在法学核心期刊发表，37篇调研文章被各级期刊录用，18个典型案例被浙江省、宁波市人民检察院评为精品、优秀案例，5个创新项目被宁波市人民检察院立项。

【纪律作风建设】 坚持“严管就是厚爱”，落实党风廉政建设主体责任和“一岗双责”，严格执行个人重大事项报告、因私出国（境）备案管理、定期谈心谈话等制度。加强检务督查，开展纪律检查25次，“四风”问题督查11次，教育引导干警自觉净化社交圈、朋友圈。严格落实“三个规定”，出台《内部工作人员过问案件等事项集中登记管理的规定》，制定检察官权力清单，规范办事流程，保障检察人员独立办案，防范廉政风险，确保队伍风清气正。

7月15日，浙江省人民检察院党组书记、检察长贾宇（左二）到象山调研检察机关服务保障“重要窗口”建设工作（陈洪杰　摄）

【省人民检察院党组书记、检察长贾宇到象山调研】 7月15日，浙江省人民检察院党组书记、检察长贾宇到象山县专题调研检察机关服务保障“重要窗口”建设工作，实地走访华翔集团股份有限公司，听取智慧检察情况介绍，看望慰问基层检察机关刑检一线干警。贾宇指出，检察机关要围绕民营企业实际需求，运用好刑事、民事、行政和公益诉讼检察职能，以实实在在的法律监督专项行动，做民营企业发展的坚强后盾。他强调，要坚持技术先行，保障数字卷宗流转全程规范化，以智慧检察推动检察工作转型升级。要贯彻落实习近平总书记在浙江、宁波考察时的重要讲话精神，把检察工作放到“重要窗口”建设的大局中去谋划，以“小窗口”的出彩为“大窗口”添彩。

（方芳）

法　院

【概况】 2020年，象山县人民法院高举习近平新时代中国特色社会主义思想伟大旗帜，开展“三个建设年”、司法规范化水平提升年活动暨执行不力问题专项治理，忠诚履职，担当作为，各项工作取得新进展。全年共受理各类案件19928件，办结20586件，同比分别上升5.95%和7.71%，同期结案率103.3%，同比上升1.68个百分点，一线法官人均结案373.61件，比全省平均数高22.99%。

【依法惩治刑事犯罪】 审结刑事案件592件896人，同比分别下降9.34%和6.47%。贯彻宽严相济刑事政策，对224名具有法定从轻或减轻情节的被告人适用缓刑。

【平等保护民事权益】 审结民商事案件9649件，同比上升2.71%。调判结合化解城区海城阳光苑、大目湾熙华府、石浦晶都佳苑等系列案。

【助推建设法治政府】 受理行政诉讼案件65件，审结67件，同比分别下降27.78%和27.17%，判决行政机关败诉5件，同比下降50%，败诉率7.46%，同比下降3.65个百分点。审查行政非诉案件341件，裁定准予执行率93.84%。

【加强疫情防控司法应对】 实现网上开庭178次、线上查控15.23万次。依法从重从快审结5起涉疫情犯罪案件，审结全市首例非法销售伪劣口罩案。会同政府部门调处劳动争议、合同违约等涉疫民商事纠纷案件15件。

【保障中心工作开展】 审结集资诈骗、非法吸收公众存款以及电信网络诈骗等涉众型经济犯罪案件28件58人，涉案金额1.41亿元，审结“套路贷”犯罪案件25件80人，涉案金额1.16亿元；审结非法捕捞水产品、非法采矿等破坏环境资源犯罪案件23件43人，审查环资行政非诉案件215件；审结侵害集体经济组织成员权益纠纷、农业承包合同纠纷等涉农案件83件。参与党委政府关于城市规划、项目攻坚、风险评估等各类协调会160余次。

【决胜扫黑除恶专项斗争】 获评2019年度“浙江省扫黑除恶先进集体”。受理并审结涉黑恶案件39件129人，判处三年以上有期徒刑23人，涉黑案件一审平均用时仅43.5天，在全市率先实现“9月底前进入审判程序的涉黑恶案件全部清结”。对102名被告人判处罚金累计618.9万元，财产刑执行率和追缴没收违法财产执行率均达到90%以上。

【打造一流法治营商环境】 开展优化营商环境专项行动，审结涉企纠纷案件5201件。审结破产案件36件，盘活企业存量资产2.82亿元，释放土地211.88万平方米、厂房5791.2平方米，审结的宁波某表面处理公司破产重整案入选省高院首批优化营商环境典型案例。推广应用自动履行正向激励和信用修复两项机制，对诚信履行当事人提供信贷融资支持等“诚信红利”，共发放自动履行证明15份，公布诚信履行名单45个，完成信用修复114件，涉及标的额7175.32万元，促成130起被执行人为民营企业的案件达成执行和解。

【拓宽基层治理维度】 构建金融纠纷、家事纠纷、劳动争议等多元化解机制，诉前纠纷化解率40.03%，同比上升29.74个百分点。虚假诉讼协同治理，查处虚假诉讼案件4件8人，其中罚款3件3人，罚款总额3.5万元，以虚假诉讼罪追究刑事责任1件5人。开展集中治理涉诉重复信访、化解信访积案专项行动，依法依规处理来信来访、举报投诉388件，妥善化解信访积案12件。5个人民法庭共审结案件4470件，就地化解矛盾纠纷。

【执行攻坚力度】 执结各类案件8813件，同比上升5.7%，执行到位金额8.92亿元，同比上升5.94%。民商事案件生效裁判自动履行率58.85%，同比上升5.94个百分点。运用“象山停车”收费系统查控被执行人车辆214辆。加大执行惩戒力度，累计查封房产1068处、车辆1674辆，纳入失信被执行人名单5631人次，限制出境、限制高消费7996人次，司法拘留65人、罚款3770件1667.3万元，判处拒不执行判决、裁定罪3件3人。保持100%司法网拍率，上传各类拍品341件，成交金额4.21亿元。

【彰显司法惠民温度】 加大司法救助力度，向29名当事人发放司法救助金19.5万元，为经济确有困难的101名当事人缓、减、免交诉讼费70.04万元，向15名刑事附带民事“执行不能”案件受害人发放司法援助保险61.15万元。联合县慈善总会设立“司法援助慈善基金”，接受社会捐款25万元，专项用于涉“执行不能”部分民生案件当事人司法援制，执结拖欠职工工资案件670件，执行到位工资款1283.24万元，判处拒不支付劳动报酬犯罪3件3人。以《中华人民共和国民法典》颁布为契机，组建专业讲师团，进村入企、进校入户开展普法宣传40余次。

【司法体制综合配套改革】 落实司法责任制，院庭长带头办理疑难复杂案件，确保权责统一。完善司法制约监督体系，出台《关于“四类案件”监督管理的实施细则》《案件质量监督管理实施办法》，常态化开展案件质量评查，一审判决案件发改瑕疵率0.02%，同比下降0.35个百分点，排名全市第二。清理长期未结案，未结案同比下降25.95%，无超18个月未结案。

【推动诉讼制度改革】 推进民事诉讼程序繁简分流改革试点工作，优化司法确认程序，聘任91名特邀调解员、6个特邀调解组织，受理司法确认案件865件；适用小额诉讼程序审结案件2191件，同比上升237.6%；适用简式裁判文书3008份，简易程序适用率65.45%；扩大独任制适用范围，一审独任制适用率91.29%；健全电子诉讼规则，电子送达适用率96.99%。适用认罪认罚从宽制度审结案件537件789人。

【加快智慧法院建设】 推进无纸化办案，建成集中扫描中心、E键送达中心，推行电子卷宗随案生成，无纸化率100%。落实刑事案件电子卷宗单轨制要求，运用一体化办案平台审结案件579件。运用移动微法院、ODR等智能平台，构建立案、调解、开庭等诉讼事项线上办理机制，使用移动微法院同期结案15973件，引入并运用率94.8%，ODR平台受理案件6176件，调解率74.36%。

【突出抓好政治建设】 学习贯彻中共十九届五中全会精神，开展“坚持党对司法工作的绝对领导、坚持中国特色社会主义法治道路”专题教育，贯彻落实《中国共产党政法工作条例》，建立意识形态工作联席会议制度，增强“四个意识”，坚定“四个自信”，做到“两个维护”。突出党建领航，依托“周二夜学”“法苑讲堂”等平台，组织开展全员政治轮训，开展宁波当好浙江建设“重要窗口”模范生大讨论、“丹心向党”主题党日等活动，实现规范化党支部全覆盖。院机关党委连续两年荣获市级“五星级基层党组织”，连续三年获评县级“机关党建工作示范点”称号。开展“健康象法人”活动，打造一支向上、能挑重担的象法铁军。

【从严加强作风管理】 重视党风廉政建设，开展“以案释德、以案释纪、以案释法”警示教育，推进从严治党向纵深发展。开展司法规范化水平提升年活动暨执行不力问题专项治理，对照“八查八看”要求整改到位问题25个。设置专职督察员，与派驻纪检监察组联查联动，着力构建“大监督”格局。坚持刀刃向内，严肃执纪问责，开展餐饮浪费行为、会风会纪等专项检查22次。建立“助廉保安 互联共创”机制，筑牢廉洁从政、拒腐防变的家庭防线。

【接受各界监督】 落实县人大及其常委会的各项决议、决定，严格执行重点工作、重大事项、重要人事任免向人大常委会报告制度，报送重要文件、特定案件35件。加强与人大代表、政协委员的联系联络，邀请代表、委员参加新闻发布会、旁听庭审、信访听证等活动，发送《人大、政协联络专刊》12期。依法接受检察机关法律监督，邀请检察长列席审委会4次，答复检察建议65份。保障公民依法参加审判活动，提请县人大常委会新任命人民陪审员109名。司法公开，通过中国庭审公开网直播庭审3263场，在中国裁判文书网公布裁判文书1.8万余份。

（袁瑶）

司法行政

【概况】 2020年，象山县司法局在认清发展形势中坚定信心，准确把握“重要窗口”新目标定位，立足职能，主动作为，将司法行政各项重点工作任务抓紧抓实抓好，为县建设宁波现代化滨海城市提供更多的法治保障。全县各级人民调解组织共调解各类矛盾纠纷5097起，调解率达99.8%，涉及金额20257.29万元。公共法律服务中心接待群众来电来访咨询6726人次，其中接待涉法涉诉信访1172件，办理法律援助案件1646件，涉及金额2087.07万元。全年无社区服刑人员严重刑事犯罪案件及影响社会稳定事件发生，维护了社会和谐稳定。各项工作取得显著成绩：获评法治浙江（法治政府）建设先进单位，法治考核居全市第二、全省第五；象山县获评2020年度法治政府建设优秀县；法治乡村建设工作被司法部法治宣传中心及中央人民广播电台、中央电视台等6家中央媒体专题报道；石浦司法所获评浙江省“枫桥式司法所”；方家岙村获评全国民主法治示范村；浙江之鹰律师事务所党支部被中共宁波市委组织部授予“五星级基层党组织”。

【县司法局“不忘初心、牢记使命”主题教育总结大会】 1月15日，象山县司法局召开“不忘初心、牢记使命”主题教育总结大会，局党组书记、局长李文宏，局党组成员、副局长徐邦春、张健，局党组成员、政治处主任姚万勇，局党组成员马宁出席会议，县委第七巡回指导组组长边少卿到会指导，全体干部职工、党组下属各党支部书记及党务工作者参加会议。会上，石浦司法所、东陈司法所、法律服务管理科、行政执法监督科作了交流发言。姚万勇宣读了2019年象山县司法局获得的各类先进集体和个人的名单，并对获得县“四大攻坚行动”的先进个人进行表彰。边少卿肯定了象山县司法局主题教育取得的成效并提出五方面意见。最后，李文宏作总结讲话，指出自“不忘初心、牢记使命”主题教育开展以来，县司法局围绕学习贯彻习近平新时代中国特色社会主义思想，按照“守初心、担使命，找差距、抓落实”的总要求，对标对表“四个到位”，推进学习教育、调查研究，坚持落实问题整改，取得了明显成效。

【依法履职助力疫情防控和复工复产】 象山县司法局出台并实施《关于依法防控新冠肺炎疫情保障人民群众生命健康安全和经济社会稳定发展的实施意见》《关于做好新型冠状病毒感染的肺炎疫情防控工作期间的法治宣传工作的通知》《关于做好疫情防控期间企业开工复工法律服务的实施意见》等系列文件，迅速成立县司法局新型冠状病毒感染的肺炎疫情防控工作领导小组、企业复工复产法律服务保障领导小组，统筹做好防疫复产工作。推出“惠企六条”，审核涉疫、涉企文件及合同18份，提出法律意见30余条，梳理汇编防疫法律法规和决策要点，制发《象山县企业复工复产法务手册》8000余册；组建县镇两级法律服务团、调解服务团，实行“网上办+实地走”双线服务模式，累计走访、联系企业856家，线上提供法律咨询351次，办理涉企援助案件201件，排查矛盾隐患102个；开展“防控疫情，法治同行”专题宣传活动，累计向520个微信群推送防控复产内容信息142篇，将法治理念融入疫情防控管理、企业复工复产服务和执法全过程。

【县委依法治县委员会第二次全体（扩大）会议】 5月13日，中共象山县委依法治县委员会召开第二次全体（扩

2020年5月13日，象山县委依法治县委员会召开第二次全体（扩大）会议（谢辉　摄）

大）会议，总结2019年法治象山建设工作，研究部署2020年法治象山建设工作。市政协副主席、县委书记、县委依法治县委员会主任叶剑鸣主持会议并讲话。县领导陈兴立、范焕平、奚海峰、陈善方、陈爱武、穆锦斌、范建富、欧亚群及县人民法院院长陈海虹出席会议。会议听取了县委依法治县委员会及法律监督、依法行政、公正司法、守法普法4个协调小组2019年工作报告，听取了县自然资源和规划局、县综合行政执法局、县水利和渔业局、丹西街道、高塘岛乡5家单位主要负责人2019年履行推进法治建设第一责任人职责情况的述法工作报告，审议并通过《2020年法治象山建设工作要点》《中共象山县委依法治县委员会办公室督察工作实施办法》。会议还专题研究了"行政诉讼案件败诉率高"问题，观看2019年行政机关负责人出庭应诉庭审视频，听取典型行政诉讼案件败诉分析报告，相关县级领导对行政应诉及败诉分析报告进行了现场点评，统一思想，落实措施，确保2020年行政争议发案量、败诉率"双下降"。

2020年6月16日，全县法律服务管理工作会议（叶龙健　摄）

【全县法律服务管理工作会议】　6月16日，象山县司法局召开全县法律服务管理工作会议。县司法局党组书记、局长李文宏，县司法局党组成员、副局长徐邦春、张健、谢敏，县司法局党组成员、政治处主任姚万勇出席会议，全县律师、实习律师，基层法律服务工作者，公证员、助理公证员等100余人参加了会议。会议主要回顾总结了2019年象山县法律服务管理工作成效，研究部署2020年法律服务管理工作任务，并通报表彰了2019年度全县法律服务工作先进集体和个人，先进典型代表作交流发言。会议要求加强行业党建工作，拓展法律服务领域，坚定信心，保持定力，锐意进取，开拓创新，开创县法律服务管理工作新局面。

【象山县法治政府建设培训班】　7月27日至30日，象山县2020年度法治政府建设专题培训班在杭州开班，全县18个镇乡（街道）、36个县级有关部门的法治工作分管领导或业务骨干共80余人参加了培训。县司法局党组书记、局长李文宏出席开班仪式并作动员讲话。此次培训班为期4天，共设置5个专题，就《中华人民共和国民法典》、基层执法风险防控、中美贸易战与国内外宏观经济等方面进行专题辅导和实务培训，是一期理论与实践紧密结合的专业培训。同时，为培养新型数字化、信息化创新思维模式，培训班专门安排了现场实践教育培训，前往参观梦想小镇，带领学员们了解云计算和大数据的发展与应用。此次培训课程丰富、内容广泛，通过理论阐释、案例分析、解惑答疑，使参训人员认清了依法行政和法治政府建设的重要性，提升了运用法治思维和法治方式解决具体问题的能力，为县法治政府建设迈上新台阶奠定了基础。

【"七五"普法工作检查验收】　8月12日，宁波市政府副秘书长张利兆率检查组到象山县进行"七五"普法检查验收。张利兆一行到象山县墙头镇溪里方村实地检查象山县村（社区）普法与依法治理工作，并听取象山县"七五"普法工作汇报，对象山县"七五"普法工作予以高度肯定。他表示，新时期的普法工作更需要做到知识和意识相结合、德治和法治相结合、针对性和实效性相结合，推进社会化大普法格局建设，要以此次检查验收为契机，层层抓落实，确保"七五"普法验收工作圆满收官。

【"忠诚聚党心，追梦践司法"迎国庆诗歌朗诵比赛】　9月29日晚，象山县传媒中心演播大厅举行"忠诚聚党心，追梦践司法"——象山县司法局"迎国庆"诗歌朗诵比赛。比赛邀请了县人大农业农村工委主任金建文、县政协社会和法制委员会主任陈明吉、县委政法委政治处主任姜丁、县人民法院副院长尤先夫、县人民检察院政治处主任沈海成、县农业和农村局吴健、县公安局政治处副主任李伟、县传媒中心刘虹、县朗诵协会会长孙忠心等嘉宾和评委参加。此次比赛共有11支队伍进行朗诵，中间的表演环节有古筝演奏书法展示、《春泥》独唱、《明天会更好》大合唱等，展示了司法行政系统干部的多才多艺。经过激烈角逐，由县司法局法律服务管理科陈洁带来的《美丽中国》获得本次诗歌朗诵比赛的一等奖。本次朗诵比赛，唱响了新时代司法铁军忠诚担当的动人旋律，再现了司法行政系统务实创新的生动实践，象山司法人牢记自身职责，凝心聚力，奋力拼搏，为县建设宁波现代化滨海城区提供更多的法治保障。

【全县人民调解员能力提升培训班】 10月27—29日，象山县人民调解员能力提升培训班在工人疗养院召开。18个镇乡（街道）调委会和行业性专业调委会的专职调解员、品牌调解室负责人以及部分县人民调解协会成员近50人参加培训。会议由县司法局党组成员、副局长、县人民调解协会会长徐邦春主持，县司法局党组书记、局长李文宏作动员讲话。培训邀请到县信访局副局长吴昊、县委党校教研室主任魏行进、县人民法院定山法庭庭长韩晓红、浙江之鹰律师事务所主任张西平、县司法局涂茨司法所所长罗敏等进行授课，就如何化解信访难题、调解交通事故、调和家庭纠纷及做好乡镇调解工作等内容进行解析，增强了调解员解决矛盾纠纷的能力。本次培训护航了村社换届，加强了全县人民调解工作的规范化水平，为发挥人民调解工作在社会矛盾纠纷多元化解中的基础作用、推进市域社会治理现代化试点工作打下了坚实基础。

【行政复议调研座谈会】 12月7日，浙江省司法厅党委委员、省行政复议局局长曹水萍一行到象山调研行政复议应诉工作。调研组走访县社会矛盾纠纷调处化解中心、县行政争议调解中心等场所，召开专题座谈会听取象山县行政复议工作情况以及2021年工作思路。市司法局副局长张剑飞，省司法厅复议一处处长叶建明，市行政复议局局长徐君安、县政府常务副县长陈兴立等陪同调研。

【象山县公证处搬迁新址】 12月29日，象山县公证处正式迁入象山县丹东街道丹阳路558号财富中心22楼。新办公场所建筑面积690.87平方米，办公设施齐全，内部设有办证大厅、办证室、财务室、会议室、档案室、证据保全室、保密室、茶水室、复印室、机房等功能分区，符合公证场所标准化要求。象山县公证处是象山县司法局下属的自收自支事业单位，公证处自设立以来始终秉承"崇法、尚信、守正、求真"的执业理念，不忘初心、牢记使命，按照公证工作"着眼大局、立足基层、服务群众"的总体要求，让群众有更多的获得感、幸福感、安全感，树立了良好的公证人形象。

"七五"普法验收座谈会上市检查组听取象山汇报（俞姗姗　摄）

【实现乡镇（街道）合法性审查全覆盖】 象山县司法局贯彻落实上级关于推进乡镇（街道）合法性审查全覆盖的工作要求，结合本地县域实际，构建"司法所人员+镇乡（街道）法律顾问+司法局业务骨干"三位一体合法性审查力量，科学梳理清单、细化流程，推进"审查实效""风险防控""社会效益"的功能叠加、互融互促。2020年，全县18个乡镇（街道）共审查各类文件、合同、政府决策1504件，全市率先实现乡镇（街道）合法性审查区域内容全覆盖。该项经验做法被司法部《司法行政工作交流》、省厅《法治浙江》全文刊发，在全省法治政府建设培训会上作先进典型发言，得到宁波市常务副市长陈仲朝的批示肯定。11月25日，宁波市委依法治市办负责人、市司法局党委书记、局长励健在象山县专题调研乡镇（街道）合法性审查全覆盖工作落实情况，对象山县乡镇（街道）合法性审查全覆盖工作所取得的成效予以肯定。

【打造重大行政决策目录化管理本地样板】 象山县司法局坚持"稳步走 大胆试"原则全力提升重大行政决策的管理实效。出台《象山县人民政府重大行政决策程序规定》，规定属于重大行政决策事项的七类情形，规范了重大行政决策年度目录制度，制定县政府重大行政决策目录事项及镇乡（街道）决策目录事项并向社会公布。县乡两级重大行政决策目录化管理被评为浙江省县乡法治政府建设"最佳实践"项目，入编《法治影响中国典范案例汇编》。

【试点开展行政执法监督规范化创新实践工作】 根据《浙江省建设法治政府（依法行政）工作联席会议办公室关于印发〈行政执法监督规范化建设创建实践工作方案〉的通知》（浙法联办〔2020〕1号）部署安排，象山县被列为行政执法监督规范化建设创新实践试点地区。象山县司法局制定出台《象山县行政执法监督规范化建设创新实践工作实施方案》，明确工作目标、主要任务、实施步骤、工作要求等内容，健全完善"县委巡察+法治督察+执法监督"三位一体的监督体系，探索创新制度化、规范化基层行政执法监督模式，提升基层行政执法水平，圆满完成了试点任务。

【政法一体化单轨制试点工作】 象山县司法局作为宁波市政法一体化单轨

制试点单位之一，成立工作领导小组、争取财政资金支持、购置办公设备，确保各项工作保障到位、协调推进。规范刑事法律援助案件通知类公函的线上流转操作流程，实现刑事法律援助案件的通知、回函及电子卷宗的一体化传递。落实专人负责社区矫正类案件的接收和流转工作，将法院、监狱单位推送的调查评估案件及执行案件及时进行审核，及时进行接收、指派和反馈，无效的予以退回。2020 年，共协同办理社区矫正调查评估案件 13 件、社区矫正执行案件 41 件、刑事法律援助案件 213 件。

（俞赛君）

军　事

【推进民兵组织整顿工作】 县民兵整组工作在宁波军分区和县委、县政府的指导下完成基干民兵和普通民兵的组织整顿任务，民兵的编、建、管、用各项工作规范化。

【国防动员潜力调查工作】 根据现实军事斗争准备需要，立足担负的动员保障任务，推进国防动员各项准备，国防动员平战转换、快速动员、保障和综合防护能力显著提升。4—5月，县人武部组织开展国防动员潜力调查工作。

【兵役征集工作】 2020年，象山县在市征兵办和县委、县政府的坚强领导下，坚决执行上级征兵命令，以确保新兵质量为核心，军地双方精心组织，团结协作，组织领导，宣传发动，推进改革，在各级各部门共同努力下，圆满完成征兵任务。

【召开县委党管武装暨国防动员委员会】 为贯彻落实宁波军分区党委（扩大）会议精神，总结回顾2019年度全县党管武装和国防动员工作，部署2020年度任务，推进后备力量建设，8月在象山宾馆召开象山县委党管武装工作暨县国防动员委员会全体会议，县级有关领导、县国动委成员单位、各镇乡党委（街道党工委）书记、武装部部长等相关部门参加会议。会议由县长、县国动委主任包朝阳主持，其中爵溪街道、西周镇、泗洲头镇、茅洋乡4个镇乡（街道）书记在党管武装工作大会上述职，其余单位书面述职。

【人武部综合办公楼改造】 2014年，象山县人武部塔山路办公楼被鉴定为C级危房。2017年县委议军会决定，象山县国防培训基地民兵培训楼改造为县人武部综合办公楼，作为县人武部、县应急连连部、县征兵办、县国动委、县国教委等办公场所。2020年，改造工程完成。

【将垃圾分类“融入”人武部工作】 从4月开展生活垃圾分类工作以来，部党委高度重视，在部领导的带领下，集体研读相关文件，召开党委会，研究落实针对县人武部的垃圾分类工作具体方法，形成一套完整的垃圾分类制度。学习宁波市垃圾分类投放指南。按照《宁波市生活垃圾分类管理条例》《宁波市生活垃圾分类投放指南》，利用每日全体职工交接班的机会，共同学习宁波市垃圾分类知识，掌握各类垃圾的精确投放，群策群力，探讨本部垃圾分类实施办法。配备分类垃圾桶。统一采购满足宁波市垃圾分类要求的垃圾桶，确保每个办公室以及会议室都满足垃圾分类要求：包括可回收垃圾、其他垃圾以及厨余垃圾垃圾桶。制定问责制度。每个科室明确负责人，出现垃圾分类相关问题责任到人。保洁人员发现问题可向部领导以及负责人汇报，同时将存在的问题进行本部内部的及时通报和整改。严格落实厨房垃圾分类。对食堂工作人员进行宣传和教育，明确垃圾分类要求，尤其厨余垃圾要区分明确、及时清运。保证厨房的干净卫生。加强与地方单位沟通交流。定期与县生活垃圾分类工作领导小组办公室进行沟通交流，了解当前本部存在的内在问题，以及学习其他单位先进的垃圾分类做法并引用借鉴。引导本部垃圾分类工作的规范化。

农业·农村

综　述

2020年,象山县坚持农业农村优先发展总方针,实施乡村振兴战略,以打造浙江省乃至全国东部滨海地区县域乡村振兴先行区示范样本为目标,乡村经济和农村改革蓬勃发展。全年农林牧渔业总产值146亿元、同比增长2.9%,荣获全省粮食五优联动示范县、省首批文旅产业融合试验区、省大花园典型示范建设单位等荣誉,列入全国农村宅基地制度改革、全省首批新时代乡村集成改革等试点创建单位。宅基地"三权分置"改革得到省委书记袁家军、省长郑栅洁等领导批示肯定,殡葬综合改革和养殖用海"三权分置"分别得到副省长王文序和彭佳学批示。

农渔业总产值稳步增长。平台建设,大塘港省级现代农业园区通过验收,贤庠镇被评为省级特色农业强镇,建成市级以上农业绿色发展示范区6个、市级多彩农业美丽田园2个。发展数字农业,建成省级数字农业工厂2个、"红美人"5G+区块链基地7个,改造数字种养基地12个。品牌科技带动,象山柑橘公用品牌培育提升标准化示范区项目入选全国农村综合改革标准化试点项目,象山白鹅入选国家农产品地理标志登记保护产品。现代渔业取得新进展,全国率先攻克小黄鱼人工繁育难题,发展远洋捕捞生产船9艘,金枪鱼延绳钓项目实现新突破,南极磷虾捕捞加工船正式作业,新增市级以上知名水产品牌企业4家。全县新增A级景区村46个、精品民宿80家,全年乡村旅游接待游客超800万人次、经营收入近10亿元,均保持25%以上增长速度。

农村人居环境改善提升。实施"多村联创、多线联建",开展乡村振兴十大美丽系列创建,建成省级新时代美丽乡村精品村41个,市级美丽乡村示范乡镇1个、示范村6个、风景线2条,新增市级以上美丽宜居示范村2个。实施农村人居环境提升三年行动,改造农村公厕110座,新建旅游厕所20座,完成村庄处理设施标准化运维试点20个,创建省级高标准农村生活垃圾示范村3个,市级农村生活垃圾分类处理工作示范乡镇(街道)2个、市级农村生活垃圾分类处理工作示范村7个,新增省级美丽河湖1个、"污水零直排区"3个,全县农村卫生厕所普及率、污水处理率、垃圾分类覆盖率均达到100%。"村民说事"制度标准化,创建村民说事示范村49个、特色村99个,农村基层治理标准体系通过省级评审,入围全国农村综合改革标准化试点项目。

农民生活水平显著提高。2020年,全县农村居民人均可支配收入35557元,比上年增长6.3%。打好脱贫攻坚战,"两不愁三保障"突出问题、人均年收入9000元以下家庭、集体经济薄弱村实现"三个清零",低收入农户人均可支配收入达15954元,同比增长15.4%。推进农村宅基地"三权分置"改革国家级试点,累计颁发"三权分置"不动产证121本,盘活利用宅基地2.8万平方米、闲置农房3.9万平方米,完成乡村产业项目建设24个、投入运行19个,完成投资2.87亿元。实施法治"五个一"、"善行象山"、婚丧礼俗整治等活动,推动法治进村入脑、倡导移风易俗,创建省级善治村48个、民主法治村3个。完善社会矛盾纠纷调处化解中心,化解信访积案145件,"信访四无村"达到87.6%。试行村居清廉指数考评,培育清廉示范村16个。创新实施新时代文明实践指数测评,建成文明实践示范站所26个,送文艺活动进乡村810场。乡村人才机制体制改革,推动科技、资金、人才等要素流向农村,培育县级农业乡土专家10名、高素质农民303人,完成农村实用人才培训8826人次。

(李婷)

种　植　业

【概况】 2020年,象山县围绕"两手硬、两战赢"目标,实施专班化运作,加大政策扶持力度、科技创新与转化,实施"藏粮于地、藏粮于技"战略,保障疫情期间"米袋子""菜篮子"量足价稳。全年农作物播种面积1.84万公顷,产量25.9万吨,产值7.26亿元,同比分别减少15.2%、减少19.7%、增长4.0%。

【粮油生产增产增收】 2020年,象山县粮油生产形势整体向好,全县粮食种植面积1.17万公顷,比2019年增长3.2%。春粮种植面积0.31万公顷、比2019年增长10.9%,产量12044吨、比2019年增长34.8%,其中小麦种植面积0.08万公顷、产量3569吨,分别比2019年增长64.8%、101.0%。水稻种植面积0.82万公顷,比2019年增长12.0%,其中早稻种植面积0.054万公顷、产量3426吨,分别比2019年增长24.6%、14.5%,晚稻种植面积0.762

万公顷、产量6.57万吨，分别比2019年增长11.6%、15.3%。全县油菜种植面积0.08万公顷、产量1380吨，分别比2019年减少2.4%、增长6.8%。

【经济作物生产整体平稳】 2020年，全县经济作物种植面积1.05万公顷，产量24.74万吨，产值4.5亿元，分别比2019年增长1.8%、增长0.5%、减少0.9%。蔬菜播种面积8006.7公顷，产量18.02万吨，产值2.41亿元，分别比2019年增长10.6%、减少3.0%、减少3.6%。瓜果播种面积973.3公顷，产量3.6万吨，产值1.07亿元，分别比2019年减少28.1%、36.8%、14.4%，其中草莓播种面积46.67公顷、产量930吨、产值2730万元，分别比2019年减少30.0%、6.0%、8.0%；西瓜播种面积833.33公顷、产量3.32万吨、产值6640万元，分别比2019年减少28.5%、37.8%、57.7%；甜瓜播种面积93.33公顷、产量1880吨、产值1312万元，分别比2019年减少17.6%、减少27.6%、增长26.6%。中药材种植面积149.4公顷，产量265.3吨，产值3587.9万元，分别比2019年增长3.3%、增长5.3%、减少9.5%。

【发放粮食补贴1785.88万元】 2020年，象山县继续实施扶粮惠农政策，确保农业“三项补贴”落实到位，全年共发放各项粮食补贴1785.88万元，其中耕地地力保护补贴面积0.87万公顷，发放补贴资金1312.82万元；规模种粮大户327户，种植面积0.48万公顷，发放种植补贴429.98万元；规模种粮大户投售早稻288.22万公斤，发放收购补贴43.08万元。

【政策性农业保险扩面】 2020年，面对新冠肺炎疫情给农业生产带来的不利影响，象山县及早部署落实政策性农业保险工作，创新开设防疫保供蔬菜价格、罗氏沼虾综合、草莓气象指数、花木种植、葡萄综合5个保险品种，累计开设品种达35个，全年总投保户数1.89万户，总保额11.31亿元，实现保费3949万元，分别比2019年同期增长12.54%、54.80%。做好灾害气候造成农业受灾的查勘、定损和理赔工作，全县2693户受灾农户共收到政策性农业保险赔付1763.76万元，赔付率44.66%。

【粮食生产用种保障】 加强粮油种子经营主渠道建设，做好种子调运、储备、供应工作，全年储备粮食作物种子30吨，累计供应粮油种子144吨，其中早稻种子53吨，超级稻种子45吨，常规晚稻种子5吨，大小麦及油菜、绿肥种子41吨，基本满足全县用种需求。

【农作物种子繁育】 加强与宁波市种子公司协作，落实甬优系列杂交水稻繁种订单基地面积220公顷，繁育种子数量495吨。开展马铃薯、彩色油菜等品种选育繁种工作，选育出地方马铃薯脱毒苗3个单株，引进北方脱毒马铃薯品种6个共18.6吨进行示范推广。

【疫情期间蔬菜稳产保供】 实施疫情期间应急蔬菜生产储备临时补贴政策，调运储备应急速生蔬菜种子0.63吨，落实应急蔬菜基地面积18.07公顷，引导企业开展应急蔬菜储备430.9吨，发放补贴资金46.68万元，保障疫情期间蔬菜供应。

【实施现代种苗示范工程】 2020年，象山县加快农作物新品种引进、示范与推广，建立象山西周明朗家庭农场、象山春在江南家庭农场2个市级农作物新品种展示示范基地，象山秋红果蔬专业合作社、象山仁根马铃薯专业合作社、象山东陈果蔬新品种展示示范基地等3个县级农作物新品种展示示范基地，重点提升打造东陈果蔬新品种展示示范基地，累计引进各类优质品种77个。

【环境友好型肥料推广】 2020年，象山县继续开展商品有机肥、配方肥（含缓控释肥）等环境友好型肥料推广应用，修订出台《象山县环境友好型肥料推广补贴管理办法》，印发《2020年象山县环境友好型肥料推广补贴工作实施方案》，补贴对象由肥料生产企业改为肥料购买主体，完善补贴程序，减少财政资金使用风险。全年补贴推广商品有机肥4590.55吨、应用配方肥1143.15吨，完成测土配方施肥技术实施面积2.27万公顷，主要农作物测土配方肥施肥覆盖率92%。

【农业面源污染防治】 实施肥药减量工程，在泗洲头镇大理村建成1个化肥定额制示范方，全年实现化肥减量736吨，农药减量72.3吨。在定塘镇中泥村建成生态拦截沟渠1条。对涂茨镇钱仓村和新桥镇五兴村受污染耕地开展安全利用工作，治理修复59.9公顷，严格管控7.4公顷，受污染耕地安全利用率100%。

【高标准农田建设】 2020年，象山县共有在建高标准农田项目14个，面积1713.87公顷，项目总概算投资5131.54万元。其中2020年新建项目11个，面积1071.87公顷，2019年续建项目3个，面积642公顷。制定出台《象山县农田建设补助资金和项目管理实施办法（试行）》，召开全县高标准农田工作推进会，指导项目乡镇和施工单位合理安排工序，迅速推进项目建设进度。截至12月底，全县高标准农田项目完工11个，面积1076.07公顷，完成市下达986.67公顷任务的109%。

【省种植业“五园”市“六园”示范基地】 2020年，象山县高登洋茶场、宁波市斑斓农业发展有限公司2家基地被认定为省种植业“五园”示范基地，象山秋红果蔬专业合作社、浙江枫康集团有限公司、象山县高登洋茶场、宁波市斑斓农业发展有限公司、象山县神韵农业发展有限公司、宁波大壮天成农业发展有限公司等6家基地被认定为市种植业“六园”示范基地。截至2020年年底，全县累计拥有省种植业“五园”示范基地4家、市种植业“六园”示范基地6家。

【推广绿色防控技术】 实施农作物病虫害绿色防控和统防统治示范推广补

助政策,推行新方式、新药剂、新技术和新药械“四新”模式,建立省级水稻病虫害绿色防控示范区1个、水稻零化学农药示范点1个,引进生物全降解膜开展水稻覆膜除草,实施水稻田翻耕灭茬、灌水杀蛹1466.67公顷,田埂种植百日草等显花植物50.67公顷,累计开展农作物绿色防控7667公顷次,实现农药减量72.3吨。

【农作物疫情疫病监测防控】 加强植物疫情疫病监测,开展草地贪夜蛾、柑橘黄龙病等重大疫情田间调查和防控指导,设立柑橘黄龙病等疫情监测点12个,调查各类作物面积1212公顷;做好水稻制种、柑橘种苗产地检疫,完成水稻制种田产地检疫220公顷,检疫柑橘种苗518.11万株、接穗2.665万公斤,签发产地检疫合格证51份;调运检疫橘苗161.4万株,签发植物检疫证书28份。全年印发病虫情报12期,发布病虫预警信息1780份。

【灭鼠覆盖率93%以上】 做好农村灭鼠工作,制定《关于做好2020年全县统一灭鼠工作的意见》及技术方案,印发灭鼠技术资料2600余份,投放溴敌隆商品毒饵及大米毒饵35吨,完成农田灭鼠1.59万公顷、室内灭鼠12.8万户,灭鼠覆盖率均达93%以上,灭鼠期间无人畜中毒事故报告。

(李婷)

渔业经济

【概况】 象山海洋资源优越,是全国渔业五强县,拥有各类渔业船舶3400多艘,其中捕捞渔船2766艘,渔船数量列全省前三,2020年水产品总产量59.07万吨,同比增长3.2%,渔业总产值106.4亿元。其中捕捞产量(含远洋)42.63万吨,其中国内捕捞产量34.67万吨,远洋捕捞7.96万吨。产量养殖产量16.44万吨,其中海水养殖15.08万吨,淡水养殖1.35万吨。南极磷虾极地渔业项目完成主船体双层底9个分段的制造。2020年累计发放2019年度油补2.2亿元,惠及全县2066艘渔船。

【绿色养殖稳步推进】 实施水产养殖绿色发展“五大行动”,海水网箱绿色改造试点取得实质性进展,第一批环保新型网箱共85口投入使用,改造后网箱养殖鱼类成活率比传统网箱提高10%以上。水产养殖尾水治理稳步推进,完成10个点尾水处理设施建设,完成27个养殖尾水治理点,269个涉养入海闸排放水质监测。开展“生态修复百亿增殖放流行动”,完成大黄鱼、曼氏无针无贼、中国对虾等本土品种增殖放流3.14亿单位数量。

【水产养殖提质提量】 水产种业生产稳定,2020年生产虾、蟹、贝等苗种200亿单位。总投资约10亿元的正大集团南美白对虾产业链基地签约落户。“帆布小池对虾两茬养殖模式”养殖新模式取得,稻田—青蟹养殖新模式试验取得初步,青蟹规格能达到3—4两/只,水稻亩产近千斤。

【水产品牌做强】 兰洋水产、飞润水产、石昌渔业、日月明水产等水产企业获评宁波市知名水产品牌,象山的野生大黄鱼和带鱼冷冻产品获中国绿色食品称号,象山休闲海洋食品海鲜拌酱在全国旅游商品遴选推介会上获国家级铜奖。

【产业转型发展】 建成石浦旅游电商水产精品市场,发展海洋旅游休闲商品,打造象山风味海产品的研发制造高地,开展精致农业示范园创建,完成港湾水产苗种、里海荷塘精致示范园建设。“象山小黄鱼”创建地理标志证明商标,培育品字标农产1个、市级知名水产品牌3个,新增象山海鲜绿色认证2个。

【稳步推进远洋渔业】 南极磷虾捕捞加工船完成工程量的70%。研发和推广渔船流态冰、液氮速冻、无氨氟蒸发冷藏和海捕虾渔船冷冻冷藏等保鲜技术,开展洋地补给、分级、分拣、冷链保鲜储运和渔船配套超低温冰柜,推行渔船渔获物分级分拣300艘,推广渔船配套超低温冰柜300艘。

【小黄鱼全人工养殖向产业化方向大步迈进】 与浙江省农业科学院联合举办“象山全人工养殖小黄鱼发布会”,小黄鱼苗种突破规模化繁育,人工育苗突破200万尾,该技术填补国内外空白,小黄鱼成为继大黄鱼、乌贼之后第三种实现人工规模化繁育的重要经济海产,是象山继大黄鱼、南美白对虾、三疣梭子蟹、坛紫菜之后又一个前景产业,标志着象山县小黄鱼全人工养殖向产业化方向大步迈进。

(陈兴平)

渔业安全生产

【概况】 严格遵守落实省市县方针政策要求,健全制度,坚定不移推进“打非治违”常态化,梳理隐患风险,渔船管控,2020年渔业安全生产稳步提升,渔船安全生产事故、死亡人数同比分别下降58.3%、76.2%。

【严控海上疫情】 率先出台《关于做好返象船员新型冠状病毒感染防控的通知》,编制疫情期间《渔船出港申报审批流程图》。开展“净海行动”,落实“三个报告”“六个严禁”,实行24小时值守执法与高频次巡查,对县外进港渔船监管,登检渔船1260艘次,测量船员体温3298人次,劝离未经防疫合法性审核进港船只71艘。

【夯实安全基础】 成立工作专班,开展渔船源头管控大排查,检查建档渔船2766艘,建立高危渔船整治“三张清单”,569艘高危渔船全部完成整改。渔船基层管理,检验渔船3551艘,拆解123艘,19家基层渔业管理组织纳管渔船2759艘,纳管率100%,落实452名责任人联系渔船2766艘,优化渔船编组511组。培训普通船员4034人,职务船员971人,渔业安全培训网上注册6431人,学习测试完成3660人,船东船长面对面轮训近3000人。举办象山县首届渔民运动会，提升船员应急水平。

【重监渔船生产安全】 落实"象港通""渔港通"进出港报告，共点验16522艘次，提醒48万余艘次（脱编提醒1.1万余艘次）。落实渔政船艇24小时执法检查，专项开展秋冬汛"百日执法"，渔船修造企业排查整治、紧盯休闲渔船、钓具渔船、渔供船三类渔船，严厉打击涉渔船舶违规违法行为，立案查处渔业违法违规案件310起，结案295起（安全类违法违规案件190起、自然资源保护类案件105起）。

【"一打三整治"专项行动】 县、镇乡（街道）、村组织召开各类会议261场次，发放"伏休通告""涉渔'三无'船舶举报奖励通告"等资料3万余份，抽调18名干部成立6个综合督导组，安排300余名精干力量成立3个联合执法组，通过"海上打、港口查、陆上控"，落实"白+黑"拉网式巡查。开展海上执法检查549航次，清港行动17次，登检渔船2033艘，检查车辆1837辆，检查农贸市场经营户、餐饮店2.3万余户。查扣小型"三无"船筏118艘，清理地笼网等违禁网具8281顶，查获违禁渔获物20.2万公斤，破获非法捕捞案件17起，将78人移交公安。

【完善渔船渔港精密智控项目】 完成改造象山县渔业安全指挥中心，升级1785艘渔船视频监控抓拍系统。"象港通"作为样板在全省推广。在檀头山、东门岛、崇站岛等地安装4个制高点高清视频监控，实现环石浦港主要海域全方位实时视频监控。

【浙江省首推"兴渔学堂"APP】 "兴渔学堂"APP线上培训模式得到浙江省农业农村厅认可，率先在全省范围内推广。截至12月底，完成注册42627人，在线测试325934次，全部完成培训课程28541人，推广至台州、江苏、海南、河北等地，点击量突破80万次，其中安全宣传片点击率最高，超过2万人点击学习观看。

【孙景淼到象山开展"三服务"活动】 1月2日至3日，浙江省政协副主席孙景淼到象山开展"三服务"活动。宁波市宋舜越、林静国、郁伟年，象山县叶剑鸣、包朝阳、俞骏、奚海峰、周坚栋、石坚定、吴志辉等陪同。孙景淼走访石浦镇东门渔村、汇舟海洋渔业公司，考察智慧渔港建设，听取平安守护行动情况汇报。

【施俊跃到象山督查水旱灾害防御和安全生产】 3月17日至18日，浙江省水利厅党组成员、总工程师施俊跃赴象山开展水旱灾害防御暨安全生产督查工作。宁波市水利局总工程师史俊伟、象山县副县长穆锦斌、象山县水利和渔业局局长张洪成陪同调研。施俊跃察看西周镇蚶岙塘、大徐镇军民塘、贤庠镇珠溪水库以及乌屿山村山洪灾害防御工作准备情况，听取象山县水利和渔业局关于防汛准备和汛前检查、水利行业安全生产集中整治情况介绍，检查查阅相关资料。

【宁波市海洋伏季休渔暨中国渔政亮剑行动启动】 4月30日，宁波市2020年海洋伏季休渔暨中国渔政亮剑2020海上执法行动在石浦渔政码头正式启动，宁波市农业农村局党组书记、局长李强出席启动仪式。

【象山县渔业船舶防台避风锚地通过交工验收】 7月21日，象山县渔业船舶防台避风锚地改扩建工程通过交工验收。象山县渔业船舶防台避风锚地是规模大、功能全、设施完善的渔业船舶防台避风专用锚地。项目的建设有利于解决象山县3000余艘渔船的避风锚泊问题，提升象山县渔业安全保障能力和渔业防灾减灾能力，实现港口和海上渔船动态情况的实时监控，渔业安全管理应急处置、指挥协调、海上抢险救灾能力提升，避免渔民生命财产的较大损失，解决强台风或超强台风来临时渔船无处就近避风问题。

【第二十三届中国（象山）开渔节开船仪式举行】 9月16日，中国农民丰收节系列活动暨第二十三届中国（象山）开渔节开船仪式举行。浙江省副省长彭佳学，宁波市政协主席徐宇宁，农业农村部渔业渔政管理局副局长江开勇，中国民协分党组书记、驻会副主席邱运华，浙江省政府副秘书长蒋珍贵，浙江省台办主任庄跃成，浙江省农业农村厅

3月17日，浙江省水利厅党组成员、总工程师施俊跃（中）到象山县开展水旱灾害防御暨安全生产督查

厅长王通林，浙江省文联副主席张均林，宁波市委常委、宣传部部长李军，宁波市副市长卞吉安，象山县四套班子领导出席仪式。

【劳可军到象山调研供水抗旱工作】 11月25日，宁波市水利局党组书记、局长劳可军赴象山开展供水抗旱工作调研，象山县副县长吴志辉主持召开专题座谈会，象山县委书记潘银浩参加会议并讲话。

【浙江省首张海水水产苗种产地检疫电子合格证颁发】 12月9日，象山县水利和渔业局颁出浙江省首张海水水产苗种产地检疫电子合格证，标志着浙江省海水水产苗种产地检疫工作进入实施阶段，电子出证系统正式启用，并在全省推广应用。

（陈兴平）

12月9日，浙江省首张海水水产苗种产地检疫电子合格证颁发

水产交易

【概况】 2020年，象山县中国水产城发展管理中心以“转制转型，提升跨越”为主线，市场化转型，稳步实施实体化运作，实现水产城各项事业的健康发展。

【织牢疫情防控网，推动复工复产】 新冠肺炎疫情发生以来，象山县中国水产城发展管理中心坚决扛起疫情防控主体责任，制定启动新冠肺炎疫情应急处置预案，成立中心新冠肺炎疫情防控工作领导小组，组建四个专项工作小组，干部职工全部下沉防控第一线，落实24小时值守制度，2020年2月3日8时起暂停交易活动，封闭码头和进出口；2020年2月10日起，水产城实行限时交易，交易时间为2:00—16:00；2020年2月20日8时起恢复交易。严格“宣传发动、疫情排查、人员管控、应急处置、重点区块消毒”等各项防控举措。同时还抽调人力协助石浦镇海宁、荔港社区开展一线疫情防控工作。帮助市场经营主体解决用工需求。恢复交易后及时组织到符合复工条件的市场装卸运输人员112人，保障市场交易经营活动的用工需求，实现“防控、有序复工”的工作目标。落实《宁波市政府办公厅关于做好稳就业工作的实施意见》，根据象山县国资管理中心有关文件精神，为市场商铺承租户减免3个月（2020年2月1日—4月30日）房租费。

【优化市场营商环境】 10月创建“浙江省首批五化市场”和2020年12月创建“浙江省食用农产品批发市场食品安全规范化建设A级单位”，完成全域旅游摄像点和水产品直播间建设，设立了经营服务窗口，设置了志愿者、经营户之家、创意设计空间，安装了市场广播系统、查询终端和智慧大屏系统，升级了大数据监控中心大屏系统和进出口收费系统等，市场公共服务水平提升。

【系统治理】 落实市场安全风险防控和事故隐患排治工作，严格对照排查出的11个问题和62个安全隐患，制定印发了《2020年县水产城安全生产隐患排查及整改建议》，完成了食堂煤气房报警装置安装、场内道路减速带维修、运输电瓶车维修保养和商铺电线电路布置改造，码头维修等。另外做好“一打三整治”专项行动和渔业安全生产政策宣传，开展场内交易监督检查，2020年未发现非法渔获交易情况。常态化开展兴港西路水产城段占道经营和违章停车专项整治行动，外来务工人员管控，收费标准执行情况检查等，建立水产品经纪人队伍。

（鲍斌儒　赖海峰）

林　业

【概况】 2020年，根据《浙江省人民政府办公厅关于印发浙江省新增百万亩国土绿化行动方案（2020—2024年）的通知》《浙江省林业局关于全力推进新增百万亩国土绿化行动的通知》等文件要求，象山县自然资源和规划局围绕省新增百万亩国土绿化行动和省市年度任务，提前谋划、及早部署，主动基层落实各项林业工作，森林资源管理和建设取得了显著成绩，圆满完成上级委派的各项任务。

【县四套班子领导赴塔山公园参加义务植树活动】 3月11日，叶剑鸣、包朝阳、金红旗、俞骏等县四套班子领导到塔山公园环境整治工程项目现场，与广大干部群众一起参加义务植树活动，贯彻落实全省新增百万亩国土绿化行动。按照“有序、独立、分散”原则，大家挥锹铲土、扶直苗木、培实新土、提桶浇灌。该次植树活动共有60余人参加，种下香樟、桂花和紫薇等树种100余株。植树点塔山遗址公园是象山县国家森林城市建设的重点工程项目之一，位于丹东街道东面、塔山至姚家山一带南面的缓和坡地。

3月11日，县四套班子参加塔山公园义务植树活动现场

【李永胜一行到象山调研】 5月22日，省林业局副局长、森林公安局局长李永胜一行到象山县自然资源和规划局调研指导工作，市自然资源和规划局党组成员、二级巡视员王立志，县自然资源和规划局党组成员胡跃龙等陪同。李永胜一行查看象山县森林公安局的办案区、办公场所，随后与全体森林公安民警进行座谈交流。座谈中，象山县森林公安局局长徐敦从队伍建设、执法打击、疫情防控、宣传教育等方面对森林公安近几年取得的工作成效进行汇报。李永胜听取汇报后，对象山森林公安工作所取得的成绩给予肯定，并表示象山森林公安是一支深受厚爱、具有优良传统且充满战斗力的队伍。

【省林业局调研组到象山开展“三服务”活动】 6月7日，省林业局一级巡视员杨幼平一行到象山开展松材线虫病防治工作、“新增百万亩国土绿化行动”调研暨“三服务”指导，市自然资源和规划局、县局相关领导陪同调研。杨幼平实地查看松材线虫病首发点（北门村），了解象山县松材线虫病的历史原因、发病趋势、防治措施。随后，到松材线虫病综合防治点（松兰山）打孔注射和除治清理现场，询问技术操作管理、疫木清理进度、专业队和疫木清理情况，结合现场情况开展调研工作。最后到塔山遗址公园，查看新增百万亩国土绿化点，以及迹地更新改造现场，了解地块落实、苗木采购、种苗质量、资金投入、施工队运作、疫情防护措施等情况。

6月7日，省林业局一级巡视员杨幼平（右五）一行到北门村实地查看松材线虫病首发点

【完成新增百万亩国土绿化造林任务】 按照省市新增百万亩国土绿化行动工作部署，结合国家森林城市创建、六大森林建设和象山柑橘产业转型发展，组织部署全县新增百万亩国土绿化造林，开展实地调查摸底、地段落实、图斑核实、技术指导、报表上报等各项工作，并以县绿化委员会名义印发了《关于下达2020年度森林象山国土绿化美化建设任务的通知》文件，把2020年340公顷国土绿化造林任务全部分解落实的各个镇乡街道和造林小班地块。全年完成新增造林面积424.53公顷，是任务要求的124%，超额完成当年新增百万亩国土绿化年度任务。

【森林资源管理“一张图”年度更新工作】 2019年森林资源年度监测工作自2020年5月开始，历时5个月时间，于2020年10月结束。分为工作准备、外业调查、内业处理和成果编制四个阶段。根据监测结果显示，象山县2019年度的林地面积73339.9公顷、森林面积71397.5公顷、森林覆盖率56.29%、林木蓄积量3497588立方米，分别较上一年度增加718亩、增长0.05%、增加864亩、增加173832立方米。

【开展森林督查工作】 实施“2019森林督查”案件销号工作,全部完成一案一销工作。开展2020森林督查工作,全年完成省林业局下达401个图斑外业核查工作,确定违法图斑71个,其中国家森林督查图斑65个,省级监测图斑6个。10月9日至12日,完成国家林草局驻上海专员办对象山县森林督查工作的内外业检查工作,该次检查综合评定为优秀。

【生态公益林管理】 截至2020年年底,象山县拥有县级以上生态公益林3.9万公顷,其中实施森林生态效益补偿的国家级生态公益林9837.2公顷、省级生态公益林18925.1公顷、市级生态公益林8064.7公顷。完善公益林补助直拨到户,下拨补助资金2254.3万元,做好生态公益林补助户名、账号更改及户头分户、新增等变更工作,全年变更290户。加大生态公益林资源监测,更新完善公益林矢量数据库。

【完成森林抚育年度任务】 根据市局下达的333.3公顷森林抚育年度任务,结合全县美丽乡村建设、森林资源质量及重要区域地段,基层开展调查摸底、地段落实和技术指导服务,编写2020年森林抚育作业设计方案,把森林抚育任务全部落实到山头小班地段,并组织实施。2020年,全县在丹西北门、西周官山、泗洲头东联、墙头方家岙、茅洋台头、山下叶等区域地段完成森林人工抚育面积362.7公顷,下达项目补助资金217.6万元,是任务要求的108%,超额完成当年年度任务。

【推进国家森林城市创建】 根据国家林业局对象山县建设国家森林城市备案的复函、国家森林城市工作实施方案等文件要求,结合城市森林、森林城镇创建和森林乡村等绿化项目建设,推进国家森林城市创建。截至2020年年底,新桥镇省级森林城镇创建项目通过验收,东陈樟岙、大徐下院、墙头吊水岩、黄避岙高泥、鹤浦小百丈、晓塘西边塘6个一村万树示范村建设基本完成,茅洋白岩下、晓塘海之湾2处申报推荐省级生态文化基地。同时,按照国家森林城市称号批准申报和时间节点要求,《象山县创建国家森林城市调查评估咨询服务》招标采购服务提前完成,委托国家林草局华东院承担创森调查评估工作,制定国家森林城市创建宣传方案,采购玻璃水杯、环保袋、雨伞、餐巾纸等创森宣传品1.2万份,并委托第三方落实国家森林城市宣传片拍摄、创森成果图册制作及创森户外媒体广告宣传等工作。

（葛豪）

林 特 业

【概况】 2020年,象山县践行高质量发展理念,发展优质、高效、精品、生态、安全林特业,经济效益和社会效益凸显。全年林特产业实现总产值11.3亿元,其中水果产值10.2亿元、茶叶产值0.5亿元、花卉苗木产值0.6亿元。

【水果产值突破10亿元】 2020年,象山县品种结构调整和品牌推广,水果产业保持平稳快速增长态势,全县新发展水果面积1055公顷,总面积达到1.45万公顷,总产量15.2万吨,实现总产值10.2亿元。

【柑橘产业提升】 2020年,象山县继续实施柑橘供给侧结构性改革,新推广柑橘优新良种998.5公顷,缩减中晚熟温州蜜柑种植面积至37.1%,形成以“红美人”“春香”“甘平”等优质杂柑为特色的精品柑橘生产体系。全年柑橘栽培面积8319.9公顷,产量11.6万吨,实现产值7.1亿元,其中“红美人”栽培面积2188.7公顷,产量1.45万吨,实现产值4.9亿元。

【枇杷减产减收】 2020年,象山县枇杷种植面积1451公顷,比2019年增长0.8%,产量8000吨,比2019年减少4.7%。受5月初高温天气影响,枇杷损失1600吨,销售量6400吨。通过农旅融合、产地直销、农超对接等多元销售模式,全年实现产值1.06亿元,比2019年减少32.0%。

【杨梅增产增收】 2020年,象山县杨梅种植面积3067.3公顷,比2019年增长0.4%,受上市期有利天气和市场行情利好影响,全县杨梅产量1.35万吨,比2019年增长23.6%,实现产值6750.3万元,比2019年增长33.7%。

【葡萄产值大幅增长】 2020年,象山县葡萄种植面积426.7公顷,比2019年减少13.1%,产量6521.3吨,比2019年减少0.5%,受市场行情利好影响,实现产值7303.9万元,比2019年增长95.8%。

【茶叶减产减收】 2020年,全县茶园总面积1000公顷,投产面积533.3公顷。受气候和疫情影响,茶叶大幅度减产减收,全年茶叶总产量121吨,比2019年减少46.5%,实现总产值5068万元,比2019年减少19.8%。其中,名优绿茶产量56吨,比2019年减少12.5%,产值3360万元,比2019年减少11.0%;名优红茶5吨,比2019年增长150%,产值400万元,比2019年增长100%;红碎茶出口量50吨,比2019年减少50%,产值1300万元,比2019年减少43.5%;珠茶产量10吨,比2019年减少83.3%,产值8万元,比2019年减少83.3%。

【现代柑橘种业】 2020年,象山县推进柑橘种质资源库和新品种展示平台建设,完成象山县柑橘研究所一期工程24亩土地租赁、管理服务外包、砧木定植培育、基地管理用房维修、2021年拟用农药肥料采购等工作,搭建钢质设施大棚6576平方米。开展柑橘自主杂交育种,新获得杂交后代种子1000余粒,认定象山县美礁乌紫杨梅专业合作社、象山县农丰果园2家单位所建基地为2020年度象山县柑橘杂交育种研发圃。启动农业农村部国家非主要农作物品种登录,对自主选育的5个柑橘品种进行物候期、品种特性观察和品质测定，并提交品种登录申请。加强柑橘脱毒采穗圃建设，建成晓塘乡、定塘镇、茅洋乡、大徐镇等脱毒苗繁育基地5处、400亩，保存脱毒品种10余个，建立脱毒采穗圃1.2万平方米。

【林特产业科研攻关】 2020年，象山县以攻克林特产业生产关键技术为目标，加强与中国柑橘研究所、浙江省农业科学院、浙江省农业技术推广中心等科研院所合作，推动产业科技创新。针对红美人杂柑橘园衰败、枇杷高温生理障害、茶园管理人工成本高等问题，立项实施林特业“五新”项目7个；针对茶叶农药减量问题，继续实施市科技项目《茶园“趋性”主导绿色防控技术研究和示范》；针对红美人等特色杂柑促早成熟、完熟抗冻害等问题，继续实施县重大农业专项《“红美人”等特色杂柑精致高效栽培技术集成与示范》和省农业重大技术协同推广计划项目《红美人高品质栽培技术研究与集成推广》；针对早熟温州蜜柑优质品种不丰富的问题，实施省农业重大技术协同推广项目《温州蜜柑品种筛选与栽培技术提升的研究》。

【探索实施林特“产业+”模式】 2020年，象山县探索实施林特“产业+”模式，打造甬红柑橘林特休闲体验园、茶溪谷林特休闲体验园、森盛林特休闲体验园和百汇林特休闲体验园等休闲体验园4个，开发出墙头中华樱桃园、大徐雅林溪桑果园、涂茨蓝源生态蓝莓园等一批精致水果采摘基地，突破产业单一生产功能，试水“产业+文化+旅游”模式，促使产业生产基地拓展为休闲、观光体验基地，年接待游客25万人次，新增旅游收入1200万元。

【“红美人”柑橘省级地方标准】 2020年12月30日，由象山县林业特产有限公司、浙江省柑橘研究所共同起草的《“红美人”柑橘设施绿色栽培技术规程》地方标准经浙江省市场监督管理局批准发布，并于2021年1月30日起实施。该标准的发布实施，对促进浙江省“红美人”产业标准化、性发展具有重大意义。

【农业农村部果树专家指导组工作会议在象山召开】 2020年11月22日，农业农村部果树专家指导组工作会议在象山召开，中国工程院副院长、农业农村部果树专家指导组组长邓秀新院士出席会议，象山县委书记潘银浩、浙江省农业农村厅二级巡视员朱华潭分别致辞，全国农技中心副主任王戈讲话。来自中国农业大学、中国农业科学院、浙江大学、西北农林科技大学等科研院所的专家教授，分别就柑橘、葡萄、苹果、猕猴桃等果树产业，研判“十四五”发展形势及栽培技术，考察了宁波四季橘歌家庭农场和象山甬红果蔬有限公司，并为象山县柑橘产业发展提出建设性意见。

【举办第五届“茶文化杯”名优茶评比大赛】 2020年4月18日，象山县举办第五届“茶文化杯”名优茶评比大赛。此次大赛共收到全县各地选送的茶样65个，其中绿茶39个、白茶12个、红茶14个。来自浙江省茶叶学会、浙江茶叶集团股份有限公司、市林业局等单位组成的茶叶评审专家，对参赛茶样经过辨外形、评汤色、嗅香气、尝滋味、看叶底5道程序逐项打分和综合评定，最终根据总分排名认定。象山茅洋宏财茶场选送的条形绿茶、象山东陈南堡村明中茶场选送的扁形绿茶、象山墙头沈记家庭农场选送的白茶和象山智门寺茶场周林国选送的红茶获得金奖。

【举办首个国际茶日活动】 2020年5月24日，以“海上茶路，话说象山”为主题的象山县首个国际茶日活动在黄避岙乡高登洋茶场举行。副县长吴志辉现场为“象山半岛仙茗”茶叶公用品牌代言，直播带货地方农产品。现场还举行了象山县第五届“茶文化杯”名优茶评比大赛颁奖及茶艺节目表演，本次活动通过新蓝网—中国蓝新闻客户端、“喜欢听”APP、中国蓝TV、央视新闻+、中国象山港网站、山海万象客户端等平台进行同步直播，直播观看总量1180万人次。宁波市委原副书记、宁波茶文化促进会会长郭正伟，宁波兴宁集团副董事长陈秀忠，象山县人大常委会原主任、象山茶文化促进会会长金红旗，浙茶集团董事长毛立民，宁波市农业农村局副局长林宇晧，《宁波海上茶路》杂志主编竺济法等参加活动。

【茶园绿色防控基准化技术体系】 2020年，象山县在试验研究和示范实践基础上，总结形成“N+1”茶园绿色防控基准化技术，即以茶树病虫害监测预报为基础，以物理、生物、农艺等多种非化学防治手段为主导，至多使用一次化学农药为保障等三大技术模块组成的绿色防控技术体系，把病虫危害控制在经济阈值之下，实现农药使用减少、茶树生长健康、茶叶质量可靠、茶园生态优化。

【第十届“中绿杯”名优绿茶质量推选活动成绩优异】 在2020年7月1—3日举办的第十届“中绿杯”名优绿茶质量推选活动中，象山县选送的茶叶获得4个特别金奖、5个金奖和2个银奖的优异成绩。其中，由象山智门寺茶场、象山县泗洲头东岙白林茶场、象山茶飘香茶牧发展农场选送的3个半岛仙茗茶样和象山半岛仙茗茶业发展有限公司选送的象山白茶获得特金奖；由象山半岛仙茗茶叶专业合作社、象山半岛仙茗茶业发展有限公司、象山茅洋家水茶场选送的3个半岛仙茗茶样，象山智门寺茶场选送的象山白茶，以及象山天茗茶叶专业合作社选送的象山天茗绿茶获得金奖；由象山茅洋南充茶场和象山天茗茶叶专业合作社选送的2个白茶获得银奖。

【“象山半岛仙茗”品牌格局】 2020年，象山县通过统一设计、订制和规范使用“象山半岛仙茗”专用包装，统一标识改装“象山半岛仙茗”加盟店（基地）门面，广泛搭建参与和推介平台，使象山茶叶散小品牌得到整合，形成“象山半岛仙茗”品牌格局。全年统一征订和印制“象山半岛仙茗”专用包装2.16万套，占全县本地茶叶包装总量的75%,新增象山半岛仙茗合作社社员5名。截至2020年年底,象山半岛仙茗合作社共有社员单位32家、社员46名。

【工艺白茶试制】 2020年,象山县农业经济特产技术推广中心会同象山西庐家庭农场采用本地种植的福鼎大白、乌牛早、御金香、迎霜、鸠坑五种茶树品种作为加工原料,试制工艺白茶牡丹获得,品质与福建地产茶叶白牡丹相当,其中以福鼎大白加工的白牡丹品质最优,其次是迎霜品种。随后开展工艺白茶秋白露茶试制,制成"松兰"牌紧压白茶饼300个,成为宁波工艺白茶"第一饼"。

【推广应用茶园管理机械化技术】 2020年,象山县首次推广应用茶园除草、松土、施肥等机械管理技术,以降低生产成本,提高生产工效。10月14日,象山县农业经济特产技术推广中心会同象山半岛仙茗专业合作社在智门寺茶场举办茶园管理机械化应用现场会,通过宣传和推介,全县共有15个茶场(户)购置多功能微耕机、7个场(户)购置割灌机。

(李婷)

森林防火

【概况】 2020年接处火警394起,火灾95起,与2019年同期相比,火警数、成灾数分别下降29.2%、27.48%。其中发生14起森林火情、2起一般森林火灾,过火面积14.49亩,森林受灾面积4.3亩,森林火灾受害率为0.004‰。

【县森防指开展清明森林防灭火工作检查】 3月25日至4月3日,为做好当前象山县森林防灭火工作,县森防指成立了3支由县应急管理局、县自然资源和规划局等联合组成的清明森林防灭火工作检查小组,对全县各镇乡(街道)在清明期间森林防灭火工作部署情况进行检查。此次检查组主要包括责任落实、宣传教育、火源管控、执勤备战四方面内容,重点检查野外火源专项治理行动的措施落实、禁火令张贴、墓区设卡管控、扑救队伍待命等情况,要求各镇乡(街道)落实森林防火网格化管理,加快推进野外火源专项治理行动,同时明确好零散坟墓的坟主和责任人,建立起相应台账。全县各地共成立了33个工作组、177名检查人员投入森林防灭火检查工作,查处隐患57处,均整改;开展森林防火宣传教育343次,张贴森林禁火令4000张,教育违规用火人员137名。

【市应急管理局副局长陈雄一行到象山检查森林防灭火工作】 4月4日,宁波市应急管理局副局长陈雄一行到象山检查清明节假日期间森林防灭火工作。检查组一行走访了象山县西周镇、泗洲头镇、墙头镇、黄避岙乡等4个乡镇,听取了各地关于清明节假日期间森林防灭火工作部署的专题汇报,并现场检查了墓区管控、队伍待命、物资储备、宣传教育等情况,肯定了象山县清明节假日期间森林防灭火工作开展情况。

【宁波市基层森林防灭火工作现场会在象山举行】 8月20日,宁波市基层森林防灭火工作现场会在西周镇举行。市森防办主任、市应急管理局副局长王宏,市应急管理局一级调研员黄德浩,县应急管理局局长檀年华,各区(县)应急管理局分管局长、防火科长参会。会上,参会人员参观了象山西周镇综合性应急救援队,了解救援队的建队情况和队伍营房,观摩西周镇森林消防救援队演练视频,随后西周镇、象山县先后交流了相关经验做法。最后,王宏肯定了象山的应急救援工作,强调在以后要加强应急救援力量的合理布局,加快监测预警体系信息化的建设,同时要完善救援奖励体制建设。

【象山县组织开展全县森林防灭火知识培训】 11月9日,为做好象山县森林防灭火工作,在新一轮森林防火期到来之际,象山县人民政府森林防灭火指挥部、象山县应急管理局组织开展全县森林防灭火知识培训。此次培训共组织县应急管理局、县自然资源与规划局、县消防救援大队、乡镇林技员、乡镇森林消防队、乡镇专职队、县级森林消防队、松兰山、半边山景区森林消防队等90人参训。旨在能够使学员们特别是新任林技员和扑火队员初步掌握如何开展森林火灾扑救等,了解扑救森林火灾的危险性以及如何能安全避险自救等知识。培训会上通过理论与实际相结合,为学员们详细讲解了森林火灾指挥扑救流程、上山火顺势打等各类扑火战法,草塘沟、马鞍部、单口山谷等扑火危险地形,风力灭火机、高压水泵等机具使用保养及安全避险自救等相关内容。

(叶冰倩)

畜牧业

【概况】 2020年,象山县聚焦实施乡村振兴战略和打赢脱贫攻坚战的新任务、新要求,坚持疫情防控和生产保供"两手抓、两手硬",加快转变发展方式,稳步提升生产能力和竞争力,做好非洲猪瘟等重大动物疫病防控、象山白鹅生产发展和品牌建设等工作,推进畜禽养殖废弃物资源化利用,推动畜牧业绿色发展和美丽转型。全县畜牧业生产稳中带长,肉类总产量20596.59吨,同比增长1.73%;禽蛋总产量12812吨,同比增长31.67%;实现畜牧业生产总值10.95亿元,同比增长27.32%。

【生猪产能提升】 2020年全县生猪饲养量26.12万头,同比增长16.6%,其中存栏11.01万头,同比增长43.6%,出栏15.11万头,同比增长3.13%,母猪存栏1.12万头,同比增长71.2%。2020年生猪最高价格43.5元/公斤,最低价格27元/公斤,价格稳定在37元/公斤左右,同比增长60.87%。

【家禽养殖逆势增长】 2020年全年家禽饲养量322.9万羽、同比增长7.8%,其中存栏131.98万羽、同比增长

9.0%，出栏 190.9 万羽、同比增长 7.0%。全年白鹅饲养量 125.54 万羽、同比增长 22.1%，存栏 52.65 万羽、同比增长 57.0%，出栏 72.89 万羽、同比增长 6.2%，生产销售苗鹅 1000 万羽、同比增长 66.7%。全年蛋禽存栏 58.33 万羽、同比下降 2.59%，其中蛋鸡存栏 37.56 万羽、同比下降 7.8%，蛋鸭存栏 20.77 万羽、同比增长 8.4%，禽蛋总产量 12812 吨、同比增长 31.7%。全年肉鸡存栏 18.42 万羽、同比下降 13.5%，出栏 85.04 万羽、同比增长 6.2%，肉鸭出栏 32.99 万羽、同比增长 10.6%。全年鸽子养殖 3.5 万羽，养殖量与 2019 年基本持平。

【食草动物养殖】 2020 年，全县牛饲养量 1591 头，同比增长 14.87%；山羊饲养量 3.3 万头，同比下降 6.4%。蜜蜂产业与 2019 年基本持平，全县外出养蜂 98 户，年底存栏蜜蜂 1.2 万箱。

【生猪增产保供】 2020 年，象山县坚持把生猪增产保供工作作为一项重大政治任务来抓，组建成立生猪增产保供工作专班，千方百计推进存量猪场扩容，抓好生猪增产技术指导，帮助经营主体制定种猪育种、选育方案，挖掘潜在存栏 0.9 万头。推进空栏场改造提升，引导养殖户科学养殖，完成 3 家空栏场提升改造复养，复养生猪 0.73 万头。攻坚克难推进新养殖场项目建设，年出栏 2 万头的象山德利农牧科技开发公司生猪养殖项目建成投产，年出栏 10 万头的象山华统生猪养殖项目主体工程完工，2020 年年底全县生猪存栏 10.9 万头，完成市下达任务的 108.9%，象山县畜牧兽医总站获评全省生猪增产保供成绩突出集体。

【解决疫情期间畜牧生产难题】 2020 年年初，由于新冠肺炎疫情实行交通管控，畜禽及饲料运输出现问题，象山农业农村部门联合交通、商务等部门，帮助养殖户出具商品配送车辆通行证，解决饲料到场和畜禽产品出场运输难题，降低养殖户损失。针对苗鹅滞销难题，将 25 家育秧棚、梨园、桃园设施房临时改造成为育雏室，解决 5 万羽滞销苗鹅饲养场地问题；通过发动团购、社区配送、市场配送以及与加工企业对接，帮助养殖户推销滞销家禽及禽蛋，累计帮助养殖户销售肉禽 11 万羽、苗鹅 100 万羽、禽蛋 330 吨，销售金额 2142 万元。

【白鹅产业扶贫】 2020 年，象山县依托资源优势和产业基础，探索产业扶贫模式，走出了一条“政府+联盟(公司)+基地+农户”的扶贫新路子，通过“抱团发展”“点单服务”“风险托管”三大创新模式，让参与“象山白鹅”扶贫计划的低收入农户得到帮扶。截至 2020 年年底，象山白鹅产业扶贫模式带动了县内、对口帮扶地区以及国内 10 多个省份、2000 余户农户脱贫致富。

【举办第八届象山白鹅节】 10 月 16—20 日，象山县举办第八届象山白鹅节。此次活动围绕“产业扶贫、共奔小康”主题，通过举办白鹅产业技术高峰论坛暨产业扶贫交流会、白鹅强镇建设研讨会、“石榴籽”工程启动仪式、品尝白鹅宴等系列活动，深挖象山白鹅文化内涵，讲好象山白鹅扶贫故事，推动象山白鹅产业高质量发展。

【象山白鹅获国家农产品地理标志登记保护】 2020 年 12 月 25 日，农业农村部公布 178 个农产品地理标志登记产品，象山白鹅名列其中，是继象山红柑橘后象山第二个入选地理标志登记的农产品。象山县发展白鹅特色产业，2020 年全年白鹅饲养量 125.54 万羽，存栏 52.65 万羽，出栏 72.89 万羽。

【象山白鹅品牌建设】 2020 年，象山县注重白鹅全产业链打造和品牌宣传，涉及注册“象山白鹅”品牌、“亲亲鹅”食品加工商标，推动形成种苗生产、肉鹅饲养和鹅产品深加工一体化产业体系，全年实现白鹅全产业链产值 5.69 亿元。

【畜禽养殖污染防治】 2020 年，象山县继续推进畜禽粪污资源化利用工作，与畜禽养殖场业主签订污染防治承诺书 156 份，执行县乡村三级网格化防控巡查机制，出动巡查人员 2350 余人次，排摸养殖污染隐患问题并整改 13 处。建立健全养殖废弃物资源化利用体系，落实农牧对接生态消纳地 3.3 万亩，通过沼液异地配送消纳、有机肥生产加工等处理方式实现畜禽粪污资源化利用 23.1 万吨，畜禽粪污综合利用率稳定在 98%以上。

【实施畜禽粪污资源化利用整县推进项目】 2020 年，象山县实施畜禽粪污资源化利用整县推进项目，推动规模养殖场改扩建封闭式堆粪棚、氧化塘、污水处理池等设施，购置工业化粪污处理系统等设备，构建起种养结合、农牧循环的可发展机制。截至 2020 年年底，规模养殖场粪污处理设施装备配套率达到 100%，完成象山西周观海家庭农场等 30 个养殖场畜禽粪污资源化利用项目。

【创建美丽生态牧场 4 家】 2020 年，象山县继续按照“绿化美化、布局合理、技术先进、安全高效、资源利用”标准打造美丽生态牧场，全年创建省级美丽牧场 2 家，分别是象山谷斯鹅业有限公司和象山天歌鹅业有限公司，创建县级示范性美丽牧场 2 家，分别是象山翔宇鸭业有限公司和象山双利牧业有限公司。截至 2020 年年底，全县累计创建省级美丽牧场 29 家、县级示范性美丽牧场 4 家。

【全市首个猪饲料成本指数“保险+期货”项目落地象山】 9 月 8 日，宁波市首个猪饲料成本指数“保险+期货”项目落地象山，将为该县两家生猪养殖企业 1.1 万头生猪提供千万元级别的饲料成本上涨风险保障。该项目创新运用农险“保险+期货”手段，将农业风险保险从自然风险向市场风险延伸，养殖户向保险公司购买指数保险后，由保险公司化解因猪饲料涨价引起的风险，保险公司又通过与期货公司的金融互通降低自身风险，项目保费由农户承担 40%、期货公司补贴剩余的 60%，降低了养殖户的负担,为生猪增产保供提供坚实保障。

【重大动物疫病防控】 2020年,象山县免疫家禽高致病性禽流感533.62万羽次,使用疫苗492.95万毫升;生猪口蹄疫60.75万头次,使用疫苗69.94万毫升,牛口蹄疫0.31万头次、羊口蹄疫6.48万头次,使用疫苗8.58万毫升;猪瘟59.81万头次,使用疫苗67.78万头份;猪高致病性蓝耳病40.26万头次,使用疫苗48.05万头份;小反刍兽疫2.61万头次,使用疫苗3.26万毫升,无重大动物疫情发生。全县生猪检疫15.11万头,检疫率100%。生猪定点屠宰检疫5.24万头,检出处理病害猪104头,废弃物资源化利用处理66.09吨,定点屠宰检疫率100%,无害化处理100%。

【动物疫病监测】 2020年,象山县常态化实施重大动物疫病监测工作,全年共采集102个场户合计2272份样品,检测重大动物疫病7461份数,其中禽流感检测合格率93.4%,新城疫检测合格率95.8%,猪瘟检测合格率80%,猪口蹄疫检测合格率75.8%,高致病性蓝耳病检测合格率90.9%,羊O型口蹄检测合格率78.5%,小反刍兽疫检测合格率74.8%,布病检测290份数,全部为阴性;咽肛拭子及环境样本检测850份数,未检出禽流感病毒阳性。

【畜产品安全监管】 2020年,象山县严格落实病死动物无害化处理机制,全年处理病死猪4.63万头,处理其他病死动物及产品30.94吨。出动150余人次开展专项巡查,检查55家蛋禽养殖场,发现问题隐患3处并整改到位。开展养殖环节"瘦肉精"抽检4次,累计抽检280场次840份尿液,均为阴性。加大畜产品安全抽检力度,全年完成市级及以上例行抽检206批次,抽检合格率98.16%。加强省外调运动物及动物产品管理,累计备案省外调运家禽13.38万羽、家畜2.76万头、肉产品396.9吨,重点落实养殖户跨省引入种用动物审批工作,防止未经检疫的外来畜禽流入。加强对动物及动物产品交易市场联合监督检查工作,检查现有冷鲜禽经营农贸市场22个,经营摊位(批发、零售)79户,把牢畜产品"入市关"。

【非洲猪瘟防控】 2020年,象山县按照"外堵、内清、严防"要求,落实各项防控措施,实现非洲猪瘟疫情防控常态化。加强生猪运输工具清洗消毒,在原有13个生猪运输车辆乡镇集中洗消点基础上,新建车辆区域性洗消中心3个,累计消毒3970车次。落实非洲猪瘟自检制度,养殖环节快速自检1031批次、屠宰环节1095批次。实施生猪运输车辆备案管理,累计备案车辆14辆,并对生猪运输车辆采取不定期采样,累计采集7批次35个样品送检,未检出阳性。增强病死动物无害化处理能力,无害化处理中心投入500万元新购入2套病死动物处理设备,年处理量达到6000吨以上。做好兽医实验室荧光定量PCR检测非洲猪瘟核酸能力建设工作,完成包括PCR检测室、血清检测室等5个功能分区的二级正压县级兽医实验室建设,使象山县正式具备非洲猪瘟核酸检测能力。

【实施生猪屠宰质量规范管理】 2020年,象山县规范生猪屠宰环节质量管理,保障生猪产品质量安全。做好屠宰企业驻场检疫,检疫屠宰生猪5.24万头,检出病害猪104头,检验检疫不合格产品及废弃物59.1吨,并全部无害化处理。开展生猪屠宰环节"瘦肉精"风险监测,累计抽检538批次,结果均为阴性。开展屠宰企业"两项制度"落实督查工作,累计出动62人次,督查23次。开展生猪屠宰监管"扫雷行动",累计出动人员118人次,开展执法检查43次。做好屠宰行业延伸管理,按照"管行业要管安全、要管环保"要求,开展专项性、季度性、随机性屠宰行业安全生产检查,累计出动42人次,督查15次。

【"三沼"安全生产管理】 2020年,象山县落实农村沼气安全生产主体责任,签订沼气安全生产责任告知书、承诺书104份,消防安全告知书52份,举办安全生产技术培训班2期,培训沼气安全从业人员80余人次。加强资源化利用过程中沼液收集、运输、施用等配送消纳去向环节监管,全年异地配送消纳沼液5.16万吨。加强沼气运行安全隐患排查,开展定期巡查4次,排查沼气池48家173座,发现沼气池周边安全防护不到位17家、养殖场避雷针不规范1家、沼气管道敷设不规范15家,并全部整改到位。做好废弃沼气池拆除工作,完成9家33座废弃沼气池安全破拆。

(李婷)

农业产业化

【概况】 2020年,象山县实施乡村振兴战略,以农业供给侧结构性改革为主线,以公用品牌建设为抓手,以农业科技创新为驱动,以"三联三送三落实"、专班化运作,统筹推进疫情防控和"三农"重点工作,推动农业高质高效发展,提升现代农业发展水平。

【新冠肺炎疫情防控】 1月21日,象山县农业农村局成立新型冠状病毒感染肺炎防控工作领导小组,召开新型冠状病毒疫情防控工作部署会议,传达上级新型冠状病毒感染肺炎疫情防控工作会议精神,加强畜禽及其产品流通监管。指导宁波柒合鲜生农业科技有限公司在全市率先推出农产品"点菜式"零接触团购配送,解决疫情防控期间农业生产经营主体农产品"销售难"和市民外出"购买难"问题。印发《关于统筹抓好"三农"领域疫情防控和发展保供工作的通知》,提出农业生产、农企复工、春耕备耕、农产品产销对接等11方面惠农举措,统筹抓好"三农"领域疫情防控,加快农业经营主体复工复产,不误春季农业生产,确保"米袋子""菜篮子"稳定供应。

【开展"三联三送三落实"活动】 2020

年，象山县农业农村局按照省农业农村厅和市农业农村局统一部署，组建由局领导带队的服务队分别联系18个镇乡（街道）、24个村、104个企业（基地）、100户低收入农户，开展“百名干部联百村（企）、百名干部联百户、三联三送三落实”活动，精心组织联村、联企（基地）、联农户，贴心开展送政策、送技术、送帮扶，高效化抓好防疫、生产、发展各项任务的落实，解决“三农”发展实际问题，推动重点工作任务完成。全年累计走访服务4018人次，收集解决各类问题389件。

【健全现代农业产业政策支撑体系】 2020年，象山县加强农业政策体系建设，增强农业发展动力，制定出台《象山县“亩均超万美元”农业供给侧改革实施方案》《象山县2020年度农产品品牌化建设扶持办法》，与象山县农村信用合作联社联合印发《农企成长贷贷款管理办法》《合作推进柑橘和白鹅全产业链发展方案》。

【农业投资和产业平台建设】 2020年，象山县农业招商引资和“一区一镇”创建，推动产业集群集聚。引进华统生猪养殖场项目，与正大农业科技建立柑橘产业合作框架协议，推进花岙岛芸苔农业公园、茅洋乡逢源农业科技旅游创意农场建设，完成农业固定资产投资3.1亿元。开展国家级农村一、二、三产融合发展先导区、定塘镇柑橘国家级农业强镇、晓塘乡柑橘省级农业强镇创建，创成大塘港省级现代农业园区、贤庠镇石斛桂花省级农业强镇，新增鹤浦樊岙梨头采摘观光美丽田园、新桥台湾东势观光美丽田园2个市级多彩农业美丽田园，象山斑斓现代农业庄园、象山青果现代农业庄园2个市级现代农业庄园，建成象山港湾水产苗种精致示范园。

【第二届象山农业博览会】 1月3—5日，象山县举办第二届象山农业博览会。本届农博会以“美丽乡村、美好生活”为主题，共设立170个展位，展销产品有象山县18个镇乡（街道）特色农产品，全省知名百强品牌企业农产品，宁波优质农产品，敦化、龙井、遂昌等对口扶贫协作地区特色农产品，以及农家特色小吃等，会展实现销售额750万元。

【第四届象山柑橘文化节】 11月16日，第四届象山柑橘文化节暨象山柑橘红美人开摘仪式在象山影视城举办。本届柑橘文化节以“发展柑橘产业，共奔小康生活”为主题，创新运用掌上云节庆的新型传播模式，推出云直播、云游览、云互动、云推介等系列线上活动，结合线下研讨会、开摘仪式等主体活动以及定塘镇、晓塘乡、高塘岛乡3个分会场配套活动，深度推广象山柑橘品牌及特色柑橘红美人。开摘仪式云直播环节，新华社、当日头条、优酷视频、爱奇艺等新闻门户全网联播，观看量80万人次，象山柑橘博览园、高塘岛乡三五村红美人果园、神韵农业红美姬基地同步果园直播，观看量28万人次。开摘仪式当天，“红美人”柑橘创下4000余万元销售额，其中通过淘宝网店、网红直播、电话预约等实现线上销售额2600余万元。

【柑橘全产业链产值达20亿元】 2020年，象山县打造柑橘全产业链，统筹实施品牌赋能、种苗强链、平台培源工程，建设全国一流柑橘产业强县。全县柑橘面积0.83万公顷，其中“红美人”柑橘面积0.22万公顷、亩效益超万美元，柑橘全产业链产值达20亿元。

【“象山柑橘”区域公用品牌价值达24.55亿元】 9月9日，第六届中国果业品牌大会发布了“2020中国果品区域公用品牌”价值评估结果，“象山柑橘”区域公用品牌以24.55亿元的品牌价值在130个果品中位列第39位。

【“象山柑橘”区域公用品牌培育提升项目】 2020年4月，“象山柑橘”区域公用品牌培育提升项目入选国家第十批农业标准化示范区创建目录，10月，象山县农业农村局、象山县市场监督管理局联合出台《国家象山柑橘区域公用品牌培育提升标准化示范区创建工作实施方案》，计划通过3年的时间，象山柑橘公用品牌质量和价值提升，打造全国闻名的柑橘品牌之乡。

【实施数字农业“1121”工程】 2020年，象山县启动数字农业“1121”工程建设，即：建立1个现代农业大数据服务中心，绘制1张农业项目数字地图，打造名特优新农产品数字交易和优势产业网上培训指导两大平台，培育一批数字果园、数字牧场、数字菜园等农业智能化示范基地。截至2020年年底，制定数字农业建设方案和产业电子地图建设方案，建成象山甬红果蔬有限公司、象山蓝尚海洋科技有限公司2家农业数字工厂，开展象山大旸农业发展有限公司等7个基地红美人柑橘5G+区块链试点，建立宁波·象山农产品网络直播学院，全县农产品电商年销售额11.3亿元。

【象山县首单地理标志商标保险】 2020年12月，象山县农业经济特产技术推广中心与中国人寿保险签订“象山柑橘”地理标志商标专用权保险，引导“象山柑橘”地理标志专用商标通过商业保险手段来减少品牌保护过程中的资金损失风险，这是象山县首单地理标志商标保险。

【“象山半岛味道”公用品牌助推农产品销售】 2020年，象山县继续推进“象山半岛味道”公用品牌建设，提升品牌知名度，线上线下联动推进县域名特优新农产品销售。实施“象山半岛味道+”等级民宿、大型购物平台品牌营销，优化“象山半岛味道”网上微商城，建成“象山半岛味道”农产品体验中心品牌店15家，上架“三品一标”、名牌名标等象山特色农产品210余种，合作企业达46家，实现销售总额3100余万元。

【实施农业“五新”项目18个】 2020年，象山县围绕农业新品种、新技术、新模式、新装备、新工艺创新研究与示范推广，加快推进农业科技成果转化应用,全年实施“净化水除臭新技术在养猪场的研究及应用”等农业“五新”项目18个,补助资金100万元。

【巩固国家农产品质量安全县创建成果】 2020年,象山县巩固国家农产品质量安全县创建成果,按照“高产、优质、高效、生态、安全”理念,坚持“产管”两手抓、两手硬,严格落实乡镇属地管理责任,建立健全农产品质量安全监管体系,提升农产品质量安全水平和基层监管能力,全县农业标准化生产程度达68%,“三品一标”认证面积1.87万公顷,占主要农产品面积65.42%。11月,通过农业农村部组织的国家农产品质量安全县交叉检查。

【“三品一标”农产品】 2020年,象山县推动以“三品一标”为代表的绿色优质农产品健康发展,严把绿色食品准入门槛,新申报绿色食品6个,续展认证绿色食品7个。截至2020年年底,全县共有无公害产品150个,绿色食品22个,有机产品3个,总面积1.87万公顷,绿色优质农产品占比率达65.42%。

【“信用农安”工作】 2020年,象山县扩大“信用农安”信息采集主体覆盖面,完善信用评价方法和联合激励惩戒机制,组织开展新一轮农产品生产主体信用等级评定,全县531家生产主体参与评定,评定出A级115家、B级346家、C级69家、D级1家,并将信用评定结果录入信用宁波公共平台,为跨行业、跨领域守信联合激励和失信联合惩戒机制提供支撑。全年共有115家列入农安信用激励名单,1家受失信惩戒,金融机构对30家主体提高贷款额度,年利率从7%下浮到5%,涉贷金额2900万元。

【推行食用农产品合格证制度】 2020年,象山县加大食用农产品合格证使用宣传,依托“三联三送三落实”、农业科技下乡、专项监督检查等活动向生产者、消费者分发宣传资料5000份。突出工作重点,在市级要求县级三类主体使用覆盖率90%以上的基础上做到“两个必须”,即要求纳入监管名录的规模主体必须使用合格证、县级以上主体必须使用电子合格证,全年新增合格证使用单位59家,购置追溯设备59台。针对部分规模主体和种植养殖散户设计手工开具象山县食用农产品合格证,优化简化填写内容,交由各镇乡(街道)分发和监督使用。截至2020年年底,全县734家主体实现合格证准出,其中486家主体使用电子合格证,累计开具和使用食用农产品合格证超34.8万张,使用率和使用量位居全市第一。《象山县柑橘产业联盟合格证助推“象山柑橘”品牌价值提升案例》纳入农业农村部全国44个合格证典型案例。

【大学生农业创业基地数达80个】 继续实施大学生创业就业政策扶持,出台《关于做好2020年度农业生产领域大学生就业创业扶持申报工作的通知》,全年共补助创业大学生14个、引进人才的农业经营主体7家,发放补助42万元。截至2020年年底,全县共有大学生创业基地80个、面积313.13公顷。

【评选出农业乡土专家10人】 2020年,象山县开展第二届农业乡土专家评选,从直接从事农业(渔业)生产经营,应用技能突出、示范带动显著、群众认可度高,为农业经济发展和农民增收致富做出较大贡献的新型职业农民中,评选出王财安、朱雷仁、邬孝聪、陈忠林、李达震、盛安常、韩东道、黎盛、朱东敏、泮孝球10位农业乡土专家,发挥他们在科技兴农方面的示范引领作用和技术扩散效应,全力助推乡村产业振兴。

【农民初级职称评定】 2020年,象山县继续开展农民初级职称评定,以工作实绩、技术水平、解决实际问题的能力以及经济社会效益为主要评价依据,评选范围为在农业生产第一线从事种植、养殖、农业机械、农村能源等或直接服务于农业生产的农业专业技术工作人员,共有5位农民获得农业系列初级职称。

【实施全国基层农技推广体系改革与建设项目】 2020年,象山县继续实施基层农技推广体系改革与建设补助项目,围绕农业主导品种,制定并推介发布2020年农业主导品种89个和主推技术15项,建立象山鹤岛梨园家庭农场、香成农业科技发展有限公司、象山贤庠甫将家庭农场、象山野田家庭农场有限公司4个科技示范基地,实现主导品种和主推技术入户率与到位率96%以上。遴选出249户科技示范户,83名骨干农技人员,组织4批次66名农技人员参加5天以上的脱产业务培训。通过项目实施,基本建成了职能明确、机构完善、队伍精干、保障、运转高效、服务到位、支撑、农民满意的基层农技推广体系,建立了竞争上岗制度、农技推广责任制度、绩效考核制度、知识更新制度等基层农技人员管理机制,形成了“一个主导产业、一个技术团队、一个产业项目、一批示范基地”的农技推广网络体系。

【完成农民培训8826人次】 2020年,象山县聚焦乡村振兴和现代农业发展人才需求,培养有文化、懂技术、善经营、会管理的高素质农民队伍,全年完成农民培训8826人次,其中农村实用人才培训2236人次,高素质农民培训303人次,普及性培训6278人次。

【创建农业绿色发展示范区6个】 2020年,象山县践行“绿水青山就是金山银山”理念,加快发展现代生态循环农业,提升农业绿色发展水平,全年创建农业绿色发展示范区6个,分别为象山县西周省级农业绿色发展示范区、象山县环象山港市级农业绿色发展示范区、象山县大徐市级农业绿色发展示范区、象山县定塘市级农业绿色发展示范区、象山县大塘市级农业绿色发展示范区、象山县三门湾市级农业绿色发展示范区。

(李婷)

农经管理

【概况】 2020年，象山县围绕中央和省市县重点工作决策部署，坚持新发展理念，发展壮大村级集体经济，提升“三资”规范化管理水平，加大新型农业经营主体培育力度，完成行政村（社区）规模优化调整和村经济合作社换届选举工作，农村经营管理水平显著增强，全年村级经济组织实现收入7.11亿元，同比增长10.58%。

【完成行政村（社区）规模优化调整并村并账工作】 2020年，象山县启动行政村（社区）规模优化调整工作，象山县农业农村部门主要负责并村并账工作指导。组建集体资产处置指导组，开展“三资”融合调查摸底和意见建议收集工作，制定《关于做好行政村（社区）规模优化调整村级集体资产管理工作指导意见》及其配套政策、流程、参考文本，明确资产处置流程、融合方式、管理规范等相关内容。开展融合前资产核查工作，通过村级自查、镇乡（街道）审查等程序做好拟调整村财务专项清查，对库存现金、银行存款、有价证券、支票、收款收据等进行盘查封存或暂冻，编制并及时公示“三资”清册，全县清查调整村资产总额15.08亿元、年经营性收入5999.28万元。分批次组织专业人员赴镇乡（街道）开展政策宣讲和“一对一”调研指导，累计指导30余次，印发工作提示单11期。全县行政村由490个调减至355个，经济合作社组织由506个调减至402个，全县新组建80个行政村（社）全部实现并村并账。

【完成村经济合作社换届选举工作】 2020年，象山县启动新一轮行政村（社）换届选举工作。象山县农业农村部门抽调业务骨干加入全县村级组织换届工作领导小组办公室，制定《村经济合作社换届选举指导手册》及示范章程，做好换届前优秀适宜人选排摸工作，落实“三级过堂”研判机制，动态建立“一肩挑”人选“三张清单”。根据“四过硬、五不能、六不宜”要求，对候选人进行严格审查，将村集体资产有侵占未整改现象与村级资产管理审查结合，尤其对村集体无理由欠款人员进行重点把关，整改收回资金81.28万元。在资格联审联查上创新机制，建立17家县级职能部门联审机制，明确镇乡（街道）初审、职能部门联审、反馈备案三步骤联审办法，创新运用数字手段，建立健全信息互通共享机制，开设资格条件“云端联审”平台，减轻基层负担。在“法定原则不动摇、法定程序不变通，法定步骤不减少”原则下，创新办法、优化流程，将合作社换届与村委会、村监委换届穿插进行。全县355个行政村全部实现村党组织书记兼任村经济合作社社长。

【富民强村工作调研】 6月11日，宁波市委副书记、政法委书记宋越舜在象山调研富民强村工作，宁波市委副秘书长胡杰、市农业农村局局长李强等随同调研，象山县领导潘银浩、奚海峰、吴志辉陪同调研或参加座谈。调研组先后赴高塘岛乡回春家庭农场、象山至善鹅业有限公司、象山柑橘博览园和茅洋乡白岩下村，了解低收入农户增收致富、柑橘产业发展及村集体经济发展等情况，并听取象山县富民强村和行政村规模优化调整工作汇报。

【村级集体经济发展工作调研】 10月29—30日，农业农村部政策与改革司二级巡视员余葵带队到象山开展村级集体经济发展工作调研，先后走访了鹤浦镇大沙村、小百丈村，石浦镇沙塘湾村，茅洋乡银洋村，定塘镇柑橘博览园，并听取了象山县发展壮大村级集体经济及农村产权制度改革工作汇报。象山县委常委、统战部部长干维岳，副县长吴志辉参加相关活动，浙江省农业农村厅政策改革处处长方杰、四级调研员周平等陪同调研。

【发展壮大村级集体经济】 2020年，象山县多措并举发展壮大村集体经济，推广镇村联建、村企结对、抱团发展等新模式，引导各地打造“强村综合体”，推动村集体盘活利用闲置农房、土地、山林等集体资源，完善发展集体经济项目库，新排摸确定项目13个，扶持项目6个。全年村集体经济总收入7.11亿元，同比增长10.58%，全县所有行政村集体经济总收入超过30万元、经营性收入超过10万元，总收入100万元以上行政村占比64.23%。

【提升农村集体“三资”规范化管理水平】 2020年开展村级财务公开抽查4次，公开率均在99.80%以上。实施“百村审计”及村干部离任经济审计，完成审计村176个，涉及金额40.46亿元，审计收回各类款项金额86.63万元，落实整改措施128条。制订印发《关于加强村级债务监管工作的通知》，建立债务预警管控体系，健全申报审批、监管消债机制。做好村级债务调查工作，2020年年底年报数据，负债总额4.12亿元，涉及村数222个，村均负债185.54万元。推进农村集体经济数字管理系统建设，促进实现“数字管理系统”五级联网运行。推进清廉示范村创建工作，认定丹东街道东门外村等29个村为2020年度清廉村居示范点创建单位。

【新型农业经营主体培育】 2020年，象山县加大新型农业经营主体培育力度，引导和鼓励农业企业做大做强，推进家庭农场、农民专业合作社提质发展。全年落实贷款贴息、利息减免补助资金17.43万元，完成家庭农场名录录入3728家，新增省级示范性家庭农场4家、市级示范性家庭农场7家、市级农民专业合作社1家。开展经营主体业务培训工作，培训人数108人次。组织召开象山县农民专业合作社联合会第四届第一次会员大会，审议第三届理事会工作报告和财务报告，选举产生新一届理事会和监事，扩充农民专业联合会会员至52个。

【土地经营流转】 2020年，象山县继续做好第二轮承包土地确权颁证信息修改更正工作，累计修改权证1000余本。推进土地流转，保障土地适度规模经营，新增土地流转面积185.67公顷，全年土地流转总面积达到1.29万公顷，流转率77.74%，其中规模流转1.11万公顷，规模经营率85.87%。

【农民负担动态监测】 2020年完成"21216"农民负担动态监测，抽查丹西街道、贤庠镇、鹤浦镇、东陈乡、晓塘乡等5个镇乡（街道）的10个村、100户家庭样本，据样本统计，100户家庭纯收入602万元，其中家庭经营纯收入179.96万元，人均收入达16270元。

【创建全国农业综合行政执法示范单位】 2020年11月7日，农业农村部公布第二批全国农业综合行政执法示范单位名单，象山县农业农村局入选第二批全国农业综合行政执法示范单位。2020年，象山县农业农村局整合农业执法职能，推进农业综合行政执法改革，提高办案质量，提升农业执法水平，全年立案办理违法案件25件，涉案金额59.1万元，罚没款6.4万元。

【超额完成农资废弃包装物回收处置年度工作任务】 2020年，象山县以打造绿色安全和谐的清洁田野和环境整洁优美的美丽乡村为目标，以垃圾分类为契机，农资废弃包装物回收处置工作有序推进，全年回收处置农资废弃包装物46.87吨，回收率100.5%，无害化处置率122.77%，完成省市下达年度目标任务的111.1%。

【农业投入品和农产品质量监督执法】 2020年，象山县围绕农资打假治劣主线，打响"绿剑"执法护农品牌，全年开展以打击制售假劣农业投入品和保障农产品质量安全为重点的"绿剑"系列专项集中执法行动10次，出动执法人员419人次，检查农业投入品经营单位、农业投入品生产企业、农产品生产企业273家次。完成农业投入品监督抽样103批次，农产品监督抽检111批次。

【农资智慧监管建设】 2020年，象山县农资智慧监管系统建设，农业投入品智慧监管系统覆盖率100%，农药商品通过系统备案率90%以上，农资生产经营单位信息系统录入率100%。加强农药实名制购买监管，全县农药经营门店104家，批发企业3家，基本实现农药实名制购买。

【"最多跑一次"改革】 2020年，象山县农业农村部门推进简政放权，推动"服务争效"，为办事群众提供更优质、更高效的公共服务。直接取消各类证明材料5份，梳理第一、二、三批政务服务2.0事项55项，梳理公共数据目录37个、资源目录数据项395项、开放数据项388项。

【农业法治宣传教育】 2020年，象山县农业农村部门结合"三联三送三落实"、农业科技下乡、专项监督检查等活动，利用"象山农业农村"微信、微博等平台，注重线上线下联动，广泛学习宣传宪法、农产品质量安全、农业面源污染、农业投入品经营和农民权益维护等相关法律法规。全年开展各类宣传培训25次，受众1200余人次，发放各类宣传资料6000余份。推进学法用法工作制度化、常态化，党组中心组学法4次以上，落实每月局务会议前集中学法制度，各业务单位、执法单位，通过执法研讨、专题讲座、案例分析等形式结合工作开展业务学法用法活动。

【依法推进法治政府建设】 2020年承办农业各类行政处罚案件29件，办结24件，共处罚没款58049元。完成行政复议案件1件。认领检查实施清单国家级29项、省级522项。清理并公布第一批农业农村局无必要行政执法事项8项，公布第三批首违免罚清单事项4项。2020年开展双随机检查任务18项，其中联合检查4项，检查对象89户，抽查事项覆盖率100%，信用规则利用率100%，跨部门监管率22.22%，监管事项入驻率100%，执法人员账号开通率掌上激活率和掌上执法率均达100%。

【农业行政审批服务群众满意率100%】 2020年，象山县农业农村部门共受理各类行政许可事项3533件，其中即办件3484件、承诺件49件，办结3533件，按期办结率和准确率均为100%，群众测评满意度100%。

【农业生产事故调处18起】 坚持以事实为依据，以稳定和谐为目的，以维护农民利益为根本，妥善调处农业生产事故，2020年受理农业生产事故投诉19起，调处18起，涉及农户23户，农民获得补(赔)偿1.8万元。

农业机械

【概况】 2020年，农机部门贯彻落实新发展理念，围绕乡村振兴和推进农业高质量发展，推动质量变革、效率变革和动力变革，加快农机化和农机装备产业转型升级步伐，推动农机化全程、高质高效发展，满足了广大农民群众对机械化生产的新需要。全县农机总动力达75万千瓦，其中大中型拖拉机359台，水稻育秧流水线52条，水稻高速插秧机327台，联合收割机460台，粮食烘干机185台，无人植保机56台，各类旋耕、粉碎等机械1000多台（套），农机化保持较高发展水平。水稻耕种收综合机械化率达88.72%。现有国家级农机专业合作社示范1家，省级农机专业合作社示范社15家，市级农机专业合作社示范社9家，区域性农机化综合服务中心3家，农机作业服务公司7家。

【农机装备水平提升】 发挥农机购置补贴政策调节和引导作用，激发农民购买和使用农业机械的性，提高了县农业的机械化装备水平，改善了农业生产条件，提高了农业生产效益。截至2020年年底，象山县农机总动力达到74.23万千瓦，拥有各类农业机械4万余台（套、件），其中大中型拖拉机315台、水稻插秧机327台、联合收割机457台、谷物烘干机204台。装备结构优化，拖拉机与农机具的配套比由2012

年的1∶1.37提高到1∶1.84。共创建省农业"机器换人"示范乡镇(街道)7个,示范基地17个。

【农机作业水平提升】 围绕增产增收增效,在全国主要农作物全程机械化示范县创建为重点,通过调整结构,紧抓薄弱环节,加快突破制约粮食作物机械化的平静,加大农机化新机具新技术新模式推广应用力度,促进了农机作业水平的提升。聚焦耕、种、收、产地烘干、高效植保、秸秆处理等全程机械化六个主要环节,"补短板、促集成、提水平"的目标导向,薄弱环节加速突破,产地烘干、高效植保、秸秆处理机械化能力显著提升。2020年,水稻耕种收综合机械化率达88.72%。同时在宁波全大市率先实现了紫菜产业全程机械化,其中收割机械化率达81.84%,清洗机械化率达84.99%,烘干机械化率达84.99%,为保障县农产品的供给、提升农业综合生产能力提供了支撑。

【农机社会化服务水平提升】 以农机专业合作社为载体的社会化服务组织逐渐发展壮大,服务组织能力提升。重点抓好合作社规范化建设,推行农机专业合作社规范化(星级)评定工作,完善农机专业合作社提质增效措施,引导工商资本与农机服务融合,支持农机经营服务组织发展壮大,形成主体多元化、形式多样、竞争的农机社会化服务格局。截至2020年年底,共有农机社会化服务组织64家,其中农机专业合作社57家,农机作业服务公司7家;全国全程机械化+综合农事服务中心1家,区域性农机综合服务中心5家,全国农机专业合作社示范社1家,省级农机合作社示范社19家,市级示范农机专业合作社12家,宁波市示范性农业社会化服务组织15家。

【农机化科技水平提升】 因地制宜,以产业关键环节机械化为突破口,实施高效农机推广行动,引进推广适合县农机化发展的新型高效机具。贯彻绿色发展理念,推广增产增效、资源节约、环境友好型农业机械化技术,节水灌溉、高效植保、机械化秸秆还田和综合利用等机械化绿色增产技术应用范围扩大。通过引进生物质燃料热风炉,大大降低了农户的烘干成本,真正实现了减本增效。在全市率先推广无人植保小飞机,既做到了减人工提效率,又优化了作业环境,提高了安全性,形成了一套技术路线、作业规范。在"红美人"柑橘领域推广山地轨道运输车、水果分级机等,为农户省工节本的同时,提高了产业的机械化水平,促进了产业的发展。开展物联网、移动互联等现代信息技术的智慧农业机械研究和示范推广工作,引进农业自动化生产加工流水线、农业物联网与自动控制技术、无人植保飞机等智能化装备,实现农业生产过程的智能化。截至2020年年底,共有智慧农机装备应用基地7家,其中石斛种植1家、畜牧养殖1家、果蔬种植5家。

【农机安全生产水平提升】 全县农机安全生产保持平稳态势,连续多年没有发生重大伤亡事故。坚持以"平安农机"示范创建为主线,健全"政府负责、农机主抓、部门配合、群众参与"的农机安全监管工作长效机制,确保了农机安全生产态势平稳。重点围绕变型拖拉机提前报废淘汰,以"平安农机"示范创建为主线,健全"政府负责、农机主抓、部门配合、群众参与"的农机安全监管工作长效机制,确保了农机安全生产态势平稳。根据宁波市变型拖拉机提前报废淘汰和限行禁入实施方案,结合变型拖拉机年度检审验工作,向变型拖拉机主发放相关告知书1100余份,发送短信4000余人次,同时沟通县交警部门、县财政部门、县保险部门、报废回收公司等,协调驾驶证扣分处罚、报废补贴奖励资金、年度保险费、回收废铁价格等事宜,提倡鼓励变型拖拉机主提前实施报废淘汰工作。截至2020年年底,有144辆报废期限在2021年6月之后的变型拖拉机实施报废解体,占到全县变型拖拉机提前报废淘汰任务数的14%。

(李尧)

农资服务

【"三位一体"农合联改革发展】 2020年,县农合联新增127个会员,增幅12%;农合联村级综合服务社新建18家,农合联服务的触角向海岛、山区延伸;农合联基层党组织发展工作正在推进实施;镇乡(街道)现代农业服务中心生产、供销、信用服务功能加强,乡镇农办一些经营性、公共性服务功能逐渐向服务中心转移,统防统治、配方施肥、土地托管、技术咨询等生产服务,农产品电商运行、品牌培育、农产品推销推介活动等供销服务,合作社会员信用评定和授信、农产品保险服务等信用服务这三方面工作取得明显成效,新增服务次数累计达到3000次以上,群众满意率达90%以上;晓塘、高塘、定塘确定为市级示范样板培育对象并进行了规范化改造升级,其中高塘服务中心进行了移址重建,服务面积大幅扩展、功能大幅提升,为海岛农、渔、旅产业提供技术支撑、拓宽销售渠道、对接金融保障、扩大特色产业影响力,做好"互联网+""旅游+"文章;申报高塘服务中心为省级服务中心,县内省级现代农业服务中心累计达5家。

【农产品品牌建设和农村电商发展】 县供销联社2020年共举办5场网络营销活动,分别为:5月,海上枇杷季·云游南田岛—2020象山白枇杷节,累计全网销售象山白枇杷2000单;6月,甜忆泗洲头·山海但相邀—2020象山甜瓜杨梅节,直播期间销售产品2300余单;7月,梨不开的夏天—2020象山鹤岛翠梨节;9月第23届开渔节期间,"万象山海·渔开天下"网络营销活动,活动销售10万余单象山海鲜、干货特色产品,销售额超800万元。通过直播,新零售,短视频话题营销,全媒体活动等多维度开展推广,助力象山特色农渔产品云端销售。全年,象山馆农产品网络销售额1.24亿元。分别在农业电商重镇晓塘乡和鹤浦镇开展2期电商培训,累计105人次参加,内容主要为眼下主流电商媒体新玩法、社群营销、抖音短视频等,提升了农产品电商从业人员的营销能力。

【扩大"红美人"柑橘"超级原产地"品牌效应】 在"数字兴业"框架协议的基础上,县供销联社联合阿里巴巴电商平台,搭乘"头部"顺风车力推"红美人"柑橘打响原产地品牌。11月,在淘宝直播平台超级原产地栏目中,邀请吴志辉副县长同知名影星曹颖一起为象山柑橘"红美人"做推广,其间吸引网络观众超74万人次,现场成交1037单,销售额93.7万元。12月29日,象山柑橘"红美人"进驻薇娅淘宝直播间,吸引了1698万名网友共同观看。在直播间开放销售之后的2秒内,1万件红美人被抢购一空,成交金额超百万元。通过一系列宣推,提升象山县作为"红美人"柑橘原产地的品牌价值。此外,县供销联社还举办象山柑橘"红美人"产业发展培训会,组织全县柑橘产业联盟的464名会员和种植户参加,邀请专家讲解柑橘种植技术、产业发展知识和金融政策,提升该产业从业者的综合素质。

【做好农资供应和服务】 年初疫情期间,县供销联社下属丰润农资公司组织农药化肥储备,春耕备耕期间,通过补贴供应的方式,维护了防疫期间农资市场价格稳定,累计补贴23万余元,同时采取电话预约,延长营业时间等便民措施,确保春耕备耕平稳进行。农资"双夏"服务月期间,组织优质的农资商品服务各个连锁网点和种植大户,开展直供让利和赠送模式,优惠供应总计200余吨,并免费或优惠提供大批农药;公司采取"早开门、晚打烊"延长供应服务的时间;组织"庄稼医生"和技术人员下乡,开展面对面技术指导,帮助农民科学对症施肥用药;为农户免费提供茶水和防暑用品;对种粮大户、专业合作社,实行电话预约、农资直供配送等"零距离"服务。落实专业化统防统治服务面积2.7万亩,并做好专业化统防统治补助申请与田亩公示。推广测土配方肥1300吨。回收废弃农药包装物70吨、废旧农地膜8吨,并进行无害化处置。

【"大地托管"种植模式推广】 2020年1月起,县供销联社在2019年经验的基础上,在鹤浦镇鹤岛梨园开展504亩翠冠梨"大地托管"项目。至7月中旬喜获丰收,在品质得到提升的同时,单果的重量增加了200—300克,使得亩产增加约20%,通过实施电商网络营销、品牌化包装设计等举措,种植户实现每亩增收千余元。"大地托管"项目应用到县内马铃薯、翠冠梨、水稻等多种农产品领域,覆盖农业用地近3万亩,未来将成为引领象山县传统农业向"信息化""标准化""品牌化"现代农业转变的强劲驱动力。

【农合联"三会"制度正规有序运行】 2020年11月,按照《象山县农民经济合作组织联合会章程》,县农合联执委会(县供销联社)组织召开农合联了一届二次理事、监事会议。会议回顾总结了4年多来农合联工作,并对下步发展提出了工作思路,替补和增补了部分理事、监事,对理事会、监事会主要领导进行了调整,选举副县长吴志辉为理事会理事长,县供销联社理事会主任张尔一为理事会常务副理事长。

【产业农合联建设和规范化运行】 2020年,县供销联社对建6家产业农合联进行了规范提升,主要对产业农合联办公场所进行改造升级,完善各项规章制度。发挥产业农合联的联合与合作作用,建立3家"专家团队+产业农合联"的新型农持推广服务模式;对"象山柑橘""象山梭子蟹""半岛仙茗"茶叶"松兰山"稻米等县域公用品牌进行了重点培育,11月举办半岛仙茗茶叶产业技术培训和品鉴会;成立杨梅产业农合联。梭子蟹产业联盟申报了省级产业农合联,累计省级产业农合联达3家。

【基层供销社建设稳步推进】 采取盘活、改造升级基层社、创建标杆基层社、创建城乡商贸服务中心、扩充基层社社员等措施,做强做大基层社,发挥基层社在新时期新农村建设中的重要作用。城南供销社通过闲置资产改造装修整体出租,盘活了存量资产,确保了资产保值增值;鹤浦供销社与鹤岛梨园融合发展,采取大地托管、交易市场改造、品牌建设、办公设施改造等措施,基层社的活力和发挥的矿帮扶农民致富的作用得到了明显提高;晓塘乡供销社与乡镇农合联服务中心融合发展,通过新建柑橘展示中心、办公服务大厅、电商平台、检测中心、培训中心等设施建设,发挥了供销社传统农产品销售等优势带动了当地柑橘产业的发展;东陈乡供销社对原有的超市、加油站、农资门店、烟花爆竹门店等进行整合,并拓展与部队的农产品产销对接和大米、油品、啤酒等城乡一体化配送,年销售突破3000万元,11月挂牌成立东陈乡供销社城乡商贸服务中心。

【"数字兴业"数字公共服务体系建设启动】 2020年9月,县供销联社促成县政府与阿里巴巴集团签订了数字乡村建设合作框架协议,重点围绕象山柑橘、海鲜产业,从电商运营、产地仓建设、电商新型人才建设、数字科学决策四大体系开展工作,引入丹鸟物流服务,开渔节期间网络营销活动,在石浦试点海鲜前置仓库;在11月的"红美人"柑橘网络营销期间,初始布局象山红美人揽件收货点,开启了象山数字乡村物流数字化建设。

【开展东西部帮扶和"山海协作"】 2020年,县供销联社推进"象山馆"与墩化、龙井东西部帮扶地区及与丽水山海协作对口地区农特产品的渠道融合,加大"象山馆"线上线下推广力度,利用营销渠道和互联网平台等做好产销对接;走访县内各行政企事业单位,动员社会各界扩大对山海协作地区产品消费和服务消费;激发全县上下参与消费扶贫的性,拓宽对口地区农产品销售渠道,全年实现"山海协作"消费扶贫销售总额565.4万元,超额完成任务13.1%。

【再生资源回收利用项目建设推进】 2020年，"搭把手"再生资源回收利用项目在中心城区和石浦镇累计投放智能回收设备100台，服务场景包含学校、小区、机关、医院、商圈等，截至2020年年底，累计回收废纸225吨、旧衣物66吨、玻璃24吨、塑料27吨、饮料瓶45万个。8月该项目在东陈乡滨海工业园区完成了分拣中心建设，并投入运行，前期规划了可回收物、工业固废处置区域，每日可分拣处理可回收垃圾50吨以上，12月起面向宁波赛德森、中化国际、浙东表面、立强机械、合力集团、锦浪科技、启新针织、日星铸业8家企业开展工业固废回收处置工作，将为象山县城乡环境综合治理再增强大助力。

（曹逊）

新农村建设

【概况】 2020年，在新冠肺炎疫情防控、行政村（社区）规模优化调整及村级组织换届选举背景下，象山县新农村建设稳步发展，获评全省实施乡村振兴战略实绩考核优秀单位。建成市级美丽乡村示范镇乡1个、风景线2条、示范村5个，获评全省新时代美丽乡村（农村人居环境提升）工作考核优秀县。开展农村清洁行动，获评全省提升农村人居环境（农村生活垃圾分类处理）工作考核优秀县。拓展农村宅基地"三权分置"改革，列入全国农村宅基地制度改革试点县、全省首批乡村集成改革试点县。

【象山县入选全国农村宅基地制度改革试点县】 9月27日，中央农办、农业农村部公布新一轮农村宅基地制度改革试点地区名单，象山县名列其中。自2018年4月颁发全省首本农村宅基地"三权分置"不动产证以来，该县累计发证121本，盘活和利用宅基地2.11万平方米、闲置农房3.12万平方米，引进开发乡村旅游、健康养老等产业项目42个、投资6.2亿元，吸引浙旅投、乡伴文旅、西坡、途家等一批知名企业相继落户投资，走出一条农村闲置宅基地和农房流转开发利用的"象山路径"。相关做法得到农业农村部副部长韩俊及省委书记袁家军、省长郑栅洁等多位领导批示肯定，入选中国改革开放40年地方改革创新案例。

【象山县入选浙江省新时代乡村集成改革试点】 12月31日，浙江省农业和农村工作领导小组办公室、浙江省农业农村厅公布第一批新时代乡村集成改革试点，全省2个市和16个县（市、区）列入试点名单，象山县上榜，是宁波市唯一入选县（市、区）。象山县把农村改革、加快乡村振兴作为重中之重，农业供给侧结构性改革推进，乡村振兴美丽系列创建开展，农村各项改革，乡村治理成效显现，"三农"发展走在全省前列。

【宁波市闲置农房激活利用暨农村宅基地"三权分置"改革工作现场推进会在象山召开】 8月31日，宁波市闲置农房激活利用暨农村宅基地"三权分置"改革工作现场推进会在象山召开。宁波市委副书记宋越舜出席会议并讲话，宁波市副市长卞吉安主持会议。宁波各地党委和政府分管领导，各农业农村、自然资源规划部门主要负责人和相关部门分管负责人参加会议并实地参观了象山县鹤浦镇小百丈村、石浦镇沙塘湾村。象山县、宁海县、江北区、象山县鹤浦镇、鄞州区横溪镇、奉化区大堰镇谢界山村6个单位在会上作交流发言。

【浙江省副省长彭佳学在象山考察调研】 9月16日，浙江省副省长彭佳学在象考察调研，先后赴宁波盛洋电子科技有限公司考察智慧渔港建设、石浦镇沙塘湾村考察农村闲置农房激活利用和"三权分置"改革、象山青果水果专业合作社考察柑橘基地。浙江省政府副秘书长蒋珍贵，浙江省农业农村厅厅长王通林，浙江省自然资源厅副厅长盛乐山，宁波市副市长卞吉安，宁波市政府副秘书长宣柏林，宁波市农业农村局局长李强，象山县委书记潘银浩，象山县委副书记、县长包朝阳，象山县委常委、常务副县长陈兴立，象山县副县长吴志辉等陪同调研或参加相关活动。

【象山县入选2019年全国村庄清洁行动先进县】 3月10日，中央农办、农业农村部公布106个2019年全国村庄清洁行动先进县，全省共有3地上榜，象山县名列其中，是全市唯一入选县（区）。2019年以来，该县以打造"全国最清洁县"为目标，以推进"千万工程"升级版为举措，开展村庄清洁行动，统筹实施村"洁净家园""整洁田园"以及环境卫生集中攻坚等村庄清洁系列活动，推进农村生活垃圾清理，提升农村人居环境。全年累计通报问题照片

8月31日，全市闲置农房激活利用暨农村宅基地"三权分置"改革工作现场推进会在象山召开（周科 摄）

24361张并集中整改,完成农村污水处理标准化试点64个、一体化运维覆盖率100%,新增垃圾分类村133个、覆盖率100%,发动村民参与各类清洁活动超30万人次,55个环境卫生薄弱村全部清零。

【美丽乡村示范创建】 2020年,象山县坚持以"13511"工程为引领,抓谋划、促统筹,推动科技、资金、人才等要素流向农村,探索建立规划设计"一基金四机制"工作体系,校地合作成立乡村振兴规划设计研究中心,联合资规、住建等部门,实施规划、建筑、工程"三师"下乡工程,全年创建省美丽乡村示范乡镇2个,省美丽乡村风景线2条,省美丽乡村特色精品村4个,市美丽乡村示范乡镇1个,市美丽乡村风景线2条,市美丽乡村示范村5个,县级美丽乡村特色村11个。启动贤庠镇、晓塘乡2个市级示范乡镇,新桥镇"西海岸"、高塘岛乡"海上仙缘"2条风景,东陈乡旦门村、新桥镇东溪村2个小集镇式中心村打造。

【农村生活垃圾分类工作】 2020年,象山县出台《象山县农村生活垃圾资源化站点"站长制"管理办法》《象山县农村生活垃圾资源化处理设施长效运行维护管理工作考核办法(试行)》,规范垃圾处理终端职责体系、运维管理和奖惩措施,并将考核结果作为下年度申报省市美丽乡村示范镇村和其他上级扶持政策项目的重要依据,推进农村资源化站点管理由"无人管"向"管"转变。实行县级领导联镇、局级干部联村、联村干部联片、村党员干部联户制度,形成"级级发动、层层传达"的"县、乡镇(街道)、村、片、组、户"六级联动网格化管理体系,保障垃圾分类工作有序开展。推进终端标准化改造,试点开展阳光房管理从"机械+"向"数字+"升级,新建2个镇域中心和5个区域站点,形成"镇域中心+区域中心+村级站点"农村生活垃圾处置网络。针对性推进考核督查和第三方巡查,完成全部行政村生活垃圾分类绩效评估检查,发布问题通报和红黑榜7期,创建市级示范乡镇2个、省高标准示范村3个,获评全省提升农村人居环境(农村生活垃圾分类处理)工作考核优秀县。

【农村环境整治提升】 2020年,象山县按照省市农村人居环境整治提升工作要求,制定《关于开展农村人居环境整治提升百日攻坚行动的实施方案》,以"三清三整四提升"为主要内容,开展村庄清洁行动四季战役和环境整治"百日攻坚"活动,提升农村人居环境。利用电子屏、宣传栏、宣传橱窗等阵地及互联网、微信等新媒体,开展村庄清洁行动宣传。将农村人居环境指标纳入镇乡(街道)美丽乡村建设考核内容,倒逼农村人居环境整治工作提质增效。以农户"门前三包"责任制和美丽庭院创建评选活动为抓手,发动网格长、志愿者和村保洁员共同参与百日攻坚行动,聚焦村口、干道、房前屋后、水体、公厕等重点区域,分层分类分批开展专项整治,提升农村垃圾分类、厕所服务和庭院美化水平。全年完成新改建农村公厕110座,创建"美丽庭院"示范村10个,精品村12个。完成房前屋后乱堆放、垃圾分类混投、公厕设施老化等相关问题整改1223个,村庄梳理式改造拆除面积4.14公顷。

【低收入农户增收】 2020年,象山县聚焦低收入农户高水平小康攻坚和高质量实现"两不愁三保障"目标定位,以促进增收优惠、社会保障优厚、帮扶优待为重点,拉高标杆、创新举措,发挥保障救助和开发帮扶政策叠加效应,提升低收入农户收入水平和生活质量,低收入农户获得感和幸福感明显增强。落实"一户一策一干部"帮扶机制,全县2539名中层干部与8184户低收入农户结对,实现低收入农户结对全覆盖;完善扶贫机制,对792户低收入农户下达产业发展项目补助资金160.3万元,发放扶贫小额贷款74笔3065万元,带动358户低收入农户增收,为全县11206名低收入农户提供医疗补充救助。2020年年底,年家庭人均收入9000元以下现象消除、"两不愁三保障"问题清零,低收入农户人均可支配收入15954元、同比增长15.4%,增速全市第一。

【东西部帮扶协作】 2020年,象山县贯彻落实中央、省、市关于东西部扶贫协作决策部署,推进产业、经贸、民生、社会事业等领域合作,圆满完成东西部扶贫协作三年行动计划,为打赢脱贫攻坚战、脱贫攻坚向乡村振兴历史性转移打下坚实协作基础。全年统筹市、县两级财政援助资金6450万元,落实基础民生、产业发展等帮扶项目9个,动员社会募捐资金、物资1500余万元,完成消费扶贫7800余万元,带动两市建档立卡贫困户6000余人脱贫增收,超额完成市下达工作任务。劳务协作、消费扶贫、产业帮扶等多项工作走在全市前列,相关经验做法在央视新闻频道、中央人民广播电台、《经济日报》、新华网、人民网等全国性媒体报道11篇,其中"象山白鹅扶贫"登上央视《新闻直播间》,被国扶办扶贫案例选登刊发。

(李婷)

水利工作

【概况】 践行"节水优先、空间均衡、系统治理、两手发力"的新时代水利工作方针,以"水利工程补短板、水利行业强监管"为导向,聚焦水利领域薄弱环节,全力推进水资源、水生态、水环境、水灾害统筹治理,提升水安全综合保障能力,完成"十三五"水利发展规划的任务和目标,编制"十四五"水利规划及中长期水利远景。

【水利工程建设稳步推进】 完成年度投资2.32亿元,其中重点工程0.85亿元,中心城区防洪排涝东陈片河道整治工程7座桥梁完工,1座水闸主体工程完成。下沈海塘维修加固工程万青塘闸、荣庆塘闸完成,下沈港闸完成"三通一平"。海台闸门拆建、后龙头闸新建工程完工,水库山塘水闸维修完工21处。泗洲头流域治理工程全线完工,流域治理5.9公里,西周小流域治理工程一期完成总工程量95%。有序推进定塘长塘河水系综合治理，溪坑河道建设、小型农田水利等29个项目完工，河湖库塘清淤10万立方米。

【水利工程管理落实到位】 建立水利工程安全隐患“账户”，33座山塘完成渗漏治理，13座小型水库补设坝体变形、渗流、应变等安全监测设施，完成12座水库、34条86公里海塘安全鉴定。220个省标工程实现考核全覆盖，检查发现问题60余条，核减考核资金42万元。“四不二直”和市级交叉检查128次，发现问题151个，质量检测1606批次，14个新开工项目“飞检”全覆盖，开展信用考评67次。

【水资源管理规范有序】 规范取用水管理，颁发取水许可证29家，其中23家29个取水点全部安装取水监控系统，征收水资源费1368万元。梳理调整水利行政审批、行政确认及其他权利事项清单目录31项，水利项目线上审批办件率达到100%，办结水行政审批事项24项，办结率100%。落实水保方案情况监督检查68余次，发出监督检查意见书23份，征收水土保持补偿费853.4299万元。出动水政巡查280余人次，协调处理涉水案件13起，发出《责令改正通知书》4份，立案查处涉水案件2起，电捕鱼案件10起，罚款14.74万元。开展河湖“清四乱”工作，拆除涉河违建55平方米，销号“四乱”问题14处，河道清障行动6次，清理地笼网600余顶，收缴电鱼工具30套。

【水利安全保障有序开展】 80座水库三人三方案更新全部完成，落实山塘水库、海塘闸门、河道堤防等水利工程安全责任人66名、巡查责任人206名。开展防汛隐患大检查，17处安全隐患及时整改完成，主汛期前海台闸、南田新塘等22处水毁应急修复全部完成。在西周镇柴溪村联合开展小流域山洪人员转移集中演练。

【防御“长梅”】 防御“长梅”，5月29日入梅，7月18日出梅，梅期50天，长梅期间，降雨量353毫米，梅雨期降雨量比常年偏多54%。发布各类预警短信18186条，水雨情分析11期，防御梅汛期6轮强降雨，无明显防汛及内涝灾害情况发生。

【抗旱保供水】 全县降雨量1148.8毫米，是多年平均降雨量1486.4毫米的77.3%，截至12月底，5座中型水库蓄水量1658万立方米（上张635万立方米、仓岙310万立方米、溪口179万立方米、平潭341万立方米、隔溪张193万立方米），蓄水率31.8%，减去死库容400万立方米，可供水量1258万立方米。9座小型水库蓄水量754万立方米（岩头陈215万立方米、樊岙184万立方米、燕山72万立方米、三家村53万立方米、南盘42万立方米、兴坑99万立方米、松岙49万立方米、利民2万立方米、塘岙38万立方米），蓄水率36.9%，减去死库容及不可利用水源199万立方米，实际可供水量555万立方米。按照县水利和渔业局2018年编制的《象山县城市旱情等级划分研究》分析，象山县出现重度干旱等级。10月15日启动供水IV应急响应，9月21日启动白溪引水工作，日引水5万立方米，12月1日增至8万立方米。11月24日启动供水III应急响应（2021年2月27日，启动城乡供水抗旱二级响应）。

【水利领域改革有序推进】 推进水利工程管理物业化，实行物业化管理镇乡（街道）达到15个。加强水利工程数字化管理，完成14座水库、18座水闸水位、视频等监控设施安装。推进水库产权化管理工作，在丹东街道、东陈乡率先开展水库确权试点相关工作，完成5座小型水库确权登记。农业水价综合改革工作通过省级改革验收，灌溉面积24.9万亩，形成农业水价综合改革“3+2”模式亮点，即“三种”管理形式和“两类”节水措施。

（陈兴平）

防汛抗旱

【概况】 象山县防汛防台抗旱指挥部立体化落实自然灾害防治工作措施。抓好责任落实。逐级调整完善防汛组织，落实工作规则。对4613名防汛责任人进行平台信息录入。印发《象山县台风洪涝灾害科学防控对策任务分解》，明确了38项任务的责任分工。完成防汛防台转移避险人员排摸和“浙江安全码”赋码工作。加强隐患排查。县防指派出6个检查组，复查村级防汛体系18个、水利工程397处、市政工程17处、地质灾害点15处、城乡防洪工程8处；查出各类隐患39处，整改完毕25处，落实安全措施14处。夯实汛期基础。完成更新530个村（社区）级防汛形势图；归建县级防汛抢险队伍21支662人，乡镇级抢险救援队18支565人，村级抢险救援队500余支3000余人。完成95个避灾安置场所规范化建设和推进127避灾安置场所可视化建设。做好宁波市扣押船只停泊基地建设，硬件建设完成50%。根据省防指要求的防汛“三大件”物资要求，新购置20台卫星电话，60个重点村均配置了排水泵和应急发电机。

【象山县参加全省防汛工作视频会议】 4月14日，象山县组织参加全省防汛工作视频会议，会议主要是贯彻落实习近平总书记关于疫情防控和安全防范重要指示精神、李克强总理关于防汛抗旱工作重要批示要求及全国防汛抗旱工作电视电话会议精神，总结2019年防汛防台抗旱工作，分析2020年天气趋势和洪涝台旱灾害防御形势，部署2020年防汛防台抗旱工作。县防汛防台抗旱指挥部指挥、副指挥，部分县防治成员单位负责人参会。视频会议后，县委常委、常务副县长、县防指总指挥陈兴立对全县的防汛工作再部署：一是要履行好部门职责，提高思想认识，做好专题研究；二是隐患风险的管控，防范化解灾害风险隐患；三是提升机制绩效，及时通报相关情况。

【县委副书记、县长包朝阳调研防汛防台工作】 5月26日，象山县委副书记、县长包朝阳调研象山县防汛防台工作。包朝阳一行先后抵达新桥渔业避风锚地崇塆港码头、茅洋溪口水库，详细了解渔船避风准备情况和水库蓄水情况，并召开座谈会。副县长穆锦斌参加调研。会上县防指汇报了象山县备汛的工作情况，县气象局分析了近阶段天气情况，县自然资源和规划局、县住建局、县水利和渔业局、县交通运输局、县人武部、县综合行政执法局、县港航中心等部门分别作交流发言。包朝阳对防汛防台工作给予肯定。他指出，县进入汛期，各地各有关部门要明确责任、协同配合，未雨绸缪、周密部署，全力以赴做好年内的防汛防台工作。

5月26日，县长包朝阳（左一）到茅洋溪口水库了解水库蓄水情况（孙灵建　摄）

【县防汛防台工作会议】 6月17日，象山县召开2020年全县防汛防台工作会议。会上石浦镇、涂茨镇汇报了防汛准备工作、存在的问题和下步计划，县气象局分析近期天气情况并提出下步建议，县水利和渔业局、县自然资源和规划局、县住建局、县旅发中心汇报了相关工作，县防指副指挥、县应急管理局局长檀年华总结前阶段备汛及安全码推行情况和梅雨期防范工作要求。最后，县防指指挥陈兴立常务副县长作强调，要围绕“不死人、少伤人、少损失”目标，始终坚持“四个宁可”“三个不怕”（不怕兴师动众，不怕劳民伤财，不怕十防九空）理念，在疫情防控常态化的前提下，加快补齐防汛防台工作短板弱项，排除隐患，完善应对举措。

【绍兴市上虞区应急管理局在象山考察调研】 7月15日，绍兴市上虞区应急管理局党委书记、局长胡升带队在象山县应急管理局考察应急救援体系及“三防”工作，县应急管理局党委书记、局长檀年华，党委委员、副局长张新德、罗挺等陪同。在座谈会上，檀年华向上虞应急管理局详细介绍了象山县的应急救援体系及“三防”工作，双方重点探讨交流了如何完善应急管理体系和基层应急体系建设，以及合理配置基层应急救援网络的做法。应上虞区应急管理局的要求，象山县应急管理局还详细介绍了象山县在防台工作中组织架构、防指办工作流程、人员梯度转移避险等方面一些好的做法，开诚布公地交流了机构改革后应急管理的难点、堵点工作情况。双方一致认为，应急管理是保障经济社会平稳运行的兜底性工作，任重道远，双方应加强沟通交流，互学互鉴，共同做好经济社会平安的“守夜人”。

【压实责任、重点防范，确保防台抗灾万无一失】 8月3日，县召开防御台风“黑格比”会商会议，对防台工作进行临战动员部署。县委书记潘银浩在会上强调，各地各部门要坚决克服麻痹大意思想，按照“四个宁可”“三个不怕”的防汛防台理念，层层压实责任，严格落实应急响应预案措施，加强重点防范，确保人民群众生命财产安全。县领导包朝阳、陈兴立出席会议。会上，县气象局通报了台风“黑格比”的动态及登陆时间、地点、强度，并对未来天气情况作了预测。县防指办、县水利和渔业局、县旅游发展中心等汇报了防台工作准备情况，明确工作重点和方向。

【宁波市扣押船舶基地建设有序推进】 8月18—19日，市、县防指办主要领导会同象山海事处、宁波海关、宁波海警局和两家扣押看管企业等多家单位对辖区内海关、海警的扣押船舶进行现场排摸。此次排摸主要针对船厂码头、白礁水道及马岙门大桥附近水域等重点区域扣押船舶进行现场实地核查，确认船舶位置，了解船舶状况，后续将根据现场核查情况及前期掌握信息，建立扣押船舶的基本信息清单及隐患跟踪清单，为象山县乃至宁波市的防台工作以及扣押船舶基地的建设提供支撑。为消除扣押船舶的安全风险，确保扣押船舶安全度汛，2020年上半年，市、县两级防指多次召开扣押船舶安全度汛协调会议，最终明确由象山县政府牵头，在宁波海事部门确认安全条件的前提下，划出一块水域作为宁波市扣押船舶、无主船舶专用停泊基地，今后，凡海上执法部门扣押的船舶及宁波水域发现的主无船舶原则上均停泊该基地，由具有相应管护能力的专业管理单位进行集中看护、统一管理。拟建基地位于岳井洋白礁水道东侧，包括锚泊水域和冲滩区域两部分。锚泊水域东西宽约200米，南北长约3000米，总面积约60万平方米（900亩），可停泊船舶50艘以上。冲滩滩涂长约800米，宽约150米，总面积约12万平方米（180亩），可存放船只80艘。

【国家减灾委在象山开展督查检查工作】 10月14日，国家林草局副局长李树铭率国家减灾委第三督查检查组到象山县，开展自然灾害防治工作综合督查检查。省应急管理厅厅长凌志峰，市委常委、常务副市长陈仲朝，县领导潘银浩、包朝阳、陈兴立等陪同检查或参加相关活动。督查检查组一行先后来到黄避岙乡塔头旺村和墙头镇下沙村，检查西沪港海岸带保护修复工程实施情况。督查检查组对县自然灾害防治和生态修复工作给予肯定，认为县践行生态绿色发展理念，高度重视海岸带保护修复及生态岸线修复，工程推进建设主动、有序，前期让周边村民有了获得感。希望象山县学习贯彻落实习近平总书记关于防灾减灾救灾的重要指示精神，严格按照上级相关要求，尊重自然规律，立足自身实际，高标准高水平推进自然灾害防治和生态修复工作。要围绕自然灾害防治和生态修复重点工程，系统谋划，推动实施，坚决把好工程质量关，提升自然灾害防治生态服务能力，应对处置重大自然灾害，提高人民群众的获得感幸福感安全感。

10月27日，县应急管理局局长檀年华与宁波甬港拖轮有限公司总经理陆俊成达成协议（罗陈萍　摄）

【象山县防汛防台抗旱指挥部与宁波甬港拖轮有限公司签署应急处置战略合作协议】　10月27日，象山县防汛防台抗旱指挥部与宁波甬港拖轮有限公司在县三防办签署了应急处置战略合作协议。象山沿海位于我国沿海南北大通道核心区，是我国海上渔业生产最为繁忙的区域，同时还有数量众多的客渡运航线及部队舰艇在此活动，通航环境极其复杂且事故险情多发。每年防台期间，石浦港及白礁水道区域聚集大量避台锚泊船及涉私扣押船，存在船舶走锚、搁浅、断缆漂航、触碰码头、桥梁等重大风险，防台应急处置压力巨大，因此每年防台期间在象山沿海水域配备一艘大马力拖轮极为必要。协议生效后，在象山海上发布Ⅳ级防台响应前4小时，且台风将对象山水域产生影响的情况下，由县防指书面函请宁波甬港拖轮有限公司协调派驻应急拖轮驻守石浦港，宁波甬港拖轮有限公司接函后，就近快速安排适合象山沿海的拖轮至石浦港值守，并将拖轮进驻的相关动态通报给县防指、象山海事处。除此以外，还将有石浦港区申请新港、雷公山、盘基塘、黄湾塘作业区口岸开放配套方面的合作。县防指常务副指挥、县委常委、常委副县长陈兴立，县防指副指挥、县应急管理局局长檀年华，象山海事处处长黄胜华，宁波甬港拖轮有限公司总经理陆俊成等出席本次签约仪式。

【象山城乡供水形势】　2020年7月18日出梅以来，象山县干旱少雨，承担城乡供水任务的饮用水库蓄水量急剧下降，城乡供水形势日益严峻。根据《象山县防汛防台抗旱应急预案》，县防指经会商决定自2020年10月15日9时起，启动城乡供水抗旱Ⅳ级应急响应。自2020年11月24日起，将城乡供水抗旱应急响应由Ⅳ级提升为Ⅲ级。12月14日，为实行抗旱保供水工作，全力保障城乡居民生活用水安全，县防指下达区域及企业大户供水计划。全县中心城区及其余16个乡镇（街道）计划日供水量2200立方米至68000立方米不等，合计供水量20.2万立方米/日，其中联网供水区域17.8万立方米/日。全县74家企业用水大户实施周供水计划，比同期或上期日均水量下降20%—45%，整体下降22.6%。

（叶冰倩）

城乡水务建设

【概况】　2020年，县水务集团完成实施类项目33个，累计投资5.06亿元，为年度计划的109%。

【滨海水厂二期工程圆满完工】　滨海水厂二期工程于2019年2月22日正式动工建设，2020年8月完工，总投资18034万元，其中2020年完成投资7125万元。滨海水厂二期工程的完工，使水厂的日供水能力由原先的10万吨提升至20万吨，解决用水高峰期超负荷运行的状况。同时，通过加装臭氧活动性碳滤池，同步解决现有常规处理工艺无法应对水泥腥味、铁锰超标等突发情况，大幅度提升出厂水质标准。荣获全省农村生活污水治理设施运维管理考核先进称号、全市第八届水利“大禹杯”竞赛优秀集体等荣誉称号。

【“一户一表”工程加快推进】　县农村供水“一户一表”工程，工程总投资53785万元，2020年计划投资7000万元完成15000户，实际完成投资10204万元改造27149户，占年度投资计划的146%。

【重点水务工程稳步实施】　中心城区旧城区雨污分流工程19个改造小区全部完成，一期工程收尾，转入二期。县大中庄至城东污水厂输送管工程，工程需新铺设污水管线31公里和新建2座提升泵站,总投资6199万元,工程建设期限为2020年10月至2021年12月,2020年完成投资1005万元,铺设管线4公里。县万达广场配套污水管道扩容工程,工程需新铺设11公里污水管线和新建2座提升泵站,总投资6834万元,工程建设期限为2020年9月至2021年12月,2020年完成投资2025万元,实施15个工作井桩基及沉井浇筑。

【管网漏损率明显下降】 2020年县水务集团把管网控漏损工作纳入三大攻坚战之一,专门成立控漏办统筹推进控漏工作,制定《县水务集团三年供水管网漏损控制方案》,明确今后三年漏损目标,出台《检漏岗位考核办法》,激发职工工作性。完成供水管网及设施运行综合管理平台建设,巡检、维修、一体化采集、综合展示平台、管网数据管理中心系统和综合调度等管理模块功能均上线运行,普查全县DN100以上供水主管网1939公里并把管线测绘数据录入平台。11月,与宁波东海集团有限公司签订漏损控制节水合同,创新开展合同节水项目,控漏损工作取得成效,集团基本漏损率由2019年的36.15%降至2020年年末的25.99%,其中主城区基本漏损率从2019年的26.1%稳定控制到15%以内,被列入宁波市“节水行动十佳实践案例”。

【完成鹤浦水厂兼并工作】 11月集团完成对鹤浦水厂人员兼并工作,至此全县18个乡镇水厂全部完成兼并工作,集团业务范围扩大。

(葛宇琪)

污水处理

【概况】 2020年,县水务集团下属5个污水厂全年污水处理量为3298.7万吨。

【污水专业化运营在全省树立样板】 县水务集团与浙江环保集团象山公司的“厂+站+终端”的区域化管理模式在全省树立样板,打造污水处理专业化运维“象山模式”,获得全省农村生活污水治理设施运维管理考核先进称号,得到县委副书记、县长包朝阳的批示肯定。投资6025万元完成农村污水终端标准化创建211个,污水相关设施通过省、市环保督察和各项考核工作,并获得好评,特别是在第二轮中央环保督察期间,做到零投诉。在中心城区、西周污水处理厂ROT提标谈判中,争取主动优势,与省环保集团签订特许经营协议,中心城区污水厂完成总工程量的78%,西周城区污水厂完成总工程量的64%,累计完成投资5012万元。

【成立饮用水源地环境保护站】 县水务集团与县生态环境保护局合作设立饮用水源地环境保护站,各库区设立分站,做到执法靠前;开展环境保护联合执法行动,打击库内垂钓者和野餐烧烤等违禁行为。开展大塘港水环境治理,完成大塘港周边20个村级污水终端提升改造工程,排放水质达到农村污水一级标准。实施大塘港浮礁渡断面水质提升服务和大塘港流域水环境治理“管家式”技术服务,实现全流域水质在线监测和污染源年度监测分析,为治理提供科学依据。

(葛宇琪)

水务产业化

【概况】 县水务集团共有7个部门8家子公司1家合资公司,下辖6座水库,拥有在编员工499人,其中国企编制459人、事业编制40人。负责除爵溪街道以外的所有乡镇12个自来水厂和17个水站的运营,制水能力达46.4万吨/日;除爵溪、石浦、象保区外的5家污水处理厂(日处理能力为12万吨)、7个乡镇污水处理站和563个农村污水处理终端的运营。

【全力保障抗旱期间安全供水】 2020年集团下属3家自来水公司总供水量7648.65万立方米(其中第一自来水公司4240.05万立方米、第二自来水公司2066.16万立方米、第三自来水公司1342.44万立方米),日均供水量20.95万吨。10月15日,象山县启动城乡供水抗旱Ⅳ级应急响应,11月24日,城乡供水抗旱应急响应提升至Ⅲ级。县水务集团第一时间制定并落实全县抗旱供水应急预案和年度抗旱保供水工作方案,采取了“控、引、分”等一系列抗旱保供水措施。严格执行全县联网区域计划日供水量,实施限制用水、区域夜间降压供水、限时供水等措施;在9月21日提前启动白溪引水5万立方米/日,12月1日起增加至8万立方米/日,启动方家岙水库、丹西九顷水库、莲花大口井等所有备用水源,完成晓塘施娘岙—石浦应急引水工程,多利用40多万立方米原水,减轻全县原水供水压力;停止市政绿化、保洁的自来水供应,改由河道取水或使用中水,11月14日起启用城区中心污水处理厂中水0.8万—1.3万立方米/日供应爵溪工业企业,置换军民塘水库原水;开展水环境保护联合行动,严厉打击偷盗水行为,加大管道查漏修漏力度,提高供水利用率。地完成县防办下达的指令计划,为象山县抗旱保供水作出贡献。

【实施薪酬制度改革】 为建立公正、科学、规范的竞争机制和激励机制,县水务集团实行薪酬制度改革。在县国资核定的薪酬总额框架下,依据新的组织架构,将岗位划分为管理和专技两大序列,通过同一序列岗位价值从高到低排序,划分4个级7个档,形成以专技为导向的职级薪酬体系。2020年4月在下属第二自来水公司进行先行试点,5月全集团(包括下属子公司)平稳完成薪酬套改。薪酬制度改革打破了集团自2016年成立后存在的新老员工薪酬不一致情况,建立了更为科学合理的薪酬制度。

【做大经营业务范围】 2020年10月,县水务集团兼并了原属于县水利与渔业局下属的县水利建筑设计院,共有专业技术人员30人,持有水利行业丙级设计和测绘丁级资质，业务主要涵盖水利系统设计和测绘等方面的勘察设计工作。同年9月新成立水质检测公司，共有专业技术人员14人，仪器设备100余台（套），主要业务为检测原水、自来水、污水等各类水质指标，并通过水质检测计量认证要求，向社会提供水质检测服务。集团经营范围得到了新的拓展，设计、测绘和水质检测等新服务对外开放经营，优质经营性资产增长。

（葛宇琪）

工　业

综　述

2020年来，全县工业经济在县委县政府的高度重视下，贯彻落实习近平总书记考察浙江、宁波时的重要讲话精神，牢牢把握稳中求进总基调，实施县委“聚力一二五、奋力上台阶”战略，在疫情防控常态化前提下，做好“六稳”和“六保”工作，对接市“246”万千亿级产业集群发展，聚焦产业链群打造，做好外引内育文章，创新驱动能力，实现工业经济运行稳中有进。

全年累计实现规模以上工业总产值651.9亿元，同比下降1.8%，完成年计划91.2%。累计实现规模以上销售产值621.4亿元，同比增长0.2%；其中累计实现对外及对港澳台贸易交货值108.7亿元，同比下降9.9%；累计产销率95.3%。累计实现规模以上工业增加值137亿元，同比增长3.3%，全市排名第八；实现规下增加值增速2.7%，与全市平均持平，位列全市第六。完成500万元以上工业投资76.9亿元，同比增长19%，增幅列全市第二，其中技改完成46.4亿元，同比增长46.5%，增幅全大市第一。数字经济核心产业规模以上企业实现增加值9.6亿元，同比下降19.7%。工业用电量171781.9万千瓦时，同比增长12.7%。

抓服务，稳住市场主体。起草并由县政府出台《关于打赢疫情防控阻击战帮扶中小企业共渡难关的二十条意见》《关于支持县企业复工复产的补充意见》等一系列政策，加大复产保障力度，加快复工复产。加速制定工业“十四五”发展规划，起草并由县委发《象山县加快“123”产业集群培育推动推进制造业高质量发展实施方案》，重点谋划构建以临港装备产业为核心，改造提升汽模配、纺织服装两大传统优势产业为重点，培育发展功能材料、绿色能源、海洋生物三大战略性新兴产业为突破口的“123”百亿级产业集群建设。涉企服务，成立工业专班，建立“一图一库一码一专班一指数”的“五个一”工作推进机制和各小组联动工作机制。优化“一对一”企服责任人工作制度，实现500万元以上企业县级领导、部门、乡镇三级联系服务全覆盖，加强企业帮困解难。按照“公益化服务平台+市场化专业服务”的综合服务模式，搭建丹东、丹西等8个镇乡（街道）窗口。依托“企业码”和“甬易办”打造“一站式”在线互动政商服务系统，搭建“象山专区”。截至年底，全县共29条惠企政策在“甬易办”平台上线，全县共50条惠企政策在“甬易办”平台上线，申领奖励资金7314万元，领码企业15489家，领码率109.9%，收集3068个难题，难题解决率85%以上。

抓增量提升，加快动能转换。出台《2020年象山县传统制造业改革提升工作要点》，推动针织产业、汽模配产业强链稳链，全力打造针织等行业供应链平台基地和铸造模具产业基地，加强产业链培育。开展行业龙头骨干企业、创新型高成长企业、单项冠军、小微企业三年成长计划培育。合力模具、日星铸业2家企业通过2019年宁波市行业骨干培育考核，乐惠国际入列国家级单项冠军产品，锦浪科技、诗兰姆汽车零部件入选市单项冠军示范企业，易锻精机入选宁波市第四批单项冠军培育企业，钰烯腐蚀通过省级隐形冠军示范企业复核，日星铸业等22家企业入列市“专精特新”中小企业培育名单，合力制动等10家企业入列市“专精特新”小巨人培育名单，其中天安智能等4家企业入列国家级“专精特新”小巨人名单，立强机械、瑞德能源41家企业入选省级优质企业称号，现有规模企业591家。

抓数字经济，赋能产业发展。一是推进智造融合，打造合力模具、日星铸业、恒大印染等3家市级数字化车间，下达市级预拨补助资金1327.2万元。2019年116个市县技改项目通过验收，完成固定资产投资5.6亿元，对18个2019年度市级技改项目下达补助资金2984.53万元，对98个县级技改项目下达补助资金1510.22万元。二是打造数字服务平台，发挥中国机械科学研究总院南方中心、航天科工集团INDIOS工业互联网平台作用，打造“模具云”“针织云”等产业云平台，针织云完成第一阶段开发任务，双晨制衣上线运行，模具云第一阶段机加管理系统基本开发完成，全力、强盛等企业试点加入，两大云平台及易锻基于区块链的设备物联网运平台列入宁波市工业互联网平台重点项目。三是加快基础信息建设，起草并由县政府发文《关于加快推进5G网络建设及促进应用和产业发展的实施意见》，加快推进5G相关创新项目应用及产业的培育。新建5G基站458个，国网5G+智慧电力、合力制动5G+数字化车间、5G+区块链技术等工业物联网项目推进，5G+智慧教育、文化、交通、城市大脑等工作加快推动。

抓改革提升，提升工业质量。一是“亩均论英雄”改革，完成对560家规模以上企业“亩均效益”数据的分类评价,并形成相关分析报告。全县规模以上企业实现亩均税收19.9万元/亩,同比增长15%;亩均工业增加值为82.6万元/亩,同比增长7.1%。整治提升43家低效企业,盘活土地面积1375亩,新增产值24015.2万元、税收3146.8万元。二是推进低碳绿色发展,引领企业开展节水型企业、资源综合利用、绿色工厂等项目创建,下达5家节水型企业、清洁生产企业补助资金40万元。三是促进企业降本增效,鼓励企业创业创新,博生机电和金钇光电获得市“创客中国”宁波市中小企业创业创新大赛决赛,组织易锻精密机械等6家企业申报市管理咨询示范项目,开展《企业财务风险管控与防范》等培训5场,受益人员近800人。

抓机关履职,优化营商环境。开拓市场,帮助企业构建市场营销平台,先后组织企业参加第十六届中国模具之都博览会、第24届宁波国际服装节等展会。日星铸业等50家企业申报2020年度《宁波市工业企业自主创新产品和优质产品推荐目录》。安全生产,牵头组建工业企业安全指导专业安全生产委员会,“两小”企业隐患治理,实施分层分类落实管理措施。制定工业区等功能园区安全生产专项整治三年行动工作方案,完善园区安全生产管理工作。加强民爆行业管理,为宁波振华救生设备有限公司新建厂房项目提供要素保障和政策支撑。开展船舶修造等高危作业专项安全指导服务,累计走访企业156家次,下达安全隐患告知书89份,检查发现安全隐患425处,整改完成398处。提升工作效能,调整局领导班子工作及党风廉政建设和意识形态工作责任分工,组织召开相关“123”百亿级产业集群发展及高质量发展意见等政策制定企业家意见征求会20余次,构建亲清新型政商关系。

【2019年度县长质量奖揭晓】 1月10日,县人民政府确定授予宁波华翔电子股份有限公司、宁波博禄德电子有限公司、宁波乐惠国际工程装备股份有限公司3家企业“2019年度象山县县长质量奖”。象山县于2011年设立县长质量奖,每年评审一次,每三年复评一次。该奖项的设立,旨在推进“质量强县”战略,引导企业导入卓越绩效质量管理模式,增强县域经济综合竞争力。

【“亩均论英雄”助推工业高质量发展】 1月发布的2019年度宁波市制造业“亩产英雄500强”中,全县有15家企业上榜,3家企业进入宁波市“246”产业“亩均效益”领跑者名单,宁波华翔特雷姆汽车饰件有限公司还入围省“亩均效益”领跑者名单。象山县以“亩均论英雄”改革为抓手,不以规模、速度为标准,而以亩均、排放、能耗、创新等综合因素论英雄,坚持正向激励和反向倒逼“两手抓”,实施用地、用电等资源要素差别化政策,促进优胜劣汰,推动经济结构调整和产业高质量发展。

【县经信局指导企业加强疫情防控】 春节过后,企业开工复产在即,做好新型冠状病毒感染的肺炎疫情防控成为当前最重要的工作。根据上级要求,除公共事业运行必需、疫情防控必需、群众生活必需及其他涉及重要国计民生的相关企业除外,各类企业不早于2月9日24时前复工。为此,县经信局成立防疫指导协调小组,建立领导班子和中层以上干部联系乡镇(街道)、开发区疫情防控机制,联合乡镇工办开展员工来源地排查,指导做好返象员工的分类、企业分阶段复工准备等工作,统计外来员工企业、员工人数、返象山人员数据。同时,加强员工劝返工作,对尚未返回象山的外来员工,劝导其在疫情结束前不要返回象山。对从疫情重点地区返回象山的员工以及员工家属,一律由企业设置固定场所实行14天隔离观察。截至1月31日3点,劝导重点地区1273人推迟返回。

【全县规模企业复工率100%】 县经信局最新统计数据显示,截至2月17日,全县567家(除停产倒闭外)规模企业全部实现复工。面对复工返岗潮,该县坚持一手抓疫情防控、一手抓复工复产,及早谋划、全员联动、分类施策。建立三级联动机制,县级领导联系镇乡(街道)重点企业,工业线干部组团服务,部门干部兜底联系全县规模企业和规下企业,严格按照《工业企业复工和疫情防控工作方案》,对全县5190家企业实行全过程指导,明确行业企业开复工顺序以及企业复工前后的标准要求。在复工冲刺阶段,该县还采取企业“复工事前备案制+事后监管服务制”,帮助符合条件的复工企业加速开工。实施区域产业链、企业联动开复工服务,对配套企业给予优先服务,提高产业协同。针对员工返岗难、防疫物资短缺等问题,该县“点对点”“门对门”闭环接收返象员工,实行提高员工到岗率“一条龙”服务;防疫物资保障向复工企业倾斜,县经信局联合镇乡(街道)工办多方筹措测温仪、口罩等“硬性”物资,帮助企业达标开工。接下来,该县将升级工业企业驻企联企服务“版本”,加强对企业复工后的指导、督查、服务,安全生产,完善难题流转机制,有的放矢破难解难,提高员工返岗率、企业复产率,同时加快规下企业的复工步伐。

【战略性新兴产业实现逆势增长】 2020年一季度,全县战略性新兴产业实现增加值5.15亿元,同比增长0.7%,高于全市平均水平8.6个百分点,居全市第三。战略性新兴产业,代表着新一轮科技前沿和产业发展新方向,是引导未来经济社会发展的重要力量。年内,该县印发实施《2020年象山县战略性新兴产业工作要点》,从释放投资效益、提升产业主体实力、重塑产业竞争格局、推动双创高质量发展等五方面发力,围绕新装备、新材料和海洋生物(生命健康)等三大产业,引培重点企业,着力推动重点园区、重大项目建设,推动战略性新兴产业逆势增长。下步,该县将争取各级资金支持,释放投资效益,提升产业主体实力,加快推进科技创新,引育高端人才,确保全县战略性新兴产业保持良好发展态势。同时在新形势下,谋划布局一批未来产业,实施未来产业场景应用行动,推进先进制造业与现代服务业深度融合。

【全县制造业高质量发展大会召开】 8月28日，全县制造业高质量发展大会召开。县委书记潘银浩在会上强调，要学习贯彻习近平总书记考察浙江、宁波重要讲话精神，按照中央决策、省市部署，明确全县制造业发展的坐标方位、总体目标和工作路径，弘扬企业家精神，动员全县上下心往一处想、劲往一处使，奋力推动制造业"五年翻一番、挺进千百亿"，为"聚力一二五、奋力上台阶"提供强劲动力支撑，带动县域经济高质量发展。县委副书记、县长包朝阳主持会议。罗来兴、俞骏、李晓东等县四套班子领导出席。会议表彰了2019年度工业经济发展各项先进，华翔集团、日星铸业、锦浪科技、中化国际等企业代表以及西周镇、象山经济开发区、人行象山支行等单位负责人在会上作交流发言。

（唐尔婕）

纺织服装

【概况】 纺织服装业是象山县重要的传统优势产业，始创于20世纪70年代末，发展于80—90年代，转型于21世纪初，是象山县第一个突破百亿产值的产业，近年在象山县先后荣获"中国针织名城""国家对外及对港澳台贸易转型升级专业型示范基地""国家纺织人才培训基地"等称号。2020年，185家规模以上针织企业累计实现工业总产值91.02亿元，同比下降16.11%，其中累计实现新产品产值14.68亿元，同比下降44.12%；实现工业销售产值88.09亿元，同比下降16.34%，对外及对港澳台贸易出口交货值41.05亿元，同比下降26.98%。

【海润制衣：开足马力迎新年】 面对针织服装行业整体下行压力，海润制衣加快转型升级、扩规增效，增强抗风险能力。企业负责人张增明介绍，自2019年12月初以来，公司迎来新一轮忙生产、赶订单热潮，抢抓春节订单旺季，争取获得年底大丰收。企业通过一手抓国际高端市场，成为极度干燥、哈雷、斐乐、CK等国际一线品牌的核心供应商；一手抓品牌营销建设，推出首个自主品牌"VANCIVIL"，加速服装传统产业高端化、市场营销品牌化转型，提高企业发展的质量和效益。截至2019年年底，该公司产值超过1亿元。春节后，该公司计划投资500万元，新增6条全自动生产线，2020年全年产值增长50%以上，突破1.6亿元。

【兄弟服饰创新研制口罩为抗疫救急】 2月13日，由宁波兄弟服饰有限公司自主研发的防护口罩投入批量生产中，生产完成3000多个口罩。该企业的"临时转型"之举尽显社会担当，疫情发生后，看到市场上口罩十分紧缺，兄弟服饰于2月3日正式启动"有拒水抗菌作用全棉口罩"的研发，发挥企业现有的技术、设备等资源优势。省级劳模李姣主动请缨，担任研发团队负责人，开展研发制作。为打破材料紧缺这一瓶颈，李姣决定从公司众多的样布材料中寻找，进过仔细地比对，最终选择了以涂层布作为拒水外层，再加2层精梳高支全棉汗布作为口罩原料。李姣发动党员、劳模先进和职工代表20余人，在复工（2月10日）前3天就赶来上班，在做好防疫措施的前提下，加班加点赶制口罩。据介绍，这种口罩可以通过清洗重复使用，防护效果。

【全县针织行业基本实现全产业链复产】 3月5日，从象山县针织行业协会获悉，全县织布、印染等行业企业恢复产能，制衣、印花、绣花、漂染等行业企业复产率80%以上，针织产业基本实现全产业链复产。2月10日后，各大制衣企业逐步复工，象山县经济和信息化局发动针织行业协会、印花行业协会力量，编制配套企业"树状图"，梳理上下游"需求清单"，有针对性地施策，加快推进针织产业链协同复工复产。针对针织企业复工复产实际困难，象山县经济和信息化局会同象山县中小企业服务中心、针织行业协会，迅速整合复工惠企政策、防护用品购买通道等信息，"点对点"传达给企业；引导企业利用现代通信手段加强和上下游企业的联系，实现互通信息、共同应对；按照"企业开复工十二必须"，指导企业做好疫情防控工作。同时，鼓励行业龙头企业快速修订生产计划，优先加快关键环节和岗位的复工，带动产业链尽快恢复正常秩序。产业链龙头企业中，恒大印染、飞亚针织复产率达100%，兄弟服饰、甬南针织等制衣企业实现复产率85%，华鑫印花、乔翔绣花复产率达80%。据统计，截至3月3日，全县规模以上针织服装企业（剔除2019年年底停产企业）实现复工率100%；复工规模以上企业到岗员工17863人，返岗率78.70%。3月下旬复产率可达100%。

【谊胜针织：开足马力赶订单】 5月15日，宁波谊胜针织公司恢复生产赶订单，各生产车间加班加点赶制一笔20多万件，产值达1000多万元的内销订单，确保按期交货。年内初，突如其来的疫情，给企业复工带来重重困难。谊胜针织一方面在象山县人社局和爵溪街道的协助下，提前联系江西万年员工，及时开展健康信息排查，确定人员名单，通过包车接回员工；另一方面做好后勤工作，每日发放口罩、消杀车间、测量体温以及宣传防疫知识，消除员工恐慌心理。企业1000余名员工按时复工返岗，将3月、4月100万件产品订单如期出运。公司董事长陈胜介绍，爵溪针织产业链完整，对外及对港澳台贸易竞争力相对较强，一旦疫情好转，行业将迎来反弹。下一步，谊胜针织将加强企业内部管理系统和员工培训，提升抗风险能力，为企业长远发展做好准备。

【针织之乡举办直播培训】 5月21日，象山县经济和信息化局和爵溪街道联合举办以"开启传统企业的直播之路"为主题的网红直播带货业务知识培训，200余名企业负责人和电商创业者参加。培训中，浙江传媒学院互联网直播与网红研究中心短视频直播导师吴凌峰从电商新风尚、短视频红利、直播+私域、互联网IP+产品等方面展开讲解，涉及玩法推介、合作形式以及培育本土主播方法等实用知识。参会企业表示，通过此次培训，了解到主流电商平台现象和如何搭建直播电商团队的方法，对直播经济有了新的理解认识。

【针织企业线上线下齐突围加速复苏】 6月18日，象山县针织服装企业拼多多专题招商培训会举行，拼多多浙江区域总监云崖等专业人士分析服装业务、电商入驻规则、直播实操等内容，64家企业参加培训。据介绍，年内受疫情影响，针织产业发展形势不佳，为解决供应链协同、转型升级等问题，象山县抢抓后疫情时代机遇，一手抓渠道建设，一手抓产能提升，携手产业上下游协同企业共渡难关。政府牵线发动在外经商的乡贤，联系到3000万件防护服大订单，以甬南控股集团为总牵头，形成“联盟生产、抱团互救”的发展模式，首批达成爵溪区域50家针织企业共同生产意向，累计150家针织企业投入生产。派出驻企干部协调解决相关问题，助力企业从传统针织生产快速转产民用防护服生产，有60余家针织对外及对港澳台贸易企业转型生产口罩、防护服等防疫物资出口海外。同时，引导企业对接阿里巴巴等电子商务交易平台开展云促销活动，推进爵溪针织品市场电商化改造，鼓励企业尝试“互联网+生产+贸易”方式，象山县经济和信息化局联合爵溪街道邀请浙江传媒学院专家开展电商直播培训，组团赴余杭艺尚小镇见学，培训会上48家企业现场与拼多多达成合作意向。4月，规模以上针织企业实现产值24.1亿元、销售22.59亿元，降幅较3月分别收窄5.5和4.7个百分点。

【云润制衣：另辟蹊径　觅得新机】 8月12日，宁波云润制衣有限公司在杭州江干区九堡的金甲虫（宁波）商贸有限公司开展线上直播销售。6个小时的直播观看量超过57万人次，下单3000多单，销售额超65万元。自2019年下半年起，云润制衣在危机倒逼下，开展多方市场调查和比对，最终做出了“大刀阔斧”地调整：关停200人的生产线，结束代加工模式，将目光转向国内市场的线上销售。云润制衣总经理欧华琴投资300万元招兵买马，组建由设计师、搭配师、助播师等人员为主的专业团队，在杭州成立了云润制衣的设计兼线上销售平台——金甲虫商贸，并装修了3间不同风格的直播室，寻找主播达人合作。年内4月初，首场直播带货销售额达50万元，取得了开门红。同时，为抢占更多国内市场份额，云润制衣从依赖外商提供样衣转变到自主设计，创立“蝶衣DEEY”等品牌，为爵溪下游生产企业提供最新款式。金甲虫商贸合伙人兼运营总经理向忠雷介绍，从6月开始，云润制衣的供应链日趋成熟，直播和设计团队逐渐走上正轨，通过直播带货，销售额达800万元。线上平台的每日销售额均值在15万元至20万元，最高日销售额还突破了100万元，有时一天需直播3至4场，男装线上销售进入淘宝排位900多名，女装排到1500多名。

（唐尔婕）

汽模配

【概况】 汽模配行业是象山县重要的传统优势产业，该县素有“中国铸造模具之乡”称号，拥有华翔集团等100余家专业生产企业。2020年全县汽模配规模企业拥有83家，全年完成产值138.81亿元，同比下降3.33%，其中累计实现新产品产值73.97亿元，同比增长8.08%；实现工业销售产值133.23亿元，同比下降2.64%，对外及对港澳台贸易交货值8.03亿元，同比下降9.66%。

【合力科技打造“数字工厂”】 3月25日，宁波合力模具科技股份有限公司打造国内领先的铝合金部品自动化数字化车间。生产现场智能AGV小车操作，运输全程自动化、物料全程不落地，智能化机器人全自动作业，智能立体仓库物料自动识别且自动出库，只需一名工人就可以控制8台机器，一条流水线就能够兼容12道工序，实现人工智能、工业互联网与制造业的紧密结合。自2月10日复工以来，合力科技数字化车间全部达产，实现100%运作。生产管理看板上显示着皮尔博格、诺玛科、宝钢等订单，客户“一键下单”，定制化的需求通过系统自动转化成生产装配的“作业指导”和“工艺要求”，直接呈工人面前。这些订单在一条线上并行执行，任务分配有条不紊，体现了“互联网+”的思路和订单即制造的柔性生产特点。合力科技是较早实现国产热冲压模具商业化的模具企业之一。经过多年发展，该公司成为中国铸造模具重点骨干企业、国家级高新技术企业、中国铸造装备排头兵企业。合力科技从2018年开始启动数字工厂改造，实施范围涵盖了预算、财务核算、资产管理、生产执行、质量管理等方面，总投资近3亿元。

【林氏汽车零部件：“机器换人”助企提质增效】 3月27日，浙江林氏汽车零部件有限公司自动化生产设备在两名工人的操作下进行批量生产。该企业主打的橡胶密封件产品具有较高的市场占有率，在国内发动机燃油系统密封件行业处于稳固的领导地位。近两年，企业陆续投入近千万元购置先进机械设备，实施“机器换人”，打造自动化厂区。为满足客户多样化的封密件产品需求，公司配备数十台全自动硫化成型机，打造无尘净化硫化成型车间，装置了硫化工艺监控语音报警系统。同时投入数台自动化检测包装设备，在提高效能和质量的同时，还极大避免人力和材料的浪费，降低了制造成本。原先使用人工更换模具，有切胶条、人工称重、手工检验等数十项烦琐流程，需要一个半小时左右，只要提前设定数据，仅需1到6分钟，机器就可以自动完成生产，公司生产的“O型圈”制造成本约为业内同行的一半。先进的自动化设备取代人工作业，促进企业提质增效，复工以来公司实现全线生产，订单排到上半年之后。今后，公司计划每年投入700多万元用于智能化厂区建设，最终实现数字化生产，向科技型企业转变。

【华元木制品:稳字当头“微”中出彩】 宁波华元木制品有限公司专业经营木托盘、包装箱的加工、批发、零售。经过几年打拼,拥有员工30余人,2019年产值接近2000万元。年初突发的疫情,让华元的生产经营一度停滞,但2月中旬以后,作为西周镇最早复工、工人100%到岗的企业之一,其生产形势逐步向好。企业负责人朱春发用“稳”字来概括应对疫情的秘诀,相比大企业,中小微企业是经济发展的“轻骑兵”,个头虽小,但灵活度高,只要基础厚实,“危中寻机”大有可为。华元在一定程度上“脱胎”于华龙,曾经只是个加工板料的小作坊,厚积薄发,升级至配套周边企业的木托盘、包装箱生产专业厂家。2018年,该公司投入200万元建设的木制品熏蒸热处理车间启用,成为宁波市为数不多的拥有相关出口资质的专业类企业之一。据统计,年内一季度,该公司产值约达600万元,与往年同期基本持平。

【山岳金属:生产订单排至2022年】 10月21日,在宁波山岳金属建材有限公司的生产车间,技术工人们正通过数控机床对金属板材按预定要求进行切割。据介绍,这批赶工的铝单板是为奉化区溪口镇诚信路改造项目定制,共4万余平方米,完成3万余平方米。山岳金属是一家集幕墙铝板生产、研发、销售、施工为一体的技术综合性企业。公司负责人孔绍忠说,新设备生产的幕墙铝板具有耐化学性强、机械加工和焊接性能优良等特点,广受长三角地区客户欢迎,并应用于栎社机场、轨道交通、中山西路改造项目等多项重点工程。年内上半年,受疫情影响,公司相对复工较晚,但随着二季度经济复苏,一大批城市基础建设项目动工,公司生产迅速进入了赶工状态,公司生产订单排至2022年。年内前三季度实现完成产值4000余万元,全年产值达到7000万元。为了赶上生产任务,公司对部分工序实行24小时开工。同时,正计划新厂房建设,以满足生产需求。

【广优机械:五年实现“小升规”】 10月29日,宁波广优机械有限公司车间内生产线机车轰鸣,工人们加紧生产,赶制订单。为适应市场需求,提高生产效率,2019年年底,该公司投入100余万元引进了全新一代自动化模具生产设备,员工只需输入预先设定好的指令,便能实现金属零部件制品的自动冲压,不仅降低了原先人工操作模式易产生的误差,还可同时生产适合多家供应商需求的不同零配件。由此,国内外企业订单纷至沓来。从2013年公司成立,依托设备技术的更进与良好的产品质量,公司规模从成立之初不足10人的小车间,扩大到拥有50余名一线员工、占地2000平方米的大厂房,年产值由成立时期的200万元攀升,2018年、2019年连续2年突破2000万元,实现“小升规”,成为定塘镇小微工业园区内先行上规的企业之一。

【宁波劳伦斯掘金新能源汽配市场】 11月21日,位于西周工业园区的劳伦斯Tsl-M饰条项目正在紧锣密鼓地开展施工前的准备工作。该项目是宁波劳伦斯汽车内饰件有限公司为配套特斯拉汽车内外饰件、铝件订单新建的生产线,一期厂房建筑面积1.2万平方米,配备生产线3条,投产后年产值可达6亿元。年内来,企业顶住疫情压力,加大技术研发,拓展业务渠道,在新能源汽车内饰件领域取得很大的市场份额,公司的产能恢复到2019年同期水平,为满足新订单的生产需求,公司正式启动新厂房建设以及新团队的组建。宁波劳伦斯相关负责人介绍,企业在几年前就与海外新能源汽车公司有过长时间合作,对新能源汽车内饰件的生产工艺并不陌生。原来新能源汽车占公司业务的10%以下,为搭上新能源汽车发展快车,今后公司将把更多业务投向这一块市场,未来五年业务量会比增加两三倍。

【亚大金属:扩建项目提质增效】 12月19日,宁波亚大金属表面处理有限公司车间厂房内,工人有序作业,一派火热的生产场景。记者了解到,为满足公司发展需要,该公司拟投资1.5亿元,扩建厂房1.5万平方米,新增表面处理生产线12条。该项目计划于2021年6月建成投入使用,年处理能力达到2.6万吨金属件,实现年产值1.5亿元。项目规划为全自动生产线,采取“U型封闭+顶吸+双侧吸风”环保处理技术,能最大限度地防止废气排放。同时,采用生产在线监控系统,对生产中药液pH值、温度和压力等指标进行系统监测。

（唐尔婕）

功能材料

【概况】 依托宁波市新材料科技城象山延伸区优势,围绕“海洋+”产业结构体系,象山功能材料产业总体来说起步较晚,主要有激智新材料、勤邦新材料、浙江钰稀等一批新引进企业,及志华化学、南塑合成等一批原有企业。2020年累计完成工业总产值43.25亿元,同比下降0.08%,其中新产品产值20.41亿元,同比增长0.65%;实现工业销售产值40.77亿元,同比下降2.34%,对外及对港澳台贸易交货值4.90亿元,同比下降25.26%。

【华盛塑胶逆势增长】 2月10日,象山华盛塑胶制品有限公司成为西周镇最早复工复产的企业之一,陆续发出60余个货柜的产品。作为传统对外贸易型企业,华盛塑胶生产的日用产品基本销往欧、美、日等国家,3年前公司试水内销市场,运营一直不温不火。2020年春,其旗下“小帮手”天猫旗舰店销售热度直飙,日订单猛增300%,疫情催生的“宅经济”,让处于瓶颈期的华盛塑胶内销线上市场迎来了一次意外的发展机遇。华盛塑胶成立专门团队,“触电”新零售,在淘宝、天猫开设旗舰店,注册“小帮手”等自有品牌的同时,开发多款适合国内消费者的购物手拉车、买菜小拉车、收纳书箱等产品,主打免安装、一键折叠、便携、多功能等元素。因款式色系多样,设计新颖、品质佳,多年运营下来,线上零售吸引大量“粉丝”并攒下了好的口碑。据统计,截至年底，华盛塑胶的内销比例从10%增加到了30%。通过国内线上销售的长期“加持”，2020年，该公司的销售额增幅将逼近20%。

【勤邦“膜”：创新不止　厚积薄发】 3月21日，宁波勤邦新材料科技有限公司以“做国内最好功能性聚酯薄膜供应商”为战略目标，形成系统完备的流水线生产太阳能背板膜产品。据了解，该产品一般要求每平方米24小时透水在2.2克以下，而宁波勤邦的产品为1.7克，其耐水解时长、耐紫外线能力和黄变指标都比市场平均水平高。得益于南昌航空大学、北京机械工业自动化研究所等合作方的支持，宁波勤邦在科技创新方面锐意进取，突破。在2014年入驻象山第一年，该企业投入1.2亿元上马全新生产线，创下了14个月投产的业界“神话”。如今，宁波勤邦在象山拥有两条国际一流的生产线，此外还在常州建有研发中心，扩散基膜透光率超过90%，增亮基膜雾度接近2%，反射膜反射率大于98%。宁波勤邦加大光学显示领域基膜的研发生产力度，产品被激智科技等国内一流功能膜企业所采用。

【“科普特”自主研发熔喷PP料】 4月9日，浙江科普特新材料有限公司研发生产熔喷无纺布用改性PP料。该企业自主研发的免烤漆材料及TPV热塑性弹性体具有节能环保、综合成本低等优点，在行业内处于领先水平。2019年该企业销售5600多万元，销售平均增幅为每年20%。疫情期间，口罩生产进入加速阶段，核心原料熔喷布PP料随之供应紧缺。该企业于2月12日复工复产，随即投入研发资金50多万元，着手研发熔喷无纺布用改性PP料。3月26日，公司自主研发的熔喷无纺布用改性PP料经第三方检测机构检测合格后正式投产，实现日产10吨，销往全国各地。现正加紧对另外两条生产线进行改造，4月中旬改造完成，届时3条耗费100多万元改造的生产线将实现熔喷无纺布用改性PP料日产30吨左右。作为第一批申请复工复产的企业，科普特新材料在抓紧研发投产的同时，严把疫情防控关，公司“满员”复工，第一季度产量基本达到原定生产目标。年内将实现自动化设备改造，计划销售达到8000万元以上。

【净柚新型墙膜投产】 8月10日，宁波净柚新材料科技有限公司生产车间里，技术人员正在新型墙膜生产线上加紧生产泰州市兴化中医院的墙膜订单。净柚新材是涂茨镇于年内引进的一家科创型公司，产品新型墙膜由国家级专家团队经过数年科学研究，为一款具美观、安全、环保、功能为一体的高端新型建筑墙面装饰材料。该墙膜具有陶瓷的釉面质感，抗菌性达到99.99%，硬度高达4H，具有优异的耐污性能，能在墙膜表面直接书写涂鸦并轻易擦除。产品深度解决室内装修污染、墙面材料耐候性差、易脏污、维修成本高等问题，深受医疗卫生、教育机构等单位欢迎。自年内7月正式投产后，公司订单，为西安交通大学第二附属医院、天津空港国际物流园、浙江大学办公楼等10余家单位提供了完美的墙面解决方案。该公司周产墙膜20余吨，年内产值达5000万元。

【中化膜与结晶分盐研究院成立】 8月19日，在市、县两级政府的推动和支持下，中化（浙江）膜产业发展有限公司与天津大学国家结晶盐工程技术中心宣布，在象山县成立中化膜与结晶分盐研究院。结合中化（浙江）膜公司在膜材料、膜产品及产业化方面的优势，天津大学在固体产品分离精制方面的技术和人才优势，以及县经济技术开发区的平台优势，中化膜与结晶分盐研究院将在高盐废水与固体废物的分离、提纯、结晶等关键新技术、新设备及相应新材料的开发方面开展强强合作，推动我国在高盐废水及固体废物资源化利用方面的技术进步。中化（浙江）膜产业发展有限公司隶属于中化集团化工事业部，是中化国际（控股）股份有限公司为了促进中国高性能膜材料研发及产业化推广，摆脱国内对国外高端膜材料和膜产品的依赖，注册资本5亿元成立的高新技术企业，专注于中化膜材料技术应用和盐化工资源化利用。天津大学国家工业结晶工程技术研究中心是科技部批准组建的、国内唯一的从事工业结晶关键新技术和新设备研究的国家级研究中心，拥有一支多学科交叉的创新团队，40余年来专注工业结晶领域的科研创新，在化工、材料、医药、食品等行业的分离、纯化和制备等过程开发方面，具有很强的科研创新能力和丰富的产业化实施经验。

【甬坚建材：“智造”开新局】 11月10日，在位于涂茨镇的宁波甬坚建材有限公司项目现场，工人们正在对新安装的自动化生产线进行检测调试。该项目为县重点工程，一期总投资1亿元，于年内3月启动建设。本月底投产后，将具备年产500万平方米新型无机保温板的能力，产值超过3亿元。据介绍，甬坚建材与浙江大学无机非金属材料所、中国建筑科学研究院进行产学研合作，共同承担了20多项国家、省市级科研计划项目。

【华盛塑胶布局线上销售觅商机】 年内以来，华盛塑胶主动适应以国内大循环为主体、国内国际双循环相互促进的新发展格局，在巩固维持原有业务的基础上，将眼光投向时下流行的线上直播营销模式。作为一家外向型企业，经过多年发展，华盛塑胶生产的折叠式购物车、便携式行李车、多功能衣架等各类塑胶日用品远销欧美和日本等国。受全球疫情影响，对外及对港澳台贸易业务受到冲击，企业寻求销售转机，第一时间入驻天猫旗舰店，利用时下流行的直播营销模式，打开销路。公司生产的一款折叠购物车，极大满足了人们在特殊时期的采购需求，线上销量由原来的每月300余件激增至每日两三百件，呈明显上升趋势。下步公司将布局网上业务，多渠道多平台销售，为企业发展增添新动力。快速增长的线上业务，成了企业新的经济增长点。年内前三季度，华盛塑胶实现产值1.6亿元，全年产值可达2亿元，同比增长20%左右。

（唐尔婕）

海洋生物

【概况】　象山海洋生物产业从20世纪80年代起形成的水产品加工行业逐步转型升级演变而来，现成为县三大重点突破的战略性新兴产业。该县海洋生物产业主要存在三种发展模式，以超星生物、飞润生物为代表的传统水产品加工企业，以希诺亚、浮田生物为代表的高科技生物工程企业，以戴维医疗为代表的生命健康企业。2020年累计完成工业总产值29.47亿元，同比下降5.11%，其中新产品产值2.72亿元，同比增长12.98%；实现工业销售产值27.82亿元，同比增长6.05%，对外及对港澳台贸易出口交货值7.12亿元，同比下降5.14%。

【华宇食品研发项目获教育部科技进步一等奖】　1月20日，在教育部公布的2019年度高等学校科学研究优秀成果奖(科学技术)授奖项目名单上，象山华宇食品有限公司和浙江大学等承担的“罐头生产节水及柑橘新型果胶回收关键技术与产业化”项目获科技进步一等奖。高等学校科学研究优秀成果奖(科学技术)面向全国高等院校，每年评审一次，分设自然科学奖、技术发明奖、科技进步奖、青年科学奖。本次授奖项目共315项(人)，其中自然科学奖120项，技术发明奖49项，科技进步奖136项。“罐头生产节水及柑橘新型果胶回收关键技术与产业化”研究成果突破了罐头节水技术的技术垄断，首次实现柑橘罐头加工排放水中的果胶工业化回收及利用，开发研制的新型果胶，实现糖醛酸含量>50%、灰分<5%，开创了我国乃至国际罐头工艺节水及资源化利用并举的新方向。华宇公司一直以来注重技改和科研，2008年以来陆续投入技改资金2000余万元，先后完成了自动选果流水线、自动剥皮流水线、罐头加工智能生产流水线等技改项目，实现罐头生产的自动化和智能化。在重技改的同时，该公司紧抓科研不放松，在浙江大学等有关单位帮助下，先后投入近1000万元完成了柑橘罐头加工节水技术转化示范等科研项目，为柑橘罐头生产节水增效找到新路。

【象山国际水产冷链物流基地获得中央储存肉冷冻仓储订单】　3月18日，象山国际冷链物流基地职工坚守岗位，克服汽渡停航、物流不畅等困难，开展疫情防控和复工复产工作。首批1万吨中央储备肉进入象山国际水产冷链物流基地1号冷库储存，该批肉是该基地与中粮集团洽谈并签订进口猪肉冷冻仓储业务，是中粮集团为履行国家肉类储备任务而进口的，旨在平衡国内肉类价格，保证国民基本生活需求，之后再由基地协同中粮集团配送至全国各地，以保障全国城乡居民的消费需求，助稳物价。基地近百名员工基本到岗工作，冷链基地逐渐恢复正常的运营秩序。

【和信制药　产能升级　逆势增长】　4月20日，在位于晓塘乡的宁波和信制药设备有限公司车间内，工人正在加紧装配一套水处理设备。公司负责人冯艇介绍，近期订单，这套新型水处理设备在4月底装配完工后，经过验收，将被发往四川客户。疫情之下，和信制药发挥先进制药设备开发制造优势，抢抓机遇，提高产能。冯艇介绍，原来一周的工作量，通过自动设备一天就能完成。在引进先进设备的同时，公司通过人才强企，成立以技术骨干冯礼伟领衔的“冯礼伟技能大师工作室”，对新职员进行“传、帮、带”。工作室团队编制压力容器制造预焊接工艺规程60多项，自制一台“方管抛光拉丝机”，比传统手工抛光效率高出3至5倍，每年可为企业节省人力成本约15万元至20万元。通过研发提升，以LD3000-6多效蒸馏水机切换装置为代表的一批新产品获得“浙江制造精品”称号，产品综合技术性能处于国内同类产品领先水平。和信制药生产的产品销往全国10多个省、市，与康恩贝、莎普爱思、万通药业等多家名企建立战略合作关系。年内以来，公司接收订单3000多万元，比2019年同期增长50%以上。其中，年内公司还接收来自白俄罗斯的400万元订单，经过工人加班加点，抢抓工期，近期产品将验收发货。

【液氮锁鲜　越冻越鲜】　5月10日，在宁波浙里优鲜水产科技有限公司的生产车间里，工人们将刚刚收购来的水产品进行分类后，分别送上了一旁的液氮速冻锁鲜生产线。一直以来，海产品冷链过程采用的是传统的冷藏冷冻保鲜技术，但被零下三四十摄氏度“冻熟”的海鲜口感会受影响，储存时间只有半年左右。年内，浙里优鲜水产科技有限公司投入200多万元引进了一条液氮速冻锁鲜生产线，利用-196℃的液氮锁鲜技术，达到急速冻结、最大限度锁鲜的效果。液氮锁鲜技术，不但让海鲜保质期延长至3年，而且只要稍微解冻15分钟，冰冻的海鲜又似“复活”一般，鲜活如初。宁波浙里优鲜水产科技有限公司成立于2020年1月，是一家专业从事渔业捕捞、加工和销售为一体的综合性企业，旗下自有8艘大马力钢质渔船和3艘大型海鲜收购船，并与石浦、舟山等地将近200艘渔船签订供货合同，拥有可库存6000吨的-60℃的低温冷藏库。

【名品效应推动渔业产业集群发展】　7月7日，宁波知名水产品品牌评审专家组象山县入围的水产品养殖加工企业，实地查看养殖环境、生产流程、用药记录等，进行现场审核及考评。年内，象山县入围宁波市知名水产品品牌的企业共有4家，分别是宁波日月明水产养殖有限公司的“博象”牌南美白对虾、宁波石昌渔业发展有限公司的“石昌”牌南美白对虾、宁波飞润海洋生物科技有限公司的“flyrin”牌鱿鱼丝和宁波兰洋水产食品有限公司的“俏鱼仔”牌黄鱼酥。经过考核，专家组一致认为，上述四个品牌的水产品均符合宁波知名水产品品牌评审标准，授予“宁波知名水产品品牌”称号。水产品品牌评审由政府“搭台”、产业界“唱戏”，在把好质量安全关的基础上，促使县内中小水产品养殖加工企业逐渐从“幕后”

走向“台前”，开启从产品输出到品牌输出的新征程。象山实施农渔产品品牌战略，注册和推介农渔产品地理标志证明商标和区域公用品牌，在一定程度上催生了县域水产品养殖加工企业自有品牌的创建热潮。自2017年首批宁波市知名水产品品牌发布以来，该县先后创建了“宁港”大黄鱼、“莫宁森”紫菜、“岱衢洋大黄鱼”等10个“宁波知名水产品品牌”，另外，象山梭子蟹被授予“宁波著名水产品区域公用品牌”。

【象山县与正大集团签约南美白对虾全产业链项目】 12月29日，象山县与正大集团举办南美白对虾全产业链项目签约仪式。县委书记潘银浩，正大集团农牧食品企业（中国区）资深副董事长霍尔峰出席签约仪式。副县长吴志辉主持。签约仪式上，双方签署了南美白对虾全产业链项目协议。据了解，该项目总投资约1.5亿美元，一期种虾场项目计划于2021年上半年开工建设，2022年12月前竣工投产。潘银浩表示，象山产业基础、资源禀赋优越、区位优势明显，前景可观、潜力巨大。象山与正大集团的项目签约，实现了优势互补、锚定了合作方向，希望双方互相支持、互相帮助，共同推动项目高效落地建设、早日投产达效，实现互利双赢。有关部门和单位要牢固树立“帮助企业就是帮助自身”的理念，做好相关配套和支持，为项目推进提供全方位、全过程、全天候服务。霍尔峰简要介绍了正大集团发展历程、产业布局情况，对象山生态环境和营商氛围给予高度评价。他表示，南美白对虾项目签约是一个起点，相信在正大集团和象山的共同下，未来必将在更大范围、更广领域、更深层次开展合作，为推进象山农业农村现代化建设、推动象山经济社会高质量发展注入新动能。

（唐尔婕）

绿色能源

【概况】 象山县绿色能源行业主要由风电、输变电、光伏等行业组成，以锦浪新能源、日星铸业、天安智能等一批研发型企业为依托，加大太阳能、风能、海洋能、生物质能等能源的开发利用，加快节能环保型绿色能源产业发展，着力推进压力容器、控制棒驱动机构等设备研发生产。2020年全县40家绿色能源规模企业完成工业总产值53.04亿元，同比增长5.98%，其中新产品产值30.77亿元，同比下降3.22%；实现工业销售产值49.84亿元，同比增长10.61%，对外及对港澳台贸易交货值18.85亿元，同比增长35.22%。

【天安电气助力北京两条地铁开通试运营】 1月10日，北京地铁7号线东延、八通线南延两条线同时开通试运营，天安电气凭借精良产品和优质服务，保障两条线路的运营。北京地铁7号线东延和八通线南延是服务北京城市副中心的两条重要轨道交通线路，贯通运营后，将与6号线形成服务副中心的三条东西向轨道交通骨干线路，构建重要的东西向轨道交通联系走廊，为去往北京城市副中心和通州的乘客提供了多种交通选择。在这两条线上，天安电气分别提供了336面Okken型400V开关柜及20面Blokset型环控电控柜。凭借产品技术领先，工艺精良、安全稳定的优势，以稳定可靠的供电系统保障了地铁的正常运行。自2009年中标地铁大兴线开始，天安电气低压成套开关柜就一直服务于北京地铁。截至年底，天安电气产品在北京地铁相继应用于大兴线、昌平线、亦庄线、14号线、7号线东延、八通线南延以及正在建设中的地铁17号线等7条线路。在北京地铁14号线项目中，天安电气还被北京市轨道交通建设管理有限公司授予“优秀供货商”称号。

【天安立体建站模式预制舱 通过新产品技术评审】 1月22日，由天安集团箱变事业部申请立项并承担研发的“立体建站模式预制舱”新产品，在箱变总装车间通过了该公司专家组成员的技术评审。立体建站模式预制舱基于国家电网“标准化设计、模块化组合、工厂化预制、简约化施工”的核心理念，以“占地少、造价省、可靠性高、建设效率高”为目标，采用预制舱式一/二次组合设备、光/电缆即插即用、智能运维、高级应用功能等关键技术建设预制舱式变电站，缩小110千伏（或220千伏）变电站的占地面积，缩短建设周期，提高建设质量，降低建设成本。立体建站模式预制舱是智能变电站应用新技术、新材料、新设备的一个重要体现，它是由预制舱体、35千伏开关柜、二次设备屏柜和舱体辅助设施等模块组成，采用上下两层结构，上层为二次设备预制舱，下层为35千伏开关柜预制舱，每层由多个集装箱型箱体拼装而成。在工厂内完成制作、组装、配线和调试等工作后，分段运至工程现场，就位于设备基础上进行快速拼装。立体建站模式预制舱样机的研制，为今后该新产品应用于风电场和光伏电站，发挥了的资质保障和技术支撑作用，为110千伏装配式预制舱和变电站的设计和制造积累了宝贵的经验。

【锦浪科技复工扩产“齐头并进”】 3月13日，在宁波锦浪新能源科技股份有限公司的生产车间内，工人们正加紧组装作业，成品仓库中打包的光伏逆变器将装车发往欧洲市场。锦浪科技是一家专业从事光伏发电核心设备研发、生产、销售和服务的国家高新技术企业，为全球100多个国家和地区提供绿色能源解决方案。通过自主扩招、东陈乡“企需村供，招聘入网”，以及“共享员工”模式，加上公司技术骨干和研发力量的“全员回归”，“兵强马壮”的锦浪科技开足马力，3月产能同比增长20%以上，力搏首季“开门红”。2019年锦浪科技在深圳证券交易所挂牌上市，极大提振企业的发展信心。2019年，锦浪科技销售额比上年同期增长超35%，再创造历史新高。目前，锦浪科技的第二生产基地项目开工，主要建设研发中心大楼、生产车间、仓库、办公楼及其他设施。该项目作为锦浪科技上市后的第一个扩产项目基地，是其单体产能规划最大的生产基地。新基地于2021年第一季度投产，届时将实现经济效益 4.5 亿元、税收创收 5.1 亿元。同时,锦浪科技践行“用清洁能源生产清洁能源”的理念,致力打造成为全产业链的“智慧能源”供应商和服务商,获得了宁波市首批“绿色工厂”称号,为城市绿色光伏屋顶添砖加瓦。

【日星铸业首次在象山装船发运风机铸件】 3 月 18 日,宁波日星铸业有限公司首次在象山装船发运订单产品,一艘从象山港启航、载着两台大兆瓦风机铸件的货轮,结束为期 6 天的“海上之旅”,抵达目的地。以往公司产品出运以陆运和航运为主,其中航运大多在宁波港、天津港始发。受疫情影响,陆运受阻,于是尝试“就地”以航运的方式始发货物。考虑到公司附近的大中庄码头尚在建设中,日星铸业主动与属地政府、交通运输部门沟通对接,精心策划特殊时期的航运方案,联系具备运输能力的货运平台,在完成装卸方案、办结全部手续的前提下,敲定暂时在象山港(杭钢)万吨级码头装船。货物装船当天,公司的技术、质量、交付人员悉数到场参与管控,确保了首次在象始发的万无一失。

【天安集团中标国网项目】 3 月 23 日,天安集团接到国家电网有限公司 2020 年第一次变电设备招标采购项目通知,一举拿下 938 万元开关柜大单。作为中国输变电行业的骨干企业,自 2 月 10 日复工以来,天安集团在抓实抓细疫情防控的同时有序开展生产,克服疫情影响和不确定因素,主动出击市场、争取订单。3 月仅两周时间,相继揽获内蒙古、中国电建、中国电投、深圳深能、国网等总价值近 8500 万元的订单。此次开关柜中标国家电网采购项目,是公司继 2019 年胜出输变电设备集中招标后,在国网市场取得的又一阶段性成果。

【吉翔电力逆势飘红】 疫情之初,宁波吉翔电力机具制造有限公司负责人林吉祥第一时间做出决策:大量购入原材料和进口原件。新冠疫情让一大批中小企业受到冲击,而由于对国内市场的复苏做了准备,吉翔电力实现“逆势飘红”,一季度产值比 2019 年同期增长 25%。吉翔电力是一家专业从事电力施工机具(工具)开发设计与生产制造的中外合资企业,为石浦镇重点培育的新增规模以上企业。林吉祥介绍,2019 年公司申报了多项实用新型专利,研发费用占年销售收入总额的比重达 6% 以上,企业科研人员占比超过 20%。年内,深耕科技创新的吉翔公司将向国家高新技术企业目标“进军”。依靠技术进步,吉祥公司实施多品种小批量的柔性生产模式,实现订单的快速响应,以优良的性能、稳定的品质、合理的价格来赢取业界口碑,企业盈利能力和市场竞争力提升。公司生产的 18 大类 800 余种产品涵盖了基础施工、杆塔组立、架线施工、电缆施工、光缆施工等诸多工序,市场占有率达 20% 以上。

【天安助力“新基建”】 4 月 29 日,由天安集团自主研发的新一代智能型预制舱式变电站在张家口国家新型工业化产业示范基地大数据中心投运并安全运行,共享“新基建”发展机遇。天安集团洞察先机,拓展新市场,全力为该示范基地提供了 2 套公司研发的核心产品——“智能型预制舱式变电站”,助力张家口打造世界级超大规模数据中心产业集群、国家级绿色数据中心创新示范区、国家级核心大数据装备制造基地、全国大数据创新应用先行区,实现“中国数坝”从 1 到 N 的突破。

【天安环网柜家族又添新成员】 5 月 13 日,天安集团新研发的一种 40.5 千伏充气环网柜在国家电器产品质量监督检验中心通过了整套型式试验。该款环网柜是国内电压等级 40.5 千伏环网开关柜中技术性能最高、外形尺寸最小的环网柜。市场上的 40.5 千伏环网柜普遍为 630A 居多,最大规格仅 1250 安/25 千安。天安电气通过技术创新,攻坚克难,在不增加柜宽和柜高、不影响拼柜的必要前提下,解决了 1250 安环网开关柜的温升、散热等重大难题,通过国家标准规定的型式试验。天安本有空气绝缘环网柜 、SF6 气体绝缘环网柜 、固体绝缘环网柜等系列环网柜。该款产品通过国家标准规定形式试验,又为公司环网柜家族增添了新成员,既可用于环网配电系统,可作为双电源或放射式电网终端供电,完全满足当前“新基建”、综合智慧能源建设、智慧城市建设中开关设备的要求。

【天安电气设备保障国内漂浮体 最长渔光互补光伏电站发电】 5 月 25 日,由中国能建浙江火电承建的国内漂浮体最长的渔光互补光伏发电项目——大唐华银益阳北港长河渔光互补光伏电站并网发电。天安集团提供的一批用于 110 千伏升压站的 110 千伏主变、GIS 及 35 千伏预制舱等站用电气设备以优异的品质保证了该光伏电站安全稳定高效运行。该渔光互补光伏发电项目位于湖南省沅江市,水域岸线长约 8 公里,是湖南省重点开发建设的新能源工程,是大唐首个水面漂浮式光伏电站项目。装机容量 100 兆瓦,共设 32 个光伏发电方阵,每个发电方阵逆变升压至 35 千伏,经 4 条集电线路送至新建的 110 千伏升压站,通过 1 回路 110 千伏线路接入国家电网。在电站并网发电安全运行后,项目承建单位发来感谢信,对天安设备以及服务给予了高度肯定和感谢。光伏电站每年可向电网输送约 1.26 亿千瓦时的清洁电能,实现“渔、电、旅游、环保、税收”五丰收,为助推地方经济发展、环境友好发展作出了突出贡献。

【保障光伏电站并网发电　天安电气赶订单抢出货】 6 月 5 日,天安电气收到战略合作单位阳光电源股份有限公司发来的一份感谢信,感谢天安提前提供光伏变电设备,保障了阳光电源山西屯留区 10 万千瓦光伏电站的并网发电。据介绍,阳光电源山西屯留区 10 万千瓦光伏电站项目因计划更改,需在 5 月 30 日之前并网发电,项目中的一批 10 台(套)35 千伏升压箱变急需在 5 月底前到货。天安在二季度生产合同爆满的情况下,秉承为老客户排忧解难、急用户所急的理念,与阳光电源签订了该特急合同。随后,天安电气相关部门放弃五一休假，着手该批次光伏华式箱变设备的方案设计、原材料采购并组织生产。经过赶工，分别在5月20日及5月22日，向用户交付了共10台套的35千伏华式箱变设备。据介绍，该批次华式箱变设备的提前到货，为阳光电源山西屯留区光伏电站项目的并网发电提供了根本保障。

【天安再添一项行业话语权】 2020年天安集团晋升为全国低压成套开关设备和控制设备标准化委员会的委员单位。该委员会是全国范围内的低压成套开关设备和控制设备的行业标准化管理权威单位，负责低压成套新标准的提出和制订以及国际标准的转换，为CCC认证、为低压成套行业的发展做出了巨大贡献。天安低压成套系列产品广泛应用于城市轨道交通、数据中心、风力发电等领域，至年底持有低压成套CCC证书52张，是国内持有CCC证书最多的企业，是施耐德、ABB、西门子在国内为数不多的战略合作伙伴企业，更是国际顶级低压成套产品OKKEN型低压开关柜的合作伙伴之一。自2006年荣获"中国名牌产品""中国免检产品"等称号后，天安又相继获得"驰名商标"、"三名"企业、"浙江省知名商号"等荣誉，并成为中国电器工业协会电控配电设备分会副理事长单位、中国电器工业协会高压开关分会常务理事单位。此次晋升为全国低压成套开关设备和控制设备标准化委员会的委员单位，加强了公司在行业内的话语权地位。

【象山县建成国内最大的风电铸件生产基地】 宁波日星铸业有限公司建成国内最大的风电铸件生产基地，拥有年产30万吨铸件的产能规模，大兆瓦铸件市占率达到40%，牢牢掌握了产业定价权。上半年，企业完成产值15.56亿元，同比增长70.5%；净利润大幅增长，超过营业收入的增幅；产能和盈利能力均居国内风电铸件行业领先地位。日星大中庄扩建项目年产18万吨(一期10万吨)海装工程产能释放，率先在国内业界生产出全球最大12MW风电机组部件出口法国；年产10万吨大型铸件精加工项目达产，产业链延伸后附加值增加，毛利率高出行业均值10个百分点。公司近两年稳步推进"两海战略"，围绕海上风电和海外市场这两个主要业务发展方向，优化产品结构。日星铸业在Vestas、GE等全球主要风机制造厂商均实现大批量供货，高端订单竞争力显著增强。公司新建的铸件精加工车间为恒温车间，内有30多台、总价高达5亿元的加工设备，其中的一台进口数控落地镗床价值3000万元。年内前5个月，投入研发费用3700万元，全年研发费用上亿元。日星铸业执行总经理张建中介绍，公司将加紧建设年产18万吨海装关键铸件项目二期8万吨项目和年产12万吨海装关键铸件精加工项目，在象山将形成年产40万吨铸造产能和22万吨精加工产能规模。

【天安智能模块化终端配电系统通过样机验收】 8月12日，天安集团与宁波市轨道交通集团有限公司机电部、中铁电气化宁波集成项目部联合开发的智能模块化终端配电系统通过样机验收。智能模块化终端配电系统采用模数化、系列化的外形设计，标准化设计的分线系统；关键元器件采用了国内首创的5G断路器、日本进口新型双电源自动转换开关、新型液晶控制屏等；终端配电系统可实现温度监测、湿度监测、漏电监测、三相电流不平衡监测，具有火灾预警功能，电量参数监测满足远程监控需求。产品结合了宁波"智能制造"推进工作的要求，提出高起点、高标准、高要求的设计方向，属于国内首创。在此次验收过程中，公司新产品项目小组与轨道交通验收小组双方根据产品设计标准、轨道交通运营要求等进行了讨论，对箱体颜色、结构、温湿度控制、火灾预警功能等细节内容进行了逐项明确，为下一步在宁波地铁4号线的挂网运行创造了有利条件。该新产品的研发将取代Prisma、NM-XLS3等常规低压配电箱，并完全满足城市轨道交通、城际高速铁路、大数据中心、5G通信、人工智能、工业互联网等高端用户的终端配电智能化需求，具有非常广阔的市场前景。

【天安国内首创5兆瓦风电专用华式箱】 9月10日，天安集团研发完成一款国内首创的5兆瓦风电专用华式箱变，并在国家电器产品质量监督检测中心一次性通过了全部型式试验项目。该新产品采用华式箱变结构，电压等级35千伏，额定容量5750千伏安，可按1.15系数配套5兆瓦风电机组，满足国内陆上风电5兆瓦装机容量需求，可应用于海上风电塔筒外置方案。箱变高压侧选用"国家级新产品"天安HXGT10-40.5型35千伏小型化充气环网柜，采用断路器方案；升压变压器采用独立的低损耗、高节能、紧凑型油浸式变压器，防护等级最高可达IP68；低压侧开关选用TANW1型智能框架断路器；另配置测控保护装置、瓦斯继电器、油枕、所用变及UPS等元器件。产品具有轻瓦斯报警、重瓦斯保护、防雷、防过电压保护等功能，可实现远程监控和远程控制。如今，风电机组大型化正逐步成为世界风电发展的必然趋势。随着半直驱传动技术的积累和迭代，国内陆上风电进入了5.0时代。天安5兆瓦风电专用华式箱变的研发，填补了5兆瓦陆上风电项目升压箱变的空白。

【锦浪科技荣获"绿色工厂"称号】 9月25日，锦浪科技股份有限公司凭借在绿色生产和节能减排等方面的卓越表现，入围国家第五批绿色制造公示名单，荣获"绿色工厂"称号。这不仅彰显了锦浪绿色制造的水平和实力，更标志着锦浪科技在推行绿色循环发展、构建绿色制造体系工作再次迈上新台阶。锦浪科技围绕资源能源利用、效率和清洁生产水平提升，进行工业绿色转型，将绿色可发展理念贯彻到生产制造各个环节，践行了"既要金山银山，更要绿水青山"的发展理念，并取得了良好的环境效益和社会效益。

【锦浪科技用"芯"做扶贫】 10月16日，由锦浪科技供应核心设备逆变器的山东省德州武城县谢张庄村光伏用电示范村村级光伏扶贫电站项目落地并网，在扶贫方面增添亮丽一笔。锦浪12—25kW三相组串式逆变器是住宅用光伏以及小型工业与商业用光伏首选，小体积、高效率，多种功率机型可供选择，二路MPPT接入，更加灵活高效。光伏发电成为金融产品，帮居民脱贫理财，具有优质的金融产品属性，如25年的长期收益、稳定的现金流、较高的收益率、可控的低风险等。居民利用屋顶闲置资源，安装光伏发电系统，在满足自身用电需求的前提下，将剩余的电卖给国家电网。国家给予针对性补贴，将闲置资源利用，节能环保一举多得。光伏发电"授之以渔"的扶贫方式，节省了居民的日常开支，不仅省掉了电费、增加了收入，还践行了节能、环保的生活理念，成为帮助居民稳定增收的"阳光"产业。未来，锦浪科技将坚持聚焦质量与实效，助力打造扶贫放心工程，为更多地区减少贫困。

【瑞德能源：人才集聚赋能创新发展】 10月9日，一名来自国内一线光伏制造企业的"985"硕士人才，正式加盟宁波瑞德能源股份有限公司。自此，员工总数不过120多人的瑞德能源拥有了一支由"双硕士"领衔的10人研发团队。该公司实施"人才强企"战略，创新引人育人用人机制，在引进业内高端人才的同时，与江苏科技大学深度开展产学研合作，设立高校研究生工作站，以人才优势打造创新优势、发展优势，一跃成为国内非标光伏电池组件细分领域的"小巨人"企业。公司总经理李贵海介绍，瑞德研发团队致力于开发高效率、低成本的晶体硅太阳能电池制造工艺，将电池到组件制造的功率损耗降至最低，研发出转换效率超过20%的电池片，30年后发电量保证80%以上，各项性能和转换效率都达到了国外同类产品的先进水平。继2019年跻身国家高新技术企业行列后，瑞德能源最近又获评市级企业工程技术中心。企业营业收入从2015年的2149万元、2016年的6247万元增至2019年的2.9亿元，年内实现两位数增长。该公司进入全球采购供应链，产品热销欧美市场，并与全球最大的太阳能单晶硅棒和硅片制造商——隆基股份建立了战略合作关系。

【赖建防获称"中国质量工匠"】 12月15日，中国质量协会公布了2020年度"中国质量工匠"名单，全国共20人上榜，该县天弘电力器具有限公司高级技师赖建防入选，为浙江省唯一。年内58岁的赖建防在业内素有"草根发明家"的美誉，先后获得宁波市"港城工匠""浙江工匠"、省技能大师工作室领办人等多项荣誉。赖建防把模具、钳工技术跨行应用到了极致，他发挥模具技术特长，通过UG等三维设计软件，把电力产品、作业方法直观形象地反映到电脑上，经过动漫演示、3D打印、手板雕铣等方式，大大缩短了产品的研发周期。同时，赖建防还巧妙地运用模具制造技术转化为电力机械构造技术和作业方法，为电力作业解决了不少技术难题，陆续发明了电缆管道机器人、登高机器人、安全升降设备等电力器具高端产品，其中"带电作业用防滑脱接地线夹"填补了国内空白。赖建防完成了多项国家电网科技项目，他拥有国家授权发明专利20多个，多项研发成果获得国内外创新大奖，并被转化应用。同时，赖建防传授技艺，培养出许多技术骨干。

（唐尔婕）

临港装备

【概况】 以海洋装备、船舶制造为重点的高端装备初具规模，下步将以临港装备工业园为主平台，象保合作区为补充。处于象山港口区域的临港装备工业园，吸引了中石化宁波天翼、铭汇制造等一批重大项目落户投产，初步形成了以日星铸业、易锻机械、乐惠国际、杭钢富春、新乐造船等企业为代表的新能源、智能化、食品机械、先进加工、高端船舶、炼化设备等各类装备制造基地。2020年，全县131家规模企业实现产值210.19亿元，同比增长14.45%，其中新产品产值119.79亿元，同比增长20%；实现工业销售产值198.62亿元，同比增长23.47%，对外及对港澳台贸易交货值33.85亿元，同比增长15.76%。

【机械科学研究总院南方中心年内动建】 1月8日，县委书记叶剑鸣，县委副书记、代县长包朝阳专程到机械科学研究总院南方中心项目现场，一线开展"三服务"调研，督查工作进度，帮助解决具体问题。副县长石坚定参加。2018年9月，机械科学研究总院与宁波市政府签约合作的南方中心项目落户象山县；2019年5月，中机智能装备创新研究院（宁波）有限公司注册成立；2019年11月，机械科学研究总院南方中心正式在该县揭牌，以中国工程院院士单忠德领衔的近百名管理、科研人才汇聚象山。总投资约12亿元的南方中心园区建设前期工作正在加紧推进，力争年内初项目开工建设。未来，南方中心将瞄准高端装备制造领域的前沿方向，研发一批先进制造技术与装备成果，培养一批高层次创新创业人才，打造先进制造产业技术创新基地、产业孵化基地，助力区域装备制造业转型升级和新兴产业战略布局。

【象山县新增一项省级首台（套）产品】 1月9日，浙江省经济和信息化厅公布"宁波市2019年度浙江省装备制造业重点领域首台（套）产品"名单，宁波久源润滑设备制造有限公司的"YDX系列胶印机橡皮布自动清洗装置"入选。随着胶印机自动化技术的广泛应用、企业用工成本越来越高和绿色印刷的环保要求等多种因素合力作用下，橡皮布自动清洗装置成为胶印机必备的辅助设备之一。入选省级首台（套）的YDX系列胶印机橡皮布自动清洗装置，控制系统的软件程序为久源自主研发，自动清洗仅需1分钟，主要技术性能达到国内领先水平。原来一台四色对开胶印机需配备3名操作工人，清洗橡皮滚筒的工作时间占到全部工作量的近1/3，机器利用率通常在60%以下，加装这套自动清洗装置后，仅需1名管理人员，机器利用率高达90%以上，经济效益非常可观。该产品被国内多家印机主机厂选用，年内实现规模生产，年产150套，新增年产值1100余万元，利税近300万元。

【鹤浦船舶企业 加班加点赶订单】 2月29日，浙江东红船业有限公司员工们赶制订单完成17200吨散货船和45700吨散货船的洗边、压床、电焊、拼装、组装等工作。该企业自2月11日复工以来，为了不耽误交货期，在抓好防疫的同时，加班加点，开展生产大冲刺。截至年底，浙江东红船业有限公司返岗员工287人，其中宁波市外员工201人。据了解，鹤浦镇7家船舶企业复工以来，均日夜兼程，追赶疫情期间耽误的工期，提高工作效率，力保订单不延期交付。

【12家货船修造企业复工】 3月3日，宁波金川造船有限公司的“兴宁21”轮，经过20名维修工10余天的赶工修理，出坞，将到日照港装载煤炭开始电煤运输运营。金川造船经理张国荣介绍，公司于2月14日复工，复工人数50余人，产能恢复90%以上，保障了按期交付订单，年内产值达8.5亿元。为助力港航企业恢复生产，象山海事部门根据修造船舶、船舶证书办理等需求推出“电子申办”远程办理模式，开通“线上预约服务”，优先办理修造船舶进出港和船员任解职手续。开通船舶进出港“绿色通道”，确保疫情期间新建下水船和待修理船舶“零等待”进出港，优先靠泊和进出船坞。“常态化”远程指导辖区修造船厂，落实疫情防控工作，抓牢安全生产，确保有序复工。截至年底，全县12家货船修造企业均复工，复工人员600余人，修理船舶8艘次，按期交付新船2艘，生产产值达1.5亿元。

【波威重工:新车间投用】 3月15日，浙江波威重工有限公司项目一期落成新总装车间。波威重工是浙东地区最大、最先进的钢结构生产企业，新建的总装车间高20.3米，占地24557平方米，可生产国内所有类型的桥梁整体钢构件。据介绍，波威重工二期总建筑面积5.8万平方米的板单元车间正在建设中，计划于4月10日完工。随着新厂房陆续投入使用，企业产能快速提升，年内钢结构产量可达8万吨以上，较上年增长70%。

【宁波天鱼机械有限公司加班加点忙复产】 3月20日，在宁波天鱼机械有限公司赶制一批运往各大啤酒厂商的输送设备。年前订单因新冠肺炎疫情影响，不能按时交货，工人们正在加班加点赶工。自复工以来，生产车间全线开足，做到尽快交付产品。天鱼机械在落实落细各项防疫措施的同时，寻求突破加速引擎，消除疫情带来的影响。通过信息化手段提前申报健康检测、排查地理位置，对外来返岗员工进行核酸检测等，确保安全稳定生产。公司向着产品多样化、客户多元化、产能高效化、创新产品化的目标推进，以满足客户需求。

【顺能机械：扩产增效赶订单】 3月25日，在宁波顺能机械有限公司加紧对订单中单个重量达20吨的风力发电机轮毂进行加工。受疫情影响，该公司第一季度产能较2019年同期减少了2千吨，为确保订单不受延误，顺能机械扩招技术人员，有63名技术人员上岗，计划还将继续招聘十余名技术人员。同时，投入1000万元采购2台数控落地镗床，并提前安装到位，优化加工工艺，提高加工效率，实现产能升级，力求在接下来的三个季度补齐第一季度损失，完成年内生产计划。顺能机械订单不减反增，年内该企业的订单排满，较2019年的2.5万吨增加至3万吨，全年产值达7500万元，较2019年增加20%。

【复工复产后全市首艘出口船下水】 4月11日，浙江新乐造船股份有限公司为瑞士船东建造的“SIDER BUFFALO”轮下水，为全县乃至全市拉开了年内新建船舶出口的序幕。该船舶为瑞士Nova Marine Carriers公司订购的6000吨杂货船，船长109.9米、型宽16米、型深8米、满载吃水5.4米、主机功率2800千瓦、服务航速13.2节，入意大利船级社。经调试与试航后，不日将正式出口。据了解，新乐造船公司复工后，海事部门多次通过电话、微信“云指导”企业细化防控措施，帮助企业解决生产经营中遇到的实际困难，增加下水试航作业前安全和防污染检查，为出口船舶交付提供了支持。

【继望锻造逆势发展】 4月15日，继望锻造有限公司工人赶制本周要发往沈阳、成都、鄂尔多斯等地的500吨斗齿订单。经过近两个月的市场调整，该公司完成了由国外市场向国内市场的转型，平均每月国内订单出货量达600余吨。复工复产以来，公司通过员工路费报销、隔离补助等举措，吸纳比2019年更多的工人前来工作，产能恢复100%。之前，公司产品出口份额占比65%—70%，主要销往欧洲、东南亚等多地。受新冠肺炎疫情影响，海外市场大部分业务受阻，公司将目光转向国内市场，寻找新的增长点。公司负责人黄望业介绍，2019年下半年，继望研发团队和机械科学研究总院南方中心、华中科技大学、北京交通大学联合研发锻造斗齿第五代工艺，投入生产。该工艺相较于国内同行企业的传统工艺，具有生产成本低，产品使用寿命更长，性价比更高等优势。继望锻造与三一重工股份有限公司、徐州工程机械集团有限公司、山推工程机械股份有限公司等都签订了订单，订单量可以排到8月左右。此外，在继望锻造滨海工业园区的新厂房，投资3500万元建设的中国第一条锻造斗齿全自动生产线将于9月投入生产，届时生产效率将提高3倍，年内公司年销售额可突破1亿元。

【机械科学研究总院南方中心项目完成招标】 6月10日，机械科学研究总院南方中心——中试孵化基地一号工程完成招标，将于当月底前动工建设，2021年2月完工并投入使用。该工程位于大目湾新城巨鹰路和松兰大道交叉口西北角，总投资约11.5亿元，分三期建设完成,计划建设国际交流展示中心、行政中心、研究所、综合楼、实验室、专家公寓、幼儿园以及配套用房等。机械科学研究总院南方中心是推动宁波“中国制造 2025”试点示范城市建设的重要载体,未来将瞄准高端装备制造领域的前沿方向,研发一批先进制造技术与装备成果,培养一批高层次创新创业人才,打造先进制造产业技术创新基地、产业孵化基地,助力该县装备制造业转型升级和新兴产业战略布局。

【中机装备研究院迎来 4 名博士进站】 6 月 12 日,中机装备研究院(宁波)有限公司举行博士后科研项目开题评审会,一次性迎来 4 名博士进驻企业工作站。单次进站人数创象山县博士后工作站历史新高。据介绍,中机装备研究院是中央直属科技型企业集团——机械科学研究总院集团有限公司直管的全资子公司,于 2019 年入驻象山县。该企业瞄准工业芯片设计、先进工程材料、先进制造技术、智能制造技术、高档数控技术五大技术创新方向,全力支持宁波“中国制造 2025”国家级示范区建设。

【鹤浦镇船舶工业逆势增长】 6 月 15 日,浙江东红船业有限公司厂区工人在即将完工的“弘泰 216”散货船上,或组装发电机组,或切割下料,各个作业面有序施工。据了解,“弘泰 216”散货船为钢制全电焊船,总长 149.8 米,型宽 21 米,型深 11.4 米,航速为 11.9 节,载重量 1.7 万吨,造价为 5000 万元。受疫情影响,东红船业公司在建船舶的交付进度趋缓。为全力以赴抢抓工期,该公司满负荷运转,适时调整生产计划,将生产资源向重点项目倾斜,采取多种措施协调供应链,尽力保障材料、设备和物资供应,保障生产需求。公司订单饱和,特别是国内订单大幅增加,在建船只 10 多艘。

2020 年,鹤浦镇规模以上船舶企业实现逆势增长,完成产值 7.12 亿元,同比增长 20%。

【乐惠—阿里云打造精酿行业“云工厂”】 6 月 27 日,宁波阿里中心揭牌,开启了宁波与阿里巴巴合作的新征程。乐惠国际与阿里云就精酿行业级工业互联网平台项目举行签约仪式。这是象山县贯彻市委市政府精神、与阿里巴巴开展深度合作的第一个项目,是制造业数字化转型发展的一件大事和喜事。“乐惠—阿里云精酿行业级工业互联网平台”的签约,是传统制造业的一次突围,是工业互联网应用的一次融合创新,将带动更多制造企业向网络化、数字化转型。根据协议,双方将发挥各自领域的优势,推进乐惠国际装备、精酿双主业发展战略,在装备端,依托机械化、自动化、智能化设备,采集过程数据,通过大数据分析技术,打造柔性生产数字孪生系统。在精酿端,推进精酿行业工业互联网平台建设,通过数字化实现行业重构,打造精酿行业“云上数字工厂”,真正打通消费者和生产者之间的价值链条,解决市场需求端和供给端的平衡问题,更好地服务精酿行业客户及合作伙伴。

【乐惠国际象山港新厂投产】 7 月 11 日,宁波乐惠国际工程装备股份有限公司象山港新厂在贤庠镇小蔚庄村举行开业和产品首运庆典。该新厂的落成投产,是乐惠国际继年内 6 月与阿里云签约“精酿行业级工业互联网平台”项目后的重大“续笔”,为公司实施“设备制造和精酿啤酒”双主业战略迈出了坚实一步。利用上市募集资金,该企业象山港新厂于 2019 年 3 月破土开工,至年内 6 月正式验收,厂房占地面积为 5.6 万平方米,一期厂房建筑面积约 2 万平方米,主要生产大型生物过程设备及生物过程系统,投产后,年产能可达 756 台(套)。新厂大罐车间高 39 米,是宁波市单层最高的工业厂房,大型发酵罐和糖化罐设备系统的应用,将直接解决之前因厂房高度限制,部分大型设备需露天作业的困难,大幅提高生产效率和能力。

【象山县首艘 3 万立方米 LNG 船舶交付】 7 月 17 日,由浙江新乐造船股份有限公司和上海欧得利船舶工程有限公司共同研发的“恩坎托”轮,在檀头山联检锚地交付荷兰船东。这是近年在象山建造的最大吨位液化天然气(以下简称 LNG)船舶,同时是省内首艘自主研发、自行建造的 LNG 船舶。该轮船长 181.3 米,总吨 25591,容量 3 万立方米,于 2014 年开始研发建造,历时近 7 年,由法国 BV 船级社检验,总耗资 5.2 亿元人民币。据悉,LNG 船是保证在零下 162 摄氏度低温下运输液化天然气的专用船舶,是一种“海上超级冷冻车”,被国际公认的高技术、高难度、高附加值的“三高”产品。据新乐造船相关负责人介绍,建造团队克服焊接难题,通过自主研发设计,船舶核心部件创新采用“双 C 球罐”,由一台 4500 立方米单体罐、3 台 8500 立方米双体罐和一台甲板罐组成,并首次使用 9 镍钢焊接制造,填补了中国多项造船技术空白。

【“象山造”半潜式起重船上水】 7 月 23 日,由宁波振鹤船业有限公司制造的 700 吨半潜式起重船“巨杰 702”在鹤浦振鹤码头上水。“巨杰 702”船长 86 米,总长 141 米,型深 6 米,最大沉深 24 米,总吨 10202 吨。该船配置一台 700 吨全回转起重机,用于安装海上风电设备。这是该县民营船企首次建造此类船型。除“巨杰 702”外,另外两艘 700 吨半潜式起重船年内下半年完工。

【易锻精密机械年产 500 台大型冲压设备项目启动】 12 月 3 日,浙江易锻精密机械有限公司二期项目与县自然资源与规划局签订《土地成交确认书》,完成土地网上摘牌,这标志着易锻二期年产 500 台大型冲压设备项目启动。该项目位于黄避岙乡大林工业区,计划投资约 1 亿元,项目建成投产后可新增产值 2 亿元。该企业快速响应市场需求,年销售额每年以近 30% 以上幅度提升,其主要客户有一汽、二汽、格力、海尔等。为推进技术改造与管理升级,该企业在步入良性发展的同时,主动融入长江经济带建设,谋求产业转型,扩大二期 500 台大型冲压设备生产。该项目的上马,将成为易锻精机完善产业布局的加速器，为企业未来高质量发展提供强支撑。

【天翼制造象山工厂综合工段获评“全国青年安全生产示范岗”】 12月10日，共青团中央、应急管理部联合命名表彰2019年度全国青年安全生产示范岗，位于贤庠镇的宁波天翼制造公司象山工厂综合工段榜上有名。该工段共由15名人员组成，平均年龄28岁，其中35周岁以下10人，占67%，在开展全国安全生产示范岗创建过程中，坚定不移践行安全发展理念，安全红线意识。围绕“安全生产，青年当先”这一主题，制定创建计划，提出全年“安全事故为零，杜绝设备事故、火灾、机械伤害事故、爆炸事故”的安全工作目标。截至年底，累计安全人工时249480小时，无人身伤亡、质量、设备等事故；安全操作达标率100%，资产安全完好率100%。2019年，宁波天翼制造公司象山工厂承接大型超限石化设备28台、总计3.1万吨，综合工段承担了9台设备、总重8000余吨的制造任务，工作量占全厂1/4。

【象山中机装备喜获中国机械工业科学技术奖】 12月28日，2020年度中国机械工业科学技术奖揭晓，象山中机智能装备创新研究院（宁波）有限公司的“异质材料钎焊、扩散焊关键技术及应用”和“高强韧洁净焊丝开发及应用”2个项目分别获得特等奖和二等奖。中国机械工业科学技术奖是国内机械行业中唯一由国家批准的奖项，获奖优秀项目可向国家级奖项评审部门推荐，作为国家级奖项候选项目。“异质材料钎焊、扩散焊关键技术及应用”项目由中机装备总经理龙伟民作为第一完成人带领团队完成。该团队针对机械制造行业异质材料钎焊的国际难题，在活性钎料研制、先进工艺开发、重大工程应用等方面实现自主创新，突破了异质材料钎焊关键技术瓶颈，实现了异质材料间“高性能、高效率、高可靠”钎焊，全方位提升了我国异质材料钎焊技术水平。

（唐尔婕）

电力工业

【概况】 2020年，象山电网全社会最高负荷58.45万千瓦（出8月26日），同比上升15.79%。全社会用电量累计28.91亿千瓦时，同比上升9.57%，其中工业用电量累计17.18亿千瓦时，占比59.42%，同比上升12.71%；城乡居民生活用电量5.98亿千瓦时，占比20.68%，同比上升7.49%。第一产业用电量0.38亿千瓦时，占比1.33%，同比上升11.31%；第二产业用电量17.73亿千瓦时，占比61.32%，同比上升11.97%；第三产业用电量4.82亿千瓦时，占比16.67%，同比上升3.71%。国网浙江象山县供电有限公司完成固定资产投资1.96亿元，售电量26.98亿千瓦时，增长7.49%。营业收入15.23亿元。资产总额12.53亿元，资产负债率51.51%，职工劳动生产率106.44万元/人·年。公司荣获“全国‘安康杯’竞赛安全文化宣传工作先进示范单位”“国网公司文明单位”“国网浙江省电力有限公司模范创新工作室”“宁波市五星级治安安全单位”等荣誉称号。

【电网建设大步向前】 加强规划统筹引领，高质量完成“十四五”电网规划，形成“四型”清洁能源海岛示范电网体系。高效推进海上风电1号送出、长大涂光伏送出等5个项期工作，110千伏滨瑶扩取得实质性进展。完成配网投资1.72亿元，实施配网项目54个，新增及改造线路401.86公里、配变容量3.97万千伏安。开展防台风示范区建设，完成防台风补强项目与防风拉线专项整治。加快配电自动化建设，31条配网线路实现自愈功能，成为全省首家通过配电自动化主站系统交接验收现场评估的县级供电单位。圆满完成6座变电站C检、“109”项目抢建、万达广场攻坚等艰巨任务，为应对夏冬季负荷连创新高、“黑格比”台风影响、能耗“双控”等考验，主动开展需求侧响应，确保电力可靠供应。象电人用实际行动为“四勤四精”做出诠释。

【营销服务提升】 坚持以客户为中心，实施“优化营商环境攻坚年”行动，提升客户用电体验，助力象山县获得全国营商环境百强县第39位。开展“三服务”专项活动，发布“十条举措”助力企业复工复产，创新应用“企业复工电力指数”，得到县委书记、县长高度肯定。落实国家阶段性电价等惠民助企政策，推出“网融链”服务，全年为企业减负9500余万元。实施“阳光业扩”，创新首席客户经理制。延伸电网投资界面，低压客户实现办电“零成本”，高压客户平均接电成本下降15%。“互联网+”供电服务，电子渠道用户累计11.15万户，高、低压线上办电率达到87.45%、97.36%。率先完成所有高压用户供售电同期调整，合同签订规范性全市第一。推广使用“转供电费码”，完成648户用户申领。象东无人化营业厅正式投入运行。能源服务拓展，完成节能改造、配电工程建设及代运维等项目12个，实现电能替代电量5834万千瓦时。推进农业电气大棚示范点，花岙岛、松兰山景区的全电景区建设。主动服务新能源并网，新增光伏及生物质用户343户，并网容量4.79万千瓦。

【象山县委书记叶剑鸣批示肯定公司全年工作】 1月14日，象山县委书记叶剑鸣对国网浙江象山县供电有限公司过去一年的工作作出批示，肯定公司在保障供电，服务地方经济发展中发挥的作用。叶剑鸣在批示中指出：过去一年，象山供电公司为象山经济社会发展提供了坚强的保障，做出重要贡献，可喜可贺。希望在新的一年里再接再厉、开拓创新，做出新的更大贡献。

【象山县人民政府副县长石坚定批示】 石坚定批示：过去一年，国网浙江象山县供电有限公司主动作为、奋勇担当，履行责任，在电网建设、供电保障、优质服务等重点工作任务中作出了突出贡献，电网建设发展得到了新的飞跃，供电保障水平提升，电力接入营商环境优化，为象山经济社会发展提供了坚强的保障。希望在新的一年里，象山供电公司能够再接再厉、奋发有为、开拓创新，为迎接亚运和全县经济社会平稳较快发展做出新的更大的贡献。

【召开十届七次职代会暨2020年工作会议】 1月20日，国网浙江象山县供电有限公司十届七次职工代表大会暨2020年工作会议正式召开。公司领导陈益、龚向阳、夏泉海、林明河、彭家从、俞科杰出席会议，105名代表参加会议。会议以习近平新时代中国特色社会主义思想为指导，贯彻国网公司、省市公司和县委县政府的决策部署，总结公司2019年工作，分析把握当前形势，实施新时代发展战略，部署2020年重点任务，坚持目标引领、责任落实，改革创新、担当作为，推动高质量发展，奋力推进一流能源互联网企业建设。公司执行董事、党委书记陈益作《改革创新 担当作为 推动高质量发展 奋力推进一流能源互联网企业建设》工作报告。

【象山政企联合严选风电送出路径共建“两全”电网示范县】 1月21日，象山县政府组织国网浙江象山县供电有限公司、县自然资源与规划局、县发改局、县港航局等单位，实地勘查高塘岛乡、三门湾大桥等地，统筹规划清洁能源消纳事宜，并现场确定象山1号海上风电（一期、二期）送出线路路径方案，计划送出线路按照同塔双回建设，沿线途经鹤浦镇、高塘岛乡、石浦镇等5个乡镇，路径长度约28公里。象山1号海上风电位于高塘岛乡高塘岛东南侧，总装机容量为75.2万千瓦。

【象山县委书记叶剑鸣节前慰问一线供电员工】 1月22日，象山县委书记叶剑鸣一行到国网浙江象山县供电有限公司，看望慰问奋战在春节保供电一线的电力员工，并提前送上新春的问候与祝福。

【防疫保电出台十项恢复建设、助推企业复工十条措施】 2月10日，为贯彻落实习近平总书记在2月3日中央政治局常委会上的重要讲话精神，国网浙江象山县供电有限公司印发全力恢复建设、助推企业复工复产的十条举措。具体如下：做好电网工程复工组织工作；推进重点项目建设；提升疫情防控重点单位供电保障水平；落实疫情防控相关用电需求；全额减免疫情防控电力设备租赁和委托代管费；落实防疫期间临时性电价优惠政策；建立重点企业“臻享+”服务机制；开辟复工复产企业用电“绿色通道”；提升业扩服务水平；推行网上办电服务。

【象山县委副书记、代县长包朝阳调研防疫保供电工作】 2月11日，象山县委副书记、代县长包朝阳到国网浙江象山县供电有限公司慰问调研，象山县委常委、副县长周坚栋和县府办、经信局负责人同行，国网浙江象山县供电有限公司全体领导班子成员陪同调研。包朝阳肯定公司在此次防疫工作中展现的国有企业的担当和大局观，并对10日出台的“助推企业复工复产十条举措”重点表扬。同时就公司相关工作提出三点意见：一是继续发扬国企担当精神，为接下来全县的防疫工作做好保电；二是供电公司落实好“助推企业复工复产十条举措”，为全县企业复工复产提供电力保障。三是供电公司发挥专业优势，为县委、县政府就全县的电网建设和新能源发展布局当好参谋，为象山创建“新能源示范县”出谋划策。

【召开象山县经济开发区管委会协商对接座谈会】 2月28日，象山县经济开发区管委会党工委副书记、主任忙尧峰一行到国网浙江象山县供电有限公司交流对接相关事宜。公司领导陈益、林明河、彭家从、俞科杰参加座谈会。县经济开发区经济社会发展迅速、项目建设快速推进，电力供需问题突出，双方就开发区各项重点工作的供电需求作详细协调沟通，加强配合、通力协作，全力支持县经济开发区的社会发展，为企业发展提供电力保障。

【员工张鑫杨参与援藏帮扶工作】 2月28日，国网宁波供电公司召开了第一批援藏人员欢送会，欢送即将出征的7名援藏人员，国网浙江象山县供电有限公司西周供电所张鑫杨是其中之一。宁波公司副总经理竺佳一对援藏人员提出：一是要发扬“特别能吃苦、特别能奋斗、特别能奉献”的精神，展现宁波电力的优良作风，把先进的技术知识、创新理念和管理经验带到藏区，艰苦奋斗，努力工作；二是保重身体，团结协作，多沟通交流，遇到困难互相帮助；三是尊重民族文化特色，搞好民族团结，与藏区人民交心交友，用情融入，用心服务，为西藏电力事业发展贡献力量。

【四川包车接回象山电网建设者】 2月28日17时10分，国网浙江象山县供电有限公司首批包车直达接回的23名四川眉山市施工人员抵达象山。公司做好县政府配合工作，所有返象员工录入象山县发布的“健康返象和有序复工”管理系统，建立“一人一档”，采取分批次、控数量的方式，开展“点对点、一站式”专车接送服务，实现“出门进车门，下车到象山”的返岗复工运输保障服务，确保外来施工人员安全出行、返岗。

【运用大数据智慧助力企业复工复产】 3月3日，国网浙江象山县供电有限公司连续21天提供《疫情防控期间象山企业复工生产用电情况日报》，为政府掌握企业复工复产情况和疫情防控提供数据支持，助力施策、科学防疫。公司响应政府要求，开展电力大数据分析，基于用电信息采集系统用户日电量数据监测，按照全县企业、十大行业、工业企业、规模以上工业企业、电量前三十企业、批发零售业和住宿餐饮业用电7个维度，对象山所有高压用户近期日电量数据开展分析，监控企业的实时复工生产情况，指导象山县企业有序复工复产。

【110千伏蛟龙变电所开展“安全+智能”春季检修】 3月30日，110千伏蛟龙变电所开展综合检修工作，春检工作严格按照现场防疫管控方案，明确现场作业人员防疫分工、卫生安全物资配

备，制定车辆分配计划做好后勤保障及应急处置等相关工作，做好电网设备隐患和缺陷排查消除工作，迎接"迎峰度夏"用电负荷高峰。

【象山大唐新能源有限公司送锦旗表谢意】 4月10日，象山大唐新能源有限公司副总经理奚岩一行专程到国网浙江象山县供电有限公司赠送锦旗和感谢信，感谢公司优质高效的服务。疫情期间，公司对乌沙山电厂煤棚顶建设光伏项目的立项审批、开工建设、安装调试、并网投运等工作开辟绿色通道，全过程对接服务，确保项目投运。该项目采用"全额上网"模式，规划容量为8兆瓦，首年发电量为842.7万千瓦时，折合年利用小时数为1053.4小时。

【红船党员服务队优质服务护航景区】 4月20日，国网浙江象山县供电有限公司红船党员服务队开展象山影视城景区电力设备特巡，对重大景区电力布局和用电负荷特点，制定保供电方案和应急预案，对全县各旅游景区所涉及的供电线路，采取设备巡视检修、应急处置等措施，以及对旅游景点及周边多家重要用户的配电设备进行体检，督促消除各类用电隐患，保障"五一"黄金周供电安全。

【成立丹城供电中心和运维检修中心】 4月27日，国网浙江象山县供电有限公司丹城供电中心和运维检修中心揭牌成立。公司执行董事、党委书记陈益和总经理、党委副书记龚向阳代表公司为两处中心揭牌，相关部门负责人和员工出席揭牌仪式。丹城供电中心下设5个班组，分别为综合班、高压供电服务一班、高压供电服务二班、低压供电服务班、爵溪供电服务站。运维检修中心下设5个班组，分别为综合班、变电运检班、电网建设班、输电运检班、信通运检班。

【员工祁建华援甘帮扶电网建设工作】 5月7日，国网浙江象山县供电有限公司举行援甘欢送会，欢送祁建华赴甘肃省甘南供电公司进行帮扶。公司领导陈益、俞科杰、胡奕蕾、夏泉海出席欢送会。陈益对祁建华帮扶西部建设提出期望：一要结合当地实际，发挥自己专业优势。二要自觉遵守政治纪律，尊重当地民族传统和习惯。三要注意安全、保重身体。四是从援甘锻炼中提升自己能力。

【政企联动为电力设施保驾护航】 5月9日，国网浙江象山县供电有限公司与象山县发改局、应急管理局、公安局、自然资源和规划局等13家能源行业专业安全生产委员会单位联合调研电力设施保护防外破存在的困难及需要支持解决的问题。结合象山电力设施保护工作实际，公司争取象山县政府支持，成立电力设施保护工作领导小组，明确电力设施的保护范围和保护区，协商加强电力设施保护的主要措施，发挥政府能动作用、各相关机关的行政权力和供电部门的技术优势，并就政企联动、共推电网建设、电力安全达成共识，为电网建设发展提供强大保障。

【象山宁海两地开展"业务联盟"】 5月25日，国网浙江象山县供电有限公司与宁海公司举行党建联盟暨配电网互供互联签约仪式。公司执行董事、党委书记陈益和宁海公司执行董事、党委书记高明签署《党建联盟意向书》和《宁海—象山10千伏电网互联互供备忘录》。象山柴溪变天茗F176线与宁海佳何变船厂E171线是两县首条跨县互供互联通道，双方明确联络线路运维方式、故障处置和安全责任划分，通过跨县域配电线路之间的负荷互相转移提高两县的供电可靠性，让边界乡村客户享受到高质量供电。

【召开共青团第一次团员大会】 5月29日，国网浙江象山县供电有限公司第一次团员大会召开，47名团员参加本次会议。公司党委书记、执行董事陈益，纪委书记黄瑶、副科级协理员夏泉海参加会议，象山团县委书记郑波波和国网宁波供电公司团委书记许伟出席本次大会。大会审议并通过《第一届团员大会选举办法（草案）》，选举产生公司第一届委员会。会议总结公司上届团委工作，分析新形势下公司共青团工作的发展方向，明确提出公司共青团工作的奋斗目标和主要任务。

【开展110千伏丹城变设备火灾应急演练】 5月30日，国网浙江象山县供电有限公司开展110千伏丹城变设备火灾无脚本应急处置演练。演练联合调控分中心、运维检修中心、丹城供电中心等多部门应急响应，启动变电站消防应急处置方案，检验变电站各类消防设施的操作要领掌握情况和10千伏配网系统电源联络应急处置操作流程正确性和实用性，提高了公司应急指挥中心实战能力和综合应急水平，确保迎峰度夏期间电网安全可靠运行。

【"三服务"助力夏收夏种】 6月2日，国网浙江象山县供电有限公司组织10余支红船党员服务队"三服务"，采取多种措施确保夏收、夏种、夏管安全用电，为农户送上优质服务。服务队对种粮大户及合作社，上门提供隐患排查，对全县夏收夏种相关线路进行专项巡视，及时清理电力通道上的树木障碍，防止夏季自然灾害可能造成的影响。并对农户进行安全用电常识宣传以及电器设备操作指导，为农民丰产丰收提供了强大的电力支持。

【成立带电作业项目部石浦分点】 6月3日，国网浙江象山县供电有限公司带电作业项目部石浦分点揭牌成立。公司领导龚向阳、胡奕蕾出席揭牌仪式。石浦分点为象山南部开展带电作业提供队伍支撑，为减少象山南部用户停电时户数增加保障。

【完成工会换届选举】 6月19日，国网浙江象山县供电有限公司召开第十一次工会会员代表大会。大会选举产生第十一届工会委员会委员、经费审查委员会委员。公司工会主席夏泉海代表第十届工会委员会作《聚人心 展风采 谋未来 为奋力推进具有中国特色国际领先的能源互联网企业再立新功》。会议通过《国网浙江象山县供电有限公司工会第十一届工会委员会、经费审查委员会委员选举办法》，选举产生公司第十一届工会委员会委员、公司第十一届经审会委员。在随后召开的工会委员会会议上，选举产生了工会主席、经审会主任。

【象山县半年度用电量实现正增长】 截至6月30日，实现象山6月供电量同比增长20.17%，是全市用电量增长最快的地区。象山半年度累计供电量11.86亿千瓦时，同比增长1.44%，是宁波地区实现年度供电量正增长的两家单位之一，且增长比例最大。

【为高考备足“电”】 7月1日，国网浙江象山县供电有限公司成立保供电工作小组，制定落实高考保供电方案和事故应急预案，建立高考保供电重要客户基本信息台账，象山中学、象山三中、宁波建设工程学校3个考点、考生住宿楼和考试中心保密室等列为重点保供电对象。落实保电联络人员，做到每条线路、每个考点均有专人负责。110千伏城北变、丹城变、滨瑶变等3个涉及高考供电的变电所和塔山线、银都线、南庄线等8条高考保电重点线路进行特巡检查与消缺维护。高考期间保电队员和应急抢修车辆进驻各考点进行现场保供电值班，全力做好高考保供电工作。

【通过省公司配电自动化主站系统交接验收】 7月3日，国网浙江象山县供电有限公司开展省公司配电自动化交接验收及实用化工作考评，成为全省首家配电自动化主站系统通过交接验收的县级公司。公司2017年筹备配网自动化系统的建设，成立配电自动化建设跨专业工作小组，2018年完成D5200配网主站系统初步搭建，2019年进行改造开关站环网单元验收、三遥对点，2020年接入开关站环网单元站点55座，完成率95.92%；分布式光伏站接入2个站点。配电自动化提高调度应急处置能力，提供更加优质用电服务。

【开展环保活动　共建绿色家园】 7月5日，国网浙江象山县供电有限公司联合象山县发改局在城区广场开展“绿水青山，节能增效”宣传周活动和“绿色低碳，全面小康”低碳日活动，发放宣传公益扇、环保宣传袋和宣传图书资料等手册1000余份，解读热泵、电锅炉、电窑炉等电能替代、综合能源、需求响应等专业知识。公司作为能源领域企业，以服务清洁能源示范省和优化营商环境为主线，为象山经济社会高质量发展提供更加安全、清洁、优质的能源电力服务。

【荣获2019年度全县工业纳税50强银奖】 8月3日，国网浙江象山县供电有限公司在全县经济高质量发展·工业、科技和开放型经济工作先进表彰大会上喜获2019年度工业纳税50强银奖，体现了公司在全县经济发展中所承担的社会担当，树立责任央企的良好形象。

【启动防台应急响应，迎战“黑格比”台风】 8月4日，公司按照“防、避、抢”原则，提前安排线路特巡，重点关注电杆基础、防风拉线、树线矛盾及线路周边通道，加强对变电所周边、线路走廊内的临时建筑物、塑料大棚的特巡，提前和街道、园林部门对接，修剪威胁电网安全运行的超高树木；开展全县9座35千伏变电站和15座110千伏变电站特巡，落实变电站防汛防台措施；加强开关站、配电房的排水设施、门窗密封检查，对于易受水淹没各设施提前布置落实相关防范措施；加强与各小区、社区联动，巡视各配电站房时提醒物业、社区做好应急及防涝准备。同时加强对重点用户、高危用户的安全巡视，严格落实灾害预防、预警措施，确保党政机关、通信、医院、交通、排涝站等重点单位和重要、高危用户的可靠供电。

【象电铁军，胜利归来】 8月6日，国网浙江象山县供电有限公司驰援浙江台州玉环灾后电力抢险分队6名队员，经过3天2夜的奋力拼搏，进行灾后电网抢修和重建工作，为恢复玉环居民用电贡献一分力量，圆满完成保电抢修工作。

【税电联动开展涉电类非税收入明细申报管理】 8月7日，国网浙江象山县供电有限公司联合县税务局共同召开可再生能源附加基金明细申报第一次税电联络会议。公司副总经理林明河，税务局分管局长励旦丹携各征管科室负责人参加会议。双方就做好全县存疑数据清理工作、建立税电互联通报制度提出了意见和建议，公司支持配合做好数据清理匹配工作，共同推动可再生能源基金明细申报工作。

【象山县副县长石坚定高温慰问电力员工】 8月7日，象山县副县长石坚定与县总工会翁华清一行到国网浙江象山县供电有限公司调研迎峰度夏工作，并向奋战在一线的电力员工表示感谢和慰问。公司领导陈益、李永腾、孙圳等陪同。

【全力保障省级体育赛事供电】 8月11日8时，全省68个代表队的642名运动员在象山召开2020年浙江省少年儿童田径冠军赛。国网浙江象山县供电有限公司制订保供电方案和应急预案，提前落实各项保电措施，确保比赛安全可靠供电，丹城供电中心、调度控制中心、运维检修中心等部门成立设备巡视小组和用电检查小组，对涉及大赛用电的2个变电所和相关10千伏线路进行全方位巡视检查，对比赛场馆和运动员住宿宾馆的供电线路、配电设备、自备电源进行地毯式排查。

【象山电网负荷创年内新高】 8月26日12时52分，象山全社会最高负荷第四次创历史新高，达到58.45万千瓦，比2019年最高值(50.48万千瓦)增加7.97万千瓦，增长15.79%，刷新历史纪录。象山电网整体运行平稳，电力供应正常有序。

【万达广场“锦旗致谢”】 9月7日，象山万达广场项目负责人宁波象山富晟置业有限公司总经理一行到国网浙江象山县供电有限公司赠送“心系企业解万难、亮丽电力送光明”锦旗。公司全力服务县域内重点项目万达广场建设，开通用电报装绿色通道，全程负责工程管廊、电力排管铺设，设备调试，以及用电申请批复、送电等服务，开展万达广场1号商业专变、2号商业专变及10千伏万达广场1号开关站供电安全督查，提高重点工程项目供电可靠性。万达广场是象山县招商引资的重点工程项目，建设内容涉及大型购物中心、主题商业街及住宅等多种业态，投资完成逾20亿元，占总投资额的60%以上，2020年年底项目大商业工程完工投运。

【象山政企联合严选长大涂光伏220千伏送出线路方案】 9月11日，象山长大涂光伏220千伏送出线路路径在国网浙江省电力公司、浙江省电力设计院、国网宁波市供电公司、象山县政府各职能部门和相关乡镇及国网浙江象山县供电有限公司的统筹规划下，严选出最佳光伏送出线路路径方案。大唐浙江象山长大涂光伏电站项目场址位于象山县高塘岛乡高塘岛西部滩涂围垦区，场址面积约7000亩，规划装机容量30万千瓦。长大涂光伏220千伏送出线路采用同塔双回路出线，向东走线约500米后左转向东北，沿炮台山北侧山地走线，至开接点附近后，转为两个单回路接入象山1号海上风电一期送出线路，线路全长约5.5公里。

【全力保障开渔节保供电工作】 9月16日，为确保第二十三届中国开渔节活动顺利进行，国网浙江象山县供电有限公司成立专项保供电小组。根据公司保供电预案，石浦供电所对2座变电站、4条110千伏输电线路、5条10千伏配电线路进行保供电特巡，对各开关站电气设备进行排摸，做好检修、试验、消缺工作，避免电力设备隐患引发停电事故。对重点保供电地点石浦渔港观景平台、石浦东门渔村、石浦半岛酒店、半边山皇冠假日酒店和半边山工人疗养院开展巡视和检查，并落实保供电值班工作。确保第二十三届中国开渔节的各项活动及第十五届中国海洋论坛开幕式、签约仪式及第二十二届中国（象山）开渔节开船仪式顺利圆满。

【助力象山首个商业综合体全电厨房投运】 9月27日，国网浙江象山县供电有限公司开辟南门夜市项目绿色通道，全程督办业务受理、勘察设计、组织施工、竣工验收等，做好电力保障工作。南门夜市位于象山县核心地区，占地面积4500平方米，共设摊位约130个，统一规划管理，汇集各类特色小食，是都会型夜市美食广场。

【做好“国庆、中秋”双节保电护航】 10月1日，国庆、中秋“双节”同庆，国网浙江象山县供电有限公司成立红船保供电小分队，特巡110千伏变电站滨瑶变和北湾1892线，运维检修中心分成变电保供电小组和输电保供电小组，做好辖区内23个变电站、56条110千伏和35千伏线路节日特巡工作，加强值班备班力量，确保节假日电网安全稳定运行。

【象山首个智慧“无人营业厅”亮相】 10月30日，象东供电所营业大厅智慧新设备上线投用，标志象山首个供电服务无人营业厅正式营业。该智慧“无人营业厅”有智慧办电、智慧能源、智慧生活3个功能区，设置3台自助缴费终端、2台自助业务办理终端，市民凭身份证就可实现查询、购电、开票以及新装、增容等业务的自助办理，体验高效便捷的服务新模式。

【110千伏丹城变首次实现配网负荷一键转供】 11月15日，国网浙江象山县供电有限公司首次应用配电自动化一键转负荷功能，实现110千伏丹城变园南F373等5条配网线路负荷全自动转供，单条线路转供实际平均耗时17秒，较以往倒电源方式时间缩短5倍，提高工作效率，节约人力物力成本，降低现场作业的安全隐患。一键转负荷工作实现配网自动化应用与主网检修工作相结合，为推进两网融合发展迈出坚实一步。

【运检一体化首次完成智能变电站自主C检】 11月21日21时40分，国网浙江象山县供电有限公司圆满完成110千伏丹城变智能站首次自主检修，成为宁波内第一批开展智能设备自主检修的试点单位。通过运检人员互帮互带、与市检修建立帮扶平台、运检人员第二专业选择等多重手段，推进运检一体化工作和智能站检修下放实施的进程，为智能站C检的有序铺开奠定坚实基础，积累经验，为设备可靠运行提供实践支撑。

【完成大目湾半程马拉松赛保供电及开跑活动】 11月25日，2020象山大目湾半程马拉松赛在大目湾新城鸣枪开跑，4000名专业选手及马拉松爱好者参加，国网浙江象山县供电有限公司12名干部、职工组成“象电跑团”加入比赛。公司全力做好赛事直播现场全程电力保障工作，加强线路特巡及红外测温，对赛场直播点进行驻守，保障全程直播的电力可靠供应。本次赛事设有半程马拉松（21.0975公里）和迷你马拉松（4.2195公里）两个组别，比赛起点和终点均设在大目湾中心绿地广场，途经天安路、松兰大道、亲水路等主要道路和环亲水湾岸线。

【开展消防逃生应急演练】 11月27日2时左右，国网浙江象山县供电有限公司机关大楼开展消防逃生应急演练，演习全程无脚本。通过演习提升员工面对突发火灾应变处理能力，正确火灾逃生处置方式，增强大家安全防范意识、处理危机的应急反应能力和心理承受能力，使安全消防意识深入人心。公司严格做好日常消防安全检查，对所有消防器材定期进行检查，及时更换过期或配件失灵的灭火器材，及时消除火灾隐患，达到防火安全的要求。

【荣获“安康杯”竞赛先进单位“七连冠”】 11月20日，国网浙江象山县供电有限公司再次被评为2020年度全国“安康杯”竞赛安全文化宣传工作先进示范单位，这是公司连续7年获得这一荣誉。公司遵循“安全第一、预防为主、综合治理”12字方针，坚持以人为本安全发展和谐发展，细化安全生产责任制，开展安全生产宣传教育、应急演练、安全隐患“随手拍”、学一本安全生产知识书、安全生产体会大家谈等安康杯特色活动，提高全公司职工安全意识和素质，增强安全知识，掌握安全健康技能，为确保公司安全生产工作取得成效发挥作用。

【大徐施工项目部荣获浙江省公司配电网“十佳”项目部】 12月21日，国网浙江象山县供电有限公司大徐施工项目部荣获浙江省公司配电网“十佳”施工项目部，成为宁波唯一一家入选省公司的施工项目部，是公司连续两年获评省公司配电网“十佳”项目部。大徐项目部驻地位于象山县大徐镇，负责丹城供电中心和象东供电所辖区的配网、大修、用户等工程施工以及抢修等工作，为大中庄、临港区、丹城小微企业3个工业园区、4个乡镇、2个街道下的165个行政村，总计约14.6万余用户提供配网施工服务。

【全力服务垃圾发电项目35千伏送出工程并网】 12月25日17时，国网浙江象山县供电有限公司完成象山生活垃圾焚烧发电厂至220千伏象北变电站的35千伏配套送出线路工程（路径总长23.68公里）。经公司与县政府对接规划、审批，联合沿线乡镇、街道现场踏勘，协同城市规划设计院、电力设计院共同制订路径方案，组织施工团队，科学组织施工，严控工期，安全推进象山生活垃圾焚烧发电项目35千伏送出工程的铁塔施工作业。象山县垃圾焚烧发电工程位于象山县东陈乡水桶岙垃圾填埋场旁边，该项目建设生活垃圾焚烧发电厂1座，配套建设烟气净化系统、渗滤液处理系统等辅助设施，一期工程装机规模为15兆瓦，日处理生活垃圾600吨，年处理垃圾21.9万吨，最高上网功率13.5兆瓦。解决全县城市生活垃圾处理的出路问题，真正实现生活垃圾减量化、无害化、资源化，保护生态环境，提供电能供应。

【象山电网冬季负荷创新高】 12月30日19时29分，象山冬季全社会最高负荷创历史新高，达到47.07万千瓦，比历史最高值（43.74万千瓦）增加3.33万千瓦，增长7.61%。象山电网整体运行平稳，电力供应正常有序。

【慰问抗美援朝老兵】 12月31日，国网浙江象山县供电有限公司执行董事陈益、工会主席黄瑶看望慰问退休员工，90岁高龄的抗美援朝老兵林文海，并送上“中国人民志愿军抗美援朝出国作战70周年”纪念章。林文海是公司退休员工，是一名光荣的抗美援朝老兵，在1952年、1953年于朝鲜各立三等功一次。2020年是中国人民志愿军抗美援朝出国作战70周年，国家在2020年10月颁发抗美援朝70周纪念章给健在的志愿军老战士，以及为抗美援朝做出贡献的服务工作者。

（周铮峥）

工业投资

【概况】 2020年，在县委县政府的正确领导下，工投集团围绕制造业高质量发展主题，以市场化转型为重点，抢抓窗口机遇，狠抓改革攻坚，注重提高发展质效，激发内生活力，工投集团经营实力、发展潜力、管理能力明显增强，金控体系架构基本形成。2020年工投集团资产总额38.66亿元，负债30.52亿元，所有者权益8.14亿元，资产负债率78%，实现营业收入1.37亿元，上缴税金495万元。

【融资降本】 从严控制融资成本和各项成本费用，全年实现融资到账8亿元，综合融资成本6.5%，比2019年下降1.1%。与金融机构对接合作，利用2020年疫情等带来的银根宽松的大环境契机，优化融资结构，置换补充，通过银行流动资金贷款逐步置换原高成本融资产品5.65亿元。拓展融资模式，搭建供应链金融服务平台，帮助县内企业加速应收账款周转，全年实现贸易业务收入6780万元。拓宽融资渠道，在舟山完成注册设立1家融资租赁公司。

【基金投资】 一是发挥政府引导基金杠杆和增信赋能作用，推进产业转型升级。弘成基金、弘日天使基金、敦化弘玺东西部产业合作基金等基金累计出资22850万元，完成股权投资项目15个，2020年新增股权投资项目6个共15610万元，拉动社会资本跟进投资7800万元。其中参与上市公司定向增发项目1个，截至12月浮盈近1亿元，吸引外部金融资本投资象山企业项目达27亿元。浙江继望投资年产1.5万吨锻造斗齿全自动生产线在10月正式投产。蓝洞物联中标贵州省黔西南州智能路灯改造项目，合同金额达2.35亿元。参股设立的中化膜材料应用环保基金（弘鞍成基金），总规模1.6亿元，聚焦中化膜材料应用和资源化利用，在履行的海螺集团、荣盛集团等项目合同超过3亿元。吉林敦化东西部产业合作基金实质性启动，基金投决会通过对吉林寰宇济民制药院内制剂项目的投资议案，投资金额500万元。二是发挥基金资本招商作用，弘日天使基金引进浙江澄芯科技（区块链分布式存储硬件设备项目）、华链科技（区块链分布式技术平台项目）落户象山县，2个项目合计投资250万元。浙江科普特作为弘日天使基金首个资本招商项目，发挥在高分子材料和改性材料研发优势，完成熔喷无纺布的研发，2020年营业收入7728.58万元，利润1006.72万元，比2019年分别增长55%和239%。三是股权投资运行稳健。新爵公司在面对棉纱行业低迷和新冠肺炎疫情的双重影响下，产销利基本与2019年持平，净利润比2019年增长26%。海达蓝源投资预期，总投资1亿元，其中集团占股20%。退出的京威股份收回投资收益8598.61万元（投资金额2880万元），其余6个投资项目逐步启动退出程序。

【资产收购】 一是运用市场机制和经济手段，收购和储备一批低价优质资产，集团成立以来收购实物资产和金融资产共计7.93亿元，经评估，资产价值达10.15亿元，资产增值效应明显。为化解两链风险，加大处置“僵尸企业”力度，及时托底工业地产价格，使资产价值回归本源，扭转资产缩水和税收流失的现象，改变工业土地价值二级市场低于一级市场的倒挂现象。二是发挥资产价值利用效应。以资产助力招商引资，吸引机械研究总院南方中心、中化膜产业公司、浙江继望等企业落户经济开发区。以资产返租帮助企业“二次成长”。南方水产在轻装上阵后成长态势良好，海腾新材料在2020年的产值达2000万元。三是增强市场意识，制定资产出租管理办法，对闲置厂房进行公开招租，增加集团经营收益。四是加速推进大徐智能小微企业集聚区项目建设，累计完成投资8000万元。

【担保转贷】 一是集团注资4.2亿元，解决历史遗留问题，化解中小担保公司担保损失，逐渐恢复融资担保功能。与宁波市再担保体系（4：4：2）合作，实行政银担、新银担风险共担的担保新模式。优化存量业务，综合采取清收退出等方式降低担保风险。按照历年未代偿、担保损失、正常担保业务三类摸清担保公司家底，初步形成市场化改革方案。截至12月底，在保余额3.58亿元。2020年新增担保业务1.29亿元，比2019年同期增长250%。二是疫情期间施策助力企业纾困解难。创新推出“复工担”业务产品，出台“稳企业、保主体”等一系列支持企业融资措施，通过对中小微企业减半收取担保费、免收保证金、简化担保流程等方式，为企业减免及退还保证金3319万元，减免担保费92.1万元。对在保业务做好续保衔接，做到不抽贷、不压贷，做到应保尽保快保。利用中小企业应急转贷资金平台，下调应急转贷利率，全年共办理应急转贷业务105笔，转贷金额5.51亿元，转贷费用优惠34.7万元。三是加大不良资产催收力度，完善风险追偿措施，通过与被担保人重新制定还款计划、向反担保人追索、转移债务、依法起诉等多种方式并举，减少代偿损失。2020年法院共诉讼立案104件，涉诉标的额2.87亿元，其中生效申请执行案件24件，计标的额6893.5万元，追回执行款1898.75万元。

【党建工作】 一是狠抓党风廉政建设，开展廉政风险排查和建章立制工作。落实巡察整改工作，以巡察发现问题整改为基准，梳理突出问题，按照谁分管谁负责原则，召开多次专题会议进行研究，定期汇报整改情况，确保整改落实到位。二是狠抓学习教育，常态化制度化开展学习教育，以“周二夜学”“学习强国”“主题党日”等为载体学理论、学政策、学法律法规，把习近平新时代中国特色社会主义思想与国资国企改革、集团转型发展结合起来，提升党员干部及集团员工理论和业务水平。三是开展支部结对共建，与广发银行宁波公司党支部、广发银行宁波象山支行党支部签订党建共建协议，与宁波兄弟服饰有限公司党支部开展国民共建，推进基层党建与业务发展深度融合。四是加强党员队伍建设，做好集团支部各项工作，加大对年轻员工的培养和纳新工作力度，推荐5名优秀员工成为入党分子培养对象。

（欧芮嘉）

象山经济开发区

【概况】 2020年象山经济开发区坚持以中共十九届五中全会精神为指导，围绕县委、县政府“聚力一二五、奋力上台阶”战略目标，结合园区实际，园区经济运行平稳，发展水平提升。全年共引进项目35个，亿元以上投资项目22个。全年250家规模以上企业实现规模以上工业产值242.56亿元，占全县规模以上工业产值37.2%；规模以上工业增加值49.8亿元，占全县规模以上工业增加值36.4%，同比增长7%；实现工业投资32.7亿元，占全县工业投资的42.5%。

【重大项目集中开工仪式】 3月5日，全县“产业项目攻坚年”活动重大项目集中开工仪式在宁波锦浪12万台分布式组串式逆变器项目现场举行。集中开工的21个重大项目，其中产业项目13个，民生和基础设施项目8个。分别是宁波锦浪12万台分布式组串式逆变器项目，城西路原罐头厂地块住宅新建项目（碧桂园）、宁波甬坚建筑新型保温材料生产项目、半边山沙滩排球项目、海伦钢琴外壳生产项目、原华翔4S店及东侧地块住宅新建项目、丹山路（新丰路至天安路）道路工程、松兰山游客中心及周边环境提升工程、宁波昌晖新能源汽车零部件项目、塔山路区块棚户区改造工程、南铂度假酒店项目、城西丹山人家安置小区项目、浙江申越高档绣花珠片生产项目、宁波睿新机械生产项目、象山厨余垃圾综合利用项目、宝海路（来薰路至新一路）道路工程、石浦客运中心项目、盛宁线茅洋至泗洲头段改建工程、北黄金海岸数字康养中心项目、中船海上风电智能化装备产业园项目、石浦白云路（沿海南线至兴港路）道路工程。

【重点工程项目】 全年16个实施类重点工程项目累计完成投资16.79亿元，完成计划的139.5%。其中，宁波日星铸业大中庄区块扩建项目完成机加工基地主体工程，三期厂房基础工程实施中，机加工车间投产；象山置信智造谷项目一期完工，完成二期厂房施工许可证办理；城东工业园宏图路与宝屿路交叉口地块开发项目完工；中化膜产业生产基地和膜研发创新中心项目一期完成厂房主体工程，实施附属工程；宁波灵峰工程机械耐磨件专业制造项目1—9号厂房主体结顶，实施附属工程；宁波文墨服装生产项目（GXG项目）完成一期厂房主体工程，实施附属工程；金瑞科技金属包装桶生产项目完成一号厂房主体及附属工程；宁波市浙东表面处理工业城标准厂房及配套设施项目一期完成厂房主体工程，实施附属工程；乐惠大型啤酒生产设备生产车间扩建项目完工；宁波昌晖新能源汽车零部件项目一期厂房主体基本完成；宁波良业电动工具生产项目桩基施工；象山经济开发区海洋科技创业园桩基施工；浙江申越高档绣花珠片生产项目桩基施工;浙江金韵昌机械制造项目厂房主体工程施工;大中庄通用码头工程完工。另外,荣辉、恒冠等2个前期类重点工程实现动建。

【年产2000套风力发电机零部件生产项目签约】 6月10日,由宁波恒冠机械制造有限公司投资建设的年产2000套风力发电机零部件生产项目签约。该项目位于临港装备工业园区块,用地面积63891平方米,约6.39公顷。项目总投资5亿元,主要生产日星配套风机配件及电梯配件。项目达产后可实现年销售4.6亿元,年税收2800万元。

【金源矿山二期项目签约】 8月10日,由浙江金源矿山机械制造有限公司投资建设的金源矿山二期项目签约。该项目位于滨海工业园区块,用地面积9436平方米,约0.94公顷。项目总投资5000万元,主要扩建生产矿山机械设备等。项目达产后可实现年销售7000万元,年税收600万元。

【智能家居生产项目签约】 11月20日,由宁波爱庭智能家居有限公司投资建设的智能家居生产项目签约。该项目位于滨海工业园区块,用地面积41093平方米,约4.11公顷。项目总投资1500万美元,主要从事智能家居制造。达产后可实现年销售2.2亿元,年税收1500万元。

【重型装备制造配套设备生产项目签约】 12月31日,由宁波弘基机械有限公司投资建设的重型装备制造配套设备生产项目签约。该项目位于临港装备工业园区块,用地面积19695平方米,约1.97公顷。项目总投资1.2亿元,主要生产重型装备制造配套设备。项目达产后可实现年销售1亿元,年税收900万元。

【智能输配电及控制设备项目签约】 12月31日,由宁波天安智能电网科技股份有限公司投资建设的智能输配电及控制设备项目签约。该项目位于滨海工业园区块,用地面积27393平方米,约2.74公顷。项目总投资1.5亿元,主要生产智能输配电及控制设备。项目达产后可实现年销售3.2亿元,年税收1250万元。

【年产3000万套轴承盖项目签约】 12月31日,由宁波海纳机械有限公司投资建设的年产3000万套轴承盖项目签约。该项目位于滨海工业园区块,用地面积27393平方米,约2.74公顷。项目总投资2亿元,主要生产轴承盖。项目达产后可实现年销售1.8亿元,年税收1250万元。

【年产2000套风力发电机零部件生产项目开工建设】 9月10日,由宁波恒冠机械制造有限公司投资建设的年产2000套风力发电机零部件生产项目开工建设。该项目位于临港装备工业园区块,用地面积63891平方米,约6.39公顷。项目总投资5亿元,主要生产日星配套风机配件及电梯配件。项目达产后可实现年销售4.6亿元,年税收2800万元。

【疫情防控和复工复产有序开展】 自启动疫情防控工作起,成立开发区疫情防控专班,发动疫情防控宣传,利用开发区微信公众号、网站、微信群等平台,及时发布防控工作部署、企业扶持政策、园区防控工作动态等,确保疫情防控各项措施落实到位,同时及时跟进企业防疫物资采购情况、复工复产进度,帮助企业做好复工前期准备工作,助推园区疫情防控和复工复产工作有序开展。

【设立象山经济开发区应急管理所】 3月25日,为高质量提升象山经济开发区安全监管水平,根据《县委办公室、县政府办公室关于印发〈象山经济开发区安全生产和消防安全管理体制机制改革方案〉的通知》(县委办〔2020〕13号)文件要求,设立象山经济开发区应急管理所。将城东、滨海、示范园3个区域划分为16个网格,设16名网格专管员,并邀请第三方专家机构对开发区内1000余家企业进行全覆盖检查与复查。

【成立象山经济开发区招商引资产业小分队】 实施县委"聚力一二五、奋力上台阶"战略,紧抓"长三角一体化"等重大机遇,围绕产业链群谋划,对接,力争引进一批优质项目,着力打造海洋经济、美丽经济,组建象山经济开发区招商引资产业小分队,由领导班子部分成员负责针对临港装备、汽模配、功能材料等主要产业链群开展招商。

【获评"担当作为好团队"】 2020年度全县"担当作为好团队、好干部"是中共象山县委、象山县政府为表彰2020年在象山建设发展中涌现出的一大批政治坚定、敢于担当、拼搏奉献、实绩突出的先进集体和个人。象山经济开发区管委会招商服务团队被评为"担当作为好团队"。

【机关党组织规范化建设】 年初结合工作实际,制定了党支部年度组织生活计划、党员固定活动日计划、"三会一课"计划,落实党内组织生活纪实制度,如实记载活动开展情况。严格执行发展党员工作计划,把好"进口关",共发展正式党员、预备党员、确定发展对象、分子各1名,提交入党申请1名。组织中心组理论等各类专题学习60余次,组织前往旭拱岙村、"梅花村会议"纪念馆、前童康乐大郑红色家园开展党日活动,组织党纪法规考试4场,落实书记账本和年终巡听工作。在抓疫情防控和复工复产中发挥党员先锋模范作用,建立10个党员驻企联企服务小组,宣传、走访、排查企业,助推稳企惠企各项政策落实。选派21名党员参与到"一线攻坚三服务、争先创优促发展"工作组、村第一书记、"一户一策一干部"帮扶行动工作,带头投身三服务。共开展高速口值守、扶贫帮困、文明劝导等党员志愿活动90余次。

【各级领导到象山经济开发区调研】 1月14日,县委副书记、代县长包朝阳,副县长石坚定携相关单位对浙东化学有限公司、宁波安丰化工有限公司及中化膜进行走访调研,开发区党工委书记忻尧峰、副主任范良久、徐月燕陪同调研。2月20日,省委副书记、市委书记郑栅洁在象山经济开发区检查督促疫情防控、复工复产和安全生产工作,县委书记叶剑鸣、代县长包朝阳、开发区党工委书记忻尧峰陪同考察。3月4日,县委书记叶剑鸣带领复工复产服务指导组到开发区进行重点工程督查,开发区党工委书记忻尧峰、副主任徐月燕、张静律陪同督查。3月25日,市委常委、常务副市长陈仲朝携相关部门在象山经济开发区中化(宁波)润沃膜科技有限公司开展走访调研,县委常委、常务副县长陈兴立、开发区党工委委员何慧敏陪同调研。5月29日,县委副书记、县长包朝阳一行先后来到临港装备工业园西泽5000吨级码头和大中庄码头进行调研,县人大常委会副主任、总工会主席伊珍林,副县长张微燕,开发区党工委书记忻尧峰、副主任张静律参加调研。6月16日,县委书记潘银浩率相关部门负责人在象山经济开发区调研,副县长石坚定陪同调研,开发区全体班子成员参会。7月16日,省委副书记、宁波市委书记郑栅洁等一行人在象山经济开发区的中化润沃反渗透膜项目进行考察,县委书记潘银浩,县委副书记、县长包朝阳,县委常委奚海峰、副县长石坚定、开发区党工委书记忻尧峰等陪同调研。9月14日,县委书记潘银浩调研北部片区空间布局情况,县委常委、常务副县长陈兴立,开发区党工委书记忻尧峰等参加调研。11月2日,市委常委、秘书长施惠芳携市委副秘书长、政研室主任柴高坤等一行人到象山经济开发区调研,县委书记潘银浩、县长包朝阳、组织部部长范焕平、人大常委会副主任陈柳松、副县长石坚定、开发区党工委书记忻尧峰等陪同调研。11月12日,县委书记潘银浩、副县长石坚定到开发区就营商环境工作和重点工程建设进行专题调研督查,开发区党工委书记忻尧峰陪同调研。12月3日,市委常委、秘书长施惠芳携一行人到象山经济开发区锦浪科技股份有限公司调研,开发区党工委书记忻尧峰陪同调研。

(王士风)

宁波象保合作区

【概况】 宁波象保合作区(航天智慧科技城)2020年全年引进各类企业791家,同比增长465%(2019年140家),其中工业项目4家:宁波智晖空间技术有限公司、宁波与同智能科技有限公司、宁波亿兴滚塑科技有限公司、扬州时空智能科技有限公司,实现财政总收入4.2亿元(其中税收收入3.9亿元,同比增长9%)。

受疫情影响,全年完成固定资产投资6.5亿元。一期PPP项目基本完成,部分子项目进入运维期,结算工作陆续展开;双创中心项目主体工程完成,外围配套设施正陆续收尾;再生水厂脱泥改造工程完成方案调整,正进行投资测算和设备订购,即将进入实施阶段。方德新能源汽配项目厂房基本竣工,进入设备安装阶段;海伦钢琴项目厂房主体结构工程施工完成;佳利来项目进入环评阶段;欣昱豪项目完成桩基施工,开始进行基础施工。旦门盐场区块的平基工程于2020年8月开始施工,截至2020年年底完成山体开采约13万立方米。

【生活和生产性服务】 规划实施十大“服务实事工程”,各项配套和营商环境大大改善。公交场站项目完成立项,正推进方案设计工作;商业中心内商务宾馆、餐饮、快递(菜鸟驿站)等业态投入运营,百货业态方面引进奥特莱斯招商与运营团队入驻。推行商事全流程代办;与象山县建立起人才招聘、落户、就学、医疗衔接机制;园区内幼儿园项目完成前期设计和相关手续,进入施工招标阶段。绿化亮化项目完成竣工验收,园区形象明显提升。

【航天云网浙江公司】 浙江省企业上云数(航天云网平台)9000余家,宁波当地企业上云数1300余家,共签署智能化改造相关项目合同12个,涉及企业10家;航天科创浙江公司方面,云制造产业线下综合服务工作累计完成1279家,其中履约能力认证企业共628家、质量能力认证企业共651家,协助智能化改造资源对接8项。由航天科创浙江公司推荐的颐高集团双创项目合作协议通过象保主任办公会审议,运营方案基本明确,2021年年初将组建运营团队,并对首期场地装修。

【政策处理】 完成海宝宝水产公司和鑫亿水产公司的征迁、搬迁工作,推进上海海洋大学象山实验基地的征迁工作。

金融·保险

金　融

【概况】 截至2020年年末，全县共有银行业金融机构26家，网点162个，银行从业者2378名。全县本外币各项存款余额754.23亿元，比年初新增91.90亿元，同比增长13.87%；本外币各项贷款余额1023.76亿元，比年初新增160.64亿元，同比增长18.61%，存贷款总体增势良好。全县民营企业贷款余额234亿元，同比增长12.59%；普惠小微贷款余额123.74亿元，同比增长30.18%；制造业贷款余额136.34亿元，连续10个月保持正增长，其中中长期贷款余额28.92亿元，比年初增加20.00亿元；全年拓展首贷户1271户。当年首次荣获县乡村振兴共建先进集体荣誉。

2020年是“十三五”规划和建成小康社会的收官之年，人行象山县支行以习近平新时代中国特色社会主义思想为指导，贯彻落实全省人行“双基”建设和宁波市中支“双争双模”任务要求，按照“强党建、重担当、求实效、争一流”工作思路，坚守初心履职，聚焦中心攻坚克难，为民服务能力，助推辖内经济金融健康发展。

坚持贯彻稳健货币政策，落实金融支持稳企保岗。一是加强窗口指导，保持货币信贷总量平稳适度增长。通过召开专题会议、走访等方式，传达人民银行总行实施稳健货币政策的意图，紧扣中支“三大专项行动”，督促辖内各金融机构把握好信贷投向、力度和节奏。二是扛起使命担当，做好金融支持疫情防控、稳企业、保就业工作。协助地方政府出台《关于打赢疫情防控阻击战帮扶中小企业共渡难关的二十条意见》文件，印发《金融支持稳企业保就业工作实施方案》，召开专题会议，商定金融服务惠企政策，引导金融机构加大对疫情防控和“稳企业保就业”工作的资金支持，相关工作连续获得《象山日报》头版头条报道。联动18个乡镇、金融管理中心、经信、商务、市场监管等部门，举办“百地千行万员”“你复工、我送贷”“稳企保岗、金融护航”“百行百场”等专项行动，累计为875家次企业满足融资需求75.12亿元。梳理汇总金融机构授信、授权、尽职免责三张清单并发布。建立“普惠金融线下服务点”“首贷户服务中心”机制，建立全市首批“政务服务+金融”综合体助力首贷落地。推动“贷款延期支持工具”“信用贷款支持计划”两项直达工具快速落地。至12月末，辖内法人银行机构合计延期本金5.86亿元，累计延期率90.23%；合计发放信用贷款2.66亿元，信用贷款占比10.55%，惠及小微市场主体。金融支持实体有关动态获人总行微信公众号报道。三是优化政策导向，多措并举助力乡村振兴。推动印发《普惠金融服务乡村振兴专项行动方案》《金融支持文化旅游产业健康发展的指导意见》，指导、督促金融机构合理调配信贷资源、单列支农信贷计划。至12月末，全县涉农贷款余额762.83亿元，同比增长22.37%，农户贷款余额208.49亿元，同比增长8.30%。推动3家法人机构发放符合支农再贷款申请条件的贷款2185户，发放金额11.01亿元，加权利率4.60%，支农再贷款情况专报获副县长石坚定批示。印发“农企成长贷”管理办法，开发支持旅游业的“旅游贷”“民宿贷”，贷款余额6980万元。推进金融支持“三权分置”工作。四是落地各项改革，提升金融服务发展能级。落实好LPR改革，稳妥有序推进存量贷款定价基准转换。引导金融机构及时掌握贷款利率走势，合理让利。至12月末，全辖小微贷款综合融资成本5.64%，比年初下降0.58个百分点。做好宁波市普惠金融改革试验区建设象山落地工作，注重发挥平台融资对接功能，辖内融资满足金额、笔数均位各县市区前列。继续开展“信用乡、村申报”“政府+村”“集团授信”“金融联合奖惩”等信用体系建设工作，指导法人机构举办普惠金融改革试验区推进大会。

坚持营造良好支付环境，提升民生服务保障水平。一是开展移动支付建设，释放消费潜能。印发《关于开展移动支付便民工程劳动竞赛的通知》《“云闪付助开渔”活动项目方案》文件，推广实施“移动支付便民工程”“智慧支付工程”，加强智慧校园、智慧菜场、小微商户、旅游景区、民宿等移动支付场景和商圈建设。建成7个智慧支付菜场、12家“刷脸支付”商户。在年初、象山开渔节期间，联动商务、银联等单位，举办“春在象山”“云闪付助开渔”等活动，消费交易金额903.35万元，群众获优惠金额113.08万元。至12月末，全县云闪付新增用户2.97万户，月均活跃商户数1.47万户；移动支付交易活跃账户数37.52万户、本年累计笔数104.81万笔，各项指标均比2019年同期大幅上涨。二是加强助农金融服务点巡检，提高农村金融服务能力。实现服务点档案化管理，专门组建巡检小分队，对全县各服务点进行走访巡检，完成基础信息整理归档工作。至12月末，完成走访18个乡镇街道753个助农服务点，新增助农金融服务点16个，清理助农服务点381个。三是全力打击违法行为，维护银行账户安全，做好疫情期间账户服务。支行启动核准类账户临时业务办理流程，采取线上开户，保证“开户无接触”。银行账户安全监管。夯实县打击治理跨境赌博“122”工作机制，排查6批涉案账户情况，其中涉案企业账户2个、个人银行卡账户159个，对上述所有账户采取控制措施，约谈7家银行并追责。同时规范影视文化工作室第三方代理开户业务，对辖内1417户存量账户数进行排摸梳理。

坚持外汇改革试点优势，促进跨境资金均衡流动。一是构建跨境业务政策便利通道，助推开放型经济转型升级。落实服务贸易、资本项目税务备案电子化试点应用，单笔关单核验时间缩短至3分钟，企业贸易融资周期缩短至2—3个工作日。跨境金融区块链服务平台试点成效明显，全年办理贸易融资163笔，合计金额2033万美元。开展“外汇普惠金融 稳企业保就业助涉外”活动，联合商务、招商、海关等开展跨境电子商务等6次政策宣讲会，向辖内300余家重点进出口企业解读全口径跨境融资宏观审慎管理、支持贸易新业态、投融资便利化等外汇改革新政，让政策红利直达企业。截至12月末，全县外汇指定银行累计为涉外企业让利融资、结售汇、国际结算费优惠金额585.17万美元。支行连续17年荣获象山开放型经济优胜服务单位。二是外汇监管，防范跨境资金流动风险。以机构管理为导向，突出监管重点。对辖内工商银行、农业银行国际收支开展现场核查，加强银行卡境外交易管理，规范银行卡境外大额提现管理。以事中事后监管为抓手，增强监测水平。货物贸易非现场检查126家次，现场核查14家次，服务贸易非现场核查16家次，现场核查1家。对首次程序性违规企业进行简化约谈处理，发放善意提示函18次。建立事中事后监测指标库，创新多套核查方法，当年累计列入B类3家，强制注销164家。

坚持打造良好金融生态，助力优化营商环境。一是加强金融消费保护和宣教，提升群众金融素养。推进“金融普惠 校园启蒙”工作，联合印发《关于加强“金融普惠 校园启蒙”工作的通知》。茅洋学生实践基地正常开展金融教育课，本学期参加金融知识课程学生52批次，合计6025人。创新“走书”“三句半”非遗文化、“金融知识宣传长廊”等宣教方式。助力金融纠纷化解驶上“快车道”，联动法院、司法局，在全辖率先推动设立金融消费纠纷调解工作室。与法院、检察院、公安分别联合印发《关于加强金融纠纷非诉解决机制的实施细则》等5份文件。全年金融系统共受理法院委派调解28起，涉案金额547万元，其中调解6起，涉案金额66.95万元，案件以签订调解协议、撤诉形式终结。按要求推进“双百双千”工作，金融知识宣传教育活动覆盖区域内93.10%的社区以及95.51%的行政村，在田洋湖村金融知识基地按规开展宣传。多措并举广泛宣传，开展“守住钱袋子”微信朋友圈金融知识竞猜活动，吸引3000人次参与。二是夯实基础金融服务，金融行为监管。加强国库基础工作。开辟春节期间新型肺炎防治资金“绿色通道”，确保及时拨付到位。对辖内储蓄国债承销机构开展巡查8次，现场巡查情况基本良好。开展人民银行经理国库35年宣传活动。加强人民币流动管理。按月做好假币实物收缴工作，全年共收缴假币2796张23.31万元。开展2次硬币循环大篷车活动，回笼硬币约8万枚。及时处理4家祭祀用品店、1家象山影视城摊贩违规使用人民币图样行为，并落实整治拒收人民币现金专项行动。开展大额现金管理试点和第五套人民币5元纸币发行工作。加强反洗钱监管。做好反洗钱非现场监管，按规做好2019年度法人银行反洗钱分类评级工作。完成象山县农村信用合作联社反洗钱专项检查、处罚后续工作并归档。三是守住风险底线，营造稳定金融环境。做好宏观审慎评估和央行评级工作，发挥MPA的逆周期调节功能，推进存款保险实施各项工作。金融机构监测预警体系建设，提升风险预警的前瞻性和性。压降不良贷款，引导加强不良贷款处置，至12月底，全县不良贷款余额9.69亿元，不良率0.95%。

【监管服务】 12月18日，象山县设立地方金融监督管理局，在象山县人民政府办公室挂牌，主要职责为：负责做好全县小额贷款公司、融资担保公司、区域性股权市场、典当行、融资租赁公司、商业保理公司、地方资产管理公司等地方金融组织的监督管理相关工作；负责新兴金融业的规范发展；协调有关部门对本辖区内交易场所实施监管；负责做好开展信用互助的农民专业合作社的监督管理相关工作；负责规范引导全县民间融资；协助国家金融监管部门及其派出机构开展互联网金融监管，建立健全工作机制。负责地方金融机构组织的风险防范处置；配合国家金融监管部门防范、化解和处置区域性系统性金融风险；协调有关部门防范和处置非法集资；建立健全全县金融风险监测预警体系；建立健全全县金融突发公共事件应急工作机制。完成县委、县政府交办的其他任务。

同年，象山县人民政府金融工作管理中心更名为象山县金融发展服务中心。

【金融创新】 8月26日，落地全市首个堤防（海塘）灾害综合保险，为象山境内仁义塘、新桥南塘等5条共计13.3公里海塘提供最高1.4亿元的风险保障。

9月4日，落地全市首单改革创新风险损失保险，为全县改革风险防控专项小组评估审核通过的改革创新项目提供500万元风险保障。

9月8日，落地全市首个猪饲料成本指数“保险+期货”项目，为全县生猪养殖企业共计1.1万头生猪提供1016万元的饲料成本上涨风险保障。

12月14日，中国太保产险象山支公司向高塘岛同心畜牧养殖专业合作社兑付了全额89.56万元猪饲料成本指数保险理赔款,这是宁波市首个大商所试点项目(即“猪饲料成本指数‘保险+期货’项目”)的首笔赔付。

(叶楠)

金融保险
政策性银行

【中国农业发展银行象山县支行】 中国农业发展银行象山县支行下辖1个营业部,共17名员工。该行贯彻习近平新时代中国特色社会主义思想和中共十九届一中、二中、三中、四中、五中全会精神,秉承“支农为国、立行为民”的职责使命,发挥政策性银行“当先导、补短板、逆周期”作用,以支持乡村振兴、长江大保护、海洋经济发展为主线,助力建设象山海洋经济、美丽经济发展,为“十四五”开好局、起好步。至2020年年末,各项贷款余额260421万元,其中:政策性贷款222094万元;各项存款59639万元;FTP净利润2496万元;不良贷款为0。

该行作为辖内唯一一家政策性银行,履行农业政策性支农职责,稳定粮食市场,维护县域粮食安全,确保粮食收购工作“不打白条”,做到“钱等粮”。至12月底,累计发放粮食收购贷款10813万元,支持象山辖区稻谷收购2853万公斤,并新支持象山北粮食储备库建设。在面对新冠疫情冲击,对接辖区内防疫单位,密切关注生产研发以及重要生活物资供应企业生产、运输、销售,累计发放疫情防控相关贷款4000万元;利用复工复产绿色通道减费让利,全年共计为企业减免利息费用160万元。同时,该行依托象山半岛建设宁波国家级海洋经济发展示范区的主体优势,主动作为,抢抓机遇,支持发展象山蓝色经济,获批海洋资源开发与保护贷款8亿元用于象山亚帆中心项目建设,该项目建成后将承担2022年杭州亚运会帆船(板)竞赛场地,至12月累计投放3亿元。该行立足资源禀赋,把握优势相互叠加,施策,着力助推乡村振兴,在银政企密切合作的基础上,象山全域土地综合整治与生态修复工程、临港装备小镇项目加速推动落实落地。全年累计共投放项目贷款8.30亿元。并以服务农业小企业、宁波市普惠金融改革试验为契机,探索小额度小微企业支持模式,全年累计发放小微贷款1900万元。

(周秀珍)

商业银行

【中国工商银行象山支行】 中国工商银行象山支行下辖1个营业部、7家网点,集中分布在中心城区、石浦镇、西周镇三地,共有员工179人。2020年年末,本外币各项存款余额83.53亿元,比年初增加1.16亿元;贷款余额135.26亿元,比年初增加17.6亿元。面对复杂多变的经营环境和日趋激烈的竞争形势,象山支行贯彻县委、县政府各项决策部署,聚焦实体经济,改革创新,着力提升金融服务质效,助推地方经济发展。

2020年,支行立足大行义务,发挥规模优势,助力区域经济发展。一是对接政府各大集团,全年合计为城投、交运、大目湾等发放流动资金贷款9亿元,国有企业贷款余额40.07亿元。二是政策性融资担保取得突破,完成了象山县中小企业融资担保中心的准入审批,授信为1亿元。三是普惠金融服务质效,成立小微金融业务中心,增加了审批权限,简化了审批流程。四是投放中长期贷款,全年投放项目贷款8.7亿元,项目贷款余额40.15亿元,位列全县第一。

【中国农业银行象山县支行】 中国农业银行象山县支行下辖8个二级支行、1个营业部,7家离行式自助银行,共有员工219人。2020年年末,该行本外币各项存款74.21亿元,比年初增加11.24亿元,总量居“四大行”第二,增量居“四大行”第一,占“四大行”总量的28.63%;本外币各项贷款94.83亿元,比年初增加18.58亿元,占“四大行”总量的23.49%。存贷款总量位居“四大行”第二位。

2020年,该行立足“后疫情时代”县域经济发展趋势,坚定不移做好夯实基础管理、优化业务结构、服务“三农”和实体经济、经营转型、防控金融风险“五件大事”。营销机构类存款,中标渔业互保协会、县公积金中心、县财政本级招投标,全年实现机构类存款13.49亿元,比年初上升1.9亿元,机构类日均存款同比增加2亿元;加强房地产类存款营销,密切与世茂、宝龙、碧桂园等房地产客户关系,提高大额资金留存;加强上市公司募集资金存款营销,营销华翔、锦浪募集户,新增存款近6亿元。2020年年末该行制造业贷款余额25.03亿元,占全县制造业贷款余额的18.36%,在全县银行业金融机构中位列第一。加大优质国企、机构类客户支持力度,投放贷款共6.6亿元;全力推进宝龙、绿城、碧桂园等优质房地产项目贷款落地。坚持“抵押为主、扩户为主、线上为主、快进快出”的普惠业务定位,利用面向小微企业的“纳税e贷”“抵押e贷”等农行拳头产品,踏实开展“千人进万企”走访活动,年末,该行“纳税e贷”“抵押e贷”新增对公客户215户,新增贷款1.93亿元。与县税务局签订银税互动协议;与政府担保公司、风险补偿基金、保险公司等增信机构开展广泛合作,拓展普惠金融扩面增量。抢抓县域“三农”,创新推出渔船在建抵押贷款,落地异地权证渔业生产经营贷款,全年累计发放“渔民贷”“渔船贷”396笔共4.66亿元,比年初新增3.77亿元。办理首笔30万美元资本金汇款业务、首笔50万元生猪养殖贷款、首笔“续捷e贷”业务。与多家政府单位、企业、学校合作,建设一批智慧停车、智慧食堂、智慧校园等涉及民生的线上缴费平台。打造宁波分行首个与县政府签约的扶贫专区,2020年实现线上扶贫销售89.79万元。疫情期间,为人民医院医生上门办理线上信用贷款“天使e贷”,年利率低至3.99%,并捐赠防护服150套,为103位一线医生赠送每人最高保额100万元的农银人寿团体意外险。

该行始终坚持党建的统领作用,推动党建和业务融合发展,建强基层党组织战斗堡垒作用，发挥好党建对改革发展事业的政治引领和保驾护航作用。推进文明创建工作，打造特色企业文化，通过浙江省文明单位复评。通过组织员工读书、青年员工“献计献策”作文大赛、“家风伴我行”主题活动和趣味运动会等系列活动，营造良好氛围，促进企业精神文明建设，并荣获2020年度市级先进保卫组织、县银行业金融机构综合评价A类行等称号。

【中国银行象山支行】 中国银行象山支行本级设立6个部门，下辖5个经营性支行，共有员工144人。2020年，该行面对严峻复杂的内外部形势，直面差距与困难，主动担当，凝心聚力，坚持疫情防控，激发活力，实现本外币存款余额49.28亿元、同比增加6.06亿元，本外币贷款余额74.96亿元，同比减少2.05亿元，其中人民币各项存款余额44.46亿元，同比增加3.86亿元，人民币各项贷款余额71.33亿元，同比减少5.46亿元，推动全行高质量可发展。

2020年，在县委、县政府的正确领导下，象山支行紧密围绕总分行发展战略，攻坚克难，坚持疫情防控和经营管理“两手抓”“两手硬”，金融服务水平及区域发展贡献度得到了广泛认可。该行立足象山县域经济，与象山县人民政府签订战略合作协议，围绕区域重大战略规划，主动对接县内重点项目，敏捷反应，助力，对接象山产业区建设投资有限公司、象山蓬岛旅游开发有限公司等项目，为县域经济发展添砖加瓦。深耕当地市场，发展普惠金融业务，主动服务种粮大户、渔民等，推广益渔贷等产品，2020年合计服务渔民83户，合计投放1.27亿元，实实在在解决客户融资需求，输送金融活水。担当国有大行责任，推进“百地千名行长助企业复工复产”专项行动，加大信贷支持力度，开通绿色通道，全力保障企业复工复产，2020年完成对13家受疫情影响企业合计11524万元的新增授信额度支持、涉及减免利息的贷款余额25496万元。推广场景应用，全力推进全县移动支付便民工程，助推移动支付在便民、惠民方面发挥作用，提高金融服务民生水平。坚持党建引领，推进党建融入社会，参与各类社会公益活动，配合象山县文明办开展交通执勤、完成3次消费扶贫工作，取得良好的社会效应，提升党建品牌形象。

【中国建设银行股份有限公司象山支行】 中国建设银行股份有限公司象山支行下辖6个营业网点，16家离行式自助银行，共有员工127人，主要集中分布在丹城、石浦和爵溪。2020年，中国建设银行股份有限公司象山支行在各主管部门和上级行的正确领导下，贯彻落实总分行战略部署和政策导向，学习中共十九大精神、习近平新时代中国特色社会主义思想，紧扣中共十九大报告提出的新思想、新要求、新任务，以党建促业务，按照“稳健经营、精益管理、创新发展”三位一体的基本思路，推进“三大战略”业务发展，继续转型和风险管控，以“突出转型、提质增效、守牢底线、从严治行”为指导思想，集中优势资源，实现市场份额提升、资产质量改善、经营效益增长。2020年年末实现本外币一般性存款余额52.06亿元，比年初新增5.79亿元，各项贷款余额98.59亿元，比年初新增21.94亿元。

该行坚持以服务地方经济建设为己任，坚持主动作为，贴近社会，主动融入县域发展大环境，做好统筹规划，保障有限的金融资源能投入到县域重点项目建设及实体经济，鼎力支持地方各类建设，2020年推进乡村振兴战略，落地8个乡村振兴类项目，落地农村“三资”管理平台、数字化菜场平台等金融科技平台。落地象山县城投集团住房租赁应收账款质押贷款，并获批滨海公司新租赁。贯彻落实总行普惠金融战略，加强金融产品创新，推出云税贷、抵押快贷、惠农贷等新产品，地支持了本县中小微企业的融资需求。同时致力于营造舒适温馨的服务环境，所辖6个网点均设有“劳动者港湾”，网点内设置无障碍通道，配置老花镜、小药箱、轮椅、婴儿座椅等等，用心去服务客户，以优质的服务贴近客户，提升客户满意度。

【交通银行股份有限公司宁波象山支行】 交通银行股份有限公司宁波象山支行位于浙江宁波象山丹西街道象山港路451、453、455、457、459、461、463号，下设行长室、办公室、公司部、个金部、营运部，外设2家离行式自助银行，有正式员工29人。2020年，交通银行象山支行突出抓好“三增三降”重点工作，截至12月末，该行各项存款余额12.37亿元，各项贷款余额22.06亿元。

2020年，该行贯彻中央宏观经济金融政策及地方政府、人行等金融工作要求，通过百名行长进万企、百地千名行长助企业复工复产等活动，以线上抵押贷、税融通等产品为抓手，实地了解小微企业并解决一批稳健小微企业新增融资需求，主动让利，减轻企业融资成本。同时，该行还对接政府投融资集团相关资产项目，全力支持实体经济发展。

该行将企业发展与履行社会责任、热心慈善公益深度融合。一是参加县金融发展服务中心、县人行组织的各项金融知识宣传活动。2020年组织开展了“3·15”金融消费者权益日活动、“金融知识普及月、金融知识进万家”、“普及金融知识、守住‘钱袋子’”、普及防范电信网络新型违法犯罪知识宣传、反假反洗钱宣传等金融知识普及活动10余场，为推进银行业金融知识普及工作，着力提升社会公众的金融素质和安全意识出一份力，承担应有的社会责任。二是在环境保护、志愿服务、扶贫助困等方面全力打造爱心品牌。组织青年员工参与“3·12”植树活动，提倡保护环境；多次参与县里治安夜巡逻，维护社会稳定；开展“慈善一日捐”活动，帮扶困难群众；对接有关地区农特产品采购，助推消费扶贫。

2020年度，该行荣获象山县银行业金融机构综合考评B等次，荣获象山县金融服务业金融风险防控先进奖、荣获宁波分行营运与渠道条线综合考评优胜奖。该行员工茅曙军、仇俞琴获宁波分行2020年度先进工作者，何秀定获宁波分行2020年度服务明星称号。

【中国邮政储蓄银行象山县支行】 中国邮政储蓄银行象山县支行成立于2008年4月2日,内设综合管理部、风险合规部、零售金融部、公司金融部4个部门,下辖1个营业部、3个二级支行、18家邮政代理网点。2020年年末,邮政金融存款余额24.98亿元,其中银行存款余额8.56亿元,各项贷款余额37.53亿元,实现自营收入9505.73万元。

该行践行“普之城乡,惠之于民”服务理念,将服务“三农”、城乡居民和中小企业作为重要发展战略。渔船类贷款是该行的重点业务,在数十年发展中,根据渔民的融资需求和经营特点,创新开发海洋捕捞产业链上下游新产品,使渔船类贷款更加贴近市场,竞争力提高。2020年疫情缓解后复工复产期间,该行对受疫情影响较大的批发零售、住宿餐饮、物流运输、水产养殖、文化旅游等行业扶持,相继推出全线上申请支用的“极速贷”“天使贷”“小微易贷”等产品,为县内复工复产提供优质、便捷、高效的综合化金融服务。

该行秉承“进步,与您同步”的服务宗旨,坚持服务实体经济,参与县域经济建设,以实际行动助推“聚力一二五 奋力上台阶”,以平台类客户为抓手,通过投债、流贷等形式加大对地方经济的支持力度,夯实公司业务发展基础;维护存量客户和新开发企业客户,为县域内大中型企业提供优质金融服务。

【上海浦东发展银行宁波象山支行】 上海浦东发展银行宁波象山支行下辖象山支行、石浦小微支行2个营业网点,员工36名。2020年围绕总行新一轮发展战略和分行“1155”三年行动计划,坚持“调结构、稳增长;严合规、控风险;优管理、强能力;抓党建、促发展”全年经营主线,在当地各主管部门和上级行的正确指导下,应对复杂的经济局面,坚持稳健的经营发展思路,创新发展模式,多渠道加大信贷投放,全力为地方经济增长提供金融支持。截至2020年年末,本外币各项存款余额155714万元,比年初增加14736万元。其中,个人存款余额35623万元,公司存款余额120091万元。本外币贷款余额为388342万元,比年初增加34413万元。其中公司贷款余额244614万元,比年初增加17838万元;个人贷款余额143728万元,比年初增加16575万元。全行不良贷款总额5944万元,不良率1.53%。

公司业务方面,紧跟总分行信贷政策,及时化解不良贷款,服务制造业企业、小微企业,取得银行存款增加、中收提高、不良率得到良好控制的银企双赢局面。一是及时落地新产品,推出“银税贷”,及时对接乡镇、街道的工业发展服务办,将产品信息在企业相关微信群内、公众场合宣传新产品,坚持低成本为无抵押物企业提供信贷支持,落地2笔,金额分别为145万元和180万元,获得企业和政府的好评。二是继续加大对县域内制造业企业、小微企业的支持力度,主动降成本。全年新增授信客户8户,均为制造业企业,其中项目贷款2笔,金额1470万元,授信落地金额共计6000万元,平均执行利率4.28%。三是继续做好有价值客户开户服务工作,新增有价值客户300余户。四是继续做好企业和政府部门的走访及汇报工作,与乡镇、街道进行信息共享,及时挖掘企业需求,提供更高质量的服务。

零售业务方面,继续利用浦发优势产品。一是个人存款,利用“安享盈”“汇理财”“大额存单”等存款产品,提高客户的存款收益。二是个人贷款,新增个人住房贷款0.77亿元,增幅10%,新增生产经营性贷款0.81亿元,增幅15%,网络贷款产品优化。“浦银点贷”解决城乡居民消费需求,其中“公积金点贷”投放量在浦发银行宁波分行排名第一;“浦银快贷”解决小微企业主的短期小额经营性需求;“房抵快贷”解决小微企业主还款压力。三是信用卡业务,“玩转商圈”和“礼券银行”成为知名品牌,“随借金”“万用金”为客户消费提供支持。四是提供长短期理财产品,满足城乡居民的理财需求,其中代理期交寿险在浦发宁波分行排名第一。

【平安银行股份有限公司宁波象山支行】 平安银行股份有限公司宁波象山支行是平安银行股份有限公司宁波分行驻象山的一级支行机构,前身为深圳发展银行股份有限公司宁波象山支行,2009年9月开始筹备,2009年12月17日正式挂牌成立,于2012年8月27日正式更名为平安银行股份有限公司宁波象山支行。员工17人,营业网点1个,24小时自助设备银行1个。网点设行长室、公司部、零售部、运营部、小微部和综合室。

该行坚持“科技引领、零售突破、对公做精”的战略方针,以实现“一个客户、一个账户、多项服务、多个产品”为目标,为客户提供全方位的综合金融服务。“科技引领”,用互联网技术和思维改造业务和队伍,创新业务和服务模式,探索差异化经营;“零售突破”,创新SAT(社交化+移动化+远程化)智能化服务模式,打造丰富的金融和生活场景,推动零售高质量经营和服务,推进智能化零售银行转型;“对公做精”,以行业化为基础,坚持“商行+投行+投资”模式,精控规模、精耕客户、精控风险、精益效率,发挥资金同业的桥梁作用,通过强大的产品与交易能力,打造“三化两轻”的精品公司银行。该行顺应网络金融的大趋势,凭借平安集团资源优势以及科技力量推进金融创新——KYB数据贷,发票贷、税金贷等基于网络大数据类信用产品稳步推出,为中小企业解决出口回款以及退税款审核周期国内资金周转问题。该行自2016年开始向零售银行转型,全力打造智能化零售银行,推进精品公司银行双轻化。为零售转型的亮点之一,平安银行口袋银行的整合上线,承载了零售业务的全产品及服务,并通过人工智能、大数据、生物识别技术等先进科技,为客户提供智能化、个性化的服务体验。

【中国光大银行股份有限公司宁波象山支行】 中国光大银行股份有限公司宁波象山支行成立于2010年10月,位于县丹峰西路128号,内设公司业务部、零售业务部、办公室、营业部四个部门，员工26名。截至2020年年末，光大银行象山支行县内各项存款余额19.47亿元，其中企业类存款余额14.98亿元、住户存款余额4.49亿元；为县内各市场主体提供的融资余额合计达到64.16亿元，其中当年新增各类融资达到14.8亿元。

2020年，该行经受住疫情的考验，迎难而上，敢于作为，加强对一批县重大基础设施项目和重点工程信贷支持，通过项目贷款、投债、隐性债务置换、流动资金贷款等方式拓宽国有企业融资，为国有企业降成本、扩融资贡献光量。与集团内兄弟企业光大证券合作债券承销，为宁波交运集团有限公司发行首笔公司债10亿元，集团联动为客户提供优质综合金融服务，发挥光大集团优势支持当地经济发展。

2020年，该行响应国家金融支持实体的号召，为中小企业主提供多样化融资，支持实体经济复工复产，开展疫情后经济复苏工作，年末制造业贷款余额达到7亿元，较2019年新增2.9亿元，增长幅度为71%；年末小微企业贷款余额达到2.17亿元，较2019年新增1.38亿。在控制风险的前提下，创新业务模式，支持中小企业发展，利用产品优势，帮助中小企业解决融资难等问题。为了解决民宿业主融资难题，开展“民宿贷”业务，以当地绿色经济发展为契机，立足“绿色信贷”助力乡村休闲旅游产业转型升级，推动民宿行业发展。

在2020年度，该行获评2020年度县银行机构综合考评二等奖；荣获宁波分行2020年战投业务“砥砺奋进”营销活动先进集体·二等奖；荣获宁波分行2020年度零售金融条线“五位一体”综合评价先进支行二等奖。

【招商银行股份有限公司宁波象山支行】 招商银行宁波象山支行成立于2010年5月，2015年起实行事业部制管理，下设公司金融客户部、零售银行部、零售信贷部和运营部，共有1家网点、1家在行式自助银行和20名员工。靠“因您而变”的服务信念，招行金融服务口碑得到众多用户的认可。抓住客户的需求，全力打造专业化服务，建立银行零售客户的分层服务体系，将“因您而变”的理论注入血液，在服务理念、服务创新、服务方式、服务管理等方面打造全流程的客户服务体验，并促进整体服务的螺旋式修复和发展。

2020年，该行零售金融业务发展，资产负债结构优化，贯彻“轻型银行”的战略目标和“一体两翼”的战略定位，坚持效益、质量规模动态均衡发展。贷款支持特色产业、绿色产业、重点项目等战略新兴产业，以促进象山经济结构调整和产业转型升级。截至2020年12月末，信贷余额为18亿元。

该行坚持服务地方经济、助力企业发展的信贷政策导向，银企合作，重点在小微企业贷款、农林牧渔业贷款、县投资重点项目贷款投放。发挥网上企业/个人银行、银关通、商票贴现、融资授信、贸易融资、离岸业务、个人资产业务和双卡（一卡通、信用卡）系列等业务特色和优势，推出摩羯智投、多级现金池、区间远期等特色业务和创新产品，降低企业融资业务操作成本、提高融资放款效率、提升客户服务体验，促进和助推地方产业经济发展。

【中信银行宁波象山支行】 中信银行宁波象山支行位于新华路298号，有1家营业网点，下设行长室、公司业务部、零售业务部、营业部、运营管理部、综合管理部6个部门，员工28名。自2013年1月成立以来，中信银行象山支行始终不忘初心、坚定信念，勇于担当社会责任，怀抱“成为有担当、有温度、有特色、有尊严的最佳综合金融服务企业”的美好愿景，为助力县域经济发展贡献力量。

截至2020年12月末，该行各项存款余额319643万元，较年初增加34422万元，其中，对公存款余额273494万元，储蓄存款余额46149万元；各项贷款余额435038万元，较年初增加73938万元，其中，对公贷款余额337209万元，零售贷款余额97829万元；不良贷款余额768万元，不良贷款率0.18%。

2020年，面对监管常态化的金融市场环境，该行严防各类风险，主动承担助推县域经济发展责任，加大对县重点项目、重点工程的信贷投放。截至2020年年末，该行对40余个县级重点工程建设信贷投放达42亿元，投放领域涉及旧城改造、园区建设、全域旅游、交通物流、美丽集镇等，对县国企项目的融资覆盖城投等五大县级投资集团、经济开发区、石浦科技园区、临港装备园区等产业园区，大目湾新城区以及松兰山、影视城、渔港古城等旅游文化产业；支持乡镇发展，其中包括石浦、西周、黄避岙等10多个乡镇街道。加大对制造业企业、普惠小微企业、个体工商户的政策倾斜，争取信贷资源，优化信贷流程，通过产品创新为客户解决融资难问题，助力实体经济发展。截至2020年12月末，该行对公制造业贷款新增9400万元，普惠贷款新增5100万元，个人经营性贷款新增9200万元。

2020年，面对疫情形势严峻，该行严格执行稳企业保就业政策，按照“三张清单”推进授信进度，共给予50余家企业信贷支持，发放贷款合计人民币71980万元；通过“党学共建”“银政企座谈会”等形式帮扶企业复工复产。贯彻落实县人行工作要领，遵守信贷政策导向、外汇政策、金融统计、重大事项上报、金融消费权益保护等各类制度，开展客观、的自评估与整改工作。响应县人行“普惠金融”工作号召，按要求开展“普及金融知识，守住‘钱袋子’”、“3·15”金融消费者权益保护、“6·14”信用记录关爱日等普惠金融活动，并将金融产品知识、反洗钱、防诈骗宣传工作融入业务营销活动中，通过进社区、进学校、进单位等一系列宣传活动金融知识普及度，从思想根源上加强社会群众防范意识。截至2020年年末，该行共开展普惠金融活动共计20余场。

2020年，中信银行象山支行荣评县人行2020年度综合考评B等次，荣评2020年度宁波市民满意文明示范网点，荣评市分行“2020年度综合考评优秀支行”“2020年度对公业务优秀支行”“2020年度零售业务优秀支行”“2020年度内控合规先进支行”“2020

年度党建工作优秀支行”“2020年度普惠金融业务优秀支行”“2020年度支持制造业优秀支行”等多项荣誉。

【中国民生银行宁波象山支行】 中国民生银行象山支行下辖1个营业部、1个社区支行、1个小微支行、1个自助银行,有32名员工。2020年,该行在县委县政府及上级行的领导下,在相关部门的支持下,始终牢记金融服务地方发展的使命,坚持“真诚、务实、创新、担当”的企业文化,坚持“强基础、聚特色、控风险、塑文化”的发展主线,践行“规范、发展、提速、执行”的使命,2020年依然保持稳健良好的发展态势。截至2020年年末,各项存款余额12亿元;各项贷款余额31.52亿元。

象山石浦小微支行于2020年11月迁址至石浦镇玉泉路177号,健康有序地开展各项业务,以此为服务平台,以海洋渔业为特色,立足地方,开展各项金融服务。

宏润花园社区支行以打造成周边社区“家门口的银行”为宗旨,开展客户精细化服务,取得良好成效。

【宁波银行股份有限公司象山支行】 2020年,宁波银行股份有限公司象山支行下辖营业部1个、二级网点6个,区域辐射丹城、石浦、西周、东陈、贤庠,共有203名员工。营业部内设17个部门:行长室、办公室、风险管理部、监察保卫部、公司业务一部、公司业务二部、公司业务三部、交易银行部、机构业务部、零售公司一部、零售公司二部、零售公司管理部、个人银行部、财富管理部、个人信贷部、私人银行部、运营部。

截至2020年12月,该行存款余额达到59亿元,比年初增加7.5亿元,贷款余额达到46.6亿元,比年初增加11亿元。

2020年,该行坚持在服务实体经济过程中积累差异化的优势,核心竞争力增强。坚持“专注主业,回归本源”,在细分市场的基础上形成公司银行、个人银行、零售公司、金融市场、资产托管、投资银行、信用卡、资产管理八大利润中心,逐步形成差异化的比较优势。坚持“控制风险就是减少成本”的经营理念,将守住风险底线作为最根本的经营目标,保持较低的不良率,全流程风险管理体系完善。围绕系统化、数字化、智能化的要求,优化金融科技组织架构,前中后台联动,使得科技与业务融合更加紧密。优化案防管理体系,提高管理的针对性。坚守“诚信敬业、合规高效、融合创新”的理念,为客户提供最优质服务,蝉联2020年度外汇管理评级A类行、2020年度A等次金融机构。

【宁波东海银行股份有限公司象山支行】 宁波东海银行象山支行下辖1个营业部、5家支行,共有108名员工。2020年,面对突如其来的疫情,象山支行在总行领导及各部门支持指导下,迎难而上,一手抓疫情防控,一手抓经营发展,继续围绕“强基础,促合规,控风险,增效益”这条主线,按照“轻资本、轻资产”的经营策略落实战略转型,银政合作、开展零售和东海快贷、东海快贷项下微福贷挖潜开拓、清收压降风险资产,面对错综复杂的经济金融形势,全行上下凝聚一心,齐心协力,以昂扬向上、奋发进取的精神面貌,以创新发展为引领、以优化管理为依托、以人才队伍为核心、以保障支持为基础,全力推进改革发展各项工作,优化业务结构,创新业务模式,完善战略布局,夯实客户基础,增强自身综合竞争力,做到目标明确,不折不扣,高效执行,取得了很好的经营成绩。

截至2020年年末,各项存款余额119658万元,各项贷款余额122894万元。该行根据授信业务发展定位,支持小微企业发展,下调小微贷款利率,推动“橘农贷”“民宿贷”“渔民贷”“东海快贷”等特色小微贷款产品的发展。截至2020年年末,该行“东海快贷”产品为本地74户小微客户提供授信,授信金额2048万元;“渔民贷”产品贷款户数53户,余额2870万元;“民宿贷”产品贷款户数9户,余额188万元;“橘农贷”产品贷款户数6户,余额140万元,业务呈现健康发展势头。

2020年,该行严格执行年初制定的各项方针政策,克服内外压力,群策群力促转型,一心一意谋发展,优化客户结构,拓展零售业务的有序发展。截至2020年12月末,该行累计销售理财产品211924万元,理财销售增长迅猛。组织进社区活动共334场,其中大型特色活动37场。活动足迹基本覆盖整个象山各大城区,与北路社区、瑶琳社区、塘头港社区、延昌社区、老年大学、石浦成人教育学院、绿城百合小区,保集蓝郡小区、文峰小区、丹峰小区等建立长久、良好的合作关系。社区活动丰富多彩,人心。

【上海银行股份有限公司宁波象山支行】 上海银行股份有限公司宁波象山支行成立于2010年9月10日,2020年10月14日迁址至象山县丹东街道丹南路820—828号。下设行长室、综合部、公司业务一部、公司业务二部、零售业务部和营业部,员工28名。截至2020年12月,人民币存款余额163518万元,其中公司存款余额139027万元,零售存款余额24491万元。存款规模在辖区内排名第11位;人民币贷款余额411383万元,其中公司贷款余额285246万元,零售贷款余额126137万元,贷款规模在辖区内排名第8位。

该行以支持地方经济发展为己任,以服务实体经济为根本,以“建设成为当地主流银行”为目标,以“控风险、强管理、促发展”为重点,截至2020年年末,共有国资国企授信客户51户,贷款余额217400万元,债券余额60000万元,民营企业授信客户21户,贷款余额8396万元,个人住房按揭贷款客户2017户,贷款余额118921万元。年末不良贷款率0.37%,低于辖区内同业平均不良率。2020年纳税额1287万元,列全县纳税百强企业第62位。

【浙江民泰商业银行宁波象山支行】 浙江民泰商业银行宁波象山支行地处丹东街道丹峰东路299—315号,设有行长室、综合部、营业部和3个业务部,在册员工29人。截至2020年年末,各项存款余额32530万元,各项贷款余额43139万元,实现财政总收入3167万元，账面利润1493万元。

自象山支行列入民泰银行的标杆支行，一直坚持以创新求发展的经营思路，履行模范支行带头作用，踏实走出了一条具有民泰特色，与村民融合的发展之路。围绕民泰银行总、分行确定的工作目标，通过信贷服务、企业文化建设、进村入户整村授信的全新发展模式，推进各项工作稳步发展。2020年，依托象山港海洋特色经济和块状特色产业经济等优势，以整村授信的批量化作业模式，拓宽"三农"基础客户群体，推进"整村授信、整村批发"贷款模式，拓展基础性客户，落实普惠金融工程，助推了当地村镇经济的发展，获得了当地群众和政府的好评。完成对丹东街道下余村、黄避岙乡高泥村、定塘镇花港村、晓塘镇西边塘村、高塘岛乡罗元村、新桥镇灵岙村、高塘岛乡林港村和高塘岛乡渔滩村8个村的整村授信工作，共发放贷款户264户，贷款余额4076万元。

该行秉持"服务中小企业、服务个体户、服务城乡居民"的经营理念，坚持小额、分散的市场定位，潜心扎根村镇业务开拓。

【象山县农村信用合作联社】 截至2020年年末，象山农信联社各项存款余额187.23亿元，比年初增加25.12亿元，增长15.49%；各项贷款余额136.47亿元，比年初增加23亿元，增长20.27%；五级不良贷款余额1.59亿元，五级不良率1.16%。实现营业净收入7.3亿元，同比增加188万元，实际利润4.73亿元，同比增加3526万元，增幅8.05%。

在业务发展方面，一是推进"复工复产"。及时出台"七项承诺""六条措施"，先后推出"复工担""复工贷"等专属信贷产品组合拳，升级金融支持复工复产"十八项优惠举措"。其中，"复工担""复工贷"创新产品获副市长李关定批示肯定，"复工担"被评为宁波市融资担保业优秀产品。二是服务"乡村振兴"。率先启动普惠金融改革试验区建设实践，与县农林局联合发文推行小额普惠金融，与县农业农村局、县国有资产管理中心共同签订"乡村振兴·富民强村"战略协议，承诺在县域的基础民生建设、消除经济薄弱村和农户小额普惠贷款等方面至少投入30亿元信贷资金，实现可贷农户授信全覆盖。举办全县"红美人"柑橘贩销大户座谈会，与县农业农村局联合推进柑橘和白鹅全产业链发展，提供分别不少于2亿元、1亿元金融资金。三是落实"融资畅通"。抢抓金融支持复工复产信贷政策"窗口期"，开展"百行进万企""万员助万企""百日攻坚战"等专项活动，用足用好央行疫情专项再贷款、再贴现和担保公司政策，加大小微企业信贷投放。

在基础管理方面，一是加强网点转型。与县政务办合作，打造"政务服务+金融"综合体，设立6个综合体服务网点，布放7台"宁波办事"自助终端机，实现公积金提取、社保、医保等28项政务服务在我社网点通办；加强与县公积金中心合作，设立4个公积金综合业务便民网点，发放全省首笔县级法人金融机构公积金转商业贷款贴息。二是加快数字化转型。推进"浙里贷"普惠授信，配套开发"浙里贷"白名单筛选系统、"浙里贷"小程序系统，推广"浙里贷"线上贷款产品。

在内部管理方面，一是党建引领，加强内核建设。开展"党建引领·业务营销""党建引领·夯实基础""党建引领·普惠走访"活动。引入专业公司，开展8期共48天全员营销项目导入，贯彻全员营销理念。二是稳扎稳打，梳理规章制度。以分组集中座谈方式召开制度学习研讨会，促进制度落实。以线上方式组织全员开展6次应知应会合规测试，增强员工遵纪守法意识。推进清廉金融文化建设，将清廉文化贯穿经营管理全流程。聚焦风险薄弱环节，关注重点区域、重点业务和重大风险暴露情况，加强员工道德风险、隐性风险审计，加大非现场审计力度。三是攻坚不良，严控信用风险。开展系列不良清收攻坚活动，加快诉讼案件立案、开庭进度，加大存量抵押物执行力度。

2020年5月7日，象山农信联社荣获县银行机构综合考评二等奖。2020年5月18日，象山农信联社荣获县服务满意度优秀银行业金融机构。2021年1月1日，象山农信联社被宁波市中小企业信用担保协会评为2020年度"最佳银担合作银行"，"复工担"业务产品被评为"宁波市融资担保业务优秀产品"。

【象山国民村镇银行】 2020年，象山国民村镇银行各项贷款21.65亿元，其中涉农贷款19.72亿元，占比91.1%；各项存款余额25.27亿元，其中，个人存款19.73亿元，公司存款5.54亿元。实现利润1606.64万元，成本收入比58.91%，资产收益率0.58%，百元贷款收息率7.88%。资本充足率为13.75%；贷款不良率2.27%，综合收息率96.61%，户均贷款25.74万元。拨备覆盖率150%，流动性比率103.89%。

为支持县域内农户和小微企业，研究出台3个月免息贷款政策，成为县域内第一家发放免息贷款的银行，同时为119户小微企业办理延期贷款，合计金额12858万元。贯彻落实"三服务"工作要求，提高金融支持农村妇女创业服务水平，与县金融发展服务中心、妇联共同研究合作模式，7月与县妇联签订妇女创业贷款授信协议，至年末共授信53户，金额848万元。响应市金融办、人行等上级部门发起的"你复工、我送贷"、百行进万企、万员助万企、"稳企业、保就业"等活动，牵头召开影视配套企业座谈会，参与召开涂茨、新桥等乡镇政银企对接会，运用普惠平台对接企业273家，为231家企业发放贷款，累计金额29994.9万元。

【象山中银富登村镇银行】 象山中银富登村镇银行于2013年9月18日开业，于2015年2月1日、2015年12月31日分别在丹东街道、石浦镇开设支行，在编员工60人。截至2020年年末，存款为2.30亿元，较年初增加0.24亿元；贷款为5.36亿元，较年初增长0.58亿元；不良率0.93%，较上年同期增长0.27%；资产质量得到了管控。

2020年以来,该行继续规范内控会议。跟进汇报材料质量并重视议题讨论程度,提升会议效果;严格按照《内部控制委员会例会指引》的具体要求汇报"操作风险自查""合规内控监督重点检查""问题录入与整改"议题,采取行之的措施,着重提升操作风险自查的质效,跟进问题整改是否到位。为确保资产质量维持在一个好的状态,针对不良贷款的催收、清收工作,全员保持高压态势,逐步形成"周末催收文化"。

根据市场需求,推动产品创新。为满足市场及客户对贷款产品的个性化需求,在基于错位竞争的理念下,推出"渔民贷(海洋捕捞)""复工贷(疫情期间推出)""阿拉易贷(个人小额经营性信用贷款)"等特色产品。参与乡村振兴,为美好乡村建设提供金融支持。发展农村普惠金融,提升农村金融服务质效。通过大量细致的实地调查,在重点乡镇的重点行政村开展信用村建设。真正树立普惠金融的价值理念,肩负起应尽的社会责任,以最大热情服务"三农"、以最大限度让利农民。

【浙江泰隆商业银行股份有限公司宁波象山支行】 泰隆银行象山支行于2015年2月开业,2019年1月在石浦镇开设小微企业专营支行,共有员工41人。

2020年,支行响应县委县政府和监管部门支持实体经济、支农支小、服务农村金融的倡议,以制度创新、产品创新、服务创新为着力点,通过社区化经营,专注于服务小微企业客户的发展。截至2020年年底,全部存款余额为48535万元,较年初新增4548万元,全部贷款余额为62301万元,较年初新增13868万元。在产品的创新上,适应疫情环境下小微企业额小频急金融需求,支行先行先试线上化纯信用产品"泰e贷";在社区化模式基础上,通过流程简化(最快30分钟放款),担保简化(纯信用),用款灵活(随借随还、线上化操作),以小额实质预授信形式实现信贷审查流程前置,不仅做到让客户"一次都不用跑",而且实现了"秒批秒贷"。

该行始终秉持诚信合规的经营理念,实行风控管理。一是结合案件警示教育活动,常态化开展案例宣讲工作,通报行内外重大金融案件,加强安全警示。二是制定分层分类的合规学习计划。一方面加强新入职员工合规制度学习要求,另一方面加强监管制度和最新合规规定的专题学习。三是开展合规测试。通过制定内规、外规学习清单,组织全员参与合规测试,通过测试,增强员工合规意识,多年来未发生案件和重大责任事故。

【浙商银行宁波象山支行】 浙商银行宁波象山支行成立于2017年6月26日,内设行长室、综合管理部、公司业务部、小企业业务部(零售业务部)、营业部及派驻风险经理,共有正式员工21名。截至2020年12月末,各项人民币存款余额10.01亿元,其中对公存款3.91亿元、个人存款6.10亿元。各项贷款余额23.92亿元,其中对公贷款15.90亿元、个人贷款8.02亿元。该行在实现较快发展的同时,重视内部管理和风险控制,信贷资产质量保持良好。

该行是唯一一家总部位于浙江的全国性股份制商业银行,围绕总行"成为最具竞争力全国性股份制商业银行和浙江省最重要金融平台"的"两最"总目标和平台化服务战略,并结合当地金融特点,支持企业稳生产、扩产能,提升金融服务质效。2020年该行依托"应收款链平台""池化融资平台""易企银平台"三大平台,以浙江省智造融通工程企业为首要服务对象,创新民营企业融资渠道和水平,支持实体经济。该行针对小微企业推出便利贷、出口退税贷、余值贷、房抵点易贷等丰富的小微产品以及无还本续贷等特色业务,成为一家服务于小微企业的特色银行。

该行荣获2020年度象山县金融服务业综合考评三等奖。

【台州银行股份有限公司宁波象山支行】 台州银行宁波象山支行2017年2月10日正式入驻丹城,经营地址位于宁波市象山县天安路536—544号。下设前台业务部、业务拓展部和小额信贷业务拓展部,员工20人。截至2020年年末,各项存款余额8502万元,较年初增长1908万元;各项贷款余额40147万元,较年初增长7824万元。

在降本降息、帮扶方面:一是推出"无还本续贷"业务,解决受困企业短期资金周转困难;二是灵活运用台州银行复工低息专享贷,为企业"降本减负";三是通过加大贷款利息抵用券的投放力度,让企业在贷款结息时即可抵扣部分利息;四是审慎对待每一户困难企业,剖析客户经营管理风险,做好信用评级;五是为受困企业减免逾期罚息或减免利息;六是落实推行"免费银行"政策,扩大免费项目范围,承诺"服务不收费、服务更到位",共计减免或者降低包括跨行转账汇款手续费、网上银行和手机银行跨行汇款手续费等在内的42项手续费。

在业务创新方面:一是推广年审制、循环贷款等还款方式的信贷产品。二是推广"24小时移动营业厅"APP创新推出的"视频柜员"功能。三是创新"1+N"融资模式,推广供应链融资及获客。四是为缓减疫情的影响,减轻企业财务负担,推出"融担通"业务,丰富小微企业的增信途径,提升其贷款可获得性。截至2020年年末,共办理融担通产品5笔,金额410万元。

在乡村振兴方面:始终坚持"社区银行"模式,推进各项工作向"深扎村居、深耕行业"两大基石工程转型,运用"移动工作站""24小时移动营业厅"等线上平台工具,打通农村金融服务的"最后一公里"。优化小微金融服务平台、客户群管理系统,开展批量授信作业模式,为乡村振兴提供的金融支持。

风险管理:一是开展风险大排查,高风险客户管理,做好退劣工作。2020年,结合总分行客户大拜访,组织开展了多轮次的风险大排查工作,对100万元以上大额贷款、贸易融资业务、承兑汇票业务等开展了排查,进行风险分类。严格落实高风险客户管理办法要求,落实一户一策方案,每月跟进管理,按计划稳妥有序推进风险客户退劣工作。二是开展合规教育检查，提升合规水平。全年全员共参与13节合规培训课，100%通过总行组织的合规测试。

企业文化：倡导“主动、合作、快乐”的企业文化，关心员工日常生活，定期开展与创新员工生日关怀，开展丰富的团建活动。参与分行组织的爱心捐款活动，树立台行人责任担当的良好形象。

普惠金融：全年共开展“打击洗钱，远离犯罪”、“3·15”金融消费者维权日、“普及金融知识万里行”等丰富的公益营销宣传活动30余场。疫情期间开展微信网络群宣传10余场，累积受众1600余人，发放各类宣传单页800余张，通过LED等行内宣传渠道播放信息28万多条次，提升周边百姓金融常识普及率，实现经济效益与社会效益双丰收。

【恒丰银行股份有限公司宁波象山支行】 2020年，恒丰银行股份有限公司宁波象山支行营业网点1个，位于天安路149—151号，设行长室、营业部、综合管理部、公司业务部、零售业务部5个部门，员工16人。

截至2020年12月，该行贷款余额29.38亿元，年初数2.32亿元，贷款增量27.06亿元；存款余额5.04亿元。

该行配有行长1名（35周岁）、副行长1名（32周岁）、9名客户经理（平均年龄32岁），中共党员人数达到9人，占总人数的53%。该行抓党建促发展、抓转型提质效、抓管理强根基，多措并举、狠抓落实，存贷款余额同期数据亮眼。2020年8月认购3亿元国企债券，银政合作，帮助地方经济社会发展。

该行获2020年度象山县金融服务业单项“融资规模”先进奖，荣获宁波市金融系统“青年文明号”荣誉称号。

【广发银行股份有限公司宁波象山支行】 广发银行象山县支行于2019年9月20日正式开业，内设行长室，公司部、零售部、运营部，共有17名员工，营业网点1个，24小时自助设备银行1个。2020年是广发银行象山支行开业后第一个完整的年份，在县委、县政府的支持下，在人行、金融办的帮助指导下，在社会各界的关心下，围绕分行提出的“团结一致加油干，重振国寿再出发”的工作核心，全年保持稳健良好的发展态势，截至年底，各项存款余额7.3亿元，各项贷款余额13.35亿元，不良贷款及不良率为0，全年安全无事故。

该行自开业以来，就制定了分头突破、先粗后精的项目营销思路：即兵分三路，由行长室负责牵头重大项目和县局级机关营销，公司部负责乡村和中小企业对接工作，零售部负责优质楼盘和优质阳光中介的对接，分工明确。公司部将象山18个乡镇（街道）根据各区域经济特色、经济总量进行划分，分别落实到2名客户经理，并由分管行长牵头对丹东街道、丹西街道、石浦镇、东陈乡等重点乡镇（街道）进行逐个走访对接，营销了如宁波戴维医疗器械股份有限公司、象山县旅游集团、宁波象港开发集团有限公司，象山工业投资集团有限公司，象山经济开发区城南开发经营有限公司，浙江大唐乌沙山电厂、浙江良和交通建设有限公司、浙江味央科技有限公司、宁波乐惠国际装备有限公司、宁波赛德森减震系统有限公司等一批优质企业。零售部在楼盘项目营销上，支行利用分行的优惠政策，抓住新楼盘开盘的机遇，先后和象山万达广场、象东府、保集象山府、中梁大都会、宝龙商业广场等楼盘签署了合作协议，并推动发放按揭贷款130余笔、8000万余元。

【浙江稠州商业银行股份有限公司宁波象山支行】 稠州银行象山支行成立于2019年11月，位于象山港路677—687号，内设行长室、办公室、小微部、营业部4个部门，共有21名员工。截至2020年12月末，各项存款余额达2.31亿元，其中个人存款达1.00亿元、对公存款达1.31亿元；12月末，贷款余额合计7.15亿元，其中企业贷款4.36亿元、个人贷款2.78亿元。

业务发展。立足民营、小微企业，坚持市场导向，把握总行政策、利用现代科技，产品创新驱动，开发、推动多元化、有特色的小微金融产品，提高小微企业融资的可获得性。聚焦第一还款来源，推广“政银”、银保合作产品，提高小微企业融资便利性和可获得性。

风险管理。一是授信客户结构优化，做好存量风险隐患客户的调整退出工作。加强重点行业、重点企业风险防控。做好新增授信准入，鼓励小微业务向小额化发展，对小微贷款标准化流程进行梳理，简化小额贷款申报审批流程。二是加大贷后管理力度，成立专业后督队伍，组建飞行检查团队。三是丰富处置手段，全力压降不良，在全力推动现金清收、诉讼、重组、核销等处置方式的基础上，尝试以物抵债的方式盘活不良资产，利用淘宝司法拍卖、押品交易信息网等平台，促进押品流转，提升清收成效。

规范经营。一是建设完善“预防在前、全程规范、惩戒在后、以人为本”的内控管理体系，树立“合规创造价值，违规代价惨痛”的案防意识，形成“尊重制度、学习制度、执行制度”的合规文化。二是继续开展合规管理提升工作，整合内控措施，形成由机制流程、教育培训、检查、随机督查、警示问责五大体系组成的内控管理框架，细化为合规综合检查、随机客户走访等26项工作内容。三是案件防控及反洗钱管理工作。加强员工行为禁令、风险案例的宣导和解析，落实重要岗位轮休、八小时外动态管理等规定。四是开展消费者权益保护工作，维护群众利益。

（周秀珍）

保险公司

【概况】 至2020年年末，象山辖内共有保险公司29家，从业人员3696人。

【中国人寿保险股份有限公司象山县支公司】 2020年，中国人寿保险股份有限公司象山县支公司（以下简称公司）实现股份总保费收入1.82亿元，同比增长4.75%，继续保持行业主导地位。

突出政治建设为统领，引领公司稳步发展。2020年，公司组织开展一系列学习贯彻中共十九大精神活动；建设规范党员活动室（党建阵地），作为党员教育活动与相互交流的主要场所和反映党员先锋模范作用的重要阵地；培养入党分子和发展对象。“不忘初心、牢记使命”主题教育，组织全体党员、入党分子开展红色教育活动。贯彻落实中央八项规定精神和反“四风”的各项要求，严格履行“三重一大”决策机制，加强廉洁自律和监督执纪问责工作，推进党风廉政建设和反腐败工作。

有序推进疫情防控、复工复产工作。面对突如其来的新冠疫情，公司打响疫情防控和复工复产“双战役”，坚定信心“两手抓”、坚持动作“两手硬”。一是高度重视，统一部署。公司成立疫情防控工作领导小组，传达学习各项指示精神和决策部署，落实监管部门的相关要求。二是加强教育引导。组织防疫形势教育、自我防护教育，引导员工提高自我防护意识和自我防护能力。三是压实压紧制度管控。制定落实防控方案和应急措施，畅通对外信息，严格执行落实。四是动态监测复工人员。公司严格做好人员流动监测，排摸分类复工，落实人员管控机制，实现职场、人员零感染。五是勇于承担社会责任。响应号召，成立防疫志愿服务队，成为象山县疫情防控战场上的一分子。

乔迁新办公大楼，增强发展信心。2020年3月30日，公司乔迁位于象山港文化广场的新办公大楼。5月28日，公司在新大楼召开退休员工座谈会。

加强政保合作，坚持惠民导向多元发展。2020年，公司承办象山县城乡居民大病/特药保险承保人数322881人，职工特药保险承保人数194176人，合计517057人，加权保费43.3元/人，合计总保费2238.86万元。其中大病保费66元/人，居民特药1.3元/人，职工特药2.7元/人。2020年度累计赔付大病保险22885人次，赔付金额1368.72万元；累计赔付特药保险60人次，赔付金额27.86万元。大病、特药合计净赔付率62.38%，大病受益人人均赔付7866.21元，特药赔付城乡居民9568.75元，职工14057.15元。

坚持以优服务激发发展活力，整体管理实力提升。一是发挥科技赋能作用。公司通过寿险APP、微信、国寿e店、公司官网等多个服务通道提高服务质效、时效，优化销售支持方式和销售支持工具；通过微信、e宝、e店、理赔支付等渠道继续提升e化服务率。二是优化客户服务。公司开展了10余场总经理接待日活动、6次柜面活动；召开2020年投诉工作及“3·15”期间工作宣导会；开展“两心三措施”暖心服务系列活动。三是创新服务方式。公司客服中心通过发放一次性告知单、办事指南等，继续推行一站式办理。设立咨询台、参加当地行业协会“地摊金融”摆放保险宣传册、开展“扫一扫”送消毒湿巾活动等形式宣传。四是坚持信守服务承诺。公司团险渠道专人对接各镇乡街道，实行1日赔款到账服务。在基层妇联干部、网格员的配合下，为患病女性、困难妇女家庭进行“微心愿”慰问活动。公司客服中心为老、病、残等特殊客户提供上门服务50人次，服务足迹遍及18个乡镇33个村。

坚持以严要求守住风险底线，经营风险防控。公司陆续开展反洗钱、打击非法集资、保险市场乱象整治“回头看”、重点风险专项治理工作等相关工作。利用部门例会、大早会等形式把诚实守信贯彻到保险服务的各个环节中。通过设置诚信墙、经理室成员进职场宣讲等方式诚信文化建设，提升自身素质。

【中国人民人寿保险股份有限公司象山县支公司】 象山县支公司成立于2009年11月，根据总公司2020年机构分类结果和四级机构弱体测定结果，象山支公司评定为C类机构，组织架构设置如下：设支公司经理1人，副经理1人，综合内勤岗2人，组训岗2人，象山支公司在职劳动合同制内勤人员6人，外勤银保劳动合同制2人，代理制外勤人员60人。

2020年度完成规模保费收入3711万元，新单期缴完成833万元，十年期及以上保费完成88万元，短期险完成69万元。

【中国人寿财产保险股份有限公司象山县支公司】 中国人寿财产保险股份有限公司象山县支公司成立于2009年，公司经营范围包括：经营财产损失保险、责任保险、保证保险和信用保险、短期健康保险和意外伤害保险、上述业务的再保险业务，经中国保监会批准的其他业务等。公司经营场所为象山县丹东街道丹峰东路751号4层。公司内设车商业务一部、银保业务一部、互动业务部、综合业务部、客服服务部。2020年公司员工20人，全年完成保费4135万元，同比增长3.8%。象山县支公司获得保监局授予的宁波保险业“文明服务窗口”称号；被总公司授予“创先争优先进基层党组织”称号。

【中国太平洋人寿保险股份有限公司象山支公司】 中国太平洋人寿保险股份有限公司象山支公司成立于2002年6月，主要经营业务包括：各种人寿保险、健康保险及意外伤害保险等，覆盖领域包括银行贷款保险业务、学生平安保险、农村小额意外保险、乘车人员意外伤害保险、剧组意外保险、建筑工程意外保险等项目，全县超过5万名客户在该司承保。在册员工27人，其中正式24人，返聘人员2人，内退人员1人。领导班子3人，中层4人。营业场所规模2550平方米，自有面积1800平方米，租赁750平方米。下设石浦营销服务部（租赁，150平方米）、西周营销服务部（租赁，200平方米）。截至2020年12月底，该司保费总收入29290.6万元，其中个险新保3088.7万元，短期意外险493万元，短期健康险351万元；赔款金额3156.9万元，其中，短险赔付金额321.6万元，短险赔付率35.1%。

据12月行业协会统计数据表明，该司个险新单期缴保费在当地市场占比23%，当地市场份额暂列第一。

【新华人寿保险股份有限公司象山支公司】 2020年，新华保险象山支公司下辖营业部1家、外勤营业部2个、营业组17个，拥有内勤员工7人、续收专员3人、外勤人力424人。2020年实现新单保费2742.4万元，同比增长33.72%。2020年新华保险象山支公司坚持稳中求进总基调，坚定信念、迎难而上，以总公司"121"发展战略为指引，以分公司"3456"经营规划为蓝图，坚持党的领导，融入国家发展大局，有序推进业务发展，守住风险底线不动摇，开展"对标赶超"，优化经营管理机制，开拓市场发展新局面。

【阳光人寿象山支公司】 阳光人寿象山支公司是主要经营人寿保险、健康保险和意外伤害保险等一切人身险业务的全国性专业寿险公司，自成立以来发展势头良好公司价值提升，以专业服务为广大客户提供人身、养老、医疗、健康、意外等保险保障。象山支公司贯彻落实总公司的人力资源绩效考核管理工作，注重企业文化建设和核心凝聚力的提升，重视对员工能力的培养，壮大潜力人才库，2020年多次举办"阳光人寿宁波中心支公司客户服务节"的活动，以"健康"为切入点，邀请儿童及家长进行观影、书法活动，宣扬健康生活，尽孝关爱。2020年总体保费收入为669.6万元，个险保费收入为669.6万元，个险新保单保费收入为306万元，个险续期保费收入为363.6万元。

【中国人民财产保险股份有限公司象山支公司】 2020年，中国人民财产保险股份有限公司象山支公司累计实现保费收入24879万元，增速7.39%，市场份额33.86%；其中车险保费收入14828万元，商业非车险保费收入7841万元，农险保费收入2210万元。2020年象山县政策性农业保险参保共30个险种，总投保户数18425户，保险金额9.3亿元，实现保费3391万元。其中种植业保险保费收入1017万元，养殖业保险保费收入729万元，林木保险保费收入77万元，指数类保险保费收入1568万元。

全省首个政策性规模以上企业复工防疫保险落地象山。2月26日，象山支公司联合象山县人民政府正式推出政策性规模以上企业复工防疫保险，这是浙江省第一个针对规模以上企业疫情防控进行全域统保的保险。

续保对口扶贫保险。2020年7月，象山支公司承保对口帮扶鹅价格指数保险，保费收入合计15.9万元。该项目是象山支公司扶贫项目取得的重要成果，被保险人象山文杰大白鹅养殖有限公司作为吉林延边州对口扶贫输送户，和吉林延边州签订了为期3年的帮扶协议。

启动高速"心服务站"。10月1日，象山支公司联合交管部门在象山高速路口搭建线下"心服务站"，启动"人民保险心服务 温暖伴您国庆游"活动。分公司理赔部、象山理赔分部及8名支公司志愿者参与活动。

获评浙江省文明单位称号。在由浙江省精神文明建设委员会组织的2020年度文明单位评选工作中，象山支公司获得浙江省"文明单位"荣誉称号。

【中国太平洋财产保险股份有限公司象山支公司】 象山支公司2003年6月成立，经营范围：经营企业财产损失保险；家庭财产损失保险；建筑工程保险；货物运输保险；机动车辆保险；船舶保险；能源保险；一般责任保险；保证保险；信用保险；短期健康保险和意外伤害保险；经中国保监会批准的其他财产保险业务。营业场所位于象山县丹东街道象山港路501号12-01室，员工41人，其中派遣9人、外包7人，另有宁波分公司理赔派驻科8人。纳税信用评定等级为A。2020年完成14438万元，同比增长19.5%，市场份额20.4%，提升了2.1%。2017—2018年被象山县人民政府评为金融服务业金融创新先进单位，2019—2020年被象山县人民政府评为金融服务业中小企业融资服务先进单位。

（周秀珍）

证券公司

【概况】 至2020年年末，象山辖内证券公司2家，分别是光大证券和浙商证券，共有营业部2个，从业人员44人。

【光大证券股份有限公司象山县象山港路证券营业部】 光大证券股份有限公司象山县象山港路证券营业部是光大证券股份有限公司下属的1个营业部，有20名员工。2020年年末，资产总额43.32亿元，净收入2180万元，合计股基交易量773.25亿元，净利润2192万元，在总公司100多家营业部排名第19位，荣列3A级营业部。

2020年，象山营业部在业务发展方面取得了一定的进步，当年引进PB资产0.94亿元，私募1.18亿元，权益类基金产品1.30亿元，固收类产品销售5.20亿元，"两融"净佣金收入730.54万元。

【浙商证券股份有限公司象山靖南大街证券营业部】 浙商证券股份有限公司是中国证监会批准成立的综合性证券公司，成立于2002年5月9日。总部位于浙江省杭州市，注册资本33.33亿元，实际控制人为浙江省交通投资集团。2017年6月26日在上海证券交易所挂牌上市，股票代码：601878。象山靖南大街证券营业部成立于2010年2月，现有员工24位，其中经纪人3位。截至2020年12月，象山营业部经纪业务等资产规模达约42.8亿元。

浙商证券象山营业部自成立以来在开展传统经纪业务的基础上，紧跟公司总部的步伐，开展创新业务，业务涉及融资融券业务、新三板业务、债券承揽业务、IB业务、期权业务、约定式购回业务、质押式回购业务、撮合投融资业务、代销各类理财产品等，均取得了一定的成绩。

（周秀珍）

地方金融组织

【概况】 2020年，象山辖内共有地方金融组织12家，地方金融组织在服务县域经济及特色产业中地发挥了金融“毛细血管”作用，助力打通普惠金融支持小微企业、个体工商户、“三农”市场主体等“最后一公里”。

【小额贷款公司】 全县共有5家，分别是象山汇鑫小额贷款有限公司、象山华翔小额贷款有限公司、象山县天勤小额贷款有限公司、象山茂源小额贷款有限公司、象山佳利小额贷款有限公司。2020年度累计发放贷款8.28亿元。

【融资担保公司】 全县共有4家，分别是象山县中小企业融资担保有限公司、象山县农业融资担保有限公司、宁波华翔担保有限公司、象山县五联担保有限公司。2020年度累计担保总额8.21亿元。

【典当行】 全县共有3家，分别是象山县正大典当有限公司、宁波祥瑞典当有限责任公司、宁波巨鹰典当有限责任公司，2020年度累计典当总额1.53亿元。

（叶楠）

商　贸

国内商贸业

【概况】　2020年，全县实现社会消费品零售额208.9亿元，同比增长0.7%；实现商品销售总额同比增长8.5%。实现网络零售额16.985亿元，同比增长16.6%。

【疫情防控措施】　出台局防控工作方案，利用线上微信、电话以及线下实地排查等方式对3785户商贸经营户开展三轮地毯式大排查，发现来自重点地区人员186人，均"一人一档"登记在册。指导商贸流通企业落实民生必需品库存储备，加强市场行情预警监测，建立市场动态管理、主动应急预警、生活物资供应情况日报告等机制。服务民生物资配送流通，发放生活物资配送车辆固定通行证311张、临时通行证1600余张，卡口通行提速85%以上。推进菜篮子基地建设，补助35家基地2019年度菜篮子工程建设资金145万元。出台《商贸服务业疫情防控复工实施细则》《关于疫情防控期间支持商贸企业发展的实施意见》等，兑现政策资金30.47万元，协调信用联社为50家商贸企业和27户经营户分别予以3433万元、1739万元贷款减免3个月利息优惠政策。落实房租、摊位费减免等政策，惠及企业、经营户3000余家。

【促进消费增长】　修改完善新一轮商贸政策，形成《关于加快推进商贸流通业高质量发展的若干意见》征求意见稿。完成《象山县商业网点规划（2020—2035）》编制评审稿，为改善消费环境、增强消费能力奠定基础。以规划为引领，推进万达广场、黄金海岸大酒店改造提升等全县42个商贸项目建设进度，其中万达广场大商业项目于12月3日开业。出台《象山县消费专班工作方案》，召开工作例会，研究促消费举措。开展购物节、海鲜美食节等促消费系列活动，组织县内各大商家开展多形式促销活动，支持行业协会举办家装节、家具博览会、汽车展等联合抱团促销活动，促进消费回暖，其中"2020春在象山"活动带动消费1.5亿元。开展海鲜餐饮品牌宣传，拍摄完成春季、夏季十六碗短视频并推广，启动"夏季十六碗"品鉴活动，创新举办第十八届海鲜美食节，确定一批象山海鲜美食体验店，开展创新菜烹饪大赛、百店带鱼宴品鉴等活动，挖掘餐饮消费潜力。

【推动电商发展】　扶持铭品商贸依托原有商贸企业产品、配送等优势，结合社区团购，发展"网上菜场"，在象山60个小区布点。探索线上直播，象山渔老大、陈鲜生等海鲜淘宝卖家纷纷试水直播，月均开展直播150余场次，月均销售海鲜产品1000余万元；象山永万红美人、徐鲜生等农渔业企业转型视频营销，粉丝逾10万人。与饷店集团展开战略合作，排摸象山农渔业等74家传统企业产品资源情况，协助象山产品入驻爱库存平台，实现"线下转线上"转型升级。1—12月全县实现网络零售额16.985亿元，同比增长16.6%。推动线上直播、短视频、社群营销等各类电商培训14场、活动16场，培训电商人才937人次，开展大型电商直播活动4场，涉及的行业有商业综合体、民宿、种植养殖、针织。加强电商园区管理，1—12月新引进电商企业37家入驻电商园区，孵化电商企业22家，实现园区网络零售额约3亿元。有序推进乡镇电商孵化园培育，爵溪互联网+时尚针织小镇项目面积约1.8万平方米，即将投入运营。石浦水产品电商市场一期项目用地面积约30.13亩，建筑面积6412.4平方米，计容面积9014.2平方米，配套超低温冷库等冷链仓库，配套车位113个，至年底基本建成。同时依托象山影视城明星和剧组资源，建成全国首个星素结合电商直播基地。

【商贸改革与行业监管】　开展机构改革，协助成立商贸集团，推进市场中心资产及编制、外经对外及对港澳台贸易职能及编制等各项划转工作。成立商贸行业专委会，编制商贸流通行业安全生产工作手册，开展破解难题安全整治、消控室整治、涌金广场燃气使用整治等专项整治行动11次。开展安全生产检查64次，出动人员198人次，整改隐患258处。做好预付卡商业纠纷调解工作，接收处理预付卡等纠纷投诉380余起。抓好典当、成品油、再生资源等重点行业监管工作，启动7家加油站（综合功能服务站）建设，其中3家建成运营。推进"搭把手"智慧绿色分类回收体系建设，建成县再生资源分拣中心。推进扫黑除恶、文明创建、平安综治、"一打三整治"、垃圾分类、全域旅游、反恐、"五水共治"等专项行动。做好商务领域东西部、山海协作等对口帮扶工作，共帮助对口帮扶地区销售农特产品7757万元，带动4573名贫困户增收，其中帮助龙井市17家带贫企业实现助销额5511万元，助销额列延边州第1,带动3466位贫困户增收;帮助敦化市14家带贫企业实现助销额2246万元,带动1321位贫困户增收。

【2020年春节市场供应情况】 春节期间市场保供情况总体平稳,协调大润发、世纪联华、三江等超市以及各农贸市场加强商品供应及储备,并启动生活物资监测日报制度。春节期间,共计储备粮食2200吨、食用油260吨、活体生猪3万头、冻猪肉120吨、鸡蛋250吨、蔬菜860吨,可基本保障群众日常所需。

【2020年春节期间象山县商贸消费情况】 受新型冠状病毒感染的肺炎疫情影响,年内春节期间消费市场出现大幅回落,全县25家重点监测企业共实现销售额3230万元,较2019年同期下降52.8%。其中,博浪海港城等大型商业综合体自1月27日(正月初三)起暂停营业,春节假期累计实现销售额400余万元,较2019年同期下降60%以上,人流量较2019年同期下降50%以上;大润发、世纪联华、三江3家超市累计实现销售额2036万元,较2019年同期下降26.5%,且以采购生活必需品等保障物资为主;苏宁电器、现代家电、太平洋家电3家重点家电卖场累计实现销售额30万元,较2019年同期下降67.4%。大众餐饮市场消费冷清,全县11家重点监测酒店饭店累计实现营业额230万元,同比下降78%。自1月24日(除夕)9时起,全县影剧院等文化休闲场所全部关闭,多家影院票房收入近乎为零。

【召开"不忘初心、牢记使命"主题教育总结大会】 1月14日,县商务局召开"不忘初心、牢记使命"主题教育总结大会,会议由党委委员、副局长吴寅主持,县委第十一巡回指导组副组长张储和局党委书记、局长徐颖峰分别作讲话,全体局机关干部职工、金溢公司、下属党支部负责人参加。大会通报"四大攻坚行动"行政奖励和通报表扬名单。周武获得"四大攻坚行动"个人行政奖励,孔森山、潘招夫、黄永久、武海挺、胡伟成5人获得通报表扬。

2月14日,县长包朝阳(右二)检查春节"菜篮子工程"

【包朝阳检查县春节前"菜篮子"保障供应工作】 2月14日,县长包朝阳一行首先到蓬莱菜场,详细了解该农贸市场的内部卫生状况、管理情况、经营秩序和农产品价格等,县商务局徐颖峰局长对春节前菜篮子市场供应情况做了汇报。还同农贸市场负责人、部分经营业主和消费者进行交流,重点询问了猪肉市场供应情况。随后,一行人来到大润发超市实地察看了超市内市场供应和食品安全保障情况,详细了解了商品价格、品种及市场销售情况。包朝阳肯定了"菜篮子"建设中心对于县春节菜篮子保障供应工作的作用,并叮嘱商务局和市场负责人做好春节期间消防安全和食品安全工作,维持农副产品价格基本稳定,更好满足节日期间的市场需求,让老百姓度过一个安全、祥和的春节。

【召开疫情防控紧急工作动员会】 1月27日,为做好新型冠状病毒疫情防治工作,县商务局召开疫情防控紧急工作动员会,传达学习了上级文件和会议精神。成立县商务局新型冠状病毒疫情防治工作领导小组,由局党委书记、局长徐颖峰任组长,下设工作组6组。连续召开防控工作措施专题研究部署会议,提出了14条疫情防控工作要求,制定工作指导分工表,由6个工作组紧密跟进各项防控工作任务,督促全县商贸企业提高风险认识,完善防控措施,有序应对疫情。初步形成了防控宣传、重要文件和会议精神传达以及信息报送等工作机制。

【开展商贸企业湖北籍员工大排查】 1月30日,县商务局会同乡镇街道,在全县范围内组织开展商贸企业湖北籍员工排摸统计和疫情防控工作,对企业内湖北籍员工及投亲靠友等情况进行详细排查,及时将排查情况报县防疫指挥部。督促企业抓紧与外地员工沟通,要求返乡的湖北籍员工暂缓回象复工,尽可能推迟湖北籍员工报到时间。要求商贸企业做好员工防疫知识普及教育,加强企业内部卫生管理、定期消毒处理,要求员工保持戴口罩、勤洗手等良好卫生习惯。同时,对因疫情影响而不能如期复工的商贸企业员工,保障员工合法的劳动权益,在实行隔离医学观察期间,应严格执行人力资源社会保障部办公厅《关于妥善处理新型冠状病毒感染的肺炎疫情防控期间劳动关系问题的通知》有关文件精神。排查行动期间,累计排查商贸企业170余家,共有湖北籍员工80余人,其中离象山30余人,均通知离象山返湖北员工暂缓在象。

【胡军调研城东市场疫情防控和市场保供情况】 1月30日，市委常委、统战部部长胡军到县商务局下属城东市场检查市场疫情防控和菜篮子商品保供情况，县委书记叶剑鸣等陪同调研。在城东市场，胡军详细了解了蔬菜、肉类、水产等群众日常生活必需品的供应以及价格情况，并嘱咐市场负责人加强市场防疫保供工作，同时嘱咐经营户们提高个人防范意识，做好日常防控工作，特别是佩戴好口罩经营。县商务局落实专人密切关注市场运行情况，同时在前期春节期间市场保供部署基础上，落实好防控疫情期间生活物资的储备保障和供应工作，建立与企业24小时联系制度，启动生活物资监测日报制度，加强货物储备监测和调运指导，协调全县大润发、联华、三江等超市以及各农贸市场加大市场商品供应及储备，确保各大菜场、超市供应稳定。同时将告知书发放到所属市场每位经营户手中，督促经营户戴口罩经营。加强疫情消毒力度，每日对所属12个农贸市场进行全方位消毒，日均消毒面积达333110平方米，确保市场防疫安全。

【发动商贸系统各行业助力疫情防控】 2月1日，县商务局在对全县商贸企业进行排查的同时，告知疫情防控注意事项及县里的防疫通告，督促商贸企业严格遵守县疫情防控指挥部规定，号召商贸系统各行各业参与疫情防控工作。县餐饮协会响应号召，主动助力疫情防控工作，为高速卡口工作人员免费提供中餐与晚餐，海洋酒店、东谷湖酒店、陈家大院、第二碗面馆等餐饮企业第一时间参与，郑建平、陈侠等大厨陆续加入送餐志愿者队伍。

【多措并举，做好农贸市场疫情防控工作】 为抗击新型冠状病毒感染的肺炎疫情，县商务局下属单位县市场开发中心采取多种手段做好所属农贸市场疫情防控工作。根据县商务局肺炎疫情防控工作的安排，县市场开发中心在1月26日至2月2日期间，在所辖农贸市场发放《象山县新型冠状病毒感染的肺炎疫情防控指挥部通告》5000余份，通过电子屏幕、广播等方式每日在市场内循环播放。同时自拟《告知书》发放到市场内每位经营户，要求生产经营时戴口罩，并签署回执单。1月22日，县市场中心购买1000个口罩发放给全体工作人员，要求工作人员戴口罩上班，做好自身的防护工作。1月26日，市场内经营户普遍反映采购不到口罩，向市场管理人员索取。1月30日，县市场开发中心通过多种渠道购买了3900个口罩，免费发放到所辖市场经营户手中，要求经营户必须戴口罩生产经营。县市场开发中心对所属农贸市场2600余名经营户进行登记，共排摸出17名与湖北籍经营户及其家属。对返乡的湖北籍经营户逐一通知要求农历正月十五之前不得回象山；对未返乡的湖北籍经营户要求其不要出象山，不要与去过湖北的老乡聚会碰面，注意自己的身体健康。农贸市场是聚集性场所，每日有大量的未知人员进出市场，为了做好新冠肺炎疫情防控，市场开发中心采购温度计，要求市场管理人员每天对市场内经营户进行体温检测，做到早发现、早治疗。邀请专业的消杀公司对所辖农贸市场进行日日消毒，消杀面积达33万余平方米，做好环境消毒，防止疫情扩散。

【实现大型营业超市、所辖农贸市场体温检测全覆盖】 型超市、农贸市场作为群众采购日常生活必需品的重要场所，人员流动大，存在较大的扩散风险，为做好农贸市场新型冠状病毒疫情防控工作，县商务局根据象山县新型冠状病毒感染的肺炎疫情防控指挥部第六号通告，于2月5日开始对大型营业超市、所辖农贸市场内工作人员、经营户和出入市民使用红外测温枪进行体温测试，并且严格限制农贸市场出入口的数量，加强日常防控管理。截至2月6日，为大型营业超市、所辖农贸市场配备配足红外测温枪75支，确保全县大型营业超市、所辖农贸市场体温检测全覆盖。体温检测统一使用远红外额温枪，佩戴一次性手套，在大型营业超市、农贸市场的各个入口均由专门的工作人员为场内工作人员、经营户和出入市民测量体温，体温正常方可进入。一旦发现体温异常的人员，禁止其进入市场，引导其前往医院发热门诊就诊，并且登记告知属地乡镇（街道）采取相应措施，确保隐患无遗漏。

【召开开局商贸流通业复市工作会议，成立复市工作领导小组】 2月11日，为贯彻县新型冠状病毒感染的肺炎疫情防控指挥部的统一部署，落实“存量防扩散、增量防输入”的防控总体要求，县商务局召开局商贸流通业复市工作会议，成立复市工作领导小组，下设5个工作组，明确商贸企业复市方案，制定复市实施细则，建立指导标准，着力帮助商贸企业、商户协调解决在疫情防控和恢复生产等方面存在的问题。县商务局按行业分类管理，根据行业特点将商贸复市行业分为“优先保障类企业、有序复市类企业、控制复市类企业”三类，实施“一行一策”分类分批管理，重点支持全县疫情防控必需、群众生活必需以及其他涉及重要国计民生的商贸企业，对其他商贸企业做好稳步复市的指导，但是商业综合体、专业市场等相对密闭、人员相对集聚的经营性场所仍要求其暂时等待通知。联合属地乡镇街道、功能园区安排每日前往商贸企业现场，实地勘查企业开工准备情况。5个工作组与乡镇街道联合开展复市工作，通知并指导商贸企业、商户登录复市系统，通知复市商贸企业251家，商户3108户，涉及返象复市人员968人。

【制定象山县商贸服务业疫情防控复工（复市）管理实施细则】 2月14日，为减轻疫情对商贸流通业的影响，保障商贸流通业有序复工，县商务局制定《象山县商贸服务业疫情防控复工（复市）管理实施细则》，并指导首家个体工商户复市。

【县市场开发中心所属4个专业市场全部复工】 2月21日，县商务局下属单位县市场开发中心根据上级相关规定,有序推进所属象港再生资源市场、木材市场、石材市场、日用品市场这四个专业市场的复工复市工作。各专业市场在原先排摸基础上,按方案做好回象山经营户信息排查、市场消毒杀菌、配备防疫物资等工作,并电话一一告知经营户做好复工工作后在当日全部复工。复工后,县市场开发中心指导经营户申领甬行码,对市场进出人员进行体温测量,场内做到一日两次消毒,免费发放口罩,要求复工经营户佩戴口罩生产经营,建立临时隔离室等疫情防控措施。

【开展宾馆(酒店)安全检查】 3月9日至12日,县商务局联合住建、公安、消防大队等部门,成立专项检查小组,对宾馆酒店进行安全专项大检查。检查小组重点对宾馆酒店的建造时间、建筑结构、消防设施、疏散通道等进行详细了解和检查,同时对企业安全生产责任制、安全规章制度和操作规则、隐患排查治理、员工应急培训等情况进行现场提问,对检查中发现的有建筑安全隐患以及安全管理制度不完善、应急灯损坏、灭火器过期、消控室无人值班及单楼梯超面积经营等隐患问题,检查小组现场告知企业负责人,立即整改,要求在规定时限内整改完毕,检查小组还采取“回头看”形式跟进落实隐患问题整改情况。

【组织召开商贸政策座谈会】 4月8日,为做好新一轮商贸政策修订工作,县商务局组织召开了商贸政策征求座谈会,邀请了镇(乡)街道及县内重点商贸企业共10家单位代表参加。座谈会上,各参会代表分享交流了疫情给企业带来的影响、商业模式以及在经营发展中遇到的难点痛点,并对政府日常管理、政策支持等方面提出了诉求和建议。县商务局有关负责人针对企业提出的问题,根据各自职责给予了“一对一”的回应。

【开展安全生产检查工作】 4月9日,县商务局副局长徐辉带队开展商贸企业安全生产检查工作第三方安检公司协同参加。徐辉一行先后前往蓬莱装潢市场、天华家具城、大贸五金市场等地,进行全方位的安全生产及消防安全检查,排查存在的安全生产隐患,确保企业生产安全。每到一处,小组成员都现场与市场负责人一起查看安全管理、安全设施等情况,并指出存在的问题和薄弱环节。针对部分存在的安全设备故障、线路私拉乱接、“三合一”等问题,要求有关单位第一时间进行整改。本次行动中,各小组详细检查了企业防疫、复工复产情况和机械作业、供用电、高空作业安全情况。检查组发现虽然检查总体情况,但存在一些安全隐患,如消防设施老化、现场缺少消防安全警示标志等,检查组责令企业对存在问题限期整改。

【组织开展直播培训】 4月15日,县商务局在博浪海港城四楼举办“直播+电商”新模式培训班,培训邀请北京菩善堂电子商务有限公司运营总监马辛,从专业角度讲解如何玩转直播加电商,引导企业和商户尝试销售新模式,打开销售新渠道,助推传统商贸业态转型升级。

【组织短视频及社群营销电商培训】 4月22日,县商务局分别在新桥、定塘镇组织开展了短视频及社群营销电商培训,引导商户尝试销售新模式,打开销售新渠道,助推农村电商发展。

【组织召开“后疫情”时期促消费座谈会】 为了解“后疫情”时期重点商贸行业运行情况,研究商讨下阶段促消费举措,4月29日,县商务局组织召开“后疫情”时期促消费座谈会,县商务局局长徐颖峰主持,象山县副县长张微燕、县旅游发展中心副主任包春成及15家县内重点商贸企业、行业协会代表参会。座谈会上,各企业代表分享交流了近阶段经营情况、经营中存在的问题及下步促销打算,并对政府促消费政策提出意见建议。各行业协会代表交流了当前行业整体运行情况及下步发展趋势分析,对行业发展提出意见建议。县商务局局长徐颖峰针对企业提出的问题和建议,给予了“一对一”的回应。

【承办象山县第一届旅游商品大赛】 5月27日,象山县第一届“吉祥东海,象山游礼”旅游商品大赛正式启动。本次大赛由象山县人民政府主办,象山县旅游发展中心、象山县文化和广电旅游体育局、象山县商务局承办,象山县经信局、象山县农业农村局、象山县水利和渔业局、象山县供销联社、象山县文联、象山县传媒中心、宁波建设工程学校、象山县旅游业协会商品分会协办。大赛一直开到9月15日。获奖旅游商品将编入“象山游礼特色旅游商品名录”,并纳入旅游市场营销推广,优先进入象山特色旅游商品新零售渠道、线下体验店和线上旗舰店,并在旅游文化市集集中展示。同时给予象山县旅游产业扶持政策相关支持。

【召开消费专班工作例会】 5月27日,县召开消费专班工作部署会,落实全省、全市二季度工作部署会议精神,部署推进全县消费专班争先创优行动。会上,各专班组分别讲解了专班考评办法及指标分解,牵头单位作发言,各成员单位代表作交流发言。会议指出,年内突如其来的疫情给全县经济带来了前所未有的冲击,应对疫情带来的经济下行风险,成为保障社会经济健康平稳发展的重中之重,专班要按照要求,以月度、季度确定性工作来化解年度的不确定性,全力以赴逐月逐季夺回经济损失,完成年度各项目标任务。

【推行“文明餐桌,公勺公筷”行动】 5月28日,象山县商务局联合象山餐饮协会、象山电视台开展“文明餐桌”行动,选择了1家酒店(海洋酒店)、3家知名餐饮企业(海上名都大酒店,丈母娘厨房,帖阁碧饭店)进行试点推广。

【举办对口协作地区农特产品品鉴会】 5月28日,由县商务局、县对口支援和区域合作局、县总工会、县供销合作社联合社主办,宁波山耕农业发展有限公司、象山供销电子商务有限公司(象山馆)、象山县粮食收储有限公司承办的对口协作地区农特产品采购象山品鉴会活动在象山县名特优产品展销体验中心举行。品鉴会主要活动有东西部协作对口地区吉林省延边州龙井市、敦化市,山海协作对口地区浙江省丽水市(遂昌县)农产品品鉴及相关农特产品介绍;各单位工会采购政策咨询;各单位工会福利费采购与线下实体店签订采购意向协议或采购意向方案探讨。据不完全统计会上达成采购意向金额约100万元。

【开展首批消控室管理人员培训】 6月3日,为消防安全管理,县商务局对各大商超、商业综合体、专业市场消防管理员及消控值班人员开展“消控室管理培训”。此次现场培训由商务局牵头,委托宁波龙瀛安全技术服务有限公司的工作人员为前来学习的企业职员进行智能消防管控系统和智慧消防服务平台的介绍以及海湾、利达两台主机的操作、识别、多种信息查询、总线多线制的启动等讲解。培训中,消防工程师向参训人员详细介绍了消防控制室管理基本操作、火警故障监管应急处理方法、交接班注意事项和填写规范以及“四懂四会”的具体内容,重点讲解了火情突发事件处理流程中火情发生关键时间点、消控室值班人员的操作程序及处置方法,并强调了消防管理员以及消控室人员的工作纪律。同时,消防工程师对日常工作中容易出现的问题进行分析和指导,让消防监控室管理值班人员真正掌握各项消控室应知应会知识,做到管理制度完善、专项档案规范。

【召开全县家政服务业信用体系建设培训会】 6月4日,县商务局在海洋酒店海洋厅召开培训会,全县共80余家家政服务企业参加。会上,县商务局相关科室负责人强调了县家政服务信用体系建设的重要性,并对县家政服务业信用体系建设任务进行了布置安排。此次培训会还邀请了市“81890”服务中心严洪海主任和家政服务行业资深讲师刘余静主讲,主要介绍了如何依托信用信息平台帮助家政服务企业上平台注册,并协助填报家政从业人员信息以及建档立卡的网上信息录入。

【开展电商下乡培训】 6月8日,县商务局联合部分乡镇组织开展了为期3天的短视频营销新模式的电商下乡培训活动,全县共120余家种养殖户、传统商贸企业参加。本次培训以“短视频营销”“直播带货”为主题,旨在引导种养殖户、传统商贸企业通过电商直播、社交营销开启“云逛街”等新模式,转变固旧的思维模式,加快推进传统农渔业商户数字化转型,助力农村电商发展。此次培训以直播带货、短视频拍摄技巧为切入点,围绕抖音直播平台的特点、短视频的拍摄基础与技巧等内容分别从用户、玩法、算法、技术、音乐、传播进行了详细讲解,并以县“红美人”柑橘为例,解析利用短视频进行营销的实操方法,让学员真正掌握短视频平台的运用。随后,现场实操抖音、剪映平台促销象山“红美人”柑橘、象山紫菜、高塘西瓜等本地农产品,为参训人员手把手解疑答难。

【欢乐家园临时集贸点正式营业】 6月8日,欢乐家园临时集贸点正式对外营业,解决了长期以来欢乐家园“路摊市场”“脏、乱、差”等现象。欢乐家园农副产品临时集贸点由城投集团投资建设,位于欢乐家园一期与二期的东面,设有80个固定摊位,开设水产、蔬菜、白肉、粮制品等行业,每天早晨6时对外营业。为维护临时集贸点内的经营秩序和环境卫生,县城投集团全权委托市场开发中心管理,市场开发中心城东市场自4月起,指导临时集贸点场内摊位布局,引导“路摊”经营户入驻临时集贸点。6月由城东市场派出经验丰富的管理人员,助力临时集贸点管理,确保欢乐家园临时集贸点环境整洁、经营秩序良好。

【农贸市场落实亮码+测温+戴口罩措施】 6月16日,象山县疫情防控指挥部发布第二十三号通告:继续守好“小门”,落实“亮码准入”制度,农贸市场落实“亮码+测温+戴口罩”管控措施。6月17日,县商务局下属单位市场中心采购1万只口罩,无偿分发给市场内经营户和管理人员。6月18日,市场中心所辖13家农贸市场开展“亮码+测温+戴口罩”措施。各市场结合实际情况,减少进出口个数,在人流量较少的农村市场只开设一扇门,城区农贸市场留两扇门以上。每个门口配备4—5名工作人员,在入口测体温,引导市民科学佩戴口罩。对监测发现的体温异常人员,立即采取临时隔离措施,安排其到医疗机构排查诊断。

【开展中石化石浦油库和象山县安信民用爆破服务有限公司安全生产检查工作】 6月22日,象山县副县长张微燕与县商务局安全生产相关负责人带领商贸行业安全生产(消防)专业委员会对中石化石浦油库和象山县安信民用爆破服务有限公司开展安全生产检查。张县长在此次检查中提出要求:要提高思想站位,认识安全生产工作的重要性,提高安全生产意识,加强对员工的安全培训;要落实各项安全防范措施,加强日常自查,做好安全生产工作,确保人民群众生命财产安全。

【开展庆祝中国共产党成立99周年系列党建活动】 6月29日,县商务局部分党员走访慰问了中华人民共和国成立前老党员。详细询问了他们的身体状况,并向他们转达了其他党员的问候和节日的祝福。6月29日,县商务局党员代表在社区负责人的陪同下,先后走进9户困难党员家中,同他们拉家常、问冷暖,询问了家庭情况和身体状况,鼓励他们坚定信心,保重身体,为他们送去了慰问品。6月30日,县商务局组织机关党支部党员和下属各支部书记30余人赴泗洲头镇墩岙村开放式组织生活基地学习,参观了墩岙村的村民说事长廊、乡贤工作室等新农村建设;重温入党誓词;学习党章党规党史和习近平总书记的讲话精神,增强党员的党性观念,保持共产党员的先进性。7月1日,县商务局党支部联系结对的大徐镇政府,开展“点亮微心愿、争做圆梦人”为主题的党员爱心圆梦行动。

活动中，4名困难群众的心愿均被认领并帮助实现。

【联合整治汪家河菜场外围环境】 7月1日，县创建办牵头联合县综合行政执法局、市场监管局、县商务局下属单位市场开发中心、公安交警等单位，对汪家河菜场外围的流动设摊、跨门经营、车辆乱停等乱象依法依规开展综合整治。经过连续两天的整治，流动设摊和占道经营现象明显改善。

【推进蓬莱菜场内围道路改造工程】 由于地面破损、地下管道堵塞、年久失修等原因，7月7日起县商务局下属单位市场开发中心联合县创建办、县市场监督管理局、县住建局、丹西街道、县水务集团等15家单位，连续召开5次会议，明确了蓬莱菜场内围道路改造工程方案。蓬莱菜场内围道路改造工程从7月初开始立项推进，年底改造完成，由市场开发中心投资383万元。工程主要对蓬莱菜场内围道路的排水管、路面设施等进行改造。其中排水管道的敷设符合雨污分离的排放标准，考虑到周边商铺多为餐饮点心行业，还安装了隔油池。

【对接电商平台，帮助解决传统企业产品滞销问题】 7月8日，县商务局副局长徐辉带队县传统针织企业和农产品业企业代表赴上海与“爱库存”电商平台进行对接，帮助解决后疫情时期象山部分对外及对港澳台贸易企业、农渔产品企业产品滞销库存等问题，促进传统对外及对港澳台贸易企业、农产品企业“外转内”“线下转线上”等转型升级。徐辉副局长介绍了象山针织、农渔业等主要产业情况、当前遇到的问题以及下步对接的需求。双方就传统制造产业数字化转型升级、农产品上行体系化建设、建立象山名品馆、建立区域电商信息互通机制等方面合作进行了探讨。

【组织企业参加电商游学活动】 为加快助推后疫情时期县传统针织、农渔业、商贸等产业转型，7月15日至17日，县商务局组织象山30余家传统企业赴杭州“斑马会员”“百草味”“巨量引擎”“谦寻MCN机构”等交流学习。各企业相关负责人热烈相迎并对本公司的电商发展模式予以详细介绍。通过参观新型的网红直播基地，亲身感受杭州电商直播行业、社交电商新业态的工作环境与氛围，学员们对直播新零售模式有了新认识、新思考。

【县人民政府副县长张微燕对县商务局党委理论中心组学习开展巡听】 7月21日晚上，县商务局召开党委理论学习中心组会议。县人民政府副县长张微燕到会指导，县直机关工委副书记方鹂，县委党校党委委员贺华茂，县市场监管局、县旅游发展中心、浙台经贸合作区管委会、县水产城发展管理中心、县金融工作管理中心、县旅游集团、县商贸集团等单位分管领导到会巡听，县商务局党委理论学习中心组全体成员参加会议。会上，局党委书记、局长徐颖峰率先介绍了局党委理论中心组学习情况。接着由副局长徐辉领学了《中国直播电商行业发展现状及趋势分析》，从正面和反面两个角度分析研究了直播电商行业。潘招夫、吴寅、陆吉良、周武、丛海燕等中心组成员围绕学习主题，分别从数字菜场打造、电商人才培养、互联网时代传统酒店的转型、电商对消费的影响、成品油行业电商情况等方面作了交流发言，谈体会、说想法、分析不足和问题，研讨解决方法。

【召开餐饮行业安全生产讨论会，建立消防安全学习小组】 为贯彻落实全县安全生产会议精神，8月3日，县商务局与县餐饮协会及第三方安全检查公司召开了象山餐饮行业安全生产小组讨论主题会议，这次会议再次强调了安全生产的重要性。讨论会上，流通安全管理科副科长黄永久带领大家学习了《中华人民共和国安全生产法》《中华人民共和国消防安全法》《生产安全事故应急条例》中的相关法律法规，并建立消防安全学习小组，定期进行安全知识学习。会后安全生产小组实地察看了酒店安全管理情况并提出建议。

【以文件形式明确发展夜间经济八大任务】 8月13日，县政府印发了《关于加快夜间经济发展工作方案（2020—2021）》（以下简称《工作方案》），以挖掘居民消费潜力，繁荣县夜间消费市场，构建多元、融合发展的夜经济格局。根据《工作方案》，县将通过发展夜间购物、夜间美食、夜间娱乐、夜间旅游、夜间文化、夜间体育这六大消费领域，力争在两年内建成县级及以上夜间经济特色商圈3个、特色街区4个，打造一批富有象山特色的夜间经济品牌活动。《工作方案》明确建设品质“夜商圈”、培育特色“夜街区”、打造网红“夜游地”、做靓品牌“夜食点”、品味象港“夜韵律”、尽享城乡“夜书香”、发展健康“夜运动”、美化城市“夜环境”这八项发展夜间经济的任务。

【举办县“推行公筷公勺　共建文明餐桌”进酒店活动】 8月18日，由象山县商务局主办，县文明办、县餐饮协会承办的象山县“推行公筷公勺 共建文明餐桌”进酒店活动在海洋酒店举行。活动中，相关负责人向酒店代表赠送1000双“公筷”，倡导酒店为顾客用餐提供公筷，助推文明餐桌新风尚。此次活动共走访了3家酒店，分别为海洋酒店、海上名都酒店、丈母娘饭店。之后又陆续给其他相关餐饮点发放了公筷。

【开展专业市场及大型超市安全生产专项检查】 为商贸行业安全隐患排查整治，防范遏制各类安全事故发生，县商务局于8月26日联合消防执法大队成立了专项检查小组，对县各大专业市场及大型商超进行安全生产专项检查行动。此次行动专项小组成员对县财富中心广场、云发油漆市场、欧德隆购物广场等地进行了安全生产专项检查检查内容为：市场主体是否合法、经营主体的经营行为是否规范、各类消防安全隐患是否存在。同时，检查组坚持问题导向，督促各专业市场及大型超市对存在的安全问题及时整改。

【开展岸基加油点安全专项检查行动】 9月9—10日，为确保第二十三届开渔节期间生产安全，县商务局检查组开展了“开渔节前”岸基加油点安全专项检查行动。检查组先后对中石化股份有限公司浙江宁波石浦油库及岸基加油点9家，中石油岸基加油点3家，民营岸基加油点9家进行了安全专项检查。在检查过程中，检查组对被检查企业的消防设施、安全生产工作制度、供油台账建立情况以及成品油企业是否存在向“三无”船只供油等情况进行了重点检查。从检查的情况看，大部分岸基加油点比较重视安全管理工作，但仍有个别加油点存在消防灭火器材损毁、过期现象；对存在的问题，检查组现场责令企业进行了整改。

【举办象山—延边—丽水消费扶贫集市活动】 9月20日晚，2020年象山—延边—丽水消费扶贫集市活动在象山国际风情街举办。本次活动由象山县商务局、象山县扶贫办、象山县供销联社共同举办。此次“消费扶贫集市”活动首创“集市+夜市”模式，将消费扶贫融合到夜市经济中。优质扶贫产品展销从当天6时一直到21时。

【召开象山县商贸行业安全生产（消防安全）专业委员会工作会议】 9月22日，县商务局组织召开商贸行业安全生产（消防安全）专业委员会工作会议，专委会副主任周增培、徐颖峰以及县应急管理局、县卫生健康局、县公安局、县住建局、市生态环境局象山分局、县综合行政执法局、县市场监管局、县旅游发展中心、县消防大队等成员单位分管领导参加会议。会议首先通报了县商务局以及专委会上半年安全生产工作情况。会上指出，制定方案，明确清单。以安全生产法律法规法定责任和部门机构“三定”职责为安全生产监管基石，梳理商贸行业的安全生产（消防安全）监管、专项监管、属地管理和行业管理的职责权利，试行分级分类监管，明确各成员单位职责和管理边界，确保商贸行业安全生产管理全领域全覆盖。

【召开电子商务园区安全生产专项会议】 9月23日，县商务局组织召开电子商务园区安全生产专项会议。此次会议参加对象为县商务局、电子商务园区有关管理人员及第三方安全生产检查公司代表。会议结束后县商务局和第三方安全生产公司相关人员在园区安全负责人的带领下现场检查了园区多地安全情况，并对不足之处现场指出。

【召开三季度全县商贸经济运行和商贸固定资产投资工作推进会】 9月23日，县商务局组织召开三季度全县商贸经济运行和商贸固定资产投资工作推进会。县商务局主要领导和分管领导，县统计局、县招商发展中心等单位分管领导，全县18个镇（乡）、街道分管商贸工作负责人参加了此次会议。会议首先由县商务局总经济师周武通报了1—8月主要商贸经济指标运行情况和商贸固定资产投资完成情况。其间，县统计局、县招商发展中心等部门就商贸经济指标作了补充发言和要求。随后，各镇乡、街道商贸分管领导围绕各自商贸工作实际，重点对1—8月商贸指标完成情况、商贸固定资产投资、新增限上商贸企业排摸情况、下阶段推进打算等内容开展一一交流发言。会议最后，县商务局局长徐颖峰作了总结发言。

【组织开展餐饮行业一业联管节前重点区域联合检查行动】 9月25日，为推进餐饮行业一业联管，做好国庆节前餐饮行业食品安全和安全生产等工作，县商务局联合县市场监管局、县应急管理局、县综合行政执法局、市生态环境保护局象山分局、新桥镇、石浦镇、丹西街道、影视文化产业区管委会进行联合检查行动。此次行动重点检查的餐饮区域为丹西街道花鸟市场、影视城黄公岙村以及石浦老水产城海鲜排档。检查过程中，检查人员重点检查了餐饮企业消防设施、器材是否保持完好，安全出口、疏散通道是否畅通无阻，操作间烟道是否按时清理，员工是否掌握消防安全常识和基本技能，液化气使用是否规范，电器线路敷设是否符合要求等情况。检查中发现，大部分饭店的消防环境有很大改善，然而还是有部分饭店存在忽视防火安全现象，如餐馆厨房烟道的油污太多，油污和灰尘附着在墙壁、烟道和抽油烟机的表面，如不及时清洗，温度过高很容易引发火灾，一旦发生火灾，火势很容易蔓延。同时还存在电线、插座设置不合理，电线未按规定穿管等安全隐患。对此，执法人员当场印发《责令改正通知书》，要求饭店负责人在规定的期限内完成整改，同时向饭店负责人和服务员解说火灾隐患的危险性。

【开展助力农村电商——红美人线上营销专题培训】 为推动农业与互联网结合发展，落实高质量发展要求，助力乡村振兴发展，更拓展红美人的线上销售渠道。县商务局于9月28日在晓塘乡柑橘服务中心开展了“助力农村电商——红美人线上营销专题培训”。本次培训由宁波市助创企业管理服务有限公司承办，并邀请了拥有丰富农村电商实战经验的卢弈衡讲师前来授课。卢老师介绍了电商与红美人销售的关系，教导大家如何拍摄优质的电商视频，并结合实际商户的抖音视频分析他们的缺点，当场提出改进意见。此次培训参训商户共计66家。

【开展国庆节前商业综合体安全生产检查工作】 为加强安全生产监管工作，确保节日期间人员密集场所安全生产形势稳定，9月30日，县商务局开展国庆前商业综合体安全生产检查工作，对三江超市、仟家易麦、壹街区等重点地段进行了安全检查。同时，告知各相关商业综合体安全负责人，要贯彻执行节日期间各项安全制度，落实值班、应急救援保障措施。

【指导举办第四届象山柑橘文化节暨高塘岛乡红美人采摘季】 11月15日，第四届象山柑橘文化节暨高塘岛乡“红美人”采摘季正式启幕。本次活动由市商务局、市文化广电旅游局具体指导，象山县高塘岛乡人民政府、象山县农业农村局、象山县旅游发展中心、象山县供销合作社联合社主办。此次高塘岛乡“红美人”采摘季以“2020 浙江金秋购物节”为依托，通过举办橘林音乐会暨乡野集市，网红达人果园淘宝直播，象山高塘岛乡农特优品电商、商会金秋市场对接会等活动，挖掘柑橘文化，推广高塘岛乡省柑橘之乡品牌，搭建柑橘产销平台，推动农旅文深度融合，展示“仙源高塘，神奇之岛”品牌形象。11 月 15 日，象山高塘岛乡农特优品电商、商会金秋市场对接会在花岙岛上举行，市商务局副局长、党组成员缪永法出席活动并致辞，象山县商务局、高塘岛乡负责人，宁波各类商会、农产品电商平台代表，文旅专家，高塘乡贤、种植户代表、象山柑橘产业联盟高塘岛分联盟代表等参加了此次会议。

【举办电商网红技能培训会】 11 月 17 日，由象山县商务局主办，筑梦空间—象山县电子商务创业园承办的电商网红技能培训会在象山县电子商务创业园开展。本次电商网红技能培训培训，以网红直播为主题，面向象山县电商从业人员及对网红直播感兴趣的人员。本次培训的讲师卢奕衡是宁波大学科技学院特聘电商实战教授、浙江工商职业技术学院电商学院电商实战讲师、宁波市鄞州千鼎网络科技有限公司创始人兼总经理。在授课过程中卢老师通过视频现场教学网红直播，并结合现有的网红直播分析其优缺点，还与学员探讨如何录制抖音、制作文案等营销手段。

【举办象山县企业“走出去”交流会】 为更好地加强对“走出去”企业项期咨询评估、期中谈判推进、后期发展等全程的各方面服务，11 月 24 日，象山县商务局联合宁波市商务局在象山海洋酒店举办“象山县企业‘走出去’交流会”。中信保、进出口银行、国投公司、盈科、江泰优投、太平财险等宁波“走出去”服务联盟成员单位，与县 18 家企业负责人进行了面对面的互动交流，双方就在境外投资过程中遇到的问题和服务需求进行了有针对性的探讨和互动。

【组织观摩“商业综合体消防应急演练暨反恐防暴演练”】 11 月 26 日，为贯彻平安建设相关文件以及县消安委办组织开展“119”消防宣传月活动方案精神，提升商贸流通企业消防与反恐意识，提高应急处置能力，县商务局组织各乡镇（街道）商贸工作分管负责人、商贸行业专安委成员单位负责人及重点商贸企业负责人等在万达广场举行象山县商业综合体消防应急演练暨反防爆演练。演练结束后，支队灭火救援指挥部组织参演队站进行了点评，肯定了演练取得的成效，同时，就如何做好下一步综合性应急救援工作提出了工作要求。

【象山第一家万达广场开业】 12 月 3 日，象山第一家万达广场开业，万达影城、世纪联华—鲸选、大玩家、海底捞、钱小奴等 12 家主力店、168 个知名品牌入驻。12 月 3—6 日，实现销售 5364.74 万元。

【公布首届象山海鲜美食短视频大赛获奖作品】 11—12 月，县推出第十八届宁波象山海鲜美食节系列活动——首届宁波象山海鲜美食短视频大赛。本活动由象山县商务局主办、象山县短视频联盟承办，其间数百位视频爱好者参与了征集活动，经过作者申报、部门和专业人员联合评比，评选出一等奖 1 名、二等奖 2 名、三等奖 5 名、人气奖 3 名。一等奖：《望潮》（墙头文旅）；二等奖：《我和象山海鲜美食》《海鲜面》（励宛真）；三等奖：《咸鱼》（高赛丹）、《醉虾》（楼淡淡）、《食在石浦》（邱燕娜）、《象山爱情故事——马鲛鱼》（宁波宇阳文化）、《椒盐带鱼》（吴佳麟）；人气奖：《渔家喜宴》（陈妍冰）、《一碗海鲜面》（陈喜喜）、《盐焗大杂烩》（胡晓峰）。

【组织短视频制作培训会】 2020 年 12 月 29 日，由象山县商务局主办，筑梦空间—象山县电子商务创业园承办的短视频制作在象山县电子商务创业园开展。本次培训，以短视频制作为主题，面向象山县电商从业人员及对短视频制作感兴趣的人员。本次培训的讲师温腾是独立摄影师、独立制片人，宁波鄞州知止文化传媒有限公司创意总监，《农人记》联合制片人。温老师先从拍摄的硬件设施入手，给学员介绍了不同的镜头，以及分享了不同镜头拍摄的效果。

（章恒瑜）

12 月 3 日，宁波象山万达广场开业

对外及对港澳台贸易

【概况】 2020年，县对外及对港澳台贸易受新冠肺炎疫情影响，下滑明显，对外及对港澳台贸易总量缩减。全年对外及对港澳台贸易出口额为153亿元人民币，同比下降17.1%，低于全市水平24.4个百分点。全年对外及对港澳台贸易进出口额为169亿元人民币，同比下降16.5%，低于全市水平23.2个百分点。

【出口行业结构受限】 针织行业、水产品、汽车配件行业是县出口的主要行业，是受疫情影响最严重的行业，其中1—12月针织行业出口占比为36.82%，出口同比下降了18.67%；水产品出口占比为5.83%，出口同比下降了14.22%；汽车配件出口占比为2.69%，出口同比下降了21.49%。

【出口市场结构受限】 美国和欧洲市场是县出口的主要市场，占了县近一半的出口占比，而美国和欧洲市场是受此次疫情影响最严重的国家和地区，其中1—12月美国市场出口占比为28.24%，同比下降10.79%；欧洲市场出口占比为21.53%，同比下降了17.12%，特别是英国、德国等主要欧洲国家出口同比分别下降25.81%、24.04%。

【出口重点企业恢复受阻】 由于国外疫情发展仍然呈蔓延状态，出口需求依然低迷，县重点出口企业出口形势仍不容乐观。出口总额最大的中瑞公司，1—12月累计出口为3.93亿美元，同比增长1.87%；排名第三的华翔集团累计出口1.14亿美元，同比下降5.75%；排名第四和第六的森语和博禄德公司累计出口分别为1.06亿美元和4502万美元，同比分别下降31.93%和35.05%。

【助力企业复工复产】 疫情期间，出台多项稳对外及对港澳台贸易举措，帮助企业应对疫情尽快实现复工复产。推动企业真正实现复工复产又复销的局面。二是加快出台新的扶持政策。针对国内外疫情带来新的影响，出台了“对外及对港澳台贸易惠企6条”政策和“象山县促进开放型经济稳定发展的若干意见”，为县对外及对港澳台贸易企业及时提供政策支持，加快企业复工复产的进程，特别是“象山县促进开放型经济稳定发展的若干意见”，新增财政扶持资金近1000万元，重点从鼓励企业拓市场、金融支持、信用保险、参展扶持、支持新业态发展等方面，为外经贸企业提供帮助。三是帮助企业扩大出口领域，推动防疫物资的出口。推动县4家企业成为医用防疫物资出口白名单企业，推进县民用防疫物资的出口，宁波中瑞进出口有限公司、宁波森语国际贸易有限公司、宁波瑞莱医疗科技有限公司等企业合计出口民用口罩等防疫物资达7800多万美元。

【电商融合】 受到疫情影响，年内绝大部分的线下展会都取消或转成线上展会，因此2020年加大组织和举办企业线上展会和活动的力度。重点做好企业参加网上广交会、网上华交会、浙江网上出口展、宁波网上出口展等重点网上展会的组展工作，特别是第127届和第128届网上广交会，全县共组织55家和56家象山企业参加2次网上广交会，帮助企业在疫情期间通过网上广交会的形式收获一批意向的订单；同时县主办了“2020象山纺织服装出口中东地区线上展”和“2020象山出口商品新加坡网上展”两场网上展，36家企业参展并有针对性地扩展客源；另外，还加强推进企业的出口转内销工作，组织53家企业参与拼多多、“来发”带货直播等专场平台活动，取得一定效果。线下方面，重点组织企业参加第三届中国国际进口博览会，县共有136家企业、268人次报名参加，龙元、乐惠、英海等公司纷纷达成进口意向，进口意向项目总额达到7110万美元。

【资金扶持】 根据相关外经贸企业2019年的实绩和政策要求，在对企业申报的材料进行审核后，及时为外经贸企业兑现相关政策奖励，全年共为722家次企业获得了总计3530.36万元的奖励，为企业开展进出口业务和走出去进行外经合作提供鼓励和引导。

【风险管控】 一方面，继续加强“象山县小微对外及对港澳台贸易企业代理平台”和“象山县小微对外及对港澳台贸易企业出口信用保险政府统保平台”对外及对港澳台贸易企业进出口业务的支持和促进，全年为县76家小微企业免费代办各类对外及对港澳台贸易单证及报关报检，同时为统保平台上的241家小微企业的进出口业务提供免费的保险保障，而且把保险范围扩大到出口500万美元以下的企业，为稳定小微企业的出口业务提供可靠的保障。

【加大扶持】 一方面，宣传和推进“防控疫情稳对外及对港澳台贸易”融资服务，与交通银行、宁波银行象山支行等银行合作推出优惠贷款，全年新增授信企业46家，新增额度6200万元；原客户新增授信92家，额度2.05亿元。另一方面，促进企业与中信保、人保等保险公司加强合作，帮助企业新争取买家保险额度1.94亿美元，同比增长79.96%，同时利用出运前保险给予补助的政策，推动威霖、统富、盛和等企业加保出运前保险，缓解企业“有单不敢接”困境。

【优化服务】 全年县贸促支会新增加注册企业12家，累计517家，有出口实绩企业458家；支会共签发一般原产地证1368份，同比下降11.11%，签发区域优惠原产地证258份，同比增长13.66%；代办使馆认证26份，同比下降36.6%，商事认证260份，同比增长5.26%。

【转型升级】 由于疫情影响跨境电商的发展迎来很好的机遇，县一方面加强对传统对外及对港澳台贸易企业向跨境电商企业转型的推进力度，鼓励更多的企业通过阿里巴巴国际站、亚马逊、速卖通等平台开展跨境电商业务，重点召开“象山县跨境电子商务交流会”，为30多家对外及对港澳台贸易企业进行最新政策的宣讲和实际操作的培训，并联合阿里巴巴国际站举办“象山对外及对港澳台贸易企业跨境电商峰会”，为103家对外及对港澳台贸易企业提供很好的跨境电商平台；另一方面，重点推进“象山县跨境电商服务平台”项目的进展，经过与国贸数字公司的多轮洽谈，拟定“象山县跨境电商服务平台建设方案”，并向相关领导作专题汇报，完成关于建立“象山县跨境电商服务平台”的专题会议，同时帮助国贸数字公司初步选定项目的落户场地，商讨相关的合同。

【建立制度】 由于当月的对外及对港澳台贸易数据一般要到下个月的月末才能拿到，有较大的滞后性，因此年内专门建立“象山县出口前50强企业出口情况快报”制度，每个月月底对出口前50强企业的出口数据、订单情况等数据进行收集、汇总和定期分析，从而能第一时间掌握出口前50强企业的出口情况，形成“出口情况快报”。通过“象山县出口前50强企业出口情况快报”制度的运行，就能更早、更准确地分析、预判全县出口的趋势和存在的问题，及时向县领导提供决策参考。

（章恒瑜）

对外经济合作

【概况】 2020年，全县完成对外承包工程营业额3.12亿美元，同比下降7.62%，完成全年指标的100.52%，总量保持全市第一位；新批企业共13家，核准中方投资额1.6亿美元，同比增长21.5%，完成全年指标的114.3%，实际中方投资额1.29亿美元，同比增长35.2%，在全市排名第五位。

【对外投资后程发力】 从全年整体形势来看，虽然全年受到新冠疫情的很大影响，县外经合作在上半年明显下滑但在下半年增长明显、后劲较足。承包工程方面，虽然前几个月受到新冠疫情一定影响，龙元、乐惠等公司在各地的境外承包工程出现不同程度的延期开工，但是随着疫情影响的逐步好转，乐惠、欧亚等公司的外经项目推进，全年县承包工程营业额继续排名全市第一位。境外投资方面，疫情开始期间申菱意大利项目等重点境外投资进程受到阻碍导致暂停，但随着疫情的缓解，县企业“走出去”出现较快的发展，盛和、乐惠、锦浪、申菱、峰美、统富等重点公司纷纷在缅甸、尼日利亚、意大利、新加坡等地区开展境外投资，全年核准中方投资额达1.6亿美元。

【帮助企业开展防疫应对工作】 在疫情影响的背景下，出台多项稳企业举措，帮助企业应对疫情以更好地“走出去”开展外经业务。一是建立和落实“应对疫情出口重点企业联系帮扶工作制度”，推动企业真正实现安全又合理地“走出去”。二是及时出台和宣传新的扶持政策，从政策上鼓励和支持企业“走出去”。针对国内外疫情带来新的影响，及时出台了2020年“象山县促进开放型经济稳定发展的若干意见”，为县外经企业及时提供政策支持，加快企业“走出去”的进程，新政策新增财政扶持资金近1000万元，重点从鼓励企业加强“走出去”保险、开拓“一带一路”市场、抱团“走出去”等方面，为外经企业提供帮助。三是帮助外经企业联系新冠疫苗接种事宜，助力企业更安全地“走出去”。面对新冠疫情对企业人员“走出去”造成的困扰，收集急需开展新冠疫苗接种的外经企业“走出去”人员名单，上报市商务局，及时帮助企业联系医疗机构完成疫苗接种，从而为企业更安全地“走出去”提供便利。

【组织县外经企业参加重点洽谈会和外经活动】 由于疫情的原因，2020年着重加强线上活动的组织，分别组织企业参加“宁波市境外经贸合作区与走出去企业线上对接会”“中国浙江—缅甸投资合作线上对接会”等活动，从而让企业能更安全便捷地通过线上对接获取更多与境外企业交流合作的机会。另外，还通过组织企业参加“象山县企业走出去交流会”“境外投资合作企业座谈会”等活动，更直接的了解企业在走出去过程中遇到的问题和服务需求，为宁波走出去服务联盟成员单位向企业在“走出去”全程提供各方面服务。

【兑现各类外经政策】 根据相关外经企业2019年的实绩和政策要求，在对企业申报的材料进行审核后，及时为外经企业兑现相关政策奖励，全年共为27家次企业获得了总计308.41万元的奖励，为企业“走出去”开展进行外经合作提供了的鼓励和引导。

【加强对外经企业的风险管控】 2020年共有乐惠、澳翔、诗兰姆3家企业投保了境外投资和工程保险，保额达1940万美元，从而为企业在疫情影响严重的背景下安全开展境外业务提供了的风险保障。继续重点加强和完善“象山县走出去风险预警信息平台”，发挥该平台的风险预警和管控作用，2020年又扩大了预警信息的来源，增加市贸促会和相关行业协会的信息，每个月定期将整理的预警信息和各国、地区的行业信息分类形成“2020年象山县走出去风险预警信息月报”，分发给重点外经企业的负责人或联络人员，同时及时收集一批相关国家外经方面的突发信息，并迅速发在由重点外经企业负责人组成的微信群里，以求在第一时间里将重要的外经预警信息提供给企业的决策者，为其做出正确的“走出去”决策提供可靠的信息帮助。

（章恒瑜）

烟草专卖

【概况】 2020年是浙江省烟草专卖局（分公司）“131”战略的收官之年，是推动“互联网+烟草专卖商业”浙江模式行稳致远的决胜之年，是冲刺“十三五”、谋划“十四五”的关键之年。面对疫情“大考”，在省、市党组的正确领导下，象山县烟草专卖局（分公司）围绕年初目标任务，抓深抓细疫情防控和经营管理，聚焦“突破三关、提升三力”，对标对表“3+10”重点任务，以“排头兵”的姿态，加压奋进、狠抓落实，推进浙烟模式落地，取得了“两手抓、两手硬、两仗赢”的成绩，圆满实现了“十三五”收官，为“十四五”开好局、起好步打下了基础。主要有以下四方面成绩：从严治党，种好管党治企“责任田”；稳中向好，打好业务经营“攻坚战”；外打内管，专卖监管再上“新水平”；“双基”增效，激活企业管理“能动力”。

全年销售卷烟27215箱，同比增长2.16%；完成销售额13.60亿元，同比增长4.32%；实现单箱销售额5.00万元，同比增长2.11%。共查获5万元以上真烟案件13起，10万元以上案件6起，重点籍案件17起，查获违法卷烟数量19674.4条，同比增长37.8%，取消违法违规大户经营资格3户。

【终端布局有序推进】 推进合作店选点、建设并验收63家，现代终端选点、建设并验收1139家；高标准打造美丽乡村卷烟零售示范街1条。深度应用“三化四香一钉”，香溢购覆盖面达97.27%，在全市率先实现电话订货、现金结算双清“零”。

【品牌培育成效明显】 一、二、三类卷烟销售呈现了稳步增长。2020年重点品牌销量2.44万箱，同比增长1.19%，占比89.71%；中支烟销售755箱，同比增长46%。小云端销售18.3箱，同比增长58%，创客销售207箱，同比增长60%，跑赢全市大盘。

【物流增效发挥效能】 实行定位纠偏工作，启用NFC卡签收和监管；落实标准化对接点建设要求，完成对偏远区域800户客户的配送服务外包。

【重大案件突破】 运用“153”工作法和“五眼”数据分析，在互联网售假、加热不燃烧卷烟、电子烟案件侦破等重点领域取得新突破。与宁波市海关联合侦办的“NB1908”案件被列为海关总署一级挂牌督办案件，其中9名主犯被判刑，案件取得突破性进展。

【简政便民创新开展】 推进烟草领域政银合作，将烟草行政许可申请事项作为首批“政银合作”试点单位推出，推进烟草领域“最多跑一次”改革，政银合作改革试点被央广网、《东方烟草报》等行业内外媒体广泛报道，全年行政许可网上申请率、行政许可满意率均为100%。

【队伍赋能加强】 宣传报道名列全市第二，《聚焦市场“云上”服务——有序推进营销复工》《“献血”达人助力防疫》等被国家局、东烟报广泛报道。《创建青创营青年成长平台》QC项目获得全市二等奖，《基于“沙龙”青年成长平台的探索与实践》项目获全市创客评比二等奖，党建重要事项报告移动工作流获全市三等奖以及优秀组织奖，《乘风破浪服务海岛》手机微视频获行业三等奖，队伍活力得到激发。

（陈婕妤）

招商引资

【概况】 2020年，全县统筹推进疫情防控保供和开放型经济发展，全年完成实际利用外资及港澳台资金5020万美元；完成市外国内资金108.45亿元，市外浙商回归资金90.77亿元，均超额完成50%以上；全年县外国内资金完成110.57亿元，完成全年目标（110亿元）的100.52%，同比增长10.18%；县外浙商回归利用资金48.32亿元，完成全年目标（48亿元）的100.67%，同比增长2.36%。获2020年度宁波市国内招商引资工作第三等次（宁波市国内招商引资工作领导小组办公室），获2020年度宁波市支持浙商创业创新促进宁波发展工作第三等次（宁波市国内招商引资工作领导小组办公室）。

【重大项目保量保质】 2020年年初，象山县招商引资工作一定程度受到疫情影响，下半年招商成效则明显加速。2020年全年，全县新引进签约亿元以上重大项目40个，总投资335亿元。其中，10亿元以上项目11个，50亿元以上重特大项目2个。

【产业链群招引效果显著】 2020年，象山县聚焦重点打造的临港装备、汽模配、纺织服装、功能材料、绿色能源、海洋生物、影视文化、滨海旅游、商业航天等九条产业链群实施产业链招商工作，全年“九链”新增签约项目36个。围绕风电装备园，引进总投资5亿元的恒冠风机配件、总投资1.6亿元的日风电气；围绕注塑机产业项目，引进总投资15亿元的华美达机械、总投资5亿元的宁塑机械、总投资1亿元的法克机械；围绕汽模配产业，引进总投资5亿元的峰梅汽车部件配套园项目、总投资2亿元的亚大金属等一批延链补链项目。

【主动对接线索项目增多】 2020年，象山县招商发展中心发挥招商牵头作用，联合各镇乡街道、园区赴北京、上海、深圳等地开展经贸活动20余次。相继邀请中材绿建、友诚集团、赛兴科技、浙江清华长三角研究院、铭泰集团等一批客商在象山考察。全年实现总投资亿元以上重点在谈项目31个，其中10亿元以上项目13个，50亿元以上项目7个。

【产业招商实现新突破】 2020年，象山县在深耕制造业链群的基础上，围绕战略性产业和现代服务相关领域，优化产业结构，推动一产升级、三产优化，加速形成以“海洋经济、美丽经济”双轮驱动为核心的多极支撑产业体系。以提高农业产业化水平为重点，发展海洋生物产业链。先后引进正大南美白对虾全产业链项目、芸苔农业综合体项目、六和农牧饲料生产项目3个项目，总投资11.55亿元。以发展壮大现代服务业为重点，深耕后疫情时代旅游消费市场，升级农旅、文旅、体旅、康旅融合新体验，发展滨海旅游产业链，引进松兰山旅游酒店项目、鑫蓝风乡村旅游项目、大目湾新城全龄智慧健康示范区项目等项目12个,总投资41.05亿元。

【"三库一图"建成投入使用】 2020年9月30日,象山县招商发展中心启动"三库一图"建设,以整合全县招商项目、客商信息、存量资源,并实现招商引资工作数字化、信息化、云端化。"三库"是指"人才库、资源库、项目库"合一的"象山县招商引资信息管理系统";"一图"是指为投资客商可视化展示全县各项投资资源信息的"象山县智慧招商地图平台"。截至2020年年底,"三库一图"内除招商平台、产业园区及招商引资政策性文件(91条)等固定板块外,存有重大招商项目信息52条、人才信息263条、地块资源信息26条、楼宇资源信息3条、厂房资源信息19条。

【招商队伍建设加强】 11月20日,由象山县招商发展中心主办的《创新招商引资模式,推进地方经济高质量发展》培训班正式开班。浙江大学周开疆教授进行培训讲解,全县重点产业链招商小分队及各镇乡(街道、园区)及相关部门招商人员参加。

【参加省市重大项目集中开工仪式】 2020年3月3日,浙江省、宁波市相继举行重大项目集中开工仪式。象山县有12个项目亮相集中开工仪式,这些项目涵盖产业发展、基础设施、民生服务、安居住宅、文化旅游等领域,总投资约82亿元。

【参加宁波市重点项目网上签约会】 2020年3月9日,象山县委副书记、代县长包朝阳,副县长石坚定,县直有关部门主要负责同志在县分会场参加宁波市重点项目网上签约会。此次签约会上,全县共在线签约项目2个,总投资1.8亿元,分别为高塘岛农渔休旅综合体项目、伊特赛食品机械设备制造项目。签约仪式上,包朝阳表示将按照市委、市政府"两手都要硬、两战都要赢"的部署要求,以最快速度、最强力度、最实举措、最优作风推进稳外资及港澳台资金和招商引资工作。

【全县重大项目集中开工仪式在石浦举行】 2020年9月28日,象山县重大项目集中开工仪式在石浦科技园区举行。县委书记潘银浩讲话并宣布开工。县委副书记、县长包朝阳主持开工仪式。罗来兴、俞骏、李晓东等县四套班子领导出席。本次开工共27个重大项目,总投资190.4亿元,年度计划投资31.15亿元,其中工业项目13个,服务业项目4个,房地产项目5个,基础配套项目5个。开工仪式上,18个镇乡(街道)和象山经济开发区、大目湾、宁波影视文化产业区向县委、县政府报告投资情况。县自然资源和规划局、石浦镇、万洋众创城投资集团浙东区域公司代表作表态发言。

【日星风机总装制造基地项目签约】 2020年12月,由日月重工投资建设的日星风机总装制造基地项目正式签约入驻象山县。该项目落户于临港装备工业园,总投资50亿元,总计划用地面积约500亩,主要建设风机总装基地和机加工基地。项目计划于2021年12月开工建设,2023年6月竣工投产,建成后可实现年销售80亿元,年税收5亿元。该项目将借助日月重工原有生产、科研能力,发挥象山区位、港口优势,助力全县临港装备产业发展再上台阶。

【华美达注塑机生产项目签约】 2020年5月,由宁波华美达机械制造有限公司投资15亿元打造的注塑机生产项目签约。该项目拟落户临港装备园骑龙山地块,用地面积约150亩,主要生产高精密节能注塑机,年产8000台,年产值可达20亿元。后续将做好项目配套落地工作,力争年内完成土地征用和项期工作,实现2021年一季度动建。

【绿色装配式建筑产业园项目签约】 2020年3月,绿色装配式建筑产业园项目正式签约落户象山。该项目由宁波新光钢结构有限公司投资建设,总投资10.8亿元,落户于西泽塘区块,计划用地232亩,建设绿色装配式建筑产业项目研发、展示及构件生产与EPC总承包项目基地。全部投产后年产值约15亿元,年税收7500万元。

【中船海装项目开工动建】 2020年10月,中船海装项目开工动建。该项目由中国船舶重工集团海装风电股份有限公司投资建设,总投资102亿元,用地约750亩,建设风电机组总装,叶片生产、叶片检测等8大基地。

【大唐滩涂光伏发电项目签约】 2020年6月9日,大唐滩涂光伏发电项目于第22届中国浙江投资贸易(网上)洽谈会上正式签约落户象山。该项目由大唐国际发电股份有限公司浙江分公司投资建设,总投资12亿元,落户于高塘岛乡长大涂地块,可开发利用面积约为5000亩,装机容量300兆瓦,年产值1.2亿元,年税收1000万元。

【万洋众创城项目签约】 2020年10月27日,万洋众创城项目在第三届世界"宁波帮·帮宁波"大会开幕式上正式签约落户象山。该项目由万洋众创城投资集团有限公司投资打造,计划投资金额50亿元,落户于石浦科技园区,用地面积约1000亩,首期启动400亩,年底开工建设,两年后投入运营,建成后将集聚高端装备制造、海洋经济等为主导产业的中小企业,打造集生产制造、研发设计、产品展示、智慧园区管理等为一体的产业集聚高质量发展平台。该项目从正式洽谈到签约落户只用了30天,刷新了项目招引的"象山速度"。

【大目湾新城全龄智慧健康示范区签约】 2020年12月,由浙江浙华投资有限公司及浙江毅杰世峰大健康集团有限责任公司共同投资建设的大目湾新城全龄智慧健康示范区项目正式签约入驻象山。该项目落户于大目湾不老文化区,总投资30亿元,总用地面积314亩,主要建设三级康复医院、学术交流中心、康养产业园、康养概念酒店、水上运动及海洋科技产业孵化器、人才公寓等,计划于2022年12月开工建设,2025年1月前竣工投产。该项目致力于打造一个覆盖全龄段、现代化、智慧化的健康生活社区，建成后将为全县康疗养产业的发展发挥示范引领作用。

【中化膜技术分盐总部经济项目签约】 2020年4月，有中化国际股份有限公司投资建设的中化膜技术分盐总部经济项目签约落户象山。该项目总投资5亿元，主要从事灰废处理市场，租用滨海工业区厂房，部分中试设备到位，在12月中旬接受研究院验证揭牌开工。

【河姆渡工业互联网数字经济平台项目签约】 2020年12月，由上海河姆渡实业发展有限公司投资建设的河姆渡工业互联网数字经济平台项目正式签约入驻象山。该项目落户于大目湾新城综合广场商务楼，总投资5亿元，建筑面积约1.1万平方米，项目立足智能建筑与智慧工厂，面向智慧城市与智能家居，建设集产品与技术平台的研发、组织配套企业的生产、数据与系统的集成、供应链与市场的体系化服务于一体的数字化平台区域运营总部。项目计划于2021年3月开工建设，2021年12月竣工投产，建成后可实现年产值10亿元，税收1500万元。该项目的入驻将带来新的市场发展机会，促进与推动全县传统企业的数字化转型升级，吸引大量青年人才，对象山数字经济发展有重要意义。

【正大南美白对虾全产业链项目签约】 2020年12月29日，象山县与正大集团举办南美白对虾全产业链项目签约仪式。县委书记潘银浩，正大集团农牧食品企业（中国区）资深副董事长霍尔峰等出席签约仪式。副县长吴志辉主持。该项目由正大集团农牧食品企业（中国区）投资建设，落户于涂茨镇毛湾村宁波市水产种业园区，总投资1.5亿美元，总用海面积约638亩，主要建设南美白对虾养殖基地、育苗基地及其他配套设施，计划分两期建设完成，其中一期种虾场项目计划于2021年上半年开工建设，2022年12月前竣工投产。该项目将发挥象山区位、交通、水资源，借力正大集团种虾选育技术、市场、品牌等优势，推动双方实现优势互补、互惠共赢，建成满产后可实现年产虾苗100亿尾，对加快推动全县南美白对虾优质种苗生产能力提升及养殖模式转型升级，助力打造成为长三角南美白对虾产业标杆基地具有重要意义。

商业贸易

【县商贸集团成立】 9月下旬，象山县商贸集团完成工商注册登记，这意味着县第六大国有集团正式挂牌运营。2019年县为国有企业改革、整合优质资产资源、优化国有资产配置、培育市场主体，谋划筹建县商贸集团。通过资产整合、改革重组、人员安置等一系列工作，围绕“做优资产、做大收入、做强企业”的总体思路，加快实施集团市场化转型。形成5个职能部门、4个全资子公司、6个直属场站的基本格局。经新一轮评估入账，2020年，象山县商贸集团总资产达27.4亿元，同比增长208%，资产负债率从50%下降到15.33%，年营业收入达1亿元，实现经济数据逆势增长。

（林芳羽）

浙台经贸合作区

【概况】 2020年，浙台经贸合作区贯彻落实习近平总书记在浙江、宁波考察时的重要讲话精神，对标在宁波当好浙江建设“重要窗口”模范生中奋力争先创优的总体目标，贯彻县委“四个年”和“三服务”活动要求，一手抓疫情防控工作，一手抓招商引资和口岸开放等重点工作，围绕打造象山现代渔业产业“云”基地目标不放松，力促各项工作平稳、有序推进。2020年度，浙台经贸合作区所辖区域两镇两乡（石浦镇、鹤浦镇、高塘岛乡、晓塘乡）实际到位外资及港澳台资金475万美元，实际县外国内资金20.33亿元，实际市外国内资金12.26亿元，规模以上企业100家，总产值114.27亿元，进出口总额13.28亿元，实现利税8.24亿元。

【石浦打鼓峙项目】 2020年，按照海峡两岸渔业合作示范区“一区五园”的规划布局，实施“以商引商、委托招商”等招商模式，全力以赴抓好招商引资工作。重点聚焦打鼓峙项目招商，县委县政府主要领导与宝能集团就石浦打鼓峙项目进行多轮谈判，细化项目可研方案与投资效益测算。本着招商选优的原则，在与深圳宝能物流集团等以前客商保持密切沟通的同时，又主动对接浙江东日股份公司，多次洽谈项目投资方案。

【北欧（中国）鲑鱼RAS陆基养殖项目】 截至2020年年底，先后与黄湾塘北欧（中国）鲑鱼RAS陆基养殖项目投资方共签署正式协议1份、补充协议3份、确认函5份。项目运作公司诺帝克宁波水产有限公司注册资金2500万欧元，其中到位570万欧元。同时，1000万元人民币建设保证金到账。土地回购、矿山审批、地勘等前期工作加快推进，项目初步设计方案完成。

【石浦港口岸对外开放】 2020年，浙台经贸合作区管委会多次与省、市口岸办及各查验单位进行了对接，在上级相关部门的支持下，石浦新港码头先后两次获交通部临时开放批准，为进出口贸易的开展提供了保障。在做好临时开放的同时，整体谋划石浦港区水陆域扩大的开放范围，加快口岸正式开放工作。经过不懈，石浦港区水陆域、航线及锚地扩大开放获东部战区批复，正着手口岸正式开放申报工作。此外，按照口岸正式开放监管场所的要求，投入了120余万元，完善了新港码头的监管仓库、仓储场地、监控设备、指示标牌等基础设施。同时，设立了宁波边检站象山执勤点，提升了口岸的运行水平。严格落实安全生产责任制，严控口岸防疫，实行“一航次一方案”，全年合计检测船只78航次，查验进出境人员800余人，未发现疑似或确诊病例。

【石浦港口岸贸易发展】 合作区开拓

创新,港口贸易由传统的对台小额贸易逐步拓展至水产进出口、船舶出口以及国内贸易的开展。为发挥新港码头全宁波唯一的海港进境实用水生动物指定口岸的优势,在石浦新港码头,投入450余万元建成石浦进境水生动物暂养中心,共有73个国际活鲜暂养池,待疫情好转后,将对外公开招商招租,拟开展俄罗斯帝王蟹、波士顿龙虾等国际生鲜进口和中转贸易。结合石浦港地区重点工程建设材料装卸需要,新港码头自10月起扩大服务范围,由传统进出口贸易拓展到了建材、设备、钢板等装卸作业业务。稳定的口岸贸易业务,为口岸正式开放打下的产业基础。2020年年底,石浦口岸贸易完成进出口78个航次,吞吐量5153.1吨,进出口贸易额1526.84万美元。新增进口鲜鱿鱼6个航次,吞吐量2066.3吨,贸易额227万美元。

【保障合作区建设要素资源】 截至2020年,浙台经贸合作区全力推进打鼓峙岛政策处理工作,完成3家船厂的资产收购和6个行政村的留地征用,涉及征收购土地883亩,拨付资金达3.6亿元。完成合作区环评、能评、水土保持评估、气象灾害评估等区域评估工作。为合作区加快开发扫清障碍、夯实基础。

旅 游

综 述

2020年，象山县旅游工作围绕国家全域旅游示范区创建，根据常态化疫情防控新形势，研判、施策，产旅融合、突破发展，推动旅游市场复苏振兴和旅游业高质量发展，荣获“首批浙江省文旅产业融合试验区”“长三角自驾游示范目的地”“2020中国县域旅游综合竞争力百强县”等称号。2020年全县共接待游客2532.79万人次，旅游总收入273.79亿元，同比分别下降13.11%和16.02%。2020年，全县共有国家AAAA级景区4家，AAA级景区2家，省级旅游度假区1个，国家海钓竞赛基地1个，国际自驾车露营基地2个，省市级以上休闲基地37个，省A级景区村庄148个，民宿（农家乐）1156家，床位数20007张，拥有旅行社25家（其中，四星级旅行社2家、三星级旅行社6家），高标准旅游饭店14家，花级酒店8家，特色客栈7家，导游员341名（其中，高级导游26名、中级导游65名、宁波市金牌导游2名）。

（周艳英）

资源开发

【旅游项目建设】 2020年，象山县旅游项目和旅游相关项目共75个，总投资573.2亿元，全年完成旅游项目投资46.12亿元。其中，建成五彩渔镇、青草巷特色街区、石浦一冷文化创意园、火山峰户外休闲旅游项目、东旦时尚沙滩一期等项目23个；松兰山游客中心及停车场、半边山亚运沙滩排球项目、宁波爱琴丽旎酒店、石浦客运中心、游仙寨旅游开发项目、南铂度假酒店、北黄金海岸数字康养中心、直落岙特色海上艺术博物馆等12个项目开工建设；浙江广电影视基地三期、浙江省海洋运动中心、茅洋乡野国际俱乐部、喜来登酒店等一批文旅项目稳步推进。

【旅游规划编制】 编制完成《象山县“十四五”时期旅游业高质量发展规划》《象山县花岙海岛公园建设规划（初稿）》，启动编制《象山县北纬30度旅游项目策划》，对接象山县国土空间规划编制，促进《象山县旅游用地专项规划》与国土空间规划有机衔接，指导《松兰山旅游度假区重点区域方案设计》《象山影视城旅游发展总体规划》《定塘镇旅游发展规划》等专项或区域性旅游规划编制。牵头完成泗洲头龙溪峡谷漂流、岩山滨海森林运动智谷项目、新桥镇楠山田园综合体、西周柴溪阿拉乐园、石浦镇南向村旅游项目等6个旅游项目规划联审。

【旅游基地创建】 2020年，象山县金山民宿村获评市级休闲旅游基地，东旦时尚运动海滩获评市级水上运动休闲旅游基地，猎鹰俱乐部获评山地运动休闲旅游基地。

【景区城、景区镇创建】 象山县创建浙江省首批AAA级景区城，象山县新桥镇、茅洋乡创建浙江省首批AAAA级景区镇（乡、街道），墙头镇、黄避岙乡、晓塘乡创建浙江省首批AAA级景区镇（乡、街道）。

【成立象山县旅游摄影协会】 2月24日，象山县旅游摄影协会成立，成员周永雷、周科、沈洋、余新奇、赖钟鸣。该协会旨在开展旅游摄影创作活动，打造渔乡风情创作基地，筹办旅游摄影赛事及展览。

【召开象山县旅游摄影协会成立大会】 4月25日，象山县旅游摄影协会成立大会暨第一次会员大会在象山海洋酒店召开。大会选举产生象山县旅游摄影协会第一届理事会理事15名，当选理事召开第一届理事会议，选举产生会长、副会长、秘书长等协会负责人。

【浙江省文旅产业融合试验区创建】 12月23日，浙江省文化和旅游厅公布全省首批25家浙江省文旅产业融合试验区名单，象山县入选（全市2家），主攻方向为推进海洋渔文化生态保护与旅游开发融合发展。

（周艳英）

宣传促销

【举办“2020去象山深呼吸”抖音直播活动】 3月20日，象山县旅游发展中心与抖音官方合作的“2020去象山深呼吸”直播活动，在石浦镇沙塘湾村海上牧心民宿举行。象山县委常委、常务副县长陈兴立做客直播间，线上与网友互动，云推介象山本地旅游点、美食，热情邀请网友“在象山深呼吸”。活动中以品尝美食为主，串联象山影视城、石浦渔港古城、茅洋蟹钳港、东海半边山4个景区进行现场连线，带网友云游景区。

【2020“宁波人游宁波”百万职工健步走启动仪式暨宁波职工疗休养产品发布会】 3月28日，2020“宁波人游宁波”百万职工健步走启动仪式暨宁波职工疗休养产品发布会在宁波工人疗养院正式举行。宁波市人大常委会党组副书记、副主任、市总工会主席翁鲁敏，中共宁波市委宣传部常务副部长魏祖民，中共象山县委书记叶剑鸣等市、县领导共同出席启动仪式。来自区县市工会和文旅局领导、大型企业工会分管负责人、旅行社代表、媒体代表、健步游代表等共300余人应邀参加。活动当日，宁波职工疗休养产品正式发布及上线，举行“2020年上海工会职工宁波休养线路”签约。

3月20日，象山县委常委、常务副县长陈兴立(左一)在抖音直播间推介象山旅游点、美食(励宛真　摄)

【“后疫情时期象山旅游宣传推广头脑风暴”座谈会】 4月16日，“后疫情时期象山旅游宣传推广头脑风暴”座谈会在墙头镇溪里方两棵树民宿召开。此次会议围绕后疫情时期象山旅游发展进行商讨，象山县委副书记、代县长包朝阳，县委常委、常务副县长陈兴立、县政府副县长张微燕等领导出席会议。

【举办跟着西门町游象山活动】 4月17日至18日，网络大V“西门町吃在宁波”带着粉丝团在象山开展活动。宣传推介价值2000万元的旅游消费券和1万套自驾游套餐，送出象山品质酒店、民宿、门票、象山海鲜大礼包等福利100余份，其中14个象山旅游优品在直播期间售罄，累计在线观看11.8万人次，点赞超17.29万个。

【象山疗休养旅游专题对接会】 4月22日至23日，象山县旅游发展中心组织县旅行业协会旅行社分会、饭店分会、民宿经济促进会负责人、象山影视城等8大景区营销负责人以及东谷湖酒店、海景皇冠假日酒店等7家品质酒店营销负责人，在北仑区、镇海区分别召开象山疗休养旅游专题对接会。

【“吉‘象’如意，一起去嗨”——第三届中国南龙大脉旅游节开幕式暨吉利汽车—中国南龙大脉旅游经济带联盟景区战略合作签约仪式】 5月24日，由象山县旅游发展中心、象山县石浦渔港旅游开发中心、浙江吉利控股集团汽车销售有限公司、象山紫航投资有限公司联合主办的“吉‘象’如意，一起去嗨”——第三届中国南龙大脉旅游节开幕式暨吉利汽车—中国南龙大脉旅游经济带联盟景区战略合作签约仪式，在东海半边山正式启幕。象山县旅游发展中心、石浦渔港旅游开发中心、浙江吉利控股集团汽车销售有限公司等领导和嘉宾出席，浙江省内主流媒体代表、吉利车主代表、中国南龙大脉旅游经济带联盟景区代表等参加开幕式。

【2020中国长三角城市汽车定向交流系列大型自驾游活动——象山站活动仪式】 6月25日，2020中国长三角城市汽车定向交流系列大型自驾游活动——象山站活动仪式在半边山皇冠假日酒店举行。长三角城市汽车定向赛组委会秘书长、原上海市体育总会副秘书长张建林，长三角城市汽车定向赛组委会副秘书长余杰宏，宁波文化广电旅游局上海办事处主任董邦敏，象山旅游业协会、象山县民宿促进会会长、上海HM汽车俱乐部会员、上海风尚自驾游俱乐部联盟成员等100余人参加本次启动仪式。象山县旅游发展中心主任袁明全出席会议，并致欢迎词。

【“象山北纬30度最美海岸线”亲子赶海季推介会】 7月27日，由象山县人民政府、宁波市文化广电旅游局主办，象山县旅游发展中心、象山县文化和广电旅游体育局承办的“象山北纬30度最美海岸线”亲子赶海季推介会在杭州浙江三立开元名都大酒店举行。象山县人民政府副县长张微燕、宁波市文化广电旅游局副局长邱金岳等领导以及来自省内的旅行社、教育机构代表和象山旅游企业代表共130余人出席推介会。会上，推出6条亲子赶海旅游线路，现场授予10位“亲子游小代言人”作为象山文旅资源推广的小使者，向10家杭州教育机构授牌“2020象山亲子旅行合作单位”，象山县旅游发展中心和浙江研学游机构“博雅游学”签署战略合作协议。

【第二十三届中国(象山)开渔节暨象山北纬30度最美海岸线发布会】 8月3日，第二十三届中国(象山)开渔节暨象山北纬30度最美海岸线发布会在半边山皇冠假日酒店举行。活动由象山县人民政府、宁波市文化广电旅游局主办，第二十三届中国(象山)开渔节执委会办公室、象山县旅游发展中心、象山县文化和广电旅游体育局承办。中共象山县委副书记、象山县人民政府县长包朝阳，中国美院副院长宋建明，宁波市文化广电旅游局副局长邱金岳，中共象山县委常委、宣传部部长应建勇，象山县人民政府副县长张微燕、宁波市影视文化产业区管委会党工委书记、主任陈建瑜，巨量引擎浙江公司总经理王雪芹，以及近百家长三角重点旅行商、自驾俱乐部、OTA 平台、媒体等参加活动。会上，推出象山北纬 30 度最美海岸线九大体验打卡地和 6 条自驾体验路线，举行象山悦泉湾未来社区、半边山旅游度假区合作开发项目等重点旅游招商项目签约仪式。

8 月 3 日，第二十三届中国（象山）开渔节暨象山北纬 30 度最美海岸线发布会举办（王锋摄）

【开展 2020 象山县《网络新媒体营销技能》培训】 11 月 17 日至 19 日，象山县旅游发展中心在宁波建设工程学校举办 2020 象山县《网络新媒体营销技能》培训。全县各景区、酒店、民宿、旅行社营销或宣传推广负责人共 52 人参加培训。课程内容涉及文旅行业营销现状与网络营销策略、新媒体传播平台在网络营销中的应用、短视频创意与策划、直播分享与技巧、短视频拍摄与剪辑技巧等。

（周艳英）

行业管理

【旅游行业品质提升】 象山县心荣竹艺 · 包罗万象、象之陶 · 海洋之花品茗杯和升斗杯、flyrin · 飞润海鲜拌饭酱 3 套特色旅游商品分别获得 2020 中国特色旅游商品大赛金、银、铜奖。宁波半边山工人疗养院度假酒店荣获银树叶级绿色旅游饭店、银桂品质饭店称号。举办以“迎亚运 提品质”为主题的旅游服务技能提升培训、旅游市场营销培训、茶艺培训等各类培训 5 个，培训人员 2000 余人次。象山县导游赖章刚入选 2020 年国家“金牌导游”培养项目。组织参加市饭店服务技能大赛，获得前厅班组例会一等奖，礼仪操优胜奖，象山代表队获得团体优胜奖、优秀组织奖。象山县旅游饭店及饭店从业人员荣获“宁波市旅游饭店金茶花奖最佳精品饭店”等 12 项宁波市旅游金茶花奖奖项。

【成立象山县疫情期间旅行社退团退费工作专班】 2 月 27 日，象山县旅游发展中心印发《象山县旅游发展中心关于成立象山县疫情期间旅行社退团退费工作专班的通知》，成立象山县疫情期间旅行社退团退费工作专班，做好疫情防控和维护稳定工作，妥善处理象山县新冠肺炎疫情防控期间旅游纠纷。

【召开旅行社疗休养团队规范化操作会议】 4 月 7 日，象山县旅游发展中心在二楼会议室召开旅行社疗休养团队规范化操作会议，围绕规范旅游合同及行程单、保障旅游包车安全、遵守职工疗休养费用规定等七方面内容，对旅行社疗休养团队规范化操作提出具体要求。

【召开旅游人才自主评价体系座谈会】 4 月 20 日，象山县旅游发展中心在二楼会议室召开旅游人才自主评价体系座谈会，象山港国际大酒店等 11 家旅游饭店负责人参加会议。会议征询各旅游企业对旅游人才自主评价体系方案的意见和建议，对方案进行的修改完善。

【召开象山旅游商品发展工作会议】 5 月 27 日，象山县旅游发展中心在二楼会议室召开象山旅游商品发展工作会议，各镇乡（街道）旅游工作负责人参加会议。会议部署 2020 年象山县第一届“吉祥东海，象山游礼”旅游商品大赛责任分工，请各镇乡（街道）动员所属地企业、机构、个人参加大赛，挖掘象山县旅游商品资源，带动象山地方特色产品向旅游商品转化。

【开展“吉祥东海，象山游礼”LOGO 征集活动】 5 月 18 日至 6 月 1 日，象山县旅游发展中心开展“吉祥东海，象山游礼”LOGO 征集活动，活动围绕象山旅游商品主题，面向社会各界公开征集 LOGO 设计作品，共收到设计作品 70 件。

【召开象山旅游培训中心校地合作项目推进会】 7 月 9 日，象山旅游培训中心校地合作项目推进会在象山海洋酒店召开，象山县旅游发展中心副主任包春成出席会议，县旅游业各协会代表、旅游企业代表和浙江工商职业技术学院旅游、休闲专业教师参加会议。会议从校地合作模式、课程安排、完成情况等方面内容，对 2019 年象山县旅游系统培训工作开展总结交流。

【启动2020年象山县第一届“吉祥东海,象山游礼”旅游商品大赛参赛作品报名活动】 7月,象山县旅游发展中心启动2020年象山县第一届“吉祥东海,象山游礼”旅游商品大赛参赛作品报名活动,此次大赛以“吉祥东海 象山游礼”为主题,面向县内外各机构、企业及个人,征集体现象山特色文化的旅游商品。

【开展第二十三届中国(象山)开渔节暨2020象山县第一届“吉祥东海,象山游礼”旅游商品大赛评审活动】 8月20日,第二十三届中国(象山)开渔节暨2020象山县第一届“吉祥东海,象山游礼”旅游商品大赛评审活动在象山海洋酒店拉开帷幕。来自省市5位业界专家老师以及全县10个相关部门单位负责人共同参与此次评审活动。大赛由象山县人民政府主办,象山县旅游发展中心、象山县文化和广电旅游体育局、象山县商务局承办。大赛吸引全县81家旅游商品生产经营企业参加比赛,共提交90组、300余件旅游商品。大赛参赛商品分为工艺美术类、民俗艺术类、旅游装备类、生活用品类、文创类、食品类、智慧科技类、地方特色农(渔)产品类等8大类别,通过大众网络投票和评审专家评选,评选出金奖3个、银奖6个、铜奖12个、优秀奖15个,最佳人气奖、最具创新奖、最佳传承奖各1个。

【2020象山县第一届“吉祥东海,象山游礼”旅游商品大赛获奖名单揭晓】 9月7日,由象山县人民政府主办,象山县旅游发展中心、象山县文化和广电旅游体育局、象山县商务局承办的2020象山县第一届“吉祥东海,象山游礼”旅游商品大赛获奖名单揭晓。此次大赛共有90套,300余件作品参加,共产生金银铜奖共36项,最佳人气奖等单项奖3个。其中,扣之韵盘扣、飞润海鲜酱系列、小花园古典鞋3组产品获得大赛金奖。西瀛民食米馒头系列产品等获得银奖,俏鱼仔·黄鱼仔等产品获得铜奖,曙海大白鹅礼盒、小花园古典鞋、心荣竹艺坊竹编系列工艺品分别获得最佳人气奖、最佳传承奖、最具创新奖。

【开展以“迎亚运　提品质”为主题的旅游服务技能提升培训】 10月20日至29日,象山县旅游发展中心在象山海洋酒店开展以“迎亚运 提品质”为主题的旅游服务技能提升培训。来自全县酒店、民宿、景区、旅行社、县旅游咨询服务中心等200余名旅游行业从业人员参加。本次培训纳入全县首批项目制培训,由象山县旅游发展中心主办,象山县天健技能培训学校承办。培训分为2期,邀请专家老师授课通过小班制个性化培训,以“理论学习+实践+考核”的模式,针对服务礼仪及英语口语、外宾接待礼仪、日常社交礼仪、涉外服务及英语口语和服务意识及礼仪规范等5方面进行培训。

【开展象山县特色村旅游经理人招聘】 10月9日至11月16日,象山县旅游发展中心联合象山县人力资源和社会保障局,开展象山县特色村旅游经理人招聘,招收高校毕业生专业从事象山县特色村旅游宣传、管理、服务和农副产品推介等工作。本次招聘共收到18个镇乡(街道)26个岗位需求,采用集中报名、统一考试、双向选择、择优录取等方式进行,最终招录20名考生。

【开展2020年象山旅游行业茶艺技能项目制培训】 11月24日至26日,象山县旅游发展中心在宁波工程建设学校开展2020年象山旅游行业茶艺技能项目制培训,来自全县酒店、民宿、景区、象山特色村旅游经理人等共50余名旅游行业从业人员参加。本次培训由象山县旅游发展中心举办,宁波建设工程学校承办,围绕茶文化基础知识及宋代点茶展示、人际沟通及社交礼仪等5方面内容进行培训。

(周艳英)

乡村旅游

【乡村旅游复苏回温】 2020年,象山县乡村旅游共接待游客722.51万人次,同比增长14.14%,其中接待过夜游客191.41万人次;实现乡村旅游经营总收入6.98亿元,同比增长13.43%,其中住宿收入1.51亿元,餐饮收入3.09亿元,产品销售收入1.49亿元(农产品销售1.47亿元)。截至2020年年底,全县共有民宿(农家乐)共1156家,床位数突破2万张,达到20007张,占整个宁波市的65%。精品民宿103家,省银宿级以上民宿31家(省白金宿级1家、省金宿级民宿5家、省银宿级民宿25家),全县17个镇乡(街道)134个村都有民宿经营户。

【打造乡村旅游特色品牌】 象山县墙头镇方家岙村入选第二批全国乡村旅游重点村;宁波目的地民宿管理有限公司总经理聂文华入选2020年度乡村文化和旅游项目支持项目人选名单;新桥镇、黄避岙乡达到相应建设年度复核标准要求,通过2020年度宁波市乡村全域旅游示范区复核,墙头镇达到培育单位验收标准要求,列入宁波市乡村全域旅游示范区创建名单。截至2020年年底,象山县创建宁波市乡村全域旅游示范区4家,数量位居宁波市第一。

【村庄景区化建设】 2020年,象山县西周镇儒雅洋村等8个村庄获评浙江省AAA级景区村庄,黄避岙乡大斜桥村等11个村被评定为浙江省AA级景区村庄,丹东街道上余村等35个村被评定为浙江省A级景区村庄。截至2020年年底,象山县共有A级景区村庄148个,其中AAA级景区村庄31个。

【象山县民宿经济促进会东陈分会成立】 7月28日,象山县民宿经济促进会东陈分会成立大会暨一届一次会员大会在东陈乡政府召开。东陈乡乡长应建宁、东陈乡人大主席张威明、象山县旅游发展中心副主任张建军、象山县民宿经济促进会会长聂文华出席成立大会。大会审议通过《象山县民宿经济促进会东陈分会章程(草案)》《象山县民宿经济促进会东陈分会选举办法

(草案)》《象山县民宿经济促进会东陈分会会费标准及管理办法(草案)》,选举产生象山县民宿经济促进会东陈分会第一届理事、监事、会长、副会长、秘书长、监事长。

【举办象台民宿合作论坛】 10月28日至30日,以"在希望的田野上"为主题的象台民宿合作论坛在墙头镇溪里方村两棵树民宿举行,20名来自台湾的文创、民宿等行业代表,实地体验象山民宿产业和乡村旅游发展,与象山县精品民宿代表探讨民宿管理和发展。参访团一行先后走访象山县海峡两岸交流基地展示中心、石浦渔港古城、石浦镇沙塘湾村民宿以及象山影视城。双方就文化挖掘和展示、产业特色和打造等方面展开讨论,希望两岸在民宿产业发展方面加深交流,增进了解,共同发展。

【开展乡村旅游培训】 11月3日至4日,象山县精品民宿经营管理培训会在象山海洋酒店二楼南海厅召开。象山县旅游发展中心乡村科科长顾文杰、象山县民宿经济促进会会长聂文华、象山县技工学校副校长李善东以及象山县50余名精品民宿业主参加培训。课程围绕"民宿日常管理、新媒体运营、携程运营培训、民宿品质管理"等内容进行生动讲解,内容丰富、贴际。

(周艳英)

影视文化产业

【概况】 2020年,面对新冠肺炎疫情和经济下行压力,宁波市影视文化产业区管委会学习贯彻习近平总书记考察浙江、宁波重要讲话精神,忠实践行"八八战略",落实"六争攻坚"行动,在县委、县政府的正确领导下,围绕国家AAAAA级旅游景区、国家影视拍摄标准化试点、浙江省级特色小镇三大创建目标,始终坚持以"做要做到最好、做要做到极致"的争先创优劲头,抓重点、破难点、出亮点,在影视产业发展中展示新作为,在应对大战大考中焕发新气象,交出了一份影视产业领域的高分答卷。2020年产业区营业收入实现50.21亿元,同比增长34.9%,实现税收2.53亿元,同比增长18.2%;新引进落户企业和明星工作室1197家,同比增长19.3%,累计落户企业3191家;产业区接待《青簪行》《嫣语赋》《雪中行》等拍摄剧组195个,同比增长30%,拍摄剧组数居全国第二。2020年以来,荣获浙江省重点文化产业园区、宁波市省级特色小镇"亩均效益"领跑者等荣誉,被列入浙江省首批未来景区改革试点和浙江省第一批广播电视和网络视听产业基地(园区)培育名单,并高分通过国家级影视拍摄基地服务业标准化试点项目验收。象山影视城建设首次写入浙江省政府工作报告。浙江省省长郑栅洁2次批示肯定象山影视城相关工作。获评2020宁波品牌百强榜第十二位,为宁波文旅类第一品牌,品牌价值达102.6亿元。

【象山影视城《长安十二诀》沉浸式实景体验秀获得2019宁波文旅融合创新案例十佳案例荣誉】 1月15日,2019宁波文旅融合创新案例评选结果出炉。象山影视城的《长安十二诀》沉浸式实景体验秀获得十佳案例荣誉。本次评选由宁波市文化广电旅游局主办,宁波晚报社、阿拉旅游杂志承办,宁波市天一阁·月湖景区管理委员会冠名。《长安十二诀》沉浸式实景体验秀在70个案例中脱颖而出,获得多位文化旅游方面的专家、学者等业界权威人士以及全市各地网民的认可。

【象山影视城自1月25日起暂停对外开放】 为贯彻落实浙江省突发事件一级响应,接上级部门通知,保障广大游客朋友的生命健康安全,象山影视城决定自1月25日(正月初一)起暂停对外开放,恢复开放时间另行通知。

【象山影视城出台《象山影视城应对疫情支持影视企业共渡难关八项措施》《象山影视城支持旅行社应对疫情共渡难关八项措施》两大扶持政策】 根据行业特色和疫情防控实际,发挥政府平台作用和国有企业制度优势,象山影视城于2月10日针对影视企业、剧组出台《象山影视城应对疫情支持影视企业共渡难关八项措施》,2月16日针对旅行社出台《象山影视城支持旅行社应对疫情共渡难关八项措施》。从线上服务、政策优惠、金融支持等方面开展帮扶,并引导266个影视配套服务企业等社会力量落实优惠帮扶政策措施,减轻剧组损失、降低制作成本。象山影视城及象山影视配套服务企业通过推行降价、免费等优惠措施累计为150余个剧组减免酒店住宿、摄影棚租赁、场景使用等各类费用过亿元。

【宁波市委常委、宣传部部长李军在象山影视城调研影视文化产业】 2月19日,市委常委、宣传部部长李军赴象山影视城开展"三服务"活动,督查疫情防控,调研指导影视产业复工复产工作。县人大常委会党组副书记、宣传部部长罗来兴、宁波影视文化产业区管委会党工委书记、主任陈建瑜陪同调研。李军一行先后到象山影视城、中国海影城,详细询问景区疫情防控及复工复产举措。

【象山影视城自2月28日起恢复开园】 根据浙江省文化和旅游厅《关于推进疫情防控和复工复产工作的通知》和宁波市文化广电旅游局《关于做好疫情防控期间文化和旅游企业复工复产工作的通知》,经研究,象山影视城自2020年2月28日起恢复开园。

【落户企业象山问卿工作室法人代表秦雯荣获浙江省宣传文化系统"五个一批"人才】 3月9日,象山影视城落户企业象山问卿工作室法人代表秦雯荣获浙江省宣传文化系统"五个一批"人才。

【"情定象山 一路有你"象山县第七届集体婚礼在象山影视城桃园行宫举行】 5月15日,由象山县文明办、共青团象山县委、象山县妇联、宁波影视文化产业区管委会主办的"情定象山 一路有你"象山县第七届集体婚礼在象山影视城桃园行宫举行,20对因战“疫”在一线而推迟或取消举办婚礼的新婚夫妻举行了汉文化集体婚礼。宁波市文明办副主任祝建平,县政协副主席、志愿服务联合会会长欧亚群,县委宣传部副部长、县文明办主任钱江,团县委书记郑波波,县妇联主席蒋凌燕,宁波影视文化产业区管委会党工委副书记、副主任胡根元等领导出席活动。

【象山影视城导游与服务部获评“省级巾帼文明岗”】 5月25日,象山影视城导游与服务部获评“省级巾帼文明岗”。

【战疫电影《一呼百应》在象山影视城开机】 6月6日,由北京美视众乐影业有限公司、浙江美视众乐影视有限公司、浙江侨乡影视有限公司、映美传世(北京)文化传媒有限公司、杭州中乌文化传播有限公司、易博影视传媒(青田)有限公司、敦煌博旺影视传媒有限公司等制作出品的战疫电影《一呼百应》在象山影视城开机,被北京市广播电视局列入网络视听重点项目种子库。

【象山影视城第七届泼水节正式开泼】 7月4日,象山影视城第七届泼水节在大理皇宫盛大启幕,浙江电视台钱江频道携手中新网、凤凰网、甬派、“甬上”APP、“宁聚”APP、台州电视台、“快点温州”APP、微绍兴、中国移动咪咕5G、“山海万象”APP等数十家媒体进行网络直播。西双版纳傣族自治州文化和旅游局党组书记、局长黄臻;宁波市影视文化产业区管委会党工委书记、主任陈建瑜;浙江电视台钱江都市频道副总监叶晓刚;西双版纳傣族自治州文化和旅游局副局长申健;中共象山县委宣传部副部长、县文明办主任钱江;宁波市影视文化产业区管委会党工委副书记、副主任胡根元;景洪市文旅局副局长常丽梅;在拍剧组制片人马尔慧等领导和嘉宾出席泼水节开幕式。

【举办“庆丰收　迎开渔”上海市场推介会】 7月28日,象山影视城联合上海春秋旅游集团,在上海举办“庆丰收迎开渔”上海市场推介会,启动了“千名上海幸运游客免费游象山影视城”仪式。影视城以情景剧的形式,对自身旅游资源及影旅产品进行推介,并与春秋旅游、分众传媒、欢乐谷集团等签署战略合作协议。

【举行象山星光影视小镇商业街区规划评审会】 8月6日,象山星光影视小镇商业街区规划方案评审会在象山港国际大酒店举行。宁波影视文化产业区管委会党工委书记、主任陈建瑜以及县发改局、县自然资源和规划局、县旅游发展中心、县商务局、县水利和渔业局等多家单位参加评审会。

【举办全省重点网络影视剧评审专家培训班】 8月13日至15日,由浙江省广播电视局主办、宁波影视文化产业区管委会承办的全省影视评审专家交流研讨会在象山港国际大酒店举行。国家广电总局网络司领导、省重点网络影视剧内容评审专家和各影视基地管委会工作人员参加此次培训。

【上海欢乐谷成为象山影视城外景拍摄地】 9月12日,上海欢乐谷11周年生日庆典在园内盛大举行。宁波影视文化产业区管委会副书记、副主任胡根元、上海欢乐谷总经理胡伟、象山影视城开发有限公司副总经理孟玉芬、上海欢乐谷领导以及谷粉代表曹亚铭和忠实谷粉巫越望、陈雷夫妇莅临现场。同时,象山影视城授予上海欢乐谷“外景拍摄基地”称号的揭牌仪式同期举行。

【举办首届万象山海电音狂欢夜】 国庆中秋双节假期,象山影视城首次开放夜游活动,推出首届万象山海电音狂欢夜、夜探剧组共赏月、嫦娥奔月等主题活动,受到游客追捧。特别是“嫦娥奔月”节目,重现了“嫦娥奔月”经典场景,呈现了全新沉浸式赏月表演。该活动经央视《新闻联播》《中国新闻》及央视网、当日头条等50余家媒体报道,累计超亿次曝光,3.8万人同时在线观看明星直播,吸引江苏、上海、杭州等多地游客前来打卡。

【国家级影视拍摄基地服务业标准化试点项目验收高分通过】 10月29日,象山影视城通过国家级影视拍摄基地服务业标准化试点终期验收,成为全国首个该领域通过的试点。建立涵盖影视拍摄和影视旅游两方面的象山影视城影视拍摄基地服务标准体系,引用国标、行标102项,自研标准225项,形成了具有影视基地特色的《摄影棚建设管理规范》《剧组服务规范》《剧组办事指南》《协拍员工作指南》等重点标准。

【象山影视城5G+数字影视高峰论坛在浙江象山召开】 11月14日至15日,由中国通信工业协会、中国广播电视社会组织联合会电视制片委员会、北京电影学院——未来影像高精尖中心、中国电影科学技术研究所、中国电影报、《经济》杂志、经济网和象山县人民政府联合主办,象山影视城与中国通信工业协会5G专委会共同承办,首届5G产业峰会——象山影视城5G+数字影视高峰论坛在浙江象山星光影视小镇召开,论坛以“拥抱5G新时代,打造影视新高地”为主题。来自国外影视技术专业团队、国内顶尖专家学者、影视行业领军人物、知名导演、制片人和全国各大影视基地负责人以及媒体近300人出席了本次高峰论坛。论坛由开幕式、签约揭牌仪式、主旨演讲、论坛对话等四大板块构成。

【象山影视城荣获“2019年宁波市最具人气景区”奖项】 12月8日,宁波旅游景区协会为加强协会单位间的交流学习,增强行业人员的自信感和荣誉感,发挥榜样引领作用,呈现出宁波旅游景区疫后的朝气蓬勃,特举办“2019年度宁波旅游景区先进评比表彰”活动。经专家评委会考评,宁波市文化广电旅游局审核,象山影视城荣获“2019年宁波市最具人气景区”奖项。

【媒体高频报道象山影视产业】 截至2020年年底,象山影视城出台扶持政策、疫情防控、复工复产、文旅活动等内容先后被央视《新闻联播》《朝闻天下》《新闻直播间》《中国电影报道》《共同关注》《东方时空》《24 小时》等栏目报道39次，其中《新闻联播》栏目报道3次。2月17日，《新闻联播》报道了象山影视城新春游园会系列活动；3月20日，《新闻联播》报道了象山影视城景区有序开放和景区政策等情况；10月2日，《新闻联播》报道了象山影视城夜游项目"嫦娥奔月"的经典场景重现。《人民日报》、新华网、央视网、"学习强国"、《中国文化报》《中国旅游报》《浙江日报》、娱乐资本论、IP价值观等300余家中央权威媒体、影视行业媒体和省市县级主流媒体刊播相关报道达4500篇次。

【平台能级大迈进】 6月，省委宣传部出台《关于影视业综合改革推进全省影视产业高质量发展的实施意见》，提到支持宁波影视文化产业区构建影视摄制工业化生产体系，打造全国影视拍摄示范区。9月，浙江省委书记袁家军在浙江文化研究工程实施十五周年座谈会暨省文化研究工程指导委员会会议上提到推动象山影视城特色化差异化发展。10月，浙江省政府出台《浙江省诗路文化带发展规划》（浙政发〔2019〕22号），提到以重要文创产业发展基地为核心，打造一批融合文化产业发展、文化艺术创作、文化交流合作为主题的文化创意产业平台，推进象山影视城等一批重点文化产业集聚区建设。2020年度浙江省政府工作报告明确提出"支持象山影视城建设，打造具有国际影响力的影视文化创新中心"，对象山影视城未来发展定位作出部署。省市县三级政府高度重视，推动象山影视产业高能级发展。

【基础配套设施提升】 10月1日，神雕广场改造完成，新游客服务中心同步投入使用，截至2020年年底，景区加强基础配套设施建设，相继完成了2万平方米景区道路硬化，打通水帘洞环线公路，新建仿美国派拉蒙影视城门楼和朝天门旅游驿站，新建或改造3座AAA级旅游厕所。

【多边合作实现影视大突破】 2020年，象山影视城先后与优酷、腾讯、爱奇艺等三大视频巨头建立战略合作。在自身不投入或少投入的经营模式下，实行与落户企业合作共赢、多边受惠，共同促进影视产业发展与品牌价值的提升。以"建景入股"试水影视投资与制作领域，与北京映美时代、工夫影业、慈文传媒等头部影视公司合作8月中旬建成兰府、宫殿等影视城稀缺场景，丰富影视场景资源。2020年开拍的《青簪行》《雪中悍刀行》《张公案》等8部剧组投资额均超过1亿元，并引进《大江大河2》《在一起》《一呼百应》等现代剧，象山影视城成为远可拍春秋战国、秦汉、唐代、明清，近可拍民国、现代的全类型影视基地。

【创新旅游业态模式】 创新合作开发"线上+线下、游戏任务+剧本体验"等沉浸式实景体验项目，推出《捕蝉计划》《江湖斗》《庆余年传》等沉浸式剧本杀潮玩项目。与春秋集团、分众传媒等国内头部资源公司合作推出"千名上海幸运游客免费游象山影视城"活动，并在上海重要楼宇和小区投放6000个LED屏广告，加快旅游市场复苏、助推跨省团队游回暖，开拓以上海为龙头的长三角市场。集聚一批象山本地特色小吃，创新推出花氧果C品牌自助餐项目。举办万象山海电音狂欢节，推出"嫦娥奔月"影视特技演出，夜间经济产品和服务提升。象山影视城旅行社启动业务运营，策划推出旅游线路10余条，全年接待团队游客近7000人。

（余晶晶）

渔港旅游开发

【石浦旅游逆境中增长】 2020年上半年，因疫情防控，石浦渔港旅游近乎"停摆"，县石浦渔港旅游开发中心克服困难，围绕"项目助力、产业促进、品质提升、区域添彩、考核争优"等目标，加大石浦渔港旅游发展力度，助推石浦渔港旅游逆境中发展。2020年1—12月石浦区域共接待游客589.2万人次，同比上升10.3%，旅游总收入68.5亿元，同比上升10.1%；1—12月服务业企业增加值6511.5万元，2019年同期为1.24亿元，同比下降47.4%；限上批发零售企业（个体户）企业商品销售额7.78亿元，2019年同期为6.20亿元，同比上升25.5%；规模以上住宿餐饮企业（个体户）营业额3.1亿元，2019年同期为2.8亿元，同比上升10.7%；1—12月服务业固定资产投资完成21.37亿元，2019年同期为20.86亿元，同比增长2.44%。1—12月石浦商贸类固定资产投资完成2.06亿元。

【守住疫情防控底线】 从2020年1月26日（正月初二）始，县石浦渔港旅游开发中心取消全员春节休假，投入到新型冠状病毒感染的肺炎疫情防控阻击战中。一线参与石浦全域7300多家市场经营主体（含个体工商户）的防疫属地兜底工作，通过排查人员、电话通知、上门宣传、短信提醒、平台审核等途径，筑牢疫情防控防护墙。截至2月4日16时30分，共出动排查51次427人次，累计排查辖区内酒店18家（次），宾馆260家（次），民宿181家（次），餐饮经营户1081家（次），超市44家（次），菜市场16个（次），大型商业综合体1个（次），景区5个（次），足浴店91家（次）。摸排外省人员（专项）51人（其中在象山1人、离象山40人），摸排温台杭籍返乡人员94人（其中在象山13人、离象山64人），摸排湖北籍务工人员292人（其中在象山114人，离象山149人），发现近期从湖北返石住店人员1名（当场得到隔离处置）。

【做好复工复产与疫情防控常态化】 进入疫情防控和复工复产"两手抓、两兼顾"阶段后，石浦渔港旅游开发中心全员上阵参加驻企联企"三服务"活动，联系31家规模以上（限上）服务企业和纳入省电力指数监测的39家规下（限下）服务企业。2月21日起，县石浦渔港旅游开发中心对石浦镇商贸服务业企业(个体工商户)下阶段疫情防控和复工复产工作进行责任分解,并成立五个面上巡察组,以"扫街巡查"方式、坚持每日2次以上的巡查,排查镇区负面清单关停情况,普查或抽查复市沿街店铺防疫措施落实情况,全力推动辖内市场主体最新复市复产。共出动检查640人次,覆盖镇区3000余家商户店铺,督促复市场所防疫措施落实5538次,推行甬行码300次,发现并处置负面清单对象私自营业8次。3月23日起浙江新冠肺炎疫情防控应急响应级别调整为三级后,在做到短信提醒、电话通知的基础上,开发中心继续安排巡查监管工作组,保持常态化巡查督导,重点检查辖区内商区、农贸市场、商场超市等旅游商贸领域"扫码测温"防疫举措落实情况,做到疫情不结束、巡查不停止。

【抢抓亚运与高速机遇】 抢抓"后疫情、前亚运"机遇,实施"对接高速一年行动、迎接亚运两年行动",截至10月完成石浦商贸旅游业抢抓高速、亚运机遇对策研究课题。

【三湾路精品民宿群建设】 2020年1月中旬,石浦三湾路廊精品"望海"民宿区专项规划评审及修改完成。此规划地块用地面积22350.69平方米,北侧为延昌历史文化街区,南侧为石浦渔港古城,西侧为后岗山,东侧为渔港中路及石浦港,形成"山—民宿区—沿街建"筑路海的格局。区块定位:风情渔港、观渔望海和民宿聚集区,打造成为长三角滨海家庭旅游目的地、华东精品民宿聚集区示范区和中国渔港度假区典范。

【石浦鱼师文化旅游区项目】 石浦鱼师文化旅游区项目由浙江屹洲旅游开发有限公司于2019年1月签订合作开发意向书,截至2020年年末,所涉历史遗留债务问题基本处理完毕,其中最后1户在县人民法院执行局支持下达成和解协议,投资方正在完善建设项目编制规划方案。

【沙塘湾旅游开发】 2020年1月17日,石浦渔港旅游开发中心负责管理的象山县渔乡风情小镇投资发展有限公司分别与市旅投和沙塘湾村村民委员会签署《象山县沙塘湾民宿项目合作开发协议》和《沙塘湾村房屋租赁协议》,推动石浦镇快沙塘湾民宿集聚区开发建设,加快镇域旅游目的地建设。2020年全年,县石浦渔港旅游开发中心协调成立沙塘湾民宿村共建委员会,建立沙塘湾村建房风貌管控机制,同时落实相关部门职责,完成沙塘湾护坡工程、小湾道路改造、溪坑改造、村内道路综合改造等工程。2020年7月上旬,按照"统一流转、招商引资"原则,通过印发《告村民书》、开展上门走访、实地确权测量,一个半月完成了新一轮沙塘湾村房屋使用权流转签约工作,推动沙塘湾民宿特色村打造,民宿集聚区雏形现。截至年末,沙塘湾村共有民宿6家、房间91间、床位数150张,其中精品民宿4家,"沙塘静湾""玖月初见"获评省金宿。

【建成摄影基地】 2020年3月中旬起,石浦渔港旅游开发中心结合"渔乡风情摄影旅游目的地"建设,结合山海优势、市场机遇,挖掘石浦优质摄影点(基地),开发建设"渔港风情"渔港摄影基地、"岛礁神韵"半边山摄影基地和"神秘海岛"渔山岛摄影点,在渔港古城、开元酒店、东门气象公园、中国水产城、东门岛游步道建成了5个摄影点。

【"云上"直播,宣传旅游】 4月26日,县石浦渔港旅游开发中心联合石浦镇人民政府,举办"云"游石浦,"唱"享渔港直播活动,共获得47.3万人次直播流量。活动以"春归大地'乡'约宁波"为主题,依托石浦港独特的山海旅游资源优势,联合新乡村音乐人和非遗传承人,以搭乘休闲渔船海上游的方式,分为"领导直播云带货""唱游海上田园""沙塘湾音乐趴"等子活动,展示石浦美食、美景、美物,提升旅游形象。活动的举办,促进石浦"五一"小长假旅游经济复苏,"五一"假期,石浦区域共接待游客7.26万人次,实现旅游总收入9806万元。2020年6月底,石浦渔港旅游开发中心在举办2020宁波乡村旅游节—"云"游石浦 唱享渔港活动经验基础上,抢抓"后疫情"机遇,加大宣传推介力度,配合浙江广电集团大型融媒体公益直播"暖春行动"开展直播,直播总点击量达1053万人次。

【创新载体,宣传旅游】 2020年,县石浦渔港旅游开发中心制作完成石浦渔港旅游宣传片《石浦渔光》;完成石浦渔港旅游主题歌曲《不老石浦》(原创);完成石浦渔港旅游创意扑克牌制作;完成石浦渔港风物特产伴手礼包装设计。把石浦港美景、美食、美宿、美物等旅游资源、旅游风貌融入宣传片、主题曲、扑克牌中来宣传石浦旅游。同时利用自媒体及传统媒体,加强与专业微信公众号合作,联手宣传推介石浦渔港旅游。石浦渔港旅游主题曲《不老石浦》入库全国KTV歌单。

【搭建平台,促进旅游】 2020年6月28日,县石浦渔港旅游开发中心举办石浦渔港旅游行业沙龙第一期活动,召集包括景区、餐饮企业、民宿酒店、旅行社、休闲捕鱼企业和海钓企业等涉旅市场主体,探讨疫情防控常态化下石浦旅游行业生存和发展。在紧抓疫情防控常态化的同时,开发中心化"危"为"机",搭建石浦区域旅游行业交流联动平台,发挥行业促进职能,助力旅游行业信息互通、经验互鉴、资源互助,促进旅游发展。

【发展精品民宿】 2020年,县石浦渔港旅游开发中心聚焦"一域一特",突出特色化、差异化发展,建立风貌管控机制,推进石浦沙塘湾、东门岛和三湾路廊区块精品民宿集聚区建设。借助"三权分置"改革,盘活村集体闲置资产,实现农户、村集体、投资商三方共赢。截至2020年年末,石浦沙塘湾、东门岛和三湾路廊区块共有民宿24家,其中高端精品民宿8家,包括省白金宿1家,省金宿、省银宿各2家。

【完善旅游总体】 9月29日，《象山石浦渔港旅游总体规划》专家意见征询会在石浦半岛酒店召开。会议由县石浦渔港旅游开发中心主任张沉忠主持，5名旅游规划专家学者以及14家县级部门参加，副县长张微燕作总结发言。

【创建AAAA级景区镇】 2020年，石浦渔港旅游开发中心在省级旅游风情小镇复评验收的基础上，明确创建范围，制定实施《石浦镇创建浙江省景区镇工作方案》，围绕优化环境与景观、完善设施与服务、丰富产品与业态、加强管理与保障、提升宣传与形象等五个方面，组织领导、目标考核、宣传教育、资金保障等举措，着力提升全域品质档次，2020年12月9日入选第二批浙江省AAAA级景区镇名单。

【抓旅游市场诚信】 2020年，石浦渔港旅游开发中心以"诚信"为着力点，通过多部门联动，实施"引导、打击、规范"三步走，保持常态化行业监管，并组织开展"2020年石浦镇旅游市场诚信单位评选"活动，通过经营户自愿申报、多部门明察暗访、层层考核验收通过。截至年末，共筛选出30家"2020年度石浦镇旅游市场诚信经营商户"并予以授牌，倡导和营造依法经营、诚实守信的良好消费环境。

【单位更名】 根据象山县委机构编制委员会办公室印发的象编办〔2019〕36号文件《关于县部分局级事业机构名称调整的通知》，2020年3月，象山县石浦渔港旅游开发管理委员会正式更名为象山县石浦渔港旅游开发中心，并办理公章等变更。

【抓党建与干部管理教育、完善制度】 2020全年重点抓好党组理论学习中心组学习和机关干部职工学习教育，学习贯彻中共十九大、十九届五中全会精神和习近平新时代中国特色社会主义思想，特别是习近平总书记在浙江、宁波考察时的重要讲话精神。落实"象山发展我担当"大讨论活动、干部"周二夜学"、"双随机、一通报"和民主生活会、组织生活会、党支部"三会一课"等基本制度。截至2020年年末，共组织党组理论学习中心组学习会13次，组织意识形态专题研究1次，通过月度例会开展理论学习11次，开展干部"周二夜学"34次，完成"双随机、一通报"检查工作5次，召开班子民主生活会、支部组织生活会各2次。同时结合"不负韶华，攻坚担当"机关干部责任大讨论，开展"说说心里话"活动，营造创业乐业氛围。重新修订《石浦渔港旅游开发中心日常管理制度》《石浦渔港旅游开发中心财务管理制度》，结合"双对双排"工作，把中心全体员工纳入机关工作人员考核系统，督促工作人员填写周记录、月对账，建立钉钉上下班打卡制度，严格落实加班、请假等审批手续。

（毛益丰）

风景区管理

【概况】 2020年，在新冠肺炎疫情趋于稳定后，韭山列岛和渔山列岛保护地各项工作得以有序开展。随着事业单位机构改革，原象山县韭山列岛国家级自然保护区管理中心和象山县渔山列岛国家级海洋生态特别保护区管理中心撤销，新成立象山县自然保护地管理中心，负责两个海洋保护区管理工作。

做好日常巡护，管理中心全年进行韭山列岛保护区管护船海上巡航109航次，渔山列岛保护区巡航88次，对违规进入保护区的船只和人员进行驱离，并对保护区内网具进行清理；做好海鸟保护，联合浙江自然博物院在韭山列岛中铁墩屿开展中华凤头燕鸥招引和监测工作，全年共观测到中华凤头燕鸥76只，孵化幼鸟19只，另有大凤头燕鸥5000余只；做好江豚调查，联合中国科学院水生生物研究所开展韭山列岛保护区江豚种群调查，全年完成5次设备更换和数据读取；做好水獭调查，联合浙江自然博物院继续开展水獭资源调查，除利用红外相机进行观察外，分别于5月、7月、10月开展3次专题调查；做好增殖放流，全年配合渔业部门在韭山列岛保护区内放流曼氏无针乌贼受精卵404万粒、岱衢族大黄鱼1004万尾、日本对虾5618万尾，在渔山列岛保护区内放流岱衢族大黄鱼606万尾、褐菖鲉10万尾、黑鲷238万尾、赤点石斑鱼4.12万尾、管角螺31.7万颗；做好灾害预警，联合象山县海洋监测站开展渔山列岛保护区海洋生态预警监测工作，全年完成赤潮应急监测9次；做好领海基点保护，配合宁

7月16日，"中华凤头燕鸥监测与保护研究基地"揭牌仪式在韭山列岛举行

波市地质环境监测站和浙江省海洋技术中心开展了渔山列岛领海基点岛礁及周围海域常态化监视监测工作。

【"神话之鸟"连续8年栖息韭山列岛自然保护区】 中华凤头燕鸥又名黑嘴端凤头燕鸥，被世界自然保护联盟(IUCN)列入极为濒危物种，因其极为罕见、踪迹神秘而被誉为"神话之鸟"。4月下旬，韭山列岛保护区开展新一年的招引保育项目，保护区工作人员和浙江自然博物馆专家、护鸟志愿者一行上岛，加紧完善招引场地、放置假鸟模型、试播燕鸥叫声，以吸引燕鸥前来繁殖。每年4月至8月是中华凤头燕鸥的繁殖季节，在此期间工作人员和志愿者进行24小时驻岛监测。全年共观测到中华凤头燕鸥76只，孵化幼鸟19只，另有大凤头燕鸥5000余只。

【"中华凤头燕鸥监测与保护研究基地"在自然保护区铁墩屿挂牌】 象山县韭山列岛国家级自然保护区是全球知的五大中华凤头燕鸥繁殖地之一，同时是全球繁殖孵化该燕鸥最多的繁殖地。为更好地监测与保护这一"神话之鸟"，7月16日，省林业局、省野生动植物保护管理总站、省自然博物院、市自然资源和规划局、国家林草局和县人大、县府办等多部门齐聚韭山列岛，共同为"中华凤头燕鸥监测与保护研究基地"揭牌。当天10时，经过简短的开场仪式后，"中华凤头燕鸥监测与保护研究基地"正式在自然保护区的铁墩屿挂牌。据悉，中华凤头燕鸥首次发现于1861年，数量稀少，踪迹神秘，被称为"神话之鸟"。自2004年在象山县韭山列岛首次发现该濒危物种的繁殖群体后，对该鸟的保护工作便立马着手展开。2013年，中华凤头燕鸥繁殖种群招引和恢复项目正式在韭山列岛启动。据统计，自项目启动至2020年年底，韭山列岛孵化繁殖出至少80只中华凤头燕鸥，占世界上各繁殖地总量的60%到70%之间，为世界上最大的中华凤头燕鸥孵化繁殖基地。

【县自然资源和规划局荣获全国野生动植物"先锋卫士"】 11月18日，由国际野生生物保护学会联合中国野生动物保护协会、中国绿色碳汇基金会联合主办，国家林业和草原局支持的2020年第七届野生动植物卫士颁奖活动在北京举行。象山县自然资源和规划局获得自然保护地领域最高奖项"野生动植物卫士奖——先锋卫士"。该次活动自2019年6月启动以后，截至2020年1月底，共有公安、边防、森林公安、海警、海关、出入境检验检疫、渔政、林业、自然保护区等290家单位和个人提交了申报申请。经过专家评审，共有26家单位和15位个人获奖。象山县自然资源和规划局脱颖而出，获得"先锋卫士"集体奖。野生动植物卫士奖的设立，旨在表彰在中国野生动植物保护事业中取得优秀成果的集体和个人，激励野生动植物保护事业的可发展，并借此推动政府、机构、企业、个人等更多力量的共同加入，关注、参与支持、共同推进野生动植物保护事业，为维护人与自然和谐相处的生命共同体而。自2008年至2020年举办7届评选活动。

（葛豪）

邮政·通信

邮 政

【概况】 2020年是建成小康社会和“十三五”规划收官之年，要实现第一个百年奋斗目标，是邮政机制改革、创新转型发展的关键之年，象山县邮政分公司坚持以习近平新时代中国特色社会主义思想为指导，以“三个视角”找差距、补短板，以“三大规律”促改革、求创新，统筹抓好疫情防控和企业经营管理，保持了良好发展态势，各项工作均取得明显成效。

【《庚子年》生肖鼠票发行】 1月5日，县邮政分公司在靖南邮政所举办2020特种邮票首发式。《庚子年》特种邮票延续第四轮邮票的创作理念，首次运用了激光雕刻制版技术和无色荧光油墨。该邮票1套2枚，面值各为1.20元，第一图为“子鼠开天”，第二图为“鼠兆丰年”。象山集邮协会特启用“庚子年”生肖纪念戳一枚，免费供邮迷加盖。首发式当天，共提供生肖邮票1120套、小本票40本。

【施行标快“四大项目”】 2月9日起，为更好地服务疫情防控和民生保障，县邮政分公司施行口罩线上预约寄递、“菜篮子”配送、教材配送、医药配送等四大项目。疫情期间，优先标快发展、优先标快赋能，突出抓好标快业务服务品质，确保服务到位、质量保障，四大项目的施行是对疫情防控工作的支撑和运能保障。

【施行“海鲜”极速鲜寄递项目】 2月12日，县邮政公司在助力渔民复工复产中，探索极速鲜寄递项目新路径，从石浦运送7吨冻带鱼抵达绍兴。10月10日起，从石浦经营部整合人员成立海鲜项目团队，施行“海鲜”极速鲜寄递项目。

【省市场监督管理局副局长陈振华一行赴县调研“半岛味道”运行情况】 4月1日，省市场监督管理局党委委员、副局长陈振华一行赴县邮政分公司“半岛味道”体验中心考察调研，宁波市市场监督管理局党委书记朱法传，党委委员俞彤波，县市场监督管理局、县农业农村局相关人员陪同调研。陈振华一行详细了解象山“半岛味道”的政企合作模式、农产品线上线下销售模式、品牌日常运营管理和邮政配送网络等情况，对象山邮政严格落实农产品质量安全举措、打造农产品区域公用品牌、创新发展农产品销售模式等做法给予肯定，并鼓励要做大做强做优“半岛味道”农产品品牌建设。

【集团公司改制工作】 4月30日，县邮政分公司完成工商注册变更登记，由全民所有制企业改制为国有独资公司。5月1日，启动“中国邮政集团有限公司浙江省象山县分公司”企业名称，并完成公司改制相关更名工作。

【运作浙江邮政首票海派业务】 5月10日，在海外疫情严重导致国际快递及航空运能不足的情况下，县邮政分公司助力县委县政府向爱媛县宇和岛市运输防疫物资，其中包含11万只医用口罩。该分公司利用宁波港的海运优势并整合快递资源，推出海运+国际快递派送模式，运作浙江邮政首票海派业务，得到了县府外事办及日本友好城市的高度评价和信任。

【“抗疫”主题邮票发行】 5月11日，《众志成城抗击疫情》邮票首发，该抗疫邮票1套2枚，面值2.40元。邮票采用连票形式，以“众”字将两枚邮票紧密连接，寓意着面对重大公共卫生事件，在党中央领导下，全国上下凝聚起众志成城、抗击疫情的强量。该抗疫邮票当天全部售完，包括线上180套、靖南集邮营业窗口线下零售180套。

【优抚联盟军人服务卡项目启动】 7月21日，“致敬·共和国卫士”象山县关爱退役军人协会、退役军人优抚联盟授牌仪式举行，县四套班子领导出席，县邮政分公司作为优抚联盟召集单位参加仪式并作发言表态，标志着“甬尚老兵·心心象荣”优抚联盟成立。县邮政分公司以服务军人为立足点，启动优抚联盟军人服务卡项目，面向退役军人推出象山军人尊崇卡，利用市场化机制吸纳社会化商业主体加盟拓展尊崇卡金融服务功能，从而营造全社会尊敬退役军人的氛围，彰显退役军人的社会地位，实现社会效益与企业效益的共同发展。截至12月底，全年累计发卡4083张。

【泗洲头邮政支局迁址开业】 8月12日，泗洲头邮政支局由泗洲头镇兴洲路98号迁至泗洲头镇兴洲路90号。该支局总面积达80平方米，设置邮政营业台席1个，增设警医邮台席1个，并配置LED显示屏。

【"红美人"极速鲜寄递项目再创新绩】 10月1日起，县邮政分公司施行"红美人"极速鲜寄递项目，与县柑橘联盟签约成为指定物流商，在全县红美人主要产地和以销售、电商为主的丹城城区设立收寄点和定山小集散，延长收寄点的截邮时间。该项目邮件时限实现全国70个城市次日达，项目同比增长168.8%。

【第二届工会委员会换届选举】 10月30日，中国邮政集团有限公司浙江省象山县分公司第五届一次职工代表大会暨中国邮政集团工会象山县第二届一次会员召开。会上，选举产生了第二届工会委员会、经费审查委员会和女职工委员会组成人员，经公司党委和宁波市邮政工委会同意，选举结果为中国邮政集团工会象山县第二届委员会由七位同志组成，徐鸣豪任工会主席，林品任工会副主席。

【4个网点代办改自办工作】 4—11月，县邮政分公司投入资金20余万元，将茅洋、晓塘、涂茨和黄避岙4个代办网点收回自办，由原与电信同厅合署办公改为独立门面办理普服业务，并对网点店招、邮政标识、内外部环境进行装修改造，实现监控设备全覆盖。

【投递邮路整合优化工作】 11月，县邮政分公司对丹城城区邮路进行整合优化，共合并投递邮路2条、减少投递人员3名，全县邮路缩减1.75%，提高人均劳动生产率。

【宁波市集邮协会第十三次集邮论文研讨会在象山召开】 11月27日，市集邮协会第十三次集邮论文研讨会在县邮政分公司四楼会议室召开，市邮协领导及各县(市、区)邮协相关人员参加研讨会。本次研讨会评选优秀论文23篇，制作纪念封1枚、纪念邮戳1枚。

(苑东燕)

电子信息制造业

【概况】 2020年，象山县推进信息网络基础建设，移动、电信、联通共部署5G基站400余个，覆盖城区主要商业广场、医院、部分景区人流密集处。聚焦数字产业化和产业数字化，企业培育和项目推进，通过推动物联网、大数据、云计算在制造业的深度应用，推进象山经济变革、效率变革和动力变革，以信息化培育新动能。实现工业总产值54.33亿元，同比下降4.08%，其中新产品产值39.22亿元，同比下降2.82%；实现工业销售产值51.39亿元，同比下降1.6%，对外及对港澳台贸易交货值18.01亿元，同比增长26.61%。

【"健康返象和有序复工"管理系统上线】 2月14日，为做好疫情防控工作，象山县于中午12时正式启用"健康返象和有序复工"管理系统，用于全县企业、个体工商户等市场主体申报人员返象信息与企业复工申请。云朵网科技股份有限公司16人开发团队负责运行，仅用48小时完成了管理平台基础模块开发和模拟测试。该管理系统主要由自主申报、主体审核和卡点匹配三大功能模块组成。申报主体预先确定需要返象人员的基本信息与企业复工时间，线上填写申报资料发送至所属乡镇(街道)、园区进行审核；审核主体收到资料后，及时安排专人集中进行审核，掌握企业以及返象山人员情况，尤其对重点返象山人群进行关注，确定企业复工时间和返象山人员的匹配程度，并反馈给企业，做好后续管理服务工作。同时，审核通过的信息会及时反馈给返象山入口卡点。系统把审核信息与县流动人员管理系统进行匹配，按照返象山时间点进行人员健康返象山和企业有序复工。据介绍，广大企业、个体工商户可关注"象山发布"微信公众号，点击底部菜单"健康返象"，或在电脑端登录 http://www.315700.com，即可进入系统申报。

【康达电子：多元化布局厚植新动能】 5月7日，宁波康达电子有限公司的生产线正在加紧生产一批高清数据线，这次的产品专为国内市场设计，并贴上自主品牌。作为一家产品高度依赖出口的通信线缆网络线生产企业，康达电子面临许多不确定性，深耕欧美等传统市场的同时，该公司拓展新兴市场，此前在越南设立分公司，以更完善的产业链布局规避不确定性风险。早在2019年，公司就未雨绸缪，在战略层面、产品层面作了布局：在税务部门"点对点"的指导下，企业性质由中外合资变更为国内资金，轻装上阵为运营独立品牌蓄力；紧抓5G智能时代机遇，加快产品研发转型，以期在5G带来的数字红利中分得蛋糕。市场竞争归根结底是产品的竞争，产品品质的领先来自技术领先——这个理念成为康达电子决策层的共识，是这家企业的灵性与活力之源。经过二十几年的沉淀，如今的康达电子，成为国家级高新技术企业，拥有20多项产品技术专利，每年研发投入占比均在5%以上。

【打造全县首个数字经济培训基地】 5月15日，浙江云朵网科技股份有限公司与丹西成人学校正式签订合作协议，打造全县首个数字经济培训基地。5月13日，国家发改委联合17个部门以及互联网平台、行业龙头企业、金融机构等145家单位，共同启动"数字化转型伙伴行动"。云朵科技迅速响应，携手丹西成人学校成为"数字化转型伙伴"，校企双方互补各自优势，为社会、为行业、为企业服务的功能，同时立足象山县的产业导向，为全县各行各业培养既迫切需要又接地气的数字化基础人才。双方将本着"发挥优势、资源互补、开放合作、互利共赢"的原则，创设以数字经济产业为核心的课程培训体系、学员培养方案与培训计划，更好地服务县域数字经济发展。为此，双方约定，在征得政府有关部门批复后，在丹西成校挂设"象山县数字经济学院培训基地"，作为云朵网牵头推进象山县数字经济产业发展的指定培训场所，定期举办以数字经济为主要内容的成人教育、技能培训等项目，提高县域数字经济产业发展的教科研水平，搭建起为县域数字经济产业发展提供人才培养、技能提升和企业服务的产教融合平台。

【经济开发区劲吹“5G+工业互联网”风暴】 6月2日，在县经济开发区举办的5G+工业互联网产业发展论坛上，来自联通（浙江）产业互联网研究院、TrendBank势银、中科海拓、新核云等专业院所和通信机构的大咖们，围绕5G+工业互联网产业现状与发展、汽车零部件行业工厂数字化应用及案例、5G全连接工业互联网平台、5G+工业互联网在制造业的落地实践等主题“坐而论道”，为全县企业家带来了一场新一轮产业升级的“头脑风暴”。51家参会企业中，仅活动当天，就有8家企业与咨询机构达成了合作意向。县经济开发区相关负责人表示，推动制造业向数字化、网络化、智能化转型，是象山县实现制造业高质量发展的必由之路，5G+工业互联网，无疑为它插上了腾飞的翅膀，在区域竞争日趋激烈的当下，必须要先人一招，引导企业加快迈出这一步。

【金钇光电研发一款技术领先光模块】 7月28日，象山金钇光电科技有限公司自主研发一款光模块新产品，技术性能指标遥遥领先于光电行业同类产品，得到三星、创维等重要客户的青睐。这款光模块新产品，以HDMI AOC有源光缆替代传统的网络电子线，实现了大数据时代传输速度更快捷、通道更流畅。传统网络电子线最大支持千兆速率，而光纤线可支持到万兆，传输速率达到10Gb/s。随着5G的广泛应用，该产品让电视的高清图像提升到超高清，画质更精细逼真，动态更自然流畅，视觉冲击力更强烈；同时让电脑开机速度更快，真正实现高宽带、超高清、大容量网络传输。通俗来讲，用上这款产品，在电视上能看清化妆后人脸上的汗毛；电脑上的图像即使放大2倍，清晰度能达到原来的效果，尤其有利于医生察看高清B超和CT。据了解，金钇光电成立于2018年，制造中心位于该县大徐镇，研发中心在武汉光谷。公司瞄准中高端光通信、无线通信行业，致力于研发面向数据中心、传输设备、无线设备等光电领域的高端光通信模块及其相关产品，建立起先进的产品研发体系和完善的人才梯度体系。金钇光电入围“2020宁波最具投资价值企业60强”，凭借41P 8K 48G HDMI AOC 2.1有源光缆产品，荣获2020“创客中国”象山赛区中小企业创新创业大赛（企业组）一等奖。

【营造地域化个性化5G产业生态体系】 8月29日，县政府印发《关于加快推进5G网络建设及促进应用和产业发展的实施意见》（以下简称《实施意见》），就象山县5G通信基础设施建设过程中涉及的各类问题进行剖析，并明确部门任务与分工，为营造具有象山特色的5G产业生态体系，推动全县经济高质量发展提供基础支撑。《实施意见》明确了发展目标：到2020年，全县累计建成5G基站400个，实现中心城区、重点产业园区、重点旅游区等重点区域5G信号连续覆盖，初步实现5G规模商用条件。到2021年，累计建成5G基站1000个以上，实现城区、重点乡镇5G信号全覆盖。到2022年，累计建成5G基站1600个以上，实现普通乡镇及以上区域5G信号全方位优质覆盖，在山区、偏远乡镇、农业、林业等应用区域实现点位部署。《实施意见》提出，5G基站统筹建设、资源开放共享与统筹、明确资源共享申请流程、落实“四同步”（同步规划、同步设计、同步施工和同步验收）建设机制、优化审批流程等5项具体工作任务，并全方位加强对5G基础设施建设的支持、推进、协调和保障力度。根据《实施意见》，象山县将加快推进“5G+文旅”“5G+影视”“5G+体育”“5G+城市大脑”等5G创新应用。2022杭州亚运会帆船（板）竞赛5G视觉盛宴将创新5G与高清视频技术的融合应用，提升观众沉浸式观感。

【浙江京航：打造“智慧系统”为城市管理赋能】 浙江京航系统集成工程有限公司是一家专业从事智慧城市、平安城市的建设和服务，以及信息系统集成、软件开发、建筑智能化工程设计与施工的数字化公司。企业通过技术改造和提升，具备电子与智能化工程专业承包、浙江省安全技术防范行业资信、涉密信息系统集成等多项权威资质，拥有智慧停车5G应用、智慧停车平台、智慧路灯等多项软件著作权。公司总经理严小军介绍，浙江京航先后建设的“象山县社会治安动态视频监控系统”“平安象山”“雪亮工程”“象山县政法综治信息化工程”“象山县社会视频资源共享平台”等，累计整合全县视频监控1.24万路，并通过综合平台实现共享，形成“一次建设、多家使用”的良好局面。随着全县智慧社区试点建设的延伸，丹桂、上城等多个小区的“智慧社区”系统投入使用。浙江京航开发的“智慧停车”系统运营3000个停车位，采用“手机APP+车辆检测器+视频抓拍”技术手段实现车辆无感停车、无感支付。紧抓国家新基建机遇，该公司还开发了“智慧路灯”平台，以多功能路灯杆体为载体，集成了多种传感、智能设备，实现对前端设备数据的采集存储和对部分设备的远程控制，为城市和社会管理赋能提效。

【云朵数据小镇开工建设】 10月1日，一个集产业数据加工、数据人才培养、数据服务为一体的大数据基地——云朵数据小镇，在象山经济开发区城南高新创业园奠基开工。云朵数据小镇是云朵网在象山建立的全国总部基地，该项目总建筑面积1.4万平方米，计划投资6500万元，建设周期为15个月。项目以多区域微单元聚落为基础，建设集分散、异构、可扩充、可集成、有统一数据模型、有多种角度视图、安全可靠的运营中心以及数据加工中心和服务中心，提供产业大数据服务平台运营所需的IDC、云计算、数据工厂等应用与服务，打造一个集产业数据加工、数据人才培养、数据服务为一体的大数据基地。浙江云朵网科技股份有限公司是国内领先的产业大数据解决方案服务商，其自营及为各地政府构建和运营的平台为30万余家企事业单位提供多元化云计算和大数据解决方案及服务。年初，云朵网受县委县政府委托开发数字化防疫协同系统，最早在国内推出防疫软件，被科技部列入公共卫生紧急处置重点研发项目。云朵数据小镇建成后，可将大数据应用的相关公司、业务和服务以线上和线下两种方式集聚到一起，形成一个完整的产业生态链，带动象山乃至宁波的大数据发展。

【浙江中环：为智慧消防提供一站式服务】 10月25日，浙江中环科仪消防报警设备有限公司展示厅内陈列火灾探测报警器、SOS救助按钮、智能声光报警器等几十种智能化报警设备；车间内"机器人+人工"实施精密制作，报警设备经过几十道程序检测后准备发往各地。浙江中环科仪消防报警设备有限公司是专注生产火灾报警系统、火灾探测、安防报警及相关特种设备的制造企业，为智慧消防安防报警系统提供一站式服务。公司利研发了以智慧烟感为主的NB-IOT系列、LoRa系列等智慧消防安防产品，实现平台化的数据管理。浙江中环利用"互联网+消防"为消防的"防""管""灭"提供支撑，推动实现传统消防到智慧消防的转化。公司负责人齐明敏说，公司生产的火灾探测报警器、SOS救助按钮、智能声光报警器等系列产品，能区分黑烟和白烟，解决现有探测器对黑烟和白烟的响应敏感度不同的问题。更值得一提的是，中环最新研发的ZH307烟感设备能区分水蒸气、粉尘、油烟等干扰烟雾，为三合一场所、厨房等复杂应用场景解决了频繁误报的问题。浙江中环正着力打造国内领先的智慧消防安防一站式服务商，成为一家集独立研发、生产、营销、运维于一体的智能消防电子产品的专业厂家，公司业务覆盖全国超过20个城市，项目数超过200项，平台设备2万余只。

（唐尔婕）

电子政务

【象山数字港项目】 象山县大数据发展中心于2020年8月26日率先启动宁波市一体化智能化公共数据平台象山分平台——象山数字港项目，完成归集全县105个单位、65个系统数据，数据资源达4075类、数据项达52756项，推进了市统建县级平台象山样板的成型，实现了与省、市平台数据互联互通、共建共享。

【评审政府信息化项目】 象山县大数据发展中心按照统一端口、统一标准、统一产权、统一命名、统一硬件、统一评审"六统一"要求，统筹指导全县信息化项目，累计评审全县政府信息化项目127个，通过96个，节约财政资金4000余万元。

【未来菜场项目竞争性谈判】 象山县大数据发展中心全程参与未来菜场项目建设，并于8月7日开展未来菜场项目竞争性谈判，最终由建设银行象山支行承担全额800万元的建设成本，并承诺对政府融资利率均下降1.5个百分点。

【民宿开办全流程智慧办】 2020年9月底，"民宿开办全流程智慧办"相继入选浙政钉多业务协同应用省观星台和《2020年度宁波市数据共享应用案例汇编》。

【"E考通"项目】 11月25日，"E考通"项目在全国第二届（2020）数字政府特色评选50强活动中，荣获"治理决策"创新奖。

【县政府信息化建设项目评审专家组】 县大数据发展中心建立象山县政府信息化建设项目评审专家组，共计25人、涉及18个部门和单位，其中有高级职称9人、中级职称6人，并与市级部门信息中心专家库建立了联系机制。

【参加会议及比赛】 9月10日至13日，县大数据发展中心带队参加2020年世界数字经济大会暨第十届中国智慧城市与智能经济博览会。9月12日，县大数据发展中心带队参加浙江数据开放创新应用大赛宁波分赛区决赛，"回收宝"和"嗨游海岛"项目获优胜奖。

（何增凯）

电 信

【概况】 中国电信象山分公司成立于1998年9月1日，截至2020年年底，全局拥有支局10家，12家自办营业厅，电信用户约14万户。

2020年，中国电信象山分公司以习近平新时代中国特色社会主义思想为指导，把巡察整改与加强党的建设相结合，推进党建与企业生产经营深度融合，以价值观管理来促进企业高质量发展，始终坚持以客户为中心，开创企业转型发展新局面。

2020年，中国电信象山分公司响应县政府号召，做好基础网建工作和光网双提升工作，在疫情期间确保网络和通信畅通，并投身美丽乡村建设工作及扶贫工作，在瞬息万变的大数据时代为县域经济健康发展、社会和谐稳定贡献力量。确保新冠疫情期间防控保障到位，集结近10名技术人员组成疫情防控通信保障应急突击队，做好党政、医疗、防疫、卫健系统等重点单位的通信网络（视联网、党政网、云平台、应急电话等）支撑保障工作。电信联通共享共建5G，完成5G基站开通159个。

【综合业绩】 截至2020年12月，分公司收入累计完成率100%，收益较19年稳步增长。完成上级公司下达的FTTH光衰达标率和OLT弱机型退网年度目标，高标准完成移动网提升工作，提升用户感知。响应政府号召，做好重大社会活动、突发事件现场的通信应急保障。

【亚运沙排项目建设保障】 应亚运会宁波赛区象山工作领导小组要求，象山电信于1月14日完成半边山亚运沙排项目建设场地的架空线路迁移工作。

【慰问结对村困难党员】 1月17日，象山电信分公司党委委员、资深副总裁姚亮及相关党员，前往帮困结对村鹤浦镇谷桶村,走访并慰问2位困难党员王成德、奚小夫,并送上中国电信象山分公司党委慰问金1600元,体现中国电信的社会责任感。

【开展春节前安全检查工作,保障通信通畅】 1月19日,象山分公司副总经理董海阳、资深副总裁姚亮携各部门相关人员开展春节前安全检查工作,覆盖象山东片、南片、西片的各个支局和邮电所,主要检查各个支局和邮电所的办公环境、营业场所和机房等与安全生产密切相关的地方。确保春节期间生产安全平稳,网络及通信通畅。

【象山县四套班子节前慰问电信员工】 1月22日10点30分,象山县县长包朝阳携四套班子一行在象山分公司进行节前慰问。副总经理(主持工作)李锦及班子成员陪同,分别到中心营业厅看望节日期间值班人员,考察电信智能组网演示台、IPTV、翼支付等。县长包朝阳慰问在数据机房中的工作人员,询问工作人员象山主干网络、宽带业务发展情况。并就象山电信5G如何为"5G+象山影视、5G+半边山无人汽车驾驶、网络+政府惠民"等方面与政府合作进行交谈。

【逆行疫情,为民服务】 2020年1月,疫情来袭,人民群众开启宅家模式,电信人依然履行央企责任,逆疫情而行,为防疫防控工作做好各类支撑保障工作。截至2月1日,累计应急保障专线电路25条,视频会议1场,累计保障专线15条,视频会议12场,紧急开通业务2次46条次,当日出动保障人员6人次,保障车辆3次,累计出动保障51人次,保障车辆22次。

【开展综合大检查】 3月12日,象山电信综合部会同网络部、市场部、纪检相关人员,前往象山东片、西片支局及邮电所,开展复工复产综合大检查,检查共覆盖象山8个支局所。主要检查各支局所营业厅是否按照要求对入厅人员测量体温并登记、检查甬行码、口罩佩戴等情况,确保营业厅对符合要求的人员才予以进入。坚持复工复产和防疫工作两手抓。

【抗疫英雄回家,象山电信送上特殊"礼物"】 中国电信象山分公司在得知宁波市援汉医疗队280位英雄将要回家并将入住象山半边山工人疗养院休养的消息后,立即落实人员到英雄下榻的工人疗养院进行上网宽带、IPTV、电话等通信设施的巡查,确保通信畅通。3月31日,中国电信象山分公司为凯旋的战士们送上两件礼物:免费开通IPTV影视点播、免费开通云EPG开机欢迎页面。

【电信联通合力建设5G】 4月21日,为落实5G建设"630"任务并规划下半年全县建设区域,中国电信象山分公司资深副总裁姚亮及网络部主任柴向军联合联通、铁塔负责人,就5G建设进行沟通。会上,联通通报承建区建设情况,象山完成"630"计划任务,现着手下半年建设任务及建设区域:在升级主城区覆盖效果的同时,逐步向发达乡镇扩展建设。

【天翼大喇叭助力复工复产】 3月疫情期间,为应对外来劳务人员陆续返工后造成的人防安全宣传问题,象山电信推出天翼大喇叭业务,象山潘家桥村成为首个安装村。工作人员在勘点后于村的东南西北四个方位装了8个大喇叭,帮助疫情防控宣传和人防安全宣传的声音传遍村里的每个角落。同时,本地的电视台和传媒公司亦到该村实地进行了采访报道,为该村成为新农村建设的标杆做了铺垫。

【扶贫结对,助力"消灭经济薄弱村"】 经属地党委会审议后确定象山定塘镜架岙村为扶贫结对目标村后,象山电信于3月开始对接扶贫工作。本次扶贫工作以"信息扶贫"为创新突破点,旨在助力地方政府"消灭经济薄弱村"。通过拓展融合业务,建设村级监控,完善农村光网全覆盖和原杆线整治,共建信息农村和美丽乡村。象山电信还会在节假日上门看望关怀镜架岙村的困难户并提供扶贫慰问金。

【成功中标交通宣传电视播放项目】 2020年3月,凭借专业的知识和过硬的技术,象山电信在多家竞争单位中脱颖而出,喜中象山县公安局交警大队的交通宣传电视播放项目,并于2020年4月签订合同。

【"五一"营销】 中国电信象山分公司于4月30日至5月5日在北片和南片两个场地——北片丹西白石村和南片石浦下塘村开展"五一"大型营销活动。

【首例云直播助力"护士节"】 5月11日,象山电信利用天翼云直播技术助力象山护士节大会圆满召开。会后,宁波市第四医院决定租用象山电信天翼云直播设备,并表示会利用天翼云直播系统推进象山医卫系统。

【象山电信召开第七届二次职工(会员)代表大会暨"冲刺630"启动大会】 5月18日,象山电信召开第七届二次职工(会员)代表大会暨"冲刺630"启动大会。会议以习近平新时代中国特色社会主义思想为指导,接应落实集团、省、市公司各项工作部署,总结2019年工作,分析面临形势,部署半年度工作任务,动员全体干部员工团结一心、奋战40天冲刺630,实现V形反转,完成分公司半年度各项预算目标。公司领导班子成员、支局长、各部门助理以上管理人员及职工代表等参加会议。

【喜报:象山邮电联队喜获宁波"邮电杯"2020乒乓球友谊赛团体亚军】 为加强邮政、电信单位间联系,增进双方友谊,促进企业发展,象山电信和象山邮政联合选拔乒乓球队员组队,经过1个月的集训,参加了2020年5月23日在宁波五一运动馆举办的宁波"邮电杯"2020乒乓球友谊赛。在本次比赛中喜获团体亚军,象山电信队员罗汉青荣获男子单打第六名。

【开展铁塔租费效能提升】 7月14日,铁塔租费效能提升工作开展,近一个月时间,象山电信各专业部门人员,累计割接完成46个,占比40%。

【各级医院全覆盖视联网业务】 截至5月底,象山电信与象山3个医疗集团分别签订了医卫视联网业务,共有点位24个,分布到各乡镇卫生院。6月1日,象山电信总经理助理邱联盟和校医卫主管带领装维技术支撑和厂家现场对视联网进行调测安装。6月2日晚,象山县第一人民医院医疗健康集团的全院会议如期开播。第一人民医院医疗健康集团打下的良好基础,引得象山县中医医院健康集团、象山县台胞医院健康集团于月底相继签订了该业务合同。

【石浦沿海南线电信杆线改建工程】 石浦沿海南线道路扩建涉及电信杆线迁移,此处为象山县南部通信线路重要通道,为此象山电信加强重视,多次派人现场查勘、组织人员设计,确保象山县通信通畅。6月18日,经过2个月的施工,共计新立水泥杆77根,新敷设光缆近55皮长公里,同时对旧光缆进行了拆除,所有工作完成。

【象山电信组织"微心愿"认领工作】 2021年,象山分公司党委继续开展以践行初心担使命、真情帮扶暖人心"点亮微心愿·争做圆梦人"、争当"红色义工"为主题的党员爱心圆梦行动。金秋社区是分公司共建主题党日活动结对社区。7月3日9时,由机关事务局、中国电信、烟草局、港航局4家单位参加"微心愿"认领活动16户。象山电信分别对孤寡老人、残疾军人、身患重病等四户没有固定工作、收入微薄的困难家庭,送去大米、粮油及日用品。

【开展消防大队"八一"慰问】 7月30日,中国电信象山分公司资深副总裁姚亮带队综合部副主任(主持工作)陈成海、综合部高级顾问曹泉能一同前往象山县消防大队开展慰问工作,向消防战士们送去节日的慰问。

【大徐机房完成标准化整治工作】 大徐机房承载象山县多条重要光路转跳,包含鄞中枢纽楼—咸祥、象山144芯中继光缆、丹城局—象山大徐局96芯中继光缆、爵溪新局—白岩山、大徐96芯中继等光缆。由于GPON、EPON设备、ODF、尾纤、线缆等存在历史原因,布线错综复杂且杂乱,象山电信首先组织中国通信建设第三工程局对此次整治的要求进行宣贯,对机房退网设备拆除、空闲跳纤、不规范布防的跳纤和网线、交直流设备接入方式等做出详细的整改目标和要求。11月23日,经过一个月7个批次的光缆及跳纤割接,大徐机房完成整治,改善机房设备运行环境,确保网络安全。

【打造数字影视基地】 2020年年末,象山影视城被选为首个以5G传送拍摄视频的试验基地。为达到影视城5G信号全覆盖,象山电信召集5G承建商联通公司、基站承建商铁塔公司、象山影视城项目主管部门、市公司网优、无线设计院等相关人员,对象山影视城5G覆盖情况进行现场勘察。截至11月,影视城5G全覆盖方案出台,开通2个5G基站,待开通2个5G基站,需新建设3个基站。

【岑晁机房完成标准化整治工作】 继大徐机房整治完成,象山电信安排中国通信建设第三工程局立即投入到岑晁机房整治的工作中。截至12月31日,完成机房内电源,设备类集中改造,对EPON、GPON、交换机设备进行分类入架,改变以前机架内各种设备掺杂的布局,现阶段正对光缆及跳纤进行整改割接。

【宁波电信副总经理韩雄赴象山电信结对村开展扶贫工作调研指导】 12月18日,宁波电信党委委员、副总经理韩雄一行到象山电信结对扶贫村定塘镇镜架岙村开展调研,并慰问困难党员、困难村民,与村领导交流扶贫工作情况。象山电信党委副书记、副总经理(主持工作)李锦,综合部主任陈成海,定山支局局长范华庆陪同调研。

(周海珠)

中国移动象山分公司

【概况】 中国移动通信集团浙江有限公司象山分公司(以下简称中国移动象山分公司)成立于1997年7月,截至2020年12月底,在册职工208名,拥有自办营业厅11家、乡镇支局9家、各类营业网点300余家,网点遍布城区乡镇、海岛、农村,移动手机用户达48.5万户。公司秉承"正德厚生臻于至善"核心价值观,以"创无限通信世界,做信息社会栋梁"为使命,为县域经济健康发展、社会和谐稳定贡献力量。

【象山移动发挥自身作用全力协助抗"疫"】 2020年年初,新冠肺炎疫情发生后,中国移动象山分公司发挥自身作用,第一时间启动应急响应机制,成立移动联防联控通信保障小组,为政府机关、乡镇街道、疾控中心、各大医院、公安、交通、教育部门等重点单位提供快速、便捷、安全的通信保障和业务保障,各单位宽带、固话、租线和手机启动"免停机"服务,并提供"2小时快速修复"的保障;在落实应急维护队伍的卫生防护措施的基础上,为市民提供光宽带快速安装和维修服务。与此同时,还及时联动县疫情防控指挥中心,利用移动大数据智慧精选平台,免费为相关政府部门、乡镇街道等发送疫情防控知识、公告等疫情预警短信907万条;为重点防疫防控单位免费开通视频彩铃进行群防群治宣传、提供云视讯平台做好远程视频会议支撑,保障防疫防控重点单位的实时沟通;在茅洋集中隔离点提供200M电路专线1条,以减轻一线防疫人员的管控压力。并向驰援武汉医务人员开通话费全免优惠,向全县所有医护人员赠送价值20余万元的流量赠送,向一线抗疫"战士"表达敬仰之情。

【象山移动红色连联队社区卡点协助值勤共抗疫情】 面对来势凶猛的新型冠状病毒，中国移动象山分公司党支部贯彻落实习近平总书记重要批示指示和中共中央政治局常委会会议精神，严格落实上级党委关于做好新型冠状病毒感染的肺炎疫情防控工作的部署要求，发挥基层党组织战斗堡垒作用和党员先锋模范作用，自觉地践行初心使命，及时成立分公司“红色联防队”，2月6日起，在气温低下、阴雨连绵的情况下，中国移动象山分公司党员“红色联防”的队员们在丹西街道新建社区、蓬莱社区、丹瀛社区等5个卡点，协助各社区做好卡点值勤工作。

【为象山宽带用户上门义诊服务】 2020年5月以来，中国移动象山分公司开展宽带上门义诊服务活动，组织网络精干力量，成立金牌工程师义诊团队，城区各小区、乡镇、街道、村庄开展现场义诊服务，为小区居民们提供宽带义诊、网络优化、宽带提速等服务，解决客户们的上网问题，邀请客户现场测试体验千兆宽带的网速，让用户感受千兆宽带带来的美好数字家庭新生活。全年共开展活动240余场次，受服务用户千余人次。

【中老年智能机讲堂】 随着网络科技的发展和智能手机的普及，中老年人对智能手机使用和5G高速网络的体验需求越来越迫切。中国移动象山分公司主动对接象山县科协，于6月3日在公司安排首场中老年智能机讲堂，来自各地40余名中老年人在工作人员的指导下，逐步熟练掌握智能手机使用方法，并通过5G WiFi直观感受5G极致网络。

【浙江移动亚运办主任贾平调研宁波亚运场馆建设】 7月7日，浙江移动亚运办主任贾平携亚运办相关人员赴象山开展亚运会场馆建设项目调研。

贾平在听取分公司在亚运场馆建设、设计、施工保障等方面的工作汇报后指出，亚运会是公司承担全业务网络保障工作的第一次，是体现公司整体能力、完成高质量保障的考验之一，要组建亚运专班团队，跟进场馆规划和基础设施的建设；要与市公司政企团队加强沟通，要结合省公司亚运办相对高端的智能亚运6个解决方案实施，展现公司的实力和水平；要争取相对独立的机房及双路由建设工作要求，做好亚帆海域覆盖工作，做好亚运场馆覆盖考虑VR/AR等需求做到最大化，更好地做好亚运的通信保障。

【组织开展“警移同心　反诈同行”志愿者活动】 象山移动在日常客情走访中了解到象山境内网络诈骗、电信诈骗猖獗，且涉案金额较大，同时派出所警力有限，给平安象山建设工作带来很大压力，公司在得知情况后，快速切入，及时组织党、团员志愿者加入反诈骗行动。公司党团志愿者放弃周末、夜间休息时间，与当地丹东派出所民警一道，进小区、上楼层，挨家挨户向居民特别是年轻较大、容易上当受骗的居民宣传防诈骗知识，告诫他们不要参与网络刷单、要理性贷款、办理信用卡、谨慎参与网络投资等，并通过案例警示告知居民碰到类似事件如何处理、如何加强自我防卫、如何辨别诈骗手段等，同时向他们介绍公司“移动机伶”小程序拦截诈骗、骚扰电话等。

【完成开渔节通信保障工作】 第二十三届中国（象山）开渔节于9月16日在象山石浦举行，象山移动网络部主动对接开渔办，明确保障需求，主动对接上级公司网优中心输出保障方案，投入骨干力量，按期完成站点开通，做好现场值守，确保开渔期间网络稳定，完成开渔节通信保障工作。

【“5G+VR直播课堂”亮相2020年新时代浙江机电一体化人才培养论坛会】 10月23日，2020年新时代浙江机电一体化人才培育论坛会在象山召开，来自全省48所技工学校的160余名专家和教师共聚象山技工学校，对新时代机电一体化人才培育进行探讨，由宁波移动和象山技工学校打造的“5G+VR直播课堂”在会上进行公开展示。

【象山移动落实“断卡”行动】 为响应公安部“断卡”行动要求，配合“平安三率”建设，11月27日，象山移动邀请象山县公安局刑侦大队指导员李红彬到分公司做专题培训，培训围绕法律宣讲、当前形势、案例讲解，既专业又简明易懂，与会人员反响热烈。会后，分公司组织渠道工作人员签订防范和打击电信诈骗责任承诺书，分公司相关负责人还与县公安局相关负责人就联合打击电信诈骗相关事宜进行商谈。

【象山分公司组织开展晓塘敬老院重阳节慰问活动】 在重阳佳节即将到来之际，象山移动组织部分党团志愿者赴晓塘乡敬老院开展“浓浓重阳情 深深敬老意”重阳节慰问活动，向全院60余位老人送上节日的祝福。在活动现场，党团志愿者们分别向该院老人一一送上水果、食品等慰问品，并向他们送上浓浓的重阳祝福，祝福他们生活安康、幸福长寿。随后，还与老人一起座谈，聆听两位90岁高龄老党员讲述他们当年解救抗战英雄的光荣故事，感受他们的艰苦生活，共同回忆党的光辉历程，感恩党全心全意为人民服务的高尚情怀，珍惜当下幸福安康的生活，共同创建更好的新生活。

（奚赛翔）

中国联通

【概况】 中国联合网络通信有限公司宁波市象山县分公司（以下简称象山联通）是中国联合网络通信有限公司在象山的分支机构，于2008年12月由原中国联通有限公司象山分公司和原中国网络通信集团公司象山分公司合并而成。公司下设中台支撑室，建设维护室，政企客户室、象南网格、象北网格以及4个自营厅。拥有3G物理基站424个、3G室分106个，4G物理基站491个、4G室分87个，5G宏站161个、5G室分2个，渠道20多家，网点遍布各乡镇、海岛、农村，移动手机用户超过18万。公司秉承“竞争实现超越，创新开拓未来，激情战胜艰险，诚信立足天下”的核心价值观，以致力于成为“信息生活的创新服务领导者”为使命，一如既往继续推进企业的创新发展进程，以全业务经营和5G发展为引擎，坚持以用户为中心，加强技术、业务、服务和管理创新，提升综合实力和核心竞争力，满足广大用户的信息服务需求，在象山国民经济和社会信息化进程中发挥主力军作用。

【“赋能新工业，智造新生态”宁波（象山）5G+工业互联网产业发展论坛召开】 5月29日，由象山经济开发区主办、象山经济和信息化局及中国联通宁波市（象山）分公司承办的“赋能新工业，智造新生态”宁波（象山）5G+工业互联网产业发展论坛在象山国际大酒店召开。出席本次论坛大会的有象山经济开发区副主任徐月燕，象山经济和信息化局副局长屠方宏，象山联通分公司总经理刘维，以及宁波博禄德电子有限公司、宁波正泰电器有限公司等四十余家企业单位。

会议介绍象山重点区域、重点场景、重点业务5G建设情况，同时介绍5G+工业互联网领域的应用和研发案例，比如，中国联通与上海商飞集团合作，在5G+工业互联网应用上实现了多个突破。象山联通把一些优秀的做法、适配的企业应用场景，复制到象山当地企业，打造象山县的5G+工业互联网数字化企业试点标杆，联合宁波和象山县当地软件和服务企业，形成象山县5G+工业互联网生态联盟，促进5G+工业互联网健康发展，为象山县产业数字化和数字产业化做出应有的贡献。

论坛会上，象山经济开发区副主任徐月燕和宁波联通象山分公司总经理刘维签订了战略合作协议，双方携手更好地助力经济开发区企业赋能转型发展，为下一步助力转型打下了坚实基础。

【参加象山县优抚联盟授牌仪式】 7月21日，“致敬·共和国卫士”象山县关爱退役军人协会举行成立大会。县优抚联盟授牌仪式同日举行。象山联通作为33家优抚联盟之一参加此次会议。

【推动落实好宁波5G网络共建共享工作】 2020年4月13日，宁波联通、宁波电信和宁波铁塔在宁波联通7楼会议室联合召开了5G网络共建共享市县工作视频会议，推进5G网络共建共享工作。三方总经理、分管领导、相关网络建设与维护部门经理、5G共建共享工作组经理在主会场参加会议，三方县分总经理、分管领导、相关网络建设与维护部门负责人在分会场参加了视频会议。此次会议由宁波联通副总经理陈叶能主持，宁波5G共建共享工作组经理张正明对宁波5G网络共建共享下一步推进工作做了部署，介绍了宁波5G共建共享工作思路，组织保障，相关工作要求和劳动竞赛的安排等。宁波铁塔通信发展部经理吴涛在对于配合联通、电信5G共建共享工作方面，明确了铁塔公司具体的工作任务与目标以及保障措施。会议上，三方主要领导就5G共建共享工作做了重要讲话。

【象山党支部助力“5·17”扶贫】 为迎接和宣传2020年世界电信和信息社会日，根据集团公司的安排，中国联通于5月17日世界电信日在全国31个的地市开展“2020年中国联通国企开放日活动”，象山分公司以党支部为堡垒，贯彻落实相关要求，做好组织工作，结合营业厅、社会渠道线下宣传，广泛动员参与本次国企开放日活动。

【象山分公司召开微腐败专项整治生活会】 2020年6月16日，象山分公司召开了微腐败专题组织生活会，市公司分管副总王勇男及党群部陈岩总经理以及县分公司班子成员、全体党员、小CEO参加。会议结合象山联通各部门及县分公司“廉洁履职负面清单”表和座谈会意见汇总，组织班子成员、党员、小CEO等通过“自己找、群众提、上级点、组织议、互相帮”等方式，查找自身存在问题，剖析，鼓励参加组织生活会的员工敞开心扉、畅所欲言。

【世界数字经济大会暨第十届智博会在宁波召开】 “数字驱动 智能发展”世界数字经济大会暨第十届智博会于9月11日至13日在宁波召开。这次大会以线上线下联动的方式举办论坛会议，展览展示数字经济暨智慧城市体验、成果发布等十大活动，打造以数字经济展示交流的国际大平台。

中国联通作为中国智慧博览会主办方之一，在三号展馆进行了布展，整个展区面积510平方米，集中展示了集中展示中国联通基于5G网络，利用移动互联网、云计算、物联网、大数据与人工智能等最新技术在助力新型智慧城市建设方面所取得的应用成果，许多5G应用成果是首次公开发布和展示。丰富的行业应用，精彩的实景展示，高速率、低时延、广连接的5G新技术，让广大参观者畅享智慧医疗、智慧交通、智慧工业、智慧生态、智慧文旅、智慧新媒体、智慧安防等多个领域“智慧城市”成果盛宴。

【象山分公司召开“三项制度改革”宣贯会】 国有企业劳动、人事、分配制度改革是推进国有企业改革的重要举措，对于完善国有企业市场化经营机制，推动国有企业高质量发展，增强国有经济竞争力、创新力、控制力、影响力、抗风险能力，具有重要意义。前期宁波市公司召开了“三项制度改革”宣贯会议，为了提升每人对于该项工作重要性的认识，明确重点工作的目标、任务，压实责任，落地，为有序推进该项工作提供坚强的思想保障和组织保障。7月17日晚上，象山分公司召开全体员工“三项制度改革”落地宣贯会。

总经理助理朱佩佳详细解读了宁波联通三项制度改革的重点与细节内容，同时宣贯了分公司的三项制度的方案。

【宁波联通“物联网+农业”解决方案绘就乡村振兴新画卷】 “物联网+农业”的解决方案改变了以人为中心、靠人的经验来做决策的模式，浙江联通宁波象山分公司在前期客户走访过程中，了解到象山晓塘乡有意向将永红蔬果大棚基地作为试点，采取新技术、新手段实现科技兴农的需求后，公司迅速组建团队，开展痛点调研，利用行业优势，第一时间制定了“物联网+农业”项目方案。

【宁波联通象山分公司党团联合公安开展反诈宣传活动】 为提高群众识骗防骗的意识与能力，宁波联通象山党支部主动联系象山丹西派出所联合在路下林村开展反诈骗宣传活动。

活动中，联通反诈骗志愿者、社区工作人员、派出所民警将防诈骗宣传折页发给过往居民，宣传各类与居民日常生活密切相关的安全防范知识，提醒居民群众不要轻信陌生人的电话和短信，注意防范犯罪分子可能利用电话、网络等诱骗群众进行银行卡转账，骗取钱财；并告知群众不要向陌生人透露自己的身份信息、银行卡密码等重要内容，引导群众辨识骗局，提高防范意识。

活动中，党团志愿者还为前来的村民提供贴手机贴膜，清洗手机等服务，向他们介绍公司的业务。党团志愿者还分成三组，进行上门检修网络，宣传反诈活动，同时宣传宽带业务，提高用户满意度。

【暖心抗疫　宁波联通象山分工会在行动】 宁波联通象山分工会贯彻落实公司防疫工作安排部署，狠抓疫情防控工作落实。

疫情初始期正当春节期间，分工会第一时间采购了耳温计，酒精，口罩，以及将公司工会印发的口罩送到营业厅，并嘱咐一线员工服务好用户的同时，保护好自己。针对员工家属参加疫情防控工作，分工会做好登记做好慰问，针对分公司全员复工后，一些双职工或者孩子无人照顾的，尽力帮助解决。

在全员复工前，分工会做好复工复产返回职工的筛查摸底、情绪稳定、帮扶服务等，根据县里出台“象山县健康返象和有序复工管理系统”要求，做好方案的起草，与街道的对接，确保上班人员人身健康。

复工第一天就安排召开视频会议，对近期的工作进行了布置。参加“健康返象”行动，网格和政企部门安排人员参加丹东、丹西街道以及其他乡镇下属的企业复工复查工作，帮助他们进行系统操作，帮助千余家企业和店铺，得到各企业和店铺的一致好评。

同时，分工会组织带领党团员分批在社区、农村开展防护知识宣传，入户宣讲检查疫情，告知口罩佩戴，如有武汉等地返乡人员协助劝说居家隔离，在社区相关卡点协助做好排查登记，体温检测等工作，并推广社区疫情防控风险平台，共参加社区执勤帮扶近十次。

【“5G 制衣智能制造示范平台项目”启动仪式】 3 月 11 日，在宁波市政府统筹指导下，雅戈尔集团与中国联通在宁波举行“5G 制衣智能制造示范平台项目”启动仪式。宁波市政府副市长陈炳荣、雅戈尔集团常务副总经理胡纲高、中国联通集团副总经理梁宝俊等出席了启动仪式。宁波联通总经理曾国峰、雅戈尔集团常务副总经理胡高纲代表双方签署合作协议。本次活动采用联通云视频以“宁波现场+远程会场”的方式进行。

5 月 18 日，中国联通王晓初董事长、宁波市委副书记宋越舜、宁波市人民政府副市长陈炳荣一同前往雅戈尔集团总部，在雅戈尔集团董事长李如成的陪同下参观了雅戈尔智慧工厂平台、5G+工业互联网智慧工厂、智慧之星服饰展厅，并就 5G+工业互联网、新基建、智能化改造、产业融合等方面开展广泛的座谈交流。

（陈雪）

城乡建设和管理

城乡规划

【概况】 2020年,县城乡工作以围绕建设现代化滨海城市为目标,贯彻落实长三角一体化发展战略,构建国土空间开发保护新格局,发挥规划引领作用,着力统筹城乡发展,规划保障,推进国土空间规划编制、专项规划和控规编制、城市风貌引导、创新引导村庄建设、开展阳光规划等各项工作。全年核发建设用地规划许可证79件,总用地面积1885481.45平方米;核发建设工程规划许可证145件,总建筑面积2894358.33平方米;发放核实确认书100件,总建筑面积2168479平方米;核发用地预审和规划选址意见书37件,总用地面积429266.67平方米。

【获得省规划指标使用额度】 9月28日,经省自然资源厅批准,县自然资源和规划局通过浙江省2020年度规划指标使用额度核拨会审会,获得地方规划指标使用额度核拨数79.4486公顷、规划年度调节机制实施指标核拨数7.6886公顷,核拨项目30个,保障了华美达、南部新城、盛宁线等重大项目的空间规划指标落实。

【万洋众创城一期项目规划设计方案通过评审】 10月26日,象山万洋众创城一期项目的规划设计方案通过评审,万洋众创城位于石浦镇科技园区,总规划用地约66.7公顷,是万洋集团在象山打造的首个工业地产模式的小微企业园。该次通过评审的一期项目占地约389亩,规划的建筑面积约41.6平方米,利用“垂直工厂”方案拓展纵向空间,实现工业厂房的多元化、高层化、专业化,打造“产业集聚、产城融合、资源共享、产融互动”模式运营的制造业集聚平台,促进节约集约用地,破解中小企业“用地难”的问题。一期建成后有近百家中小微企业落户。

【生态修复专项规划获评省土地利用优秀成果奖三等奖】 10月28日,浙江省土地学会发布《关于公示土地利用优秀成果奖评选结果的通知》,《象山县国土空间生态修复与全域整治专项规划(2020—2035)》(以下简称《规划》)被评选为省土地利用优秀成果奖三等奖。《规划》是象山县国土空间总体规划的中专项规划的一部分,确定未来一定时期全县国土空间生态修复各项重点任务的空间落实方案和指引,具有综合性、指导性、约束性。《规划》以第三次全国国土调查数据为基础,以象山县国土空间规划确定的生态、农业、城镇、海域四类空间为对象,梳理出象山县“山水林田湖海城”自然生态系统和城乡人工生态系统的现状,分析全县国土空间生态系统存在的问题和薄弱环节,综合评价生态系统退化程度和可恢复程度,以维护生态安全、优化国土空间格局为目标,重点提出2020—2035年全县国土空间生态修复工作思路、目标任务、重点区域、重大工程和保障措施,形成纵向统一、横向联动、条块结合的国土空间生态修复与全域整治工作格局。《规划》还将全县未来开展的国土空间生态修复工作梳理为山体修复综合治理、水资源保护提升、森林双量提升等“十大工程”,指导全县生态修复工作良好开展。

【县级规划取得阶段性成果】 在工作方案基础上,召集编制单位开展集中攻坚工作,全年共参加部、省视频会议10余次,集中调研征求意见30多次,并多次向县领导、县人大、政协汇报,组织专题培训会3次,在规划纲要基础上形成了总报告征求意见稿。结合土地储备出让,推进空间规划委员会议事规则的调整优化。通过集中攻坚的工作模式,实现编制力量的融合、编制理念的融合和规划成果的融合。

【土地利用规划、城乡规划等空间性规划平稳运行】 根据《关于全力做好疫情防控和企业复工复产资源要素保障服务的通知》要求,在抗击疫情、复工复产期间提供规划空间保障。研究《浙江省自然资源厅关于过渡期统筹规划新增建设用地指标额度管理的通知(试行)》,为过渡期规划管理平稳运行提供保障。对接“十四五”重大项目用地安排,做好重点平台重大项目的用地保障。

【有序推进控规动态维护】 结合2020年用地出让计划和乡镇、产业平台需求,开展控规编制。中心城区南部新城、横塘欧地段、田洋里地段、城东工业园、滨海工业园等14个控规获县政府批复,助力土地利用规划局调和用地出让;完成中心城区客运站周边、赵岙水库片区、爵溪周家湾、经济开发区东陈区块控规局调等8个控规的技术审查及批前公告,为优化城市空间布局,加快城市更新提供依据;开展爵溪东海铭城控规修编、爵溪小微企业园区控规等4个规划,加快闲置地处理和矿山利用工作。

【乡镇国土空间总体规划编制】 根据三调基数转换成果，开展全县各乡镇国土空间总体规划现状梳理和规划对接，推进乡镇国土空间规划编制。同步推进全域空间治理、全域工业用地、村庄规划编制等工作。组织编制单位分别和各乡镇班子领导召开座谈会，专题研究各镇乡的发展诉求和本轮国土空间规划方案，针对乡镇关心的永农调整、新增用地规模的相关政策分别作耐心解读。

【开展专项规划和规划研究工作】 宏观层面推进海岸带、自然保护地等特定区域的专项规划，配合市局做好基础性工作。中观层面推进配合其他行业主管部门做好市政及公共服务设施、地下空间开发利用、旧城改造与更新、生态环境保护与修复、历史文化保护等特定领域的专项规划。全年基本完成工业集聚区布点、商业网点布局等多个专项规划；同步推进综合交通发展战略和重大基础设施布局，中央公园规划设计等规划研究。完成城市综合交通发展战略研究交通体系规划，结合甬台温高铁、宁波象山市域铁路、甬台温高速复线等外部交通条件改善的机遇，重构区域对外交通格局，协调城市发展与交通发展，优化城市交通发展框架，内联外通的现代交通体系。围绕十分钟、十五分钟生活圈圈建设，完成文化体育设施、社区生活圈、商业网点布局等专项规划。聚焦城市公共设施提升，完成中小学教育布点、医疗卫生布点、环卫设施布点、人防设施等专项规划，完善设施布局和推进设施建设。

【推进生态保护红线评估调整工作】 根据省厅《关于在国土空间规划中统筹划定落实三条控制线实施意见》和“二上二下”的工作模式，按照“应划尽划、纠偏优化、规模稳定、分级管控”的总体要求，划定陆域生态红线面积206.03平方公里，海洋生态红线面积2706.70平方公里，全域海陆生态保护红线面积共计2912.73平方公里。协同技术单位，与省、市进行6次对接，推进生态保护红线评估调整工作，于10月底通过自然资源部初审。调整后陆域生态保护红线面积基本持平，海域生态红线保护面积较前一版大幅减少；会同林业科室开展自然保护地整合优化。经过调整，生态红线与城市发展、与永农的矛盾冲突大幅减少，红线落地更加，生态功能得到提升，生态空间的系统性、完整性、连通性得到增强。

【跟进“一张图”实施监督信息系统建设】 以国土空间基础信息平台为载体，依托市级统建的“一张图”实施监督信息系统，实现国土空间用途管制、边界管控、规划许可，规划实施监督管理等功能。全年初步完成县级国土空间“一张图”实施监管信息平台建设。根据省市要求，完成城乡总体规划、土地利用总体规划、全域红线蓝线数据建库及控规一张图成果建档，试运行规划编审管理、实施管理、评估管理等模块；实现规划编制进度管理、基期数据在线转换、生态保护红线在线审查、过渡期法定规划成果管理等；为规划成果管理、规划实施和新一轮国土空间规划编制等提供数字化支撑。

【测绘市场监管工作】 全年完成测绘资质单位年度年报审核转报工作，并组织测绘单位对新测绘资质管理办法进行意见征求和反馈，提醒测绘单位提前准备年底资质证书换证。全年推进建设工程领域综合测绘改革，对综合测绘改革后的市场情况进行专题统计和分析，基本摸清了综合测绘市场参与及份额情况。开展2020年度测绘地理信息双随检查工作，对县内两家测绘单位开展测绘资质、成果质量、保密管理、地图使用、安全生产5方面双随机抽查检查工作。

【地图市场监管工作】 全年开展地图市场常规巡查8次，实地检查地图仪生产企业32次、地球仪图片170批（次）。通过日常巡查，发现1家新增的地球仪生产企业，及时纳入日常巡查管理。全年办理宁波海关移交的1起问题地图处理案件，销毁问题地球仪1批，共155箱、929件。联合县住建局、县新闻出版局、县文化广电旅游局全年开展房地产领域和地图流通领域专项联合检查2次，实地检查地图场所11处，责令整改2处。开展市县联动地图市场检查1次。

【基础测绘服务保障工作】 推进测绘领域“三服务”工作，推行土地出让项目主动提供测绘成果服务改革，全年提供测绘成果服务34次。为助力全县疫情防控工作，开发象山县疫情防控地图服务平台和疫情防控五色图；6月制作了2020年象山县影像图和象山县中心城区及周边影像图，1—6月共为县委办、住建局等政府各部门及社会公众提供各类地图100余份。协助县委改革办、县水利和渔业局、县水务集团等单位开展象山改革地图、象山县山洪灾害防御能力提升项目、象山智慧水务等基于地图应用的信息系统建设。

【基础测绘组织实施工作】 启动以海陆一体数字孪生城市测绘信息化保障为核心的基础测绘“十四五”规划编制工作，进行基础测绘成果评估工作，形成评估报告。对约120平方公里村庄1∶500地形图进行了验收入库。三维实景数据库建设项目通过县大数据中心组织的专家评审；1∶2000地形图更新进行5年招标，实现更新常态化；1∶500地形图图斑更新完成、天地图数据融合和基础地理信息数据库日常更新正按计划推进。

【土地项目在“多规合一”平台运行论证工作】 2020年，在宁波市“多规合一”协同平台完成规划条件多部门论证73件。落实部门之间“最多跑一次”工作要求，通过浙政钉平台，运行出让地块规划条件和土地局调或农转用规划意见提供部门之间“最多跑一次”，所有项目100%在浙政钉平台申请办理。2020年完成部门之间“最多跑一次”浙政钉平台规划条件办理73件，土地局调或农转用规划意见提供99件。

【美丽城镇建设工作】 全年做好对9

个镇乡美丽城镇建设行动方案编制、乡村(驻镇)规划师制度、县域首席设计师聘用,以及下乡镇指导服务等方面开展指导工作。聘请浙江省城乡规划设计研究院规划一分院副院长张敏为县域首席设计师,开展"一镇一方案"编制培训授课,统筹规划引领作用。会同县美丽城镇办踏勘、层层把关,加班加点开展镇乡(街道)"一镇一方案"编制对接指导、组织召开了部门专家评审会,完成爵溪街道、石浦镇、西周镇、墙头镇、茅洋乡及晓塘乡6个镇乡美丽城镇建设"一镇一方案"编制指导,并上报市美丽城镇办,其中石浦镇、茅洋乡及晓塘乡"一镇一方案"获省级优秀方案,爵溪街道、西周镇、墙头镇"一镇一方案"获市级优秀方案。完成对全县16个镇乡美丽城镇建设人文美组指标复评工作。督促指导有关部门、乡镇完成首席设计师和驻镇规划师服务协议签订,收集整理后上报省美镇办。

(葛豪)

工程建设

【概况】 2020年,象山县城市建设投资集团有限公司共计承建项目137个,其中实施类项目67个,前期类项目70个。其中,县重点工程项目22个,总投资68.12亿元,年度计划投资19.24亿元,完成竣工验收3个,新开工项目4个,全年完成投资额19.1亿元,完成率99.27%。

【丹山路(新丰路—来薰路)路段4月破土动工】 丹山路(新丰路—天安路)分为新丰路至来薰路路段和来薰路至天安路路段,道路全长1825米,宽24—36米,项目总投资约1.99亿元,为县重点项目。丹山路(新丰路—来薰路)路段于2012年8月30日完成初设报批,因政策处理原因停滞,2020年6月10日破土动工,截至12月,该路段完成路基总工程量的35%,2020年度计划投资5000万元,实际完成投资6535万,完成率131%。

【青草巷特色街区7月完成竣工验收】 青草巷特色街区位于丹西街道老城区内,县政府西南侧,东临县政府广场,南临县前街,西临北山路,北靠后堂街,总用地面积2.67万平方米,总建筑面积2.8万平方米,总停车位256个,共17幢,其中保留建筑6幢,新建11幢,层数1—2层,局部3层,项目总投资2.6亿元。7月,青草巷特色街区完成竣工验收。2020年度计划投资3000万元,实际完成投资3600万元,完成率120%。该项目基本保留原青草巷、横十字巷和直十字巷的空间走向及布局,并运用原地修缮和迁建修缮、新建等手法,恢复江南传统的院落格局和街巷结构,保留象山的历史文化气息和底蕴。

【靖南大街(东谷路—巨鹰路)民生改造工程】 靖南大街改造工程于2020年6月9日正式开工,作为中心城区主干道,成为全县人民的关注热点。该工程西起东谷路,东至巨鹰路,沿途经过东谷路、兴盛路、万象路、巨鹰路等交叉口,改造范围全长1320米,改造内容包括路面"白改黑"、公交停靠站、绿化、景观等,总造价投资约2300万元,纳入世界银行投资项目组。于9月中旬开通主车道及人行道。截至12月,完成沥青面层及人行道铺设,2020年度计划投资1296万元,实际完成投资1195万元,完成率92.21%。

【开展"安全生产月"活动】 2020年6月是第19个全国"安全生产月",根据县安委办、县应急管理局工作部署,县城投集团结合集团工作实际,开展"安全生产月"活动。6月中旬,集团党委书记、董事长、总经理樊承年带队赴环城西路、青草巷、人才公寓二期等集团在建重点房建项目、市政项目现场和象山·国际风情街开展安全生产大检查,排查各环节安全隐患,针对突出问题要狠抓整改落实,坚决遏制重特大安全生产事故发生。

【丹南路(西谷路—新丰路)道路工程提前一个月完工】 中心城区丹南路(西谷路至新丰路)道路工程于6月1日起开工建设,全长660米,宽24米,主要包括沥青路面及透水砖铺设等建设内容,雨水管及配套照明、绿化、交通标识标线等附属工程。项目总概算投资约2500万元,由县城投集团下属子公司象山县城市新中心区开发有限公司承建,为保证道路质量,加快万达广场片区基础建设,新中心区公司采用封闭施工的方式,于11月3日完成验收,较原计划提前1个月完工,其中万达广场段(蓬莱路至西谷路)历经4个月奋战,于9月30日完成底层沥青浇筑,恢复通车。年度计划投资1500万元,实际完成投资1500万元,完成率100%。

【东谷路(象山河路—丹山路)道路工程】 东谷路(象山河路—丹山路)道路工程为县重点工程项目,是加快中心城区市政基础设施建设、完善路网结构的重要一环。该项目长约520米,道路红线宽38米,总概算投资约6900万元,于2019年10月8日正式开工,2020年10月15日开始进入路面压实阶段,截至12月,路基、管线建设全部完成,完成总路面工程的40%,2020年度计划投资3350万元,实际完成投资3292万元,完成率98.27%。

【来薰路(洋心村段)实现全线贯通】 来薰路(洋心村段)长680米,宽36米,为县重点项目,项目总投资约3.36亿元。为打通中心城区南北走向"断头路",保障中医院新院搬迁,消除安全隐患,10月20日,集团联合丹西街道、县重点办等单位,在县公证处工作人员见证下,对丹西街道来薰路(洋心村段)红线内两处房屋拆除、土地清表进行了施工保障行动。12月16日,来薰路实现全线贯通,紧密联结南部新城与中心城区。2020年度计划投资4000万元,实际完成投资5104万元,完成率127.6%。

【宝海路地块综合楼12月完成竣工验收】 该项目位于象山县丹西街道天安路与宝海路交叉口西南角,总用地面积21333平方米,总建筑面积28147平方米，其中宝海商务楼建筑面积19247平方米，项目总投资约1.24亿元。主要建设内容包括六层主楼2幢、二层裙房2幢以及区内道路、综合管线、给排水、绿化、停车位等室外附属设施。12月，宝海路地块综合楼完成竣工验收，2020年度计划投资3286万元，实际完成投资3486万元，完成率106%。该项目建成后将有助于推动象山南部新城基础配套服务建设。

复工复产

【落实疫情防控　有序推进复工复产】集团坚持疫情防控常态化管控和复工复产同部署、同落实，严格核查开工前安全生产条件、疫情防控措施和人员履职到岗情况，保证在全部条件达标情况下开工。2月17日起，集团正式拉开复工序幕，吹响复工“集结号”；2月19日，殷夫路项目、欢乐家园三期B区项目正式复工；2月20日，青草巷项目正式复工；2月21日，石浦军民路工程、中心城区来薰路工程、宝海商务楼有序复工。

【市、县领导考察指导集团复工复产工作】　2月17日集团复工以来，受到市、县领导高度重视。2月21日，县长包朝阳考察中医院迁建工程复工复产相关工作；2月26日，市委巡察组对人才公寓二期和中医院迁建工程复工复产工作开展检查；2月26日，象山县常委周坚栋、重点办检查青草巷、中医医院迁建工程、宝海商务楼新建工程、欢乐家园三期B区工程复工复产相关工作；2月27日，象山县发改局检查石浦凤栖路与军民路工程复工复产防疫等相关工作；3月2日，宁波市市场监管局考察风情街防疫、复工、复产工作落实情况；3月6日，县长包朝阳考察风情街复工复产情况；3月12日，宁波市发改局重点办考察中医院迁建工程防疫、复工工作落实情况。

【党员志愿者在结对村开展志愿服务】集团结束戴港高速卡点防控工作之后，得知结对村防控工作强度大、人手缺的情况，3月7日以来，集团党员志愿者利用周末时间结对村丹西街道六升村协同开展了为期1个月的卡点防控工作，与村委和村民心连心，共筑结对友谊墙。

【象山城投在风情街成立党群服务中心】　象山城投党群服务中心位于象山·国际风情街2号楼2楼，占地约200平方米，主要展示集团工作成果、特色亮点和党建引领中心工作元素，健全完善党员发展、教育、管理机制，更好地发挥基层党组织战斗堡垒作用。12月17日，象山短视频联盟邀请二更（上海）首席创意官韩斐老师作短视频创意专题讲座，短视频联盟成员单位代表及集团职工代表共50多人参会，韩斐老师分享了短视频案例，讲述了短视频制作的脉络要点、切入手法等课题。由县委宣传部牵头组建的象山短视频联盟进驻集团党群服务中心，为集团做好“党建+”注入多元新活力。

调研学习

【象山县委书记潘银浩一行赴集团调研】　9月30日，象山县委书记潘银浩一行赴集团开展调研工作，象山县委常委周坚栋、相关单位负责人等随同调研，集团党委书记、董事长、总经理叶国栋等陪同调研。潘银浩一行实地察看青草巷特色街区项目推进情况，并强调青草巷特色街区拥有的基础条件，下步要围绕“品质生活、旅游赋能、城市标志”来做，要发挥效率、效益，从长远、综合的角度，将投资、建设、管理、运营一体化。汇报会上，在听取集团工作情况汇报后，潘银浩对集团组建以来各项工作取得的成绩给予肯定，并要求集团在下步工作中树立大财政概念、大城市概念和大项目概念，强调企业以经济发展目标为主，要加强制度改革，专业化人才储备。

【县城投集团与杭州市路桥集团签署战略合作协议】　2020年10月16日，杭州市城投集团来县城投集团开展工作交流。为发挥集团项目建设能力，属地国有企业投资能力等方面优势，发挥杭州市路桥集团股份有限公司在城市设施运营方面的丰富经验，双方于11月19日签署《象山县城投集团与杭州市路桥集团养护项目框架协议》，开展多方位紧密合作，促成成熟项目的落地，开启双方互利互惠、共赢发展的新阶段。

11月19日，城投集团与杭州市路桥集团股份有限公司签署框架协议（冯燕华　摄）

城乡建设和管理

【概况】 2020年,象山县住房和城乡建设局在县委、县政府的正确领导下,贯彻落实习近平总书记在浙江、宁波考察时的重要指示精神,风风火火攻坚,踏踏实实奋进,把中央和省、市、县决策部署不折不扣落到实处,取得了可圈可点的成绩,推动了全县住房城乡建设事业又踏上一个新的大台阶,为"十四五"开门大吉奠定了坚实基础。狠抓防控疫情和复工复产,动员全县2200余名物业职工坚守116个物业小区,组建8个建筑工地巡查小组奔赴全县189个建设工程项目一线,外派142名防控人员参与全县卡点检查、乡镇企业指导、工程开工督查和社区晚间执勤等,抽调68名干部组建10个服务指导组,733家商贸线(建筑类)企业、606家房产中介、燃气、工程队及其他建筑类商贸企业均提前全部复工,发扬了敢于奉献、勇于担当的住建精神,为象山抗疫胜利作出贡献。紧扣"一统三强五提升"总抓手,完成年度投资87.1683亿元,41个市级攻坚项目全部开工;三年完成总投资153.14亿元,占计划160%。启动中心城区公共空间品质提升行动,城市家具有机更新、道路有机更新和路域环境整治、灯光照明改造提升、户外广告专项整治等一批项目高标准实施。东大河二期改造工程全部完工,南大河获评省级"美丽河湖"。新增公共停车位180个,新建海绵城市1.62平方公里,新增绿道20公里。殷夫公园、县府广场被评为宁波市第二批"席地而坐"城市客厅。美丽城镇169个项目开工建设,完成年度投资32.23亿元,"一镇一策"纳入省办政策选编,石浦镇、晓塘乡、茅洋乡获省级优秀方案,定塘镇入选2020年度省级样板创建名单。6个省、市级美丽宜居示范村通过考核验收,完成110座农村公厕改造、农村困难家庭危房治理37户、农污设施标准化运维260个,推动了村容村貌大改变。棚改四期拆除清零,棚改五期累计完成房屋腾空655户、发放补偿款8.4亿元,加快老城更新改造,提升了城市品位,提高城乡建设工作的质量和水平。

中心城区建设

【概况】 启动中心城区公共空间品质提升行动,城市家具有机更新、道路有机更新和路域环境整治、灯光照明改造提升、户外广告专项整治等一批项目高标准实施,新增公共停车位180个。完成棚改四期拆除清零,五期累计完成房屋腾空655户、发放补偿款8.4亿元,同步完成可拆除房屋的拆除工作及75%建筑垃圾清运量。东大河二期改造工程全部完工,南大河获评省级"美丽河湖",新建海绵城市1.62平方公里,新增绿道20公里。狠抓美丽城镇建设,169个项目开工建设,完成年度投资32.23亿元,"一镇一策"纳入省办政策选编,石浦镇、晓塘乡、茅洋乡获省级优秀方案,定塘镇入选2020年度省级样板创建名单。完成6个省市级美丽宜居示范村考核验收,完成110座农村公厕改造、农村困难家庭危房治理37户、农污设施标准化运维260个,创建省级节水型居民小区5个。完成市级下达的疫情期间房屋安全隐患排查任务,累计排查市级备案防疫隔离点31处11.97万平方米。

【中心城区实现路灯照明智能化监控全覆盖】 为提升城市公共服务管理现代化水平,县住建局引入路灯智能监控终端设备,投资55.56万元搭建城市道路景观照明中心监控平台,基于光控开关的路灯自动控制系统,实时获取10643盏路灯的开闭时间、实时电压、用电量等运行参数,第一时间检测并分析照明故障,将传统"巡修"向现代化"定修"方式升级,弥补手控、钟控照明系统的不足,同时能自动化存储、统计采集到的数据,实现照明自动化精细化监管。自4月投入运行以来,累计节约用电量1.6万千瓦时,检测9条线缆故障更换1325米电缆,确保照明完好率99%及以上。

【县物业企业信用管理平台正式上线】 5月30日,全县物业企业全部完成信用基本信息录入和审核,象山县物业企业信用管理平台正式上线,标志着县将对物业服务企业实行信用等级评价制度,加大对物业企业的动态监管,督促企业在"优胜劣汰"的市场机制中提升精细化服务水平,为相关单位或个人在自主选聘满意的物业服务企业时提供了可靠保障。

【县启动公共空间品质提升四大专项行动】 为提升城市品质和风貌形象,7月初,县启动实施公共空间品质提升四大专项行动,针对丹东、丹西、爵溪街道等区域开展城市家具有机更新、道路有机更新和路域环境整治、灯光照明改造提升、户外广告专项整治等专项改造,包含城市驿站、绿植补缺、夜景灯光、招牌标识等多个改造项目。其中,以象山港路(史家山隧道口至西溪路)、天安路(象山港路至滨海大道)、巨鹰路(塔山路至松兰大道)、滨海大道(天安路至巨鹰路)、西溪路等亚运主线路,象山港路、天安路、巨鹰路、丹河路等合围区域,以及史家山隧道口、人民广场区块、东谷湖区块等重要节点区块为重点实施区域,打造和谐宜居、富有品位、独具特色的城市典范,计划投资3.8亿元,2021年年底前全部完成。

【县住建局探索"数字化防汛"打造精细化城市防汛圈】 7月初以来,县住建局打造数字化"智慧防汛"指挥体系,即构建易涝区域提前治理水(雨)情实时监测预警、河道(箱涵)水位智能监测、人员物资智能调度的精细化防汛系统。依托内河水情遥感系统和高清摄像设备推进前端感知监测预警平台建设,自动获取城区降雨量与易涝点积水等数据,同时完善社区、街道、住建一体化防汛度汛应急体系,第一时间开展河道水库预泄预排、围堰拆除、易涝区水体封锁等各项防汛措施。新设系统能够24小时自动获取掌握33条城区河道水位、4条主要排涝箱涵水位、2处中心城区区域降雨量及2处易涝区积水等重要防汛信息，一旦水位超过安全阈值第一时间启动应急抢险。

【县首座园林废弃物中转站正式启用】 8月20日，县正式启用园林废弃物中转站，该中转站位于大目湾环卫服务站东侧，总面积6亩，通过收储分类丹东街道、丹西街道、爵溪街道、大目湾、经济开发区及滨海工业园范围内的绿化植物废弃物后，由专业机构统一粉碎制作成供生产新型墙体材料的生物质燃料，实现园林垃圾资源化利用，对垃圾产生户不收取任何处置费用，全年可处理绿地废弃物产出量达2000吨以上。

【老城更新改造一期项目开工】 9月17日，老城更新改造一期项目开工建设，该项目位于建设路与新华路交叉口西北角及南街以东、东街两侧地块，地块一用地面积约10.26亩，地块二用地面积约136.57亩，总建筑面积约18万平方米，分别由华鼎集团和宝龙地产公司开发，内容包括特色商业街区打造、历史建筑保护、公共交通水平提升及配套设施建设，总投资15亿元打造集居住、商业、象创办公、文创基地、精品酒店、广场绿地等混合功能于一体的慢生活区。

【县美丽城镇首批创建乡镇完成省级考核验收】 11月12日至14日，省美丽城镇办第5考评组组长郑华带队对县美丽城镇首批5个创建乡镇进行考核验收。考评组先后走访了泗洲头镇、大徐镇、贤庠镇、定塘镇和新桥镇，通过听取工作汇报、检查项目点位、查阅台账资料等形式进行考核评价。

【殷夫公园水生态修复项目完成竣工验收】 11月25日，殷夫公园水生态修复服务项目完成竣工验收。该项目总投资747749元，治理水域面积5000平方米，在此范围内种植矮生耐寒苦草和新品观赏荷花等水生植物，放养螺、虾、河蚌等水生动物，泼洒具有净化水质效果的微生物，消除青苔泥、藻类等不利于水系水质净化的因素，营造良好的适生环境；同时采取降排水、地形平整、底质消毒与改良等措施构建完整生物链，达到景观营造、生态净水的目的。项目完工后，内湖水域能见度大幅提升，第三方检测结果显示主要指标稳定维持Ⅳ类水标准，达到设计及预期效果。

【县美丽街区一期综合整治项目完成竣工验收】 12月10日，县美丽街区一期综合整治项目完成竣工验收。该项目于2018年6月进场施工，总投资6914万元，其中丹东街道改造范围为西至宾阳路、东至育才路、北至建设路、南至塔山路，改造地块面积5.86万平方米；丹西街道改造范围为西至新丰路、东至来薰路、北至靖南大街、南至丹峰西路，改造地块面积12.13万平方米。

【县南大河获评省级“美丽河湖”称号】 12月18日，浙江省水利厅、省美丽浙江建设领导小组“五水共治”（河长制）办公室公布2020年“美丽河湖”名单，县南大河入选。南大河全长6.47公里，绿地面积约28万平方米，通过沿线的象山历史治水人物墙、海洋元素浮雕、贝壳雕塑展现象山特色水文化，形成安全流畅、生态健康、水清景美、人文彰显、管护高效、人水和谐的“美丽河湖”新格局。

【定塘镇入选第一批美丽城镇建设省级样板】 12月21日，浙江省住房和城乡建设厅官网公布浙江省美丽城镇建设工作2020年度样板城镇和达标城镇考核验收结果的通报。全省110个城镇被评为美丽城镇省级样板，121个城镇被评为美丽城镇达标城镇。其中，定塘镇入选美丽城镇建设省级样板，新桥镇、贤庠镇、大徐镇入选美丽城镇省级达标城镇。

（郑叶）

行业管理

【概况】 推进住建领域“最多跑一次”改革，推行分类“云审批”，实行疫情期间施工许可告知承诺审批制度，8个项目获得施工许可，试行房地产开发项目分阶段办理施工许可，累积开展万达广场等重点工程审批服务约30余次、办理施工许可证42件。狠抓房屋建筑质量监管，加大对住宅工程质量通病防治力度，健全投诉受理机制、质量回访制度，加强质监队伍综合素质，工程质量保持稳控状态。加大检查整治力度，组织开展护航复工复产等安全生产检查40余次，启动第二轮安全生产专项整治三年行动，建设工程安全生产保持稳定。开展“象山无欠薪”创建行动，部署落实分账管理、实名制考核等6项制度，创建浙江省“无欠薪”县。开展新型墙体材料专项整治，铺开“禁现”执法，签发限期改正通知书5份。加快人防行政审批标准化步伐，全年审批在建项目48个、竣工20个。开展燃气行业反恐防暴应急演练，开展各项预案演练27场次，参加演练人次300多人。

【县住建局推行分类“云审批”确保项目开复工畅通便捷】 县住建局依托投资项目在线审批监管、施工图数字化联审系统等平台，以网上办、掌上办的方式分类办理工程建设项目审批事项。医疗卫生、防疫管理、隔离观察、防控物资生产等疫情防控需要实施的工程建设项目，提交《疫情防控工程先行告知书》后即可开工；6月30日前需开工的一般企业投资工程建设项目，完成施工许可“N合一”告知承诺书后核发相关许可证。同时，建立先复工后监管机制，提前开展节能、施工图审查和质量安全监管服务，指导建设单位在核发施工许可证后15个工作日内将勘察设计合同、全套施工图设计文件和节能评估文件上传至施工图审查系统，加速推进工程建设项目复工复产。

【县住建局开展起重机械安全隐患排查】 3月14日起，县住建局建管科、质安站及有关专业人员组成检查组，对全县有起重设备的在建工程项目进行了一次拉网式大检查。此次检查主要针对建筑起重机械、脚手架和模板支撑系统、深基坑等危险性较大的分部分项工程，重点突出对塔式起重机、施工升降机、物料提升机等起重机械安全隐患的排查治理，共检查项目45个，出动63人次，发出整改通知书28份，排查起重机械150台，发现隐患134条，暂停1台塔吊安装，9台塔吊、4台施工电梯使用。对一家塔吊安装单位立案作行政处罚。落实企业定人、定时、定措施限期整改，确保当前县在建工程复工复产安全生产平稳态势。

【县建筑施工质量安全生产工作会议】 4月23日，2020年全县建筑施工质量安全生产工作会议召开。本次会议由县住建局副局长余永顺主持，县应急管理局党组成员沈奂达应邀出席会议并作讲话，县教育局、县经济开发区管委会、县大目湾开发建设管理中心、县城投集团、县水务集团等相关负责人，县住建局建管科、质安站等相关科室人员，各在象山建设、施工、监理、检测单位以及商砼企业负责人等173家公司负责人共200余人参加会议。

【县住建局开展"5·12"防灾减灾日主题宣传活动】 为全力做好防灾减灾宣传，县住建局开展"5·12"防空防灾警报试鸣，并在天安路沿线公交候车亭布设人防宣传图片，在117路、120路公交车内张贴以"人防责任重大 人防使命光荣、坚持人民防空为人民铸就坚不可摧护民之盾"为题的宣传标语，制作一批印有"人民防空、卫国利民"宣传标语的电瓶车头盔发放至城区各大学校、交通集团、交警大队等人流量大、涉及面广的单位，形成由学校师生、家长、学生、行人多方位的流动宣传骑手，人民人防意识。

【燃气行业反恐防暴应急演练】 为提高燃气行业的反恐意识，防范化解重大风险，7月以来，全县13家燃气企业陆续开展反恐防暴应急演练。本次演练模拟疑似恐怖分子携带疑是爆炸物和管制刀具闯入燃气站欲挟持人质制造爆炸事件等场景，通过真实模拟的反恐防暴演习，增强了员工的防恐防暴意识，增加了员工对暴恐分子的处置经验，提高了员工的警惕性，并对演练暴露出处置过程中的不足之处，及时修订应急预案。全县各燃气企业共开展各项预案演练27场次，参加演练人次300多人，通过预案演练，提高安保和反恐应急反应能力，使全县燃气企业的职工熟练掌握了各种应急处置方法，提升了应急处置水平。

【县住建局重拳出击开展"禁现"执法专项行动】 为改善建设工程施工环境，8月以来，县住建局开展建设工程"禁现"执法专项联合检查，对14个在建工程开展了"禁现"执法检查，向施工企业讲解法律法规和预拌砂浆施工要点，听取施工企业对预拌砂浆存在问题的反馈，要求预拌砂浆提高产品和服务水平。

【汤思敏一行赴象山调研人防工作】 10月22日，市人防办主任汤思敏一行赴象山开展人防工作调研，市人防办副主任毛贡宇、市人防办工程处处长章琴芸、市人防办机关党委副书记曹吉及县人防办主任徐颖峰参加座谈。

【省建设厅在象山开展房地产"双随机"实地检查】 11月3日，省建设厅房产处副处长孙雪峰一行4人在象开展房地产项目专项检查，检查执照资质公示及商品房销售情况，住房管理科科长薛歆旸等人员陪同。

（郑叶）

党的自身建设

【概况】 建立"不忘初心、牢记使命"长效机制，在学懂弄通做实习近平新时代中国特色社会主义思想上下功夫，推动学习成果转化为奋进动力。全年共组织夜学42次，专题研讨12次，学习型机关建设有声有色。党建引领，成立红色物业联盟功能性党支部活动室，开展红色工地创建，统筹完成局属事业单位改革。加强干部队伍建设，完成局系统新一轮中层干部选聘工作，干部队伍结构和专业素养提升。建立局中层后备干部人才库和后备干部闭环式培养制度，累计储备中层后备干部56名。"三重一大"事项严格按程序决策、按规矩办事，注意听取不同意见，确保决策科学化、民主化。组织开展"以案促改"系列警示教育活动，高标准抓好省委巡视、县委巡察反馈问题整改工作，开展局领导班子交叉蹲点活动，新出台《县住建局规章制度汇编》，创新推出"十查十问"检查制度，制度的完善性和执行力，一体推进不敢腐、不想腐、不能腐。倡导勤俭节约，"三公"经费总体控制严格，无超规格接待现象，因公出国严格审批，不安排照顾性和无实质性内容的一般性出访。

【"不忘初心、牢记使命"主题教育总结大会召开】 1月14日，县住建局召开"不忘初心、牢记使命"主题教育总结大会。会议由党组成员、副局长戴雅主持，县委第十巡回指导组组长桂贤芳和党组书记、局长黄秀贵分别作重要讲话，局系统全体党员、机关全体干部职工以及局属单位负责人参加。

【2020年度党风廉政建设工作会议召开】 4月23日，2020年全县建筑施工质量安全生产工作会议召开。本次会议由县住建局副局长余永顺主持，局长黄秀贵出席会议并作重要讲话，县应急管理局党组成员沈奂达应邀出席会议并作讲话，县教育局、县经济开发区管委会、县大目湾开发建设管理中心、县城投集团、县水务集团等相关负责人，县住建局建管科、质安站等相关科室人员，各在象山建设、施工、监理、检测单位以及商砼企业负责人等173家公司负责人共200余人参加会议。

【2020年度住房城乡建设系统纪检监察工作会议召开】 为贯彻落实从严治党总要求，全力打造"清廉住建"，5月29日，县住建局召开局系统纪检监察工作会议。会议由办公室副主任盛俊龙主持，副局长戴雅和县纪委监委派驻第六纪检组组长李冬芬等出席会议并讲话，局系统28位纪检监察小组成

员参加。

【县住建局开展“八一”慰问活动】 为贯彻落实习近平总书记关于做好军队退役人员工作的重要指示精神，7月30—31日，县住建局组织局系统退役军人及党员志愿者，在“八一”建军来临之际赴驻地部队慰问，共庆中国人民解放军建军93周年。

【县住建局赴滕头村开展迎国庆主题党日活动】 为庆祝新中国成立71周年，贯彻学习中共十九大精神和习近平新时代中国特色社会主义思想，牢记初心担使命、勇挑重担作表率，争当“重要窗口”住建生力军。9月25日，县住建局党员干部赴滕头红色教育基地开展“红色领航凝聚力，感悟住建新使命”主题党日活动。全体党员先后参观了滕头村廊桥处、村史馆、滕小院、农创中心、“一路清风”廉政等文化线和三代住宅区，听取了滕头村基层党组织建设、村级经济发展及乡村振兴等方面的介绍，了解滕头村多年来坚持以党建为引领，践行新发展理念，实现乡村振兴的辉煌发展史。

【县委第二巡察组巡察住建局党组工作反馈会召开】 10月10日，县委第二巡察组在县住建局召开巡察工作反馈会。县纪委常委、监委委员、县巡察办主任林峰，县委第二巡察组组长柴盛，派驻第六纪检组组长李冬芬，以及县纪委监委、县委组织部、县委第二巡察组相关人员出席会议。县住建局机关全体干部职工、局属单位副职以上干部参加会议。

【以案促改警示教育活动动员会召开】 10月23日，县住建局召开以案促改警示教育活动动员会。会议由县住建局党组书记、局长徐颖峰主持，县委常委、县纪委书记、监委主任陈善方，县委常委、县政府党组成员周坚栋出席本次会议并作重要讲话，派驻第六纪检组组长李冬芬，以及交通、综合行政执法、房征、港航、高指、城投、水务、交通集团等单位全体班子成员参加。

（郑叶）

房地产业

【概况】 坚定贯彻“房住不炒”定位，谋划“一城一策”，牵头推进建筑业和房地产专班工作，房地产风险防控，保持了房地产市场平稳健康发展。全年完成房地产开发投资65.5亿元，同比增长3%；完成商品房销售6171套、70.69万平方米，均价10798元/平方米，同比分别减少14.29%、减少12%、增长9.4%。完成棚改四期拆除清零，五期累计完成房屋腾空655户、发放补偿款8.4亿元，同步完成可拆除房屋的拆除工作及75%建筑垃圾清运量。老城更新改造加快，一期开发项目正抓紧地下室施工、火热预售，二期开发项目完成土地竞拍。城镇危旧房治理取得实效，完成疫情期间房屋安全隐患排查任务，累计排查市级备案防疫隔离点31处11.97万平方米，出台《象山县既有房屋使用安全应急预案》，加快推进危旧房维修加固一期项目，常态化网格化巡查监管加强。城乡一体化住房保障体系加快构建，出台《象山县公共租赁住房管理补充规定》，规范县公共租赁住房管理秩序，住房保障申请2.0系统正式上线，实现住房保障全流程线上审批申请“零次跑”。完善物业管理考评体系，组织全县物业企业负责人外出考察培训，物业从业人员业务能力水平提高。谋划启动“迎接亚运”物业管理提档行动，牵头开展全县高层住宅消防安全隐患整治工作，重点抓好消防设施维修改造，累计完工小区6个、整改隐患问题212个，住宅安全水平提升。

【县住建局组织开展高层住宅小区消防安全联合执法大检查】 为确保全县高层住宅小区消防通道畅通，保障人民群众生命财产安全，1月17日，县住建局牵头组织县消防救援大队、县综合行政执法局、县公安局、相关街道、社区、业委会和物业企业负责人等人员开展高层住宅小区消防安全联合执法检查，先后检查了丹东街道宏润花园、银都家园小区和丹西街道金港花园、华翔大厦小区，向违规业主现场宣传讲解相关政策，进行劝导并发放整改通知单，督促指导相关责任人整改到位，消除各类安全隐患。

【应柏平在象山开展农村困难家庭危房改造专项督查】 5月27日，省建设厅党组副书记、副厅长、一级巡视员应柏平带队在象山县专项督查县农村困难家庭危房改造。市住建局党组成员、副局长黄毓林，县委常委、县政府党组成员周坚栋陪同。

【县物业企业信用管理平台正式上线】 5月30日，全县物业企业全部完成信用基本信息录入和审核，象山县物业企业信用管理平台正式上线，标志着县将对物业服务企业实行信用等级评价制度，加大对物业企业的动态监管，督促企业在“优胜劣汰”的市场机制中提升精细化服务水平，为相关单位或个人在自主选聘满意的物业服务企业时提供了可靠保障。

【五期棚改进入拆除阶段】 8月20日，五期棚改区块内的房屋开始被拆除。五期棚改项目涉及庄穆巷以东区块、老人民医院区块、东后巷区块等三个区块，改造户数660户，总建筑面积8.08万平方米。按照《象山县中心城区老城区区块更新改造规划》，五期棚改项目完成房屋拆除后，将与前期棚改开发项目一体打造成居住、商业和文化功能为主的传统城镇风貌展示区。

【县启用保障性住房线上审批系统实现申请“零次跑”】 为住房保障“最多跑一次”改革，县依托“浙里办”程序和“浙江政务服务网”平台，整合18个镇乡（街道）的审批接口，将线下办理向线上审批覆盖延伸，实现住房保障全流程线上审批申请“零次跑”。同时，建立“多部门并联复审”机制加强身份信息、房产、收入等数据共享，明确民政、不动产中心、房管等相关部门的审核时限，推动规范化数据化“阳光审批”，完成时间控制在38个工作日之内。自9月初正式投入使用以来，该在线审批系统累计受理保障性住房申请126起，办结率100%。

【老城更新改造一期项目开工】 9月17日，老城更新改造一期项目开工建设，该项目位于建设路与新华路交叉口西北角及南街以东、东街两侧地块，地块一用地面积约10.26亩，地块二用地面积约136.57亩，总建筑面积约18万平方米，分别由华鼎集团和宝龙地产公司开发，内容包括特色商业街区打造、历史建筑保护、公共交通水平提升及配套设施建设，总投资15亿元打造集居住、商业、象创办公、文创基地、精品酒店、广场绿地等混合功能于一体的慢生活区。

【县蓬莱小区老旧小区改造开工】 10月26日，县年内首个老旧小区改造项目—蓬莱小区品质提升工程开工。该小区位于丹西街道蓬莱路67号，建成于1992年，共有砖混结构居民楼30栋、住户670户，建筑总面积约6万平方米，改造投资848.55万元，主要建设内容包括住宅楼外立面及屋面改造、更换公共楼梯间部分门窗、粉刷楼梯间墙面、增加小区门口道闸及给排水、照明、电力等配套设施，2020年年底完工。

表12　　**2020年象山县房地产项目一览表**

截至2020年12月31日

序号	项目名称	开发商	成交面积	均价
1	东望府(-1)	象山宝龙聚鹏房地产开发有限公司	416.06	11431.88
2	兰园三期(全部)	宁波天蓝置业有限公司	1668.3	13593.17
3	铂华晴天苑(-1)	宁波铁工置业有限公司	3160.97	8787.81
4	紫云湾小区(-1)	象山星龙置业有限公司	1495.01	10488.23
5	云涛居(二批次)(-2)	宁波世茂新里程置业有限公司	0	0.00
6	昌庭嘉园(全部)	宁波嘉际房地产开发有限公司	6647.26	7221.95
7	丹桂花园二期(-1)	象山县城投置业有限公司	26220.27	12135.63
8	桂语江南府(-2)	象山绿城浙顺房地产开发有限公司	649.39	14069.51
9	港城印象小区(-4)	象山碧海房地产开发有限公司	0	0.00
10	府邸庄园(全部)	宁波甬泉置业有限公司	10719.62	11774.42
11	碧海湾小区(-1)	象山碧恒置业有限公司	1413.86	8805.27
12	丹西街道昆玉府小区(全部)	象山华友半岛房地产有限公司	3756.32	12130.19
13	桂语江南府(-1)	象山绿城浙顺房地产开发有限公司	8143.08	13613.82
14	港城印象小区(-3)	象山碧海房地产开发有限公司	2538.18	11438.78
15	西沪华城小区(全部)	宁波翔神投资发展有限公司	1085.99	5210.04
16	云帆中心(全部)	宁波泰谷房地产开发有限公司	5045.76	12960.95
17	悦海锦苑(-2)	象山裕都房地产开发有限公司	597.5	7891.55
18	海上华府18、19地块(全部)	宁波三立甬恒置业有限公司	1646.96	8054.67
19	藏珑苑(-3)	宁波铁工置业有限公司	8346.14	8310.11
20	风华大境府(-2)	象山金进房地产发展有限公司	27393.37	12880.97
21	铭城海墅(全部)	宁波三立海城置业有限公司	154.69	45768.96
22	滨海公馆(全部)	象山县兴港房地产开发有限公司	426.32	9607.81
23	港城印象小区(-2)	象山碧海房地产开发有限公司	10905.68	11498.24
24	玖墅府(全部)	象山石成置业有限公司	750.37	17751.78
25	风华大境府(-1)	象山金进房地产发展有限公司	19825.37	12652.92
26	滨海商业街(全部)	宁波巨鹰房地产开发有限公司	22281.2	9000.00

续表12

序号	项 目 名 称	开 发 商	成交面积	均 价
27	藏珑苑(-2)	宁波铁工置业有限公司	7923.9	8421.53
28	万晟华府(-3)	宁波象山富晟置业有限公司	12525.07	12669.34
29	文仕综合广场(全部)	宁波龙象投资有限公司	151.27	8657.52
30	港城印象小区(-1)	象山碧海房地产开发有限公司	12809.47	11428.73
31	碧玺湾小区(-4)	象山碧悦置业有限公司	0	0.00
32	府邸庄园(-2)	宁波甬泉置业有限公司	12147.04	12607.17
33	府邸庄园(-2)	宁波甬泉置业有限公司	1049.23	20967.76
34	十里澜山东区二期(全部)	浙江山语海房地产开发有限公司	2534.52	11756.77
35	海东方嘉园(全部)	宁波润富特房地产开发有限公司	4061.57	8868.87
36	白沙湾玫瑰园(全部)	宁波泰谷房地产开发有限公司	665.16	15224.91
37	星园(全部)	浙江中北置业有限公司	7235.93	10974.27
38	亲和源(全部)	宁波象山亲和源养老投资有限公司	13340.45	8684.89
39	涌清府(-4)	象山荣安置业有限公司	9540.2	13391.27
40	琴声园(全部)	宁波石浦半岛置业有限公司	2640.37	11561.26
41	万晟华府(-2)	宁波象山富晟置业有限公司	38881.49	12072.28
42	侯潮府(-3)	宁波海洋置业有限公司	29782.6	8945.28
43	府邸庄园(-1)	宁波甬泉置业有限公司	14023.22	15379.79
44	藏珑苑(-1)	宁波铁工置业有限公司	21950.81	8422.70
45	白沙湾玫瑰园(-2)	宁波泰谷房地产开发有限公司	1879.78	29151.12
46	碧玺湾小区(-3)	象山碧悦置业有限公司	19683.4	7992.72
47	象东府(-4)	宁波华惠通置业有限公司	2257.86	6377.64
48	宁波象保合作区邻里中心项目二期(全部)	宁波象保合作区邻里中心项目开发有限公司	7559.55	8458.40
49	鑫宇大厦(全部)	宁波欣宇商务有限公司	2763.18	7961.84
50	万晟金街(-1)	宁波象山富晟置业有限公司	3784.37	28977.26
51	府邸庄园(-10)	宁波甬泉置业有限公司	2964.86	12177.97
52	云潮府(-2)	宁波世茂新里程置业有限公司	22533.42	8891.91
53	天麓府(-2)	象山新碧置业有限公司	5684.03	6817.37
54	泰和苑二期(全部)	象山启富置业有限公司	5198.86	10882.92
55	涌清府(-3)	象山荣安置业有限公司	12252.14	14329.33
56	石浦镇悦成海佳苑(-1)	象山金石房地产有限公司	10720.63	4756.07
57	碧玺湾小区(-2)	象山碧悦置业有限公司	13401.05	8391.22
58	府邸庄园(-10)	宁波甬泉置业有限公司	15043.85	13047.93
59	紫珑湾小区(全部)	象山凯胜置业有限公司	29063.66	9184.82
60	璟瑞府(-3)	宁波甬洲置业有限公司	13505.79	11198.10

续表12

序号	项 目 名 称	开 发 商	成交面积	均 价
61	十里春风小区(-3)	浙江海知湾房地产开发有限公司	42092.69	7930.77
62	丹湖名苑(全部)	宁波煌翔置业有限公司	4203.21	10321.78
63	象东府(-3)	宁波华惠通置业有限公司	17360.1	6853.12
64	上嘉园(全部)	宁波石浦半岛酒店有限公司	3955.57	10454.42
65	万晟华府(-1)	宁波象山富晟置业有限公司	35960.02	12003.33
66	白沙湾玫瑰园(-1)	宁波泰谷房地产开发有限公司	5642.37	36005.12
67	秋天里(-4)	中铁房地产集团宁波京城投资有限公司	10284.57	13878.39
68	府邸庄园(-10)	宁波甬泉置业有限公司	21263.87	16221.91
69	涌清府(-2)	象山荣安置业有限公司	6605.2	18961.71
70	南方新都(二期)(-3)	象山楠方置业有限公司	6640	8929.78
71	云潮府(-1)	宁波世茂新里程置业有限公司	22450.85	8862.92
72	侯潮府(-2)	宁波海洋置业有限公司	28651.28	9233.11
73	十里春风小区(-2)	浙江海知湾房地产开发有限公司	29460.87	8163.50
74	秋天里(-3)	中铁房地产集团宁波京城投资有限公司	13454.38	8528.15
75	涌清府(-1)	象山荣安置业有限公司	36139.52	12295.77
76	象山中心大厦(-3)	象山思成置业有限公司	11392.19	7754.51
77	云澜府(-3)	宁波世茂新里程置业有限公司	25040.46	8999.29
78	碧玺湾小区(-1)	象山碧悦置业有限公司	27120.86	7884.02
79	南方新都(-2)	象山楠方置业有限公司	4177.92	8567.30
80	十里春风小区(-1)	浙江海知湾房地产开发有限公司	24692.54	7886.51
81	象山中心大厦(-2)	象山思成置业有限公司	24651.78	12015.81
82	天麓府(-1)	象山新碧置业有限公司	20821.14	6689.04
83	侯潮府(-1)	宁波海洋置业有限公司	33618.89	8638.76
84	兰园三期(8幢11幢)(-7)	宁波天蓝置业有限公司	23323.61	12138.95
85	海城阳光苑(-2)	宁波泛英房地产开发有限公司	1105.33	7508.70
86	云澜府(-2)	宁波世茂新里程置业有限公司	24515.96	8380.39
87	象东府(-2)	宁波华惠通置业有限公司	19533.79	6979.18
88	紫瑞湾小区(第二批)(-2)	象山美龙置业有限公司	21595.67	8826.40
89	悦海锦苑(-1)	象山裕都房地产开发有限公司	2104.79	7649.71
90	象东府(-1)	宁波华惠通置业有限公司	24203.16	6787.98
91	象山中心大厦(-1)	象山思成置业有限公司	35429.55	11531.34
92	海东方嘉园(全部)	宁波润富特房地产开发有限公司	5171.84	8803.03
93	宁河苑(全部)	宁波石浦半岛置业有限公司	2213.5	7918.75
94	东麟府二批次(-2)	象山诚元房地产开发有限公司	33925.55	8560.49
95	云澜府(-1)	宁波世茂新里程置业有限公司	22809.04	8259.14

续表12

序号	项目名称	开发商	成交面积	均价
96	晶都佳苑二期(第5批)(-5)	宁波荔港大酒店有限公司	5756.65	7348.48
97	秋天里(二批次)(-2)	中铁房地产集团宁波京城投资有限公司	28019.09	9572.04
98	紫瑞湾小区(-1)	象山美龙置业有限公司	35671.85	8993.05
99	璟瑞府第二批(-2)	宁波甬洲置业有限公司	46982.44	11332.35
100	耀辰公馆(-1)	象山宝实地产有限公司	2165.52	6632.42
101	海城阳光苑(-1)	宁波泛英房地产开发有限公司	11426.91	12505.00
102	东麟府(-1)	象山诚元房地产开发有限公司	16706.07	8828.03
103	十里澜山东区一期-2(-3)	浙江山语海房地产开发有限公司	499.53	11131.30
104	云涛居(二批次)(-2)	宁波世茂新里程置业有限公司	29304.33	9019.43
105	秋天里(-1)	中铁房地产集团宁波京城投资有限公司	25631.18	9043.17
106	璟瑞府(-1)	宁波甬洲置业有限公司	28731.92	11537.43
107	博浪海港城(全部)	博浪海港城	2684.9	10748.98
108	晶都佳苑二期(-4)	宁波荔港大酒店有限公司	10922.25	7760.54
109	兰园三期(全部)	宁波天蓝置业有限公司	27453.19	12985.55
110	十里澜山东区二期(-3)	浙江山语海房地产开发有限公司	26894.72	8555.28
111	宏地首府(-4)	象山坤宏置业有限公司	7911.92	12934.78
112	心海度假村(海天雅园)(-1)	宁波心海旅游发展有限公司	397.86	15804.55
113	云涛居(-1)	宁波世茂新里程置业有限公司	39995.62	8821.58
114	玖墅府(-4)	象山石成置业有限公司	18289.63	16086.68
115	悦景湾(-2)	宁波铁工置业有限公司	42351.4	8428.89
116	悦景湾(-1)	宁波铁工置业有限公司	25799.08	8403.50
117	玖墅府(-3)	象山石成置业有限公司	24736.58	12697.49
118	十里澜山东区二期(-2)	浙江山语海房地产开发有限公司	25260.52	8385.92
119	兰园(全部)	宁波天蓝置业有限公司	319.73	13136.08
120	府邸庄园(-1)	宁波甬泉置业有限公司	8778.72	14618.82
121	奥林公馆(全部)	象山国基置业有限公司	2812.44	11152.69
122	白沙湾玫瑰园三期西区(-3)	宁波泰谷房地产开发有限公司	2223.62	25647.19
123	丹府一品(全部)	象山银亿房地产开发有限公司	1919.42	17653.90
124	琴声园(-2)	宁波石浦半岛置业有限公司	9695.1	11564.47
125	十里澜山东区二期(-5)	浙江山语海房地产开发有限公司	23691.28	8185.80
126	南方新都(-1)	象山楠方置业有限公司	27436.21	8795.09
127	玖墅府(-2)	象山石成置业有限公司	33546.46	14197.63
128	宁河苑(-1)	宁波石浦半岛置业有限公司	4048.41	7866.67
129	宏地首府(-3)	象山坤宏置业有限公司	32103.11	15531.39
130	青山佳苑(-1)	宁波万亿房地产开发有限公司	14732.4	9563.74

续表12

序号	项 目 名 称	开 发 商	成交面积	均 价
131	晶都佳苑二期(-3)	宁波荔港大酒店有限公司	5741.52	6010.80
132	晶都佳苑二期(-2)	宁波荔港大酒店有限公司	26130.67	7128.39
133	琴声园(-1)	宁波石浦半岛置业有限公司	17174.84	11547.84
134	兰园三期(全部)	宁波天蓝置业有限公司	28857.36	13701.97
135	玖墅府(玖墅府)	象山石成置业有限公司	32339.04	12502.08
136	宏地首府(-2)	象山坤宏置业有限公司	14173.56	12857.06
137	云海居(-2)	宁波世茂新里程置业有限公司	30846.66	8169.80
138	西和苑(全部)	象山渔港房地产开发有限公司	2147.59	9421.05
139	上嘉园(全部)	宁波石浦半岛酒店有限公司	40768.49	9911.03
140	宏地首府(-1)	象山坤宏置业有限公司	33005.14	13188.14
141	V7 十里澜山(-2)	浙江山语海房地产开发有限公司	28499.7	7984.20
142	华城悦园(-1)	象山华友半岛房地产有限公司	14404.56	4704.36
143	晶都佳苑二期(-1)	宁波荔港大酒店有限公司	6098.92	7155.39
144	云海居(-1)	宁波世茂新里程置业有限公司	29746.21	7494.03
145	十里澜山东区一期(-3)	浙江山语海房地产开发有限公司	22091.03	7677.93
146	丹姚苑(-1)	象山姚丰房地产开发有限公司	10970.95	9133.06
147	府邸庄园二期(-2)	宁波甬泉置业有限公司	7382.73	15859.97
148	熙华府(全部)	宁波铁工置业有限公司	55706.85	8155.97
149	金丰花园	象山丹城建设开发有限公司	489.65	10564.69
150	兰园二期(全部)	宁波天蓝置业有限公司	8854.16	28540.12
151	丹河家缘(全部)	宁波市汇丰建设开发有限公司	2374.35	9982.47
152	丹河家缘(全部)	宁波市汇丰建设开发有限公司	435.05	10208.14
153	欢乐家园二期(全部)	象山县城投置业有限公司	570.75	4365.54
154	文仕综合广场(全部)	宁波龙象投资有限公司	8077.19	8786.17
155	盛世昌明商业街(-1)	宁波昌明房地产开发有限公司	5637.67	5070.04
156	凯泰商厦	象山凯泰置业有限公司	12548.9	7396.37
157	丹桂花园(全部)	象山县城投置业有限公司	28259.39	9651.31
158	上城公馆(全部)	象山众茂房地产有限公司	23964.42	11769.17
159	悦兰庭(全部)	宁波鸿基置业有限公司	77783.37	10852.59
160	永泰华苑(全部)	象山南海房地产开发有限公司	37114.76	9310.01
161	学府名苑(全部)	象山立盛置业有限公司	26374.13	7882.33
162	西景佳苑(全部)	宁波万亿房地产开发有限公司	14198.46	5975.18
163	珍桂苑(全部)	象山亿阳房地产开发有限公司	2003.19	7090.72
164	白沙湾玫瑰园(-1)	宁波泰谷房地产开发有限公司	14585.84	14691.60
165	紫汀盛园(全部)	宁波中港置业有限公司	10772.08	11503.90

续表12

序号	项 目 名 称	开 发 商	成交面积	均 价
166	丹府一品(全部)	象山银亿房地产开发有限公司	15012.14	13706.65
167	牡丹苑(-2)	宁波巨鹰房地产开发有限公司	24541.53	10345.28
168	锦怡花苑(-1)	象山县东方房地产开发有限公司	5493.32	7913.06
169	和景府(-1)	天安电气集团宁波天安房地产开发有限公司	9745.7	10608.13
170	壹街区商业广场(全部)	宁波申怡置业有限公司	22003.33	12916.02
171	金海湾花苑(全部)	象山亿阳房地产开发有限公司	2692.36	7164.91
172	府邸庄园(-1)	宁波甬泉置业有限公司	70757.38	12603.41
173	海上华府18、19地块(-2)	宁波三立甬恒置业有限公司	47144.97	7974.43
174	兰园(全部)	宁波天蓝置业有限公司	75689.77	11345.24
175	金都花苑(全部)	象山金鸿房地产有限公司	31491.43	10460.59
176	锦明花苑(全部)	象山锦泰房地产开发有限公司	25146.52	7059.73
177	印象江南(全部)	象山明洲置业有限公司	41624.52	10086.36
178	十里澜山小区(-1)	浙江山语海房地产开发有限公司	27371.31	9571.37
179	西和苑(全部)	象山渔港房地产开发有限公司	6648.44	8304.62
180	半岛华府(全部)	宁波石浦半岛置业有限公司	44166.87	7883.31
181	盛世华府(全部)	象山恒鼎置业有限公司	31551.26	8279.20
182	滨海公馆(-1)	象山县兴港房地产开发有限公司	22672.64	7491.64
183	侨峰苑(-1)	象山环球房地产开发有限公司	2308.86	4519.53
184	嵩溪茗都(全部)	宁波西瀛置业有限公司	15248.36	5103.83
185	腾蛟雅苑(-1)	浙江甬南控股集团有限公司	13222.91	6674.07
186	凯泰商厦	象山凯泰置业有限公司	6244.46	13138.72
187	奥林公馆(全部)	象山国基置业有限公司	40963.37	10555.54
188	城西小区	宁波勤发置业有限公司	5445.96	7267.98
189	白沙湾玫瑰园三期西区(-3)	宁波泰谷房地产开发有限公司	4977.12	24255.04
190	学府名苑(-2)	象山立盛置业有限公司	38861.15	10204.84
191	嘉悦景苑(全部)	象山金舒置业发展有限公司	21281.58	10658.67
192	锦怡花苑(-1)	象山县东方房地产开发有限公司	5191.86	7760.75
193	蓝郡小区(-1)	宁波甬泉置业有限公司	151735.44	9984.24
194	新华公寓	象山县围海房地产开发有限公司	1781.57	9305.16
195	荣湾府(-1)	宁波信亨置业有限责任公司	15173.14	7388.53
196	阳光雅苑二期(-1)	象山正鸿房地产有限公司	78333.39	6306.56
197	久久华庭(全部)	象山桦东房地产开发有限公司	13061.92	9712.36
198	海上华府	宁波三立祥和置业有限公司	420.55	6655.60
199	金海湾花苑(全部)	象山亿阳房地产开发有限公司	11312.12	6653.82
200	牡丹苑(-1)	宁波巨鹰房地产开发有限公司	11171.53	9405.51

续表12

序号	项目名称	开发商	成交面积	均价
201	博浪海港城(全部)	博浪海港城	17823.04	12495.43
202	丰雅苑(全部)	宁波丰亿置业有限公司	21948.06	5196.13
203	丰雅苑(全部)	宁波丰亿置业有限公司	26731.12	3920.58
204	渔港花苑(全部)	象山渔港房地产开发有限公司	8518.03	8425.85
205	紫晶苑(全部)	宁波巨鹰房地产开发有限公司	494.66	12351.92
206	紫晶苑(全部)	宁波巨鹰房地产开发有限公司	6227.22	10047.46
207	宁波香溢商务办公楼	宁波香溢度假村有限公司	5978.36	14519.03
208	上城公馆(全部)	象山众茂房地产有限公司	91017.38	11496.27
209	象山东方大厦(-1)	象山半球国际贸易有限公司	38310.95	20053.27
210	康桥公寓	宁波石浦半岛置业有限公司	35408.25	11667.15
211	象山国际风情街	象山县地产房产开发总公司	378.28	39800.00
212	翡翠苑(全部)	宁波鸿瑞置业有限公司	15630.64	9517.52
213	西沪华城小区(全部)	宁波翔神投资发展有限公司	9284.5	4974.99
214	和景府(-1)	天安电气集团宁波天安房地产开发有限公司	19731.73	10479.34
215	三元公司商住楼(-1)	宁波华厦房地产开发有限公司	2889.55	11527.05
216	春天里(-1)	中铁房地产集团宁波京城投资有限公司	39053.58	6633.90
217	滨海商业街(全部)	宁波巨鹰房地产开发有限公司	3308.67	5769.17
218	御园(-2)	宁波铁工置业有限公司	22961.4	8292.98
219	城南御府(全部)	宁波旭富置业有限公司	42015.51	5982.35
220	东一华庭(全部)	象山东方石浦置业有限公司	36099.2	10565.38
221	西子华庭(全部)	象山巨润置业发展有限公司	22832.88	9991.34
222	御园(-1)	宁波铁工置业有限公司	35672.45	6612.35
223	白沙湾玫瑰园三期东区(-2)	宁波泰谷房地产开发有限公司	6392.67	24032.44
224	东岸名座(-1)	象山环球房地产开发有限公司	4548.33	8869.30
225	锦湖名苑(-7)	宁波市信明房地产开发有限公司	18991.91	12844.06
226	世茂玖玺(-1)	宁波世茂新里程置业有限公司	33915.69	6400.98
227	明源公寓(全部)	象山渔港房地产开发有限公司	8994.44	6227.91
228	紫汀盛园(全部)	宁波中港置业有限公司	53476.32	13027.12
229	玉兰雅府	象山辉峰房地产开发有限公司	45083.07	11985.16
230	天玺花园(全部)	宁波世茂新里程置业有限公司	17827.34	14076.36
231	新港公馆	宁波市江北区新地房地产开发有限公司	4244.73	7968.70
232	半岛华府(全部)	宁波石浦半岛置业有限公司	58817.32	8487.51
233	丹桂花园(全部)	象山县城投置业有限公司	51464.73	9779.33
234	心海度假村(海天雅园)(-1)	宁波心海旅游发展有限公司	4970.92	10501.07
235	怡景雅苑	象山房地产开发有限公司	8888.75	11150.11

续表12

序号	项 目 名 称	开 发 商	成交面积	均 价
236	塔山三期(全部)	象山县万象房屋开发有限公司	16875.21	12788.16
237	象山丰泽园	象山华丰房地产有限责任公司	30300.26	9331.96
238	港城佳园	宁波展达房地产开发有限公司	43325.02	7635.24
239	康桥公寓	宁波石浦半岛置业有限公司	12411.88	15009.28
240	百福大厦(全部)	象山丰园置业有限公司	8539.62	11951.03
241	百福大厦(全部)	象山丰园置业有限公司	1537.94	8520.31
242	巨和苑(-1)	宁波绿都房地产开发有限公司	36824.84	11328.38
243	鸿峰苑(-1)	象山环球房地产开发有限公司	4912.87	9200.37
244	凤凰佳苑(全部)	宁波荔港大酒店有限公司	13401.09	7586.87
245	丽景小区(全部)	象山地产房产开发总公司	24413.35	13171.42
246	皇城家园	象山为峰房地产开发有限公司	34035.22	4797.60
247	丰登路30号住宅楼	象山明亮房地产开发有限公司	6597.17	10106.80
248	紫悦馨园(全部)	宁波中港置业有限公司	47009.12	10744.64
249	金域华府(全部)	象山银亿房地产开发有限公司	109026.78	12862.58
250	星海名都	象山金鹤房地产开发有限公司	20574	10111.43
251	海御官邸(-1)	象山金森房地产发展有限公司	147819.94	13589.88
252	浦城雅苑	象山滨海房地产开发有限公司	3054	8937.30
253	御香苑(全部)	宁波碧城置业有限公司	19873.88	4357.22
254	天力大厦	象山滨海房地产开发有限公司	20781.01	12152.27
255	松兰山东园	宁波香溢渡假村有限公司	5748.65	17075.14
256	涌金广场(-1)	宁波华翔奔腾置业有限公司	37342.73	19711.52
257	华城世家(全部)	宁波华翔房地产有限公司	17032.28	4981.41
258	石浦毓才路商住楼	象山久源房地产有限公司	2515.95	5512.00
259	海景花园	象山甬海置业有限公司	8820.73	8105.12
260	海滨佳苑(全部)	宁波鸿日房地产开发有限公司	28270.09	6248.18
261	白沙湾玫瑰园(全部)	宁波泰谷房地产开发有限公司	22698.47	21035.90
262	泰和苑	象山鑫泰房地产开发有限公司	10300.66	11483.87
263	金穗大厦	象山正大房地产开发有限公司	12456.05	2550.31
264	迎风山庄(全部)	宁波石浦半岛酒店有限公司	36164.85	7380.29
265	紫金华庭	宁波振兴房地产开发有限公司	28739.58	6256.32
266	海景华苑	象山世纪飞凡房地产开发有限公司	1259.52	2381.86
267	象山财富商务中心	象山财富中心商业广场有限公司	58424.71	10361.57
268	石浦海鲜街商品住宅楼	象山中意置业有限公司	2230	6240.23
269	林溪别院	象山鑫汇置业有限公司	0	0.00
270	东港佳苑(全部)	宁波市江北区新地房产开发有限公司	29401.24	8832.91

续表12

序号	项 目 名 称	开 发 商	成交面积	均 价
271	世纪花园(全部)	象山银亿房地产开发有限公司	134651.51	10236.75
272	西谷苑	宁波中皇房地产开发有限公司象山分公司	12592.98	7890.55
273	华龙商住楼	象山辉峰房地产开发有限公司	4457.04	6639.38
274	海城·紫金苑	宁波富源房地产开发有限公司	35676.07	7834.35
275	东湖苑(全部)	宁波东风景观房地产开发有限公司	17925.23	9214.18
276	绿城·百合公寓	宁波象山绿城房地产开发有限公司	135642.96	12451.63
277	石浦华康小区	象山辉峰房地产有限公司	8611.79	5896.65
278	中意渔丰街商品住宅楼	象山中意置业有限公司	3693.08	5273.48
279	万华康庭	象山县万象房屋开发有限公司	57753.11	5514.89
280	金丰花园	象山丹城建设开发有限公司	21938.39	12706.52
281	锦绣家园	宁波振兴房地产开发有限公司	26109.64	5422.13
282	桃花源	象山华丰房地产有限责任公司	0	0.00
283	水木华庭	宁波得力房地产有限公司	90035.75	10070.89
284	晶都佳苑(全部)	宁波荔港大酒店有限公司	7453.18	7752.40
285	海城·阳光苑	宁波富源房地产开发有限公司	36892.37	9594.42
286	商品房	象山华中置业有限公司	4238.65	4696.73
287	石浦镇阳光雅苑(全部)	象山正鸿房地产有限公司	63718.39	5163.65
288	汇金大厦	象山汇金房地产开发有限公司	14955.14	9869.72
289	象山大溪山庄居住小区	宁波金海岸房地产有限公司	0	0.00
290	巨鹰商住楼及联体住宅	宁波巨鹰房地产开发有限公司	5443.66	3733.21
291	梅苑·中央花城(二)	宁波银亿置业有限公司	109340.06	5333.64
292	梧桐御府	宁波紫檀房地产有限公司	10641.16	9229.89
293	梅苑·中央花城	宁波银亿置业有限公司	82767.89	5817.30
294	(文华苑)商住楼(全部)	象山丰园置业有限公司	14247.43	6270.08
295	石浦半岛高层公寓	宁波亚泰房地产开发有限公司	17701.71	4993.34
296	宏润花园(全部)	象山宏润房地产有限公司	101597.03	8373.12
297	金港花园	宁波宁盛置业有限公司	85165	6124.88
298	浦港茗都商住楼(全部)	宁波市江北区新地房产开发有限公司	15480.55	4588.31
299	象山县石浦昌锦家园	象山房地产开发有限公司	36191.75	3629.78
300	象山石浦海鲜街住宅楼	象山辉峰房地产开发有限公司	5324.8	3324.04
301	新峰小区28#—36#	象山县地产房产开发总公司	16885.44	4546.51
302	象山县丹河路北四街区商住楼	宁波市汇丰建设开发有限公司	19353.65	4503.22
303	象山县吉祥房地产开发有限公司商住楼	象山县吉祥房地产开发有限公司	3892.7	4844.27

续表12

序号	项 目 名 称	开 发 商	成交面积	均 价
304	墙头镇海山名座(全部)	上海飞龙房地产开发有限公司象山分公司	12907.61	5324.16
305	贤庠商业街之一	象山正鼎房地产开发有限公司	5085.76	5592.36

（郑叶）

物业管理

【概况】 2020年,象山县物业管理更趋规范化,全县物业企业59家,管理120个小区(大楼)和单位。

表13 **2020年象山县物业企业情况一览表**

截至2020年12月31日 单位:个

序号	企 业 名 称	其中在管住宅小区	小区数量
1	象山保佳物业管理有限公司	半岛康桥、半岛上嘉园、半岛琴声、宁河苑	4
2	象山鸿发物业服务有限公司	金丰花园、嘉悦景苑、海域华府、丰雅苑、瑶琳小区、怡景雅苑蓬莱小区	6
3	象山宇呈物业服务有限公司	文仕综合广场	1
4	怡家园(厦门)物业管理有限公司宁波分公司	涌金广场	1
5	象山顺和物业管理有限公司	滨海公馆	1
6	宁波泛亚物业服务有限公司	大红鹰家园、和景府、牡丹苑、阳明花园、学府名苑、海申苑、奥林公馆、巨和苑、印象江南、东一华庭、永泰华苑、锦湖名苑、悦兰庭、宏润花园、御景园、华城悦园	16
7	宁波安可物业服务有限公司	—	—
8	象山迅捷物业管理有限公司	金港花园、紫悦馨园、皇城家园、东河二期、星海名都	5
9	宁波新上海物业服务有限公司	上城公馆	1
10	象山华西物业服务公司	—	—
11	象山县安保物业管理有限公司	百福大厦	1
12	象山鸿翔物业服务有限公司	海滨佳苑、幸福苑、锦明花苑	3
13	宁波铭星物业服务有限公司	—	—
14	宁波腾越物业管理有限公司	港城佳园、金山佳苑、浦港佳苑、浦港茗都、海城阳光苑二期	5
15	象山县文峰物业管理有限公司	—	—
16	宁波卓大物业服务有限公司	万华康庭、丹府一品	2
17	宁波维众物业服务有限公司	—	—
18	象山幸福家园物业服务有限公司	紫汀盛园、青山佳苑、汇川佳苑、海山佳苑	4
19	象山宇达物业管理有限公司	丹峰小区、城东公寓、丹静公寓、文峰小区	4
20	象山合家物业服务有限公司	文华苑小区	1

续表13

序号	企 业 名 称	其中在管住宅小区	小区数量
21	象山灵通物业有限公司	丽景一期、文景苑、丹静苑、瀛洲小区	4
22	宁波嘉明物业服务有限公司	西子华庭、久久华庭、城西小区、中北星园	4
23	象山臻心物业管理有限公司	紫金华庭、迎风山庄、昌锦家园	3
24	象山大成物业有限公司	阳光雅苑	1
25	宁波天勤物业服务有限公司	—	—
26	象山天择物业管理有限公司	—	—
27	象山永信物业管理有限公司	—	—
28	宁波鑫润物业服务有限公司	怡景雅苑	1
29	宁波骏成物业管理有限公司	海城阳光苑一期、金都花苑	2
30	宁波嘉亿同正物业服务有限公司	—	—
31	象山县伟康物业管理有限公司	—	—
32	象山卓越物业有限公司	—	—
33	世茂天成物业服务集团有限公司象山分公司	世茂天玺花园、世茂玖玺花园、云海居	3
34	北京石榴物业服务有限公司宁波分公司	十里澜山西区	1
35	宁波银亿物业公司	—	—
36	宁波联合物业管理有限公司	—	—
37	金碧物业有限公司象山分公司	恒大海上华府	1
38	浙江亚太酒店物业服务有限公司	梧桐御府、桃花源	2
39	宁波市鄞州华科物业管理有限公司象山分公司	—	—
40	绿城物业服务集团有限公司象山分公司	百合公寓、白沙湾玫瑰园、丹桂花园、象山兰园、中粮玖墅	5
41	宁波荣安物业服务有限公司象山分公司	侯潮府、涌清府	2
42	上海阮大物业管理有限公司	—	—
43	浙江开元物业管理股份有限公司象山未来城分公司	邦泰城御园、熙华府	2
44	浙江绿升物业服务有限公司	宏地首府	1
45	浙江盛元城市物业管理有限公司象山分公司	山水人家二期 A 区、山水人家二期 B 区、山水人家一期、欢乐家园三期	4
46	深圳市金地物业管理有限公司象山县分公司	半岛华府、晶都佳苑	2
47	浙江永成物业管理有限公司象山分公司	城南御府、欢乐家园二期	2
48	宁波海曙丽园佳城物业服务有限公司	丰泽园、水木华庭	2
49	中铁建物业管理有限公司象山分公司	山语城春天里小区、山语城秋天里小区	2
50	广州海伦堡物业管理有限公司	象东府	1
51	博浪安捷物业服务有限公司象山分公司	—	—

续表13

序号	企 业 名 称	其中在管住宅小区	小区数量
52	深圳市嘉诚物业管理有限公司象山分公司	梅苑中央花城、世纪花园、玉兰雅府、欢乐家园一期、东方大厦	5
53	四川蓝光嘉宝服务集团股份有限公司	金域华府、海御官邸	2
54	象山朝晖物业服务有限公司	盛世华府、翡翠苑、西和苑、腾蛟雅苑	4
55	宁波市拓展物业公司象山分公司	西景佳苑、盛世昌明	3
56	象山凤凰新城物业管理有限公司	凤凰新城	1
57	象山园顺物业服务有限公司	彩虹家园	1
58	上海保集物业管理有限公司	保集蓝郡一期、保集蓝郡二期、府邸庄园一期、府邸庄园二期	4
59	宁波捷达物业服务有限公司	—	—

（郑叶）

房地产中介

【概况】 2020 年，象山县二手房市场交易量有所上升，房地产中介企业由 2019 年的 117 家，增加到 126 家。

表 14　**2020 年象山县房地产中介机构名录**

截至 2020 年 12 月 31 日

备 案 名 称	备 案 名 称
象山小梅房产中介所	象山县石浦浦源房屋中介所
宁波恒象房产经纪有限公司	象山丹城永一利房产中介服务部
象山县石浦家和房产中介所	象山我爱我家房地产中介服务部
象山县石浦冬亚房产中介所	象山县石浦蔡美房屋中介所
象山锦尚房地产经纪有限公司	象山丹城银利房产中介服务部
象山福邸房产中介所	象山县石浦升诚房产中介所
象山金钥匙房地产经纪有限公司	象山丹东林首房产中介服务部
象山家顺房产中介服务部	象山幸福家园房产中介服务部
象山尚城房产经纪有限公司	象山中汉房地产销售代理有限公司
宁波龙象房产经纪有限公司	象山叁仁房产中介有限公司
象山恒佳房产中介服务有限公司	象山大众房地产经纪有限公司
象山佳成房产中介服务部	象山信德房产中介服务部
象山鼎悦房产中介服务部	象山县石浦潘小跃房屋中介所
象山胜信房产中介服务部	象山县石浦阿莲房屋中介所
象山西周壹佳房产中介所	象山信源房产中介服务部
象山方源房地产开发有限公司	象山丹西光大房产中介服务部
象山房聚源房产中介服务部	象山县石浦敏霜房屋中介所
象山银历房产中介服务部	象山县石浦骏马房产中介所
象山房之多房产中介服务部	象山县石浦欢乐房地产中介所

续表14

备 案 名 称	备 案 名 称
象山家美房产中介服务部	象山县石浦宝嘉房屋中介所
象山丹城南源房产中介服务部来薰路分店	石浦广源房屋中介所
宁波中港房地产销售代理有限公司	象山强丰房产中介服务部
象山永二利房产中介服务部	象山石浦乐居房产中介所
象山半岛房产销售代理有限公司	象山新虹利房地产销售代理有限公司
象山嘉荣房产中介服务部	象山诚发房产中介服务部
宁波睿象房地产发展有限公司	象山石浦心和房屋介绍所
象山好管家房地产中介服务部	象山县石浦小敏房屋中介所
象山同鑫房产中介服务站	象山县石浦圆梦房产中介所
象山众家房产中介服务部	象山县石浦新一家房产中介所
象山县石浦卫丹房产中介所	象山丹东锡安房产中介服务部
响当当(宁波)房产代理有限公司	象山县石浦李老师房屋中介所
象山县石浦茂利房产中介所	象山丹东新佳园房地产中介服务部
象山县石浦小芬房屋中介所	象山丹城小灵通房产中介服务部
象山丹东家和房产中介服务部	象山丹城佳居房产中介服务部
象山平平乐居房产中介服务部	象山县石浦鑫山房屋中介所
象山美地房产销售代理有限公司来薰路分公司	象山兴江房地产中介服务部
象山迦得房产中介服务部	象山丹城南源房产中介服务部
宁波协盈房地产经纪有限公司	象山诚意房产经纪有限公司
象山六通房产中介服务部	象山丹东宏远房产中介服务部
象山优宜家房产中介服务部	象山鑫意房产中介服务部
象山诚一意房产中介服务部	石浦鑫缘房地产介绍所
象山家豪房产中介服务部	象山丹东日一胜房地产中介服务部
宁波市华星房产咨询有限公司	象山丹城益友房产中介服务部
象山创城房地产营销策划有限公司	象山丹城鸿达房产中介服务部
象山县石浦新家园房产中介所	象山丹城来发房产中介服务部
象山嘉之利房产中介服务部	象山家家福房地产中介服务部
象山县石浦南元房产中介所	象山铭家房产中介服务部
象山县石浦迎盛房屋中介所	象山小石头房产经纪有限公司
象山县石浦中连房地产中介服务部	象山丹西荣欣房产中介服务部
象山县石浦日昇房屋中介所	象山县石浦金山阿玲房产中介所
象山县莲芬房产中介所	石浦海龙装潢设计工作室
象山石浦好源房地产中介所	象山县石浦阿红房地产中介所
象山县新世纪房地产经纪有限公司	象山旺源房产中介服务部
象山县石浦巧巧房产中介所	象山丹城宏都房产中介服务部
象山县石浦美好家缘房产中介所	象山丹城丹通投资信息咨询服务部
象山县华诚房地产中介服务部	象山久益房地产信息咨询服务部
象山县石浦友家房产中介所	象山好房多房产中介服务有限公司
象山县石浦玉泉阿亚房产中介所	象山天澜房产中介服务部
宁波象导网络科技有限公司	象山建立房地产中介服务部

续表14

备　案　名　称	备　案　名　称
石浦绿源房产中介所	象山三升房产中介服务部
宁波金策房地产销售代理有限公司	象山丹城启新房产中介服务部
象山县石浦新达房产中介所	象山美地房产销售代理有限公司
象山县石浦亿诚房屋中介所	象山半岛房产中介服务部

（郑叶）

棚改征迁

【规范化管理】 2020年4月，成立“阳光征迁”规范化管理工作专班，出台《“阳光征迁”规范化管理工作实施方案》，制定印发国有土地上房屋征收和集体土地房屋拆迁工作流程图和《关于要求规范房屋征迁补偿款拨付流程的函》，把握项目实况，优化征迁程序。5月，配合县政府印发出台《象山县房屋征迁专项工作有关部门、镇乡（街道）职责规定》文件，明确部门职责。健全征迁联席会议和征迁工作协商例会制度，根据房屋征迁实际需要，研究制定可操作针对性强的小微配套政策，实现精细化管理。7月29日，召开2020年象山县房屋征迁业务培训会，18个镇乡（街道）和发改、住建、城投等25个县直有关部门房屋征迁的从业人员100余人参会，培训内容为集体房屋拆迁补偿标准、国有土地上房屋征收和集体房屋拆迁基本程序、房屋征迁案例分析、集体房屋拆迁管理信息系统操作指南等实务，有序推进阳光征迁规范化管理工作。

【政策完善】 修订《象山县房屋征收拆迁资金使用和管理办法》，规范房屋征收拆迁资金使用范围和监督拨付流程。根据征迁项目按工作完成比例细化量化工作经费拨付，指导监督征迁实施单位工作经费分配使用情况，对一线工作人员采取多样化的评先评优考核。修订《象山县国有土地上房屋征收补偿、补助、奖励规定》并呈报县政府发文。文件完善了住宅房屋临时安置费补偿标准；调整商业用房分段补助方式；对单独用地的私有住宅，可按合法土地面积1.5倍换算产权调换房屋面积的条款进行删除；优化面积补助、结算补助等表述，规范征收程序和补偿行为，严格征收补偿资金管理，确保依法征收、和谐征收、文明征收。

【城中村改造】 2020年度象山县房屋征收中心作出蒋家、里新、周建、下蒋家4个村房屋征收决定与拆迁公告，涉及被征迁人170户，土地面积4.5万平方米，建筑面积4.8万平方米。与以往村集体主导、政府配合、开发商协助的模式不同，此次城中村改造按照“试点先行、竞争改造”的准则，以政府为主导、村民为主体，尊重被拆迁人的意愿，当自然村的被拆迁人签约率达到95%时，房屋拆迁协议才会生效。5月24日，象山县启用首个征收集体所有土地房屋信息公开系统，同步启动丹西街道下蒋家村全县首个城中村改造试点签约项目。该系统参照宁波市国有土地房屋征收签约系统，严格落实拆迁程序，公开拆迁房屋基本信息、补偿结果等内容，并在网上备案签协议，被拆迁人进入系统后只需输入身份证号码，即可登录浏览补偿金额等拆迁补偿信息。

下蒋家村改造项目被拆迁户数25户，被拆迁土地总面积约0.3万平方米，建筑总面积约0.2万平方米，签约时间为5月24日至6月12日，签约率100%，货币率为96%。周建村改造项目被拆迁户数26户，被拆迁土地面积为0.8万平方米，建筑总面积1.0万平方米，签约时间为8月5日至24日，签约率100%，货币率100%。里新村改造项目被拆迁户数29户，完成签约24户，签约率为82.76%。完成项目及周边总用地85.8亩土地征用，正协同资规局、城投集团、街道处理30余亩集体留用地的处置工作，继续推进周建村的房屋腾空拆除和里新村5户未签约户的清零工作。

【棚改清零】 四期棚改包括象山桥路区块一、二、三和粮站区块一、二项目，涉及被征迁人1432户，全部完成未签约户78户的签约清零与腾空工作。五期棚改庄穆巷以东区块及老人民医院区块签约率100%，东后巷区块99%余1户，启动司法程序。截至年底，共核算拨付征迁补偿款10.71亿元，其中五期棚改8.43亿元、中心城区四期棚改0.81亿元、石浦老城区0.51亿元。配套做好棚改后续资金拨付、安置房款结算和权证注销工作。协同石浦镇完成石浦老街第二批牌坊井以东、老食品厂、老医院、营房街、蔡家弄5个区块改造项目1100户的腾空工作，完成率达99%，番西区块遗留问题处理10户，完成率63%。

【“2+5”项目】 鹤浦镇水糊涂和涂茨镇长沙村区域环境改造提升工程项目，涉及鹤浦镇水糊涂村223户，涂茨镇长沙村86户。办理符合国民经济和社会发展规划的证明；发布暂停办理房屋拆迁范围内新建、扩建、改建房屋和改变房屋、土地用途等手续的公告；完成预评估比准价测算、征迁听证和选定评估公司。

（黄优优）

住房公积金管理

【概况】 象山县住房委员会办公室与宁波市住房公积金管理中心象山分中

心合署办公。2020年,象山县住房改革委员会更名为象山县住房委员会,组成人员相应调整。

截至2020年12月底,全县累计办理住房补贴15853人,住房补贴资金46170.52万元,手续办结率100%。

截至2020年12月底,全县共有住房公积金缴存单位1968家(其中:正常缴存1347家,封存621家),实际缴存48439人,累计归集总额718151.05万元,累计提取511896.75万元,归集余额206254.30万元。累计贷款520548.62万元(包括"公转商"贷款120878.00万元),贷款余额292624.34万元(包括"公转商"贷款95741.66万元),累计增值收益(包括风险准备金、管理费用、廉租房补充资金)27663.18万元

【住房补贴业务工作】 办理住房补贴新增人员435人,住房补贴资金1175.98万元。其中:县属单位429人,1159.78万元(包括:行政33人,90.20万元;全额事业228人,615.60万元;差额事业168人,453.98万元);垂直单位6人,16.20万元。配合做好自收自支事业单位退休和在职人员住房补贴对象资格条件审查,计7个部门(单位)、65人,涉及住房补贴资金92.73万元。兑现住房补贴计6193人,1483.62万元。其中:行政443人,128.56万元,全额事业4108人,1128.34万元,差额事业1642人,226.72万元。截至2020年12月,尚有10634.43万元待2021年及以后年度按现行政策规定兑现,其中:行政637.21万元;全额事业8742.67万元;差额事业1254.55万元。出具是否享受房改等优惠政策证明845件;责令清退住房补贴1人,办理信访事项复查申请件1件。

【住房公积金业务工作】 净增缴存人数3631人,完成年计划3500人的103.74%;归集103496.36万元,完成年计划90200万元的114.74%。提取90429.84万元,完成年计划70000万元的129.19%。放贷60724万元,完成年计划50000万元的121.45%。增值收益2463.37万元,完成年计划1600万元的153.96%。

【疫情防控守牢"四门"】 根据县委、县政府统一安排,助力守牢"四门",确保万无一失。一是守牢县域大门。领导班子成员被委派到高速象北卡口,守护好县域进出大门。二是守牢小区家门。以共产党员为骨干的应急小分队,及其他全全体干部职工全员参与,克服单位人数少、防控值班任务重等实际困难,到丹西社区,守好文华苑和新佳苑两个小区家门,及无保安、门卫的三元液压公司宿舍楼、滨海学校教师宿舍楼家门。三是守牢企业之门。领导班子成员抽调到企业参加复工复产指导组,为企业守好复工复产之门。四是守牢办事之门。为减少人员密集流动,运用网上办事大厅、"12329"热线电话等无接触办公,守好住房公积金业务大厅办事窗口之门。对确需上门的,业务大厅设置门厅体温检测岗位,严格比对绿码,确保服务质量不下降和办事群众零风险。

【整改巡察反馈问题】 7月,县委第一巡察组对中心近五年内的工作巡察反馈10大类、28个具体问题。党组高度重视,分析研究整改落实方案,多次召开专题会议,分解整改任务,修改完善《办公及宣传物品采购保管制度》等六项管理制度,实行对销账制度,分步整改。至12月,根据县委巡察办巡察整改量化评估反馈,整改完成率为89.28%,量化评估得分为95分。12月底又对巡察评估的反馈3个问题进行整改和关注,巡察工作取得良好成效。

【调整完善相关政策】 通过住房公积金缴存基数的调整,行政事业单位在职人员的每月缴存额度均有不同幅度的提高;住房公积金贷款的最高额度调整为40万元;规范房企新增楼盘申请住房公积金贷款合作细则;出台妥善应对疫情的阶段性政策支持,2020年,办理缓缴住房公积金企业单位7家,降低比例1家,涉及企业职工192人,住房公积金106.63万元。

【实施风险防范】 2020年,向上级部门移交问题线索3条,共受理骗提骗贷案件3件,处理投诉举报案件2件,涉及2人,未投诉。清理封存或中止缴存账户43户,占应清理账户717户的6%,尚有674户待继续清理。完成调研报告《关于完善和提升住房公积金信贷工作的几点思考》,规范贷审会操作程序,统筹协助相关银行,充盈信贷资金池。建立与业务承办银行定期工作交流座谈会制度,协助县农信社开发完成"公转商"贷款系统。2020年,新增贷款楼盘8个,排查他项权证1067户(其中:"二手房"340户,期房727户),受理撤销备案合同192笔,贷款逾期率为零,连续保持3年。

【招标确定资金存放】 截至2020年12月底,累计安排竞争性资金15123.19万元。新一轮住房公积金业务合作承办银行和账户招投标有序进行,至12月底完成10家银行入围。

【拓宽服务渠道】 2020年3月实现全县18个镇乡(街道)20个网点全覆盖,服务范围从住房公积金业务咨询扩大到缴存、提取和贷款等业务综合办理;办理流程从"职工提出申请—住房公积金管理机构审批—银行办理结算"简化至"一柜办结、全城通办"。该项工作受到上级业务主管部门的肯定。

【推进政银合作】 截至2020年,象山县境内有10家试点合作银行为78024人次住房公积金缴存者提供查询或办理"公积金"点贷业务。

【确保平台安全】 2020年,配合县市场监管局做好优化"企业开办全程网上办"平台,加快电子营业执照、电子印章推广应用。完善企业注销"一网服务平台",探索无须公告简易注销工作。浙政钉、政务服务网、软件正版化完成设置,电子证明核查平台调试、公共数据目录设置和数据采集、机房UPS配电改造等相关工作实施,确保信息化

网络系统的安全运作。

2020年，利用住房公积金大数据和“互联网+”技术，受理全国住房公积金异地转移业务141笔，349.43万元。截至2020年，累计952家单位签订网厅三方协议，其中935家单位领取U盾，占98.21%。截至2020年，住房公积金年度验审应参加1248户，参加1210户，完成率为96.96%。根据政府数字化转型工作要求，截至2020年，除网上办件率94.97%和零跑次86.20%外，其他7个指标均为100%，达到阶段性考核指标要求。4项主项29项子项的群众、单位办理事项为100%，全部达到“最多跑一次”目标。

【实施联办机制】 建立提取（退休）、贷款“一件事”联办工作机制，通过人社和不动产登记等部门单位联网授权，在受理住房公积金提取（退休）、贷款业务申请时，一并进行相关材料受理以及身份校验，快捷服务对象。配合县委组织部推动机关公务员和事业编制人员职业生涯全周期管理“一件事”改革，并于4月上线，围绕公务员和事业编制人员录用、调任、转任、职业职级变动、调出、辞职、辞退、开除、退休等职业生涯各个阶段，梳理集成一批“一件事”，优化流程、上线运行。

【主动便民惠企】 特别是2020年下半年以来，改进工作方法，化被动为主动，以企业用工人数较多、与社保缴存人数不匹配、经济效益的机械和汽配行业为重点，实地走访20余家企业，分发宣传册200余张、海报40余张，解释住房公积金惠民政策，协助企业上市，为企业排忧解难，降本减负，从而稳妥地推进住房公积金缴存扩面工作。

【接受社会监督】 年度住房公积金个人账户结息到账到户，公布年度住房公积金管理和财务运作情况及年度政务信息，开展“我为公积金工作献一策”建言活动，整改落实一线窗口人员的征集问题30条，建议意见26条。档案管理满足行为需求，助推便民利民，近三年来每年上一个台阶，2020年12月通过浙江省住房公积金档案管理目标省一级认定验收。受理群众来信来访、政策咨询。2020年，受理网上民声回应和网民政策咨询32件，回复信访件13件，回复首问责任制来电41件，无投诉。2020年，根据县政务办反馈信息，群众对服务窗口的服务满意度达100%（测评对象为业务办理对象）。

2020年中心获得2019年度全市住房公积金目标管理考核优秀单位、2019年度“四星级”机关党组织、2020年无烟党政机关。继续保持浙江省工人先锋号、浙江省巾帼文明岗、浙江省住房公积金管理工作先进单位、浙江省规范化数字档案室、省示范数字档案室、宁波市文明单位、市住房公积金窗口建设和服务先进单位、市群众满意基层站所（服务窗口）先进单位、市工人先锋号、市五一文明岗、市巾帼文明岗、首批县级公共服务窗口文明单位等荣誉称号。

（蒋新辉）

城市管理

【概况】 依法查处行政处罚案件共1852起，其中简易程序查处1280起，一般程序查处485起，开展集中整治718次，教育劝导跨门经营、流动摊47384起，办结人大建议和政协提案24件，受理各类信访投诉举报件1278件。

【开展“新冠病毒”疫情防控工作】 疫情期间，全局干部取消休假，承担起农贸市场、医院等周边区域城市市容秩序管控任务，动员城区11个网格执法力量，加大对沿街商户、城区各主次干道巡查力度，力求主要街面管控全覆盖。累计出动执法人员9500人次，走访商户1315家，发放《防疫告知书》1330余份，劝阻无证流动摊800余起、跨门占道经营900余起。

【社区开展“复工复产”】 组织开展对全县270家广告个体工商户的疫情防控和复工管理工作，助力全县广告业复工复产。落实执法人员组建驻企联企服务小组，基层一线，对企业集聚区、社区等地的返象人员开展实地摸排，加速返象人员返工流程，加快企业复工复产。对城市管理行政审批中涉企的项目，推广“微信指导+上门服务”线上线下同步服务模式，以网上办事代替群众跑腿。

【县垃圾分类工作再获省级表彰】 2020年4月，浙江省“千村示范、万村整治”工作领导协调小组办公室印发《关于2019年度全省新时代美丽乡村建设和农村生活垃圾分类处理工作的通报》，县同时获得“新时代美丽乡村和农村垃圾分类工作优秀县”两项省级表彰。

【宁波垃圾分类学院象山分院成立】 为高质量推进象山县垃圾分类工作，提高机关干部职工、村（社区）工作人员、督导员、志愿者等对垃圾分类工作的思想认识、责任意识、专业知识水平和岗位实操能力，4月7日，县生活垃圾分类工作领导小组正式发文，成立宁波垃圾分类学院象山分院。该分院设立于宁波广播电视大学象山学院内，依托该校办学体系，组建起专兼职相结合的师资队伍，综合运用理论授课、现场教学、网络课程、送教上门、案例研讨等多种教学方式，发挥各类现场教学基地的作用，探索形成基于网络的教学和服务模式，提高培训的参与性、互动性和实践性，逐步建立健全从上到下、从点到面、从线到片的生活垃圾分类宣传培训体系。

【生活垃圾“公交式”直收直运模式实行】 3月以来，县逐步改变原先垃圾桶分散设置、环卫工人巡回收集的垃圾收运方式，以中心城区天安路、丹河路、新丰路、靖南路等四条主干道为试点，专人专车定时对沿街商户生活垃圾进行“公交站式”定点收运，通过撤销垃圾桶点位、上门统一收运等举措，力求最大限度地减少不洁净垃圾桶对环境的二次污染，引导沿街商户养成垃圾分类的良好习惯，共配备垃圾收运车40辆，落实专职人员87人，发放宣传资料

660余份，印发不规范投放行为限期改正通知书5份。

【铁腕推进“三违”清剿专项行动】 自3月起，象山县在全县域范围内针对违法建设、违法用地、违法建筑开展拉网式排查，以“零容忍”的态度推进“三违”清剿工作。按照“一宗一档”、彻底整治，对照排摸出的问题清单，列时段、分步骤、有目标，细化处置计划，并紧扣关键时间节点，敦促各地有序推进、逐步落实，以“零容忍”的态度推进“三违”清剿工作。截至6月中旬，已完成处置任务，包括违法建设3处3.21万平方米，违法用地14处2.43万平方米，违法建筑70处7.35万平方米。

【施行简易程序“四书合一”新模式】 自3月以来，针对执法工作中“简易程序处罚不简易”情况，制定出台《综合行政执法行政处罚的简易程序规定》，立足适用简易程序的案件特点，将现场勘查情况、责令限期改正通知书、行政处罚告知书、行政处罚决定书四书合一，以执法视频为主要证据，整合为一张综合罚单，重点明确当事人情况、违法事实、法律依据、处罚决定内容，强调缴款期限及当事人依法享有的复议、诉讼权利，提升办案效率。通过新模式处理轻微违法违章案件办理时间从原来的20分钟左右一案缩短至10分钟左右一案，大大降低执法人员和当事人的时间成本，提高执法效能和工作效率。

【落实“周二夜学”常态化】 为巩固“不忘初心、牢记使命”主题教育成果，提高机关党员干部政治理论水平和专业能力素养，根据县文件精神，5月，县综合执法局结合本局实际，谋划安排，精心组织实施，落实“周二夜学”常态化，促进党员干部能力提升。

【开出首批不文明养犬行为罚单】 6月1日是《宁波市养犬管理条例》正式施行第一天。通过各类媒体、广告等的前期宣传，并同步进行了犬类收容留检场所适建场所的调研和建设落实，根据统一部署，6月1日起联合公安局在养犬重点管理区域开展联合整治共80余次，发放宣传资料3000余份，宣传教育违规养犬行为300余起，完成教育整改300余起。整治期间出动执法人员600余人次，开出简易罚单7张，共计罚款140元，累计捕捉流浪犬230余只。同时向市民宣传“宠它有责，爱它有方”的养犬习惯及《宁波市养犬管理条例》。

复工复产摸排中，执法人员在给没有口罩的老人小孩弱势群体发口罩（冯贤　摄）

【施行“撤桶并点+定时定点”垃圾分类模式】 10月起，为健全生活垃圾源头投放机制，县推广居住小区“3+1”（撤桶并点、定时定点、桶边督导+破袋投放）模式，通过撤除原来分散摆放在楼层内、楼道下的投放点位，按照200—300户设置一个生活垃圾投放点，分批推进居住小区“撤桶并点”，并落实桶边督导，推广实施定时定点和破袋投放机制。同时，垃圾分类“进社区”，加大日常培训力度，督导员队伍建设，通过入户宣传、积分兑换、文艺表演、讲座培训等多种形式，提高居民垃圾分类知晓率。

【参加市综合执法系统单兵技能比武活动】 为提高综合行政执法干部的综合素质和履职能力，打造“革命化、正规化、专业化、职业化”的综合行政执法队伍，10月，宁波市综合行政执法系统执法单兵体能比武举行，县综合执法局推选出周明建、张哲玮、林懿懋、谢怡、张春燕、曹欢欢6名执法人员组成比武队伍，参加了本次市综合行政执法系统单兵技能比武活动。

【实行“城镇精细化管理”新模式】 以定塘镇为试点，以基层派驻中队为实施主体，将精细化管理理念、思路、手段、措施落实到城镇综合管理领域的各项工作中，加快构建全覆盖、全过程、全天候的城镇管理体制，创新建立“一支队伍联合监管”新模式，协调镇区16个部门共同参与，实现多部门联动，形成工作合力，提升基础设施、环境品质、交通出行、公共安全等常态化管理水平，初步探索出城镇精细化管理“定塘样本”。

【紧扣“关键小事”惠民生】 全省首创食品摊定时定点管理模式，通过统一亮证经营、统一经营设施、统一经营时间、统一经营行为等管理措施，规范食品摊经营活动，力求治理食品摊无序占道摆放、油烟乱排、噪声扰民、食品卫生差等突出问题。在此基础上，继续落实“疏堵并举”原则，于城区农贸菜市场周边设置3处约430个摊位自产自销疏导点。为管理更加人性化，在汪家河菜场外围店铺试点实行“一米线”管理，有限允许商户合理有序的跨门经营，取得良好社会效益。

【探索“商户说事”柔性执法新实践】借鉴已写入中办、国办文件的“村民说事”象山经验，践行“大家街区大家管，商户有事商户说”理念，探索开展了“商户说事”共建共管新模式，初步形成了“查事—说事—办事—反馈”城镇管理问题闭环处置机制，取得了一定成效。共召开专题说事会30余次，办理“说事”项目42个，开展专项整治行动35次，出动人员280余人次，教育劝导跨门占道、流动摊等250余起。

【改善人居环境面貌】 推进城市家具、广告招牌两大行业整治提升，对象山港路、天安路、巨鹰路、新丰路、丹河路、滨海大道等亚运主要线路及重要区块、门户节点的城市家具、广告招牌等要素进行全方位整理提升。完成城市家具更新采购，制定户外广告整治方案，累计印发416户，涉及667个点位。落实市容环境卫生责任区制度，完成创建市级街容示范路12条、市级市容环卫责任区示范路段50段，新增城市驿站20个，以示范引领促进精细管理全域化。

【多举措提高执法能力】 “强转树建”行动，推行非现场执法方式，试水“移动布控球”重点管控，提高执法成效。探索建立多部门联合执法机制、信息共享机制，推动执法模式向精细化执法转变。严格履行执法程序，健全执法标准和规范，优化行政执法办案流程，实施执法办案评议考核、法治审核、执法公示、执法全过程记录制度，建立基层中队精细巡查制度，探索开展“一点通查”，提高法治化水平。

【推行“马路办公”问题现场解决处置机制】 7月1日起，县综合执法局“马路办公”机制，由局领导班子带队，对中心城区实行区域包干负责制，利用周末等空挡时间，菜场、步行街、商贸区等重点路段、重点区域，对占道经营、环卫保洁、垃圾处理、公厕卫生、停车秩序等问题进行现场解决，平均每月排查主次道路22条、背街小巷47条，月均一线处理街面市容秩序问题1300余个。

【推进城市市容环境夜间常态化整治】为优化市容环境，坚决遏制占道经营反弹、回潮现象，10月，县综合执法局合理安排勤务力量，严格执行定时定岗勤务、错时勤务、机动勤务等多种常态化巡查管控模式，推进街面保序长效整治行动。多次组织开展夜间市容环境专项大整治，对中心城区天安路、步行街、大润发、欢乐家园、海港城、蓬莱菜场、丹南路等主干道、商贸区域进行强力整治，依法对流动摊点、占道经营、马路市场等违章行为进行清理，累计出动执法人员330余人次，教育劝导100余起，查扣物品60摊。

【创新打造市级“席地而坐”城市客厅示范区域】 以渔歌广场、县府广场等为先行示范区域，联合县住建等部门，打造可坐、可行、可聚、可观的市级“席地而坐”城市客厅示范区域，优化细化保洁标准，建立“扫、捡、冲、刷、洗、拔、捞、擦、吸、巡”等组合式作业模式，对创建区域及周边的平面、立面、水域、绿带等进行全方位、无死角、高强度的精细化保洁养护。共配备2支专项保洁队伍，完善配套冲洗装备2套，不定期对示范区路面进行动态保洁，加密保洁频次，让城市道路“透出底色、亮出真颜”。

【开展城市户外小广告整治】 对道路各类城市家具进行排查城市“牛皮癣”情况，并通过第三方及时清理，加强执法人员巡查、约谈处置等工作方式，试行“以义代罚”等创新模式，治理城市“牛皮癣”，共清理牛皮癣6000余处，并在天安路（靖南大街—象山港路）试点路段的沿街箱体、灯杆、公交站台及部分墙体等“牛皮癣”小广告易出现的部位进行新材料、新技术的涂刷运用，着力实现“粘不住、没法粘”的效果。

【严查建筑工程车违规行为乱象】 12月，县综合执法局联合交警部门开展建筑工程车辆综合整治，重点查处工程车带泥上路、滴漏撒、未安装或启用卫星定位系统等各类违法违规行为，在新丰路设卡检查工程车20余辆、拦截查处

2020年，县综合执法局推进城市精细化管理，落实城区深度保洁机制，以渔歌广场、县府广场等为先行示范区域，通过多元化精细保洁、规范化提升改造、全员化共享共建等举措，打造可坐、可行、可聚、可观的市级“席地而坐”城市客厅示范区域

未启用卫星定位系统工程车2辆,未密闭运输工程车1辆。

【县生活垃圾焚烧发电项目完成重大节点目标】 2019年8月,县启动县生活垃圾焚烧发电项目,截至12月,进入最后攻坚阶段,12月29日进场首批垃圾,1号焚烧炉于12月30日点火试运行。

【县基本实现生活垃圾分类全覆盖】截至2020年12月底,县基本实现生活垃圾分类全覆盖,包括居住小区146个、行政村355个,党政机关、医院、学校等公共机构300余个等,1—11月全县生活垃圾无害化处理率达100%。累计完成撤桶并点小区44个,已实行定时定点投放小区30个,破袋投放小区18个,源头分类质量合格小区占比提升至51.4%。以督查促提升,垃圾分类常态化检查,共检查居住小区966次、企事业单位563次发布“红黑榜”8期、排名通报7次。

大目湾新城

【概况】 2020年,大目湾列入县重点项目21个,计划年度投资23.13亿元。实际完成25.02亿元,完成全年比例108%。其中,政府投资5.12亿元,社会投资19.9亿元。投融资完成41亿元;国内资金14.2亿元,浙商回归2.8亿元,外资及港澳台资金完成1000万元。

【疫情防控】 1月24日始,管理中心贯彻“外防输入,内防扩散”要求,应对新冠疫情,全力保障区域平安稳定。

成立领导小组,下设综合协调组、疫情排查组、宣传舆论组、松兰山景区防控组4个大组,班子成员分别牵头,各组各司其职,投入到在象山人员排摸、物资保障、疫情宣传教育、松兰山景区防控等工作中。与兰湾社区、各小区物业联手,分成8个小组,通过物业自查、社区巡查、中心联查三种形式,开展“清楼”行动,派专人逐一电话通知返乡湖北籍务工人员“近期不得返象”,返象的协助居家隔离并每日面访。联系26家项目工地告知延迟开工要求,不得早于2月10日前复工。各房产企业不得举办促销等各类聚众活动,所有售楼部不得开启。各班组不惧严寒风雨,“五加二”“白加黑”,值守茅洋高速卡口,随时接待项目返象人员,并护送至项目驻地;轮守陆家村、梅溪村及河东村等村口,登记测温劝阻出入人员,护卫结对村平安。另外,党员防疫捐款5900元,全员慈善一日捐17241元。

【项目建设】 2月28日,所有项目克服疫情影响,复工复产。松兰大道乐居河景观等9项工程完成并通过验收;南方中心机械研究院等12个项目开工建设。

城市综合广场项目主体工程完工,装修工程完成60%。机械研究院总院南方中心一期工程完成钢结构制作及立柱安装,二期完成桩基工程50%。大目湾新城学校桩基工程完成68%。“三纵六横”路网延伸,沿湾路和乐渔路两条主干道完工并通过验收。通过浙江省建设厅组织的象山县海绵城市建设效果中期评价,大目湾内湾中心区景观、西大河景观、大红鹰影视学院三个项目的海绵城市建设被专家组评定为良好。

【社会投资项目有序复工复产】 1月29日始,在前期严防严控去存量防增量的基础上,实行疫情防控和企业复工复产双轨并行,按照“疫情防控不松懈,经济发展不停歇”要求,开展助企纾困帮扶工作。班子成员包片负责,业务线科长主动认领项目,电话逐个通知并引导企业项目部填报“健康返象和有序复工”管理系统,为企业复工购置口罩、消毒液等防疫物资牵线搭桥,协调解决企民矛盾。社会投资项目中除奥特莱斯停工外,所有项目克服疫情影响按计划施工。其中,开元名庭酒店装修进度加快,将在2021年5月对外营业;影视学院二期项目准备验收;茂御酒店主体封顶,样板房施工中和乐惠啤酒广场项目附楼墙体粉刷、门窗制作、水电安装、设备安装施工,公寓楼项目地下室施工。红星、悦景湾、石榴4号地块和世茂11A等小区抓紧交付前的验收和收尾工程。另外,8月新增的加油站项目通过验收并开业运营。

【招商项目投入运营】 影视学院5月正式开学。天津天海风帆船俱乐部和广州卡伦体育文化发展公司分别于7月、11月落户并运营,开展水上运动培训等水上体育运动项目,为象山首个帆船俱乐部。6月,促成上海宝燕投资集团收购松兰山金棕榈酒店股权,将投资近两亿元打造以亲子为主题的度假酒店,松兰山区域停工多年的酒店项目复活。12月,河姆渡工业大数据平台落户。另外,引进专业运营团队,与成都天立集团签订大目湾实验学校委托管理协议,以委托管理+租赁办学方式运营。引进攸品邻里,专业负责城市综合广场酒店、菜场及双创园等商业运营。

【重大改革有序推进】 投融资体制改革,调整公司架构,通过银行融资、融资租赁、债券发行等渠道开展融资;组建银团介入南方中心项目,确定放贷额度;实施企业经营,开展土地评估,完成大目湾市政园林公司综合业务用房产权证,进行资产资源注入。2020年度新增资产66.4亿元,总资产规模达164.2亿元,年综合成本从8.17%降至6.98%,流量累计增加约2.3亿元。推进大目湾—松兰山一体化改革。成立改革领导机构,加强部门对接,形成《大目湾—松兰山一体化融合方案》,理顺关系,合署办公,协同发展。同时,启动大目湾、松兰山区域文旅产业融合战略策划工作,编制成果稿并完善。

【处理遗留问题】 构建区域协同治理机制,与丹东、丹西、爵溪、东陈等着镇乡街道和矛调中心、信访维稳、应急管理、公安交警、综合执法、渔业和水利、人社等部门加强联系对接,就安全生产监管、矛盾纠纷调处、根治欠薪、治安防控、社区管理、码头管理等以及房地产领域的问题开展联合执法,很多久拖不决的历史遗留问题得到解决,保障了工作精力。

【队伍建设】 思想建设,通过集中夜学、集体大讨论(“不负韶华,攻坚担当”干部责任大讨论、“宁波当好浙江建设‘重要窗口’模范生”大讨论)、考试测评、观看红色及警示宣教片、重走长征路、参观革命基地等途径,提升全员思想政治觉悟和政治素养。意识形态教育,增强“四个意识”,坚定“四个自信”,做到“两个维护”。健全舆情管理机制,加强平台管理和舆情监控应急处置。发挥大目湾公众号和网络志愿者作用,科学引导舆情。推广“学习强国”APP,参与度、人均积分等均在全县平均线以上。能力建设,通过双对双排、双随机一通报、外出培训、挂职锻炼以及压担子加任务等途径,提升领导班子谋划能力、中层干部执行能力及全员履职能力。作风建设,开展正风肃纪,从严整治上班纪律,优化工作作风,提升工作效能。2020 年度依据相关规定共问责 8 人次,并与 1 名违反单位规章制度不遵守上班纪律违规模以上访人员解除劳动合同。

【亚帆中心竞赛培训中心工程】 3 月 12 日,亚帆中心竞赛培训中心等 3 幢建筑进入内部装修工程,海域部分防波堤主体填筑完成。该工程建设分为陆域和海域两个部分,其中陆地面积约 15.69 公顷,用海面积约 49.6 万平方米。

【松兰山西翅膀栈道工程】 3 月 23 日,松兰山西翅膀栈道工程正式动建。工程总投资 500 余万元,计划年底竣工。建设内容包括新建单层服务建筑、观景平台、玻璃栈道、索桥等。

【《象山县大目湾新城总体规划修编》完成评审】 4 月 16 日,《象山县大目湾新城总体规划修编》完成评审,新城总体规划自 2011 年编制完成后,第一次根据实际开展情况和项目更新进行修改调整。

【象山影视学院正式开学】 5 月 6 日,象山影视学院正式开学。该校是县第一所全日制本科大学,办学规模为在校生 4000 人。此次迁入的含大一、大二师生共 1300 名,开设的专业有表演、广播电视编导、播音与主持艺术、戏剧影视文学、动画、广播电视学、广告学、编辑出版学 8 个本科专业,以及戏剧影视表演、播音与主持、广播影视节目制作、摄影与摄像艺术、传播与策划 5 个高职专业。学院总用地面积 349 亩,项目总投资约 10 亿元,分四期建设,含教学楼、综合大楼、剧院、体艺馆、学术交流中心、摄影基地、学生宿舍、公寓楼,及附属配套工程。

【中试孵化基地一号工程动建】 6 月 20 日,机械科学研究总院南方中心——中试孵化基地一号工程动建,2021 年 2 月完工。项目总占地面积 177.15 亩,总建筑面积约 22.10 万平方米,总投资约为 11.5 亿元。项目分两期,主要建设国际交流展示中心、科创广场、中试孵化基地(一、二)、工程技术中心、综试楼、研究所,以及住宅等配套用房。2019 年 11 月,南方中心签约象山,南方中心有近百名管理、科研人才,其中研究生以上学历占比 80% 以上。

【大目湾城市综合广场工程】 7 月 8 日,大目湾城市综合广场工程 5 幢建筑全部封顶。该项目总用地面积约 55 亩,总建筑面积为 6.58 万平方米。建设内容包括中心菜场、商务楼、综合楼、超市、公交首末站、广场等,有地下停车位 551 个,工程总投资 4.12 亿元。项目于 2019 年 6 月正式动建,预计 2021 年下半年投入使用。

【大目湾乐惠啤酒文化广场项目】 7 月 26 日,大目湾乐惠啤酒文化广场项目一期精酿体验区共 5 层的主体建筑实现封顶。一期于 2019 年 10 月动建,总建筑面积 1.82 万平方米,投资 1.15 亿元。计划年内底完成装修,2021 年年初投产,建成后将是我市首个以啤酒文化为主的体验式旅游景点。

【大目湾沿湾路—乐渔路工程】 8 月 6 日,大目湾沿湾路—乐渔路工程完工。该工程含游仙桥及其他 4 座桥梁,以及沿湾路和乐渔路两条总长 6.5 公里的主干道,总投资 2.57 亿元。游仙桥全长 490 米、宽 24 米,投资 1.2 亿元,其中主拱 160 米采用钢箱梁结构。

【大目湾新城学校】 10 月 22 日,大目湾新城学校正式动建,该校是区域内第二所九年一贯制学校,2022 年 9 月投入使用。学校占地 75 亩,总建筑面积约 4.37 万平方米,总规模约 2500 人,设置 54 个班级,其中小学 36 个班、初中 18 个班,教师约 140 人。建设小学部、中学部教学楼,综合楼,报告厅,体育馆,食堂,风雨操场等,总投资 2.84 亿元。

【大目湾茂御酒店】 11 月 18 日,大目湾茂御酒店完成主体工程封顶。项目位于大目湾商业核心区,由上海世茂集团投资建设的一家准五星级海景度假酒店。项目总投资 3 亿元,总建筑面积约 3 万平方米,主体结构地上 8 层、地下 1 层,建成后可提供 200 多间客房及系列相关配套设施,2021 年年底对外试运营。

【松兰山游客服务中心工程】 12 月 4 日,松兰山游客服务中心及周边环境提升工程动建。该工程位于景区主入口,总占地面积 27.22 万平方米,总投资 3.56 亿元,建设内容包括游客中心综合楼改造、广场、智轨停靠站、停车场、骑行驿站,及周边景观绿化提升等。项目分两期建设,其中游客服务中心改造面积 1.64 万平方米,停车位可供 1838 辆机动车和大巴车停放。

【松兰山旅游度假区商业项目合作协议】 12 月 8 日,松兰山旅游开发有限公司、杉杉集团商业广场管理(浙江)有限公司、宁波博鑫文化传播有限公司签署《象山松兰山旅游度假区商业项目合作协议》,以三方合资控股的方式共同开发一站式文旅商微度假胜地。该项目以象山文化、夜经济、旅游度假为重点,建设一站式海鲜馆、厂牌民谣酒吧、主题餐厅、文化体验坊、快闪店、展馆等，涵盖吃、娱、住、买、行多种业态，开发“日、夜、淡、旺”全时段休闲度假空间。商业体总面积约8500平方米，总投资约5000万元，2021年动建。

建筑业

【概况】 2020年后，县建管中心围绕“聚力一二五、奋力上台阶”目标，以服务“四个年”活动为重点，扎实推进各项专班工作，加强行业政策引导，优化行业服务水平，推动象山县建筑企业克服疫情影响，主动顺应改革发展趋势，转型发展，象山县建筑业实现平稳健康发展。

【建筑经济主要指标位于全市第一、全省前列】 2020年，象山县建筑业完成总产值687.6亿元，占全市22.5%，保持全市第一、全省前列；完成省内产值390.6亿元，同比增长3.17%，位列全市第二；入库税收10.02亿元，同比增长10%，占全县入库税收的12.3%，发挥支柱产业的支撑作用。

【启动建筑业招商和回归工程】 通过前期调研、政策资料收集、政策起草讨论、意见征求等方面工作，制定《关于建筑业招商和回归行动的实施意见》，推动政策出台，拟通过政策引领，在乡情、亲情、友情的纽带作用下，吸引象山籍在外建筑精英回归象山，增强象山县建筑业的发展后劲和活力，打造象山县建筑业发展新优势，推动象山县建筑业高质量发展。

【落实建筑业扶持政策】 根据《象山县建筑业发展专项资金管理办法》文件要求，核查建筑企业7家，涉及奖励资金278.5万元，推动企业在品牌创建、科技创新、规模发展、市场拓展等方面发力；完成申报“2019年度市建筑业人才补贴奖励”人员242人次，完成24家企业共34.1万元人才奖励。

【提升资质管理水平】 出台资质标准的征求意见稿，对资质分类进行压缩，落实资质申报网上智能审批工作，年内共受理16家企业50项资质申报为平移。

【加强建筑市场信用体系建设】 完善建筑市场信用监管平台信息内容，完成人员审核5297余人次，涉及企业99家，加强信用体系建设，营造诚信执业的良好氛围。

【培养建筑人才】 2020年，在上海、广东、宁波、象山等地完成职业技能培训25个班次5553人次，其中包括市民生实事工程安全消防技能培训2739人次，促进提升象山县建筑施工从业人员安全生产管理能力和消防技能；与县人力社保局、县教育局、县总工会联合举办宁波市职业技能大赛象山县砌筑工选拔赛。县22家企业40位选手于6月13日在建设工程学校参加理论和实操现场赛，宝盛、金能、大成、润业、庆丰、华锦等建筑企业选派的员工分别获得前6名。

【全县建筑业企业品牌建设取得实效】 2020年，县建筑业企业着力打造精品工程，共获得市级以上优质工程32项，其中国家级优质工程1项、省级优质工程19项、市级优质工程12项。

表15　**2020年县建筑业企业优质工程项目情况一览表**

序号	获 奖 名 称	工 程 名 称	承 建 单 位
1	中国钢结构金奖	ABB厦门工业中心项目TP-02C标段工程	龙元建设集团股份有限公司
2	上海“白玉兰”	老西门中华新城(北地块)1#楼	龙元建设集团股份有限公司
3		老西门中华新城(北地块)2#楼	
4		静安市北高新商办用房7#楼	
5	2018—2019年上海市市政工程金奖	青浦第二污水处理厂改扩建工程	象山宝盛建设有限公司
6		杨浦区民星南排水系统工程	象山宝盛建设有限公司
7	2020年度浙江省市政(优质工程)金奖示范工程	中山路(机场路至世纪大道)综合整治工程10#、11#地块	宏润建设集团股份有限公司

续表15

序号	获 奖 名 称	工 程 名 称	承 建 单 位
8	浙江“钱江杯”	宁镇路改造一期(宁波大学—金河路)工程Ⅰ标段、Ⅱ标段、Ⅲ标段	宏润建设集团股份有限公司
9	浙江“钱江杯”	温州市鹿城区瓯江绕城高速至卧旗山段海塘工程Ⅰ、Ⅱ、Ⅲ区域(卧旗山—塔山段)	华锦建设集团股份有限公司
10	浙江“钱江杯”	宁波市城市展览馆(暂名)工程	华锦建设集团股份有限公司
11	浙江“钱江杯”	台州湾大桥及接线工程	浙江良和交通建设有限公司
12	浙江“钱江杯”	220千伏昆亭变电站工程	宁波景业建设有限公司
13	辽宁省“世纪杯”	大连市地铁1号线一期工程104标段	宏润建设集团股份有限公司
14	海南“绿岛杯”	海南绿城海棠苑	龙元建设集团股份有限公司
15	海南“绿岛杯”	万宁市神州半岛C05地块项目二期(8—11栋,东区地下室)工程	华锦建设集团股份有限公司
16	“河南”中州杯	周口现代城悦馨园(大三期)C组团48#、49#、50#、51#、J区地下室工程	华锦建设集团股份有限公司
17	江苏“扬子杯”	狮山路综合改造工程一、二、三标段	宏润建设集团股份有限公司
18	江苏“扬子杯”	苏州高新区有轨电车2号线工程	宏润建设集团股份有限公司
19	陕西“长安杯”	西安市地铁4号线	宏润建设集团股份有限公司
20	常德“芷兰杯”	黄桥东路(解放路-澧浦北路)新建工程	龙元建设集团股份有限公司
21	常德“芷兰杯”	澧县纬五路工程	龙元建设集团股份有限公司
22	2019年度杭州市建设工程“西湖杯”(装饰优质奖)	杭州天溪湖酒店装修工程	龙元建设集团股份有限公司
23	2019年度武汉市市政工程金奖	武汉轨道交通七号线一期工程第十五标段土建工程	宏润建设集团股份有限公司
24	大连“星海杯”	大连地铁工程一期工程104标段	宏润建设集团股份有限公司
25	西安“雁塔杯”	陶瓷基复合材料国研中心及产业化项目	龙元建设集团股份有限公司
26	西安“雁塔杯”	西安市地铁4号线金滹沱站、航天大道站工程	宏润建设集团股份有限公司
27	宁波“甬江杯”	奉化市中山东路延伸段和长汀路(西河路至东环线)道路建设项目	龙元建设集团股份有限公司
28	宁波“甬江杯”	宁波市国际贸易展览中心11号馆市政附属工程	宏润建设集团股份有限公司
29	荆门“建设优质工程”	星球世界城一期北区商业裙楼	龙元建设集团股份有限公司
30	荆门“建设优质工程”	星球世界城一期北区商业裙楼	龙元建设集团股份有限公司
31	泉州“刺桐杯”	晋江市国际会展中心	龙元建设集团股份有限公司
32	市观摩工地	正荣悦玲珑项目	龙元建设集团股份有限公司

【全县建筑业企业科技创新力度加大】 2020年,县建筑业企业加大研发投入,科技创新能力提升,全年共获得发明专利4项、行业标准3项、省级工法13项。

表 16　　2020 年县建筑业企业科技创新情况一览表

序号	奖　项	名　　称	企　业　名　称	级别/类别/编别
1	专　利	H 型钢柱高强螺栓摩擦型连接结构及施工方法	龙元建设集团股份有限公司	发明专利
2		一种超深基坑地下连续墙施工方法	宏润建设集团股份有限公司	发明专利
3		一种盾构同步注浆及二次注浆工艺		发明专利
4		一种广场地下连续墙施工方法		发明专利
5	工　法	微型钢管锚杆管底锤击桩施工工法	龙元建设集团股份有限公司	省　级
6		预制管廊柔性接口拼装施工工法		省　级
7		地铁盾构平移推行过站施工工法	宏润建设集团股份有限公司	省　级
8		超长距离大口径曲线钢顶管施工工法		省　级
9		道岔式 U 型梁架设施工工法		省　级
10		深大基坑地下水降灌自动一体化环境控制施工工法		省　级
11		高层建筑组合式三角形支撑体系悬挑架施工工法	华锦建设集团股份有限公司	省　级
12		高空大跨度悬挑结构支模架支承 H 型钢桁架体系施工工法		省　级
13		建筑外立面空间曲面现浇混凝土结构模板支撑体系施工工法		省　级
14		穿越城市轨道交通大跨度曲线盖板支模体系施工工法	中和华丰建设集团有限公司	省　级
15		地下室超大厚度墙体（楼板）矩形洞口装配式组合模板体系施工工法		省　级
16		剪力墙结构组合式模板综合加固背楞体系施工工法		省　级
17		建筑外墙组合式铝模+保温板一体化全现浇系统施工工法		省　级
18	行业标准	薄浆干砌及薄层抹灰自保温墙体技术规程	宏润建设集团股份有限公司	省　级
19		层面工程质量验收检查用表标准	华锦建设集团股份有限公司	省级工程建设标准
20		瓷砖薄贴法施工技术规程（JC/T60006-2020）	中和华丰建设集团有限公司	中华人民共和国建材行业标准

【象山县建筑业管理局更名为象山县建筑业管理中心】　根据象山县机构编制委员会办公室 2019 年 12 月 18 日印发的《关于县部分局级事业机构名称调整的通知》象编办〔2019〕36 号文件精神，对象山县一批事业机构名称进行了调整，将原象山县建筑业管理局名称调整为象山县建筑业管理中心（以下简称县建管中心）。

【县建筑企业一手抓防疫防控一手抓复工复产】　2020 年 1 月，面对突发的新冠疫情，县建管中心及时发布文件，要求建筑企业成立防疫防控领导小组，着力做好本企业防疫防控工作，得到全县建筑企业的纷纷响应。龙元、宏润、华锦、中和华丰、良和等龙头建筑企业千方百计采购消毒药水、口罩、额温枪等抗疫物资，以满足企业施工一线和总部管理部门的需求。2 月下旬，当疫情形势发生变化，县建管中心及时指导企业做好复工复产工作，同时做好产值统计分析、企业融资对接、落实企业民工包车返象、采购物资、实地走访等工作。至4月中旬，全县建筑企业全面复工复产。

【象山县建筑企业抗疫捐款捐物超过1130万元】 新冠疫情之后，县建管中心立即向全县建筑企业发出捐款捐物的倡议书，得到建筑企业的响应。截至2020年年底，全县共有47家建筑企业通过不同方式和途径，捐款捐物超过1130万元。其中，龙元建设向各地援鄂医务人员捐款、捐物639.2万元，宏润捐款、捐物200万元，华锦、良和分别向慈善机构捐款30万元。

【26家建筑企业扶贫捐款25.36万元】 吉林省延边朝鲜族自治州是宁波市对口帮扶地区，为了响应上级提出的加强社会扶贫号召，2020年6月4日，县建管中心向全县建筑企业发出扶贫捐款倡议书，26家建筑企业克服困难，共捐款25.36万元，彰显了大爱之心。

【龙元三小时改建丽水市医学观察点】 1月26日下午，丽水市新型冠状病毒肺炎疫情集中第二观察点筹备小组一行到丽水龙元明安公司投资建设的训练基地进行勘察，发现这里生活设施配套齐全、宿舍结构空间开放、周界围墙封闭完整，是理想的疫情集中观察点场所。经向市疫情联防联控领导小组汇报，确定该训练基地改建后可作为丽水市疫情集中第二医学观察点。当天晚上龙元明安公司仅用3小时时间将训练基地改建成医学观察点。晚上9点30分，各项准备工作全部完成，第一个观察对象入住。自基地作为第二观察点正式启用后，明安公司负责的饮用水及其他个人用品配送及时，一日三餐正常供应，后勤保障人员和服务及时到位，得到了丽水市疫情联防联控领导小组高度评价，丽水市电视新闻频道等媒体作了专门报道。

【龙元融资8.05亿元支持社会抗疫工作】 龙元建设响应上级提出的募集资金用途为支持地方疫情防控的号召，2月18日企业发布公告，将以资产证券化的形式通过五矿—龙元建设应收账款资产支持专项计划进行融资。总发行规模为不超过8.05亿元，发行期限不超过2.5年。募集资金用途主要为支持地方疫情防控、偿还金融机构借款，以及补充公司流动资金。应收账款ABS获上交所审核通过，享受绿色审核通道，募集资金用途为支持地方疫情防控，偿还金融机构贷款。

【龙元向宁波大学捐款3600万元】 6月3日，龙元建设集团捐赠宁波大学3600万元，成立“宁波大学龙元建筑金融研究院”，开启本土企业捐赠支持宁大新篇章，打造校企合作、深度融合的新典范。据了解，宁波大学龙元建筑金融研究院将依托宁波大学商学院、土木与环境学院等跨学科的专业优势，同时联合龙元集团及其合作机构在建筑金融领域的实践探索，专门培养建筑投融资领域的专家型人才和管理型人才。龙元集团将为研究院提供丰富的研究素材和打造高标准的实践基地，助力研究院早日建设成为集新型智库、科学研究、人才培养、数据库建设和社会实践等综合性校企合作高地。

【龙元与绿城管理签署战略合作协议】 4月1日，龙元集团与绿城房地产建设管理集团有限公司（以下简称绿城管理）签署战略合作框架协议。双方将重点在各类政府投资项目的全过程代建开发、全过程咨询，政府回购商品房项目的合作投资、工程建设与移交服务等领域，开展全方位、深层次合作，发挥双方优势，拓展代建+模式，建立双方会商沟通、信息通报、合作协商的良性机制，助力营造优质保障房、商品房和公共建筑，共同助推政府项目建设进程。共同打造一个代建+新模式，共同营建一批品质示范工程，安全示范工程。

【龙元PPP项目陆续进入运营期】 2020年，龙元建设又有23个PPP项目交付使用，进入运营期。龙元于2014年成立全资公司龙元明城，自2015年承接PPP项目后，累计中标额近900亿元，运营板块逐步进入实质运转并实现收益阶段，体现了龙元在这一领域全生命周期的服务能力。

【龙元（浙江）基础设施投资有限公司揭牌成立】 8月14日下午，龙元全资子公司—龙元（浙江）基础设施投资有限公司（以下简称龙元基投）揭牌成立，注册在杭州市。该公司的设立旨在承担龙元建设在浙江省范围内已中标基础设施项目的资产整合以及基础设施和公共服务领域的市场拓展与创新，成为总公司一个全新的基础设施投资平台，将提升龙元服务浙江基建市场的能力；整合集团兄弟单位的专业能力和外部合作单位的市场能力；引导社会活跃资金参与龙元基建项目，为融资注入创新元素，扩大龙元建设在浙江基础设施领域的品牌影响力和市场占有率。

【龙元获国家第二批装配式建筑产业基地认定】 9月15日，住房和城乡建设部发布第二批装配式建筑范例城市和产业基地名录，龙元建设集团被认定为第二批国家装配式建筑产业基地。龙元建设以全资核心子公司龙元明筑为平台，致力于钢结构装配式建筑的一体化研发及建造服务，集团现拥有三大建筑产业基地，作为装配式建筑生产、施工、研发等有力资源和平台支撑。为推动钢结构装配式业务领域的快速发展，企业已确定在安徽省宣城市投建新一代装配式建筑科技产业园，总投资约15亿元，涵盖钢结构、外围护、内装等核心部品部件的生产制造及研发，并全力打造为建筑工业化智能制造和产学研一体化的业内标杆示范性专业产业园区。

【龙元入股国家绿色发展基金股份有限公司】 7月15日，国家绿色发展基金股份有限公司揭牌仪式在上海揭牌运营。国家绿色发展基金由财政部、生态环境部和上海市共同发起设立，旨在健全多元化生态环境保护投入渠道，利用市场机制支持生态文明和绿色发展。基金由财政部委托上海市政府进行管理，采用公司制形式，首期规模达885亿元，由财政部、苏浙皖云贵川湘鄂赣等省财政厅、国有银行、投资公司、环保公司、国有企业等26个单位共同发起设立，龙元是其中唯一一家民营企业。龙元建设一直参与国内绿色环保相关事业的发展。截至年底，公司实施的绿色环保类基础设施项目超过100亿元，项目领域覆盖流域治理、河道整治、生态修复、城市和农村污水治理等领域。

【龙元捐赠百万元助力浙江农林大学教育发展】 12月12日，龙元建设捐赠浙江农林大学100万元，用于浙江农林大学教育发展项目。这是龙元建设继6月3日向宁波大学捐款3600万元之后在教育公益事业方面的又一重大举措。

【龙元上线国际先进的OKR管理应用系统】 5月14日，龙元组织开展OKR系统应用专题培训，介绍OKR方法论、系统模块功能及使用方法，公司各部门员工全部参加了这次培训。

【龙元中标安徽滁州新城控股装配式项目 装配率达95%以上】 7月，龙元中标新城控股安徽天长吾悦广场三号地块37#楼总承包工程，龙元明筑高性能全装配钢结构建筑产品体系——S-SYSTEM将在项目建设过程中实现全体系集成目标，装配式结构系统、装配式楼面系统、装配式外围护系统、装配式内隔墙系统、装配式内装系统以及装配式管线系统6大系统研发成果同台争艳，装配率达到95%以上。该项目位于安徽省滁州市天长市，采用“EPC模式”、一站式服务，辅以完善的装配式建筑施工作业标准、全过程BIM信息化管理体系，加强构件工厂与装配式设计和装配式施工现场之间的多方协同，各阶段信息及时共享、高效传递，助力装配式建筑数字化、智慧化升级，促进精细化管理，提质降本增效。

【龙元承建的宁波轨道交通4号线通车】 宁波轨道交通4号线于12月23日上午正式通车运营，该线起自江北区慈城，终点至东钱湖旅游度假区，全场36公里。龙元建设承建了4号线的东钱湖站为地下二层岛式车站，这是该企业承建的首个城市轨道交通项目，首次实现了轨道交通领域业务上的突破。

【龙元承建的宁波财经学院象山影视学院首批师生入住】 由龙元建设承建的宁波财经学院象山影视学院于5月6日迎来首批师生入驻，这也是选址象山县的首个全日制本科大学，位于大目湾新城内。该项目二标段建筑面积3.7万平方米，总造价1.2亿元。

【龙元承建的宁波市新大河变电站正式启用】 6月，龙元承建的新型100千伏变电站新大河变电站正式启用，这是宁波市规模最大的地下变电站，也是浙江省首座全地下智能化变电站。

【龙元7位专家受聘为宁波大学专业硕士研究生兼职导师】 9月19日，宁波大学商学院举行2020级新生见面会暨专业硕士兼职导师聘任仪式，龙元建设财务总监肖坚武，总裁助理苗纪江、高强，投资部副经理何滔，明城副总经理章贵栋，杭州城投建设总经理李雄坤，基投总经理丁鸿运7位专家受聘为宁波大学商学院专业硕士研究生兼职导师。

【宏润隧道技术荣获教育部科技进步奖】 1月，为表彰在促进科技创新工作中做出重大贡献的单位，教育部为获得2019年度高等学校科学研究优秀成果奖（科学技术）的单位颁发了荣誉证书，宏润建设与同济大学合作的“盾构隧道近距离穿越微沉降控制智能预警方法与技术”项目成果荣获教育部科学技术进步奖二等奖。该成果在上海地铁、南宁地铁、济南地铁、上海长江隧道、北横通道等国内标志性工程以及莫斯科地铁三号线等国际工程中成功应用，实现穿越老旧居民楼、铁路道岔，火车站站房、运营地铁隧道、机场跑道、电力隧道及建筑物桩基等敏感建构筑物，控制沉降，经济效益与社会效益显著。经鉴定与评价，成果总体达到国内先进水平，部分达到国际领先水平。

【宏润承建轨道交通工程进展】 1. 宁波轨道交通5号线一期土建工程TJS107标曹隘站中基坑围护地墙施工于1月18日全部完成，该项目主体结构于12月25日下午通过验收；宁波轨交3号线儿童公园站地下室于11月14日封顶。2. 金华、义乌、东阳市域轨道工程二标八一南街站—万达广场站区间左线过江隧道于3月7日下午贯通，成为浙中金华历史上第一条过江隧道。3. 合肥市轨道交通4号线3标石台路站—金寨路站盾构区间右线、南屏路站—宿松路站盾构区间左线于4月15日贯通，实现了两个区间的双线贯通。4. 杭州轨道交通3号线SG3-9标隧道右线沈半路站—东新东路站区间宏润9号盾构机于3月11日始发，该标段隧道左线东新东路站—康宁路站5月27日始发；杭州轨道交通7号线SG7-3标市民中心站—奥体站区间隧道于5月12日下午双线贯通；杭州轨道交通9号线SG9-2标中央公园站—钱江路站左线盾构于5月12日接收；首个大直径越江盾构（杭州博奥隧道）区间于4月15日双线贯通；杭州地铁4号线二期华中路站于9月14日实现主体结构封底；杭州轨道交通5号线12月全线贯通，宏润承建了该线5个站标段，分别是滨康站、杭氧站、打铁关站、人民广场站、五常站。5. 郑州地铁3号线世行03标博学路站~航海东路站区间左线1号盾构机于8月9日安全接收，标志着本标段长达2.6公里的盾构区间全线贯通。6. 苏州地铁6号线工程土建施工Ⅵ-TS-03标段虎丘西路站主体结构于10月26日封顶，是本标段首个封顶车站。7. 山西省首条轨道交通—太原2号线于12月26日正式开通运营，标志着太原市迈向了轨道交通时代。该线全长23.647公里，共23座车站，宏润承建的太原市地铁2号线203标段全长2.556公里，工程于2016年3月开工，被评为2020年度山西省优质结构工程。

【宏润盾构应用到引水工程和输变电工程领域】 1. 嘉兴市域外配水工程(杭州方向)盾构一标项目部“南湖4号”盾构机于3月9日始发;嘉兴市域外配水工程(杭州方向)盾构一标项目部“南湖6号”“南湖7号”盾构机于4月26日上午并行始发。嘉兴市域外配水工程(杭州方向)盾构一标D1-G8区间盾构于10月30日接收,该项目隧洞于11月26日全线贯通。2. 经过两年零三个月的建设,杭州市千岛湖供水工程城北线(大毛坞—仁和大道供水管道4标)于6月29日正式通水,从此杭州市供水形成新格局,杭州城北及余杭区临平创业城全域和未来科技城、良渚文化城部分区域的老百姓,可以喝上千岛湖优质水;城北线起点为九溪线、城北线共用段输水隧洞(大毛坞节点),终点为绕城高速与仁和大道交界处(仁和节点),全线长28.6公里,设计输水规模165万吨/日,总投资28.5亿元。9月25日该标段通过竣工验收。3. 九环路(钱江变—艮山东路)电力隧道工程宏润D3500顶管“钱江1号”于7月24日始发。本工程北起钱江变电站(与九环路北段电力隧道1#工作井相接),沿九环路由北往南敷设,穿越九和路及地铁1号线与九源路及三污干管等,南至艮山东路综合管廊预留接口,本段电力隧道线路总长835米,采用顶管法和明挖法施工,10月23日该标段电力隧道双线贯通。

【宏润接连中标重大工程】 1. 联合中标杭州文一西路提升改造工程二标造价超过23亿元。1月中旬,宏润和中铁第4勘察设计院集团和中铁4局集团组成联合体,中标杭州文一西路提升改造工程二标,造价超过23亿元,7月23日,该项目主体结构开工;7月,中标杭州机场轨道快线工程仓前车辆基地施工标段,中标价4.7亿元;11月,中标杭州轨道交通9号线一期鱼人码头站土建施工项目,中标价2.7亿元。2. 6月,中标上海轨道交通18号线装修安装6标,中标价1.64亿元,中标宁波绿色石化产城融合生态综合开发项目滨海路一期,中标价1.47亿元。上半年,宏润建设共中标40亿元。12月,中标上海轨道交通市域机场联络线JCXSG-14标,造价4亿元。3. 8月,中标苏州轨道交通7号线(第二批)、8号线(第四批)工程土建施工项目,中标价9.3亿元。4. 8月中标浙江吴兴至临安公路南浔隧道段工程,中标价9.4亿元,项目总投资为16亿元。12月13日,该项目正式开工,采用一级公路标准,起点接环北路,终点接人瑞路,全长3.680公里。主要包含1座约2.2公里的双线隧道,其中下穿318国道、长湖申Ⅲ级航道、頔塘故道部分采用盾构法施工。5. 9月,与安徽省公路桥梁工程有限公司联合中标合肥市轨道交通2、3号线延长线土建施工总承包4标段工程,造价14.3亿元。6. 10月,中标宁波轨道交通3号线二期土建TJ3219标段工程,造价3.7亿元;中标宁波绿色石化产城融合生态综合开发项目滨海路一期,中标价1.47亿元;11月,中标宁波江北区污水处理厂三期2号主干管工程,造价超2亿元。

【宏润投资承建的宁波中兴大桥“首通段”正式开通】 9月29日上午,由宏润投资承建的宁波中兴大桥“首通段”正式开通。中兴大桥及连接线项目总投资26亿元,长2.1公里、宽50米,北起江北大庆北路两侧匝道,南至鄞州江南路,连接鄞州、江北,共有上下行匝道2对。新建中兴大桥主线桥梁全长约1.7公里,设上下匝道两对,人非系统随桥过江,跨江主桥采用一跨过江矮塔斜拉特大桥,单跨400米,主桥全宽29米,设人行道和非机动车道。12月4日,该项目首段通过综合验收。

【宏润参与承建的宁波机场快速路南延南端项目建成通车】 2020年9月27日上午,由宏润参与承建的机场快速路南延南段工程全线高架公路桥、轨道桥、地面机动车道通车,实现了公路与轨道交通3号线同步开工、同步建设、同步通车的“三同步”。自此,宁波市区到奉化的时间将缩短至20分钟以内。

【宏润承建的宁波通途路(世纪大道—东外环)综合管廊工程通过综合验收】 11月19日下午,由宏润承建的通途路(世纪大道—东外环)综合管廊工程通过综合验收,上舱部分的高压电力管线已投入使用,全线监控中心投入运行。该管廊为浙江省第一条盾构法管廊,也是宁波市第一条与电力共建的综合管廊,施工内容多样,包括明挖断管廊、盾构法管廊、电力顶管、机电安装、消防、智能化等各种工程。

【宏润联合研发新型钢支撑轴力伺服系统投入使用】 12月29日,由宏润建设、四川大学和长江液压联合研发的“深基坑钢支撑‘机、电、液一体化’轴力伺服系统”专家论证会召开,专家经过论证一致认为,该系统符合上海申通地铁集团的相关要求。系统集成了“机、电、液一体化”“PLC可编程”“计算机信息处理”技术为一体,结构紧凑,操作简便,安全可靠;利用物联网、云技术和实时通信技术,实现远程可视化控制,对各项数据实现读取、存储、分析、显示等功能,能够实时监控和系统设备故障自动报警;每个支撑头具有独立液压系统,液压锁、传感器、泵都集成在支撑头上,可兼容Φ609和Φ800两种钢支撑。上海轨道交通14号线工程土建7标东新路站2号出入口基坑开挖深度14.65米,支撑体系采用一道混凝土支撑+两道钢支撑,基坑南侧紧贴广场,与其地下室围护共墙,环境保护要求高。2021年1月2日,系统首次应用于该基坑开挖,出入口基坑已完成开挖和底板浇筑。通过现场实践应用,该系统安装、操作简便,安全性高,文明施工得到极大改善,能够控制基坑围护变形。

【华锦被评为象山县建筑业突出贡献企业】 2020年,华锦一手抓疫情防控,一手抓复工复产拓市场,各项经济指标再创历史新高:完成建筑业总产值75亿元、同比增长7%,地方入库税收突破7000万元、同比增长22%,承接业务接近80亿元,与2019年基本持平。华锦与龙元、宏润一起被象山县委、县政府评为2020年全县建筑业突出贡献企业。

【华锦承接14个上亿元项目】

表17　　**华锦承接14个上亿元项目情况一览表**

序　号	工　程　名　称	建筑面积(平方米)	造价(亿元)
1	河南省周口市悦馨园大三期D组团工程	86494	1.9
2	河北省平乡县红三果庄园工程	150000	3
3	江西省上饶市广信区晶科厂区3号、4号、6号车间工程	130958	1.3
4	广州市亚运城项目自编号H地块住宅楼工程	353737	5.6
5	象山县丹东街道建设路309号旧城改造工程	96930	1.3
6	苏州市苏中经济开发区土建和施工总承包项目	137554	2.4
7	江苏省常熟市东南经济开发区人工智能产业园项目	140542	5.6
8	苏州市如苏区竹辉饭店总承包工程	61587	1.3
9	上海市闵行区马桥镇闵行新城工程	78105	1.8
10	宁波市大榭经济开发区安置房二期工程	86096	2.4
11	宁波市高新区安置房项目三期工程	71412	2.4
12	宁波市鄞州区首南街道庆元大道工程	道路长1957米	1.8
13	宁波美诺华公司高端制剂项目	83139	1.6
14	宁波慈溪中横线北侧A地块1标段	126655	3.5

【华锦质量管理成效显著】　2020年,华锦获国家级质量管理(QC)成果奖7项,省级质量管理(QC)成果奖20项,创建省级示范工地6项。BIM技术应用获国家级优胜奖1项。

【良和承建的石浦大金山隧道右洞贯通】　3月13日,由良和承建的全长2205米的石浦大金山隧道右洞贯通。此前通车的大金山隧道左洞全长2190米,也是由良和施工建造。

【良和承建的新石高速后门山隧道贯通】　9月24日,新桥至石浦高速TJ2标项目后门山隧道右线贯通,该隧道位于象山县定塘镇与晓塘乡交界处,新桥端洞口位于定塘镇大湾山村附近,石浦端洞口位于晓塘乡黄埠村附近,隧道左洞长1623米,右洞长1680米。

【良和承建的首个EPC工程通过竣工验收】　温州市平阳县南麂镇道路修复工程是良和承建的首个EPC工程,造价6000万元,11月中旬,该项目通过了当地有关部门验收。

【良和一课题通过象山县科技计划立项】　5月中旬,良和申报的科研项目《高压旋喷桩复合地基在软土压地下综合管廊工程中的应用研究》通过网上申报、审查、专家评审,在象山县科技局正式立项。

【良和上榜交通运输部信用"红名单"】　9月中旬,交通运输部公布2020年公路水运工程建设领域守信典型企业目录,全国共有88家施工企业上榜,良和建设名列其中。

【良和项目经营合伙制试点在马来西亚成功落地】　1月20日,良和董事长与马来西亚CA3项目部负责人签订了《项目经营合伙制协议书》,标志着良和的第一个项目经营合伙制试点正式落地实施。

【建筑企业所获荣誉】　1. 龙元、宏润、华锦荣获"2018—2019年度宁波市龙头建筑企业荣誉"称号。中和华丰、良和荣获"2018—2019年度宁波市骨干建筑企业荣誉"称号。2. 龙元、宏润、华锦荣获宁波市2020年综合百强企业荣誉称号,分别名列第19位、第32位、第72位。3. 龙元、宏润荣获全国工程建设行业"好经验、好做法"先进荣例、全国第一批工程建设AAA级企业、浙江省建筑业先进企业等荣获称号。4. 龙元名列中国民企500强第248位;名列中国总承包商80强第40位;名列浙商银行全国500强第101位;名列宁波市房地产建筑企业纳税20强中的第7位;申报的BIM技术应用项目获宁波市建工杯BIM技术应用大赛一等奖,并荣获浙江省第三届建工杯BIM大赛创新成果奖。5. 宏润相继荣获中国市政工程行业民企16强,国家卓越贡献奖、同心共创奖、全国首届重点高新技术奖等荣誉称号。6. 华锦荣获浙江省优秀水利企业、全国水利建设市场AAA级信用企业、宁波市市政行业先进单位、宁波市大学生就业实践基地等荣誉称号。7. 良和建设荣获浙江省建筑业新冠疫情防控先进单位荣誉称号。

【个人所获荣誉】 1. 宏润建设董事局主席郑宏舫荣获2020年上海市“金质量”卓越企业家荣誉称号。2. 华锦建设总经理宋祖益、润业建设董事长朱伟族荣获2018—2019年度宁波市建筑业最具影响力企业家荣誉称号。

环 境 保 护

综 述

2020年是“十三五”规划的收官之年，是建成小康社会、实现第一个百年奋斗目标的重要历史节点，县围绕加快建设宁波现代化滨海城区目标，打好蓝天、碧水、净土三大保卫战，着力解决人民群众反映强烈的突出生态环境问题，以当好“重要窗口”模范生为新目标新定位，高水平推进象山县生态环境保护工作跃上新台阶，实现生态环境质量改善，公众生态满意度提升。2020年1—12月，象山环境空气监测天数365天，优良天数352天，优良率为96.4%，比2019年同期增加1.3个百分点；细颗粒物PM2.5均值18微克/立方米，比2019年同期下降25%；可吸入颗粒物PM10均值37微克/立方米，比2019年同期下降9.8%。象山县1个国控断面浮礁渡断面、4个市控及以上河流断面、5个县控断面水质总体良好，全部达到Ⅲ类水环境功能区要求；14个县级和农村千吨万人集中式饮用水源地水质达标率为100%。

2020年象山县环境质量保持平稳向好态势，环境空气质量保持全市第一，全省排名第19名，较2019年上升4名，环境空气质量综合指数较2019年有所下降，细颗粒物、可吸入颗粒物和二氧化氮指数值下降较明显，臭氧仍为主要污染物；降雨量为872毫米，与上年相比降雨量下降492毫米，降雨酸性程度有所好转，酸雨率下降；地表水水质优良率和功能达标率总体较低，整体水质状况评价为轻度污染；饮用水源地水质略有改善，富营养程度减轻；近岸海域富营养化程度总体较高，水质较差；区域环境噪声略有上升，道路交通噪声和功能区噪声均达标，整体情况。

（邵铭）

水环境保护

【概况】 2020年，象山县26个地表水监测断面中，Ⅰ—Ⅲ类、Ⅳ类、Ⅴ类和劣Ⅴ类断面比例分别为53.8%、26.9%、7.7%和11.5%，功能达标断面比例为53.8%，与2019年持平。2020年共监测24个集中式饮用水水源地，水质达标率为91.7%，较2019年下降4.1个百分点，符合Ⅱ类水质的水源地增加3个，Ⅲ类减少4个，中营养状态占比87.5%，略少于2019年，溪口水库、仓岙水库和隔溪张水库则由中营养状态转为轻度富营养状态。2020年，近岸海域富营养化程度总体较高，水质较差，近岸海域大目洋的2个点位（爵溪站位和大目洋站位）为四类水质，石浦港点位为劣四类水质，主要超标指标为无机氮和活性磷酸盐。与2019年相比，大目洋二类区水质有所好转，石浦港水质营养级别不变，但程度有所加深。

【地表水监测结果及评价】 2020年，象山县26个地表水监测断面中，功能达标断面比例为53.8%，与2019年持平。Ⅰ—Ⅲ类水质优、良好断面数14个，占总数的53.8%；Ⅳ类水质轻度污染断面7个，占总数的26.9%；Ⅴ类水质中督污染断面2个，占总数的7.7%；劣Ⅴ类水质中度污染断面3个，占总数的11.5%。国控、市控断面为5个，全部达到Ⅲ类水功能区要求，达标率和优良率为100%。象山县地表水水质优良率和功能达标率总体较低，整体水质状况评价为轻度污染。城区主要内河南大河河网的所有断面水质状况普遍较差，西大河、东大河和燕山河断面水质虽较2019年有所好转，但仍处于超标状态，南大河和新华河断面未见明显好转，仍为劣Ⅴ类水质。象山县地表水水质不能达标的主要原因是氨氮、总磷等指标浓度过高而引起，综合污染指数较高断面主要集中在象山城区和爵溪街道。

表18　　**2020年象山县地表水水质评价结果一览表**

河流名称	站位名称	等　级	水质目标	2019年水质	2020年水质	趋势分析	达标结果
大塘港	浮礁渡	国　控	Ⅲ	Ⅲ（良好）	Ⅲ（良好）	无明显变化	达　标
南大河	岳头嘴	市　控	Ⅲ	Ⅲ（良好）	Ⅲ（良好）	无明显变化	达　标
下沈港	龙　翔	市　控	Ⅲ	Ⅱ（优）	Ⅱ（优）	无明显变化	达　标

续表18

河流名称	站位名称	等　级	水质目标	2019 年水质	2020 年水质	趋势分析	达标结果
泗洲头溪	后　王	市　控	Ⅱ	Ⅱ(优)	Ⅱ(优)	无明显变化	达　标
珠　溪	珠　溪	市　控	Ⅲ	Ⅱ(优)	Ⅱ(优)	无明显变化	达　标
鹤浦大河	蟹厂村	县　控	Ⅲ	Ⅳ(轻度污染)	Ⅳ(轻度污染)	无明显变化	未达标
金石引河	树桥头	县　控	Ⅲ	Ⅳ(轻度污染)	Ⅳ(轻度污染)	无明显变化	未达标
九龙江	九龙江村	县　控	Ⅲ	Ⅴ(中度污染)	Ⅳ(轻度污染)	有所好转	未达标
腾蛟河	巨鹰大酒店	县　控	Ⅲ	Ⅱ(优)	Ⅳ(轻度污染)	明显下降	未达标
大塘河	中站村	县　控	Ⅲ	Ⅳ(轻度污染)	Ⅲ(良好)	有所好转	达　标
长塘河	渡头村	县　控	Ⅲ	Ⅲ(良好)	Ⅲ(良好)	无明显变化	达　标
旦仁河	旦义桥	县　控	Ⅲ	Ⅱ(优)	Ⅲ(良好)	有所下降	达　标
管　溪	平桥头	县　控	Ⅲ	Ⅱ(优)	Ⅱ(优)	无明显变化	达　标
横塘岗河	横塘桥头	县　控	Ⅲ	Ⅲ(良好)	Ⅲ(良好)	无明显变化	达　标
雅林溪	清风塘	县　控	Ⅲ	Ⅱ(优)	Ⅲ(良好)	有所下降	达　标
泊戈洋河	泊戈洋村	县　控	Ⅲ	Ⅳ(轻度污染)	Ⅳ(轻度污染)	无明显变化	未达标
关头塘河	永新桥	县　控	Ⅲ	Ⅱ(优)	Ⅲ(良好)	有所下降	达　标
东　溪	东溪村	县　控	Ⅲ	Ⅱ(优)	Ⅱ(优)	无明显变化	达　标
亭　溪	大溪蒋村	县　控	Ⅲ	Ⅱ(优)	Ⅱ(优)	无明显变化	达　标
乌岩港河	乌岩头村	县　控	Ⅲ	Ⅳ(轻度污染)	Ⅳ(轻度污染)	无明显变化	未达标
南大河河网	东大河	城区内河	Ⅲ	劣Ⅴ(重度污染)	Ⅴ(中度污染)	有所好转	未达标
南大河河网	西大河	城区内河	Ⅲ	Ⅴ(中度污染)	Ⅳ(轻度污染)	有所好转	未达标
南大河河网	南大河	城区内河	Ⅲ	劣Ⅴ(重度污染)	劣Ⅴ(重度污染)	无明显变化	未达标
南大河河网	新华河	城区内河	Ⅲ	劣Ⅴ(重度污染)	劣Ⅴ(重度污染)	无明显变化	未达标
南大河河网	横大河	城区内河	Ⅲ	劣Ⅴ(重度污染)	Ⅴ(中度污染)	有所好转	未达标
燕山河	燕山河	城区内河	Ⅲ	劣Ⅴ(重度污染)	劣Ⅴ(重度污染)	无明显变化	未达标

表19　**2020 年象山县地表水污染指数结果一览表**

河流名称	站　位	等　级	2019 年污染指数	2020 年污染指数	主要污染物及超标倍数
大塘港	浮礁渡	国　控	0.19	0.54	—
南大河	岳头嘴	市　控	0.21	0.62	—
下沈港	龙　翔	市　控	0.09	0.25	—
泗洲头溪	后　王	市　控	0.31	0.21	—
珠　溪	珠　溪	市　控	0.16	0.17	—
鹤浦大河	蟹厂村	县　控	0.95	0.79	总磷(0.01)
金石引河	树桥头	县　控	1.09	0.89	总磷(0.24)
九龙江	九龙江村	县　控	1.06	0.76	总磷(0.11)

续表19

河流名称	站　　位	等　级	2019年污染指数	2020年污染指数	主要污染物及超标倍数
腾蛟河	巨鹰大酒店	县　控	0.30	0.91	总磷(0.11)
大塘河	中站村	县　控	0.90	0.81	—
长塘河	渡头村	县　控	0.72	0.80	—
旦仁河	旦义桥	县　控	0.42	0.59	—
管　溪	平桥头	县　控	0.24	0.19	—
横塘岗河	横塘桥头	县　控	0.63	0.60	—
雅林溪	清风塘	县　控	0.34	0.46	—
泊戈洋河	泊戈洋村	县　控	1.03	0.97	氨氮(0.01)
关头塘河	永新桥	县　控	0.31	0.49	—
东　溪	东溪村	县　控	0.24	0.21	—
亭　溪	大溪蒋村	县　控	0.20	0.17	—
乌岩港河	乌岩头村	县　控	0.98	1.00	氨氮(0.18)
南大河河网	东大河	城区内河	1.78	1.23	总磷(0.32);氨氮(0.52)
南大河河网	西大河	城区内河	1.22	0.76	总磷(0.15)
南大河河网	南大河	城区内河	2.43	2.16	总磷(0.54);氨氮(3.2)
南大河河网	新华河	城区内河	2.09	2.67	总磷(1.43);氨氮(3.81)
南大河河网	横大河	城区内河	1.62	1.13	总磷(0.18);氨氮(0.5)
燕山河	燕山河	城区内河	3.35	3.03	总磷(2.39);氨氮(3.88)

表20　　**象山县26个地表水监测站位主要污染指标年均值统计表**

单位:mg/L

指　标	2019年	2020年	Ⅲ类标准评价	与2019年相比
总　磷	0.195	0.193	达标	略降
氨　氮	1.28	1.02	超标	略降
高锰酸盐指数	3.03	3.56	达标	略升

表21　　**2019、2020年象山县市控以上地表水主要因子统计表**

名　称	站位名称	等　级	高锰酸盐指数		类　别	总　磷		类　别	氨　氮		类　别
			2019年	2020年		2019年	2020年		2019年	2020年	
大塘港	浮礁渡	国　控	4.2	3.6↓	Ⅱ	0.18	0.18	Ⅲ	0.17	0.13↓	Ⅰ
南大河河网	岳头嘴	市　控	3.6	3.3↓	Ⅱ	0.17	0.17	Ⅲ	0.81	0.45↓	Ⅱ
下沈港	龙　翔	市　控	1.1	2.2↑	Ⅱ	0.06	0.05↓	Ⅱ	0.18	0.14↓	Ⅰ
泗洲头溪	后　王	市　控	0.9	1.3↑	Ⅰ	0.09	0.06↓	Ⅱ	0.18	0.14↓	Ⅰ
珠　溪	珠　溪	市　控	1.5	1.6↑	Ⅰ	0.04	0.03↓	Ⅱ	0.13	0.10↓	Ⅰ

表 22

2020 年象山地表水监测结果统计表

单位:mg/L(pH 值无量纲)

站位名称	项目	pH	溶解氧	高锰酸盐指数	BOD_5	总磷	总氮	氨氮	挥发酚	石油类	阴离子表面活性剂	氰化物	硫化物	氟化物	总砷	总汞	硒	六价铬	总铅	总镉	铜	锌
浮礁渡	样品数	12	12	12	12	12	12	12	12	12	12	12	12	12	12	12	12	12	12	12	12	12
	最大值	9	12.80	5.80	4.00	0.307	3.04	0.29	0.0013	0.02	0.06	0.002	0.002	0.412	0.0035	0.0002	0.00002	0.002	0.001	0.00005	0.005	0.005
	最小值	7	6.40	2.30	0.90	0.100	0.50	0.02	0.0002	0.005	0.02	0.002	0.002	0.27	0.0005	0.0002	0.00002	0.002	0.00004	0.00002	0.001	0.0004
	均值	8	8.69	3.60	1.90	0.175	1.78	0.13	0.0004	0.008	0.02	0.002	0.002	0.35	0.0018	0.0002	0.000020	0.002	0.0003	0.00003	0.002	0.002
	超Ⅲ率	0%	0%	0%	8.00%	17%	75%	0%	0%	0%	0%	0%	0%	0%	0%	0%	0%	0%	0%	0%	0%	0%
	类别	Ⅰ类	Ⅰ类	Ⅱ类类	Ⅰ类	Ⅲ类	劣Ⅴ类	Ⅰ类	Ⅰ类	Ⅰ类	Ⅰ类	Ⅰ类	Ⅰ类	Ⅰ类	Ⅰ类	Ⅰ类	Ⅰ类	Ⅰ类	Ⅰ类	Ⅰ类	Ⅰ类	Ⅰ类
岳头嘴	样品数	6	6	6	6	6	6	6	6	6	6	6	6	6	6	6	6	6	6	6	6	6
	最大值	8.12	8.62	5.00	1.20	0.195	4.04	0.79	0.00015	0.01	0.025	0.002	0.059	0.39	0.00015	0.00002	0.0002	0.002	0.001	0.00005	0.0005	0.025
	最小值	7.34	7.17	2.00	0.25	0.123	2.27	0.18	0.00015	0.005	0.025	0.002	0.0025	0.27	0.00015	0.00002	0.0002	0.002	0.001	0.00005	0.0005	0.025
	均值	7.76	7.69	3.25	0.62	0.171	2.77	0.45	0.00015	0.006	0.025	0.002	0.0209	0.31	0.00015	0.00002	0.0002	0.002	0.001	0.00005	0.0005	0.025
	超Ⅲ率	0%	0%	0%	0%	0%	100%	0%	0%	0%	0%	0%	0%	0%	0%	0%	0%	0%	0%	0%	0%	0%
	类别	Ⅰ类	Ⅰ类	Ⅱ类	Ⅰ类	Ⅲ类	劣Ⅴ类	Ⅱ类	Ⅰ类	Ⅰ类	Ⅰ类	Ⅰ类	Ⅰ类	Ⅰ类	Ⅰ类	Ⅰ类	Ⅰ类	Ⅰ类	Ⅰ类	Ⅰ类	Ⅰ类	Ⅰ类
龙翔	样品数	6	6	6	6	6	6	6	6	6	6	6	6	6	6	6	6	6	6	6	6	6
	最大值	8.06	8.22	3.90	1.47	0.093	2.18	0.21	0.00015	0.01	0.025	0.002	0.013	0.119	0.00015	0.00002	0.0002	0.002	0.001	0.00005	0.0005	0.025
	最小值	7.55	7.18	1.30	0.25	0.030	1.77	0.11	0.00015	0.005	0.025	0.002	0.0025	0.043	0.00015	0.00002	0.0002	0.002	0.001	0.00005	0.0005	0.025
	均值	7.71	7.86	2.20	0.55	0.047	1.92	0.14	0.00015	0.008	0.025	0.002	0.0063	0.08415	0.00015	0.00002	0.0002	0.002	0.001	0.00005	0.0005	0.025
	超Ⅲ率	0%	0%	0%	0%	0%	100%	0%	0%	0%	0%	0%	0%	0%	0%	0%	0%	0%	0%	0%	0%	0%
	类别	Ⅰ类	Ⅰ类	Ⅱ类	Ⅰ类	Ⅱ类	Ⅴ类	Ⅰ类	Ⅰ类	Ⅰ类	Ⅰ类	Ⅰ类	Ⅰ类	Ⅰ类	Ⅰ类	Ⅰ类	Ⅰ类	Ⅰ类	Ⅰ类	Ⅰ类	Ⅰ类	Ⅰ类

续表22

站位名称	项目	pH	溶解氧	高锰酸盐指数	BOD_5	总磷	总氮	氨氮	挥发酚	石油类	阴离子表面活性剂	氰化物	硫化物	氟化物	总砷	总汞	硒	六价铬	总铅	总镉	铜	锌
珠溪	样品数	6	6	6	6	6	6	6	6	6	6	6	6	6	6	6	6	6	6	6	6	6
	最大值	7.88	8.54	2.70	0.25	0.076	2.16	0.18	0.00015	0.01	0.025	0.002	0.015	0.249	0.00015	0.00002	0.0002	0.002	0.001	0.00005	0.0005	0.025
	最小值	7.48	7.20	0.60	0.25	0.034	1.47	0.11	0.00015	0.005	0.025	0.002	0.0025	0.0653	0.00015	0.00002	0.0002	0.002	0.001	0.00005	0.0005	0.025
	均 值	7.64	7.99	1.28	0.25	0.055	1.84	0.14	0.00015	0.006	0.025	0.002	0.0087	0.11805	0.00015	0.00002	0.0002	0.002	0.001	0.00005	0.0005	0.025
	超Ⅲ率	0%	0%	0%	0%	0%	100%	0%	0%	0%	0%	0%	0%	0%	0%	0%	0%	0%	0%	0%	0%	0%
	类 别	Ⅰ类	Ⅰ类	Ⅰ类	Ⅰ类	Ⅱ类	Ⅴ类	Ⅰ类	Ⅰ类	Ⅰ类	Ⅰ类	Ⅰ类	Ⅰ类	Ⅰ类	Ⅰ类	Ⅰ类	Ⅰ类	Ⅰ类	Ⅰ类	Ⅰ类	Ⅰ类	Ⅰ类
后王	样品数	6	6	6	6	6	6	6	6	6	6	6	6	6	6	6	6	6	6	6	6	6
	最大值	8.14	8.44	2.00	0.70	0.039	2.25	0.16	0.00015	0.005	0.025	0.002	0.016	0.057	0.00015	0.00002	0.0002	0.002	0.001	0.00005	0.0005	0.025
	最小值	7.36	7.54	1.00	0.25	0.018	1.44	0.07	0.00015	0.005	0.025	0.002	0.0025	0.0339	0.00015	0.00002	0.0002	0.002	0.001	0.00005	0.0005	0.025
	均 值	7.66	7.83	1.58	0.38	0.027	1.71	0.10	0.00015	0.005	0.025	0.002	0.0064	0.0453	0.00015	0.00002	0.0002	0.002	0.001	0.00005	0.0005	0.025
	超Ⅲ率	0%	0%	0%	0%	0%	100%	0%	0%	0%	0%	0%	0%	0%	0%	0%	0%	0%	0%	0%	0%	0%
	类 别	Ⅰ类	Ⅰ类	Ⅰ类	Ⅰ类	Ⅱ类	Ⅴ类	Ⅰ类	Ⅰ类	Ⅰ类	Ⅰ类	Ⅰ类	Ⅰ类	Ⅰ类	Ⅰ类	Ⅰ类	Ⅰ类	Ⅰ类	Ⅰ类	Ⅰ类	Ⅰ类	Ⅰ类
鹤浦大河	样品数	2	2	2	0	2	—	2	0	0	0	0	0	0	0	0	0	0	0	0	0	0
	最大值	7.84	6.93	5.90	—	0.283	—	0.70	—	—	—	—	—	—	—	—	—	—	—	—	—	—
	最小值	7.70	6.62	3.60	—	0.122	—	0.43	—	—	—	—	—	—	—	—	—	—	—	—	—	—
	均 值	7.77	6.78	4.75	—	0.203	—	0.57	—	—	—	—	—	—	—	—	—	—	—	—	—	—
	超Ⅲ率	0%	0%	0%	—	50%	—	0%	—	—	—	—	—	—	—	—	—	—	—	—	—	—
	类 别	Ⅰ类	Ⅱ类	Ⅲ类	—	Ⅳ类	—	Ⅲ类	—	—	—	—	—	—	—	—	—	—	—	—	—	—

续表22

站位名称	项目	pH	溶解氧	高锰酸盐指数	BOD_5	总磷	总氮	氨氮	挥发酚	石油类	阴离子表面活性剂	氰化物	硫化物	氟化物	总砷	总汞	硒	六价铬	总铅	总镉	铜	锌
金石引河	样品数	2	2	2	0	2	—	2	0	0	0	0	0	0	0	0	0	0	0	0	0	0
	最大值	7.82	6.82	5.10	—	0.271	—	0.70	—	—	—	—	—	—	—	—	—	—	—	—	—	—
	最小值	7.24	6.26	4.60	—	0.225	—	0.56	—	—	—	—	—	—	—	—	—	—	—	—	—	—
	均值	7.53	6.54	4.85	—	0.248	—	0.63	—	—	—	—	—	—	—	—	—	—	—	—	—	—
	超Ⅲ率	0%	0%	0%	—	100%	—	0%	—	—	—	—	—	—	—	—	—	—	—	—	—	—
	类别	Ⅰ类	Ⅱ类	Ⅲ类	—	Ⅳ类	—	Ⅲ类	—	—	—	—	—	—	—	—	—	—	—	—	—	—
九龙江	样品数	2	2	2	0	2	0	2	0	0	0	0	0	0	0	0	0	0	0	0	0	0
	最大值	7.91	6.94	5.60	—	0.258	—	0.61	—	—	—	—	—	—	—	—	—	—	—	—	—	—
	最小值	7.42	6.79	4.00	—	0.184	—	0.14	—	—	—	—	—	—	—	—	—	—	—	—	—	—
	均值	7.67	6.87	4.80	—	0.221	—	0.37	—	—	—	—	—	—	—	—	—	—	—	—	—	—
	超Ⅲ率	0%	0%	0%	—	50%	—	0%	—	—	—	—	—	—	—	—	—	—	—	—	—	—
	类别	Ⅰ类	Ⅱ类	Ⅲ类	—	Ⅳ类	—	Ⅱ类	—	—	—	—	—	—	—	—	—	—	—	—	—	—
腾蛟河	样品数	2	2	2	0	2	0	2	0	0	0	0	0	0	0	0	0	0	0	0	0	0
	最大值	7.65	8.23	6.80	—	0.288	—	1.09	—	—	—	—	—	—	—	—	—	—	—	—	—	—
	最小值	7.14	7.12	2.70	—	0.157	—	0.55	—	—	—	—	—	—	—	—	—	—	—	—	—	—
	均值	7.40	7.68	4.75	—	0.223	—	0.82	—	—	—	—	—	—	—	—	—	—	—	—	—	—
	超Ⅲ率	0%	0%	50%	—	50%	—	50%	—	—	—	—	—	—	—	—	—	—	—	—	—	—
	类别	Ⅰ类	Ⅰ类	Ⅲ类	—	Ⅳ类	—	Ⅲ类	—	—	—	—	—	—	—	—	—	—	—	—	—	—

续表22

站位名称	项目	pH	溶解氧	高锰酸盐指数	BOD_5	总磷	总氮	氨氮	挥发酚	石油类	阴离子表面活性剂	氰化物	硫化物	氟化物	总砷	总汞	硒	六价铬	总铅	总镉	铜	锌
大塘河	样品数	2	2	2	0	2	0	2	0	0	0	0	0	0	0	0	0	0	0	0	0	0
	最大值	7.76	6.65	5.00	—	0.223	—	1.00	—	—	—	—	—	—	—	—	—	—	—	—	—	—
	最小值	7.19	6.52	3.80	—	0.157	—	0.52	—	—	—	—	—	—	—	—	—	—	—	—	—	—
	均 值	7.48	6.59	4.40	—	0.190	—	0.76	—	—	—	—	—	—	—	—	—	—	—	—	—	—
	超Ⅲ率	0%	0%	0%	—	50%	—	0%	—	—	—	—	—	—	—	—	—	—	—	—	—	—
	类 别	Ⅰ类	Ⅱ类	Ⅲ类	—	Ⅲ类	—	Ⅲ类	—	—	—	—	—	—	—	—	—	—	—	—	—	—
长塘河	样品数	6	6	6	6	6	6	6	6	6	6	6	6	6	6	6	6	6	6	6	6	6
	最大值	8.90	11.10	5.20	2.80	0.198	3.72	0.97	0.00015	0.01	0.025	0.004	0.043	0.489	0.00015	0.00002	0.0002	0.002	0.001	0.00005	0.0005	0.025
	最小值	7.53	6.71	3.50	1.20	0.148	1.96	0.45	0.00015	0.005	0.025	0.002	0.0025	0.198	0.00015	0.00002	0.0002	0.002	0.001	0.00005	0.0005	0.025
	均 值	7.98	8.05	4.57	2.33	0.173	2.97	0.77	0.00015	0.008	0.025	0.002	0.024	0.307	0.00015	0.00002	0.0002	0.002	0.001	0.00005	0.0005	0.025
	超Ⅲ率	0%	0%	0%	0%	0%	100%	0%	0%	0%	0%	0%	0%	0%	0%	0%	0%	0%	0%	0%	0%	0%
	类 别	Ⅰ类	Ⅰ类	Ⅲ类	Ⅰ类	Ⅲ类	劣Ⅴ类	Ⅲ类	Ⅰ类	Ⅰ类	Ⅰ类	Ⅰ类	Ⅰ类	Ⅰ类	Ⅰ类	Ⅰ类	Ⅰ类	Ⅰ类	Ⅰ类	Ⅰ类	Ⅰ类	Ⅰ类
旦仁河	样品数	2	2	2	0	2	0	2	0	0	0	0	0	0	0	0	0	0	0	0	0	0
	最大值	8.67	10.80	3.10	—	0.211	—	0.56	—	—	—	—	—	—	—	—	—	—	—	—	—	—
	最小值	7.48	7.17	2.40	—	0.166	—	0.15	—	—	—	—	—	—	—	—	—	—	—	—	—	—
	均 值	8.08	8.99	2.75	—	0.189	—	0.36	—	—	—	—	—	—	—	—	—	—	—	—	—	—
	超Ⅲ率	0%	0%	0%	—	50%	—	0%	—	—	—	—	—	—	—	—	—	—	—	—	—	—
	类 别	Ⅰ类	Ⅰ类	Ⅱ类	—	Ⅲ类	—	Ⅱ类	—	—	—	—	—	—	—	—	—	—	—	—	—	—

续表22

站位名称	项目	pH	溶解氧	高锰酸盐指数	BOD_5	总磷	总氮	氨氮	挥发酚	石油类	阴离子表面活性剂	氰化物	硫化物	氟化物	总砷	总汞	硒	六价铬	总铅	总镉	铜	锌
管溪	样品数	6	6	6	6	6	6	6	6	6	6	6	6	6	6	6	6	6	6	6	6	6
	最大值	8.03	8.77	1.90	0.25	0.072	2.53	0.26	0.00015	0.01	0.025	0.002	0.021	0.13	0.00015	0.00002	0.0002	0.002	0.001	0.00005	0.0005	0.025
	最小值	7.45	6.94	0.25	0.25	0.029	1.77	0.10	0.00015	0.005	0.025	0.002	0.0025	0.079	0.00015	0.00002	0.0002	0.002	0.001	0.00005	0.0005	0.025
	均值	7.75	7.94	1.13	0.25	0.046	2.11	0.16	0.00015	0.008	0.025	0.002	0.011	0.107	0.00015	0.00002	0.0002	0.002	0.001	0.00005	0.0005	0.025
	超Ⅲ率	0%	0%	0%	0%	0%	100%	0%	0%	0%	0%	0%	0%	0%	0%	0%	0%	0%	0%	0%	0%	0%
	类别	Ⅰ类	Ⅰ类	Ⅰ类	Ⅰ类	Ⅱ类	劣Ⅴ类	Ⅱ类	Ⅰ类	Ⅰ类	Ⅰ类	Ⅰ类	Ⅰ类	Ⅰ类	Ⅰ类	Ⅰ类	Ⅰ类	Ⅰ类	Ⅰ类	Ⅰ类	Ⅰ类	Ⅰ类
横塘岗河	样品数	6	6	6	6	6	6	6	6	6	6	6	6	6	6	6	6	6	6	6	6	6
	最大值	7.98	7.96	5.20	2.90	0.185	2.85	0.95	0.00015	0.01	0.025	0.004	0.024	0.283	0.00015	0.00002	0.0002	0.002	0.001	0.00005	0.0005	0.025
	最小值	7.13	6.71	1.00	0.25	0.061	1.90	0.25	0.00015	0.005	0.025	0.002	0.0025	0.099	0.00015	0.00002	0.0002	0.002	0.001	0.00005	0.0005	0.025
	均值	7.68	7.44	3.77	1.02	0.120	2.26	0.56	0.00015	0.008	0.025	0.002	0.014	0.151	0.00015	0.00002	0.0002	0.002	0.001	0.00005	0.0005	0.025
	超Ⅲ率	0%	0%	0%	0%	0%	100%	0%	0%	0%	0%	0%	0%	0%	0%	0%	0%	0%	0%	0%	0%	0%
	类别	Ⅰ类	Ⅱ类	Ⅱ类	Ⅰ类	Ⅲ类	劣Ⅴ类	Ⅲ类	Ⅰ类	Ⅰ类	Ⅰ类	Ⅰ类	Ⅰ类	Ⅰ类	Ⅰ类	Ⅰ类	Ⅰ类	Ⅰ类	Ⅰ类	Ⅰ类	Ⅰ类	Ⅰ类
雅林溪	样品数	2	2	2	0	2	0	2	0	0	0	0	0	0	0	0	0	0	0	0	0	0
	最大值	8.04	7.42	4.60	—	0.115	—	0.50	—	—	—	—	—	—	—	—	—	—	—	—	—	—
	最小值	7.52	7.19	1.70	—	0.089	—	0.21	—	—	—	—	—	—	—	—	—	—	—	—	—	—
	均值	7.78	7.31	3.15	—	0.102	—	0.36	—	—	—	—	—	—	—	—	—	—	—	—	—	—
	超Ⅲ率	0%	0%	0%	—	0%	—	0%	—	—	—	—	—	—	—	—	—	—	—	—	—	—
	类别	Ⅰ类	Ⅱ类	Ⅱ类	—	Ⅲ类	—	Ⅱ类	—	—	—	—	—	—	—	—	—	—	—	—	—	—

续表22

站位名称	项目	pH	溶解氧	高锰酸盐指数	BOD_5	总磷	总氮	氨氮	挥发酚	石油类	阴离子表面活性剂	氰化物	硫化物	氟化物	总砷	总汞	硒	六价铬	总铅	总镉	铜	锌
泊戈洋河	样品数	2	2	2	0	2	0	2	0	0	0	0	0	0	0	0	0	0	0	0	0	0
	最大值	7.22	7.53	6.10	—	0.197	—	1.30	—	—	—	—	—	—	—	—	—	—	—	—	—	—
	最小值	7.13	7.46	5.20	—	0.191	—	0.72	—	—	—	—	—	—	—	—	—	—	—	—	—	—
	均　值	7.18	7.50	5.65	—	0.194	—	1.01	—	—	—	—	—	—	—	—	—	—	—	—	—	—
	超Ⅲ率	0%	0%	50%	—	0%	—	50%	—	—	—	—	—	—	—	—	—	—	—	—	—	—
	类　别	Ⅰ类	Ⅱ类	Ⅲ类	—	Ⅲ类	—	Ⅳ类	—	—	—	—	—	—	—	—	—	—	—	—	—	—
关头塘河	样品数	2	2	2	0	2	0	2	0	0	0	0	0	0	0	0	0	0	0	0	0	0
	最大值	7.92	8.64	2.30	—	0.238	—	0.56	—	—	—	—	—	—	—	—	—	—	—	—	—	—
	最小值	7.44	6.93	1.50	—	0.072	—	0.17	—	—	—	—	—	—	—	—	—	—	—	—	—	—
	均　值	7.68	7.79	1.90	—	0.155	—	0.37	—	—	—	—	—	—	—	—	—	—	—	—	—	—
	超Ⅲ率	0%	0%	0%	—	50%	—	0%	—	—	—	—	—	—	—	—	—	—	—	—	—	—
	类　别	Ⅰ类	Ⅰ类	Ⅰ类	—	Ⅲ类	—	Ⅱ类	—	—	—	—	—	—	—	—	—	—	—	—	—	—
东溪	样品数	6	6	6	6	6	6	6	6	6	6	6	6	6	6	6	6	6	6	6	6	6
	最大值	8.22	10.30	2.10	0.66	0.082	2.39	0.12	0.00015	0.005	0.025	0.002	0.013	0.243	0.00015	0.00002	0.0002	0.002	0.001	0.00005	0.0005	0.025
	最小值	7.36	6.96	1.00	0.25	0.041	1.61	0.09	0.00015	0.005	0.025	0.002	0.0025	0.145	0.00015	0.00002	0.0002	0.002	0.001	0.00005	0.0005	0.025
	均　值	7.64	8.32	1.52	0.38	0.055	2.07	0.11	0.00015	0.005	0.025	0.002	0.0066	0.213	0.00015	0.00002	0.0002	0.002	0.001	0.00005	0.0005	0.025
	超Ⅲ率	0%	0%	0%	0%	0%	100%	0%	0%	0%	0%	0%	0%	0%	0%	0%	0%	0%	0%	0%	0%	0%
	类　别	Ⅰ类	Ⅰ类	Ⅰ类	Ⅰ类	Ⅱ类	劣Ⅴ类	Ⅰ类	Ⅰ类	Ⅰ类	Ⅰ类	Ⅰ类	Ⅰ类	Ⅰ类	Ⅰ类	Ⅰ类	Ⅰ类	Ⅰ类	Ⅰ类	Ⅰ类	Ⅰ类	Ⅰ类

续表22

站位名称	项目	pH	溶解氧	高锰酸盐指数	BOD_5	总磷	总氮	氨氮	挥发酚	石油类	阴离子表面活性剂	氰化物	硫化物	氟化物	总砷	总汞	硒	六价铬	总铅	总镉	铜	锌
亭溪	样品数	6	6	6	6	6	6	6	6	6	6	6	6	6	6	6	6	6	6	6	6	6
	最大值	7.84	8.42	1.60	0.25	0.052	2.23	0.15	0.00015	0.01	0.025	0.002	0.008	0.102	0.00015	0.00002	0.0002	0.002	0.001	0.00005	0.0005	0.025
	最小值	7.08	7.06	0.80	0.25	0.026	1.60	0.09	0.00015	0.005	0.025	0.002	0.0025	0.045	0.00015	0.00002	0.0002	0.002	0.001	0.00005	0.0005	0.025
	均 值	7.55	7.68	1.18	0.25	0.038	1.90	0.11	0.00015	0.007	0.025	0.002	0.0038	0.0709	0.00015	0.00002	0.0002	0.002	0.001	0.00005	0.0005	0.025
	超Ⅲ率	0%	0%	0%	0%	0%	100%	0%	0%	0%	0%	0%	0%	0%	0%	0%	0%	0%	0%	0%	0%	0%
	类 别	Ⅰ类	Ⅰ类	Ⅰ类	Ⅰ类	Ⅱ类	Ⅴ类	Ⅰ类	Ⅰ类	Ⅰ类	Ⅰ类	Ⅰ类	Ⅰ类	Ⅰ类	Ⅰ类	Ⅰ类	Ⅰ类	Ⅰ类	Ⅰ类	Ⅰ类	Ⅰ类	Ⅰ类
乌岩港河	样品数	2	2	2	0	2	0	2	0	0	0	0	0	0	0	0	0	0	0	0	0	0
	最大值	7.92	7.06	6.30	—	0.195	—	1.77	—	—	—	—	—	—	—	—	—	—	—	—	—	—
	最小值	7.35	6.19	4.70	—	0.165	—	0.60	—	—	—	—	—	—	—	—	—	—	—	—	—	—
	均 值	7.64	6.63	5.50	—	0.180	—	1.18	—	—	—	—	—	—	—	—	—	—	—	—	—	—
	超Ⅲ率	0%	0%	50%	—	0%	—	50%	—	—	—	—	—	—	—	—	—	—	—	—	—	—
	类 别	Ⅰ类	Ⅱ类	Ⅲ类	—	Ⅲ类	—	Ⅳ类	—	—	—	—	—	—	—	—	—	—	—	—	—	—
东大河	样品数	6	6	6	0	6	0	6	0	0	0	0	0	0	0	0	0	0	0	0	0	0
	最大值	7.93	8.49	6.40	—	0.329	—	3.83	—	—	—	—	—	—	—	—	—	—	—	—	—	—
	最小值	7.45	6.48	3.80	—	0.192	—	0.60	—	—	—	—	—	—	—	—	—	—	—	—	—	—
	均 值	7.71	7.16	4.98	—	0.265	—	1.52	—	—	—	—	—	—	—	—	—	—	—	—	—	—
	超Ⅲ率	0%	0%	17%	—	83%	—	50%	—	—	—	—	—	—	—	—	—	—	—	—	—	—
	类 别	Ⅰ类	Ⅱ类	Ⅲ类	—	Ⅳ类	—	Ⅴ类	—	—	—	—	—	—	—	—	—	—	—	—	—	—

续表22

站位名称	项目	pH	溶解氧	高锰酸盐指数	BOD_5	总磷	总氮	氨氮	挥发酚	石油类	阴离子表面活性剂	氰化物	硫化物	氟化物	总砷	总汞	硒	六价铬	总铅	总镉	铜	锌
西大河	样品数	6	6	6	0	6	0	6	0	0	0	0	0	0	0	0	0	0	0	0	0	0
	最大值	8.76	8.28	4.30	—	0.294	—	2.35	—	—	—	—	—	—	—	—	—	—	—	—	—	—
	最小值	7.37	6.28	2.20	—	0.076	—	0.10	—	—	—	—	—	—	—	—	—	—	—	—	—	—
	均值	7.74	7.21	3.08	—	0.231	—	0.62	—	—	—	—	—	—	—	—	—	—	—	—	—	—
	超Ⅲ率	0%	0%	0%	—	67%	—	17%	—	—	—	—	—	—	—	—	—	—	—	—	—	—
	类别	Ⅰ类	Ⅱ类	Ⅱ类	—	Ⅳ类	—	Ⅲ类	—	—	—	—	—	—	—	—	—	—	—	—	—	—
南大河	样品数	6	6	6	0	6	0	6	0	0	0	0	0	0	0	0	0	0	0	0	0	0
	最大值	7.99	7.58	6.20	—	0.469	—	7.64	—	—	—	—	—	—	—	—	—	—	—	—	—	—
	最小值	7.38	6.37	3.70	—	0.131	—	1.34	—	—	—	—	—	—	—	—	—	—	—	—	—	—
	均值	7.74	6.85	4.47	—	0.307	—	4.20	—	—	—	—	—	—	—	—	—	—	—	—	—	—
	超Ⅲ率	0	0	0.166667	—	0.666667	—	1	—	—	—	—	—	—	—	—	—	—	—	—	—	—
	类别	Ⅰ类	Ⅱ类	Ⅲ类	—	Ⅴ类	—	劣Ⅴ类	—	—	—	—	—	—	—	—	—	—	—	—	—	—
新华河	样品数	6	6	6	0	6	0	6	0	0	0	0	0	0	0	0	0	0	0	0	0	0
	最大值	8.20	7.72	6.50	—	0.894	—	10.80	—	—	—	—	—	—	—	—	—	—	—	—	—	—
	最小值	7.37	6.76	3.30	—	0.170	—	0.29	—	—	—	—	—	—	—	—	—	—	—	—	—	—
	均值	7.75	7.19	4.38	—	0.493	—	4.81	—	—	—	—	—	—	—	—	—	—	—	—	—	—
	超Ⅲ率	0%	0%	17%	—	83%	—	67%	—	—	—	—	—	—	—	—	—	—	—	—	—	—
	类别	Ⅰ类	Ⅱ类	Ⅲ类	—	劣Ⅴ类	—	劣Ⅴ类	—	—	—	—	—	—	—	—	—	—	—	—	—	—

续表22

站位名称	项目	pH	溶解氧	高锰酸盐指数	BOD_5	总磷	总氮	氨氮	挥发酚	石油类	阴离子表面活性剂	氰化物	硫化物	氟化物	总砷	总汞	硒	六价铬	总铅	总镉	铜	锌
横大河	样品数	6	6	6	0	6	0	6	0	0	0	0	0	0	0	0	0	0	0	0	0	0
	最大值	7.94	7.62	6.10	—	0.345	—	3.87	—	—	—	—	—	—	—	—	—	—	—	—	—	—
	最小值	7.39	6.69	3.10	—	0.124	—	0.26	—	—	—	—	—	—	—	—	—	—	—	—	—	—
	均　值	7.76	7.13	4.18	—	0.236	—	1.50	—	—	—	—	—	—	—	—	—	—	—	—	—	—
	超Ⅲ率	0%	0%	17%	—	50%	—	33%	—	—	—	—	—	—	—	—	—	—	—	—	—	—
	类　别	Ⅰ类	Ⅱ类	Ⅲ类	—	Ⅳ类	—	Ⅴ类	—	—	—	—	—	—	—	—	—	—	—	—	—	—
燕山河	样品数	6	6	6	0	6	0	6	0	0	0	0	0	0	0	0	0	0	0	0	0	0
	最大值	7.88	8.52	6.30	—	1.320	—	13.20	—	—	—	—	—	—	—	—	—	—	—	—	—	—
	最小值	7.18	6.39	3.80	—	0.271	—	0.35	—	—	—	—	—	—	—	—	—	—	—	—	—	—
	均　值	7.56	7.33	5.00	—	0.678	—	4.88	—	—	—	—	—	—	—	—	—	—	—	—	—	—
	超Ⅲ率	0%	0%	33%	—	100%	—	67%	—	—	—	—	—	—	—	—	—	—	—	—	—	—
	类　别	Ⅰ类	Ⅱ类	Ⅲ类	—	劣Ⅴ类	—	劣Ⅴ类	—	—	—	—	—	—	—	—	—	—	—	—	—	—

【饮用水源监测结果】 2020 年,象山县 24 个参评水源地有 22 个年均值达到Ⅲ类水质要求(其中符合Ⅱ类水质标准 11 个、Ⅲ类水质标准 11 个),占总数的 91.7%,较 2019 年下降 4.1 个百分点。与 2019 年相比,符合Ⅱ类水质的水源地增加 3 个,Ⅲ类减少 4 个。其中有 1 个水库水质由Ⅴ类提高至Ⅳ类,8 个水库水质由Ⅲ类提高至Ⅱ类,10 个水库无明显变化,燕山水库、龙角岩水库、大斜桥水库、新民水库由Ⅱ类下降至Ⅲ类,洪山庙水库由Ⅱ类下降至Ⅳ类。24 个饮用水水源地中营养状态占比 87.5%,略少于 2019 年。

所有监测项次中共出现 3 次总磷超标现象,总体水质达标率为 99.8%。6 个市控饮用水水源地均达到Ⅲ类水质要求,达标率为 100%,且除燕山水库为Ⅲ类外,剩余 5 个水库水质均可达到Ⅱ类。

表 23　　**2020 年象山县集中式饮用水源地水质统计表**

序号	水源地	等级	2019 年水质类别	2020 年				
				水质类别	水质达标率	主要超标指标	超标次数	富营养程度
1	溪口水库	市控	Ⅲ	Ⅱ	100	—	0	轻度(55)
2	仓岙水库	市控	Ⅱ	Ⅱ	100	—	0	中(34)
3	上张水库	市控	Ⅲ	Ⅱ	100	—	0	轻度(55)
4	燕山水库	市控	Ⅱ	Ⅲ	100	—	0	中(37)
5	樊岙水库	市控	Ⅲ	Ⅱ	100	—	0	中(36)
6	平潭水库	市控	Ⅲ	Ⅱ	100	—	0	中(36)
7	三家村水库	县控	Ⅲ	Ⅱ	100	—	0	中(36)
8	军民塘水库	县控	Ⅴ	Ⅳ	96	总磷	1	中(47)
9	九顷水库	县控	Ⅲ	Ⅲ	100	—	0	中(41)
10	思娘岙水库	县控	Ⅲ	Ⅱ	100	—	0	中(39)
11	东坑里水库	县控	Ⅲ	Ⅲ	100	—	0	中(39)
12	小百丈水库	县控	Ⅲ	Ⅲ	100	—	0	中(38)
13	金架山水库	县控	Ⅱ	Ⅱ	100	—	0	中(37)
14	龙角岩水库	县控	Ⅱ	Ⅲ	100	—	0	中(35)
15	岩头陈水库	县控	Ⅲ	Ⅲ	100	—	0	中(38)
16	利民水库	县控	Ⅲ	Ⅲ	100	—	0	中(41)
17	方家岙水库	县控	Ⅲ	Ⅱ	100	—	0	中(32)
18	洪山庙水库	县控	Ⅱ	Ⅳ	100	—	0	中(39)
19	塘岙水库	县控	Ⅲ	Ⅲ	100	—	0	中(39)
20	大斜桥水库	县控	Ⅱ	Ⅲ	100	—	0	中(37)
21	新民水库	县控	Ⅱ	Ⅲ	98	总磷	2	中(40)
22	珠溪水库	县控	Ⅱ	Ⅱ	100	—	0	中(34)
23	隔溪张水库	县控	Ⅲ	Ⅱ	100	—	0	轻度(54)
24	南盘水库	县控	Ⅲ	Ⅲ	100	—	0	中(40)

根据湖泊（水库）营养状态评价，2020年象山县24个参评饮用水水源地中有21个为中营养状态，另外3个轻度富营养化状态。与2019年9相比，个别水库营养状态有小幅上升，而溪口水库、仓岙水库和隔溪张水库则由中营养状态转为轻度富营养状态。

表24　　2020年象山县集中式饮用水水源地营养状态统计表

序　号	水　源　地	等　级	2019年富营养程度	2020年富营养程度
1	溪口水库	市　控	中(36)	轻度(55)
2	仓岙水库	市　控	中(34)	中(34)
3	上张水库	市　控	中(36)	轻度(55)
4	燕山水库	市　控	中(37)	中(37)
5	樊岙水库	市　控	中(36)	中(36)
6	平潭水库	市　控	中(34)	中(36)
7	三家村水库	县　控	中(38)	中(36)
8	军民塘水库	县　控	中(46)	中(47)
9	九顷水库	县　控	中(42)	中(41)
10	思娘岙水库	县　控	中(40)	中(39)
11	东坑里水库	县　控	中(38)	中(39)
12	小百丈水库	县　控	中(38)	中(38)
13	金架山水库	县　控	中(37)	中(37)
14	龙角岩水库	县　控	中(33)	中(35)
15	岩头陈水库	县　控	中(39)	中(38)
16	利民水库	县　控	中(43)	中(41)
17	方家岙水库	县　控	中(37)	中(32)
18	洪山庙水库	县　控	中(34)	中(39)
19	塘岙水库	县　控	中(41)	中(39)
20	大斜桥水库	县　控	中(37)	中(37)
21	新民水库	县　控	中(36)	中(40)
22	珠溪水库	县　控	中(36)	中(34)
23	隔溪张水库	县　控	中(35)	轻度(54)
24	南盘水库	县　控	中(40)	中(40)

表 25

2020 年象山饮用水源地监测结果统计表

除 pH 无量纲外　单位：mg/L

站位名称	项目	pH	溶解氧	化学需氧量	高锰酸盐指数	BOD_5	总磷	总氮	氨氮	挥发酚	石油类	阴离子表面活性剂	氰化物	硫化物	氟化物	总砷	总汞	硒	六价铬	总铅	总镉	铜	锌
溪口水库	样品数	12	12	12	12	12	12	12	12	12	12	12	12	12	12	12	12	12	12	12	12	12	12
	最大值	8.75	10.4	9	2.6	0.53	0.026	1.96	0.12	0.00015	0.03	0.025	0.002	0.016	0.128	0.00015	0.00002	0.0002	0.002	0.001	0.00005	0.0005	0.025
	最小值	7.08	6.9	2	0.7	0.25	0.016	1.33	0.05	0.00015	0.005	0.025	0.002	0.0025	0.031	0.00015	0.00002	0.0002	0.002	0.001	0.00005	0.0005	0.025
	均值	7.62	8.3	5	1.6	0.29	0.020	1.52	0.09	0.00015	0.01	0.025	0.002	0.0057	0.052	0.00015	0.00002	0.0002	0.002	0.001	0.00005	0.0005	0.025
	超Ⅲ率	0%	0%	0%	0%	0%	0%	100%	0%	0%	0%	0%	0%	0%	0%	0%	0%	0%	0%	0%	0%	0%	0%
	类别	Ⅰ类	Ⅰ类	Ⅰ类	Ⅰ类	Ⅰ类	Ⅱ类	Ⅴ类	Ⅰ类	Ⅰ类	Ⅰ类	Ⅰ类	Ⅰ类	Ⅰ类	Ⅰ类	Ⅰ类	Ⅰ类	Ⅰ类	Ⅰ类	Ⅰ类	Ⅰ类	Ⅰ类	Ⅰ类
仓岙水库	样品数	12	12	12	12	12	12	12	12	12	12	12	12	12	12	12	12	12	12	12	12	12	12
	最大值	7.99	9.2	9	1.7	0.7	0.041	2.18	0.10	0.00015	0.005	0.025	0.002	0.012	0.129	0.00015	0.00002	0.0002	0.002	0.001	0.00005	0.0005	0.025
	最小值	7.38	6.7	2	0.7	0.25	0.013	1.33	0.04	0.00015	0.005	0.025	0.002	0.0025	0.034	0.00015	0.00002	0.0002	0.002	0.001	0.00005	0.0005	0.025
	均值	7.64	7.9	6	1.2	0.29	0.022	1.64	0.08	0.00015	0.01	0.025	0.002	0.0039	0.048	0.00015	0.00002	0.0002	0.002	0.001	0.00005	0.0005	0.025
	超Ⅲ率	0%	0%	0%	0%	0%	0%	100%	0%	0%	0%	0%	0%	0%	0%	0%	0%	0%	0%	0%	0%	0%	0%
	类别	Ⅰ类	Ⅰ类	Ⅰ类	Ⅰ类	Ⅰ类	Ⅱ类	Ⅴ类	Ⅰ类	Ⅰ类	Ⅰ类	Ⅰ类	Ⅰ类	Ⅰ类	Ⅰ类	Ⅰ类	Ⅰ类	Ⅰ类	Ⅰ类	Ⅰ类	Ⅰ类	Ⅰ类	Ⅰ类
上张水库	样品数	12	12	12	12	12	12	12	12	12	12	12	12	12	12	12	12	12	12	12	12	12	12
	最大值	8.72	8.6	10	2.1	0.9	0.034	1.82	0.11	0.00015	0.02	0.025	0.002	0.016	0.079	0.00015	0.00002	0.0002	0.002	0.001	0.00005	0.0005	0.025
	最小值	7.2	7.1	2	0.8	0.25	0.015	1.36	0.04	0.00015	0.005	0.025	0.002	0.0025	0.041	0.00015	0.00002	0.0002	0.002	0.001	0.00005	0.0005	0.025
	均值	7.73	8.0	5	1.4	0.30	0.023	1.61	0.08	0.00015	0.01	0.025	0.002	0.0053	0.060	0.00015	0.00002	0.0002	0.002	0.001	0.00005	0.0005	0.025
	超Ⅲ率	0%	0%	0%	0%	0%	0%	100%	0%	0%	0%	0%	0%	0%	0%	0%	0%	0%	0%	0%	0%	0%	0%
	类别	Ⅰ类	Ⅰ类	Ⅰ类	Ⅰ类	Ⅰ类	Ⅱ类	Ⅴ类	Ⅰ类	Ⅰ类	Ⅰ类	Ⅰ类	Ⅰ类	Ⅰ类	Ⅰ类	Ⅰ类	Ⅰ类	Ⅰ类	Ⅰ类	Ⅰ类	Ⅰ类	Ⅰ类	Ⅰ类

续表25

站位名称	项目	pH	溶解氧	化学需氧量	高锰酸盐指数	BOD_5	总磷	总氮	氨氮	挥发酚	石油类
燕山水库	样品数	5	5	5	5	5	5	5	5	5	5
	最大值	7.92	9.0	10	2.6	1.02	0.043	2.21	0.14	0.00015	0.03
	最小值	7.27	7.3	2	1.1	0.25	0.016	1.43	0.06	0.00015	0.005
	均值	7.57	8.1	6	1.8	0.47	0.030	1.77	0.10	0.00015	0.01
	超Ⅲ率	0%	0%	0%	0%	0%	0%	100%	0%	0%	0%
	类别	Ⅰ类	Ⅰ类	Ⅰ类	Ⅰ类	Ⅰ类	Ⅲ类	Ⅴ类	Ⅰ类	Ⅰ类	Ⅰ类
樊岙水库	样品数	5	5	5	5	5	5	5	5	5	5
	最大值	7.81	8.5	9	1.9	0.8	0.034	1.7	0.12	0.00015	0.03
	最小值	7.24	7.5	2	1.5	0.25	0.016	1.32	0.05	0.00015	0.005
	均值	7.57	7.8	6	1.7	0.36	0.024	1.51	0.09	0.00015	0.01
	超Ⅲ率	0%	0%	0%	0%	0%	0%	100%	0%	0%	0%
	类别	Ⅰ类	Ⅰ类	Ⅰ类	Ⅰ类	Ⅰ类	Ⅱ类	Ⅴ类	Ⅰ类	Ⅰ类	Ⅰ类
平潭水库	样品数	8	8	8	8	8	8	8	8	8	8
	最大值	8.31	9.5	7	3.2	0.25	0.032	3.47	0.13	0.00015	0.01
	最小值	7.18	7.1	4	0.8	0.25	0.015	1.47	0.07	0.00015	0.005
	均值	7.69	8.2	6	1.7	0.25	0.021	1.84	0.11	0.00015	0.01
	超Ⅲ率	0%	0%	0%	0%	0%	0%	100%	0%	0%	0%
	类别	Ⅰ类	Ⅰ类	Ⅰ类	Ⅰ类	Ⅰ类	Ⅱ类	Ⅴ类	Ⅰ类	Ⅰ类	Ⅰ类

站位名称	项目	阴离子表面活性剂	氰化物	硫化物	氟化物	总砷	总汞	硒	六价铬	总铅	总镉	铜	锌
燕山水库	样品数	5	5	5	5	5	5	5	5	5	5	5	5
	最大值	0.025	0.002	0.006	0.244	0.00015	0.00002	0.0002	0.002	0.001	0.00005	0.0005	0.025
	最小值	0.025	0.002	0.0025	0.201	0.00015	0.00002	0.0002	0.002	0.001	0.00005	0.0005	0.025
	均值	0.025	0.002	0.0032	0.221	0.00015	0.00002	0.0002	0.002	0.001	0.00005	0.0005	0.025
	超Ⅲ率	0%	0%	0%	0%	0%	0%	0%	0%	0%	0%	0%	0%
	类别	Ⅰ类	Ⅰ类	Ⅰ类	Ⅰ类	Ⅰ类	Ⅰ类	Ⅰ类	Ⅰ类	Ⅰ类	Ⅰ类	Ⅰ类	Ⅰ类
樊岙水库	样品数	5	5	5	5	5	5	5	5	5	5	5	5
	最大值	0.025	0.002	0.014	0.050	0.00015	0.00002	0.0002	0.002	0.001	0.00005	0.0005	0.025
	最小值	0.025	0.002	0.0025	0.038	0.00015	0.00002	0.0002	0.002	0.001	0.00005	0.0005	0.025
	均值	0.025	0.002	0.0059	0.042	0.00015	0.00002	0.0002	0.002	0.001	0.00005	0.0005	0.025
	超Ⅲ率	0%	0%	0%	0%	0%	0%	0%	0%	0%	0%	0%	0%
	类别	Ⅰ类	Ⅰ类	Ⅰ类	Ⅰ类	Ⅰ类	Ⅰ类	Ⅰ类	Ⅰ类	Ⅰ类	Ⅰ类	Ⅰ类	Ⅰ类
平潭水库	样品数	8	8	8	8	8	8	8	8	8	8	8	8
	最大值	0.025	0.002	0.014	0.108	0.00015	0.00002	0.0002	0.002	0.001	0.00005	0.0005	0.025
	最小值	0.025	0.002	0.0025	0.063	0.00015	0.00002	0.0002	0.002	0.001	0.00005	0.0005	0.025
	均值	0.025	0.002	0.0039	0.082	0.00015	0.00002	0.0002	0.002	0.001	0.00005	0.0005	0.025
	超Ⅲ率	0%	0%	0%	0%	0%	0%	0%	0%	0%	0%	0%	0%
	类别	Ⅰ类	Ⅰ类	Ⅰ类	Ⅰ类	Ⅰ类	Ⅰ类	Ⅰ类	Ⅰ类	Ⅰ类	Ⅰ类	Ⅰ类	Ⅰ类

续表25

站位名称	项目	pH	溶解氧	化学需氧量	高锰酸盐指数	BOD_5	总磷	总氮	氨氮	挥发酚	石油类	阴离子表面活性剂	氰化物	硫化物	氟化物	总砷	总汞	硒	六价铬	总铅	总镉	铜	锌
三家村水库	样品数	4	4	4	4	4	4	4	4	4	4	4	4	4	4	4	4	4	4	4	4	4	4
	最大值	7.92	7.9	10	2.8	1.41	0.028	1.85	0.12	0.00015	0.03	0.025	0.002	0.012	0.077	0.00015	0.00002	0.0002	0.002	0.001	0.00005	0.0005	0.025
	最小值	7.31	7.1	7	1.8	0.25	0.018	1.53	0.08	0.00015	0.005	0.025	0.002	0.0025	0.051	0.00015	0.00002	0.0002	0.002	0.001	0.00005	0.0005	0.025
	均值	7.66	7.6	8	2.2	0.65	0.023	1.70	0.10	0.00015	0.01	0.025	0.002	0.0055	0.060	0.00015	0.00002	0.0002	0.002	0.001	0.00005	0.0005	0.025
	超Ⅲ率	0%	0%	0%	0%	0%	0%	75%	0%	0%	0%	0%	0%	0%	0%	0%	0%	0%	0%	0%	0%	0%	0%
	类别	Ⅰ类	Ⅰ类	Ⅰ类	Ⅱ类	Ⅰ类	Ⅱ类	Ⅴ类	Ⅰ类	Ⅰ类	Ⅰ类	Ⅰ类	Ⅰ类	Ⅰ类	Ⅰ类	Ⅰ类	Ⅰ类	Ⅰ类	Ⅰ类	Ⅰ类	Ⅰ类	Ⅰ类	Ⅰ类
军民塘水库	样品数	2	2	2	2	2	2	2	2	2	2	2	2	2	2	2	2	2	2	2	2	2	2
	最大值	8.03	7.0	10	3.6	0.8	0.092	2.43	0.46	0.00015	0.06	0.025	0.002	0.007	0.12	0.00015	0.00009	0.0002	0.002	0.001	0.00005	0.0005	0.025
	最小值	7.03	6.4	5	2.6	0.25	0.087	2.29	0.44	0.00015	0.005	0.025	0.002	0.005	0.12	0.00015	0.00002	0.0002	0.002	0.001	0.00005	0.0005	0.025
	均值	7.53	6.7	8	3.1	0.53	0.090	2.36	0.45	0.00015	0.325	0.025	0.002	0.006	0.12	0.00015	0.00006	0.0002	0.002	0.001	0.00005	0.0005	0.025
	超Ⅲ率	0%	0%	0%	0%	0%	100%	100%	0%	0%	0%	0%	0%	0%	0%	0%	0%	0%	0%	0%	0%	0%	0%
	类别	Ⅰ类	Ⅱ类	Ⅰ类	Ⅱ类	Ⅰ类	Ⅳ类	劣Ⅴ类	Ⅱ类	Ⅰ类	Ⅰ类	Ⅰ类	Ⅰ类	Ⅰ类	Ⅰ类	Ⅰ类	Ⅰ类	Ⅰ类	Ⅰ类	Ⅰ类	Ⅰ类	Ⅰ类	Ⅰ类
九顷水库	样品数	4	4	4	4	4	4	4	4	4	4	4	4	4	4	4	4	4	4	4	4	4	4
	最大值	8.06	8.3	16	3.9	1	0.038	2.15	0.23	0.00015	0.03	0.025	0.002	0.01	0.099	0.00015	0.00002	0.0002	0.002	0.001	0.00005	0.0005	0.025
	最小值	7.18	7.6	6	2.8	0.25	0.026	1.47	0.10	0.00015	0.005	0.025	0.002	0.0025	0.086	0.00015	0.00002	0.0002	0.002	0.001	0.00005	0.0005	0.025
	均值	7.74	8.1	11	3.4	0.63	0.031	1.76	0.14	0.00015	0.01	0.025	0.002	0.0044	0.092	0.00015	0.00002	0.0002	0.002	0.001	0.00005	0.0005	0.025
	超Ⅲ率	0%	0%	0%	0%	0%	0%	100%	0%	0%	0%	0%	0%	0%	0%	0%	0%	0%	0%	0%	0%	0%	0%
	类别	Ⅰ类	Ⅰ类	Ⅰ类	Ⅱ类	Ⅰ类	Ⅲ类	Ⅴ类	Ⅰ类	Ⅰ类	Ⅰ类	Ⅰ类	Ⅰ类	Ⅰ类	Ⅰ类	Ⅰ类	Ⅰ类	Ⅰ类	Ⅰ类	Ⅰ类	Ⅰ类	Ⅰ类	Ⅰ类

续表25

站位名称	项　目	pH	溶解氧	化学需氧量	高锰酸盐指数	BOD_5	总磷	总氮	氨氮	挥发酚	石油类	阴离子表面活性剂	氰化物	硫化物	氟化物	总砷	总汞	硒	六价铬	总铅	总镉	铜	锌
思娘岙水库	样品数	2	2	2	2	2	2	2	2	2	2	2	2	2	2	2	2	2	2	2	2	2	2
	最大值	7.64	7.9	14	3.9	1.5	0.025	1.98	0.12	0.00015	0.07	0.025	0.002	0.009	0.078	0.00015	0.00002	0.0002	0.002	0.001	0.00005	0.0005	0.025
	最小值	7.47	7.6	9	3	0.25	0.023	1.65	0.11	0.00015	0.01	0.025	0.002	0.0025	0.077	0.00015	0.00002	0.0002	0.002	0.001	0.00005	0.0005	0.025
	均　值	7.56	7.7	12	3.5	0.88	0.024	1.82	0.11	0.00015	0.04	0.025	0.002	0.0058	0.078	0.00015	0.00002	0.0002	0.002	0.001	0.00005	0.0005	0.025
	超Ⅲ率	0%	0%	0%	0%	0%	0%	100%	0%	0%	50%	0%	0%	0%	0%	0%	0%	0%	0%	0%	0%	0%	0%
	类　别	Ⅰ类	Ⅰ类	Ⅰ类	Ⅱ类	Ⅰ类	Ⅱ类	Ⅴ类	Ⅰ类	Ⅰ类	Ⅰ类	Ⅰ类	Ⅰ类	Ⅰ类	Ⅰ类	Ⅰ类	Ⅰ类	Ⅰ类	Ⅰ类	Ⅰ类	Ⅰ类	Ⅰ类	Ⅰ类
东坑里水库	样品数	2	2	2	2	2	2	2	2	2	2	2	2	2	2	2	2	2	2	2	2	2	2
	最大值	7.71	7.4	14	4	1.5	0.041	1.55	0.13	0.00015	0.07	0.025	0.002	0.007	0.091	0.00015	0.00002	0.0002	0.002	0.001	0.00005	0.0005	0.025
	最小值	7.24	7.2	7	3.1	0.25	0.029	1.44	0.11	0.00015	0.01	0.025	0.002	0.0025	0.078	0.00015	0.00002	0.0002	0.002	0.001	0.00005	0.0005	0.025
	均　值	7.48	7.3	11	3.6	0.88	0.035	1.50	0.12	0.00015	0.04	0.025	0.002	0.0048	0.085	0.00015	0.00002	0.0002	0.002	0.001	0.00005	0.0005	0.025
	超Ⅲ率	0%	0%	0%	0%	0%	0%	100%	0%	0%	50%	0%	0%	0%	0%	0%	0%	0%	0%	0%	0%	0%	0%
	类　别	Ⅰ类	Ⅱ类	Ⅰ类	Ⅱ类	Ⅰ类	Ⅲ类	Ⅳ类	Ⅰ类	Ⅰ类	Ⅰ类	Ⅰ类	Ⅰ类	Ⅰ类	Ⅰ类	Ⅰ类	Ⅰ类	Ⅰ类	Ⅰ类	Ⅰ类	Ⅰ类	Ⅰ类	Ⅰ类
小百丈水库	样品数	2	2	2	2	2	2	2	2	2	2	2	2	2	2	2	2	2	2	2	2	2	2
	最大值	7.89	7.9	11	2.9	1	0.033	1.89	0.15	0.00015	0.04	0.025	0.002	0.0025	0.058	0.00015	0.00002	0.0002	0.002	0.001	0.00005	0.0005	0.025
	最小值	7.22	7.8	2	2	0.25	0.026	1.7	0.13	0.00015	0.005	0.025	0.002	0.0025	0.058	0.00015	0.00002	0.0002	0.002	0.001	0.00005	0.0005	0.025
	均　值	7.56	7.9	7	2.5	0.63	0.030	1.80	0.14	0.00015	0.02	0.025	0.002	0.0025	0.058	0.00015	0.00002	0.0002	0.002	0.001	0.00005	0.0005	0.025
	超Ⅲ率	0%	0%	0%	0%	0%	0%	100%	0%	0%	0%	0%	0%	0%	0%	0%	0%	0%	0%	0%	0%	0%	0%
	类　别	Ⅰ类	Ⅰ类	Ⅰ类	Ⅱ类	Ⅰ类	Ⅲ类	Ⅴ类	Ⅰ类	Ⅰ类	Ⅰ类	Ⅰ类	Ⅰ类	Ⅰ类	Ⅰ类	Ⅰ类	Ⅰ类	Ⅰ类	Ⅰ类	Ⅰ类	Ⅰ类	Ⅰ类	Ⅰ类

续表25

站位名称	项目	pH	溶解氧	化学需氧量	高锰酸盐指数	BOD_5	总磷	总氮	氨氮	挥发酚	石油类	阴离子表面活性剂	氰化物	硫化物	氟化物	总砷	总汞	硒	六价铬	总铅	总镉	铜	锌
金架山水库	样品数	2	2	2	2	2	2	2	2	2	2	2	2	2	2	2	2	2	2	2	2	2	2
	最大值	7.55	7.9	8	1.8	0.8	0.03	2.14	0.16	0.00015	0.03	0.025	0.002	0.0025	0.092	0.00015	0.00002	0.0002	0.002	0.001	0.00005	0.0005	0.025
	最小值	7.49	6.9	7	1.6	0.8	0.018	2.02	0.08	0.00015	0.005	0.025	0.002	0.0025	0.030	0.00015	0.00002	0.0002	0.002	0.001	0.00005	0.0005	0.025
	均值	7.52	7.4	8	1.7	0.80	0.024	2.08	0.12	0.00015	0.02	0.025	0.002	0.0025	0.061	0.00015	0.00002	0.0002	0.002	0.001	0.00005	0.0005	0.025
	超Ⅲ率	0%	0%	0%	0%	0%	0%	100%	0%	0%	0%	0%	0%	0%	0%	0%	0%	0%	0%	0%	0%	0%	0%
	类别	Ⅰ类	Ⅱ类	Ⅰ类	Ⅰ类	Ⅰ类	Ⅱ类	劣Ⅴ类	Ⅰ类	Ⅰ类	Ⅰ类	Ⅰ类	Ⅰ类	Ⅰ类	Ⅰ类	Ⅰ类	Ⅰ类	Ⅰ类	Ⅰ类	Ⅰ类	Ⅰ类	Ⅰ类	Ⅰ类
龙角岩水库	样品数	2	2	2	2	2	2	2	2	2	2	2	2	2	2	2	2	2	2	2	2	2	2
	最大值	7.68	7.7	7	2	0.25	0.037	1.92	0.10	0.00015	0.005	0.025	0.002	0.013	0.091	0.00015	0.00002	0.0002	0.002	0.001	0.00005	0.0005	0.025
	最小值	7.5	7.2	5	0.9	0.25	0.022	1.6	0.08	0.00015	0.005	0.025	0.002	0.0025	0.078	0.00015	0.00002	0.0002	0.002	0.001	0.00005	0.0005	0.025
	均值	7.59	7.5	6	1.5	0.25	0.030	1.76	0.09	0.00015	0.01	0.025	0.002	0.0078	0.085	0.00015	0.00002	0.0002	0.002	0.001	0.00005	0.0005	0.025
	超Ⅲ率	0%	0%	0%	0%	0%	0%	100%	0%	0%	0%	0%	0%	0%	0%	0%	0%	0%	0%	0%	0%	0%	0%
	类别	Ⅰ类	Ⅱ类	Ⅰ类	Ⅰ类	Ⅰ类	Ⅲ类	Ⅴ类	Ⅰ类	Ⅰ类	Ⅰ类	Ⅰ类	Ⅰ类	Ⅰ类	Ⅰ类	Ⅰ类	Ⅰ类	Ⅰ类	Ⅰ类	Ⅰ类	Ⅰ类	Ⅰ类	Ⅰ类
岩头陈水库	样品数	4	4	4	4	4	4	4	4	4	4	4	4	4	4	4	4	4	4	4	4	4	4
	最大值	7.94	8.8	12	2.5	1.5	0.045	2.13	0.11	0.00015	0.02	0.025	0.002	0.01	0.084	0.00015	0.00002	0.0002	0.002	0.001	0.00005	0.0005	0.025
	最小值	7.26	7.6	7	1.9	0.25	0.022	1.42	0.09	0.00015	0.005	0.025	0.002	0.0025	0.056	0.00015	0.00002	0.0002	0.002	0.001	0.00005	0.0005	0.025
	均值	7.46	8.2	9	2.2	0.65	0.030	1.84	0.10	0.00015	0.01	0.025	0.002	0.0044	0.067	0.00015	0.00002	0.0002	0.002	0.001	0.00005	0.0005	0.025
	超Ⅲ率	0%	0%	0%	0%	0%	0%	100%	0%	0%	0%	0%	0%	0%	0%	0%	0%	0%	0%	0%	0%	0%	0%
	类别	Ⅰ类	Ⅰ类	Ⅰ类	Ⅱ类	Ⅰ类	Ⅲ类	Ⅴ类	Ⅰ类	Ⅰ类	Ⅰ类	Ⅰ类	Ⅰ类	Ⅰ类	Ⅰ类	Ⅰ类	Ⅰ类	Ⅰ类	Ⅰ类	Ⅰ类	Ⅰ类	Ⅰ类	Ⅰ类

续表25

站位名称	项　目	pH	溶解氧	化学需氧量	高锰酸盐指数	BOD_5	总磷	总氮	氨氮	挥发酚	石油类	阴离子表面活性剂	氰化物	硫化物	氟化物	总砷	总汞	硒	六价铬	总铅	总镉	铜	锌
利民水库	样品数	2	2	2	2	2	2	2	2	2	2	2	2	2	2	2	2	2	2	2	2	2	2
	最大值	7.58	7.3	18	5.1	2.2	0.034	2.48	0.16	0.00015	0.09	0.025	0.002	0.0025	0.080	0.00015	0.00002	0.0002	0.002	0.001	0.00005	0.0005	0.025
	最小值	7.3	7.1	6	1.8	0.9	0.02	1.94	0.08	0.00015	0.005	0.025	0.002	0.0025	0.078	0.00015	0.00002	0.0002	0.002	0.001	0.00005	0.0005	0.025
	均　值	7.44	7.2	12	3.5	1.55	0.027	2.21	0.12	0.00015	0.05	0.025	0.002	0.0025	0.079	0.00015	0.00002	0.0002	0.002	0.001	0.00005	0.0005	0.025
	超Ⅲ率	0%	0%	0%	0%	0%	0%	100%	0%	0%	50%	0%	0%	0%	0%	0%	0%	0%	0%	0%	0%	0%	0%
	类　别	Ⅰ类	Ⅱ类	Ⅰ类	Ⅱ类	Ⅰ类	Ⅲ类	劣Ⅴ类	Ⅰ类	Ⅰ类	Ⅰ类	Ⅰ类	Ⅰ类	Ⅰ类	Ⅰ类	Ⅰ类	Ⅰ类	Ⅰ类	Ⅰ类	Ⅰ类	Ⅰ类	Ⅰ类	Ⅰ类
方家岙水库	样品数	4	4	4	4	4	4	4	4	4	4	4	4	4	4	4	4	4	4	4	4	4	4
	最大值	8.51	10.0	7	1.3	0.25	0.036	1.66	0.12	0.00015	0.01	0.025	0.002	0.008	0.060	0.00015	0.00002	0.0002	0.002	0.001	0.00005	0.0005	0.025
	最小值	7.16	7.3	5	0.9	0.25	0.016	1.4	0.07	0.00015	0.005	0.025	0.002	0.0025	0.038	0.00015	0.00002	0.0002	0.002	0.001	0.00005	0.0005	0.025
	均　值	7.56	8.4	6	1.1	0.25	0.023	1.54	0.11	0.00015	0.01	0.025	0.002	0.0048	0.047	0.00015	0.00002	0.0002	0.002	0.001	0.00005	0.0005	0.025
	超Ⅲ率	0%	0%	0%	0%	0%	0%	100%	0%	0%	0%	0%	0%	0%	0%	0%	0%	0%	0%	0%	0%	0%	0%
	类　别	Ⅰ类	Ⅰ类	Ⅰ类	Ⅰ类	Ⅰ类	Ⅱ类	Ⅴ类	Ⅰ类	Ⅰ类	Ⅰ类	Ⅰ类	Ⅰ类	Ⅰ类	Ⅰ类	Ⅰ类	Ⅰ类	Ⅰ类	Ⅰ类	Ⅰ类	Ⅰ类	Ⅰ类	Ⅰ类
洪山庙水库	样品数	2	2	2	2	2	2	2	2	2	2	2	2	2	2	2	2	2	2	2	2	2	2
	最大值	8.29	7.8	20	4.4	2.6	0.03	1.66	0.14	0.00015	0.11	0.025	0.002	0.011	0.029	0.00015	0.00002	0.0002	0.002	0.001	0.00005	0.0005	0.025
	最小值	7.39	7.3	5	2.6	0.25	0.018	1.57	0.12	0.00015	0.01	0.025	0.002	0.0025	0.029	0.00015	0.00002	0.0002	0.002	0.001	0.00005	0.0005	0.025
	均　值	7.84	7.5	13	3.5	1.43	0.024	1.62	0.13	0.00015	0.06	0.025	0.002	0.0068	0.029	0.00015	0.00002	0.0002	0.002	0.001	0.00005	0.0005	0.025
	超Ⅲ率	0%	0%	0%	0%	0%	0%	100%	0%	0%	50%	0%	0%	0%	0%	0%	0%	0%	0%	0%	0%	0%	0%
	类　别	Ⅰ类	Ⅰ类	Ⅰ类	Ⅱ类	Ⅰ类	Ⅱ类	Ⅴ类	Ⅰ类	Ⅰ类	Ⅳ类	Ⅰ类	Ⅰ类	Ⅰ类	Ⅰ类	Ⅰ类	Ⅰ类	Ⅰ类	Ⅰ类	Ⅰ类	Ⅰ类	Ⅰ类	Ⅰ类

续表25

站位名称	项目	pH	溶解氧	化学需氧量	高锰酸盐指数	BOD_5	总磷	总氮	氨氮	挥发酚	石油类	阴离子表面活性剂	氰化物	硫化物	氟化物	总砷	总汞	硒	六价铬	总铅	总镉	铜	锌
塘岙水库	样品数	4	4	4	4	4	4	4	4	4	4	4	4	4	4	4	4	4	4	4	4	4	4
	最大值	8.27	8.3	11	3	0.8	0.041	2.74	0.17	0.00015	0.04	0.025	0.002	0.024	0.078	0.00015	0.00002	0.0002	0.002	0.001	0.00005	0.0005	0.025
	最小值	7.30	7.2	6	1.8	0.25	0.033	1.47	0.09	0.00015	0.005	0.025	0.002	0.0025	0.051	0.00015	0.00002	0.0002	0.002	0.001	0.00005	0.0005	0.025
	均值	7.79	7.7	8	2.3	0.53	0.036	1.91	0.13	0.00015	0.02	0.025	0.002	0.0085	0.060	0.00015	0.00002	0.0002	0.002	0.001	0.00005	0.0005	0.025
	超Ⅲ率	0%	0%	0%	0%	0%	0%	100%	0%	0%	0%	0%	0%	0%	0%	0%	0%	0%	0%	0%	0%	0%	0%
	类别	Ⅰ类	Ⅰ类	Ⅰ类	Ⅱ类	Ⅰ类	Ⅲ类	Ⅴ类	Ⅰ类	Ⅰ类	Ⅰ类	Ⅰ类	Ⅰ类	Ⅰ类	Ⅰ类	Ⅰ类	Ⅰ类	Ⅰ类	Ⅰ类	Ⅰ类	Ⅰ类	Ⅰ类	Ⅰ类
大斜桥水库	样品数	2	2	2	2	2	2	2	2	2	2	2	2	2	2	2	2	2	2	2	2	2	2
	最大值	7.95	7.2	11	2.2	1.9	0.035	2.2	0.11	0.00015	0.04	0.025	0.002	0.011	0.078	0.00015	0.00002	0.0002	0.002	0.001	0.00005	0.0005	0.025
	最小值	7.45	6.8	8	1.2	0.8	0.032	1.58	0.08	0.00015	0.01	0.025	0.002	0.0025	0.077	0.00015	0.00002	0.0002	0.002	0.001	0.00005	0.0005	0.025
	均值	7.70	7.0	10	1.7	1.35	0.034	1.89	0.10	0.00015	0.03	0.025	0.002	0.0068	0.078	0.00015	0.00002	0.0002	0.002	0.001	0.00005	0.0005	0.025
	超Ⅲ率	0%	0%	0%	0%	0%	0%	100%	0%	0%	0%	0%	0%	0%	0%	0%	0%	0%	0%	0%	0%	0%	0%
	类别	Ⅰ类	Ⅱ类	Ⅰ类	Ⅰ类	Ⅰ类	Ⅲ类	Ⅴ类	Ⅰ类	Ⅰ类	Ⅰ类	Ⅰ类	Ⅰ类	Ⅰ类	Ⅰ类	Ⅰ类	Ⅰ类	Ⅰ类	Ⅰ类	Ⅰ类	Ⅰ类	Ⅰ类	Ⅰ类
新民水库	样品数	2	2	2	2	2	2	2	2	2	2	2	2	2	2	2	2	2	2	2	2	2	2
	最大值	7.84	8.2	16	4.8	1.7	0.035	1.88	0.11	0.00015	0.06	0.025	0.002	0.0025	0.063	0.00015	0.00002	0.0002	0.002	0.001	0.00005	0.0005	0.025
	最小值	7.61	8.2	2	2.41	0.25	0.026	1.82	0.10	0.00015	0.005	0.025	0.002	0.0025	0.056	0.00015	0.00002	0.0002	0.002	0.001	0.00005	0.0005	0.025
	均值	7.73	8.2	9	3.6	0.98	0.031	1.85	0.10	0.00015	0.03	0.025	0.002	0.0025	0.060	0.00015	0.00002	0.0002	0.002	0.001	0.00005	0.0005	0.025
	超Ⅲ率	0%	0%	0%	0%	0%	0%	100%	0%	0%	50%	0%	0%	0%	0%	0%	0%	0%	0%	0%	0%	0%	0%
	类别	Ⅰ类	Ⅰ类	Ⅰ类	Ⅱ类	Ⅰ类	Ⅲ类	Ⅴ类	Ⅰ类	Ⅰ类	Ⅰ类	Ⅰ类	Ⅰ类	Ⅰ类	Ⅰ类	Ⅰ类	Ⅰ类	Ⅰ类	Ⅰ类	Ⅰ类	Ⅰ类	Ⅰ类	Ⅰ类

续表25

站位名称	项目	pH	溶解氧	化学需氧量	高锰酸盐指数	BOD_5	总磷	总氮	氨氮	挥发酚	石油类	阴离子表面活性剂	氰化物	硫化物	氟化物	总砷	总汞	硒	六价铬	总铅	总镉	铜	锌
珠溪水库	样品数	4	4	4	4	4	4	4	4	4	4	4	4	4	4	4	4	4	4	4	4	4	4
	最大值	8.11	8.4	9	2	0.7	0.022	1.73	0.12	0.00015	0.03	0.025	0.002	0.006	0.045	0.00015	0.00002	0.0002	0.002	0.001	0.00005	0.0005	0.025
	最小值	7.18	7.0	2	1.4	0.25	0.016	1.43	0.07	0.00015	0.005	0.025	0.002	0.0025	0.027	0.00015	0.00002	0.0002	0.002	0.001	0.00005	0.0005	0.025
	均值	7.57	7.8	6	1.7	0.36	0.020	1.56	0.10	0.00015	0.01	0.025	0.002	0.0034	0.034	0.00015	0.00002	0.0002	0.002	0.001	0.00005	0.0005	0.025
	超Ⅲ率	0%	0%	0%	0%	0%	0%	100%	0%	0%	0%	0%	0%	0%	0%	0%	0%	0%	0%	0%	0%	0%	0%
	类别	Ⅰ类	Ⅰ类	Ⅰ类	Ⅰ类	Ⅰ类	Ⅱ类	Ⅴ类	Ⅰ类	Ⅰ类	Ⅰ类	Ⅰ类	Ⅰ类	Ⅰ类	Ⅰ类	Ⅰ类	Ⅰ类	Ⅰ类	Ⅰ类	Ⅰ类	Ⅰ类	Ⅰ类	Ⅰ类
隔溪张水库	样品数	6	6	6	6	6	6	6	6	6	6	6	6	6	6	6	6	6	6	6	6	6	6
	最大值	8.36	9.5	8	2	0.6	0.03	2.26	0.12	0.00015	0.02	0.025	0.002	0.0025	0.050	0.00015	0.00002	0.0002	0.002	0.001	0.00005	0.0005	0.025
	最小值	7.36	6.9	2	0.5	0.25	0.017	1.47	0.08	0.00015	0.005	0.025	0.002	0.0025	0.034	0.00015	0.00002	0.0002	0.002	0.001	0.00005	0.0005	0.025
	均值	7.72	8.2	6	1.3	0.31	0.022	1.72	0.10	0.00015	0.01	0.025	0.002	0.0025	0.040	0.00015	0.00002	0.0002	0.002	0.001	0.00005	0.0005	0.025
	超Ⅲ率	0%	0%	0%	0%	0%	0%	100%	0%	0%	0%	0%	0%	0%	0%	0%	0%	0%	0%	0%	0%	0%	0%
	类别	Ⅰ类	Ⅰ类	Ⅰ类	Ⅰ类	Ⅰ类	Ⅱ类	Ⅴ类	Ⅰ类	Ⅰ类	Ⅰ类	Ⅰ类	Ⅰ类	Ⅰ类	Ⅰ类	Ⅰ类	Ⅰ类	Ⅰ类	Ⅰ类	Ⅰ类	Ⅰ类	Ⅰ类	Ⅰ类
南盘水库	样品数	—	—	—	—	—	—	—	—	—	—	—	—	—	—	—	—	—	—	—	—	—	—
	最大值	7.69	9.1	10	2.6	0.8	0.049	2.48	0.16	0.00015	0.03	0.025	0.002	0.01	0.118	0.00015	0.00002	0.0002	0.002	0.001	0.00005	0.0005	0.025
	最小值	7.23	7.6	6	2.4	0.25	0.024	1.89	0.09	0.00015	0.005	0.025	0.002	0.0025	0.100	0.00015	0.00002	0.0002	0.002	0.001	0.00005	0.0005	0.025
	均值	7.47	8.1	8	2.5	0.48	0.037	2.20	0.12	0.00015	0.01	0.025	0.002	0.0044	0.109	0.00015	0.00002	0.0002	0.002	0.001	0.00005	0.0005	0.025
	超Ⅲ率	0%	0%	0%	0%	0%	0%	100%	0%	0%	0%	0%	0%	0%	0%	0%	0%	0%	0%	0%	0%	0%	0%
	类别	Ⅰ类	Ⅰ类	Ⅰ类	Ⅱ类	Ⅰ类	Ⅲ类	劣Ⅴ类	Ⅰ类	Ⅰ类	Ⅰ类	Ⅰ类	Ⅰ类	Ⅰ类	Ⅰ类	Ⅰ类	Ⅰ类	Ⅰ类	Ⅰ类	Ⅰ类	Ⅰ类	Ⅰ类	Ⅰ类

【近岸海域水质状况】 2020年,象山县近岸海域富营养化程度总体较高,水质较差。3个监控点位中,大目洋的2个点位(爵溪站位和大目洋站位)为四类水质,石浦港点位为劣四类水质,均不能满足近岸海域水环境功能要求。主要超标指标为无机氮和活性磷酸盐,其中无机氮指标在大目洋2个监测站位符合第四类海水水质标准,在石浦港超出第四类海水水质标准,评价结果为劣四类海水。

(一)大目洋二类区

监测结果表明:大目洋海域pH值、溶解氧、化学需氧量、石油类、铜、砷、镉、铅、汞和锌均符合第一类海水水质标准,无机氮评价结果为第四类海水,爵溪站位的活性磷酸盐符合第二类海水水质标准,大目洋站位的活性磷酸盐则符合第四类海水水质标准。

表26 **2020年大目洋二类区(爵溪站位)海域水质监测和评价结果统计表**

指标	类别	2019年	2020年	类别
pH	范围	8.00—8.01	8.05—8.06	一类
	均值	8.01	8.06	
化学需氧量(mg/L)	范围	0.48—1.28	0.87—1.36	一类
	均值	0.84	1.17	
石油类(μg/L)	范围	2.40—4.10	6—11	一类
	均值	3.2	8.5	
溶解氧(mg/L)	范围	8.35—8.57	7.37—8.18	一类
	均值	8.48	7.80	
汞(μg/L)	范围	<0.007—0.01	0.023—0.026	一类
	均值	0.011	0.024	
铜(μg/L)	范围	0.25—0.54	1.9—2.37	一类
	均值	0.40	2.15	
铅(μg/L)	范围	0.03—0.05	0.16—0.81	一类
	均值	0.04	0.40	
镉(μg/L)	范围	0.03—0.04	0.035—0.09	一类
	均值	0.03	0.057	
砷(μg/L)	范围	1.17—1.90	0.8—1.11	一类
	均值	1.57	0.91	
锌(μg/L)	范围	0.10—0.41	5.63—14.6	一类
	均值	0.21	8.67	
无机氮(mg/L)	范围	0.63—0.67	0.342—0.528	四类
	均值	0.651	0.438	
活性磷酸盐(mg/L)	范围	0.03—0.05	0.027—0.033	二类
	均值	0.037	0.029	

表27 **2020年大目洋二类区(大目洋站位)海域水质监测和评价结果统计表**

指标	类别	2019年	2020年	类别
pH	范围	7.99—8.02	8.02—8.03	一类
	均值	8.01	8.08	

续表27

指　标	类　别	2019 年	2020 年	类　别
化学需氧量(mg/L)	范　围	0.38—2.48	1.17—1.35	一　类
	均　值	1.32	1.27	
石油类(μg/L)	范　围	2.8—8.3	6—11	一　类
	均　值	5.6	8.5	
溶解氧(mg/L)	范　围	8.24—8.52	6.81—7.85	一　类
	均　值	8.35	7.32	
汞(μg/L)	范　围	<0.007—0.009	0.015—0.021	一　类
	均　值	0.009	0.018	
铜(μg/L)	范　围	0.22—0.53	1.0—1.43	一　类
	均　值	0.37	1.26	
铅(μg/L)	范　围	0.02—0.11	0.145—0.18	一　类
	均　值	0.51	0.16	
镉(μg/L)	范　围	0.031—0.038	0.027—0.053	一　类
	均　值	0.034	0.045	
砷(μg/L)	范　围	1.49—1.82	0.9—1.05	一　类
	均　值	1.61	0.99	
锌(μg/L)	范　围	0.14—0.40	2.5—5.77	一　类
	均　值	0.23	4.08	
无机氮(mg/L)	范　围	0.57—0.65	0.36—0.435	四　类
	均　值	0.610	0.401	
活性磷酸盐(mg/L)	范　围	0.03—0.05	0.037—0.045	四　类
	均　值	0.036	0.040	

（二）石浦港四类区

监测结果表明：石浦港海域pH值、溶解氧、化学需氧量、石油类、铜、砷、镉、铅、汞和锌符合第一类海水水质标准，活性磷酸盐符合第四类海水水质标准，无机氮超第四类海水水质标准，评价结果为劣四类海水。

表28　　**2020年石浦港四类区海域水质监测和评价结果统计表**

指　标	类　别	2019 年	2020 年	类　别
pH	范　围	7.96—7.98	7.94—8.09	一　类
	均　值	7.97	8.01	
化学需氧量(mg/L)	范　围	0.91—1.26	1.17—1.53	一　类
	均　值	1.08	1.34	
石油类(μg/L)	范　围	4.9—6.8	15—15	一　类
	均　值	5.8	15	

续表28

指　　标	类　别	2019 年	2020 年	类　　别
溶解氧(mg/L)	范　围	8.04—8.27	6.80—7.76	一　类
	均　值	8.11	7.29	
汞(μg/L)	范　围	<0.007—0.023	0.013—0.023	一　类
	均　值	0.018	0.022	
铜(μg/L)	范　围	0.28—0.51	1.0—2.9	一　类
	均　值	0.39	1.64	
铅(μg/L)	范　围	0.01—0.08	0.08—0.28	一　类
	均　值	0.04	0.16	
镉(μg/L)	范　围	0.02—0.05	0.05—0.06	一　类
	均　值	0.04	0.056	
砷(μg/L)	范　围	1.10—1.67	0.86—1.0	一　类
	均　值	1.46	0.9	
锌(μg/L)	范　围	0.11—0.24	2.3—7.2	一　类
	均　值	0.18	4.31	
无机氮(mg/L)	范　围	0.66—0.76	0.41—0.893	劣四类
	均　值	0.705	0.648	
活性磷酸盐(mg/L)	范　围	0.03—0.05	0.036—0.043	四　类
	均　值	0.041	0.039	

(三)营养状况

象山近岸海域水质均属营养型。2020年大目洋二类区爵溪站位3.30、大目洋站位4.53、石浦港四类区富营养化指数为7.53。根据海域水体水质营养等级划分标准,大目洋二类区爵溪站位和大目洋站位为中度富营养,石浦港四类区为重度富营养。与2019年相比,大目洋二类区爵溪站位营养程度保持不变,大目洋站位水质有所好转,由重度富营养转为中度富营养,石浦港水质营养级别不变,但程度有所加深。

表29　**2020年象山县近岸海域水质营养指数评价结果表**

区　域	2019 年营养指数	2019 年评价	2020 年营养指数	2020 年评价
爵　溪	4.44	中度富营养	3.30↓	中度富营养
大目洋	6.44	重度富营养	4.53↓	中度富营养
石浦港	6.97	重度富营养	7.53↑	重度富营养

(邵铭)

大气环境保护

【概况】 2020年,象山县环境空气质量总体稳中向好,全年监测天数为365天,达标天数共352天,达标天数比例为96.4%,与2019年相比上升1.3个百分点。超标13天,超标天数比例为3.6%,其中轻度污染12天,占全年的3.3%;中度污染1天,占0.3%;无重度污染和严重污染情况。环境空气质量综合指数为2.7,同比下降8.8%,空气质量优于上年,在宁波市排名保持第一,全省排名第19名,较2019年上升4名。对比主要污染物单项指数,细颗粒物、可吸入颗粒物和二氧化氮指数值下降较明显,2020年臭氧仍为主要污染物。

表 30

2020 年象山县环境空气质量情况表

单位：天

项目 时间	级别						达标天数 比例(%)
	Ⅰ	Ⅱ	Ⅲ	Ⅳ	Ⅴ	Ⅵ	
2019 年	175	171	18	0	0	0	95.1
2020 年	199	153	12	1	0	0	96.4

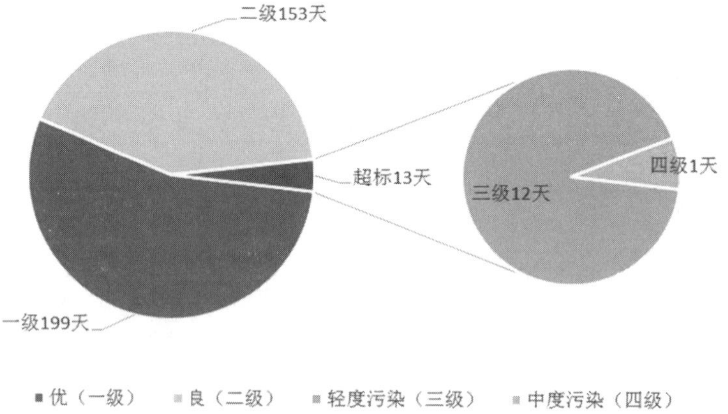

2020 年象山县空气质量指数类别年统计图

【中心城区空气质量】 2020 年，象山县中心城区监测天数为 361 天，达标天数共 345 天，达标天数比例为 95.6%。超标 16 天，超标天数比例为 4.4%，其中轻度污染 15 天，占全年的 4.2%；中度污染 1 天，占 0.2%；无重度污染和严重污染情况。2020 年环境空气质量综合指数较 2019 年有所下降，而对比主要污染物单项指数，细颗粒物和可吸入颗粒物指数值下降较明显，2020 年臭氧仍为主要污染物。

表 31

2020 年象山中心城区环境空气质量情况表

单位：天

项目 时间	级别						达标天数 比例(%)
	Ⅰ	Ⅱ	Ⅲ	Ⅳ	Ⅴ	Ⅵ	
2019 年	163	181	20	0	0	0	94.5
2020 年	184	161	15	1	0	0	95.6

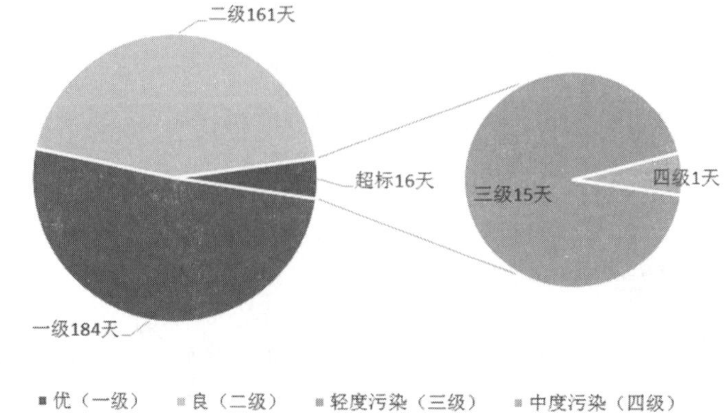

2020 年象山中心城区空气质量指数类别年统计图

（一）2020年中心城区环境空气质量评价结果

按《环境空气质量评价技术规范（试行）》（HJ 663—2013）评价，2020年中心城区环境空气质量综合指数为2.71，年度首要污染物为臭氧，其单项指数为0.83。

表32　　2020年象山中心城区环境空气各项污染物浓度及单项指数表

单位：除CO为mg/m^3外均为$\mu g/m^3$

时　间	指　　标	$PM_{2.5}$	PM_{10}	SO_2	NO_2	CO	O_3	综合指数
2019年	污染物浓度	23	43	7	21	1	135	—
2020年		18	38	6	19	1	133	—
2019年	环境空气质量指数	0.66	0.61	0.12	0.53	0.25	0.84	3.00
2020年		0.51	0.54	0.10	0.48	0.25	0.83	2.71

说明：CO采用24小时平均第95百分位数浓度；O_3采用日最大8小时滑动平均值第90百分位数浓度

（二）主要污染物

细颗粒物（$PM_{2.5}$）：2020年，中心城区细颗粒物浓度范围在2—93微克/立方米之间，年平均浓度为18微克/立方米，比2019年下降5微克/立方米，按年均值二级标准（35微克/立方米）评价为达标。按日均值二级标准（75微克/立方米）评价，超标4天，超标率1.11%，细颗粒物为首要污染物的天数为14天，另有1天和可吸入颗粒物同为首要污染物。

可吸入颗粒物（PM_{10}）：2020年，中心城区可吸入颗粒物浓度范围在4—160微克/立方米之间，年平均为38微克/立方米，比2019年下降6微克/立方米，按年均值二级标准（70微克/立方米）评价为达标，按日均值二级标准（150微克/立方米）评价，超标1天，可吸入颗粒物为首要污染物的天数为28天，另外有1天和细颗粒物同为首要污染物。

二氧化硫（SO_2）：2020年，中心城区二氧化硫浓度范围在3—17微克/立方米之间，年平均为6微克/立方米，比2019年下降1微克。按年均值二级标准（60微克/立方米）评价为达标，按日均值二级标准（150微克/立方米）评价，全年无超标天。二氧化硫为首要污染物的天数为0天。

二氧化氮（NO_2）：2020年，中心城区二氧化氮浓度范围在6—80微克/立方米之间，年平均为19微克/立方米，比2019年下降2微克/立方米，按年均值二级标准（40微克/立方米）评价为达标。按日均值二级标准（80微克/立方米）评价为达标，二氧化氮为首要污染物的天数为4天。

一氧化碳（CO）：2020年，中心城区一氧化碳浓度范围在0.3—1.2毫克/立方米之间，全年无超标天，年平均为0.6毫克/立方米，比2019年下降0.1毫克/立方米，一氧化碳24小时平均第95百分位数浓度为1.0毫克/立方米，年评价结果为达标，一氧化碳为首要污染物的天数为0天。

臭氧（O_3）：臭氧按照日最大8小时滑动平均浓度标准限值160微克/立方米评价，2020年象山中心城区臭氧超标共计11天，超标率为3.0%。臭氧日最大8小时滑动平均值第90百分位数浓度为133微克/立方米，年评价结果为达标，臭氧为主要污染物的天数为130天。

表33　　2020年象山中心城区主要污染物均值统计表

单位：除CO为mg/m^3外均为$\mu g/m^3$

时　间	$PM_{2.5}$	PM_{10}	SO_2	NO_2	CO	O_3
1月	37	64	6	25	0.7	72
2月	24	51	6	14	0.5	90
3月	18	44	4	20	0.5	93
4月	20	48	7	20	0.6	132
5月	16	35	7	16	0.7	119
6月	12	23	5	12	0.6	90
7月	12	25	4	12	0.6	82

续表33

时　间	$PM_{2.5}$	PM_{10}	SO_2	NO_2	CO	O_3
8月	11	22	8	10	0.6	74
9月	13	25	6	16	0.6	116
10月	13	28	7	19	0.6	105
11月	16	35	8	25	0.7	80
12月	27	50	8	35	0.7	67
年平均	18	38	6	19	0.6	93

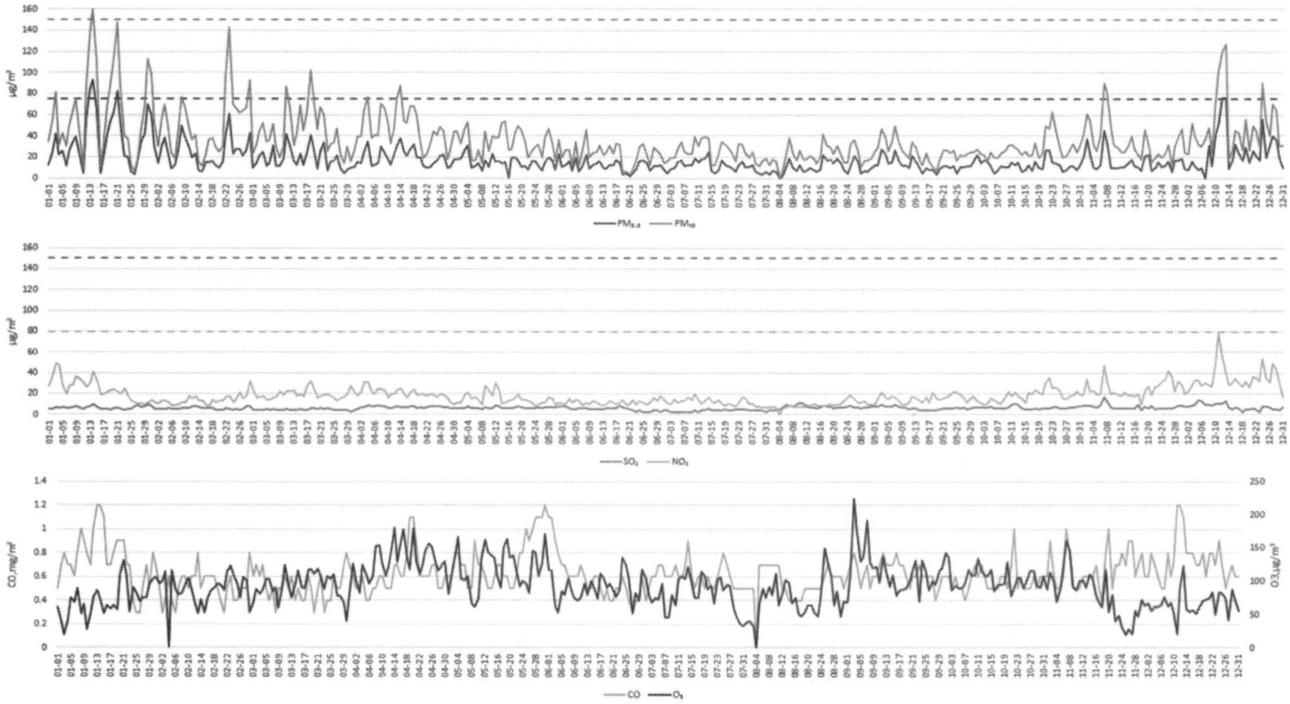

2020年象山中心城区全年各主要污染物大气浓度变化图

【石浦地区环境空气质量】 2020年，石浦地区监测天数为359天，达标天数共347天，达标天数比例为96.7%。超标12天，超标天数比例为3.3%，其中轻度污染11天，占全年的3.1%；中度污染1天，占0.2%；无重度污染和严重污染情况。2020年环境空气质量综合指数较2019年有所下降，而对比主要污染物单项指数，细颗粒物指数值下降较明显，一氧化碳指数有小幅升高，臭氧仍为主要污染物。

表34　**2020年象山石浦地区环境空气质量情况表**

单位：天

项　目 时　间	级　　别						达标天数 比例(%)
	Ⅰ	Ⅱ	Ⅲ	Ⅳ	Ⅴ	Ⅵ	
2019年	181	161	13	0	0	0	96.3
2020年	191	156	11	1	0	0	96.7

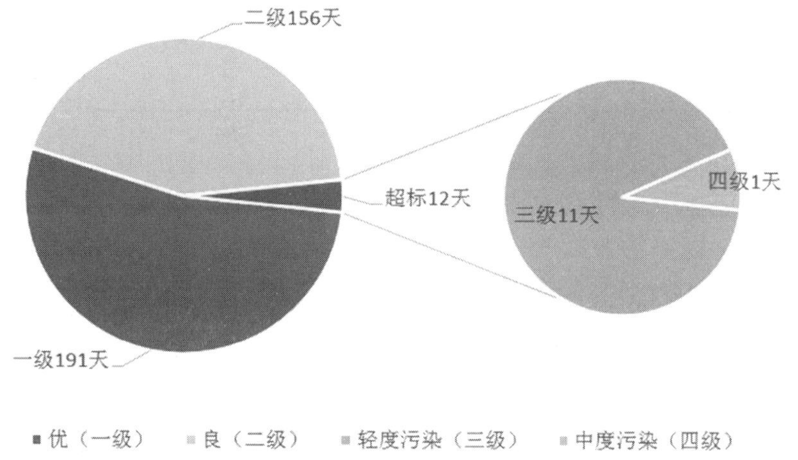

2020 年象山石浦地区空气质量指数类别年统计图

（一）2020 年石浦地区环境空气质量评价结果

按《环境空气质量评价技术规范（试行）》（HJ 663—2013）评价，2020 年石浦地区环境空气质量综合指数为 2.77，年度首要污染物为臭氧，其单项指数为 0.84。

表 35　**2020 年象山石浦地区环境空气各项污染物浓度及单项指数一览表**

单位：除 CO 为 mg/m^3 外均为 $\mu g/m^3$

时　间	指　　标	$PM_{2.5}$	PM_{10}	SO_2	NO_2	CO	O_3	综合指数
2019 年	污染物浓度	25	39	8	19	1.1	129	—
2020 年		18	36	8	18	1.3	134	—
2019 年	环境空气质量指数	0.71	0.56	0.13	0.48	0.28	0.81	2.97
2020 年		0.51	0.51	0.13	0.45	0.33	0.84	2.77

说明：CO 采用 24 小时平均第 95 百分位数浓度；O_3 采用日最大 8 小时滑动平均值第 90 百分位数浓度

（二）主要污染物

细颗粒物（$PM_{2.5}$）：2020 年，石浦细颗粒物浓度范围在：3—73 微克/立方米之间，年平均浓度为 18 微克/立方米，比 2019 年下降 7 微克/立方米，按年均值二级标准（35 微克/立方米）评价，达标。按日均值二级标准（75 微克/立方米）评价，全年无超标天。细颗粒物为首要污染物的天数为 13 天。

可吸入颗粒物（PM_{10}）：2020 年，石浦可吸入颗粒物浓度范围在 3—113 微克/立方米之间，年平均为 36 微克/立方米，比 2019 年下降 3 微克/立方米，按年均值二级标准（70 微克/立方米）评价达标，按日均值二级标准（150 微克/立方米）评价，全年无超标天，可吸入颗粒物为首要污染物的天数为 12 天，另有 2 天和臭氧同为首要污染物。

二氧化硫（SO_2）：2020 年石浦二氧化硫浓度范围在 3—20 微克/立方米之间，年平均为 8 微克/立方米，与 2019 年持平，按年均值二级标准（60 微克/立方米）评价为达标，按日均值二级标准（150 微克/立方米）评价，全年无超标天。二氧化硫为首要污染物的天数为 0 天。

二氧化氮（NO_2）：2020 年，石浦二氧化氮浓度范围在 5—68 微克/立方米之间，年平均为 18 微克/立方米，比 2019 年下降 1 微克/立方米，按年均值二级标准（40 微克/立方米）评价为达标。按日均值二级标准（80 微克/立方米）评价为达标，二氧化氮为首要污染物的天数为 4 天。

一氧化碳（CO）：浓度范围在 0.2—1.9 毫克/立方米之间，全年无超标天，年平均为 0.6 毫克/立方米，比 2019 年下降 0.1 毫克/立方米，一氧化碳 24 小时平均第 95 百分位数浓度为 1.3 毫克/立方米，年评价结果为达标，无一氧化碳为首要污染物天数。

臭氧（O_3）：按照日最大 8 小时滑动平均浓度标准限值 160 微克/立方米评价，2020 年象山石浦臭氧超标共计 12 天，超标率为 3.3%。臭氧日最大 8 小时滑动平均值第 90 百分位数浓度为 134 微克/立方米，年评价结果为达标，臭氧为首要污染物的天数为 137 天。

表 36

2020 年象山石浦主要污染物均值统计表

单位：除 CO 为 mg/m³ 外均为 μg/m³

时间	$PM_{2.5}$	PM_{10}	SO_2	NO_2	CO	O_3
1月	27	42	6	21	1.3	75
2月	20	37	7	14	0.7	92
3月	16	37	7	16	0.6	93
4月	22	51	11	23	0.5	127
5月	17	40	7	17	0.5	122
6月	14	30	7	15	0.5	104
7月	13	29	7	13	0.5	91
8月	12	26	6	11	0.5	66
9月	13	27	7	15	0.6	119
10月	12	30	10	16	0.5	107
11月	17	36	8	23	0.6	82
12月	27	45	6	30	0.7	66
年平均	18	36	8	18	0.6	95

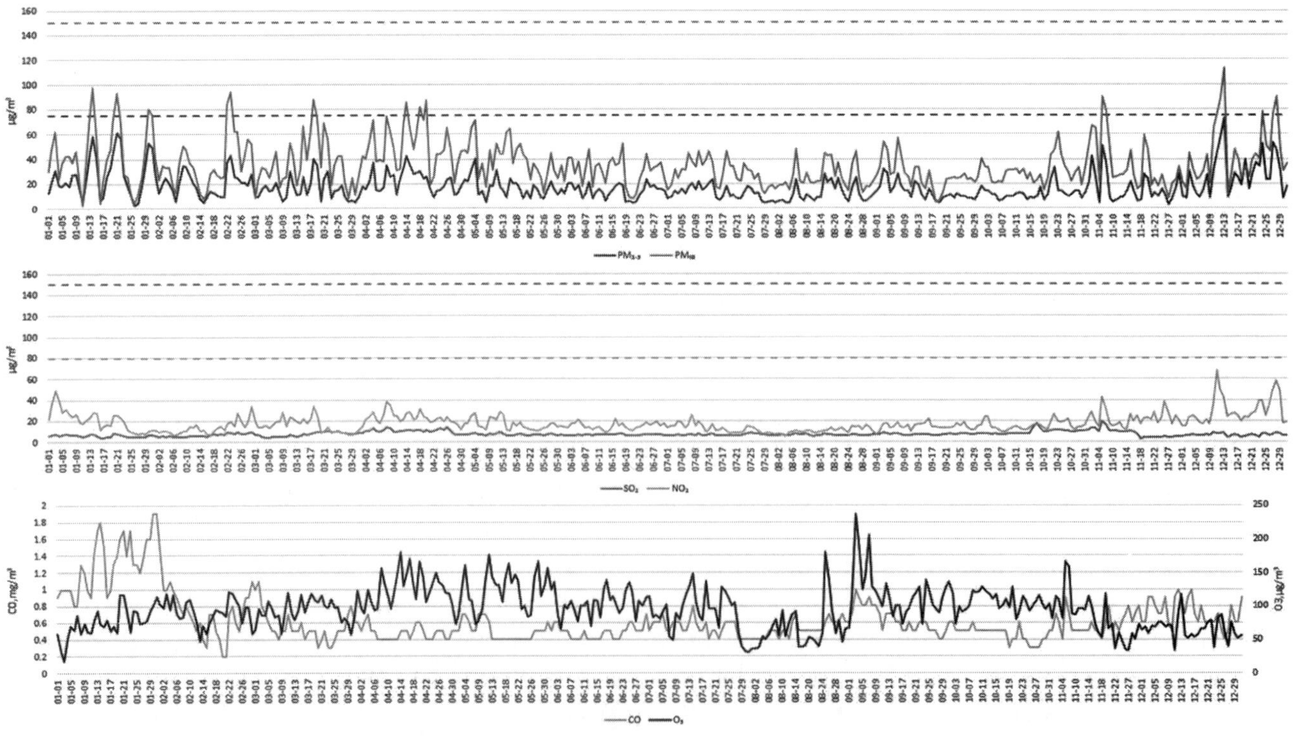

2020 年象山石浦全年各主要污染物大气浓度变化图

【西周地区环境空气质量】 2020年西周地区监测天数为365天，达标天数共349天，达标天数比例为95.6%。超标16天，超标天数比例为4.4%，其中轻度污染16天，占全年的4.4%；无中度污染、重度污染和严重污染情况。2020年环境空气质量综合指数较2019年有所下降，而对比主要污染物单项指数，常规六项污染物单项指数均不同程度下降，其中细颗粒物、可吸入颗粒物和二氧化氮指数值下降较明显，2020年臭氧仍为主要污染物。

表37 **2020年象山西周地区环境空气质量情况表**

单位：天

项 目 时 间	级 别						达标天数 比例(%)
	Ⅰ	Ⅱ	Ⅲ	Ⅳ	Ⅴ	Ⅵ	
2019年	150	182	31	0	0	0	91.2
2020年	202	147	16	0	0	0	95.6

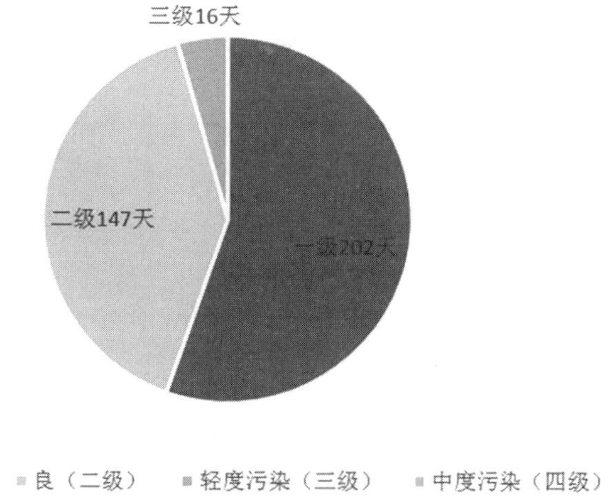

2020年象山西周地区空气质量指数类别年统计图

（一）2020年西周地区环境空气质量评价结果

按《环境空气质量评价技术规范（试行）》（HJ 663—2013）评价，2020年西周地区环境空气质量综合指数为2.83，年度首要污染物为臭氧，其单项指数为0.83。

表38 **象山西周地区环境空气各项污染物浓度及单项指数表**

单位：除CO为mg/m^{3}外均为μg/m^3

时 间	指 标	$PM_{2.5}$	PM_{10}	SO_2	NO_2	CO	O_3	综合指数
2019年	污染物浓度	26	37	13	21	1.1	153	/
2020年		23	31	12	18	1	132	/
2019年	环境空气质量指数	0.74	0.53	0.22	0.53	0.28	0.96	3.26
2020年		0.66	0.44	0.20	0.45	0.25	0.83	2.83

说明：CO采用24小时平均第95百分位数浓度；O_3采用日最大8小时滑动平均值第90百分位数浓度

（二）主要污染物

细颗粒物（$PM_{2.5}$）：2020年，西周细颗粒物浓度范围在3—93微克/立方米之间，年平均浓度为23微克/立方米，与上年相比下降3微克/立方米。按年均值二级标准（35微克/立方米）评价，达标。按日均值二级标准（75微克/立方米）评价，超标4天，超标率1.1%，细颗粒物为首要污染物的天数为30天。

可吸入颗粒物（PM_{10}）：2020年，西周可吸入颗粒物浓度范围在4—182微克/立方米之间，年平均为31微克/立方米，比2019年下降6微克/立方米，按年均值二级标准（70微克/立方米）评价，达标，按日均值二级标准（150微克/立方米）评价，超标1天，超标率0.3%，可吸入颗粒物为首要污染物的天数为16天。

二氧化硫（SO_2）：2020年，西周二氧化硫浓度范围在7—26微克/立方米之间，年平均为12微克/立方米，比2019年下降1微克/立方米，按年均值二级标准（60微克/立方米）评价为达标，按日均值二级标准（150微克/立方米）评价，全年无超标天，二氧化硫为首要污染物的天数为0天。

二氧化氮（NO_2）：2020年，西周二氧化氮浓度范围在6—64微克/立方米之间，年平均为18微克/立方米，比2019年下降3微克/立方米，按年均值二级标准（40微克/立方米）评价为达标。按日均值二级标准（80微克/立方米）评价为达标，二氧化氮为首要污染物的天数为2天。

一氧化碳（CO）：2020年，西周一氧化碳浓度范围在0.4—1.2毫克/立方米之间，全年无超标天，年平均为0.6毫克/立方米，与上年相比下降0.1毫克/立方米。一氧化碳24小时平均第95百分位数浓度为1.0毫克/立方米，年评价结果为达标，一氧化碳为首要污染物的天数为0天。

臭氧（O_3）：2020年，西周臭氧按照日最大8小时滑动平均浓度标准限值160微克/立方米评价，2020年西周臭氧超标共计14天，超标率为3.8%。臭氧日最大8小时滑动平均值第90百分位数浓度为132微克/立方米，年评价结果为达标，臭氧为首要污染物的天数为115天。

表39　**2020年象山西周主要污染物均值统计表**

单位：除CO为 mg/m^3 外均为 $\mu g/m^3$

时　间	$PM_{2.5}$	PM_{10}	SO_2	NO_2	CO	O_3
1月	37	34	11	24	0.9	69
2月	21	30	11	15	0.6	89
3月	16	28	11	18	0.5	95
4月	25	39	13	19	0.6	133
5月	24	32	9	16	0.6	123
6月	16	20	10	13	0.6	86
7月	18	23	14	12	0.6	77
8月	15	19	15	9	0.5	71
9月	20	24	14	14	0.6	107
10月	20	28	9	19	0.6	98
11月	27	33	10	26	0.6	73
12月	34	61	14	34	0.8	58
年平均	23	31	12	18	0.6	90

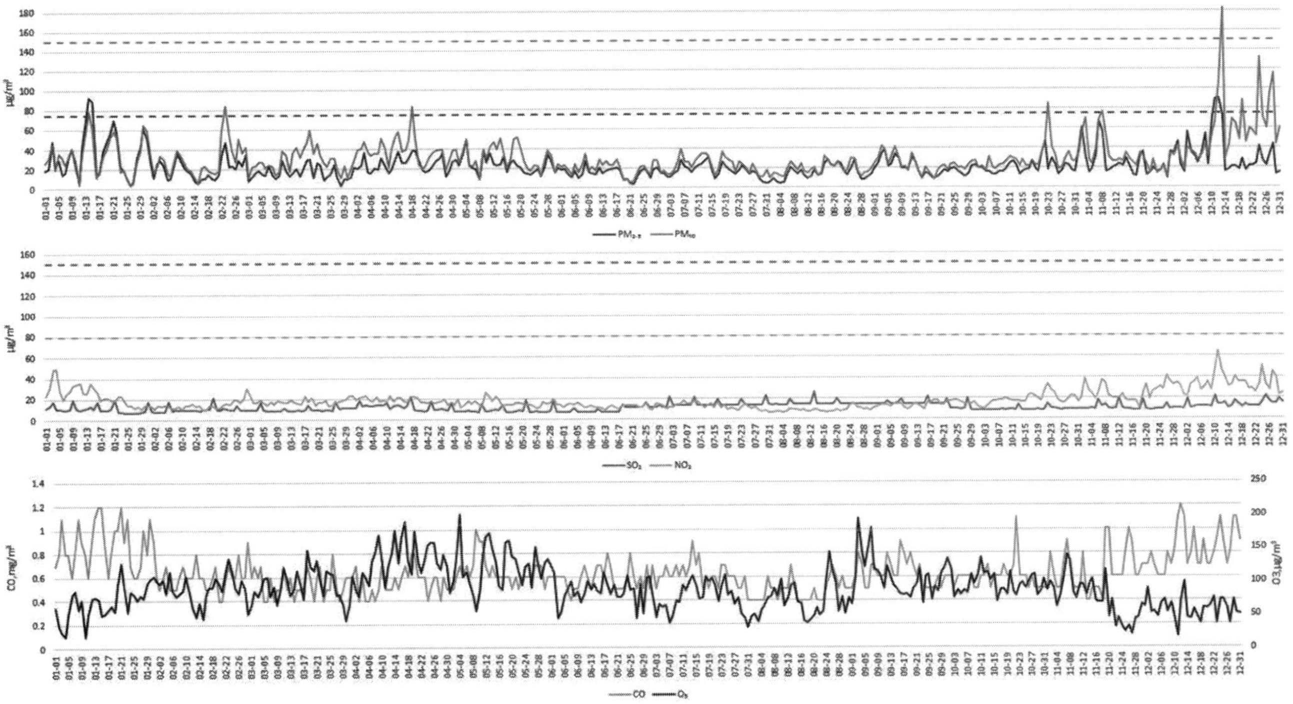

2020 年象山西周全年各主要污染物大气浓度变化图

【酸雨现状】 象山县 2020 年降雨量为 872 毫米,与上年相比降雨量下降 492 毫米,全年单次降水 pH 测值在 4.46—6.80 之间波动,全县降水 pH 年平均值为 5.56,降雨 pH 上升,属于轻酸雨区。全年共采集雨水样品 37 个,年酸雨率 48.6%,酸雨率与上年相比下降 31.4%。其中较强酸性样品 3 个,占总数的 8.1%,弱酸性样品 15 个,占总数的 40.5%,中性样品 19 个,占总数的 51.4%。城区降水中各种离子浓度值波动较大,阴离子浓度由高到低的顺序是氯离子、硝酸根离子、硫酸根离子、氟离子;阳离子浓度由高到低的顺序是钙离子、铵根离子、钾离子、钠离子、镁离子。

表 40　　**2020 年象山县降水情况表**

年　份	降水量（毫米）	pH 值	样品数（个）	酸雨率（%）	较强酸性（个）	弱酸性（个）	中性（个）
2019 年	1364	5.07	50	80	1	45	4
2020 年	872	5.56	37	48.6	3	15	19

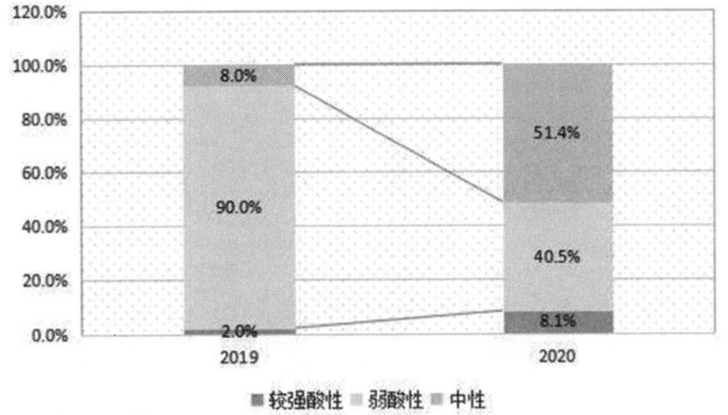

2019、2020 年象山县降水酸度分级频率分布图

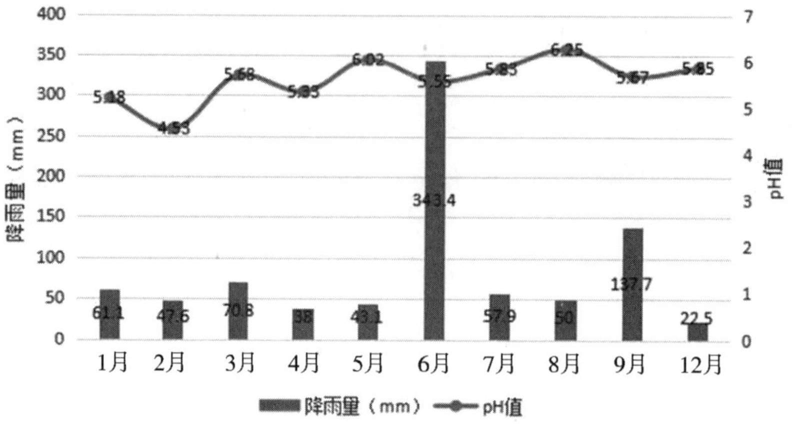

2020 年象山县降雨量与降水酸度月变化图(10、11 月未采集到雨水样)

象山县 2020 年降尘量为 18.05t/km²,全年月降尘测值在 0.65—2.5 t/km² 之间波动,全县降尘均值为 1.50t/km²。

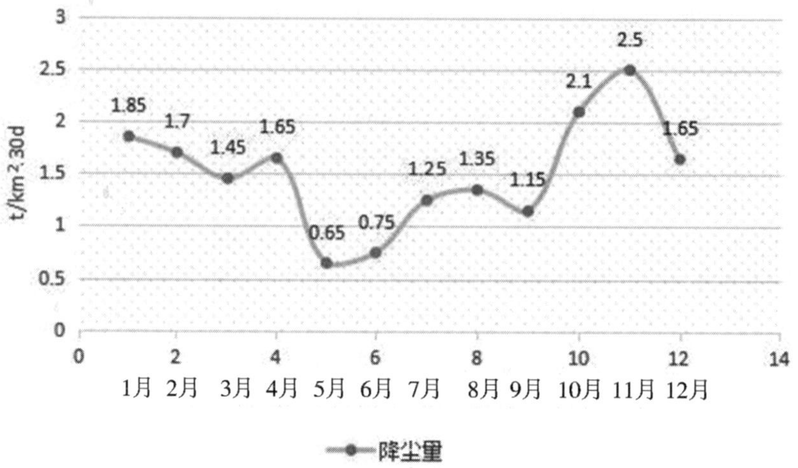

2020 年象山县降尘量月变化图

表 41

2020 年象山县降水监测统计表

时间	采雨总数(个)	降雨量(毫米)	酸雨率(%)	pH 值		电导率	降水化学成分 mg/L								
				范　围	均值	μs/cm	SO_4^{2-}	NO_3^-	F^-	Cl^-	NH_4^+	Ca^{2+}	Mg^{2+}	Na^+	K^+
1月	3	61.1	66.7	4.46—5.75	5.18	3.57	5.60	4.05	0.028	6.26	0.16	0.50	0.05	0.11	0.18
2月	3	47.6	100.0	4.47—4.62	4.53	9.07	3.00	3.75	0.100	3.92	0.18	0.341	0.041	0.12	0.23
3月	3	70.8	66.7	4.85—6.66	5.68	3.0	2.43	2.43	0.047	3.44	0.17	0.47	0.06	0.11	0.19
4月	2	38.0	100.0	5.20—5.46	5.33	3.45	2.60	3.42	0.019	2.23	0.14	0.36	0.10	0.16	0.15
5月	3	43.1	0.0	5.61—6.80	6.02	3.1	1.57	2.1	0.006	4.49	0.19	0.42	0.18	0.20	0.12
6月	10	343.4	40.0	4.84—5.98	5.55	1.57	0.64	0.98	0.008	2.03	0.16	0.37	0.16	0.09	0.17
7月	5	57.9	40.0	5.02—6.47	5.83	3.36	1.72	3.54	0.016	4.07	0.15	0.52	0.30	0.16	0.16
8月	1	50.0	0.0	6.25	6.25	4.6	4.39	2.85	0.040	15.40	1.3	0.842	0.04	0.19	0.12
9月	6	137.7	50.0	5.08—6.54	5.67	1.4	2.45	3.65	0.038	2.56	1.06	0.50	0.13	0.13	0.15

续表41

时间	采雨总数(个)	降雨量(毫米)	酸雨率(%)	pH值		电导率	降水化学成分 mg/L								
				范　围	均值	μs/cm	SO_4^{2-}	NO_3^-	F^-	Cl^-	NH_4^+	Ca^{2+}	Mg^{2+}	Na^+	K^+
12月	1	22.5	0.0	5.85	5.85	4.8	4.42	7.59	0.029	3.93	1.12	0.45	0.09	0.16	0.33
合计	37	872.1	48.6	4.46—6.80	5.56	3.79	2.88	3.44	0.033	4.83	0.46	0.48	0.12	0.14	0.18

（邵铭）

声环境保护

【概况】 2020年，象山县昼间区域环境噪声等效声级为54.6dB，与上年相比上升0.3dB，符合《声环境质量标准》（GB 3096—2008）1类区标准，城市声环境质量等级属。城区整体噪声污染水平基本稳定，昼间交通噪声均值为63.7dB，符合《声环境质量标准》4a类昼间标准，水平属于好，测点的达标率为100%。城区4类功能区昼间噪声均达标，夜间噪声时有超标，总体声环境质量得到一定改善。

【区域环境噪声】 象山县城区区域噪声按照400米×400米划分为113个网格，1类区域65个测点，2类区域20个测点，3类区域28个测点。2020年5月进行昼间监测，取得数据113组，测得昼间区域环境噪声等效声级为54.6dB，与上年相比上升0.3dB。2020年区域环境噪声等效声级符合《声环境质量标准》（GB 3096—2008）1类区标准，城市声环境质量等级属。

【道路交通噪声】 2020年5月对城区道路交通噪声14个监测路段28个测点进行监测，共取得数据28组，测点的昼间交通噪声均值为63.7dB，符合《声环境质量标准》4a类昼间标准，水平属于好，测点的达标率为100%，达标率比上年增加21.4%。

表42　　2020年象山县城区交通昼间噪声监测统计表

序号	路段名称	路段长(米)	路段宽(米)	测点	车流量(辆/小时)	Leq(dB)	L10(dB)	L50(dB)	L90(dB)
1	建设路	1173	18	丹东街道劳动和社会保障综合服务中心	459	65.2	69	62.9	54.7
				新光大宾馆	486	68.3	71.1	66.3	60.7
2	靖南路	1985	24	大脚板浴场	756	64.7	67.1	60.6	55.5
				春夏秋冬	819	66	67.9	62	57.5
3	丹峰路	2363	26	宝德汽车美容养护中心	1074	68.3	71.1	67.4	62.2
				丹峰西路189号	594	66.7	69.8	65.1	60.2
4	象山港路	3274	60	宏利集团	1536	67.8	71.1	65.5	60.4
				象山县应急管理局	1584	69.7	73.4	66.8	60.7
5	巨鹰路	1811	60	东河花园二期	549	64.3	67.7	61.3	55.1
				山水人家	609	67.7	71.3	64.6	54.4
6	东谷湖路	1247	38	文峰小区东门	381	63	66.8	60.2	50.1
				汇东超市	651	63.4	67.1	61	51.2
7	新华路	1010	30	环保局	480	61	63.5	59.6	55.6
				大东海休闲城	687	63.6	65.4	59.6	54.7
8	育才路	1100	24	文峰小区西门	468	63.7	64	61	57.5

续表42

序号	路段名称	路段长(米)	路段宽(米)	测点	车流量(辆/小时)	Leq(dB)	L10(dB)	L50(dB)	L90(dB)
9	天安路	1394	40	春天百货	381	60.4	62.1	58.2	55.2
				中国银行总行	798	61	63.2	59.5	56.3
				消防大队	546	61.9	63.8	60	57
10	新丰路	766	40	供电局	642	60.4	62.8	59	55.2
				南门中学	369	61.7	63.1	60.3	56
11	环城西路	972	26	环城西路31号	567	58.3	61	55.8	50.8
				城西365线21号	615	61	63.2	59.5	56.3
12	丹南路	1350	24	新长城饭店	639	61.9	63.8	60	57
				新客运中心	771	63	64.5	60.3	56.1
13	丹阳路	945	32	水木华庭	444	61.7	65.9	57	48.2
				实验小学南门	399	59.9	61.2	55.3	51.8
14	丹河路	432	24	象山县海洋与渔业局	618	62.3	65.8	60	53

【功能区噪声】 2020年对城区4类功能区噪声进行了四期24小时连续监测，监测结果表明居民区昼间噪声全部达标，夜间噪声东河花园在11月超标0.6分贝，瀛洲小区均达标；混合区昼夜间噪声全部达标，达标率为100%；工业区昼夜间噪声同样全部达标，达标率为100%；交通干线两侧昼间噪声全部达标，靖南路夜间噪声均达标，象山港路夜间噪声于5月和11月分别超标0.9分贝和1.9分贝，天安路夜间噪声于10月超标1.5分贝，其余时间均达标。

表43　**2020年象山县城区功能区噪声监测统计结果监测情况表**

单位：dB

类别项目	一类标准区		二类标准区		三类标准区		四类标准区	
功能区	居民区		混合区		工业区		交通干线两侧	
测点	东河花园	瀛洲小区	步行街	计生局	工业园区	靖南路	象山港路	天安路
1月 L_d	47.7	50.5	55.3	50.9	61.1	64.2	62.1	62.2
1月 L_n	42.5	41.1	48.2	47.3	50.4	53.0	51.1	51.3
1月 L_{dn}	46.0	47.3	52.9	49.7	57.6	56.7	58.4	58.5
5月 L_d	49.6	50.3	51.8	51.8	51.3	59.3	62.9	60.6
5月 L_n	43.8	42.5	47.8	47.8	47.1	46.7	55.9	47.4
5月 L_{dn}	47.7	47.7	50.5	50.5	49.9	55.1	60.6	56.2
7/8月 L_d	49.9	52.2	57.4	54.4	58.3	63.3	61.7	62.2
7/8月 L_n	43.2	42.7	49.5	46.0	53.7	54.4	54.7	54.5
7/8月 L_{dn}	47.7	49.0	54.8	51.6	56.8	60.3	59.4	59.7

续表43

类别项目	一类标准区		二类标准区		三类标准区		四类标准区	
10/11 月 L_d	52.5	50.2	53.4	51.9	60.1	60.6	63.4	63.5
10/11 月 L_n	45.6	43.3	47.7	46.8	53.7	51.7	56.9	56.5
10/11 月 L_{dn}	50.2	47.9	51.5	50.2	58.0	57.6	61.2	61.1

（邵铭）

自然生态环境保护

【概况】 2020 年，象山县围绕加快建设宁波现代化滨海城区目标，打好蓝天、碧水、净土三大保卫战，着力解决人民群众反映强烈的突出生态环境问题，以当好“重要窗口”模范生为新目标新定位，高水平推进全县生态环境保护工作跃上新台阶，实现生态环境质量改善，公众生态满意度提升。环境空气优良率为 96.4%，细颗粒物 PM2.5 均值 18 微克/立方米，环境空气质量保持全市第一，全省排名第 19 名。全县 1 个国控断面浮礁渡断面、4 个市控及以上河流断面、5 个县控断面水质总体良好，全部达到Ⅲ类水环境功能区要求；14 个县级和农村千吨万人集中式饮用水源地水质达标率为 100%。

【推进蓝天保卫战】 制定印发《象山县重污染天气应急预案》，落实工业企业 VOC 污染整治和电镀整治，完成无组织排放深度治理，开展机动车上路排气检测，坚持从源头把控，降低排放，治污、科学治污、铁腕治污。2020 年，象山县环境空气质量保持全市第一，全省排名第 19 名，较 2019 年上升 4 名。全县环境空气质量综合指数为 2.7，同比下降 8.8%；环境空气监测天数 365 天，优良天数 352 天，优良率 96.4%，同比上升 1.3%；细颗粒物 PM2.5 均值为 18 微克/立方米，同比下降 25%。

【再夺省治水最高荣誉“大禹鼎”】 2020 年，象山县坚持以改善水环境质量为核心，打响“两创建一一提升”的治水组合拳，以河（湖）长制为重要抓手，推进“污水零直排区”和美丽河道创建，提升公众对治水工作满意度。全县水环境质量提升，1 个国家“水十条”地表水流域考核断面（大塘港浮礁渡断面）功能区达标率 100%，水质优良率 100%，4 个市控断面和 5 个县控断面均达到目标水质要求，14 个县级和农村千吨万人集中式饮用水源地水质达标率为 100%。2020 年 8 月，象山县荣获 2019 年度“五水共治”（河长制）工作优秀市县“大禹鼎”，这是象山继 2016 年度、2017 年度之后，第三次夺得全省治水领域的最高荣誉。

【成立宁波首批饮用水水源地环境保护站】 以县级主要饮用水水源水库为重点，通过开展专项巡查活动，并建立健全长效管理机制，严厉打击垂钓、游泳、烧烤及其他可能污染饮用水水体的活动，保障饮用水安全，确保饮用水源水质优良、水量充足、水生态良好。2020 年 6 月，市生态环境局象山分局与县水务集团在上张水库举行饮用水水源地环境保护分站授牌仪式，对县水务集团授牌成立饮用水水源地环境保护站，对仓岙、溪口、上张、隔溪张、平潭和大塘港 6 个饮用水水源地保护区授牌成立环保分站。

【加强土壤污染防治】 完成全县土壤污染状况详查，实施污染耕地安全利用与严格管控，开展污染地块调查与治理修复，实现受污染耕地安全利用率达到 92%左右、污染地块安全利用率达到 92%以上的目标。开展全县 29 块农用地、工业用地、未利用和建设用地中用途变更为住宅、公共管理和公共服务用地的土壤污染状况调查工作，完成评审 16 家。电镀整治工作，实现“十三五”重金属排放量较 2013 年下降 10%的目标。

【开展国家生态文明建设示范县复评】 统筹推进新时代美丽象山建设，创建“绿水青山就是金山银山”实践创新基地，开展国家级生态文明建设示范县复查资料编制工作和《生态文明建设规划》修编工作，编制完成国家级和省级两套复查资料，共计 89 个指标说明。在全县范围内收集生态文明建设亮点，初步拟定三条复查线路并进行现场踏勘，同时策划宣传方案，营造迎检氛围，提高群众参与度和满意度，迎接验收。

（邵铭）

交通运输

综述

2020年是建成小康社会和"十三五"规划的收官之年,县交通运输局对照县委、县政府"围绕一个主题、坚持一个原则、把握一个基调、实施四个年活动"总体部署,奋力抗击新冠肺炎疫情,加快行业复产复工,稳定交通投资,行业运行保持基本平稳,党建文明工作齐头并进,交通运输各项工作取得明显成效,"十三五"综合交通运输发展规划圆满收官。

交通基础设施建设

【概况】 截至2020年年底,全县拥有公路里程1508.159公里,公路网密度达109.13公里/百平方公里。其中:国道公路2条(G1523、G527),52.208公里;省道公路3条(茅石线、盛宁线、象西线),129.199公里;县道公路18条,310.167公里;乡道公路39条,191.746公里;专用公路4条,13.827公里;村道公路776条,811.012公里。高速公路45.705公里,一级公路155.96公里,二级公路35.485公里,三级公路376.793公里,四级公路894.216公里。桥梁330座,总计26.789公里,隧道54座,总计23.329公里。

【象山丹大线产业区至大徐段改建工程通过交工验收】 1月13日,象山丹大线产业区至大徐段改建工程通过交工验收。该工程起点与环港公路相交,终点接大徐镇盛宁线,全线长4.4公里,按一级公路双向四车道标准设计,设计速度为80公里/小时,概算总投资30837万元,于2017年4月25日动建,建设工期27个月。

【亚帆中心配套道路工程复工】 2月12日,亚帆中心配套道路工程1标段首批48名复工人员进场施工,该工程项目成立疫情防控领导小组,分路基开挖、挡墙施工、桥涵3个班组,确保工程安全有序推进。该工程总里程12.824公里,由亚帆东路、亚帆南路、核心区三条道路组成,计划于2021年5月底具备通车条件。

【象山县3个乡镇获评2019年度"四好农村路"示范乡镇】 3月10日,宁波市高水平建设"四好农村路"工作领导小组办公室公布2019年度"四好农村路"示范乡镇考核结果,全市16个乡镇通过考核,象山县高塘岛乡、西周镇、大徐镇榜上有名。象山县依托自然人文资源优势,因地制宜,优化公路环境,提升路网布局,同时结合全域旅游创建、美丽集镇建设等行动,统筹推进农村公路"建管养运融",创建"四好农村路"全国示范县,为高质量实施"乡村振兴"战略提供保障。

【东溪岭隧道及接线工程方案座谈会召开】 3月20日,东溪岭隧道及接线工程方案座谈会召开。该工程起于东陈乡樟岙村,终于新桥镇东溪村,全线长7.05公里,其中隧道长1810米,规划为一级公路,设计速度60公里/小时。该项目是2020年县重大前期工程。与会代表听取设计单位方案汇报,对线位方案所涉及的区域路网、土地征用、政策处理、资金筹措等方面进行讨论,提出建设性意见。

【石浦高速公路定塘连接线(马漕线改建)工程通过交工验收】 4月29日,石浦高速公路定塘连接线(马漕线改建)工程通过交工验收,于5月1日正式通车试运行。该项目路线起自茅石线K30+700,终点至沿海南线K24+450,路线全长10.06公里,采用一级公路设计标准,设计速度80公里/小时,项目概算总投资约8.1亿元。全线共设置大桥2座、中桥9座、小桥2座,分离式隧道1座,左右洞洞长均为1310米,全线采用沥青混凝土路面。

【市交通管理中心对亚帆中心配套道路工程开展半年度综合检查】 5月11日,宁波市交通工程管理中心对亚帆中心配套道路工程进行半年度质量、安全和造价综合检查。本次大检查分综合、质量、安全、检测、监理合同造价5个小组,对各参建单位质量管理行为、施工工艺、实体质量、造价合同管理、安全管理、环保、"品质工程"创建活动情况进行检查,并对相应工程内业资料进行检查。

【象山人大代表团视察沿海南线海宁路至白云路段拓宽改建工程】 5月底,象山人大代表团视察沿海南线海宁路至白云路段拓宽改建工程。该工程起于海宁路交叉口,路线由东往西,经蒋家湾村东侧,接入现状沿海南线,通过规划白云路与浙江省三门湾大桥及连接工程石浦连接线石浦互通相接,终于金石运河桥桥头,全长3.141公里。

两侧拓宽改建后路基宽度由20米拓宽至34米，行车道由双向四车道增加为双向六车道，工程概算总投资24242.25万元。

【象山县丹城至林善岙公路工程（二期）通过竣工验收】 6月5日，象山县丹城至林善岙公路工程（二期）竣工验收会议召开，竣工验收委员会代表通过现场踏勘，查阅资料，听取汇报，并进行仔细研究和评议，认为该工程质量基本符合技术标准设计和规范要求，最终审定为优良工程，同意通过竣工验收。

【象山县鹤浦镇双湾至大文沙公路工程开工】 7月8日，象山县鹤浦镇双湾至大文沙公路工程举行开工仪式。该项目起于南双线双湾村道，终于大文沙村道，全长4.593公里，路基宽度6.5米，按四级双向两车道标准设计，总投资5427万元，计划2021年年底前完工，2022年年初实现通车。

【县人大常委会副主任黄敏求视察民生实事工程建设】 7月28日，县人大常委会副主任黄敏求一行视察交通民生实事工程建设项目。视察组一行随机抽取西周镇下莲线改善工程进行现场督查，实地查看工程进展情况，并听取交通部门汇报，了解项目进展以来存在的问题与困难。

【县委常委周坚栋带队督查交通重点工程】 7月31日，县委常委周坚栋带队督查交通重点工程建设情况。周坚栋一行先后前往石浦客运中心和海宁路至白云路拓宽工程等项目现场，实地查看相关工程施工情况，详细了解项目投资落实及建设推进情况。在随后召开的座谈会上，县交通部门汇报在建重点工程总体情况、石浦客运中心及海宁路至白云路拓宽工程项目概况，分析建设中存在的相关问题和措施建议。

【县委书记潘银浩带队调研"大交通"工作】 8月12日，县委书记潘银浩率相关部门负责人调研"大交通"工作。潘银浩一行先后赴西周航头村、消磁站和城区来薰路，实地踏勘了解沿海高铁线位、丹城至石浦快速通道项目情况，要求相关部门统筹谋划，全力推动沿海高铁、城际铁路等重大项目建设，做到织密路网与沿线开发相结合，发挥好综合效益。

【县委副书记、县长包朝阳调研综合交通工作】 8月18日，县委副书记、县长包朝阳调研综合交通工作。座谈会上，县交通运输局汇报象山县"十四五"综合交通规划情况，县交通集团、县铁办等单位围绕加快推动象山综合交通建设作交流发言。包朝阳要求交通部门抢抓推进大交通建设新机遇，规划引领，谋深谋实内外交通网络建设，加快构建安全、便捷、绿色、智慧的现代化综合交通体系，为海洋经济、美丽经济发展提供强支撑。

【县人大常委会副主任应伟刚带队调研交通运输工作】 9月9日，县人大常委会副主任应伟刚带队调研交通运输工作。座谈会上，县交通运输局局长林曙光就2020年人大建议办理、投资计划执行、重点难点工作攻坚等作简要汇报。县交通运输局总工程师蔡海江详细汇报"十三五"规划完成情况、综合交通中长期规划思路和整体布局及十四五陆上交通发展重点，具体分析象山交通不足与短板。随后，与会人员就综合立体交通体系、对外快速通道、内部路网布局等进行探讨。

【市交通运输局主要领导沈恩东督查调研象山交通运输工作】 9月11日，市交通运输局主要领导沈恩东带队到象山督查调研交通运输工作。沈恩东一行先后前往石浦高速连接线工程、洋岙山码头等项目现场，实地踏勘交通建设工程施工情况，详细了解生态环境污染防治、相关施工进展等情况。在座谈会上，沈恩东听取象山县上半年交通疫情防控、综合执法改革、交通基础建设、危货车辆整治等方面情况汇报。随后，县港航管理中心、县高速公路指挥部、县交通集团、县铁办作补充汇报，并与市交通局各处室进行交流。

【省物流协会会长胡江潮一行调研宁波市象山现代物流园区】 10月29日，浙江省物流协会会长胡江潮、副秘书长詹玲、宁波物流协会秘书长魏学敏一行调研宁波市象山现代物流园区规划与建设发展情况。胡江潮一行实地查看园区（一期）运营管理情况及园区（二期）基础设施建设情况，对园区物流业发展运行情况进行详细了解。

【"十三五"全国干线公路养护管理评价组核查S311象西线白改黑"四新技术"应用情况】 11月12日，"十三五"全国干线公路养护管理评价组现场走访S311象西线象山段，现场核查S311象西线"四新技术"应用情况。象山县探索"四新技术"应用，"十三五"期间，象山县交通运输局先后对S311象西线采用共振碎石化、路面加筋网、微裂均质化等技术，逐年逐段进行"白改黑"改造，共计14.5公里，总投资约2亿元。

【市交通管理中心检查象山亚帆配套道路工程】 11月16日，市交通管理中心副站长李赛峰一行赴亚帆中心配套道路工程1标段工程综合检查质量、安全和造价情况。检查组实地踏勘亚帆中心配套道路工程1标段工程，仔细检查施工质量、安全等情况。座谈会上，检查组详细了解工程进度及施工中遇到的难题，重点就路面工程进展听取项目经理及相关负责人工作汇报。

【市交通局副书记、副局长吴志红一行到象山调研交通工作】 12月10日，市交通局副书记、副局长吴志红带领市局规划处、市公路运输中心相关负责人到象山调研农村公路建设及海岛地区重大交通项目谋划情况。吴志红一行先后到鹤浦镇双湾至大文沙公路工程建设现场、小百丈至大文沙美丽公路，听取工程整体施工进度和后续工程进场情况，了解农村公路建成后，大文沙村庄利用自身旅游资源发展村集体经济情况。随后，吴志红一行到规划202省道乌岩港大桥及接线工程桥位选址现场，了解项目概况及前期工作进展情况。最后，一行人驱车到黄避岙乡，实地走访三高线，了解黄避岙乡农村公路建设运营情况及带动乡村振兴情况。

（叶宽宽）

高速公路建设

【概况】 宁波舟山港石浦港区沈海高速连接线新桥至石浦段工程起点与三门湾大桥及接线工程（规划沿海高速第二段）的新桥枢纽互通（黄吉岙处）立交相接，向东南布线过黄吉岙，经下七里北侧，穿黄狗盘山、乌竹湾山，在两山之间设置新桥互通立交，路线折向南，经上盘西侧，设隧道穿竹岩洞山，新岙东侧，向南经楼下舍东侧、下山西侧，路线折向南偏东，经陆家东侧设置定塘互通立交，在小新城西侧设隧道穿后门山，经铁路坑西侧，设隧道穿牛头山，路线终于石浦镇白门头东侧，设置石浦互通立交与沿海南线相接。

【竹岩洞连拱隧道左洞掌子面贯通】 1月9日，宁波舟山港石浦港区沈海高速连接线新桥至石浦段公路工程TJ1标竹岩洞连拱隧道左洞掌子面贯通。竹岩洞连拱隧道左洞总长535米，地质较为复杂，洞口存在明显浅埋偏压现象，需采用中导洞先行开挖并全隧道贯通，待中隔墙全部浇筑完毕后，再进行主洞施工。自2019年9月9日第一次爆破作业进洞以来，承建单位宁波交工建设集团在隧道打通过程中，克服工期紧张困难，用“短、紧、快、勤”模式，优化施工工艺，经过4个月时间，最终完成预期任务。石浦高速连接线工程起点与三门湾大桥及接线工程的新桥枢纽互通相接，路线经新桥镇下七里北侧，设置新桥互通，经定塘镇陆家东侧，设置定塘互通，路线终点位于石浦镇白门头东侧，设置石浦互通与沿海南线相接，全长17.51公里，含有7座桥梁、3座隧道、3处互通式立交。2019年12月31日，该连接线最长的一座隧道——牛头山隧道右幅实现贯通。

【新型冠状病毒感染肺炎防控工作】 1月29日，为加强对新型冠状病毒感染肺炎防控工作的组织领导，经研究，决定成立新型冠状病毒感染肺炎防控工作领导小组。组长郑韩龙，常务副组长谢台干，副组长姜贤敏、何才通、陈成健，成员徐忠志、陈文翔、顾熙熹．领导小组下设办公室，谢台干兼任办公室主任。做好与上级领导小组及相关部门的对接沟通，汇总整理上报工作信息；负责做好疫情防控工作中重大事项的协调与督查；动员党员干部在疫情防控中发挥战斗堡垒和先锋模范作用；加强干部职工在防疫工作中的纪律教育和执纪检查；做好后勤保障工作，负责对外宣传及网络舆情处置等工作。

【复工复产】 2月20日，石浦高速连接线工程有序复工。2月19日，在宁波舟山港石浦港区沈海高速连接线新桥至石浦段TJ1标施工地，工人经过防疫检查登记，陆续进入路基二工区施工现场。为抓好疫情防疫和复工生产，项目部在象山县高速公路建设指挥部等单位的指导协调下，配备充足的口罩、额温枪、消毒液等防控物资，通知鼓励返象工人采用自驾、包车的方式返岗。同时加强疫情监管，对项目工地实行施工现场封闭式管理，严格落实人员登记排查和体温监测制度；对办公区、工地、宿舍、食堂等公共区域，每天进行两次消杀处理。当前疫情防控工作从疫情防控为主转变为疫情防控和经济社会发展兼顾的阶段，各行各业正有序复工复产。作为省市县级重点工程，石浦高速项目被列入宁波市第一批重大交通建设项目复工名单。象山县高速公路建设指挥部提前谋划部署，以“三服务”活动为抓手，组织人员分组各标段，指导项目部制定优化防疫应急预案、复工方案，采购防疫物资，落实各项防疫措施。同时，务工人员现场防疫管控，严格落实“一人一表”制度，优先选用低风险地区人员作为首批复工工人。各标段返回工地人员有100余人，正在有序开展路基施工、桩基施工、图标制作等工作。复工后，工程部将梳理施工计划，增加资源、人员的投入，抢回因疫情滞后的工期，确保2021年年底前完工计划不变。

【总指挥郑韩龙检查复工复产情况】 2月29日，总指挥郑韩龙率领指挥部中层以上干部赴各项目部检查复工复产情况。检查组一行分别实地踏勘各标段三集中场地和各主要施工断面，并听取各项目负责人汇报。

【县委书记叶剑鸣调研督导项目】 3月30日，县委书记叶剑鸣带领县相关职能部门负责人石浦高速连接线TJ2标项目工地，调研督导项目疫情防控以及复工复产情况。叶剑鸣一行在王良明董事长的陪同下，来到石浦高速连接线2标段智能钢筋加工厂内，实地踏勘了现场的施工情况以及钢筋加工场内机械化生产模式，同时详细询问了项目疫情防控、施工进度情况和建设单位在建设过程中存在的困难。在听取汇报后，叶剑鸣对项目疫情防控措施和复工复产情况给予肯定。他要求，施工单位要继续坚持两手抓，严把疫情防控关，在做好防控的前提下，发挥本地企业的优势，千方百计加快项目建设进度，提高复工达产率，严把安全质量关，确保优质履约。叶剑鸣强调，各职能部门要加大服务力度，主动作为，沟通协调，及时解决项目推进过程中存在的困难和问题，为项目建设提供坚实保障，确保项目如期建成。

【石浦高速连接线工程立功竞赛考核】 4月10日，宁波市总工会副主席宋雁率宁波市高速公路指挥部等同志一行8人，对象山县高速公路建设指挥部开展石浦高速连接线工程立功竞赛考核。考核组一行首先听取了象山县高速公路建设指挥部2020年一季度的工作情况汇报和郑韩龙指挥的表态发言，然后查阅相关资料，最后就检查情况作了反馈。

【石浦港区沈海高速连接线新桥至石浦段工程TJ2标施工现场安全事故】 4月10日19时12分左右，宁波舟山港石浦港区沈海高速连接线新桥至石浦段工程 TJ2 标施工现场（宁波市象山县定塘镇）发生一起安全事故，造成 1 人死亡、1 人受伤。事故发生后，宁波市、象山县各级领导高度重视，宁波市委市政府、象山县委县政府主要领导和相关分管领导分别作出指示批示，要求查明事故原因、汲取教训、举一反三，开展安全生产大检查，确保复工复产生产安全。该起事故发生在护航复工复产安全生产攻坚行动期间，暴露出落实安全生产主体责任、监管责任还存在明显短板问题，复工复产安全生产形势仍比较严峻。当前，是复工复产的重要时期，象山县高速公路建设指挥部要高度警觉，贯彻落实宁波市、象山县领导批示精神和县安委会关于做好复工复产安全生产工作相关要求，严格工作措施，落实工作责任，排查整治安全隐患，做好安全生产工作，防范生产安全事故发生。

【中央新闻联播播出石浦高速连接线工程建设】 5 月 3 日，中央新闻联播播出了石浦高速连接线工程建设情况。各项目部“五一”期间不放假，增加工人抢时间抢进度，把疫情延缓的进度赶上去，确保完成年度计划。

【石浦高速连接线牛头山隧道双向全线贯通】 5 月 8 日，石浦高速连接线牛头山隧道双向全线贯通。历经 14 个月的艰苦奋战，由中铁十六局集团有限公司承建的宁波舟山港石浦港区沈海高速连接线新桥至石浦段工程第三标段牛头山隧道左幅贯通，这标志着石浦高速连接线最长的一座隧道——牛头山隧道实现了双向全线贯通。石浦高速连接线工程第三合同段线路长度 5.48 公里，双向四车道高速公路，其中牛头山隧道项目是重点控制性工程之一，设计为两条分离式单行曲线隧道，隧道左线全长 1900 米，右线全长 1885 米，最大埋深约为 326 米，隧道右幅于 2019 年 12 月 31 日贯通。受新冠疫情影响，牛头山隧道左幅直到 2020 年 3 月 18 日才正式复工。项目部在严标准落实防疫措施的同时，整合资源，以非常之力安全有序推动项目加速建设。石浦高速连接线是浙江省高速公路网“两纵两横十八连三绕三通道”中的“十八连”之一，是宁波市高速公路网“两环十射四连四疏港”中的“四疏港”之一。石浦高速连接线建成后，将结束石浦不通高速的历史。从宁波市区出发到石浦车程将由的 2 小时左右缩短至 1 个小时左右。

【《今日象山》头版刊出石浦高速公路建设战】 5 月 27 日，《今日象山》头版刊出石浦高速公路建设战犹酣。日前，石浦高速连接线公路工程进入施工高峰期，工人奋战一线抢工期，加速度推进，整个高速轮廓显现。据了解，石浦高速连接线公路工程累计完成投资 24.05 亿元，占计划总投资 41.73 亿元的 57.63%，其中 2020 年完成投资 3.74 亿元，占年度计划投资 7.88 亿元的 47.46%。总体形象进度累计完成 58%。

【石浦高速连接线 TJ1 标项目竹岩洞连拱隧道右洞掌子面贯通】 6 月 24 日 9 时 50 分，石浦高速连接线 TJ1 标项目竹岩洞连拱隧道右洞掌子面贯通，这意味着该隧道的全线贯通。此项节点性工程的完成，标志着项目建设取得了阶段性胜利，为石浦高速连接线 TJ1 标项目按时完工打下了坚实的基础。竹岩洞连拱隧道总长 535 米，呈南北向展布设计两条连拱式单行直线隧道，设计时速 100 公里。其洞口存在明显浅埋偏压现象，地质较为复杂，且施工工艺较为烦琐，需采用中导洞先行开挖并全隧道贯通、中隔墙全部浇筑完毕后，再进行主洞施工。自 2019 年 9 月 9 日第一次爆破作业进洞以来，隧道在开挖掘进过程中经历了洞口浅埋偏压施工段的重重险境，克服了工期紧张的重重困难。在隧道开工前，项目部组织专家评审会，对进、出洞施工方案、安全专项方案等进行评审，为隧道施工提供可靠的技术保障；同时，象山县高速公路建设指挥部合理安排、精心管理，几次优化施工工艺，用“短、紧、快、勤”的模式，探索解决了工程项目长久以来的管理疾病、隧道质量通病、隧道安全九条规定的落实问题。经过 10 个半月的顽强拼搏，最终取得了隧道全线贯通的阶段性胜利，完成了预期的任务。

在竹岩洞连拱隧道施工中，石浦高速连接线 TJ1 标项目部将依旧本着“高起点、高标准、规范化、精细化”的原则，严格实行标准化施工管理，实现施工安全、质量和进度统筹兼顾，协调推进。

【石浦高速连接线隧道全部贯通】 9 月 24 日，石浦高速连接线隧道全部贯通。9 月 22 日和 9 月 24 日，石浦高速连接线后门山隧道左右幅相继实现贯通，这标志着石浦高速全线设计建设的 3 座隧道全部贯通，为 2021 年年底高速建成通车奠定了坚实基础。该工程全线共设计竹岩洞连拱隧道、后门山分离式隧道、牛头山分离式隧道 3 座隧道。其中最长的牛头山隧道于 2020 年 5 月实现贯通，竹岩洞隧道 2020 年 6 月实现贯通。此次贯通的后门山隧道连接定塘镇与晓塘乡，为分离式单行曲线隧道。

【石浦高速 TJ3 标主线现浇箱梁完成】 11 月 11 日，石浦高速 TJ3 标主线现浇箱梁完成。随着最后一车混凝土浇筑完毕，由中铁十六局集团承建的宁波石浦高速 TJ3 标主线现浇箱梁全部完成。石浦高速 TJ3 标承建里程 5.48 公里，主要含黄埠大桥、笔尖岩特大桥、后门山隧道、牛头山隧道等，工程造价 53365.1816 万元，计划工期 33 个月。工程按《公路技术标准》（JTG B01—2014）设计，主线采用双向四车道高速公路标准，设计速度 100 公里/小时，路基宽度 26 米，桥梁左线净宽 9.5 米，右线净宽 11.5 米。石浦高速 TJ3 标主线现浇箱梁完成，标志着石浦高速整个主线现浇箱梁工程取得重大突破。

（俞银巧）

交通运营管理

【概况】 截至 2020 年年底，客货运方面：全县客运企业 4 家，客运车辆 236

辆，班线52条；货运企业72家，货运车辆1345辆。全县驾校共5家，教练车295辆，驾培教练人员349名；公共交通方面：全县城乡公交有车辆运营365辆（其中新能源85辆），运营线路108条（主线31条、支线18条、区间线59条），运营线路总长度达1844.96公里；丹城城区公交车辆225辆（其中新能源165辆），运营线路35条（主线24条、支线11条），运营线路总长度459.15公里；出租车方面：全县出租车企业4家，出租车251辆。另外，个体经营户拥有3辆营运出租车。维修方面：全县共有维修经营业户254家，其中一类维修13家、二类维修36家、三类维修205家。

【象山丹城至石浦新开217路公交线路】 1月1日，象山新开通217路（象山客运东站—石浦东站）公交线路，线路合计33.8公里，县城乡公交投入4辆8.5米站立式公交，日运行32班次。途经高教园区（东）、南部商务城（南门）、大目湾学校等14个站点方便附近居民转乘，提高公交出行满意度。

【市交通局副局长吴志红带队督查象山岁末年初安全生产工作情况】 1月8日，市交通局副局长吴志红一行到象山督查岁末年初安全生产工作情况。督查组先后前往宁波—舟山港石浦港区沈海高速连接线石浦至新桥段工程项目现场、象山客运东站，实地督查春运组织、安全生产等情况。

【象山召开春运安全工作会议】 1月9日，象山召开春运安全工作会议，2020年春运从1月10日开始至2月18日结束，共计40天。象山道路班线客流量达21.4万人次左右，公交客流量为289.66万人次。春节前5天平均流量约3.48万人次，高峰日约3.77万人次。

【象山公交公司获评省级“平安地铁公交”优秀标杆单位】 1月14日，浙江省公安厅与浙江省交通运输厅联合发文，对2019年度全省“平安地铁公交”优秀标杆单位进行表彰，象山县公共交通有限公司位列其中。

【象山黄避岙乡客运站投入运营】 1月16日，象山黄避岙乡客运站投入试营运，该客运站共投入9辆公交车，是229路、230路、354路、355路、356路、358路等6条线路的始发站或途经站，这些线路连接鲁夹岙、龙屿、象山客运东站等地，全天发90个班次。

【象山全力做好疫情防控工作】 1月23日至2月19日，象山县交通运输局牵头公安、卫健等部门，成立由机关干部、民警、医护人员、民间救援队等700余人组成的高速卡口团队。累计出动执勤人员6200余人次，检查车辆130449辆次、人员258396人次，劝返6732辆次、人员15042人次。

【象山开通“绿色”通道迎接开工复产】 2月10日，甬莞高速茅洋收费站正式开启，应对企业逐步开工复产、外来务工创业人员陆续返象问题。

【宁波栎社国际机场象山航站楼重新启用】 2月21日，象山客运东站至宁波栎社国际机场班线重新恢复营运。此次班线为象山客运东站至宁波栎社国际机场1条客运线路，日发4班次，根据客流及疫情发展形势逐步调整日发班次。

【县委常委周坚栋一行检查指导场站防疫工作】 2月22日，县委常委、县政府党组成员周坚栋一行到县重要交通场站检查指导疫情防控工作，并慰问一线工作人员。周坚栋一行先后到石浦汽车东站、县客运中心、县公交公司、公交西站、客运东站等场站，实地检查并指导疫情防控工作，详细了解了进出旅客流量、检查等工作开展情况。

【县委常委周坚栋看望慰问重点地区到象山旅客转运工作一线人员】 2月23日，县委常委、县政府党组成员周坚栋一行到宁波火车南站，看望重点地区到象山旅客转运工作一线人员，向他们表示慰问和感谢，详细了解重点地区到象山旅客的流量、筛查、分送等工作开展情况。

【县委副书记、代县长包朝阳检查指导交通行业防疫复产工作】 2月25日，县委副书记、代县长包朝阳检查指导县城乡公交公司公交运营情况及复工复产工作。包朝阳一行先后到县公交西站、象山客运东站，详细了解城乡公交疫情防控及复工复产措施。

【象山开展维修行业“凝聚关爱、共抗疫情”汽车免费体检优惠活动】 3月9日至20日，象山交通运输部门在全县范围内组织开展以“凝聚关爱、共抗疫情”为主题的机动车维修行业便民服务暨“3·15”汽车免费体检优惠维修活动。

【象山城乡公交首批新能源纯电动公交车辆投入运营】 5月，象山交通部门全新采购30辆新能源纯电动公交车辆，于6月初投放至城乡公交石浦城区301、302线路，这是城乡公交首批新能源纯电动公交车，标志着象山城乡公共交通事业朝着绿色发展又迈进了一步。

【象山园中路公交首末站启用】 6月9日，象山公交公司园中路公交首末站启用。该公交首末站总占地11857平方米，建筑面积3272.54平方米。公交首末站内共建有78个公交车停车位，配备23个充电桩，56把充电枪，可一站式实现车辆始发、停放、充电、维修保养及办公调度等功能，大幅度满足了公交车辆入场充电需求。同时为优化城区公交线网布局，105路、118路、119路一并迁至园中路公交首末站始发。

【象山石浦公交西站新装充电桩通过验收】 6月12日，象山石浦公交西站新能源充电桩通过验收，标志着象山清洁能源应用更向前迈出一步。本次石浦公交西站充电桩项目采用900千瓦分体式直流充电机，共30个公共汽车充电桩及配套设施建设完成并投入使用。

【副县长范建富带队检查危险货物运输企业安全生产情况】 6月17日，副县长范建富带队检查危险货物运输企业安全生产情况。检查组一行到象北瓶装燃配送有限公司、象山远达物流有限公司、象山安信民爆服务有限公司，对企业的安全生产责任制、车辆资质、车辆技术档案、卫星定位实时监控、驾驶员安全教育培训等方面进行详细检查，并实地到各路口检查危险货物运输车辆违法情况。

【县委书记潘银浩带队检查危险货物运输企业】 7月2日，县委书记潘银浩带队检查危险货物运输企业。检查组一行实地察看县安信民用爆破服务有限公司等危险货物运输企业，重点对企业安全生产制度落实情况、危化品驾驶员和押运员资质情况、驾驶员教育培训情况、各类消防防护设施以及视频监控和GPS使用情况等进行专项检查。

【第三届“美丽公路”杯大目湾自行车环城赛举行】 7月5日，“东海新城·亚帆启航”迎亚运(2020)第三届“美丽公路”杯大目湾自行车环城赛开赛！本次环城赛以象山大目湾丽湾路—海天路为线路，绕5圈总里程54.5公里，花时约2.5小时。比赛项目分男子精英组、男子大师组、女子组及骑游组，共有35个自行车队297名自行车爱好者参赛。

【象山荣获宁波“中车”杯技能大赛多个奖项】 7月23日，第五届“中车”杯公交驾驶员职业技能竞赛暨省技能大赛宁波选拔赛落下帷幕，象山运管所荣获优秀组织奖，象山公交驾驶员李东、蒋立忠以优异成绩获得宁波市公交运输系统技术能手荣誉。

【宁波市危化品道路交通事故应急处置救援演练在象山举行】 7月29日，宁波市危化品道路交通事故应急处置救援演练在象山涂茨镇环港公路炮台山隧道举行。此次演练，检验各参战部门对于公路隧道内发生涉及危险品车辆的突发交通事故的应急处置能力，为今后各部门对于应急处置工作完善和提高提供实战参考。

【宁波中通物流集团有限公司到象山招商洽谈】 9月3日，宁波中通物流集团有限公司董事长励祥敏带队到象山就现代物流园区(三期)冷链区块进行招商洽谈。洽谈会上，励祥敏表示拟在物流园区(三期)建设智能物流中心，项目投资约5.4亿元，占地178亩。以物流信息化、标准化、智能化为支撑，形成“商贸市场+集配平台”为特征的宁波商贸物流配送模式，打造“一基地三中心”，即华东地区生鲜、果蔬的集散加工交易基地，浙东生鲜冷链仓配一体中心，宁波果蔬配送服务中心及进口食品冷链物流中心。

【象山150余辆公交车安全门完成安装】 10月，象山交通部门对城乡公交201、205、213等主线150余辆公交车进行安全省级，将原本简单的安全护栏升级成一道高1.8米、防爆钢化玻璃材质的防护门。

【象山城乡公交公司公交转运队荣获“宁波市抗击新冠肺炎疫情先进集体”称号】 12月11日，全市举行抗击新冠肺炎疫情暨“六争攻坚、三年攀高”行动表彰大会，大会对2020年度全市抗击新冠肺炎疫情先进个人和先进集体进行表彰。象山城乡公交公司公交转运队获评“宁波市抗击新冠肺炎疫情先进集体”称号。

【象山首批电子公交站牌上岗】 12月13日，象山首批公交智能电子站牌亮相城区街头，电子站牌上可显示公交运营动向。首批公交智能电子站牌共7座，投放在丹阳路，分布建在107路公交沿线丹城中学、滨海学校、象山党校、水木华庭(双向)、财富广场(双向)等站点。

(叶宽宽)

交通基础设施建设

【概况】 2020年，交通集团落实新时代党的建设总要求，主动适应新形势，自觉履行新使命，谋求新发展，扛起主责、抓好主业、当好主角。交通基础设施投资建设超额完成，交通运输集团年度计划总投资51950万元，至12月底累计完成53559万元，占年度计划的103.1%；多元化发展显成效，营业收入8.31亿元，实现了营收与流量双增长；融资成本从年初的7.83%下降至6.27%，下降1.56%，远高于既定1%的下降目标。

【8家子公司经营权划转至集团】 1月1日，公交、城乡公交、港务、轮渡、监理检测、环岛路盛、车检、物流等8家子公司经营权划正式划转至集团，实现了经营权与产权合一，理清了管理体系、理顺了管理程序、完善了运行模式。

【开通217路、238路、优化102路】 1月1日，交通集团下属子公司城乡公交开通217路(客运东站—大目湾—石浦东站)公交线路；3月10日，开通238路(客运东站—大徐—牛岙)公交线路；5月1日，交通集团下属子公司公交公司围绕虎啸铺、夏雨岙沿线市民出行需求，优化调整102路，始发站由大白象站调整至塔山首末站，投入运力10辆。

【丹大线产业区至大徐段改建工程通过交工验收】 1月13日，丹大线产业区至大徐段改建工程通过交工验收。该工程对象山产业区至象山城区、甬台温高速复线的交通出行有着十分重要的意义，有利于大徐镇与产业区的沟通联系和经济发展，并将完善区域公路路网结构，提升区域综合服务竞争力和促进沿线土地综合开发利用。

【集团部室扩增至9个部室】 2月21日，经县国资管理中心审批同意，在原基础上增设纪检人事部、安全管理部、总工室3个部室。4月，融资财务部划分为融资管理部、计划财务部。截至2020年年底，集团共有9个部室，分别为综合管理部、经营发展部、融资财务部、计划财务部、项期部、建设管理部、纪检人事部、安全管理部、总工室。

【黄避岙乡客运站、下山公交站、园中路首末站启用】 1月16日，黄避岙乡客运站启用；4月29日，下山公交站启用。6月9日，西门首末站（西门立交桥下）正式关闭，象山城区园中路首末站启用，105路、118路、119路始发调整至园中路首末站。

【新型标准化农渡船投入运营】 1月19日，象山第一艘新型标准化农渡船“浙象农渡101”船投入运营，营运石浦—对面山—湖礁湾航线。4月10日，第二艘新型标准化农渡船“浙象农渡102”船投入运营，营运石浦—上布袋—下布袋—和平湾—韭菜湾航线。

【集团全力以赴投身疫情防控第一线】 1月26日，面对新型冠状病毒疫情，集团严格贯彻执行上级安排部署，迅速成立防控工作领导小组。由班子领导轮流带队，调动包含下属子公司管理人员和干部职工前往戴港、西周、泗洲头、新桥、象山北卡点执勤，组织开展送点心形式的慰问活动，为抗疫一线提供的后勤保障。城乡公交公司、县公交公司分别成立抗击疫情公交运转车队，负责运送各卡点和乡镇检查发现的疑似病例接触者至隔离地。

【集团恢复公共交通营运保复工】 截至2月底，针对企业复工复产需求，集团下属子公司公交公司逐步恢复营运30条线路，投入运力84辆；城乡公交逐步恢复营运86条公交线路，投入运力131辆，涉及西周、石浦、定塘、大徐等15个乡镇，500余个行政村；轮渡公司石鹤汽渡航线及5条农渡航线定时定航次恢复通航。亚帆中心配套道路工程在复工复产的第一时间实现复工，打响县重点工程复工复产第一枪。

【宁波—舟山港石浦港区公共货运码头工程（雷公山货运码头）项目建议书研讨会完成】 3月25日，宁波—舟山港石浦港区公共货运码头工程（雷公山货运码头）项目建议书研讨会召开，项目建设提上日程。

【沿海南线海宁路至白云路段扩宽改建工程动建】 4月16日，县交通集团邀请县交通质监站对沿海南线海宁路至白云路段拓宽改建工程进行质量安全监督交底，该项目正式进入建设阶段。该项目位于县石浦镇，起点接海宁路交叉口，终点位于金石运河桥桥头，全线长3.14公里，项目概算总投资约2.4亿元，建设工期24个月。建成后将成为石浦镇东西走廊的公路“动脉”，促进路域经济发展，打造畅通、舒适、致富的“美丽公路+”新模式。

【石浦客运中心工程PPP项目完成招标】 5月11日，象山交通场站经营有限公司与龙元建设集团股份有限公司完成象山县石浦客运中心工程PPP项目合同完成招标。

【县投融资改革专班组调研交投集团】 县常务副县长陈兴立携县府办及县投融资改革专班6名专项组组长、副组长到县交通集团开展投融资改革调研工作。会上，陈兴立副县长对县交通集团在开展2020年的投融资改革思路作了肯定，指出国有企业在如何实现独立运营、长久运行问题的探讨上，要在主体上明确运营主体的权利和义务，财务上明确财政和企业的通道，账目上明确收支。

【发行非公开定向融资工具（PPN）、非公开公司债】 5月28日至29日，集团发行2020年度第一期非公开定向债务融资工具，融资规模5亿元，集团第一单市场直融产品发行，体现出市场及投资机构对集团经营状况、偿债能力的高度认可，标志着集团融资模式由间接融资为主向直接融资与间接融资相结合的良性转变。9月30日，发行第一期非公开公司债，金额10亿元。

【园中路首末站正式启用】 6月9日，西门临时首末站（立交桥下）正式关闭，园中路公交首末站正式启用，105路、118路、119路始发调整至园中路首末站。

【集团竞得石浦客运中心地块及物流二期等地块】 6月16日，集团竞得石浦客运中心地块及物流二期地块，共4块土地，面积154062平方米；竞得会源路南侧、迎恩路西侧地块，面积78361.85平方米，为集团后续发展注入新资产。

【“浙象农渡1”被冠名“爱图号”】 6月18日，“爱图号”授牌仪式在铜钱礁码头举行。“浙象农渡1”被冠名“爱图号”，并向船长吴爱图授牌。

【集团开展“清廉国企”创建工作】 6月30日，集团正式印发《县交通集团“清廉国企”建设工作方案》，以“清廉国企”建设工作的开展推动清廉思想、清廉制度、清廉规则、清廉纪律、清廉文化与集团生产经营、改革发展深度融合，做到不敢腐、不能腐、不想腐一起推进，打造交通集团规则明、关系清、行为廉、风气正的良好政治生态。

【亚帆北路改建工程获工可批复】 7月16日，亚帆北路改建工程工程可行性研究报告经县发改局审批通过。亚帆北路起点位于松兰山景区北侧爵溪收费站，路线沿现状盘山道路拼宽，终点至白沙湾玫瑰园，全长3.1公里。亚帆北路作为亚运会帆船比赛的重要配套道路之一，不仅能促进区域旅游开发，加强城区、亚运会帆船基地和松兰山景区的联系，还可以提升城市形象和知名度，加速构建便捷的旅游综合交通网络。

【首次采用沥青混合料甲供方式，迈出市场化运作第一步】 8月24日，为提高集团实体化运作程度，发挥现有沥青拌和站资源优势，增强县公路工程沥青路面质量，集团在泗长线K0+462—K9+300路面大中修工程中正式采用沥青混合料甲供方式，开创了县交通建设项目采用沥青混合料甲供方式的先河。

【宁波影视文化产业区至定塘公路工程初步设计批复完成】 9月2日,宁波影视文化产业区至定塘公路工程初步设计批复完成。本工程起于象山影视城,终至长街定塘连接线,全长9482米,建成后对于完善全县公路路网,补齐新桥、定塘等乡镇公路交通短板,支撑和促进沿线经济和社会高质量发展,具有重要意义。

【114路"清风号"上线】 9月9日,城区114线路的6辆"清风号"公交车正式上线,这是宁波地区首条清廉文化主题公交线路。

【盛宁线茅洋至泗洲头段改建工程正式动工建设】 10月10日,盛宁线茅洋至泗洲头段改建工程正式动工建设。该项目位于县茅洋乡和泗洲头镇,起点位于71省道盛宁线东陈至茅洋段改建工程的终点,沿现状盛宁线向西,终点接规划S203泗长线改建段,全线长约3.52公里,项目投资约2.7亿元,建设工期约30个月。

【新丰路(象山港路—滨海大道)改造提升工程项目建议书批复完成】 10月12日,象山县新丰路(象山港路—滨海大道)改造提升工程项目建议书经象山县发改局审批通过。本项目北起象山港路,南至滨海大道,路线全长约5.452公里。新丰路是象山滨海新城中心城区"三纵三横"路网中的主框架路网,是亚运会期间中心城区连接亚运场馆与南部新城的交通要道。

【土地勘测、产权交易中心、舒达汽车划转至集团】 11月24日,完成象山县土地勘测有限公司股权(出资额计人民币200万元)无偿划转至宁波象山交通开发建设集团;象山县产权交易中心有限公司股权(出资额计人民币500万元)以人民币500万元的价格出让至宁波象山交通开发建设集团;象山舒达汽车租赁有限公司股权(出资额计人民币60万元)以人民币60万元的价格出让至宁波交运建设集团。

【县委常委、县纪委书记陈善方至集团调研"清廉交通 清廉国企"建设情况】 12月18日,县委常委、县纪委书记、县监委主任陈善方,县监委委员泮素萍、县纪委县监委派驻第七纪检监察组组长翁家秀、纪委县监委党风政风监督室主任林辉、县纪委县监委办公室主任张存一行至交通集团就"清廉交通 清廉国企"建设情况开展调研。会上,陈善方对"清廉交通 清廉国企"建设中的特色亮点工作给予了肯定,希望交通集团全力抓好"清廉交通 清廉国企"建设,树立清廉标杆、打造清廉样板,起到示范引领作用。

【外干门岛等四宗海岛资产注入集团】 12月30日,外干门岛、西屿山岛、东屿山岛、中界山岛四宗海岛资产注入县交通集团。

【集团竞得10块海域使用权】 9月至12月,集团竞得10块海域使用权,共1340.47公顷,竞得总价60321万元。

【集团2020年度所获省市荣誉】 2020年,沿海南线海宁路至白云路段拓宽改建工程获评宁波市平安工地;城乡公交公司获评"2020年度浙江省公交行业春运抗疫先进单位""宁波市抗击新冠肺炎疫情先进集体"称号;公交公司获评"平安公交地铁"省级优秀标杆单位、"省敬老文明号"称号;轮渡公司获评"市航运企业信用评价A类企业";集团党委获评"市五星级基层党组织"。赖海燕获"浙江省巾帼建功标兵"称号、宁波市五一劳动奖章;吴爱图获"浙江好人"称号。

(陈晓晓)

交通安全管理

【概况】 2020年,象山县公安局坚持"人民至上、生命至上"的工作理念,集中开展道路交通安全攻坚行动,狠抓重点纠违、上路管事、基础管控等工作,一体推进14个道路交通安全隐患治理项目,提高交通事故预防、城区疏堵保畅能力,全力减少事故数、压降伤亡率,共发生道路交通事故2.03万起,同比下降12.9%。打击驾乘"三小车"未戴安全头盔、"工程车"超载超限超速等6大类17小类"两类车"突出违法行为,累计纠违12.58万起,其中查处驾乘电动自行车未佩戴安全头盔6.25万起,工程车超载超速771起,该县"三小车"亡人事故数同比下降23.3%。该县全年交通事故实际死亡人数68人,亡人数同比下降18.1%,交通安全综合治理工作居全市第一。

【聚力交通安全整治】 2020年,象山县公安局坚持"人民至上、生命至上"的工作理念,集中开展道路交通安全攻坚行动,狠抓重点纠违、上路管事、基础管控等工作,一体推进14个道路交通安全隐患治理项目,提高交通事故预防、城区疏堵保畅能力,全力减少事故数、压降伤亡率。该县2020年共发生道路交通事故20288起,同比下降12.95%,其中交通亡人事故死亡68人,同比下降18.1%。该县投入2500余万对排查出的6大项14小项重点交通隐患治理工作进行治理,完成内轮差改造路口39个,提升路口亮化107处,安装机非隔离护栏等1万余米、来车语音提示系统38套、违停抓拍系统30套、智能斑马线系统14套、礼让行人抓拍系统3套等,且"两客一危"、营转非、重型挂车等处罚率、年检率、报废率均为100%,重型货车"三率"分别为99.9%、100%、99.4%,校车驾驶人审验率、换证率均为100%,均达既定标准。2020年,县着力优化路面通行秩序,现场查处道路交通违法12.58万起,"三小车"违法11.33万起,其中未佩戴安全头盔6.49万起;工程车、危化品运输车违法2970起,其中超载超限771起;饮酒后驾驶1115起、醉酒驾驶333起。在城区设置联合劝导点8处,对违章人员进行记分处罚,全年共记分处理54人次;全力推动世行贷款项目落地,建立完善卡口系统、交通诱导系统、交通事件监测等科技系统,加强全域信号灯配时调控、行车停车诱导、路面拥堵监测及各类违法抓拍,提升城区交通智能化水平。安装电警系统301套，卡口系统104套，交通诱导系统7套，交通事件监测系统2套，人行灯及信号灯共计1189套。开展“绿波”调试研究，面向235个信号灯路口实行联网调控，提升路面通行效率，象山港路、天安路、沿海南线、巨鹰路等道路主要路段均实现双向绿波通行。2020年，全县立足中心大局，致力提升交管服务水平。领先全大市启动疫情防控24小时勤务卡点7处，并参谋政府将象山北、茅洋作为返工人员检查接纳点，其间累计检查13.54万辆车次、27.21万人次，劝返6732辆车次、15042人次；落实“绿色通道”政策，为疫情防控专用车、复工企业包车等四类车辆核发通行证6741张，保障重点车辆通行；开设车管应急服务窗口4个，并成立上门服务队助力企业复工复产，其间共受理应急业务125起，为11家企业200余辆运输车上门查验；交通安全宣教，推广安装501台宣传广告机延伸宣传触角，开展“电影下乡”播放警示宣传片325场次，受教人数1.5万余人，整合“两微一抖”等新媒体资源，用足电视报纸等传统媒体，高频次投放集中整治、文明创建、违法曝光等内容，发布媒体报道714篇，微信221条，微博2378条，抖音35条，曝光重点违法155起、隐患路段35个；严格执法规范，着力加强法治交管建设，以执法实战化培训为重点，交通违法统计分析和异常业务预警机制，实行现场执法、办案区等视频周检查和执法案件、事故案件月普查制度，倒查各类视频8.9万个，发布通报9期，整改问题22个，及时处置异常业务3起。

港口

【概况】 2020年，全年水运工程完成投资1.8亿元。截至12月底，全县货运总运力为105艘、161.4万载重吨。1—12月水路货运量为3190.4799万吨，周转量为416.9亿吨公里，周转量同比增长8.54%。水路客运量为108.3932万人，周转量为334.7199万人公里。全年完成吞吐量1537万吨，同比增长19.4%。全年受理各类行政审批服务事项576件，办结576件，办结率达100%。全年船舶检验签证点共检验船舶129艘，其中营运检验125艘，建造检验4艘。其中，完成生活污水处理系统改装检验和图纸审查的船舶58艘。

【推动港口岸线开发使用】 推进在建水运工程建设，完成象山港港区大中庄公共码头、下湾门外南田航道及泥螺屿南航道优化改建工程等项目交工验收，推进象山石浦陆岛客运中心场站工程、“四好农村路”水运工程、浙江省海洋运动中心（海域部分）等项目，开工建设供销集团1万吨级码头，启动雷公山公共货运码头前期研究。

【优化涉海项目审批服务】 配合开展LNG选址，指导国电象山1#海上风电场和象山1号海上风电送出工程220千伏架空电缆线路开展通航条件影响评价，指导波威重工开展可行性研究设计，协助茏博爽、新乐船业、杭钢富春等办理码头验收，组织召开岸线联席会议，加强对作业区外的岸线使用进行管理。

【开展产业规划和研究】 完成《象山县码头布点规划》和《“十四五”港航发展规划》编制，填补了象山县规划外岸线管理使用规划空白，开展水水中转项目调研，水水中转项目进入实质性选址阶段。

【助力复工复产】 指导企业开展复工复产。对接县内各专班，走访县内港航企业，明确工作任务，掌握行业动态。全县水路运输货物周转量增速连续7个月保持全市前三；港口吞吐量增长10%以上。结合“一线攻坚‘三服务’、争先创优促发展”活动，企业送政策解难题，共搜集难题9个，完成8个，并派出2名人员赴鹤浦开展“三服务”。搭建银企合作平台，维持信贷稳定，为8家航运企业争取到银行授信，金额达1.03亿元。搭建经营合作平台，拓宽货运渠道，对接全市电煤企业和县内龙头港口企业争取货物承运，有2家航运企业参与本地电煤运输。

【加强执法监管，确保行业健康运转】 1—12月受理举报案件14起，处罚案件14起，罚没款48.1万余元，排查隐患483条，整改482条，整改率99.8%。开展违法码头整治。会同自然资源、海事等部门和有关镇乡（街道），联动、协调，清理县辖港区、滩涂海域范围内违法建造的码头、冲滩作业点等违法建筑物，共整治违法建设码头46座，冲滩作业点38处，完成率100%。

【港口码头环保问题整治】 针对环保督察的12座码头成立工作专班，落实工作责任，定期会商，协同推进整治工作，全县需要整改的12座码头中，补齐环保手续2座，完成联合验收8座，取得环保批复码头1座，关停1座，整治率为100%。

【优化船检服务，助推船舶修造业发展】 推行了申请环节“网上办、掌上办”、船舶检验“就近办”、资料收集“登船办”、证书发放“邮递达”等举措，实现船检事项办理零上门，网上申报率达100%。疫情期间，为不影响船检工作，推出了船舶图纸“电子化”预审和外港修理船舶“远程检验”服务举措，为船东节约时间和营运成本，完成图纸“电子化”预审10套，完成远程检验22艘次。

【船舶生活污水处理系统和通信设备专项整治】 根据长江经济带船舶和港口防污染有关工作要求，开展船舶防止生活污水污染系统专项整治，共完成整改58艘。开展船舶通信设备专项整治，对全县26艘500总吨以下船舶的传令车种和声力电话进行排查整治，现全部整改完毕。

（王雨倩）

海事

【概况】 2020年，宁波象山海事处在宁波海事局、象山县委县政府领导下，以习近平新时代中国特色社会主义思想为指导,对标浙江"重要窗口"的目标定位,坚定"走在前列"战略目标,坚持"规范、理顺、创新"工作主线,应对疫情防控、助力复工复产,抓安全、优服务、促发展,各项工作取得成效。全年辖区货物吞吐量519.29万吨,旅客运输117.5万人次,车辆运输36.8万辆。国内船舶进出港报告5.96万艘次。巡航586艘次,巡查1194次,累计出动执法人员5562人次。检查各类船舶2973艘次,安检140艘次,滞留6艘次。全年行政处罚立案973起,执行罚款492万余元,分别同比增长31%、42%。共发生海上交通事故7起,其中一般等级事故4起,小事故3起,死亡(失踪)1人,沉船4艘,四项指标下降;发生险情16起,执行搜救抢险任务31次,救助113人。

【客渡运水平明显提升】 推进客渡运公司体系运行。聚焦打造安全客运绿色通道,金高椅海上斑马线有序实施。支持3处客渡码头场站改造,推动石鹤汽渡航线试运行旅客实名制。完成两期"渡工夜校"安全教育专题活动。

【"两船"整治集中发力】 开展"蓝盾"系列行动,严厉打击内河船参与海上运输违法行为,建立卸载、行政强制、处罚、拖带标准化流程。全年共查处违章砂石船160艘次,立案305起,处罚金额170余万元,拦截内河船38艘次,占全局76%,立案268起,处罚金额140余万元。

【商渔船防碰撞稳步推进】 与县水利和渔业局签订《商渔合作备忘录》。全年共开展前移值守60次,发布安全通播或提醒600条。制作微信推送13篇,阅读量总计5.3万次。完成历时20天的象山县2020年度"渔船船东船长安全培训"活动,受众逾2000人次。圆满完成第二十三届中国(象山)开渔节等各项活动水上交通管控任务。配合游钓船联合管控工作,参与涉海涉渔"平安守护"专项行动。

【石浦港掌控力提升】 将石浦港安全水平提升作为掌控力主要抓手,成立工作专班,完善工作机制。联合渔业、公安等部门开展3次"清港行动",查扣15艘"三无"船舶,拆解10艘。规范修造船舶企业辅助作业船管理,消除渔业船舶参与进出坞辅助作业情况。推动完成10艘碍航沉船打捞。推进架空管线测量及后续公告等事宜,完成4条架空管线测量工作。

【协同治理取得实效】 注重与地方政府和海关、海警、市县防指等各部门沟通协调,象山县船舶扣押基地建设取得实质性进展,25艘船舶已转移至扣押基地。联合多部门约谈省安委会挂牌督办项目所在乡镇,关停11座违建码头。拆除及去功能化无证码头4座,其余27处无证码头、36处冲滩点关停,推动2座砂石码头进入拟纳归程序。

【综合执法提质增量】 发挥值班室"五中心一窗口"职能,实现任务全过程闭环管理,全年任务关联率92.35%。紧抓深蓝智享平台学习推广,拓展功能运用,全年电子巡航发现违章船舶147艘次。探索实施弹性工作制,工作日出勤率62.42%,非工作日出勤率14.93%。

【应急救助体系逐步建立】 对接地方政府,县海上搜救中心建设正式启动。促成象山县防汛防台抗旱指挥部与宁波甬港拖轮有限公司签订防台应急处置能力合作备忘录。搜救志愿者队伍支持,开展应急救援培训,指导海上救助演习。辖区应急搜救"一二三"模式力量整合已初见成效。

【推动象山口岸发展】 拓宽发展空间,促成宁波海事局与象山县人民政府签订《关于合作推进国家级宁波海洋经济示范区主体区建设协议》。献计献策,撰写象山县口岸开放及涉海产业发展的问题建议专报,获得县长包朝阳高度肯定。做好石浦港新港码头临时开放期间的监管和服务及延期申请工作。完成7艘新建船舶在石浦港外锚地交接出口外销,节约近50%的交船费用。

【全力保障重大水工项目建设】 提前介入重大水工项目,提供海事服务专业意见。落实水工施工现场安全监管,保障亚帆中心、国电象山海上风电、供销冷链物流基地万吨级码头、长大涂滩涂光伏项目、大中桩通用码头等重点水工项目有序推进。

【推进船籍港管理"三重"机制】 落实安全宣传"五进"工作要求,举办象山航运安全文化沙龙2期。推进第四批NSM规则实施,新取得DOC证书公司6家,SMC证书船舶19艘。发挥定点联系人的帮扶督促作用,推进中小微航运公司"帮扶年"活动。组织编写《象山航运资讯》,向辖区近40家航运企业点对点进行推送。

【优化船厂监管服务】 严格规范船舶出港试航及修造船舶进港要求,全年开展重要日期确认9次,保障12艘新建船舶下水试航。联合口岸部门完成浙江首艘自主设计LNG船舶恩坎托的联检并保障该轮完成对外交付。服务象山县造船业首艘700T半潜式全回转起重船"巨杰702"下水交付,实现象山县水上特种船舶制造零的突破。

【统筹抓牢疫情防控和复工复产】 严格落实习近平总书记关于疫情防控重要指示,内部疫情防控工作,及时掌握全处职工及所有工作人员动态,重点做好办公场所、食堂等重点部位防控。落实电子政务办理,开展远程"非接触式"执法,召开"腾讯会议"对航运公司开展线上行政指导,做好"六稳"工作、落实"六保"任务,助力亚帆中心、新乐船厂等第一时间全部复工。防疫期间,15名党员群众主动参与社区"守小门"工作,累计志愿服务时间超100小时,3名党员响应,参与无偿献血,全体党员爱心捐款2300余元。

人力资源管理

就业培训

【概况】 2020年，聚焦“六稳六保”目标，着力破解就业渠道不畅、岗位不稳等问题，施策抓好高校毕业生、农民工、退役军人等重点群体就业工作，打好“稳就业”攻坚战，就业形势稳定。全年城镇新增就业人数15975人，城镇失业率2%。推进与吉林延边州敦化、龙井两地的劳务协作，帮助对口地区贫困人口到县就业48人，完成市指标的282.4%。全年开展“爱象山爱企业”大型专场各类招聘会66场，加强校企对接合作，推进实施“百校万名”大学生引进和培养计划。累计建立见习基地71家，吸引高校毕业生在象实践3190人。2020年发放个人创业担保贷款、创业者社保补贴、失业金、再就业援助补贴、价格临时补贴、创业者社保补贴、创业带动就业岗位补贴、失业保险费返还等各类政策补贴和贷款贴息14306万元。

【“家燕归巢·筑梦象山”助力大学生返乡创业就业】 为吸引象山籍优秀青年人才回流，挖掘本土青年人才资源，提升大学生创业就业能力，1月10日，“家燕归巢 筑梦象山”第五期象山籍大学生进名企活动暨象山县大学生就业实践基地授牌仪式如期举行。本次进名企活动共吸引50名宁波工程学院的象山籍大学生走进天安智能、锦浪新能源等名企，了解家乡，熟悉企业，增强家乡的归属感和荣誉感。对半岛星创、华锦建设等15家获得“象山县大学生就业实践基地”荣誉称号的企业进行授牌。“家燕归巢·筑梦象山”系列活动不仅为象山未来发展提供了宝贵的人才资源，还增强在外求学大学生对家乡的情感。

【到7省20城30县招聘，助力复工复产】 为应对疫情影响，保障象山县企业复工复产，2月28日至3月初，象山县抽调45名各机关干部，分成10个组，分赴7省20城30县开展企业用工赴外招聘服务工作。建立员工接驳机制，根据在象就业老员工情况灵活开展包车等形式，组织返象返岗。同时，走访了解当地人力资源现状、求职意向和待遇需求等，利用线上线下渠道，宣传象山，适时组织招聘活动，“点对点”为象山输送各类人力资源。此次赴外招聘，接回老员工，吸收新员工，为象山企业复工达产提供充足的人力资源保障，打赢企业复工复产攻坚战。

【线上首播政策答疑，为企业复工复产注入及时雨】 为贯彻落实疫情期间人力社保政策，更好地帮助企业有序复工复产，3月19日，象山县人力社保局首次通过线上直播的方式组织企业开展一期人力社保涉企政策答疑会，将以往“面对面”政策宣讲变成“屏对屏”直播答疑。100余家企业观看了直播。副局长张安祥向企业介绍了阶段性社会保险费减免政策、失业保险稳岗返还政策服务补助政策、助企复工补贴政策、疫情期间劳动关系等方面内容，为企业提供了权威具体的政策指引和解读。线上答疑会无异于一场“及时雨”，为企业复工复产急需解决的问题提供了政策支持、实际操作指南。

【召开2020年职业技能培训和鉴定工作会议】 4月22日，象山县人力社保局组织召开2020年全县职业技能培训和鉴定工作会议。全县21家职业技能培训机构负责人、经办人员和3家鉴定站负责人参加本次会议。此次会议邀请了象山县疾控中心科长郑广勇对恢复线下培训和鉴定工作的疫情防控工作进行了指导授课，讲解了培训开班前、开班后和发现疑似病例的处理方法。会议还传达讲解了近期出台的培训补贴、项目制培训等相关政策，对技能培训提出了新的工作思路和新的工作要求。针对“强培训 稳就业”进行座谈交流，各培训机构对职业技能培训和鉴定工作提出了宝贵的意见和建议。象山县人力社保局章霞丹副局长指出要在严格按照防疫要求情况下落实复工复课工作，鼓励培训机构创新培训方式，推行适应企业职工培训特点的“线上理论+线下实操”的“互联网+职业技能培训”模式。同时加强特色品牌培训学校建设，围绕“创特色、树品牌”，鼓励培训机构做精做强培训，打造“一校一品”。

【开展金融行业高校毕业生专场招聘会】 4月26日，象山县首次以金融行业为主题的高校毕业生专场招聘会在象山县人力资源市场举行。宁波银行、招商银行等13家金融行业的企业参会，提供客户经理、财务管理等34个岗位，招收人数134人。此次金融行业高校毕业生专场招聘会，让高校毕业生和金融人才了解象山的金融行业，最大限度降低疫情对企业人才需求和高校毕业生就业的负面影响，促进毕业生更高质量更就业，为象山金融企业的发展提供的人力资源支撑。

【“助残脱贫 决胜小康”推进残疾人脱贫攻坚工作】 为推动残疾人事业发展,决战决胜残疾人脱贫攻坚工作,推进建成小康社会,5月15日,象山县人社局携手象山县残联、象山县民政局等部门举办“助残脱贫 决胜小康”象山县第十二届残疾人就业线上(直播)网络专场招聘会,进场爱心企业35家,提供就业岗位153个,初步达成就业意向42人,加大帮扶力度,促进残疾人实现就业增收,脱贫解困。

【推进实施“百校万名”大学生引进和培养计划】 为解决企业专业性人才短缺问题,推进政校企合作平台建设,服务企业、促进高校大学生就业实践。7月16日举行象山县“百校万名”大学生就业实践第六期政校企合作洽谈会。湖南工业职业技术学院等院校代表受邀与华翔劳伦斯、申菱电梯、合力模具、戴维医疗等8家企业及丹西、石浦、西周、东陈等镇乡(街道)相关负责人进行交流洽谈并达成政校企合作框架协议。象山县“百校万名”大学生就业实践校企合作洽谈会为高校大学生提供优秀的实践和就业岗位,吸引更多的人才在象留象,为企业输送人才血液。

【举办东西部劳务协作技能培训】 8月12—13日,召开“2020敦化·象山东西部劳务协作第二批贫困村创业致富带头人电子商务培训班”和“敦化·象山东西部劳务协作贫困劳动力社会服务型新型职业农民技能培训班”。象山县人力社保局扶贫工作组联络员石斌奎同当地人社局工作人员贫困户走访调研,了解贫困户的培训需求,为本次培训工作做好摸底和宣传工作。培训邀请相关方面知名讲师和创业导师进行授课,通过专题讲授、多媒体教学、案例分析及研讨交流相结合的方式与学员进行互动。

电子商务培训班主要围绕各热门电商平台介绍、如何利用各个平台赚钱、各热门电商平台操作技巧、各电商平台扶持力度、如何选择适合自己的电商平台等方面进行了授课和交流。新型职业农民技能培训依据社会服务型新型职业农民标准,围绕各种经营主体相关知识、针对关于卫生员、河道管理员、森林看护员相关工作技能进行了讲解普及。来自敦化市各乡镇30余名有电商方面创业意向的农村致富带头人、近20名有培训意向的建档立卡贫困人员,分别参加了电商培训和新型职业农民技能培训。

【局长首次化身主播,开展直播带货】 9月18日,宁波市第二十二届“高洽会”暨长三角青年人才招聘会在宁波国际会展中心举行,这是宁波引才史上首次实现线上线下同步对接。象山县人社局局长陈水明率领象山“引才天团”,开展直播带岗,在线介绍象山人文地理、风土人情、经济发展及人才政策,并为广大求职者带来一大波名企高薪优质岗位。在90分钟的直播活动中,象山县蟹钳港旅游发展有限公司、涂茨镇旭拱岙村经济合作社、浙江广电象山影视(基地)有限公司、宁波日星铸业有限公司、宁波乐惠国际工程装备股份有限公司、中机智能装备创新研究院(宁波)有限公司的代表轮番上阵,分别对自身发展概况、未来前景、岗位需求、薪酬福利和晋升路径等进行了详细介绍,并对求职者提出的问题进行现场解答。

该次直播吸引了20.56万人次观看,直播和留言解答网友问题30余个。线上直播气氛活跃,线下招聘十分火爆,摊位前人头攒动,其中孚邦科技带来了旗下最新的“智能康复训练装置”,成为吸睛摊位,助阵企业招才引智。该次高洽会现场招聘共收到简历138份。这次开展的“直播带岗”活动,是利用直播平台受众多、时效强、覆盖面广的优势,通过“企业宣讲+线上答疑+直播投递”三位一体式的现场互动,为企业降低招聘成本,提高招聘度;让求职者降低求职成本的同时获取更多的岗位信息,实现“云端”就业,取得“双赢”的效果。

【举办2020年“迎国庆”余缺调剂暨旅游人才专题招聘会】 为加快推进国家全域旅游示范区建设,实施迎亚运旅游业追赶跨越三年行动计划,打造一支高素质的文化旅游人才队伍,9月25日,象山县人力资源社会保障局联合县旅游发展中心在县人力资源市场举办象山县2020年“迎国庆”余缺调剂暨旅游人才专题招聘会。该次招聘会共有77家企业进场招聘,为各类求职者提供了384个招聘岗位,需求人数1300人,共有300余人入场求职,现场达成就业意向的共93人。

【到昆山市开展企业用工调研】 11月16日,为打好“稳就业”保卫战,多措并举缓解就业结构性矛盾,研究破解企业用工难问题,象山县人力社保局副局长张安祥一行到昆山市人力资源和社会保障局开展企业用工调研和交流工作,象山县就管中心陈峰主任等人随行。座谈会上,昆山市人力资源管理服务中心王建龙主任介绍了昆山市企业用工先进经验。昆山市在疫情复工复产期间,协调交通、铁路、航空等部门开通返岗专车、专列、包机,着力为1万余人返岗人员提供“点对点、一站式”输送服务,“三管齐下”助企复工;优化人力资源服务机构市场化配置效率。王建龙陪同张安祥一行走访了丘钛科技有限公司和圣源复信息科技有限公司,实地了解昆山市优质企业的用工情况和人力资源服务工作的开展情况。张安祥在调研考察时就当前象山、昆山两地存在的招工难现象进行剖析,吸收昆山市企业用工服务先进经验,借鉴创新、求同存异,为象山缺工企业提供量身定制的就业服务,满足各企业的用工需求。

【举办2020年金秋余缺调剂暨万达广场专场招聘会】 为贯彻落实党中央、国务院关于稳就业保就业的决策部署,坚持疫情防控和就业服务“两手抓”,推动优化营商环境,助力企业发展,加大对重点群体就业服务力度,11月1日、11月4日、11月14日分别在万达广场举办3场金秋余缺调剂暨万达广场专场招聘会,象山县人力社保局组织百余家企业入场“招贤纳士”，为劳动者和用人单位搭建一个面对面、零距离的对接平台，帮助下岗失业人员、离校未就业高校毕业生、退役军人、农民工等各类群体实现就业，助力用人单位招聘到急需的用人人才，实现脱贫增收、企业发展的双赢目标。专场招聘会共吸引700余人进场参会，初步达成就业意向人数300余人。

【到安徽开展校企合作，拓展校企合作新思路】 12月1日，象山县人力社保局组织日星铸业、锦浪科技、戴维酒店等5家企业到安徽院校开展校企合作，先后参观了安徽现代信息工程职业学院、安徽工贸职业技术学院、淮南联合大学3所高职院校的实训基地，了解学院所设专业与县产业的匹配度以及学生的专业知识与素养，并与院校签订了校地人才合作协议，双方互授人才就业创业基地与人才培养基地，达成人才培养长期合作意向，促进校企合作共赢发展。

（王慈慈）

人才开发

【概况】 2020年实施人才强县战略，做好疫情防控和复工复产下的人才工作，创新人才工作机制，激发人才工作活力，引进紧缺人才，立足挖掘本地人才，保障全县人才工作稳步推进，营造惜才爱才用才敬才的良好氛围。全县人才总量突破15万人，引进博士12人、硕士275人、接收高校毕业生5220人，培训技能人才1.9万人，其中高技能人才5166人，全年建立专家工作站6个、博士后工作站1个，引进博士后5名。赖建防荣获“中国质量工匠”，秦雯获省级“文化五个一批”领军人才。开展人才对口帮扶，打赢对口帮扶攻坚战，全年向龙井、敦化选派专技人才60名，开展专技人才培训18场次，培训人才827人次。实施“我选宁波 心象事成”人才工作品牌，组织企业分赴山西、江西、安徽和湖南等地开展校园招聘15场。开展高层次人才一链式服务，全年新增绿卡人才130人，办理人才租赁房申请45人；发放企业人才生活补贴230万元，惠及654人，办理22名一线医护人员专业技术职务、岗位晋升。

【举行宁波市人力资源经理协会象山分会2020年迎新会暨优秀HR颁奖仪式】 1月11日，宁波市人力资源经理协会象山分会2020年迎新会暨优秀HR颁奖仪式举行。来自锦浪新能源、日星铸业等10家企业的10名优秀HR获得年度优秀HR荣誉。迎新会上，副局长章霞丹汇报了过去一年象山县人才工作取得的成绩，并对人力资源协会及企业HR们的工作给予肯定。立足象山产业特色和企业发展方向，为实现人才兴企、推动人才强县发挥引领作用。

【“科学家与你有话说”——记象山籍知名高校大学生参访交流活动】 为吸引更多的青年人才回归象山报桑梓，加强政府和企业与青年人才的联系交流，4月3日，县委人才办、县人力社保局、县团委在37°湾科创中心举办“何须远方 家乡亦成大业”科学家与你有话说主题活动，来自国内知名大学的50余名象山籍大学生参加活动。

这是象山县首次举办象山籍知名高校大学生参访交流活动，是2020年青年人才日系列活动的第一站。县人才服务中心汇总筛选并逐一电话邀请了近几年考入全国知名高校且与该次参访企业专业相符的象山籍大学生，同时创建了“2020 青春有你 象山潮起”微信群，作为活动的“人才云驿站”，为青年人才沟通交流搭建平台。该次活动有50余名大学生参观了37°湾科创大厦和中国机械科学研究总院南方中心。机械研究总院南方中心总经理龙伟民、宁波锦浪科技有限公司总助兼市场部总监陆荷峰分别作主题讲座；国务院特聘专家、宁波锦浪科技有限公司董事长王一鸣简短发言，中化（宁波）润沃膜科技有限公司开展项目推介活动。同时，举行青年人才就业创业实践基地授牌仪式和“我选宁波 心象事成”引才使者受聘仪式。

【市局到象山开展专家服务并指导象山县博士后工作站建设】 4月16日，宁波市人社局副局长徐承志、专技处处长郭涛等一行到象山开展专家服务并指导象山县博士后工作站建设，实地走访了中机智能装备创新研究院（宁波）有限公司，对该公司的博士后工作站建设情况以及专家进行了解。徐承志和郭涛要求建站单位注重培养人才质量，加强博士后学术交流，做好中期评估，确保研究有成果。人社部门要加强专家服务和博士后管理工作，落实人才配套政策，使进站博士安心做好研究工作。中机智能装备创新研究院（宁波）有限公司自2019年建立博士后工作站后，当年招收全职和在职博士后共2名。

【召开宏润建设集团博士后中期考核会议】 4月24日，宏润建设集团博士后中期考核报告会议在宏润建设杭州地铁7号线SG7-3项目部召开。专家组由中科院宁波材料所研究院、导师汪爱英，副研究员郭培，集团副总裁、设计研究院院长、导师包旭范，象山县人社局副局长章霞丹等组成。宏润建设集团董事、副总裁郑恩海，副总裁、浙江公司总经理袁琳参加会议。江晨辉博士以“海工混凝土表面处理与防护技术”为课题开展博士后研究工作。在站期间获得了阶段性的成果得到了省自然科学基金和省人社厅博士后科研项目择优资助，申请专利3项、撰写论文2篇。各项工作正在稳步有序地推进。象山县人力社保局加大博士后工作政策扶持力度，对评为国家级、省级和市级博士后科研工作站，分别给予建站单位100万元、50万元、20万元补助。博士后科研工作站新招收的博士后科研人员，进站后可申请一次性生活补贴经费。扶持力度的扩大为县博士后工作提供了资金保障与支撑。

【召开重点行业紧缺人才专业目录编制工作座谈会】 5月20日，象山县人力社保局邀请县委组织部、县国资管理中心等单位，组织开展重点行业紧缺人才专业目录编制工作座谈会。会上，各单位代表分析当前象山县经济社会发展现状，肯定人才在经济社会建设中的重要作用，明确重点行业紧缺人才的标准依据，确定编制工作流程，为下步如何开展编制工作统一了思想、提供了思路。制定《重点行业紧缺人才专业目录》，是象山县县干部能力提升年活动的重要一环，面向国内外重点院校实行定向招考，每年招录优秀人才不少于30人。

【开展工业工程技术人员初级职务任职资格考试培训】 6月15日，象山县人社局有序开展工业工程技术人员初级职务任职资格考试培训工作，来自锦浪新能源、合力模具、申菱机电、华众塑料等30家企业的146名职员参加。学习课程为《机械制造工艺和机械制图》《电子电气安全和基础知识》。年内为象山县人社局免费送培训考试进工业企业的第12个年头，象山县人力社保局多次利用双休日、晚上等时间为企业提供“订单式”服务。县通过考试取得工业工程技术初级职称的有1500余人。

【政校企三方携手，话就业谋引才——山西太原工学院首次“走进象山”洽谈合作】 7月13—14日，山西太原工学院就业指导中心副主任雷天星、学院自动化系副书记贾根元到象山参访交流，洽谈政校企合作相关事宜。走访参观了浙江广电象山影视（基地）有限公司，与象山8家企业代表进行座谈交流，企业代表介绍了企业基本情况、发展战略及人才需求的特点，双方就毕业生顶岗实习展开了交流。太原工学院首次在象山开展交流对接，是疫情缓解后第一所在象考察的高校。该次太原工学院“象山行”为2020年“我选宁波，心‘象’事成”专项活动拉开帷幕。

【开展企业“三服务”活动】 8月5日，象山县人力社保局陈水明局长带队到宁波威霖住宅设施有限公司开展“三服务”活动，重点了解企业内部人才体系的建设、管培生招聘培养工程，倾听企业对政府人才政策、人才服务等需求。座谈会上，企业相关负责人从人才盘点布局、人才获取计划、人才提升计划、一站式人力资源移动平台等角度介绍了企业WRN人才体系相关情况、管培生的招聘和培养模式等内容。历届管培生分享了在威霖从应届毕业生成长为公司业务骨干的心路历程及各种收获。陈水明局长对人才公寓以及人才安居办法等政策做了解答。

【“我选宁波、心‘象’事成”山西太原校园招聘】 为拓展与省外高校的合作渠道，引进高素质紧缺技能及管理人才，解决企业招聘难、引才难等问题，10月19—21日，象山县人社局携宁波申菱机电科技股份有限公司、浙江林氏汽车零部件有限公司、宁波华翔汽车饰件有限公司等9家优质企业赴山西太原开展2020年“我选宁波、心‘象’事成”系列人才招聘活动。该次校园招聘包括太原工业学院、太原科技大学和山西职业技术学院3所院校。9家企业提供了研发工程师、电气工程师、质量工程师、财务会计专员等50余个岗位，现场洽谈人数达300人，收到简历200余份。

【2020年象山县百名HR专业能力提升研修班（第一期）开课】 为提升象山县企业人力资源管理意识，提高人力资源管理效率，真正树立“以人为本”的发展思路，建立一支有竞争力的高素质的企业人力资源队伍，10月17日，由象山县人力资源和社会保障局主办，象山汽模配产业联盟、宁波钢杰人力资源开发有限公司承办的象山县百名HR专业能力提升研修班（第一期）在象山县商会大厦汽模配产业联盟427会议室开课，本期课程从10月17日开始，2021年1月中旬结束，每月3次。通过一期的专业课程培训，提高了象山县人力资源从业人员工作技能、专业素质、服务水平和解决实际问题的能力，为高素质的企业人力资源队伍建设奠定了坚实基础。

【举行科技人才户外联欢活动】 10月25日，由象山县委人才办、县人力社保局、县科技局、县科协主办，县科技人才联合会和机械总院南方中心承办的“人才兴县、相约金秋”趣味联欢活动在该县晓塘乡西边塘村海之湾户外基地举行。该次活动邀请了象山县科技人才联合会燕鸥社成员与机械科学研究总院南方中心的青年才俊们参加，旨在让高层次青年人才互相交流、增进友谊。燕鸥社取名源自“神话之鸟”中华凤头燕鸥，成员来源于县科技人才联合会会员中35周岁以下、全日制硕士研究生学历人才。

【开展船舶行业车床工技能大赛】 11月8日，象山县人力社保局、县总工会联合主办，县船舶协会承办的象山县船舶行业车床工技能大赛举办。全县船舶行业的10余家企业共选派23名选手参加该次大赛。车床工比赛分为理论知识、技能实操两个项目。理论实操双合格的选手由象山县人力社保局核发中级工职业资格证书，其中前三名的选手核发高级工职业资格证书。象山县浦东船厂曾青泽获得一等奖，象山县石浦葛峙山船舶建造有限公司王坚峰、宁波启航船业有限公司李林林获得二等奖，宁波逸洋船业有限公司安利、宁波东和船舶修造有限公司叶志军、宁波大江船业有限公司秦健获得三等奖。

（王慈慈）

劳动管理

【概况】 2020年，抓复工的同时密切关注劳动领域风险，抓牢劳动关系领域风险防控，制定《防范应对大规模裁员和失业风险应对预案》，做到早识别、早预警、早发现、早处置，妥善处置因疫情带来劳动关系领域风险和纠纷。2020年提升“象山无欠薪”创建成果为抓手，化解劳资纠纷及信访矛盾。共受理投诉举报案件335起，涉及农民工人数1054人，较2019年同期分别上升18.18%、63.9%。10人以上群体性案件27起，涉及农民工人数461人，年度结案率100%。劳动人事争议仲裁委员会共立案受理劳动争议案件650件，涉及劳动者1261人。其中10人以上集体劳动争议案件23件，同期上涨18%，结案率95%，涉及劳动者634人。没有发生因处置不力而引发的恶性事件，地维护了社会的和谐稳定。

【助推象山县建筑工地在建项目复工复产】 3月19日，为推动象山县建筑工地有序健康复工复产，象山县人力社保局副局长李茂宏带队，联合住建部门，结合“三服务”活动要求，对象山县重点建设项目开展“六项制度”落实情况专项检查。检查组到中心城区滨海水厂及出厂管道（二期）工程项目工地，通过听取汇报、查阅台账资料、现场核查、随机询问农民工等方式，重点检查项目部实名制管理制度、维权信息公开制度、工资保证金制度、分账管理制度、银行代发制度以及按月足额支付工资制度六项长效机制落实情况。检查组对现场检查发现的问题，当场对项目负责人进行了告知，并提出了限期整改要求，提升完善县在建工程项目“六项制度”。

【线上调解5天解决欠薪投诉案件】 4月7日象山县劳动保障监察大队收到7名“90”后员工关于所在餐馆未及时支付1月工资的投诉案件。象山县劳动保障监察大队在案件受理后，考虑疫情状况及餐馆复工复产实际情况，进行线上“调解”。第一时间电话联系老板，告知欠薪法律后果以及疫情期间用工规定，开展柔性执法。5天后，拖欠工资全部支付完毕。线上调解模式应用于办案全过程，有利于提高办案效率，减少各方时间成本，缓解矛盾纠纷。象山县劳动保障监察大队在推进线上调解同时通过录音录像等方式，做好相关证据留存工作，实现执法有据。

【召开疫情期间维护和谐劳动关系工作座谈会】 为做好疫情期间劳资纠纷提前预防和源头治理，维护和谐劳动关系，保障企业和职工合法权益，4月15日，象山县人力社保局组织召开了疫情期间维护和谐劳动关系工作座谈会，18个镇乡（街道）分管人力社保工作负责人和局分管领导、业务科室负责人参加了会议。象山县人力社保局相关分管领导和业务科室负责人通报了疫情期间社会保障、就业创业、仲裁、信访监察等相关工作情况。各镇乡（街道）分管领导交流了企业用工、劳动关系和社会保障等领域的当前工作和存在的不稳定因素。象山县人力社保局局长陈水明简要回顾了2019年人社工作成效，特别指出疫情以来，全县人力社保系统响应省市“两手硬、两战赢”的号召，下手快、动手早，派出52名干部分成10个工作组，开展7省20城30县省际劳务合作，组织直通包车340辆次，接回员工8400余人，赢得了社会各方普遍称赞，完成复工复产阶段性目标任务。同时，象山全力稳定疫情防控期间劳动关系，及时编制《疫情期间人力社保涉企政策问答》，通过网络直播等形式加大政策宣讲力度，组织镇乡街道和企业培训会，指导企业规范用工，推进劳动关系和谐稳定。

【召开协调劳动关系三方四家联席会议】 为了解掌握疫情期间劳动关系运行情况，及时了解企业劳动关系需求情况，发现劳动关系领域存在的主要隐患和问题，做好形势分析研判和风险防范，4月17日，象山县人力社保局召开象山县协调劳动关系三方四家联席会议，象山县人力社保局、县总工会、县经信局、县工商联分管领导、相关科室负责人参加会议。会上，三方四家汇报了疫情期间劳动关系方面工作开展情况，对劳动关系可能出现的问题进行研判讨论。陈水明局长指出，当前全县劳动关系总体平稳，但受工业企业复工产能不足、疫情导致部分企业订单减少、企业上下游产业链中断等诸多因素影响，特别是近期境外疫情空前严重不可避免地对出口企业造成显著影响，劳动关系领域工作亟须高度关注。象山县协调劳动关系三方四家要高度重视当前特殊时期劳动关系运行中出现的突出问题，加强劳动关系风险监测和研判，引导企业与职工共担责任共渡难关。同时发挥三方四家机制在保企业、保就业、保稳定中的独特作用，分析当前劳动关系形势，结合实际帮助企业制定复工复产的措施，联合各方力量共同行动，加大对特殊时期企业劳动关系处理的指导服务，确保劳动关系总体和谐稳定。

【开展2020年度劳动能力鉴定】 受新冠肺炎疫情影响，象山县劳动能力鉴定工作相应延期。4月22日、29日，象山县分两批次开展2020年度劳动能力鉴定工作。

本期劳动能力鉴定分两批开展，本期劳动能力鉴定共有因工鉴定96人，因病鉴定13人。该次鉴定有骨科、神经内科等科目鉴定，鉴定项目包括劳动功能障碍程度等级鉴定、停工留薪期延长确认、工伤康复确认等类型。为减少人员聚集，为保障本期劳动能力鉴定工作安全有序，象山县人力社保局组织5名专家、4名工作人员负责该次鉴定工作，宁波康复医院象山分院安排工作人员负责对鉴定职工测量体温，检查健康码。以分时间段方式分散安排鉴定职工到达鉴定场所。同时窗口一线劳动能力鉴定业务受理工作正常办公，做到劳动能力鉴定申请及时申报、现场鉴定尽早安排。

【召开2020年根治欠薪工作培训会】 象山县根治欠薪工作领导小组办公室于8月14日召开全县2020年根治欠薪工作培训会，办各成员单位、各镇乡街道以及主要在建建设工程业主单位和施工单位共173人参会。培训会邀请市劳动仲裁处处长童志雄、市劳动监察支队副支队长胡峥奇等为各镇乡街道、相关单位、建设工程业主单位和施工单位讲解省劳动纠纷治理一体化经办应用操作实务、调解法规解析及调解策略、保障农民工工资支付条例解读以及互联网+实名制管理等内容。会议以理论讲解与现场互动交流形式开展，授课专家介绍实际工作在讲解条例法规的同时，对基层单位在实施过程中碰到的难点进行了一一解答，并剖析存在疑难问题的症结、实施过程中的具体解决办法。

【部门联动推动社保扩面】 为规范企业与职工的劳动关系，扩大社保征缴覆盖面，象山县人力社保局和县税务部门共同组成联合检查组，对前期排摸到的纳税20人以上但未参保企业进行走访调查，进企入户送政策。在宣传象山县社保优惠政策的同时，摸清企业从业人数、经营状况、未参保原因等情况，告知企业限期办理参保登记手续。

象山县劳动监察大队根据调查方案，依法对企业用工情况及参保情况进行监督检查，通过查阅企业工资凭证、职工花名册和劳动合同等相关资料的方式，对名单企业社保参保情况进行拉网式排查摸底，重点查清应参未参、应缴未缴的企业，杜绝“选择性参保”和瞒报、少报现象。对逾期未办理参保登记手续的企业，依法对其进行执法监察处理，做到应保尽保。

【开展建设工程欠薪隐患排查】 为贯彻落实党中央、国务院关于根治欠薪工作的相关决策部署及县政府《关于转发组织开展清理拖欠民营企业中小企业账款自查复核工作的紧急通知》要求，该县根治欠薪工作，县人保局、县住建局联合开展了2020年度根治欠薪第四季度建设工程欠薪隐患排查行动。该次行动系该次排查通过建设单位、施工总承包单位自行排摸与行业主管部门抽查排摸双向进行，由双方共同发现真实存在的欠薪隐患，并对发现的欠薪隐患，找准问题症结，尽快化解。一方面被检查单位自行排摸后主动如实上报欠薪隐患排查情况，自查后无违法行为应向人社、住建部门出具承诺书，自查后如存在未按月足额支付工资性工程款或未按月足额支付农民工工资等违法行为的，应立即整改，并将整改结果上报。另一方面，行业主管部门通过检查，对被检查单位的自查情况进行核实，对存在瞒报、漏报、迟报行为的单位将进行通报扣分，情节严重的按规定依法处理。

【召开2020年根治欠薪冬季专项行动推进会】 12月18日，象山县组织召开2020年根治欠薪冬季专项行动推进会。县根治欠薪领导小组成员单位和乡镇（街道）、县属国有企业等参会。象山县人力社保局局长陈水明传达学习了国务院根治拖欠农民工工资工作领导小组关于部分地区重大欠薪警示案件的通报，安排部署了今冬明春农民工服务保障五大专项行动工作，传达了省根治拖欠农民工工资工作领导小组近期工作安排，通报了宁波市“夏季行动”存在的问题。5个乡（镇）、部门和县属国有企业就根治欠薪工作的“好”经验和做法做了交流。

（王慈慈）

人事管理

【概况】 2020年，事业单位人事制度改革，推进事业单位干部交流，建设高素质专业化事业单位干部队伍，提升“全周期管理”水平。人事改革稳步推进，出台事业人员试用期管理办法、人员交流等规范性文件，健全完善事业单位人事管理制度体系，运用行政奖励方式在象山县进行表彰激励。建立人事考试“四化”机制（组织保障规范化、考务流程标准化、监督管控全程化、履职考评化），组织开展50场次人事招聘考试，录用了机关事业人员1500人。推进部门间“最多跑一次”改革，线上运行象山县事业单位工作人员职业生涯全周期管理“一件事”管理服务平台，推进7个主项12个子项的事项经办工作，办件量1420件。推行事业单位人事工资管理服务系统，完成全县285家事业单位、1万余名事业人员的详细数据导入工作。做好全县事业人员档案移交及档案数字化工作，做好防疫奖励和关心关爱工作。

【召开2020年退休干部新春茶话会】 1月9日，象山县人力社保局召开2020年退休干部新春茶话会。局党委委员、副局长王善祥主持会议，与老干部们交流畅谈，共庆新年。座谈会上，王善祥向到会的各位老干部致以节日的问候，感谢大家长期以来关心和支持人社事业发展，并向全体老干部简要通报2019年度人力社保工作情况。随后，退休干部支部书记黄永康就2020年支部和老干部工作及各项活动开展安排进行详细说明。

【做好防疫奖励和关心关爱工作】 根据《宁波市援鄂抗疫医疗队员关心关爱和服务管理办法（试行）》《事业单位工作人员奖励规定》等文件规定，象山县人力社保局响应关心关爱援鄂抗疫队员的要求。对在防疫工作中变现突出的象山县援助武汉应对新冠肺炎疫情医疗组、象山县第一人民医院医疗健康集团总院新冠肺炎医疗救治团队、象山县疾病预防控制中心、象山县急救站、象山县红十字台胞医院医疗健康集团总院发热门诊团队等5个单位和集体给予嘉奖奖励。为14名援鄂医务人员、4名定点医院隔离病房医务人员、4名实验室核酸检测人员，共计22名人员办理了专业技术职务、岗位晋升。

【完成2019年机关事业单位工作人员正常晋升工资】 3月，象山县完成了2019年机关事业单位工作人员正常晋升工资工作。该次年度考核晋升调整的是象山县机关工作人员年度考核累计两年、五年称职及以上等次的，分别晋升一个工资档次和一个级别，事业单位工作人员2019年度考核合格及以上等次的，晋升一级薪级工资。

为确保疫情期间工资晋升工作的完成，保障机关事业工作人员工资福利待遇落实，县人力社保局工资福利科严格把握工资晋升条件和规定，工作程序，准确核对年度考核结果，细致地对符合晋升级别工资、晋升档次工资人员的工资进行测算核对。经统计，全县2530名机关工作人员考核晋级晋档工资调整，人均增资125元；事业工作人员约9800余名考核晋级工资调整，人均增资79元。

【开展全县机关事业单位工作人员情况调查工作】 6月初，为了解全县机关事业单位工作人员情况，规范干部人事管理,象山县人力社保局在全县机关事业单位范围内组织开展了关于统发工资、单位自行发放工资、考勤、在编情况等方面的摸排调查。通过收集各单位自查上报表来看,全县机关事业单位总体运行情况良好,能够严格按照规章制度办事,按规定考勤、发放工资,工作人员在编在岗、履职尽责。但该次调查发现个别单位仍存在问题,需要在下一步工作中加度整治,确保制度不松、管理有序。

【参加全市事业单位工作人员职业生涯全周期“一件事”改革部署推进会】 6月5日,象山县人力社保局参加了宁波市人力社保局组织的区县(市)事业单位工作人员职业生涯全周期“一件事”改革部署推进会。会上,市人力社保局处长李威武作了动员讲话,通过介绍“一件事”总体改革目标以及市改革推进情况,强调在下步任务分配中,各区县(市)人社局要正确认识改革要求,提前进入状态,抓紧推进平台建设。负责平台建设的金网公司代表具体演示了平台的操作流程并强调了操作中的注意事项。为完成事业单位工作人员职业生涯全周期“一件事”目标,省、市制定了标准优化、系统建设和试点运行、推行“三步走”路线,提出了组织领导、凝聚改革合力、注重宣传引导的具体举措,按时高标准完成工作任务。事业单位工作人员职业生涯全周期“一件事”改革是贯彻落实省委省政府“最多跑一次”改革部署要求的一项重要内容,县将结合省、市各级会议精神,落实改革要求,及时对接相关业务,确保事业单位工作人员职业生涯全周期“一件事”改革末梢落地落实。

【线上运行事业单位工作人员职业生涯全周期“一件事”】 根据省、市事业单位工作人员职业生涯全周期管理“一件事”改革要求,将事业单位工作人员公开招聘、交流调入、交流调出、岗位等级变动、解聘、开除、退休等7个项目,以及出入编、工资、养老、医保、公积金等9项业务纳入“一件事”改革。于7月开始线上运行象山县事业单位工作人员职业生涯全周期管理“一件事”管理服务平台。全年共完成“最多跑一次”事项及事业单位工作人员职业生涯全周期管理“一件事”后续经办业务1420件。

【推行事业单位人事工资管理服务系统】 根据省、市要求提升事业单位人事工资管理服务的科学化、规范化、信息化水平,提高办事效率、管理和服务能力,象山县于7月30日前完成全县285家事业单位、1万余名事业人员的详细数据导入工作。线上办理事项以县人力社保局审批同意后的办事环节为起点,将后续业务事项作为“一件事”来办理,打破部门壁垒,畅通信息渠道,实现“一张表单申请、一个平台联办、一次不跑办成”。上线运行项目囊括岗位管理、人员交流、年度考核等各项业务,全年通过系统办结事业单位管理审批业务465件。

【表彰事业单位2019年度考核优秀人员】 8月7日,县委组织部、县人力社保局联合发布《关于公布2019年度事业单位工作人员嘉奖名单的通报》,为象山县400名确定为2019年度考核优秀的事业单位工作人员、行政工人实施奖励。根据《事业单位人事管理条例》等政策规定要求,县人力社保局于年初印发了《关于做好2019年度事业单位工作人员考核工作的通知》,分别就考核对象、考核内容及等次、考核程序、优秀等次比例核定、考核相关事宜、考核结果运用及审核备案等事项进行了明确。全县事业单位自接到通知以来,严格按照通知要求,对所属工作人员进行考核,合理确定优秀、合格、基本合格、不合格档次,合理区分未定等次情形。该次考核除教育系统教师参加学年度考核及个别事业单位工作人员因长期病假未参加考核外,做到了应考尽考,其中,第四批县派村社党组织“第一书记”、第十二批县派农村工作指导员同步开展了年度考核。

【开展红色经典阅读分享会主题党日活动】 为贯彻落实习近平总书记在浙江、宁波考察时的重要讲话精神和省市县委全会部署要求,提高全局党员干部的责任意识和担当精神,重温红色经典,宣传红色精神,增强党员的党性修养,县人力社保局机关党委组织开展“重温红色经典,争当‘重要窗口’模范生”阅读分享会主题党日活动。

8月25日晚上,各支部结合“周二夜学”,开展红色经典阅读分享会主题党日活动,组织党员撰写读书心得,在阅读分享会上做分享交流。

9月8日晚上,局机关党委组织全体党员干部大会,集中开展阅读分享会主题党日活动,局机关及下属单位4个支部每个支部择优推荐1名党员上台做分享交流。分享交流《传承红色基因,汲取红色力量》《苦菜花》《恰同学少年》《习近平的七年知青岁月》。

【开启党政储备人才公开选聘】 象山县委组织部、象山县人力社保局分别于9月11日、12日、13日在宁波市鄞州区委党校组织了象山县2020年公开选聘党政储备人才资格复审、笔试及面试工作。

为优化领导干部队伍结构,探索选人用人渠道,加强优秀年轻干部储备,年内7月,县发布了《象山县2020年公开选聘党政储备人才公告》,并于8月7日前,完成报名及资格初审工作。该次党政储备人才公开选聘工作,计划公开选聘综合管理(1)、综合管理(2)、信息管理、公共卫生与预防医学管理等4个职位党政储备人才30名。按照《浙江省人事考试考务工作规程》,针对当前疫情影响,象山县采取建强组织、培训、精挑人手、优化配置等手段,严格对照要求,升级做好疫情防控,确保考试工作实施。

据统计,共有87名考生参加笔试,经笔试、面试、签约后,根据公告规定,共有28名考生入围签约体检。县委组织部、县人力社保局将继续按照德才兼备的用人标准,采取严格体检、考核、择优录用的方式开展选聘录用工作。

【召开廉政家属座谈会】 为将反腐倡廉的关口前移,通过教育、预防这个重要环节，发挥干部家属的“廉家长”“廉内助”监督作用，筑牢拒腐防变的家庭防线，9月29日晚上，象山县人力社保局召开家属廉政座谈会，县纪委监委派驻第三纪检监察组组长陈剑飞出席会议，23名干部及家属参加了会议，副局长王善祥主持会议。

座谈会上，8名干部家属从各自家庭和职业特点出发进行了交流发言，分享家庭助廉方面的心得体会。王善祥代表局党委指出当好“廉家长”“廉内助”要做好“三个一”，即要培养一种“好家风”、保持一颗“平常心”、常打一针“清醒剂”。干部家属、配偶作为干部的“后大门”，要时刻绷紧反腐倡廉这根弦，帮助爱人、儿女把好家门，守好后院，自觉抵制说情风，送礼风，严防不法分子的拉拢腐蚀，严防他们从自己和子女身上打开缺口，做好干部廉政建设的廉内助，当好家庭廉政建设的监督员。象山县人力社保局党委还给每个家庭分发了《习近平总书记谈家庭家教家风》《透视浙江省查处家风不正典型案例》和《家庭助廉倡议书》。

【规范编外用工招聘】 编外用工是机关事业单位人力资源的重要组成部分。为保质保量完成各机关事业单位编外用工需求，象山县人力社保局坚持从严把关编外用工入口，加大招聘公告审核力度，从规范《机关事业单位公开招聘编制外工作人员公告》审核做起，指导各单位踩实公开招聘各环节，为实现县各单位用工合理、招录合规、管理合法目标做出了探索。截至10月底，通过象山县人力资源和社会保障局网站发布的编外用工招聘公告134次，共招聘251人。

【举办新聘用事业单位工作人员岗前培训】 围绕提升事业单位新聘用人员综合素质，加强事业人才队伍建设，11月9日，象山县2020年度新聘用事业单位工作人员岗前培训班在县委党校正式开班。2019年全县事业单位公开招聘的52名事业人员参加该次培训。开班式由县委党校副校长蔡海俊主持，县人力社保局副局长陈峰出席并作动员讲话。该次培训为期5天，由县委组织部、县人力社保局、县委党校共同举办，采用集中授课、分组调研、研讨交流、团队建设、现场教学等多种学习形式，主要对习近平新时代中国特色社会主义思想、象山经济和社会发展现状、事业单位人事管理制度及机关公文写作等内容进行培训，同时开展情绪管理、党风廉政、保密知识教育。

（王慈慈）

社会服务

综述

2020年，象山县退役军人事务局在2019年开好局起好步的基础上，以落实任务清单为抓手，围绕“123456”（“1”指代一个退役军人三级服务保障体系；“2”指党委政府放心、服务对象暖心；“3”是政府部门、服务机构、社会力量；“4”即政治建站、依法治站、科技强站、服务兴站；“5”表示思想引领能力、依法治理能力、服务能力、数字赋能能力、自身业务能力；“6”指的是坚持思想引领、扶持就业创业、常态化走访慰问、帮扶解困、维护合法权益、组织志愿服务）的工作目标和内容，以争当退役军人工作高质量发展的“模范生”为目标，多点发力，推动退役军人事务工作向纵深发展。2020年，各项工作有突破、有实效、有发展、有创新，圆满完成全年任务。12月7日，在浙江省双拥工作总结暨模范退役军人表彰大会上，象山县退役军人事务局获评浙江省退役军人工作模范单位。

双拥与优抚

【概况】 2020年，象山县坚持以习近平新时代中国特色社会主义思想为指导，贯彻落实习近平总书记关于双拥工作的重要论述精神，牢牢把握新时代双拥优抚工作发展大局，适应新形势，探索新思路，出台新举措，落实优抚优待政策，提升双拥优抚工作整体水平。

【争创全国双拥模范县“六连冠”】 2020年，象山县退役军人事务局落实专人逐条对照双拥考评标准，做精做细双拥台账，抓实抓好迎检工作每个细节。在城区主干道、滨水公园等场所制作永久性双拥宣传标志牌20个，在车站、医院和银行等公共场所设立军人依法优先服务标志牌，悬挂光荣牌，开展上门送喜报、纪念章、慰问信等工作，营造拥军崇军的浓厚氛围。10月20日，象山县蝉联“全国双拥模范县”获“六连冠”。12月7日，在全省双拥总结暨模范退役军人表彰大会上，象山县委书记潘银浩作为全省唯一一个县（市）区代表作双拥工作发言。

【创新社会化优抚新模式】 2020年7月，成立全市首个关爱退役军人协会，并组建“一联盟二团三队”（“一联盟”为优抚联盟；“二团”指关爱退役军人医疗专家义诊团、关爱退役军人法律援助团；“三队”即关爱退役军人宣传队、关爱退役军人志愿者大队和关爱退役军人说事队）。截至12月31日，优抚联盟有68家商业主体加盟，涵盖吃住行游购娱及法律、心理、医疗等商业领域，为全县现役军人、退役军人和其他优抚对象提供“优质产品、优惠价格、优先待遇”。制作优抚联盟尊崇卡，服务退役军人。关爱退役军人志愿者大队招募志愿者，开展志愿服务30余次。

【做好优抚常规工作】 2020年，象山县退役军人事务局在元旦、春节、清明等节日对全县退役军人、“三属”（烈士遗属、因公牺牲军人遗属、病故军人遗属）、军休干部进行县、镇、村三级走访慰问全覆盖。及时足额发放抚恤补助和医疗补助资金、义务兵家庭优待金和大学生入伍一次性奖励金。开展退役军人临时救助工作，对困难退役军人拨付临时救助金。

【全县农村现役义务兵父母免费体检】 2020年，象山县退役军人事务局组织开展全县农村现役义务兵父母免费健康体检。核对排摸体检对象名单，确保通知不漏一人。与第三方医院合作，确定体检项目，并对接各镇乡（街道）退役军人服务站，落实专人全程跟进体检工作。采取多方联动、开辟体检“绿色通道”、全程接送、“一站式”服务等方式，使参检对象享受优质便捷的健康体检服务。2020年，为全县18个镇乡（街道）体检对象进行免费体检。

【做好退役军人服务中心（站）“两创”工作】 2020年，象山对标对表完成全国示范型退役军人服务中心（站）和全省“新时代枫桥式退役军人服务中心（站）”创建工作。在全国示范型退役军人服务中心（站）创建中，象山县县级退役军人服务中心得分、乡镇级退役军人服务站平均得分均列全市第一，村级退役军人服务站综合等级达到A级。象山县退役军人服务中心，丹东街道、新桥镇东溪村和涂茨镇中堡村退役军人服务站获评全省“新时代枫桥式退役军人服务中心（站）”单位。

安置工作

【概况】 2020年，象山县围绕省、市、县关于退役军人就业创业工作的有关部署,贯彻妥善安置、合理使用、人尽其才、各得其所的原则,以实现退役军人高质量、可成长就业为目标,做细做准做实退役军人安置工作,开创新时代退役军人就业创业新局面。

【"军人退役一件事"】 2020年,象山县延续2019年"军人退役一件事"经验做法基础上,通过细化"职业技能培训和学历再提升教育申请"事项,打造培训、升学、就业一体化集成式服务窗口,形成"三驾马车"齐头并进新局面,助推象山退役军人高质量就业发展。

【构筑退役军人就业创业新平台】 2020年,象山县退役军人事务局以"三式"体系法开展就业创业服务,打造退役军人就业创业SOHO服务品牌。创立一处空间,即打造涵盖掌上择业、掌上就业、创业代办等功能的退役军人就业创业SOHO空间,为广大退役军人提供"线上+线下""就业+创业""培训+求职"的服务模式。搭建两个平台,一是摸底子的就业创业基础信息平台,及时排查录入全县40周岁以下退役军人就业情况。二是搭路子的双线平台,线上研发"爱斌直聘"就业小程序,线下每季度定期举办1次就业招聘沙龙和技能培训说明会。推出3项套餐,即为退役军人提供求职招聘、教育培训和创业服务3项套餐。

【退役士兵教育培训工作】 2020年,象山县退役军人事务局与浙江省荣军康复医院合作开展为期5天的适应性培训,采取"军事化管理+多元化课程+实践化教学"的三位一体模式,为退役士兵提升自身能力、养成良好习惯、更快融入社会打下基础。与杭州职业技术学院达成合作协议,在全市率先启动退役军人"订单式培训"。首次培训推出保安员和消防安全员2个培训项目,共有9名学员参加为期3个月的"订单式"培训,培训结束后全部实现就业。

【军转干部和转业士官安置工作】 2020年,象山县按照《象山县军队转业干部、退役士兵安置操作规程》开展安置工作,发展科学化、阳光型、陪伴式安置理念,新增集中报到、安置回访等工作环节,让安置人员感受到"回家"的感觉。圆满完成2020年度转业干部和由政府安排工作退役士兵的安置任务,实现退役军人、部队和用人单位"三满意"。

【省退役军人事务厅副厅长郭国松到象山调研】 5月22日,省退役军人事务厅党组成员、副厅长郭国松带队到象山县调研退役军人就业创业工作。宁波市退役军人事务局党组成员、二级巡视员卢立军,象山县副县长穆锦斌,宁波市局就业创业促进处、象山县退役军人事务局党组书记、局长张蕴陪同。郭国松一行先后来到新桥镇东溪村退役军人服务站、丹东街道退役军人服务站、县退役军人服务中心了解退役军人就业创业情况。郭国松肯定宁波市、象山县在退役军人就业创业工作中所进行的探索,并强调要对退役军人始终心怀责任和感情,贴近退役军人就业需求和创业意愿,与人力资源企业、组织合作,运用现代化信息手段,挖掘开发优质岗位,实现互动和对接,解决退役军人就业创业过程中遇到的难题。

(吴冰琪)

社会救助

【概况】 2020年象山县聚焦脱贫攻坚、聚焦特殊群体、聚焦群众关切,围绕民政事业高质量发展目标,实施以"提升保障水平、完善救助机制、规范建设"为重点的"民生保障提升行动计划",建立健全覆盖、分类分档、救助的社会救助体系,开展困难群众大排摸、大走访、施策,发挥政府救助的"保底"作用。低保对象、特困供养对象、孤儿和困境儿童等各类群体福利保障水平稳步提升。

【加大低保对象保障力度】 贯彻执行低保标准调整机制,实施低保标准与居民人均生活消费支出相挂钩制度,提升县低保标准,2020年7月起,象山县低保标准从799元/月调整至842元/月,年低保标准达到10104元。实施低保、低边家庭一年渐退期救助制度,加大对因病致贫对象的救助,将困难家庭重病患者、重度残疾人及成年三、四级精神智力残疾人以单人户形式纳入低保。2020年底,全县共有低保对象6707户、9574人,全年支出保障资金7841.2753万元。

【完善特困人员供养制度】 出台新的特困人员供养工作制度,根据居民人均生活消费支出的50%确定特困人员供养标准,提高特困人员生活标准和护理补贴,2020年4月,象山县特困人员生活费标准由1247元调整到1394元,集中供养护理补贴分为249元、423元、872元,分散供养护理补贴分为166元、282元、581元。完善特困人员供养的协议模板,规范特困人员认定工作,提高救助水平,更好地保障特困人员基本生活和照料服务。2020年底,象山县共有特困人员609人,其中:集中供养327人,散居供养282人。2020年全年共计发放特困人员供养资金1202.3811万元。

【综合实施各类救助】 2020年,先后10次启动困难群众基本生活物价补贴发放,执行2020年3—6月物价补贴阶段性提高一倍发放的政策,保障疫情期间困难群众的基本生活,全年对1.4万余名困难群众发放物价补贴资金2966万元。2020年,象山县临时救助资金达到常住人口人均7元以上,下拨各镇乡(街道)临时救助备用金200万元,2020年全年共对1763名困难群众发放救助金362.76万元。

【完善孤儿和困境儿童保障机制】 继续规范困境儿童基本生活费发放工作,促进儿童福利事业的发展,保障孤儿和困境儿童的基本生活和合法权益。为保障孤儿和困境儿童的基本生活,从2020年4月1日起,象山县福利机构养育的孤儿基本生活费标准由每人每月1746元调整为每人每月1962元;社会散居孤儿基本生活费标准由每人每月1397元调整为每人每月1562元。全年下拨5名社会散居孤儿资金及9名寄养在宁波恩美儿童福利院的机构代养孤儿资金31.0499万元；2020年年底，全县共有困境儿童870人，参照散居孤儿养育标准补差发放基本生活费，全年下拨困境儿童救助资金638.5923万元。以上两项儿童资金共计669.6422万元。

【健全社会救助主动发现机制】 坚持“托底线、救急难、可”的原则，设立县、镇乡（街道）社会救助投诉咨询电话，成立社会救助主动发现志愿者队伍，帮助符合条件的家庭申请低保，做到“应保尽保、应补尽补”。开展网格员对重点对象申请救助实行全程代办模式，并与主动发现机制做到无缝对接。2020年全年，通过政策宣传、基层调查等方式，主动发现困难群众792户，其中纳入低保405户，纳入低边179户，开展临时救助208户，完成低保、特困等困难对象全程代办业务565户。

【建立医前救助机制】 为缓解困难群众医疗救急难，建立医疗应急救助预支机制，由民政局、慈善总会及社会各界共同筹集建立医疗应急救助资金，对象山县域内常住户籍的特困人员和孤儿、城乡低保和低保边缘家庭等五类救助对象，实行“医前应急救助”。五类救助对象如患特殊病种疾病或重特大疾病到定点医疗机构就医，急需住院救治，因家庭经济困难无力支付应急救治所需大额费用，可申请医疗应急救助资金，根据不同类别将给予0.3-2万元的应急救助额度。2020年，医前应急救助8人，拨付救助资金10万元。

【建立第三方协助调查机制】 引导社会力量参与社会救助，通过政府购买服务的形式委托第三方服务机构对象山在册低保对象和低保边缘对象开展入户走访调查，仔细梳理、排摸全县低保在册对象动态信息情况，收入、刚性支出情况，并补充完善法定赡抚养人相应信息。2020年，经第三方入户协助调查，核实并退出收入财产等不符合条件低保对象445户596人。关注退出的老弱病残等重点对象，对再次发生生活困难的及时纳入低保或临时救助，提升救助水平。

【开展全程代办实现“零跑腿”】 各村（社区）网格员及时掌握本辖区内居民困难情况，通过本人主动提出申请，网格员收齐困难群众社会救助所需资料，第一时间将附件资料电子版上传至乡镇（街道）民政办，让不方便的困难群众不出家门就可以申请到社会救助。2020年，完成低保、特困等困难对象全程代办业务565户。

【创新开展探访慰问服务】 健全探访志愿服务队，依托村（社区）网格化管理，全县建立以乡镇（街道）联村干部、村干部、网格员以及村社会组织志愿者组成的困难群众探访志愿服务队18支。2020年6月，出台《象山县困难群众探访关爱服务制度（试行）》，细化探访服务内容，定期开展“问健康、送关爱，问需求、送服务”探访慰问服务，落实特殊困难群众定期探访报告制度，服务队通过电话、微信、上门、主动建立邻里群等多种途径密切关注民政困难群众身体、家庭情况、生活需要及情绪变动，向困难群众问需求，并根据不同需求提供送餐、送饭、送药、代跑代买代送基本生活物品等服务，解决困难群众实际生活困难。2020年，探访慰问低保、特困等困难群众1.4万余名，发放口罩4.65万余只，消毒液1000余公斤，为4500余名困难群众代买各类生活物资和食品药品。

【引导社会力量开展志愿服务】 引导社会组织下沉到社区，依托社会公益组织开展点单式服务内容，通过提供志愿服务、推进资源链接等方式服务困难群众，成立“情系桑榆”等困难群众关爱项目，建立高龄老人、残疾人、困境儿童结对式帮扶机制，开展居家残疾儿童上门送教、残疾儿童走访送温暖、孤寡老人关爱等志愿活动。全县开展入户走访和志愿服务过程中共征集到各类微心愿743个，其中社区困难群众“微心愿”364个、农村低收入农户“微心愿”379个，联合机关党工委发动在职党员通过“一对一、多对一”形式参与认领困难群众的“微心愿”，各单位党员干部共计送出爱心物品金额达23万元。

【完善未成年人保护体系】 构建了市、县、乡镇（街道）、村（社区）四级联动的未成年保护网络和“家庭、社会、政府”三位一体的未成年人社会保护工作格局。全县建成村（居）儿童之家180个，覆盖率达46.3%，其中镇乡（街道）示范型儿童之家11个，覆盖率达61%。全县18个镇乡（街道）配备36名儿童督导员和386名儿童主任。建立健全未成年人接收的工作流程和规范，完善未成年人接收的工作表格，为随时接收未成年人做好基础准备工作。同时成立未成年人救助服务联盟，联系相关资源及社会团体，确定了象山县信大律师事务所、象山县绿丝带志愿者协会等多家群团社会组织为服务联盟单位，确保能随时为未成年人提供“一对一”法律援助、个性化服务。

【做好儿童动态管理工作】 建立各类儿童主动发现机制，通过部门通力协作及群团优势，共建关爱儿童保护体系。重点加强养育管理及网格化管理，定期督促儿童督导员及时关注留守儿童和困境儿童生活情况，做好符合条件的留守儿童和困境儿童排查及信息录入，建立规范数据库，实行动态管理。2020年5月，组织18个镇乡（街道）儿童督导员、儿童主任开展孤困和留守儿童大走访，根据走访情况，对儿童档案进行了动态更新，确保一人一档，做到全县各类儿童底数清、情况明。2020年年底，全县共有孤儿14名、困境儿童870名、留守儿童180名。

【做好儿童关爱保护工作】 通过未保中心利用合宜节日开展各类宣传活动，年内暑期联合检察院和慈善总会开展了“政策宣讲进村（居）”示范活动，各个镇乡（街道）和村（居）分别开展了宣讲活动。同时还在全县范围开展了

"天使关爱·快乐成长"困境留守儿童和孤儿关爱项目展示宣传以及中秋节困境留守儿童户外拓展等多场大型宣传活动,形成了社会关爱保护儿童良好舆论氛围。针对儿童生活和学业需求,通过政府购买服务方式,2020年投入28万元,开展了儿童个性化关爱服务和学习专项帮扶。委托县慈善总会开展"天使关爱·快乐成长"困境留守儿童和孤儿关爱项目,委托县绿丝带协会开展"心手相牵,与爱同行"困境儿童专项学习帮扶服务,项目惠及儿童1026名。同时,局党委发挥"党建+"作用,开展"天使关爱·守望未来"孤儿和困境儿童关爱活动,党员带头组织全局干部对全县部分事实无人抚养儿童进行了"一对一"结对服务,发放志愿服务联络卡、儿童保护政策宣传单,开通儿童服务电话,并在"六一"儿童节、中秋节以及元旦、春节集中开展上门关爱服务。

(俞明)

社会养老

【概况】 2020年,象山县养老服务围绕新时代民政事业高质量发展要求,严格落实养老服务场所疫情防控措施,全力推进居家养老服务,规范机构养老管理,开展康养医养结合服务,提升养老服务品质。全县共有养老机构61家,其中公办19家、民办42家,2020年新增养老机构床位1440张,共有养老床位7889张,每千名老人拥有养老机构床位数56.3张,居宁波市首位,新建区域性居家养老服务中心8家,累计建成区域性居家养老服务中心18个、居家养老服务站点386个,基本形成"以居家为基础、社区为依托、机构为补充、医养相结合"的多元化社会养老服务体系。

【全力推进省市县民生实事工程项目】 完成生活困难老年人家庭适老化改造81户,通过排摸,在全县范围内确定实施适老化改造的困难老人名单,以招投标方式确定中标单位,围绕"如厕洗澡安全,室内行走便利,居家环境改善,智能监测跟进,辅助器具适配"五个方面功能,提升老年人生活自理能力和居家生活品质。每户改造资金为1.2万元,总投入资金为97.2万元。

【实现居家养老服务中心镇乡(街道)全覆盖】 新建定塘镇、涂茨镇、泗洲头镇、新桥镇、东陈乡、茅洋乡、黄避岙乡、高塘岛乡8个乡镇居家养老服务中心,并全部实行社会化运营,累计建成居家养老服务中心18家,实现乡镇(街道)全覆盖,为当地居家老年人提供生活照料、康复护理、文体娱乐、精神慰藉等服务,提高居家老年人的获得感和幸福感。落实大徐镇、定塘镇、涂茨镇、泗洲头镇、新桥镇、东陈乡、茅洋乡、黄避岙乡、高塘岛乡9个乡镇"爱心车轮"老年助餐服务项目,完善老年配送餐网络建设,在18个乡镇(街道)开展助餐送餐服务,着力解决居家老年人就餐难的问题。

【推行居家养老政府购买服务】 根据《象山县居家养老政府购买服务实施办法》,在18个镇乡(街道)开展居家养老政府购买服务,2020年共服务老人14011人,服务经费支出739.32万元,实现符合条件的居家老年人政府购买居家养老服务全覆盖。同时,为保障此项服务规范化、政府资金安全化,采用象山县智慧养老服务平台动态监管与第三方测评单位实地满意度调查相结合的方式,对居家养老政府购买服务进行管理。

【医养结合服务】 以"颐养小屋"为切入点,在全县范围内开展医养结合服务。一是通过在15家公办养老机构建立的"颐养小屋",为机构内老年人提供定期巡诊、常用药配发、健康检查等医疗服务。二是鼓励全县养老服务场所与当地卫生医疗机构签订合作协议,为老年人提供健康评估、巡诊等实用性服务,全县养老机构、居家养老服务机构与卫生医疗机构合作协议签约率均为100%。三是发挥县老年公寓示范带头作用,率先在老年公寓建设"安宁小屋""心灵驿站",并与县老年医院、县第三人民医院合作,设立"安宁疗护病房"为临终老年人提供临终关怀服务,通过"心灵驿站"为入住老人和员工提供心理咨询、精神慰藉、心理支持等服务。

【落实疫情防控常态化管理】 2020年1月26日至3月23日,全县养老服务机构实施封闭式管理,设置老年人返院隔离全县集中隔离场所,共收住返院隔离老人18人。及时分发社会各界向养老机构捐赠的口罩2.5万余个、消毒液1000公斤、酒精500公斤。3月24日有序恢复养老机构正常服务秩序,通过预约安排返院、测量体温、亮码、家属登记、签署承诺书等方式返院管理。对全县644名养老服务机构工作人员进行了核酸检测,所有参加检测人员检测结果全部为阴性。疫情防控期间,不定期对养老机构疫情防控情况进行暗访和督查,确保养老机疫情防控措施落实到位,保障入住老人和员工生命安全。

【抓好养老机构安全生产工作】 安全生产和消防安全、食品安全是养老机构管理工作的底线,县采取机构自查、第三方检查、民政督查相结合的方式,实行安全生产常态化检查机制,此外依托专项行动,对全县养老机构进行了多次扫盲式检查。2020年,开展"复工复产二十日攻坚战""安全生产月"和"安全生产万里行""养老机构食品安全宣传周"等专项行动,共组织7批次,检查229家次,对检查中发现的问题要求及时整改并组织"回头看"检查,实现闭环管理,提升县养老机构的安全生产管理水平。同时,引导组织全县养老机构开展一年两次的消防安全知识讲座及实地演练,组织全县养老机构安全生产负责人和管理员共93人进行安全生产能力复训,提高养老机构消防安全管理能力。

【政策扶持到位,确保机构有序运营】 根据《象山县社会养老服务体系建设县级专项资金使用管理办法》文件精神及时发放社会养老服务体系建设专项补助资金，2020年发放象山县社会养老服务体系建设专项补助资金331.2万元，其中对20家民办养老机构新增床位数补助225.6万元，对2家公办养老机构新增床位建设补助88.5万元，对59家参加养老机构政策性保险的养老院补助17.1万元。

【落实困难老人养老服务补贴制度】 为帮助解决城乡困难老人的养老照料问题，保障困难失能、失智老年人的基本生活，对身体评估为重度、中度、轻度依赖的低保老人且接受养老机构服务的，给予养老服务补贴。2020年，全县共有122名低保老人享受养老服务补贴制度，按照每人每月1350元、1080元、810元的标准每季度发放补贴，共计发放补贴资金71.37万元。

【实施民办养老机构日常运营补贴制度】 为扶持社会力量兴办养老服务机构，鼓励民办养老机构收住本县户籍失能、半失能老年人，对县民办养老机构开展了日常运营补贴制度。2020年，全县民办养老机构共收养失能、半失能老年人1241名，按照每人每月100元、200元、300元的标准发放运营补贴，2020年全年共发放补贴资金322.26万元。

【实施居家老年人意外伤害险制度】 为提高老年人及家庭抗风险能力，促进社会和谐稳定，2020年，共出资79.35万元为20214名具有本县户籍并居住在本县的80周岁（含）以上居家老年人以及计划生育特殊家庭、最低生活保障家庭、最低生活保障边缘家庭中的居家老年人投保老年人意外伤害险，参保率100%。

【实施高龄老人生活津贴制度】 根据全县高龄老人生活津贴发放标准落实高龄老人生活津贴制度，80周岁（含）—89周岁每人每月50元、90周岁（含）—98周岁每人每月100元、99周岁每人每月300元、100周岁（含）及以上每人每月800元。全年共发放高龄老人生活津贴1348.9万元。

【开展养老行业人才培养工作】 依托县养老护理培训学校，加强护理员业务培训，实现养老护理人员岗前培训率100%；与宁波卫生职业技术学院合作开设“老年保健与管理”大专班，2020年7月共有41人毕业并取得相关大专学历证书；与当地培训学校合作开展养老服务人员专项能力培训和项目制培训工作，2020年共完成专项能力培训和项目制培训705人；落实护理员特殊岗位津贴和养老机构入职奖补政策，2020年共发放护理员特殊岗位津贴54.42万元，入职、创业奖补资金8.78万元。

（俞明）

社区建设

【概况】 2020年，象山县基层政权建设重在党建引领社区治理，主要体现在七个方面：稳妥推进行政村（社区）规模优化调整工作；做好村（居）民委员会换届选举准备工作；城乡社区基层民主建设；指导做好新冠肺炎疫情社区防控工作；推进社区治理和服务创新实践；推进特色社区建设；加强专职社区工作者队伍建设。

【稳妥推进行政村（社区）规模优化调整工作】 平稳有序高质高效完成行政村规模优化调整，围绕“规模调优、资源整合、班子建强、服务提质”工作目标，提高调整标准线，科学编制工作方案，加大政策扶持和后期融合力度，又好又快地完成行政村（社区）规模优化调整工作，组建新村79个，全县行政村数量从490个减至355个，撤减135个，新增社区1个，撤减比例为27.6%，700人以下行政村规模调整幅度为84.9%，调整工作整体稳妥有序。出台《关于加快新村（社区）融合发展的实施意见》，会同相关部门抓好新村组织建设、新村“三资”融合、新村规划发展、新村文化融合等后续工作，促进新村融合发展。

【做好村（居）民委员会换届选举准备工作】 开展新一届村（居）民委员会换届选举前期调研工作，组织业务骨干赴部分镇乡（街道）开展实地调研，对他们提出的问题进行现场解答。同时，加强与市民政局的联系与沟通，通过电话、微信等方式及时解答镇乡（街道）在工作中遇到的问题。协助配合组织部出台《关于高质量做好2020年村（社区）组织换届工作的实施意见》。制定了村（居）民委员会换届选举政策宣传提纲（一问一答），拟定了《村民委员会换届选举工作指导手册》和《居民委员会换届选举工作指导手册》。严格按照“四过硬”“五不能”“六不宜”的要求，截至年底，完成18个镇乡（街道）提交的村社组织成员自荐人（候选人）预审对象6000余名、政审对象517名资格审查，确保换届选举工作依法、规范、平稳、有序推进，实现“选优配强、和谐换届”的目标。

【城乡社区基层民主建设】 稳步开展基层协商，完善“村民说事”乡村治理模式和“村规民约”制定，通过对文字上的总结提炼，用三字经、五字句、七言诗等多种载体进行修订编纂，在尊重民意民愿的基础上，构建了能体现本村特色的、个性化、独创性“村规民约”形成了居民自我管理、自我教育、自我服务和自我监督的农村基层治理制度体系，打造了旭拱岙村、墩岙村等52个优秀村规民约范本。加强农村小微权力运行，每季度首月20日定期开展村务公开检查，健全村级重大事务决策报备制度，推行“一窗受理、集中审核、限时办理”运行模式，确保村务决策、管理依法公开。截至年底，全县各镇乡（街道）共报备村级重大事项2200余份。

【指导做好新冠肺炎疫情社区防控工作】 贯彻落实省、市关于社区疫情防控的决策部署，及时制定出台社区防控相关政策举措，完善社区防控机制，推动落实联防联控措施。征集、提炼、总结社区疫情防控中的典型做法和先进事迹62件，并择优上报市局12件，进行宣传、推广。落实激励关爱一线社区工作者政策，保障一线社区工作者身心健康。

【推进社区治理和服务创新实践】 以推进社区服务综合体建设为目标，实施社区提能减负工程，落实社区职责准入制度，按照“最多跑一次”改革要求，推行“全能社工”和“一门受理、后台协同办理”运行模式，为居民群众提供更加便捷高效的服务。全县30个社区共组建党小组68个，划分网格168个，组建服务团队179个，上门入户达4.9万余户，12.4万余人次居民接受服务，实现社工从机关坐班向进网格入户转变。健全社区服务管理居民参与体系建设，推行“居民说事”制度，30个社区全部建立“居民说事厅”，成立“社区共治理事会”，2020年全县召开“居民说事”1438场，解决问题4857个。

【推进特色社区建设】 开展清廉社区创建工作，以实施“队伍保廉”“制度固廉”“监督促廉”“文化育廉”四大工程为抓手，以塔山社区作为清廉社区示范观察点，组织全县各社区书记、主任进行参观学习，以点带面推进清廉社区规范化建设，推动从严治党向基层延伸。推动围绕乡村治理，推进农村社区分类指导分层提升，组织开展农村社区建设评估活动；根据省民政厅“省级引领型农村社区”创建标准要求，指导丹西街道新碶头村、石浦镇晓湾村、东陈乡东陈村、黄避岙乡白屿村按照创建标准要求，开展第三批省级引领型农村社区创建工作；8月4日，经省厅委托的专家评估组实地走访、座谈调研，4个创建村通过评估验收。

【加强专职社区工作者队伍建设】 坚决贯彻落实《关于加强专职社区工作者队伍建设的实施意见》，按照“三岗十八级”分配方法，落实社工待遇。通过“四社联动+居民说事”协调互动机制，继续完善社区包片联户制度，“345社区服务群众制度”，推动社工把更多的精力、时间用在服务上。加强对全县162名专职社工的管理教育培训，持有社会工作师证书专职社工117名，占比达72%。参加宁波市第二批社区工作领军人才选拔活动，以先进性、代表性、引领性为原则，择优推荐4名社区正职干部上报市局参选。完善专职社区工作者的教育培养方式，拓展专职社工的成长空间，打造一支高素质专业化的社区工作者队伍。

（俞明）

地名管理

【概况】 2020年，围绕地名规范优化工作，推进地名文化建设。主要体现在四个方面：开展地名规范优化工作；创新新建住宅小区地名命名“一事联办”；开展行政区域界线界桩联合检查工作；开展地名典、志的编纂工作。

【开展地名规范优化工作】 一是开展地名命名规范化工作，根据《地名管理条例》全年共命名道路8条、小区22个。完成新批小区和道路的现场踏勘和资料核对以及门牌编制。二是开展不规范地名排查，完成百度地图、高德地图上20条不规范地名的整治。同时配合智慧城管完成全县1150块（其中灯箱式箱体路名牌335只全部亮化，单杆路名牌796块）路名牌检查。

【创新新建住宅小区地名命名“一事联办”】 为推进“最多跑一次”改革，方便全县建筑单位办事，该县创新新建住宅小区命名“一事联办”。改革前，新建住宅小区申报地名事项，涉及2个审批事项（地名核准、门牌编制）和2个后续配套服务（门牌制作、安装），需跑腿3次，经历4个办理环节，提交6份材料，办理时限为12个工作日（不包括门牌制作、安装）。改革后，新建住宅小区在申请办理“住宅小区（楼）、建筑物命名”时，同步为建设单位办理楼（幢）门牌编制，并联系专门的公司进行制作和上门安装门牌，将地名审批服务事项由原来的四步走合并为一步走。同时，基于新建住宅小区还未取得产权证这一实际情况，精简申报材料，仅需一次性提交申请表、建设工程规划许可证、项目总平面图3份材料即可，审批时限缩减为2个工作日，精简材料50%，时限压缩83%。截至年底，累计办理地名命名服务9件次。

【开展行政区域界线界桩联合检查工作】 出台《象山县2020年创建平安边界活动的实施方案》（象民发〔2020〕12号），联合宁海县民政局完成5个界桩的勘查，经检查，界桩完好无移位，界桩面文字清晰可辨，界桩方位物和周围标志物、地貌与界桩登记表上所记载的相一致。完成泗洲头镇所管辖4号界桩水泥道路铺设、周边护栏安装等工作。

【开展《象山县地名志》《象山县古今地名典故》的编纂出版工作】 专门设立《象山县地名志》编纂办公室，落实编纂资金和工作人员。截至年底，完成《象山县地名志》聚落地名部分约70万字编纂工作。出版印制《象山县古今地名典故》500册，转化地名普查成果，传承保护地名文化遗产。

（俞明）

殡葬管理

【概况】 2020年，象山殡葬管理工作在上级业务部门的精心指导下，在局党委的正确领导下，以殡葬领域疫情防控和清明节祭扫管控工作为重点，以建设县文明殡葬、生态殡葬和规范殡葬管理工作为目标，巩固殡葬综合改革成果，勇于探索，开拓创新，提升殡葬管理和服务水平。各项殡葬改革工作取得了明显成效。

【严格做好殡葬领域疫情防控】 一是及时出台防控措施。1月27日，向全县印发了殡葬领域新型冠状病毒感染肺炎疫情防控通知和补充通知，并向全县市民印发《疫情防控通告》，加强特殊时期殡葬管理工作。二是加强重点场所防控。加强县殡仪馆、石浦福寿堂等殡葬领域重点场所防控，特别是县殡仪馆保证其正常运行事关人民群众切身利益和县社会稳定。三是县镇村三级管理。各村网格员和村干部加强对本村逝者家属简化治丧、遵守停柩时间、不得摆设酒宴、禁止做道场等殡仪活动。四是做好民政系统个体工商户的疫情防控管控和复工复产工作。

【丧葬礼俗整治工作】 通过以“二倡导二禁止一规范”（倡导丧事简办，倡导不送、不收非亲人员礼金，禁止燃放烟花爆竹、鸣放电子礼炮和纸礼炮等扰民行为，禁止搞封建迷信活动，规范整治丧葬用品市场）为主要内容的婚丧葬礼俗改革整治。通过整治破除了陈规陋习，全县节俭文明办丧成常态。自2016年整治工作开展以来，截至2020年5月底，全县共跟踪管理操办婚丧事22395起，执行新规22362起，执行率99.85%，节约资金约40.98亿元，改革工作成效显著，受到了群众的普遍欢迎。

【开展代祭网祭活动】 高度重视特殊时期清明祭扫疫情防控和安全文明祭扫工作，3月20日，率先在县燕山陵园、县普明公墓、石浦西岙公墓，组织开展了代为祭扫仪式活动。撰写清明祭扫祭文、科学安排祭扫程序，并通过象山电视台、《当日象山》报等媒体进行代祭程序等工作的宣传。通过对整个代祭流程的宣传报道，示范引领全县各公墓参照开展代祭工作。3座县级经营性公墓开展代祭仪式后，全县50座镇乡（街道）级中心公墓，均按照县级公墓代祭模式，相继举行了代为祭扫活动，全县各村级公墓和骨灰堂，由各相关村组织开展了符合各村传统的代祭仪式。3月15日，完成网上祭扫软件的开发，对网上祭扫平台的使用操作方法，通过民政局微信公众号及象山发布进行宣传，倡导市民网上祭扫，清明节期间，采用象山文明祭祀平台的群众2580人次。

【推广节地生态葬法】 通过在社会多途径的引导，推广节地生态安葬，推行墓型、面积、墓价“三统一”，规范墓穴向小型化、艺术化、生态化方向发展，确定了以生态墓为主的6个小型墓穴为全县各公墓区统一墓型，面积都控制在1平方米以内，在此基础上，推广0.8平方米的小型墓穴。要求新建墓区和新扩建墓区，实行墓型艺术化小型化，一律使用0.8平方米的墓型，逐渐淘汰老旧墓型。

【殡葬执法管理工作】 建立健全殡葬执法巡查机制，民政执法大队对全县公墓区、禁坟区、墓石料加工厂、棺木加工点进行滚动式巡查，各镇乡、街道殡葬专管员加强对本辖区范围公墓区、禁坟区的定期检查管理，发现违规问题联合相关部门及时进行处置。相继开展了墓葬专项整治、丧葬礼俗专项整治等工作。通过宣传引导和联合相关部门及各镇乡、街道，开展殡葬执法活动120余次，查处拆除违法违规坟墓100余座，查处公共场所搭棚办丧2起。

【身后事网上智慧办工作提升】 为搞好县身后事系统的完善提升工作，赴金华、东阳、义乌等地，对身后事的完善及与省市数据归集等工作进行了调研。并及时向县委改革办提出完善建议，由县委改革办组织县卫健、县公安、县人社、县医保、县大数据等部门召开联会，在该系统良好运行的基础上，系统优化、升级改造，涉及流程升级改造、浙里办APP流程纳入、宁波大数据汇聚平台接入、浙政钉2.0迁移。将意外死亡、医院死亡、县外死亡等纳入系统，掌握象山县域内死亡人员情况，系统后台数据分析，加强数据核查落实工作。截至年底，全县共实现“身后一件事”办理6535例。

【加强殡葬改革宣传力度】 加强全国殡葬综合改革工作的宣传，及时向省市及各媒体做好殡葬改革信息报送工作，各类信息分别被《中国社会报》《浙江民政》《宁波信息》《宁波通讯》《浙江日报》《宁波日报》等录取刊登，《宁波信息》上刊登的《象山移风易俗打造全国殡葬综合改革试点样本》的信息，获市政府领导批示肯定，并批示县的改革经验在全大市推广。

【完善补充惠民殡葬政策工作】 根据《关于完善〈宁波市惠民殡葬政策实施细则〉的通知》精神，于9月对全县《惠民殡葬政策实施办法》再次进行了补充和完善。主要是增加了惠民殡葬政策免费项目和调整重点救助对象免费项目：新增免费提供逝者普通骨灰盒（不超过300元/个）1只；凡符合规定条件的重点救助对象及其他特殊困难人员，可以免费租用殡仪馆小型厅堂进行治丧，租用时间不超过3天，超出部分由丧户自行承担。

（俞明）

社会组织

【概况】 2020年，贯彻落实省市社会组织工作决策部署，围绕县年度工作目标，突出“党建、培育、监管”三个重点，推进“红社领航”“赋能转化”“管理提升”三大工程，推促社会组织健康有序发展，引导社会组织在创新基层社会治理和新冠肺炎疫情防控中发挥作用。

【推动“四社联动”】 以社区、社会组织、社会工作、社区发展基金“四社联动”为导向，启动社会组织参与社区治理现代化三年行动计划，引导支持47家社会组织下沉全县30个社区提供公共服务、扩大居民参与、推进资源链接，重点在矛盾纠纷调处、失独家庭关爱、社区矫正等方面为社区解难事、办实事、做好事。实施的“项目式”“结对式”“菜单式”服务清单中有6000余人次居民受益。爵溪街道社会组织服务中心建设推进，获省、市民政部门领导肯定。

【品牌建设】 以“红社领航”为统领，加强社会组织综合党委建设，依托“益园”主平台，组织开展“象益”社会组织典型选树、党员公益日、社会工作督导人才培养和社会工作宣传周等活动，实施“红色经理人”素养提升工程，教育引导社会组织及其党员、志愿者在疫情防控、脱贫攻坚、社会治理中发挥作用。在该次疫情防控中,全县共有92个法人社会组织的513名党员、志愿者参与疫情防控政策宣传、执勤排查、场所消杀等工作,累计志愿服务7.5万余小时,各社会组织及其会员单位共捐款捐物2000余万元。

【注重增能赋能】 深耕社会组织学院教育力和影响力建设,始终坚持以打造"红色学府·党建氧吧"为己任,以实施中央培训项目"灯塔计划"为抓手,同步开展社会工作督导、民间救援队能力提升、志愿服务项目品牌营造等培训工作,年内线上线下共培训18期5万余人次,宁波、台州、舟山社会组织党建工作、衢州社会组织联合会规范化建设和宁波市社会福利院社工能力提升等培训班分别在学院举办。制定《社会组织党群服务中心三级标准化建设规范》被全市推广,学院工作获市民政局肯定,挂牌为宁波(象山)社会组织学院。

【加强监督管理】 通过年检年报、等级评估、"双随机"抽查等工作,针对发现的问题印发103份责令整改通知书,推进社会组织信用体系建设。组织做好行业协会商会涉企收费规范等专项工作,印发8份责令整改通知书,促进行业协会商会规范发展。推动社会工作专业化和职业化,做好1096名全县社会工者职业水平考试教育动员、组织考试等管理工作,力争全年新增持证社会工作人才超过100人。

【发展社会工作】 实施社会工作示范基地创建、镇乡(街道)社会工作站建设、社会工作督导、社会工作项目实施、社会工作服务机构培育融合提升计划,推动县社会工作发展。塔山社区创建市第五批社会工作示范基地,首批20名社会工作人才督导实施,离婚情感疏导调解和社区矫正社会工作项目受益879人,引起市外品牌社会工作服务机构推进支持镇乡(街道)社会工作站建设,着力发挥社会工作在基层社会服务和社会治理中的作用。配合县文明办做好"3·5"和"12·5"志愿服务和首届志愿服务项目大赛工作,推进新时代文明实践志愿服务,促进县志愿服务事业发展。

(俞明)

民政专项服务

【概况】 2020年,突出"巩固、提升",以"最多跑一次"为改革窗口,优化婚姻收养登记,水库移民安置扶持,福利彩票管理,流浪乞讨人员救助等社会专项服务水平。

【"最多跑一次"改革和政府数字化转型】 推进政务服务2.0平台应用,根据省市对政务服务2.0系统升级要求,动态调整事项清单和办事指南,对于121项民政政务服务事项中相对人、办理期限、办理流程、申请材料完整性等方面问题,逐项进行排查并予以修正,并推进县级政务服务事项2.0平台的应用,完成民政事项的2.0智慧大厅事项配置。完善审批系统应用,推广应用省自建系统,实现基础数据库信息对接共享;完成省公共数据共享平台数据接口配置工作,并在日常的行政审批办理操作中通过数据接口调用数据;实现电子签章在政务服务中的应用;实施办结事项电子化归档;落实市地名业务系统中的问题数据29条并予以调整修改;完成全县1015家社会组织业务分类标准确认,上报社会组织业务系统新增事项权限采集模板,调整业务主管单位信息。推进"无证明(证件)"平台应用,开展电子证明共享核查基础信息梳理工作,梳理上报本系统现行索取证明事项66项共112个证件(证明),同时,梳理出其他14个部门对我系统12个证件(证明)提出数据共享需求,涉及办事事项260个,并加强内部数据补录完善工作。做好电子证明共享核查平台操作人员、核查人员信息采集工作,配齐窗口核验设备和网络,完成事项上线测试。推进地名管理"一件事"改革,创新新建住宅小区命名"一事联办"。新建住宅小区在申请办理"住宅小区(楼)、建筑物命名"时,同步为建设单位办理楼(幢)门牌编制,并联系专门的公司进行制作和上门安装门牌,将地名审批服务事项由原来的四步走合并为一步走。同时,精简申报材料,仅需一次性提交申请表、建设工程规划许可证、项目总平面图3份材料即可,审批时限缩减为2个工作日。推进民政事项"网上办",实现民政事项网办比率99%。继续贯彻落实服务中心首问负责制、一次性告知制、限时办结制等办理制度。落实窗口受理、快递送达,推行容缺受理服务机制。依托先进的网络和通信手段提前介入,主动提供"一对一"服务,提升办件效率,以服务提升"最多跑一次",群众满意度100%。

【做好水库移民安置扶持工作】 编制后扶项目26个,安排项目资金691.25万元,项目资金安排率达到100%。完善直补人口复核,实行动态化管理,共发放直补资金324.36万元;出台水库移民困难临时救助实施办法,发放救助资金7.5万元;后扶项目全程管理,聘用第三方开展水库移民后扶项目资金内审工作。

【福利彩票工作】 以浙江省福彩发行中心"三稳三化"的工作总基调为指引,继续加强福彩服务管理,做好福彩资助帮困工作。加强队伍管理,创新工作思路,变中求进,推动县福彩销售工作安全平稳运行和高质量发展。2020年,全县73家代销点共实现销售福利彩票7235万元,筹集公益金716万元。

【流浪乞讨人员救助工作】 为维护社会稳定,建设和谐新象山。采用把控机制,整合社会资源,做好流浪乞讨人员救助管理工作,2020年度共救助流浪乞讨人员239人次。

(俞明)

慈善事业

【概况】 2020年,全县慈善资金总收入 6351 万元。全年慈善募捐收入 5708 万元。其中“慈善一日捐”和“市民慈善拾元捐”收入 796 万元，日常捐赠 1362 万元，冠名基金收入 952 万元，防疫捐赠资金 2047 万元，物资捐赠和慈善商店义卖收入 551 万元。各项救助支出 6319 万元，占上年总收入的 109%，受助 20388 人次。全市基层慈善“四大工程”建设现场会在象山召开。石浦镇获评浙江省慈善镇，涂茨镇黄沙村获评浙江省慈善村。

【“慈善一日捐”活动】 6 月启动“慈善一日捐”活动，县府办发出《关于开展 2020 年全县“慈善一日捐”活动的通知》。6 月 12 日，县慈善总会召开第十九次“慈善一日捐”活动动员大会。6 月 15 日，县委书记潘银浩、县人大常委会主任罗来兴、县政协主席俞骏等县四套班子主要领导率先垂范，带头参加“慈善一日捐”捐款。当天共有 168 人参与“慈善一日捐”活动，累计募集善款 77300 元。截至 8 月底，全县共有 72 家单位(企业)、161 家行政企事业单位的干部职工和社会爱心人士参与“慈善一日捐”活动，广大市民踊跃参与“市民慈善拾元捐”，累计募集善款 796 万元。还有不少企业、社区、商会等自发组织开展“市民慈善拾元捐”活动。各镇乡(街道)慈善分会落实“慈善一日捐”，累计募款 770 万元。

【创新慈善基金模式】 全县共签约冠名慈善基金 69 家，小额冠名基金 105 家，行政企事业单位专项救助基金 15 家，收到各类冠名基金善款共计 952 万元。其中新(续)建企业、单位冠名基金 7 家，共募集善款 301.5 万元；石浦、茅洋、黄避岙、定塘、新桥等 13 个分会按照年初总会提出的要求，完成和超额完成小额冠名基金签约任务。黄避岙、西周、大徐、茅洋等分会建立“工商企业慈善互助基金”，特别是黄避岙分会在浙江易锻精密机械有限公司设立“易锻职工互助爱心基金”，每月往基金里注入 1 万元，用于易锻职工及其家属的困难救助、大病救助、突发事件救助及易锻结对全乡困难大学生、困难户帮扶，为全县扩面创建“工商企业慈善互助基金”作了示范。

【网络募捐】 全年累计通过网络募集善款 262 万元。网上设立小微慈善基金 66 个，募集资金 16.6 万元；“关爱重症儿童”“关爱女性 · 呵护生命”“爱心一百压岁钱助学”等项目，募集专项资金 1.2 万元。通过宁波慈善医疗联合众筹网络平台，发布救助个案 3 例，募集资金 33.1 万元。

【实施项目化救助，慈济千家万户】 全年救助支出 6319 万元，受助 20388 人次。其中：助医支出 214 万元，受助 463 人次；助学支出 166 万元，受助 1010 人次；助困支出 1174 万元，受助 13176 人次；助残支出 55 万元，受助 251 人次；助老支出 149 万元，受助 4958 人次；助孤支出 20 万元，受助 207 人次；赈灾支出 2297 万元，受助 78 批次；扶持社会福利和公益项目支出 1647 万元，扶持 203 项(次)；实物救助 597 万元，发放 42 批次。其中镇乡(街道)分会救助支出 605 万元，村(社区)工作站救助支出 425 万元。

【“六个一百”项目】 继续实施“六个一百”救助项目，对救助对象进行了新一轮的筛选和审核，总会、分会工作人员进村入户对各类救助对象进行严格调查核实，严格把关审批，全年救助支出 119.6 万元，救助对象 984 人次。

【适度扩大重特大病救助范围】 为了提高重特大病救助性、实效性，修订《关于实施“慈善救助重特大病患”的暂行办法》，适度扩大救助对象、救助病种范围，提高救助标准。共救助重特大病患者 50 人，发放救助金 69 万元，人均救助金额比上年翻倍增长；白血病、尿毒症“两病”定助 136 人次，发放救助金 40.8 万元；救助重症儿童 31 人次，发放救助金 31.7 万元。

【跨界合作，联动多部门开展专项救助】 与县民政局、县财政局联合开展“情暖千家”春节慰问活动，总会出资 300 万元，慰问 4000 余人次；与县公安局联合设立“爱警基金”，救助支出 45.8 万元；与县妇联联合设立“康乃馨救助基金”，救助支出 24 万元；与抗癌协会联合设立“爱康慈善救助基金”，救助支出 16.2 万元；与县民政局联合建立“医疗应急救助基金”，救助支出 12.5 万元；等等。针对特定人群和特定困难对象，联合相关部门，整合相关资源，实行救助，提高救助实效，惠及广大弱势群体，扩大社会影响。

【贫困家庭学生助学】 总会调整贫困家庭大学生助学申请准入范围，全年发放助学金 121.5 万元，受助贫困家庭大学生 313 人；象山杭州商会与象山中学结对建立了助学基金，出资 20.5 万元，资助 41 名贫困高中生。为象山林海民工子弟学校学生配近视眼镜 215 副。各镇乡(街道)慈善分会开展助学活动，慈善分会、村(社区)慈善工作站共计助学支出 89 万元，受助学生 773 人次。

【产业扶贫】 全县共有 4 家慈善产业帮扶基地，其中市级慈善帮扶基地 1 家、县级基地 3 家，慈善扶贫户项目 9 个，全年帮扶资金支出 45.5 万元，全年收入 672 万元，利润 162 万元。基地利用就业帮扶、生产帮扶、吸收低收入农户参股、租用低收入农户土地等方式结对帮扶 39 户低收入农户，合计帮扶支出 48.35 万元。丹东街道分会新建一家“赛玉果蔬慈善扶贫基地”，基地面积 22 亩，主要种植大棚蔬菜和瓜果，总会每年给予资金帮扶 8 万元。计划三年收益 42 万元，接收 8 户贫困户，按劳取酬。

【基层慈善“四大工程”建设】 基层慈善“四大工程”包括基层慈善组织建设工程、基层善款募集长效机制构建工程、基层慈善义工品牌建设工程、慈善文化进基层工程。镇乡(街道)慈善分会建立慈善义工大队达到 100%，村(社区)慈善义工队伍壮大。

【“四大工程”建设现场会】 11 月

12—13 日，全市基层慈善“四大工程”建设现场会在石浦镇召开。市慈善总会会长陈云金，县委副书记李晓东，县委常委、石浦镇党委书记奚海峰、市民政局慈善社工处处长郑颖虹以及来自全大市慈善会系统近 80 名代表参加会议。与会人员现场参观石浦镇慈善分会、下金鸡村及南向村慈善工作站“四大工程”建设现场，观看慈善义工汇报演出。县总会、石浦镇分会、两村工作站分别作经验介绍。县委副书记李晓东作了致辞，并介绍说：象山历来重视、支持慈善公益事业发展，

【助力新冠肺炎疫情防控防治】 1 月 27 日，县慈善总会开通线上专项募捐渠道，向社会发出募捐倡议。总会成立由会长、副会长等 8 人组成的防疫工作领导班子，分两个工作小组，担负接收疫情募救工作任务，接收、发放捐赠款物，公布信息，报道事迹等。共接收抗疫捐赠款物 2746.8 万元，其中 393 家企业单位捐款 1857.5 万元，3150 余位爱心人士个人捐款 189.5 万元，县慈善基金支出 229.8 万元，接收物资 42 批次，物资价值 470 万元；累计款物支出 2746.8 万元。地支援了灾区和本县乃至大市的疫情防控防治。其中龙元集团公司捐赠了 549.2 万元，宁波戴维医疗有限公司、宁波日星铸业有限公司、宁波欧亚远洋渔业有限公司等爱心企业率先捐款各 100 万元，大徐镇爱心人士黄天敏第一位个人捐款 5 万元，退休老干部吴承年个人捐赠 10 万元，等等，388 家单位和 3109 位爱心人士共计捐款 2107 万元，用于本县疫情防控防治。县总会从慈善基金中拨出 122.2 万元，分别给全县各乡镇（街道）慈善分会 1 万元，每个行政村、社区工作站 2000 元用于各地购买防疫医用物品。

开学复工之初，县总会会同各分会第一时间募集 4.7 万只口罩和 2000 余瓶消毒水、洗手液、酒精等防疫物资，分期分批送货上门，缓解了部分复工企业、公交公司、环卫部门、学校、医院等单位的防疫应急所需。各地义工队特别是总会直属义工大队都纷纷志愿参与村口、小区门口值勤防控，部分义工连续担负小区防控值班一个多月，不计任何报酬，体现了慈善人、慈善力量的无私奉献和大爱精神。定塘镇爱心人士募集 270 吨价值 102 万元的新鲜蔬菜驰援武汉，被浙江省慈善联合会评为百个“战疫典型”优秀案例，周兴初、李佳、贺建光、虞宇丽、黄美凤等 7 人被评为千名“战疫群英”优秀个人。

【助力东西部脱贫攻坚】 自 2018 以来，县慈善总会参与东西部对口帮扶协作工作，为帮扶吉林省龙井市、敦化市两地打赢脱贫攻坚战贡献力量。2020 年，募集定向对口帮扶资金共计 1059.34 万元，做好捐赠双方签约，设立“象爱延伸”基金，办理捐赠接收和拨付手续，为捐接双方提供全程便捷服务。县总会本级基金出资援助款物计 149.79 万元，帮助“两市”设立“关爱困难家庭”基金、“助教助学”基金、“贫困家庭大病救助”基金。在“两市”援建 1 个“天使儿童之家”、1 所龙井市东盛涌镇养老院、1 条敦化市老年中心休憩长廊、购置了一批医用护理床和医疗康复设备。参与山海协作扶贫攻坚，援建遂昌县新路湾镇三井村停车场公厕项目资金 20 万元，援助温州市泰顺县建设农业产业基地，扶贫资金 10 万元；发往新疆、贵州、遂昌、四川等贫困地区物资折价 30 余万元。

【建立争先创优激励机制，义工参与公益活动充满热情】 县总会和镇乡（街道）慈善分会全年组织义工队伍开展公益服务活动 593 场次，累计义工服务时间达 2 万余小时。仁爱义工大队大队长虞宇丽被评为“最美象山人”。

【义工组织建设，星级义工评定】 总会对义工组织架构进行调整，撤销义工分会，设立义工部，下设 8 支直属义工大队。总会首次进行星级义工评定，初步评出五星级义工 1 名、四星级义工 10 名、三星级义工 55 名，共有 285 人服务时长达到 100 小时以上，总会将召开表彰大会，授予奖章和证书，以资鼓励。

【举办大型主题活动】 6 月 28 日，利用中国共产党成立九十九周年之际，县总会举办了“传承红色·喜迎七一”广场慈善公益活动。以晚会的形式宣传党的丰功伟绩；现场开展义卖、义诊、义演等为民服务和“市民慈善拾元捐”活动。活动内容丰富、广场市民齐聚，爱心涌动，现场同步直播更是超 5 万人在线观看，市民朋友们在家参与了爱心互动。8 月 30 日，总会举办“善行象山·慈爱永续”暨 2020 年“中华慈善日”系列活动，县人大、县政府、县政协领导亲临活动现场，市总会陈海英副会长赶赴象山指导。28 个机关单位和企事业、民间单位参加现场活动，全县 18 个镇乡（街道）慈善分会上下联动，现场开展了公益会演、公益访谈、公益集市。各慈善义工大队、各爱心单位和商家设摊义卖各种爱心物资，市民们争相义卖、奉献爱心。活动现场涌聚了几千人，上万人在线观看参与互动，传承和弘扬慈善，追求和践行慈善。两场慈善公益活动，不仅公众参与面广，而且社会效应很好。

【特色义工活动】 义工部承接县民政局“天使关爱·快乐成长”项目，25 支义工大队及全县各村（社区）慈善义工们顶着酷暑，走村入户，对全县 962 名困境（留守）儿童家庭进行走访，调查了解家庭情况，征集服务需求，协助建档立卡，给予重点关爱，并送上学习大礼包。

手拉手义工大队继续开展“一张纸献爱心助学”活动，承接市慈善总会和市垃圾分类公益基金的“分类一小步、文明一大步”垃圾分类项目；仁爱义工大队开展“心灵呵护”生命关爱活动 62 次，服务 156 人次。“爱与陪伴”生命关爱项目获宁波市新时代文明实践大赛铜奖，获首届象山县新时代文明实践服务大赛优秀奖；无忧花义工大队承接“物以类聚”项目，定期组织开展“垃圾分类”知识培训讲座，组织义工上街整理共享单车，每周给启力、文峰学校学生送民乐进课堂；鸿雁义工大队定期走访、慰问重症儿童，给他们带去心灵上的呵护，结对丹峰社区“关爱老

人”和“折翼天使”项目开展得有声有色；学雷锋义工大队继续开展“邱大妈来帮你”项目，定期开展敬老服务，宣传防诈骗知识、家庭环境整理、理发、买菜煮饭等；星火义工大队开展的“助残助教”项目，每周组织义工定期开展上门助教助困服务；爱心同盟义工大队以关爱困难老兵为主要服务特色，定期走访、看望抗战老兵。

【村级义工活动】 全县行政村（社区）慈善义工队伍活跃在各村（社区），开展敬老、爱幼、助残、环境整治、慈善文化宣传、疫情防控等公益慈善服务活动。

石浦镇慈善义工队伍进村入户，到人群聚集地为村民们磨刀具、理发、修理小家电、清理环境卫生，严寒酷暑从不停歇，平均每个月开展2—3次义工服务活动；黄避岙乡村村建有红马甲义工队，固定“红马甲活动日”，开展以环境卫生清扫、敬老爱老助老等为主的义工服务活动，各村累计开展义工服务活动400余次。西周镇慈善义工在“3·5”学雷锋日、“六一”儿童节、重阳节等节假日，进村入院开展慈善义演、义务打扫、理发、健康体检和走访慰问困难儿童家庭等活动。涂茨镇慈善分会发动广大义工走村入户面对面宣传慈善文化，联动乡镇各办公室在街道、学校、企业等摆摊宣传11次，发放资料达1000余份；开展节日送温暖活动5次，为孤寡老人、孤残儿童送去温暖和关爱。丹西街道慈善分会组织慈善义工在疫情期间24小时轮流值守村口、卡口，发扬慈善义工精神，守卫自家园安宁；每逢端午节、重阳节，村、社区慈善义工们组织包粽子、包饺子、做香包送给老人，上门给需要的老人剪指甲、洗头、理发，给老人送去温暖。各地义工身影遍及乡村。

【舆论宣传】 过去的一年，总会在抓好慈善募救工作的同时，高度重视慈善舆论导向，主动与县传媒中心、县文明办等单位联系合作，精心策划宣传方案，利用各种传媒平台，在《当日象山》报、《象山新闻》电视节目等各类媒体上宣传报道慈善信息187篇；向省市媒体投稿，中华慈善总会出版的《慈善公益报》刊登了《守望慈善 奉献爱心——象山县开展2020年“慈善一日捐”活动》报道，详细介绍了县开展“慈善一日捐”活动情况；《宁波晚报》整版刊登了《象山构建多层次全方位救助体系：邻里帮扶基金、小微基金、互联网+众筹……》，点赞县邻里帮扶基金、“六个一百”救助项目、小微基金等募救体系的做法。

2019年年初总会编印了《守望慈善·善行象山》书籍，正值县人大、县政协两会召开之际，经请示县委领导同意，县人大、县政协将此书作为会议宣传资料装袋发给每个与会人员，因为此书内容涵盖了近三年来县慈善事业发展的九个方面章节，真实性、可读性较强，代表、委员、包括一些领导和列席人员阅读后反响很好，给予了慈善工作者所付出的高度认可和肯定。同时，还将书籍发送到各机关部门、镇乡（街道）以及部分企业，以此来宣传慈善、引导慈善、践行慈善。

【公示善款收支明细】 按《慈善法》规定，总会及时在《当日象山》、《象山慈善》、“象山慈善”官网等平台公示善款募救明细。特别是疫情期间，每天在微信公众号、每周在《当日象山》公示防疫捐赠款物的募集和支出情况；各慈善分会、慈善工作站运用简报或在公共场所公示的方式，公布每笔善款的来源以及各项救助支出；印发《慈善年册》，接受社会监督。确保慈善资金在阳光下运作，取信于民。

气象服务

【概况】 2020年，象山县气象局在县委、县政府以及上级气象部门的坚强领导下，以习近平新时代中国特色社会主义思想为指引，围绕中心，主动服务大局，以提高气象事业发展质量和效益为中心，推进气象业务现代化、气象服务社会化、气象工作法治化，加强创新驱动，提高公共气象服务能力，为象山加快建设“两强两美”宁波现代化滨海城区提供了优质气象保障，为宁波当好新时代展示优越性“重要窗口”模范生贡献了气象力量。

【公众气象服务】 2020年，象山县气象局在寒潮、强对流、大雾、台风等灾害性天气服务中，做到主动预警、及时预报，服务效果显著。其间共发布预警信号67次，推送微信321条、微博1038条、气象服务短信168条次。

【专题气象服务】 疫情防控专题气象服务。2020年新型冠状病毒疫情期间，象山县气象局主动了解服务需求，加强部门配合，从2月8日起特别开展疫情防控专题气象服务，根据本地的气象条件和气候特点，及时提供有针对性的决策和公众气象服务，其间共发布疫情专题气象服务44期。

森林防火气象服务。2020年象山县雨日雨量偏少，防火形势比较严峻，象山县气象局与县应急局、县自然资源与规划局联动，针对天气形势变化，滚动发布森林火险气象服务，为加强森林火灾隐患排查，野外火源管控提供技术支撑。累计发布森林防火专题气象服务材料36期。

春耕春播、秋收冬种等农业气象服务。每周一次发布气象服务专报。共发布春耕春播气象服务专报8期，秋收冬种专题气象服务11期。

【灾害性天气气象服务】 2020年，象山出现了寒潮、强对流、大雾和台风等灾害性天气，象山县气象局在服务中坚持做到主动预警，及时预报，服务效果显著。

2020年2月14—16日象山出现了明显的降温、降水和沿海大风天气过程，局部山区出现积雪，在此期间共制作和发布各类气象信息内参3期，发送服务短信5条，共计4万人次。

2020年台汛期主要有两个台风影响象山，分别是2004号“黑格比”和2009号“美莎克”，台风影响期间象山县气象局共发布台风预警信号6次，发布台风类气象信息内参16期，短信18

条次，共计 9 万人次。

2020 年 12 月 29 日—2021 年 1 月 2 日，象山县受寒潮影响，出现强降温、大风和低温雨雪冰冻天气。象山县气象局提前 4 天（12 月 25 日）做出较为准确研判，及时向县委县政府和相关部门发布《重要天气报告》及重要天气提醒短信。预报过程风力、降温幅度及低温情况，特别是预报低温时长及时段，为农业冻害防治、道路结冰、电力调度、用气用水安全等提供决策服务参考。过程期间共发布、更新、解除预警信号 10 次，制作发布重要天气报告 6 期，发送短信 5 次约 2.5 万人次。

2020 年象山县降水量明显偏少，全县累计降水量 1095.2 毫米，降水量较常年偏少 27%，为有气象记录以来第二少（最少 2003 年 881.3 毫米）。受旱情影响，全县水库河网蓄水不足，部分地区供水紧张。象山县气象局做好旱情监测预报服务。11 月 19 日和 12 月 18 日，县人影中心先后两次组织开展人工增雨作业，取得一定增雨效果。

【重大活动气象服务保障】 2020 年象山县气象局做好以重要活动和节庆为重点的气象预报服务保障。在两会、春运、清明节、端午节、中高考、开渔节和重大项目开工仪式及疫情防控等期间都开展了一系列的气象预报服务。

中国（象山）开渔节 9 月 14—16 日，中国农民丰收节系列活动之一——第 23 届中国（象山）开渔节在宁波象山举行。针对开渔节期间活动分散的特点，象山县气象局量身定做气象保障服务方案。从 9 月 9 日开始，每日通过微信向县委宣传部大活动办负责人发送《开渔节专题气象服务》内参，滚动预报开渔节期间天气、气温及内陆和沿海海面风向风力，并针对不同时段、不同地点的活动进行精细化预报及相关温馨提醒。开渔节活动期间，该局共发布开渔节专题气象服务 8 期、内参 1 期、短信 2 条次。

10 月 23 日，中国海装象山大型海上风电智能化装备产业园项目开工仪式在象山鹤浦镇船舶基地举行。象山县气象局提前两天每天两次通过钉钉向该次活动办负责人发送《重大项目开工专题气象服务》专报，滚动预报未来三天天气、气温及风力，并针对开工仪式时段进行精细化预报及相关温馨提醒；针对开工仪式当日早晨气温低，现场风力大的天气特点，加强实况监测，及时做好预报预警服务工作，并随时对相关部门和公众的天气咨询进行解答。共发布气象服务专报 3 期。

2020 年 11 月 14—15 日，首届 5G 产业峰会——象山影视城 5G+数字影视高峰论坛活动在象山举行。象山县气象局提前四天提供专题气象服务，共发布气象服务专报 5 期。

【气象服务能力提升】 地面气象观测自动化改革正式业务运行。根据《中国气象局关于全国地面气象观测自动化改革正式业务运行的通知》（中气函〔2020〕42 号）部署，自 2020 年 4 月 1 日起，地面气象观测自动化改革从试运行切换调整为正式业务运行。

“平安渔港”气象服务。渔港附近加密自动站建设，7 月底，象山县气象局与县交通集团合作在鹤浦水上客运中心码头完成一套多要素自动气象站建设（石鹤汽渡），并实现气象数据共享，提高灾害性天气的监测、预报预警能力。加强海洋气象科普，将防灾减灾知识纳入渔民日常培训。9 月 22 日，派员为象山县第 91 期船员实践操作培训班学员授课，以《台风》为题，通过翔实的图文资料讲解了台风的形成与危害、预警与防御以及影响象山的台风情况等。

亚运会象山赛区气象服务保障。9 月 17 日，象山县发展和改革局主持召开《第十九届杭州亚运会象山赛区气象服务保障工程项目实施方案》评审会议，项目实施方案通过评审。

加密自动站建设。2020 年，全县新建区域自动站 4 个，分别为：绿科农场、石鹤汽渡、亚帆中心、蓝尚海洋科技。

生态旅游气象服务。在微信公众号推出钓鱼气象指数预报产品，以象山县国家 AAAA 级旅游区——中国渔村为试点，联合象山县旅游发展中心发布日出观赏气象服务指引。

（徐彬　申倩倩）

综合管理

财政管理

【概况】 2020年，面对错综复杂的经济形势和前所未有的大变局大考验，县财政局坚决贯彻县委、县政府“两手硬、两战赢”决策部署，围绕“聚力一二五、奋力上台阶”目标，聚焦“四个年”活动，找准建设“重要窗口”模范生的财政定位，发挥职能作用，统筹推进各项工作，实现了财政运行总体平稳，为打赢疫情防控阻击战和经济社会发展总体战提供了稳定的财力保障。

2020年，全县财政总收入81.7亿元，比2019年实绩增加4.8亿元，增幅6.3%，完成调整预算的100%，其中，一般公共预算收入51.8亿元，增长12.0%，完成调整预算的100%，占财政总收入的63.4%；中央财政收入29.9亿元，减少2.4%，完成调整预算的100%。地方税收收入36.34亿元，占一般公共预算收入的70.1%。全年完成一般公共预算支出84.0亿元，增长8.4%。全县民生支出65.7亿元，同比增长8.07%，占一般公共预算支出的78.3%。

全县政府性基金收入完成54.9亿元，支出75.2亿元，年末累计结余0.7亿元；社会保险基金预算收入39.1亿元，支出54.8亿元，年末累计结余22.4亿元；国有资本经营预算收入231万元，上级转移支付收入5万元，支出231万元，年末结余5万元，收支达到基本平衡。

【实现财政收支平衡】 狠抓收入任务分解和责任落实，围绕“开门红”“半年度”“年底冲刺”等时间节点，进行专门部署，力促收入及时均衡入库。加强与税务部门联动协作，完善收入预测分析机制，收入计划执行，层层传导压力确保税收收入增长，2020年入库税收66.21亿元，同比减少1.58%。加强与法院、公安等重点非税收入执收单位的对接，加大执收力度，2020年全县收缴各项政府非税收入15.47亿元，同比增长61.1%。贯彻实施县委县政府“投融资改革年”中关于一般性支出压缩8%的任务，督促各单位压缩开支过“紧日子”，加强预算支出统筹规划和总量控制，合理合规安排各项支出，严禁开展无实质内容的公务活动，外出学习考察、外出培训审批管控，注重节水、节电，降低人均能耗，全县“三公”经费同比下降28.3%。

【助推县域经济社会稳定发展】 将疫情防控作为压倒一切的重大政治任务，全力做好政策、资金保障工作。第一时间研究启动了资金拨付应急机制，迅速将经费拨付到相关单位及重点领域。全年累计拨付疫情防控经费4394万元。支持企业复工复产，加强政策前瞻性研究，及时梳理中央省市惠企政策，并出台一系列帮扶政策，全年累计兑现疫情防控惠企政策资金26.88亿元，惠及企业31455户次；拨付直达资金4.87亿元，保障了经济企稳回升。围绕“双突破双驱动”战略，加强产业扶持，安排科技扶持资金3.00亿元，发挥好政策和资金双重引导作用，重点支持企业培育、先进装备改造、科技创新和人才引培。做好科技型小巨人培育工作，当年培育企业19家，兑付小巨人专项奖励336.66万元，引领带动全县工业转型升级。保障重点工作开展。继续贯彻落实减税降费政策，做好跨部门协调、政策影响分析、政策宣传辅导等工作，确保政策措施执行到位。围绕大局，提前谋划，多渠道筹集资金，落实好中医院搬迁、行政村规模优化调整、“109项目”三村环境整治等专项行动的资金需求，保障了相关工作的推进。

【促进教育文化发展】 2020年，教育发展投入15.01亿元，象山影视学院一期建成投用，改扩建学校10所，中小学教师平均工资达公务员水平。完善城乡义务教育经费保障机制，提高公用经费补助标准，2020年县财政共安排义务教育学校公用经费6199万元，同比增长8.0%。探索教育分配机制改革，研究义务教育财政保障机制，落实普惠制民办幼儿园的奖补政策和中等职业教育免学费政策。2020年免收义务段学生课本费1878.66万元、学杂费1174.152万元，惠及52466名学生，落实1672万元资金保障中职教育发展。印发“奖教惠师”工程经费700万元，稳定名优教师队伍，搭建教师职业发展平台，健全名优教师成长激励机制，培养和造就一批师德高尚、理念超前、业务精湛、业绩卓著、具有一定影响力的名优教师队伍，推进县教育事业、协调、可发展。下达教师培训经费582.62万元，推进教育改革，提高教育质量。投入教育装备经费1169.82万元，提高教育硬件设施。海洋文化强县建设，文化支出2.03亿元，创新举办第二十三届中国开渔节，中国海洋渔文化馆试运营，爵溪街道城管创建省级文化强镇（街道），亚运赛事筹办稳步推进。

【卫生事业健康发展】 2020年医疗卫生支出8.02亿元，推进健康象山建设，提升公共卫生服务和基层卫生保障水平。安排县级公立医院改革资金710万元，重点用于公立医院基本建设和设备购置、重点学科发展、人才培养、离退休人员费用、政策性亏损和承担公共卫生任务等支出。助推县医共体升级为健共体，县财政安排2600万元专项资金用于健共体学科发展、人才培养和数字化建设，建立以健共体涵盖区域为一个预算单位的医保基金总额预算制度，并设立健康管理专项保障基金5000万元用于家医、体检、疫苗接种、中医治未病、社区康复等。调整完善居民医疗保障制度，为全县43.6万人次结报医药费13.42亿元，并安排1.2亿元保障基层卫生机构正常性工作经费。推进医疗制度改革，全县123家社区服务中心、卫生室基层医疗机构落实象山县基本药物制度改革，实施基本药物零差率销售，减轻群众基本用药负担。

【促进社会保障事业发展】 2020年，财政安排12.44亿元，保证各项社会养老、医疗保险基金正常运行。落实城乡居民养老保险和被征地人员养老保障3.5亿元，机关事业单位养老金及清算2亿元，城乡居民医疗保险财政补助3.45亿元，企业退休人员一次性春节慰问0.66亿元。结合自然增长机制及时调整民政各项社救对象补助标准，发放退役军人优抚、安置费5791.05万元；落实低保政策发放低保资金、物价补贴等计2570.66万元，残疾人两项补贴5003.13万元，缓解社会上弱势群体由于物价增长而增加支出的压力。落实好实失业保险援企稳岗政策，发放6个批次政策实施经费，涉及3067家企业共计4818万元。

【实施乡村振兴行动】 扶持农业产业发展，落实种粮补贴发放，实施防疫惠农政策，推进农业标准化建设，出台了《2020年度农产品品牌化建设扶持办法》，打响“象山半岛味道”品牌。向上争取资金，2020年度争取到农村综合改革项目资金3333万元，惠及全县45个行政村。落实惠民支农政策，加大对种粮农户的补助力度，将财政补贴覆盖到粮食生产、农机购置、粮食收购等环节，2020年政策性农业保险31项共涉及农民1.85万户，投保金额10.03亿元，财政补助2570.9万元，实现了对主要种植业、养殖业产品的农业保险全覆盖，确保粮食增产、粮农增收。2020年安排财政补助资金3100万元，统筹推进2个美丽乡村市级示范乡镇、3条市级风景线、7个市级示范村、13个县级特色村建设，打造“一村一品、一镇多元”的新乡村景象。

【推进投融资改革】 盘查摸底全域资产资源状况，制定《2020年盘活利用工作方案》和《全县资产资源实施统筹开发利用意见》，通过资产资源拍卖交易、国有资产评估增值等方式将资产资源注入融资平台，2020年共盘活利用土地、海域等资产资源279.20亿元。拓展国企经营。建立财政与国企市场化结算机制，做活国企现金流，支持国有企业通过结算支付工会疗休养、机关物业等经费参与政府购买服务领域，实现2020年新增政府性付费板块收入9184万元。落实化债举措。推进融资平台公司市场化转型，统筹市县两级财政资源，开展隐性债务市场化降本化险市级试点工作和存量债务化解工作，推动国企实施“降本增效”行动，融资综合成本率降幅超过1个百分点。开展尽调工作。分批开展镇乡(街道)资产资源尽调，通过重新评估、封闭运作镇乡(街道)区块开发项目等形式，着力化解存量债务，完成3个镇乡(街道)的资产资源尽调工作。

【财政体制创新】 推进国库集中支付电子改革，实现国库集中支付电子化全覆盖。推开医疗票据电子化改革，全年开票280万份。研究推出政采云“合同贷”业务，提高财政服务效能。搭建“资金池”，助推“甬易办”平台兑付资金即时到账，完成政策补贴兑付金额达1.07亿元。“最多跑一次”改革。借助“浙政钉”移动办公平台，着力推进互联网+机关服务，梳理五个类目事项上架网上审批，全程实现无纸化操作。结合“三服务”和“一户一策一干部”活动，全年共走访企业480户次，解决问题120余个；累计走访困难群众96户次。

【财政监督职能】 加强预算管理，细化预算编制，提高预算支出的及时性、均衡性和性。完善国有资产管理办法，对全县245家行政事业单位开展固定资产核算和管理问题排查，排摸梳理县域闲置资产，2020年盘活利用行政事业单位资产6宗。实行预算绩效管理。实施预算绩效管理，健全预算绩效管理体制机制，发动项目支出开展预算绩效目标补报、自评和审核，梳理财政政策和项目库，对2019年的建筑强县政策补助、“中国制造2025”等8个项目开展了重点项目绩效评价。加强政府投资项目管理。严格基建财务管理，项目概算审核和结算审计，完成工程结算审查177个，核减投资1.33亿元，核减率达10.3%。完善政府采购监管。规范政府采购行为，推广“政采云”应用，启动“电子招投标”系统，推进政府采购交易全流程电子化交易，节约财政资金1.34亿元，节约率达到13.2%。

【优化干部队伍建设】 根据“干部能力提升年活动”要求，完善干部培养机制，开展“学业务、比技能、强素质”岗位练兵和“师徒结对”活动，编制财政应知应会手册，以考促学，提高干部业务能力。严格执行《中层及一般干部“双排”考核办法》、“双对”考核办法和《财政科室考核细则》，将“双随机一通报”活动与干部年度考核、评先评优挂钩。2020年，47名干部开展了工作汇报，对49名干部进行了随机抽查，激发干部干事热情。动员全体干部职工参与一线防控、文明交通劝导志愿执勤、低收入农户帮扶活动等活动，爵溪街道企业开展复工走访及网格排查执勤，帮助企业复工复产，全年组织参与各类志愿服务活动共计900余人次。

【党风廉政建设】 落实从严治党主体责任，建立一把手负总责、分管领导按线对中层负责、中层对科室干部职工负责的三级连带责任体系，各科室负责人签订党风廉政建设责任状14份。严格执行领导班子、领导干部重要事项每月定期报告制和廉情预警机制，健全和完善党内监督，贯彻领导干部及中层干部个人重大事项报告、干部因私出国（境）和婚丧事宜操办双报告一公示等制度，2020年共上报重大事项报告10人次、婚丧事宜9人次。日常监督检查，通过明察暗访、实地察看、考勤查询等方式，对全局干部职工执行工作纪律、作风效能等情况进行定期不定期抽查10次，批评教育19人次，严格落实廉政谈话制度，开展各类廉政谈话127人次，让“红脸出汗”成常态。

（洪笑然）

税务管理

【概况】 2020年，县税务局各项工作取得了显著成绩：县局机关工委获评五星级活力基层工会荣誉，定塘税务所等4家单位被授予宁波市级青年文明号称号，石浦税务所等3家单位复评宁波市文明单位称号，第一税务所党支部等4个基层党支部获评“五星级”基层党组织荣誉称号，石浦税务所获评浙江省巾帼文明岗。

【税收收入】 2020年，全局共组织各项收入95.1亿元，同比减收3.08亿元，减幅3.13%。共完成税收收入68.08亿元，同比减收0.61亿元，减幅0.89%；其中中央级税收入库32.05亿元，同比减收0.2亿元，减幅0.67%；地方级税收入库36.03亿元，同比减收0.4亿元，减幅1.09%。办理出口退税14.25亿元，同比减少3.45亿元；办理免抵调库4.3亿元，同比减少3.5亿元，剔除免抵调库后，入库直接收入63.78亿元，同比增收2.89亿元。全县二、三产业分别完成直接税收34.19亿元和29.41亿元，增收2.36亿元和0.44亿元，增长7.41%和1.52%。完成社保及年金收入24.99亿元，同比减收2.21亿元；完成各项非税收入2.02亿元，同比减收0.26亿元。

分税种看，增值税、企业所得税、个人所得税和契税四个主要税种除增值税外全部增收。增值税受年初疫情冲击及减税降费多重因素叠加影响，同比减收3.57亿元，减幅9.32%；企业所得税共入库14.55亿元，同比增收0.9亿元，增幅6.6%；其中汽车制造业和建筑业增幅明显，合计增收0.71亿元；个人所得税共入库6.34亿元，同比增收0.88亿元，增幅16.03%，其中经营所得项目增收1.01亿元；契税入库3.5亿元，同比增收0.11亿元，增幅3.3%。

【从严治党】 2020年，严格落实主体责任、党委书记履行“第一责任人”责任、领导班子成员履行“一岗双责”，落实落细管党治党政治责任。深抓不懈税务系统党的政治建设，通过中心组学习及“周二夜学”“学习兴税”“学习强国”等形式引导干部职工学习习近平新时代中国特色社会主义思想。建立健全“不忘初心、牢记使命”长效机制，对照主题主业主线、对照群众期待、对照薄弱环节，整改落实。开展“象山发展我担当”大讨论、举办“聚四力勇担当 绘蓝图谋发展”情景剧微党课比赛、完善“青税党校”青年党员培育机制，用小案例宣讲大理论、用小故事演绎大道理，营造浓厚的政治理论学习氛围。

【落实税收优惠】 为缓解疫情对县域企业的冲击，县税务局严格贯彻落实延长申报期限、延期缴纳税款等支持措施和财政部、国家税务总局出台的各项减税降费优惠政策，助力“六稳”“六保”大局和县域经济恢复发展。全年共为318户次企业办理延期缴纳税款，涉及税款6.16亿元；落实疫情期间社会保险费减免2.98亿元；落实支持个体工商户复工复业减税0.52亿元，疫情防控相关减税0.23亿元。

【推进税收法治】 编制权责清单，列明“行政征收”“行政强制”等8大类137项权责事项。推进三项制度建设，做好税收执法公示平台上线准备。发挥内控监督平台作用，整理相关疑点数据40064条，核实确认问题467条，整改问题467条。第三方信息运用，与县人社局、银监局、市场监督管理局等单位开展数据交流。提升多部门联合执法能力，参与“吹哨报到”联合执法演习，监管质效。

【优化办税服务】 全力落实“非接触式”办税服务举措，运用电子税务局、自助办税终端等平台，实现166项涉税业务全程网上办理，网办率从年初的79.97%大幅提升至94.14%。推广宁波税务征纳沟通平台，实现双向即时性沟通，累计激活企业数17296户，全县激活率达到94.77%。“银税互动”，拓展受惠企业范围，累计通过“银税互动”为309户小微企业发放贷款1.16亿元。建立“云端智税”课堂，开展各类税费直播培训26场，总计约7600余人次观看。扩容“65612366”咨询团队，接听率由原先的70%突破至96%。实现办税窗口“好差评”管理全覆盖，共收到104万余个“非常满意”和220余个“满意”，全力保持办税服务零差评。

【加强出口退税管理】 全年累计办理出口退（免）税18.55亿元，同比减少27.3%，其中退税额14.25亿，同比减少19.5%。其中免抵额4.3亿元，同比减少44.9%。办理出口退（免）税备案48户，备案变更11户次，备案撤回48户。做好生产企业进料加工年度核销，共计受理审核进料加工企业16户，69本手册，调整免抵退税额1432607.45元。做好分类评定工作，本年共计完成分类评定831户，其中一类企业7户、二类企业442户、三类企业276户、四类企业106户。

【助力复工复产】 坚持落实国家税务总局“四力”工作要求，一手抓防控，一手抓复工。组建防疫应急小分队，开展定向“下沉式”志愿服务，累计派出19批志愿者437人次参与县“双报到五参与”防控工作，服务时长达1.9万余小时。

【税务队伍建设】 有序推进职务与职级并行工作,圆满完成征管体制以来首次中层领导干部选拔任用。“数字人事”信息管队,完成数字人事“两测”报名和组织工作,推动干部政治理论水平和业务能力素养双提升。加速后备人才梯队化建设,重点加强税务领军人才、专业骨干、岗位能手、青年才俊的培养选拔,共有15名干部入选市局人才库。坚持执纪问责,实施推广“主题纪检日”,日常监督。全年立案审查2人次,给予2人党内警告处分,1人诫勉处理、2人批评教育,22人提醒谈话。开展“谈心回诊”和廉政鉴定,实施“森林修复工程”。

(余臻嵩)

国土资源管理

【概况】 2020年象山县自然资源和规划局以习近平新时代社会主义思想为指导,贯彻落实十九届四中全会精神,坚持新发展理念,聚焦“六稳六保”,围绕“六个更加”,在疫情防控和复工复产面前主动作为,畅通绿水青山向金山银山的转化通道,推进治理体系和治理能力现代化建设,在宁波争做浙江建设“重要窗口”模范生中奋力争先创优。围绕“北工、中城、南闲”三大功能板块,明确“一核两翼三极点”的县域总体空间格局,推进乡镇国土空间总体规划编制;争取各类指标,申请到新增建设用地空间规划指标104.66公顷和年度计划指标101.7公顷;全年完成占用林地审批47起50.86公顷,一般林木采伐审批58件780.70立方米;全年处置闲置土地54宗152.9公顷(其中开工28宗62.4公顷,收回24宗87.9公顷),消化批而未供土地142.3公顷,盘活存量建设用地137.6公顷,城镇低效用地再开发83.6公顷;全年做地78宗面积300公顷,入库65宗面积259.5公顷;全年出让经营性用地43宗127.3公顷,成交额达440717万元,面积和成交额较2019年同期分别增长28.6%和21.1%;全年出让工业仓储用地37宗99.5公顷,成交额43219万元,实现工业用地全部“标准地+承诺制”供应;全年出让养殖用海63宗海9341.5公顷,收取海域出让金420025万元;全年供应公共管理服务用地30.7公顷,交通运输用地43.9公顷,收回收购土地55宗175公顷,其中有偿收购18宗59.3公顷,收购价55000万元,无偿收回37宗115.1公顷;推进生态保护红线、永久基本农田、城镇开发边界三条控制线划定,全年整合优化自然保护地6个合计58342.75公顷(面积全市第一);全年确定全县地质灾害风险防范区共计41个,其中重点防范区25个,一般防范区16个,完成地质灾害应急调查与隐患排查专项报告,开展12处地质灾害隐患治理工作,9处完工,3处开工;开展农村乱占耕地建房专项整治三年行动,全年对19961个历年农村乱占耕地建房疑似图斑进行摸排核查工作,对55个“大棚房”整改项目再一次回头看;完成“三调”成果最终数据上报并通过国家核查,农房一体登记全年累计完成登簿67607户、发证54797户,获得“2020地理信息产业优秀工程银奖”;全年完成8宗海域使用初始申请许可办理,面积444.75公顷,完成10宗海域使用变更、续期申请许可办理,面积48.52公顷;完成自然资源规划政策文件汇编,全年共办理行政诉讼案件14件,民事诉讼案件2件,行政复议7件,办理政府信息公开申请56个。

【实现国有建设用地使用权首次登记“零跑次”】 1月19日,浙江荣辉模具制造有限公司在签订完象山县临港装备工业园经三路东侧的国有建设用地使用权出让合同时,同步完成了该宗地使用权首次登记申请表、询问表、界址表等表单签字、盖章手续,实现建设用地规划许可证、建设用地批准书、不动产权证书合一办理,实现国有建设用地使用权首次登记“零跑次”。

【戚春良督导生态修复工作】 3月5日,市自然资源和规划局党组成员、副局长戚春良一行对象山县海洋生态修复项目和矿山生态修复开展“三服务”活动和督导检查工作。督导组先到花岙岛生态岛礁建设项目和东门岛生态保护与修复项目现场检查施工进度和复工情况,后到高塘岛乡黄湾山废弃矿山治理项目现场检查治理情况和复工情况。督导组对当时项目复工情况进行详细了解,听取实施单位项目实施进展情况汇报,提出项目实施中存在问题和下一步打算。

【工业项目预验收促企业提质减负】 象山县自然资源和规划局为做好新冠肺炎疫情防控形势下的自然资源要素保障服务,印发《新冠肺炎疫情防控期间自然资源和规划保障服务十五条措施》,推动工业项目预验收,为企业融资提供实际保障。3月17日,位于县经济开发区城东工业园的浙江科普特新材料有限公司提出土地复核验收申请,该企业原审批建造三幢厂房,原计划在一期内全部完工,受疫情影响,此前只完工了两幢厂房,另有一幢研发车间未完工。该局落实“十五条措施”,在红线范围内根据核准的工业项目总平面图,允许该企业在完工后以幢为单位进行预验收,规划指标实行统一核算,该企业于3月19日通过预验收,下一步可凭验收意见申请办理该幢房屋的不动产权证。

【不动产登记启用“智能人脸认证”】 4月20日,象山县不动产登记服务中心启用“智能人脸认证”系统,所有受理窗口均布置专门设备用于互联网可信身份认证。不动产登记窗口受理人员在办理商品房首次登记、二手房转移登记、房屋抵押登记等业务时,必须严格核实办事群众身份信息,此前只能通过肉眼比对人证是否一致,启用“人脸认证”系统后,只需在移动智能终端上刷一下身份证,通过人脸认证设备高清摄像头采集现场面部照片,几秒内即可精确对比,自动核验人、证是否一致。互联网可信身份认证是依托中国公安部完整、的全国居民身份证制证信息数据库研发,公民“身份证网上副本”与实体身份证唯一对应,可信身份认证在数据权威性、实时性方面具有无法比拟的先天优势。

【两宗地块成交价格创历史新高】 5月7日，象山县自然资源和规划局组织对建设路与新华路交叉口西北角地块和象山县旧城区南街以东、东街两侧地块进行网上公开拍卖活动，2宗地块总出让面积92183.83平方米，总建筑面积135711.5平方米，总起价48227万元，总成交价55527万元。地块一为建设路与新华路交叉口西北角地块，出让面积6842平方米（约0.684公顷），为二类居住用地，经过11轮竞价，该地块最终以5206万元成交价由邵富强竞得，溢价率26.8%。地块二为象山县旧城区南街以东、东街两侧地块，出让面积91049平方米（含单独地下空间5707平方米），为商住用地，经过63轮竞价，该地块最终以50321万元成交价由杭州聚鹏企业管理有限公司（宝龙）竞得，溢价率14.1%。

【首次举行海洋灾害应急演练】 6月8日，值第12个"世界海洋日"，县自然资源和规划局主办海洋灾害应急演练在石浦镇举行。该次演练以石浦镇出现风暴潮达到红色警戒潮位事件为背景，属专项型、实战、检验性演练，演练模拟人员在疏散过程中受伤，通过处置人员突发受伤事件，锻炼灾情上报、避灾救援等场景。该局着力加强海洋灾害预警、信息服务、应急响应及风险评估与区划等能力建设，推进防御工作由减轻灾害损失向防范灾害风险转变。截至年底，象山县完成海洋灾害风险调查与隐患排查、警戒潮位核定、海洋灾害评估与区划和崇塊避风锚地渔港防台能力等级评估等工作，设立海洋灾害应急办事机构，海洋灾害应急预案体系覆盖沿海乡镇，建立海洋灾害信息员队伍，初步建成象山县的海洋防灾减灾体系。

6月8日，石浦渔港，海洋灾害应急演练现场

12月15日，东门岛，海域使用金生态修复项目验收现场

【县自然资源和规划局召开市县联合巡察工作动员大会】 8月10日，县自然资源和规划局召开市县联合巡察工作动员大会。出席该次会议的有市自然资源和规划局党组成员、驻局纪检监察组组长景松健，县委常委、县纪委书记、县监委主任、县委巡察工作领导小组组长陈善方，县委第四巡察组组长朱丹海，市县联合巡察组全体成员及县委巡察办有人员。参加会议的有县自然资源和规划局局机关行政、参公、事业在编人员，下属企业负责人，基层所（分局）负责人。会议由县自然资源和规划局局长杨梓良主持。会上，朱丹海代表联合巡察组作动员讲话；景松健作巡察工作说明；陈善方传达县委巡察工作精神要求；杨梓良作郑重表态，最后进行问卷调查和民主测评。会后，中层及以上干部进行逐一谈话。

【李正楼、赵凡一行赴象山调研】 9月16日至17日，中国太平洋学会副会长、秘书长李正楼、中国自然资源报社副社长赵凡一行三人赴象山参加第二十三届中国（象山）开渔节活动，并就象山县国土空间总体规划、生态修复、养殖用海"三权分置"等相关自然资源和规划工作开展交流座谈。自然资源和规划局局长杨梓良、副局长叶舟全程陪同。座谈会上，叶舟详细介绍象山县养殖用海"三权分置"工作取得的进展与成效。杨梓良从国土空间总体规划、生态修复、改革创新三方面出发，简要介绍了机构改革以来开展的重点工作。李正楼肯定了象山县养殖用海“三权分置”取得的成果，并希望在此基础上妥善处理相关历史遗留问题及合法合规问题，形成可推广可复制的“象山经验”。赵凡肯定了该局业务工作取得的进展，他表示，自然资源和规划是社会极为关注的民生热点，如何做好正确的舆论宣传引导显得尤为关键，既要做得出来，也要说得、写得出来，打造象山特色的“金字招牌”，让更多人看到象山、了解象山。最后，双方对自然资源相关工作情况及问题进行了热烈的交流探讨。

【两个中央海域使用金项目通过验收】 12月14日至15日，宁波市自然资源和规划局组织国家级专家及相关单位，对象山县花岙岛生态岛礁建设项目和东门岛生态保护修复项目这两个中央海域使用金项目进行验收。至此，象山7个中央海域使用金海洋生态修复项目全部完成竣工验收，标志着宁波在全国率先实现历史中央海域使用资金项目全部清零。

【2020年海岸线整治修复项目通过验收】 12月26日，象山县自然资源和规划局组织宁波市自然资源和规划局、县发改局、县财政局及相关参建单位等，并邀请省自然资源厅生态修复处领导和5位专家，对象山县2020年海岸线整治修复项目进行评估和验收。验收组和与会代表听取关于项目实施情况的介绍和自评报告情况，经查阅档案资料、质询和讨论，认为：2020年象山县对30.2公里的岸段开展了生态化整治修复，分别为西沪港西侧岸段（长14.066公里）、西沪港东侧岸段（长7.507公里）、西沪港北侧岸段（长1.94公里）和大佳何至西周岸段（长6.692公里），岸段选择符合《浙江省海洋生态红线划定方案》和《浙江省海岸线整治修复三年行动方案》要求，整治修复项目符合《浙江省海岸线整治修复评价导则（试行）》。整治修复项目对提升象山县的海岸线的形态和生态功能、促进象山县海洋生态文明建设具有重要意义，专家组一致同意通过验收。

【出台全省首个海域分层确权管理办法】 12月29日，全省首个《象山县海域分层确权管理办法》（以下简称《办法》）正式出台，并于2021年1月30日起正式施行。《办法》共计四个部分二十条内容，第一部分总则明确了制定的依据和海域使用范围、特点；第二部分分层确权概述，明确海域分层类型包括海域水面使用权、海域水体使用权、海域海床使用权、海域底土使用权以及综合使用权，分层原则为“统筹兼顾、一物一权、主体协作、用途协调”四大原则；第三部分分层确权登记，明确了审批主体、审批条件、审查内容、权力协调、批后公示等内容；第四部分分层确权监管，明确使用权人的权利、海域使用金缴纳以及海域使用监督管理等内容。《办法》的实施增加了海洋“立体空间”，提升海域“亩产效益”，提高海域资源的集约利用水平，发挥海域资源效益，推动象山县海洋经济高质量发展。

（葛豪）

国有资产管理

【概况】 2020年，象山县国有资产管理中心按照县委、县政府决策部署和要求，以投融资改革为主线，突出资金统筹、主体打造、机制优化、党建引领，提高国有资本运营效率，增强国有企业活力和竞争力。截至2020年12月底，全县共有国有企业（含集体企业）及国有成分企业399家。其中：县属集团公司、县级部门及管委会所属企业共241家（其中：国有独资161家，国有控股参股63家，集体企业17家）；镇乡（街道）所属企业158家（其中：国有独资102家，国有控股参股21家，集体企业35家）。县属国有企业资产总额1433.55亿元。县属国有企业用工人数3573人。

【推进融资降本增效】 以提高国有资本效益为核心，全域统筹、计划管理，抢抓金融政策窗口期机遇，推进“融资降本增效”专项行动。截至12月底，与2019年年底相比，全县国企全产品融资综合成本率下降1.15个百分点；直接融资占比提高8.73个百分点，非标融资占比降低13.06个百分点；共盘活利用资产资源279亿元，企业净资产增长153.9亿元，资产负债率同比下降5.82%；营业收入实现42亿元，同比增长34.7%。

【国企改革】 坚持政企分开，国有企业独立运作的主体地位，按照“投资必”原则，把牢国有投资方向和效益，加快企业实体化市场化转型。聚焦企业主责主业，定期召开国企投融资工作例会，编制重点国企年度改革任务清单，制定实施“1+6+6”重点国企投融资改革实施方案，明晰业务板块、经营团队、推进节点。加快国企股权优化和整合重组，基本完成商贸集团组建并运行，完成影视集团股权框架搭建出台《县级部门代管企业资产重组（清理整合）实施方案》，分类清理整合部门所属企业，实施国资统一监管。以城投集团为主体，支持参与城市土地一、二级土地开发，打造“城市银行”。以交通集团、工投集团为主体，加快码头、岸线、矿产、沙滩等资源开发利用，打造“要素银行”。以旅游集团为主体，推进生态资源资产的经营管理、盘活利用，打造“两山银行”。以“增收、扩流”为导向，合理布局国有资产经营，做好“内部挖潜、外部拓展”文章，国企营业收入同比增长34.7%。开展工会疗养服务、机关物业和环卫服务外包等政府付费业务，增加国企现金流。加强与央企、上市公司等战略合作，象港集团参与海上风电、滩涂光伏等项目，工投集团、城投集团参股中化膜基金和垃圾焚烧发电项目，旅游集团开展渔港古城二期、精品民宿特色村、渔人码头等项目合作，提升国企自身“造血”功能。以市场化经营业绩为导向，制定直属企业分层分类考核办法，4家公司试行“单考单奖”，重点国企项目化专项考核细则，纳入全县目标管理考核体系，目标管理。制定《国有企业重大事项报告管理办法》，更多运用法治化、市场化监管方式，提高企业运营效率。出台《国有企业公开招聘人员指导意见（修订）》，规范国有企业选人用人行为。出台《国有企业高层次高技能和紧缺急需人员引进工作管理办法》，实行"一事一议""特别薪酬"，招聘高层次高技能和紧缺急需人员11名。推进"最多跑一次"改革，实现国有企业用工全周期管理。健全双通道晋升制度，明确"专业技术序列与职务序列"双通道晋升制度。开办国资国企大讲堂，开展市场化转型专题培训，加强项目包装、融资等方面的专业知识储备。

【国企债务管控】 以不发生流动性风险为底线，立足当前、着眼长远，逐层筑牢风险防控"防火墙"。按照全国债券置换隐性债务试点要求，做好置换工作。开展乡镇资产资源尽调，着力化解存量债务。搭建国企智慧管理平台，统一规范全县250家企业财务软件，编制国有企业年度经营预算计划，开展全流程信息化编报，实现数据实时查看、资金实时监管。实施债务风险"三色"预警管理，健全担保风险监控体系，严防担保链风险。完善国企应急资金使用管理办法，洽谈低利率产品，扩充短期转贷资金池，实行资金统一调配，提升应急防控协同力。

【象山县国企首个央地联合开发绿色清洁能源项目正式落地】 4月15日，宁波象港开发控股集团有限公司正式完成受让国电象山海上风电有限公司49%股权变更，标志着象山县国企参与的首个央地联合开发绿色清洁能源项目"国网象山1号海上风电场（一期）"正式落地。总投资42.95亿元，总投资收益率6.15%，投资回收期10.4年，项目资本金净利润率12.38%，每年可实现节约23万余吨标煤等社会效益。该次参股合作借助央企的资源配置能力、资本运作效率、技术管理优势，利用象山县风能资源丰富的地域优势，与国电电力公司优势互补，促进象山县国企市场化转型，实现央地共赢。

【象山县国企首获主体债项双AA+等级】 4月28日，经中证鹏元资信评估股份有限公司评级评审委员会审定，宁波象港开发控股集团有限公司主体长期信用等级、债券信用等级均为AA+，这是象山县首家获得主体债项双AA+等级的国有企业，标志着象山县投融资体制改革工作取得新突破。此前象山县共有7家国企获得AA主体信用评级，该次象港集团获得主体债项双AA+等级，债券发行利率对比AA等级可大幅度降低50+BP，有助于提升品牌形象和社会影响力，拓展多元化融资渠道，为集团体系内子公司发债提供强担保，从而以更低的融资成本服务和支持象山县经济社会发展。

【象山县国企首次竞价招租合作商开发绿色能源项目】 4月30日，宁波象港开发控股集团有限公司首次采用竞价模式招商合作开发商，由大唐国际发电股份有限公司浙江分公司竞得象山长大涂滩涂光伏项目，这是象山县首次以海域开发经营权租赁的方式同具有央企背景的电力企业开展绿色能源项目合作。长大涂滩涂光伏项目位于象山县高塘岛乡长大涂地块西侧的海涂水面，南面在箬帽山外侧，西面在紫菜养殖场附近。该项目合作期限为25年，在不影响航道的前提下，可开发利用面积约为5000亩，项目装机容量约为300兆瓦，总投资约12亿元。

【国企复工纾困解难】 2月11日起，象山县国有资产管理中心在明晰一套有序复工及人员健康返象操作规范的基础上，实行复工企业"线上审核、线下抽查"的分类分级管理模式。即督促、指导125家"三类"企业编制复工实施方案，除控制复工类企业外，优先保障类企业和有序复工类企业实现全员复工审核；并按照"事前承诺、事后监管服务"原则，运用国企信息化监管平台，开展线下抽查，对用工管理实施动态把控，完成国企复工。

【"国企房东"为千家中小微企业减免房租】 为让帮扶惠企政策落到实处，2月28日，象山县国有资产管理中心及时出台减免中小微企业房租十条措施，通过明确企业划分标准、减免范围、减免时间、转租实体、操作流程、证明文件、一企一案、修订协议、考核办法、纪律要求等十条内容，对符合条件的减免对象减免2月、3月租金，摸清房产承租方、实际经营承租方两张清单，共涉及出租方28家、承租方3117家，减免金额约2436万元，涉及减免群体包括中小微企业、个体工商户及其他符合条件的租户，28家国有企业完成减免房租事项。8月25日，象山县国有资产管理中心贯彻落实上级精神，跟进落实国有企业减免房租政策，减租期限调整为2020年2月1日至4月30日。

【责任担当战疫情】 象山县各国有企业发挥职能作用，坚决扛起疫情防控责任，全力保障供水、供气、交通出行等公共事业运行必需。县交通集团成立"公交突击队"，派出16名驾驶员投入到一线运输工作，24小时待命，挺在抗击疫情前线。同时，开展多区域、全方位消毒工作，对综合场站、客运东站等6处场站、35条线路、228台营运车辆、33台充电桩和2台加油机等重点区域轮流消毒，确保车载设施设备清洁无菌。县水务集团百名职工坚守在水质监测等民生保障的关键岗位，提高检测频率，加大对仓岙等5座原水水库的巡查力度，保障供水安全。排查登记各企业湖北、杭台温返乡到象人员，按规定做好居家隔离分类处置工作，调整生产经营、项目建设等计划，暂停企业集中招考。各国企协助做好卡点、清楼、小区管理等工作，1月26日起，每天共抽调108名精干力量到戴港、象山北、新桥高速出口和西周等防控卡点24小时轮流执勤，2月3日又抽调40名人员配合街道做好住宅小区管理工作。交通集团对城乡公交5辆执勤车进行车厢隔离设置改造，在象山航站楼设置检查卡点和滞留室，对所有乘坐机场专线的返乡乘客在车内进行检查，发现有异样的立即带至滞留室隔离。城投集团对集团为业主的各保障小区、安置小区物业及国际风情街区开展公共楼道、电梯及公共绿化区域进行每日2次消毒喷散处理。各集团加强防疫知识宣传科普，利用电子公告屏更新防疫标语31条，场站广播24小时循环播放疫情通报，布置宣传标语横幅30余条，每日及时传达最新通告至街区商户群。同时，城投集团和交通集团开展志愿者送温暖，组织国际风情街商家发起“巾帼在行动”活动，街区商户携手象山商圈青年，现做食物为派出所、高速口卡点执等一线执勤人员送去食物，为打赢疫情防控阻击战贡献一分力量。

【象山县国资国企大讲堂正式开班】 为贯彻落实“投融资改革年”目标任务，加强国有企业投融资和财务管理，提升投融资和财务人员综合素质，推进象山县国资国企改革发展，由象山县国有资产管理中心举办的“国资国企大讲堂”于1月15日正式开班。象山县委常委、常务副县长陈兴立作开班动员讲话，举办国资国企大讲堂，是国企干部教育培训的创新举措，既是推进“投融资改革年”的重要内容，是贯彻县委“六个更加”的具体举措，更是提高能力素养的现实需要，把大讲堂办成象山县国企干部培训的名片、学习的品牌。该次国资国企大讲堂重点围绕财务管理、投融资管理、税务合规等方面的专题，形式比较多样，既有集中学习、线上学习，又有实践操作。全县国有企业有关负责人、财务及投融资人员共250余人参加该次培训。

【国企党建】 结合周二夜学、甬习云课堂等平台学习习近平总书记考察浙江、宁波重要讲话精神，组织“象山发展我担当”大讨论，巩固主题教育成果；推进区域组团、互学互动，开展柔石故居追寻初心之旅等多形式党员活动；“三服务”活动，组织动员国有企业党员投身企业复工复产和基层疫情防控一线“六个一”活动，国企党员、干部419人下沉抗疫一线，339名党员自愿防疫捐款。优化基层组织设置，完成中心机关党委、机关纪委选举，规范执行基层党组织任期和换届选举；选优配强党务工作力量，县直属企业配备专职党务人员；制定“干部能力提升年”活动实施方案，推动国有企业干部队伍建设；推进“一企一品”创建，培育打造交通集团服务文明号、水务集团“清源清泉清流”三清队伍、城投集团“党建进街区进工地”、旅游集团“一冷”红色基地等一批国企党建特色品牌。推进直属企业清廉国企建设，细化“清廉细胞工程”示范点建设标准，试点交通集团创建工作；开展国企办公用房、人员招录、津补贴发放、公车使用管理等专项监督检查，加强廉政风险防控；制定《县政府直属企业加强党的领导完善公司治理若干重大事项工作指引（试行）》，推动党的领导与完善公司法人治理有机统一。

（罗欢）

市场监督管理

【概况】 象山县市场监督管理局经历机构改革后，执行原有工商、食药、质监三个部门的机构职能，并行使知识产权、价格监管等职能，同时挂象山县知识产权局、象山县市场监管综合行政执法队牌子。局机关办公地址位于象山县丹东街道丹河东路828号，共有在编干部256名，编外人员125人。内设科室19个，分别为办公室、组织人事科、法制科、行政审批科（外商投资企业登记注册科）、信用监督管理科、市场合同监督管理科（网络市场监督管理科）、商标广告监督管理科、质量与标准化监督管理科、食品安全协调科、食品生产流通安全监督管理科、餐饮服务食品安全监督管理科、特种设备安全监察科、计量与合格评定监督管理科、知识产权监督管理科；直属机构4个，分别为药品监督管理分局、价格监督管理分局、消费者权益保护分局、信息化办公室；下属事业单位3个，分别为县食品检验检测中心、县质量技术检测中心和县消费者权益保护委员会；派出机构8个，分别为县市场监督管理局石浦分局、丹东市场监管所、丹西市场监管所、爵溪市场监管所、西周市场监管所、大徐市场监管所、定塘市场监管所、鹤浦市场监管所。2020年，象山县市场监督管理局在县委、县政府和市局党委的正确领导下，攻坚克难、砥砺前行，统筹推进疫情防控和经济社会发展，做好“六稳”“六保”工作，相继获得全省打击传销工作成绩突出的先进集体、县（市、区）放心农贸市场建设工作成绩突出单位、全市市场监督管理工作目标责任制绩效评价综合优秀奖、县级工业经济服务先进单位、县级开放型经济优胜服务单位等多项荣誉。

【全县市场主体登记】 2020年度，全县新登记各类市场主体14530户，同比增长17.26%；其中新登记国内资金企业（含私营，下同）3300户（含分支机构，下同），注册资本（金）1691626万元，同比分别增长3.55%和1.05%；外商投资企业（含分支机构，下同）17户，新增注册资本3999万美元，同比减少41.38%和77.77%；个体工商户11175户，资金数额277997万元，同比分别增长22.47%和36.19%；农民专业合作社38户，新增成员出资额7547万元，同比分别减少9.52%和增长19.06%。2020年，全县注销各类市场主体6031户，同比减少29.73%。其中，注销国内资金企业1146户，外商投资企业17户，农民专业合作社30户，个体工商户4838户，同比分别减少68.34%、22.73%、31.82%和1.18%。截至2020年12月底，全县累计实有市场主体63320户，同比增长14.28%。其中，累计实有国内资金企业18240户，注册资本（金）13041626万元，与2019年同期相比分别增长11.63%和26.91%［包括累计私营企业16673户，注册资本（金）9534294万元，同比分别增长11.96%和18.19%］；外商投资企业290户，注册资本239795万美元，同比减少0.34%和增长64.61%；个体工商户43991户，资金数额860060万元，同比分别增长16.21%和31.81%；农民专业合作社753户，成员出资总额122178万元，同比分别减少14.24%和7.37%。

【全县市场监督管理工作会议召开】 2020年1月14日，全县市场监督管理工作会议在局机关12楼会议室召开，全体在编干部职工、县民个协工作人员及部分离退休老领导等参加会议，会议由县市场监管局副书记、副局长欧江主持，议程包括表彰2019年度先进单位及个人，传达学习县委十四届七次全会和省、市局会议精神，总结2019年主要工作，部署2020年任务。县市场监管局党委书记、局长石岳吉作工作报告，强调全县市场监督管理工作要围绕县委、县政府和市局党委的重大决策部署，以加快建设宁波现代化滨海城区为总要求，以牢固树立"五线"意识为主抓手，创新工作举措，担当干事精气神，守底线、优环境、强质量、抓队伍，推进市场监管事业再上新台阶，取得新发展。

【沈敏考察汪家河农贸市场改造提升情况】 1月15日，宁波市副市长沈敏一行到象山县考察汪家河农贸市场改造提升情况，实地考察了市场自产自销区、蔬菜区、白肉区、快检室及市场周边地区的改造提升情况，听取了关于汪家河农贸市场改造提升工作所采取的措施和取得成效。象山县委书记叶剑鸣、副县长张微燕、市场监管局局长石岳吉等陪同。

【象山县代县长包朝阳检查疫情防控和食品安全保障工作】 2月4日，象山县委副书记、代县长包朝阳赴城东菜场和部分餐饮单位检查疫情防控和食品安全保障工作，详细了解疫情管控措施、经营秩序和菜篮子商品价格等情况。象山县市场监管局、商务局等部门主要负责人陪同。包朝阳要求相关部门采取工作举措，保供应，稳价格，守安全，在最大限度满足老百姓日常生活所需的同时，压实责任，坚决执行好县疫情防控指挥部各项工作指令。

【章根明到象山开展"三服务"活动】 2月25日，浙江省市场监管局党委副书记、副局长章根明一行在象山开展"三服务"活动，先后走访宁波戴维医疗器械股份有限公司、汪家河农贸市场、丹西市场监管所，仔细询问企业复工复产、疫情防控等情况，了解企业在复工复产中急需解决的问题，看望奋战在抗击疫情一线的基层市场监管干部。宁波市市场监管局局长金珊、象山县副县长张微燕及象山县市场监管局局长石岳吉等陪同调研。

【宁波市市场监管局党委书记朱法传到象山开展"联企、走街、破难"三服务活动】 3月2日，宁波市市场监管局党委书记朱法传一行到象山县开展"联企、走街、破难"三服务活动，先后走访了宁波九州通久久医药有限公司、宁波锦浪新能源科技股份有限公司、定塘蒸蒸香食品小作坊、晓塘柑橘综合服务中心及象山柑橘文化展厅，并实地察看了天安路、风情街沿街店铺复工和营业情况。象山县副县长张微燕、象山县市场监管局局长石岳吉等陪同调研。

【陈振华调研商标品牌工作】 4月1日，浙江省市场监管局副局长陈振华带领商标监管处、知识产权发展处等处室负责人，到象山县调研商标品牌战略实施及知识产权保护等工作，先后走访了"象山半岛味道"区域公共品牌靖南体验中心、德和根艺馆、宁波希诺亚海洋生物科技有限公司和西周民个协品牌指导服务站。宁波市市场监管局党委书记朱法传、副局长俞彤波及象山县市场监管局局长石岳吉等陪同。

【启动2020年"一打三整治"工作】 5月8日凌晨2点，象山县市场监管局联合象山县水利和渔业局、公安局、商务局、综合执法局、乡镇街道、电视台等130人次，分15组对全县农贸市场开展集中突击检查，开启了2020年象山县"一打三整治"工作的序幕。其中，象山县副县长吴志辉带队参加检查了中心菜场。

【金珊到象山县调研指导】 5月14日，宁波市市场监管局局长金珊，党委委员、副局长邵俊杰等一行4人到象山调研走访，重点了解象山"一打三整治"工作情况，实地督查了城东菜场、花鸟市场餐饮店，象山县副县长张微燕、象山县市场监管局局长石岳吉等陪同调研。

【全县农贸市场改造提升工作推进会召开】 6月18日，象山县农贸市场改造提升及"双百"行动推进会在局机关12楼召开，象山县18个镇乡（街道）和县综合执法局、县交警大队、县住建局等相关部门联络员、县市场协会及25个农贸市场和各所（分局）相关负责人参加了会议。象山县市场监管局副局长杨培良代表县农贸市场改造提升工作领导小组办公室就下步工作提出三点要求：一是思想高度重视，责任落实。二是突出问题导向，着力破解短板。三是创新工作思路，构建长效管理。

【全县基层食品安全协管能力竞赛暨食品安全宣传周活动启动仪式举行】 7月10日，象山县食品安全委员会办公室联合象山县委政法委、县社会治理综合指挥中心举办的全县基层食品安全协管能力竞赛暨食品安全宣传周活动启动仪式在象山县传媒中心举行。象山县镇乡（街道）食安办、县食安办成员单位以及部分网格员100余人参加了现场观摩。该项竞赛活动，是由前期通过第一轮笔试预赛，在全县18支乡镇街道代表队中产生的8支队伍开展现场决赛。竞赛方式分必答题、抢答题和风险题三个环节，从食品安全基础知识到网格员应对巡查发现问题实战能力进行检验，同时对整个团队协作能力和反应能力进行综合考验。经过角逐，丹西街道代表队获得团体一等奖。

【举行宁波市大型游乐设施、客运索道运营单位安全工作交流暨水上大型游乐设施应急救援演练】 7月15—16日，宁波市大型游乐设施、客运索道运营单位安全管理工作交流会在象山县松兰山大酒店召开，水上大型游乐设施应急救援演练在象山县"阿拉的海"水上乐园举行，宁波市各区县（市）市场监管局、各功能区市场监管分局分管领导、特种设备科负责人，大型游乐设施、客运索道运营管理单位安全负责人等共80余人参加。会上,浙江省特检院高级工程师通报全市大型游乐设施、客运索道使用概况及相关检验情况,“阿拉的海”水上乐园等3家大型游乐设施运营单位就安全管理工作分别作交流发言,并在“阿拉的海”水上乐园举行以“消除事故隐患,筑牢安全防线”为主题的水上大型游乐设施应急救援演练。

【地理标志工作在全省知识产权视频会议作典型发言】 8月6日,浙江省知识产权条线年中视频会议召开,会上有6个单位作了典型发言,其中象山县市场监管局副局长杨培良副作了题为《以产业育品牌牌 以品牌拓市场 推动县域特色农业产业地理标志工作》的发言,浙江省市场监管局副局长陈振华在会上指出,象山局能结合地方特色,发挥各地优势,通过地理标志工作,推动农业增效,农民增收,值得各地学习借鉴。

【全县食品安全委员会(扩大)会议召开】 9月10日,象山县召开2020年食品安全委员会(扩大)会议,象山县委副书记、县长、县食安委主任包朝阳,副县长、县食安委副主任张微燕、钮晶莹出席会议,县食安委成员单位主要负责人和各乡镇(街道)主要领导参加会议。会议由副县长张微燕主持。会上,县食安办主任石岳吉作了全县食品安全工作情况汇报,县食安委主任包朝阳县长作了重要讲话,强调各地各部门要深刻领会、准确把握中央关于食品安全工作的新思想、新要求,始终食品安全的首位意识、底线意识,协同作战、攻坚克难,肩负起“促一方发展、保一方平安”的职责,加快推进全县食品安全治理现代化。一是要扣紧食品安全链条,压实属地管理责任和党委政府主要领导“第一责任人”的责任,压实监管部门和主管部门的责任,压实企业的主体责任。二是要推进基层基础建设,实施乡镇食安办分类分级管理,织密基层食品安全责任网络,提升基层监管能力。三是要部门联动协作,严防源头、严管过程、严惩违法,打造重大部署统一行动、重大问题协同处置、重要信息互通共享的局面,更好地监管筑牢防线。四是要完善社会共治共享,加大科普宣教的引导作用,发挥信用联惩的撬动作用和社会力量的共管作用,以更多元的格局凝聚共识。同时,县农业农村局、县综合行政执法局、丹西街道办事处、定塘镇政府分别就食品安全工作作了书面交流。

【水产城评估2020年度食品农产品批发市场食品安全规范化建设】 9月17日,由杭州市市场监管局副局长古涛任组长的评价小组,对浙江水产城开展了2020年度食品农产品批发市场食品安全规范化建设评价工作,宁波市市场监管局副局长陈元刚、象山县市场监管局副局长欧江、柯峰,副局级干部熊水林、浙江水产城主任金宏钢等人陪同验收。评价小组首先听取了浙江水产城及县局开展食用农产品批发市场食品安全规范化建设工作的情况汇报并分组查阅台账资料,开展现场检查。

【定塘镇食安办进行浙江省四星级食安办评估】 9月23日,浙江省食安办委派舟山市市场监管局食品协调处处长吴宏晖为组长的考评组3人到定塘镇开展四星级食安办分类管理考评验收,宁波市市场监管局食品安全协调处副处长于平、县市场监管局总工程师局张灵敏、定塘镇党委书记王祖陪同迎检。考评组实地检查了定塘镇麦糕加工小作坊、餐饮店、农贸市场农产品快检室、科普宣传站、镇四个平台和基层食安办等现场点位,查阅了该镇近两年来在基层食安办队伍建设、制度建设、工作保障以及运行管理等方面的工作台账。

【餐饮行业启动“厉行节约反对浪费”行动】 10月16日,全县餐饮行业在局机关11楼会议室举行了“厉行节约、反对浪费”活动启动仪式,吹响了推进厉行节约、反对浪费的号角。县局各相关科室、县餐饮协会、县家宴烹饪协会、饿了么平台、美团外卖平台、餐饮企业和消费者等24名代表出席了该次活动。启动仪式上,县市场监管局餐饮服务监管科科长黄星忠解读了浙江省市场监管局印发的《餐饮行业“厉行节约反对浪费”行动指南》相关要求,作了具体的工作部署,县餐饮协会和县家宴烹饪协会代表宣读了倡议书,海洋酒店和海上名都大酒店代表作了表态发言。象山县市场监管局副局长杨培良在讲话中要求,餐饮行业要提高政治站位,深刻认识坚决制止餐饮浪费行为的重大意义。

【包朝阳督查进口冷链食品物防工作】 11月16日,象山县委副书记、县长包朝阳一行赴象山英昶食品有限公司督查进口冷链食品疫情防控工作,副县长钮晶莹、县市场监管局、商务局、卫健局相关领导陪同检查。

在象山英昶食品有限公司,包朝阳详细了解了企业进口冷链食品经营及疫情防控相关工作情况。随后,包朝阳听取了县市场监管局关于冷链食品疫情防控情况的汇报。包朝阳指出,要加强重点场所和人员防控,确保各项防疫措施落实到位,冷链食品监测,加大冷链食品销售、存储环节新冠病毒核酸检测的频次和密度,做好冷链食品“物防”工作。

【县冷链食品物防专班督查冷链食品物防工作】 12月9日,象山县冷链食品物防专班督查冷链食品物防工作,专班组长县府办副主任周增培、县市场监管局局长石岳吉带队督查,专班副组长县卫健局副局长朱爱春以及县市场监管局副局级干部熊水林、专班成员等参加督查。督查组一行先后对大润发超市、宁波乔兴食品有限公司、象山英昶食品有限公司进行实地检查。在大润发超市,督查组详细查看了超市冷链食品的赋码情况及入境货物检验检疫证明、核酸检测报告、消毒证明等,通过手机扫描“浙冷链”二维码,核对相关信息。在宁波乔兴食品有限公司,督查组听取了企业负责人关于进口冷链食品物防工作的情况汇报,对企业进口冷链食品从国外采购到国内生产销售的全过程防疫措施进行了解。在象山英昶食品有限公司，督查组对县内中小冷库进口冷链食品来源、销售及相关防疫措施进行了解，并要求企业做好赋码扫码、索证索票及个人防护。

【象山县家宴烹饪协会成立】 12月10日，象山县家宴烹饪协会在县市场监管局1101会议室举行成立大会，县市场监管局、县民政局、市家宴餐饮行业协会、县餐饮协会、协会会员代表等43人出席了该次会议。全县共有农村家宴厨师450余名，为了促进农村家宴市场化、产业化、规范化的良性发展，在县市场监管局、县民政局等部门的帮助指导下，县家宴烹饪协会筹备成立。成立大会审议通过了《象山县家宴烹饪协会章程》《象山县家宴烹饪协会会员大会选举办法》等，选举产生了第一届理事会会长、副会长和秘书长。

【农安县到象山考察交流】 12月14日，吉林农安县市场监管局局长张大尉一行在象山考察交流，就市场监管在服务地方发展、综合执法改革等方面进行学习考察。县市场监管局副局长欧江、倪永健、梅歆瑛、杨培良、柯峰等陪同调研。

12月15日，双方在局机关1103会议室开展座谈会，就行政审批、政务服务、综合执法改革、食品安全监管、知识产权保护等方面工作进行相互交流。随后，张大尉一行前往象山影视城考察标准化工作，此外，前往石浦海峡广场，参观了石浦渔港古城平安食品示范街，了解平安食品示范街创建工作、“红黑榜”管理机制在象的发展和延伸推广过程，以及“记分制”模式在示范街的实施创新点。

【开展疫情防控】 落实疫情防控的各项措施，管控集体聚餐风险。零售药店的监管，在全市率先管控退热止咳类药品销售，自1月23日起，全县所有零售药店暂停销售退热类药品，并对购买止咳、抗病毒、抗菌素等监测范围药品的人员实行实名登记。加强高风险冷链食品精密智控，相关指数位居全市第一。

【保障物资供应】 坚持特事特办，指导企业通过防疫物资生产应急审批，缓解地方防疫保供压力。开展防疫物资质量安全和市场秩序专项整治，严厉打击制售假冒伪劣防疫物资违法行为，查处非法销售假冒“飘安”口罩案入选典型案例。

【开展暖心帮扶】 组织开展“扫街”行动，实地走访全县12103家商贸流通企业和个体工商户，引导复工复产。开展涉企收费专项治理，清退价款6500万元，确保疫情期间惠企政策落地见效。全体干部职工放弃休假，集中时间、集中精力推进小微企业和个体工商户“两直”补助工作，累计兑付补助资金5115.9万元，整体工作平稳有序，受到县委、县政府和省、市局的肯定。

【推进“最多跑一次”改革】 优化注册登记和行政审批流程，推动“证照分离”“多证合一”、企业开办全流程“一件事”一日办结等改革，服务效能和服务质量得到提升，实现市场主体在疫情影响下逆势增长，突破6万家大关，为稳住全县经济基本盘提供了强大支撑。同时，帮扶市场主体发展壮大，完成“个转企”135家，获评全省“小微企业三年成长计划”工作优秀县。

【标准化品牌建设】 “村民说事”“象山柑橘公用品牌培育提升标准化示范区”分别列入全国农村综合改革标准化试点和农业标准化试点项目；“象山影视城开发有限公司影视拍摄基地服务业标准化试点”项目通过国家级验收，成为全国首个影视旅游服务业标准化试点项目。

【推进商标专利工作】 重点行业、重点企业在商标注册、专利申报等环节的全程帮扶指导，开发建设全市首个区域知识产权监测管理平台，综合运用商标、知识产权质押等职能帮助企业融资4亿元，为企业发展注入“强心剂”。“象山竹根雕”新获批国家地理标志证明商标，地理标志证明商标总量居全市第二，相关做法在全省知识产权视频会议上进行交流发言。

【筑牢安全底线】 落实食药安全党政同责，2020年建成四星级食安办1家、三星级食安办6家。落实食品“抽检分离”改革，配齐配强抽检队伍力量。开展平安农村家宴、放心厨房等“平安创建”活动，“石浦渔港古城平安食品示范街”创建工作受到上级肯定。药械集中专业化监管模式经受住疫情大考，第二类医疗器械经营企业“双随机、一公开”监管试点工作为全省提供了有益借鉴。开展停用特种设备、压力容器、起重机械、“三无”电梯等方面的专项整治，立案查处相关违法案件39起，同比增长近三倍，特种设备安全隐患得到整治。

【加强执法力度】 成立县市场监管综合行政执法队，相继组织开展商业贿赂、侵权假冒、非法会销等领域的专项执法行动，查处各类违法案件892起，罚没款763万元。其中，查获冒充吉林延边扶贫大米31吨，入选省市场监管局典型案例。加强商品混凝土市场执法检查，全县商品混凝土价格经整治后下降明显。做好“一打三整治”工作，加强农贸市场、餐饮单位违禁渔获物的管控，规范渔获物索证索票制度，受到县委、县政府的肯定。

【落实民生服务】 2020年，创建省放心农贸市场6家、星级农贸市场9家、“五化”市场2家，全县星级农贸市场覆盖率达92%。在汪家河菜场、蓬莱菜场试点周边环境秩序管理服务外包工作，得到经营户和群众的好评。推进“放心消费在浙江”行动，超额完成放心消费单位培育各项指标，获评省“放心消费在浙江”成绩突出集体。同时，妥善处置各类投诉举报2970件，为消费者挽回经济损失115万元。

【作风建设情况】 严格执行“双随机一通报”和干部“双排”考核机制，围绕窗口形象、工作进度、纪律作风等方面重点，开展各类督查152次。利用“第一种形态”，约谈干部4人次，及时解决工作精神不饱满、工作方法不严谨等倾向性、苗头性问题，提升市场监管队伍形象。

（郭学斌）

物价管理

【公平竞争审查清理工作】 2020年，在完善部门内部审查工作机制的基础上，实现公平竞争审查100%覆盖，累计审查2020年新出台的涉及市场主体经济活动的政策文件68件，清理涉及市场主体经济活动的政策文件925件，废止7件，清理修改纠正滥用行政权力排除限制市场准入的政策措施2件。

【涉企收费治理工作】 自4月1日起，围绕疫情防控期间省委省政府、地方政府和相关部门出台的稳企业稳经济稳发展的意见、举措和扶持政策，对水电气价格、企业房屋租金、物流领域收费、融资过程收费、行政审批中介服务收费、保证金六大领域开展减费政策落地情况专项检查。截至2020年12月30日，水气累计降费441.90万元，惠及11905家企业及经营户；用电累计降费3084万元，惠及3万家工商业和工业等用户；国有房租累计减免2648.07万元，惠及户数3288户。

【转供电电价重点整治工作】 自2020年6月4日起，会同供电部门向全县62家商业综合体、产业园区、物业、写字楼等转供电主体的印发提醒告诫函。推广运用“转供电费码”，建立“县转供电价格政策专班”微信群。按照“风险预警+监管+案件查处”模式，对10家自查自纠不、整改落实不到位的转供电主体开展重点督察，已完成清退转供电主体58家，清退电费328.58万元，受惠终端用户1530家。

【商品混凝土市场专项整治工作】 自2020年7月27日起，对全县5家商混企业、6家建筑企业及宁海西立、鄞州新力和东钱湖圣华等商混企业进行走访检查约谈，规范地方建材行业经营行为。通过整治使得县的商品混凝土价格下降幅度达到了80—100元每立方米，为建筑企业减少成本达30—50元每立方米。

【优化市场价格环境】 2020年，累计出动执法人员625人次，印发价格提醒函倡议书202份，检查各类经营户914家次，实施价格监测72次，印发《责令整改通知书》26份，当场责令整改轻微价格行为88起。加大各超市、商场等重点领域虚构原价等价格欺诈行为的检查力度，对6家经营户涉嫌虚构原价及误导性标价等不正当行为进行立案查处，罚款7.6万元。解决价格投诉举报，处理各类价格咨询投诉举报325件，办结率100%。

（詹卿镱）

审计

【概况】 县审计局2020年完成审计项目30个，延伸审计二、三级单位153家，移送案件线索14起，处理相关责任人15人（包含2019年移送案件），全年挽回损失和增收节支1.16亿元，提出审计建议被采纳45条，推动被审计单位出台制度58个，审计报告和专报获县领导批示73篇次。获省表彰项目1个，市优秀项目2个，署、省、市优秀课题论文案例10篇，1名干部获全省审计机关先进工作者，1名干部获县“担当作为好干部”称号。2020年度连续第3年获省审计机关考核优秀，连续第4年获市审计机关考核优秀。

【审计干部奔赴社区防疫一线参与疫情防控工作】 2月4日，县审计局第一批小分队的12名党员干部全员到齐，以2人一组的形式前往联系社区丹桂社区所管辖的半岛康桥、悦兰庭等6个小区，开展“双报到五参与”疫情防控工作。面对防控一线人员力量短缺不足的现状，县审计局以自发自愿的形式向局内党员干部发起动员，全局党员干部不畏风险，挺身而出。审计干部在接受社区街道卫生防疫培训后，快速进入“作战状态”，配合社区工作人员立即参与门岗设卡监督执勤、参与社区疫情防控知识宣传、参与社区公共场所监督检查、参与重点人员排摸管控、参与“三返”人员劝导等“五参与”工作，同时将重点对责任小区进行“清楼”行动。

【赴海岛助力企业有序复工】 为全力支持和组织推动企业复工复产，确保防疫复工“两不误”“三服务”活动，象山县委县政府决定选派县级部门领导干部担任企业“健康返象有序复工”指导员。2月12日一早集合完毕后，县审计局4名党员干部便驱车前往鹤浦镇，在与镇政府工作人员短暂对接后，马不停蹄地赶往11家复工的企业掌握情况，第一时间企业了解企业复产和防疫工作的开展情况，详细询问企业的实际困难和需求。4名党员干部先后来到象山医疗精密仪器有限公司。浙江东红船业有限公司、宁波博大船业有限公司等公司，实地察看了隔离观察点、测温仪、口罩、消毒液等疫情防控准备情况，并听取了企业复工复产后的防疫工作方案。

【启动应对新冠肺炎疫情防控资金和捐赠款物专项审计】 2月下旬，根据审计署和浙江省审计厅应对新冠肺炎疫情防控资金和捐赠款物专项审计的统一部署和要求，县审计局迅速成立了应对疫情防控专项审计工作领导小组，结合县防控工作实际，开展新冠肺炎疫情防控财政资金和捐赠款物专项审计工作。为确保这次审计工作实施，采取措施，进行周密安排部署。一是组织领导。成立了以局长任组长，副局长为副组长，各科室负责人为成员的审计组。二是加强统筹协作。按照“两统筹”要求，在做好疫情防控专项审计同时，协同财政预算执行、政策跟踪等其他审计项目，密切关注与应对疫情防控相关的审计内容。三是创新审计方式方法。运用电话联系和钉钉网上办公，进行报送相关基础数据。重点关注了捐赠物资信息公开和使用情况、企业复工复产专项资金使用情况等方面。

【县委审计委员会召开第三次会议】 3月25日，象山县委书记、县委审计委员会主任叶剑鸣主持召开县委审计委员会第三次会议，强调要学习贯彻习近平总书记关于审计工作的重要论述，落实中央和省市决策部署，密织审计网，扩大覆盖面，全力推动审计工作继续走在前列，为加快建设宁波现代化滨海城区提供坚强的审计保障。县委审计委员会委员、审计局领导班子成员和相关科室负责人参加会议。会议审议了《象山县领导干部自然资源资产离任审计办法（试行）》，以及2019年审计工作情况和年内审计工作总体安排、审计项目计划，并传达学习了习近平总书记对审计工作作出的重要指示精神和省委审计委员会第三次会议重要精神。

【召开领导干部经责联席会议】 3月12日，象山县委组织部部长范焕平主持召开2020年领导干部经责审计联席会议，组织部、纪委、编委办、财政局、审计局、人社局、发改局、国资局等县联席会议成员单位主要负责人出席会议。会议听取了县审计局局长徐小平关于2019年度经济责任审计工作的情况汇报。2019年全年共完成经责审计项目11个，审计领导干部14名，延伸审计下属二、三级预算单位54家，移送各类线索15起，12人收到党纪政纪处分，1人受到刑事处分，审计报告和审计专报获县委、县政府主要领导批示27篇次，提出审计建议被采纳15条。

【开展“两进两捡”志愿服务活动】 2020年每月，县审计局由局领导带队，前往结对社区开展“两进两捡”志愿服务活动。活动中，党员志愿者们本着“不怕脏，不怕累，把责任当使命”的精神，头戴小红帽、身穿着红马甲，手拿扫把和折叠夹以及铁铲，在小社区的绿化带和人行路地面捡拾塑料袋、烟头、果壳和纸屑等垃圾，看到审计干部打扫卫生的居民，主动上前为其提供清扫帮助。

【首次对五年来审计发现未整改问题集中催办】 5月以来，象山县根据浙江省审计厅相关文件精神，在全县范围内开展审计发现主要问题整改落实情况“回头看”工作，工作中所涉及的审计项目时间跨度6年，涉及单位27家、问题71个。县审计局负责问题的梳理和落实，从4月开始对2015年以来审计发现主要问题整改落实情况进行梳理，制成审计整改落实情况“回头看”清单，将清单分解到各镇乡政府、街道办事处和县级有关单位；问题所涉的相关单位为整改责任主体，负责对审计整改落实情况进行细致的核查。得到县长包朝阳等县领导连续批示4篇次，审计整改落实率89%，收回问题金额4017.73万元，推动出台制度21个。

【开展“政治生日”会】 重温一遍入党誓词、分享一段成长历程、发放一张生日贺卡、聆听一段寄语。6月1日晚，县审计局党支部开展以“四个一”为主题的党日活动，举行了一场庄严的“政治生日”会，让全局党员干部接受了一次现场党性教育和革命精神洗礼。活动中，19位在1—6月入党的审计干部，都收到了来自党支部的特殊礼物——一张生日贺卡。2名党员代表分别上台分享了曾经的火热青春和入党故事，回忆当初自己在入党申请书中一字一句写下的铮铮誓言，都感慨万分，始终铭记党员身份，牢记党员使命，践行党员义务，发挥“一名党员就是一面旗帜”的先锋模范作用，更加坚定了为审计事业添砖加瓦、做出贡献的决心。随后，全体党员干部面对鲜艳庄重的党旗，进行了庄严的宣誓，重温入党誓词。

【为全县委派会计授课】 6月10日，县审计局经责中心主任肖海波应县财政局、国资管理中心的邀请，为全县委派会计开展“公款私存”专题授课。课上，肖海波以审计过程中发现的公款私存真实案例为引，从公款私存的危害、原因出发，结合工作经验，对公款私存风险单位、审查方式等内容进行了生动详尽的阐释和讲解。课后，还与参会人员进行了交流互动，对大家提出的问题一一耐心解答。

【创新开展“审计组+临时党小组”模式】 为延伸党建工作触角，更好地发挥党组织战斗堡垒和党员先锋模范作用，象山县审计局针对审计项目现场审计阶段，审计组成员在外时间长、人员相对集中固定的特点，创新党建工作思路，健全审计现场党的组织，推行“审计组+临时党小组”党建模式，一手抓党建，一手抓业务，促进党建工作与业务工作深度融合，让党建在一线发光、党旗在一线飘扬。7月14日，党支部书记朱海敏和党支部专职副书记吴海亚一行赴审计现场，组织成立县交通运输局审计组临时党小组，并举行授旗仪式。

【帮扶联系村赠送感谢锦旗】 7月20日，象山县涂茨镇前山姚村“两委”干部带着全体村民的诚心重托和深情厚谊，向县审计局送来一面“真帮实驻显真情，干群连心结硕果”的锦旗，以此表示肯定和感谢该局的帮扶工作。按照县委的统一安排部署，县审计局自2019年起成为前山姚村的帮扶联系单位，一年以来心系该村新农村建设，主动走基层送温暖，开展调研指导工作，走访慰问困难老党员、困难群众和困难学生。在县审计局与前山姚村的共同下，道路硬化了，溪坑整治了，环村道路正在有条不紊地建设中，村庄变整洁变靓了，群众收获满满的幸福感、自豪感。县审计局在帮扶工作中，以实际行动赢得了所帮扶村及村民的肯定和好评，在收获着一份信任的同时，更觉得肩上的责任重大。下一步，该局将在县委、县政府和上级审计部门的坚强领导下，更加坚定服务经济发展大局意识，以自身的担当作为诠释以人民为中心情怀，将帮扶工作做深做细做实，为促进经济发展、建设美丽乡村、决胜小康社会做出审计人应尽的贡献。

【落实2019年度同级审整改工作】 8月6日，象山县政府办公室召开2019年度象山县财政同级审计结果整改落实会议，县府办主任张有为主持会议，县审计局和涉及整改单位的主要负责人参加会议。会议要求与会单位高度重视审计发现问题，明确整改措施和责任人员，在规定时限内限期整改，抓好落实。会议对同级审整改所涉的问题进行分解，对审计发现问题所涉及的责任单位予以明确，各责任单位要高度重视审计发现的问题，通过解决问题防止屡审屡犯问题的出现，真正在思想上到位。

【红色礼物进工地】 8月19日，县审计局党组书记、副局长陈胜跃一行人携带《习近平谈治国理政》第三卷和防暑降温用品来到亚帆中心工程项目部，以“红色礼物”慰问高温天气下坚守一线的建筑工人。县审计局和亚帆中心工程项目部自2019年开展联合党建以来，通过召开座谈会、参观党建基地等活动，丰富了基层党建形式，加强两个党支部间的横向联系，党员之前互相交流学习、互相促进提高，推动党建工作再上新台阶。同时审计组在开展亚帆中心及配套道路跟踪审计的项目实施过程中，贯彻落实局党组“坚持审计工作开展到哪里、机关党建工作就跟进到哪里”的要求，推动党的建设和审计业务“融合抓、双提升”，把党建工作融入审计业务之中，实现党建工作与业务发展的“双提升”。

【为全县行政事业单位财务人员培训】 8月31日，象山县审计局应县财政局邀请，派出财政科科长钱奋勇为全县镇乡(街道)、行政事业单位财务人员作《现阶段审计发现问题类型的变化趋势、案例讲解及如何开展国家审计与内部审计协同配合》的审计业务知识讲座。培训中，钱奋勇从中共十九大对新时代审计工作的新要求入手，紧密结合审计工作，引用了大量领导干部经济责任审计、财政收支审计、专项审计调查等报告中丰富翔实的数据、资料和典型审计案例，以及审计反映的突出问题表现并分析原因，以案释法，给财务人员作了浅出的讲授。大家会后普遍反映培训指导意义较高，实用价值大，对日后在工作中范自身行政行为、防范工作中的廉政风险具有重要的指导和警示作用，受益匪浅。

【连续5年开展审计整改联合大检查】 10月9日至15日，象山县政府办公室组织县纪委县监委、县委组织部、县委县政府督查室、县审计局、县财政局、县国资管理中心等单位组成5个检查小组，对到审计发现问题整改期的15个审计项目的整改情况进行检查，对检查结果将在《象山督查》中通报，并报县主要领导。年内检查的范围主要是2019年度同级审报告和年度内到审计整改期的部分审计项目，检查的重点为县级领导批示的落实情况、审计决定书的执行情况、审计报告所反映问题的整改落实情况、审计移送处理事项的查处情况和审计建议的采纳情况。检查结果得到潘书记批示，要求“各问题所涉单位要高度重视，整改，并举一反三，建章立制”，审计整改落实率98%，推动出台制度27个。

【首次召开经济责任审计结果反馈会】 为落实中央两办《党政主要领导干部和国有企事业单位主要领导人员经济责任审计规定》，10月27日，县审计局首次召开经责审计结果反馈会，向涂茨镇反馈了该镇领导干部经济责任审计结果，涂茨镇领导班子成员及审计组成员参加了会议。会上，审计组成员详细反馈了该次审计结果，并向被审计领导干部和被审计单位提出了完善重点经济决策机制、加大制度执行力度、加强国有资产管理、提高资金使用效益等方面的审计建议。被审计单位负责人作表态发言，表示将端正态度，接受审计意见，制定整改方案，建立台账，对账销号，围绕该次审计反馈问题，聚焦重点领域、突出问题和薄弱环节，逐步完善各项制度。

【审计署在象山拍摄“向海而生”主题片】 11月2—6日，审计署审计宣传中心一行到象山县开展为期一周的“向海而生”系列专题片拍摄，重点围绕该县自然资源资产审计进行专题报道，展现审计助推自然资源资产保护和高效利用的成效。摄制组来到象山县高塘岛乡花岙村，采访了当地的村民和乡镇政府有关人员，具体了解自然资源资产审计前后，自然资源改善变化情况。同时走访了县审计局、违建码头拆除地、违建房屋拆除地等地，多角度、全方位展示审计助推自然资源资产保护和高效利用的成效。

【副县长章洪浩到县审计局调研】 12月4日，象山县副县长章洪浩到县审计局调研审计工作。县审计局局长徐小平汇报了近几年审计工作开展情况和下一步工作打算，各班子成员根据分管工作分别作了汇报。章洪浩指出：要提升政治站位，把旗帜鲜明讲政治贯穿于工作全过程，以党建工作高质量推动审计工作高质量；突出审计重点，要紧扣上级部门安排的重点工作，不折不扣抓好落实；注重结果运用，根据审计工作中发现的问题，形成审计报告、审计建议和审计专报，及时将情况汇报给象山县委县政府，为党委政府科学决策提供咨询和参考；通过审计防范堵塞党风廉政建设中存在的漏洞和风险点，推动干部队伍建设和党风廉政建设；提高队伍素质，要把思想作风建设作为锤炼审计队伍的抓手，加强党建引领和人才培养，制度建设，提升审计人员的工作能力和业务水平。

统 计

【概况】 2020年，面对突如其来的新冠疫情和错综复杂的经济形势，象山县统计局学习中共十九届五中全会精神、习近平总书记在浙江、宁波考察时的重要讲话精神，贯彻落实全省、市统计工作要点，围绕统计数据质量核心，以防范和惩治统计造假弄虚作假工作为抓手，推进数据统全统准，加强疫情期间调研分析，完成上级统计调查任务。

【疫情统计】 新冠肺炎疫情暴发期间，象山县统计局抽调干部分别赴象山北、戴港高速卡点执勤，组织22名干部职工轮换下沉万象社区的印象江南、丽景小区，丹河社区的水木华庭，金秋社区的金秋小区，塔山社区的大红鹰小区参与防控工作。同时，抽调

11名干部职工分别加入县防疫专班数据对接组、物资保障组和三复工作组，加班加点跟踪排摸返象人员，实时监测复工复产进度，疏通复工复产难点与堵点。疫情期间组织召开内部经济形势分析会5次，先后完成《新冠疫情对象山经济指标的影响分析》《新冠疫情与2008年金融危机影响的比较分析》《新冠疫情考验下的2020年一季度象山经济》等材料，为党委政府在疫情防控下实现经济社会发展各项目标任务提供统计保障。

2月25日，县统计局召开内部疫情经济形势分析会（叶李超　摄）

【统计监测】 象山县统计局以调研分析为中心抓好统计信息工作，以专业角度专题分析经济运行情况，统计事前预测，把经济运行的现状、成果、趋势分析到位。2020年，每月开展经济运行分析并形成材料呈报县政府，撰写并发布《统计与调研》分析材料51期，撰写统计改革课题1个，其中呈报的《纳新排查确保应统尽统》《城乡居民收入位次下滑、困难问题亟须关注》《象山县第七次人口普查有关工作情况的汇报》等专报得到多位县委县政府主要领导的批示。微信公众号运营优化，2020年共编发公众号110期，其中10月微信公众号综合影响力跃居全国统计系统县市区第10位。

【产业核算】 做好第四次经济普查后象山县历史数据修订工作，汇总修订了自1978—2018年象山县地区生产总值情况，指标包含三次产业结构、第三产业结构、增加值四项构成，人均GDP，GDP发展指数等；完成四经普产业核算，包括数字经济核心产业、文化产业、海洋经济、三新经济、体育产业、健康产业、全域旅游等；完成2018年地区生产总值年报工作；完成2020年各季度GDP测算工作和2019年地区生产总值年报工作；完成2019年文特文创产业基本核算资料的收集、整理和校对工作并进行测算，对接各部门进行文化产业指数指标核对和上级对接沟通，准确客观的掌握了县文化产业发展现状和在全县经济中所占的比重及贡献。

【防范和惩治统计造假弄虚作假】 坚持将防范和惩治统计造假作为中心工作来抓。一是向党委政府汇报。第一时间将省局防惩工作会议精神、密电、书籍传达到位，并多次向县委、县政府主要领导、分管领导、县纪委负责人和组织部负责人做专题汇报。县委、县政府主要领导一致要求统计数据“以实为先”，要求集中力量开展统计造假专项整治，对重点领域重点查、反复查，抓早抓小，防微杜渐。二是向基层延伸宣传。通过日常统计普查宣传进村（社区）、进企业活动，促使企业统计员、辅助调查员不瞒报、不虚报，营造统计诚信氛围。全年共宣传34场次，宣传单位600余家，各级宣传受众达4000余人。

【数据核查】 2020年，在全国范围内开展的防范和惩治统计造假弄虚作假专项整治行动中，象山县统计局严格落实专业统计数据查询、审核、评估等全过程质量的责任制度，按照“谁出数谁负责”“谁报数谁负责”的原则，开展重点领域统计数据自查自纠，自我加压扩大核查范围，排摸并消除高风险专业隐患。全年共完成核查规模以上工业企业413家（其中上级查询133家，自查280家）、投资项目320个次、规模以上服务业企业55家、贸易企业261家、建筑业与房地产企业150家次、能源企业21家、企业研发8家，劳动工资企业400余家、18个乡镇（街道）的农业数据及台账、居民收入调查对象150户（其中低收入农户35户）、畜牧业规模户6户。4—12月，象山县统计局分3次对18个乡镇（街道）定期报表的镇、村表台账进行了检查，现场走访了25户畜牧业规模户，确保养殖情况与报表一致。6月底，配合完成省局委托市局核查的2个投资项目，并做好相应的整改；10月，完成12家劳动工资数据质量核查并要求企业提供相关凭证。

【依法统计】 一是建立统计与纪检监察协作机制。定期召开部门联动会议，研究部署防惩工作，及时向纪委反映执法过程中存在的线索和问题。二是联合纪委开展统计执法检查。执法现场，检查组通过传达相关防惩工作部署，以“四个县市区”的典型违法通报以案释法，宣传防惩思想。2020年完成执法检查任务50家。1家企业处以当场警告，1家企业处以警告并罚款1000元，2家企业处以责令改正。

【统计诚信单位创建】 象山县统计局加强区域统计信用平台管理运营，发布

《统计信用修复办事指南》，上传 5 家企业的《诚信统计承诺书》，宁波恒富汽车有限公司等 5 家企业通过获得宁波市统计诚信单位称号。

【特色产业入统】 针对象山县特色产业红美人、水产品销售和民宿经济等难以入统问题，象山县统计局通过产值估算、走访调研等形式对达规模的个体户及企业进行专题培训，指导统计基础台账与制度规范衔接。同时，做好与上级部门及县级行业主管部门对接沟通，争取实现统计反映。截至 2020 年年底，共有红美人销售、水产品销售和民宿等限上企业 5 家、限上个体户 31 家。

【第七次全国人口普查】 一是压实责任统筹协调。县第七次人口普查办公室对 18 个乡镇（街道）进行业务“包干”，确保全县“一盘棋”，建立月、周、日三级汇报工作制度，县七人普领导小组组长、常务副县长陈兴立每月听取专题汇报，定期协调工作中存在的问题，确保工作推进。二是突出特色营造氛围。赴石浦渔港古城拍摄人普宣传片开展抖音宣传，挖掘国风民乐之美，拍摄的古筝琵琶合奏《当国乐遇上七人普》入选国家统计局微信公众号，制作融入象山特色元素的 MG 动画版的七人普宣传视频，实现多渠道、立体式宣传。2020 年，共撰写人普信息 126 篇、人普风采 75 篇、工作交流 9 篇，信息工作居全市第二。三是查实查准不重不漏。按照上级人普办要求开展划区绘图、综合试点、两员选聘培训、入户摸底、上门登记和复查复核各项工作，工作进度和质量一直居于全市前列，得到赴县现场调研的省七人普领导小组副组长、省统计局局长王杰的高度肯定。加强普查员队伍管理，涌现出一批优秀普查员，他们不畏严寒、废寝忘食的普查事迹入选了市统计局微信公众号，其中涂茨镇普查员袁秋实帮助离家 27 年川籍女子寻亲事迹登上《中国信息报》。

【统计讲堂】 象山县统计局以“干部能力提升年”行动为契机，印发《关于开展“统计干部五力建设”活动的实施方案》，开展统计业务讲堂活动。专业人员围绕报表制度、专业重点，探讨，激发全局统计队伍学习动力，及时发现问题，实现统计队伍能力整体提升。2020 年共开展统计讲堂 9 场次，涉及 12 个专业。

【统计基层基础】 对标落实《象山县统计基层基础规范化建设专项行动方案》，由局领导班子成员带头分组赴联系乡镇开展调研，了解基层人员履职成效并收集相关问题建议。以目标管理考核细则为导向，规范乡镇统计办运行管理，及时掌握人员调动信息并做好相应培训，定期反馈考核督查情况促进整改。创建统计规范化建设示范点 1 个（丹东街道），以示范点建设鼓励带动各乡镇（街道）争先创优、共同进步。

【名录库】 做好基本单位名录库日常核查工作，继续做好名录维护更新工作，做好名录库的季报工作。2020 年新增法人单位 2744 家，修改 4044 家，剔除 418 家；新增产业活动单位 117 家，修改 694 家，剔除 25 家。

【统计信息化建设】 做好计算网络安全维护管理，加强网络安全运行情况监测。做好日常电脑终端病毒检测工作，及时处理受攻击的电脑终端；做好 VPN 服务器漏洞扫描检测，完成重要漏洞补丁修复工作；做好统计专网防火墙安全策略配置工作，做好高位地址组屏蔽；按照省局对个人信息安全要求规范，做好计算机的安全防护，避免信息泄密及有害信息传播；严格落实两会期间、国庆期间网络安全“零报告”制度，并向上级报送当日统计网络安全运行情况，网络信息安全通报工作报送率达 100%。2020 年，安排采购彩色复印机 1 台、A4 激光打印机 3 台、人普办台式电脑 8 台、笔记本电脑 1 台。

【统计教育】 配合市统计局做好统计职称考试相关工作，做好 2020 年度全县统计专业技术资格考试报名审核及辅导工作，全年共通过初级统计师 2 人、中级统计师 5 人。组织局机关在编人员登陆“国家统计局在线学习中心”进行学习，及时完成系统指定学时。印发《关于做好 2020 年全县统计人员在线教育培训工作的通知》，组织象山县统计从业人员参加 2020 年线上“浙江省统计教育培训”，共有 575 人参加，其中 484 人通过考试并获取统计从业人员继续教育合格证书，同比分别增长 11.7%、6.4%。

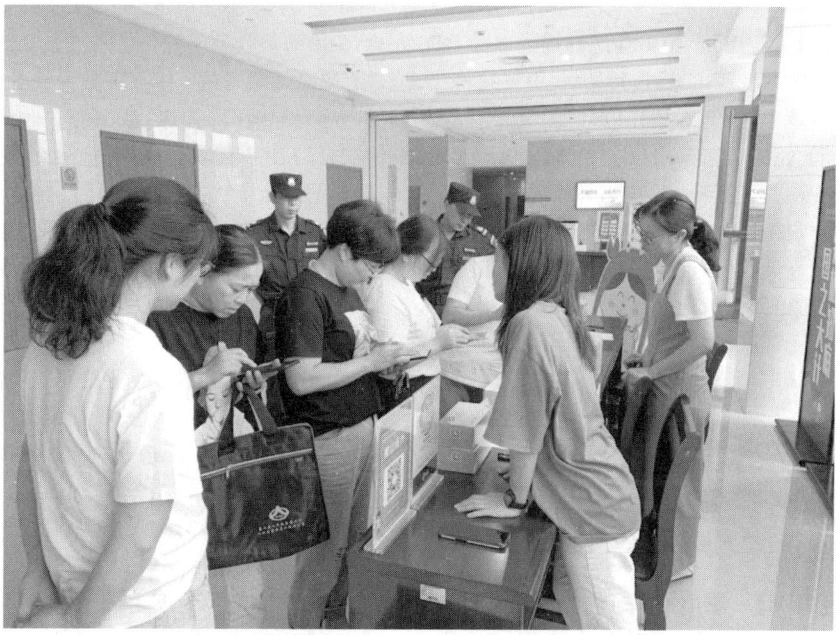

9 月 18 日，县统计局在南部新城商务楼组织的“中国统计开放日”活动现场（陈琼　摄）

【统计系统党建联建】 象山县统计局机关党支部与宁波市统计局第四支部、鄞州区统计局机关党支部开展党建联建活动。6月24日，开展统计系统机关党的建设联建初心之旅活动，制定《统计系统机关党的建设联建初心之旅方案》，联建主题为"开展初心之旅、重温入党誓词、激发干部活力"，赴贺威圣故居、殷夫故居、县党章学堂、陈汉章故居开展"三个一"（参观一次红色教育基地、聆听一次党史、重温一次入党誓词）初心之旅。10月30日，三个支部联合开展"坚定文化自信、凝聚奋进力量"统计系统机关党的建设联建活动，赴宁波城市展览馆、鄞州东吴镇勤勇村、天童村开展活动。

【第十一届中国统计开放日】 9月18日，象山县统计局在南部新城商务楼3号楼1楼开展第十一届统计开放日——"七人普"宣传月暨统计知识竞赛有奖答题活动，以"大国点名，没你不行"为主题，以依法普查，利国利家为宣传重点。活动现场设置统计宣传册发放、统计业务咨询、统计知识有奖问答、征求社会公众对统计工作的意见和建议等环节，在公共场所电子大屏幕上滚动播放中国统计开放日等相关内容。

【扶贫帮困】 象山县统计局赴联系乡镇晓塘乡西边塘村、月楼村、中央站村、美礁碶村开展春节慰问和"七一"慰问，完成"慈善一日捐"活动，开展支部主题党日活动，做好结对社区、低收入农户微心愿认领、"两进两捡"等活动。做好低收入农户"一户一策一干部"工作，根据工作安排，局机关10名中层以上干部联系新桥镇18户低保户、低保边缘户。

（叶李超）

海 关

【概况】 象山海关于2001年3月经国务院批准设立，2003年12月28日正式开关，是宁波海关垂直管理的正处级行政执法单位，管辖范围为象山县行政区域，设有石浦新港码头1个海关监管点。象山海关内设办公室、综合业务科、监管一科、监管二科、稽查科5个科室，2020年有编制人员30人。

【业务概况】 2020年，象山海关有注册企业1360家，同比（下同）增长0.6%；共审核报关单2375票，增加51.4%；监管进出口货物7.2万吨、货值14.2亿元，分别增长123.8%、80.2%；税收入库2828万元，增长40%；监管活海鱼出口50航次，出口额6324万元；监管对台小额贸易货运量1622吨，货运值2379万元。

【文明单位结对共建】 1月2日，象山海关副关长刘国文象山县贤庠镇东风村主任张庸宝就文明单位结对共建工作进行联系沟通。6月24日，象山海关与象山县贤庠镇东风村签订"双万结对、共建文明"协议。

【年度工作会议】 1月20日，象山海关召开2020年象山海关工作会议、从严治党工作会议。

【收到锦旗】 1月20日，象山海关收到宁波威霖住宅设施有限公司赠送的"全心全意为企业服务，周到高效"锦旗；象山海关收到宁波诗兰姆汽车零部件有限公司赠送的"真诚服务为企业，尽心尽力把国门"锦旗；象山海关收到宁波天韵食品有限公司赠送的"全力帮扶促发展，严格监管守国门"锦旗。4月13日，象山海关收到宁波信豪德森国际贸易有限公司赠送的"心系企业 为民服务"锦旗。6月10日，象山海关收到宁波欧亚远洋渔业有限公司"抗击疫情显担当 情系企业助复工"锦旗。11月20日，象山海关收到宁波欧亚远洋渔业有限公司赠送的"勇于担当把关人 精心服务守护者"锦旗。11月30日，象山海关收到宁波中瑞进出口有限公司的感谢信。12月29日，象山海关收到宁波劳伦斯汽车内饰件有限公司赠送的"严格把关保安全 真诚服务促发展"锦旗。

【处理活海鱼出口事宜】 1月16日，象山海关关长王斌、副关长刘国文与监管处处长朱士达、副处长蒋锋，综合处副处长张志斌就象山口岸船舶停靠和活海鱼出口等相关工作进行沟通。1月21日，象山海关召开会议，专题研究象山口岸船舶停靠和活海鱼出口等相关工作，关长王斌、副关长刘国文参加。

【新冠疫情防控】 1月22日，象山海关组织开展新型冠状病毒感染的肺炎疫情形势研讨分析和防控知识宣传培训工作。1月30日，布置新型冠状病毒感染的肺炎疫情防控工作，并利用微信群传达贯彻落实有关会议精神和最新要求。1月31日，对新型冠状病毒感染的肺炎疫情防控措施和应急处置预案开展梳理和布置落实。2月2日，制定干部职工春节返岗后疫情防护工作方案，逐条研究防控具体措施。2月3日，对干部职工返岗后疫情防护工作进行再布置，明确责任要求，确保各项措施落实到位。2月4日，起每天组织开展新型冠状病毒肺炎疫情防控检查。2月11日，关长王斌、副关长刘国文分别与该关7名居家隔离观察人员进行"一对一"远程谈心谈话，了解身心状况。

【帮助企业复工复产】 2月12日，象山海关关长王斌对辖区10家重点企业进行电话沟通调研，了解企业复工复产方面存在的实际困难。2月17日，象山组织学习《宁波海关关于印发全力支持企业防控疫情复工复产十条举措的通知》精神，并布置落实相关工作。2月19日，象山对辖区内31家企业防控疫情复工复产情况进行调研，并对企业反映的实际困难进行汇总梳理，研讨解决措施，关长王斌参加。2月25日，副关长张少波组织有关科室研讨支持企业复工复产和"应报尽报"工作。3月3日起，陆续走访调研30余家企业，针对性帮助解决问题25个。4月21日，象山海关联合地方为重点对外及对港澳台贸易企业开展最新政策培训。7月2日，副关长魏四军组织召开进口企业座谈会，就支持企业复产复工和近期配合做好疫情防控工作与辖区10家企业进行交流研讨。

【疫情防控建章立制】 2月起，就疫情防控工作研究制定《象山海关关于新型冠状病毒感染的肺炎防控工作方案》《象山海关内部防控疫情处置方案》等15个疫情防控制度并抓好落实。

【打击走私】 3月17日，象山海关稽查核查小分队就如何做好辖区打私工作开展专题研讨，副关长魏四军参加。6月30日，象山海关召开会议，研究讨论《象山海关非设关地走私案件检验检疫工作具体实施办法》。8月19日，派员参加象山县人民政府口岸海防管理与打击走私办公室关于召开反走私综合治理工作会议。严防"洋垃圾"进境和象牙等濒危物种走私，向缉私部门移交涉嫌走私进口案件线索1起、移交行政案件1起。

【对疫情严重国家进境船舶登临检查】 3月18日，象山海关对自韩国列为疫情严重国家以来象山口岸首艘韩国进境船舶开展登临检查，关长王斌、副关长刘国文到一线指挥。

【助推口岸开放】 4月16日，象山海关关长王斌、副关长刘国文与市口岸办副主任张海智一行沟通口岸扩大开放事宜。11月13日，象山海关副关长魏四军参加象山县委书记潘银浩听取综保区和口岸开放工作汇报方案会议。编发地方专报15期，立足实际为地方口岸扩大开放出谋划策，上报市政府的《关于加快整体推进石浦港区口岸开放的建议》被《市府每日要情》采用，上报《宁波海关关于加快整体推进石浦港区口岸开放的建议》被《海关工作专报》采用。

【建立突发公共卫生业务展示室和应急指挥中心】 4月17日，象山海关联合地方举行新冠肺炎疫情应急处置桌面推演。9月1日，象山海关召开会议，研究推进象山口岸公共卫生应急处置中心建设工作，副关长刘国文参加。分别与地方卫健、边检、海事、浙台管委会、县农林局以及市生态环境局象山分局等6家单位签订联防联控合作协议，提升应急处置能力，通过口岸应急处置中心现场考核；对入境检疫前未经海关允许擅自上下船的违法行为作出行政处罚，查处首起妨害国境卫生检疫违法案件。

【支持水产品出口】 5月13日，象山海关召开技术性贸易措施水产品工作点专家组会议，讨论布置2020年重点工作，并对辖区出口水产品生产企业开展实地调研。

【特邀行风监督员会议】 6月16日，象山海关召开2020年上半年度特邀党风（行风）监督员会议，象山县副县长张微燕，关长王斌，副关长魏四军、刘国文参加。12月30日，象山海关举行2020年下半年度特邀行风监督员会议。

【文明单位复评】 9月27日，象山海关召开迎接第十一轮民主评议机关工作动员会暨全国文明单位复评迎检工作推进部署会，副关长刘国文参加。已通过全国文明单位复评。

【形势分析及工作督查例会】 为贯彻落实习近平总书记重要指示批示精神，建立形势分析及工作督查例会第一议题制度。10月26日，象山海关召开会议，研究讨论《象山海关形势分析及工作督查例会制度》。10月28日，象山海关召开10月形势分析及工作督查例会。每月召开1次形势分析及工作督查例会。

【疫情防控主要事项】 一是在关区首创"一份承诺书、两份交接记录单、一份跟踪记录单"疫情防控模式，得到关领导的肯定。二是及时、稳妥处置海警人员擅自在海关监管区域越权登轮情事，防控疫情扩散风险。三是以高度的责任感和担当精神，讲政治、顾大局，全力以赴做好"欧亚1"远洋渔船紧急从象山口岸入境检疫工作，克服种种困难，完成4名有症状船员和其他43名船员的检疫排查和采样检测。

【落实食品安全"四个最严"要求】 对辖区107批次出口食品、21批次进口食品进行现场查验并抽样送实验室检验，退运和销毁不合格食品5批次，在辖区出口水产品、罐头等分别占宁波出口总量约60%的情况下，实现出口食品国外"零通报"。

【释放减税降费红利】 开展优惠政策引导、宣传，全年共审批减免税932万元，共签发区域性优惠原产地证书3046份，释放政策红利6211万元；"放管服"改革优化营商环境，压缩通关时间，全年进出口整体通关时间均位于宁波关区前列。

【探索关检业务深度融合新途径】 主动作为，探索推进关检业务深度融合，设立3个课题组，统筹调配业务岗位人员，组建查检检验检疫小分队和稽查核查复查小分队，实现1次外勤执法至少完成卫生检疫、产品检验检疫、企业稽核查工作中的2项工作任务，外勤执法效率显著提高，专项稽查作业率达100%。

【贸易便利化改革成效明显】 推广电子支付、自报自缴、汇总征税、税单自助打印等税收便利措施，在疫情影响、经济下行的环境下，实现税收2827.9万元，同比增长40.2%；按照"应报尽报"要求，吸引属地企业税收回流，报关回流率达52%。

【保障活海鱼出口和远洋捕捞业务开展】 领导班子多次带队赴活海鱼养殖基地和远洋捕捞企业开展实地调研，指导象山海韵水产专业合作社获得象山首家出口活鱼基地对韩国出口资质，实现疫情期间活海鱼出口不中断，保障远洋自捕渔船在象山口岸通关，全年共监管活海鱼出口50航次。

【学习型海关建设向纵深推进】 组织党委中心组学习会17次，先后重点学习了政府工作报告、中共十九届五中全会精神等内容，并结合工作实际交流学习体会，党委书记带头讲授《讲政治、顾大局，在风险考验面前敢于担当》《尽心、细心、精心——在重大考验面前做一个合格的海关人》专题党课；组织关员通过主题党日活动、“学习强国”平台、“钉钉”APP等形式加强学习，“学习强国”平均分连续两月位于关区隶属海关第一；从读书荐书、理论学习、全员培训、轮值讲坛、推进信息、宣传和学术工作“七位一体”入手，学习型党组织建设，开展“写我象关”“宣我象关”“研我象关”文化技能知识竞赛，各类文稿获署级载体录用文章24篇，学会小组获评上海分会2020年度优秀学会小组，1人获评优秀会员，2篇译稿获评《海关编译参考》2020年度优秀文稿，录用篇数位列关区隶属海关第一。

【强基提质工程】 规范党委议事、决策程序，正式印发《中共象山海关委员会工作规则》《象山海关党委议事清单》等3项制度，在党委会议室上墙2项；坚持做到每月主题党日活动都有1个正能量主题、1项文体活动、1堂轮值讲课，先后开展特色主题党日活动10余次，如参观全国首个廉政主题文化园——慈城清风园、“双万结对”文明单位共建等活动，真正使基层组织生活实起来，1个党支部获评宁波海关“四强支部”，象山海关党总支获评2019年度先进基层党组织，通过全国文明单位复评。

【巡视及巡视“回头看”、巡察整改工作落实】 组织召开10余次会议研究布置整改工作，总署党委巡视8条整改措施全部完成对账销号；研究制定《象山海关“举一反三”自查整改方案》，查找问题27个，制定整改措施50条；对照宁波海关党委巡察反馈意见6易其稿研究制定整改措施51项，均已完成对账销号，完成率100%；高效配合完成经济责任审计工作，整改反馈问题12个。

安全生产监督

【概况】 2020年，发生一般安全生产事故12起，死亡7人，受伤4人，事故起数同比下降36.8%，死亡人数同比下降66.6%。

象山县安全生产（消防安全）委员会常态化保持安全生产严管高压态势。落实安全生产专项整治三年行动计划。开展“危险品道路运输安全专项整治行动”等系列专项行动，排查企业13715家，隐患整改率为80.5%；组织各类督查组219个，督导检查单位1179家，行政处罚230次，责令停产整顿136家，关闭取缔2家，警示约谈19家，联合惩戒5家。开展护航复工复产攻坚行动和大会战“回头看”。对369家商贸流通生产经营单位和100余家重点企业开展现场指导，提醒1241家。帮助200余家复工企业开展消毒防疫。统筹推进大会战“回头看”，抽检企业7593家，完成市对县检查的95家企业和41处消防隐患整改。聚焦行业领域专项整治。消防：排查出租房16785户，完成整改10082户，整改率60.1%；对7723家“两小”企业开展检查，组织培训1173场；开展“两小”企业消防生命通道畅通工程专项整治行动，集中清理障碍物67处。建筑施工：对165台起重机械、41家餐饮场所、37个建筑施工现场等开展专项整治。渔业船舶：累计监控进出港渔船12.2万艘次、点验5085艘次、提醒101万艘次。升级1785艘渔船视频监控抓拍系统，完成渔船检查3724艘次。开展职务船员和普通船员培训，培训船东船长3000余名、普通船员4034人、职务船员971人。道路交通：以变型拖拉机、维修企业、工程车、外籍旅游包车为整治重点，开展集中行动20余次，检查车次1.5万余辆。深刻吸取“荣宁168”船沉没事故教训，对27家航运企业开展督查。工矿商贸：对55家高温熔融企业、324家有限空间企业、143家涉氨制冷企业、27家船舶修造企业、56家涉爆粉尘企业、49家喷涂作业场所进行整治和回头看。

【春节前安全生产调研】 为确保春节期间经济开发区安全生产和消防安全的稳定，2020年1月14日，县委副书记、代县长包朝阳带领县府办、县应急管理局、县公安局、县经信局、县消防救援大队等相关单位负责人，对象山浙东化学有限公司和宁波安丰化工有限公司两家领证经营危化企业进行走访调研。调研期间，包朝阳详细询问了象山浙东化学有限公司仓库的存储种类、危害性及防御措施，浙东公司负责人一一作了解答，并介绍经过“大会战”攻坚，将安全标准提高，更好的保障仓库的安全。包县长问及宁波安丰化工有限公司主要隐患和防御措施时，企业负责人介绍主要存在剧毒品隐患。包县长详细询问了中化集团生产工艺及产品效用，中化集团现场负责人一一作解答。包县长对被检查的两家企业在安全生产方面所做工作表示肯定，同时要求企业负责人要牢固树立“安全第一”思想，加强安全教育，营造安全氛围，在注重经济效益的同时，更要把安全摆在首位，继续加大安全投入，组织与参与安全生产培训，用以提高安管员和企业员工安全意识，安全责任，杜绝安全生产事故发生，为确保象山县安全生产整体形势向好尽职尽责，做出应有贡献。

【电视问政促安全生产整治】 1月16日，象山县召开第二期电视问政暨百日攻坚行动新闻发布会。通过新闻发布会获悉，全县安全生产大排查大整治行动正如火如荼开展。为危化企业进行“深度体检”；对“三合一”厂房和存在消防安全隐患的群租房，发现一起整改一起。电视问政曝光了安丰化工、维楷化学、浙东化学、诺普汽配等4家存在安全隐患的企业后，相关部门立即督促企业限期整改。有3家企业按照国家相关标准完成整改。同时，县经济开发区管委会对园区内其余27家危化企业进行排查，安全隐患全部整改到位。华天锂电池、甬升电子、康泰食品等企业均存在不合理混租、"三合一"等问题。电视问政之后,县经信局会同丹西街道对问题进行整改督查,完成整改12家,责令搬迁企业7家。此外,对厂区内存在较多违章建筑影响消防通道畅通的,经反复宣传教育,大部分企业主承诺在限定期限内搬离。蓬莱家装市场被曝光存在"黑通道、门关闭、指示损坏、主机故障"等隐患后,县商务局第一时间进行逐一核查,实地督查并指导整改,现部分完成整改;万象、天华两个家装市场负责人当场作出整改承诺。根据家装市场排查情况,县商务局建立"一企一档"安全隐患清单13份,逐一整改销号。针对白石村等重点区域的群租房消防安全隐患,县公安局迅速行动,现场落实问题整改。电视问政中涉及白石村的4户群租房消防安全隐患整改完毕。公安部门还重点对全县范围出租居室达到10间以上的群租房开展整治"回头看"行动,累计排查1147户,发现隐患1009处,完成劝退、整改115户。县应急管理局对电视问政所曝光的问题进行督查,剖析,共梳理共性问题11个,并出台相应文件,健全考核机制,提高安全生产精细化管理水平。

【"三全"破"三难" 全力保障复产复工安全】 2月4日至29日,为保障疫情防控期间全县各类企业复产复工安全,象山县应急管理局立足企业实际,前置精干力量,全过程发力,保障了复产复工期间的生产安全。在特殊期间,本着指导服务为基本原则,33名工作人员采用现场指导119家企业及微信短信提醒160家企业告知复产复工风险点和应对措施。现场服务审核商贸领域企业120家。对执法检查中发现的隐患问题,采取主动指导、责令改正等柔性措施,坚持教育为主,帮助指导279家企业及时整改消除隐患。全县复工工业企业2945家,其中规模以上企业534家。针对企业防疫物资短缺、单个企业购置渠道窄的难题,5名"跟班干部"定点服务主动牵线协调,在企业间实现物资共享,帮助企业解决燃眉之急。用微信"多人视频"功能,对多家复工复产的企业负责人进行"面对面"安全培训。制作各类培训视频通过多平台印发给4000余名员工进行线上培训。

【象山县安全生产(消防安全)委员会扩大会议召开】 3月13日,象山县召开安全生产(消防安全)委员会扩大会议,该次会议通过视频会议形式,县主会场参加人员为县安委办、14个专业安委办和安委会成员部门主要负责人、分管负责人;镇乡、街道分会场参加人员为各镇乡长(办事处主任)、分管负责人、工业副镇长(副主任)、应急管理所所长。县委常委、常务副县长陈兴立出席会议。县安委办主任、县应急管理局局长檀年华回顾总结2019年安全生产工作,研究部署年内重点任务举措。会议指出,各级各部门要提高站位,坚决贯彻上级有关精神和相关指示要求,围绕"双下降双杜绝"总体目标,确保完成安全生产工作全年目标任务。要坚决摒弃松一松、缓一缓思想,补短板全覆盖,严督导抓落实,百日"大会战"。要探索完善"1+X"安全管理体系、执法监管模式和园区安全监管体制等安全监管体制机制,奋力下好改革"先手棋"。要紧盯重点领域、重点部位、重点时段,坚决啃下隐患"硬骨头"。要加快推进高层小区消防安全整治和消防生命通道畅通工程专项整治,创新消防执法模式,筑牢消防"防火墙"。要加强基层监管力量,提升"数字化"技防水平,推进百万员工安全大培训,夯实安全生产"基本盘"。会议还通报了2019年安全生产目标管理考核结果。

【复工复产暗访督查工作】 3月25日至4月15日,由县安委办牵头,组织县应急管理局、县经信局、县综合执法局、县消防救援大队等部门,分成6个联合督查小组,对各镇乡(街道)、园区管委会、18个重点部门就落实攻坚行动、大会战"回头看"、安全大检查及"五项基本工作措施""五项工作机制"等工作进行为期20天的护航复工复产安全生产攻坚行动暗访督查,重点在交通运输、危险化学品、消防、水上运输、建筑施工、城镇燃气(特种设备)等8个领域开展排查整治。全县共组织2320个检查组、出动11890人次,检查企业(场所)12078家次,发现安全隐患6438项,整改6075项(其中重大隐患16项,整改14项),整改率94.4%;组织风险研判114次,确定重大风险14个;发出预警(警示、督办单)等920份;标语口号(图文影像)等宣传1210次,群发短信698985条,刊发新闻86篇,警示曝光5批次19家。

【危化企业试点座谈会】 4月27日,县应急管理局组织10家危化试点企业负责人就《宁波市使用危险化学品工业企业安全生产基本规范(试行)》举行座谈会,与会人员对试点工作中的热点、难点进行讨论交流,会上指导专家就10家试点企业的工作开展情况进行汇总点评,肯定了企业对试点工作的和所取得的进展,并指出不足。基础科科长柳占君对前一阶段的试点工作进行了回顾,并部署的试点工作。党组成员、分管领导沈奂达传达了县级精神,肯定了试点工作取得的成绩,提出把10家企业打造成样板企业的希望,同时对下一步工作提出三点要求:一是企业要高度重视,尤其是企业主要负责人要履行好安全生产第一责任人的职责;二是试点工作要坚持高标准、严要求,对照《基本规范》抓好落实、整改;三是坚持"两手抓两手都硬",在安全设施、设备等硬件建设的同时,更要抓好安全生产管理台账等软件建设。

【涉危企业风险研判暨警示会议】 5月9日,象山县应急管理局召集浙江南塑合成材料有限公司、宁波安丰化工有限公司、宁波华威涂料厂、象山浙东化学有限公司等共计12家重点涉危企业开展风险研判暨警示会议。会上,基础科廖虎生宣读了《宁波市安全生产委员会办公室关于宁波利万新材料有限公司"4·30"火灾事故的通报》,并要求参会单位逐一汇报安全生产风险研判及隐患排查治理工作的开展情况。会议最后,党组成员沈奂达表示，企业在生产经营过程中，决不能以牺牲人的生命为代价，要加强企业自身的安全生产主体责任意识、提升安全生产本质水平、加快涉危生产设备设施的监测及自动化作业流程建设更新，要做好员工的劳动防护、加大安全生产培训教育和应急演练，要合理利用国家对于高危行业所推行的安全生产责任险和安全生产专家定期检查等制度，严格分析安全生产风险，及时处理安全隐患，在企业稳步提升发展的同时，将安全隐患消灭在萌芽阶段，确保每一位从业人员的健康安全。

【邀请省安科学院专家对县内重点危化品单位开展安全检查】 5月19日至22日，象山县应急管理局邀请浙江省安全生产科学研究院裘烈强、钟鸣翔两位专家对县内14家重点危险化学品取证单位进行了安全检查。该次检查中，裘烈强、钟鸣翔两位专家从企业最初的设计方案入手，仔细询问企业相关设备设施的投入使用变更、工艺管线的布局设计更改、人员的培训教育及持证等情况，同时对照企业提供的安全管理台账和申领危险化学品生产、经营、使用等许可证时备案的资料，对企业内现有设备设施、车间和仓库进行逐一比对，待检查完成后，当场向企业反馈了安全隐患，对安全隐患的构成原因及可能造成的后果作出了解释，并提出了整改建议和要求。通过该次为期4天的安全检查，帮助企业提升了自我排查安全隐患治理的能力，使企业再次意识到落实安全生产主体责任的必要性，以及重点时段加强安全管理的重要性，为保障安全生产稳定形势、落实“安全第一、预防为主、综合治理”的国家安全生产方针承担应尽的义务。

【推行危化品重大危险源企业专项检查督导工作】 5月25日开始，象山县应急管理局基础科陪同市局调研员刘丛京及安全生产专家对17家危化品重大危险源企业进行现场检查，重点对房屋防火耐火结构、涉氨制冷企业氨机房在突发状况下的应急设施自动启用情况、应急救援装备配备情况、现场作业人员穿戴使用应急救援装备的熟练度以及特种作业人员持证上岗情况进行了检查，并当场向企业反馈检查结果，同时要求企业务必重视应急救援的针对性训练，提高厂内员工应对突发状况的处置能力，防范事故的发生及扩大。

【象山县召开全县安全生产会议】 6月24日，象山县安全生产工作会议召开。县委副书记、县长包朝阳在会上强调，要贯彻落实全市安全生产三年行动暨危化品运输安全专项整治专题部署会议精神，认清当前县安全生产工作存在的问题短板，聚焦问题、狠抓整治，压实责任、齐抓共管，坚决筑牢安全生产底线。县领导陈兴立、周坚栋、石坚定、范建富、吴志辉参加会议。包朝阳强调，要围绕“安全生产事故起数、死亡人数分别下降20%以上，每年较大事故呈下降态势，确保到2022年全县不发生各类较大事故”的总目标，开展新一轮安全生产综合治理三年行动计划。各地各部门要压实工作责任，严格落实企业安全生产主体责任、部门监管责任和属地政府管理责任，形成“点条块结合、分工协作、齐抓共管”的工作机制，织密织牢安全监管“天罗地网”。

【陈强赴象山调研安全生产和防汛防台工作】 7月15日，市应急管理局党委书记、局长陈强带队赴象山调研安全生产和防台防汛相关工作。县委常委、常务副县长陈兴立、县府办副主任胡向阳、县应急管理局局长檀年华等陪同。调研组一行抵达新桥渔业避风锚地崇塊港码头，登船检查渔业避风锚地、扣押船只停泊基地情况。在随后召开的座谈会上，常务副县长陈兴立、县应急管理局局长檀年华对象山县年内安全生产和防汛防台工作情况作进行了汇报。陈强指出，上半年象山安全生产形势较为平稳，亮点工作比较多，县安委会在联合执法、职责边界划分等方面地发挥了统筹协调作用，，安全生产数字化建设稳步推进，防汛备汛工作较为，扣押船舶基地建设有序开展等等。陈强强调，象山安全生产工作的重点仍是渔业安全，要继续巩固2019年以来涉海涉渔安全生产工作的成效，一以贯之严防渔业事故发生。陈强局长对象山县下步工作提出了一些要求。

【陈兴立带队检查节前安全生产工作】 9月29日，县委常委、常务副县长陈兴立带领县府办、应急管理、港航、海事等部门负责人，开展“保平安、迎国庆”安全生产检查。检查组一行首先来到大林服装批发市场，详细了解消防安全责任制落实情况和各项应急预案等情况。在象山合生针织品有限公司，针对厂区内违章搭建现象要求加大联合执法力度，确保及时整改到位。随后，检查组来到鹤浦一级渔港2号码头和渔业安全指挥中心，检查渔业安全管理工作，叮嘱渔民注意出海安全。检查组还听取了渔业安全管理情况和智慧渔港系统等工作汇报。检查中，陈兴立强调，国庆、中秋双节期间，县人流、车流、物流量增大，各相关单位要时刻绷紧安全弦，牢固树立“万无一失”的责任意识和“一失万无”的忧患意识，抓牢抓紧安全生产工作。要加强隐患排查整改，不留盲区死角，及时处置各类突发性事件，坚决防范和遏制安全事故发生，确保全县人民度过一个平安祥和的假期。

【县安全生产和消防工作形势分析会召开】 10月22日，全县安全生产和消防工作形势分析会召开。县委常委、常务副县长陈兴立参加会议。会议研究分析当前县安全生产和消防安全形势，部署推进第四季度安全生产和消防安全、综合治理三年行动等工作。第四季度，各项工作陆续进入收尾攻坚期，是容易诱发安全生产隐患的关键期，各地各部门必须坚决扛起安全生产的使命担当，严格履行安全生产责任，提早谋划、提前部署、超前防范，抓紧抓实安全生产各项工作举措，全力推动专项整治三年行动，开展危化品全生命周期安全重点整治行动，工贸、渔业生产、工程施工、道路交通、旅游等重点行业领域风险防控，着力抓好消防火灾隐患整治、推进基层应急管理体系建设，确保全县安全生产形势向好。同时,要细化各项措施,做到责任分工到位、监督执法到位、宣传动员到位,坚决筑牢安全生产防线。会议还部署了抗旱、安全生产数字化平台建设、安全生产全维度治理体系建设等工作。会议还部署了抗旱、安全生产数字化平台建设、安全生产全维度治理体系建设等工作。

【475 件烟花爆竹集中销毁】 10 月 30 日,一批共计 475 件、价值 20 余万元的劣质、过期烟花爆竹在大目湾进行销毁。该批烟花爆竹系 2019 年春节期间烟花爆竹联合执法行动中收缴的以及县烟花爆竹专营公司的过期和破损烟花爆竹。为避免销毁工作中火灾事故发生以及冲击波等造成的影响,选择了大目湾临近海岸堤坝附近的无人区域作为销毁场所,现场配备足量灭火器,销毁工作结束后,各参与单位对现场进行妥善的后续处理。该次销毁工作,一方面是对春节期间烟花爆竹联合执法工作的收尾,另一方面则表明了象山县对非法违法采购和销售烟花爆竹行为的零容忍。

【借力工作专班统筹推进三年行动计划】 12 月 5 日起,为推进象山县第二轮安全生产综合治理三年行动,加快补齐安全生产短板,提升安全生产治理能力和水平,县安委办抽调县应急管理局、县住建局、县交通运输局、县公安局、县水利和渔业局、县消防救援大队等相关专题专项牵头单位业务骨干,成立工作专班,实行集中办公,协调商议有关工作推进举措,各镇乡(街道)参照建立工作专班制度,协调推动本辖区内专项整治。自专班实体化运作以来,全县各地各部门高站位部署、高起点推动、高质量推进,坚持系统治理、施策,突出象山特色,责任担当,三年行动各项工作、有序、稳步推进。截至 12 月底,累计排查企业 15500 家次,发现各类隐患 19833 条,完成整改 17527 条,整改率 88.3%,无重大隐患;组织各级各类督查组 284 个,督导检查单位 1589 家次,处置问题 1546 个,行政处罚 417 次,罚款 483 万元,责令停产整顿 247 家,关闭取缔 2 家,警示约谈 19 家,联合惩戒 5 家。在工作专班统筹协调下,2020 年工作任务数 187 项,完成 182 项,完成率 97.3%,位列宁波市第 4 位。

(叶冰倩)

应急管理

【概况】 象山县逐层级锁紧应急管理工作责任链条。成立县安全生产(消防安全)委员会,实行双主任制,设立 14 个专业安全生产(消防安全)委员会。厘清镇乡(街道)与经济开发区之间安全监管职责,成立经济开发区应急管理所,配足配强监管人员和 16 名专职网格员。各镇乡(街道)均成立应急管理领导小组。定期发布镇乡(街道)安全生产风险管控指数,提升区域安全风险管控精密智控化水平。将全县所有生产经营单位划分到 14 个专业安委会,由专安委负行业监管责任。对 5559 家企业落实信用体系建设、400 家企业落实安责险。推进百万产业工人安全技能提升工程,完成 55881 人次的培训。

【提升应急管理依法治理能力】 抓执法立案和行政审批工作。办理各类行政处罚案件 239 起。运用双随机平台、掌上执法系统检查企业 269 家,掌上执法应用率 100%。梳理 524 项行政许可事项和服务事项。联合县重点办、县委平安办等对专业安委会牵头部门的进行了第 2 轮次巡查,明确了各专业安全会职责范围、工作制度。开展全县水上交通运输企业安全生产工作专项督查,对 1 个部门、2 个乡镇、4 家船运企业进行了督查督办。对事前处罚 66 起、事故案件的 22 起行政处罚案卷、16 件重大行政处罚案件进行审核。使用"浙政钉·掌上执法系统"开展执法检查监督,累计检查企业 227 家,双随机比例 100%,确保公平公正。

【应急救援保障能力建设】 推动数字化转型。将现有资源进行整合,搭建完成象山县安全生产综合监管平台,选择 2 个乡镇、2 个部门进行了试点,逐步优化系统运行。完成全县 49 个应急预案的修编工作,绘制了象山"应急一张图"。出台应急协调联动机制,与 5 家单位签订应急救援备忘录。组织开展"5·12"防灾减灾日、全国"安全生产月"、全县综合应急演练等系列活动。以西周镇为试点建立了一支人数为 25 人的乡镇级综合应急救援专职队伍。对全县 12 支乡镇消防专职队、3 支县级森林消防队伍开展调研走访工作,推动东部应急救援圈的核心站点建设。完成应急救援团体意外险保险事宜,保费为 3 年 69 万元,与慈善总会对接,推进应急救援慈善关爱项目建设。

【奚海峰赴县应急管理局调研】 1 月 8 日,县委常委、石浦镇党委书记奚海峰一行赴县应急管理局走访调研,局全体班子成员陪同调研。县应急管理局党组书记、局长檀年华汇报了一年内应急管理工作情况,并就 2020 年工作安排及现阶段存在一些困难和问题进行了交流。县委常委、石浦镇党委书记奚海峰在肯定县应急管理局所做工作的同时,一方面着重就如何纵深推进百日整治大会战工作提出新要求;另一方面着重就筑牢渔业安全生产防线进行探讨交流。

【抗击冠状病毒】 疫情就是命令,防控就是责任。一场疫情,拉响了全国防疫警报。象山县人民以高度的责任感响应县委县政府统一号召,纷纷加入抗击疫情队伍。1 月 23 日起,象山县孙茂芳、户外、海心、野狼、石浦港、雄鹰、蓝豚、蓝羚等 9 支社会应急救援队伍承担社会责任,敢于担当,始终坚守一线,累计出动队员 3364 人次,协助政府部门做好高速出口及重要道路设卡值勤、体温测量登记,消毒及复工返象人员识别登记和进社区、行政村免费发放口罩 10 万余只、对 363 处公共场所进行消毒。特别是开复工期间帮助 200 家复工企业开展 211 次消毒防疫,共消耗消毒原液 5 吨。针对防疫物资短缺情况,县应急管理局主动牵线协调,协调分配口罩6.5万个、太阳伞60顶、军用大衣70件、帐篷20顶。

【象山县应急管理系统跟班轮训开班】 5月7日，第一期跟班轮训开班，来自13个镇乡（街道）、经济开发区、象保合作区的17名干部参加培训，县应急管理局副局长董瑶、罗挺参加开班仪式。县应急管理局从5月起实行分期分批安排镇乡（街道）、经济开发区、象保合作区应急管理所干部职工到县局跟班轮训，该次跟班轮训将6个月，分6期进行，每期历时1个月。该次跟班轮训为解决机构改革后基层应急管理所因人员变动导致的业务能力不足问题，使其尽快掌握应急管理和安全监管业务知识，提高对岗位胜任能力。根据教学安排，首期跟班轮训干部在学习期间将轮流到各业务科室跟班学习，系统学习应急管理、防灾减灾、防火救援等相关业务，安全生产日常监督检查及法律文书的出具，执法办案、案卷的规范管理等内容。

【象山县应急管理局为应急救援人员团体购买意外伤害保险】 5月9日，为保障应急救援队伍人身安全，解决救援后顾之忧，象山县应急管理局与中国人保合作，为象山县森林消防救援队员、防汛防台抢险救援人员、专职消防队员、社会应急救援队员及其他参与应急抢险救援人员购买意外伤害保险。共计保费69万元，参保500人，参保时限3年，涵盖意外身故、残疾、意外医疗费用等方面，每人赔付上限为100万元。

【象山县举行综合应急演练】 9月3日，象山县举行综合应急演练，县级有关部门在县应急管理局防汛指挥中心进行现场观摩指导，各地通过视联网进行观摩。演练模拟在年内第16号台风“鹦鹉”逼近浙江沿海的情况下，县防指启动防台风4级应急响应后，各地各部门立即根据预案要求分头开展行动的过程，涉及石浦液化天然气场站泄漏应急救援、渔船突发事件应急处置、小流域山洪灾害人员转移、水上救援、危化品运输交通事故应急处置、象山影视城火灾救援、森林火灾扑救、新闻发布会等8个科目。整个演练流程清晰，各参演单位响应迅速，预案演练熟悉有序，信息报告及时准确，部门联动配合默契，高质量地完成了全部工作，真实地检验了应急管理指挥体系是否顺畅、各相关部门协同处置是否有序，以及应急救援能力、应急设施设备保障能力是否到位。县府办副主任胡向阳对该次演练进行肯定，认为该次演练场景连贯、演练逼真，下一步要完善预案，让预案更具有操作性，要加强演练，让演练更具有实战性，各地各部门各行业要高度重视演练的重要性和必须要性，形成强大应急救援力量，做到招之即来、来之能战、战之能胜。

9月3日，环港公路炮台山隧道内，危化品运输事故应急处置演练中，环港公路炮台山隧道内发生一起液化气槽罐车相撞的交通事故，多人受伤，还有1人卡在车内，液化石油气可能有泄漏。应急联动指挥中心接到报警后，立即启动最小指挥作战单元，“110”指挥长第一时间指令交警、交通、消防、120、住建赶赴现场先期处置（白炳华　摄）

【陈强赴象调研安全生产全维度治理体系和基层应急管理体系建设工作】 9月7日，市应急管理局党委书记、局长陈强，副局长王宏等一行赴象山指导安全生产全维度治理体系建设和镇街综合应急救援队建设工作。陈强一行首先来到西周镇综合应急救援队，细致查看应急救援装备库、培训室、指挥室等，详细了解人员力量配置、组织领导体系、工作运行机制等，对象山县适应机构改革新形势，建立镇街综合应急救援队创新做法表示肯定，并提出“三个要求”。随后，陈强一行来到县应急管理局，听取象山县关于开展安全生产全维度治理体系建设工作情况汇报。陈强指出，象山县委、县政府高度重视安全生产工作，开展全维度治理体系建设是安全生产领域改革创新的又一次重要，要结合上级要求先行先试，结合本地实际解决难点，结合应急管理体制改革综合推进，要坚持重点突破带动整体提升，坚持创新探索开拓新的路子，坚持求真务实力争最大绩效。

【市民盟到象山县应急管理局调研】 9月18日，在民盟宁波市委会专职副主委郭强带领下，民盟宁波市委员会到象山县应急管理局调研，就如何基层应急管理能力进行的探讨交流，县应急管理局局长檀年华作了相关汇报，班子成员参加调研。自象山县应急管理局挂牌组建以来，为落实新一轮机构改革和上级应急管理工作要求，县应急管理局结合实际进行了研究探索，基层应急管理力量，逐步构建成了比较完善的基层应急管理组织体系。座谈会上调研组对象山县的基层管理体系和能力的建设进行了肯定，认为县应急管理局分析问题准，建议实，并就环评标准、应急管理职能、队伍建设、值班值守、信息平台、数据转型共享等方面进行深刻探讨。最后郭强强调，一是要加强应急队伍的建设，二是要保障人力、财力的投入；三是要做好信息化系统建设；四是要利用好第三方的社会力量。郭强还表示，以牺牲安全代价为经济发展是与当前的发展是不相等的，市民盟将保持不调研就不发言的习惯，发挥民主党派的职能作用，加强对基层的关爱，为高水平推进市域治理现代化发声。

【西周镇森林消防综合性应急救援队伍荣获宁波市较大森林火灾跨区域拉动演练科目三等奖】 11月18日，宁波市应急管理局在奉化区裘村镇黄贤村大茅岙水库举行全市较大森林火灾跨区域拉动演练（技能比武大赛），来自宁波市各县（市、区）的10支森林防灭火代表队参加。象山县西周镇森林消防综合性应急救援队伍备战，开展拉练训练，提高队员团队配合能力，地完成了预定的队伍快速集结、扑救机具使用及高压水泵串联比赛等森林火灾应急拉动演练科目，以总分第五名的成绩荣获三等奖。该次拉练科目，完全按照实战标准设置，检验每支队伍的快速应急响应能力和扑救能力，是对森林消防队伍的一次大练兵，不仅加强了队员间的合作交流，增强了队伍的凝聚力，而且提高了队员的设备操作能力，为实现森林火灾的“打早、打小、打了”奠定坚实基础。

【包朝阳调研指导防御强寒潮工作】 12月29日，县委副书记、县长包朝阳在调研指导防御强寒潮工作时指出，该次寒潮过程影响范围广、时间长，降温幅度大，对各行业及公众生活影响较大。各地各部门要牢固树立以人民为中心的发展思想，坚持人民至上、生命至上，坚决克服麻痹思想和侥幸心理，高度重视极端天气防范应对，压紧压实主体责任，全力抓好监测预警和隐患排查，加强低温寒潮、极端天气的监测预报，做好电、水、气、通信等设施的巡检排查和优化调度，主动做好有针对性的防范应对工作，最大程度减少极端天气造成的损失。包朝阳一行首先来到县滨海水厂，了解水厂水质处置情况，询问供水管网防范寒潮措施。他要求，在象山县缺水的情况下，更加要未雨绸缪、周密部署，做好极端天下条件下抗寒潮、保供水。在县交警大队，包朝阳详细查看了智能交通监控系统，要求加强对重要易发事故道路的应急处置，交通运输等相关部门要齐心协力、协同配合，保障道路畅通，降低事故发生率。

（叶冰倩）

政务服务和公共资源交易

【概况】 2020年，象山县政务服务办公室（县公共资源交易管理办公室）以需求和问题为导向，纵深推进“最多跑一次”改革和公共资源交易各项工作。2020年，共办理各类行政审批事项538099件，其中即办件486387件，承诺件51712件；共完成公共资源交易项目612宗，总交易额达76.73亿元，其中，工程建设项目214宗，成交额32.5亿元，节约率8.55%；政府采购项目291宗，成交额6.63亿元，节约率14.5%；产权交易47宗，总交易金额3537.23万元，增值187.58万元；土地拍卖及挂牌60宗，总出让价37.28亿元，增值4.82亿元。

【出台推广应用疫情防控惠企政策“一网通”平台】 3月9日，经前期调研试用，县政务办出台推广应用疫情防控惠企政策“一网通”平台，实现惠企政策“不见面”办理。

【出台文件提高工程造价咨询和招标代理工作质量】 3月10日，县政务办为提高工程造价咨询和招标代理工作质量，制订出台《象山县政府性投资工程造价咨询和招标代理企业考核办法》。

【投入使用智能防疫一体机用于群众体温监测】 3月11日，县政务办投人使用智能防疫一体机，用于疫情期间进中心人员体温监测，以“人防+技防”的形式，降低安检人员与群众交叉感染的可能性，为群众安全办事提供保障。

【出台文件加快推进工程建设项目审批制度改革工作】 5月26日，象山县政务服务办公室联合县委改革办出台《关于建立简易低风险小型工程建设项目快速审批法的操作办法（试行）》，提升简易低风险小型工程建设项目审批服务效率和水平，优化营商环境。

【包朝阳赴行政服务中心专题调研“最多跑一次”工作】 6月29日，县委副书记、县长包朝阳赴县行政服务中心专题调研“最多跑一次”改革工作。包朝阳一行来到县行政服务中心办事大厅，随机体验商务办理过程，并在公安、不动产和建设窗口详细询问了“最多跑一次”改革服务操作流程。在随后召开的座谈会上，包朝阳听取工作汇报，对县前阶段“最多跑一次”改革取得的成绩给予肯定。

【西周镇建立宁波市首个“政务服务+金融”综合体】 7月10日，县政务办在西周镇建立宁波市首个“政务服务+金融”综合体。该综合体涵盖“办事创业、智慧政务、普惠金融、政策服务”四大服务体系，既可办理银行业务，可为企业群众提供个人住房公积金提取、个人社保登记、公司设立登记等121项高频政务服务事项。同时，“宁波办事”自助终端设备被直接搬进银行服务大厅，实现证明打印、便民缴费、行政审批等266项高频民生服务事项同步自助办理。

【公布首批政务服务“秒办”事项清单】 8月12日，县政务办向社会梳理公布首批政务服务“秒办”事项清单，整合涉及人力社保、医疗保障、公积金、公安、教育等重点民生领域的17个部门120个事项，通过“自助+互联网”政务服务让群众和企业享受大数据红利。办事群众可通过浙江政务服务网、自助终端、“浙里办”APP等途径申请，利用生物特征认证、图像OCR识别技术、数据共享关联等方式，精简填写信息及上报材料，通过系统后台智能比对或审核，即时出具结果，享受“秒办”服务。

【黄山市黄山区公共资源交易监督管理局人员赴县行公共资源交易中心考察学习】 9月16日，黄山市黄山区公共资源交易监督管理局党组书记、局长章哲一行4人到县行政服务中心考察学习，县政务办主任赵勇，副主任陈继平接待。双方就公共资源交易中心在电子化平台建设、非公开招标工程项目发包、不见面开标、“最多跑一次”等方面先进经验和做法进行交流探讨。

【袁恒到县行政服务中心考察】 9月17日，宿迁市宿豫区政协主席、党组书记袁恒一行16人到县行政服务中心考察学习。袁恒一行实地参观县行政服务中心办事大厅，听取姜东辉对商事登记、公安服务、不动产登记、投资项目审批等办理区关于窗口形象、服务质量、审批业务改革等工作的详细介绍并作交流探讨。

【陈善方到县行政服务中心专题调研】 7月16日，县委常委、县纪委书记、县监委主任陈善方一行到县行政服务中心专题调研“服务争效”工作。陈善方一行首先走访县行政服务中心办事大厅，实地了解窗口形象、办事效率、服务质量等情况，并听取县政务办党组书记、主任赵勇关于商事登记、公安服务、不动产登记、投资项目审批等领域改革推进情况的详细介绍。

【与大徐镇杉木洋村签订三年期共建文明结对协议】 5月23日，象山县政务服务办公室发挥省级文明单位的先进示范引领作用，根据相关文件要求，商定与大徐镇杉木洋村签订共建文明结对协议书，开展为期3年的文明结对服务。

【高塘岛乡便民服务中心试运行分区域“全科一站式服务”】 6月22日，高塘岛乡便民服务中心试运行分区域“全科一站式服务”。该中心优化服务环境、提升服务水平，办事大厅设置了人力社保、民生事务、商事基建、电力业务4个办理区，每个办理区都设置AB岗，受理内容涵盖123项常用事项。一些涉及企业职工退休、税务开票、个体工商户开户等业务，不出岛就能办理，真正实现政务办事从‘跑部门’向‘跑政府’转变。

【县港航管理中心进驻县行政服务中心社会民生办理区】 7月1日起，县港航管理中心成建制进驻县行政服务中心社会民生办理区，象山市民可办理75项港航相关行政审批业务。企业群众可以到社会民生办理区办理包括水路运输业务经营许可、船舶管理业务经营许可、港口经营许可、船舶营业运输证配发等共计75项业务事项，“最多跑一次”率达100%，事项办理授权到位率达100%。

【交通窗口推出“无感智办”业务】 7月1日，交通部门推出“无感智办”服务。驾驶员诚信考核无须提出申请，每名驾驶员诚信考核周期一到，系统自动对其上一年度的计分情况进行考核，驾驶员可登录运政网上服务大厅自行下载诚信考核结果，实现“无感办”，该举措优化个人事项办理，让群众在“无感”中就能够办理业务。

【获2020年度券国公共资源交易助力复工复产先进单位称号】 8月13日，县政务办（交管办）获评2020全国公共资源交易助力复工复产先进单位，党组书记、主任赵勇赴黄山参加颁奖仪式。

【创新行政审批领域信用监管机制】 县政务办出台《象山县行政审批领域信用应用和失信惩戒暂行办法（试行）》，自8月1日起施行。该办法在广泛实施“最多跑一次”改革告知承诺制的基础上，创新行政审批领域信用监管机制。该机制针对企业和个人的违诺失信行为，实行诚信记分制，按照情节和后果轻重分别记12、6、3、1分处理，以半年为一个积分周期，根据记分情况分为C1—C3等级，在行政领域采取限制享受便捷优惠政策等，在金融领域采取停办信用贷款、信用卡等惩戒措施。

【疫情后期澳门旅游签注开放窗口办理预约申请】 9月23日，全国恢复办理赴澳门旅游签注，群众按预约前在象山出入境管理科办理赴澳门旅游签注。

【构建公积金“就近办”服务体系】 9月23日，鹤浦信用社作为公积金综合业务便民服务点办结首笔公积金商转公业务。该社作为公积金综合业务便民服务试点，率先铺设公积金业务专线、配备宁波办事综合自助机等硬件设备，业务从住房公积金业务咨询扩大到缴存、提取和贷款等综合办理。

【县不动产登记中心启用“宁波电子证明核查平台”】 9月15日，县不动产登记中心启用“宁波电子证明共享核查平台”。办事群众可凭姓名和身份证号码并经现场高清数码人脸认证、企业凭企业名称和企业统一信用代码等资料进行核查并打印身份证、户口簿等文件，实现群众和企业少提交甚至无须提交证明材料。践行“最多跑一次”改革。

【举办趣味运动会】 10月18日，县政务办携手党团工妇在县体育馆举办行政服务中心“迎亚运 健体魄 展风采”趣味运动会，办党委书记、主任赵勇出席并致辞。运动会共有七组队伍参加比赛，其中公共资源交易代表队、不动产登记代表队和基本建设代表队分获第一、二、三名，行政审批代表队、公安民生联队、商事登记代表队和石浦分中心代表队等其他四组队伍获得鼓励奖。

【市场监管局窗口腿型“三小”行业“多证合一”改革】 2020年10月1日起，浙江省取消“食品小作坊、小食杂店、小餐饮店”登记证，实行“三小”行业“多证合一”改革，申请人领取营业执照后，无须再办理食品生产经营登记证，实现“准入即准营”。10月23日，某一计划开小吃店的群众在象山市场监管局窗口仅花15分钟领取营业执照，直呼方便快捷。

【县行政服务中心正式上线大数据可视化系统】 11月2日，象山县政务服务大数据可视化系统在县行政服务中心大厅正式上线。该系统包括群众端和部门端两个界面，群众端可对外展示不同时段的办件量对比、部门前五办件量、当日取号量、等待时间以及实时办件动态等；部门端主要提供即办率、承诺压缩率等6大办事核心指标、线上线下收件分析以及满意度分析。政务服务大数据可视化系统的推行，不仅提升了群众办事效率，更能为推动“最多跑一次”改革提供决策和分析依据。

【首例国有产权项目网上竞价交易】 11月23日，象山县丹东街道东谷路81号房屋出租项目在象山县产权交易中心网络竞价平台经过9轮竞价最终以95900元成交，此为县首例国有产权项目网上竞价交易。

【“渔小二”自助办证设备办理首件“捕捞许可证遗失补发”业务】 11月23日，某群众在新“上线”的自助办证设备“渔小二”上自助办理“捕捞许可证遗失补发”业务。“渔小二”自助办证系统包含PC电脑应用、手机APP应用、自助受理终端机三类应用，通过开发电子签名、人脸识别、二维码扫描等功能，采集渔业基层组织和相关审批人员电子签名、电子印章，实现“云上盖章签字”，达到行政审批全流程电子化。

【“妈咪暖心小屋”获评宁波市第五批示范点】 12月23日，县政务办“妈咪暖心小屋”获评宁波市第五批“妈咪暖心小屋”示范点。小屋面积13平方米，位于中心一楼大厅入口西面，除配有桌子、沙发、冰箱、婴儿床、洗手台、饮水机、储物柜、儿童安全座椅、尿布台等设施，还搭配玩偶、育儿读物、温奶器、湿纸巾、尿不湿等用品，配置齐全，全天候向中心以及外来哺乳期妈妈开放。

【县行政服务大厅上线线上取号功能】 12月28日，县政务办围绕“智能导服、收办分离、线上线下融合”建设目标，正式在“浙里办”APP上线线上取号功能，群众进入中心200米范围内即可线上取号，实现取号、叫号、查看等待人数一个手机一次搞定。

（岑方圆）

融资工作

【概况】 2020年，宁波象港开发控股集团有限公司（以下简称象港集团）整体运行平稳有序，各项任务完成。截至12月底，象港集团总资产494.09亿元，较上年增加102.72亿元，增长26.25%；净资产259.73亿元，较上年增加20.34亿元，增长8.5%；营业收入20.34亿元，较上年增加3.65亿元，增长21.87%；利润总额2.76亿元；资产负债率47.43%。下属子公司4家，分别为象山县水务集团有限公司（股权比例100%）、宁波交运建设集团有限公司（股权比例100%）、宁波象锦贸易有限公司（股权比例100%）、象山县滨海投资有限公司（股权比例90%）；参股公司2家，分别为国电象山海上风电有限公司（股权比例49%），宁波象岛资本投资集团有限公司（股权比例45%）。同时，根据象政办发〔2019〕50号文件精神，象港集团与宁波象岛资本投资集团有限公司（简称“象岛集团”）、宁波象荣资本投资集团有限公司（简称象荣集团）实行“一套班子、三块牌子”管理模式。

【象港集团获得AA+信用评级国有企业】 4月28日，经国内六大评级机构之一中证鹏元资信评估股份有限公司评级评审委员会审定，象港集团成为全县首家获得主体和债项双AA+信用评级的国企。该次获得AA+评级，意味着象港集团综合实力得到了资本市场的认可，有助于提升象港集团品牌形象和社会影响力。象港集团将利用AA+评级优势，拓宽融资渠道、丰富融资品种、优化融资结构，以更低的融资成本服务和支持全县经济社会高质量发展。

【降本增效成果显著】 全年共开展债券、非标产品、流动贷款等融资项目6个，累计募集资金32.98亿元。其中，凭借象港集团AA+评级优势，于8月27日发行10亿元“20象港02”非公开公司债，票面利率4.39%，创全县同类债券历史最低利率。截至12月底，通过置换高利率存量债务13.19亿元，象港集团融资综合成本降至5.77%，较年初下降1.48个百分点，超额完成全年全县融资综合成本下降1个百分点目标。

【管理转贷资金专户】 全年共向全县52家国企拆借转贷资金85笔，总额55.37亿元。起草《象山县国有企业应急资金使用管理办法》并由象山县国有资产管理中心印发实施；为降低全县国企转贷资金成本，同中信银行合作推出“信E融”产品，截至12月底，引导3家国有企业使用该产品资金，计2.2亿元。

【建立实施资金备用机制】 10月开始，谋划以“资金成本基本平衡、资金使用随时可用、存贷结合期限一致”为前提，建立实施象山县国有企业资金备用机制，旨在通过打造风险防范“压舱石”，化解国企资金链断裂风险。12月完成相关方案，并与宁波银行、浦发银行、中信银行、建设银行等多家银行达成合作，资金池规模4亿元，后续择机补充。

【履行对外担保职责】 三家公司全年共向全县141家国企提供对外担保282笔，涉及金额337亿元。起草《象山县国有企业对外担保管理办法》；发函明确全县各乡镇下属国企转贷和新增贷款担保主体，为后续优化对外担保奠定基础。

【国有资产拍卖拍租】 根据全县统一部署，由象荣集团出面经公开拍卖取得海域使用权。9月11日至12月16日，共取得21宗海域使用权，合计面积3286.8934公顷，累计成交价14.7677亿元，做大了集团资产总量、提升资产质量。

【全县首个央地联合开发清洁能源项目落地】 4月15日，象港集团受让宁波能源集团有限公司和宁波经济技术开发区沿海新区投资有限公司持有的国电象山海上风电有限公司49%股权，这标志着全县首个央地联合开发绿色清洁能源项目“国电象山1号海上风电场（一期）”项目正式落地。该项目位于南田岛以东、檀头山以南海域，于2018年12月获宁波市发改委核准，由象山海上风电有限公司出资建设，计划总投资43.97亿元，总装机容量达254.2兆瓦，2021年12月31日前并网发电，建成后将成为全省最大单机容量海上风电项目。届时，项目年上网电量约6.67亿千瓦时，相当于每年节约标煤约22万吨；按0.85元/千瓦时电价上网，年收益约4.85亿元。截至12月底，象港集团按股权比例累计出资1.1亿元，项目取得开工许可令并进入海上施工阶段，力争在2021年12月31日前实现并网发电。

【全县首个滩涂新能源项目招商】 4月30日，由象港集团组织，5家央企和1家上市公司参与的象山县长大涂滩涂光伏项目在象山县公共资源交易中心公开竞价招商。最终，大唐国际发电股份有限公司浙江分公司以高于租金底价2倍的价格（即2510元/亩·年）拔得头筹。该项目是全县首次以海域开发经营权租赁的方式同具有央企背景的电力企业开展绿色能源项目合作，项目位于高塘岛乡长大涂地块西侧的海涂水面，南面在箬帽山外侧，西面在紫菜养殖场附近。在不影响航道的前提下，可开发利用面积约为5000亩，项目装机容量约为300兆瓦，总投资约12亿元，合作期限为25年，每年租金收入1300余万元，经济效益和生态效益均十分可观。截至12月底，项目正申请水上水下开工许可令，力争在2021年6月30日前实现并网发电。

【全国首个扣押船舶集中看管基地项目落地】 5月21日，由宁波市海事局、宁波市防汛防台抗旱指挥部、象山县防汛防台抗旱指挥部三部门牵头，象荣集团出面与宁波辰洋海事应急技术服务有限公司（民营企业）合作开发象山县英山渡锚地停泊项目。该项目位于定塘镇英山渡渡口处，使用海域面积约139亩，开发模式参照长大涂项目，建成后将成为宁波大市区范围内扣押船舶停泊基地，可减少全市范围内扣押船舶及“三无”船只无处停靠、无序摆放问题，并在台风天等极端天气来临时，降低海上正常行驶船舶风险。项目同时是象港集团对于“民生事，民企办”合作打造民生工程的一次探索。截至12月底，项目基本完成前期准备工作，力争2021年主汛期来临前全部建成投用。

【抗战疫情】 集团董事长以身作则，带领全体职工协助社区做好疫情防控“守小门”，2月22日至5月31日期间，累计出动400余人次；号召全体党员自愿捐款，为打赢疫情防控阻击战贡献一分力量；组织党员、团员参观全县抗疫摄影展12人次，感受和传承伟大抗疫精神。

【集团队伍建设】 8月31日，经象山县国有资产管理中心党委批准，提拔象港集团中层正副职5人，借用税务专业人员1人，提升管理团队整体业务水平。10月8日，在县委、县政府支持下，配备1名副总经理，增加领导班子力量。

【集团党建】 完善维护集团党员、预备党员、分子及发展对象的信息库，组织开展周二夜学34次，学习《习近平谈治国理政》第三卷、习近平考察浙江重要讲话精神等内容；开展“象山发展我担当”大讨论，为全县经济社会发展献计献策；组织参与“两进两捡”等志愿活动25人次，党员主动认领“微信愿”3个；开展“柔石故居追寻初心之旅”等主题党日活动12次；通过一名预备党员转正。

【包朝阳专题调研】 5月28日，象山县县长包朝阳一行到象山县财政局、象山县国有资产管理中心及象港集团开展专题调研。象山县财政局、象山县国有资产管理中心和象港集团班子成员参加座谈。会上，三家单位主要负责人分别汇报了上半年工作重点、存在问题及下步工作思路。包朝阳对三家单位取得的成绩表示肯定，并对下阶段工作提出要求：一是正视困难、分析问题，优化融资结构，破解土地收益分配不合理问题，优化土地利用机制，并着力推进融资平台信用评级工作，提升全县融资市场形象；二是化危为机、主动作为，要抢抓机遇，加强政策研究，做好增收节支，推进投融资体制改革，项目事前绩效评估，发挥产业扶持政策的扶优功能，助推县域经济高质量发展。

（象港集团　冯潜）

档案工作

【概况】 2020年，象山县档案馆学习贯彻中共十九大，十九届二中、三中、四中、五中全会精神和习近平新时代中国特色社会主义思想，围绕中心、服务大局，旗帜鲜明讲政治，紧扣大局谋发展，坚守档案工作“三个走向”根本遵循，守初心、担使命，补短板、强弱项，完成了年初制定的各项工作计划，为县经济社会发展作出了一定的贡献。根据省市县部署，完成事业单位改革。向上争取项目和资金，完成国家重点档案目录基础体系建设项目，开展档案工作服务农村基层社会治理省级试点，全市率先进行电子公文单套制归档试点，全县档案工作水平迈上新台阶。夯实业务基础，做好档案收管工作，加大档案征集力度，筑牢档案安全防线。坚持改革创新，提升档案工作服务水平。宣传档案文化，编研活动有声有色，档案宣教功能发挥。投身抗疫一线，为疫情防控贡献档案力量，培养档案人才，着力推进党建工作。

【开展档案工作服务农村基层社会治理省级试点工作】 自年初被确定为省级试点县以来，第一时间对全县各村（社区）开展排摸，选择爵溪街道和大徐镇的24个档案工作较为规范的村

（社区）为档案工作服务农村基层社会治理试点村。6月以来，组织400余人次参加村级档案整理实操培训。9月，召开全县试点工作会议，围绕“村民说事”基层治理模式和“三务公开”民主监督模式，梳理业务流程，制定《象山县档案工作服务农村基层社会治理实施方案》和《象山县村级档案清单式目录》，明确了试点目标，确定了进度安排，细化了工作要求。截至12月底，督促指导首批试点的24个村（社区）建成独立档案室，整理档案资料1485卷，为下步推进整体试点提供支撑。

【全市率先开展电子公文单套制归档试点工作】 主动对接服务政府数字化转型，根据省市档案部门工作部署，跟进探索电子档案单套制归档管理，通过实地走访、远程查看等多种方式，细致排摸全县各单位电子档案归档情况，出台《象山县电子公文归档系统方案》。与县机要局和大数据中心等部门对接沟通，该试点项目于9月底通过评审，争取到55万元财政资金，建设并推广应用电子公文归档系统。

【完成国家重点档案目录基础体系建设项目】 严格落实国家重点档案工作要求，结合馆藏民国档案1.2万余卷急需抢救保护的现状，多次与国家、省、市档案部门对接沟通，争取到国家专项财政资金52万元，全力推进民国档案文件级编目项目建设。通过规范的招投标程序，选定符合资质的外包公司开展民国档案条目著录，并派专人对民国档案进行修复整理。截至年底，完成13万条民国档案抢救保护任务，通过国家重点档案目录基础体系建设验收。

【做好档案接收和征集工作】 年初，制定2010年前到期档案接收计划，由分管领导带头，及时对未完成档案移交的单位开展走访与指导，定期与档案员沟通联系，为档案移交进馆做好准备。截至12月底，接收10个县级部门和镇乡街道文书档案2718卷、25370件，接收1家单位股改档案88卷。按照“增量重民生、存量重开放、收放重时效”的原则，把民生档案作为资源建设的重要内容，接收婚姻登记处2018—2019年婚姻档案12428卷。2020年年底，馆藏档案总量达238个全宗，20万卷、26.44万件。拓宽征集渠道，着力加强红色档案、革命档案、重要人物档案、重大活动档案等“三重一特”档案的征集，累计征集到孙茂芳、陈淑芳、周成启等象山籍名人档案200余件，整理董根友、陈先弟等象山籍人士档案1100余件，馆藏档案结构明显优化。

9月23日，组织召开全县档案工作服务农村基层社会治理试点工作会议，副县长钮晶莹出席会议并讲话

【规范基层档案管理】 做好行政村调整和组织换届中的档案工作，提前谋划、主动介入，指导县行政村调整领导小组制定考核内容和文件材料收集清单，督促18个镇乡（街道）档案员做好

11月17日，县委办副主任、县档案局局长、档案馆馆长金艳带队赴爵溪街道指导档案工作，提升基层档案规范化水平

档案收集、整理、移交等工作。加强数字档案室建设指导，4家示范数字档案室、2家规范化数字档案室通过评审。做好执法检查工作，对县级单位、重点建设项目、服务外包企业开展执法检查9次，掌上执法率、抽查事项覆盖率和应用信用规则率均达100%。10月下旬，启动档案年检工作，现对县委编办、县农业农村局等16个部门进行实地年检，及时反馈问题，并要求整改到位。

【夯实档案安全基础】 配齐档案馆库安全设施设备，建立“每日检查、每周汇总、每月整改”的工作机制，落实档案安全责任制，开展县档案馆业务系统应急恢复演练，提升应急处置能力。严格档案出入库登记制度和日常安全防护等制度，定期开展档案安全检查和库房常规巡检，并做好安全管理记录，通过常态化安全宣传教育、安全排查、安全消防演练等形式，确保安全工作零失误、零差错、零事故。牢固树立大安全意识，坚持底线思维，投入资金7.5万元用于档案等级保护2.0安全合规建设，7月通过测评。做好档案信息数据备份工作，对馆藏所有档案以及各机关单位文书档案等信息数据进行异地备份，数据量达20.13TB，保障档案信息数据安全。

【全力服务疫情档案】 自新冠肺炎疫情发生以来，坚决贯彻落实省、市档案工作要求，明确主体责任，主动加强新型冠状病毒肺炎疫情防控档案业务指导与服务。多次与县疫情防控指挥部联系对接，制定印发《关于做好新型冠状病毒肺炎疫情防控档案工作的通知》和《关于做好全县新冠肺炎疫情防控档案收集和移交接收工作的通知》。统筹局馆人员组建3个指导组，对县防控办、镇乡街道和卫健系统等重点单位实行全程跟踪指导，分别确定建档方案，累计接收文书、照片等门类档案4342件。将疫情防控档案征集进馆，成立征集工作领导小组，第一时间联系援鄂医疗队，累计征集医护人员个人档案166件，抗疫主题文艺作品3件。

6月，接待县卫健局一行参观党章学堂

【推进“最多跑一次”改革】 推广应用电子文件归档、交换和电子档案管理统一管理平台，指导各单位做好“最多跑一次”事项电子文件应归尽归工作。截至年底，全县“最多跑一次”事项电子文件共产生190751件，预归档182345件，归档率达95.5%，象山县电子文件统一管理平台接收电子文件153227件，移交至各单位数字档案室共120405件，实现了电子文件的安全、可靠和有序管理，用大数据支撑起智慧档案的发展。

【提升服务水平】 根据疫情防控形势变化，县档案馆于2月2日闭馆，及时出台《象山县档案馆疫情防控期查档公告》等非常时期查档制度，公告网上查档服务指南，开辟绿色通道，确保特殊时期档案服务不中断。3月3日重新开馆，恢复现场查档服务，全年累计提供现场查档服务1682人次，出具证明3350件。助推民生档案开放利用共享，推广长三角地区查档“一网通办”，推进全省“一网查档、百馆联动”和县内“远程查档、近端出证”等便民查档服务，累计为156人次提供远程查档服务。根据县委工作部署，选派县管干部和年轻业务骨干赴爵溪街道参与“一线攻坚‘三服务’、争先创优促发展”活动，通过督促指导，确保重大项目建设、维护区域稳定、老城区微型消防站建设等各项工作推进。

【组织“6·9国际档案日”系列宣传活动】 为留存时代记忆，结合“6·9国际档案日”活动安排，开展决胜建成小康社会重大主题宣传，配合市档案局、馆开展“档案见证小康之路”全媒体系列采访活动，报送涂茨镇旭拱岙村发展蝶变和一个特殊家庭的致富路等音视频制作素材。宣贯新《中华人民共和国档案法》，在微信公众号发布知识竞答活动，累计参与2万余人次，全社会的档案意识和法治观念增强。围绕档案馆爱国主义教育功能，利用党章学堂带动孙茂芳、陈汉章等名人展馆，形成“1+4”红色教育新模式，发挥志愿宣讲小分队的作用，为市民、学生等群体提供各类讲解服务。利用“五四”青年节、“七一”建党节等节日，开展爱国主义教育活动，接待参观者10批600余人次，将档案馆打造成了精神文明建设的主阵地。

【编研工作亮点纷呈】 开展《象山籍博士选录》的编写工作，全书共收录海内外象籍博士106人，主要反映自强不息、辛勤创业的奋斗历程，印刷4000余册，获得县级领导一致好评。开展档案课题和科研项目研究，结合工作实际，向省档案局申报《民国档案文件级目录制作及数字化加工方法研究(以象山县档案馆民国档案文件级目录制作及数字化加工实践为例)》科研项目，并召集业务骨干组建专业化团队进行项目研究与实践。开展全县大事记的收集和整理工作，为编写反映象山2020年度经济、政治、文化、社会、生态等方面建设成就的书籍《象山记忆2020》做好准备。

【培育档案工匠】 为提升档案干部业务能力，结合干部职工学习会等时机，组织"科长讲坛""业务讲座"等活动4次，通过业务详解、实操指导等形式，提升档案干部业务水平，着力培养"档案工匠"。探索"互联网+"培训新模式，采用钉钉线上直播和线下实践操作相结合的方法，面向机关、企事业单位档案员就疫情档案收集整理、机关档案管理、数字档案室操作等内容开展培训，累计组织培训46批次，参与人数约700人次，提升基层档案人员工作能力，为基层档案业务水平的提升打下坚实基础。

【着力推进党建工作】 把抓好党建工作作为首要政治任务，严格贯彻执行"周二夜学"制度，组织党员干部学习习近平新时代中国特色社会主义思想和中共十九大、十九届五中全会精神等内容，班子成员上党课3次。注重制度建设，重新修订印发《象山县档案馆机关工作人员"岗位对责、绩效对账"考核实施办法》，提升机关内部工作效能。严肃党内组织生活，落实"三会一课"制度，定期召开支部党员大会和支部委员会。丰富党员志愿活动，赴贤庠、爵溪等地开展困难党员慰问和"微心愿"认领活动3次，组织"慈善一日捐"，每月开展"两进两捡"活动。

(丁盈吉)

人民生活

婚姻家庭

【婚姻收养登记工作】 推进“婚育户”一件事联办，开展“收养一件事”联办。实行婚姻登记省内通办，稳步推进象山县婚俗改革，建立婚姻家庭辅导服务机制。2020年全年办理结婚登记2879对，离婚登记1641对，收养登记15例。

老龄事业

【概况】 全县60岁及以上老年人口140194人，占总人口的25.76%，与2019年同期增加4991人。70岁及以上老年人口60355人、80岁及以上的高龄老人19609人、90岁及以上的长寿老人2659人。全县共有百岁老人26人，比上年同期增加1人。

【医养结合】 推进医疗机构与养老机构深度合作，创新“医养结合”模式，打造集医疗、康复、护理与养老相结合的一体化服务新模式。截至2020年年底，全县共有医养结合机构3家，安宁疗护试点单位8家(其中2020年新增1家)，建有“颐养小屋”15家，累计开展医疗服务5.3万人次、健康管理服务6.87万人次、代配药5.2万人次、各类护理2.1万人次。全县养老机构内老人家庭医生签约率及健康管理率均达100%，高血压、糖尿病控制率到60%以上。全县共有养老机构61家，床位总数7889张，居家养老服务机构386家，居家医疗服务点签约服务404家，签约率100%。建成民生实事工程“颐养小屋”15家，惠及3200余人。推进医养融合，解决临终老人(患者)医疗照护难题，全县以省级安宁疗护试点建设为契机，按照“政府引导、多方参与、群众自愿、保障基本、统筹发展”的原则，打造社区居家安宁疗护、医养签约安宁疗护、医养结合安宁疗护、医疗机构安宁疗护四个类型的服务模式，全县累计完成安宁疗护服务153例。

【老年服务工作】 启动老年人心理关爱项目，提供老年人心理健康需求。2020年丹东街道新华社区、丹西街道北路社区作为老年人心理关爱项目的试点单位，对632名65周岁以上老年人进行心理评估问卷，根据问卷调查结果对有异常的老人开展入户心理干预，改善其心理健康状况。推进基层老年协会规范化创建工作，全年有50个基层老年协会完成规范化创建工作，安排补助资金50万元。完成第三届“敬老文明号”创建活动，象山县公交公司荣获第三届浙江省“敬老文明号”；象山县老年大学、象山县老干部活动中心、黄避岙康乐居养老指导中心荣获第三届宁波市“敬老文明号”。完成老年电大招生宣传、教材发放工作，2020年开设《浙江风俗故事》《老年人运动与健康》《做个聪明的病人》《补益中药实用技巧》等课程。2020年举办“践行健康象山行动暨庆祝全国第八个老年节活动”，倡导“感恩父母、孝敬老人、共创和谐”的理念，形成良好的舆论氛围。

(蒋志丹)

关心下一代工作

【概况】 2020年，象山县关工委以习近平新时代中国特色社会主义思想和对关心下一代工作的重要指示精神为指引，学习习近平总书记考察浙江宁波重要讲话精神，依靠各级关工委和广大“五老”志愿者，开展青少年思想道德教育，教育引导青少年听党话、跟党走，全县关心下一代工作取得新成绩。

【学习习近平重要指示精神】 11月17日，在纪念中国关工委成立30周年暨全国关心下一代工作表彰大会召开之际，习近平总书记对关心下一代工作作出重要指示，对各级关工委的工作和广大“五老”给予肯定和高度评价。11月20日，县关工委就学习贯彻习近平总书记重要指示发出通知，把学习贯彻习近平总书记重要指示作为当前和今后一个时期的重大政治任务，迅速掀起学习贯彻热潮。

11月3日，中共象山县委、象山县人民政府印发《关于加强新时代关心下一代工作的意见》(县委发〔2020〕19号)。

11月20日，县关工委副主任、关协会长应惠娟获评“全国关心下一代工作先进工作者”。

【社会主义核心价值观教育】 县关工委组织推进青少年爱国主义主题教育活动，引导青少年以知促行、知行合一。

各级关工委开展以爱国主义教育、革命传统教育、理想信念教育等为内容的宣讲活动80余场次，受教青少年近

2万人。县关工委组织青少年学生开展征文活动，共收到稿件100余篇，评选出获奖文章4篇。县关协育苗宣讲团走进爵溪街道玉泉社区、北塘民工子弟学校。县关协普法护苗团开展宣传活动20场次，对13名附条件不予起诉的未成年人签署帮教协议，帮助他们重返社会。

各级关工委开展线上清明节主题教育活动。丹东街道关工委组织开展“听老兵讲故事”活动。贤庠镇关工委开展“童心助力，抵抗疫情”绘画比赛。东陈乡关工委倡导垃圾分类等文明生活新风尚。县关协校外辅导团组织青少年参加汉字棋联谊赛，获市二等奖1人。

新桥镇关爱老小服务站自2006年成立以来，帮扶助学留守困境儿童509名，帮助他们完成初中学业270名、高中学业77名、大学学业37名。新桥儿童之家在上年获评全国优秀“儿童之家”之后，继续加强关爱老小服务站的规划调整，在现有基础上，又筹资新建160平方米儿童之家会议室。

茅洋“日本侵略军在象山罪行陈列馆”是浙江省级关心下一代爱国主义教育基地，茅洋乡关工委发挥爱国主义基地优势，疫情期间在做好防控工作的同时坚持开放接待参观，全年人数达1.1万人次。

5月14日，省关工委主任徐宏俊一行到县调研关心下一代工作，对县关工委建设关心下一代教育阵地等方面工作予以肯定。

【关爱服务特殊青少年】 县关工委贯彻关于加强农村留守儿童关爱保护、加强困境儿童保障工作。

各级关工委广泛开展慰问活动。一年内，共投入经费近60万元，还送去丰富的慰问物资。“六一”国际儿童节期间，县关工委分组赴基层学校为部分困境青少年儿童送上特别的关爱。爵溪街道关工委筹集资金6万余元帮扶困难学生；东陈乡关工委对辖区内的60名困境儿童发放慰问金共计3.6万元；高塘岛乡关工委寻找爱心人士结对帮扶，共募得帮扶资金30余万元，还远赴陕西为困境少女的母亲找回户籍信息，落实办理低保；县关协石浦分会帮困助学62人，投入慰问金11余万元；县关协爱心帮扶团赠送助学金3.5万元；县关协企业关爱团为困难家庭送去爱心帮扶鹅苗；日杂商会关工委、家居商会关工委等坚持与困境儿童结对助学。

全县有6所外来民工子弟学校，共有外来民工学生3400余人。县关协家教指导团12位老同志们探索出“体验式沟通”的特色做法，他们走进外来民工家庭，不但送教上门，还送上暖心大礼包，全年共开展家庭教育专题讲座40多场次。

2020年，县关协与宁波市关心下一代基金会签约“春晖关爱行动”——“甬润童心”关爱留守儿童和困境儿童公益项目，共计12.06万元。该项目针对全县201名象山籍留守（困境）儿童开展关爱帮扶活动，入户到留守（困境）儿童家中，由志愿者“一对一”结对，帮助他们实现一个微心愿。志愿者不定期与儿童联络，帮助解决实际问题，并组织开展一系列关爱服务活动。

【推动线上线下教育】 由于新冠肺炎疫情影响，县关工委在全县首创开办了网上“假日学校”，取得了成效。县关工委向全县青少年学生推荐了30余门网上课程，主要内容包括社会主义核心价值观宣讲、爱国主义教育、红色精神传承、传统文化解读、法治教育、健康教育、疫病防控知识等。

各地关工委通过学校“家长群”等渠道，做好学生的注册报名工作。新桥镇关工委给每位学生发“一个本子、一支笔”。墙头镇关工委开展“学习之星”活动；贤庠镇关工委开展“挑战15天打卡”活动；西周镇关工委每日摸排上课人数。据统计，暑期网上“假日学校”全县共有50所中小学校组织参加，报名注册的学生达9600余名，直播累计观看量突破11万人次，单场最高观看量达2.9万人次。网上“假日学校”结束后，县关工委对收到体会文章进行评审，评出一、二、三等奖和参与奖共91名。

县关工委开办小型化“假日学校”，各地举办线下实体“假日学校”10所，其中企业办班2所，社区办班2所，办在文化礼堂的2所，办在学校内的4所，参加学生达500余人；组织各类主题活动35场，参加学生达1000余名。

丹东街道关工委开展传统乐器笛子教学。丹西街道关工委结合象山非遗课堂开设鱼骨画课程。石浦镇关工委开展“珍爱生命、谨防溺水”讲座。鹤浦镇关工委在小百丈村马筋酒坊开展非遗传播体验活动。新桥镇关工委带领留守儿童，走进东溪村退伍军人服务站。泗洲头镇关工委开展“手工DIY花式点心”公益课堂。大徐镇关工委开展疾病防控知识讲座。东陈乡关工委在汉章故居开展《弟子规》亲子课堂。晓塘乡关工委开设书法、象棋、朗诵等课程。高塘岛乡关工委开展趣味篮球课程。县关协校外辅导团组织眼科医生专家到鹤浦镇、茅洋乡等地开展公益科学用眼讲座。

【加强关工委自身建设】 按照“四化型”建设发展要求，县关工委从2018年开始进行“关工委+协会+工作团队”工作创新与改革，成立县关心下一代志愿者协会，后又在石浦、西周两地成立志愿者协会分会。2019年县关协新桥分会、鹤浦分会成立。2020年，县关协丹东、丹西、爵溪、贤庠、定塘、墙头、泗洲头、涂茨、大徐、东陈、晓塘、黄避岙、茅洋、高塘岛乡14个分会相继成立。

【关爱项目增加】 2020年，县关协与宁波市关心下一代基金会签约“暑期组织五老关爱服务青少年”项目、“甬润童心”关爱留守儿童项目；与县民政局签约“红社领航·象益山海”建设项目、“未成年人健康素养提升”等项目，共获项目资金26.6万元。

（张宇君）

教　育

综　述

截至2020年12月，全县有普高5所，职高3所，初中10所，小学23所，九年一贯制学校12所，外来务工子女学校6所，幼儿园71所（含民办48所）。培智学校1所，电大1所，镇乡成人学校（社区学院）7所。在校学生81532万人，在校普高学生6867人，职高学生4747人，初中生16568人，小学生35649人，特殊教育学生163人，在园幼儿17538人。

实施教育质量提升行动，高考总上线率、一段上线率、二段上线率均提升明显，中考总平均分处于全市中游，连续4年在南三县保持首位，中小学省市级艺术获奖量全市前列，初三学生艺术素养监测连续3年居宁波市前列，高中毕业生体质健康测试成绩连续五年全市第一。获评“宁波市学前教育补短提升工程成效明显县”称号。

启动中小学名师和名校长培养计划，建立健全名优骨干教师激励机制，培育优秀教育人才，2020年，新增正高级教师1名，市级以上名优校长、教师5人，263名教师被评为县教坛新秀、市“四有”好老师、省春蚕奖等县级以上荣誉。

实施以研促教、教研结合，课程改革和课堂变革，产生省优秀教科研成果3项，市优秀教科研成果14项，2020年县省级教科研成果获奖位列全市第二四，还获得全市两个唯一：宁波建设工程学校林娅的《中职学校HOPE生涯教育模式的构建与应用》被立为教育部重点课题；象山县新港小学校长张远洋《主题馆DIY：课程综合化学习新样态》在长三角城市群教育科研主题征文中获一等奖。

加大教育投入，优化教育资源配置。全年投入2.1亿元，实施新建学校与薄弱学校改造，新南幼儿园迁建工程建成投用，高塘学校教学楼及教师宿舍楼工程、定塘中学教学楼工程完成竣工并投入使用增加优质教育资源供给量。

2020年，县委、县政府高规格召开全县教育大会，提出了象山教育跻身全市一流、全省领先的奋斗目标，县委、县政府还出台了《关于新时代教师队伍建设改革的实施意见》，规划了未来一段时间县师资队伍建设的重点方向。贯彻落实中央党和国家机构改革重大部署，推进实施教育机构改革，成立了县委教育工作小组及其秘书组，建立了教育事业分工合作、各司其职的工作体制和机制，党对教育工作的统筹领导得到了加强。县教育局围绕县委、县政府“聚力一二五，奋力上台阶”战略目标，扣牢“优质、智慧、开放”发展主线，突出重点促均衡，改革破难题，助推学前教育提质量、义务教育上台阶、高中教育特色、职业教育创品牌，为县建设“共同富裕样板县”贡献了教育力量。

学前教育

【概况】 2020年，全县现有幼儿园69所，其中公办幼儿园24所，民办幼儿园45所；省三级以上幼儿园63所，其中一级园7所、二级园27所、三级园29所、准办园6所。在园幼儿数17531人，其中在公办幼儿园入园幼儿12511人，占在园幼儿总数的71.4%；学前三年入园率99.7%，省等级园招生覆盖率98.2%，等级园比例是90.3%，省二级以上优质园招生覆盖率75.9%，普惠性幼儿园招生覆盖率为86.1%。

全县共有幼儿教职工2362人，事业编制教师519人，事业编制比例是22.1%；园长和专任教师1417人，事业编制503人，园长专任教师事业编制比例是36.8%；专任教师持有幼儿教师资格证1390人，持证率98.1%；园长专任教师有技术职称922人，占65.1%；专任教师学历合格率100%，其中大专以上学历84.5%。

【全县幼儿园布局】 2020年，全县69所幼儿园，按幼儿园所在街道、镇乡统计：丹东街道16所，丹西街道15所，爵溪街道4所，石浦镇14所，西周镇5所，高塘岛乡2所，其他镇乡或2所，或1所。县直属，各街道、镇乡的中心幼儿园有：

县教育局直属：象山县县级机关幼儿园，象山县春晖幼儿园；

县妇女联合会主管：象山县塔山幼儿园；丹东街道中心幼儿园：象山海韵幼儿园；

丹西街道中心幼儿园：象山县滨海幼儿园；象山县爵溪街道中心幼儿园；

象山县石浦镇中心幼儿园；西周镇中心幼儿园：象山县西周镇华翔幼儿园；

象山县鹤浦镇中心幼儿园；象山县贤庠镇中心幼儿园；

象山县定塘镇中心幼儿园；象山县墙头镇中心幼儿园；

象山县涂茨镇中心幼儿园；象山县大徐镇中心幼儿园；

象山县新桥镇中心幼儿园；象山县

泗洲头镇中心幼儿园；

象山县东陈乡中心幼儿园；象山县晓塘乡中心幼儿园；

象山县黄避乡中心幼儿园；象山县茅洋乡中心幼儿园；

象山县高塘岛乡中心幼儿园。

还有：象山县浙师大幼教集团附属大目湾幼儿园。

【幼儿园开学及疫情防控工作】 5月11日，全县69所具备开学条件的公办、民办幼儿园陆续开学，迎来首批返园的大班学生。为做好疫情防控期间复课复学工作，县教育局领导班子成员带头分赴各幼儿园检查开学及疫情防控工作，了解各幼儿园学生返园复课有关情况，并就近阶段疫情防控工作作指导。

【2所幼儿园被评为二级幼儿园】 6月10日，市教育局委托宁波现代教育评估院对石浦城里幼儿园和浙师大附属大目湾幼儿园进行评估认定，全县2所幼儿园被宁波市教育局督导处认定为二级，市四星幼儿园。

【首次启动小班新生网上报名】 2020年开始，县幼儿园新生招生均采用网上报名的方式进行。2020年6月10—16日，适龄儿童均由父母或法定监护人登录"宁波市幼儿园入园、义务教育入学报名系统"进行报名。每生可选报1—3个志愿。

【新南幼儿园投入使用】 9月1日，新南幼儿园投入使用。新南幼儿园坐落于丹西街道丰饶路与丹山路交叉口，西临象山县实验小学（南校区），总用地面积12797平方米，建筑面积6862.1平方米，设计办学规模为18个班，分设小班、中班、大班4个年龄段，总投资3252.7万元。

【县第十二届幼儿园技能大赛活动】 9月28日，县第十二届幼儿园教师技能竞赛在滨海幼儿园开展。该次技能大赛覆盖全县不同级别的幼儿园，共有60名教师参加比赛。比赛分为AB两组进行，项目为表演唱、自弹自唱、儿童舞蹈和创编。参赛教师精心准备、参与，在比赛中纷纷展示出自己优美的舞蹈、熟练的琴艺、悦耳的歌喉，显露出较高的专业技能和水平。每年一次的技能大赛，旨在引导广大幼儿园教师重视和坚持基本功训练，促进专业化发展，提高科学保教能力，保障学前教育质量。

【象阳男幼联盟聚焦健康核心经验研讨】 12月24日，象阳男幼联盟开展"聚焦健康核心经验"研讨活动。活动通过前期的理论学习，提高了教师们的专业理论认知，为更好地组织教学活动奠定基础。冯炯翔、张超两位老师分别组织了健康领域的教学活动《椅子游戏》和《小伞兵》。活动中，两位教师发挥自己的特长，进行创造性的教学，充满游戏性的教学形式多调动了孩子活动性，使孩子玩有所得，玩有所学。所有教师通过钉钉平台观摩了两节教学活动，随后利用钉钉的直播功能，开展线上研讨活动。

【开展幼儿园廊道环境创设活动】 12月25日，"幼儿园园本课程理念下的廊道环境创设论坛"在天安幼儿园多功能厅举行，全县80余名园长、业务园长、兼职教研员参加该次活动。该次论坛评比活动，是一次智慧的碰撞，让县幼儿教师得到一次学习交流和分享展示的机会，使教师们在廊道环境的创设和园本课程上有更多的思考，从而使廊道环境真正为课程服务，真正成为幼儿观察探究、互动学习的空间。

表44　　**2020年象山县具有招生资格的幼儿园一览表**

序号	幼儿园名称	等级	办园性质
1	机关幼儿园	一级	公办
	机关幼儿园·万象园		公办
2	春晖幼儿园	一级	公办
	春晖幼儿园·世纪园		公办
3	石浦镇中心幼儿园	一级	公办
	石浦镇中心幼儿园·幸福苑分园		
	石浦镇中心幼儿园·新港早教园		
	石浦镇中心幼儿园·延昌分园	二级	
	石浦镇中心幼儿园·金星分园	预评二级	
4	海韵幼儿园	一级	普惠民办
	海韵幼儿园·百合园		普惠民办
5	滨海幼儿园	一级	普惠民办

续表44

序号	幼儿园名称	等级	办园性质
6	塔山幼儿园	一级	普惠民办
7	西周镇华翔幼儿园(中心幼儿园)	一级	公办
	西周镇中心园幼儿园·树人园	二级	公办
8	新南幼儿园	二级	公办
9	林海幼儿园	二级	公办
10	欢乐家园幼儿园	二级	公办
11	大目湾幼儿园	二级	普惠民办
12	天安幼儿园	二级	普惠民办
13	山水幼儿园	二级	普惠民办
14	兰园幼儿园	二级	普惠民办
15	爵溪街道中心幼儿园	二级	公办
16	定塘镇中心幼儿园	二级	公办
17	墙头镇中心幼儿园	二级	公办
	墙头镇中心幼儿园·亭溪园		
18	新桥镇中心幼儿园	二级	公办
	新桥镇中心幼儿园·东溪园		
19	泗洲头镇中心幼儿园	二级	公办
	泗洲头镇中心幼儿园·灵南园		
20	贤庠镇中心幼儿园	二级	公办
21	茅洋乡中心幼儿园	二级	公办
22	东陈乡中心幼儿园	二级	公办
23	涂茨镇中心幼儿园	二级	公办
24	晓塘乡中心幼儿园	二级	公办
25	鹤浦镇中心幼儿园	二级	公办
26	高塘岛乡中心幼儿园	二级	公办
27	石浦镇城里幼儿园	二级	公办
28	石浦镇昌国幼儿园	二级	公办
29	下沈幼儿园	二级	公办
30	大徐镇中心幼儿园	二级	公办
31	黄避岙乡中心幼儿园	二级	公办
32	振兴幼儿园	二级	普惠民办
33	金港幼儿园	二级	普惠民办
34	丹瀛幼儿园	二级	普惠民办
35	丹东街道欢欢幼儿园	三级	普惠民办
36	丹东街道博雅艺术幼儿园	三级	普惠民办

续表44

序号	幼儿园名称	等级	办园性质
37	丹东街道丰泽幼儿园	三级	民办
38	丹城镇东方幼儿园	三级	普惠民办
39	丹东街道格治幼儿园	三级	民办
40	丹东街道海星幼儿园	三级	普惠民办
41	丹西街道安琪幼儿园	准办	民办
42	丹西街道红枫幼儿园	三级	民办
43	丹西街道白石阳光幼儿园	三级	民办
44	丹西街道晨光幼儿园	准办	民办
45	丹西街道梧桐御府幼儿园	三级	民办
46	丹西街道乖乖幼儿园	三级	民办
47	丹西街道蓬莱幼儿园	准办	民办
48	丹西街道丹山幼儿园	三级	民办
49	丹西街道春芳幼儿园	三级	民办
50	丹西街道象山港艺术幼儿园	三级	民办
51	丹西街道童谣艺术幼儿园	三级	民办
52	西周镇培育幼儿园	三级	普惠民办
53	西周镇春天幼儿园	三级	民办
54	西周镇莲花新星幼儿园	准办	民办
55	爵溪街道巨鹰艺术幼儿园	三级	民办
56	爵溪街道羽彤幼儿园	三级	民办
57	爵溪街道春苗幼儿园	三级	民办
58	石浦镇创新幼儿园	三级	民办
59	石浦镇静河幼儿园	三级	民办
60	石浦镇向阳花幼儿园	三级	民办
61	石浦镇金星一点红幼儿园	准办	民办
62	石浦镇番头幼儿园	准办	民办
63	石浦镇珍英幼儿园	三级	民办
64	石浦镇上好幼儿园	三级	民办
65	石浦镇新佳幼儿园	三级	民办
66	石浦镇春辉幼儿园	三级	民办
67	石浦镇邬家村幼儿园	三级	民办
68	石浦镇文旦港幼儿园	三级	民办
69	高塘岛乡凌雁幼儿园	三级	普惠民办

义务教育及普高教育

【概况】 象山县普通中小学毕业生人数:小学6128人、初中4956人、普通高中2240人。7月至8月,全县招生人数:小学5362人,初中5820人,普通高中2388人;小学、初中、普通高中招收的学生,分设为143个、138个、53个班。象山县有小学24所,其中公办23所、外来务工人员子女小学1所;在校生35649人,其中,女学生16594人。初级中学10所、九年一贯制学校12所,完全中学初中部2个;在校生14790人,其中,女学生7100人。高级中学3所,完全中学高中部2个,全县高中注册学生6867人,其中,女学生3529人。

2020年,县高考总上线率达100%,高出全省10个百分点;“一段”“二段”上线率均有明显提升。中考总平均分处于全市中游,连续4年在南三县保持首位。中小学省市级艺术获奖量全市前列,初三学生艺术素养监测连续3年居宁波市前列,高中毕业生体质健康测试成绩连续5年全市第一。象山县中小学生社会实践基地等3家单位获评省市中小学生劳动实践教育或研学实践教育基地。

【象山县首届小学生诗词大会决赛在象山影视城举行】 10月25日,象山县小学生诗词大会决赛在象山影视城举行,来自该县12所学校的小学生同台竞技、尽展诗词风采,传递传统文化魅力,500余名师生、家长现场观赛。该次诗词大会以“穿越千年时空,品读诗词之美”为主题,由象山县教育局、民进象山县支部、象山县传媒中心联合主办。

象山县把传统文化教育作为学校思想道德教育的重要课题,构建涵盖全县中小学、幼儿园的传统文化教学网络,将传统文化教育融入日常教学中,通过经典诵读、绘本共读、传统节日庆祝活动的开展等方式,加强学生传统文化教育,让孩子们从小感受到传统文化的魅力。

【县举行庆祝中国少年先锋队建队71周年主题活动】 为纪念中国少年先锋队建队71周年,教育引导广大少先队员听党话、跟党走,继承和弘扬少先队的光荣传统。10月13日,由团县委、县教育局、县少工委联合主办的象山县庆祝中国少年先锋队建队71周年主题活动在鹤浦小学举行。全县30名优秀少先队辅导员、20名新时代好少年代表及鹤浦小学全体师生参加活动。活动在庄严的升旗仪式中拉开序幕,出队旗、敬队礼,全体少先队员佩戴着鲜红的红领巾,整齐划一,精神饱满放声齐唱中国少年先锋队队歌。入队活动增强了少先队员们的使命感,坚定了学习、勇敢追梦、长大后为祖国贡献的伟大决心。

【组织召开“教育高质量发展读书会”】 8月18日,县教育局组织召开象山教育高质量发展读书会,研讨提升象山教育竞争力,加快县教育现代化进程。130余人参加读书会。局机关组织人事科、基础教育科、职成教科、教科研中心、技工学校、丹城五小、东陈幼儿园等12家单位(科室)负责人,分别围绕教师管理体制改革、城乡学校共同体建设、职业学校专业集群化打造、初中教学质量提升、象山港技师学院筹建、政实小学托管模式探索、乡镇中心园等级创建等主题,分析研判教育现状,畅谈高质量发展的路径和措施。

教育局长胡海峥要求,全县教育系统要紧扣“优质、智慧、开放”三大主题,为推进象山实现教育现代化和建成高水平创新型县作出更大贡献。

【县召开宁波市文明校园创建工作会议】 7月6日,第四批宁波市文明校园创建会议在宁波建设工程学校举行,建设工程学校、技工学校等7所申报第四批宁波市文明校园的校长、分管副校长参会。县委宣传部部务委员、县文明办副主任陈金裕,县教育局党委委员王增良参加会议并讲话。宁波建设工程学校副校长林娅带领全体与会人员,模拟进行了文明校园实地测评。县教育局督导科、基教科相关负责人分别就台账测评、实地测评做了文明校园创建的业务指导培训。

经过三年创建,有市级文明校园25所、县级文明校园51所,文明校园创成率居全市前列。

【县召开2020年“互联网+义务教育”结对帮扶工作会议】 6月22日,2020年“互联网+义务教育”结对帮扶工作会议在县教育局教科研中心举行。15所支援及受援学校的校长(或分管教学副校长)参加会议。

县教育局教科研中心副主任陈定梅解读了浙江省教育厅《关于做好“互联网+义务教育”实验区建设和城乡学校结对帮扶扩面提质工作的通知》和宁波市教育局《关于做好2020年“互联网+义务教育”中小学校结对帮扶工作的通知》。

【全力做好新型冠状病毒感染的肺炎疫情防控工作】 自新型冠状病毒感染的肺炎疫情防控工作开展以来,县教育局高度重视,迅速行动,安排部署,全力做好疫情防控工作。

1月23日县教育局发布《做好新型冠状病毒感染的肺炎疫情防控工作的紧急通知》,成立县教育局防控新型冠状病毒感染的肺炎疫情工作领导小组,并设领导小组办公室。

1月24日(大年三十),县教育局紧急召开新型冠状病毒感染的肺炎防控工作部署会。会议要求各校(幼儿园)、直属单位实行24小时值班制,落实校级班子带头值班;要求各校要准确开展重点人群数据排摸上报,落实早发现、早报告、早隔离、早治疗,并配合上级部门开展相关工作。专班设立综合指挥组、业务指导组、应急处置组、宣传引导组、督查督导组等5个工作组。

1月26日起,城区多所学校(幼儿园)及时响应,城区主要学校组建防疫应急小分队22支,配合做好疫情排摸、防控工作。1月28日,局长胡海峥主持召开县教育局疫情防控工作专班会议。

【象山县班主任专业发展指导中心暨首批名班主任工作室成立仪式在丹城六小举行】 1月3日，象山县班主任专业发展指导中心暨象山县首批名班主任工作室成立仪式在象山县丹城六小举行。县教育局党委委员王增良，基础教育科科长陈家鹤，县教科研中心主任周成道，县教科研中心相关科室负责人，各教指站站长，各中小学校长，县首批名班主任工作室领衔人、导师及学员参加活动。县教育局团工委副书记方婉瑜主持活动。

【县组建首批城乡义务教育共同体】 为推动城乡义务教育优质均衡发展，激发乡村学校办学活力，提升乡村义务教育师资、管理、文化、质量水平，推进县乡村振兴和教育现代化，根据《浙江省教育厅办公室关于落实2020年城乡义务教育共同体组建任务的通知》要求，2020年县首批教共体组建覆盖所有乡村小学和乡村初中，其中小学6所、初中3所，首批教共体名单如下：丹城二小—黄避岙小学教共体，丹城三小—汉章小学教共体，丹城四小—墙头镇亭溪小学教共体，丹城六小—泗洲头镇墩岙塘小学教共体，新港小学—晓塘小学教共体，石浦小学—昌国小学教共体，丹城中学—茅洋学校教共体，实验初中—东陈中学教共体，石浦中学—金星学校教共体。

根据县域实际，上述教共体采用“共建型”建设模式，实行“资源共享、管理共进、教学共研、文化共生、考核捆绑”的管理机制，实现城乡学校互动共生、以强带弱、共同发展，提升义务教育整体水平。

【高水平通过浙江省区域推进语言文字规范化县评估验收】 12月24日至25日，浙江省区域推进语言文字规范化县评估组，对象山县创建省区域推进语言文字规范化工作进行评估验收。评估组一行墙头学校、墙头镇语言文字示范街、丹城五小、丹东街道公共服务窗口等地，通过听取汇报、查阅台账、实地查看、开展座谈等方式，对县区域推进语言文字规范化县创建工作进行系统了解和评估。

12月25日，象山县创建浙江省区域推进语言文字规范化县汇报反馈会召开。评估组一致认为象山县推进学校和乡镇语言文字规范化达标创建，语言文字工作以城带乡，在乡镇农村基本实现了普通话初步普及、汉字社会应用规范的工作目标，语言文字规范化区域实现全覆盖，达到了浙江省区域推进语言文字规范化县的标准，准予通过验收。

【象山县通过宁波市中小学心理健康教育示范区评估】 11月25日，宁波市教育评估院黄和林、宁波市教科所尹晓军、宁波市心理健康教研员史耀芳、奉化区教科所所长吴伟强、江北区教科室主任吴晶京、鄞州区教科室主任朱永良等专家组成员对象山开展了宁波市中小学心理健康教育示范区的检查验收。专家们听取了象山县教育局王增良作的题为《落实心理健康教育优先发展战略，加快推进象山教育现代化》的汇报和象山二中、象山实验小学的心理工作汇报，接着查阅了工作台账。专家们分成3组，现场抽取了6所学校，分别对象山实验初中、象山丹城二小、殷夫中学、大徐小学、东陈初中、汉章小学进行了实地检查。根据2021年6月28日文件《关于公布宁波市中小学心理健康教育示范区评估结果的通知》（甬心指中心〔2021〕1号）中，象山县通过验收，获得宁波市中小学心理健康教育示范区称号。象山心理健康教育各项工作稳步推进，快速发展。该次示范区评估工作不仅是对象山多年心理健康教育工作检阅和回顾，是对心理健康教育工作的促进。下一步，县教育局将继续探索医教结合心育模式，创新工作方式，打造象山中小学心理健康教育特色品牌，以课题研究为导向促进专业发展，以各类教育实践为平台拓宽心育途径，推动象山心理健康教育工作更上新台阶。

职业教育

【概况】 2020年，全县中等职业学校毕业生1662人；7月至8月，招生1986人（少部分初中毕业生去县外职业学校就读）。10月，象山县有宁波建设工程学校（象山县职业高级中学）、象山县技工学校（增象山港高级技工学校校牌）、宁波海洋职业技术学校3所，均独立“法人”。在校生5197人，其中，女学生1990人，分设155个班。其中，“3+2、五年一贯制”班44个，1520人，高职班16个，450名学生。

全县职业教育开展教育改革，产教融合，提高人才培养的针对性和实效性，截至2020年，3所职业学校主干专业已有725名学生参与校企协同、双元育人，并通过了省教育厅试点评估，，县基本形成现代学徒制人才培养模式的象山范本。

表45　　**2020年象山县职业教育情况一览表**

学　校	校　址	班级个数	注册学生人数	教职工人数	占地面积（平方米）	校舍面积（平方米）	时任校长
全县合计	—	155	5197	412	248128	130994	—
宁波建设工程学校	县教育园区南区	69	2554	195	160990	75476	陈　列
象山县技工学校	教育园区东北区	62	1948	171	55024	41843	潘永毅
其中　4年级高职		16	450	—	—	—	—

续表45

学　校	校　址	班级个数	注册学生人数	教职工人数	占地面积（平方米）	校舍面积（平方米）	时任校长
宁波海洋职业技术学校	石浦渔港古城北	24	695	46	32114	13675	陈贤伦

说明：职业学校学生生均占地、建筑面积各为49.1平方米、25.9平方米

【制定专业结构调整实施方案】 2020年，根据县产业经济发展“十四五”规划和市职业教育专业结构调整要求，按照“做强、做优、做亮”的原则，制定了《象山县职业教育专业结构调整实施方案》，以做强建筑、汽模、美工、旅游、智能电气、海运等骨干专业集群为重点，培育学前教育、针织服装、形象设计等特色发展专业，计划开设新装备、新材料、海洋生物（生命健康）等新兴专业。

【职业学校专业技术能手】 2020年，全县共拥有市名师1名、首批市首席教师1名、市专业技术能手4名、市优秀双师型教师6名、市首席工人3名；双师型教师占专业教师比例为87.4%，其中高素质“双师型”教师数108名，其中技师资质以上118名，校外兼职教师57名，具备2级以上国家职业资格证书兼职教师人数占比为68.4%；搭建教师成长平台，以赛促进提升教师专业素养，2020年共有23名教师在国家、省市级行政部门组织的大赛中获奖，其中国家级二等奖1人，省级一、二等奖6人，二市级一二等奖6人；县技工学校教师陈志能、朱灵芝获得2020年浙江省中等职业学校职业能力大赛一等奖，并获得省技术能手称号，洪伟获宁波市技术能手，汪旭琦、赵叶宏获宁波市中等职业学校专业技术能手；

【课题立项】 建工学校的《中职学校HOPE生涯教育模式的构建与应用》在全国教育科学“十三五”规划2020年度教育部重点课题和全国职业教育科学研究规划课题中立项，技工学校开展的“家校企”三方联动，实现家访覆盖率达80%以上，海洋学校的“海螺工作室”对学生起着的心理辅导功效。

【职业学校技能大赛】 2020年在宁波市第15届中等职业学校技能大赛中共获13金44银72铜，共129枚奖牌，其中宁波建设工程学校在全国职业院校技能大赛试点赛中，（中职组）工程测量荣获全国第四名，“中国建设杯”第三届全国装配式建筑职业技能竞赛一举夺得"构件安装与制作"赛项全国总冠军（第一名），象山县技工学校在36所参赛学校中排名第7的好成绩。中零部件测绘、机械装配、数控综合、数据恢复、工业机器人、电气安装、电子产品装配、平面模特、服装设计等9个赛项有望获得省、国赛资格，代表宁波角逐浙江省技能大赛甚至全国技能大赛。机械系在18所有项目参赛的学校中，奖牌数位列第一。海洋学校在市技能大赛稳中有升，共获得38枚奖牌。

【高职类考试】 2020年高职类考试中，升入高一级学校就读的学生数占毕业生总数的61.5%。其中建工学校其中宁波建设工程学校556名毕业生进入高职院校，占毕业生总数的67.8%，262名参加高考的学生全部上线，本科上线8人，5个中高职一体合作班级继续保持100%的升学率。

【学生高考就要情况】 首届（2015级）普职融通高考班有3人考入本科，历年留在海洋学校的学生全部考入高一级学校，升学率达到100%；2020年全县中职毕业生就业率达到99.8%，专业对口率达到92.2%。

【合作项目】 2020年常态性合作项目为20个。其中技工学校的合作企业宏润集团、象山建筑行业协会相继为评为浙江省校企合作优秀共同体，浙江云朵网络科技有限公司的陆旭东被评为“宁波市校企合作优秀个人”，宏润集团被评为宁波市“校企合作优秀企业”；省市级校企合作共同体6个，稳步校企一体化育人的“现代学徒制人才培养模式”，2020年学校共有9个专业参与试点培养，相关合作企业为40家，每年为企业培养300余名即招即用的准员工。

【宁波建设工程学校举行延边州建档立卡】 1月10日，宁波建设工程学校为到象山就读的延边州建档立卡学生举行返乡欢送会。20名延边州建档立卡学生和2名州延边老师参加该次会议，县教育局副局长齐海燕、学校校长陈列等出席该次会议。

【宁波建设工程学校为战“疫”加油】 宁波建设工程学校美术学子们拿起画笔，绘制一幅幅海报画作，宣传防疫抗疫知识，向一线人员表达敬意，多件作品被学习强国收录。因“疫”而停，育“人”不停2月10日，受新冠疫情的影响，宁波建设工程学校开展了“停课不停教、不停学”网络课堂教学活动，期待在“非常时期”开展“非常学习”收货“非常成果”。

【宁波建设工程学校入选国家奖学金优秀代表名录】 5月4日，教育部发布《中等职业教育国家奖学金获奖学生代表名录》，宁波建设工程学校盛可营同学入选国家奖学金获奖学生代表名录。

【宁波建设工程学校获“构件安装与制作”赛项全国第一名】 宁波建设工程学校18施工2班朱伟亮、鲍鸿翔两位同学在刚刚结束的2020年“中国建设杯”第三届全国装配式建筑职业技能竞赛中脱颖而出，一举夺得“构件安装与制作”赛项全国总冠军（第一名）。

【县职业院校助力复工】 2020年2月20日，在浙江省委、省政府印发《关于坚决打赢新冠肺炎疫情防控阻击战全力稳企业稳经济稳发展的若干意见》支持复工复产的消息后，企业迎来了希望，但迫于疫情影响，员工无法到岗到位，一时成了各行业的燃眉之急。象山县技工学校作为培养中高级技能人才的学校，响应政府号召，主动对接相关企业，先后安排了389名学生分批次驰援县域内宁波立强、宁波华众控股等35家企业复工复产，第一时间帮助企业解决用工荒的难题，打响了职业院校支援企业复工复产的"第一枪"。截至2020年2月23日，先后有《人民日报》、央视新闻、新华网、光明网、《经济日报》、浙江新闻网等13家中央、省级主流媒体，以及20多家市县级媒体，报道了宁波市职业学校助力企业复工复产的事迹，象山县技工学校学生支援宁波立强机械有限公司的镜头频频亮相，该校助力企业复工的做法成为聚焦点。

【技校教师多次获奖】 2020年10月，第二届全国技工院校教师职业能力大赛浙江省选拔赛在浙江公路技师学院举行，县技工学校朱灵芝老师和陈文敏老师分别获得财经商贸类一等奖和交通类三等奖，此外，朱灵芝老师还获得了"浙江省技术能手"称号。2020年浙江省中等职业学校职业能力大赛（教师技能类），县技工学校陈志能老师获得了汽车维修项目的一等奖第一名，获得"浙江省技术能手"称号。

【群英荟萃聚象山 共话发展育人才——记2020新时代浙江机电一体化人才培育论坛在象山召开】 2020年11月12日，2020新时代浙江机电一体化人才培育论坛在象山开幕。来自全省48所技工院校的160余名专家和教师参加了该次论坛，象山港高级技工学校承办了该次论坛。该次召开的新时代浙江机电一体化人才培育论坛，是对全省技工院校机电一体化人才培育工作的一次前瞻性、实质性的探讨，是一次促进新时代浙江机电一体化人才培育可发展的大会。

【象山港高级技工学校校政企举行签约仪式】 2020年11月26日晚，象山港高级技工学校分别与宁波华众模具有限公司、象山县退役军人事务局举行了签约仪式。象山县人民政府副县长钮晶莹女士、象山县人民政府办公室副主任吴雅敏女士、象山县教育局副局长齐海燕女士、宁波华众控股有限公司董事长周敏峰共同见证这场签约仪式。

【海洋学校培训项目《渔业船员培训》获省"终身学习品牌项目"】 2020年11月，我校下设培训学校（象山海洋技术培训学校）申报的《渔业船业培训》获浙江省终身学习品牌项目。

【宁波职教学会调研团调研宁波海洋职业技术学校】 2020年5月19日，中国职业技术教育学会监事、宁波职业技术教育学会会长、市教育局原局长沈剑光等一行5人组成的宁波职教学会调研团到宁波海洋职业技术学校开展职教调研工作。县教育局副局长齐海燕等陪同。调研团一行实地察看了校园环境、技工实训室、焊工实训室、电子海图室、轮机模拟器、航海模拟器等教学设施设备，他们对我校航海专业的实训设备和教学条件给予高度肯定。

【浙江国际海运职业技术学院考察组到宁波海洋职业技术学校开展考察交流】 2020年9月5日，为加快学校海运专业建设，促进与合作院校的交流，宁波海洋学校海运专业教师与浙江国际海运职业技术学院航海学院党支部书记韩开封等一行就中高职一体化专业合作进行交流。韩开封表示，加强与合作学校的指导交流是高职院校的职责，他们希望双方的合作能促使更多的学生加入航海大家庭，为宁波舟山的海运事业发展贡献各自的一分力量。

成人与社区教育

【概况】 2020年虽受疫情的影响，成人教育、社区教育和老年教育工作在很多方面还是取得的成效，亮点纷呈。各地成人学校参与省市终身教育提升工程建设，促进学校阵地建设和内涵发展，成人教育质量和社区教育影响力。石浦镇成校被评为浙江省现代化学校，爵溪街道成校评为浙江省现代化成人学校，丹西街道成校评为宁波市特色示范成人学校，象山海洋技术培训学校"渔业船员培训"被评为浙江省成人教育品牌和宁波市终身教育品牌项目，西周社区教育学院的"'老兵学堂'助推乡村振兴"被评为宁波市成人教育服务乡村振兴创新项目，爵溪街道和西周镇社区老年大学通过市标准化社区老年大学的评审，另外县非物质文化遗产保护服务队、石浦海峡舞蹈队被评为市优秀社区学习共同体。

推进社区教育进文化礼堂活动，全年社区教育进文化礼堂超过200场次，参加总人数达到1万人以上。完成了宁波市"全民终身学习活动周"启动仪式的承办工作。

全年完成学历教育5097人，非学历培训16.61万人次。成人高中毕业1122人；后备劳动力完成初级工培训考证156人；渔业船员通过培训考证人数5500人；全县社区老年大学共开设了41个常规教学班，在册学员1528人，全年老年教育学位达到1万人以上；学分银行新开户数47568人，教育成果转换81786学分，占常住人口的16.25%。

【师资队伍建设】 县成人教育师资队伍力量总体偏弱，为推动成人教育师资队伍建设，提升教师业务素养和工作能力，职成教教研室采取多种方式进行教育培训，取得一定的成效。在2020年宁波市举办的技能大赛中，县成人学校老师在比赛中取得的成绩有一定的突破，在5个项目的比赛中，获二等奖5名、三等奖3名。

从7月开始，县根据市教育局的要求，开展学习共同体的组织选拔工作，共组织了103个学共体参加网上展示活动，通过县里初选，选出4个动态和6个静态作品参加全大市的网上投票和专家组现场观摩研究和评定打分，最终分别评选出学习领军团队静态作品和动态作品各10组。县5组作品获奖，占到获奖数的1/4，获得全市最好成绩。其中丹西成校选送的农民画《渔网情歌》、象山学院选送的《刺绣》和《象山风光》分别获得学共体静态作品前十名的第一、第三和第五名。贤庠成校选送的《旗袍流韵》和定塘成校选送的《梦之声大塘车灯》两个动态作品分别获得前十名的第三名和第六名。

【2020年宁波市全民终身学习活动周在象山启幕】 11月10日，由宁波市学习型城市建设与终身教育促进委员会主办，宁波市教育局、象山县人民政府承办的2020年宁波市暨象山县全民终身学习活动周开幕式在宁波电大象山学院举行。中国成人教育协会副会长、秘书长崔邦焱，浙江省教育厅原职成处处长、二级巡视员王志泉，宁波市副市长许亚南，中共象山县委书记潘银浩，宁波市教育局党委书记、局长毛才盛等出席开幕式，并共同点亮“学习之屏”开启活动周。各级领导对县推进普惠性社区老年大学建设，开展社区学习共同体培育，开展社区教育进农村文化礼堂和省级学习型城市创建工作都作了肯定，要求全体终身教育工作者要提高思想认识，攻坚克难，推动终身教育的内容更新、手段创新、路径革新，为每一位学习者提供公平而有质量的教育。

【乡村游学课程走进美丽旭拱岙村】 1月10日，象山县社区学院迎来乡村游学课程策划的新突破。学院以女性素养工程为平台，组织全县企业女性法人，以社区居民的身份来到美丽旭拱岙村体验乡村游学课程。参观乡土文化陈列室、品尝“自家屋里”和“廿四节气”四合院作坊点心、分享《全身疾病的眼部表现》文化礼堂养生知识。“好一派美丽清新、让人流连的乡村新貌。”游学的居民无不啧啧称赞。

【社区教育科研“加码”，重点实验项目“并蒂花开”】 12月18日，象山县社区学院承办2020年宁波市社区教育实验项目中期辅导交流会议，象山、宁海和奉化地区6所成校齐聚。宁波电大终身教育处副处长赵文君等一行莅临指导，象山县社区学院校长贺贤敏、副校长于辉勇陪同。

【县首个“老年学堂”落户西周】 10月15日，县首个老年学堂——夏叶老年学堂在西周清溪村正式挂牌成立，宁波市教育局终身与民办教育处处长陈鸿洋、象山县教育局副局长孙丽姹、西周镇党委副书记宋松等相关领导出席并致辞，100余名老年学员参加学堂成立仪式。

【西周社区学院为企业高质量发展按下“加速键”】 7月9日，“企业成长和质量提升”高级研修班在西周社区学院开班，象山县教育局副局长齐海燕、西周镇工业副镇长汤世祥、西周商会执行会长鲍志昌等出席开班仪式，120余名企业管理精英参加培训。本期培训为期3天，是西周社区教育学院和西周商会联合宁波市现代化服务业公共职业培训平台基于“246”万千亿产业集群的企业成长和质量提升工程而精心打造的，是继2019年推出“成长型企业创新驱动与转型发展”专题研修班后三方合作开设的第二期培训。

【西周老兵再返“学堂”】 为提升西周镇退役军人的生活素养，增加他们的健康养生知识，6月16日，西周社区教育学院“老兵学堂”再次开堂授课。本场讲座由西周卫生院的副主任医师陈恩伟医生担任主讲，50多名老兵学员到场参加。

【宁波专家送“及时雨” 定塘农户笑颜开】 9月29日，宁波市首批项目制农机维修技能培训定塘点在定塘成校开班，为期3天。县农机管理站领导、宁波农机维修专家、农机生产厂家技术人员等面对面为定塘农户“传经送宝”，现场气氛十分热烈。

【贤庠成校开展健康素养进文化礼堂系列活动】 为发挥农村文化礼堂的阵地作用，普及健康科学知识，倡导健康生活方式，贤庠成校开展“健康素养进文化礼堂”系列活动。11月12日，大徐村文化礼堂是该次活动的第一站，根据村民要求，贤庠成校该次邀请宁波市第四医院心内科主任医师刘晓凯医生前来讲座。刘晓凯的讲课通俗易懂，他利用自己的专业知识和各种图片向广大老年听课者讲解了高血压的形成与危害，并通过具体事例讲述如做到合理饮食、增强运动、补钾补钙、戒烟限酒等健康的生活知识。

【丹西成校被确定为宁波市农民画教育传承基地】 12月29日，丹西成人学校作为宁波市农民画艺术教育传承基地（象山片区），参加了在象山亲和源召开的宁波农民画艺术专业委员会第一次委员会议。会议确定象山县丹西街道成人学校、象山县丹城第六小学校、象山县鹤浦中学3家单位为第一批宁波市农民画教育传承基地。

【校企合作再行动，探产教融合新路】 6月8日，象山县丹西街道成人学校（丹西社区教育学院）与宁波象窑文化创意有限公司举行校企合作签约仪式。丹西街道成人学校校长黄永江、象山鱼拓非遗传承人、象山渔文化书画院院长、宁波象窑文化创意有限公司总经理卢圣贵参加该次签约仪式。卢圣贵在签约仪式上表示，象山窑牵头推进象山县民间艺术产业发展有着重要意义与发展前景，与丹西街道成人学校达成合作协议，看到了象窑非遗传承美好的发展前景，为做好象窑这个非遗项目的推广、打造象山文化旅游产品充满信心。

高等教育

【概况】 2020年，象山县高等教育的办学形式主要有：国家开放大学教育、奥鹏教育和西南大学远程教育。其中，国家开放大学教育在校生为2717人，奥鹏教育和西南大学远程教育在校生人数为1556人。宁波广播电视大学象山学院有教职工60人，其中：专任教师57人，具有本科学位53人、硕士学位4

人，有副高职务20人、中级职务37人。

【宁波电大象山学院荣获2019年度宁波县级电大目标管理考核一等奖】 1月9日，宁波电大举行工作总结大会暨全市系统工作会议，对目标管理考核先进单位进行表彰奖励，宁波电大象山学院荣获2019年度县级电大目标管理考核一等奖，成为宁波全大市县级电大中唯一获此殊荣的学校。

【云端不停学　春暖花自开——宁波电大象山学院线上开学工作进行时】 3—4月在全民抗疫毫不松劲的关头，宁波电大象山学院的教学工作并未因开学延迟而停步。学院采取应对措施，快速调整教学方案，上下一心，共同迎接这场特殊的挑战。其中教务处有序开展了一个多月的工作，不仅使原本的常规教学工作步入正轨，更主动地把这次疫情带来的各项工作难度和强度默默消融掉。学院开学的教学一线的所有工作都准备就绪，教师做到“停课不停研，网上可指导”，学生做到“停课不停学，线上可学习”。

【多难兴邦精诚志，同心同德显担当——象山学院超额完成2020春季招生任务】 5月11日，宁波电大象山学院举行2020春季招生总结大会，招生主管领导贺贤敏校长总结了春季招生所取得的傲人成绩，指出了招生过程中存在的短板，激励全体教职工继续发扬团结协作，不畏时艰之精神，提前筹划秋季招生工作。

【宁波电大领导到象山学院调研工作】 5月21日，宁波广播电视大学党委副书记、副校长丁振华一行5人，莅临象山学院开展工作调研，并与学院校级领导座谈。

【象山县社区学院参加2020年度省学分银行建设与应用工作推进会】 5月26日，象山县社区学院学分银行分中心全体通过“钉钉视频会议”参加了2020年度省学分银行建设与应用工作推进会。象山社区学院获省终身教育学分银行管理中心颁发的2019年度学分银行先进单位和先进工作者荣誉。

【合作办学显成效　南师大专家考察象山学院】 6月30日，南京师范大学培训中心主任聂守平、教育科学学院副院长邵泽斌、培训中心副主任朱峥一行在宁波广播电视大学副校长陈曙、原继续教育学院院长陈三奇的陪同下到象山学院考察交流。

【李林曙等考察宁波电大象山学院】 9月12日，国家开放大学副校长李林曙、党政办副主任宋庆丰在宁波广播电视大学党委书记黎群、党委副书记副校长丁振华的陪同下到象山学院巡查指导网络教育公共基础课统考考试工作，并开展关于《国家开放大学综合改革方案》的考察调研。

【省电大系统书记、校长研修培训班到象山学院考察交流】 10月29日，省电大系统书记、校长研修培训班一行50人，在宁波电大领导的陪同下莅临象山学院进行考察交流。

【象山学院通过国家开放大学教学检查】 11月12日，国家开放大学教学检查组组长刘西平等一行5人由宁波电大副校长陈曙等陪同，莅临宁波电大象山学院进行开放教育实地综合教学检查。检查组听取了象山学院副校长励聪英关于《创优提质，我们在行动》的工作汇报；分别召开教师和学生座谈会，查阅了教育教学相关档案材料等。

【荆德刚专临考察指导工作】 11月28日，国家开放大学党委书记、校长荆德刚一行在宁波广播电视大学党委书记黎群的引荐下，从全国上千所基层电大中“指名”象山学院亲临考察指导工作。这是学院“创优提质”一体化办学进程的重大里程碑，为推动学院“1246”办学格局注入了新的“强心剂”。荆德刚一行在象山学院校长贺贤敏的介绍下，实地察看了学院开放教育、社会培训、老年教育三位一体硬件共享配套设施，对学校的办学环境、教育教学给出了政府重视、学院敢为、数字平台赋能的高度评价。象山县副县长钮晶莹，象山县人民政府办公室副主任吴雅敏，象山县教育局局长胡海峥、副局长齐海燕等陪同考察。

社会力量办学

【民办学校概况】 截至2020年12月，全县有1所民办完全中学——宁波滨海学校；1所民办九年一贯制学校——象山县浙江师范大学附属大目湾实验学校，民办外来务工人员子女小学6所——象山县启力学校，象山县丹西街道洋心学校，象山县丹西街道三伟学校，象山县石浦镇蓝天学校，象山县丹东街道梅溪小学，象山县北塘学校（校址爵溪街道）。2020年，县民办学校有注册小学生4368人、初中生2254人、高中生1147人、教职工635人，合计占地面积222685平方米，建筑面积123784平方米。

表46　**2020年象山县民办中小学情况一览表**

单位：平方米

校　名	校　址	班级个数	注册学生数	教职工人数	占地面积	建筑面积	时任校长
宁波滨海学校	县中心城区丹阳路	43	1996	247	106268	52820	舒敏芳

续表46

校　　名	校　址	班级个数	注册学生数	教职工人数	占地面积	建筑面积	时任校长
其中:高中部	—	25	1147	—	—	—	—
初中部	—	18	842	—	—	—	—
县大目湾实验学校	象山县大目湾新城	72	2452	211	53085	47643	邱争光
其中:初中部	—	36	1228	118	—	—	—
小学部	—	36	1224	93	—	—	—
象山县启力学校	原工业园区创业路	35	1337	75	4490	6220	周如盛
其中:初中部	—	6	184	—	—	—	—
小学部	—	29	1153	—	—	—	—
象山县梅溪小学	丹东街道梅溪村	6	208	15	3126	1701	欧乐云
县丹西街道洋心学校	丹西街道洋心村	12	476	27	4530	1800	程正华
县丹西街道三伟学校	丹西街道白石村	12	512	21	3200	1650	陈　伟
象山县北塘学校	爵溪街道新瀛路东	17	732	32	2800	1200	藏德贝
县石浦镇蓝天学校	石浦镇昌国东卫村	6	63	7	3600	1600	贺加成

【排查“标准化”建设】 为提高民办流动人口子女学校的标准化水平，县组织召开研讨会，以《浙江省义务段学校建设标准》为依据，立足学校实际，根据“跳一跳，摘得到”的原则，确定了“师资结构优化”、设备设施齐全，校园环境安全三大重点，要求各校对标找差，制定相应的建设方案、时间表和任务书，推进。截至年底，全县各校投入设备设施值达90余万元，其中消防器械57件，体育器材118件、师生电脑120台。

【开展规范化招生】 6—7月，召开启正教育集团招生专题工作会议，研讨修订了《民办流动人口子女学校考核指标》，实施重点考核和过程考核相结合；重点考核学校的消防安全、食堂管理、教学质量、师资建设、财务管理等5大方面，促进学校规范化建设；确定了2020年集团各校招生的班级数、班额数、明确各校的招生规模和招生办法，并实施招生审批备案制度。截至8月，各校整体招生程序规范，未出现一起家长投诉现象，其中6所学校共招收新生为973名。

【李伟伟见义勇为】 7月13日2点20分，李伟伟与姐姐李妮在宁波象山公交西站内偶遇乘客意欲殴打司机的事件。见此急况，李伟伟毫不犹豫挺身而出，抱住肇事者，阻止其的暴力行为。其间，肇事者对李伟伟拳脚相向，使他的腹部、腿部多处擦伤。事后，李伟伟表示此举实属本能，敬老、诚信、友善、正直一直是父母老师对其的教导，参与维护公共秩序与安全是每个社会公民的义务与责任。李伟伟的英勇行为受到了网友们热烈赞赏褒扬，该事件一度冲上微博热搜前列。《人民日报》、共青团中央、《北京日报》、《中国日报》、《中国新闻周刊》等媒体纷纷进行报道，弘扬其见义勇为的正能量。

【博雅奖学金】 大目湾学校发放124万元“博雅奖学金”奖励优秀学生 2020年大目湾学校共发放“博雅奖学金”124万余元，150余名品学兼优的学子获得奖励。学校“博雅奖学金”于2016年年底设立，对校内四年级以上在德、智、体、美等方面发展的在读优秀学生进行奖励。该奖学金的原始基金为200万元，设置一、二、三等奖，每学期末评选一次，于下学期初在开学典礼上进行公开发放。大目湾学校校运会开幕式满溢亚运元素。

【信奥学科竞赛】 大目湾学校学生创县学生参加信奥学科竞赛的最好成绩 12月2日，从中国计算机学会（CCF）主办的信息学竞赛联赛（CSP-J/S）传来消息，大目湾学校907班周禹卿同学取得CSP-J组复赛浙江赛区一等奖，创造了县学生参加信奥学科竞赛的最好成绩。

【优化外来务工子女学校布局】 对全县外来务工人员子女学校布局优化调整工作已启动，一是在工业园区内，以启力学校扩容形式开设的分校工作于9月启动；二是林海学校教学楼的扩建工程与11月动工建设，建筑面积约3200平方米，扩充成普通教室24个，作为专门接纳外来务工人员子女的公办学校。以此实现外来务工子女学校东西两片区相对平衡、就近入学。

【民办培训有限公司】 全县经县民政局或者县市场监管局登记注册，县教育局审批许可、正常经营的培训机构共有100家（并有两家是分公司），其中30

家因办学时间未满一周年不参加年检，70家参加年检的培训机构中，一次性达标为42家，其他38家经整改后达标，截至6月25日，全部达到合格。

为加强对民办教育培训机构管理，规范办学行为，促进县民办教育健康有序发展，根据宁波市教育局相关文件精神，6月，县教育局采用网上资料审核和现场抽查相结合的方式，分类分批对全县符合条件的培训机构进行了年度检查。同时开展星级评定工作，7月，16家培训有限公司参加宁波市星级公司评定，1家被评定为五星级，8家被评定为四星级，7被评定为三星级。

表47　**2020年象山县“证照齐全”民办教育培训机构情况一览表**

序号	办学许可证号	机构名称	举办地点	2019年度年检结果	2019—2020年宁波市诚信办学单位
1	133022570000099	象山剑桥优学教育培训有限公司	丹城靖南路366号三楼	合格	四星级
2	133022570000079	象山县智胜教育培训有限公司	丹东街道文韵路10号	合格	五星级
3	133022570000089	象山县华焌教育培训有限公司	爵溪街道腾蛟东路26号2楼	合格	—
4	133022570000109	象山英学堂小新星教育培训有限公司	丹城丹峰路468号三楼	合格	四星级
5	133022570000180	象山县一泓音乐器乐培训学校	丹城梅溪村委会二楼	合格	—
6	133022570000210	象山县文海培训学校	丹城樟树下村34号	合格	—
7	133022570000220	象山县石浦文心培训学校	石浦镇大庆路25号	合格	—
8	133022570000280	象山县嘉沃教育培训学校	丹城汇金大厦7楼	合格	—
9	133022570000299	象山县小博士教育培训有限公司	丹城建设路339号347弄1—2号	合格	—
10	133022570000309	象山新概念培训有限公司	石浦镇文兴路12号	合格	—
11	133022570000329	象山星光明耀教育培训有限公司	丹东街道丹峰东路468号	合格	—
12	133022570000339	象山县启航学优教育培训有限公司	丹东街道靖南大街366号三楼东首	合格	—
13	133022570000340	象山县旭日培训学校	丹东街道兴盛路216号	合格	—
14	133022570000359	象山县蓬莱小橘灯文化艺术培训有限公司	丹西街道蓬莱路156号	合格	三星级
15	133022570000360	象山县博锐特培训学校	象山县国际风情街6号楼	合格	四星级
16	133022570000370	象山县小叮当作文培训学校	西周镇西瀛大街291号	合格	—
17	133022570000399	象山县叁陆零教育培训学校有限公司	丹东街道天安路135号金穗大厦三楼和五楼	合格	四星级
18	133022570000409	象山县七彩艺术培训学校	丹西街道丹南路537号2楼	合格	三星级
19	133022570000410	象山县新协华教育培训学校	丹城丹南路537号三楼	合格	四星级
20	133022570000429	象山启正教育培训有限公司	丹东街道龙泽名园1号	合格	—
21	133022570000430	象山县春蕾文化艺术培训学校	丹城育才路95号二楼	合格	—
22	133022570000459	象山县石浦方舟教育培训学校有限公司	石浦镇金山路563—565号	合格	—
23	133022570000469	象山县爱上优文学艺术培训有限公司	丹东街道丹峰东路751号3楼西首	合格	三星级
24	133022570000470	象山县天天舞蹈艺术培训学校	丹城丹东街道丹峰路778号	合格	三星级

续表47

序号	办学许可证号	机构名称	举办地点	2019年度年检结果	2019—2020年宁波市诚信办学单位
25	133022570000489	象山新起点培训学校有限公司	石浦镇曙光路118—120号	合格	三星级
26	133022570000499	象山县石艺教育培训有限公司	石浦镇凤栖路123—125号二楼	合格	四星级
27	133022570000500	象山县好学教育培训学校	丹东街道天安路157号绿叶大厦三楼	合格	三星级
28	133022570000530	象山县星满天舞蹈培训学校	丹城涌金广场3号楼5楼	合格	四星级
29	133022570000560	象山县石浦梦响艺术培训学校	石浦镇玉泉路212号	合格	—
30	133022570000580	象山县英才教育培训学校	丹城新华路41号(路边二楼)	合格	四星级
31	133022570000592	象山县多维培训学校	丹城丹峰东路751号三楼东	合格	—
32	133022570000610	象山县石浦艺欣艺术学校	石浦镇凤栖路248号	合格	三星级
33	133022570000729	象山县仁智教育培训有限公司	丹西街道天安路328号奥林大厦三楼3-01、3-02	合格	—
34	133022570000649	象山县菲尔德教育培训有限公司	丹东街道兴盛路500号2-01	合格	—
35	133022570000670	象山县子轩教育培训中心	丹西街道丹阳路515号	合格	—
36	133022570000660	象山创新星新思维教育培训有限公司	丹东街道南河路307—311	合格	—
37	133022570000699	象山县奥星童韵教育培训有限公司	丹西街道靖南路147号2楼	合格	—
38	133022570000709	象山斯蒂姆教育培训有限公司	丹东街道丹峰东路512路	合格	—
39	133022570000719	象山培优教育培训有限公司	丹东街道靖南大街867号	合格	—
40	133022570000739	象山县科宇智适应培训学校有限公司	丹东街道丹峰东路2号202室(汇金大厦)	合格	—
41	133022570000748	象山县七彩虹教育培训学校	丹西街道西谷路322—2号	合格	—
42	133022570000759	象山金锐教育培训有限公司	丹东街道丹峰东路425号	合格	—
43	133022570000769	象山直映启点教育培训有限公司	丹东街道丹南路920号	合格	—
44	133022570000779	象山县乔易斯英语培训学校有限公司	丹东街道丹南路743号	合格	—
45	133022570000789	象山县英才创奇教育培训有限公司	丹东街道天安路35号四楼	合格	—
46	133022570000799	象山县来来教育培训有限公司	西周镇盛世昌明商业街2幢3楼	合格	—
47	133022570000809	象山鼎仁培训学校有限公司	丹西街道天安路328号奥林大厦4楼(4-02)	合格	—
48	133022570000849	象山县常青藤教育培训有限公司	丹东街道丹峰东路667—675号三楼	合格	—
49	133022570000859	象山县子墨教育培训有限公司	丹西街道丹阳路428号	合格	—
50	133022570000869	象山慧童教育培训有限公司	丹东街道丹南路900号	合格	—
51	133022570000879	象山县学数教育培训有限公司	丹西街道丹阳路328号	合格	—
52	133022570000889	象山三人行教育培训有限公司	丹东街道象山港路726号	合格	—
53	133022570000909	象山明德教育培训有限公司	丹东街道丹峰东路702—706号	合格	—

续表47

序号	办学许可证号	机　构　名　称	举　办　地　点	2019年度年检结果	2019—2020年宁波市诚信办学单位
54	133022570000919	象山县智博教育培训有限公司	丹东街道象山港路866号文仕综合广场B区二楼	合　格	—
55	133022570000929	象山优佳教育培训有限公司	西周镇西瀛大街368号	合　格	—
56	133022570000949	象山县智诚教育培训有限公司	丹西街道莱薰路266—270号	合　格	—
57	133022570000959	象山一书教育培训有限公司	丹东街道兴盛路26—48号	合　格	—
58	133022570000969	象山书海教育培训有限公司	石浦镇金山路272—274号	合　格	—
59	133022570000979	象山知渊教育培训有限公司	丹西街道丹阳路450—452号	合　格	—
60	133022570000989	象山县儒苑教育培训有限公司	石浦镇海宁路109号	合　格	—
61	133022570000999	象山墨海教育培训有限公司	石浦镇毓才路1号	合　格	—
62	133022570001009	象山县星光闪闪培训学校有限公司	丹东街道象山港路866号A区二层	合　格	—
63	133022570001019	象山县德胜教育培训有限公司	石浦南屏路193号	合　格	—
64	133022570001029	象山爱优教育培训有限公司	丹西街道新丰路348—350号	合　格	—
65	133022570001039	象山易学堂教育培训有限公司	丹东街道南河路321号	合　格	—
66	133022570001049	象山海伦多兰教育培训有限公司	丹东街道国际风情街9号楼一楼西首	合　格	—
67	133022570001069	象山县优学教育培训有限公司	石浦镇天门路149—155号	合　格	—
68	133022570001079	象山启明星教育培训有限公司	象山县西周镇广瀛路43号	合　格	—
69	133022570001089	象山青蓝教育培训有限公司	石浦镇兴港路174—9、10号	合　格	—
70	133022570000939	象山县嘉乐教育培训学校有限公司	丹西街道壹街区商业广场3—113	合　格	—
71	133022570000019	象山县协华教育培训有限公司	丹东街道象山港路1199号(客运东站四楼)	新　批	—
72	133022570000209	象山县少年派教育培训有限公司	丹城新丰路165号北首	新　批	—
73	133022570001099	象山墨韵教育培训有限公司	象山港路730号1—8号,742号2-1-1	新　批	—
74	133022570001109	象山甬心教育培训有限公司	石浦渔港中路361号	新　批	—
75	133022570001119	象山剑桥英学堂教育培训有限公司	象山县丹东街道国际风情街2号楼二楼	新　批	—
76	133022570001129	象山五车书教育培训有限公司	丹西街道新一路552号三楼	新　批	—
77	133022570001139	象山佰偲特教育培训有限公司	丹西街道壹街区商业广场2号楼裙楼2-01-03、2-08-10	新　批	—
78	133022570001149	象山尚德培训学校有限公司	丹东街道东站路18号	新　批	—
79	133022570001159	象山顶晨教育培训有限公司	丹东街道南河路393号二楼	新　批	—
80	133022570000169	象山恒书堂教育培训有限公司	石浦镇玉泉路181—195号	新　批	—

续表47

序号	办学许可证号	机 构 名 称	举 办 地 点	2019 年度年检结果	2019—2020 年宁波市诚信办学单位
81	133022570001179	象山得一教育培训有限公司	丹西街道丹阳路 495—497 号	新 批	—
82	133022570001189	象山县金羽教育培训有限公司	丹东街道汇金大厦三楼 303 室	新 批	—
83	133022570001199	象山墨缘教育培训有限公司	丹东街道靖南大街 847 号	新 批	—
84	133022570001209	象山启文教育培训有限公司	丹东街道象山港路 694 号 1—3 楼	新 批	—
85	133022570001219	象山国士教育培训有限公司	丹东街道象山港路 1199 号(客运东站)五楼	新 批	—
86	133022570001229	象山精弘教育培训有限公司	丹东街道丹峰东路 488—1 四楼	新 批	—
87	133022570001239	象山想象力教育培训有限公司	丹西街道天安路 564—566 号	新 批	—
88	133022570001249	象山奥星优小教育培训有限公司	丹西街道丹阳路 507—509 号	新 批	—
89	133022570001259	象山知新教育培训有限公司	丹西街道新一路 522 号二楼	新 批	—
90	133022570001269	象山立学教育培训有限公司	丹东街道兴盛路 502 号五楼	新 批	—
91	133022570001279	象山县现玳教育培训有限公司	象山县巨鹰路 107 号博浪恒太城 3F-036-2	新 批	—
92	133022570001289	象山县嘉德教育培训学校有限公司	石浦镇金山路 549—551 号	新 批	—
93	133022570100029	象山县新树人教育培训有限公司	丹东街道象山港路 766 号	新 批	—
94	133022570100039	象山县锦彤教育培训有限公司	石浦镇文兴路 2—7 号	新 批	—
95	133022570100059	象山县百分教育培训有限公司	丹西街道天安路壹街区商业广场二楼 2—38	新 批	—
96	133022570100069	象山县万融教育培训有限公司	丹西街道蓬莱路 80 号	新 批	—
97	133022570100079	象山波特教育培训有限公司	丹东街道丹峰东路 783—791 号	新 批	—
98	133022570100089	象山保集培训学校有限公司	丹东街道丹峰东路 815 号	新 批	—
99	133022570100099	象山恒思教育培训有限公司	丹东街道丹河东路 971 号 9 号楼 2 楼	新 批	—
100	133022570100119	象山儒林教育培训有限公司	丹东街道南河路 393—399 号(一楼)	新 批	—
101	133022570100129	象山县风情街培训学校有限公司	丹东街道丹河东路 981 号风情街 4 号楼 2 楼	新 批	—
102	133022570100139	象山县名实教育培训有限公司	丹西街道新丰路 218 号(海天楼二楼)	新 批	—

【培训机构年中工作会议】 6 月 30 日，象山县 2020 年民办教育培训机构年中工作会议在象山县智胜教育培训有限公司三楼报告厅召开，县教育局职成教科、督导科、安监科等相关科室负责人及各民办教育培训机构的法人代表（校长）参会，县教育局副局长齐海燕出席会议并讲话。会议由县教育局职成教科科长陈红飞主持。会议表彰了 2019—2020 年度宁波市民办教育培训机构诚信办学星级单位，以及 60 余家“众志成城抗疫情，象山教培在行动”慈善捐款先进单位。会上，县教育局相关业务科室负责人就民办教育培训机构的审批及法人转更变更、消防安全，规范办学等具体工作，结合实际案例，开展规范办学业务专题培训，起到了很好的办学指导和警示提醒作用。

师资队伍建设

【概况】　2020年，全县有专任教师5654人，其中幼儿教师1301人，学历合格率为100%；小学教师2002人，学历合格率为99.4%；初中教师1318人，学历合格率为96.76%；普通高中教师622人，学历合格率为100%；职业高中教师380人，学历合格率为98.42%；特殊教育教师31人，学历合格率为100%。

全县新招聘事业编制教师160名，其中学前教育11名、小学63名、培智4人、普通中学76名，职业高中6名。新聘任晋升副高级教师75人，中级教师163人。

【调整教育系统绩效奖金发放办法】2020年11月，根据县委、县政府《关于新时代教师队伍建设改革的实施意见》（县委发〔2019〕22号）文件精神，象山县教育局出台了《象山县教育系统绩效奖金发放办法》。该办法从2020年年初开始构思，经多次座谈、修改，力求发挥绩效奖金分配导向作用，调动广大教职工性和创造性，建立科学长效分配激励机制。新的绩效方案分基础奖项、考核奖项、各类津贴与其他奖项四部分，其中考核奖分为目标管理考核奖和校长基金。绩效奖金发放办法的调整，将人事管理中的财权下放给学校，提高校长办学的自主权，尊重教师工作量和工作绩效，同时向行政、班主任、一线骨干教师、海岛学校、特殊教育倾斜，激发了教师的工作热情和工作稳定性。

【完善中小学教师职称学校自主评聘】2020年6月，省教育厅、省人社厅发文确定县象山中学、象山二中、象山三中、西周中学、丹城中学、石浦中学、文峰学校7所学校为中小学教师职称自主评聘改革试点单位，需进行高级教师职称自主评聘工作。为更好推进职称改革向高级推进，在总结县2019年自主评审工作经验及兄弟县市区做法的基础上，出台了《关于完善中小学教师职称学校自主评审工作指导意见的通知》和《象山县中小学一级教师职称评价指导标准（试行）》。2020通过学校自主评聘完成高级职称晋升23人，中级职称晋升163人，初级职称晋升163人。通过改革，发挥学校用人自主权，发挥教师参评热情，成为学校推进教师队伍建设的重要抓手。

【教师录用调动】　2020年，“依法依规”招聘录用县财政全额拨款公益性事业编制教师160人，从县外调入4人，合计164人。其中，学前教育11人、小学65人、培智4人、初中59人、普通高中18人，职业高中7人。公办教师到达国家法律、“部门规章”确定的退休年龄退休的76人。事业编制教师跨县调动27人，辞职19人。

【多层次培养教育人才】　2020年度，县师训平台上注册教师数为5862人，教师培训总学时数为456022.40学时，人均77.79学时，其中自主选课完成总学时数为317772.4学时，占总学时的69%，教师自主选课后参训率达到99.25%，教评学完成率100%，学评教满意率达98.47%，90学时及以上集中培训完成总人数占总教师数的23%，匹配率达到97.3%。受新冠疫情对影响，县调整了教师培训实施方式，采用以录播课程及线上直播为主的在线教学方式，实现了疫情期间不停学、不停训的师训目标。2020年，县成立班主任发展指导中心和县首批名班主任工作室，组织了面向不同层次班主任的分级培训。与浙派名师研究院合作培养10位高端名师，组织开展教育系统第三期中坚班培训，选派4位校长参加宁波市第二批教育管理名家培训。采用师徒带教与项目研究相结合的方式开展名校长研修活动。出台了县关于《加强中小学（幼儿园）教师专业发展校本研修工作实施意见》，评选县级教师培训典型案例，其中两篇送省比赛，入选省教师培训年度质量报告。评选了16家单位获得2019—2020年度校本研修先进单位，2项师干训课题分别获得省师干训课题一等奖和二等奖。

【名师骨干培养显成效】　2020年完成县名优学科教师、名优班主任的评审工作，经课堂教学考核、论文评审、专业考试、业绩评审、终评会五个环节，最终评选出县名校长3人、县骨干校长8人、县名师30人、县农村名师4人、县学科骨干98人、县农村学科骨干25人、县名班主任8名、县骨干班主任17名。12月，对2014年评上的县级名优教师称号的教师进行了复评，4名教师因离开农村岗位或放弃考核被取消名优教师荣誉，保证了对县级名优教师的动态管理。“名师名校长高端研修班”又结新硕果：金依平被评为正高级教师；何海卫、吕增峰、周孝辉获评宁波市名师；翁立东、郑科薇获评宁波市专业首席教师。

【县第十五届中学及中职“教坛新秀”评选】　2020年，完成县第十五届中学及中职“教坛新秀”评选活动，经综合考评（包含业绩考核、论文评审、专业测试）最终评选出中学“教坛新秀”147人、中职“教坛新秀”30人。“教坛新秀”评选活动为加强青年教师的培养提供了竞技和展示的平台，提高了青年教师的师德修养和专业素质，鼓励优秀青年教师在教育教学岗位上脱颖而出。

【“立三大课堂”开展高端交流】　2020年共开展两期“立三大课堂”，分别是中小学班主任论坛和袁园长管理论坛，涉及创建绿色班集体、校园长管理等主题。在班主任论坛活动中评出一等奖6名、二等奖9名、三等奖15名。通过论坛促进了思想的交流与碰撞，形成了百家争鸣、取长补短的良好氛围，将“立三大课堂”打造成为分享经验、引领成长的高端人才交流平台。

【第三期教育系统中坚班开班】　为加强县教育系统校长队伍建设，2020年第三期教育系统中坚班开班。经校园长推荐、笔试、面试、考察、局党委讨论通过，26名同志入选。中坚班的培训形式采用混合式学习、专题讲座、项目化学习、案例分析、跟岗学习、教育论坛等多种模式，分为理论引领、治校方略、理解应用三大模块。中坚班的开办是为了培养出一批能够担当重担，适应教育改革和发展需要的政治强、业务精、作风正、管理硬的干部队伍，是县培养校长队伍中坚力量的重要举措。

【县146名教师完成中小学教师资格首次定期注册】 教师资格定期注册是对教师入职后从教资格的定期核查。定期注册不合格或逾期不注册的人员，不得从事教育教学工作。根据宁波市教育局有关文件和会议精神，2020年注册对象为2019年新入编教师和重新达到首次注册条件的原暂缓注册教师。经申请人个人网上申报、所在单位信息确认和初审，最后经县、市、省教育部门审核，共计146名符合条件的教师完成首次注册工作。

【推进幼儿园“县管校聘”管理改革】 2019年6月23日，《象山县幼儿园“县管校聘”管理改革工作实施细则》出台，结合中小学县管校聘的优秀经验和成果，决定在幼儿园推行“县管校聘”管理改革。通过实施幼儿园教职工“以县为主”人事管理体制改革，落实幼儿园用人自主权，加强幼儿园管理，为教师合理交流轮岗提供制度保障。同时引导教师向农村幼儿园、薄弱幼儿园流动，促进县域内师资均衡配置，提高了人员使用效率和教师工作性，促进幼儿教育优质均衡发展。

【管理工作成绩突出】 2020年3月30日市委市政府聚焦优化社会治理体系、提升社会治理效能，会探索、主动作为的社会管理工作先进典型，对象山中学、象山县实验小学、象山县新桥学校、象山海韵幼儿园4个集体及徐波1位同志予以通报表扬。

【建立健全师德师风长效机制】 2020年6月4日象山县教育局印发《建立健全师德师风长效机制实施方案》，就师德师风养成教育机制、师德师风激励机制、师德师风考核机制、师德师风失范惩处机制、师德师风建设督查机制、师德师风建设保障机制进行了详细的阐述和要求。始终抓紧师德师风这根弦，开展了师德师风专项整治活动，加强突击检查，着力解决师德师风方面存在的突出问题，严肃查处群众反映强烈的“有偿补课”“课上不讲课下讲”“收受礼品、礼金”及体罚或变相体罚学生等突出问题，警示查处一批师德不正、行为失范的从教人员，提高广大教师的职业道德认识，规范教师的职业道德行为。

【263名教师荣获省市县先进荣誉】 2020年浙江省“春蚕奖”评选结果公布，象山中学严灵剑、教科研中心单森权、定塘中学蒋健、昌国小学鲍晓燕4位教师荣获浙江省春蚕奖。象山县丹城第三小学祝俞蕾、象山县浙江师范大学附属大目湾学校周燕慧、象山县第二中学陈燕、宁波建设工程学校张海钧、象山县兰园幼儿园徐玮等5位教师荣获宁波市第三十三届“王宽诚育才教师”。通过象山县2019学年度优秀教师、优秀德育工作者评选活动，宁波电大象山学院伊黄莹等50位同志为象山县第十一届园丁奖，宁波电大象山学院励聪英等103名同志为2019学年度优秀教师，象山中学曾思琴等101名同志为2019学年度优秀德育工作者。省市县各级先进荣誉的评选弘扬了教师爱岗敬业、为人师表、严谨笃学的优良品质，通过选树典型发挥示范引领和先锋模范作用。

教育合作与科研

【概况】 围绕“决策咨询、专业研究、行业指导、服务基层”四大功能，加强教育科研机构和队伍建设，完善县、校两级教育科研网络，加大经费保障力度，发挥教科研在教育改革、教育质量、教师成长等方面的先导、引领和服务作用。

实施以研促教、教研结合，课程改革和课堂变革，加强教科研成果推广应用，产生省教育科研优秀成果3项，市教育科研优秀成果14项，2020年县省级教科研成果获奖位列宁波市第四。还获得全市两个唯一：宁波建设工程学校林娅的《中职学校HOPE生涯教育模式的构建与应用》被立为教育部重点课题；象山县新港小学校长张远洋《主题馆DIY：课程综合化学习新样态》在长三角城市群教育科研主题征文中获一等奖。

【开展区域教育改革实验】 2020年9月24日，教育部教育发展研究中心“绿色可发展教育研究与试验项目”课题成果中期汇报会议在江苏省苏州市举行。象山县教育局子课题《人的可发展：乡村教育振兴的象山行动》得到国家教育咨询委员会委员谈松华等专家和同行的高度肯定。

【倡导专业阅读活动】 倡导教科人员读哲学原著。在象山县民进支部的资助下，2020年继续开展共读活动，地带动了学校教师专业阅读活动的广泛开展，多个学校组建教师共读群。

【成果推广与学术引导】 及时传达当前国内外教育改革的前沿信息。与杭州师范大学教育学院合作完成“象山县基础教育创新工程”成果总结（《基础教育创新发展研究——以象山模式为例》由科学出版社出版）之后，继续探索“借智办学”。譬如，儿童哲学与语文学科的整合是象山县丹城第六小学正在探索中的课题，为了开展课题实践研究，学校邀请杭州师范大学儿童哲学研究中心主任高振宇博士到校现场指导，同时，学术活动通过网上直播向全县小学语文教师开放。通过学术引导，儿童哲学教育的理念在象山初步得到传播。利用“象山教师培训公开课”（微课）、优秀课题报告范例及针对性强的讲座材料等，为一线教师撰写课题报告和论文提供借鉴。

【加强班主任专业发展】 成立“象山县班主任专业发展指导中心”，启动首批名班主任工作室。从2020年1月起，“象山县名班主任工作室”微信公众号每周推出一篇活动报道，推进了全县班主任专业发展研究。

【培养新手教科主任】 继续聘请8位县学校教科骨干为“象山县教科研中心兼职教科员”。2020年又组建“教科三人行”团队（共遴选10名导师，每位导师带2名徒弟，相互学习，称之为“三人行”），在课题选题论证、中期汇报、成果展示等现场观摩活动中培养新手教科主任。

教育经费

【概况】 2020年全县教育经费总投入为212370万元，教育经费总支出为212340万元。教育部门办学生均教育经费小学为23479.89元，初中为30410.69元，普通高中为36947.52元，职业高中为36870.72元；生均日常公用经费小学为1800.44元，初中为2198.25元，普通高中为2736.52元，职业高中为4124.57元；2020年全县小学生生均占地面积与建筑面积分别达到15.08平方米和7.84平方米，初中生均占地面积与建筑面积分别达到45.05平方米和21.30平方米，超过省平均水平。

【推进重点工程和民生实事项目】 2020年，县教育局共完成年度投资1.42亿元，实施中小学建设项目14个，新南幼儿园迁建工程、高塘学校教学楼及教师宿舍楼工程、定塘中学教学楼工程完成竣工并投入使用。同时兑现一批民生项目，建成中小学和等级幼儿园“阳光厨房”30家、学校薄改5所、幼儿园扩容4所等市县民生项目。

【推进薄弱学校改造】 为促使义务教育均衡发展，缩小校际差距。2020年，完成高塘学校教学楼及教师宿舍楼工程、定塘中学教学楼工程建设，象山县培智学校食堂工程、象山县东陈初中教学楼扩建工程、林海学校综合楼工程薄弱学校改造工程得以启动，投资总额5165万元，总新、改（扩）建筑面积为11263平方米。

【实施幼儿园扩容工程】 2020年，县教育局投入6000万元加大幼儿园建设，新建、改扩建了4所幼儿园，建筑面积为22511平方米。其中建设规模18班，建筑面积7000平方米的新南幼儿园迁建工程于2020年8月投入使用。继续推进春晖、延昌、晓塘等幼儿园项目的前期工作。

校园安全

【概况】 2020年，县教育局围绕教育领域综合改革中心任务，根据省、市、县有关学校安全工作要求，坚持“安全第一、预防为主、综合治理”的方针，坚持校园安全与基础建设、重点工作、防控治理和机制建设相结合，加强安全监管，安全隐患排查整治，确保了校园平安稳定。全县143所学校（含三级及以下幼儿园）平安校园创建率为100%，其中获评宁波市AAAAA级平安校园39家。

【层层传导压实校园安全主体责任】 严格落实“党政同责、一岗双责、齐抓共管、失职追责”校园安全工作的责任体系。4月，县教育局印发《2020年象山县学校安全稳定综治工作指导意见》，与104所学校（幼儿园）、下属单位签订了2020年学校安全稳定综治工作目标管理责任书、反恐怖等工作责任书，明确了学校安全稳定综治工作责任主体。各校按照教育部《中小学校岗位安全工作指南》要求，与教职员工分类分岗位签订安全责任书，分解落实40个学校安全综治管理工作职责，形成了安全工作一级抓一级、层层抓管理、人人抓落实的长效机制和齐抓共管的格局。

【县开展校园安全大排查大整治行动】 一是做好开学督查。结合开学巡视等工作，由局领导带队分组开展学校安全检查工作，先后分14批次对学校复学、安全卫生等进行督查，消除各类隐患200余个。二是做好平安现场检查。6至11月，组织3组人员检查了80家培训机构，开展消防、安保、防疫等检查，整改隐患共145个。三是做好每月排查。委托第三方公司分两组每月开展校园安全轮回检查工作，汇总存在问题，分析隐患原因，督查学校落实整改，消除安全隐患。

【最严防疫措施确保师生平安】 疫情期间，县以最严措施落实学校疫情防控工作：一是进出校园严格实行审批核实查验制度。各校严格进校“五步法”和24小时封闭式管理，无关人员一律不得进入校园。二是制定应急预案，完善应急体系。各校根据《象山县教育系统新型冠状病毒感染的肺炎疫情防控工作应急预案（试行）》要求，制定本校防控方案并开展演练。3月26日，象山县学校开学疫情防控演练暨培训动员会议在文峰学校举行，全县各中小学、幼儿园、家长代表等150多名参加了演练。各校随后在复学前一周进行演练与培训，共演练了93场次，累计有8000余人参加。三是排查疫情防控风险隐患。截至年底，已排查就餐教学间隔、人群聚集、错时措施、晨检流程、家长接送、校门口交通、通风消杀等各方面隐患138个，均已整改到位。参与排查276人次，排查学校、幼儿园、培训机构350余家。

【整体智治交通安全管理】 一是定期开展头盔佩戴检查通报工作。县教育局通过大数据平台视频监控每月抽查10—20所学校，检查师生、家长骑乘电瓶车头盔佩戴情况，截至年底已累计检查100余所学校，通报学校30余所，师生头盔佩戴率为85%左右，家长为88%左右。二是继续开展“校园最后500米”步行通道建设工作。联合住建、交警等部门，投入近70万元对林海学校、天安幼儿园等10所学校进行改造，确保学生上下学的交通安全。三是做好学生集体外出审批工作。10月，学生集体用车都在线上报备，由教育、交通、运管等部门审核把关，累计审批130余批次，涉及车辆300余辆，外出学生2万余人。

【县开展安全管理人员培训】 一是开展新保安上岗培训，30名新聘保安参加了安保技能培训，取得了上岗资格。二是消控室管理人员培训，全县16名有消控室学校的管理人员参加了消控室操作上岗证培训。三是学校安全管理干部培训，安排学校管理干部6人分别参加在上海、宁波举行的业务知识培训，提升了管理水平。

【开展预防学生溺水工作】 4月以来，县教育局连续印发中小学幼儿园预防学生溺水工作1号、2号预警通知，加强宣传教育，注重预防措施，密切联防联动，开展隐患排查。各校挖掘防溺水教育资源，通过安全教育平台、主题班队会、黑板报、专题讲座、发布微信公众号、救护培训等多种方式和途径，开展校内外防溺水宣传教育。组织防溺水巡查员对校园及周边水域进行安全隐患拉网式排查，要求家长签订防溺水安全承诺书。6月，分16组对全县137所学校幼儿园开展防溺水"十个一"督查工作。累计发放告家长书8.2万余份，举办线上专题讲座65场次，推送防溺水安全告知20万余条次，完成线上家访7.6万户，排查水域隐患300余个。

【加强校园安保防护网建设】 一是做好学校保安服务外包工作。9月开始，由1家公司的劳务派遣转变为2家公司的服务外包，改变了用工性质，提升了竞争局面，提高了安全防护水平。二是校园安防建设。加快人脸识别、车辆识别、校园抓拍、视频监控等四大系统建设，制定《加快推动全县中小学幼儿园安全防范建设三年行动计划》，有序推进校园人防、物防、技防及长效机制建设，逐步构建系统、科学、智慧、高效的校园安全防范体系。三是做好保安排查工作。6月，对全县381名保安（含个体园）开展持证资质、矛盾纠纷、精神疾病及身体健康逐一开展排查，确保保安队伍"纯洁性"。

【食堂食品安全管理全流程可溯】 严格落实校园食品安全守护行动，严把食品采购第一关。2020年，全县128所中小学、幼儿园实行大宗物品统一配送或定点采购（其中84所实行统一配送，44所实行定点采购）。加强食堂人员培训，100余所学校210名教师取得食堂人员管理资格等级证书。餐饮安全管理水平提升。推行食堂工作信息公开制度，重点公开每周菜单、饭菜价格、带量食谱、财务收支等九方面信息，及时回应家长和社会关注的热点问题。开展食堂集中用餐陪餐制度和食堂开放日活动，累计陪餐人数1000余人，家长参与开放日9000余人。实施食堂等级提升工程，截至年底，全县公办中小学食堂餐饮量化分级A、B等级占比达100%，建成智慧阳光厨房22所。

【开展校园安全风险评估】 为建立县校园重大风险清单和数据库，制定风险管控分级措施，县教育局委托第三方评估公司对全县校园风险开展实地评估。该次风险评估针对象山县行政区域内各教育段学校的场所设施（校园安保、食堂、教学楼、校舍、交通、实验室、小型超市、锅炉房、周边环境、校园基础建设施工等场所设施）、溺水、疾病突发、学生心理问题、意外伤害等方面进行现场走访和安全隐患排查，总计排查幼儿园、小学、九年一贯制学校、初中、高中、特殊教育学校、成人学校共116家。辨识危害因素840个，通过的危害辨识、暴露及脆弱性分析，形成象山县学校区域安全风险评估结果，其中重大风险0项、较大风险2项、一般风险114项，低风险0项。

【依托专安会破解校园安全难题】 一是设置机构，成立组织。3月，成立县教育卫生专业安全生产（消防安全）委员会，钮晶莹副县长担任主任，12个相关部门为成员单位，办公室设在县教育局。二是制订制度，分解职责。4月9日，在县府办召开第一次教育卫生专业安委会工作例会，12个部门成员单位参会，会议上就《象山县教育卫生专业安全生产（消防安全）委员会组成人员及工作规则》进行了探讨，分解落实县教育卫生专业安全生产（消防安全）委员会、办公室及成员单位工作职责。三是聚焦难点，重点化解。9月22日，专安会牵头交警、交通集团等8个相关成员单位，优化外国语学校附近5个公交站点建设方案，解决了校门口交通拥堵问题。四是检查排查，消除隐患。4月15日前，县教育局、县住建局对第一批复学的29所学校食堂特种设备进行了检查，整改软管老化、库内煤气瓶摆放过多等36个安全隐患。国庆前夕，专安会由局分管领导带队，组织公安、消防、市场等部门分2组对8所学校、医院的消防、安保进行了重点检查。

【全县学校安全工作会议召开】 6月18日，全县学校安全工作会议召开。会上，县教育局、县公安局、县卫生健康局、县市场监管局、西周镇、涂茨镇、丹城五小、滨海幼儿园等8家单位就各自职责内学校安全工作现阶段有关情况及下阶段任务安排作了交流发言。副县长范建富强调，教育为民生之首，保障学校安全稳定，是教育改革发展的前提，是维护社会稳定的重要基础。要求完善校园周边治理合作机制、协同作战机制，公安、交通、卫健、市场、应急、消防、水利和渔业、住建及各镇（乡）街道等部门要将校园安全作为整个平安建设工作的重中之重，加强工作指导和协同配合，打好学校安全工作组合拳，确保学校安全工作万无一失。副县长钮晶莹要求镇乡（街道）及有关单位要部门联动，抓好重点管控，对涉及交通安全、防溺水、食品安全等关键安全工作，加大监督管理及配合力度，全力筑牢校园周边安全"防护网"，始终确保校园安全、稳定、和谐。

【局领导看望慰问"勇敢保护公交司机"学生】 7月15日，县教育局党委委员林诸带领学校领导看望慰问县滨海学校高三学生李伟伟，并送上慰问品和2000元慰问金。据了解，7月13日2点20分，象山公交西站内，一名抽着香烟的中年男子上了205路公交车。驾驶员胡良明发现抽烟的乘客后，提醒乘客车内禁止吸烟，谁料被气恼的男子卡住脖子……千钧一发之际，滨海学校高三学生李伟伟上前抱住打人男子，保护了驾驶员和一车乘客的安全。林诸对李伟伟关键时刻勇于挺身而出的行为大加赞赏，认为他的行为体现了新时代青少年的道德风采，彰显了“文明象山 善行象山”的好风尚，为县文明城市创建增添了一道道靓丽的色彩。号召全县师生学习他见义勇为的高贵品质，自觉培养正确的价值取向和人生追求，弘扬社会正气，倡导良好社会风尚。

【县教育卫生专安委开展安全生产检查专项行动】 9月24日，县教育卫生专业安全（消防安全）委员会赴相关单位开展安全生产检查专项行动。专项行动检查由县教育局、县卫生健康局分管领导分别带队，组织公安、消防、市场监管等部门对西周镇、贤庠镇等4个镇管辖内的8所学校、医疗卫生单位进行了重点检查。检查采取现场检查方式，就校园安保、消防安全、食堂食品、疫情防控等情况进行了详细的检查。针对各单位安全生产日常监管中存在的问题，县教育卫生专安委检查组逐一进行了细致的督导检查，并提出了整改意见，要求相关单位一步落实主体安全职责，加强安全生产工作的领导，安全意识，加强隐患排查，迅速行动、着手整改，坚决消除安全生产隐患，提供一个健康和谐的教学和医疗环境。

科学技术

综　述

县科技局以建设省创新改革联系点为主线，贯彻落实“六争攻坚、三年攀高”行动，发挥创新优势，开展服务，打造科技铁军，全力为打赢疫情防控阻击战和实现象山经济社会高质量发展提供强大科技支撑。2020年，全县实现高新技术产业产值334.6亿元，占规模以上工业产值的51%；实现高新技术产业增加值72亿元，同比增长4.6%；实现高新技术产业（全部）投资额30.3亿元，增长27.4%。全社会研究开发费用支出17亿元，占GDP比重2.8%，其中规模以上企业研发经费支出15亿元，同比增长10%. 完成技术交易额6.8亿元，同比增长28%。

全年完成市科技型中小企业备案182家，认定县科技型小微企业77家、科技型“小巨人”培育企业19家，新增高新技术企业43家，总量达到142家，实现三年翻番目标。新认定省级企业研究院3家、省级高新技术企业研究开发中心4家，市企业工程（技术）中心15家，县级企业工程技术中心29家。截至12月31日，全县科技信贷余额9778万元，兑付科技金融专项资金共计340万元。2020年增投2家创新型初创企业450万元，累计投向8家创新型初创企业，投资总额2450万元，初步形成以财政投入为引导、企业投入为主体、社会资本为支撑、优惠政策作扶持的全社会科技投入体系，解决企业融资难、融资贵问题。

（张佳茹）

科技规划与科研项目

【云朵网科承担科技部项目】 浙江云朵网科技股份有限公司承担“区域教育化突发公共卫生事件协同处置平台研发及应用示范项目”。

【近200个项目列入各类科技创新规划】 为协同攻关的方式开展研发创新，支撑和引领经济转型升级，过企业自报、科技部门推荐、专家严格评审等环节，高精度激光纹理加工关键技术与装备和新生儿专用磁共振成像系统2个项目被列入宁波市科技创新2025重大专项，每家企业最高可以获得不超过1000万元的补助。“科技创新2025”重大专项是落实市委“六争攻坚、三年攀高”行动重大举措，是围绕全市经济高质量发展要求，聚焦细分领域，以突破产业重大关键核心技术，开发重大战略产品（服务），引领、支撑产业转型升级的重大科技创新专项计划。

2020年列入各类科技创新项目近200项。

表48　　宁波市“科技创2025”重大专利表

序号	项目名称	承担单位	公布文件
1	高精度激光纹理加工关键技术与装备	宁波劳伦斯表面技术有限公司	甬财政发〔2020〕1214号
2	新生儿专用磁共振成像系统	宁波戴维医疗器械股份有限公司	甬财政发〔2020〕1214号

表49　　列入宁波市关键核心技术应急攻关计划表

序号	项目名称	承担单位	公布文件
1	高安全防爆电池壳超精密智能伺服成型装备关键技术开发	浙江易锻精密机械有限公司	甬财政发〔2020〕1157号
2	水声功率放大器的研发	宁波世纪海洋信息科技有限公司	甬财政发〔2020〕1157号

表 50 **宁波市重点自主创新产品表**

序号	项 目 名 称	承 担 单 位	公布文件
1	五代三相光伏逆变器 GCI-(80-110)K-5G	宁波锦浪新能源科技股份有限公司	甬科高〔2020〕43 号
2	EDC-80 型新能源柱形电池壳智能冲压设备	浙江易锻精密机械有限公司	甬科高〔2020〕105 号
3	新一代小型化空气绝缘开关设备(箱型固定式交流金属封闭开关设备)XGT9-12	宁波天安智能电网科技股份有限公司	甬科高〔2020〕105 号
4	船用二甲醚燃气发动机	象山永锋新能源有限公司	甬科高〔2020〕105 号
5	浙江省文化产业大数据服务平台	浙江云朵网科技股份有限公司	甬科高〔2020〕105 号
6	β-葡聚糖	宁波希诺亚海洋生物科技有限公司	甬科高〔2020〕105 号
7	船用脉冲压缩导航雷达 SR-1710	宁波盛洋电子科技有限公司	甬科高〔2020〕105 号

表 51 **宁波市智团创业计划项目一览表**

序号	项 目 名 称	承 担 单 位	公布文件
1	基于群体智能技术新型海上避碰与救生终端的研发	宁波海网信息技术有限公司	象科笺〔2020〕46 号
2	全自动智能储能物联网系统及储能箱的设计及研发	宁波安声物联科技有限公司	象科笺〔2020〕46 号
3	欧标电动汽车充电通讯解决方案及充电通讯系统的研发	宁波启象信息科技有限公司	象科笺〔2020〕46 号
4	高性能海绵城市渗透材料的研发及产业化	宁波明芝新材料科技有限公司	象科笺〔2020〕46 号

表 52 **确立象山县科技计划项目 80 项一览表**

序号	项 目 名 称	承 担 单 位	公布文件
1	风电机组高硅固溶主轴关键技术研发及产业化	宁波日星铸业有限公司	象科〔2020〕5 号
2	高焓值可清洗全热交换芯的研发	宁波威霖住宅设施有限公司	象科〔2020〕5 号
3	光学增亮基膜关键技术研发及产业化	宁波勤邦新材料科技有限公司	象科〔2020〕5 号
4	超高速可调节式新月型纸张成型器的研发	宁波华辰机械有限公司	象科〔2020〕5 号
5	智能超高速无压力啤酒输送系统的研发	宁波天鱼机械有限公司	象科〔2020〕5 号
6	硅油扭振器阻尼层厚度无损检测关键技术及应用研究	宁波赛德森减振系统有限公司	象科〔2020〕5 号
7	雷达在船舷号智能识别的关键技术研究	宁波盛洋电子科技有限公司	象科〔2020〕5 号
8	全自动高速穿经机器人的研发	中机智能装备创新研究院(宁波)有限公司	象科〔2020〕5 号
9	高精密汽车天窗导轨关键技术研发	宁波运生电气科技有限公司	象科〔2020〕5 号

续表52

序号	项目名称	承担单位	公布文件
10	高硬度抗高压“O”形过氧氟胶密封圈的设计及研发	浙江林氏汽车零部件有限公司	象科〔2020〕5号
11	YMD-250M自动深井泵的设计及研发	宁波三欣泵业有限公司	象科〔2020〕5号
12	轻量化铝合金八轴齿轮箱的设计及研发	宁波坤宸机械有限公司	象科〔2020〕5号
13	真木热压注塑模具的设计及研发	宁波众拓模具科技有限公司	象科〔2020〕5号
14	抗渗抗裂砂浆的研发	宁波壁美建材有限公司	象科〔2020〕5号
15	基于深度学习的婴幼儿指纹识别设备和系统的研发	宁波拓寻科技有限公司	象科〔2020〕5号
16	汽车用高性能无毛刺长寿命紧固件开发	宁波晟利紧固件有限公司	象科〔2020〕5号
17	立式给料装置的研发	浙江唯拓环保设备有限公司	象科〔2020〕5号
18	桥梁桥墩模具的研发	宁波振晨机械制造有限公司	象科〔2020〕5号
19	固定球阀支撑板连接系统的设计及研发	象山宇翔机械有限公司	象科〔2020〕5号
20	三螺杆泵铜铝复合衬套及低压铸造工艺的设计及研发	浙江纳德金属制品有限公司	象科〔2020〕5号
21	高稳定性结构的保温型砌墙用烧结多孔砖的研究与开发	宁波群惠新型墙体材料科技股份有限公司	象科〔2020〕5号
22	FTTH光纤快速连接器的设计	宁波凯勒电气有限公司	象科〔2020〕5号
23	三点反向弯曲压力矫直机的设计及研发	宁波骏嘉重型机械制造有限公司	象科〔2020〕5号
24	光伏逆变器20K电感壳的研发及量产化	宁波三诚压铸模具有限公司	象科〔2020〕5号
25	基于海产品加工副产物的功能肽制品关键技术及其产业化	宁波诚元海洋生物科技有限公司	象科〔2020〕5号
26	绿色优质食味水稻新品种筛选和健康栽培技术集成示范	象山县农业技术推广中心	象科〔2020〕5号
27	“红美人”标准化栽培技术示范园推广	象山仁义果蔬专业合作社	象科〔2020〕5号
28	农田土壤实时检测系统技术与装备应用与推广	象山晓塘农业发展有限公司	象科〔2020〕5号
29	工厂化高密度小龙虾繁育技术推广与示范	宁波禾鼎淡水养殖有限公司	象科〔2020〕5号
30	缢蛏“申浙1号”良种繁育及绿色稳产技术集成与产业化示范	象山来发水产育苗场（普通合伙）	象科〔2020〕5号
31	大黄鱼内脏白点病防控技术研究与示范	象山兴鱼水产养殖专业合作社	象科〔2020〕5号
32	蓝莓标准化栽培技术示范推广	象山县新桥镇上七里村股份经济合作社	象科〔2020〕5号
33	臭氧技术应用“红美人”柑橘病害防治研究与示范	象山仙岛果蔬专业合作社	象科〔2020〕5号
34	红茶加工关键设备引进及精制工艺示范	象山半岛仙茗茶业发展有限公司	象科〔2020〕5号
35	马口鱼繁育及养殖产业化示范	宁波石昌渔业发展有限公司	象科〔2020〕5号
36	金刚虾接力单茬大棚精养试验	象山宏顺水产发展有限公司	象科〔2020〕5号

续表52

序号	项 目 名 称	承 担 单 位	公布文件
37	猕猴桃-柑橘套种技术研究与应用	象山果珍源农业科技有限公司	象科〔2020〕5号
38	“法师缀化”新品种多肉植物标准化栽培技术示范推广	宁波景栖苑园艺有限公司	象科〔2020〕5号
39	温室高架草莓高效栽培技术研究	象山青柯果蔬专业合作社	象科〔2020〕5号
40	优质“蜂蜜枇杷膏”研制方法及技术推广	宁波华澳农业科技发展有限公司	象科〔2020〕5号
41	象山素桃标准化生产示范与贮运保鲜产业化	宁波市恒诚生态农业科技有限公司	象科〔2020〕5号
42	优质稻米新品种引进与示范	象山丰年农机专业合作社	象科〔2020〕5号
43	赤松茸引进及工厂化栽培技术研究与示范	宁波宏森源农业科技有限公司	象科〔2020〕5号
44	南美白对虾养殖尾水零排放技术研究及应用示范	象山甬昆渔业发展有限公司	象科〔2020〕5号
45	象山柑橘‘红美人’化肥减施技术集成与模式构建	宁波丰科源农业科技有限公司	象科〔2020〕5号
46	牛樟芝培育种植方法的研究与应用	宁波峤锋生物科技有限公司	象科〔2020〕5号
47	中国对虾早茬养殖试验	宁波市海发苗种有限公司	象科〔2020〕5号
48	南美白对虾产品质量主要生物风险因子的检测和控制技术研究应用	象山兴隆对虾专业合作社	象科〔2020〕5号
49	糯质白桃培育技术研究与示范	象山绿藤农业科技发展有限公司	象科〔2020〕5号
50	东魁杨梅优质丰产管理技术的示范及推广	象山尧君果蔬专业合作社	象科〔2020〕5号
51	猕猴桃细菌性溃疡病综合防控技术示范	象山永鑫果蔬专业合作社	象科〔2020〕5号
52	新型紫菜收叠装置的研发和应用	宁波莫宁森家庭农场有限公司	象科〔2020〕5号
53	大果形“王子安海”杨梅新品种引种试验	象山马岙立增丹晶杨梅农场	象科〔2020〕5号
54	象山县海浪预报技术研究	象山县气象局	象科〔2020〕5号
55	县对虾产业养殖尾水排放现状调查及治理对策	象山县对虾产业协会	象科〔2020〕5号
56	精品陶艺“木叶盘”的研究及探讨	象山文峰学校	象科〔2020〕5号
57	高压旋喷桩复合地基在软土区地下综合管廊工程中的应用研究	浙江良和交通建设有限公司	象科〔2020〕5号
58	建筑装潢垃圾生态化循环处理系统及环保水泥砖的研发和推广	象山创兴再生资源有限公司	象科〔2020〕5号
59	竹根雕预前加工处理工艺及防霉裂精益化处理的研究及推广	象山海仁竹雕文化发展有限公司	象科〔2020〕5号
60	“留住手艺、传承匠心”民间手工艺传承研究与探讨	宁波凯瑟琳信息科技有限公司	象科〔2020〕5号
61	象山县完善重大突发疫情防控体系建设研究	象山县疾病预防控制中心	象科笺〔2020〕5号

续表52

序号	项目名称	承担单位	公布文件
62	EV-A71疫苗上市后对象山县手足口病流行影响研究	象山县疾病预防控制中心	象科笺〔2020〕5号
63	基层医院腹腔镜肝切除术治疗肝脏良恶性肿瘤的临床应用	象山县第一人民医院	象科笺〔2020〕5号
64	乳头切开刀辅助支架置入对结直肠癌肠道梗阻患者的应用价值研究	象山县第一人民医院	象科笺〔2020〕5号
65	常见皮肤癣病人工智能（AI）辅助诊断体系的建立	象山县第一人民医院	象科笺〔2020〕5号
66	超声引导下激光消融治疗小肝癌的效果研究	象山县第一人民医院	象科笺〔2020〕5号
67	草铵膦中毒严重度的预测因素研究	象山县第一人民医院	象科笺〔2020〕5号
68	基层医院应用纳米碳导航技术在甲状腺癌手术中对甲状旁腺的保护研究	象山县第一人民医院	象科笺〔2020〕5号
69	智能平台对全院糖尿病患者的临床价值评价	象山县第一人民医院	象科笺〔2020〕5号
70	以需求为导向的县域医共体静脉治疗专科护士培养的实践与效果	象山县第一人民医院	象科笺〔2020〕5号
71	象山海岛地区消化道肿瘤筛查及早诊早治	象山县红十字台胞医院	象科笺〔2020〕5号
72	（象山县）海岛居民原发性痛风患者的低治疗依从性统计及改善初探	象山县红十字台胞医院	象科笺〔2020〕5号
73	eIF5A-2基因在非小细胞肺癌术后复发转移中的作用及其机制研究	象山县中医医院	象科笺〔2020〕5号
74	耳灸配合耳穴贴压治疗心脾两虚型不寐的临床研究	象山县中医医院	象科笺〔2020〕5号
75	宁波象山东部沿海地区尿酸增高调查和综合防治研究	象山县中医医院	象科笺〔2020〕5号
76	象山民间疗法拾遗	象山县中医药学会	象科笺〔2020〕5号
77	亚运会象山赛区公共卫生保障体系探索研究	象山县科技人才联合会	象科笺〔2020〕5号
78	科学梦想 相伴成长——提升象山县青少年科学素养的研究	象山县青少年科技活动中心	象科笺〔2020〕35号
79	中职电子商务阵地共建共享的人才培养模式研究	宁波建设工程学校（象山县职业高级中学）	象科笺〔2020〕35号
80	疫情防控常态化背景下激发海归人才创业创新活力的对策研究	象山县海外高层次人才联谊会	象科笺〔2020〕35号

表 53　　象山县重大(重点)项目表

序号	项 目 名 称	承 担 单 位	公布文件
1	风电机组高硅固溶主轴关键技术研发及产业化	宁波日星铸业有限公司	象科〔2020〕5 号
2	高焓值可清洗全热交换芯的研发	宁波威霖住宅设施有限公司	象科〔2020〕5 号
3	光学增亮基膜关键技术研发及产业化	宁波勤邦新材料科技有限公司	象科〔2020〕5 号
4	超高速可调节式新月型纸张成型器的研发	宁波华辰机械有限公司	象科〔2020〕5 号
5	智能超高速无压力啤酒输送系统的研发	宁波天鱼机械有限公司	象科〔2020〕5 号
6	硅油扭振器阻尼层厚度无损检测关键技术及应用研究	宁波赛德森减振系统有限公司	象科〔2020〕5 号
7	雷达在船舷号智能识别的关键技术研究	宁波盛洋电子科技有限公司	象科〔2020〕5 号
8	基于海产品加工副产物的功能肽制品关键技术及其产业化	宁波诚元海洋生物科技有限公司	象科〔2020〕5 号
9	绿色优质食味水稻新品种筛选和健康栽培技术集成示范	象山县农业技术推广中心	象科〔2020〕5 号

【科技政策兑现】 根据《关于实施创新驱动战略推进大众创业万众创新的若干意见》(县委发〔2016〕27 号)及《〈关于实施创新驱动战略推进大众创业万众创新的若干意见〉的实施细则》(象科〔2017〕18 号)有关规定,对通过市鉴定新产品 GCI-3P20K-4G 四代三相组串式光伏逆变器项目的生产企业锦浪科技股份有限公司、新产品 YZ 系列阴极保护恒电位仪项目的生产企业浙江钰烯腐蚀控制股份有限公司分别奖励 2 万元;对首次认定为国家高新技术企业的宁波斯洛曼智能科技有限公司、宁波天安汽车零部件有限公司等 22 家企业每家奖励 10 万元;对获得省级企业研究院的浙江省申菱智能电梯部件研究院(宁波申菱机电科技股份有限公司)奖励 50 万元。对获得市级企业研究院的宁波博禄德高端电子通信装备研究院(宁波博禄德电子有限公司)等 4 家企业每家奖励 50 万元;对获得省级高新技术企业研究开发中心的华众汽车零部件省级高新技术企业研究开发中心(宁波华众塑料制品有限公司)等 4 家企业每家奖励 30 万元;对获得市级企业工程(技术)中心的宁波春华汽车配件工程(技术)中心(宁波春华汽配有限公司)等 10 家企业每家奖励 10 万元;对获得县级企业工程(技术)中心的"象山向上汽车饰件工程(技术)中心"等 26 家企业每家奖励 10 万元;对列入宁波市重大(重点)科技专项的"分布式储能电站关键技术及工程示范"的研发企业锦浪科技股份有限公司、"高品质汽车构件铝合金材料及自动化铸造成形技术研究"的研发企业宁波合力模具科技股份有限公司、"海洋真菌多糖增免机理研究及其在肺癌结直肠癌等抗肿瘤特医特膳产品中的产业化示范"的研发企业宁波希诺亚海洋生物科技有限公司分别给予 30 万元的补助;对获得 2019 年度宁波市科技进步奖二等奖的浙江启鑫新能源科技股份有限公司、象山旭文海藻开发有限公司等主要完成单位每家奖励 7.5 万元;对获得国家知识产权优势企业的宁波合力制动系统有限公司等 6 家企业每家奖励 20 万元;对通过国家《企业知识产权管理规范》(GB/T 29490—2013)体系认证的宁波合力制动系统有限公司等 4 家企业每家奖励 3 万元。

科技成果

【新认定高新技术企业 42 家】 加大科技型初创企业—科技型小微企业—科技型"小巨人"培育企业—高新技术企业"阶梯式"培育力度,推动科技型企业主体培育壮大。2020 年新认定国家高新技术企业 42 家。

表 54　　2020 年高新技术企业表

序号	企 业 名 称	认 定 文 件
1	宁波能塑汽车部件有限公司	甬高企认定〔2020〕1 号

续表54

序号	企 业 名 称	认 定 文 件
2	象山德曼机械有限公司	甬高企认定〔2020〕1 号
3	宁波锡安模具有限公司	甬高企认定〔2020〕1 号
4	宁波凯勒电气有限公司	甬高企认定〔2020〕1 号
5	宁波海辰天力机械制造有限公司	甬高企认定〔2020〕1 号
6	宁波澳翔精细化工有限公司	甬高企认定〔2020〕1 号
7	宁波振晨机械制造有限公司	甬高企认定〔2020〕1 号
8	宁波百技精工汽车部件有限公司	甬高企认定〔2020〕1 号
9	象山华洋机床附件厂	甬高企认定〔2020〕1 号
10	宁波百宏模具有限公司	甬高企认定〔2020〕1 号
11	宁波润德机械制造有限公司	甬高企认定〔2020〕1 号
12	宁波壁美建材有限公司	甬高企认定〔2020〕1 号
13	浙江忠建消防科技有限公司	甬高企认定〔2020〕1 号
14	宁波正源电力有限公司	甬高企认定〔2020〕1 号
15	宁波忠辉模具有限公司	甬高企认定〔2020〕1 号
16	宁波中水科化工科技有限公司	甬高企认定〔2020〕1 号
17	宁波鹿鼎电子科技有限公司	甬高企认定〔2020〕1 号
18	宁波运生电气科技有限公司	甬高企认定〔2020〕1 号
19	宁波市世纪防护设备厂	甬高企认定〔2020〕1 号
20	宁波众拓模具科技有限公司	甬高企认定〔2020〕1 号
21	宁波沪泰食品机械制造有限公司	甬高企认定〔2020〕1 号
22	浙江普思拓智能科技有限公司	甬高企认定〔2020〕1 号
23	宁波固力特力抗震支架制造有限公司	甬高企认定〔2020〕1 号
24	象山县三环机电有限公司	甬高企认定〔2020〕1 号
25	象山联强汽车模具有限公司	甬高企认定〔2020〕1 号
26	象山东方输煤设备有限公司	甬高企认定〔2020〕1 号
27	宁波安通电气科技有限公司	甬高企认定〔2020〕1 号
28	宁波盈科光通信科技有限公司	甬高企认定〔2020〕1 号
29	宁波凯利汽车部件制造有限公司	甬高企认定〔2020〕1 号
30	宁波恩迈智能科技有限公司	甬高企认定〔2020〕1 号

续表54

序号	企 业 名 称	认 定 文 件
31	浙江禹谷医疗科技有限公司	甬高企认定〔2020〕1 号
32	浙江林氏汽车零部件有限公司	甬高企认定〔2020〕1 号
33	象山医疗精密仪器有限公司	甬高企认定〔2020〕1 号
34	宁波纵环机械有限公司	甬高企认定〔2020〕1 号
35	宁波博报门窗有限公司	甬高企认定〔2020〕1 号
36	宁波易捷环卫设备有限公司	甬高企认定〔2020〕1 号
37	宁波吉翔电力机具制造有限公司	甬高企认定〔2020〕1 号
38	象山永欣橡塑有限公司	甬高企认定〔2020〕1 号
39	宁波协华汽车配件制造有限公司	甬高企认定〔2020〕1 号
40	宁波伟辉磁业有限公司	甬高企认定〔2020〕1 号
41	宁波华子制药设备制造有限公司	甬高企认定〔2020〕1 号
42	浙江继望锻造科技有限公司	甬高企认定〔2020〕1 号

【完成宁波市科技型中小企业备案 182 家】 为调整和优化象山县产业结构，结合“大众创业、万众创新”新形势及当地实际，支持科技型中小企业发展，2020 年完成宁波市科技型中小企业备案 182 家。

表 55　**宁波市科技型中小企业表**

序号	企 业 名 称	认 定 文 件
1	宁波嘉禾教学仪器有限公司	甬科高〔2020〕56 号
2	宁波灵象电器有限公司	甬科高〔2020〕56 号
3	象山县延昌线路工具厂	甬科高〔2020〕56 号
4	象山光明输送机有限公司	甬科高〔2020〕56 号
5	象山九洲泡沫塑料制造有限公司	甬科高〔2020〕56 号
6	宁波正业工贸发展有限公司	甬科高〔2020〕56 号
7	象山联华泡沫塑料有限公司	甬科高〔2020〕56 号
8	宁波凯利机械模具有限公司	甬科高〔2020〕56 号
9	象山方圆模具厂	甬科高〔2020〕56 号
10	宁波吉翔电力机具制造有限公司	甬科高〔2020〕56 号
11	宁波贝德尔电讯电机有限公司	甬科高〔2020〕56 号
12	象山方正机械有限公司	甬科高〔2020〕56 号
13	宁波天安汽车零部件有限公司	甬科高〔2020〕56 号
14	象山仕曼尔灯饰有限公司	甬科高〔2020〕56 号
15	象山县共青铸造厂	甬科高〔2020〕56 号

续表55

序号	企业名称	认定文件
16	象山同力铸件制造厂	甬科高〔2020〕56号
17	宁波威泰机械有限公司	甬科高〔2020〕56号
18	浙江金川船业有限公司	甬科高〔2020〕56号
19	象山海联机械有限公司	甬科高〔2020〕56号
20	象山维多利五金有限公司	甬科高〔2020〕56号
21	象山锦佳模业有限公司	甬科高〔2020〕56号
22	宁波贝诗特模塑有限公司	甬科高〔2020〕56号
23	浙江东海德迦风力发电有限公司	甬科高〔2020〕56号
24	象山诺信机械制造有限公司	甬科高〔2020〕56号
25	宁波象山嘉冈模具有限公司	甬科高〔2020〕56号
26	宁波象山宏鑫混凝土有限公司	甬科高〔2020〕56号
27	宁波逵优模具有限公司	甬科高〔2020〕56号
28	宁波凯利汽车部件制造有限公司	甬科高〔2020〕56号
29	浙江广天重工设备有限公司	甬科高〔2020〕56号
30	宁波明浩机械有限公司	甬科高〔2020〕56号
31	象山赫尔曼塑业有限公司	甬科高〔2020〕56号
32	宁波瑞德森船用泵制造有限公司	甬科高〔2020〕56号
33	象山顺钿机械制造有限公司	甬科高〔2020〕56号
34	宁波日尘机电工贸有限公司	甬科高〔2020〕56号
35	宁波吉姆森机械制造有限公司	甬科高〔2020〕56号
36	宁波纵环 机械有限公司	甬科高〔2020〕56号
37	宁波索利得管桩有限公司	甬科高〔2020〕56号
38	象山县恒日机械制造厂	甬科高〔2020〕56号
39	宁波佳康生物科技有限公司	甬科高〔2020〕56号
40	宁波甬凌塑胶科技有限公司	甬科高〔2020〕56号
41	宁波天安智能电网科技股份有限公司	甬科高〔2020〕56号
42	宁波盈科光通信科技有限公司	甬科高〔2020〕56号
43	象山西周伟鸿塑料制品厂	甬科高〔2020〕56号
44	宁波凤泰塑料电器有限公司	甬科高〔2020〕56号
45	象山鑫佰机械制造有限公司	甬科高〔2020〕56号
46	宁波昆卓机械有限公司	甬科高〔2020〕56号
47	宁波市老虎鱼地毯有限公司	甬科高〔2020〕56号
48	宁波民泰人防设备有限公司	甬科高〔2020〕56号
49	宁波爱苗苗植物科技有限公司	甬科高〔2020〕56号
50	宁波宝驰模具有限公司	甬科高〔2020〕56号

续表55

序号	企 业 名 称	认 定 文 件
51	宁波海网信息技术有限公司	甬科高〔2020〕56号
52	象山骅马塑电有限公司	甬科高〔2020〕56号
53	象山腾辉环保科技有限公司	甬科高〔2020〕56号
54	象山杰达模架有限公司	甬科高〔2020〕56号
55	宁波阿吉露生物科技有限公司	甬科高〔2020〕56号
56	象山菘谷电器有限公司	甬科高〔2020〕56号
57	象山星辰文百机械制造有限公司	甬科高〔2020〕56号
58	宁波群惠新型墙体材料科技股份有限公司	甬科高〔2020〕56号
59	宁波青宇机电有限公司	甬科高〔2020〕56号
60	宁波鑫恒升汽车部件有限公司	甬科高〔2020〕56号
61	宁波甬象机械设备有限公司	甬科高〔2020〕56号
62	宁波昊隆模具有限公司	甬科高〔2020〕56号
63	宁波祝立机械科技有限公司	甬科高〔2020〕56号
64	象山辉远模具有限公司	甬科高〔2020〕56号
65	宁波铭昇机械设备有限公司	甬科高〔2020〕56号
66	象山朝铭机械有限公司	甬科高〔2020〕56号
67	象山豪升机械有限公司	甬科高〔2020〕56号
68	亚桑太阳能有限公司	甬科高〔2020〕56号
69	宁波固力特力抗震支架制造有限公司	甬科高〔2020〕56号
70	宁波新路智能科技有限公司	甬科高〔2020〕56号
71	象山全波机械制造有限公司	甬科高〔2020〕56号
72	宁波合泽机械有限公司	甬科高〔2020〕56号
73	宁波昇泰能源科技有限公司	甬科高〔2020〕56号
74	宁波维度电子科技有限责任公司	甬科高〔2020〕56号
75	浙江翔神生物科技有限公司	甬科高〔2020〕56号
76	宁波臻华网络科技有限公司	甬科高〔2020〕56号
77	宁波赢品新材料有限公司	甬科高〔2020〕56号
78	宁波仁茂机械制造有限公司	甬科高〔2020〕56号
79	浙江卓盛科技有限公司	甬科高〔2020〕56号
80	宁波爱富伊机械科技有限公司	甬科高〔2020〕56号
81	宁波和丰塑胶有限公司	甬科高〔2020〕56号
82	象山国金优模轻合金有限公司	甬科高〔2020〕56号
83	宁波颖达机械制造有限公司	甬科高〔2020〕56号
84	宁波金瑞包装科技有限公司	甬科高〔2020〕56号

续表55

序号	企业名称	认定文件
85	象山柏特塑料制品有限公司	甬科高〔2020〕56号
86	宁波汇捷砂轮有限公司	甬科高〔2020〕56号
87	浙江神洲阳光重工有限公司	甬科高〔2020〕56号
88	象山县瑞志磁材有限公司	甬科高〔2020〕56号
89	宁波合伙人互联网科技有限公司	甬科高〔2020〕56号
90	宁波丰科源农业科技有限公司	甬科高〔2020〕56号
91	宁波孜升精密钣金制造有限公司	甬科高〔2020〕56号
92	宁波明芝新材料科技有限公司	甬科高〔2020〕56号
93	象山邦丰机械有限公司	甬科高〔2020〕56号
94	宁波佛缘网络科技有限公司	甬科高〔2020〕56号
95	宁波人财云科技有限公司	甬科高〔2020〕56号
96	宁波任徐实业有限公司	甬科高〔2020〕56号
97	浙江唯拓环保设备有限公司	甬科高〔2020〕56号
98	宁波晶业机械制造有限公司	甬科高〔2020〕56号
99	象山协力医疗科技有限公司	甬科高〔2020〕56号
100	宁波精挚模具有限公司	甬科高〔2020〕56号
101	宁波辰泽智能装备有限公司	甬科高〔2020〕56号
102	象山理想模业有限公司	宁波市科技局关于公布2020年第二批宁波市科技型中小企业暨浙江省科技型中小企业名单的通知
103	宁波诗普安全科技有限公司	宁波市科技局关于公布2020年第二批宁波市科技型中小企业暨浙江省科技型中小企业名单的通知
104	宁波鑫欣网络科技有限公司	宁波市科技局关于公布2020年第二批宁波市科技型中小企业暨浙江省科技型中小企业名单的通知
105	宁波晓乐生物科技有限公司	宁波市科技局关于公布2020年第二批宁波市科技型中小企业暨浙江省科技型中小企业名单的通知
106	浙江汇鼎华链科技有限公司	宁波市科技局关于公布2020年第二批宁波市科技型中小企业暨浙江省科技型中小企业名单的通知
107	浙江澄芯科技有限公司	宁波市科技局关于公布2020年第二批宁波市科技型中小企业暨浙江省科技型中小企业名单的通知
108	象山华洋机床附件厂	宁波市科技局关于公布2020年第二批宁波市科技型中小企业暨浙江省科技型中小企业名单的通知
109	宁波甬侨气动液压有限公司	宁波市科技局关于公布2020年第二批宁波市科技型中小企业暨浙江省科技型中小企业名单的通知
110	象山郑氏船舶辅机有限公司	宁波市科技局关于公布2020年第二批宁波市科技型中小企业暨浙江省科技型中小企业名单的通知
111	象山永久电力设备机具有限公司	宁波市科技局关于公布2020年第二批宁波市科技型中小企业暨浙江省科技型中小企业名单的通知

续表55

序号	企 业 名 称	认 定 文 件
112	象山海鹤制药设备有限公司	宁波市科技局关于公布2020年第二批宁波市科技型中小企业暨浙江省科技型中小企业名单的通知
113	象山永欣橡塑有限公司	宁波市科技局关于公布2020年第二批宁波市科技型中小企业暨浙江省科技型中小企业名单的通知
114	宁波利德自动化设备制造有限公司	宁波市科技局关于公布2020年第二批宁波市科技型中小企业暨浙江省科技型中小企业名单的通知
115	象山发华线缆有限公司	宁波市科技局关于公布2020年第二批宁波市科技型中小企业暨浙江省科技型中小企业名单的通知
116	宁波霞涛塑业有限公司	宁波市科技局关于公布2020年第二批宁波市科技型中小企业暨浙江省科技型中小企业名单的通知
117	象山县浦港船厂	宁波市科技局关于公布2020年第二批宁波市科技型中小企业暨浙江省科技型中小企业名单的通知
118	宁波尚谢恩工具制造有限公司	宁波市科技局关于公布2020年第二批宁波市科技型中小企业暨浙江省科技型中小企业名单的通知
119	宁波捷翔机械设备有限公司	宁波市科技局关于公布2020年第二批宁波市科技型中小企业暨浙江省科技型中小企业名单的通知
120	宁波新大通电机有限公司	宁波市科技局关于公布2020年第二批宁波市科技型中小企业暨浙江省科技型中小企业名单的通知
121	浙江京航系统集成工程有限公司	宁波市科技局关于公布2020年第二批宁波市科技型中小企业暨浙江省科技型中小企业名单的通知
122	宁波兰贝壳电子科技有限公司	宁波市科技局关于公布2020年第二批宁波市科技型中小企业暨浙江省科技型中小企业名单的通知
123	宁波故乡行雨具有限公司	宁波市科技局关于公布2020年第二批宁波市科技型中小企业暨浙江省科技型中小企业名单的通知
124	宁波协华汽车配件制造有限公司	宁波市科技局关于公布2020年第二批宁波市科技型中小企业暨浙江省科技型中小企业名单的通知
125	宁波淘谱通讯设备有限公司	宁波市科技局关于公布2020年第二批宁波市科技型中小企业暨浙江省科技型中小企业名单的通知
126	宁波华子制药设备制造有限公司	宁波市科技局关于公布2020年第二批宁波市科技型中小企业暨浙江省科技型中小企业名单的通知
127	宁波甬菲特电子科技有限公司	宁波市科技局关于公布2020年第二批宁波市科技型中小企业暨浙江省科技型中小企业名单的通知
128	象山鹤浦永华船舶设备制造厂	宁波市科技局关于公布2020年第二批宁波市科技型中小企业暨浙江省科技型中小企业名单的通知
129	宁波艾弗特汽车科技有限公司	宁波市科技局关于公布2020年第二批宁波市科技型中小企业暨浙江省科技型中小企业名单的通知
130	宁波鑫柔生物科技有限公司	宁波市科技局关于公布2020年第二批宁波市科技型中小企业暨浙江省科技型中小企业名单的通知

续表55

序号	企业名称	认定文件
131	交大国金新材料研究院(象山)有限公司	宁波市科技局关于公布2020年第三批宁波市科技型中小企业暨浙江省科技型中小企业名单的通知
132	宁波港通散料输送装备有限公司	宁波市科技局关于公布2020年第三批宁波市科技型中小企业暨浙江省科技型中小企业名单的通知
133	宁波恒冠机械制造有限公司	宁波市科技局关于公布2020年第三批宁波市科技型中小企业暨浙江省科技型中小企业名单的通知
134	宁波弘元机械制造有限公司	宁波市科技局关于公布2020年第三批宁波市科技型中小企业暨浙江省科技型中小企业名单的通知
135	宁波家瀚新型建筑材料有限公司	宁波市科技局关于公布2020年第三批宁波市科技型中小企业暨浙江省科技型中小企业名单的通知
136	宁波金钰铝业有限公司	宁波市科技局关于公布2020年第三批宁波市科技型中小企业暨浙江省科技型中小企业名单的通知
137	宁波精英纺织科技有限公司	宁波市科技局关于公布2020年第三批宁波市科技型中小企业暨浙江省科技型中小企业名单的通知
138	宁波净柚新材料科技有限公司	宁波市科技局关于公布2020年第三批宁波市科技型中小企业暨浙江省科技型中小企业名单的通知
139	宁波爵盛科技有限公司	宁波市科技局关于公布2020年第三批宁波市科技型中小企业暨浙江省科技型中小企业名单的通知
140	宁波圣燕工程设备有限公司	宁波市科技局关于公布2020年第三批宁波市科技型中小企业暨浙江省科技型中小企业名单的通知
141	宁波盛路计算机科技有限公司	宁波市科技局关于公布2020年第三批宁波市科技型中小企业暨浙江省科技型中小企业名单的通知
142	宁波市益宁繁电阻科技有限公司	宁波市科技局关于公布2020年第三批宁波市科技型中小企业暨浙江省科技型中小企业名单的通知
143	宁波象海机械科技有限公司	宁波市科技局关于公布2020年第三批宁波市科技型中小企业暨浙江省科技型中小企业名单的通知
144	宁波一梵智能设备有限公司	宁波市科技局关于公布2020年第三批宁波市科技型中小企业暨浙江省科技型中小企业名单的通知
145	宁波一隆环保科技有限公司	宁波市科技局关于公布2020年第三批宁波市科技型中小企业暨浙江省科技型中小企业名单的通知
146	宁波甬坚建筑工程有限公司	宁波市科技局关于公布2020年第三批宁波市科技型中小企业暨浙江省科技型中小企业名单的通知
147	宁波勇晟工业科技有限公司	宁波市科技局关于公布2020年第三批宁波市科技型中小企业暨浙江省科技型中小企业名单的通知
148	宁波源一科技有限公司	宁波市科技局关于公布2020年第三批宁波市科技型中小企业暨浙江省科技型中小企业名单的通知
149	宁波芸苔农业发展有限公司	宁波市科技局关于公布2020年第三批宁波市科技型中小企业暨浙江省科技型中小企业名单的通知

续表55

序号	企 业 名 称	认 定 文 件
150	宁波智米检测科技有限公司	宁波市科技局关于公布2020年第三批宁波市科技型中小企业暨浙江省科技型中小企业名单的通知
151	象山县欧太环保科技有限公司	宁波市科技局关于公布2020年第三批宁波市科技型中小企业暨浙江省科技型中小企业名单的通知
152	象山永凯钢构有限公司	宁波市科技局关于公布2020年第三批宁波市科技型中小企业暨浙江省科技型中小企业名单的通知
153	浙江骏腾发自动化科技有限公司	宁波市科技局关于公布2020年第三批宁波市科技型中小企业暨浙江省科技型中小企业名单的通知
154	浙江敏成智能科技有限公司	宁波市科技局关于公布2020年第三批宁波市科技型中小企业暨浙江省科技型中小企业名单的通知
155	浙江天熙新材料科技有限公司	宁波市科技局关于公布2020年第三批宁波市科技型中小企业暨浙江省科技型中小企业名单的通知
156	宁波宝鑫铁路信号设备制造有限公司	宁波市科技局关于公布2020年第三批宁波市科技型中小企业暨浙江省科技型中小企业名单的通知
157	宁波博盛医疗科技有限公司	宁波市科技局关于公布2020年第三批宁波市科技型中小企业暨浙江省科技型中小企业名单的通知
158	宁波和隆厨具有限公司	宁波市科技局关于公布2020年第三批宁波市科技型中小企业暨浙江省科技型中小企业名单的通知
159	宁波和民纸业有限公司	宁波市科技局关于公布2020年第三批宁波市科技型中小企业暨浙江省科技型中小企业名单的通知
160	宁波华臣输送设备制造有限公司	宁波市科技局关于公布2020年第三批宁波市科技型中小企业暨浙江省科技型中小企业名单的通知
161	宁波华辰机械有限公司	宁波市科技局关于公布2020年第三批宁波市科技型中小企业暨浙江省科技型中小企业名单的通知
162	宁波华网电力机具制造有限公司	宁波市科技局关于公布2020年第三批宁波市科技型中小企业暨浙江省科技型中小企业名单的通知
163	宁波汇祺汽车电子有限公司	宁波市科技局关于公布2020年第三批宁波市科技型中小企业暨浙江省科技型中小企业名单的通知
164	宁波汇悦机械有限公司	宁波市科技局关于公布2020年第三批宁波市科技型中小企业暨浙江省科技型中小企业名单的通知
165	宁波憬谐环保科技有限公司	宁波市科技局关于公布2020年第三批宁波市科技型中小企业暨浙江省科技型中小企业名单的通知
166	宁波朗涌工贸有限公司	宁波市科技局关于公布2020年第三批宁波市科技型中小企业暨浙江省科技型中小企业名单的通知
167	宁波乐博电子塑料有限公司	宁波市科技局关于公布2020年第三批宁波市科技型中小企业暨浙江省科技型中小企业名单的通知
168	宁波龙德润活动房有限公司	宁波市科技局关于公布2020年第三批宁波市科技型中小企业暨浙江省科技型中小企业名单的通知

续表55

序号	企业名称	认定文件
169	宁波石原金牛农业科技有限公司	宁波市科技局关于公布2020年第三批宁波市科技型中小企业暨浙江省科技型中小企业名单的通知
170	宁波腾威食品机械制造有限公司	宁波市科技局关于公布2020年第三批宁波市科技型中小企业暨浙江省科技型中小企业名单的通知
171	象山滨港机械厂	宁波市科技局关于公布2020年第三批宁波市科技型中小企业暨浙江省科技型中小企业名单的通知
172	象山东方输煤设备有限公司	宁波市科技局关于公布2020年第三批宁波市科技型中小企业暨浙江省科技型中小企业名单的通知
173	象山恒辉机械制造厂	宁波市科技局关于公布2020年第三批宁波市科技型中小企业暨浙江省科技型中小企业名单的通知
174	象山华泰液压有限公司	宁波市科技局关于公布2020年第三批宁波市科技型中小企业暨浙江省科技型中小企业名单的通知
175	象山科宇机械厂	宁波市科技局关于公布2020年第三批宁波市科技型中小企业暨浙江省科技型中小企业名单的通知
176	象山浦东船厂	宁波市科技局关于公布2020年第三批宁波市科技型中小企业暨浙江省科技型中小企业名单的通知
177	象山盛发电子装饰有限公司	宁波市科技局关于公布2020年第三批宁波市科技型中小企业暨浙江省科技型中小企业名单的通知
178	象山万邦电器有限公司	宁波市科技局关于公布2020年第三批宁波市科技型中小企业暨浙江省科技型中小企业名单的通知
179	象山旭文海藻开发有限公司	宁波市科技局关于公布2020年第三批宁波市科技型中小企业暨浙江省科技型中小企业名单的通知
180	浙江恒洲电子实业有限公司	宁波市科技局关于公布2020年第三批宁波市科技型中小企业暨浙江省科技型中小企业名单的通知
181	浙江云朵网科技股份有限公司	宁波市科技局关于公布2020年第三批宁波市科技型中小企业暨浙江省科技型中小企业名单的通知
182	浙江中环科仪消防报警设备有限公司	宁波市科技局关于公布2020年第三批宁波市科技型中小企业暨浙江省科技型中小企业名单的通知

【认定象山县各类科技型企业150家】 为贯彻落实国家和省、市支持科技型小微企业健康发展的各项政策，根据《象山县科技型小微企业认定管理办法》等文件，认定各类科技企业近150家。

表56　**象山县科技型小微企业表**

序号	企业名称	认定文件
1	宁波盈科光通信科技有限公司	象科笺〔2020〕22号
2	宁波德力鼎科技有限公司	象科笺〔2020〕22号
3	宁波盛洋电子科技有限公司	象科笺〔2020〕22号
4	浙江忠建消防科技有限公司	象科笺〔2020〕22号
5	宁波鹿鼎电子科技有限公司	象科笺〔2020〕22号

续表56

序号	企业名称	认定文件
6	浙江禹谷医疗科技有限公司	象科笺〔2020〕22号
7	象山刻铭热流道有限公司	象科笺〔2020〕22号
8	宁波百技精工汽车部件有限公司	象科笺〔2020〕22号
9	象山聚力模具制造有限公司	象科笺〔2020〕22号
10	浙江普斯拓智能有限公司	象科笺〔2020〕22号
11	浙江飞宜光电能源科技有限公司	象科笺〔2020〕22号
12	象山洲海模具研发中心有限公司	象科笺〔2020〕22号
13	象山县三环机电有限公司	象科笺〔2020〕22号
14	象山铭锆模具有限公司	象科笺〔2020〕22号
15	象山久辉模具厂	象科笺〔2020〕22号
16	象山华洋机床附件厂	象科笺〔2020〕22号
17	象山德曼机械有限公司	象科笺〔2020〕22号
18	象山华鼎塑料制造有限公司	象科笺〔2020〕22号
19	象山恒润机械有限公司	象科笺〔2020〕22号
20	象山恒力机械铸钢厂	象科笺〔2020〕22号
21	象山广业机械有限公司	象科笺〔2020〕22号
22	象山大宇机械设备有限公司	象科笺〔2020〕22号
23	象山创兴再生资源有限公司	象科笺〔2020〕22号
24	象山诚铭模具有限公司	象科笺〔2020〕22号
25	宁波祝立机械科技有限公司	象科笺〔2020〕22号
26	宁波众兴液压机械有限公司	象科笺〔2020〕22号
27	宁波知一汽车零部件有限公司	象科笺〔2020〕22号
28	宁波云达消防设备有限公司	象科笺〔2020〕22号
29	宁波易捷环卫设备有限公司	象科笺〔2020〕22号
30	宁波象工机械制造有限公司	象科笺〔2020〕22号
31	宁波象岛机械科技有限公司	象科笺〔2020〕22号
32	宁波锡安模具有限公司	象科笺〔2020〕22号
33	宁波伟辉磁业有限公司	象科笺〔2020〕22号
34	宁波涛俊制造设备有限公司	象科笺〔2020〕22号
35	宁波三浦自动化科技有限公司	象科笺〔2020〕22号
36	宁波群惠新型墙体材料科技股份有限公司	象科笺〔2020〕22号
37	宁波爱甬新材料科技有限公司	象科笺〔2020〕22号
38	宁波全勤智能科技有限公司	象科笺〔2020〕22号
39	宁波昆卓机械有限公司	象科笺〔2020〕22号
40	宁波坤宸机械有限公司	象科笺〔2020〕22号

续表56

序号	企业名称	认定文件
41	宁波凯利汽车部件制造有限公司	象科笺〔2020〕22号
42	宁波车佳轩停车设备有限公司	象科笺〔2020〕22号
43	宁波捷翔机械设备有限公司	象科笺〔2020〕22号
44	宁波吉丰生物科技发展有限公司	象科笺〔2020〕22号
45	宁波华子制药有限公司	象科笺〔2020〕22号
46	宁波宏普机械制造有限公司	象科笺〔2020〕22号
47	宁波海之源生物科技有限公司	象科笺〔2020〕22号
48	宁波格鲁康生物科技有限公司	象科笺〔2020〕22号
49	宁波浮田生物技术公司	象科笺〔2020〕22号
50	宁波恩迈智能科技有限公司	象科笺〔2020〕22号
51	宁波博生机电科技有限公司	象科笺〔2020〕22号
52	宁波壁美建材有限公司	象科笺〔2020〕22号
53	宁波梅德森汽车科技有限公司	象科笺〔2020〕22号
54	宁波艾克密封件制造有限公司	象科笺〔2020〕22号
55	宁波音元汽车零部件有限公司	象科笺〔2020〕22号
56	宁波汇土环保科技有限公司	象科笺〔2020〕22号
57	宁波爱苗苗植物科技有限公司	象科笺〔2020〕22号
58	宁波美亚光电科技有限公司	象科笺〔2020〕22号
59	宁波英赫机电科技有限公司	象科笺〔2020〕22号
60	象山金鑫轻工机械厂	象科笺〔2020〕22号
61	宁波博盾安防科技有限公司	象科笺〔2020〕22号
62	浙江弘安智能科技有限公司	象科笺〔2020〕22号
63	达理光线智能科技股份有限公司	象科笺〔2020〕22号
64	宁波浩东电器科技有限公司	象科笺〔2020〕22号
65	宁波固力特力抗震支架制造有限公司	象科笺〔2020〕22号
66	象山锦佳模业有限公司	象科笺〔2020〕22号
67	宁波明欣模具科技有限公司	象科笺〔2020〕22号
68	宁波宝佳灯具制造有限公司	象科笺〔2020〕22号
69	象山金钇光电科技有限公司	象科笺〔2020〕22号
70	浙江唯拓环保设备有限公司	象科笺〔2020〕22号
71	宁波沪东化学有限公司	象科笺〔2020〕22号
72	宁波科百物联网科技有限公司	象科笺〔2020〕22号
73	宁波海韵金属制品有限公司	象科笺〔2020〕22号
74	宁波亿蓝信息科技有限公司	象科笺〔2020〕22号
75	宁波博采文具礼品有限公司	象科笺〔2020〕22号

续表56

序号	企业名称	认定文件
76	宁波趣车智能科技有限公司	象科笺〔2020〕22号
77	宁波绿亿科技有限公司	象科笺〔2020〕22号

表57　　科技型"小巨人"培育企业表

序号	企业名称	认定文件
1	宁波弗浪科技有限公司	象科笺〔2020〕28号
2	宁波振晨机械制造有限公司	象科笺〔2020〕28号
3	宁波忠辉模具有限公司	象科笺〔2020〕28号
4	宁波华昱化学材料有限公司	象科笺〔2020〕28号
5	宁波三诚压铸模具有限公司	象科笺〔2020〕28号
6	宁波众拓模具科技有限公司	象科笺〔2020〕28号
7	浙江林氏汽车零部件有限公司	象科笺〔2020〕28号
8	宁波协华汽车配件制造有限公司	象科笺〔2020〕28号
9	宁波廷胧食品机械制造有限公司	象科笺〔2020〕28号
10	宁波斯洛曼智能科技有限公司	象科笺〔2020〕28号
11	浙江继望锻造科技有限公司	象科笺〔2020〕28号
12	宁波市世纪防护设备厂	象科笺〔2020〕28号
13	象山联强汽车模具有限公司	象科笺〔2020〕28号
14	浙江科普特新材料有限公司	象科笺〔2020〕28号
15	宁波东顺电子科技有限公司	象科笺〔2020〕28号
16	宁波高盛模具制造有限公司	象科笺〔2020〕28号
17	宁波科镭汽车零部件有限公司	象科笺〔2020〕28号
18	宁波天鱼机械有限公司	象科笺〔2020〕28号
19	宁波海纳机械有限公司	象科笺〔2020〕28号

【省级企业研究院】 象山县贯彻落实支持企业研发机构建设的方针，2020年建立省级企业研究院3家。

表58　　省级企业研究院表

序号	研究院名称	依托单位	认定文件
1	浙江省全力有色铸造模具设计研究院	宁波全力机械模具有限公司	浙科发高〔2021〕3号
2	浙江省博禄德高端电子通信装备研究院	宁波博禄德电子有限公司	浙科发高〔2021〕3号
3	浙江省胜维德赫华翔汽车镜研究院	宁波胜维德赫华翔汽车镜有限公司	浙科发高〔2021〕3号

表59 省级高新技术企业研发中心表

序号	研发中心名称	依托企业	认定文件
1	运生汽车管路省级高新技术企业研究开发中心	宁波运生工贸有限公司	浙科发高〔2021〕4号
2	劳伦斯汽车内饰件省级高新技术企业研究开发中心	宁波劳伦斯汽车内饰件有限公司	浙科发高〔2021〕4号
3	华翔汽车饰件省级高新技术企业研究开发中心	宁波华翔汽车饰件有限公司	浙科发高〔2021〕4号
4	易锻智能冲压设备省级高新技术企业研究开发中心	浙江易锻精密机械有限公司	浙科发高〔2021〕4号

表60 市级企业工程（技术）中心表

序号	工程中心名称	依托企业	认定文件
1	宁波盛洋导航雷达工程（技术）中心	宁波盛洋电子科技有限公司	甬科高〔2020〕102号
2	宁波搏莱通信设备工程（技术）中心	宁波搏莱电子有限公司	甬科高〔2020〕102号
3	宁波力古液压转子铸件工程（技术）中心	宁波力古机械制造有限公司	甬科高〔2020〕102号
4	宁波卓艺家纺工程（技术）中心	宁波卓艺家纺有限公司	甬科高〔2020〕102号
5	宁波欧乐数控刀具工程（技术）中心	宁波欧乐机械有限公司	甬科高〔2020〕102号
6	宁波天安汽车零部件工程（技术）中心	宁波天安汽车零部件有限公司	甬科高〔2020〕102号
7	宁波世纪防护设备工程（技术）中心	宁波市世纪防护设备厂	甬科高〔2020〕102号
8	宁波三浪车辆底盘润滑系统工程（技术）中心	浙江三浪润滑科技有限公司	甬科高〔2020〕102号
9	宁波天鱼输送设备工程（技术）中心	宁波天鱼机械有限公司	甬科高〔2020〕102号
10	宁波翔神日化功能助剂工程（技术）中心	宁波翔神生化有限公司	甬科高〔2020〕102号
11	宁波华辰造纸机械工程（技术）中心	宁波华辰机械有限公司	甬科高〔2020〕102号
12	宁波能塑塑料阀体工程（技术）中心	宁波能塑汽车部件有限公司	甬科高〔2020〕102号
13	宁波欧特传动部件工程（技术）中心	宁波欧特传动技术有限公司	甬科高〔2020〕102号
14	宁波中化膜产业应用工程（技术）中心	中化（浙江）膜产业发展有限公司	甬科高〔2020〕102号
15	宁波中机装备绿色制造工程（技术）中心	中机智能装备创新研究院（宁波）有限公司	甬科高〔2020〕102号

表61 县级企业工程技术中心表

序号	中心名称	依托单位	认定文件
1	象山中机装备绿色制造工程（技术）中心	中机智能装备创新研究院（宁波）有限公司	象科笺〔2020〕13号
2	象山中化润沃膜分离工程（技术）中心	中化（宁波）润沃膜科技有限公司	象科笺〔2020〕13号
3	象山马菲羊纺织科技工程（技术）中心	宁波马菲羊服饰有限公司	象科笺〔2020〕13号
4	象山华昱低表面能涂料工程（技术）中心	宁波华昱化学材料有限公司	象科笺〔2020〕13号

续表61

序号	中心名称	依托单位	认定文件
5	象山正源电力工程(技术)中心	宁波正源电力有限公司	象科笺〔2020〕13号
6	象山振晨钢结构模具工程(技术)中心	宁波振晨机械制造有限公司	象科笺〔2020〕13号
7	象山科百农业环境远程控制系统工程(技术)中心	宁波科百物联网科技有限公司	象科笺〔2020〕13号
8	象山恩迈汽车智能感应工程(技术)中心	宁波恩迈智能科技有限公司	象科笺〔2020〕13号
9	象山国金高性能铝合金工程(技术)中心	象山国金优模轻合金有限公司	象科笺〔2020〕13号
10	象山广天PC预制构件工程(技术)中心	浙江广天重工设备有限公司	象科笺〔2020〕13号
11	象山凯勒电气工程(技术)中心	宁波凯勒电气有限公司	象科笺〔2020〕13号
12	象山忠辉模具工程(技术)中心	宁波忠辉模具有限公司	象科笺〔2020〕13号
13	象山沪泰食品机械设备工程(技术)中心	宁波沪泰食品机械制造有限公司	象科笺〔2020〕13号
14	象山德曼机械工程(技术)中心	象山德曼机械有限公司	象科笺〔2020〕13号
15	象山晟利紧固件工程(技术)中心	宁波晟利紧固件有限公司	象科笺〔2020〕13号
16	象山壁美建筑材料工程(技术)中心	宁波壁美建材有限公司	象科笺〔2020〕13号
17	象山禹谷医疗科技工程(技术)中心	浙江禹谷医疗科技有限公司	象科笺〔2020〕13号
18	象山固力特力抗震支架工程(技术)中心	宁波固力特力抗震支架制造有限公司	象科笺〔2020〕13号
19	象山百技精工汽车部件工程(技术)中心	宁波百技精工汽车部件有限公司	象科笺〔2020〕13号
20	象山海辰天力机械制造工程(技术)中心	宁波海辰天力机械制造有限公司	象科笺〔2020〕13号
21	象山弗浪车载智能产品工程(技术)中心	宁波弗浪科技有限公司	象科笺〔2020〕13号
22	象山铭汇铸造工程(技术)中心	宁波铭汇金属科技有限公司	象科笺〔2020〕13号
23	象山知一汽车零部件工程(技术)中心	宁波知一汽车零部件有限公司	象科笺〔2020〕13号
24	象山群惠新墙体材料工程(技术)中心	宁波群惠新型墙体材料科技股份有限公司	象科笺〔2020〕13号
25	象山宁杭机械工程(技术)中心	宁波宁杭机械有限公司	象科笺〔2020〕13号
26	象山恒润减振工程(技术)中心	象山恒润机械有限公司	象科笺〔2020〕13号
27	象山沪东化学助剂工程(技术)中心	宁波沪东化学有限公司	象科笺〔2020〕13号
28	象山华隆模架工程(技术)中心	象山华隆模架有限公司	象科笺〔2020〕13号
29	象山佳康生命健康工程(技术)中心	宁波佳康生物科技有限公司	象科笺〔2020〕13号

【获市级以上科技经费补助3369.5万元】 通过制定和完善科技创新政策，发挥政策杠杆作用，最大限度激发全社会的创新创业活力。针对科技资金碎片化和科技项目聚焦不够等问题，坚持科技项目经费后补助制度，调整优化科技项目过程管理，将创新资源与要素聚焦主导产业、聚焦主攻方向，实现科技资金绩效最大化。2020年全年争取到市级以上科技经费3369.5万元(不包括机械研究总院南方中心3000万元)。共实施县级后补助的项目49项，补助金额433万元。

表 62　　2020 年度宁波市科技进步奖表

序号	项目名称	主要完成单位	获奖等级	文号
1	高端汽车铝合金典型结构件及其模具关键技术与产业化	宁波合力模具科技股份有限公司	一等奖	甬政发〔2021〕2 号
2	大黄鱼“东海 1 号”新品种选育与仿生态分阶段品质提升养殖技术创建	象山港湾水产苗种有限公司（第三完成单位）	二等奖	甬政发〔2021〕2 号
3	应用于人体血管支架涂层的医药酶制剂的研发及其产业化	宁波希诺亚海洋生物科技有限公司	三等奖	甬政发〔2021〕2 号
4	物联式数控智能闭式多点压力机系列研制及产业化	浙江易锻精密机械有限公司	三等奖	甬政发〔2021〕2 号
5	虎斑乌贼规模化繁育、养殖关键技术及应用	象山来发水产育苗场（第三完成单位）、象山港湾水产苗种有限公司（第四完成单位）	三等奖	甬政发〔2021〕2 号

（张佳茹）

科技合作与交流

【网上技术市场活跃】 技术交易额挖掘登记作为科技大市场的主要工作之一，被列入市对县考核范围。2020 年市对县考核指标为 6 亿元，全年完成技术交易额 6.82 亿元，同比增长 29.8%，完成率 114%，增长率和完成率分列宁波市各县市区第二、第三。

【科技大市场建设卓有成效】 象山县科技局发展科技创新服务平台，企业服务和项目对接，促进技术交易和科技成果转移转化。2020 年，科技大市场累计服务企业 800 余家次，挖掘企业技术难题 128 项，举办技术对接活动 9 场，建立技术转移专家库，专家成员达到 216 位，征集和发布各类科技成果 114 项，被评为 2020 年度“宁波科技大市场优秀分市场”，综合排名各县（市、区）第一。

【37°湾-象山科创中心运营成效明显】 园区开展“做大做强”的帮扶工作，整合象山县中小企业服务中心、宁波科技大市场象山分市场、投融资等各类第三方服务机构 13 家，在线上线下建立一站式企服大厅，为企业提供政策咨询、知识产权、培训辅导创业贷款、资本对接等专业化服务。2020 年，入驻企业 74 家，其中科技类企业 43 家、文创类企业 25 家、其他企业 6 家；入驻企业注册资金达 2.96 亿元，实到资金 4813.5 万元，产值达 6619 万元，实现税收 243 万元；引进高层次人才 6 人，申请知识产权 7 项，带动就业岗位 245 个；服务创业者 320 余次，开展科技型中小企业涉税规划及有关业务知识培训、知识产权对接会、园区企业高新技术培育活动各类创业服务 20 场，累计参与人数 524 人次。园区先后被认定为“宁波市中小企业公共服务示范平台”“宁波市级文化产业园”“宁波市侨联侨界创新创业基地”等荣誉，先后接待包括省委组织部等单位的参观团 28 批次。

【技术转移中心推进】 2020 年，浙江大学象山技术转移中心促成象山县企事业单位与浙江大学新签约政产学研合作总金额约 828.744 万元，组织宁波威霖住宅设施有限公司“基于干式、绿色镀膜技术的装饰功能涂层材料技术及应用”与浙江钰稀腐蚀控制股份有限公司“海洋设施防腐关键技术研发及产业化”项目申报浙江省科技厅科学进步三等奖；浙江大学宁波理工技术转移中心共促成象山县企业单位与高校合作开发项目共计 10 项，合同经费总额 50.5 万元。

【快速推进机械科学研究总院南方中心建设】 截至 2020 年年底，南方中心入职员工 123 名，研究生以上学历占比 84%，建成博士后工作站，新引入 2 名博士后研究人员，4 名在站博士后完成开题评审，引育高端创新团队 2 支；获批宁波市“3315”计划项目、荣获第二届全国创新争先奖、中国产学研合作创新成果二等奖 2 项；申请专利 28 件，授权实用新型专利 4 件，制修订国家标准 3 项；签订合作项目 10 余项，合同额达到 7900 万元；组建“机械自动化实验室”、“材料工艺性能实验室”和“材料机械性能实验室”3 个。

【中国电子科学研究院创新分中心建设】 2020 年，中国电子科学研究院创新分中心累计实施项目 8 个，完成旭拱岙村和墩岙村的航拍及三维建模、智慧民宿子系统、“村民说事”子系统、智慧安防子系统方案设计、液化气瓶检测监管子系统方案设计及开发等。同时，与象山县立强机械、派丽肯无人机、海智行信息等企业开展技术对接，提供技术咨询和技术攻关服务，疫情期间协助宁波海智行信息技术有限公司等企业完成宁波市新冠肺炎疫情防控应急科技攻关增补项目申请。

【浙江理工大学象山现代针织研究院建设】 推进象山针织产业创新服务综合体建设，与森语国际等10余家针织、印染龙头骨干企业建立长期合作，签订合作项目3项、合同额80万元。为30余家针织企业提供研发、检验监测等各类技术服务300余次，建立大学生实习基地2个、研究生实践点2个，并选派20名优秀研究生企业一线实习，着力提升产业创新能级。

【加强宁波工程学院象山研究院服务成效】 2020年，累计服务企业60余家次，对接、解决企业技术难题40项以上。为百声特电子、远立高分子、威霖住宅、马菲羊纺织科技等企业提供技术需求对接，组织相关专家团队在新材料应用、加工工艺改进、产品方案设计等方面提供技术对接服务和咨询服务，形成科技项目7项，引进、转移转化科技成果4个。

【科技人才(外专)服务更具针对性】 为服务人才项目申报，邀请财务与投资专家对“3315”、省领军团队等项目开展预评和自评，增加人才项目入选可能性，同时指导好相关申报资料，按规定和要求及时上报和对接。2020年，申报省领军创新创业团队2个，入选“3315”创新团队2个，省领军团队入围省评1个。

(张佳茹)

科学普及与推广

【概况】 2020年，象山县科协在县委、县政府的正确领导和上级科协的关心指导下，围绕县委县政府决策部署，以改革为统领，履行“四服务”职责，团结带领广大科技工作者投身“六争攻坚、三年攀高”行动，在推动象山高质量发展新征程中取得了新的突破。

【全国科普示范县验收工作】 县科协履行纲要办职责，开展内容丰富的科普志愿服务活动，纲要成员单位之间大联合、大协作的科普工作格局日渐完善。2020年8月，中国科协对科普示范县工作进行验收。县科协发挥纲要办职责，对全国科普示范县验收责任进行分解落实，加强与领导小组成员单位之间的沟通合作，完成验收工作，2021年3月，被中国科协评为“总结评估优秀单位”。

【志愿服务活动】 开展科技志愿服务试点县工作，组建象山县科技志愿服务总队，网上注册志愿者人数1400多人，注册数全市领先。联合蓝豚水上救援队开展防溺水讲座，普及“救人先护己，预防高于急救”的理念。联合县教育局开展青少年防近视科普宣传，尤其在疫情期间，向宅家学生宣传防近视科普知识，开展网络近视防控及眼部知识科普讲座72次，受教人数26.4万人次；走进25所学校开展学生视力普查，在象山电视台一套推出主题为“共同呵护好孩子的眼睛，让他们拥有一个光明的未来”的讲座。为加强牙齿健康的科普宣传，在佳博牙科医院建立科普基地，通过医学机构等平台加强尤其是青少年牙科科普知识宣传。

【开展疫情应急科普】 疫情期间，与公众号“新象山网”合作，推出以“科学应对、群防群控、战胜疫情”为主题的“健康科普”专栏，每日1条，阅读次数4万人次。转发、推广“科普中国”APP“防控新型肺炎·让春节更祥和”专题，省科协“科学+”微信公众号、市科协“宁波科普”、“象山发布”等推送的疫情动态、科学防控文章；转发省、市科协转发疾控中心《新型冠状病毒感染的肺炎预防手册》等；组织参与省、市科协组织的疫情答题竞赛活动。向各县级学(协)会、镇乡(街道)科协印发疫情科普折页、正确佩戴口罩挂图、科学防护疫问医答挂图等科普宣传资料3000份，在丹城公园、殷夫公园、人民广场等公共场所张贴宣传挂画，扩大宣传面。派专人对全县140座科普画廊内容进行更换，通过科普e站、象山学会工作群、象山乡镇科普群等工作群中发布疫情防控科普知识，引导公众不信谣、不传谣，科学认知、理性预防。

【开展防灾减灾宣传】 在第12个全国防灾减灾日期间，联合“新象山网”微信公众号宣传台风、地震、火灾等灾害的科普知识；联合县气象局举办“象山‘5·12’防灾减灾日挑战答题”网上知识有奖答题活动，近400人次参与活动。

【助力企业复工复产】 围绕企业科学防疫和复工复产过程中遇到的实际困难、问题和需求，开展“百名科技专家进百企”活动。走进黄避岙乡日星铸业、甬菲特电子科技、易锻精密机械等企业，发放新冠肺炎防控企业复工员工防护指南宣传折页；针对浙里优鲜水产、探索机械制造、合力模具等企业提出的水产品如何深精加工、油漆喷涂废气处理、常用金属材料热变形与疲劳等问题，对接相关专家，为企业提供服务。县科技人才联合会工业专家组走进宁波冶金设备有限公司，开展技术帮扶服务活动，对企业技术人员进行了技术工艺编制指导，为企业解决了工艺实施中常见质量难题解决处理的办法；对接消毒剂生产公司为丹东、丹西片30多家企业、社区提供了4批近2000公斤的消毒剂。

【开展科技扶贫活动】 指导中国畜牧兽医学会宁波(象山)服务站、县畜牧兽医学会，在龙井市建立学会服务站宁波象山服务基地、象山县科协实践基地，开展东西部扶贫工作，将3万羽浙东白鹅鹅苗运输到龙井市种鹅场，通过线上、线下模式进行育雏技术指导；在象山天歌牧业有限公司建立学会服务站宁波象山服务基地，开展县内扶贫工作，帮助残障贫困人员脱贫致富。

【开展科技惠农服务活动】 联合浙江省植物保护学会宁波(象山)服务站，邀请宁波市农科院副院长王毓洪、蔬菜所所长黄芸萍一行，到县果蔬专业技术协会会员基地、高塘岛乡开展技术指导活动，为当地果蔬种植户、瓜农送经传技，全力帮助解决生产过程中遇到的技术难题。县科技人才联合会农业专家组走进泗洲头镇大理村，开展甜瓜种植技术帮扶服务活动，为种植户解决了大棚种植的甜瓜不结果、少结果，提高坐果率的技术难题。疫情期间，县科技人才联合会农业专家组分赴定塘、墙头、西周、晓塘等乡镇，指导农业复工复产工作。

【开展科技小院建设工作】 在宁波市科协的支持下，与宁波大学海洋学院沟通联络并达成合作协议，建立全市首家科技小院——浙江象山虾蟹科技小院。该科技小院以象山蓝尚海洋科技有限公司为基地，宁波大学海洋学院选派6名教授、5名在职研究生到科技小院驻点指导，推动象山县虾蟹产业提档升级。

（陈燕敏）

科技创新

【概况】 2014年12月，宁波市编办批准设立象山县科技创新中心，挂宁波工程学院象山研究院牌子，为县政府直属正科（局）级事业单位。宁波工程学院象山研究院建院围绕"发挥研究院智库职能""促进地方产业提升"两大核心工作，挖掘企业技术需求、紧密联系象山县科技局等其他政府职能部门，引入创新资源，发挥智库作用，并为象山产业发展提供支持与保障。2020年全年立项科技项目11个，具体涵盖4个公共与公益项目、6个科技预研项目、1个条件与平台建设项目，合计项目经费204万元。

【服务企业，解决技术难题】 对接中科院宁波材料所、兵科院宁波分院、中科院长春应化所、宁波工程学院等高校科研院所专家，在生物降解材料、新材料工艺研发、自动化改造等方面为企业提供技术支持。合计解决企业技术难题18项，服务企业25家。

【高性能压电陶瓷超声换能片】 压电陶瓷换能片是超声换能器的核心部件，叫超声波换能片。相对于换能器，压电陶瓷换能片的应用范围极广，包括清洗机、美容器、熔接机、切割机、解剖刀、洁牙机等系列用途，具有良好经济效益和社会效益。

【生物降解材料制品关键技术研发】 可生物降解材料通过堆肥处理能够转化为肥料、二氧化碳和水，直接回归自然环境，之后经过植物再生循环，可以大幅减少废塑料对环境造成的影响。2020年10月，宁波工程学院象山研究院与宁波马菲羊纺织科技有限公司合作开发可生物降解材料用于注塑衣架制品，实现注塑衣架的生物降解。

【助力部门需求】 加强与象山县科技局、经信局等企业服务关键部门的联系，主动提供技术支持。组织专家团队协助象山县科技局、经信局及象山县改革办完成象山县"工业""农业""社科"项目、象山县重大重点项目、智团创业项目、县级企业工程（技术）中心评定项目、工业企业"机器换人""工业强基""七大细分行业"等技改项目、改革创新案例项目评选等相关的立项、验收和评审工作，合计共271家次。

【研究生联合培养基地建设】 协助象山县科技局做好研究生联合培养基地建设，承担研究生基地实践点的日常管理。收集完成13家实践点年度考评材料，组织专家团队完成2019年度实践点考评；调研走访中化（宁波）润沃膜有限公司、宁波天安汽车零部件有限公司等20家次企业，指导宁波飞润海洋生物科技股份有限公司、浙江禹谷医疗科技有限公司、象山旭文海藻开发有限公司3家企业完成2020年度研究生联合培养基地企业实践点申请。

（宁波工程学院象山研究院　周世官）

文化·传媒

群众文化

【概况】 立足群众精神文化需求,举办第二十三届中国(象山)开渔节文化系列活动、第四届群众文化艺术节、第十四届陈汉章读书节等重大文化节庆活动。送戏送文艺进文化礼堂300余场,播放农村公益电影2240场次。承办各类书画展、摄影展10场,展出作品1000余件。举办文化交流走亲活动9场,其中走出去5场,走进4场。全年创作编排、参与节目共130余个,涉及音乐、舞蹈、绘画、诗歌等领域,其中创作节目55个、编排36个,演出活动中节目排练约40余个。组织“象村音乐季”音乐晚会4场、“唱着渔歌奔小康”象山北纬30°最美海岸线风情渔歌展演20余期。继续推广“艺+堂”项目,新建乡村文旅周末剧场4个、乡村文旅中心1个。推出以非遗传承人与民宿“联姻”的非遗民宿创建试点13家,创建非遗体验基地17个(其中5个分布在旅游景区),绘制“43个非遗点位+旅游景区”的象山非遗手绘地图。组建“群英荟”艺术团、“艺家人”社会公益联盟等,动员社会力量志愿参与周末剧场及各类公益活动,推动公共文化服务共建共享。西周镇创建第四批市级公共文化示范项目,爵溪街道创建第五批市级公共文化示范区通过资格评审。坚持“百花齐放、百家争鸣”方针,创作并线上发布防疫抗疫主题作品400余件。打造了以《打鱼归来》等10支原创作品为核心的《渔歌组歌》,并被列入省委宣传部文化艺术发展基金资助项目。选送《老街鱼灯》等4个精品参赛市音乐舞蹈节,获2金1银1铜。《情满果园》等7幅农民画入选“决胜小康”全国农民画创作展,创历史佳绩。此外针对县空巢老人、留守儿童、农民工等特殊群体的文化需求,象山县文化馆开展老年大学农民画、舞蹈公益培训,2020“圆梦青苗 以艺育美”浙江省百名文艺志愿面向农村未成年人开设美育课堂项目公益培训。建立20家“艺家人”联盟单位,开展线上线下公益培训活动,开展“五进”“三服务”,做好服务企业、服务基层、服务群众工作。辅导企事业单位、镇乡(街道)、学校文化活动等32场,共计3000余人次。开展“艺家人”乡村艺术团队文艺骨干培训100个班次,共培训2000余人次。广泛开展非遗半岛行系列活动,以自主点单方式为各镇乡街道配送传统戏剧73场、曲艺144场、非遗课堂216课。举办县首届非遗少儿故事大赛,并同步报送参加浙江传说故事讲述大赛,荣获特等奖1名、一等奖2名、二等奖1名。

【送文化进企业】 1月6日,在象山海洋酒店海洋厅举办“不忘初心·展望未来”东陈商会迎新团拜会暨文化进企联谊会。该次活动由东陈商会主办、象山县文化馆承办,来自各企业、公司代表约400人参加。象山县文化馆选送三人舞《舞蹈串烧》、古筝表演《盛世国乐》参加该次联谊会。

【举办象山县首届非遗年味集市】 1月11—12日,在博浪恒太城4楼举办象山县首届非遗年味集市,包括非遗节目展演、年味窗花主题展、年俗图文展、舌尖上的年味、指尖上的年味、“佳节祝福感恩”、“送福到家”等活动,为象山市民营造了浓厚的年俗氛围,带动年货销售近8万元。

【“春之声”2020年新年合唱音乐会】 1月12日,在象山县文化活动中心举行“春之声”2020年新年合唱音乐会专场演出。该次活动由中共象山县委宣传部、象山县文化和广电旅游体育局、象山县教育局、江北区文化广电旅游局主办,象山县文化馆、江北区文化馆承办。参与演出的象山合唱团、江北合唱团、象山红领巾合唱团表演了《葡萄园夜曲》《在水一方》《启程》等16首经典作品,约700人参与观看。

【“翰墨迎春·联进万家”送春联活动】 1月13日至21日,在象山县消防大队、涂茨镇钱仓村、鹤浦镇黄金坦村、下山部队、小网市部队开展“翰墨迎春·联进万家”送春联活动。该次活动由象山县文化和广电旅游体育局主办,象山县文化馆承办,象山县文化馆共组织8名县内书法家和书法爱好者参加该次活动,共送出春联千余副。自2008年,象山县文化馆的“迎新春,送春联”活动连续开展十三年,为新春佳节营造出欢乐祥和的氛围,累计为部队官兵和广大群众送出春联万余副。

【黄建永中国画作品迎春展】 1月16日至24日,在象山县文化活动中心二楼展厅举办“素默探源”黄建永中国画作品迎春展。该次展览由中共象山县委宣传部、象山县文学艺术界联合会主办、象山县文化馆承办,共展出中国画《岁月花好》《香飘满庭》《青山绿水》等70幅作品。

【象山县首届“我们的村晚”系列活动】 1月17日晚,在贤庠镇木瓜村文化礼堂举办“奋进新时代 喜圆小康梦”首届

“村晚”。该次活动由中共象山县委宣传部、象山县农村文化礼堂建设工作领导小组办公室主办，象山县文化和广电旅游体育局、象山县传媒中心、象山县文联承办，贤庠镇党委政府协办，象山县文化馆、象山县农村文化礼堂服务指导中心执行承办。晚会呈现了《下沙村赞》《书香东溪》《幸福敦岙》《九顷米馒头》《鸾凤和鸣》《传承》等具有浓郁乡土气息、散发着浓浓年味的精品舞蹈、歌曲，现场共吸引1000余名村民观看，线上直播3万人次点击参与。

【农民画公益培训】 3-11月，在县文化馆322室，象山县文化馆举办2020“决胜小康”第二届全国农民作品展览——象山县农民画创作公益培训，4期，培训总时长128小时，50人参与其中。该次培训由周万能、童芬芳授课主讲。以“决胜小康”培训主题，分别就美术创作如何构图，如何进行九宫格构图创作、如何进行黄金分割式的一种形式创作，如何把画面平均分成九块，如何确认中心块上四个角的点，如何用任意一点的位置来安排主体位置进行培训。

【象西风情竹境寻幽摄影展和象西风情竹乡雅韵写生展】 5月1日至6月1日，在西周镇儒雅洋村承志堂新时代文明实践站举办象西风情竹境寻幽摄影展和象西风情竹乡雅韵写生展，该次展览由象山县西周镇人民政府主办、象山县文化馆承办，各展出摄影和写生作品《竹子》《幽静》《美丽乡村》等作品60幅。

【举办摄影创作班】 为了提高象山摄影水平，5至9月，象山县文化馆举办象山县文化馆2020山海万象·千年渔乡象山摄影创作班3期，培训时长144小时，150人参与其中。该次培训由象山县文化馆工作人员黄松挺、孔永奇授课主讲。两位老师结合大量实例，分别就抽象风景摄影、如何使用远摄镜头、如何寻找光与影等进行公益摄影培训。

【喜迎两会书画展】 5月7日至31日，在象山县文化活动中心二楼展厅举办喜迎两会书画展。该次展览由象山县委宣传部、象山县文联主办，象山县文化馆、象山县美术家协会、县书法家协会承办，共展出作品《喜迎两会》《好山好谁》《海》等100余件。

【县级非遗体验基地试点创建17家】 5月18日至12月31日，象山县文化和广电旅游体育局创建县级非遗体验基地试点17家。分别在繁熹书屋、沈小姐书吧餐厅、利勇竹艺体验馆、米馒头体验基地、元宵花灯制作体验馆、青草港特色文化街区竹木雕体验基地、白海亚草木染工坊、象山县石浦镇延昌非遗传习所、石浦鱼骨鸟工艺品手工坊、宁波扣之韵名坊、民间刺绣传承基地、定塘镇非遗一条街、简舍知秋竹刻馆、盛氏非遗船模馆、“玩创”非遗体验基地、海盐晒制体验基地、象山唱新闻传习所等创建县级非遗体验基地。

【召开非遗民宿创建“联姻会”】 5月19日，象山县文化和广电旅游体育局、象山县旅游发展中心在县文化活动中心召开了一场特殊的“联姻会”——象山县非遗民宿创建“联姻会”，确定了13家民宿经营者与13个非遗项目的代表性传承人进行沟通会谈并“联姻”。

【象山县非遗馆开馆】 6月12日，象山县非物质文化遗产馆正式开馆。根据象山境内山海相融和“七山一水二分田”的格局，提炼了海洋、农耕、山民和市井四种文化形态，回顾象山悠久的历史文化，再现象山盛大的民俗现场。综合展厅1600平方米，馆内设有7位传承人工作室，另有非遗微剧场和临展区，定期举办非遗课堂、非遗演出、非遗讲座、非遗展览等。截至年底，展厅共展出国家级非遗项目6个、省级非遗项目15个、市级非遗项目46个。

【战地巡演节目辅导】 6月20日至24日，在象山保税区海训部队驻点开展“携手奋进新时代，军民共叙鱼水情”战地巡演节目辅导活动，该次活动由象山县文化和广电旅游体育局主办，象山县文化馆承办。帮助海训部队编排了三句半《唠唠心里话》、男子表演唱《五公里》、女子小组舞《say so》、小品《东边日出西边雨》等9个富有军营文化特色的文艺节目。

【象山—北仑民间美术交流展】 6月20日至7月20日，在北仑区文化馆举办象山—北仑民间美术交流展。该次展览由象山县文化和广电旅游体育局、北仑区文化和广电旅游体育局主办，象山县文化馆和北仑区文化馆承办，共展出作品《满载而归》《鱼》《鱼灯》等60幅。

【开展“一人一艺”“荔港杯”才艺比赛（决赛）】 7月29日晚，在石浦镇南向村文化礼堂举办石浦镇“一人一艺”“荔港杯”才艺比赛（决赛）。该次活动由象山县文化和广电旅游体育局、石浦镇人民政府主办，象山县石浦文化馆、南向村文化礼堂，300余名选手和观众参加。采用评委打分的方式，共决出一、二、三等奖及若干优胜奖。此外，该次比赛首次通过网络微信平台选出1名最佳人气奖。

【象山北纬30度最美海岸线发布会】 8月3日，在半边山皇冠假日酒店召开第二十三届中国（象山）开渔节暨象山北纬30°最美海岸线发布会。该次活动由象山县人民政府、宁波市文化广电旅游局主办，由第二十三届中国（象山）开渔节执委会办公室、象山县文化和广电旅游体育局、象山县旅游发展中心承办。中共象山县委副书记、象山县人民政府县长包朝阳，中国美院副院长宋建明，宁波市文化广电旅游局副局长邱金岳，中共象山县委常委、宣传部部长应建勇，象山县人民政府副县长张微燕、宁波影视文化产业区管委会党工委书记、主任（副县长级）陈建瑜，巨量引擎浙江公司总经理王雪芹，以及近百家长三角重点旅行商、自驾俱乐部、OTA平台、媒体等参加会议。

【象村音乐季音乐分享会】 8月3日至28日，在象山北纬30度最美海岸线半边山、东旦沙滩、茅洋海乐园、宁波老外滩4个地方举行象村音乐季音乐分享会,观众人数达2万余人次。该次活动由象山县委宣传部、象山县文化和广电旅游体育局主办、象山县文化馆承办。音乐节邀请本土知名乐队诱鱼岛乐队和蓝谣乐团参与演出,结合旅游文化互动发展的优势,借助现代音乐与观众形成互相交流的整体,打造了一场音乐盛典。

【象山县石浦文化馆举行少儿故事比赛】 8月25日,象山县石浦文化馆在石浦城市书房举办"一人一艺"石浦新时代文明实践"少儿故事"比赛。通过前期报名,该次活动共吸引了20余位当地适龄青少年儿童前来参赛。小选手们个个精神抖擞,以最佳的精神状态在舞台上展现风采。比赛最后共决出一、二、三等奖以及若干参与奖。

【农民画作品入选第二届全国农民画作品展】 8月27日,象山县文化馆选送的7幅农民画作品入选由中国美协主办的"决胜小康"第二届全国农民画作品展,其中花丽丽的《情满果园》和王亚红的《特色渔岛》获中国美术家协会入会资格,《果子红果农乐》《海岛旅游奔小康》《假日·海岛》获入展资格。

【浙江省文化传承生态保护区创建工作现场会】 9月14日至16日,在象山县召开浙江省文化传承生态保护区创建工作现场会。来自全省11个设区市的文化和旅游局分管局长、非遗处长(非遗中心主任),17个省级文化传承生态保护区(创建)地区的党委或政府分管领导、文化和旅游局负责人参加了现场会。该次会议的主要任务是贯彻文化和旅游部1号令《国家级文化生态保护区管理办法》,落实年内省政府工作报告中关于创建省级文化传承生态保护区的工作要求,交流省级文化传承生态保护区创建思路,统一思想、凝聚共识,研究下一步推进省级文化传承生态保护区建设的相关工作。象山县以该次会议为契机,分享了国家级海洋渔文化生态保护区建设经验,展示保护区创建成果,为浙江省级文化传承生态保护区创建工作输出象山经验。

【举行第二十三届中国开渔节】 9月16日,在石浦海峡广场举行二十三届中国(象山)开渔节开船仪式。该次活动由浙江省人民政府主办,宁波市人民政府、浙江省农业农村厅承办,象山县人民政府、宁波市农业农村局执行。浙江省人民政府彭佳学副省长、宁波市政协徐宇宁主席、农业农村部渔业渔政管理局江开勇副局长、宁波市人民政府卞吉安副市长、象山县委潘银浩书记等领导出席了该次活动。该次活动推行"文化搭台、旅游唱戏"办节模式,通过"云直播""云开渔"等"十朵云"活动,吸引156家中央及省市主流媒体和网络媒体参与宣传报道,相关话题累计点阅量突破3000万人次,各平台直播最高观看人数960.27万人次。

【宁波市音舞节中获奖】 9月19日,在宁波市文化广电旅游局主办、宁波市文化馆承办宁波市第十三届音乐舞蹈节中,象山县文化馆选送的男声表演唱《象山渔老大》参加获音乐类金奖,舞蹈《驶向春天的帆船》获舞蹈类银奖。

【农民画作品参加宁波市第二届农民画、剪纸作品创作大赛获奖】 9月21日,象山县文化馆选送14幅农民画作品参加宁波市第二届农民画、剪纸作品创作大赛荣获1金2银4铜。其中顾圣亚《渔民丰收》获金奖;陈秀梅《鱼多人欢》、杨杏芬《桥·海经济硕果》获银奖;何萍青《菜园》、黄竹青《映日荷花别样红》、童芬芳《中国开渔盛世》、王亚红《乡村新风貌》获铜奖。

【"喜迎国庆·建成小康社会"象山县文化馆美术作品展】 10月1日至15日,在象山县文化活动中心二楼展厅举办"喜迎国庆·建成小康社会"美术作品展。该次展览由象山县文化和广电旅游体育局主办、象山县文化馆承办,共展出作品《果子红果农乐》《海岛旅游奔小康》《假日·海岛》等72幅。

【《开渔出海》获浙江省音乐新作演唱大赛银奖】 10月13日,在浙江省文化和旅游厅主办的浙江省第十九届音乐新作演唱大赛中,象山县文化馆选送男声表演唱《开渔出海》参加并获银奖。

《开渔出海》剧照

【建成小康社会象山农民画展】 10月15日至30日,在墙头溪里方美术馆举办建成小康社会象山农民画展。该次活动由象山县文化和广电旅游体育局和象山县文学艺术界联合会主办、象山县文化馆承办,共展出作品《果子红果农乐》《海岛旅游奔小康》《假日·海岛》等60幅。

【首批宁波市非物质文化遗产体验基地】 11月5日,宁波市文化广电旅游局公布2020宁波市非物质文化遗产体验基地名单,象山县的宁波秉益竹木雕刻体验中心(馆)、民间刺绣体验基地、中国海影城非遗百工坊、花岙盐场、白海亚草木染工坊等5家场所榜上有名,成为首批宁波市非物质文化遗产体验基地。

【象山非遗首次亮相浙江书展】 11月6—8日,第六届浙江书展在宁波国际会展中心举行。象山竹根雕、船模艺术、象山鱼拓、民间刺绣、草木染技艺等多个非遗项目首次亮相书展文创生活馆展区,展示了象山建设文化强县、振兴非遗传统文化的丰硕成果。浙江省委宣传部常务副部长来颖杰到非遗展区参观,并对象山非遗项目的传承、发展成果予以肯定及好评。

【《海鸥飞处》获中国义乌文化和旅游产品交易博览会工艺美术金奖】 11月7—10日，2020年第15届中国义乌文化和旅游产品交易博览会在义乌国际博览中心举行，象山县草木染技艺代表性传承人白海亚的草木染作品《海鸥飞处》获得工艺美术金奖，林海仁的竹根雕作品《缠枝葫芦》和肖吉方的竹根雕作品《清风》分别获得工艺美术银奖。

【象山合唱团参加宁波市职工合唱大赛获金奖】 11月20日，象山县文化馆选送的象山合唱团以《在太行山上新编》和《大鱼》两首曲目参加宁波市职工合唱大赛获金奖。

【十九届五中全会精神宣传象山文艺小分队演出】 11月，分别在南门夜市、鹤浦镇东红船厂、象山县消防大队、黄避岙乡、墙头方家岙村举行“圆梦小康年·迈步新征程”十九届五中全会精神宣传象山文艺小分队演出。该次活动由象山县文化和广电旅游体育局主办、象山县文化馆承办。象山说唱《“十四五”规划新征程》、歌曲《不忘初心》、越剧表演唱《红色医生》、现代京剧《红梅赞》以及动感十足的爵士舞等节目相继上演。该次演出共计5场，2万多名群众参加。

【“遂昌—象山”文化走亲】 11月24日，在墙头镇方家岙村文化礼堂举行“山海协作·文化同心”2020遂昌·象山两地文化走亲文艺演出，约300余名游客与当地村民参加。该次活动由象山县文化和广电旅游体育局、遂昌县文化和广电旅游体育局主办，象山县文化馆和遂昌县文化馆承办，包括《盛世中华》《山歌好比春江水》《梅兰竹菊》《秋嫁》等节目。

【长三角地区文化走亲】 12月2日、3日，在嘉定区真新街道文化体育服务中心和金山区文化剧场分别举行象山2020长三角地区文化走亲——上海嘉定、金山戏曲专场演出暨“半岛风”象山农民画交流展活动。该次走亲由上海市嘉定区文化和旅游局、金山区文化和旅游局、象山县文化和广电旅游体育局主办，金山区文化馆、嘉定区文化馆和象山县文化馆承办。文化走亲交流期间，充满象山元素的15幅农民画作品让当地文艺工作者耳目一新，深受好评。

【美丽家园象山美术作品展】 12月10日至20日，在象山县文化活动中心二楼展厅举办美丽家园象山美术作品展。该次展览由象山县文化和广电旅游体育局和象山县文学艺术界联合会主办，象山县文化馆和象山县美协承办，共展出作品《花卉》《多肉》《家园》等80幅。

（刘灵灵）

文化市场

【概况】 让群众“最多跑一次”“最多跑零次”的意识，及时梳理行政权力办理事项153项，明确办事指南要素、受理标准和容缺标准，坚持推进四级通办、政府数字化转型、政务服务2.0、“一件事”等一系列文化行政许可便民服务改革。全共受理许可项目84件，办结84件，所有审批事项“掌上办”、网上办、跑0次、承诺时间再压缩、即办件、网办深度、网上受理率、网上办件率及群众满意度均达到100%。着力加强文化市场监管，规范实施“双随机、一公开”执法制度，开展了“扫黑除恶”“扫黄打非”、暑期网吧整治、游泳场所整治、社会艺术考级整治等各类专项行动，督促印刷企业落实“印刷五项制度”。全年出动检查3893人次，检查经营单位2610家次，行政处罚立案调查37件，办结37件，维护了文化市场平稳秩序。开展境外非法卫星电视接收设施、网络视听节目传播秩序专项整治3次，收缴、拆除非法设施27套，进户宣传200多人次，维护文化安全。另外，建立了文化体育专业安全生产（消防安全）委员会，制定工作规则，开展安全生产百日大战回头看、安全生产月、安全生产万里行等工作，对全县文化经营单位、文博单位、历史建筑、公共文化场所等进行了排查整治，共计场所1416家，共排查问题隐患500多个，能够立即整改的均完成整改。完成县体育馆、县文化活动中心、象山剧院、县非遗馆等场馆消防整改工程。

【关闭文体场所防疫情】 1月24日，为全力做好新型冠状病毒感染的肺炎疫情防控工作，切断病毒传播途径，象山县文化和广电旅游体育局及时关闭全县面向公众开放的文化体育场所（含图书馆、博物馆、体育馆、游泳场馆、文化活动中心、城市书房、乡镇书吧、新华书店、影剧院、KTV、网吧、游艺场所等），取消全县所有文化和旅游节庆、体育赛事等活动。

【曹剑一行赴象山调研】 3月17日，宁波市文化市场综合行政执法队副处长曹剑一行4人到象山开展网吧、文物、印刷企业“双随机”检查。对丹城深蓝网吧、丹山井、繁荣印刷等企业及文保单位进行了随机抽查。检查过程中，执法人员针对场所内防疫设施配备情况、场所每日消毒记录、外来人员登记等情况进行细致检查，并督促现场工作人员务必要提高防控意识，复工期间必须严格遵守防疫规定，根据复工复产工作指南，严格落实各项防控措施，为人民群众提供安全的文化消费环境。

【全国哀悼日公共娱乐场所停业督查】 为表达全国各族人民对抗击新冠肺炎疫情斗争牺牲烈士和逝世同胞的深切哀悼，4月4日在全国举行全国性哀悼活动。在此期间，全国停止公共娱乐活动。象山县文化和广电旅游体育局工作人员分成8组对辖区内的所有娱乐场所、网吧等场所的关停情况进行巡查监督。从检查的情况看各场所均能按照国务院、文化部通知规定执行，未发现有擅自经营现象，全部做到暂停营业。

【校园周边出版物市场清查】 根据宁波市新闻出版局关于组织开展校园周边出版物市场专项整治的通知，结合象山县疫情防控和中小学开学实际工作情况，自4月13日至25日，象山县文化市场综合行政执法队对丹东街道、丹西街道、石浦镇等象山县重点乡镇（街道）的校园周边出版物零售店、文化用品经营店和小卖部等经营场所开展日常巡查，并联合宣传部、教育、市场监管局等部门对校园周边出版物开展检查。专项整治期间，各经营业主均能地自觉规范经营行为，依法经营、守法经营。

【文化市场安全生产月活动】 年内6月，是全国第19个"安全生产月"。为让娱乐场所、网吧等经营户认识开展好安全月活动的重要意义，牢牢守住生产安全底线，完善文化市场突发事件应急机制，象山县文化市场综合行政执法队要求经营户在6月1日至30日期间，组织全体员工落实"三个一次活动"，具体内容就是开展"一次自查""一次培训""一次演练"等活动，并要求他们妥善保存该次"三个一次活动"相关资料，同时把落实情况照片上传至各自行业微信工作群，作为他们落实"三个一次活动"的重要依据，未及时落实的场所，将被列入重点整治场所。

【网络文化市场专项整治】 5月1日至31日，象山县文化市场综合行政执法队开展网络低俗信息专项执法行动，重点针对网络棋牌类游戏以及涉嫌含有赌博、色情、淫秽等内容的网络直播等违法违规行为，开展了一系列查处网络游戏赌博、违禁网络文学产品的专项行动。截至年底，开展网络巡查80家次，对象山县36家网络文化企业进行了三轮次以上的专项摸排，查处涉嫌提供载有宣扬淫秽内容的文化产品的企业1家。

【文物安全隐患排查】 为汲取温州永嘉县"5·4"全国重点保护文物芙蓉村古建筑火灾事故的深刻教训，5月初至6月底，象山县文化和广电旅游体育局开展文物专项巡查。对国保、省保、县保等文物保护单位开展全方位巡查，同时，重点检查了木结构古建筑内各类消防设施能否安全使用、灭火器压力是否处于正常值、有无乱搭建情况、电线未套管等安全隐患，做到细致、防微杜渐。据统计，发现安全隐患的单位58家次，抄告属地管辖的镇乡（街道）要求限期整改到位。

【跨部门联动控烟执法专项行动】 为从根本上解决网吧禁烟问题，杜绝网吧使用明火，建立长效监管机制，做到网吧禁烟常态化、制度化，高标准常态化推进文明城市创建工作，从8月11日至9月11日，象山县文化市场综合行政执法队联合公安、卫健等部门对象山县网吧开展控烟执法专项行动。重点检查网吧是否配备禁烟劝导员、设置烟具、张贴禁烟标识等情况。做到周有计划，日有行动，确保每日一组执法队员在市场检查，做到发现一例严惩一例，做到"真禁、真罚"。该次专项行动跨部门联合执法5次，卫健部门处罚吸烟人员10名，公安部门立案处罚3家。

【文化市场暑期专项行动】 6月底至9月初，象山县文化市场综合行政执法队开展文化市场专项行动。一是开展暑期网吧执法检查专项行动，重点对丹城和石浦镇城区的40余家网吧开展集中专项整治，针对部分网吧存在的灭火器过期、常闭式消防门未关闭等安全隐患责令即时或限期整改，存在安全隐患网吧18家次，发现安全隐患38起，责令整改并依法抄送消防等相关职能部门。二是开展歌舞娱乐场所暑期专项整治，重点查处歌舞娱乐场所违规接纳未成年人、设置赌博内容的电子游戏机、歌舞娱乐场所曲库含有违禁曲目等行为，对部分歌舞娱乐场所因未按规定建立从业人员名簿、营业日志和文化市场举报电话未上墙、未成年人禁入标志模糊进行查处整改5处，对常闭式防火门未关闭、消防栓无检查记录、消防台账登记不完善、无应急预案等情况整改6处。三是开展暑期游泳场所执法检查专项行动，象山县在省文化市场OA系统注册的游泳场所是15家，受疫情影响，年内暑假正常开放的是7家。整个夏季高温暑假期，对象山县7家游泳场所每月开展一轮专项检查，这7家游泳场所全部签订高危险性主体责任安全生产承诺书，处理无证经营单位1家。

【文化市场信用修复工作】 根据县信用要求，象山县文化和广电旅游体育局于10月开始集中开展文化企业信用修复工作，摸排2015年11月1日至2019年11月1日期间作出行政处罚的文化企业，筛选出符合修复条件的企业56家，共71条不良信息，引导符合条件的企业尽快重塑信用，规避失信风险。为需要修复的企业准备好信用修复申请表、信用承诺书等资料，企业携带营业执照复印件只需要来执法队对相关资料进行核对、签字盖章就能完成申请，实现"最多跑一次"，帮助企业在疫情防控期间重塑良好信用，最大程度激发企业活力。

（刘灵灵）

公共图书

【概况】 象山县图书馆推进"书香象山"建设，新建成城市书房（乡镇书吧）5家，武警分馆、民宿阅读角、图书流动站等16家。继续做好"月读"推广人和塔山讲堂，开拓线上阵地，推出塔山微讲堂、"暖·象"绘本故事云课堂，被"学习强国"录用48篇。2020年，象山县图书馆开展讲座48场，展览54场，阅读活动190场，受众群体达16万人。2020年共借还图书325294册次，接待读者47万人次，新增图书借阅卡1779张，收集地方文献129种165册，为农家书屋及图书流动站送书10万册。象山县图书馆构建城市书房、乡镇书吧、乡村书房三级联动公共阅读服务体系被列入第五批创建宁波市公共文化示范项目名单。选送作品获得"魅力声音·抗击疫情，我们在行动"浙江省少儿音频征集活动银星奖2件，铜星奖2件。

【捐赠义卖图书】 1月4日，在文化中心广场举行"象上吧·红领巾"公益嘉年华暨第六届少儿春晚启动仪式。此次活动由共青团象山县委、象山县传媒中心和象山县少工委主办。象山县图书馆助力该次公益嘉年华活动，向青少年宫捐赠义卖图书220册，其中包括社科、少儿图书和绘本等种类。

【慰问援鄂医疗队】 为感谢医护人员的无私奉献，丰富他们隔离期间的精神文化生活，4月3日，象山县图书馆准备500余册图书和杂志前往宁波援鄂医疗队队员隔离点进行慰问。书籍涵盖医护专业知识、社科文学、休闲娱乐、畅销书籍等各个类别的最新图书和杂志，并将其分成270份，送至医护人员隔离点。

【免押金办证】 4月23日，在第25个“世界读书日”之际，宁波全大市各公共图书馆联合推出免押金办证服务，读者的借阅行为将接入宁波市公共信用信息数据平台，个人信用成为替代押金的无形资产。读者不限户籍、国籍，持身份证、护照等证件均可免押金办理一张宁波市公共图书馆借阅证，单次可借阅10册图书，借期30天，该证可在全市各公共图书馆使用，文献通借通还。

【助残日活动】 5月17日，在第三十个全国助残日来临之际，象山县图书馆以“助残脱贫 决胜小康”为主题开展送健康活动。象山县图书馆为全县的各盲人推拿店送上实用的防疫消毒健康包，内含口罩，免洗洗手液，喷雾消毒液等。此外，还带去大字书以及听书机，并对他们表达节日的问候，希望助盲人群体在疫情期间保护好自己的同时丰富他们的业余生活。

【第十四届“陈汉章读书节”】 4月23日至5月22日，象山县图书馆开展第十四届“陈汉章读书节”系列阅读推广活动。活动分场馆建设、阅读推广、展览展示、评先评优四大块内容，结合疫情防控需要，推出“读圣贤书，做儒雅人”吟诵会、“战疫·诗行”朗诵会，将阅读推广活动主阵地由线下转移至线上，以视频录播、阅读打卡、书香家庭评选、征文朗诵等多种形式覆盖各个年龄段阅读群体，引导和推动形成爱读书、读好书、善读书的全民阅读社会氛围，共开展60余项阅读推广活动，累计吸引读者参与达2.9万人次。

【“信阅”借书服务上线】 7月10日，县图书馆“信阅”借书服务正式上线。网上买新书，快递送到家，以“信阅”、快递借还和通借通还为核心的文献流通共享体系正在全省逐渐形成，读者的芝麻信用积分大于550分即可开通这项服务。

【武警分馆正式开馆】 为加强部队文化建设，丰富部队官兵文化生活，打造书香军营，7月31日，象山县图书馆武警分馆正式开馆。象山县文化和广电旅游体育局局长陈淑萍和武警宁波支队执勤三大队教导员周共同为分馆揭牌。象山县图书馆武警分馆是继部队图书流动站全覆盖基础上建成的首家图书分馆，分馆的建成开放丰富了官兵们的精神文化生活，极大提高了他们的阅读性，对促进部队文化建设、提升文化品质具有重要意义。

【“海上书屋”迎开渔】 为了迎接开渔节的到来，满足渔民出海期间的精神文化需求，9月11日，象山县图书馆在石浦东门渔村开展了“海上书屋”送书活动。工作人员将500册图书，分装到10个“海上书屋”流动箱中，送往等候在码头边的渔船上。其中包括历史人文类、军事科技类、渔业生产安全等各类书籍，届时，所有图书将在开渔节之际伴随渔民度过书香满船的海上之旅。一直以来，象山县图书馆十分关注渔民的文化需求，自2014年起在全省率先建成“海上书屋”，开展“你点我送、你点我买”定制服务和陆海图书交流服务，在鹤浦镇、高塘岛乡、石浦东门渔村等地建立“海上书屋”流动点，累计送借书籍1.5万册。

【“月读”线下读书沙龙】 10月6日，在大目湾红星紫御半岛举办“月读”线下分享会，共有40余户亲子家庭参与。活动现场设有象山县图书馆借阅证办理服务点，为在场观众提供免费办证服务。杭州凤凰小学校长、语文特级教师缪华良向大家分享了“书香精神”的重要性。大目湾学校副校长、小学部校长侯珊红推荐书籍，并强调要在尊重其阅读的基础上进行科学合理的引导。

【举办第二十二期“月读”】 10月30日，象山县图书馆举办第二十二期“月读”，邀请象山县委常委、宣传部部长应建勇分享书籍《平凡的世界》。

【全国妇联家儿部调研组赴“城市书房·绘本主题馆”调研】 11月5日晚，全国妇联家儿部副部长胡道华一行赴象山县“城市书房·绘本主题馆”调研家庭教育亲子阅读工作。县委副书记、政法委书记李晓东、县妇联主席蒋凌燕、县文化和广电旅游体育局局长陈淑萍、县文化和广电旅游体育局党组成员奚斌辉等陪同调研。调研组对县图书馆开展亲子阅读、融入社会力量创建志愿者团队工作予以了肯定和赞赏，指出县图书馆亲子阅读工作，场地设备齐全，人才队伍专业，满足了亲子家庭教育的需求，希望今后能够继续加强队伍培训、提高团队整体素质，让亲子阅读和家庭教育建设更加专业化、规范化。

【图书馆调研服务大提升】 11月19日，浙江图书馆副馆长胡海荣等一行赴象山图书馆调研服务大提升行动工作进展情况。宁波市图书馆副馆长沈冠武、县文化和广电旅游体育局党组成员奚斌辉等陪同调研。调研组一行参观了城市书房·绘本馆和县图书馆总馆，提出总馆设施设备有待提升，要推进新馆迁建项目，优化便民服务，提升人民群众的满意度。

【乡镇图书分馆迎提质升级实地考评】 为提高服务效能和管理水平，加强公共图书馆总分馆体系，12月17日，宁波市图书馆副馆长沈冠武、宁波市文化广电旅游局王菲岑一行到象山县定塘图书分馆和新桥图书分馆开展乡镇(街道)图书分馆提质升级实地考评。在实地考评过程中,评估小组一行认为两地图书分馆基础设备设施完善,实现以图书借阅为中心、以文化活动为引领,发挥图书馆分馆功能,推动乡镇(街道)图书分馆服务水平。

【农家书屋管理员培训】 为提升县农家书屋管理员专业能力,做好农家书屋提质升级工作,12月25日,在象山县图书馆举行首批提升农家书屋管理员培训,来自全县各乡镇(街道)的文化站长与130余名农家书屋管理员参加了培训。培训邀请了象山县文化和广电旅游体育局文广科干部张建华、县图书馆馆员陈万杰和浙江省音乐家协会会员、象山县"群英荟"艺术团导演吕明老师授课。

(刘灵灵)

文物保护

【概况】 坚持"保护为主、抢救第一、合理利用、加强管理"的文物工作方针,实施镇潮庙、溪口粮站、何恭房祠堂等10余处文保单位(点)修缮工程。响应浙江省十大海岛公园建设行动,编制《花岙兵营遗址保护和利用工程计划书》,并争取省文旅厅立项。立足"文物+旅游",修缮殷夫故居、贺威圣故居、王家谟故居等革命文物,打造突出党史教育的"初心"线路,建成鹤浦文物精品旅游线路,年吸引游客数量达2万人次。改造提升茅洋溪口粮站,吸引民间资本打造竹文化展示馆。推进横湾沉船考古发掘与展示利用前期准备工作,多次组织专家调研考察,编制保护方案。全力支持城市建设,申报和创建塔山遗址省级考古遗址公园,主动对接协调相关部门,推进老城区汤家大屋、后翁民宅迁移保护工程。启动浙江省级平台浙台(象山)石浦经贸合作区文物保护区域评估工作,协助大唐浙江象山完成大唐乌沙发电厂二期、长大涂光伏项目考古调查工作,推进考古前置,助力经济园区建设。完成浙江省古井普查工作,共计古井58处。文化安全管理,出动检查人员700余人次,新更换灭火器近500个,并启动宁波市首个木结构文保单位线路改造试点工作,现编制22处建筑物电气线路改造方案,力争打造"象山模式"。推进博物馆藏品数字化建设,完成2000余件藏品数字化登录。发挥博物馆社会教育功能,举办纪念殷夫110周年诞辰书法作品展等惠民展览6次,开展博物馆进社区、进学校、进企业等宣传教育活动11次,博物馆接待参观团队92支、9600余人次。

【海派书画展】 1月1日至2月29日,在象山县博物馆临展厅举办海派书画展。该次展览共展出海派书画54套(66件),包括赵之谦、吴湖帆、冯超然、白蕉、唐云、江寒汀等名家作品,"海派"是以上海为中心形成的中国近代最为重要的绘画流派之一,是一个承前启后、继往开来、技贯中西的新兴艺术流派。海派画家群体基本来自江浙地区,依托上海"十里洋场"的特殊环境与多元文化优势,将市民文化消费心理与都市商业行为有机结合,更兼容金石篆刻之法入画,作品体现时代气息,挥洒自由个性。

【青草巷古建筑维修工程】 2月28日,象山县文保所开展象山县青草巷古建筑维修工程,此维修工程地运用原地修缮和迁建修缮、新建等手法,恢复传统院落格局和街巷结构,保留了具有象山地方特色的建筑细部。6月1日,宁波市文保所所长徐炯明、象山县文保所所长郑松才以及相关部门和专家对象山青草巷保留的古建筑修缮工程进行竣工验收。青草巷区块总建筑面积1.6万平方米,除保留老宅面积4070平方米外,新建1—3层单体11组、建筑面积1.2万平方米,巷内有王家谟烈士故居、李宅等多处文物古建筑。

【文物安全检查】 3月10日,象山县文保所完成疫情期间文物安全检查工作。该次安全检查工作参照移动巡查终端《宁波市文物安全检查表》,重点检查电气线路、开关插头、配电箱等是否符合要求,消防设备、灭火器材是否完备,消防通道是否通畅等,并要求检察人员对检查情况及时做好登记,实地检查文保单位(点)46处,包括省级以上文保单位11处、偏远及无人看管的野外文物5处、居民类文物建筑30处,力争做到不漏检、不误检。

【姜毛庙修缮】 3月17日至4月9日,象山县启动实施为期一个月的姜毛庙保养性修缮工程。姜毛庙位于象山县丹西街道五丰村南街12号,清代建筑,于2000年被列为象山县县级文物保护单位。该庙坐西朝东,四合院式,分前后三进,由门楼、戏台、正殿、后楼及两厢楼组成,占地面积1200平方米,是纪念姜、毛二公"扶贫济困,施药救人"的庙宇。正殿保存,工艺精美,具有一定人文价值和建筑工艺价值。截至年底,姜毛庙保养性维护工程竣工。

【全县古井水源普查】 4月22日,为摸清象山县现存古井水源基本情况,落实古井水源管理保护措施,象山县文保所启动全县古井水源普查工作,共计普查登录古井58处。象山县文保所成立调查小组,进行实地勘察,核实古井位置、建造年代、保护情况、主要功能、使用状态、水质感官等现状情况,并对检查过程中存在的问题和保护措施进行梳理,确保古井调查信息准确、完整。

【开展文物安全检查工作】 4月22日,象山文保所组织队伍开展文物安全检查工作,前后共出动600余人次,历时4个多月,检查了18个乡镇(街道)的170处文物保护单位(点)和4处博物馆建筑消防设施设备配备以及管理和使用人员消防技能和应急措施等情况。通过落实文物安全检查、实施文物维修项目、推进文物评估、加强文物宣传、开展博物馆库房整理五项步骤,高标准、高质量、高效率地完成县文博单位的安全工作,推进县文博事业的有序发展。

【邱金岳一行到象山督查安全工作】 4月28日，宁波市文化广电旅游局副局长邱金岳带队赴象山县博物馆开展疫情防控及“五一”假日文化和旅游安全工作督查，象山县文化和广电旅游体育局副局长沈颖洪陪同检查。邱金岳一行检查了象山县博物馆疫情防控处置预案、“健康码+测温+实名登记”制度、防疫物资配备和定期消毒等情况，此外还检查了社会主义核心价值观宣传、环境卫生整治等文明城市创建工作，要求象山县博物馆严格落实好疫情防控、安全生产、参观限流等方面的工作部署，确保博物馆安全、有序开放。

【非遗展馆项目竣工验收】 6月8日，象山县文保所、茅洋乡人民政府组织相关部门和专家对茅洋乡非遗展馆项目进行竣工验收，相关设计、施工和监理等单位参加。茅洋乡非遗展馆地诠释了加强文物保护和活化利用的理念，是象山县文物活化利用的一个典型案例。

茅洋乡非遗展馆设计图

【馆藏纪念殷夫书法作品展】 6月11日，象山县博物馆举办“纪念殷夫烈士110周年诞辰——馆藏纪念殷夫书法作品展”，展览主题为缅怀革命烈士，继承烈士遗志，弘扬革命精神。展览作品40余件套，为象山县博物馆历年来收藏的殷夫题词、殷夫诗抄等书法作品，作者包括全国人大常委会原委员长乔石、文化部原代部长贺敬之、“左联”研究权威丁景唐及书法家刘江、朱关田等。

【城隍庙观音阁修缮方案获批】 9月4日，象山县石浦城隍庙之观音阁修缮工程设计方案获省文物局批复。象山县石浦城隍庙是国家历史文化名镇石浦镇的重要组成部分之一。其附属建筑观音阁的修缮保护，有利于石浦渔港古城整体风貌的展现，对传承和弘扬石浦明清海防文化及文旅融合具有重要意义。下一步，象山县文保所将组织有关单位编制施工图设计，按照文物保护修缮工程相关规定组织实施修缮工程，确保其真实性和完整性。

【修缮定塘镇镇潮庙】 10月15日，为加强县域历史文化资源保护，象山县文保所联合定塘镇政府组织专业人员进行实地勘察，对大塘镇潮庙实施保护性维护工程。该次工程按照“修旧如旧”的原则，针对屋面部分坍塌，木构件存在糟朽、霉烂等情况进行维修，并做好水电安装及防火、防虫和防腐等技术措施的配套工作。镇潮庙又称红庙，坐落在宁波市象山县定塘镇中站村，是中国传统式建筑，庙宇四合院式，坐北朝南，2007年被公布为县级文物保护单位。

10月15日，定塘镇镇潮庙现场图

【王结华一行赴象山县开展文化遗产调研】 11月26日，为加强象山县文物资源的保护和利用，宁波市文化遗产管理研究院院长王结华一行赴象山县调研文物工作，象山县文保所相关人员陪同调研。调研组一行先后实地勘探了文保点汤家大屋以及浙台经贸合作区部分需要文物评估的地块，详细了解了汤家大屋迁移工程的整体推进情况，指出要在严格落实安全生产工作的基础上，推进文物修缮和利用工程，让文物的价值得以更好地展现。

【东陈乡文保单位（点）电气线路改造】 11月27日，为改善木结构类文保单位消防安全状况，实现象山县文物建筑电气火灾防控的整体提升，象山县文保所会同东陈乡政府、乡文化站、消防等部门开展乡内文保单位（点）电气线路改造工程和消防安全检查工作。该次检查结合国家文物局发布的《全国文物火灾隐患整治和消防能力提升三年行动实施方案》文件精神，实地勘探了东陈乡内陈汉章故居、鉴池公祠、怡经堂等7处文保单位（点）的电气线路铺设情况，并检查了消防设施器材配备等工作。对检查过程中发现的问题和隐患，及时提出整改意见，同时要求相关责任单位抓实抓细，严格履行消防安全责任，日常巡查工作，做好文物建筑安全工作。

【建设塔山遗址省级考古遗址公园】 12月29日，浙江省文物局公布第三批省级考古遗址公园名单，象山塔山遗址公园上榜。塔山遗址位于浙江省象山县丹城塔山东南麓，依坡濒海，面积约4万平方米。1988年被发现，1990年、1992年、2007年三期发掘1600平方米，使象山地域人类活动的历史，向前推进到6000年前的新石器时代。遗址文化层堆积厚0.8—2.3米，分10个地层。时间跨度3000余年，早期属于新石器时代，晚期属于商周文化。象山县塔山史前文化遗址的发现和发掘，体现了我国考古工作的新成就，对江南地区史前文化乃至中国历史都具有重要意义。2013年被国务院核定为第七批全国重点文物保护单位。

【县文保点联合救火会迁移保护方案评审】 12月30日，象山县文化和广电旅游体育局组织召开县文保点联合救火会迁移保护工程设计方案评审会议。经讨论审议，一致认为联合救火会迁移保护设计方案体例规范、保护理念原则符合国家文物保护的相关要求，原则同意通过该方案，并提出了相关意见。此工程的实施不仅能解决文保点内涝和消防安全问题，改善文物保存环境，更有利于文物建筑的集中展示利用，依托文化、历史及片区功能定位打造成“象山发祥地、慢生活城区”的重要展示窗口。

（刘灵灵）

表63　　截至2020年象山县文物保护点一览表(116处)

序号	名　称	年　代	类　别	公布时间	详　细　地　址
1	洋坑吴氏宗祠	清	古建筑	2010.12.21	浙江省宁波市象山县新桥镇洋坑村161号东侧
2	海台韩氏宗祠	清	古建筑	2010.12.21	浙江省宁波市象山县新桥镇海台村东部
3	紫荆花馆	清	古建筑	2010.12.21	浙江省宁波市象山县新桥镇黄公岙村沙坑路89-90号
4	黄吉岙林氏宗祠	清	古建筑	2010.12.21	浙江省宁波市象山县新桥镇黄吉岙村北部
5	吴德元烈士墓	民　国	近现代重要史迹及代表性建筑	2010.12.21	浙江省宁波市象山县鹤浦镇大百丈村东部
6	前龙头灯塔	1950年	近现代重要史迹及代表性建筑	2010.12.21	浙江省宁波市象山县鹤浦镇前龙头村蛹门港至石浦港水道的龙嘴礁上
7	原南田县署监狱县署门厅	民　国	近现代重要史迹及代表性建筑	2010.12.21	浙江省宁波市象山县鹤浦镇樊岙村中部下街271号
8	小百丈铸铁遗址	待　定	古遗址	2010.12.21	浙江省宁波市象山县鹤浦镇小百丈村行馆门口
9	潘金镖夫妇墓	民　国	近现代重要史迹及代表性建筑	2010.12.21	浙江省宁波市象山县石浦镇九市曲社区伏虎路4号旁
10	百花洞岩画	宋	石窟寺及石刻	2010.12.21	浙江省宁波市象山县石浦镇金屏社区火炉头路北侧炮台山南麓百花洞东侧岩壁上
11	蛟龙风水墙	待　定	古建筑	2010.12.21	浙江省宁波市象山县石浦镇蛟龙村北面山门头岭上
12	许云蕚夫妇墓	清	古墓葬	2010.12.21	浙江省宁波市象山县石浦镇凤上山村里湾自然村北面大金山脚
13	大金山碉堡	民　国	近现代重要史迹及代表性建筑	2010.12.21	浙江省宁波市象山县石浦镇九市曲社区西北大金山岗头
14	邵榜眼旧宅	清	古建筑	2010.12.21	浙江省宁波市象山县石浦镇东卫村昌卫街127号
15	渔山清代沉船遗址	清	古遗址	2010.12.21	浙江省宁波市象山县石浦镇渔山渔村大岙自然村村东南
16	石浦巡检司旧址	清	古遗址	2010.12.21	浙江省宁波市象山县石浦镇文兰社区巡司弄23号
17	瑶池冰雪坊	清	古建筑	2010.12.21	浙江省宁波市象山县石浦镇九市曲社区后街28—1屋前
18	民丰弄许家上宅院	清	古建筑	2010.12.21	浙江省宁波市象山县石浦镇九市曲社区民丰弄2(1—15)号
19	金山旅馆	民　国	近现代重要史迹及代表性建筑	2010.12.21	浙江省宁波市象山县石浦镇文兰社区福建路42—1号

续表63

序号	名　称	年　代	类　别	公布时间	详　细　地　址
20	大夫第	清	古建筑	2010. 12. 21	浙江省宁波市象山县石浦镇九市曲社区幸福路18(1—8)号
21	九井邵氏宗祠	清	古建筑	2010. 12. 21	浙江省宁波市象山县石浦镇九井村城隍庙弄26号
22	东门城隍庙	清	古建筑	2010. 12. 21	浙江省宁波市象山县石浦镇东门渔村南城墙中段高地上
23	东门王将军庙	清	古建筑	2010. 12. 21	浙江省宁波市象山县石浦镇东门渔村
24	江心寺后摩崖石刻	明	石窟寺及石刻	2010. 12. 21	浙江省宁波市象山县石浦镇文兰社区江心寺后南关桥路中段路边山崖上
25	石浦所城城墙遗址	明	古遗址	2010. 12. 21	浙江省宁波市象山县石浦镇老城区
26	乌沙李家走马楼	清同治年间(1862—1874)	古建筑	2010. 12. 21	浙江省宁波市象山县西周镇乌沙村中部
27	石门岭关隘	清	古遗址	2010. 12. 21	浙江省宁波市象山县西周镇关山村西南面石门岭顶
28	长春桥	清	古建筑	2010. 12. 21	浙江省宁波市象山县西周镇杰上村东南部
29	柴溪敬大房	清	古建筑	2010. 12. 21	浙江省宁波市象山县西周镇柴溪村西南部
30	万金山方氏祖坟	明	古墓葬	2010. 12. 21	浙江省宁波市象山县西周镇万金山村东南山坡上
31	长庆桥	清	古建筑	2010. 12. 21	浙江省宁波市象山县西周镇下沈村西部大溪坑上
32	儒雅洋友二房	清	古建筑	2010. 12. 21	浙江省宁波市象山县西周镇儒雅洋村承志路41号
33	天寿寺	清	古建筑	2010. 12. 21	浙江省宁波市象山县西周镇赖家村西面蒙顶山山顶
34	双汪岭路亭	清	古建筑	2010. 12. 21	浙江省宁波市象山县西周镇莲花村东北面、莲下公路北侧边上
35	柴溪陈氏宗祠	清	古建筑	2010. 12. 21	浙江省宁波市象山县西周镇柴溪村柴溪坑西侧
36	柴溪老大份宅院	清	古建筑	2010. 12. 21	浙江省宁波市象山县西周镇柴溪村西部
37	牌头下屋新屋	清	古建筑	2010. 12. 21	浙江省宁波市象山县西周镇牌头村牌头中路271号
38	关山信大房	清	古建筑	2010. 12. 21	浙江省宁波市象山县西周镇关山村北部
39	勤丰奶奶坟	清	古墓葬	2010. 12. 21	浙江省宁波市象山县西周镇勤丰村
40	大雷山灯塔	民　国	近现代重要史迹及代表性建筑	2010. 12. 21	浙江省宁波市象山县墙头镇方家岙村东面大雷山顶部

续表63

序号	名　称	年　代	类　别	公布时间	详　细　地　址
41	溪里方仁三房	清	古建筑	2010.12.21	浙江省宁波市象山县墙头镇溪里方村125号
42	立三中学旧址	民国3年（1914）	近现代重要史迹及代表性建筑	2010.12.21	浙江省宁波市象山县墙头镇墙头村西部中心小学内
43	墙头孔家穿堂宅院	清	古建筑	2010.12.21	浙江省宁波市象山县墙头镇墙头村立三路2号
44	大溪蒋铜矿冶炼厂旧址	1958年	近现代重要史迹及代表性建筑	2010.12.21	浙江省宁波市象山县墙头镇大溪蒋村的象山制阀有限公司内
45	大雷禅寺	清	古建筑	2010.12.21	浙江省宁波市象山县墙头镇墙头村朱家自然村东北侧、大雷山西北麓
46	墙头西一三房	民　国	近现代重要史迹及代表性建筑	2010.12.21	浙江省宁波市象山县墙头镇墙头村红杏路5（1—5）号
47	墙头基督教堂	清光绪二十九年（1903）	近现代重要史迹及代表性建筑	2010.12.21	浙江省宁波市象山县墙头镇墙头村杏花东路93号
48	汤岙周氏宗祠	清	古建筑	2010.12.21	浙江省宁波市象山县涂茨镇汤岙村东部
49	中堡烽火台	明	古遗址	2010.12.21	浙江省宁波市象山县涂茨镇中堡村炮台山山顶
50	后七埠沉船	明	古遗址	2010.12.21	浙江省宁波市象山县涂茨镇永联村后七埠自然村村南
51	白象头窑址	宋	古遗址	2010.12.21	浙江省宁波市象山县涂茨镇永联村西北面
52	珠山法王寺	清宣统元年（1909）	古建筑	2010.12.21	浙江省宁波市象山县涂茨镇珠山村珠山山峰西南
53	着衣亭吴家宅院	清	古建筑	2010.12.21	浙江省宁波市象山县贤庠镇着衣亭村金陵路44号
54	着衣亭何财房	清	古建筑	2010.12.21	浙江省宁波市象山县贤庠镇着衣亭村珠峰路9（1—6）号
55	贤庠小东房	民　国	近现代重要史迹及代表性建筑	2010.12.21	浙江省宁波市象山县贤庠镇贤庠村兴贤路38号
56	青莱樊信房	清	古建筑	2010.12.21	浙江省宁波市象山县贤庠镇青莱村方圆路8—30号
57	山厂窑址	明　清	古遗址	2010.12.21	浙江省宁波市象山县贤庠镇山厂村萧家岭北面
58	贺威圣故居	清光绪二十八年（1902）	近现代重要史迹及代表性建筑	2010.12.21	浙江省宁波市象山县贤庠镇海墩村海新路30（1—7）号
59	海墩贺氏中小房	清	古建筑	2010.12.21	浙江省宁波市象山县贤庠镇海墩村海新路28号
60	西洋大宅门	清乾隆六十年（1795）	古建筑	2010.12.21	浙江省宁波市象山县泗洲头镇西洋村中部偏西

续表63

序号	名 称	年 代	类 别	公布时间	详 细 地 址
61	塘岸中保庙	清	古建筑	2010. 12. 21	浙江省宁波市象山县泗洲头镇塘岸村西北部
62	后王祠堂	清	古建筑	2010. 12. 21	浙江省宁波市象山县泗洲头镇后王村94号
63	泗洲头新桥头	清	古建筑	2010. 12. 21	浙江省宁波市象山县泗洲头镇泗洲头村南部大溪坑
64	小石坑茅山桥、茅山庵	清	古建筑	2010. 12. 21	浙江省宁波市象山县泗洲头镇金家岙村小石坑自然村茅山庙北侧
65	灵静庵	清嘉庆三年（1798）	古建筑	2010. 12. 21	浙江省宁波市象山县泗洲头镇下峙后村南面灵岩山顶部西南侧
66	黄埠三三堂	清	古建筑	2010. 12. 21	浙江省宁波市象山县晓塘乡黄埠村185号
67	黄埠圆峰庙	清光绪年间（1875—1908）	古建筑	2010. 12. 21	浙江省宁波市象山县晓塘乡黄埠村53号
68	黄埠孩儿塔	清	古墓葬	2010. 12. 21	浙江省宁波市象山县晓塘乡黄埠村岩头山西麓
69	花湾炮楼	民 国	近现代重要史迹及代表性建筑	2010. 12. 21	浙江省宁波市象山县晓塘乡黄埠村花湾32号
70	中站耶稣堂	民 国	近现代重要史迹及代表性建筑	2010. 12. 21	浙江省宁波市象山县定塘镇中站村137号
71	人民胜利碶	1953年	近现代重要史迹及代表性建筑	2010. 12. 21	浙江省宁波市象山县定塘镇后洋塘村176号西北侧
72	陈照华故居	民 国	近现代重要史迹及代表性建筑	2010. 12. 21	浙江省宁波市象山县定塘镇下营村地垄自然村2号
73	杉木洋徐公祠	清	古建筑	2010. 12. 21	浙江省宁波市象山县大徐镇杉木洋村125号
74	安东庆丰庙	清	古建筑	2010. 12. 21	浙江省宁波市象山县大徐镇安东村190号、亭船公路西侧
75	东陈怡经堂	清	古建筑	2010. 12. 21	浙江省宁波市象山县东陈乡东陈村116号
76	西山行宫	清	古建筑	2010. 12. 21	浙江省宁波市象山县东陈乡南堡村西山2号西侧、村口处
77	武家山武氏墓	清乾隆四十七年（1782）	古墓葬	2010. 12. 21	浙江省宁波市象山县东陈乡武家山村17号南侧
78	龙冲山岗烽火台	明	古遗址	2010. 12. 21	浙江省宁波市象山县爵溪街道前岙村龙冲山岗山顶
79	地厂烽火台	明	古遗址	2010. 12. 21	浙江省宁波市象山县爵溪街道地厂村东北面炮台山山顶

续表63

序号	名 称	年 代	类 别	公布时间	详 细 地 址
80	大地园陈家大份宅院	清	古建筑	2010.12.21	浙江省宁波市象山县茅洋乡大地园村82号
81	文山塘坝	清	古建筑	2010.12.21	浙江省宁波市象山县茅洋乡文山村南部
82	汤家大屋	清	古建筑	2010.12.21	浙江省宁波市象山县丹东街道上进村汤家弄25号
83	后翁民宅	清	古建筑	2010.12.21	浙江省宁波市象山县丹东街道庄穆境村青龙桥20(1—10)号
84	瑞龙寺	清	古建筑	2010.12.21	浙江省宁波市象山县丹东街道河东村瑞龙山西麓
85	陆家陆氏宗祠	清	古建筑	2010.12.21	浙江省宁波市象山县丹东街道陆家村闲乐亭东侧
86	东塘山窑址	宋	古遗址	2010.12.21	浙江省宁波市象山县丹东街道城东村东塘山南麓
87	青草巷李宅	清	古建筑	2010.12.21	浙江省宁波市象山县丹西街道北门村青草巷11(1—11)号
88	联合救火会	1949—1952年	近现代重要史迹及代表性建筑	2010.12.21	浙江省宁波市象山县丹西街道五丰村羊行街28号
89	杨家善智庙	清	古建筑	2010.12.21	浙江省宁波市象山县丹西街道杨家村西北部
90	龙屿张家新屋	清	古建筑	2010.12.21	浙江省宁波市象山县黄避岙乡龙屿村中部
91	西街平水庙	清	古建筑	2014.12.12	丹西街道方井头村西街5(1—5)号
92	缸窑蒋窑址	宋	古遗址	2014.12.12	大徐镇甲田弄村缸窑蒋自然村西北
93	董梦蛟墓	民 国	古墓葬	2014.12.12	石浦镇昌国卫西北
94	儒雅洋西硐楼	清	古建筑	2014.12.12	西周镇儒雅洋村弘儒路86号
95	孔氏宗祠	清	古建筑	2014.12.12	墙头镇墙头村朱家自然村东北面
96	奚家八角楼	清	古建筑	2014.12.12	定塘镇定山村北部
97	怀荫草堂	民 国	近现代重要史迹及代表性建筑	2014.12.12	新桥镇东溪村
98	双连桥	清	古建筑	2014.12.12	泗洲头镇峙前村南部大溪坑上
99	蓬莱寺	清	古建筑	2014.12.12	茅洋乡茅洋水库下边
100	南充永丰庙	清	古建筑	2014.12.12	茅洋乡南充村中部
101	溪口粮站	现 代	近现代重要史迹及代表性建筑	2014.12.12	茅洋乡茅洋溪口村
102	孔房大份宅院	清	古建筑	2014.12.12	东陈乡东陈村150号
103	岩头角新楼屋	清	古建筑	2014.12.12	晓塘乡中岙村92—97号
104	上吴吴氏宗祠	清	古建筑	2018.1.10	丹西街道上吴村303号

续表63

序号	名 称	年 代	类 别	公布时间	详 细 地 址
105	象山县第一初级中学旧址	民 国	近现代重要史迹及代表性建筑	2018.1.10	石浦镇象山第二中学内
106	大皆春药铺旧址	清	古建筑	2018.1.10	石浦镇文兰社区中街51号
107	东门渔村任氏故居	清	古建筑	2018.1.10	石浦镇东门渔村小路谷西10号
108	石浦卢宅	清	古建筑	2018.1.10	石浦镇延昌社区卢家弄4~6号
109	昌国卫大庙	清	古建筑	2018.1.10	石浦镇金丰村西门街16号
110	水门桥	建于明代，清代重修	古建筑	2018.1.10	石浦镇大桥村沙石路93号门口
111	儒雅洋团练房	民 国	古建筑	2018.1.10	西周镇儒雅洋村弘儒路8~18号
112	沙泉张氏宗祠	清	古建筑	2018.1.10	西周镇沙泉村西部尖边山山腰
113	横山大寨屋	1976—1978年	近现代重要史迹及代表性建筑	2018.1.10	西周镇横山村中部
114	盛城故居	20世纪初	近现代重要史迹及代表性建筑	2018.1.10	泗洲头镇大麦塘村
115	励家坪方口古井	清康熙四十九年(1710)	古建筑	2018.1.10	晓塘乡励家坪村中部
116	溪东石氏宗祠	清	古建筑	2018.1.10	茅洋乡溪东村中部

文学艺术

【概况】 2020年是象山县文联贯彻中共十九大、习近平新时代中国特色社会主义思想和习近平总书记系列重要讲话精神，围绕奋力在宁波当好浙江建设“重要窗口”的模范生中争先创优的这一新目标新定位，坚持“出作品出人才，出影响出形象”目标，团结带领各文艺家协会、镇乡文联、部门文联、企业文联和广大文艺工作者，围绕中心，服务大局，创新工作思路和工作举措，使文联工作上了新台阶，文艺事业取得了新成果。县文联组织全县广大文艺工作者在做好自我防护的情况下一线采风，创作和传播抗疫防疫、复工复产文艺作品2000余件（篇）。1000余件作品被《人民日报》、“学习强国”、中国蓝客户端等30余家媒体录用。举办第六届中国民间文艺家协会走进中国（象山）开渔节“渔村故事与民间信仰”主题论坛，第四届群众文化艺术节、“象廉相依”书法美术作品展、纪念殷夫烈士110周年诞辰书画作品展、“江山如画”象山江北书法作品联展等论坛与展览。刊出文艺杂志《象山港》杂志2期，文艺之家还举办各类展览20余场次。

【助力全县疫情防控】 疫情期间，组织全县广大文艺工作者举行“抗击疫情——象山文艺界在行动”系列活动。发动各文艺家协会和文艺工作者在做好自我防护的前提下，抗疫一线采风、创作，通过文学、曲艺、摄影、书画、音乐、舞蹈、朗诵、短视频等多种艺术形式，借助微信公众平台、网站、客户端、QQ、钉钉、抖音、电视、广播、报纸等各类媒体进行“线上”和“线下”展演和传播作品2000余件（篇）。相关作品被《人民日报》、“学习强国”、中国蓝客户端、《浙江文艺》、浙江之声、QQ音乐、《宁波晚报》、宁波人民广播电台音乐广播、甬派、宁波文艺、朗读宁波、象山电视台、《山海万象》等媒体采用。据不完全统计，截至年底，在省级及全国性新媒体平台推送作品180多条1300余件，“学习强国”平台推送作品200多条，中国蓝新闻客户端推送的作品阅读量超过80余万人次。

【营造文艺创作优良环境】 推进市、县文艺家工作室建设和做好县优秀民间文艺人才的扶持工作，至2020年年底设立市文艺家工作室5个，县文艺家工作室4个，认定象山县优秀民间文艺人才59名。加强与中国美院、浙江音乐学院、象山影视学院等高校的合作，邀请县内外文艺家开展线上线下讲座培训，参加人数3600余人。与宁波人民广播电台等单位开展合作，达成合作协议，借助高校专业力量，合力打造音乐剧《渔老大》、话剧《石浦渔事》、广播剧《陈淑芳》、纪录片《陈汉章》等富有象山地域特色的文艺精品力作。邀请现代舞编导熊佳老师和陈萦宣老师在象指导授课，44名舞蹈家协会会员参与培训。推荐县曲协会员石萍萍入选首批68名浙江省"文艺名家孵化计划"团队名单。谢才华被评为首届"宁波十大剪纸艺术家",顾圣亚、王亚红、杨杏芬被评为"宁波十大农民画艺术家"。推荐石浦镇文联的排舞《荧光棒》编排、茅洋乡文联的茅洋农民画入选2020年宁波市基层文艺社团"春竹计划"。加大重点文艺精品项目的创作力度。唱新闻《西湖三杰——张苍水》、民间工艺美术《西沪乐海图》(竹编画)入选宁波市文联2020年度文艺创作重点项目,创作完成2019年度文艺创作重点项目歌曲《鱼化龙》,唱新闻《那片红》和学术著作《才华民间剪纸技法大全》开展创作。由象山县文艺家服务中心申报的"象山竹根雕"获得国家知识产权局颁发的商标注册证书,成为宁波市唯一一个工艺品类别的国家地理标志证明商标。

【开展各项文艺活动】 围绕"十九大宣传""2020年奔小康""建党百年"等中心工作,通过文学创作、比赛、书画摄影展览、文艺演出、茶会等多种形式,举办各种展览等活动30余场。配合全县2020年"一线攻坚三服务、争先创优促发展""扫黄打非""垃圾分类"等文艺宣传活动,组织各协会文艺骨干创作、排练、表演,创作《春风又绿江南岸》《文明公筷好处多》《警钟》等节目30余个,共开展线上线下活动50余场。发挥文联和各文艺家协会的自身优势,与乡镇文联互联互动,以线上线下文学创作、短视频、展览展示、讲座培训等形式,先后举行协会采风写生、讲座培训等各类主题活动10余场次。在建立艺术村文艺人才培训机制的基础上,县文联发挥资源优势,结合市委宣传部、市文联开展100个文艺志愿服务项目,组织县内文艺骨干个艺术村文化礼堂开展舞蹈、曲艺培训,累计参培文艺爱好者3300多人次。县文联完善服务机制,始终秉持文艺惠民、为民、乐民的宗旨,开展"送欢乐下基层""送万福进万家"、村晚、"到文联听讲座"等品牌文艺志愿服务活动60余场。推出戏曲、器乐、声乐、绘画培训班、朗诵培训班20余期。组织文艺志愿者走进丹城五小、丹城六小等学校开展线上线下"民间文化进校园"活动。

【各协会文艺作品获奖和入选】 据不完全统计。县作家协会:散文集《在海一方》《沙塘湾》、小说《海边》出版;赖赛飞、杨晟、陈雨、余志刚、杨卓娅、陈维娜等的诗歌、散文、短篇小说等作品刊登在《人民日报》《中国诗人生日大典》《诗潮》《宁波日报》等刊物上。县书法家协会:史雅娟、翁亚萍和叶亚琴三人作品入展富春山居——浙江省第六届女书法家作品展暨第五届女篆刻家作品展;茅佩玉、佘超、李煜旭浙江省农民书法篆刻大展;刚道清、史荣欣、陈宜入展浙江省书协基层会员书法篆刻大展;书法史荣欣、郑晓、叶亚琴入展浙江省公职人员书法篆刻大展,朱国威入选;篆刻秦俊俏入展,白炎根入选。县美术家协会:马震、周晓露、周华敏作品入选浙江省美协抗疫网络展;应柯航作品入选"大成之境——2020浙江省油画作品展";张丹阳作品入选第三届全国(宁波)综合材料绘画双年展;金尚斌作品入选,梁真理获优秀奖。县摄影家协会:摄影家协会会员张为民10张摄影作品被文化和旅游部下属的中国文旅摄协入选年度优秀摄影作品。浙江省第十八届摄影艺术展,沈颖俊作品获得金奖,戴文辉作品获得铜奖,李华春作品获得典藏奖,周永作品获得入选奖。县影视家协会:县影视家协会出品的《翩跹》入围第三十届中国电视金鹰奖纪录片奖提名。县工艺美术家协会:张德和的《雕根问道——德和谈艺录》获得"映山红奖"(民间文艺学术著作类);俞杰《雨后》荣获第13届中国义乌国际森林产品博览会木雕金奖;王春云《八仙》荣获第13届中国义乌国际森林产品博览会木雕金奖;陈青通《兰亭修禊》荣获第13届中国义乌国际森林产品博览会木雕银奖;俞建伟《和合》;郑友祥《初夏》;欧昌宗《智者》;王春云《济公》;何益平《十八罗汉》分别荣获第13届中国义乌国际森林产品博览会木雕铜奖。县民间文艺家协会:7幅优秀农民画作品入选"决胜小康"第二届全国农民画创作展。象山农民画作品《弘扬法治和谐社会》入围秀洲·中国法治农民画创作大展。谢才华的"两山理念"剪纸作品入选浙江省"绿水青山就是金山银山——十五年探索与实践大型图片展"。

【"我们的中国梦——文化进万家"志愿服务活动举行】 1月10日,县文联开展的"送春联送福"活动在"文艺之家"举行,让市民们感受到了新年的问候。这是"我们的中国梦——文化进万家"志愿服务活动之一,"送春联送福"活动正式拉开帷幕。

【"放歌新时代"象山文艺界2020新春联谊会举行】 1月15日,在新春佳节即将来临之际,由县文联主办,县各文艺家协会、公安文联、华翔文联、乡镇(街道)文联承办的"放歌新时代"象山县文艺界2020新春联谊会在国际大酒店举行。

【"抗击疫情——象山文艺界在行动"系列活动举行】 1月底开始,县文联组织全县广大文艺工作者在做好自我防护的情况下一线采风,创作和传播抗疫防疫、复工复产文艺作品2000余件(篇)。1000余件作品被《人民日报》、"学习强国"、中国蓝客户端等30余家媒体录用。

【学习习近平总书记考察浙江时重要讲话精神】 4月9日,象山县文联召开专题会议,学习习近平总书记考察浙江时的重要讲话精神。会议由党组书记、主席郑辉主持。

【县文联召开协会主席工作会议】 4月23日,县文联在四楼会议室召开协会主席工作会议。县文联领导班子、各文艺家协会主席、县文联机关中层干部等20余人参加会议。

【"象廉相依"书法、美术作品展举行】 5月23日,"象廉相依"书法、美术作品展在县文化活动中心举行。共展出各类作品共计100余幅(件)。

【“纪念殷夫烈士110周年诞辰书画作品展”开展】 为纪念殷夫烈士110周年诞辰,县委宣传部、县文联联合在象山港国际大酒店举办书画作品展,共展出书画作品80余幅。

【县文联党支部走访党组织结对共建村】 6月12日,县文联党支部组织党员干部赴新桥镇下七里村,与结对的下七里村党支部进行座谈交流。文联将帮助该村理清工作思路,重点开展文艺团队培训、文艺惠民活动及办些力所能及的实事、好事。

【赴新桥镇开展党员志愿服务活动】 7月1日,为激励广大党员学习时代精神,传承红色基因,坚定理想信念,践行初心使命,县文联支部和县委宣传部支部一起赴新桥镇开展“七一”主题党日活动。

【“越韵山海”名家名段全国越剧名家演唱会举行】 8月18日晚,“越韵山海”名家名段全国越剧名家演唱会在象山剧院举行。该次演唱会有10种派别名段演唱,集聚了多名越剧名家。该次活动由象山县文学艺术界联合会、贤庠镇人民政府主办,象山县戏剧家协会承办。

【“迎开渔、庆国庆”全国名家书画艺术品邀请展开幕】 9月10日,“迎开渔、庆国庆”全国名家书画艺术品邀请展在象山贤庠开展,来自全国各地的艺术家及象山当地群众、书画爱好者近百人参加了开幕式。该次邀请展共计展出了200余幅来自全国各处名家的书画作品,涵盖书法、国画、油画、焦墨画等艺术形式,笔墨鲜活、气象万千,反映了当代艺术创作的最新成果,具有较高的艺术水平。

【“渔村故事与民间信仰”主题论坛举行】 9月16日,作为第二十三届中国(象山)开渔节重要活动之一,“渔你相逢——中国民协走进象山北纬30度最美海岸线”系列活动之“渔村故事与民间信仰”主题论坛在石浦半岛大酒店举行。该次论坛由中国民间文学大系出版工程领导小组办公室、中国民间文艺家协会、2020宁波象山系列开渔活动组委会主办,中国民间文学大系出版工程编纂出版工作委员会、浙江省民间文艺家协会、宁波市文学艺术界联合会、宁波市民间文艺家协会、象山县文学艺术界联合会承办。

【建成小康社会象山农民画展览举行】 10月15日,由象山县文学艺术界联合会主办“建成小康社会象山农民画展”在溪里方美术馆如期举行。共展出优秀农民画作品60幅,展示2020年度宁波市青年文艺人才“春蕾计划”农民画项目成果。

【“越剧唱腔与流派”开讲】 10月29日晚,“到文联听讲座”之“越剧唱腔与流派”专题在县文联一楼开讲。

【“脱贫攻坚·决胜小康”送欢乐下基层文艺演出走进方家岙村】 10月30日晚,宁波市文联、象山县文联文艺志愿者“送欢乐下基层”文艺演出走进象山县墙头镇方家岙村。市文联党组成员、二级巡视员、市文艺志愿者协会主席黄旭航,市文联协会工作部主任徐锦宝,县文联党组书记、主席郑辉、墙头镇党委副书记林晶晶等出席活动。

【召开协会主席秘书长工作会议】 11月12日,县文联在二楼会议室召开协会主席、秘书长会议,学习贯彻中共十九届五中全会精神。县文联领导班子、各文艺家协会主席、县文联中层以上干部等20余人参加会议。

【“江山如画”象山·江北书法作品联展开展】 11月26日,由象山县文学艺术界联合会、江北区文学艺术界联合会主办,象山县书法家协会、江北区书法家协会共同承办的“江山如画”——象山·江北书法作品联展在象山文化艺术展示中心正式开幕。

【“美丽家园”象山县美术作品展】 12月10日,“美丽家园”——象山县美术作品展在县文化中心展出。该次展览由象山县文联主办,象山县美术家协会承办,包括油画、国画、水彩、农民画等多种表现形式的80件作品集聚。

【“不忘初心,情暖冬日”象山县文联党日活动】 12月22日,县文联开展“不忘初心,情暖冬日”主题党日活动和职工拓展活动。党员干部诉说了印象较深的象山革命故事,相互交流感想,重温红色岁月。并组织“重走长征路”,对党员的革命传统教育、社会主义教育和爱国主义教育,增强党员历史使命感和社会职责感。县文联还开展了一场小型趣味运动会。

【“山海雄心　万象更新”美术报2020艺术写生创作活动在定塘镇启动】 12月22日,由美术报社、县委宣传部主办的“山海雄心 万象更新”美术报2020象山艺术写生创作活动在定塘镇启动,近20名采风团画家将以海洋文化为主题,通过采风调研、写生创作等形式,实地收集“万象山海、千年渔乡、百里岸线、十分海鲜、一曲渔光”中优美的自然景观,感受象山独特的人文文化。

【县委第一巡察组反馈巡察情况】 12月31日,县委第一巡察组向县文联党组反馈巡察情况,党组书记、主席郑辉主持会议,县委巡察工作领导小组成员、县委巡察办主任林峰到会并作重要讲话,县委第一巡察组组长史冬宝、第一巡察组其他干部和县纪委第四纪检监察室、县委组织部干部科有关同志及县文联全体干部出席会议。

【两件竹根雕作品入选中国当代工艺美术双年展】 12月31日,“美好生活——第五届中国当代工艺美术双年展”在中国艺术研究院油画院美术馆举行。县竹根雕大师张德和、周秉益作品《博爱》《书趣》入选,系全省仅有入选的两件竹根雕作品。

新闻传媒

【概况】 2020年,象山县传媒中心在县委、县政府和县委宣传部的正确领导下,媒体融合改革,提升传媒创新发展能力,发挥主流媒体舆论引导作用。分别获得了2020年度全省广播电视新闻融合传播协作广播新闻协作、电视新闻协作三等奖,蓝莓联盟新媒体协作二等奖,全县宣传思想文化工作创新奖,县乡村振兴攻坚,组织工作先进单位等荣誉。新闻工作者石保青获得"担当作为好干部"荣誉称号,新媒体外宣记者郑欢获得蓝莓联盟新媒体协作先进个人。

【推进媒体融合】 象山县传媒中心1月完成财务并账,9月完成工资体系调整,探索融媒体时代媒体体制机制创新,完善内部考核办法,设立岗位创业奖,调动干部职工工作性和创造性。成立融媒体中心领导小组,下设管理中心,承担融媒体中心日常工作。发挥编委会作用,每周召开新闻例会、每日召开编前会,加强对重点主题、重点活动的统筹、策划、指挥、协调,初步形成"一体策划、一次采集、多种生成、多元传播"的新型传播格局。

【"浙甬融"象山工作站成立】 6月2日,浙江日报报业集团(宁波)县级融媒体中心共享联盟"浙甬融"象山工作站,在象山县传媒中心挂牌成立,携手构建新时代主流舆论传播新格局,唱响象山好声音。浙江日报报业集团副总编邓崴,县委常委、宣传部部长应建勇,浙江日报报业集团宁波分社社长、总编辑谢晔,象山县传媒中心党组书记、主任陈兴达等出席成立挂牌仪式。

【入驻浙江政务短视频联盟】 7月29日,浙江广播电视集团主办的浙江政务短视频联盟在湖州南浔成立,是浙江省内第一家以政务为主题的垂直短视频联盟。象山县传媒中心连同20余家市、县、区政务单位与浙江政务短视频联盟现场签约。借助浙江政务短视频联盟公益平台,象山县传媒中心将提升短视频策划能力和水平,拓宽宣发渠道,讲好象山故事。

【融媒体指挥中心通过验收】 8月7日,浙江省广播电视局科技处、浙江省广播电视集团广播电视技术融媒体中心、浙江省广播电视工程公司、宁波市文化广电旅游局广播电视处等专家对象山县传媒中心融媒体指挥中心项目进行验收。专家组通过查验资料,观看功能演示,认为提供的验收资料规范、齐全,系统试运行以来,稳定可靠、功能完善,提供的设备设施符合招标条件,同意通过项目终验。

【潘银浩参加象山县传媒中心庆祝第21个记者节活动】 11月6日,中共象山县委书记潘银浩一行莅临象山县传媒中心庆祝第21个记者节活动。潘银浩书记对采编人员进行了慰问并致辞,随后考察了融媒体中心、演播室和制作室,听取了县传媒中心主任陈兴达的情况汇报。他肯定了县传媒中心取得的成绩,并提出了三方面建议:一是坚持党媒姓党,把握舆论导向;二是坚持内容为王,讲好象山故事;三是坚持守正创新,做好融合文章。

【"聚力一二五、奋力上台阶"主题专栏】 在县委十四届八次全体(扩大)会议、制造业高质量发展大会、全县优化营商环境推进会等节点,象山县传媒中心精心策划、主动发声,推出"聚力一二五、奋力上台阶"主题专栏,集中刊播《全力建设别有韵味的海洋文化强县》《县加快培育"123"百亿级产业集群》等宣传报道500余篇,及时配发《让"重要窗口"中的象山风景更出彩》《构建亲清政商关系 维护廉洁营商环境》等评论员文章,并制作播出《环境就是生产力 服务就是竞争力》等公益视频、《推动企业"上规升级"助力工业高质量发展》等电视专题片,为象山发展鼓与呼,地推动工作落地见效。

【疫情防控宣传】 启动突发事件报道快速响应机制,利用广播、电视、新媒体打造战"疫"全媒体传播矩阵,通过图文、短视频、H5等方式,第一时间报道权威发布疫情信息、防控知识和工作动态。"山海万象"APP首屏开设"防控新型冠状病毒肺炎"专题区,日均点击量突破5万次,通过当日头条、网易新闻、腾讯新闻等媒体转发报道1000余次;电视端《象山新闻》《夜到讲白搭》于大年初一开设《众志成城 抗击疫情——关注新型冠状病毒肺炎疫情》特别报道,双整点滚播出,24小时移动字幕信息提示;《当日象山》于大年初三出报,为全大市春节期间第一张报纸。各频道每日播出《六步洗手法》《肺炎防御知识》等公益广告25次以上。随着防疫工作重点转变,分别开设《坚决打赢防控攻坚战总体战》《党旗在防控一线飘扬》"两手硬、两战赢""抗疫英雄谱"等主题报道,聚焦发布抗击肺炎疫情、"复工复产"、"三服务"等权威消息,全媒体累计刊播疫情防控、复工复产相关消息和深度报道1500余篇、公益广告900条次,应急广播播出48小时,为凝聚防疫智慧力量、弘扬伟大抗疫精神发挥了不可替代的重要作用。

【"扶贫攻坚"新闻报道深受好评】 2020年是脱贫攻坚决战决胜之年,县传媒中心精心策划打好"扶贫攻坚小康牌",集合采访、专题、新媒体等多部室采编力量,推出了《大年夜派发的特别红包》和《养殖专家带来致富密码——3万羽象山白鹅"飞"往扶贫一线》《脱贫攻坚象山故事:跨越千里携手奔小康县扶贫鹅送达吉林龙井》《脱贫攻坚象山故事:帮扶助力敦化煎饼飞上蓝天》《脱贫攻坚象山故事:山窝窝里来了挂职干部》等优秀报道,并在央视和省级媒体播出,其中前两篇作品分别获得浙江省广播电视新闻奖二等奖和三等奖。宁波广电评议普刊第十一期对象山电视台扶贫报道进行了关注,认为所播发的"扶贫鹅""煎饼飞上蓝天"等报道主题策划明显,电视纪实元素突出,声画高度结合,电视画面、现场声鲜活,十分生动地呈现了象山帮扶成果。

【宁波融媒体联盟象山采风活动】 为推广象山红美人柑橘，象山县传媒中心联合象山农业农村局举办了宁波融媒体联盟象山采风活动，甬派和全市各县市区新闻单位参加，采用视频短片（包括航拍）加文字、图片的方式，多视角、全景式、点对点宣传推广象山柑橘文化，在各单位微信公众号、新闻客户端推出参赛作品30余件，阅读量30余万人次，带货近10万元，得到相关部门和柑橘种植户的认可和赞扬。

【完成“宁波市危化品道路交通事故应急演练”室外直播】 7月29日，为做好象山县多部门联合开展“宁波市危化品道路交通事故应急演练”直播，象山县传媒中心安排工作人员20名，9路视频信号（6路摄像机信号，2路航拍信号，1路计算机信号），投入3条700米光纤保障隧道内部信号传输，3路无线图传系统保障近距离航拍和主会场信号传输，克服了隧道内部无线信号无法传输，隧道外多达60多路不同频道通话信号和特种设备通信信号干扰的困难，圆满完成演练直播，直播效果获得市县各级领导的高度肯定。

【改版广播电台节目】 1月6日，象山县传媒中心对广播电台节目进行了改版。改版后，直播节目保留《上班路上》《下班路上》《旅游节目向快乐出发》《我来帮你忙》四个板块，听众可以通过热线、微信直接参与节目。录播节目除播出新闻外，分为音乐节目、健康节目、阅读节目和少儿节目。此外，交通节目《交通伴你行》贯穿整个播出时间。主持人按照自己主持特长、特色，推出主打节目。

【策划推出“我们共同渡过”广播主题活动】 疫情期间，象山人民广播电台推出“我们共同渡过——拥抱春天”主题活动，面向全县中小学生布置了一份特殊寒假作业。学生们包括许多医护人员的孩子通过“云朗读”方式完成投稿，作品包括书信、诗歌、短视频、诵读作品等，有亲子朗诵、师生朗诵、姐妹朗诵等形式。投稿量近800篇，总阅读量超过10万人次。节目同时在象山港网站、“山海万象”APP推出，向延迟开学的中小学生提供了生动课余生活和内容丰富的“线上知识课堂”，被各类学校选为网络开学线上第一课的教材。

【推出《半岛音画诗》广播节目】 《半岛音画诗》是2020年推出的一档广播综艺节目，节目在诗歌和歌声里讲述半岛动人故事，发现象山诗画之美。诗歌和歌曲源自文学和音乐工作者原创作品。节目主创人员孙平华；播出频率：FM107.3、FM103.9；播出时间：周一至周日6:20—6:30，时长10分钟，中午11:20重播。

【推出《鱼儿姐姐讲故事》广播少儿节目】 《鱼儿姐姐讲故事》是2020年新推出的一档面向幼儿和小学生的广播少儿节目。节目旨在通过听故事讲故事的方式，让孩子们在上学放学路上，利用空余时间学习新知识，提高阅读理解、语言组织能力，学习成长道理、正确生活习惯。内容涵盖成语故事、古诗、神话故事、童话故事、绘本系列故事、节假日故事、三十六计故事、科学知识等中西方故事。节目主创人员：石熹；播出频率：FM107.3、FM103.9；播出时间：周一至周日16:20播出，时长10—13分钟，18:15重播。

【改版《夜到讲白搭》栏目】 《夜到讲白搭》在保留“讲新闻”和“扯白书”板块基础上，改版“民生全域眼”，全新推出以“非遗展示、戏文唱评、中医保健”为主要内容的“传经典”板块，开设“中医讲养生”和“阿拉看戏文”两个子板块，分别在每周二和每周四播出一期。“中医讲养生”板块旨在传播中医文化，普及中医养生保健知识，服务大众健康生活。“阿拉看戏文”板块是一档为满足广大戏迷要求、以戏迷擂台赛的方式呈现的一档戏曲节目。两档节目以精彩的电视画面、丰富的视觉元素传播中华优秀传统文化，满足群众收看需求。并在微信公众号、新闻客户端等融媒体平台同步推送，增加与受众的互动性，收到了传播效果。

【《电视问政》栏目获2019年度全县思想文化工作创新项目奖】 栏目于2019年推出2期，2020年专注“文明城市创建”和“县域营商环境”主题，将镜头聚焦到与市民关注的城市文明问题以及制约和影响县域社会经济发展的营商环境问题。通过暗访短片集中反映典型案例，节目现场干群互动、观点碰撞的方式，理清发展思路、寻求问题解决之道。问政节目后，所涉及的县公安局、住建局、经信局、商务局等10余家部门单位第一时间对节目中反映的问题进行集中整治，并召开10场新闻发布会，及时向公众通报相关整改措施及初步成效，栏目组及时跟踪回访并在《象山新闻》节目中进行报道。累计推出4期的《电视问政》栏目得到县委、县政府主要领导的高度肯定，社会反响热烈，入选2019年度全县思想文化工作创新项目，并被写入2020年政府工作报告。

【完成第七届“最美象山人”颁奖典礼晚会】 11月22日，由象山县精神文明建设委员会、象山县委宣传部主办，象山县传媒中心承办的第七届“最美象山人”颁奖典礼晚会在象山县文化活动中心举行。现场揭晓10名“最美象山人”和象山援鄂医疗团队、象山白鹅产业扶贫团队两个“最美象山人”特别奖。活动通过象山电视台科教影视频道，象山电台FM107.3、FM103.9，“山海万象”新闻客户端、浙江新闻客户端、中国蓝新闻蓝媒号等进行直播，全县机关干部通过“周二夜学”平台同步观看颁奖典礼。

11月22日，第七届“最美象山人”颁奖典礼

【外宣成绩取得新突破】 自推进融媒体改革以来,象山县传媒中心紧扣全县中心工作,加强与中央权威媒体和省级主流媒体沟通协作,深挖特色亮点,主动谋划创新,高频密集开展高质量宣传报道,形成了浓厚的正面宣传象山良好舆论氛围。2020年累计实现央媒报道103次,其中《新闻联播》9次、《中国之声》37次,创历史最好成绩。4月在"中国蓝新闻"147家新闻协作单位发稿量排行中,得分490分,居全省第二、全市第一。24集海洋人文地理纪录类栏目《品读象山》在"学习强国"平台播出。

【纪录片《翩跹》入围金鹰奖】 由象山县传媒中心出品的纪录片《翩跹》,入围第三十届中国电视金鹰奖纪录片奖提名,是宁波市唯一入围中国电视金鹰奖纪录片奖。该片讲述了来自上海和杭州的两名志愿者克服种种困难,在象山南韭山无人岛上观察、监测、保护、研究世界极度濒危鸟类黑嘴端凤头燕鸥的非凡经历,她们用40天的坚守推进"神话之鸟"人工招引繁殖项目,感悟了人与自然奇妙的关系。该片既展示了象山县在生态资源保护方面的重大成就,又生动阐释了人与自然如何和谐共处的科学理念,画面精美、叙事跌宕、主题宏大,实现了思想性、艺术性和可看性的有机统一。

【移动传播初具规模】 象山县传媒中心拥有报、网、台、发布、"两微一端一抖"9大传播平台。移动传播平台以"山海万象"APP为引领,打造象山港网站微信公众号、中国象山港网站、山海万象抖音、视频号新媒体矩阵,累计拥有粉丝23万。全县政务微信运行排行中,象山港网站、象山发布的排名稳居榜首。融媒体中心拓展与上级媒体的合作,省媒发稿量居全省县市前十,累计在中国蓝新闻、蓝媒号、学习强国等平台累计播发县相关内容短视频1500余篇。短视频《我在海边等你来……》上送"蓝媒视频"后,点击量近100万人次,创中国蓝新闻单篇短视频当月点击量最高。与省级媒体开展"暖春行动""跑遍宁波看两山"象山站活动等融媒直播活动10场次,直播活动场次居全市首位,活动视频点击量达3600余万人次。

【举办"山海万象"杯象山县首届抖音短视频大赛】 为坚决打赢新冠肺炎疫情阻击战,宣传科学防控知识、身边典型事迹和感人故事,展现全县人民面对疫情不畏惧、科学防控有信心的精神面貌,象山县传媒中心举办以"抗击疫情,我们同在"为主题的"山海万象"杯象山县首届抖音短视频大赛。比赛共收到短视频作品100余件,在"山海万象"新闻客户端、"山海万象"官方抖音号等平台发布。经评审会评选,选出《第八天久违的阳光》等二等奖5名、《东陈乡抗疫》等三等奖10名、《奔跑吧海影城》等优秀奖20名。

【直播带货助力县域宣传】 对接浙江卫视蓝媒号、央视新闻+等新媒体直播平台,探索开展在政务公共服务、区域品牌活动、短视频研创宣发等方面合作,提高该中心的传播服务水平。2020年,联合策划"采春茶""暖春行动"等直播活动10场,其中"暖春行动"带货直播累计点击量达1053万次,共计销售件数5610单,总销售量达36.93万元。为快速解决农民卖货难题,减少滞销产品库存,组织新闻主播团,灵活运用抖音、快手、微信看点直播平台下乡直播带货。同时将"农业产业""乡村旅游""乡村振兴"与"云直播"相结合,并结合"乡村音乐",将"新时代、新乡村、新生活、新音乐"元素,在"云概念"的基础上,设计出"边唱边游、游到哪儿卖到哪儿"的农村项目,拉动线下实地旅游。

【完成下属三家公司合并】 为做大做强传媒产业,象山县传媒中心推进公司化改革,整合下属三家国有企业,由象山数字电视有限公司吸收合并象山广电产业发展有限公司和象山新闻发展广告有限公司。合并后,象山数字电视有限公司注册资本11150万元,出资人为宁波象荣资本投资集团有限公司,持股比例100%。根据"债随资走""人随事走"原则,象山广电产业发展有限公司和象山新闻发展广告有限公司债权债务、所有人员一并划入象山数字电视有限公司,由象山数字电视有限公司承接处理。新成立的象山数字电视有限公司将通过市场化手段,提质增效,围绕传媒产业链,打造集广播电视网络业务、安防、停车运营、广告、文创等功能于一体的传媒产业集群。

【智慧停车"走出去"工程继续拓展】通过与海康威视合资成立的宁波海康停车运营有限公司,向县外拓展智慧停车业务。承接浙江省乌镇,安徽省宁国市,云南省曲靖市沾益区、陆良县、罗平县,广东省南雄市,辽宁省大连高新区,江苏省沛县,广西壮族自治区凌云县,辽宁省瓦房店等10个省市地区的智慧停车项目。总营业收入将达10亿元,2021年实现5000万元的营业收入。

(杨增艳)

体 育

综 述

贯彻落实亚运赛事筹办工作部署，紧密对接省、市体育部门，协同相关单位合力推进亚帆中心、沙排场馆等项目建设，完成编制分赛区第二版总体预算，主动对接企业开展亚帆中心运营招商活动。以弘扬亚运文化和构建更高水平的全民健身公共服务体系为目标，推进“四提升四覆盖”工程，完成百姓健身房、小康体育村升级工程、社区多功能运动场等省级创优项目38个，其中村级百姓健身房全部接入智能化系统为全省唯一。开展全县健身器材安全大排查，对问题器材拆除2140件，更换1000件。赠送体育移动音响100只、乒乓球桌50台，更换篮球架25副。以“活力象山，扬帆亚运”为主题，举办2020浙江大湾区自行车公开赛（象山站）、省少年儿童田径冠军赛等省市级赛事11场、县级赛事50余场。举办长三角滩涂赶海趣味运动会、“驾着帆船看象山”、“亚运与你同行”市全民健身季、山地风车马拉松等全民健身活动320余场。着力增强体育社团服务能力，新增社会体育指导员150人，完成体育公益培训9220人次。推动国民体质网络建设，为1000人提供了国民体质测试服务，合格率达94%。坚持强基育苗计划，推进体教结合，出台运动员输送及安置工作办法，全年向省队输送运动员1名、市队15名，完成运动员市级注册300人，省级注册100人。组队参加26项宁波市青少年锦标赛、传统学校比赛。在省青少年田径冠军赛中，取得7金牌2银2铜、总分112分团体第一的佳绩。针对2020年新冠疫情特殊情况，出台《象山县体育产业发展引导资金使用管理暂行办法》《象山县体育公共服务专项资金补助管理办法》，帮扶177家企业复工复产，6家企业发放体育消费券，带动个人运动健身直接消费453.27万元，减少疫情对体育产业的冲击，同时做好体育产业帮扶工作，申报省级体育产业项目1个、市级体育产业项目2个，获省级优秀项目4个。

体育设施

【崔秀玲调研亚帆中心项目建设】 4月2日，宁波市政协副主席崔秀玲一行赴象山亚帆中心项目建设现场开展“三服务”调研活动，宁波市体育局局长张霓、象山县政协主席俞骏、象山县人民政府副县长钮晶莹、象山县文化和广电旅游体育局局长陈淑萍等陪同调研。调研组实地察看在建项目，听取防疫复工、项目进展、年度计划等方面的情况介绍，针对新冠疫情特殊形式，亚帆项目建设采取防疫复工两手抓措施，整个项目于2021年3月完成，调研组肯定亚帆中心项目建设取得的成果。

【任乐波赴黄避岙乡开展健身路径科学运动讲座】 7月22日，宁波市体育局党组成员、宁波市体育总会专职副主席任乐波一行人赴象山县黄避岙乡开展健身路径科学运动讲座，100余名村民参与。路径设计专家向村民们介绍了路径的运动功能和如何避免运动伤害等知识，希望通过现场讲解和召开讲座的方式引导更多的老百姓科学使用健身路径进行健身，让健身路径能真正发挥健身器材应有的作用，借机逐步推进全民健身路径运动基层组织建设，普及健身路径的使用方法和提升全民健身路径的健身效果。

【青山头村入选国家级体育现代化社区（村）标准化试点】 10月15日，在宁波市公布9个国家级体育现代化社区（村）标准化试点单位中，晓塘乡青山头村作为象山县唯一入选的村。青山头村位于晓塘乡西南部，是柑橘小镇大塘港美丽乡村风景线的起点。该村利用独特的地理条件和区位优势，以特色体育村建设为抓手，打造了集500平方米篮球场、350平方米门球场、1000平方米笼式足球场、1000平方米休闲广场及200米健身步道为一体的“四场一道”大型体育中心。2017年青山头通过县级特色体育村验收，连续承办省全民建设生态运动会、宁波市美丽乡村奥运会迷你马拉松赛等各类体育特色活动。2019年年底，青山头村创建浙江省AAA级景区村庄，逐步成为宜居、宜业、宜游的休闲体育特色村。

【墙头方舫登山健身步道入选国家百万公里健身步道名录】 11月15日，在以“走进绿水青山，享受健康生活”国家百万公里健身步道宁波发布会上，象山“墙头方舫登山健身步道”入选。墙头方舫登山健身步道又叫墙头环港古道，古道全长13.5公里，始于方家岙水库，终于舫前智门禅寺，含石鼓岭，黄轱岭，相公岭，西沙岭，白岩山岭等五条古道，海拔高达492米。路面以土石路为主，部分含步阶、石块。沿途拥有水库、竹林、樱花等丰富的自然景观，于山顶处能鸟瞰整个镇域全貌。沿途的止憩亭、蚁舟亭、欧阳桥等古迹，环港古道沿共有4个节点出口，游客可自由选择路程。

【象山体育馆、象山体育场场馆服务大提升】 2020年，象山县体育中心全力做好公共体育场馆服务大提升工作。至11月24日，公共体育场馆实现WiFi全覆盖，还设立自助售卖机、共享充电设备、共享运动器材、便民箱等服务，设置第三卫生间、母婴室、轮椅坡道等特殊群体服务设施，并配备AED除颤仪等。

（刘灵灵）

主要赛事

【2020年“工行杯”浙江省少年儿童田径冠军赛】 8月11日，在宁波建设工程学校田径场举行2020年“工行杯”浙江省少年儿童田径冠军赛开幕仪式。该次比赛由浙江省体育局主办、象山县人民政府承办。全省68个代表队642名运动员、136名领队（教练员）和130名裁判员参与其中，开展为期4天的84个项目的激烈角逐。浙江省体育局副局长张亚东，宁波市体育局局长张霓，中共象山县委常委、常务副县长陈兴立，浙江省体育局竞赛中心主任陶自力，浙江省体育职业技术学院田径系主任王孺牛、象山县文化和广电旅游体育局局长陈淑萍和中国工商银行股份有限公司象山支行行长尤寅生等相关领导和嘉宾出席了开幕式。在该次比赛中，象山县取得了7金牌2银2铜，列团体总分第一，实现历史性突破。

【2020年浙江省青少年沙滩排球冠军赛】 10月12日至16日，在大目湾中心广场举行浙江省青少年沙滩排球冠军赛。该次比赛由浙江省体育局主办，宁波市体育局、象山县人民政府承办。共有杭州、温州、嘉兴、绍兴、金华、舟山、台州、湖州8支队伍110名运动员参加，共产生4枚金牌。

【2020年宁波市青少年举重比赛】 11月8日，在象山丹城中学体育馆举行2020年宁波市青少年举重比赛。该次比赛由宁波体育局、市教育局联合主办，象山县文化和广电旅游体育局、县教育局承办，县田径协会、丹城中学协办。全市各区县9个代表队、近200名运动员、教练员、技术人员以及嘉宾等出席参加赛事。共产生84枚金牌、84枚银牌、84枚铜牌。余姚市、慈溪市、镇海区分获团体总分前三名，余姚市、海曙区获得体育道德风尚奖。其中，象山县代表代表队共获3枚金牌、2枚银牌，并获得男子团体总分第六名佳绩。

【“全民健身迎亚运”航海模型2020浙江“象山杯”公开赛】 11月13日至15日，在象山县东谷湖举行“全民健身迎亚运”航海模型2020浙江“象山杯”公开赛。该次比赛由浙江省智力运动管理中心、宁波市体育局、象山县人民政府主办。由2022年第十九届亚运会宁波分赛区象山筹办工作领导小组办公室、象山县文化和广电旅游体育局承办。比赛分为F5－400、F5－E（团体）、F5-E（个人）三大项，参赛人员约120人，均为全省航海模型耐久项目顶尖运动员。

【宁波市体育传统项目田径比赛在象山落幕】 11月21日，在象山教育园区田径场举办2020年宁波市体育传统项目学校田径比赛落幕仪式。该次比赛是由波市体育局、宁波市教育局联合举办。比赛共有18支中学组代表队，30支小学组代表队、500余名运动员参赛。象山县新港小学代表队获小学组团体总分第一名，番头小学代表队、实验小学代表队分获团体总分第三名和第四名。石浦中学代表队收获中学组团体总分第四名。

（刘灵灵）

群众体育

【2020宁波市全民健身季“美丽乡村健身行”在墙头启程】 5月20日，在墙头镇方家岙村举行2020宁波市全民健身季暨“美丽乡村健身行”系列活动，该次活动由宁波市体育局、宁波市体育总会、象山县人民政府主办，宁波市社会体育指导中心、象山县体育总会、象山县体育总会、墙头镇人民政府承办。比赛共有200多名市民参与其中，以古道登山为主题，分为乡村集市、打卡集赞、品味美食主题展示、定向趣味游戏等五大板块。以方家岙水库广场健身步道为起点，途经石鼓岭和黄牯岭等两条古道串联的登山步道，到达方家岙烧烤中心，行程5.2公里。宁波市体育局局长张霓、宁波市体育局副局长徐健、象山县委副书记包朝阳、象山县人民政府副县长钮晶莹、象山县文化和广电旅游体育局局长陈淑萍等出席开幕式。

【2020年迎开渔长三角滩涂赶海趣味运动会】 8月18日，在象山县茅洋乡滩涂赶海乐园举行“渔开天下 · 我为泥狂”2020年长三角首届滩涂赶海趣味运动会。该次比赛由第二十三届中国（象山）开渔节执委会主办，象山县文化和广电旅游体育局、象山县旅游发展中心和茅洋乡人民政府承办。比赛共有20支队伍160人参赛，设置了徒手捕鸭、海马速滑接力、滩涂救援等具有海涂特色趣味运动项目，让参赛者近距离地感受到海的气息。在提供的赛事补给和医疗保障之外，还贴心设立了专门的沐浴、更衣区，为选手们和观众提供全方位的服务和支持。

【第三届太极拳展演活动】 9月20日，在大目湾新城亲水湾登瀛桥上举行第三届太极拳展演活动，约500名太极拳爱好者参加。该次活动激发了全民健身的热情，将全民健身和全民健康融合在一起，展现勃勃生机的“迎亚运”全民健身氛围。

【体育场地设施建设完工率列全省第一】 10月15日，在浙江省体育局印发《关于公布省政府十方面民生实事体育类项目建设推进情况》的通知中，象山县以“目标数35个，实际完成数38个，完工率108.6%”位列全省榜首。

象山县群众体育取得长足发展,创省级体育特色乡镇 4 个,省级先进社区 8 个,省级体育小康村 490 个,省村级体育俱乐部 55 个,人均体育场地面积达 2.82 平方米,“需求、供给、参与”的体育生态链逐渐形成。

【各镇乡街道开展庆祝重阳节暨全国第八个老年节体育活动】 10 月 25 日晚,在象山县全民健身活动中心举行 2020 践行健康象山行动暨庆祝全国第八个老年节活动。该次活动由象山县健康象山健身领导小组办公室、象山县老龄工作委员会办公室主办,象山县老年人体育协会、象山县心理卫生协会承办,参与人数近千人。10 月中旬以来,象山县各镇乡街道开展庆祝重阳节暨全国第八个老年节体育活动。如丹东街道和丹西街道举行“与亚运同行,我们永远年轻”为主题老年人趣味运动会,包括扔沙包入筐、小保龄球、运乒乓球、定位运篮球、钓鱼等项目。

【2020 宁波市全民健身季“美丽乡村健身行”在晓塘乡收官】 11 月 29 日,在象山县晓塘镇举行 2020 宁波市全民健身季“美丽乡村健身行”收官仪式,约 500 余人参加。2020 宁波市全民健身季暨“美丽乡村健身行”系列活动以“倡导全民健身”为宗旨,融合体育、文化、产业、休闲、旅游、娱乐等元素,拉动体育消费,促进体育产业及相关产业的发展,首站于 5 月 20 日象山县墙头镇启动,象山晓塘站是年内“美丽乡村健身行”的收官之站。与此同时,还开展“垃圾分类”“抛秧入田”“障碍取水”等一项项趣味运动,设置了农副产品展销、精品民宿展览、非遗文化展示等互动板块,市民游客不仅能徒步健身、观看趣味运动会,品味果乡柑橘,购买当地特产,体验非遗“老手艺”。“亚运象山”专区通过线下亚运知识答题和线上直播赢亚运礼包的形式,带动全民迎亚运氛围。

【蒋秋军入围“2020 年全国体育事业突出贡献奖”】 12 月 14 日,国家体育总局发布的《关于 2020 年度全国体育事业突出贡献奖拟表彰对象的公示》中,晓塘乡青山头村党支部书记蒋秋军入围其中。蒋秋军,46 岁,晓塘乡青山头村人,是村党支部书记。蒋秋军上任后牵头把体育健身场地建设摆上重要议事日程,经过争取,村体育休闲公园项目被列为宁波市民生实事项目之一,获市、县两级拨款近 50 万元,同时还发动本村在外经商的企业家等乡贤出资 200 多万元。2016 年,建成体育休闲公园,包括了 500 平方米的篮球场 1 个、350 平方米的门球场 2 个、1000 平方米的笼式足球场、1000 平方米的休闲广场及 450 米的健身步道。2020 年,村内的游泳池建成投入使用。先后获得了“省级文明村”“宁波市级文明村”“美丽乡村建设先进村”等荣誉。

【2020 年中国健身名山登山赛(宁波象山东搬山站)】 12 月 19 日,在象山县东搬山举行中国健身名山登山赛。该次比赛由中国登山协会支持,宁波市体育局和象山县人民政府联合主办。共有 500 余名专业运动员及登山爱好者参加,比赛赛程 10.3 公里,累计爬高 801 米。由于年内正逢疫情,赛事组委会精心做好赛事各项筹备工作严格按照防疫要求,制订防疫预案,重点做好各项疫情防控工作,确保大赛安全举行。

体育产业

【省体育产业发展资金项目库项目考察组赴象山县实地考察】 9 月 8 日,2020 年度浙江省体育产业发展资金项目库申报项目考察组在省体育局体育经济处副处长朱晖带领下到象山县晓塘乡海之湾户外大本营进行考察,宁波市体育局一级调研员陈军、县文化和广电旅游体育局副局长郑益等陪同考察。海之湾户外大本营通过层层筛选入围该次实地考察环节。考察组一行听取了宁波汐之海旅游发展有限公司董事长邹仁爱的汇报,了解该项目的建设经营情况和发展前景,查阅了相关申报资、财务(审计)报告等内容,并提出建议和意见。最后考察组专家们实地考察了大本营,现场了解各运动项目的使用情况和安全系数,对该申报项目高度认可。海之湾户外大本营是宁波汐之海旅游发展有限公司旗下的集运动体验、休闲度假、营地研学于一体的大型户外休闲运动基地,有高空热气球、极速滑草场、皮划艇、弹射飞人等 20 余项培养探索精神的休闲运动项目。为国家 AAA 级旅游景区、浙江省休闲观光农业示范园、浙江省果蔬采摘旅游基地等。

(刘灵灵)

卫生健康

综 述

2020年，象山县共有执业登记医疗卫生机构309家，其中医疗健康集团总院3家，基层分院（院区）19家，公共卫生单位6家，民营医院10家。全县共有床位2678张，其中县级医院1452张、基层医疗机构646张、民营医疗机构580张。系统内共有执业（助理）医师数和注册护士数分别为1883人和1796人，千人执业（助理）医师数和注册护士数分别为3.55人和3.38人。2020年医疗服务收入占比30.01%，同比增长8.85%；药占比29.10%，同比下降10.98%；百元医疗收入消耗卫生材料（不含药品收入）23.48元，同比增长9.16%。2020年，象山县严格贯彻落实省市卫生健康工作部署，一手抓疫情防控、一手抓卫生健康事业发展，圆满完成各项工作任务。新冠肺炎疫情防控工作迅速落实，应急处置，2例新冠肺炎确诊患者均及时救治，成为宁波市确诊较早但疫情最轻的区县（市）。医共体建设纵深推进，引入沪杭甬瓯优质资源，建立2个紧密型医联体，县域疑难重症诊疗能力明显提升，县域就诊率达92.01%，基层就诊率达67.4%。实施公共卫生服务提质增效专项行动，推进县域健共体建设，着力加强突发公共卫生事件风险监测和预警，探索构建全人群全周期健康管理服务体系，加快推动卫生健康理念、服务方式从治病为中心向健康为中心转变。抓实基本公共卫生服务项目，实施健康档案红绿灯分级管理，依托“浙里办”“健康象山”微信公众号逐步开放，引导签约居民做好自我健康管理。优化家庭发展环境，新增3岁以下婴幼儿照护服务机构2家、托位140个，建成公共场所母婴室41家。2020年11月26日，县域健共体建设获得副省长成岳冲肯定批示。2020年12月10日，象山县卫生健康局获宁波市抗击新冠肺炎疫情先进集体。

社区卫生

【概况】 推进基本公共卫生服务项目落实，为居民提供安全、便捷、经济的基本公共卫生服务，提高人民群众健康水平，促进全县卫生健康事业发展。完善“两员一中心一团队”工作机制，根据工作实际及时调整项目办成员单位和职责，明确医疗健康集团管理职责和任务。联合财政部门制订《象山县基本公共卫生服务项目补助资金管理办法》，确立资金来源和用途、拨付程序、使用范围、监督管理等内容。按照“定价量化、按项分配、奖优罚劣”的原则，对每一个服务项目按照标准工作当量进行分解和标化。2020年，象山县原基本公共卫生服务项目经费人均补助标准为69.32元，拨付项目资金3667.2万元，项目资金到位率达100%。

【家庭医生签约服务】 探索“互联网+医疗”，为交通不便的山区、海岛老年人以及高血压、糖尿病等慢性病患者等重点服务人群提供移动医疗一站式服务。通过移动4G+网络，创新“123”（一网通、两管理、三平台）家庭医生服务模式，患者健康档案和就诊信息一“屏”了解。截至2020年年底，通过移动医疗累计完成“上门零距离”服务1万余人次。推行“固定日”服务制度，在全县所有行政村和社区建立固定服务日，并通过健康教育宣传栏公示固定服务日时间。家庭医生团队在固定服务日以集中和入户方式进行随访管理，每次服务时间不少于3小时，4—6周即可覆盖一次辖区全部村庄，实时掌握村民的健康状况。家庭医生重点人群签约率70%，续签率75.4%。

【慢性病规范管理】 2020年5月象山县正式通过国家评审，成为国家级慢性病综合防控示范区。2020年全县象山户籍报告发病率分别为：糖尿病439.30/10万、冠心病52.44/10万、脑卒中343.59/10万、肿瘤543.08/10万、慢阻肺180.05/10万。糖尿病、冠心病、脑卒中、慢阻肺户籍报告发病数分别较2019年同期下降了3.04%、19.21%、10.80%、9.07%，肿瘤户籍报告发病数较2019年同期增加了6.74%；登记高血压患者数59608人，管理56063人，规范管理率70.67%（39621/56063），血压控制率68.40%（38348/56063）；登记糖尿病患者数为17833人，管理17325人，规范管理率71.32%（12356/17325），血糖控制率64.10%（11105/17325）。在“重点人群结直肠癌筛查项目”中，重点人群结直肠癌筛查共完成筛查8.15万人，结肠镜检查4515人，发现癌前病变450人，确诊38人，良性病变2217人。在“重点人群慢阻肺筛查项目”中，共发现慢阻肺患者467人，其中428名患者纳入社区管理。

【健康档案管理】 以信息化为手段，引入健康档案质量管理机制，对全县47.7万份档案进行红绿灯分级管理，为一年内维护档案为绿色、两年内维护的档案为黄色、三年内维护的档案为红色，绿灯档案覆盖率50%。居民通过“浙里办”，实名认证后可查询个人基本信息、诊疗信息、体检信息、随访信息等，调动居民参与自我健康管理的性，提高居民获得感。与市级平台对接，按照新版传输规范，传输电子健康档案47.7万份，电子健康档案规范率99%，动态使用率达83.3%。

【重性精神疾患者社区管理】 规范落实严重精神障碍患者排查、随访，严格信息交换制度做到“应管尽管”。加大治疗保障力度，贫困患者享受全额服药补助，2020年针对弱监护、服药依从性差、病情不稳定等存在危险因素的患者，实施长效针剂项目，做到“应治尽治”。在丹城、石浦两地推行同伴支持项目，多形式、深层次促进精神障碍患者更好地回归社会，常态化开展家属联谊会34场，运行6家精神康复工疗站，收纳200位精神康复患者。2020年全县在册严重精神障碍患者2705人，检出率为5.12‰，规范管理率87.43%，稳定率99.67%。

【健康服务管理】 组建儿保医生、幼儿园教师及村级指导员组成“1+1+1”多元化的婴幼儿照护指导服务团队，提供早期发展指导、养育照护小组活动及入户指导等服务。推出象山县产后（新生儿）访视保健管理路径，在原有访视工作基础上增加儿童早期发展促进项目，提供产后抑郁症的筛查、新生儿眼保健服务、家庭养育风险筛查、家庭养育技能指导、避孕咨询指导和避孕药具免费发放服务，同时统一服务包、统一服装胸牌、统一文明用语，让人生出生的第一站引来最好的服务。以基层医疗卫生机构免费服务方式提供基本公共卫生服务和家庭医生签约服务，为社区居家养老人群和部分机构养老人群提供“基本型”医养结合服务。以“颐养小屋”为纽带，通过养老院与卫生院签订合作协议，卫生院定期派驻专业医护人员，为入住老年人提供医疗问诊、保健咨询、急诊急救、远程会诊等“标准型”医养结合服务。老年人健康管理率71.84%，健康体检表完整率达90.00%。

（蒋志丹）

卫生监督

【概况】 2020年全县共有医疗机构309家、公共场所2114家、学校59家、职业健康申报企业340家、集中式供水单位12家、病媒生物预防控制服务单位8家、职业健康检查机构2家、餐饮具集中消毒单位2家。2020年，全县卫生监督工作围绕“健康象山”建设的总体部署，科学应对新冠肺炎疫情防控工作，聚焦公共卫生提质增效专项行动，依托“互联网+双随机一公开”执法模式，忠实履行卫生监督职责，严厉打击各类卫生违法行为。

【开展“双随机一公开”】 2020年全年掌上执法检查2074户次，检查率100%，双随机处罚率34.75%，其中国家双随机任务301家，监督完成291家，监督完成率96.68%，监测完成201家，监测完成率97.1%。省级双随机发起抽查任务数33个，参与联合抽查任务数5个，检查358户次，任务完成率100%，“双随机”抽查事项19个，覆盖率100%，跨部门联合执法率18.42%、应用信用规则率为69.69%。

【医疗服务市场监管】 整治医疗乱象。疫情期间医疗机构检查复查、复工复产，检查450余家，张贴公告200余份，对关停的诊所进行复查排查，指导审核复工等。重点开展打击非法行医“飓风行动”，共查处56起，取缔18起，立案33件，移送公安机关4件，罚没款151.54万元，处置警情联动30余起。实施医疗机构多元化监管。开展公立医疗机构“依法执业守护健康”检查，共立案97起，下达行政处罚96起，警告90起，罚款人民币9.15万元，对84家医疗机构下达不良执业计分210分。对民营医疗机构进行信誉等级评定，评定三星级2家、二星级19家、一星级58家、无星1家。推动信息化监管，9家非公医疗机构使用平台数字化监管，49家医疗机构关键环节实现视频联网监控。

【传染病防控工作】 全市首创县域医疗废物社会化运作，在全市传染病防治卫生监督工作研讨会上进行经验交流。推进医疗废物处置闭环智能管理，组织召开“医疗废物集中收集”“医疗机构医院污水处理”座谈会2场，实现医疗废物智慧化监管医疗机构23家，处理风险预警16起。收官浙江省餐饮具集中消毒服务单位质量安全提升三年行动，餐饮具集中消毒抽检样品160份，消毒产品卫生监督抽检样品36份，均合格；对10家医疗卫生机构进行传染病防治分类监督综合评定，优秀3家，合格7家。开展全县预防接种和疫苗管理督导检查，共检查21家，并对其中15家存在狂犬疫苗接种管理问题的单位提出整改意见。

【职业与放射卫生监管】 实施服务型执法，鉴于疫情影响，帮助企业落实职业健康管理，引导企业做好自查自纠，降低处罚率，共指导服务企业270家次。开展尘毒危害专项执法，完成18家企业的集中整治工作，立案14家，罚款15.4万，治理工作成效在全省职业健康管理工作会议上作经验分享，并入选《全国重点行业职业病危害治理典型经验汇编》。开展职业病危害用人单位“三服务”工作，通过为企业配备“一对一”职业健康协管员、线上“云普法”等，开展用人单位职业健康培训3期，服务企业做好疫情期间职业健康体检，全年共有195家企业6602名劳动者完成健康体检，发现职业禁忌证166例，疑似职业病4例。

【公共场所卫生监管】 做好疫情防控与复工复产，落实公共场所卫生安全主体责任，重点开展公共场所禁烟专项执法、公共用品及集中空调通风系统抽检、夏季游泳场所保健康、住宿场所重点区域风险点排摸及治理。推进全市智慧游泳场所建设试点项目,通过云服务器24小时不间断实时查看水质数据,打造智慧泳池水质监测系统。顾客用品用具消毒效果抽检183家公共场所,合格167家,合格率91.26%;空气质量卫生抽检3家,集中空调通风系统抽检10家,合格率均100%。全年控烟执法开出单位罚单5张、个人罚单21张,计罚款3550元,其中通过部门联动、视频监控、人脸识别等非现场执法技术开出个人罚单11张,口头教育30余人次。

【学校卫生监管】 结合校园卫生安全保障健康专项行动,高考及学业水平考试卫生安全保障等,重点做好全县59家中小学校开展返学期间疫情防控专项监督检查和服务指导,对学校基本情况、组织管理、传染病常见病防控的监督检查、教学环境监督检查、饮用水监督检查、直饮温开水监督覆盖率均达100%,学校卫生监督建档率达到100%。对13家中小学的生活饮用水管网末梢水的消毒剂余量、浑浊度指标进行现场快速检测,符合卫生标准。对22家学校进行了采光、噪声等教学生活环境卫生监测,发现部分学校存在照度、人均面积不达标等问题,责令整改2家,立案处罚1家,并向教育部门进行通报反馈。

【生活饮用水卫生监管】 对全县12家集中式供水单位、10家二次供水单位的水源保护、设施设备运行、水质污染应急处置、涉水产品索证索票等进行监督检查。每季度向社会公开用户水龙头水质安全状况,开展出厂水、管网水及二次供水水质快速检测104份,合格102份,合格率98%,采集水源水、出厂水、管网水共计57份,合格率100%。督导2家A级供水单位饮用水卫生水质在线监测网络建设,保障水质检测预警体系正常运行,确保省市正常联网。开展农村小型水站安全巡查、网商平台涉水产品监督检查,对11家供水单位开展卫生监督量化分级,评定A级2家、C级9家。

【爱国卫生监管】 全县备案病媒生物防制单位7家,基本信息均录入浙江省卫生监督信息管理系统,省级双随机抽检2家,均合格。日常监督检查发现3家单位经营地址与注册地址不一致,责令整改到位。结合公共场所日常检查,对300余家单位开展病媒生物防控工作监督检查,情况良好。

【卫生行政执法】 2020年浙江执法效能考核第13名,全市卫生监督工作考核优秀。全年共立案684件,做出行政处罚665件(包括一般程序470件、简易程序195件),重大行政处罚案件30件,结案645件,移送公安机关4件,其中警告605户次,没收违法所得23户次,罚款492户次,共计罚没款142.17万元。做好12345等投诉举报受理,共受理88件,立案处罚13件,其中移送公安1件,结案率、资料完整率、回复率均100%。

(蒋志丹)

疾病预防

【概况】 2020年共报告甲、乙、丙类传染病7742例,总报告发病率1463.53/10万。无甲类传染病报告,乙类传染病共报告病例1088例,报告发病率205.67/10万。共报告发生在学校、幼托机构39起聚集性疫情,1起突发公共卫生事件相关信息,均规范处置。开展传染病的预警报告,所有信息均及时进行调查核实,传染病自动预警信息系统运行正常。全县各网络直报单位三级卫生信息平台传染病网络直报运行正常。

【新冠肺炎疫情防控】 突如其来的新冠肺炎疫情发生后,全县第一时间启动疫情防控各项措施,进入疫情防控实战状态。建立防控组织体系,成立新冠肺炎疫情防控工作领导小组和疫情防控技术专家组,科学有序开展疫情防控。象山县疾病预防控制中心实验室于1月30日开展首批新冠病毒核酸检测,2020年全年共检测32992份核酸标本,血清抗体9625份。全县全年共报告2例新型冠状病毒确诊病例,对其相关的11个疫点、8个停留点开展终末消毒和预防性消毒,消毒面积10300余平方米,未出现二代病例。组建专家组对复工企业进行指导和服务,助力企业学校复工复学。做好健康宣传普及工作,全年共推送新型肺炎相关科普信息200余篇,拍摄“新冠肺炎防控”等健康教育视频10余个,开展线上直播培训2期。

【重大传染病防控】 做好艾滋病防控工作。扩大人群HIV抗体筛查,全年共筛查各类人群HIV抗体102342人次,确证阳性39例。继续开展老年男性、社区戒毒康复人员和男男同性人员等重点人群的监测筛查工作。2020年新报告HIV阳性病例61例,外地报至本县10例。全县在管HIV/AIDS共336人,其中306人启动治疗。规范开展结核病防治工作。全年新登记活动性结核病人252例,耐多药肺结核高危人群筛查率为100%(22/22),对确诊的肺结核病人均统一使用标准的短程化疗方案,使用统一化疗方案率达100%,新登记涂阳初治病人化疗满二月痰菌阴转率87.93%(51/58),复治100%(6/6),肺结核患者满疗程治疗率94.34%(200/212)。及时处置学校结核病疫情4例,完成14640名新入学(园)新生肺结核症状筛查和6191名高中和寄宿制初中入学新生结核病PPD筛查,发现1例病原阴性肺结核患者,休学治疗。加强以霍乱为主的肠道传染病防控。开展以霍乱为重点的肠道传染病防治知识培训并完成消杀药品和采样试管的铺底。对肠道门诊开展督导检查,未在外环境中检出霍乱弧菌。

【病媒生物及寄生虫病、地方病防控】 加强夏登革热等虫媒传染病防控。4月开始,每月开展登革热白蚊伊蚊幼蚊密度监测,及时撰写登革热专题风险评估,向政府及相关部门提出针对性防控对策建议。全县病媒生物监测防制工作，开展“三热”病人监测，监测440人，未发现疟疾病人。开展布病监测。对养殖、贩运等重点人员进行布病主动排摸和监测，无布鲁氏菌病病例报告。开展碘缺乏病监测，对5个镇乡5所学校的8—10周岁210名学生和105名孕妇开展碘营养调查，学生合格碘盐食用率49.52%，孕妇合格碘盐食用率48.57%。开展地方性氟中毒监测，14个原地氟病自然村全部完成改水工程，14份末梢水样品氟含量全部符合饮用水标准，调查108名8—12岁儿童，未发现氟斑牙患者。

【免疫规划】 依法依规做好免疫规划工作，加强全县预防接种和疫苗管理工作。全县免疫规划工作水平提升，全县常住儿童、流动儿童免疫接种保持较高水平，单苗接种率均在95%以上。2020年受新冠肺炎疫情影响，县自1月下旬以来暂停预防接种服务（除产科、犬伤外），2月中旬逐步有序恢复。加强预防接种和疫苗管理，加强业务指导和规范管理，开展常态化指导和督查。试点开展预防接种一体化管理。县红十字台胞医院医疗健康集团统筹推进信息化操作，实现接种门诊接种证扫码、接种证后置打印、疫苗扫码覆盖率达到100%。规范化培训提升基层预防接种人员业务水平，组织开展3期预防接种业务培训，近200人次参加培训，136人取得新上岗资质。

【职业健康】 加强职业病防控。针对不同职业人群，倡导健康工作方式，对1115家用人单位开展职业病危害现况调查，27家用人单位开展职业病危害因素监测，6家黑色金属铸造业用人单位开展职业病危害风险评估，预防和控制职业危害，推进健康企业建设。

【食品安全风险监测】 开展食品安全风险监测，了解和掌握全县食品中主要污染物及有害因素的污染水平和发现食品安全风险隐患，保障人民群众食品安全。1—12月共采海产品、学校直饮水、酒类医用特殊配方食品等694份，检测细菌总数、大肠菌群、副溶血性弧菌、铜绿假单胞菌以及重金属残留量、农药残留、甲醛、甲醇等指标，完成全年任务数130.70%。开展食源性病例特定病原体监测，沙门氏菌、副溶血性弧菌等特定病原体阳性检出率27.23%。

【学校卫生】 通过开展儿童青少年近视调查、适龄儿童窝沟封闭、学生龋病与健康行为调查和儿童口腔局部涂氟等工作，保障儿童健康成长。2020年全县调查幼儿3213人，近视446人，近视率13.88%，小学生32297人，近视17254人，近视率为53.42%，初中生15132人，近视12964人，近视率为85.67%，高中生（含职高）7346人，近视6585人，近视率为89.64%。对42所学校开展窝沟封闭工作，封闭率95.78%，封闭完好率86.82%。在8所幼儿园开展口腔局部涂氟试点工作，对1500名幼儿进行口腔局部涂氟。

（蒋志丹）

妇幼保健

【概况】 坚守母婴安全底线，提升健康服务能力，打造生育全程服务链，加大妇幼健康惠民力度。继续完善危重孕产妇、新生儿救治网络体系建设，修订危重孕产妇抢救预案，实行高危孕产妇“五色”管理，2020全年未发生孕产妇死亡，婴儿死亡率和5岁以下儿童死亡率分别为1.54‰、2.69‰。建立完善促进婴幼儿照护服务发展的标准规范体系和服务供给体系，以多种形式开展婴幼儿照护服务，促进婴幼儿健康成长。截至2020年年底，全县所有镇乡（街道）都建立家庭养育健康指导试点单位。

【孕产妇保健管理】 全年户籍地共2558例产妇分娩，活产数2605例。孕妇建卡人数2490例、早孕建卡率97.34%；产后访视人数2557例、产后访视率98.16%；孕产妇系统保健管理人数2478例、系统保健管理率95.12%；实行住院分娩活产数2605例，住院分娩率100%；孕产期发生高危2052例，高危孕妇发生率80.22%。非户籍地孕产妇928例，活产数936例，早孕建卡率、系统管理率、住院分娩率分别达84.59%、79.38%和100%。继续做好预防艾滋病、梅毒和乙肝母婴传播，对阳性病例均进行规范治疗。

【产科质量管理】 探索县域健共体妇幼健康管理工作机制，提高产科服务质量。全县三家助产技术服务单位共接生人数3486人，总分娩数同比下降229例。新生儿活产数3541例，剖宫产活产数1692例，助产单位的剖宫产率47.78%，非医学指征剖宫产率4.45%，剖宫产率同比略有下降。全县发生危重孕产妇29例，均及时治疗抢救，未发生孕产妇死亡情况。

【出生缺陷三级预防】 落实基本公共卫生免费项目，完善涵盖婚前、孕前、孕期、新生儿期等阶段的出生缺陷预防体系，健全出生缺陷三级预防网络。全年共有1873对新婚对象，其中1784对新人参加了免费婚前医学检查，婚检率达到95.25%；1522对待孕夫妇享受了免费婚孕前优生健康检查服务，免费孕前优生健康检查率95.16%。提高产前筛查和产前诊断率，孕妇产前血清学筛查率为95.3%，产前诊断率为82%。全县新生儿疾病筛查率达99.9%，串联质谱筛查率100%，听力筛查率为99.7%。

【儿童保健管理】 开展儿童早期发展示范基地和星级门诊创建工作，西周、鹤浦、爵溪卫生院分别创建新一轮孕产妇及儿童保健星级门诊。2020年全县启动了家庭养育健康指导试点单位创建工作，并举办了婴幼儿家庭养育照护实训班及试点单位现场推进会。截至2020年年底，年内7岁以下户籍儿童总数26478人，接受儿童保健管理25363人，保健覆盖率95.79%，达到系统管理24794人，系统管理率93.64%；3岁以下户籍儿童总数9472人，接受儿童保健管理9184人，保健覆盖率96.96%，达到系统管理8970人，系统管理率 94.70%。继续推进儿童中医调养服务管理，年内有 6525 例 3 岁以下儿童接受了儿童中医药健康指导，服务率为 68.89%。发现贫血患儿 443 例，贫血发生率 2.86%。

【惠民实事项目】 继续实施城乡妇女免费“两癌”检查，2020 年全县共完成免费宫颈癌检查 13237 人，乳腺癌检查 13639 人，通过检查发现宫颈癌 9 人，乳腺癌 14 人，均给予诊治。医疗卫生服务领域“最多跑一次”改革事项，推广通过“浙里办”APP 办理“出生一件事”事项，并印发了《宝贝出生啦》《个人全生命周期办理一本通》等宣传资料，举办“出生一件事”相关工作培训会，建立象山“出生一件事”钉钉群和医院业务办理微信群，提高服务质量。

（蒋志丹）

医政管理

【概况】 2020 年，做好新冠肺炎疫情防控医疗救治工作。牵头制订疫情防控工作方案、应急预案、工作指引等，指导各级各类医疗机构做好疫情防控相关工作。畅通转诊会诊流程，确保确诊患者、疑似病例、留观人员均得到救治。加强医疗机构能力建设，完成象山县第一人民医院医疗健康集团总院、象山县红十字台胞医院医疗健康集团总院发热门诊规范化改造。推进象山县第一人民医院医疗健康集团总院公共卫生大楼和象山县红十字台胞医院医疗健康集团总院感染楼建设。基层医疗机构完成规范化发热诊室建设 17 家。完成 PCR 实验室改造和检测能力升级，组建 41 人的核酸检测队伍及 598 人的核酸采样队伍。落实预检分诊和防控院感措施，组织开展系统内疫情防控应急演练 2 次。提升应急医疗救治保障，新增负压救护车 2 辆，建成县急救中心和县红十字台胞医院 2 个洗消建设。制订方案完成各级医疗机构满负荷运转一个月的医疗耗材和医疗设备的储备。做好医学隔离点建设管理，牵头制订医学隔离点建设方案、工作制度、流程规范、职责分工，同时开发隔离点管理系统，形成信息化、系统化、制度化的管理模式，先后共开设医学隔离点 8 个，集中隔离医学观察 4030 人次。

【医疗服务领域“最多跑一次”改革】 按照省市县关于推进公共场所服务大提升工作要求，象山县卫生健康局围绕就医环境服务便利化、智慧化、人性化、特色化、规范化“五化”要求，印发《象山县 2020 年医疗卫生服务领域“最多跑一次”改革推进就医体验大提升实施方案》，将“最多跑一次”改革作为提升就医服务重要抓手，从诊疗模式、就医环境、国际化医疗服务、集成服务等四方面开展工作，提升群众就医体验，县级医院预约按时就诊率 98.88%，检查智慧预约率 100%。开展“互联网+医疗”“互联网+药事”线上问诊、药品配送到家远程医疗等服务，全县注册医生 372 人，注册网约护士 296 人，分别累计远程服务 4232 人次和累计服务 1119 人次。县级医院门诊智慧结算率达 85.93%，病房智慧结算率达 95.04%，电子发票使用达 100%。象山县红十字台胞医院医疗健康集团总院和象山县中医医院医疗健康集团总院逐步开展了日间手术，至此三家医共体牵头医院均开展日间手术服务，缩短了患者等待住院和手术时间，2020 年日间手术共开展 436 例，比例达 10.3%。全县完成区域临检、影像、病理、心电远程会诊、消毒供应五大中心的改造，区域医院信息管理系统、区域检验、区域影像等集约化应用建设改造，减少医院间重复检查检验。健全区域急救站点，新增新桥分站，共设 1 个总站、6 个分站点，畅通病人转运通道，提升急救效率。

【公立医院综合改革】 结合县域实际，制定《高水平高质量推进象山医共体建设三年行动计划（2020—2022）》，并将县域医共体建设纳入“十四五”规划，优化整合型医疗卫生服务体系的同质化管理、集团化运作。制订《象山县县域健康服务共同体建设工作方案》，实施公共卫生服务提质增效专项行动，“两员一中心一团队”工作机制，落实公共卫生专员和联络员常驻医共体工作制度，推进县域健共体建设，加强突发公共卫生事件风险监测和预警，探索构建全人群全周期健康管理服务体系。按照医共体内人员统筹使用机制，重新制订《关于规范下属单位内设机构设置和职数配置的有关规定》，明确医共体及其分院内设机构设置及职数配置。制订《医共体全员岗位设置方案》，打破单位类别、编制性质等限制，结合工作实际按需设岗 3684 个，实施医共体后勤服务社会化运作机制，腾空安保、保洁、物业等后勤服务岗位，累计腾出 178 个工勤、行政岗位用于临床一线人员。探索推行基层分院以当量法为基础的岗位绩效管理模式，提升基层医疗机构的服务质量和服务效率。印发《象山县推进县域医共体医保支付方式改革实施方案》，落实医共体医保总额预算、结余留用、超支分担机制，稳妥推进住院服务按疾病相关分组点数法付费改革工作。推进与沪杭甬瓯等长三角大医院合作，建立 2 个紧密型医联体，疑难重症诊疗能力提升，CMI 值同比提升 8%，县域就诊率达 92.01%。垂直排班县级医院 40 名专家常驻基层开设全-专联合门诊和慢病联合病房，建成基层特色专科 3 个，达到“国家优质服务基层行活动”推荐标准 3 家，实现中医馆全覆盖，基层就诊率达到 67.4%。组建县级公立医院综合改革工作专班，建立定期督促预警和整改措施落实跟踪机制，聚焦内部挖潜，推进降本增效活动，提升现代医院治理能力。

【医疗质量提升】 加强医疗质控。2020 年新增骨科、传染病、病理、体检、肿瘤 5 个质控分中心，全县 25 个质控分中心规范化开展工作，将基层医疗机构和民营医院均纳入质控范围，制订基层质控考核标准，组织院感、医疗、护理等 10 个质控中心，分别在 6 月、11 月开展全县联合质控督查，集中反馈并开展回头看。各质控中心组织开展质控培训共计 11 期，内容涉及业务能力和质量管理，受益 400 余人次，推进医共体医疗质量同质化管理。

【中医药事业发展】 组建全国基层中医药工作先进单位创建工作组，制订创建方案、培训创建标准、分解创建任务，开展各部门对接，系统内督查整改，召开县级创建会议3期，系统内推进会5次，组织专项督查7次，于7月通过省级督查，11月通过国家组督查。2020年，中医诊疗人次占比38.86%，中医处方占比34.17%，中药饮片处方占比6.61%。印发《象山县中医诊疗中心建设方案》，完善中医药三级服务网络。开展中医药服务"六进"活动，组织开展义诊、冬病夏治、膏方节等活动普及中医药文化。10月开展中医药适宜技术延边性活动，11月开展大型"中医中药中国行"活动，将中医药健康教育纳入中医监测指标，中医药传承。2020年，2名中医师被评为"宁波市名中医"，9名中医师入选"第三批宁波市名中医药专家学术经验继承指导老师"，9名骨干中医师入选"第三批宁波市名中医药专家学术经验继承工作继承人"，2名中医确有专长人员通过省级资格考核。推进基层中医师适宜技术培训和中医全科转岗培训。

【学科建设与科教】 融入长三角区域一体化和城市医联体建设，按照县域学科建设方案，推进各集团总院加强对外合作和自主培养，象山县第一人民医院医疗健康集团总院分别与17家上级医院开展医疗合作，截至2020年年底成立了16个名医工作站（室）。象山县红十字台胞医院医疗健康集团总院、象山县中医医院医疗健康集团总院与宁波市华美医院建立紧密型医联体建设，下派执行院长参与医院管理和学科建设。开展基层重点专科建设，全年全县有3个基层专科获评"宁波市基层特色专科"。全年全县共举办省级继续医学教育项目3项，市级继续医学教育项目3项，县域内组织各类学术会议培训50余次，参加总人数达到5000余人次。继续做好住院医师规范化培训工作，全县各级医疗机构共50名医务人员报名参加浙江省住院医师规范化培训，其中西医规培45名、中医规培5名。继续做好社区护士培训工作，全县各级医疗机构共31名护理人员报名参加浙江省社区护士培训。

（蒋志丹）

医疗科研与交流

【概况】 全县累计建成省县级龙头学科2个、省基层中医重点学科1个、市县级医院龙头学科2个，市级基层特色专科4个，县医学重点学科10个、县基层重点专科6个。2020年立项省级项目6项、市级项目7项、县级项目12项、中国国际科学交流基金会项目3项，其他科技项目4项。

【东部沿海地区骨质疏松性骨折与Ⅱ型糖尿病的相关性研究】 浙江省医药卫生科技计划项目，由象山县第一人民医院医疗健康集团总院胡通洲主持，研究起始时间为2019年12月至2022年12月。该次研究以全县7个地区的绝经后妇女为研究对象，调查本地区椎体骨折患病情况和进行椎体骨折危险因素评估。通过问卷调查、血生化测定和骨密度测定获取需要的研究信息。以2015年的资料为基线资料（自变量），以5年间新发骨质疏松性骨折为研究因变量，分析Ⅱ型糖尿病和非糖尿病患者之间新发椎体骨折率的差异，从而明确Ⅱ型糖尿病对骨折风险的影响，并探讨基线骨转换水平在其中所发挥的作用。

【应用改良Saber切口治疗肩锁部骨折脱位的研究】 宁波市医学科技计划项目，由象山县中医医院医疗健康集团总院 张智盛主持，研究起始时间为2021年1月至2022年12月（根据《宁波市卫生健康委宁波市科技局关于下达2020年度宁波市医学科技计划项目的通知》要求，由于疫情原因研究时间延迟1年）。肩锁关节脱位参照Rockwood分型纳入标准：Ⅲ－Ⅵ型；锁骨骨折参照Allman分型纳入标准：Ⅰ－Ⅲ型中移位骨折。将纳入标准的病例随机分成2组，治疗组采用Saber切口置入钢板螺钉内固定的手术方式治疗，对照组采用传统手术方式治疗，分别于治疗后1个月、6个月、12个月对两组患者肩关节功能评价和患者主观满意度问卷调查。肩关节评价采用Constant－Murley评分。所得数据比较，采用spss软件进行统计学分析，得出结论。

【黄连阿胶汤治疗外源性胰岛素抗体阳性的阴虚热盛证患者的临床观察】 宁波市医学科技计划项目，由象山县中医医院医疗健康集团总院姚丹主持，研究起始时间为2021年1月至2022年12月（根据《宁波市卫生健康委宁波市科技局关于下达2020年度宁波市医学科技计划项目的通知》要求，由于疫情原因研究时间延迟1年）。从原课题（2019年本市医学科技计划项目《象山县部分地区使用胰岛素治疗糖尿病患者胰岛素抗体阳性率调查》）入组的胰岛素抗体阳性患者中选取符合阴虚热盛证患者并同意入组的80例，按照编号随机分为观察组和对照组各40例。通过观察运用黄连阿胶汤治疗阴虚热盛证患者的临床疗效和实验室相关指标，包括中医症候评分指标、两组间胰岛素抗体转阴情况及空腹血糖、胰岛素、C肽、2h血糖、2h胰岛素、2hC肽，糖化血红蛋白。

【养阴清肺中药对慢性咽炎的治疗作用】 宁波市医学科技计划项目，由象山县中医医院医疗健康集团总院姚丹主持，研究起始时间为2021年1月至2022年12月（根据《宁波市卫生健康委宁波市科技局关于下达2020年度宁波市医学科技计划项目的通知》要求，由于疫情原因研究时间延迟1年）。慢性咽喉炎在耳鼻喉科可称为是"顽症"，患者咽部干痒疼痛、有异物感、声音嘶哑或干咳少痰、咽部红肿，慢性充血、咽后壁淋巴滤泡增生，严重时影响睡眠及饮食，病情较长、迁延日久、反复发作，重者可引起刺激性咳嗽，治疗效果较差。故将具有镇痛、抗炎、止咳、化痰、提高免疫功能及体外抑菌等药理作用，且急性毒性和长期毒性均极低的养阴清肺中药作为治疗肺阴亏虚型慢性咽喉炎。运用以养阴清肺中药为主，辨证施治提高对慢性咽喉炎的治疗效果。

（蒋志丹）

爱国卫生

【概况】 以巩固国家卫生县城和建设健康象山为目标，完善爱国卫生工作机制，提升爱国卫生工作水平，卫生城镇创建。开展健康细胞建设，新创健康促进学校铜牌单位12所、健康支持性环境71个、无烟党政机关96家。落实春秋季灭鼠、夏季灭蚊蝇蟑等除“四害”活动，病媒生物密度控制在国家C级水平。

【卫生创建】 定塘镇和泗洲头镇通过国家卫生镇省级暗访，贤庠镇通过省级卫生镇复审暗访。推进乡村爱国卫生工作，省、市级卫生村分别达157个、120个（2020年乡镇街道并村后重新统计）。

【病媒生物预防控制】 落实城区病媒生物控制水平C级复审相关工作，开展春秋季以灭鼠为重点、夏季以灭蚊蝇蟑为重点的病媒生物预防控制工作，对全县“四害”密度进行监测，于11月6日通过了城区病媒生物控制水平C级复审。在丹东街道、丹西街道、西周镇、墙头镇和大徐镇开展病媒信息化试点，通过信息化技术加强病媒生物预防控制动态化管理。继续推进各镇乡（街道）四害消杀市场化运作，加强对消杀公司的监督管理。开展环境卫生整治和病媒滋生地的清理，2020年组织城乡环境卫生集中整治215次，整治村庄436个，整治农贸市场22个，参加爱国卫生运动35600人次，共清理卫生死角3500余处，清除乱堆放4000余处，清理脏乱道路3万余平方米，消灭病媒生物滋生地5000余处，清除垃圾6000余吨。

【健康教育】 组建“健康象山”讲师团，启动健康素养进农村文化礼堂活动，发挥农村文化礼堂的“用”“育”作用，健康素养进文化礼堂覆盖率达到81.26%。全县各基层分院全年开展健康讲座1010场次，受益3.8万余人次，义诊咨询活动162场次，受益1.9万余人次。各乡镇、部门共开展健康讲座600余场次，累计受益2.9万余人次。结合世界无烟日、肿瘤宣传周、全国儿童预防接种日、世界肝炎日、全国爱牙日、全国高血压日、世界糖尿病日、世界艾滋病日等主题日开展各类大型主题宣传活动。对乡镇所辖社区（村）宣传栏进行了统一定制、统一更新内容，利用“人口生育文化园”，推进村级健康主题公园的建设，保证了健康教育知识及时到基层。

【爱国卫生月活动】 开展以“防疫有我 爱卫同行”为主题的第32个爱卫月活动。活动期间，开展环境卫生整洁行动，加强病媒生物消杀，全县共举行宣传活动9次，张贴发放宣传材料2.3万份，发布新媒体文章8篇，新媒体阅读量8358次，受宣传教育人数3万余人。

【公共场所控烟活动】 组织开展主题为“保护青少年远离传统烟草产品和电子烟”的第33个世界无烟日控烟月活动，学校、机关、社区，通过健康讲座、现场咨询、控烟展板、发放控烟宣传资料等多种形式宣传烟草对健康的危害，普及控烟知识，提高人民群众对烟草产品危害的认识。联合县机关事务局、县创建办，开展了县级机关单位控烟工作督查。同时对城区部分医疗服务场所、教学活动场所、商场、超市、宾馆、影剧院、候车室等公共场所进行控烟联合执法行动，对违法吸烟者和控烟不力的经营者进行了处罚和曝光执法活动，促进象山县控烟工作。全年共发放宣传资料6000余份，接受群众现场咨询800余人次，以微信公众号、官方微博等自媒体以及电子屏幕等为载体发送烟草控制科普图文12次，受益人数2000余人。

【健康支持性环境建设】 开展健康细胞建设，2020年全县新建健康社区、健康主题公园、健康步道、健康单位、健康食堂等健康支持性环境71个，培育健康家庭2230户，新创健康促进学校铜牌学校12所，新创无烟党政机关96家，启动建设健康促进机关48家，健康促进企业116家。

（蒋志丹）

医疗保险

【概况】 推进医保参保扩面和扶贫，实施全民参保计划，县内基本医疗保险参保人数51.5万人，全县本地户籍基本医疗保险参保率稳定在99%以上。低保、特困人员及一、二级残疾人等群体1.5万人，医疗保险参保费用实行全额免缴且实现参保率100%，低保边缘家庭成员医保参保个人缴费费用实行减半政策，医疗保险基本实现全民参保、应保尽保。

【新冠肺炎医保待遇和支付政策落实】 落实临时医保政策保障，确保患者医疗费用的支付，追加定点医疗机构医保预付资金3000万元，对新冠肺炎诊治定点医院象山县第一人民医院预拨付400万元垫付金，全力以赴做好疫情应对和救助保障。

【医保政策落实】 2020年1月1日起，象山县各公立医疗机构取消医用耗材加成，实行零差率销售。2020年1月1日起，生育保险和职工医保两险合并正式实施，参加职工医保女性的医疗生育费用实现直接刷卡结算，在职女职工的生育补贴正常受理申请并发放。推进县域医共体医保支付方式改革。根据省、市改革实施方案，开展专班讨论研究，制定象山县推进县域医共体支付方式改革实施方案及会商机制，实现“控基金”和“提质量”双目标。下达控费指标，明确2020年度33家定点医院的总额预算指标及34家定点诊所的总量指标，分别为110864万元和6396万元，为下一步医保基金合理控费和提升医保服务质量打下基础。扩大全国异地就医直接结算范围。2020年完成10

家定点医院开通异地就医直接结算工作，9月底，象山县17家定点医院全部纳入全国异地就医直接结算系统。2020年，象山县跨省异地就医2433人次，总费用2274万元，医保基金支出1383万元，跨省就医门诊直接结算4564人次，医保基金支出85万元，省内市外异地就医10049人次，医保基金支出1358万元，参保群众外出就医结算更加便捷。落实药品耗材带量采购。根据国家组织药品集中采购和使用试点扩大区域范围工作要求，象山县公立医疗机构实行“4+7”药品带量采购，共涉及57种中标药品，主要落实了采购任务，督促医院完成约定使用量，加强中选药品质量监管，保障中选药品供应顺畅。同时，落实药品带量采购中医保基金预付要求，完成对3家医共体集团及1家公立医院206万元周转金的预付，为降低“虚高”药价、减轻群众负担发挥了作用。创新医药机构医保定点协议管理。按照新版医保定点医药机构协议管理办法，简化优化医药机构定点申请程序，完成协议管理审核系统测试工作。组织实施2020年度医保定点协议管理准入工作，开展现场审核、组织评估，拟定新增机构名单公示后，进行医保政策培训和测试，协商谈判后，签订医保服务协议。象山县有187家医保定点医药机构，涵盖全县18个镇乡（街道），为参保群众提供了更加就近便捷的医保服务。实施新版国家医保药品目录。为统一规范基本医疗保险用药管理，开展新版国家医保药品目录的实施工作，及时更新完善药品目录，并对部分停用药品做好解释工作，提高了参保人员的用药保障水平。同时要求在稽核检查中对新版目录的更新情况进行重点检查，并日常审核过程中关注新版目录的使用情况。调整象山县公务员医疗保险政策。调整象山县公务员医保缴费基数、公务员补助金筹资标准及个人账户补助标准，实施与宁波市统一保障政策，与市级统一，做实基本医疗保险市级统筹工作要求。

【医保基金监管】 打击医保欺诈骗保行为。组织开展“医保监管1号专项行动”、“医保监管2号专项行动”、规范使用医保基金行为专项治理行动。开展“打击欺诈骗保、维护基金安全”宣传月活动。实施交叉异地检查。联合象山县市场监管局开展“双随机、一公开”专项任务，协同象山县纪委、象山县市场监管局对全县115家药店发热病人登记、停售发热咳嗽类药品执行情况进行巡查、指导。2020年，累计检查定点医药机构52家，暂停4家、约谈4家，违规费用追回112.13万元，其中检查追回45.39万元，审核拒付66.74万元。打造“智慧医保”平台。开发建设远程视频监控、人脸识别比对、“阳光医保”智能监管和自建大数据分析系统四大系统。建成医疗保障视频监控中心，在117家医保定点零售药店完成视频监控安装，在50家定点零售药店和20家医疗机构完成人脸识别比对系统安装，在43家民营医保定点医疗机构和2家村卫生室完成视频监控客户端安装，实现监控客户端90天的视频储存，视频监控系统覆盖象山县全部民营医保两定医药机构；开发医保智能分析系统，与第三方公司达成合作，目标建成具有医疗机构内部分析、嫌疑违规分析及综合参保、费用发生、基金运行分析等功能的智能系统，为医共体按人头付费、嫌疑违规情况排摸、全县医保基金运行情况分析提供数据支撑，提升监管能力。

【医保民生保障】 医保领域“最多跑一次”改革。整合医疗、生育、外伤、救助等四个窗口功能区块，医疗保障待遇支出实现“一窗受理”，截至年底，办件13199人次，医保报销费用4684万元。创新推进掌上“一端通办”，实现省内医保关系转移接续一证通办“零跑腿”，单项业务“网上办、掌上办”超70%以上。省内高频事项智能“秒办”，医保异地就医、转外就医、城乡居民医保参保等办件2992件。象山县187家医保定点医药机构，涵盖18个镇乡（街道），为老百姓就近提供便捷的医疗保障。落实医保惠企政策。阶段性减免企业医疗和生育保险费，减半征收2020年2月至6月的企业基本医保单位缴费部分，减征覆盖全县企业9100余家，减免金额8560万元，其中基本医疗保险8110万元，生育保险450万元。开启医保电子凭证推广应用。与建行、农行、中国银行以及支付宝等第三方合作机构进行对接，共同开展推广激活，象山县定点医疗机构、定点药店全部开通应用。疫情期间推出隔空办理服务。倡导各类医保业务网上办、掌上办、电话办、预约办，2020年，通过各类途径办理临时回甬登记、城乡居民医保参保、异地就医资格备案、转外地就医申请、个人医保关系转移接续、个人账户清算、家庭共济网申请、医疗费零星报销和生育保险待遇核准等业务3510件次。

医疗救助

【概况】 2020年，象山县符合医疗救助范围的困难人员共计19674人，参保率100%（其中参加职工医保人数2070人），实现了全员参保。日常工作中，象山县坚持做好对困难人员参保数据的动态管理，对接民政系统，按季度获取本地未参保困难人员信息，做好参保扩面的核查、走访工作，宣传政策，落实参保政策，实现了困难人员医保参保的“动态”服务，做到应保尽保。

【特定对象参保缴费资助政策】 象山县对困难人员参加城乡居民医保的个人缴费部分给予财政补助。其中，对一二级残疾人、特困供养人员、低保、重点优抚对象等个人缴费部分100%补助，低保边缘户家庭成员个人缴费部分50%补助。2019年，享受个人缴费财政补助共计17380人，补助金额1048.65万元；年内6月底，享受个人缴费财政补助共计17604人，补助金额1076万元。

【医疗救助政策待遇情况】 医疗救助对象在定点医疗机构产生的规定范围内的医疗费用，扣除基本医疗保险、大病保险和其他补充医疗保险补偿后的个人自负和个人承担部分，纳入医疗救助范围。

2020年,象山县困难人员的住院和特病门诊合规医疗费用救助比例为:特困供养人员100%,低保户70%,低边家庭成员60%,年度救助封顶线为:特困供养人员全年救助1万元,超出部分由民政和镇乡(街道)按5∶5比例解决;低保户和低边家庭成员累计8万元。医疗救助起付线为:特困供养人员、低保户不设起付线,低边家庭成员1万元。全年共救助困难人员14184人、263097人次,医疗救助支出共计1596万元,其中低保特困人员家庭医生签约个人缴费补助44.15万元。

2020年,象山县医保局、民政局等七部门联合印发《关于加强新时期医疗救助工作的实施意见》(象医保〔2019〕16号)文件,医疗救助对象和待遇标准有了较大调整。救助对象范围扩大到11个类别,救助待遇标准大幅提高。一是不设医疗救助起付线,扣除基本医疗保险、大病保险和其他补充医疗保险补偿后的个人自负和承担部分,均纳入医疗救助范围;二是合规医疗费用的救助比例调高到70%以上,突出对重病、因病致贫低保低边对象的医疗救助,可往前追溯一年内住院费用按60%予以救助;三是增加了普通门诊救助范围,全年累计可救助500元;四是对非重疾、特病等门诊费用的医疗救助更具普惠性,视同住院费用予以救助。2020年,象山县享受医疗救助困难人员共计10419人、180355人次,医疗救助支出1304.5万元。

红十字会

【概况】 象山县红十字会自2009年根据县编委文件《关于调整象山县红十字会管理体制的通知》(象编〔2009〕21号)精神机构单设以来,履行《中华人民共和国红十字会法》赋予的职责,坚定不移地推进改革创新、抓实基层基础、做强核心业务、加强自身建设,推进县红十字事业健康快速发展。2020年,红十字救护培训被列入县民生实事项目。县红十字会克服疫情带来的重重困难因素,共完成救护员培训975人,普及培训24360人次,完成18台AED采购和安装任务,完成本年度的民生实事项目任务。新登记器官、遗体(角膜)捐献志愿者108人次,实现器官捐献4例、角膜捐献2例。2020年11月26日,完成县红十字会第五届会员代表大会换届选举,由县政府副县长钮晶莹任会长,陈琴任党组书记、专职副会长。2020年12月,陈琴兼任县红十字会常务副会长。

【召开第五次会员代表大会】 11月26日在象山宾馆召开第五次会员代表大会。象山县委书记潘银浩,宁波市红十字会党组书记、常务副会长许伯强参加开幕式并致辞。会议应到理事53人,实到理事50人。会议宣读了红十字运动七项基本原则,选举产生了新一届理事会会长、副会长、秘书长、常务理事、执行委员会委员、监事会监事长、监事,审议并通过了第四届理事会工作报告。

【人道传播有新阵地】 开通新媒体,推出"象山红十字会"微信公众号;北路社区和樟岙村博爱家园建设,丰富了剪纸红十字文化长廊、展览馆;与象山主流媒体建立战略合作关系,主动联系省市各级新闻媒体加强宣传,讲好红十字好故事。荣立过"三等功"的退伍老兵鲜春意外离世,捐出一肝二肾的《荣立三等功老兵的最后奉献——家人帮他捐出一肝两肾,让生命以另一种方式延续》的故事在《宁波晚报》首发以后,迅速在感动宁波,感动浙江。"学习强国"、《人民日报》新闻客户端、宁波发布、甬上、中国宁波网、腾讯、网易、象山发布等各大新闻媒体、网络平台纷纷转载本文,许多人看后都忍不住热泪盈眶,在微信公众号下留言赞叹鲜春"身前心系国家勤持小家,身后仍能为社会做出贡献,好一身英雄气概",感谢老兵的"大爱如山",感谢老兵"家国精神的洗礼",让大家认识到"一个朴实的平凡人可以做出不平凡的事",正能量的红十字好故事得到广泛传播。

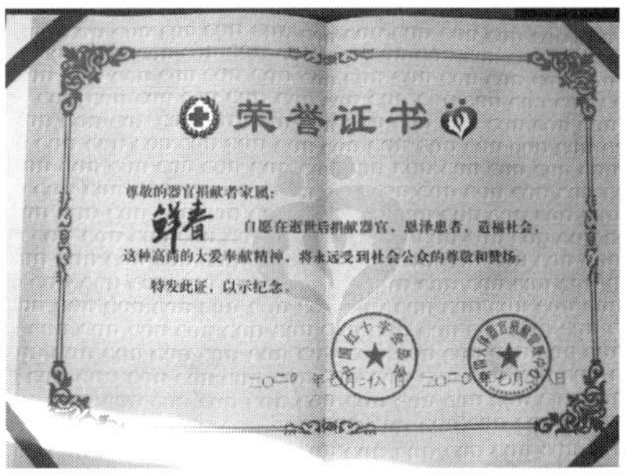

图为鲜春的"三等功"证书和捐献证书

【红十字青少年】 贯彻落实市红会和市教育局文件精神,将救护培训列入全县职高生的"必修课"。7月、8月结合暑期活动为留守学生开展救护培训3期。9月,分期为全县3所职业学校近千名学生开展救护员培训。连续第4年开展的"建美丽新象山,送培训进海岛"学校专场培训,共有238人次幼儿园老师和家长成为守护孩子成长的救护员。

【参与疫情防控保卫战】 自新冠疫情暴发以来,县红十字会有序开展防疫工作。明确一把手的责任担当,严格依法依章款物接受和使用,实现爱心捐赠"一次跑"或"零次跑";与各级红会联动,协助爱心企业和个人畅通境外捐赠;依法依规,加强信息公开;主动接受民政部门的专项检查。开展志愿服务助力全县布防联控和复工复产。累计接收捐赠款物854万元,其中资金468万元、物资价值386万元 。累计拨付款物人民币854万元,无款物积余。所有捐赠款物全部交由县疫情防控工作领导小组统一调配,用于疫情防控一线。

【完成东西部结对帮扶】 共完成东西部结对款物帮扶任务177.6万元。其中完成遂昌结对帮扶50.6万元物资。完成结对吉林龙井、敦化扶贫款物127万元,完成全年结对延边任务的105%。想方设法开展结对西部扶贫物资募集。5月19日,县红会专赴北仑海关,分类整理出适合捐赠物资共计89万余元。6月9日,党组书记、专职副会长陈琴带队赶赴北仑红十字会,在兄弟红会的协助下落实了第二批共计38万元的物资于11日发往龙井市红十字会。

【品牌基金运作良好】 “博爱送万家”共筹集30.5万余元款物，惠及1080余人次。“生命关爱基金”“高危孕产妇基金”等7个品牌基金运作良好 。“共享蓝天庆六一”慰问活动共向孩子们赠送现金、书包等款物3.5万元。5月22日，县红十字会慰问了黄避岙乡中心小学和高泥村6名贫困儿童，送上慰问金4000元和学习用品书包等，并提前祝孩子们节日快乐。6月1日，县红十字会连续第三年慰问孤儿倪雨泽，送上慰问金和节日祝福。

【应急救护完成年度目标】 全年共完成救护员培训975人，普及培训24360人次，完成18台AED采购和安装任务。发挥18个镇乡（街道）基层组织作用，“因事制宜”搞培训；以纪念“世界急救日”活动为载体，开展救护员培训9期，普及培训34场次，受益人次4817人；紧扣防疫主题，创新宣传新模式。开通云课堂，采用了线上直播、线下讲座、泳池示范的三维一体防溺水讲座新模式；全力推进心脏除颤仪（简称AED）项目落实。在费用、布点、运行、维护、监管、信息化对接等多个方面和问题上与相关部门进行多次沟通、协商，自筹资金28.89万元，落实18台AED购置安装任务。

【“三献”工作稳定推进】 无偿献血实现100%满足了临床用血的需要；造血干细胞捐献入库人数稳定，且全部来自无偿献血志愿者。52名志愿者加入中华骨髓库；无偿捐献器官工作有序开展。全年新登记器官、遗体（角膜）捐献志愿者108人次。实现4例器官2例遗体和角膜捐献。

【志愿服务彰显“博爱精髓”】 2020年，各志愿服务队开展各类志愿服务活动108场次，1200多人次参与活动。县红会按专业分领域建立志愿服务组织，形成以专业志愿服务队伍为骨干，以广大社会志愿者组织为补充的红十字志愿服务体系，编织了一张“人道服务，博爱象山”的爱心网络。参战防控防疫保卫战。县红十字公交志愿服务队分组开展防疫活动。一组参加象山北高速点值勤卡点24小时值勤工作，另一组则开展送“暖心汤”慰问活动。2月8日元宵节当天，志愿者们则为象山北、新桥的高速卡口执勤点战士们送上甜美的“暖心汤圆”。疫情期，出现临床“用血荒”的时候，又组织志愿者们开展献血活动；红十字水上救援队累计有700多人次队员参与志愿值勤4000小时以上，配合政府完成四个阶段的防疫任务。创新防疫期救护知识宣传模式。暑假期间，水上救援队实地灵活运用分散和集中相结合、创新线上直播、线下讲座、泳池示范等三维一体讲座新模式，为县内外4000余名师生开展“防溺水”讲座。这种全新的培训方式受到特殊时期学生及家长们的广泛点赞。红十字公交志愿队志愿服务更加常态化。开展扶贫助老、党建、节日庆祝等，仅2020年，开展各类志愿服务活动58场次，300多人次参与活动。在“黑格比”台风前帮助瓜农董师傅收瓜卖瓜，高温酷暑天里帮着身体不适的梅阿姨家收花生助草，秋收季帮有困难的橘农收果卖橘；双节前夕分别进街道参加“红社领航·象益山海”慰老助老活动；重阳节前夕进社区为老人上好“应急救护”课；开展“垃圾分类，象山更美”——红十字志愿者垃圾分类宣传活动进小区 等等。

【党建建设不放松】 着力思想，结合习近平新时代中国特色社会主义思想为指引，把党员干部的思想教育、理论学习摆到十分重要的位置上来抓，思想教育；加强学习教育，本年度通过上党课、知识竞赛和讨论研学等形式组织中心组学习16次，还运用“周二夜学”“甬习云课堂”“学习强国”“象山干部党员学习网”、微信群等平台，将学习教育贯穿始终，使广大党员干部学习有收获，思想受教育，素质得提升；夯实党建基础，严格党内组织生活制度，落实“三会一课”制度；2020年，开展党组会议16次，支部党员大会学习23次、三重一大会议4次、领导干部上党课3次、党风廉政教育14次，做到学有所思、学有所悟，实现学有所获。

（洪秀芳）

街道·镇乡

丹东街道

【概况】 丹东街道地处象山半岛偏东北部，地形北高南低，北隔沙地岗山、梅溪山与大徐镇连接，东依东山山脉与爵溪街道相连，西大致以天安路、南大河为界，与丹西街道毗邻，南濒大目涂，陆域面积38平方公里。丹东街道下辖16个行政村、11个社区。2020年，全街道常住人口12.5万人，户籍人口7.1万人。丹东街道作为象山县中心城区所在，是一个工商居混合型区域，工业以机械、针织、电器、气动件、汽车模具等为支柱，农业以蔬菜、橘苗、鱼苗、水稻、小海鲜为主品，三产以房地产、楼宇（写字、公寓楼）、餐饮、旅游、超市、中介、物流等为主业。

2020年，丹东街道学习贯彻中共十九大精神和习近平新时代中国特色社会主义思想，坚决贯彻落实县委、县政府“四个年”活动和“两手硬、两战赢”的决策目标，抢抓亚运机遇，坚定不移实施“双突破双驱动”战略，全力做好“扬特色、提质效、强功能”文章，助推街道经济社会稳步发展，建设宁波社会主义现代化滨海城市核心区。

【工业经济提质增量】 坚持帮企援企各项工作抓细抓实，全力对冲产业转型、新冠肺炎疫情等负面影响，了解掌握企业发展过程中存在的痛点、难点、堵点问题，为企业提供“一对一”保姆式跟踪服务。2020年，实现规模以上工业总产值32.2亿元，工业增加值6.2亿元，工业投资2亿元；净增新规模以上企业4家，有500万元以上工业企业91家，2000万元以上企业39家。从企业层面看，39家规模以上企业中全年工业产值维持增长的有17家，主要为电气、机械行业。骨干企业逐渐发力，天安智能、石原金牛分别实现产值2.58亿、1.3亿元，同比分别增长28.1%、31.7%。招商引资成效明显，2020年实现实际国内资金14.8亿元，超额提前完成年度任务。对外及对港澳台贸易进出口业务逐步回暖，全年实现自营出口交货值35亿元。全年在谈项目10个，落户工业项目6个，其中引入金本机械，当年产值可达1亿；2019年引入的槟榔机项目投产，成立浙江甬晟环保科技有限公司。浙江比翼计算机出产第一代型号SC8640服务器产品，并获得医疗行业订单，即将进军轨道交通行业应用。

【城市经济蓄能增势】 丹东街道发挥区域优势，推进商贸经济、总部经济的发展。推进涌金广场、博浪太平洋、国际风情街、财富中心等大型商业设施的个性化高档现代服务业集聚区建设，改造提升汪家河、大碶头菜场、下半河菜场及周边环境，提升中心城区商贸品位和城市形象。2020年城市经济受疫情影响，同比有所下降，但处于逐步回暖阶段，以楼宇经济发展机制改革项目为指引，激发城市经济活力，摸清商圈楼宇20余万平方米经营面积和企业入驻情况，建立楼宇经济数据库，联楼联企开展“三服务”活动，协助恒太城、风情街探索线上消费、月光经济，协助南门夜市招商开业，加速陆家商业广场建设。2020年实现社会消费品零售总额8.28亿元，同比减少7.80%。

【农业产业转型升级】 丹东街道坚持以农业产业化、特色化、现代化为抓手，以农村产业结构调整和农业基础设施建设为支撑，在稳定超级稻粮食产量基础上，高度重视特色农业产业的发展，共发展蔬菜、苗木、红美人柑橘、水产养殖等各类农民专业合作社24家，基地大户30家，高质量推进城乡融合发展，创新走出城郊村的乡村振兴道路。2020年，街道粮食播种3160亩，单季稻2870亩，机插面积1690亩。城郊蔬菜种植面积1930亩。蔬菜基地达到1080亩，复种面积达到3850亩。瓜果380亩，支持了休闲农业与乡村旅游的发展。橘苗基地种植面积350亩，受疫情影响，年产值约960万元，橘苗远销省内外。“红美人”柑橘种植面积580亩，受疫情、冻害影响，年产值约1190万元。落实政策性农业保险2800亩，完成春季农村统一灭鼠服务，涉及农田7700亩，农户3850户。创建1家县级示范家庭农场，复评2家市级示范家庭农场，初步形成以市场牵龙头、龙头带基地、基地联农户、互联网+农户的城郊型特色农业发展新格局，促进了农业增效、农民增收。

【重点工程扩面提速】 围绕抢抓亚运机遇、提升城市能级，启动亚运城市行动，吹响高质量发展冲锋号，加快城市化进程。2020年丹东街道承担68项重点征迁项目，组建23个攻坚小组集中推进，征迁均按期推进。其中22个重点工程实施类项目稳步推进，游仙寨开发项目、原华翔4S店及东侧地块（风华大境府）等7个县级重点工程开工；浙江海洋运动中心配套道路工程、欢乐家园B区、塔山教育培训中心等

12个续建项目完成政策处理，实现无障碍施工；路网工程推进，巨鹰路、海山路政策处理按计划进行，东谷路、会源路有序施工；松兰山核心区改造提升工程、县图书馆博物馆迁建工程等3个前期类项目按计划开展前期工作。

【专项行动加速推进】 众志成城打好脱贫攻坚收官之战，围绕习近平总书记在决战决胜脱贫攻坚座谈会上的重要讲话精神，核查辖区236户355名低收入农户，逐户逐人建档立卡编制信息，通过产业帮扶、就业帮扶、教育帮扶等措施，帮助困难群众脱贫脱困。在宏强电气等企业建立工疗车间，帮助60余名困难残疾人再就业。用心用情做好对口帮扶工作，助力结对帮扶地区打赢脱贫攻坚战。坚决打好污染防治攻坚战，开展蓝天、碧水、净土、清废保卫战，实行以“三清三整四提升”为主要内容的农村环境“百日攻坚”行动，压实责任，发力集中整治村庄脏乱差问题。同时，做好污水零直排区创建工作，有序推进中心城区雨污分流，建设完成东谷湖区块雨污分流工程。开展百日环保行动，累计办理环保问题53起，第二轮中央生态环保督察反馈的5个问题全部完成整改销号，查封无环保措施作坊2家，关停5家，完成环保设施提升企业3家。保持拆违高压态势，以“三改一拆”为主要手段，累计拆除违章建筑4.33万平方米，实现新增违建动态归零。

【社区建管施策】 2020年年底，丹东街道共有社区11个、小区68个。街道坚持“以人为本、共建共治共享”的社区发展理念，健全新型社区治理和服务体制，探索“四社联动”社区治理机制，创新实行街道党政领导联系社区和社区工作联席会议制度，提高社区治理统筹联动、分析研判和综合治理能力。利用塔山社区党群服务中心、廉驿站、“红心塔山”开放式组织生活等阵地，为社区党员和群众提供学习教育服务。挖掘社区特色品牌，以“一社区一品牌一特色”要求打造社区精品文化，对塔山社区党群服务中心“一委二中心三家五站八社”、梅园社区“千千舞姿文艺社”“党员志愿者联盟”、丹峰社区“丹峰和韵”等现有的社区名片进行拓展。加强社工队伍建设，2020年，7名社工考取初、中级社会工作师。组织开展“师徒结对”、社会治理论坛、团建拓展活动等活动，社区建设管理水平优化。

【乡村振兴盘活治理】 实施农村品质提升行动，牢固树立乡村振兴“一盘棋”理念，融合城乡、党建、文明、旅游等多重元素，创新打造“梅映丹东”亚运风景线，有机串联南北12个村庄，提升亚运沿线村容村貌。并以亚运风景线打造为契机，“洁净田园”行动，围绕“治乱、改旧、提升”开展人居环境提升专项行动，打好治气治土治废组合拳，全力提升农村人居环境整体水平。农村宅基地“三权分置”改革，闲置资源激活，乡村产业发展提速，共盘活利用闲置农房、宅基地5000余平方米。后山、梅溪通过新时代美丽乡村精品村验收工作，田洋里、下余、寨梅、东环、河东、桥头林、城新、陆家等村通过新时代美丽乡村达标村验收工作。建设“清廉村居”，打造“塔山廉驿站”“清风上余”等清廉品牌，发挥示范影响力。

【全域旅游提档升级】 抢抓象山“全域旅游”“迎亚运”机遇，利用丹东旅游资源丰富、历史文化悠久、城市交通便利等优势，推进旅游项目建设。提升旅游环境，配合松兰山打造国家级景区，严格按照时间节点，做好梅岙村相关政策处理工作，累计投资130万元，对村庄内部立面、道路、庭院、水库、寺庙周边环境、烽火台遗址、炮台山流转土地的景观绿化配套、游步道等项目进行打造，提升村庄旅游环境。后山村投资150万元，建成村游客服务中心。游仙寨项目由宁波象山游仙寨旅游开发有限公司开发，完成投资1800万元。开展景区村创建，推出景区村创建村旅游精品线，由点及面梯度推进形成符合丹东特色的乡村旅游布局。2020年，新创建梅溪、上余2个A级景区村，加大农村内部、周边以及沿线公路改造、厕所革命、旅游配套设施建设等工作力度，全年旅游项目投资达3300万元。

【民生保障共建共享】 “最多跑一次”改革，推进街道公共就业基层服务标准化试点工作，建立一站式代办服务机制，优化问题流转分类处理流程，基本实现群众和企业办事“最多跑一次”目标。2020年办理“4555”人员灵活就业登记285人次，社保补贴3198人次，涉及金额596.73万元。开发公益性岗位40个，发放补助金109.99万元。开展2020年人力资源调查工作，完成3.42万人城乡人力资源就业状况调查及与公安户籍数据比对工作。开展失业人员日常走访工作，2020年累计走访失业人员2037人次并完成系统录入工作，失业证验证337人次，注销170人失业信息。城镇新增就业人员3054人、单位登记招聘672人次、求职登记115人次、职业介绍86人次。推动就业促发展，因势利导、因地制宜地组织各类人员开展劳动预备培训、技能激发培训、创业培训、专业技术培训等，提高劳动者就业创业能力。主动排摸发现因灾因病致贫的困难群众，每月及时实施救助。

【文化事业蓬勃发展】 2020年，稳步推进城乡文化设施建设、文体团队组建活动。新申报中家河、城东、城新、南门、庄穆境、寨梅6个村作为文化礼堂建设点，实现文化礼堂覆盖率100%。岙里村创建市级四星级文化礼堂。推进社区创建工作，全年完成7个市级文明社区复评。推广文化墙建设，将文化阵地运用起来。开展“平安家庭”“文明家庭”“绿色家庭”等评选活动，定期举行法治宣传活动，加强对居民特别是青少年的法治教育，让居民知法、守法，争做文明市民。疫情防控进入常态化后，组织开展“非遗”传承文化活动、国庆中秋系列活动。婚丧礼俗整治工作铺开，在辖区村社张贴通告及发放宣传资料1500份，登记婚丧礼俗整治平台信息108条。参与县文明办开展的“我推荐、我评议身边好人”主题活动，推荐“身边好人线索”15条。

【公共卫生协同共治】 全年紧密围绕疫情防控工作，统筹、高效应对，实时研究制定符合丹东实际的防疫复工细则，防疫全程落实精密智控，实行闭环管理，收好村（社区）小门，动态下达具有丹东特色的过程性指导意见，排摸各类信息13万余条，涉及中高风险地区各类对象9479名，录入随访发热病人6200名，实现丹东辖区“零疫情”的良好局面。加快健康丹东建设，实施健康“细胞”创建工作，打造市级健康社区1个、县级健康社区2个以及县级健康单位、县级健康食堂各1个。推进食药安全，完成全县首批“三星级”食安办创建工作。创新性开展“网络订餐示范单位”“无堂食网络订餐阳光厨房”的创建评选活动。开展商贸综合体餐饮单位“红黑榜”评比工作，为“红榜”单位提供“食安险”参保、资金奖励等物质奖励。关爱计生家庭，对27户失独家庭落实志愿者帮扶；开展计生家庭综合保险参保工作，做到应保尽保、不漏一人；落实计生特殊家庭“三个联系”、家庭医生签约、绿色通道医院等三项全覆盖工作；开展部分计划生育家庭奖励扶助对象调查、核实工作。2020年度共有奖扶对象187人、特扶对象97人。

【志愿行动赋能公益】 丹东街道倡导慈善公益大家行，发动社会各界成立相约星期六党员“五小”服务队、心理辅导、科普宣传、居家养老服务、平安护卫队等志愿者团队，志愿者人数达5200余人，累计提供残疾人帮扶、环境保护、义工家教、急救培训等服务1万余次。动员街道机关、企业、学校等300余人参加无偿献血，累计捐献10余万毫升。活跃社区社会组织公益创投项目，累计成立注册登记的社区社会组织194个，组织各社区投入县“象益”社会组织参与社区治理现代化三年行动（2020—2022），与县13个社会组织结对，推行“项目式”“结对式”“菜单式”服务。“居民说事”，推进塔山社区市级协商观察示范点建设，建成新华社区“580”、丹峰社区“和好屋”等说事品牌。

【慈善分会创新求索】 慈善分会创新求索：丹东慈善分会主动作为，参与疫情防控，各村、社区的义工们主动投入到村、小区的疫情防控管理，2020年共有2500名义工参与到疫情防控中。扶贫帮困，发动村社义工队伍常态化在孤寡老人、病、残、困等家庭中开展服务和救助。发动村社义工参与县慈善总工会的星火义工大队的公益活动，累计服务人次达到2000人。9月创建王赛玉慈善创业扶贫蔬菜基地，将种植规模从原来的12亩扩大到22亩，帮助物色劳动力、指导品种种植、帮助营销。短短三个月帮助低保户增加月收入600元，基地每月净增收入3000元。年内在博浪海港城、风情街开展了“善一日捐”活动，共募集善款45万元。同时开展救助，街道慈善分会共向各村、社区的贫困、残疾、患重大疾病的困难户、贫困大学生、困境儿童等救助了74.6万元，其中县慈善总会下拨30.7万元，为病、贫、残等弱势群体解决燃眉之急。

（袁威博）

表64 丹东街道2020年经济社会情况一览表

项目	单位	数据	项目	单位	数据
一、基本情况	—	—	图书馆	个	2
行政区域面积	公顷	3800	剧场、影剧院个数	个	3
居民委员会个数	个	11	体育场馆个数	个	3
其中：通公共交通的村个数	个	26	医疗卫生机构个数	个	55
通宽带的村个数	个	26	医疗卫生机构床位数	张	1372
通有线电视的村个数	个	26	执业（助理）医师数	人	822
通自来水的村个数	个	26	兽医（防疫）技术人员	人	1
垃圾集中处理的村个数	个	26	六、社会保障	—	—
污水集中处理的村个数	个	26	提供住宿的社会工作机构	个	2
二、人口与就业	—	—	其中：本级政府创办的养老机构	个	1
户籍户数（派出所户籍数）	户	27468	提供住宿的社会工作机构床位	张	149
户籍人口（派出所户籍数）	人	71561	城乡居民基本养老保险参保人数	人	5766
三、农业	—	—	城乡居民基本医疗保险参保人数	人	15400
耕地面积	公顷	330	城乡居民最低生活保障人数	人	402
耕地灌溉面积	公顷	213	七、公用事业	—	—

续表64

项　　目	单　位	数　据	项　　目	单　位	数　据
农业企业	个	6	自来水用水户数	户	36896
家庭农场	个	28	管道燃气用气户数	户	21407
农民专业合作社	个	12	金融机构网点数	个	81
农业专业合作社成员	户	74	公园及休闲健身广场个数	个	6
四、财政、经济、贸易	—	—	—	—	—
一般公共财政收入	万元	87990.0	—	—	—
一般公共财政支出	万元	87990.0	—	—	—
资产总额	万元	31142.0	—	—	—
债务总额	万元	49410.0	—	—	—
工业企业	个	287	—	—	—
其中规模以上企业	个	39	—	—	—
工业总产值	万元	421243	—	—	—
其中：规模以上工业	万元	321777	—	—	—
建筑业企业单位数	个	47	—	—	—
住宿餐饮业企业数	家	8	—	—	—
商品交易市场	个	3	—	—	—
营业面积50平方米以上的综合商店或超市	个	82	—	—	—
五、教育、文化、科技、卫生	—	—	—	—	—
幼儿园、托儿所个数	个	17	—	—	—
小学校数	所	7	—	—	—
小学专任教师数	人	553	—	—	—
小学在校学生数	人	10816	—	—	—

表65　**丹东街道2020年规模工业企业经济情况一览表**

单位：万元

企业名称	工业总产值			主营业务收入			利润总额		
	本年累计	2019年同期	同比增长(%)	本年累计	2019年同期	同比增长(%)	本年累计	2019年同期	同比增长(%)
宁波天安(集团)股份有限公司	59423	56133	5.9	48438	57416	4.0	-12626	-18595	—
象山天安特种变压器有限公司	15726	9241	70.2	16042	10708	49.8	-1213	-1680	—
宁波天安集团开关有限公司	6194	14877	-58.4	4811	12885	-62.7	-45	-97	—
天安电气集团小计	81343	80251	1.4	80591	81009	-0.5	-13885	-20372	—
宁波兄弟服饰有限公司	39309	48730	-19.3	39309	48287	-18.6	1210	1602	-24.4
宁波盛和灯饰有限公司	21658	27216	-20.4	20194	26279	-23.2	2041	3070	-33.5

续表65

企业名称	工业总产值			主营业务收入			利润总额		
	本年累计	2019年同期	同比增长(%)	本年累计	2019年同期	同比增长(%)	本年累计	2019年同期	同比增长(%)
宁波天安智能电网工程技术有限公司	25807	20140	28.1	23555	17603	33.8	1591	1100	44.6
象山同家模具制造有限公司	12049	14065	-14.3	12022	13979	-14.0	3295	3014	9.3
象山华润燃气有限公司	13675	12010	13.9	13676	12010	13.9	1456	961	51.6
宁波弗凡科技有限公司	8054	11063	-27.2	8055	10684	-24.6	577	627	-8.0
宁波天安汽车零部件有限公司	8200	10453	-21.6	7579	8997	-15.8	197	295	-33.3
宁波石原金牛农业科技有限公司	13032	9892	31.7	13008	9923	31.1	1359	1303	4.3
象山县第一自来水有限公司	8067	8326	-3.1	9094	8936	1.8	112	2870	-96.1
宁波凯勒电气有限公司	5647	7005	-19.4	5504	6683	-17.6	125	187	-32.9
象山县海滨化工厂	7071	6221	13.7	6586	6716	-1.9	27	70	-61.5
宁波三俪服饰有限公司	3442	4931	-30.2	3447	4933	-30.1	-7	20	-135.3
宁波海辰天力机械制造有限公司	4698	4613	1.8	4642	4469	3.9	988	602	64.1
宁波佳田时装有限公司	3635	4461	-18.5	3601	4178	-13.8	-32	15	—
浙江一漂印染有限公司	4421	4104	7.7	3779	4104	-7.9	215	284	-24.2
宁波锦林服饰有限公司	3386	4064	-16.7	3213	3791	-15.2	-15	11	-238.1
象山鸿源制衣有限公司	2462	4044	-39.1	2040	4257	-52.1	-203	-159	—
宁波新大通电机有限公司	4218	3948	6.8	4164	4031	3.3	269	220	22.4
象山永发制衣有限公司	2812	3760	-25.2	2903	3047	-4.7	-73	-1	—
宁波广逸服饰有限公司	3786	3524	7.4	3519	3524	-0.1	48	47	3.9
象山宏强电气制造有限公司	2884	3420	-15.7	2577	3416	-24.6	119	154	-22.7
象山锦河针织有限公司	4715	3329	41.6	4617	3111	48.4	54	-107	—
宁波探索机械制造有限公司	3073	3272	-6.1	3075	3272	-6.0	-164	-271	—
象山泓越服饰有限公司	953	3162	-69.9	611	3112	-80.4	-133	39	—
象山宇翔机械有限公司	3024	3159	-4.3	2977	3080	-3.3	235	107	120.0
宁波华辰机械有限公司	4718	3133	50.6	4235	3055	38.6	286	244	17.4
宁波宝鑫铁路信号设备制造有限公司	3607	3027	19.2	2707	2044	32.5	-56	-48	—
象山盈多服饰有限公司	2633	2652	-0.7	2634	2652	-0.7	-2	-8	—
宁波骏嘉重型机械制造有限公司	2320	2586	-10.3	1608	1961	-18.0	-82	-115	—
宁波晨南制衣有限公司	706	2238	-68.4	305	881	-65.4	-221	-410	—
象山永久电力设备机具有限公司	2105	2168	-2.9	1787	2009	-11.1	55	65	-15.9
象山中鼎机械模具有限公司	2172	1916	13.4	2026	1592	27.3	10	34	-69.9
宁波晟利紧固件有限公司	4634	4227	9.6	4333	3927	10.3	80	161	-50.3
宁波和泰电气有限公司	680	2096	-67.5	680	1766	-61.5	-88	-401	—
象山吉恒制衣有限公司	2655	2190	21.2	2655	2190	21.2	6	19	-70.6

续表65

企业名称	工业总产值			主营业务收入			利润总额		
	本年累计	2019年同期	同比增长(%)	本年累计	2019年同期	同比增长(%)	本年累计	2019年同期	同比增长(%)
宁波弗浪科技有限公司	4124	2006	105.6	4028	2006	100.8	183	11	1560.9
2000万以上规模企业合计	321777	337399	-4.6	311334	327513	-4.9	-421	-4764	—
三型企业合计	231842	242380	-4.3	224623	236927	-5.2	-3324	-9106	—
机械行业合计	51212	53539	-4.3	48447	50373	-3.8	5169	4355	18.7
电器电子行业合计	153805	156223	-1.5	147892	151489	-2.4	-9393	-15673	—
针织行业合计	74915	91189	-17.8	72632	88066	-17.5	849	1350	-37.2
高新技术产业合计	200234	201604	-0.7	193235	194996	-0.9	-3484	-10501	—
信息经济核心产业合计	40869	36629	11.6	38215	33708	13.4	2469	1892	30.5

表66　**丹东街道2020年工业企业自营进出口情况一览表**

单位：万元

名称	累计出口金额	对比累计出口金额	累计出口金额增长(%)	累计进口金额	对比累计进口金额	累计进口金额增长(%)
合计	350276.1	378109.08	-7.36	157738.08	174538.51	-9.63
宁波宝鑫铁路信号设备制造有限公司	172.71	145.68	18.55	0	0.09	-100
宁波盛和灯饰有限公司	19788.69	26119.72	-24.24	1245.33	2270.8	-45.16
象山宁丰针织有限公司	1.26	0.01	8766.9	0	0	—
宁波甬侨气动液压有限公司	207.18	420.37	-50.71	0	0	—
宁波至宝进出口有限公司	148.87	321.23	-53.66	0	0	—
象山食品设备厂	158.81	204.41	-22.31	0	0	—
宁波天安汽车零部件有限公司	448.15	423.73	5.76	11.08	11.88	-6.74
宁波中瑞进出口有限公司	213289.45	236879.87	-9.96	307.5	205.68	49.51
宁波天安(集团)股份有限公司	18.18	1236.96	-98.53	0	0	—
象山同家模具制造有限公司	6616.46	6872.54	-3.73	35.43	72.13	-50.88
象山永发制衣有限公司	2838.52	3314.19	-14.35	0	0	—
宁波晨南制衣有限公司	0	488.5	-100	0	0	—
宁波探索机械制造有限公司	179.76	17.54	924.68	0	0	—
宁波兄弟服饰有限公司	28231.61	46815.54	-39.7	5.55	43.14	-87.13
象山福大制衣有限公司	1249.23	1233.83	1.25	0	0	—
宁波世纪华瑞进出口有限公司	0	640.35	-100	0	0	—
宁波三泰照明电器有限公司	5512.6	6558.92	-15.95	0	0	—
象山伟博制衣厂	220.82	482.24	-54.21	0	0	—

续表66

名　　称	累计出口金额	对比累计出口金额	累计出口金额增长(%)	累计进口金额	对比累计进口金额	累计进口金额增长(%)
象山宇翔机械有限公司	0	0	—	276.51	117.48	135.36
宁波游子家园服饰有限公司	1552.8	466.16	233.11	0	0	—
象山环安针织有限公司	146.75	181.02	-18.93	0	0	—
宁波锦泰晟运国际贸易有限公司	4842.48	11371.47	-57.42	0.02	0.33	-93.35
宁波达雅进出口有限公司	346.15	461.71	-25.03	0	0.01	-100
宁波凯勒电气有限公司	4844.01	5592.62	-13.39	0.45	0.97	-53.25
象山佳灵服饰有限公司	1840.78	1131.76	62.65	0	0	—
宁波越鸿进出口有限公司	0	34.74	-100	0	0	—
象山宝庆服饰有限公司	6.62	42.41	-84.39	0	31.17	-100
象山佳滨制衣有限公司	300.03	985.93	-69.57	0	0	—
宁波蓝腾进出口有限公司	205.11	391.13	-47.56	0	0	—
象山恒金国际贸易有限公司	36.91	28.04	31.63	0	0	—
宁波胜利汽配有限公司	4.03	4.9	-17.8	0	0	—
象山森惠针织有限公司	231.91	103.28	124.55	0	0	—
宁波优尼沃进出口有限公司	0	376.25	-100	0	0	—
象山卡特索国际贸易有限公司	1939.96	2447.98	-20.75	37.21	0	—
宁波星石进出口有限公司	743.41	449.41	65.42	0	0	—
宁波中瑞如意进出口有限公司	38818.62	11186.45	247.01	558.46	0.51	—
宁波象山优品进出口有限公司	827.93	1741.27	-52.45	0	0	—
象山光敏针织厂	919	1195.94	-23.16	0	0	—
宁波港桥对外及对港澳台贸易服务有限公司	4481.39	5610.73	-20.13	0	0.07	-100
宁波盈科光通信科技有限公司	663.26	275.66	140.61	0	0.09	-100
宁波巍力生物科技有限公司	112.86	199.08	-43.31	0	0	—
象山至美服装有限公司	144.23	149.19	-3.32	0	0	—
宁波东风进出口有限公司	0.64	0.47	35.43	0	0	—
宁波广驰贸易有限公司	1469.76	999.31	47.08	0.65	0	—
象山东一达服饰有限公司	0	240.76	-100	0	0	—
浙江皓阳缝纫制品有限公司	196.77	22.26	784.02	0	0	—
宁波艾蓝电子科技有限公司	906.11	140.89	543.14	0	0	—
象山进亿国际贸易有限公司	51.17	12.03	325.45	0	0	—
宁波派丽肯智能渔具有限公司	106.7	90.6	17.76	0	0.76	-100
宁波恋舞服饰有限公司	58	0	—	0	0	—
宁波绿糖生物科技有限公司	126.91	0	—	0	0	—

续表66

名　　称	累计出口金额	对比累计出口金额	累计出口金额增长（%）	累计进口金额	对比累计进口金额	累计进口金额增长（%）
宁波珈瑞贸易有限公司	5215.04	0	—	0	0	—
象山羽博进出口贸易有限公司	54.42	0	—	0	0	—

表67　　**2020年丹东街道各村经济情况一览表**

村	户籍户数	户籍人口	耕　地（亩）	山　林（亩）	集体总收入（万元）	集体经营收入（万元）	村支书（负责人）	村副主任（负责人）
东门外	416	1108	20	498	325.96	325.96	郑永林	郑士康
起　春	137	315	31	175	88.83	54.52	王国民	应惠祥
城　东	233	622	7	392	325.03	293.05	黄全根	包永富
上　进	195	482	—	425	251.53	184.38	陆福根	陈孝培
庄穆境	392	1077	—	897	283.67	273.55	虞金武	杜小定
南　门	270	697	—	396	1063.91	987.35	史久明	钱志明
羊行街	33	67	—	345	3.76	3.16	—	葛永新
姚家山	83	320	10	446	242.47	231.52	葛瑞祥	任成杰
梅　溪	480	1438	50	1690	249.21	238.82	葛永生	邱安国
后　山	402	1393	40	840	182.38	46.78	胡家挺	马文华
袁　家	98	332	30	36	84.87	66.18	鲍英迪	倪国勇
岙　里	287	1125	95	1113	182.76	41.20	梁兴洪	邱荣华
赵　岙	60	202	—	120	18.29	7.10	葛根法	李成浩
中家河	78	225	—	160	8.95	3.84	郑华海	杜财福
上半河	59	224	30	127	10.98	8.70	朱宏福	洪振云
下半河	369	1324	—	183	136.62	127.03	郑家雷	郑贤锋
田洋里	197	735	—	418	53.83	34.91	钱万林	—
陆　家	193	756	—	601	31.24	26.62	陆志根	陆文光
高　俞	81	271	—	260	32.91	21.53	张兴南	屠金林
夏　家	67	212	110	360	73.26	39.40	夏忠常	徐久法
大碶头	423	1546	83	1334	106.18	83.30	钱亚韵	钱家清
邱　家	86	288	—	137	43.18	18.62	钱兴国	邱财岳
河　西	95	321	26.56	309	25.15	17.04	谢德勇	陈　琪
河　东	243	914	280	920	101.28	52.54	余根宝	钮全表
后　洋	331	1093	488	1920	174.24	127.08	吴家如	吴阿刚

续表67

村	户籍户数	户籍人口	耕地（亩）	山林（亩）	集体总收入（万元）	集体经营收入（万元）	村支书（负责人）	村副主任（负责人）
桥头林	296	1009	588	1523	162.43	140.10	林培国	林发挺
桥头胡	190	767	484	2580	423.57	13.11	胡柯柯	胡金宝
蒋　家	185	620	150	324	135.39	62.51	余根法	朱岳定
西　林	167	554	280	764	114.68	25.79	张世跃	吴建军
上　余	350	1294	371	1883	144.58	84.23	张灵敏	余可成
李　家	35	154	23	64	69.74	2.00	王根培	石友谊
下　余	319	999	825	2900	1174.26	442.51	余宗珠	余忠林
东　塘	19	64	—	35	5.61	1.26	俞炳常	石　敏
门前涂	16	89	190	—	16.39	15.10	陈绍雷	陈　光
赤　坎	181	657	—	962	243.96	11.77	朱小东	朱祥友
寨　里	89	381	32	424	15.30	9.14	吴振国	钮耀辉
梅　岙	67	237	—	469	388.24	253.04	刘道富	余　平
合　计	7972	24442	4244	29380	7018.95	4374.89	—	—

表68　**2020年丹东街道社区（小区）情况一览表**

社区/小区（书记/主任）	户数（户）	人口（人）	小区业委会主任	社区/小区（书记/主任）	户数（户）	人口（人）	小区业委会主任
梅园社区 韩　玮	6309	14818	—	新华社区 李晶晶	2305	6512	—
龙泽名园	367	917	徐忠实	新华小区	608	1832	史金苗
丰泽园	259	725	张国登（东） 邬振贵（西）	塔山路190	176	520	朱平权
桃花源	169	422	钱伟阳	丹山人家	91	263	连震央
梅苑中央花城	1533	3833	陈建华	散居楼户	1430	3897	—
绿城百合	851	2128	—	—	—	—	—
玉兰雅府	348	870	应春晖	东风社区 徐　靓	3326	7310	—
保集蓝郡	1348	3370	—	汇丰苑	46	150	郑正康
牡丹苑	296	740	徐利民	宾阳商住楼	58	182	刘宗明
紫悦馨园	398	995	易继海	东湖苑	136	425	陈伟理
府邸庄园	362	818	—	东方苑	108	305	潘海洋
博浪海港城	378	—	陈敏红	东风苑	44	125	刘继跃
塔山社区 陈素静	4484	13171	—	珍桂苑	26	76	俞　伟

续表68

社区/小区（书记/主任）	户数（户）	人口（人）	小区业委会主任	社区/小区（书记/主任）	户数（户）	人口（人）	小区业委会主任
塔山花园一期	490	1350	卢家明	茶花园	44	135	赖根荣
塔山二期	72	216	陆福根	散居楼户	2864	5912	—
大红鹰家园	280	838	袁一飞	—	—	—	—
阳明花园	634	1902	蒋晓杰	丹河社区 叶晓萍	7727	12300	—
东河一期	364	1092	包　峰	海申苑	428	1000	童兴旺
东河二期	509	1527	赖钟鸣	水木华庭	572	1450	李修瑞
丹东银都佳园	835	2379	史济刚	金域华府	1022	2250	周俊尉
宏润花园	535	1605	周存宽	海御官邸	998	3600	王成杰
塔山三期	145	402	—	世纪花园	1018	2150	严宝良
学府名苑	620	1860	—	涌金广场	252	600	周家珍
	—	—	—	财富中心	177	50	—
丹峰社区 邬勇波	3594	10350	—	绿城兰园	1500	850	陈　达
丹峰小区	1530	4500	曹泉康	宏地首府	758	350	—
丹静公寓	230	700	沈启英	中梁大都会	1002	—	—
丹静苑	176	510	洪松茂	—	—	—	—
城东公寓	157	480	葛乾恩	万象社区 汪海月	4480	11155	—
文景苑	207	600	倪永捍	巨和苑	320	800	吴启超
文韵苑	85	260	周雪梅	和景府	220	550	王佩旭
丹桂苑	97	300	胡文平	紫汀盛园	530	1325	郑志来
散居楼群	1112	3000	—	上城公馆	800	2000	俞航行
	—	—	—	丽景一期	220	550	陈　峰
文峰社区 陈　益	2212	5785	—	丽景二期	150	375	李伟(代)
文峰小区	1470	3947	陈道海	山水一期	160	400	陈建明
文峰别墅	63	158	柴常国	山水二期	560	1400	周建文
锦湖名苑	75	170	林永建	山水三期	22	60	—
散居楼户	592	1480	—	印象江南	300	716	夏平凯
天安别墅	12	30	—	琴声园	150	368	—
金秋社区 朱国艇	1975	12230	—	中梁玖墅	300	892	—
金秋小区	1020	2800	陈绍雷	涌清府	20	40	—
方井小区	80	250	毛肇秀	海山佳苑	180	500	—

续表68

社区/小区（书记/主任）	户数（户）	人口（人）	小区业委会主任	社区/小区（书记/主任）	户数（户）	人口（人）	小区业委会主任
步行街	1000	2000	励　宏	青山佳苑	500	1560	—
东方商厦	230	580	陈建华	文化广场住宅楼	20	50	—
绿叶大厦	8	500	钱延庭	—	—	—	—
汇金大厦	180	500	吴安文	欢乐社区 王海珂	4060	9790	—
天力大厦	250	800	陈仁义	欢乐一期	1500	3750	黄慧敏
金穗大厦	7	300	潘益敏	欢乐二期	1450	3600	—
散居楼户	2200	4500	—	欢乐三期	1110	2440	—

丹西街道

【概况】 丹西街道地处中心城区，与丹东街道以天安路为界，总面积42平方公里，下辖8个社区和21个行政村，共有户籍人口4.7万人、外来人口6.3万人。2020年，街道贯彻省委“两手都要硬、两战都要赢”决策部署，在做好防疫规定动作前提下，以千名干部“一线攻坚三服务、争先创优促发展”活动为抓手，实施“双突破双驱动”战略，围绕“聚力一二五、奋力上台阶”的要求，结合丹西实际，开展“项目征迁清零、基层基础加强、基层治理、干部素质提升”四大攻坚。担当作为，攻坚克难，全力推动经济社会高质量发展。2020年获得宁波市退役军人就业创业模范服务站、全市防溺水工作先进集体、宁波市“五好”镇乡（街道）、关工委、宁波市商协会综合性改革试点工作先进单位、全县担当作为好团队、2016—2020年度全县老年体育工作优秀集体、信访工作先进集体等多项荣誉。

【工业经济】 街道依托县工业示范园区，现有工业企业1500余家，规模以上企业54家，其中上亿企业12家，主板上市企业1家。2020年，街道规模以上工业企业总产值40.26亿元；规模以上工业增加值为9.81亿元；实现销售收入36.58亿元；完成利润总额1.67亿元；对外及对港澳台贸易17.52亿元；完成工业投资3.39亿元；固定资产投资44.2亿元；实到国内资金12.2亿元；浙商回归1.71亿元。

【农业发展】 2020年，街道粮食种植面积206.7公顷，其中水稻118.7公顷（早稻86.6公顷）、小麦1.7公顷；果蔬种植面积259公顷，其中规模化疫情保供蔬菜种植面积4.1公顷。上保政策性农业保险水稻118.7公顷，其中大户43.3公顷，设施农业133.3公顷。完成农田灭鼠465.6公顷、农户灭鼠6434户。完成松林线虫病疫木清理；完成410批次农产品安全检测抽样；回收废弃包装物1.3吨；摸排辖区内变型拖拉机现存数42辆，提前告知报废淘汰工作。“九顷片区全域土地综合整治与生态修复工程”项目实施方案完成省级批复；新碶头河道整治工程完成建设；珠水溪村黄土岭山塘整治工程完成初步设计，报县发改委立项。

【招商引资】 2020年，丹西街道利明人防、宏祥橡塑、滨海水厂、创裕厂房等项目完成建设。龙泉置信汽车部件项目进入土地指标报批阶段，南方中心机械研究院、浙江微龙科技有限公司建设项目、三村留地（浩创丹樾）项目、丹山人家项目等工程完成打桩。合力模具、全力机械、创裕技改、浩创技改、汇捷砂轮、天韵扩建、微龙科技等项目建设推进中。引进浙江微龙科技有限公司、宁波络通生物科技有限公司等投资规模大、科技含量高、无环境污染先进制造企业2家，宁波合力模具科技股份有限公司、宁波创裕制衣有限公司等强力型制造业与中国机械科学研究院南方中心对接合作推进中。

【重点工程】 2020年丹西街道共涉及县重点工程项目28个，其中重大项目前期类4个，实施类24个。2020年完成实施类项目16个，8个工程项目政策处理逐步推进中。丹西街道发扬“靠前站、马上办”工作作风，通过建立三级联动、加强部门协作、细化突破方案等举措，打好政策处理“歼灭战”。2020年，四期棚改完成腾空清零；中梁综合体、保集璟瑞府、碧桂园、供销集团综合体（侯潮府）等房地产项目建设有序推进中；环城西路、殷夫路、丹山路、来薰路、宝海路等5条县级重点道路完成红线内签约工作；象山现代物流园公共服务中心二期工程基本完成政策处理；下蒋家村、周建村共51户完成城中村改造签约。

【基层治理】 丹西街道将行政村规模优化调整和村社组织换届工作作为2020年工作重点，设立以党工委书记为领导的撤村并居专班和村社组织换届领导小组，专项推进工作进程，紧扣时间节点，倒推安排各项任务，每周印发“工作提示单”，督促行政村规模调整工作落实推进，各片主责领导带头下村夜谈夜访夜议，做到村民疑虑化解率100%，政策宣传率100%，党员承诺书签订率100%，完成行政村规模优化调整，原29个行政村调整为21个行政村。丹西街道及早谋划、精密筹备村社组织换届工作，2020年高质量完成21个村、8个社区四套班子组织换届选举工作，一肩挑实行率100%，一次性选举率100%，足额当选率100%。其中选举产生新一届村、社区“两委”班子人员284人，包含女同志80人，班子成员平均年龄46.42岁，村、社区“两委”班子大专以上文化101人，占35.6%，村(社区)新一届班子年龄结构更加优化，文化程度显著提高。

【党建工作提升】 组织班子成员学习习近平新时代中国特色社会主义思想，及时传达学习中央重要会议、重要文件精神以及省市县级重要会议精神，中心组成员全年学习习近平总书记新时代治国理政理念、中共十九届五中全会精神、县委十四届八次全会精神等21次，严格执行机关干部“周二夜学”制度，传达学习上级重要会议及重要文件精神，全年按照计划完成30次学习任务。开展夜谈初心强党性、夜访民情察实情、夜议机制抓实效等“夜谈夜访夜议月”活动，全年共搜集各类矛盾纠纷137件，化解129件。按照“精品村做强、示范村做精、标准村做实”的要求，推动各类说事制度常态实施，全年召开各类说事活动265场次，收集议题178个，现场答复170个，满意率98%。提升“村企结对同心圆”“丹山志愿者服务”等多个党建品牌辐射效应，以党建引领实现辖区内7家企业党支部与7个村(社)党支部进行结对。

【民生实事】 完成总投资约5000万元的丹西敬老院工程施工许可证上报工作；完成280户共414人低收入农户调整工作，指派67名街道干部、9名县级干部结对低收入农户，帮助实现增收。做好全民参保和扶贫工作，新增本地户籍等各类养老保险人员426人。开展就业创业指导工作，城镇登记失业率控制在3%以内。做好东西部扶贫协作工作，6月支援对口帮扶乡镇25万元，同时选派一名干部赴结对乡镇吉林省龙井市智新镇挂职。围绕健康象山建设开展各项工作，开展品牌建设，继续打响“新丹西人青春阳光教育行动”“爱涌丹西·情暖失独”“蒲公英行动”“孙茂芳储爱超市”“健康直通车”等服务品牌，树立丹西计生活动新典范。开展农村道德指数测评体系建设，巩固婚丧礼俗整治。重视武装和退役军人工作，完成308人退役军人就业创业情况调查，完成退役军人社保接续工作，落实退役军人党员“兵党员”结对制度，开展走访慰问、清明祭扫等活动，做好优抚补助、涉军维稳等工作。

【维稳安保】 2020年累计排查一般矛盾纠纷325个，梳理重点对象27人、群体案件7件，均落实“一人(案)一档制”。“信访代办”制度落地，累计设立村级信访代办点51个，招募信访代办员103名，处置村级信访代办件78件，街道信访代办件12件。丹西街道人民调委会共受理民事纠纷68起，调处68起，调解率达100%。初信初访源头化解，全年累计受理信访案644件，其中来信13件，来电490件，网络投诉91件，来访25件，上级批转信访件25件，结案644件，结案率100%。大联动机制完善，累计处理各类事项10862件，其中县网络民情会办中心帖子76件、“12345”热线投诉事件490件，平安宁波E通上报事件10296件，办结率为100%。

【乡村建设】 丹西街道按照“乡村振兴三年行动计划”，实行“旅游+”和“城市双修”两条腿走路，推动乡村振兴，发展乡村经济。北门村、西港村创建A级景区村；截至2020年年底，仇家山村县级美丽乡村特色村建设项目完成75%；南沙村老年人健康公园完成验收；董何碶村何家自然村村道建设项目推进中；西港村2020年度农村公益事业项目建设完成40%。“一打三整治”行动，发放宣传资料等400余份，开展各项检查39次，检查餐饮饭店50家。三改一拆共拆除违建4.25万平方米，完成率173.9%，排名全县第二；审批农居民建房62户，巡查管控400余次，处置各类矛盾纠纷83余起，实现违建管控。平安“三率”共发放“平安象山你我共建”宣传手册1000余份，印制《平安象山建设致全县广大群众的一封信》2万余份；印制大型宣传牌4块，制作宣传横幅200多幅，购买水杯、毛巾、肥皂等纪念品6000多份。

【网格提质】 围绕“一中心四平台一网格”规范化建设，2020年丹西街道组织网格员培训11次，致力打造丹西优质网格服务团队。疫情发生以来，各村、社网格员发挥联动机制，一声号令同步无休，坚守风险最大一线，配合街道干部和村(社)干部，前后完成3次全辖区9.2万人地毯式“清楼”排查，结合上级下放名单，累计排查出隔离人员2305人，做到了每家每户“底子清”。为帮助复工复产，开展“新入象小周期滚动排查”行动，共记录信息81862条，为辖区防疫织密安全网，上报、处理防疫事件5512件，逐级落实，全部化解。

【环境整治】 开展“五水共治”“清三河”行动，辖区内9条河道，水域环境巩固提升，水环境状况良好；针对有居民反映织造厂噪音污染等问题，街道相关科室联合环保部门组织检测，责令超标企业整改到位。街道坚持环境风险源隐患排查工作，落实重点环境监管企业分级管理，配合环保部门落实随机抽查等日常环境检查，及时消除环境安全隐患和各类矛盾投诉案件。2020年度，街道推行水利工程物业化管理，对辖区内所有水库、山塘、河道进行摸排，对老旧设备进行维修，消除安全隐患。截至2020年年底，维修锈蚀启闭设备4套、启闭机房门窗维修保养10处，加固栏杆40余米，清理河道4公里；继续河湖长制工作，落实街道、村级河湖长学习省、市治水办最新文件精神，提高河湖长个人履职得分；宣传“五水共治”相关内容，在辖区内村(社区)设摊宣传11次，发放宣传册7000余份。落实排污许可登记及污染源普查工作，做好辖区企业行业类属清单，对91个纳入排污许可管理行业及通用工序企业进行统计，共梳理企业503家，为全县之最。街道通过电话联络、发送短信、上门服务等多种方式，提前超额完成区域企业排污许可登记工作，对区域内1200余家企业全国污染源普查登记表进行盖章核实，保证工作按时按量全覆盖完成。

【城区提升】 2020年丹西街道加强对环城西路、新丰路、丹爵路沿路沿线、滨海大道、九顷至杨蓬岙沿线等重点道路两侧，以及花鸟市场西侧、三中北首、装潢市场东侧、北面洋水库东侧、银亿房产南侧、保集瑞府东侧南侧等三不管区域的整治工作，做到在视野范围内沿路沿线无白色垃圾和建筑装潢垃圾。对各大小区、散居楼群、无人管辖地段、城乡接合部等区域开展常态化跟踪督查，并加大整治广度，推进屋顶垃圾清理工作。对丹爵路、莱薰路开展多次整治，会同沿线村主要干部共同整顿商铺及流动摊贩90余家；整治占道经营37次，处罚53起，印发限改通知37份；签订门前“三包”900余份；清理路旁卫生死角260余处，垃圾30余吨。每月两次对文昌街占道经营、丹河路乱堆放乱倾倒等问题开展专项整治，共拆除店篷布120余处；清理废弃横幅旗幔870余条；整治垃圾杂物乱堆放50余起。对村庄的留地开展大规模综合性整治，拆除经营房并清理堆放垃圾，规范该区经营秩序，提升区域整体环境。处理市民环境投诉问题，落实闲置地块垃圾清运工作，为市民创建干净、整洁的人居环境。此外，街道加大资金投入闲置区块管理，签订城区牛皮癣清理、公共绿化养护等协议，提升城区品质。

【丹西街道召开新型冠状病毒疫情防控会议】 1月22日，丹西街道召开新型冠状病毒疫情防控会议，全体联村、联企、联社区及网格长150余人参加会议，传达疫情会议精神，部署辖区各村、社区、企业排查任务，摸清武汉返象人员底数，同时做好防疫知识宣传工作。

【叶剑鸣赴丹西街道指导疫情防控】 2月3日，象山县委书记叶剑鸣赴丹西街道指导疫情防控工作，强调领导干部要将疫情防控工作作为当前最重要的工作来抓，落实联防联控措施，扎实将疫情防控工作做到位，街道务必加大管控力量，尤其是加大社区管控力量，提升散居楼群、老旧小区、无物业小区的管控水平，发动联社干部、社区工作者、社区党员、社区志愿者以及热心人士落实管控措施。

【丹西街道召开乡贤理事座谈会】 4月29日，丹西街道召开“叙乡情、话发展”乡贤理事座谈会，该次座谈会在丹西乡贤会长单位浙江华锦建筑有限公司会议室举行，王世新、王增良、宋祖益、林华、屠如祥、裘惠华、董云等七位乡贤理事参加座谈会，丹西街道党政班子成员出席会议。

【潘银浩赴丹西街道调研指导】 5月29日，象山县委书记潘银浩赴丹西街道调研指导工作，县政协主席俞骏，县人大常委会副主任陈爱武，县派工作组组长、县委组织部常务副部长沈成浩陪同。

【召开居民议事会成立暨第一届第一次会议】 6月30日，在丹西街道217会议室召开居民议事会成立暨第一届第一次会议。县人大常委会副主任陈爱武、街道居民议事员、全体班子成员参加该次会议。

【宁波市民宗局副局长董奕玮一行调研考查丹西街道宗教工作】 7月21日，宁波市民宗局副局长董奕玮带队的市调研组在丹西街道考查宗教工作。调研组一行在丹西街道召开座谈会，听取街道主要负责人和统战委员情况汇报，征求基层宗教工作干部、村干部、网格员代表意见。象山县委统战部部长干维岳，统战部常务副部长俞湛，统战部部务会议成员董欢等陪同调研。座谈会后，市调研组一行在等慈禅寺实地考察。

【行政村规模优化调整授牌仪式】 9月14日，丹西街道举行行政村规模优化调整新村(居)授牌仪式。象山县政协主席俞骏、象山县人大常委会副主任陈爱武、行政村规模优化调整涉及村四套班子负责人及街道机关干部参加仪式。

【2020年国庆节前安全生产检查行动】 为确保国庆节期间群众生产生活安全，9月30日，丹西街道主要领导带队，联合安监、消防、工会、统战多部门组成检查组，分组各类企业、超市商贸店铺、烟花爆竹销售点、影院中心、宗教场所、餐饮店等危险化学品企业及人口密集场所开展节前隐患大排查。

【陈爱武一行调研丹西街道政府性投资项目】 11月6日，象山县人大常委会副主任陈爱武一行，在丹西街道对2000万元以下政府性投资项目进行实地调研、督查，并召开座谈会，街道办事处主任叶志方汇报各项目推进情况、存在的困难和问题以及下步打算，人大丹西工委主任杨志国陪同座谈、调研。陈爱武一行分别走访了丹阳公园、西河路(暂名)、会源路(71省道至迎恩路)、丰饶路(丹山路至殷夫路)、来薰路两侧环境整治、北面洋水库西侧环境整治、蓬莱小区老旧小区改造等项目。

【市委依法执法办调研丹西街道合法性审查全覆盖工作】 11月25日，市委依法执法办、市司法局局长励健一行从街道党政主要负责人履行法治建设第一责任人职责情况、街道党工委分管副书记担任具体负责人工作情况、丹西司法所作为合法性审查具体实施机构工作开展情况、合法性审查人员力量配备情况、合法性审查业务培训情况等方面开展重点调研。

【俞骏在丹西街道宣讲中共十九届五中全会精神】 11月26日，县政协主席俞骏赴丹西街道，宣讲中共十九届五中全会精神，街道全体领导班子成员和中层干部参加会议。

(余骏迪)

表 69　**2020 年丹西街道社会经济基本情况一览表**

指标名称	计量单位	代码	数量
甲	乙	丙	1
一、基本情况	—	—	—
行政区域面积	公顷	06	4200
居民委员会(社区)	个	07	8
村民委员会	个	08	21
其中:通公共交通的村	个	09	21
通宽带互联网的村	个	10	21
通有线电视的村	个	11	21
通自来水的村	个	12	21
生活垃圾全部集中处理的村	个	13	21
生活污水全部集中处理的村	个	14	21
二、人口	—	—	—
户籍户数	户	15	16762
户籍人口	人	16	46712
三、农业	—	—	—
耕地面积	公顷	17	318
耕地灌溉面积	公顷	18	318
农业技术服务机构	个	19	1
农业技术服务机构从业人员	人	20	3
农业企业	个	21	0
家庭农场	个	22	45
农民专业合作社	个	23	31
农民专业合作社成员	户	24	452
四、财政、经济、贸易	—	—	—
一般公共预算收入	万元	25	44492.8
一般公共预算支出	万元	26	44492.8
资产总额	万元	27	22904
债务总额	万元	28	71900
工业企业	个	29	972

续表69

指　标　名　称	计量单位	代　　码	数　　量
其中:规模以上工业企业	个	30	54
建筑业企业	个	31	22
住宿餐饮业企业	个	32	25
商品交易市场	个	33	8
营业面积50平方米以上的综合商店或超市	个	34	129
五、教育、文化、卫生	—	—	—
幼儿园、托儿所	个	35	16
小学校	所	36	7
小学专任教师	人	37	435
小学在校学生	人	38	8215
图书馆	个	39	2
剧场、影剧院	个	40	3
体育场馆	个	41	1
医疗卫生机构	个	42	24
医疗卫生机构床位	张	43	223
执业(助理)医师	人	44	104
兽医(防疫)技术人员	人	45	1
六、社会保障	—	—	—
提供住宿的社会工作机构	个	46	1
其中:本级政府创办的养老机构	个	47	0
提供住宿的社会工作机构床位	张	48	50
城乡居民基本养老保险参保人数	人	49	9686
城乡居民基本医疗保险参保人数	人	50	13319
城乡居民最低生活保障人数	人	51	359
七、公用事业	—	—	—
自来水用户	户	52	33612
管道燃气用户	户	53	14187
金融机构网点	个	54	21
公园及休闲健身广场	个	55	5

表 70　　丹西街道 2020 年行政村经济情况一览表

村　名	户　数（户）	户籍人口（人）	耕地面积（亩）	水产养殖（亩）	渔　船（艘）	村级资产（万元）	村集体收入（万元）	村集体支出（万元）	村书记	村主任
白石村	481	1554	54	—	—	694.76	145.64	70.15	张贺荣	张贺荣
北门村	381	698	31	—	—	5326.45	1052.66	145.30	徐　峰	徐　峰
仇家山村	395	1453	678	30	—	1633.69	127.04	21.17	王世新	王世新
董何碶村	547	1761	463	—	—	1703.97	246.68	30.65	管永茂	管永茂
方井头村	431	1088	45	—	—	2644.15	207.46	22.18	黄丹明	黄丹明
九顷村	789	2679	315	—	—	999.81	372.94	113.75	史建丹	史建丹
六升村	275	1002	245	—	—	966.10	123.74	18.61	张　成	张　成
路下林村	215	720	—	—	—	353.03	30.01	12.45	陈健健	陈健健
南沙村	204	766	436	—	—	753.28	47.22	41.92	吴存朋	吴存朋
三岔路村	163	526	215	—	—	381.10	46.68	21.77	陈雪莲	陈雪莲
上街头村	214	741	—	—	—	1845.72	274.69	58.12	张国登	张国登
上吴村	239	802	—	—	—	4561.38	137.15	30.38	吴存乐	吴存乐
五丰村	393	898	—	—	—	1439.24	345.56	29.69	余海峰	余海峰
西港村	202	682	451	—	1	569.14	460.06	23.06	章才良	章才良
西门村	351	893	—	—	—	1878.89	346.67	26.15	蒋喜忠	蒋喜忠
小厅村	240	745	—	—	—	2760.05	88.96	38.55	张建平	张建平
新碶头村	172	615	480	—	1	538.07	37.42	10.58	姜炳财	姜炳财
秧田头村	307	775	—	—	—	4663.49	1600.64	32.48	李鸿文	李鸿文
杨家村	304	949	—	—	—	572.48	45.23	29.84	杨志东	杨志东
洋心村	454	1574	699	—	—	516.80	97.06	29.39	胡良建	胡良建
珠水溪村	219	816	130	—	—	985.43	171.06	173.23	胡耀之	胡耀之

表 71　　丹西街道 2020 年股份合作社经济情况一览表

社　名	户　数（户）	户籍人口（人）	耕地面积（亩）	水产养殖（亩）	渔　船（艘）	合作社资产（万元）	合作社收入（万元）	合作社支出（万元）	社书记	社长
韩　家	97	351	332	—	—	526.87	68.28	20.13	韩建兵	韩建兵
横墙弄	168	594	16	—	—	12346.85	33.52	5.67	张有春	张有春
横塘欧	72	266	—	—	—	4654.29	55.81	1.51	蒋卫康	蒋卫康
菱河头	132	466	—	—	—	11180.55	84.66	9.15	柴利民	柴利民
小东洋	107	281	—	—	—	323.49	58.45	12.69	欧如斌	欧如斌

续表71

社　名	户　数（户）	户籍人口（人）	耕地面积（亩）	水产养殖（亩）	渔　船（艘）	合作社资产（万元）	合作社收入（万元）	合作社支出（万元）	社书记	社长
小河头	164	602	—	—	—	2449.23	205.07	13.91	韩晓飞	韩晓飞
樟树下	150	552	140	—	—	2175.97	210.58	45.44	屠伟金	屠伟金

爵溪街道

【概况】 爵溪街道位于浙江象山半岛中部偏北，三面环山，东南临大目洋、西接丹城、北与大徐镇接壤。由陆地和116个岛礁组成，总面积31.8平方公里，其中陆地面积20.6平方公里，岛礁面积11.2公里，下辖3个行政村、5个股份经济合作社和3个社区，人口4.3万人，其中外来人口3万余人。爵溪素有“中国乡镇之星”“中国针织名城”之称，工业发达且产业集中，形成了以工业经济为主导、针织服装为特色，对外及对港澳台贸易为优势的经济格局。各类工业企业500余家，其中规模和2000万元以上产值企业93家。

【完成行政村规模优化调整】 街道将原有6个行政村优化调整为3个，其中白沙湾村撤村建居为白沙湾股份合作社，并入瀛海社区，将公屿农村、公屿渔村、地厂村合并为公屿村。优化调整后的3个村是：公屿村、前岙村、牛丈岙村。

【村（社区）组织换届选举】 一是念好“快”字诀。在前期调研和酝酿的基础上，仅用15天时间率先完成村（社）党组织换届选举。并在县换届办的精心指导下，整合归并村委会、社管会、村（社）监会、村民代表和社员代表在选举工作上的重复公告和公示时间，利用选民名单公示20天的时间快速完成村民代表、社员代表选举和村（社）监会、社管会选举办法公示，37天内完成村委会、社管会和村（社）监会全部选举工作。二是念好“稳”字诀。抽调8名班子成员和15名联村干部组建6个工作指导小组“一对一”包联各村（社），掌握了解当地选情动态，及时研判应对处理各类涉稳苗头事件。村民（社员）代表和村委会选举当天，100余名全体机关干部和社区工作者全员上阵，分赴各村（社）指导把关选举期间的各项关键环节，确保所有程序合理合法合规，选举全过程“零投诉、零上访、零违纪”。三是念好“准”字诀。聚焦“一肩挑”目标，党工委书记亲自带队调研考察，全方位倾听了解村干部、党员、村民代表以及优秀企业家、在外乡贤等群体想法，从人选综合素质、岗位匹配度、当选率等方面，对组织推荐和群众反映的意向人选逐个开展“政治体检”，确定“一肩挑”对象，实现一次性选举率、高票当选率、承诺书签订率“三个100%”。新当选71名干部中，大专及以上文化程度24名、占比33.8%，“80后”干部进入“两委”班子达到全覆盖。

【作风建设常态化】 持之以恒贯彻落实中央八项规定精神，开展“干部能力提升年”活动，推动作风建设落实见效。抓住关键时间节点，实行常态化管理。通过“正风肃纪”专项查、到岗到位随机查等形式，始终保持查纠“四风”的高压态势。坚持机关作风“双随机一通报”制度，共开展各类正风肃纪检查52次，印发通报12期，问责1人。规范礼品礼金处置和廉政账户管理，对登记上交的礼品按规定予以处置。开展党员干部参与赌博专项整治，签订拒赌承诺书246份，联合爵溪派出所检查棋牌室10家。

【监督执纪重实效】 受理信访举报6件，办结6件。受理案件问题线索9件，处理违纪党员9名。综合把握监督执纪“四种形态”的转化运用，着力抓早抓小抓苗头，“四种形态”处理18人（次），“严”的氛围得到。配合做好县委巡察工作，制定具体整改工作方案和工作责任分解，实行对账销号，按期对巡察整改工作进行量化评估，共计党纪处分1人、问责1人，印发监察建议书3份，谈话提醒机关干部、村干部12人。警示教育工作，开展“三会一补两访”以案促改工作，加强对受处理人员的教育帮助和思想转化，做深做细做实审查调查“后半篇文章”，回访教育5人，真正体现严管厚爱精神。组织开展安全生产百日大会战、各村（社区）及企业疫情防控和复工复产、扶贫及帮扶领域、行政村规模优化调整、村级组织换届选举、优化营商环境、制止餐饮浪费、党员干部参与赌博等专项监督检查，共开展各类督查30余次，印发监督提醒书5份，整改各类问题9个，确保各项举措落到实处。推动基层治理，各村设立监察工作联络站。

【第三十四届文化艺术节】 10月5日至11月7日，街道党工委、办事处举办爵溪街道第三十四届文化艺术节，以“新时代文明实践 爵溪文化有精彩”为主题，通过爵溪街道第三十四届文化艺术节开幕式暨“百姓大舞台颂新风文艺晚会”、“爵溪云故事”、“乡贤云祝福”、非遗半岛行、“促产业”针织技能比武、爵溪街道第三十四届文化艺术节闭幕式暨乡贤助力“健康爵溪 你我同行”、新爵溪人趣味运动会和海景亚帆马拉松等系列活动，通过线上线下联动，全维度呈现爵溪创业故事、山海人文、唱响善行、文明、向上的爵溪新时代主旋律。

【七月半赛神会】 9月2日，农历七月十五，俗称"七月半"，是象山爵溪古老的民间传统节日，与此相关的衍生民俗活动被称为"赛神会"群众自发组织爵溪第十三届七月半"赛神会"活动，鸣锣开道，九龙队、抬阁、民乐队等，队伍整齐有序，从爵溪街道城隍庙出发，游走大街小巷，铜鼓声声、笙箫阵阵。因疫情影响，团队精简了人，缩小了规模，但大家的热情并没有减去，祈求消祸免灾、全家平安、来年丰收。爵溪七月半民俗"赛神会"，又称迎神会、赛龙会。赛神会以七月十五行会为中心，分初十开印、十四扫街、十六放水灯等。"象山七月半"于2012年被列为浙江省非物质文化遗产项目。2018年，爵溪街道城隍庙被象山县民宗局登记为"民间信仰点"。

【归侨侨眷代表大会成立】 11月30日，爵溪街道第一次归侨侨眷代表大会，推选出爵溪街道第一届侨联主席、副主席、秘书长、常务委员，侨联组织成为爱侨护侨的温暖港湾，成为爵溪归侨侨眷和海外侨胞的"贴心人""娘家人"。

【推动非遗半岛行动】 保护和利用好我国非物质文化遗产，对繁荣农村文化，建设美丽乡村、推动全域旅游，实现经济社会的协调、可持续发展有重要意义。11月，开展传统戏剧4场、曲艺8场、非遗课堂12课。激发群众对非遗文化的兴趣，感受优秀传统文化的魅力。

【设立爵溪街道"三站一体"代表联络站】 为多渠道畅通群众意见，在瀛海社区设立人大代表一线实体联络站；在综合信息指挥室设立人大代表网格联络站；在街道服务中心设立新爵溪人说事站。广泛听取爵溪各阶层的意见，架起广大选民与代表、党委、政府的诉求渠道。

【开展"打赢两战促发展"代表进联络站主题活动】 为贯彻落实县人大关于开展"打赢两站促发展"主题活动的要求，发挥人大代表在助推全县打赢疫情防控和复工复产攻坚战的重要作用。4月24日开展"打赢两战促发展"代表联络站主题活动，县人大常委会主任金红旗、县人大法制（内务司法）委员会副主任委员谢文潮参加活动。人大代表对街道疫情防控和企业复工复产过程中遇到的问题提出建议。

【成立街道居民议事会制度】 根据《浙江省街道人大工作条例》和省、市人大会议精神，按照《象山县人大常委会关于建立街道居民议事会制度的实施办法》要求，通过9个选聘区域推荐，共选聘39名居民议事员，建立街道居民议事会制度，6月30日召开爵溪街道首届居民议事会，收集议事员意见建议27条。8月13日和12月24日组织开展居民议事会考察调研活动。

【督办代表的重点建议】 针对事关爵溪未来发展重大事项的三项建议（《停止建设爵溪街道原海山纸业地块普通商品混凝土项目》《加快爵溪公交首末站建设》《加快启动爵溪瀛洲路（丹大线）改造提升工程并纳入县公路段养护管理》）进行了全力督办。促进三项建议事宜取得实质性进展。

【征兵工作】 抓住受疫情影响的特殊节点，率先启动征兵工作，利用上门排查等时机，提早开展上门入户征兵宣传，网上兵役登记率达100%，提高了青年参军积极性。根据县征兵工作会议精神，街道立即成立以街道主任为组长的征兵工作领导小组。7月，街道主要领导亲自参加征兵工作会议，部署具体征兵任务。街道党工委书记、党群副书记亲临目测初检现场指导工作，整个初检工作井然有序，初检到检率达100%，圆满完成了征兵工作任务。

【发挥民兵队伍作用】 防控疫情期间，各村、社区民兵干部、骨干参与疫情防控工作。卡点执勤、排查外来人员、清楼行动、居家隔离都有他们的身影。其间，涌现出了"村里防控的最核心人物"——牛丈岙村民兵连长练敏春、疫情防控的排头兵——基干民兵班长柯文益等先进典型。民兵冲锋在前、勇挑重担，在具体防疫工作中发挥了不可替代的作用，展现了新时代民兵良好形象。

【疫情期间服务】 疫情初期，街道防疫指挥部集中办公，领导百余名全体联企干部，为街道600余家工业企业复工复产提供一站式服务。街道协同企业，运用各方资源，团购复工防疫物资。累计为企业团购防疫口罩40余万只，购买消毒水6吨，额温枪500余把。联合金融机构支持街道中小微企业复工复产，帮助37家企业申请"复工贷"额度达6800万元。同时，组建团队赴江西扎营招聘20天，累计包车返爵110余辆，输送返爵人员2300余人；动员私家车返象2500余辆，共计1万余人。疫情"下半场"，海外需求萎缩对出口订单形成新的压力，街道迅速制定应对方案，全力支持对外及对港澳台贸易企业开拓内销市场，顺应线上交易的新趋势，升级对企扶持方式，主动布局长远发展。街道组织成立防疫医疗器械生产联盟，多方牵线搭桥帮助企业增订生产业务，联系500万件首批防护服生产订单，并组织现场业务洽谈会，供50余家针织企业生产经营。组织企业参加了拼多多招商、网红直播带货等培训会，为传统企业开启直播之路。其间，多家中央、省、市级媒体对爵溪街道政企同心攻坚复工复产的做法进行连续报道。

【"爵溪针织"力促线上交易新业态发展】 一是搭建线上展会平台。实施"爵溪针织"品牌战略，依托现有成熟的线下展会资源，促进线上线下资源共享，以"爵溪针织"统一标识、统一形象打造线上展会平台，拓展国内市场。通过一场场"云展会"，为企业提供潜在买家寻找、远程产品展示、远程信息沟通等线上线下融合的解决方案。二是设立"爵溪针织"电商专区。与多家电商平台合作，在改造后的针织品市场内设立互联网创业空间等，吸引电子商务运营公司入驻，鼓励更多出口型企业触电上网，鼓励更多好企业、好产品加入互联网龙头企业生态链。三是推动制造企业直播销售。加快将直播电商发展纳入爵溪电子商务发展整体布局，建立直播产业基地，打造一批“网红带货”，加速形成本地化的“爵货”内销集群。

【成立新生代创业联谊会】 为更好搭建新创代交流、互动和成长的平台，打造一支高素质的新生代企业家队伍，8月26日，爵溪街道“新生代创业联谊会”揭牌成立。街道党工委书记朱海成、县政协副主席、工商联主席励茂平，以及新当选会长甬南集团总经理林营分别作了讲话。

【爵溪针织行业“补链”布局后疫情时代新业态】 疫情带来的极限施压，彻底暴露了爵溪产业链的短板，那就是品牌知名度不足、研发设计创新性严重缺失，因此爵溪街道在接下来的项目引进上，会有意识“补链”，同时加强同周边配套产业的协同性，从而培育形成一条更为强韧的产业链。依托大数据、云平台等新业态变革运营模式和服务方式，加快数字化转型，以纺织印染行业为重点，推动数字经济在传统产业改造升级中应用，为爵溪针织业插上智慧发展翅膀。

【举办象山县针织服装制作技能大赛】 11月2日，爵溪街道举办2020年象山县针织服装制作技能大赛，来自爵溪、丹东、丹西、茅洋等8个乡镇的30余名服装制作高手参加了该次比赛。各位选手发挥平时的技能水平，对照样衣、图纸，平机、拷克、双针、锁口轮番上阵，动作娴熟，整个过程连贯紧凑，令人眼花缭乱。选手们各显身手，用严谨的态度、精湛的技能赢得了评委老师的称赞。经过一天的比拼，来自茅洋的俞郑丹和来自爵溪的王艳华获得第一名；来自丹东的刘卫珍、爵溪的黄绥亚和程发胜获得第二名；来自丹东的韩赛武、丹西的胡家海、刘玲、爵溪的吴选亮和新桥的吴窈娣获得第三名。通过该次针织技能比赛，一方面提高了技师们的技能水平和整体素质，激发广大职工学知识、练技术、比技能、创一流的热情；另一方面加强了针织技师行业间的交流、沟通，共同推动传统针织制造业提档升级。

【企业码领取操作业务培训】 6月4日，街道邀请县中小企业服务中心（“8718”象山平台）负责人许久翔在爵溪文化中心多功能报告厅为爵溪百余名联企干部讲解培训“企业码”领码操作。许久翔详细介绍了“企业码”的申领流程，并针对“企业码”在申领过程中的各类常见问题作出了解答。同时，分发操作细则80余份，供联企干部走访企业时使用。由联企工作人员再到企业，层层推进，将企业码推广应用工作落到实处，并逐步实现领码全覆盖。

【街道举行网红直播带货业务培训会】 受疫情影响，象山诸多传统制造业订单严重缩减，给企业生产带来较大压力。为帮助县内传统制造业转变经营模式，支持对外及对港澳台贸易企业开拓内销市场，5月28日，县经信局和爵溪街道联合举办以“开启传统企业的直播之路”为主题的网红直播带货业务知识培训活动。培训活动由象山好货源公司协办，邀请浙江传媒学院互联网直播与网红研究中心短视频直播导师吴凌峰和宁波中桓知识产权有限公司副总经理张维妙授课。县经信局副局长黄君芬、爵溪街道办事处主任丁华、办事处副主任史久磊出席活动，200余名企业负责人和电商创业者参加培训。

【云润制衣逆势“转型”突出重围】 云润制衣总经理欧华琴投资300万元招兵买马，组建由设计师、搭配师、助播师等人员为主的专业团队，在杭州成立了云润制衣的设计兼线上销售平台——金甲虫商贸。8月20日，在杭州江干区九堡的金甲虫（宁波）商贸有限公司直播间，网红主播“娜娜不是江疏影”正对着屏幕，向粉丝一一展示由宁波云润制衣有限公司提供的卫衣、T恤、打底裤等31套产品。当天，6个小时的直播，观看量超过了57万人次，下单3000多单，销售额超65万元。如今，云润制衣的供应链日趋成熟，直播和设计团队逐渐走上正轨，通过直播带货，销售额达800万元左右。平时，云润制衣的工人负责接单和快递打包，每日发货量在上千件，确保线上订单在直播结束后7天内准时发货。欧华琴又在杭州注册了一家传媒公司，主营培养互联网营销师和直播团队，在实现云润制衣自身“蝶变”的同时，帮助象山有需求的针织企业输送人才和提供平台，做好对外及对港澳台贸易内销“两条腿”跑路，真正擦亮“象山针织”这张金名片。

【街道完成“两癌”筛查工作】 城乡妇女免费“两癌”筛查工作是县民生实事项目，从2017年起，参加城乡居民基本医疗保险的35—64周岁的户籍妇女可以享受五年一次的“两癌”筛查。2020年街道完成200人的“两癌”筛查目标。

【钮晶莹一行赴街道调研“十四五”教育事业发展规划】 11月25日副县长钮晶莹一行赴爵溪街道就科学编制“十四五”教育、卫生事业规划开展调研。钮晶莹肯定了“十三五”期间爵溪教育卫生事业取得的成绩，同时针对下一步发展规划提出了三点意见：一是借助亚运契机，提升爵溪城区亚运氛围节点亮化打造，以海洋运动为引领、休闲度假为辅助、时尚针织产业为支撑，打造“海洋运动+健康时尚”区域品牌，联动发展旅游购物，精品民宿等业态，最终创建一个融合运动、旅游、休闲、时尚创意等要素为一体的体验类运动小镇。二是围绕民生需求，结合街道实际，主动谋划，提升老城区公共服务能力，加强城市书屋、健身设施等功能布局。三是风险意识，常态化做好疫情防控工作，要特别重视今冬明春疫情防控，引导流动人口留在本地，尽量减少人员流动。

【街道食安办获得省三星级食安办】 2020年，爵溪街道食安办严格对照创建标准自查自评，结合实际，因地制宜完善基础设施，规范日常管理，获得浙江省市场监督管理局颁发的“三星级食安办”荣誉。

【敦化市骨干校长到爵溪学校开展考察交流活动】 11月17日，在教育局王增良委员的陪同下，由敦化教育局谢利波副局长带领10名骨干校长组成的考察团到爵溪学校开展考察交流活动。考察团参观了爵溪学校的校园环境及校园文化，随后参加了学校科学组与数学组的教研活动，课堂现场听课，并参与了评课交流活动，感受了一线教师上课的风采并近距离考察了学生的学习状态与习惯。该次考察交流活动圆满。

【爵溪中心幼儿园项目正式迁建】 10月29日在爵溪街道丈莎路西端地块举行街道中心幼儿园迁建工程试桩（开工）仪式，幼儿园项目正式转入施工建设阶段。街道中心幼儿园迁建项目计划投资4300余万元，占地面积20.3亩，建筑面积7941平方米，建设规模20个班，可容纳600名幼儿，计划2022年4月完工交付。

【爵溪学校第十三届田径运动会召开】 11月4日8时，爵溪学校第十三届运动会正式拉开了帷幕。该次运动会历时3天，于6日结束。

【召开企业界支持教育座谈会】 9月25日，县教育局副局长齐海燕、县人民教育基金会理事长章华勇、街道党工委副书记称丹波、街道办事处副主任李姣斐以及12位爵溪爱心企业代表齐聚爵溪学校，举行爵溪企业界支持教育座谈会。会上，李姣斐副主任对宁波甬南针织有限公司、宁波恒大印染有限公司、宁波云润制衣有限公司、宁波向荣服饰有限公司、象山宝鹰服饰有限公司、宁波润德机械制造有限公司、宁波嘉南针织有限公司、宁波正阳针织有限公司、象山荣佳制衣厂、宁波博瑞利特服饰有限公司、象山汉唐服饰有限公司、宁波杰俊风尚服饰有限公司等12家企业自发捐赠43万元成立爵溪教育基金会的情况进行了介绍，并向奉献爱心捐资助学、热心教育事业的企业家表示最衷心的感谢。

章华勇为企业家代表颁发捐赠荣誉证书，向与会同志介绍了县人民教育基金会的基本概况。朱炎君向大家介绍了爵溪学校办学情况以及所取得的成绩。企业代表们进行了交流发言，为爵溪教育献计献策。称丹波对爵溪企业家敢为人先，奋力拼搏的创业精神表示称赞。他强调，教育事业的发展是爵溪社会经济发展的基石，只有营造出一个良好的育人环境，才能吸引更多的人才为爵溪的发展注入动力，形成良性循环。齐海燕副局长对爵溪企业家们的善举表示诚挚的感谢，并表示将一如既往支持爵溪教育事业的发展。

【街道老年大学创“市标准化老年大学”迎检验收】 9月22日，宁波市标准化老年大学创建工作专家检查组一行4人，在县教育局副局长齐海燕、爵溪街道副书记称丹波和街道副主任李姣斐陪同下，对爵溪街道老年大学的“市标准化老年大学”创建工作进行验收。爵溪街道老年大学得到了专家检查组的一致认可和高度赞赏。

【街道开展完成重点人群结直肠癌筛查】 省政府将重点人群结直肠癌筛查列为2020年民生实事项目，街道自7月27日起开展重点人群结直肠癌筛查，项目免费为象山县50—74周岁（出生日期在1946年1月1日至1970年12月31日之间，以身份证上出生日期为准）户籍居民开展提供问卷调查和粪便潜血试验。全年街道共完成重点人群筛查2701例，结肠镜检查104例。

【疫情防控】 2020年街道干部群众“不忘初心、牢记使命”主动请缨、主动担责，阻击疫情，坚决打赢疫情防控战。全年共排摸上报中高风险地区隔离对象1455人，核酸检测1455人。发热病人全周期管理随访服务1309人次。境外人员排摸上报96人，境外人员返象隔离观察21人。严格落实菜场、超市、医院、交通场站等重点场所、重点领域“测温+扫码+戴口罩”等健康管理措施，防疫形势整体可控，社会平稳有序。

【街道完成第七次全国人口普查工作】 街道共有9个普查区，162个普查小区，选聘111名普查指导员和183名普查员，主要由街道干部、村社干部、网格员构成。经上门入户排查登记，共普查总人口数40333人，总户数17816户，户籍人数12394人，户数4302户，建筑物标绘数4811幢（座）。

【健康村与健康学校命名】 12月上旬，根据《浙江省全民健康生活方式行动健康支持性环境建设指导方案》中各类健康支持性环境的考核细则，经县爱卫办、县疾病预防控制中心专业技术人员的综合评估，爵溪街道公屿农村、爵溪学校被正式命名为爵溪街道公屿农村健康村，爵溪学校健康学校。

【坚决捍卫国家政治安全】 2020年，调整出台各行政村、股份经济合作社平安建设考评细则，把防处邪教、信访维稳、矛盾调解等6方面工作任务细分为33项并分别赋分，以考核倒逼责任到位，夯实“末梢之治”的基石。探索建立“宗教和民间信仰活动场所+网格”工作机制以来，通过“一中心四平台”处置化解涉宗教场所消防隐患158起。

【提升社会治理现代化水平】 9月3日，街道政法副书记谢晓强在全市县级社会矛盾纠纷调处化解中心建设工作现场推进会上作交流发言；中心设立“一窗受理”群众纠纷化解、信访诉求、投诉举报等事项，设立“新爵溪人”办事窗口和流动人口服务管理“乡音驿站”，提供居住证办理、就业帮扶、法律援助等全方位服务。运行以来，累计接待群众3528批6350人次、办结事项2112件，群众满意率达99.3%。全年解决信访事项和矛盾纠纷155件，其中化解信访积案6件，率先实现积案清零。加大对平安综治、维稳安保工作的经费投入，提升派出所巡控中心建设，把协辅警保障性经费218万元列入街道财政预算予以全额支出；累计投入245万元用于“雪亮工程”建设，辖区新增高清摄像头40个；投入20万元用于沿海观光交通道路设施提升；投入28

万元用于老城区消防栓和电瓶车充电桩建设;安排20万元专项资金用于村、股份经济合作社主要干部平安建设实绩考核。

【推进平安建设提档升级】 全年共办理扫黑除恶案件4起,处理人员18名,其中孙某亚家族5人实施强迫交易的案件审结宣判。共开展合同审查46份,无行政复议和行政诉讼案件发生。以“民主法治村”创建为契机,分别在前岙村、公屿村、牛丈岙村建立法治公园、普法长廊。全年共接处警1981起,发案172起,其中治安案件111起、刑事案件66起,同比分别下降46.3%、21.8%;破获各类案件56起,其中查处治安案件46起、破获刑事案件10起,处理各类违法嫌疑人285名,提升了街面见警率和管事率,打压了辖情发案态势。

【提高防控化解各类风险挑战能力】 在重大活动期间,由包案领导、干部、民警等组成管控组,做到24小时值班蹲守,准确、实时掌握行踪。一年内,圆满完成各级两会、十九届五中全会、上海进博会等重要会议期间维稳安保工作。对10名肇事肇祸精神病患者落实“一对一”监护管控,其中3名送至三院治疗、7名在家;对111名吸毒人员定期开展尿检和采集毛发工作,辖区无失控脱管情况发生;全年共发生群体性劳资纠纷5起,涉及428人、201万元,宁波正瀛针织有限公司法人涉嫌恶意欠薪在公安立案侦查。全年应急管理所共检查企业52家,出具限期责令整改书52份,立案处罚5家;完成企业安全生产社会化服务合同签约240余家。安全生产整治百日大会战“回头看”行动,共复查企业586家(其中80家停产),发现隐患2300多条,其间立案处罚2家;推行企业安责险,共参保40家,完成新一轮区域风险评估工作。

【爵溪综合行政执法中队荣获宁波市最佳实践中队】 爵溪中队坚持依法行政,严格执法,忠实履责,服务群众,贯彻落实“六争攻坚,三年攀高”为爵溪经济社会发展做出贡献。

【房屋安全管理工作取得突破性成果】 2020年,对爵溪全域房屋内的农房进行了排查复查,对困难户、低保户、残疾困难户的房屋进行排查,确保人居安全。

【项目建设全速推进】 落实项目领导包干制,全年完成固定资产投资12亿元。稳步推进重点项目建设,象山针织小镇一期国际交易中心改造项目(硬件建设)总体完工;喜来登酒店二期(酒店公寓)项目主体基本结顶;东海铭城海景花苑项目、白沙湾玫瑰园四期房产项目基本完工;桂语江南项目、边海防执勤(渔业)码头基本完成主体建设。公屿区块小微集聚园项目134亩土地政策处理基本结束,田嘴头矿山综合利用项目完成前期评估;二级渔港升级改造项目立项。

(郑琳瑶)

表72 **2020年爵溪街道社会经济基本情况一览表**

	计量单位	数　量
一、基本情况	—	—
行政区域面积	公顷	—
居民委员会(社区)	个	3
村民委员会	个	3
其中:通公共交通的村	个	3
通宽带互联网的村	个	3
通有线电视的村	个	3
通自来水的村	个	3
生活垃圾全部集中处理的村	个	3
生活污水全部集中处理的村	个	3
二、人口	—	—
户数	户	4331
户籍人口	人	12720
三、农业	—	—

续表72

	计量单位	数　量
耕地面积	公顷	229
耕地灌溉面积	公顷	—
农业技术服务机构	个	—
农业技术服务机构从业人员	人	—
农业企业	个	—
家庭农场	个	4
农民专业合作社	个	5
农民专业合作社成员	户	41
四、财政、经济、贸易	—	—
一般公共预算收入	万元	36631
一般公共预算支出	万元	4256
资产总额	万元	12642. 95
债务总额	万元	0
工业企业	个	500
其中：规模以上工业企业	个	93
建筑业企业	个	13
住宿餐饮业企业	个	6
商品交易市场	个	3
营业面积50平方米以上的综合商店或超市	个	10
五、教育、文化、卫生	—	—
幼儿园、托儿所	个	5
小学校	所	1
小学专任教师	人	137
小学在校学生	人	2469
图书馆	个	5
剧场、影剧院	个	0
体育场馆	个	13
医疗卫生机构	个	4
医疗卫生机构床位	张	20
执业（助理）医师	人	7
兽医（防疫）技术人员	人	0
六、社会保障	—	—

续表72

	计量单位	数　量
提供住宿的社会工作机构	个	—
其中:本级政府创办的养老机构	个	—
提供住宿的社会工作机构床位	张	—
城乡居民基本养老保险参保人数	人	4674
城乡居民基本医疗保险参保人数	人	4798
城乡居民最低生活保障人数	人	228
七、公用事业	—	—
自来水用户	户	6000
管道燃气用户	户	470
金融机构网点数	个	4
公园及休闲健身广场	个	2

石浦镇

【概况】 石浦镇位于象山半岛南端,镇域面积126平方公里,由陆地和178个岛礁组成,下辖36个行政村、21个居民点、8个社区,是环三门湾地区重要的区域发展中心和象山南部中心,辐射周边5个镇乡10多万人。全年实现地区生产总值86.9亿元,固定资产投资27.2亿元、同比增长13.3%,旅游收入68.55亿元、同比增长10.1%,城乡居民人均可支配收入分别达到55218元、36372元。2020年,石浦镇获评省首届青少年毒品预防教育优秀项目大赛铜奖、民兵工作先进单位、第二批浙江省AAAA级景区镇等荣誉。

【经济运行企稳回暖】 开展"一线攻坚三服务,争先创优促发展"行动,全力稳定经济基本盘。企业培育稳步推进,加强企业梯队培育,申菱机电完成市级数字化车间项目建设,戴维医疗实现净利润翻番,净增规模以上企业3家、亿元企业2家。科技创新力度加大,完成技改项目13个,累计投入3.2亿元,研发经费支出达1.7亿元,新增国家高新技术企业4家、市级工程技术中心2家,入选宁波市"科技创新2025"重大专项项目1个、宁波市关键核心技术应急攻关项目1个。全域旅游创建推进,全年接待游客589.2万人次、实现旅游综合收入68.5亿元,同比分别增长10.3%和10.1%。申菱广场人气兴旺,半边山五彩渔镇、戴维钻石商业广场建成运营,全年完成规模以上社会消费品零售总额2.4亿元、同比增长5.1%。农渔业稳步发展,播种粮食面积1.3万亩、经济作物1.5万亩,引进粮经新品种8个,新增绿色食品认证企业2家,建成汇舟水产精品市场,全年完成农渔业总产值50.3亿元、同比增长2.4%,其中实现渔业总产值48.3亿元、增长2.4%。

【项目建设推进】 开展重大项目突破年活动,集中力量推进61个重点项目建设,完成固定资产投资27.2亿元、同比增长13.3%,其中工业投资5.9亿元、增长38.1%。招商引资成效显著,引进万洋众创城、川井传动科技、新希望六和饲料等重点产业项目,全年完成实际国内资金7.2亿元、浙商回归1.5亿元,分别同比增长16%、10%。一批旅游商贸项目展露新姿,中国海洋渔文化馆建成试运行,亚运沙滩排球场馆主体结顶,东边商业广场加快主体建设。一批交通建设项目取得新进展,马漕线改建项目建成通车,南港路完工,高速石浦连接线主体完工,沿海南线海宁路至白云路段拓宽工程进度过半,石浦客运中心完成桩基工程60%,白云路开工动建。一批民生保障项目有序推进,凤栖路火炉头路杆线上改下工程完工,东部居家养老、东部环卫站项目完成主体结构,新增燃气主管网铺设6.3公里。一批房产项目推进,东海府竣工交付,碧桂园天玺湾和悦海锦苑一期基本完工、二期加快建设,昌庭嘉园完成主体工程50%。

【城乡品质显著提升】 谋划新一轮国土空间规划,启动环石浦港区域发展"十四五"规划编制,加快推动城乡建设和环境治理,城乡面貌改善。美丽石浦建设,完成城区路面修复1.9万平方米,新增公共停车位500余个、路灯800余盏。加快旧城改造更新,锦河小区9幢等危房改造工程完成招标,曙光路东侧、大庆路南侧、渔港南路西侧等零星地块开发有序推进,原渔港宾馆、名豪区块改造项目完工。城市精细化管理,常态化开展占道经营、户外广告、建筑垃圾整治,消除"六乱"现象1.6万余起,劝导、处罚"滴漏撒"违规车辆390余辆。开展美丽乡村创建活动,建成省级新时代美丽乡村达标村13个,新增县级美丽乡村特色村、最洁美村庄、美丽庭院示范村各1个。加快特色村庄打造，东门岛生态保护修复工程完工，沙塘湾民宿特色村建设推进，新增A级景区村3个、银宿级民宿2家。坚决打好污染防治攻坚战，全力推进第二轮中央环保督察问题整治，清理陆地垃圾2.4万吨、海洋垃圾1.1万吨，人居环境显著改善。“污水零直排区”创建，新建城乡污水主管网21公里，门前塘园区明管改造完成，门前塘工业污水处理厂建成投用。推进“三改一拆”，开展“三违”清剿专项行动，全年拆违5.7万平方米，总量继续居全县第一。推进生活垃圾分类处置，推行“撤桶并点、桶边督导、定点定时投放”机制，垃圾分类质量明显提高，创建市级生活垃圾分类工作示范小区19个、市级定时定点投放和清运小区16个。

【发展动力释放】 坚持立足基础、大胆探索，主动开展各类改革创新活动，为区域发展注入新活力。“最多跑一次”改革，推进政府数字化转型，政务服务事项基本实现网上办、掌上办，企业开办全流程实现一日办结，行政审批效率提升50%以上。投融资体制改革，研究制定《石浦镇投融资体制改革方案》，4家政府融资平台公司完成转型，平台公司专业化能力明显提升。资产资源综合利用，做大做强科技园区公司AA平台规模，新增净资产8.5亿元。创新平台公司融资新思路，科技园区公司发行非公开公司债15亿元，融资综合成本较年初下降1.5%。推进农村宅基地“三权分置”改革，流转闲置农房1.1万平方米，全市闲置农房激活利用暨农村宅基地“三权分置”改革工作现场推进会在石浦召开。“三站一室”人大代表督事模式，探索问政、评议、督事“三制结合”，督事机制入选全省改革创新最佳实践案例。实施人才强镇战略，引进创业创新团队1个，新增各类高层次人才30人。质量强镇建设和知识产权培育，新增注册商标157件、授权发明专利48件。

【社会事业协调发展】 回应人民群众对美好生活的新期待，民生投入加大，8项民生实事完成。疫情防控成效显著，坚持一线指挥、高效应对，落实精密智控机制，常态化开展小周期排查，从严开展“净海”专项行动，累计排查涉疫隐患人员9900余人，开展核酸检测筛查760份，落实重点人员隔离管控670人，疫情防控防线筑牢。坚持“两手抓、两手硬”，主动帮扶企业迅速复工复产，全镇企业电力复产率、电力复工指数连续33天位列全县前三，获评宁波市复工复产先进单位。社会保障更加健全。施策稳定就业，举办线上线下招聘会2场，新增城镇就业人员1527人。实施根治欠薪专项行动，妥善化解企业欠薪等劳动纠纷80余起。推进社保扩面，本地户籍养老保险参保率达98.5%，医疗保险参保率达99.2%。加大社会救助力度，关心关爱困难群众，累计发放社会救助金2044万元、慈善救助金300万元，全市基层慈善“四大工程”建设现场会在石浦召开，获评省级慈善镇。全力打好脱贫攻坚战，“一户一策一干部”制度落实，对口帮扶、山海协作任务落实。做好人武工作，圆满完成征兵任务，首批全国示范型退役军人服务中心通过验收。完善教育设施，荔港学校教学楼墙面改造、新港小学田径场改造等工程完工。提升教学质量和医疗服务水平，开展名师“师徒”结对帮扶活动，石浦成校获评浙江省现代化学校，台胞医院通过清廉医院创建，石浦中心卫生院被评为全国基层中医药工作先进单位。推动全民体育健身，更新完善公共体育健身设施207件，半边山滨海悦动小镇启动创建。全国文明镇建设，建成新时代文明实践示范站所7个，女渡工吴爱图荣获“浙江好人”“最美象山人”等称号。加强海洋渔文化保护，东门岛非遗传习中心加快建设，第二十三届中国(象山)开渔节举办，全省文化传承生态保护区创建工作现场会在石浦召开。完善治理体系，平安石浦、平安渔港建设，“村民说事”“海上红帆”等示范村(点)建设有序推进，基层社会治理水平提升。完善社会治安防控体系，加快东门片区社会治理现代化示范建设，加大依法化解信访积案力度，签订息访承诺书7份，完成全国两会等重要会议维稳安保任务。开展扫黑除恶专项斗争，加大反电信诈骗宣传力度，严厉打击违法犯罪行为。始终保持渔业安全生产整治高压态势，开展交通道路安全整治专项行动，抓好出租屋及电瓶车、危旧房、防溺水、食品药品等各领域安全隐患治理，未发生较大及以上安全生产事故。

【自身建设】 坚持实干担当、勤勉履职，“转作风、攻项目、抓落实”行动，政府服务水平提升。提高行政效能，始终以人民满意为中心，新增90项政府内部审批服务事项进驻行政服务中心石浦分中心，依托浙江政务网、“浙里办”APP等网络平台，推动“互联网+政务服务”，服务水平提升。开展“三服务”活动，协调解决各类问题405个。“周二夜学”“双对双排”“随机摇号+书记点题”等制度，开展季度“好团队、好干部”评比，干部队伍建设推进。加强依法行政，执行重大事项向人大报告、与政协协商制度，及时回应代表建议，共办理县镇人大代表建议86件、政协委员提案5件。严格执行政务公开制度，通过“两微一端”、政务服务网等公众平台，发布各类信息1126条。健全行政决策机制，严格落实“三重一大”集体决策、政府法律顾问等制度，做好行政复议等工作，行政行为更加规范。廉政建设，坚决落实省委巡视问题整改，始终保持反腐败高压态势，政府系统从严治党向纵深发展。干部作风建设，严肃问责问效，累计问责干部11人、党政纪处分16人。财政预算执行，实施预算绩效管理，一般性支出压减12%。加大行政监察、审计监督力度，完成2020年全口径债务审计和整改工作。清廉村居建设，农村“三资”管理规范。

【举行“平安石浦　文明出行”道路交通安全整治启动仪式】 4月1日，为彻底解决石浦道路交通安全领域的突出问题，提升道路交通安全管理水平，石浦镇海峡广场举行“平安石浦　文明出行”道路交通安全整治启动仪式。

4月1日，“平安石浦 文明出行”道路交通安全整治启动仪式

【石浦首家城市书房正式开馆】 7月7日，石浦首家城市书房正式开馆，该馆位于石浦镇火炉头路68-1号，开放时间为周一至周五2:00—7:00。象山县城市书房石浦馆的开放是石浦镇镇实施文化惠民工程、推进“全民阅读·书香石浦”建设的一个可喜成果，可为市民提供图书借阅、阅览自修、阅读推广等服务，是石浦人民共同的书房。馆内配备约40个阅读席位，各类书籍摆放整齐有序，可供读者自行挑选。

7月7日，石浦首家城市书房正式开馆

【石浦镇第十八届人民代表大会第八次会议胜利召开】 8月28日，石浦镇召开第十八届人民代表大会第八次会议，来自全镇各行各业的85名人大代表和58名列席代表参加会议。会上，镇党委副书记、镇长王云峰代表石浦镇人民政府向大会作半年度政府工作报告。县委常委、镇党委书记奚海峰代表镇党委对大会的圆满表示祝贺，并指出面对疫情影响下的2020年，全镇上下要与时间赛跑，同疫情抗争，以非常之力下非常之功，全力以赴做好“六稳”和“六保”工作，为建设“重要窗口”贡献石浦力量。

8月28日，石浦镇党委副书记、镇长王云峰代表石浦镇人民政府向大会作政府工作报告

【新村(居)授牌大会召开】 9月11日，石浦镇召开行政村(社区)规模优化调整新村(居)授牌大会。撤销马盘行政村、横路桥行政村，合并建立石北行政村；撤销低峧行政村、蒲湾行政村、朝天门行政村，合并建立永安行政村；撤销横峙渔村行政村、横峙农村行政村，合并建立横峙行政村；撤销马峙行政村、井水行政村，合并建立井马行政村；撤销蒋家湾行政村、上湾行政村，合并建立蒋上湾行政村。撤销平岩渔村行政村、向浦行政村、铜瓦门渔村行政村、金山渔村行政村(金山行政村)、蛟龙行政村，并入塘头港社区；撤销延昌农村行政村(延昌行政村)，并入延昌社区；撤销中心行政村、西边行政村、东边行政村、北山行政村、下塘行政村，并入海宁社区。

【全县重大项目集中开工仪式在石浦科技园区举行】 9月28日，全县重大项目集中开工仪式在石浦科技园区举行。县委书记潘银浩讲话并宣布开工。县委副书记、县长包朝阳主持开工仪式。罗来兴、俞骏、李晓东等县四套班子领导出席。该次开工的27个重大项目总投资190.4亿元，年度计划投资31.15亿元，其中工业项目13个，服务业项目4个，房地产项目5个，基础配套项目5个。开工仪式上，18个镇乡(街道)和象山经济开发区、大目湾、宁波影视文化产业区向县委、县政府报告投资情况。县自然资源和规划局、石浦镇、万洋众创城投资集团浙东区域公司代表作表态发言。

【第二十三届中国(象山)开渔节】 9月16日，中国农民丰收节系列活动暨第二十三届中国(象山)开渔节开船仪式在全国六大中心渔港之一的象山石浦港举行。本届开渔节以“庆丰收、迎小康”为主题，以“感受北纬30度最美海岸线”为主线，创新线下体验、线上分享、多点辐射的传播模式，多平台、多端口开展全方位立体式报道，媒体宣传报道阵容史无前例。

9月16日，第二十三届中国(象山)开渔节

【石浦镇开展“代表督事 为民问政”工作问政专项活动】 10月14日，石浦镇人大创新开展“代表督事 为民问政”工作问政专项活动，石浦交警中队、县公交公司石浦分公司、县海洋与渔业执法队、县石浦自然资源和规划分局等8个部门单位接受人大代表现场问政。县委常委、石浦镇党委书记奚海峰，县人大常委会副主任黄敏求及相关县级部门、各镇乡(街道)有关领导全程参加，市人大常委会代表人事选举工委副主任陈海滨、人民代表报浙江中心主任黄文雅出席并作现场点评。该次活动上，市、县、镇各级人大代表组成的8个代表督事小组围绕交通出行、教育资源分布、危房改造、外籍船跨海捕捞、“六乱治理”及城市精细化管理等热点问题，对8家单位负责人进行现场问政，面对代表们犀利提问，相关负责人仔细答复解释，现场打分公示。

石浦镇开展“代表督事 为民问政”工作问政专项活动

【潘银浩赴石浦镇开展“三服务”活动】 11月4日，县委书记潘银浩赴石浦镇开展专题调研。潘银浩先后走访宁波申菱机电科技股份有限公司、宁波贝德尔电讯电机有限公司、宁波盛洋电子科技有限公司、宁波半边山投资有限公司。潘银浩强调，帮助企业发展就是帮助象山发展，各级各部门要推进“三服务”，想企业之所想、急企业之所急，全力优化营商环境。要在攻坚问题上集中力量，明确时序，真正解决一批历史遗留问题，形成点上解决、面上破题的新局面。要在优化服务中加度，通过发挥“最多跑一次”改革的牵引作用，打好服务组合拳，提升市场主体获得感。企业要发挥主体作用，坚定信心、保持定力、着眼长远，夯实自身基础、发挥自身优势，提高核心竞争力，做大做强，合力推动象山经济高质量发展。

（王文渊）

表73　石浦镇2020年行政村经济情况一览表

序号	村　名	户　数（户）	户籍人口（人）	村股份经济合作社户数（户）	承包耕地（公顷）	海水养殖面积（公顷）	淡水养殖面积（公顷）	渔船数（艘）	村级资产（万元）	村集体年收入（万元）	村集体年支出（万元）
	石浦镇	—	—	17820	1109.19	1007.85	292.03	1271	94069.50	7612.08	1185.11
1	昌明村	286	948	289	47	2.88	—	—	827.69	36.72	10.01
2	昌桥村	377	1263	386	57.8	2.8	2.33	—	866.38	68.78	25.77
3	永安村	403	1398	407	64.8	10.97	57.07	16	1413.41	189.25	11.02
4	大桥村	288	940	308	8.33	—	1.8	—	663.87	64.87	18.09
5	东丰村	257	878	259	—	13.11	—	52	858.67	59.97	16.12
6	东门渔村	1115	3625	1119	—	—	—	230	3453.89	238.22	59.89
7	东卫村	400	1321	510	22.87	9	—	—	1457.23	51.39	22.11
8	对面山村	254	973	303	25.89	49.68	—	55	1107.29	116.60	31.13
9	番头岙村	303	1101	303	13.4	—	—	—	1713.52	162.03	8.30
10	凤上山村	198	755	231	2.6	—	—	—	2572.55	213.74	68.16
11	石北村	346	1162	351	54.73	185	6.3	—	2072.93	97.89	18.40
12	横峙村	311	1081	315	22.8	4.8	—	75	1552.62	151.17	20.65
13	鸡鸣村	884	2105	626	124.4	92.01	3	—	2095.53	81.49	64.54
14	蒋上湾村	284	1052	285	33.27	1.8	6.83	—	822.27	90.71	16.99
15	金丰村	310	1040	325	29.07	10.3	8	—	327.83	35.19	21.94
16	井马村	280	985	142	64.8	—	24.48	—	1718.36	218.85	17.03
17	镜架山村	332	1070	334	39.88	—	—	—	1383.24	36.23	13.58
18	九井村	284	927	302	26.88	—	12.33	—	702.85	31.26	16.12
19	兰家村	354	1192	349	—	—	—	43	1101.00	263.48	35.16
20	雷公山村	103	348	103	11.61	—	—	5	633.43	37.25	8.41
21	南汇村	187	748	187	0	—	—	37	1152.26	195.39	10.05
22	南向村	262	842	262	47.6	—	17.33	—	1689.50	171.17	31.37
23	平阳厂村	454	1692	456	63.66	26.88	18	—	2128.04	358.97	22.55
24	沙塘湾村	277	994	280	—	26	—	62	1041.22	30.84	15.89

续表73

序号	村　名	户　数（户）	户籍人口（人）	村股份经济合作社户数（户）	承包耕地（公顷）	海水养殖面积（公顷）	淡水养殖面积（公顷）	渔船数（艘）	村级资产（万元）	村集体年收入（万元）	村集体年支出（万元）
25	上金鸡村	320	1122	329	32.03	5.33	5.88	4	2221.68	284.68	22.03
26	石渔	—	—	957	—	—	—	140	998.12	205.51	35.78
27	树桥头村	193	735	200	29.87	9.25	14.8	9	2247.99	163.24	25.08
28	下洋墩村	528	1845	84	86	11.6	24.73	—	1578.84	104.21	33.19
29	檀兴渔村	961	3493	0	—	96.32	—	152	2848.56	215.78	37.79
30	坦塘村	274	963	274	41.67	61.33	20	2	1475.29	30.17	30.98
31	五新村	710	2228	707	20.4	—	—	—	1955.41	55.96	18.07
35	晓湾村	267	991	270	32.8	5.67	4.33	29	2587.87	185.41	9.20
36	星塘村	234	767	250	25.67	2.3	42	4	589.41	55.94	21.41
37	渔山村	100	347	205	—	—	—	41	777.70	260.58	22.11
36	新鹤村	359	1307	365	16.07	16.66	—	55	1092.48	169.07	24.52

表74　**石浦镇2020年规模企业主要经济指标统计表**

单位：万元、人

序号	企　业　名　称	负责人	工业总产值	营业收入	利润总额	实缴税金	增加值	职工数	研发费用	建筑面积	土地面积
1	宁波申菱机电科技股份有限公司	卢国平	210691	223080	20931	5309	45621	846	7413	75000	221.58
2	宁波昌菱机电有限公司	卢　锋	26231	24781	548	601	4388	275	0	29085	67.48
3	宁波戴维医疗器械股份有限公司	陈再宏	36388	34480	11893	3577	19409	549	3536	49520	205.3
4	宁波贝德尔电讯电机有限公司	林贵良	8643	7567	796	491	2194	192	405	23887	50
5	宁波元浦机电有限公司	欧如东	4622	4521	1	179	773	65	0	6088	15.28
6	宁波盛科机电有限公司	黄　勤	2513	2009	145	73	420	37	68	2140	5.36
7	象山求新机械实业有限公司	郭冬永	2010	1975	−12	139	378	72	7	8857	26.63
8	象山昌升机械配件有限公司	潘安江	2594	2594	100	93	434	52	0	5217	12.4
9	宁波赫欣农业设备有限公司	张　毓	2220	2220	325	10	488	18	—	2000	3.36
10	象山方正机械有限公司	马方亮	1883	1586	49	54	315	23	—	5497	16.06
11	宁波吉翔电力机具制造有限公司	林吉翔	2101	1748	−105	91	261	66	108	6331	19.49
12	宁波华誉电机有限公司	林学荣	1813	1460	4	85	303	48	0	7816	14.92
13	宁波华然机电有限公司	黄敏江	6118	5404	183	104	1024	103	0	7504	17.94

续表74

序号	企业名称	负责人	工业总产值	营业收入	利润总额	实缴税金	增加值	职工数	研发费用	建筑面积	土地面积
14	宁波恒翔机械有限公司	杜德飞	2666	2708	237	102	446	28	—	6699	15.48
15	宁波同顺机械有限公司	陶永林	2320	2321	157	84	388	45	—	3766	8.92
16	宁波博报门窗有限公司	蒋汉明	1617	1263	25	23	233	17	101	3572	8.93
17	宁波民泰人防设备有限公司	张玉东	2790	4757	358	384	925	55	0	8154	23
18	宁波正业工贸发展有限公司	卢　统	2765	2602	-259	62	333	90	—	16322	60
19	象山创丰机械制造有限公司	卓孝雨	2650	2556	17	31	194	26	—	1800	2.7
20	宁波飞日水产实业有限公司	谢定飞	38155	20664	787	618	4587	329	8	49280	37.64
21	宁波日恒食品有限公司	邬莹娜	7572	8026	-538	126	772	70	0	2400	30
22	宁波飞宏水产有限公司	谢光辉	3965	4039	-41	60	337	48	—	4262	8
23	象山石浦国龙水产有限公司	丁亚国	26246	23266	-750	628	2674	106	0	26332	95.21
24	宁波兰洋水产食品有限公司	兰和祥	18122	18237	80	482	3078	371	—	7528	21.5
25	宁波超星海洋生物制品有限公司	叶再府	2525	2124	-51	32	265	66	61	20358	14.08
26	象山超星水产饲料有限公司	叶再府	4609	4302	46	52	528	35	16	2430	42
27	宁波乔兴食品有限公司	王　伟	8105	7004	71	156	826	50	0	2078	8
28	宁波远大海洋生物科技有限公司	严根方	39202	48862	2252	117	3560	65	4	36974	89.3
29	宁波裕祥海洋生物科技有限公司	奚忠明	29986	27011	1017	57	2723	53	6	21287	49
30	宁波锦海水产食品有限公司	魏荣良	11401	11461	-339	311	1162	129	0	12714	36.8
31	宁波飞润海洋生物科技股份有限公司	谢光辉	14629	8997	207	270	1936	150	155	30222	59.17
32	宁波裕天海洋生物科技有限公司	包荣升	17599	14354	745	66	1793	70	165	26937	77.99
33	宁波乾运食品有限公司	吴元民	10011	9375	-2	205	1020	236	0	38058	79.3
34	象山宏海水产食品有限公司	葛海滨	6457	4541	183	23	658	128	0	15112	33.76
35	宁波华龙水产食品有限公司	陈志辉	5912	3713	-386	153	602	62	0	13722	31.94
36	象山兴海水产有限公司	杨永恩	2062	2012	-1	33	210	45	0	7723	14.76
37	象山蓝豚水产有限公司	朱卫忠	2102	2000	-64	24	190	30	—	2500	3.75
38	宁波富程机械有限公司	林小芬	7029	7029	229	217	1176	89	0	2861	6.24
39	宁波明浩机械有限公司	罗仁苗	3198	3198	99	77	535	60	0	2000	4.16
40	宁波星寰机械有限公司	王灵敏	2571	2571	171	60	430	29	0	6000	9
41	宁波驰誉机电设备有限公司	金慧强	2685	2685	-5	59	535	30	—	1670	3

续表74

序号	企业名称	负责人	工业总产值	营业收入	利润总额	实缴税金	增加值	职工数	研发费用	建筑面积	土地面积
42	浙江神洲阳光重工有限公司	许增恩	28114	5796	-168	5	4323	136	108	21310	341.4
43	浙江金川船业有限公司	胡金川	18648	14816	121	471	1785	225	0	16319	124.28
44	宁波东和船舶修造有限公司	焦鹏祥	2725	2725	-601	167	581	30	—	6246	166.1
45	宁波万洋船业有限公司	朱建敏	2865	2051	155	1	795	145	229	9270	87.9
46	宁波莊博爽石油化工有限公司	王孝麒	11964	11845	451	487	1485	73	19	15119	165.53
47	宁波威泰机械有限公司	陆安辉	2119	1989	4	65	355	63	—	5000	9.18
48	象山光明输送机有限公司	叶再贤	5017	4180	53	190	839	50	94	3600	5.54
49	象山港浦建材有限公司	林建亚	10164	10456	527	753	1234	60	—	10071	21.1
50	象山县第二自来水有限公司	曾长征	3803	4253	160	220	1572	151	0	11061	55
51	象山县恒日机械制造厂	柯寿国	3128	3128	35	92	523	60	0	4520	9.14
52	浙江东海德迦风力发电有限公司	杨红杰	2997	2997	750	360	1023	18	0	2827	16.85
53	宁波勤邦新材料科技有限公司	刘勤学	59699	44863	6309	1171	17024	178	1799	34278	97.21
54	象山激智新材料有限公司	唐海江	24164	24447	5140	1730	4084	79	1245	15622	24.22
55	宁波立强机械有限公司	徐贤国	9746	9321	313	535	1832	255	374	12480	18.72
56	宁波市世纪防护设备厂	林　冰	4802	4803	346	259	1592	83	255	13428	30.87
57	浙江欧沃得电器有限公司	洪　梁	3545	3122	11	84	819	90	189	6048	16.43
58	象山恒昌塑胶制品有限公司	林维群	4268	4268	323	16	694	76	—	5000	7.5
59	斐德瑞通用设备制造(宁波)有限公司	王　涛	14882	14446	175	951	3268	300	722	42442	89.57
60	宁波海腾新材料有限公司	王中善	2033	2033	-73	8	98	27	—	6800	20

西周镇

【概况】 西周镇以始祖周姓且位于象山西部而得名，是象山半岛陆路出县之咽喉，西临宁海县，北濒象山港，与奉化区隔港相望。总面积163平方公里，是象山陆域面积最大的乡镇，下辖36个行政村、1个社区、3个居委会、2个手工业社，常住人口7.5万人。拥有11266.67公顷山林，1300余公顷淡海水养殖面积，1866.67公顷耕地，森林覆盖率达75%。全镇拥有工业企业930家，其中上市公司3家，规模以上企业62家。镇域综合实力跻身全国千强镇第43位，相继列入全国重点镇，省级小城市培育试点镇、中心镇，省小城镇综合改革试点镇；先后荣获中国乡镇综合竞争力百强镇、全国卫生镇和省级森林城镇等多项荣誉。2020年，完成地区生产总值86.6亿元、财政总收入8.4亿元、固定资产投资10.5亿元。

【工业经济】 2020年，实现规模以上工业总产值185.2亿元、规模以上工业增加值44.6亿元，完成工业投资6.8亿元，新增规模以上企业5家、5000万元以上企业4家。招商引资方面，实现实际国内资金5.2亿元、浙商回归3.3亿元、境外投资8200万美元，分别同比增长36.8%、83.3%、58.9%；总投资51亿元的生物基可降解新材料产业基地项目落户，投资超10亿元的峰梅汽配园等项目达成签约意向。项目建设方面，劳伦斯特斯拉数字化超级工厂、达时精密模具等亿元产业项目开工，大唐电厂封闭煤场改造、长路公司迁建等9个项目竣工投产。平台建设方面，投资5亿元的西瀛科创园正式开园纳企，入驻率突破85%。服务企业方面，顶格落实援企纾困政策，兑现惠企资金559

万元，缓交税费2800万元。要素保障方面，整治“批而未供”“供而未用”及低效土地，累计腾挪发展空间226亩，落户重点工业项目5个。

【农业经济】 粮食产量连续3年稳定在1700万公斤以上，专业合作社、家庭农场分别新增3家、19家，累计认定无公害农产品产地31家，建成“全程机械化+综合农事”服务中心、现代农业服务中心，创建省级高品质绿色科技示范基地。基础设施建设方面，投入900万元提标改造粮食生产功能区5000亩，投入3000万元完成小流域综合治理10公里，投入500万元完成水利设施管理服务外包。

【商贸旅游】 全域旅游方面，投入500万元打造儒雅山水风情线景观带，总投资1.2亿元的柴溪阿拉乐园亲子度假综合体建设进入审批阶段，总投资1200万元的勤丰望稼潭民宿主体工程完工。品牌建设方面，推出“寻味西周”全域旅游系列宣传片，打造“西瀛民食”“芳记糕点”等特色旅游伴手礼品牌。服务业建设方面，西瀛大街沿街商铺基本建成，中心菜场、文娱综合体建设前期工作有序推进。

【基础设施】 第二轮《西周镇小城市三年行动计划（2020—2022）》通过省级评审，美丽城镇创建方案获评市级优秀。投入3400万元实施广启路、西瀛大街（西周中心小学至树人路段）等7个基建项目。投入1500万元织密农村公路网，提升改善下莲线等乡道29公里，东入口主题雕塑、南入口公园等项目完工。儒雅洋片“生态移民”稳步实施，委托浙江大学完成可行性方案制定。

【美丽乡村】 创建莲花等特色村、精品村、景区村6个，建成车岭等新时代美丽乡村达标村22个，点上示范、线上精品、面上风景的美丽乡村新格局得到巩固。农村人居环境整治常态化落实，卫生厕所普及率、污水处理率、垃圾分类覆盖率均实现100%，获评市级农村生活垃圾分类示范乡镇。

【专项行动】 实施“五水共治”，巩固省级“污水零直排区”和“美丽河道”创建成果。“三改一拆”攻坚发力，拆除违法建筑1.6万平方米，拆后利用率达98%。环保督察力度加大，整治“低散乱”企业10家，淘汰产能落后企业3家。“一打三整治”，联动开展“清港行动”，累计拆解“三无”船舶13艘，护航渔业健康发展。

【民生事业】 投入500余万元筑牢防疫安全屏障，全年“确诊病例”“疑似病例”零发生。突出教育优先发展，投入200万元完成西周中学B幢楼及西周小学宿舍楼、图书馆改造等教育基础设施建设，投入300万元用于奖教惠师。健全基层医疗卫生服务体系，完成“医防融合”一站式便民服务中心建设，新增省、市级卫生村10个，先后邀请63名医学专家及2个专业医疗团队坐诊卫生院。全民健身氛围良好，举办国家级健身名山登山赛，完成儒雅洋体育小康提升村和土下多功能公共运动场地创建。高质量完成第七次全国人口普查任务。

【社会保障】 社保覆盖面继续扩大，户籍人口养老保险、医疗保险参保率分别达到94%和99.9%。“乐业西周”行动落地见效，新增就业1600余人次，登记失业率降至1%。帮扶救助施策，发放各类救助金2000余万元，覆盖群众4000余人次，全县最大规模的天星汽配工疗车间正式开工，吸纳残障人士就业56名。养老服务扩面提质，老年助餐服务及居家养老服务站点医养结合实现全覆盖，惠及1.3万名老年人。“双拥”工作加码，入围首批全国“示范型退役军人服务站”，获评宁波市先进基层武装部。

【社会管理】 “平安西周”建设，投入1000万元实施“雪亮工程”，社会治安防控体系优化。“基层治理四平台”高效运转，全年流转处置各类事件1.4万起，办结率、满意度均达100%。法治西周建设推进，土下村创建省级民主法治示范村，夏叶村通过市级民主法治示范村复核，依法治村水平提高。平稳高效完成行政村规模优化调整，行政村数减至36个，完成村级组织换届选举工作。

【平安建设】 纵深推进扫黑除恶专项斗争，刑事案件发案率同比下降2.8%。完善社会矛盾纠纷多元化解机制，镇矛调中心实现全流程、实体化运作，全年妥善调处各类矛盾纠纷244起。严格落实信访维稳责任制，及时处置突发性涉稳事件6起，按期办理各类信访案件288件，化解历史信访积案11起。开展安全生产和消防安全专项整治行动，整体形势平稳可控。完善隐患排查治理和风险等级管控双重预防机制，累计开展各类监督检查116次，检查单位407家，发现并消除各类安全隐患675个。加强应急救援体系建设，投入400万元高标准建成宁波市首个综合应急救援中心，举办市级基层森林防灭火工作现场会，预防和处置突发公共事件能力提高。

【政府管理】 接受各方面监督，执行人大及其主席团决议、决定，按时办复代表建议提案27件，满意率100%。规范执行“三重一大”集体决策制度，加大政务公开力度，发布政务信息711条。“最多跑一次”改革，建成全市首个“政务服务+金融”综合体。加大投融资体制改革力度，融资综合成本下降1.3个百分点，整体资产负债率下降14.6个百分点。畅通“政村银”合作桥梁，全力为村集体减负，与农村信用合作联社、国民村镇银行达成协议，下调村集体债务利率4个百分点。

【党的建设】 扩大“村民说事”基层治理品牌实效性和影响力，弘瀛等4个村创建省级善治示范村。严格落实党风廉政建设责任制，镇党委主体责任和纪委监督责任，执行“一岗双责”、“三书两报告”、重大工作事项请示报告等制度，严肃查办党员干部违纪案件，党纪处理党员干部11人，问责4人，运用

"第一种形态"58人。开展正风肃纪行动,形成"监督常在、成为常态"的震慑。

【"不忘初心、牢记使命"主题教育总结大会】 1月10日,西周镇"不忘初心、牢记使命"主题教育总结大会召开。全镇党组织书记、县派"第一书记"、机关党员等150余人参加会议,象山县委第五巡回指导组派组员参会指导。

【西周镇人大十八届七次会议召开】 1月16日,西周镇第十八届人民代表大会第七次会议召开。会议审议并通过《西周镇人民政府工作报告》《西周镇第十八届人民代表大会主席团工作报告》《西周镇2019年财政决算和2020年财政预算》,票决产生2020年政府民生实事项目,依法选举陈丹丹为西周镇人大副主席。

【隔溪张村获评2019年度宁波"水美村庄"】 2月20日,宁波市水利局、宁波市五水共治工作领导小组(河长制)办公室公布2019年度"美丽水乡""水美村庄"("乡村美丽河湖")名单,西周镇隔溪张村获评2019年度宁波"水美村庄"。

【裘东耀市长指导西周镇企业复工复产】 2月22日,宁波市委副书记、市长裘东耀在象山县西周镇检查指导企业复工复产及疫情防控工作。宁波市政府秘书长张良才,象山县委书记叶剑鸣,象山县委副书记、代县长包朝阳陪同。宁波市委副书记、市长裘东耀走访了象山华盛塑胶制品有限公司和宁波威霖住宅设施有限公司,详细了解企业复工复产及防疫情况并就相关工作进行了指导。

【创建"四好农村路"示范乡镇】 3月10日,宁波市高水平建设"四好农村路"工作领导小组办公室公布2019年度"四好农村路"示范乡镇考核验收结果,象山县西周镇通过考核验收。

【李强调研华翔集团复工复产情况】 5月27日,浙江省委组织部部务会议成员、"两新"工委专职副书记李强、省委组织部"两新"党建处副处长王祥磊赴华翔集团调研走访,宁波市委组织部副部长、"两新"工委副书记朱志坚、市委组织部"两新"党建处处长马俊,象山县委常委、组织部部长范焕平陪同调研。李强一行到宁波华翔劳伦斯汽车内饰件有限公司,详细了解疫情期间复工复产情况,并询问惠企政策落实情况及企业发展经营困难,对华翔集团党建予以肯定,对劳伦斯汽车内饰件有限公司发展做出鼓励。

【行政村规模优化调整工作部署会议】 6月8日,西周镇召开行政村规模优化调整工作部署会议,县派西周镇"三服务"工作组、镇领导班子成员及各行政村党组织书记、村委会主任参加会议。

【乐惠国际携手阿里云打造精酿行业级工业互联网平台】 6月28日,宁波乐惠国际工程装备股份有限公司携手阿里云工业互联网有限公司推进精酿行业级工业互联网平台签约仪式在象山举行。象山县委书记潘银浩,宁波市经济和信息化局副局长戴云,市科学技术局副局长方巍,县人民政府副县长石坚定,镇党委书记张茂豪以及县相关部门领导出席该次仪式。一同受邀出席的还有商业、金融以及媒体等相关领域人士。通过该次签约,乐惠国际与阿里云深度融合,实现传统制造商到数字化服务商的转型。

【浙江省退役军人厅调研西周退役军人服务站】 7月22日,浙江省退役军人事务厅思想政治与权益维护处处长陈回春、宁波市退役军人事务局副局长徐建祥、象山县退役军人事务局副局长张春毓、张韩辉等一行到西周镇退役军人服务站参观建设情况。西周镇党委委员、服务站站长周益向各位到访领导详细介绍了西周镇退役军人工作的基本情况、服务站日常运行的工作制度、"老兵说事"开展的创新举措、将退役军人工作与西周工业强镇特色进行融合过程中的先进办法等,服务站建设受到了省、市、县各级领导的一致好评。

【宁波市基层森林防灭火工作现场会】 8月20日至21日,宁波市基层森林防灭火工作现场会在西周镇举行。宁波市森防办主任、市应急管理局副局长王宏,宁波市应急管理局一级调研员黄德浩,象山县应急管理局局长檀年华,各区(县)应急管理局分管局长、防火科长参会。与会人员参观象山西周镇综合性应急救援队,了解救援队建队标准和队伍营房等情况,观摩西周镇森林消防救援队演练视频。

【西周镇人大十八届八次会议召开】 9月9日,西周镇第十八届人民代表大会第八次会议召开。会议听取和审议通过《西周镇人民政府工作报告》《西周镇2019年环境状况和环境保护目标完成情况报告》《关于西周镇2020年度民生实事票决项目上半年进展情况的报告》,审议并批准了《关于西周镇2020年上半年财政预算执行情况的报告》。

【行政村(社区)规模优化调整新村(社区)授牌大会】 9月24日,西周镇召开行政村(社区)规模优化调整新村(社区)授牌大会,象山县副县长章洪浩,象山县农业农村局党组成员、副局长卓优优,西周镇全体党政班子成员,全体联村干部,原74个行政村全体党组织书记及村委会主任等200余人参加会议。

【村级组织换届工作会议召开】 10月13日,西周镇召开全镇村级组织换届工作会议,全体领导班子成员,全体联村干部,基层站所负责人,村(社区)党组织书记和副书记,村"第一书记"和县派农村工作指导员参加会议。

【新任村党组织书记集体谈话暨村级组织换届二轮培训会】 11月12日,西周镇开展新任村党组织书记集体谈话暨村级组织换届二轮培训会,全体班子成员、全体联村干部、36个行政村新任党组织书记、县派村"第一书记"等130余人参加会议。

(宋旭)

表 75　　西周镇 2020 年各村基本情况一览表

	村股份经济合作社数	村民小组数	农户总数	纯农户数	人口数	成员数	总收入（万元）	总支出（万元）
合　计	38	378	14600	14600	42126	42126	6326.53	1351.77
尚瀛村	1	11	402	402	1284	1284	147.85	95.97
盛源村	1	11	259	259	835	835	101.85	18.39
清溪村	1	9	333	333	999	999	108	31.34
弘瀛村	1	10	458	458	1237	1237	189.63	25.19
土桥村	1	9	332	332	1012	1012	161.68	41.06
蒙北村	1	8	270	270	782	782	140.06	11.99
车岭村	1	10	255	255	802	802	153.22	19.75
寒山村	1	3	222	222	740	740	30.94	3.52
瀛洲村	1	5	297	297	899	899	167.32	21.22
东瀛村	1	8	399	399	1181	1181	118.11	23.41
勤丰村	1	9	226	226	708	708	124.47	47.23
港南村	1	14	585	585	1722	1722	304.89	56.82
淡港村	1	15	502	502	1335	1335	253.91	40.31
文岙村	1	26	550	550	1728	1728	155.67	33.50
蚶岙村	1	10	239	239	723	723	38.95	10.22
莲花村	1	5	341	341	1042	1042	207.23	24.71
琴诗山村	1	6	211	211	650	650	72.39	9.22
乌沙村	1	18	206	206	608	608	121.31	4.36
儒雅洋村	1	13	563	563	1547	1547	309.92	29.16
涧溪张村	1	6	187	187	540	540	325.86	38.90
芭蕉村	1	11	453	453	1067	1067	95.98	23.52
蒙溪村	1	9	311	311	875	875	120.67	28.40
溪林村	1	9	306	306	735	735	71.18	23.83
横山村	1	4	139	139	430	430	85.70	11.59
尖岭头村	1	5	170	170	562	562	59.76	9.05
蒙南村	1	7	312	312	944	944	84.50	15.72
下沈村	1	14	744	744	1809	1809	391.88	121.27
杰岙村	1	7	478	478	1252	1252	123.71	30.00
田岙村	1	3	240	240	693	693	46.30	21.73

续表75

	村股份经济合作社数	村民小组数	农户总数	纯农户数	人口数	成员数	总收入（万元）	总支出（万元）
柴溪村	1	27	1028	1028	3181	3181	666.26	72.07
东普村	1	7	245	245	744	744	163.56	16.60
静港村	1	11	418	418	1128	1128	173.28	58.07
官山村	1	12	614	614	1959	1959	206.04	139.34
航头村	1	4	262	262	808	808	151.55	20.78
赖岙村	1	5	285	285	977	977	43.39	15.25
牌头村	1	8	636	636	1998	1998	283.82	89.05
伊家山村	1	2	100	100	219	219	30.82	3.32
滨港社区	1	27	1022	1022	2371	2371	294.87	65.91

表76　**西周镇2020年收入状况一览表**

单位：元

序号	村名	经营性收入合计	经营性收入			补助收入	其他收入	总收入
			经营收入	发包收入	投资收益			
1	蒙溪	160690.26	119178.26	10400	31112	993310.99	52692.43	1206693.68
2	港南	645240	462746	10290	172204	2289772.24	113838.76	3048851.00
3	横山	110000	110000	—	—	707760.31	39311.78	857072.09
4	瀛洲	530816	348270	182546	0	1137258.52	5118.62	1673193.14
5	乌沙	696930	150000	546930	0	494920	21298.76	1213148.76
6	清溪	269898.9	265837.5	4061.4	0	742570	67503.35	1079972.25
7	盛源	101878	101878	0	0	896759.4	19879.22	1018516.62
8	杰岙	287126.00	125945.00	161181.00	0.00	908625.00	41355.77	1237106.77
9	莲花	1487700.00	1330200.00	14000.00	143500.00	268238.16	316388.56	2072326.72
10	伊家山	115300.00	112000.00	3300.00	0.00	181313.80	11570.58	308184.38
11	滨港	317230.00	283504.00	0.00	33726.00	2570910.18	60566.42	2948706.60
12	航头	831300	—	831300	—	600726.4	83424.28	1515450.68
13	儒雅洋	100423.06	93015.06	—	7408	1919255.93	1079475.8	3099154.79
14	车岭	186544	172551	13993	—	1243946.8	101734.05	1532224.85

续表76

序号	村　名	经营性收入合计	经营性收入			补助收入	其他收入	总收入
			经营收入	发包收入	投资收益			
15	文　岙	878010	684588	193422	—	522950	155716. 97	1556676. 97
16	东瀛村	662845. 2	96450	566395. 2	—	417543	100741. 05	1181129. 25
17	尖岭头村	107489. 4	85267. 4	—	22222	444113. 06	45983. 18	597585. 64
18	土桥村	800124. 5	724959. 5	75165	—	679762	136953. 88	1616840. 38
19	弘瀛村	1755170	1297620	457550	—	130148. 72	10940. 71	1896259. 43
20	柴　溪	3023834. 94	268500. 94	2751630	3704	3600446. 41	38321. 91	6662603. 26
21	蒙　南	102238	60000	25200	17038	675531. 52	67185. 83	844955. 35
22	田　岙	100593	78593	22000	—	361102. 41	1321. 41	463016. 82
23	琴诗山	104115	104115	—	—	619102	678. 21	723895. 21
24	牌　头	1374995. 5	311521	1063474. 5	0	1232653. 8	230563. 89	2838213. 19
25	勤　丰	264826	233950	30876	0	917784. 12	62074. 95	1244685. 07
26	溪　林	102073	69000	10850	22223	550858. 81	58864. 61	711796. 42
27	涧溪张	123638	104930	11300	7408	3091809. 12	43165. 33	3258612. 45
28	芭　蕉	101408	94000	—	7408	812896. 72	45529. 08	959833. 8
29	静　港	717424. 5	83705	630015. 5	3704	974566	40793. 66	1732784. 16
30	官　山	1145772. 1	37025. 5	1108746. 6	—	884512	30103. 94	2060388. 04
31	蚶　岙	153561	38161	—	115400	73059. 6	162905. 02	389525. 62
32	寒　山	110000	110000	—	—	122929	76440. 86	309369. 86
33	尚　瀛	561365. 8	535014	26351. 8	—	816490	100684. 94	1478540. 74
34	蒙　北	448774. 5	435070. 5	10000	3704	929021. 32	22818. 73	1400614. 55
35	淡　港	195928	51528	—	144400	2212957	130262. 13	2539147. 13
36	东普村	528950	550	528400	0	1074672	31964. 40	1635586. 4
37	下沈村	2550710. 85	1392584. 25	1154422. 6	3704	1330669. 66	37457. 26	3918837. 77
38	赖岙村	146600	0	146600	0	188565	98704. 86	433869. 86
合　计	21901523. 51	10572257. 91	10590400. 6	738865	37619511	3744335. 19	63265369. 7	—

表 77　　西周镇 2020 年规模企业情况一览表

单位：万元

序号	企业名称	主要负责人	工业总产值	营业收入	利润总额	利税总额
	合计	1891564	1931242	—	—	—
1	宁波卓艺家纺有限公司	俞俐伶	6177	7426	418	711
2	宁波华乐特汽车装饰布有限公司	周敏峰	18831	19101	2357	2976
3	宁波瑞莱医疗科技有限公司	张芳女	3778	3773	182	178
4	宁波美久汽配科技有限公司	林久清	3137	3137	94	212
5	宁波佳乐特橡塑机电有限公司	周旭初	2528	2496	278	473
6	宁波威霖住宅设施有限公司	陈岱桦	66943	65081	7877	8405
7	宁波长路塑业有限公司	沈日升	4477	4063	202	316
8	宁波象山华盛塑胶制品有限公司	鲍志昌	21066	20793	2529	2875
9	象山华杰塑业有限公司	孙　杰	6903	8650	168	282
10	宁波汉普塑业股份有限公司	王汉男	10528	6783	-370	-173
11	象山海螺水泥有限责任公司	丁正平	176765	164744	23872	29498
12	象山大涂岸沥青制品有限公司	虞志光	2446	2485	37	106
13	宁波通大机械制造有限公司	沈秀登	3763	3612	380	408
14	宁波奔腾塑业有限公司	郑文涌	2383	2141	116	12
15	宁波华众模具制造有限公司	周敏峰	10059	10909	1560	2169
16	象山华隆模架有限公司	赖德华	2042	2010	133	227
17	宁波众拓模具科技有限公司	朱鸿明	2863	3063	292	342
18	象山蓝越食品机械制造有限公司	沈彦托	2107	2060	261	284
19	宁波乐惠国际工程装备股份有限公司	黄粤宁	62486	62518	9321	9470
20	宁波沪港食品机械制造有限公司	周东来	5993	6007	662	863
21	宁波沪泰食品机械制造有限公司	赖安平	2263	2277	110	126
22	宁波廷胧食品机械制造有限公司	谢国平	2917	2679	258	280
23	象山华丹塑业有限公司	孙秀群	4886	4669	59	167
24	宁波春华汽配有限公司	张宏坚	7566	7508	906	1231
25	宁波华昊汽车饰件有限公司	冷建华	15701	21859	-1	642
26	宁波协华汽车配件制造有限公司	周永敏	5064	5334	270	485
27	宁波科镭汽车零部件有限公司	鲍国林	5616	5779	297	563
28	象山天星汽配有限责任公司	周华平	4722	4175	368	658
29	宁波华翔电子股份有限公司	周晓峰	212571	189492	61897	62940

续表77

序号	企业名称	主要负责人	工业总产值	营业收入	利润总额	利税总额
30	宁波华众塑料制品有限公司	周敏峰	154148	176739	5489	8172
31	宁波明宇汽车部件有限公司	盛水星	2603	2605	-81	38
32	宁波胜维德赫华翔汽车镜有限公司	Yiqian Wang	141874	143622	12431	16740
33	宁波华峰橡塑件有限公司	陈云财	2174	2313	653	765
34	象山博宇汽车模塑制造有限公司	张振海	19871	19150	1006	2071
35	宁波松亚汽车模塑有限公司	周松崎	8929	10727	1120	1349
36	宁波诗兰姆汽车零部件有限公司	孙　岩	85423	80159	17030	18557
37	宁波新华泰模塑电器有限公司	朱照华	20291	19962	1344	2349
38	宁波华翔特雷姆汽车饰件有限公司	林福青	85130	103482	4189	4815
39	象山华民汽车配件有限公司	郑国民	2606	2613	109	309
40	象山华鹰塑料工程有限公司	赖荣钢	12161	13070	655	1105
41	宁波恒富汽车部件发展有限公司	张春富	15091	15509	801	1249
42	宁波华翔汽车饰件有限公司	孙　岩	15974	18927	-1469	-1339
43	宁波劳伦斯汽车内饰件有限公司	鲍志峰	129109	145265	39692	44843
44	宁波海纳机械有限公司	张宏勇	5258	5249	368	691
45	宁波贝诗特模塑有限公司	姚贤腾	1775	1749	58	102
46	宁波向上汽车饰件有限公司	王汉男	1965	2077	-73	-73
47	象山长消汽车零部件有限公司	林福青	11603	11603	186	221
48	宁波振华电器有限公司	陶善国	3436	3532	17	254
49	宁波昊光电器有限公司	陈　浩	4175	4175	243	351
50	宁波灵象电器有限公司	俞敏杰	2030	1953	-130	-115
51	朗亿德电气股份有限公司	呙振飞	1011	994	-116	-109
52	浙江大唐天地环保科技有限公司	于新玉	8735	8735	4544	4944
53	象山豪翔新型建材有限公司	夏江海	2190	3414	163	386
54	海申机电总厂(象山)	李向阳	46839	55300	1925	2052
55	象山大唐新能源有限公司	王凤明	3719	3719	1609	1639
56	宁波富荣电子科技有限公司	张凯军	2488	2502	173	244
57	象山恒建新型建材有限公司	葛朝辉	2552	2505	-32	45
58	宁波斯伯莱茨汽车饰件有限公司	周亦荣	2273	2273	119	127
59	宁波华翔自然纤维科技有限公司	林福青	29582	29582	4434	5063
60	宁波华翔哈尔巴克汽车电子有限公司	孙　岩	5324	5312	-927	-509
61	浙江大唐乌沙山发电有限责任公司	刘同胜	384645	387801	55754	71577

鹤浦镇

【概况】 鹤浦镇位于象山县最南端，由宁波市的第一大岛——南田岛及周围40个岛礁组成，辖区面积约102平方公里，海岛资源丰富，拥有19.5万亩浅海、2万亩滩涂、2.2万亩耕地、8.5万亩山林。户籍人口3.35万人，外来人口约0.9万人，登记人口4.27万人。下辖27个行政村，4个居民区。隋唐时有人居住，曾立南田县，素有“南天十六福地”之称。

【工业经济】 2020年，鹤浦镇一手抓疫情防控，一手抓经济社会发展，推动经济发展由负转正、企稳回暖。为企业减负帮困，指导338家小微企业及个体工商户申领“两直”补助，发放补贴173万元。全年实现工业总产值22.6亿元、增长41%；规模以上工业增加值4.4亿元、增长171%。加快科技领域改革，累计创建县级工程技术中心6家，新增高新技术企业2家。

【农渔经济】 2020年全年渔业捕捞总产量11.2万吨。优化柑橘结构，“红美人”“黄美人”等优质柑橘品种新增面积1000多亩。优质农产品品牌化建设，通过“互联网+农村电商”模式，助力鹤浦白枇杷、鹤岛蜜梨、红美人“云端”销售万单。技术支撑，打造504亩省级高品质绿色科技示范基地，推进红卫塘Ⅱ期养殖尾水治理。

【旅游经济】 坚持以“海韵南田、离岛慢城”为主题，打造海岛乡村旅游目的地。以省级AAA级景区镇创建为契机，完善旅游公共设施，建成小百丈旅游集散中心，黄金坦村通过A级景区村验收。招引旅游大项目，大沙爱情丽旅酒店开工。民宿品质提档升级，成立民宿协会，兴办有证民宿38家，年接待游客量突破15万人。

【村镇建设】 开展农渔村环境综合整治，建材市场配套设施加快推进，城乡环境整治评比位居象山县前列。继续推进农村垃圾分类，太阳能仓修理工作完成，垃圾分类覆盖率达100%。推进城管执法队伍网格化管理，实现镇区城管执法网格全覆盖。开展违法码头专项整治，排查码头8处、纳规1处。推进农村宅基地“三权分置”改革，全市闲置农房激活利用暨农村宅基地“三权分置”改革现场会在鹤浦镇召开。美丽乡村建设加快，樊岙村完成环境整治提升村创建，新增省级美丽宜居示范村、市级美丽乡村示范村各1个。开工建设流水岩新村项目，加快水糊涂迁村前期。建成鹤翔机耕路项目，推进大百丈等3个农村公益事业建设。探索村级经营性收入增长新模式，完成养殖塘公开招租，12个村实现经营性收入增幅82%。

【生态建设】 鹤浦镇生态环境优化。巩固“污水零直排乡镇”创建成果，河道水质明显提升。有序推进南田路危房解危，完成农村危房解危2户。拉网式覆盖排查“三违”问题，完成排查25处，2处隐患完成整改。地质灾害排险推进，完成龙头嘴边坡崩塌地质灾害应急治理。

【民生保障】 2020年，鹤浦镇民生支出1825万元，占一般公共预算支出16.8%，同比增长8.8%。全力攻坚扶贫脱贫，实现脱贫69户。社保扩面提质，新增参保670人。推进就业服务体系建设，做好低保、残疾人两项补贴和社会临时救助等工作，发放各类救助补贴1125万元。加强人民武装工作，完成民兵整组及征兵工作，新建高坎头村退役军人服务站。

【社会事业】 重视教育事业，中、小学及幼儿园教师多人次获得省市县各项荣誉称号。健康服务能力，做好特殊家庭关爱帮扶，发放各类补贴120余万元；落实慢病随访及契约式家庭医生签约工作，推进两癌筛查、孕妇教育及流动人口健康服务。完成国家第七次人口普查。加强食药安全管理，创建省级三星级食安镇，两个村通过A级农村家宴验收。推进农村文化礼堂管用工作，新建村文化礼堂6个，实现文明实践站全覆盖。

【疫情防控】 1月22日，鹤浦镇确诊全县第一例新冠肺炎患者，在形势严峻、情况紧急之下，全体海岛党员干部带头挺身前线，展现海岛党员干部全员参与、全线压上、全力以赴的生动局面。始终把人民群众生命安全和身体健康摆在首位，掌握疫情相关人员2151人，动态管理发热病人966人次，跟踪做好核酸检测1023人次，战“疫”工作取得阶段性胜利。

【社会治理】 “平安鹤浦”建设，落实卡点常态化值守，侵财型案件发案同比下降41%，实现辖区走私“零发案”。做好各级两会维稳安保，化解矛盾纠纷，调处纠纷83起。推进“一中心四平台全科网格”建设，多名网格员荣获省市级荣誉。严守安全生产底线，全力做好伏季休渔、海上安全生产管理，严管船舶修造等重点行业，总体安全生产形势较往年有明显改善。

【政府管理】 2020年，鹤浦镇发挥人大联络站作用，广泛听取社会各界意见建议，办复人大代表建议32件。履行从严治党“两个责任”，第一种形态提醒谈话22人，问责镇村干部9人，党纪处理5人。“六争攻坚”行动，对标对表抓好“五张报表”，荣获宁波市“六争攻坚”先进集体称号。增强基层党组织战斗堡垒作用，完成行政村规模优化调整及村组织换届任务，27个行政村全部实现“一肩挑”，新村发展的美好远景描画。

【中国共产党鹤浦镇第十三届代表大会第五次会议召开】 1月3日，中国共产党鹤浦镇第十三届代表大会第五次会议召开，共有73名正式代表和37名列席代表出席大会。大会听取和审查了镇党委工作报告和镇纪委工作报告，听取镇第十三次党代会提案办理情况报告，审议并通过该次年会代表提案和党建及重点项目代表审评票决，同时组织开展代表现场询问。

【鹤浦镇第十八届人民代表大会第七次会议】 1月8日，鹤浦镇第十八届人民代表大会第七次会议胜利召开。来自全镇各条战线的人大代表和列席代表共65人出席会议。大会听取、审议并通过了镇人民政府工作报告和镇财政预决算执行情况报告，选举产生镇人大副主席杨攀峰，通过4个代表票决工程项目，圆满完成各项既定任务。

【“不忘初心、牢记使命”主题教育总结大会】 1月13日，鹤浦镇召开“不忘初心、牢记使命”主题教育总结大会，传达贯彻中央和省、市、县委主题教育总结大会精神，总结鹤浦镇主题教育工作，镇全体机关干部、各行政村党支部书记、“两新”组织党支部书记、镇党代表以及下属部门负责人参加会议。

【渔业领域“一打三整治”暨渔业安全生产工作会议】 4月23日，鹤浦镇召开渔业领域“一打三整治”暨渔业安全工作会议。伏季休渔暨“一打三整治”工作领导小组成员、渔业安全指挥工作人员、相关部门负责人、重点渔村主要干部、部分带头船长、渔嫂及涉渔企业代表共计103人参加会议。

【双湾至大文沙公路工程开工】 7月8日，鹤浦镇双湾至大文沙公路工程举行开工仪式。条件。项目由象山县鹤浦农业服务有限公司负责实施，总投资5427万元，本工程起于南双线、双湾村道，终于大文沙村道，全长为4.593公里，路基宽度6.5米，按四级双向两车道标准设计并配套建设管涵27道，盖涵板5道，箱涵1道及百里桩等配套供电、绿化设施。该项目作为南田岛生态岛礁、鹤浦风景滨海道路的重要组成部分，建成后将完善区域路网结构，改善交通。

【700T半潜式起重船“巨杰702”上水】 7月23日，由宁波振鹤船业有限公司制造的700T半潜式起重船“巨杰702”在鹤浦振鹤码头上水。“巨杰702”船长86米，总长141米，型深6米，最大沉深24米，总吨10202吨，净吨3060吨，船舶配置一台700吨全回转起重机，该船大量使用海工项目的施工工艺，用于安装海上风电设备，是民营船企首次建造此类船型。

7月23日，700T半潜式起重船“巨杰702”在鹤浦振鹤码头上水

【蔡丹笑喜获省第三届“优秀网格员”称号】 8月27日，浙江省第三届“优秀网格员”表扬活动举行，鹤浦镇蟹厂村第一网格网格长蔡丹笑凭借其日常工作中的细心负责、防疫工作的责任担当，荣获第三届省“优秀网格员”称号。

【开展渔船开捕前安全督查】 9月6日，宁波市农业农村局副局长、副书记皇甫伟国带领宁波市农业农村局渔业渔政渔港管理处，渔政执法支队单位同志及有关人员对鹤浦9月16日开捕渔船安全检查进行督查指导。皇甫书记一行人到鹤浦镇渔业安全指挥信息中心，慰问值班人员并听取工作情况汇报，重点查看信息中心值班台账以及渔船防台工作情况，并提出要压实安全生产责任、做好隐患排查整治、做好异地挂靠渔船管理等三方面要求。

【举办第一届“迎开渔、庆丰收”农民丰收节活动】 9月13日，为迎接“中国农民丰收节”，鹤浦镇举办第一届“迎开渔、庆丰收”农民丰收节活动，通过第五届妇女点心节、南田特色“八大碗”厨艺PK、“迎开渔、庆丰收”文艺晚会三大主题活动，营造良好节日氛围。

【鹤浦镇召开行政村规模优化调整新村成立授牌大会】 9月18日，浦镇召开行政村规模调整新村成立授牌大会，全体机关干部、涉及调整村村书记、主任、村监会主任、经济合作社负责人，新村“第一书记”参加会议。县政协副主席励茂平参加授牌仪式。镇党委书记张帮寸强调，要做好新村融合发展“后半篇”文章，并提出要统一思想、共识，以“团结”凝聚工作合力，主动作为，干事担当，以“责任”激发创业活力，严守底线，高效廉政，以“廉洁”严肃工作纪律。

【召开村组织换届工作动员会议】 10月12日，鹤浦镇召开村组织换届工作动员会议，全体机关干部、基层站所负责人、村“第一书记”，各行政村书记、主任，涉及行政村规模优化调整成立新村的副书记、村务小组组长、副组长参加会议。

【百亿风电装备产业园在鹤浦开建】 10月23日，中国海装象山大型海上风电智能化装备产业园项目开工仪式在鹤浦镇船舶基地举行。市政协副主席叶剑鸣宣布开工。10月22日，在项目开工前，县委书记潘银浩会见了中国船舶集团有限公司党组成员、副总经理钱建平和中国船舶重工集团海装风电股份有限公司董事长王满昌等一行。县领导包朝阳、罗来兴、俞骏、陈兴立以及中国船舶重工集团海装风电股份有限公司董事长王满昌等出席开工仪式。副县长石坚定主持开工仪式。该项目将分期建设“风电机组总装、叶片生产、叶片检测、变频器生产、机舱罩生产、塔筒生产、工程安装、运维公司”等8大基地，总用地面积约800亩（不含堆场）。

【高坎头村签约建设“健康服务基地”】 2020年12月10日，农工党宁波卫生职业技术学院支部与象山县鹤浦镇高坎头村签订合作协议，双方共建“健康服务基地”。

（郑思宇）

表 78　　**鹤浦镇 2020 年行政村经济情况一览表**

村　名	户　数（户）	人　口（人）	水　田（亩）	旱　地（亩）	水产养殖（亩）	渔船（艘）	村级资产（万元）	村集体年收入（万元）	村集体年支出（万元）	书记	副主任
黄金坦村	306	900	538	200	0	21	919.49	82.65	27.92	郑宏金	朱苗
蟹厂村	501	1517	1124.23	0	0	28	792.49	120.87	65.99	陈文斌	郑修辉
鹤鸿村	386	934	122.6	0	0	15	728.32	83.85	77.9	李万根	郑文明
鹤翔村	361	1069	465	0	0	32	1410.5	95.36	39.23	梅传土	陈国友
鹤进村	435	1323	328.29	439.49	300	7	1158.3	35.32	19.5	郑爱娥	吴根永
鹤南村	632	2002	1044.36	727.14	0	13	911.28	171.29	100.62	江财明	潘忠元
湾塘村	256	838	312	317	0	6	1153.3	93.57	84.38	徐金昌	汪根木
龙头村	350	1106	369.76	175.65	184	54	1019	192.62	54.99	颜安方	张新茂
吉港村	379	1122	563.39	259.33	335	34	1164.8	175.22	66.66	李由明	朱顺高
小网巾村	331	1138	441.78	272.21	368	25	2135.7	279.48	46.99	芦赛玉	胡祥安
港湾村	303	1031	240.51	287.07	1023	56	2736.2	467.59	120.44	叶兴荣	谢才宝
大百丈村	370	1136	475.28	352.42	0	23	1109.5	133.29	22.51	陈长生	王先贵
小百丈村	431	1308	587.95	416.38	0	8	2170.2	340.29	28	潘孝兵	金国
大沙村	216	760	85.843	321.772	0	29	1961.5	116	48.48	许国庆	蒋周强
文山前村	276	848	313.69	396.85	0	4	599.46	77.67	18.28	奚圣志	冯万福
五利村	687	2205	1704.24	210.38	154	14	779.78	147.88	72.39	赖岳安	娄兴国
螺蛳礁村	434	1295	814.81	447.98	127	2	798.61	142.19	37.01	邱锡挺	梅大海
樊岙村	949	2948	1040.48	633.21	868.07	11	658.86	514.29	138.18	周正贵	泮万尚
高坎头村	272	904	513.41	125.4	637.45	0	792.69	131.59	43.16	章罗永	金正定
马谷村	302	982	489.41	169.89	275	16	887.77	169.64	32.74	叶显进	王国强
鹤栖村	248	755	361.35	92.15	541	7	739.56	223.25	19.82	李千畅	刘彼得
大南田村	439	1507	653.56	223.511	988	4	850.97	296.76	80.9	林咸友	俞青峰
小南田村	359	1173	416.93	261.84	205	38	714.3	139.15	45.88	杨亚素	陶夏木
牧童岙村	245	844	300.3	158.05	155	6	443.25	86.52	20.8	项朝荣	程增军
水湖涂村	226	852	171.9	234.02	137	6	471.03	139.57	20.13	金正贵	金建华
杨柳坑村	210	785	0	0	75	46	467.46	72.67	26.02	梁金善	任增富
金七门村	183	745	0	41	60	40	316.15	116.77	36.9	陈万龙	尤巍杰
合计	—	—	—	—	—	—	—	—	—	—	—

表 79

鹤浦镇 2020 年基本地情一览表

指 标 名 称	计量单位	代 码	数 量
甲	乙	丙	1
公园及休闲健身广场个数	个	Z66	36
生活垃圾月均处理量	吨/月	Z67	980
1. 卫生填埋	吨/月	Z68	0
2. 集中焚烧	吨/月	Z69	0
3. 转运至垃圾处理厂	吨/月	Z70	980
八、镇区经济社会情况（仅限建制镇填报）	—	—	—
（一）面积与人口	—	—	—
建成区面积	公顷	Z71	880
常住户数	户	Z72	4120
常住人口	人	Z73	11209
其中：外来人口	人	Z74	3416
（二）经济	—	—	—
企业数	家	Z75	361
企业从业人员	人	Z76	3713
工业企业单位数	个	Z77	63
其中：规模以上工业	个	Z78	10
工业总产值	万元	Z79	240831
其中：规模以上工业	万元	Z80	225989
批发和零售法人企业数	家	Z81	120
批发和零售法人企业商品销售额	万元	Z82	12000
亿元以上商品交易市场个数	个	Z83	1
亿元以上商品交易市场交易额	亿元	Z84	1. 1
住宿业法人企业数	家	Z85	31
其中：星级饭店个数	个	Z86	0
住宿业法人企业客房数	间	Z87	1500
其中：星级饭店客房数	间	Z88	0
旅行社个数	个	Z89	0
（三）公用事业	—	—	—
集中供暖户数	户	Z90	0
公交车通车线路	条	Z91	12

续表79

指标名称	计量单位	代码	数量
金融机构网点数	个	Z92	6
绿化面积	平方米/人	Z93	16.2
公共卫生间	座	Z94	4
公园及休闲健身广场个数	个	Z66	36
生活垃圾月均处理量	吨/月	Z67	1020
1. 卫生填埋	吨/月	Z68	0
2. 集中焚烧	吨/月	Z69	0
3. 转运至垃圾处理厂	吨/月	Z70	1020
八、镇区经济社会情况(仅限建制镇填报)	—	—	—
(一)面积与人口	—	—	—
建成区面积	公顷	Z71	880
常住户数	户	Z72	4120
常住人口	人	Z73	11209
其中:外来人口	人	Z74	3416
(二)经济	—	—	—
企业数	家	Z75	259
企业从业人员	人	Z76	3713
工业企业单位数	个	Z77	92
其中:规模以上工业	个	Z78	7
工业总产值	万元	Z79	248718
其中:规模以上工业	万元	Z80	203921
批发和零售法人企业个数	个	Z81	120
批发和零售法人企业商品销售额	万元	Z82	12000
亿元以上商品交易市场个数	个	Z83	1
亿元以上商品交易市场交易额	亿元	Z84	1.1
住宿业法人企业数	家	Z85	31
其中:星级饭店个数	个	Z86	0
住宿业法人企业客房数	间	Z87	1500
其中:星级饭店客房数	间	Z88	0
旅行社个数	个	Z89	0
(三)公用事业	—	—	—
集中供暖户数	户	Z90	0

续表79

指　标　名　称	计量单位	代　　码	数　　量
公交车通车线路	条	Z91	11
金融机构网点数	个	Z92	6
绿化面积	公顷	Z93	14.5
公共卫生间	座	Z94	4

贤庠镇

【概况】 贤庠是象山县北部临港重镇，地理位置独特，区位优势明显，地处北纬29°25′、东经121°150′，东邻涂茨镇，西接黄避岙乡，北邻象山港，南靠大徐镇，距宁波市区40公里，南距象山县城15公里，素有象山“北大门”之称。2020年，获评省级特色农业强镇、省级美丽乡村示范镇、省级AAA级景区镇、市级美丽城镇样板镇、县“大禹杯”金奖，承办市信访“四无”村创建工作现场会，临港装备特色小镇获市级特色小镇培育类优秀等荣誉。区域面积66.82平方公里，耕地面积2万余亩，山林4.6万亩，海岸线12公里，浅海滩涂2.5万亩，辖1个居民区、21个行政村。2020年全年社会生产总值同比增长1.7%；财政总收入1.32亿元、同比增长6.9%；农渔民人均年收入31714元，同比增长6.9%。

【工业经济】 全年实现规模以上企业产值45亿元，同比增长9.92%，规模以上企业增加值9.71亿元，同比增长27.8%。按照“以周保月、以月保季、以季保年”要求，建立健全项目跟踪落实机制，全力推进产业项目提速增效，全年完成固定资产投资7.5亿元，实际外资及港澳台资金185万美元；实际国内资金6亿元，完成年度任务的120%；浙商回归资金2.16亿元，完成年度任务的144%。

【农业经济】 加快完善功能区基础设施建设，实施东风、海墩、蒲门等村3000亩标准农田提升工程，启动蒲门、珠溪等村150亩土地整理开发项目。推进农业供给侧结构性改革，完成种植早稻665亩，单季晚稻1.2万亩，油菜、小麦2400亩，粮食生产提质增效。着力推进农业品牌建设，重点培育以石斛、桂花为特色的主导产业。

【商贸旅游】 借助山海资源优势，开展“云游贤庠”“游氧贤庠”等主题活动，举办“健康家庭”创建现场会，提升“康养贤庠”旅游知名度。打造旅游支柱品牌体系，“花开贤庠”精品线建设，投用桂亭、仙隐禅寺、将军泉等景观节点，获评“浙江省美丽乡村风景线”称号。实施“千万工程”，推进“美丽乡村”示范镇创建，新增省级美丽乡村特色精品村1个、县级美丽乡村特色示范村1个、A级景区村2个、银宿级民宿2家。

【民生事业】 师德师风建设，提升教师队伍整体素质。加强食品药品安全管理，日常食安检查，岑晁、木瓜、蒲门、沈家洋4个村创建省级农村家宴厨房。发展卫生健康事业，推进贤庠镇中心卫生院扩建工程，东风、沈家洋、民洋、塘花园4个村获评省级卫生村，西山下村获评省级小康体育提升村。

【村镇建设】 稳固小城镇环境综合整治成果，推进美丽城镇样板镇建设，建成室外体育场、室内篮球场、邻里中心等设施项目，夯实城镇功能品质。高水平推进“四好农村路”建设，完成农村公路新建工程6项，农村公路及箱涵大中修工程3项，市政道路提升项目4项，升级城镇基础设施。实施便捷交通惠民工程，新建小蔚庄、蒲门公交场站2个，整改优化港湾式公交候车厅28处，调整公交线路2条，改善居民出行条件。

【社会保障】 打好脱贫攻坚战，开展低收入农户扶贫工作，落实建档立卡“一户一策一干部”帮扶制度，排查低收入农户423户，落实政策性保险592人，保障困难群众基本生活。健全困难群体救助体系，加强救济、优抚、互助等社会保障事业，对因病、因灾、因残等困难家庭及时落实临时救助政策，发放补助13.6万元。开展红十字会救护培训，累计开展培训16次，完成普及培训1171人次。

【平安建设】 围绕建设“平安贤庠”总目标，开展补短板强弱项防风险工作，集中开展“扫黑除恶”专项斗争、安全生产百日大会战回头看、矛盾纠纷大排查大化解等专项行动，平安建设取得成效。加强基层基础和群防群治工作，全年累计开展安全隐患排查263起，辖区内接警1602起，查处治安案件42起，破获刑事案件45起。社会治理现代化成效明显，青莱村创建信访“四无”示范村，发挥示范引领作用。实施“一打三整治”，开展渔业领域大整治大提升，开展清港行动17次，清理违禁网具500余顶，清剿“三无”船舶2艘。

【政府管理】 “最多跑一次”改革，梳理审批服务事项589项，实现“最多跑一次”事项512项，完成镇村两级便民服务网点标准化建设，政府服务质量提高。健全行政决策机制，严格落实“三重一大”集体决策、政府法律顾问等制度，做好重大行政执法审查备案、行政复议等工作。自觉接受各方监督，主动邀请“两代表一委员”监督中心工作，广泛听取社会各界热心人士意见建议，共办理县镇人大建议20件。政府信息公开，发布各类信息436条，行政行为更加规范透明。

【中共贤庠镇第十三届代表大会第五次会议召开】 1月6日，中共贤庠镇第十三届代表大会第五次会议召开，来自全贤庠镇各条战线的62名正式代表、35名列席人员参加会议。大会听取并审查通过了贤庠镇党委工作报告，审查通过了贤庠镇纪委工作报告和决议。

【贤庠镇第十八届人民代表大会第七次会议】 1月12日，贤庠镇第十八届人民代表大会第七次会议召开，来自全贤庠镇各行各业、各条战线的50名正式代表和65名列席代表集聚一堂，共谋发展良策，共绘发展蓝图。大会审议通过了贤庠镇人民政府工作报告、2019年财政预算执行情况和2020年财政预算(草案)的报告、贤庠镇人大主席团工作报告。

【贤庠镇召开“不忘初心、牢记使命”主题教育总结大会】 为学习贯彻习近平总书记在中央主题教育工作总结大会上的讲话精神和中共十九届四中全会精神，以及省、市、县主题教育总结大会讲话精神，1月13日，贤庠镇召开“不忘初心、牢记使命”主题教育总结大会，会议由贤庠党委副书记王永旭主持，全贤庠镇党组织书记、机关党员等100余人参加会议，象山县第八巡回指导组李勇勤到会指导。

【县首届农村文化礼堂“我们的村晚”】 1月17日晚，以“奋进新时代 喜圆小康梦”为主题的2020年象山县首届农村文化礼堂“我们的村晚”在贤庠镇木瓜村文化礼堂精彩上演。象山县领导罗来兴、陈柳松、欧亚群、励茂平与乡亲们共聚一堂，共享新春盛会。

1月17日，2020年象山县首届农村文化礼堂“我们的村晚”在贤庠镇木瓜村文化礼堂精彩上演

【“清洁家园　干净过年”环境卫生大整治活动】 为营造卫生整洁、干净有序、文明祥和的节日氛围，1月18日，贤庠镇开展“清洁家园　干净过年”环境卫生大整治活动，集中力量对主次干道、公共场所、卫生死角、房前屋后及背街小巷进行清理，掀起了环境整治新高潮。

【市委组织部处长何之龙指导贤庠镇防控工作】 2月7日，市委组织部正处级巡视员何之龙到贤庠镇调研指导工作，贤庠镇党委书记胡路作情况汇报，组织部副部长张荣飞、镇长赖东海、副书记王永旭、组织委员李萍、副镇长吴丹君参会。

【首批企业员工进行核酸检测】 2月18日，西泽轮渡临时闲置的候船室变成了一个小型的“化验室”，贤庠镇邀请了专业检测机构为复工企业的员工进行新冠病毒核酸检测。该次核酸检测共设点2个，报名人数500余人，涉及企业29家。

【市“三复”疫情防控监督检查第十组赴贤庠指导工作】 2月26日，由市商务局副局长、党组成员谢再盛组成的“三复”疫情防控监督检查第十组赴贤庠指导疫情防控工作，贤庠镇党委书记胡路作汇报。检查组后赴企业督查工作。

【召开贤庠镇党委及所属村级党组织巡察工作汇报会】 4月16日，召开贤庠镇党委及所属村级党组织巡察工作汇报会，县委第三巡察组听取贤庠镇汇报。参加会议的有县委第三巡察组组长胡阿潮、副组长陈平、县司法局副局级干部陈文豪、县农林局干部董云楚、正科级专职巡察员林世行、丹西街道团工委副书记何储池、贤庠镇党委班子成员。

【2020“云”游贤庠开游节线上直播活动】 4月28日，召开2020“云”游贤庠开游节线上直播活动，县旅游发展中心副主任张建军、贤庠镇党委书记胡路与网友分享了象山以及贤庠的旅游特色，并共同为贤庠优质农特产品直播带货。直播还同时连线了枫康石斛养生园，岑晁米醋厂，让观众更加了解贤庠产品的制作工艺及营养价值。19:00，本土音乐人带来精彩音乐表演。该次直播活动线上观看量20多万人次，完成线上交易量5万余元。

【象山县“一线攻坚‘三服务’、争先创优促发展”活动动员大会】 5月15日，贤庠镇各村党支部书记、村主任参加县“一线攻坚‘三服务’、争先创优促发展”活动动员大会的分会场视频会议。

【县“三服务”指导组赴贤庠镇指导工作】 5月20日，县“三服务”指导组赴贤庠镇指导工作。“三服务”组组长县纪委副书记、县监察委员会副主任娄海东，副组长县经济和信息化局总经济师、党委委员赖盛火、县自然资源和规划局副局长、党组成员王立新及县纪委县监委干部室主任陈波。成员有陈柞进、孙成、陈健、史航旭。贤庠贤庠镇党委书记胡路、党群副书记王永旭、政法副书记钱钧、纪委书记张乾玲、总工会主席励罕士出席会议。

【陈善方一行赴贤庠镇指导工作】 5月21日，县联系领导陈善方书记、陈海虹院长赴村企一线调研情况。随后陈善方一行听取安全生产、行政村撤并有关情况汇报。县纪委副书记、县监察委员会副主任娄海东及县纪委县监委干部室主任陈波陪同。贤庠镇党委书记胡路、副书记钱钧、组织委员李萍、纪委书记张乾玲出席。

【木瓜村文化礼堂承办专题巡回宣讲活动】 5月25日，全市“习近平总书记在浙江、宁波考察时的重要讲话精神”专题巡回宣讲象山站活动在县贤庠镇木瓜村文化礼堂举行。

【潘银浩赴贤庠镇调研】 6月5日，象山县委书记潘银浩赴贤庠镇调研指导工作，县政府党组成员孙国夫，县派工作组组长、县纪委副书记、县监委副主任娄海东等陪同调研。会上，贤庠镇党委书记胡路汇报了贤庠镇相关工作。潘银浩肯定了贤庠镇在项目引进开发、城镇功能培育、美丽经济发展等方面的工作及取得的成绩，并对下阶段工作提出三点要求。一是借港出海，争当工业强县的主力军；二是以产兴城，争当产城融合的先行者；三是党建引领，争当干事创业的先锋队。

【召开“一线攻坚三服务、争先创优促发展”活动动员会】 6月16日，贤庠镇召开“一线攻坚三服务、争先创优促发展”活动动员会，会议围绕中央“六稳”“六保”和省市县争先创优行动工作要求，发动全镇推进行政村规模优化调整、低收入群体增收、基层治理等重点工作，全力保持经济社会发展稳定。县派贤庠工作组全体成员，全镇行政事业干部，镇争先创优工作专班成员，各村四套班子主要负责人参加会议。

【行政村规模调整动员会】 6月16日，贤庠镇召开行政村规模调整动员会，赖东海镇长主持会议，王永旭副书记部署行政村规模调整具体工作，贤庠镇党委书记胡路、县派贤庠工作组组长娄海东讲话。

【行政村规模优化调整】 8月7日14时，随着俞公岙村、民洋村、新丰村3个村的行政村规模调整方案全部通过，贤庠镇程家屿村、常乐村、章家墩村、沈家洋村、塘花园村、珠山岙村、着衣亭村、中溪村、溪沿村、俞公岙村、民洋村、新丰村共12个行政村精简至5个行政村，贤庠镇该次行政村规模优化调整工作圆满完成。

【贤庠镇召开第十八届人民代表大会第八次会议】 8月28日，贤庠镇第十八届人民代表大会第八次会议召开，来自全镇各行各业的53名人大代表，以及各位列席代表出席会议。会议听取并审议2020年贤庠镇半年度政府工作报告、2019年财政决算及2020年财政预算调整（草案）的报告、2019年环境状况和环境保护目标完成情况报告。大会接受庞伟总、王森栋辞去镇十八届人民政府副镇长职务。通过无记名投票方式，依法选举张敏当选贤庠镇人民政府副镇长。

【贤庠镇工会召开第三次代表大会】 8月31日，贤庠镇工会第三次代表大会在镇人民政府召开。大会听取和审议了镇总工会第二届委员会工作报告和第二届经费审查委员会经费审查工作报告，选举产生了镇总工会第三届委员会、经费审查委员会。大会依法选举励罕士当选镇总工会第三届委员会主席。

【潘银浩赴贤庠镇调研】 9月4日，象山县委书记潘银浩书记赴贤庠镇调研，先后走访宁波天翼装备技术有限公司、青莱村。

【市换届督导组到贤庠镇调研指导村社组织换届工作】 9月8日，市换届办联系象山督导组，市民政局党组书记、局长周忠贤一行到贤庠镇专题调研行政村规模优化调整和村社组织换届工作。县委常委、组织部部长范焕平等陪同调研。

【举办全国书画展】 9月10日，“迎开渔、庆国庆”全国名家书画艺术品邀请展在象山贤庠开展。该次活动由中国企业家日报社艺术研究院、北京民族大学写生基地、北京畲山书画院主办，象山县委宣传部、贤庠镇人民政府协办，畲山（象山）艺术基地承办。象山县委常委、宣传部部长应建勇，华人雕刻艺术家蒋鸿建，畲山书画院院长雷火土，宁波市文化馆馆长纪云飞，宁波市美术家协会副主席、市群星书画院执行院长鲁峰，象山县文联主席郑辉，象山县旅游发展中心副主任张建军，象山县文化和广电旅游体育局党组成员奚斌辉，西泠印社社员张明珠，象山县文化馆馆长黄松挺，宁波江甬集团股份有限公司董事长江标，象山时代广场董事长王洪江，贤庠镇党委书记胡路及镇党政班子领导、镇下属部门负责人、各村书记、群众代表等参加开幕式。

【行政村规模优化调整新村授牌大会】 9月19日，贤庠镇召开行政村规模化调整新村授牌大会。县纪委副书记、县派三服务工作组组长娄海东、镇全体机关干部、调整前所有撤并村主职干部参加会议。会议由党委副书记王永旭主持。

【县“健康家庭建设”启动仪式】 10月18日，县“健康家庭建设”启动仪式暨“游氧贤庠”亲子定向越野赛在贤庠镇举行，百余组家庭带着孩子沿着“花开贤庠”文明线寻宝探险。参与启动仪式的单位为健康象山建设领导小组，有县卫生健康局、县文广旅游体育局、县旅游发展中心、团县委等以及各镇乡街道。

【县关心下一代志愿者协会贤庠分会暨镇志愿者队伍成立大会】 10月23日，贤庠镇召开县关心下一代志愿者协会贤庠分会暨镇志愿者队伍成立大会，选举分会第一届理事会理事，成立新时代文明实践所志愿者队伍10支。

【青莱村接受全市信访“四无村”创建工作现场会参观考察】 10月23日，举行全市信访“四无村”创建工作现场会。省信访局副局长邵根宝，市委常委、秘书长施惠芳，市委副秘书长、信访局局长孙小雄，县委书记潘银浩，县委副书记、政法委书记李晓东等一行人到青莱村，实地走访了解信访“四无村”创建工作情况。

【贤庠镇获评浙江第三批省级特色农业强镇称号】 11月17日，在全省乡村产业高质量发展推进会上，公布贤庠镇为第三批省级特色农业强镇之一。

【村委会换届选举工作会议】 11月12日，贤庠镇召开村委会换届选举工作会议。镇领导班子成员、联村干部、各行政村书记参加会议。

【创建浙江省美丽城镇建设省级农业特色样板乡镇】 11月13日，金华市美丽城镇办督导组组长郑华带领省考评组，赴贤庠镇进行美丽城镇建设考评，宁波市美丽城镇办李博古、陈立明等陪同。

表80　　贤庠镇2020年行政村一览表

村　名	户　数（户）	人　口（人）	耕　地（万亩）	园　地（万亩）	林　地（万亩）	村集体年收入（万元）	村集体年支出（万元）	书　记（主任）
岑晁村	716	2046	0.1389	0.0126	0.0359	258.2501	184.7451	陆海燕
常乐村	298	0918	0.0672	0	0.277	151.7961	238.7968	—
大石门社区	113	284	0.007	0	0	219.9133	7.9752	—
东风村	431	991	0.097	0	0.108	173.7772	20.9419	张庸宝
官司塘村	241	770	0.0615	0	0.0757	51.7766	25.2779	易启勤
海墩村	227	3745	0.3235	0	0.1437	252.4142	41.1405	蔡亦海
贤港村	475	1331	0.1182	0.0244	0.1925	209.3244	293.8073	陈良恩
木瓜村	233	704	0.0641	0	0.1365	85.0207	13.9513	贺云云
蒲门村	585	1905	0.1629	0	0.3733	166.1561	45.6762	张玉林
碶头陈村	285	847	0.0986	0.0107	0.0385	321.9171	52.5202	白源延
青莱村	236	702	0.0708	0	0.0654	764.4275	31.4887	樊开英
山厂村	193	586	0.0509	0	0.2473	53.917	6.4447	徐沛法
贤南村	286	777	0.0609	0	0.2657	264.8069	40.1906	章志福
着衣亭村	669	2062	0.1649	0	0.6405	275.56	44.4424	陈德照
乌屿山村	489	1338	0.0685	0	0.0526	466.7422	54.7124	屠康海
西山下村	305	0986	0.0893	0.0108	0.2088	290.5256	13.2712	胡庆虎
溪沿村	883	2703	0.2649	0	0.5612	330.0407	45.8701	郭志飞
下庄村	39	1165	0.1088	0	0.2914	114.7836	12.86	黄惠东
贤庠村	358	1078	0.1144	0.142	0.0169	293.6033	74.9825	张献文
小蔚庄村	128	390	0.0355	0.0039	0.1027	76.8357	11.0628	陈财利
盐厂村	542	1662	0.1066	0.0221	0.1338	306.282	167.5084	林善兴
珠溪村	994	3033	0.2356	0.0171	0.9304	444.5856	433.325	许彩芳

表81　　贤庠镇2020年基本地情一览表

指　标　名　称	计量单位	代　码	数　量
甲	乙	丙	1
公园及休闲健身广场个数	个	Z66	4

续表81

指　标　名　称	计量单位	代　码	数　量
生活垃圾月均处理量	吨/月	Z67	552
1. 卫生填埋	吨/月	Z68	0
2. 集中焚烧	吨/月	Z69	0
3. 转运至垃圾处理厂	吨/月	Z70	552
八、镇区经济社会情况（仅限建制镇填报）	—	—	—
（一）面积与人口	—	—	—
建成区面积	公顷	Z71	350
常住户数	户	Z72	10133
常住人口	人	Z73	30674
其中：外来人口	人	Z74	3211
（二）经济	—	—	—
企业个数	个	Z75	240
企业从业人员	人	Z76	4719
工业企业单位数	个	Z77	240
其中：规模以上工业	个	Z78	39
工业总产值	万元	Z79	528600
其中：规模以上工业	万元	Z80	450000
商贸企业个数	个	Z81	59
商贸企业商品销售额	万元	Z82	19000
亿元以上商品交易市场个数	个	Z83	0
亿元以上商品交易市场交易额	亿元	Z84	0
住宿业法人企业个数	个	Z85	7
其中：星级饭店个数	个	Z86	0
住宿业法人企业客房数	间	Z87	54
其中：星级饭店客房数	间	Z88	0
旅行社个数	个	Z89	0
（三）公用事业	—	—	—
集中供暖户数	户	Z90	0
公交车通车线路	条	Z91	5
金融机构网点数	个	Z92	5
绿化面积	公顷	Z93	19.2
公共卫生间	座	Z94	3

墙头镇

【概况】 2020年,宁波象山海事处在宁波海事局、象山县委县政府领导下,以习近平新时代中国特色社会主义思想为指导,对标浙江“重要窗口”的目标定位,坚定“走在前列”战略目标,坚持“规范、理顺、创新”工作主线,应对疫情防控、助力复工复产,抓安全、优服务、促发展,各项工作取得成效。全年辖区货物吞吐量519.29万吨,旅客运输117.5万人次,车辆运输36.8万辆。国内船舶进出港报告5.96万艘次。巡航586艘次,巡查1194次,累计出动执法人员5562人次。检查各类船舶2973艘次,安检140艘次,滞留6艘次。全年行政处罚立案973起,执行罚款492万余元,分别同比增长31%、42%。共发生海上交通事故7起,其中一般等级事故4起,小事故3起,死亡(失踪)1人,沉船4艘,四项指标下降;发生险情16起,执行搜救抢险任务31次,救助113人。

【客渡运水平明显提升】 推进客渡运公司体系运行。聚焦打造安全客运绿色通道,金高椅海上斑马线有序实施。支持3处客渡码头场站改造,推动石鹤汽渡航线试运行旅客实名制。完成两期“渡工夜校”安全教育专题活动。

【“两船”整治集中发力】 开展“蓝盾”系列行动,严厉打击内河船参与海上运输违法行为,建立卸载、行政强制、处罚、拖带标准化流程。全年共查处违章砂石船160艘次,立案305起,处罚金额170余万元,拦截内河船38艘次,占全局76%,立案268起,处罚金额140余万元。

【商渔船防碰撞稳步推进】 与县水利和渔业局签订《商渔合作备忘录》。全年共开展前移值守60次,发布安全通播或提醒600条。制作微信推送13篇,阅读量总计5.3万次。完成历时20日的象山县2020年度“渔船船东船长安全培训”活动,受众逾2000人次。圆满完成第二十三届中国(象山)开渔节等各项活动水上交通管控任务。配合游钓船联合管控工作,参与涉海涉渔“平安守护”专项行动。

【石浦港掌控力提升】 将石浦港安全水平提升作为掌控力主要抓手,成立工作专班,完善工作机制。联合渔业、公安等部门开展3次“清港行动”,查扣15艘“三无”船舶,拆解10艘。规范修造船舶企业辅助作业船管理,消除渔业船舶参与进出坞辅助作业情况。推动完成10艘碍航沉船打捞。推进架空管线测量及后续公告等事宜,完成4条架空管线测量工作。

【协同治理取得实效】 注重与地方政府和海关、海警、市县防指等各部门沟通协调,象山县船舶扣押基地建设取得实质性进展,25艘船舶已转移至扣押基地。联合多部门约谈省安委会挂牌督办项目所在乡镇,关停11座违建码头。拆除及去功能化无证码头4座,其余27处无证码头、36处冲滩点关停,推动2座砂石码头进入拟纳归程序。

【综合执法提质增量】 发挥值班室“五中心一窗口”职能,实现任务全过程闭环管理,全年任务关联率92.35%。紧抓深蓝智享平台学习推广,拓展功能运用,全年电子巡航发现违章船舶147艘次。探索实施弹性工作制,工作日出勤率62.42%,非工作日出勤率14.93%。

【应急救助体系逐步建立】 对接地方政府,县海上搜救中心建设正式启动。促成象山县防汛防台抗旱指挥部与宁波甬港拖轮有限公司签订防台应急处置能力合作备忘录。搜救志愿者队伍支持,开展应急救援培训,指导海上救助演习。辖区应急搜救“一二三”模式力量整合已初见成效。

【推动象山口岸发展】 拓宽发展空间,促成宁波海事局与象山县人民政府签订《关于合作推进国家级宁波海洋经济示范区主体区建设协议》。献计献策,撰写象山县口岸开放及涉海产业发展的问题建议专报,获得县长包朝阳高度肯定。做好石浦港新港码头临时开放期间的监管和服务及延期申请工作。完成7艘新建船舶在石浦港外锚地交接出口外销,节约近50%的交船费用。

【全力保障重大水工项目建设】 提前介入重大水工项目,提供海事服务专业意见。落实水工施工现场安全监管,保障亚帆中心、国电象山海上风电、供销冷链物流基地万吨级码头、长大涂滩涂光伏项目、大中桩通用码头等重点水工项目有序推进。

【推进船籍港管理“三重”机制】 落实安全宣传“五进”工作要求,举办象山航运安全文化沙龙2期。推进第四批NSM规则实施,新取得DOC证书公司6家,SMC证书船舶19艘。发挥定点联系人的帮扶督促作用,推进中小微航运公司“帮扶年”活动。组织编写《象山航运资讯》,向辖区近40家航运企业点对点进行推送。

【优化船厂监管服务】 严格规范船舶出港试航及修造船舶进港要求,全年开展重要日期确认9次,保障12艘新建船舶下水试航。联合口岸部门完成浙江首艘自主设计LNG船舶恩坎托的联检并保障该轮完成对外交付。服务象山县造船业首艘700T半潜式全回转起重船“巨杰702”下水交付,实现象山县水上特种船舶制造“零的突破”。

【统筹抓牢疫情防控和复工复产】 严格落实习近平总书记关于疫情防控重要指示,内部疫情防控工作,及时掌握全处职工及所有工作人员动态,重点做好办公场所、食堂等重点部位防控。落实电子政务办理,开展远程“非接触式”执法,召开“腾讯会议”对航运公司开展线上行政指导,做好“六稳”工作、落实“六保”任务,助力亚帆中心、新乐船厂等第一时间全部复工。防疫期间，15名党员群众主动参与社区“守小门”工作，累计志愿服务时间超100小时，3名党员响应，参与无偿献血，全体党员爱心捐款2300余元。

（张子妍）

表82　墙头镇2020年各村基本情况一览表

村　名	户籍户数（户）	户籍人口（人）	耕地面积（亩）	村级资产（万元）	村集体收入（万元）	村集体支出（万元）	村书记
凤　泉	391	1176	438	1543.56	143.5	72.61	俞开方
亭　岙	229	710	377	473.85	92.2	36.1	陈　旭
七里亭	245	724	339	565.59	136.5	37.75	张世伟
洋　北	820	2342	1103	1237.87	110.7	117.75	王坚刚
大溪蒋	426	1176	747	1200.11	151.3	108.61	蒋士林
黄　溪	569	1666	1074	3482.82	179.3	95.23	董邦祥
塔　岭	239	719	326	1039.99	258.1	18.92	潘永财
雷　港	318	881	537	873.06	213.8	67.36	虞庆茂
蔡家岙	332	907	566	1223.49	152.3	25.59	蔡雷洪
墙　头	1179	3354	1823	4690.97	427.0	318.36	张育飞
方家岙	632	1857	1289	2057.95	199.9	104.4	欧昌伍
溪里方	224	660	441	812.35	99.5	71.51	娄善成
岭　下	257	743	582	646.61	96.5	22.47	陈林福
舫　前	488	1514	1032	1401.89	125.6	52.55	王有丰
上　沙	286	831	596	733.7	130.6	33.5	孙　斌
下　沙	453	1273	933	1297.13	104.2	69.65	何金海

泗洲头镇

【概况】　泗洲头镇地处象山西南部，东濒茅洋乡，南临宁海县长街镇，西南连宁海胡陈乡，西北接西周镇。镇域面积84平方公里，下辖17个行政村，人口1.8万人。镇内生态资源得天独厚，森林覆盖率达70%，坐拥灵岩山、白仙山象山两大名山和省级海洋生态湿地保护区蟹钳港，是全国环境优美镇、省级生态镇、省级卫生乡镇。先后获评省、市美丽乡村示范乡镇、市垃圾分类示范乡镇、市级“无违建”创建首批先进乡镇、县现代农业强镇、县工业先进乡镇和县新农村建设先进镇乡等荣誉。2020年，面对错综复杂的国际形势和突如其来的新冠疫情，泗洲头镇坚决贯彻落实中央和省、市、县委各项决策部署，做好“六稳”“六保”各项工作，统筹抓好疫情防控和经济社会发展。当年实现社会生产总值9.91亿元，财政一般预算收入2986万元，全社会固定资产投资1.92亿元、同比增长9.89%。

【工业经济】　2020年完成规模以上企业完成产值8.45亿元，实缴税金2950万元，完成工业投资8895万元、实际国内资金1亿元、浙商回归资金9300万元。落实上级政策，帮助企业落实复工贷2280万元，实现规模以上企业、限上服务业企业、重点工程项目复工率100%。总投资1亿元的县重点工程博骏环保项目正式投产。

【现代农业】　加强农业基础设施建设，累计投入1205万元，完成塘岸村水环境整治，新建东沿塘海塘闸门，提升高标准农田2641亩。特色农业提质提效，粮食种植面积17261亩，产量7410吨；畜禽规模养殖比重提高，生猪存栏24580万头，同比增长6个百分点；渔业生产稳步提升，海洋捕捞91.85吨，海水养殖1617.65吨，淡水养殖521.95吨；引进浙江香成农业科技有限公司，投资500万元打造热带水果精品园。建成农产品质量安全放心示范基地1个、省级高品质绿色科技示范基地1个、水产健康养殖示范场2个、数字农业示范基地1个。

【商贸旅游】　乡村特色旅游项目陆续落地，启动上西庄顶亲亲养生旅居项目，建成金家岙龙溪漂流项目，创建省AAAA级景区镇，新增省AAA级景区村1个、A级景区村2个，累计达到8

个。民宿产业加快发展,“望乡”“梅陇阁”“二月别居”等民宿品牌打响,墩岙梅陇阁获评省银宿,全镇民宿经营村达6个,家数达41家,床位超600张。全年接待游客14万人次,实现旅游综合收入1450万元。

【村镇建设】 加快交通升级,盛宁线茅洋至泗洲头一级公路工程开工动建,泗长线改建工程完工。完成峙后深丘桥桥梁改造,黄泥头、白沙湾、灵感庙、马岙岭等农村公路建设完工。完善集镇功能,建成新时代文明实践所、居家养老服务中心等公共服务设施,新建智慧交通管理系统,完成镇区沿溪景观廊道、兴洲路道路改造、镇北停车场建设和邮政大楼区块环境提升工程。创建灵岩乡韵市级美丽乡村风景线,墩岙、上马岙分别获评市级美丽乡村示范村和美丽庭院精品村,完成“一村万树”达标村5个。

【社会事业】 加大教育事业支持力度,发放奖教惠师资金70余万元,补助教育公用经费50万元。提升健康泗洲头建设水平,创建全国卫生镇、省三星级食安办,完成结直肠癌筛查2739人,65周岁以上老年人体检1885人。完成第七次全国人口普查工作任务。社会保障到位,发放各类救助金768万元,417户低收入农户联系帮扶全覆盖。“文明沁润”工程推进,新建农村文化礼堂2家,完成2个新时代文明示范村,3个省文明村复评工作。“最多跑一次”改革,试点推行百姓事智慧办项目,群众“办事不出村、最多跑一次”取得新进展。

【专项行动】 高标准严要求推进“三改一拆”,当年累计拆除存量违建1.1856万平方米,完成年度目标任务的213.8%;批准村(居)民建房75户,调解建房纠纷51余次,制止、整治新增违建16余处,规范了泗洲头镇建房秩序。实施“五水共治”(河长制),巩固省级污水零直排区乡镇建设成果。平安守护、“一打三整治”等专项行动落地见效,开展清港行动6次,清理地笼网300余顶,签订拒收、禁售违禁渔获物承诺书16份。养殖船完成船身着色和上牌纳管工作。

【并村换届】 2020年,高质量完成新一轮行政村规模优化调整工作,何婆岭和金家岙、后王和塘岸村、上峙后和下峙后、墩岙塘和墩岙村等8个行政村撤并为4个行政村,通过强强联合、以强带小、扩展空间、融合发展等形式,科学合理推进村规模优化调整,调整后行政村总数减少4个。圆满完成第十二届村级组织换届工作,推行“一肩挑”,做到应挑尽挑,村“两委”主职干部大专以上文化程度同比增长25%,实现总体平稳、素质提升、活力增强的工作目标。

【政府建设】 2020年,自觉接受镇人大主席团的工作监督、政协联络委的民主监督,发挥人大联络站作用,广泛听取社会各界的意见建议,办理人大代表建议13件,办复率、满意率均为100%。法治建设推进,“七五”普法收官,政府合法性审查工作推行,创建市级民主法治村1个。“最多跑一次”改革,试点推行百姓事智慧办项目,群众“办事不出村、最多跑一次”取得新进展,当年试点推行36个事项。落实作风建设各项规定,提升政府执行力。严格落实政府过紧日子要求,财政一般性支出压减6%,“三公”经费下降40%。开展“三清践廉”工程,创建市级清廉村居示范村1个。

【召开新冠肺炎疫情防控工作紧急会议】 1月22日,泗洲头镇召开新冠肺炎疫情防控工作紧急会议,对全镇疫情防控工作进行动员部署安排。镇党委书记周元能在会上传达上级精神,要求全镇必须提高政治站位,落实上级“十个最”要求,齐心协力打赢防疫攻坚战。

【叶剑鸣在泗洲头镇考察】 2月11日,县委书记叶剑鸣在泗洲头镇考察仁根马铃薯复产工作,随后在镇三楼小会议室听取近期防疫工作汇报,并对下一步疫情防控和复工复产工作进行指导。

【黄建发在墩岙村调研】 3月17日,省委常委、组织部部长黄建发一行在泗洲头镇墩岙村,慰问坚守在村口开展防疫工作的基层党员志愿者,并沿途考察村庄梳理式整治项目,听取了解村庄治理情况。鼓励村党员干部要基层民主自治,念好红白喜事人情风“紧箍咒”,动态制定小微权力清单,提高“村民说事”的质量和水平。

【钟建波带队调研东联村新农村工作】 5月14日,宁波城建投资控股有限公司党委书记、董事长钟建波,党委副书记、工会主席陈志坚,总设计师朱伟及战略投资部总经理王兵团一行在泗洲头东联村调研新农村工作,镇党委书记周元能陪同。

【范焕平在泗洲头镇调研行政村撤并换届工作】 5月31日,县委常委、组织部部长范焕平在泗洲头镇调研行政村撤并换届工作,镇党委书记周元能作村级组织换届和规模优化调整工作汇报。

【潘银浩在泗洲头镇调研】 6月5日,县委书记潘银浩在泗洲头镇调研指导工作,镇联系领导、人民政府副县长钮晶莹,县派工作组组长、县教育局局长胡海铮等陪同调研。

【郑栅洁在墩岙村考察】 7月16日,省委副书记、市委书记郑栅洁在泗洲头镇墩岙村,察看村庄规划,考察说事长廊、文化礼堂、精品民宿和镇农合联现代农业服务中心,详细了解村庄发展情况。郑栅洁希望墩岙村始终坚持党建引领,建设环境优美、乡风文明、农民富裕的社会主义新农村,为宁波当好“重要窗口”模范生讲好墩岙故事、提供墩岙智慧。

【孙厚军在墩岙村调研数字乡村建设】 8月4日,省政府特约研究员,省政府原副秘书长孙厚军带队在墩岙村调研数字乡村建设,市政府办公厅副主任、研究室副主任陈顶祥等随同调研，县委书记潘银浩、副县长吴志辉、县农业农村局局长章志鸿等陪同调研。

【黄通荣调研墩岙村并召开村社换届座谈会】 8月26日，省司法厅普法与依法治理处副处长黄通荣带队调研泗洲头镇墩岙村并召开村社换届座谈会，市委组织部副部长、市委"两新"工委副书记，市村社组织换届领导小组成员、办公室主任朱志坚等随同调研，县委常委、组织部部长，县村（社区）组织换届工作领导小组副组长、办公室主任范焕平等陪同调研。

【李谦在泗洲头镇调研】 8月26日，市人大常委会副主任等一行人在泗洲头镇就自来水厂北边古德家具厂、发业竹材有限公司、土木仓城有限公司、艾文特有限公司的生活垃圾、工业垃圾直接丢向河道、生活污水直接流向河道等问题开展督查，市生态环境局副局长王继锋陪同调研。

【泗洲头镇第十八届人民代表大会第八次会议胜利召开】 9月3日，泗洲头镇第十八届人民代表大会第八次会议胜利召开，来自全镇各行各业的41名人大代表，以及39位列席代表出席会议。会议听取并审议2020年泗洲头镇半年度政府工作报告，听取泗洲头镇上年度环境状况和环境保护目标完成情况报告，审议泗洲头镇上年度财政决算（草案）报告、本年度财政预算调整方案的报告和上半年财政预算执行情况报告。大会通过无记名投票方式，依法选举王观宁当选泗洲头镇人民政府镇长。

【李晓东在泗洲头镇调研】 9月9日，县委副书记、政法委书记李晓东在泗洲头镇调研指导工作。镇党委书记周元能，镇长王观宁陪同调研。一行人先参观泗洲头镇矛调中心，实地了解泗洲头美丽风景线和灵岩山开发项目的进展情况，走访指导墩岙村美丽乡村建设。镇党委书记周元能重点汇报全镇乡村振兴亮点、综治维稳工作情况以及下阶段重点工作。

【吴志辉在墩岙村开展农村宅基地"三权分置"改革工作调研】 9月23日，副县长吴志辉带队在泗洲头镇墩岙村开展农村宅基地"三权分置"改革工作调研，县委改革办、县农业农村局、县自然资源和规划局主要负责人等陪同调研，副镇长芦敏汇报工作。

【周坚锋带队在墩岙村考察"村民说事"省级标准化项目】 10月29日，省市场监督管理局标准化处处长周坚锋、市场监督管理局标准化处长任翃娉、省市场监督管理局标准化处副处长郑勤、市市场监督管理局二级调研员王琪娟等一行在泗洲头镇墩岙村，查看"村民说事"省级标准化项目建设情况，县委组织部副部长、"两新"工委书记张荣飞等陪同。

【郑华带队对泗洲头镇省级美丽城镇创建进行验收】 11月12日，金华市美丽城镇办督导组组长郑华、安吉县美丽城镇办综合组组长宋世明、临安区昌化镇常务副镇长钱琪、淳安县美丽城镇办宣传组组长王文刚、金华市美丽城镇办陈凯等一行人对泗洲头镇省级美丽城镇创建进行验收，市美丽城镇办陈立明、梁忠军、赵国栋等人陪同，镇党委书记周元能作泗洲头镇美丽城镇创建验收汇报。

（辛林岭）

表83　**2020年泗洲头镇行政村经济情况一览表**

村名	户数（户）	人口（人）	耕地（公顷）	林地（公顷）	村级资产（万元）	村集体年收入（万元）	村集体年支出（万元）	书记、主任	副主任
合计	5447	17410	1039.02	4964.9	24031.31	1682.24	491.27	—	—
泗洲头	520	1431	79.2	351.7	4477.5	232.36	57.35	吴建民	柳承波
东联	393	1173	57.5	478.1	921.82	61.01	11.93	朱爱莲	朱财启
峙后	397	1286	82.9	591.7	1104.06	101.32	23.07	柳兴宏	袁卫明
塘后	399	1239	56.7	137.7	1503.08	121.4	66.37	朱桂娥	朱仁绵
肖胡	292	892	38.2	221.2	945.33	30.37	11.8	胡灵云	肖常国
横埕	318	1018	54.8	259.5	955.69	37.4	46.27	陈胜林	朱交忠
张岙	255	780	27.6	348.1	860	31.83	16.27	朱梅芳	张贞会
杨大场	235	740	40.72	144.3	866.8	39	1.76	柳志昂	柳彭程
何金石	265	785	42.6	327.8	1317.81	101.54	36.49	金拥政	吴根培

续表83

村名	户数（户）	人口（人）	耕地（公顷）	林地（公顷）	村级资产（万元）	村集体年收入（万元）	村集体年支出（万元）	书记、主任	副主任
西洋	261	791	60.4	199.6	1268.66	46.46	8.25	俞建方	朱裕敏
泗联	385	1221	52.2	327.6	1100.41	131.12	59.46	朱福云	朱宝林
峙前	178	627	42.6	394.2	1010.73	100.15	10.26	陈文忠	陈雨田
下马岙	242	892	72.2	215.5	924.22	108.46	27.9	黄忠通	黄志方
上马岙	344	1145	47.1	354.6	1343.71	116.87	59.08	黄建夫	胡全富
墩岙	324	1151	70	178.1	1940.64	142.85	17.85	鲍英钱	鲍耀飞
苏岙	258	926	127.6	248.5	1657.7	152.85	17.26	张永富	黄伦勇
大理	381	1313	86.7	186.7	1833.15	127.25	19.9	盛健海	项秋国

表84　**2020年泗洲头镇重点企业主要经济指标一览表**

单位：万元

企业名称	产值		销售		利润		税金	
	累计数	同期数	累计数	同期数	累计数	同期数	累计数	同期数
宁波南方新能源科技有限公司	14772	8936	14772	9212	108	255	113	164
宁波瑞德能源有限公司	23109	26850	23109	26850	528	315	187	1510
宁波华中服饰有限公司	4971	2655	4971	2655	-132	75	1	0
宁波华中制衣有限公司	1082	12198	1082	12198	-161	-37	113	236
宁波海润制衣有限公司	9205	9871	9205	8125	229	174	756	844
宁波新龙泰文具有限公司	5163	7719	5140	7708	-764	-187	263	399
宁波中纺海润制衣有限公司	5936	8262	5809	8020	-83	37	189	116
崧养纺织（宁波）有限公司	5132	3870	5053	3870	47	23	119	61
宁波盛昕能源有限公司	2849	2867	2718	2757	-69	-26	25	11
宁波艾文特汽车零部件有限公司	2346	2240	2346	2240	223	16	106	85
宁波乐丰新能源有限公司	9966	0	8200	0	60	0	11	0

说明：启鑫、众达、聚浩3家企业停产

定塘镇

【概况】　定塘镇全镇陆域面积59.5平方公里，人口3.6万人，辖25个行政村，拥有4万亩耕地和120公里河网，全县最大的平原水库——大塘港水库穿越全镇，号称“下百万”（“上百万”为中心城区的南庄平原），是象山著名的“粮仓”。2020年，全镇经济社会实现平稳健康发展。完成国家级农业产业强镇初验收，创建省级美丽城镇样板。全年财政收入7372万元，同比增长18.9%；全社会固定资产投资7.5亿元，较2019年基本持平。

【工业经济】　落实复工复产专班机

制，蹲点重点工程、外来用工企业，加强助企联企服务，落实服务措施，累计解决企业发展难题150余个，争取专项贷款3家、250万元，落实财政资金直补436家、182.4万元，复工复产指数位列全县第一。工业经济运行双底线考核翻绿，连续4年净增规模以上企业2家及以上，规模以上工业产值4.1亿元、增长14.32%，规模以上工业增加值7314万元、增长13.09%，对外及对港澳台贸易企业出口额1.5亿元，增长14.05%。坚持以招商引资为抓手，翻番完成浙商回归投资1亿元，金韵昌机械、澳翔化工、助鑫远宸等项目动建，宸信科技、和颐电器二期、拓新机械技改等项目投产，引进高新技术企业、县工程技术中心各1家。

【现代农业】 举办第四届柑橘文化节系列活动，建设盛平山电商数字示范基地，引进宁波象山网络直播学院，凸显“田园定塘·橘光小镇”区域公用品牌效应。开展规模主体梯度培育，四季橘歌、台洞纳湖、冷链物流等重点产业项目完成投资超2000万元，培育县级以上示范主体5家，创成农合联市级示范服务中心。实施长塘河水系综合治理、大塘中心河整治等项目15个，完成投资4400余万元，获县水利“大禹杯”金奖。推进大塘港流域治理，启动大塘港农田改造项目，拆除养殖场2家，新增生态河道4条，建成市级生态拦截沟、县级美丽河湖各1条。完成全年粮食种植面积和产量任务。

【特色经济】 集聚海运发展合力，新增海运业投资1.5亿元，总运力达85万载重吨，保持稳中有进发展态势。高质量获评省AAA级景区镇、市非遗小镇、省A级以上景区村2个，编制完成《定塘镇全域旅游发展提升规划》，中埏灵岩火山峰景区开业运营，“橘中游庭”水上游乐项目完成签约，建成全县首条大塘红庙非遗街区、镇域首家省银宿级民宿，开展“书记捕鱼”“团团带你游定塘”等线上直播8次，累计接待游客近30万人次，实现旅游综合性收入2600余万元。

【专项行动】 保障重点工程建设。高速定塘连接线通车，完成高速石浦连接线政策处理，实施沿线机耕路改道、农排线改造等“大、小三改”项目20项，总投资超1500万元。省级美丽城镇样板创建。按照环境美、生活美、产业美、人文美、治理美的“五美”目标要求，紧扣农业型美丽城镇建设，统筹产业、人文资源，制定融合发展专项行动方案，投资3700余万元，实施菜场南路、农贸市场提升改造等项目24个，“十五分钟”社区生活圈完善。成立7大专项整治小组，组建联合行政执法监督队伍，建立象山县民个协定塘分协，开展“你点我改”专题说事会6次，城镇精细化管理。

【美丽乡村】 坚持示范引领，建成县级及以上示范村8个，启动定山村市域治理现代化试点建设。推动村级集体经济发展改革，新扶持发展项目3个，总收入超100万元的行政村占比超50%。稳步推进行政村规模优化调整，合并行政村3个，完成村级组织换届，“一肩挑”覆盖率100%。

【人居环境】 开展农村人居环境整治提升“百日攻坚”行动，落实专项资金200万元，更换分类垃圾桶1万余套，清理各类废弃杂物100余吨、农业生产废弃物27吨。完成“三改一拆”1.5万平方米，推进洋岙村地质灾害点、中埏码头改造工程。省级四好农村路建设，完成公路大中修8公里、绿化补植5500平方米，新建农村公路3条。实施污水处理第三方运维机制，完成终端提标改造47个，改造率达60%。

【科教文卫】 创建国家级卫生城镇、全县唯一省四星级食安办、省市级卫生村6个、健康社区3个，完成全国第七次人口普查、两癌筛查、结直肠癌筛查、流感疫苗接种等公共卫生保健预防事业，率先实行食品安全第三方“智慧协管”模式。定塘中学综合楼投入使用，普高上线率创历史新高。新建橘光书吧、新时代文明实践站所26个，筹建宁波站海运文化馆，完成中埏建筑文化馆前期工作，启动横湾古船挖掘。开展非遗、节庆、文艺等活动70余场次，承办浙江省首届文化礼堂书画大赛获奖作品精品展，荣获江南文化名镇称号。获评市级新乡贤工作示范基地，创建县级新乡贤工作示范村2个，乡贤协治模式得到县委书记批示肯定，在全省新乡贤大会上作为典型案例交流。

【社会保障】 提高特困人员、城乡低保补助标准，发放帮扶救助资金超530余万元。建成区域性居家养老服务中心，基本实现居家养老全覆盖。打赢脱贫攻坚战，创造灵活就业岗位183个，农村年人均收入9000元以下家庭实现清零。购买政府救助责任保险，提升公众救助保障能力。健全退役军人服务保障体系，获评全国首批示范型退役军人服务站。

【平安建设】 完善“一室一库一格”基层大调解格局，建立镇矛盾纠纷调处化解中心，打造村民说事示范村3个、特色村9个，试点建立“党建+乡村振兴顾问团”，镇村两级化解矛盾纠纷100余起，其中被司法部收录调解案例1起，化解信访积案7件、化解率近90%，获省禁毒社会工作优秀案例奖项2个，“壹品”调解室获评象山唯一省级金牌人民调解工作室。开展安全生产和“一打三整治”专项行动，发现并整改隐患520处，查扣“三无”船舶1艘。完成道路修复、安全设施设置60余处，整改交通安全隐患100余个，探索轻微道路交通违法行为的教育惩戒模式，交通事故率下降25%。

【党风廉政】 坚持“两学一做”学习教育和“不忘初心、牢记使命”主题教育常态化、制度化，在疫情大考中锤炼党员干部忠诚干净担当的政治品格。“三服务”活动，协调解决各类问题130余个。主动接受人大、政协和社会各界监督，办理人大代表提案23件。完成行政村规模优化调整，做大渡头集镇村，做强田洋湖中心村，做优沙地省级乡村旅游特色村，实现合并村“一支笔、一本账、一条心”。村级组织换届平稳安静,按照“五好两确保”要求,提前谋划实施归雁计划,实现“一肩挑”全覆盖。执纪监督,办结上级交办案件14件,查办党员干部违纪案件11件,问责处理村主要干部2名,建成“清廉村居”1个。落实县委村级巡察反馈意见整改任务,完成整改122项,正在整改18项。

【中共定塘镇第十三届代表大会第五次会议召开】 1月6日,中共定塘镇第十三届代表大会第五次会议在定塘镇人民政府胜利召开。来自全镇各行业的64名正式代表出席该次大会。

【定塘镇第十八届人民代表大会第七次会议召开】 1月14日,定塘镇第十八届人民代表大会第七次会议召开,来自全镇各条战线的49名代表,以及各位列席代表出席会议。

【肺炎疫情防控紧急会议召开】 1月26日,定塘镇再次召开肺炎疫情防控紧急会议,对全镇防疫工作进行再动员、再部署、再、再落实。启动重点人群摸排、管控工作。广泛动员群众做好自我防护。

【石浦高速公路定塘连接线通车】 4月29日,石浦高速公路定塘连接线(马漕线改建)工程通过交工验收,于5月1日正式通车试运行。

【举办“鱼你有约”直播活动】 5月1日,定塘镇党委书记王祖在定塘叶口山村,带领网友围观巨网捕鱼,感受农家鱼宴。当天直播吸引5万人次网友观看,直播活动旨在通过“线上引流+实体消费”新模式,展现大塘港丰厚的渔文化、农家风采,打造“大塘港鱼头”品牌,在省内外提升大塘港知名度。

【定塘镇工业暨开放型经济工作座谈会召开】 6月5日,定塘镇召开工业暨开放型经济工作座谈会。全镇500万元以上工业企业、规模以上服务业企业、科技人才企业,镇党委成员、镇属部门以及镇发展服务办全体成员参加会议,并邀请县经信局、县招商发展中心、县港航管理中心、县派定塘工作组等相关领导莅临指导。

【定塘镇开展伏休期渔船维修安全管理检查工作】 6月16日,定塘镇党委副书记、镇长邵震洋带队前往台宁渔业码头进行实地检查。现场检查中,检查组登临渔船,仔细地对渔船的各个舱室、机械设备、线路、管道、安全设施设备和安全防护用具等方面逐一检查,并提出意见和建议。

【定山村举办“我们的节日—品味端午粽享欢乐”活动】 6月22日,定山村新时代文明实践志愿者们在文化礼堂一同为村里的老人包粽子。活动现场一片欢声笑语,其乐融融,大家在浓浓的氛围中感受着传统节日的魅力。

【举办“一‘麦’相承、情系定塘”乡贤晚会】 7月16日晚,来自天南地北的数十位定塘籍乡贤齐聚定山村文化礼堂(八角楼),观看主题为“一‘麦’相承、情系定塘”乡贤文艺晚会,感受定塘乡情、乡音、乡思。

【中站村非遗街区正式开街】 7月17日,正值大塘“五月廿七”庙会,中站红庙街正式开街。中站红庙街全长300米,是大塘片区围垦以来最早的街区,是象山首条非遗街区,街区一期项目总投资近300万元。

7月17日,非遗街区开街活动

【举办全民健身日活动】 8月5日晚上,定塘镇举行全民健身日庆祝活动,来自当地的近200名健身爱好者汇聚一堂,进行了形式多样的健身展演,宣传全民健身理念,传递健康生活正能量。

8月5日,全民健身日活动

【定塘镇第十八届人民代表大会第八次会议胜利召开】 8月27日,定塘镇第十八届人民代表大会第八次会议胜利召开,来自全镇各条战线上的50名人大代表和46名列席人员参加。

【定塘镇行政村规模优化调整新村成立授牌大会召开】 9月14日,定塘镇召开行政村规模优化调整新村成立授牌大会,共同庆祝渡头村、沙地村、田洋湖村成立。县派“三服务”工作组组长、县妇联主席蒋凌燕,镇党政班子成员、中层干部,派驻部门负责人,行政村党支部书记,涉及调整的原渡头、葫芦门、沙地、周岙、田洋湖、小湾塘等村的联村干部和全体村干部等出席会议。

【举办“记住乡愁·沙地文化旅游节”文艺晚会】 10月1日晚,定塘镇“记住乡愁·沙地文化旅游节”文艺晚会在沙地村精彩上演。记住乡愁,怀念家乡,晚会用一个个富有内涵的表演,给现场观众奉献了一道家的精神文化大餐。

10月1日,“记住乡愁·沙地文化旅游节”文艺晚会(王珮 摄)

【定塘镇村级组织换届工作动员会暨业务培训会召开】 10月14日,定塘镇召开村级组织换届工作动员会暨业务培训会。参加会议的有全体县派工作组成员,镇党政班子成员,全体机关干部，基层站所负责人，行政村党支部书记及县派第一书记、村主任。

【新一届村党组织班子集体宣誓就职仪式暨换届业务培训会召开】 11月11日，在定塘剧院召开定塘镇新一届村党组织班子集体宣誓就职仪式暨换届业务培训会，全镇25个行政村新一届党组织班子成员、基层站所负责人、全体机关干部等参加会议。

定塘镇全体新一届村党组织班子成员集体庄严宣誓，由党委副书记张智毅领誓

【举办第四届象山柑橘文化节暨定塘镇柑橘采摘仪式】 11月16日，第四届象山柑橘文化节暨定塘镇柑橘采摘仪式在四季橘歌活动主会场拉开帷幕。通过举办定塘红美人采摘季系列活动，推广定塘"红美人"品牌，搭建柑橘产销平台，推动农旅文深度融合，进步展示定塘"红美人"品牌形象。

【中国工程院副院长邓秀新在定塘指导柑橘产业发展】 11月22日，中国工程院副院长、全国柑橘产业唯一院士邓秀新在定塘指导柑橘产业发展，邓秀新一行来到位于定塘的宁波四季橘歌家庭农场有限公司，详细了解"红美人"等优质杂柑设施栽培技术和特色杂柑新品种培育情况。

【"山海雄心　万象更新"美术报写生采风活动】 12月22日，由美术报社、县委宣传部主办的"山海雄心　万象更新"美术报2020象山艺术写生创作活动在定塘镇启动，近20位采风团画家将以海洋文化为主题，通过采风调研、写生创作等形式，实地收集"万象山海、千年渔乡、百里岸线、十分海鲜、一曲渔光"中优美的自然景观，感受象山独特的人文文化。

12月22日，"山海雄心　万象更新"美术报写生采风活动（王珮　摄）

（蒋梦媛）

表85　　**定塘镇2020年基本情况一览表**

单位：万元

村　别	户　数	人　口	土地面积	山林面积	村级经营性收入	上级补助收入	书记、主任	副主任
合　计	10446	33992	31433.33	53266	535.796	1555.0462	—	—
渡　头	525	1751	1411	1882	132.302	59.8166	赵有存	郑安良
后洋塘	536	1797	1815	1149	50.6706	155.61	董先球	陈阿存
大湾山	290	1027	1043	4435	1.166	14.9306	尹惠芳	郑文钱
下　营	564	1767	2058	3481	43.6227	70.5096	许一艇	陈明晏
方　前	290	942	677	4216	56.9241	37.0701	陈朝平	陈余清
沙　地	459	1453	1008.65	7876	11.0484	113.3026	郑经道	郑有国
洋　岙	362	1156	1395	4170	25.73	75.897	黄良云	陈苏苗
定　山	270	862	839	1656	41.6732	58.6899	奚成会	奚士革
灵雅舍	382	1097	1375	1846	4.3826	27.7902	余桂根	陈光维
台洞塘	272	968	1047	791	0.7668	31.11	毛行东	何绍昌
中　坭	982	3394	3053	2512	6.75	56.5219	陈定宗	何小良
新　岙	436	1472	1270	2973	2.42	43.979	俞晓能	俞自品

续表85

村 别	户 数	人 口	土地面积	山林面积	村级经营性收入	上级补助收入	书记、主任	副主任
镜架岙	265	805	677	965	14.2	35.4887	胡亚平	奚际能
岙 底	342	1102	961	3916	0.8588	19.608	李玉定	薛世旁
田洋湖	595	1955	1379	5031	38.3757	169.3754	唐晓根	胡忠伟
盛平山	392	1109	1200.12	2488	11.2248	36.0211	谢仁青	盛松林
叶口山	426	1413	1176	1077	33.3088	62.1434	陈成定	王兴岳
宁波站	435	1565	1438	556	1	42.84	郑天文	马必挺
花 港	601	1990	1586	586	3.192	116.3164	蒋良欢	陈宗高
漕 港	440	1295	1186	561	2.236	13.3215	郑书叶	郑 宏
英 山	265	814	909.06	561	12.2728	23.0339	朱丛奎	陈吉德
白 墩	411	1331	1065	120	2.2203	109.8302	鲍 科	鲍振海
金牛港	267	922	630	105	1.736	63.7587	王佐仁	俞海英
礁 横	356	1145	1318.5	175	7.2548	42.8183	张灵才	罗海斌
中 站	283	860	916	138	30.4598	75.2631	陈明进	郑 权

涂茨镇

【概况】 涂茨镇位于象山县东北部，地处象山港口，东濒大目洋，与舟山群岛隔海相望，环港公路贯穿全镇，交通便捷。涂茨镇镇域面积62平方公里，下辖20个行政村，人口2.2万人，沿海岸线38公里，海涂面积833公顷，耕地836.6公顷，山林2572公顷，大小岛礁98个。境内有乱礁洋、外干门港、风车之路、珠山等自然景观，山海人文资源完美融合成“东海仙子湾”，是发展滨海休闲旅游度假之胜地。涂茨镇坚持“两带一廊”提品质、“两翼驱动”促发展，道人山围垦、宁波水产种业园区、大港口、联围塘等临港资源优势相继开发，成为一方投资开发热土。2020年，在新冠肺炎疫情影响下，全镇经济社会各项事业依然呈现稳中有进的向好态势，实现全镇社会生产总值44.5亿元，同比增长15.6%；财政一般预算收入7867.9万元；农渔民人均纯收入同比增长7.1%；先后获评省反走私综合治理工作先进集体、市农村生活垃圾分类处理工作示范乡镇、市级征兵工作成绩突出单位、市级先进武装部、市无偿献血爱心单位。

【工业经济逆势上扬】 统筹做好疫情防控和经济社会发展，组建15个联企服务团队，加快企业复工复产，新增复工贷7600万元，帮扶引育技能人才236人，完成“健康复工”星级管理评定67家，开设涂茨接你回家服务，累计从四川、安徽等地接回员工478人，开展全县首次复工企业新冠肺炎疫情应急演练并作样板推广，工业经济逆势上扬。2020年完成规模以上工业总产值27.2亿元、规模以上工业增加值4.7亿元，同比分别增长13.3%和26%，进出口总额1.4亿元，实际利用国内资金3.7亿元、“浙商回归”资金1.06亿元，双底线考核稳居全县前列。项目建设稳步推进，签约亿元以上项目3个、10亿元以上项目1个，腾华注塑机制造项目落户，恒冠机械项目开工动建，波威重工二期、甬坚建材等重大项目建成投产，劳伦斯表面技术二期、天意卓越新材料等项目推进，完成工业投资4.5亿元。企业梯度培育成效明显，新乐造船自主研发建成的3万立方米LNG船正式交付，波威重工建成省内最大钢结构生产厂房实现产值翻番，新增规模企业4家、创新型初创企业6家、县科技型小微企业4家、市县级工程(技术)中心2家，茸发新材料、恒辉照明等2家企业在宁波股权交易中心挂牌。

【现代农业稳步发展】 完成农业总产值4.03亿元、同比增长13.5%。调整农业产业结构，正大南美白对虾全产业链项目正式签约，华统现代化生猪养殖项目完成主体建设，盛腾现代农业科普示范区带动效应初显，水果产业、花木产业、渔业均有所发展。农产品稳产保供工作有序，象山谷斯鹅业建成投产，完成7000亩晚稻、450亩早稻和690

亩小麦生产，疫情期间向市场供应西兰花350余吨。加强农业基础设施建设，建成东港片7000亩高标准基本农田，动建2400亩高标农田提升工程，承办全县备春耕现场会。

【第三产业活力迸发】 加大旅游资源招商推介，前山姚粮站精品民宿签约，碧海晴沙民宿7月正式营业，猎鹰山庄拓展户外运动品牌，荣获市2020年度山地运动休闲旅游基地称号。2020第二届象山山地风车马拉松赛被省市级媒体争相报道，音乐稻香季暨开镰仪式广受好评，全年接待游客25万人次，旅游经济综合收入同比增长20%。落实系列促消费活动，完成限额以上社会消费品零售总额3.4亿元、同比增长76%，增速居象山县首位。

【城乡建设品质提升】 基本完成新一轮镇域国土空间总体规划编制，谋划启动镇南新区项目，开展新区控规调整，推进卫生院、商贸中心等公共服务主体前期工程。基础设施建设加快，完成镇太阳能垃圾处理站工程，新增黄沙龙眼嘴至沙墩头等农村公路2条1.5公里，建成汤岙至前山姚连接线给水工程11公里。健全小城镇环境整治长效机制，规范建设城管中队和智慧城管，占道经营、户外广告、建筑垃圾得到整治。美丽乡村建设，宁波大学象山县校地合作项目完成设计展，新增省级美丽宜居示范村1个、A级以上景区村3个及县级特色村、美丽庭院精品村各1个，完成农村公益事业奖补项目3个，入选市级美丽乡村示范镇培育单位。

【人居环境优化】 坚决打好污染防治攻坚战，第二轮中央环保督察问题整改基本完成，整治低小散企业8家，完成平安敬老院地质灾害治理项目。全域环境治理，累计拆违6400平方米，改造污水终端17座，建成珠山水环境、涂茨溪坑整治等一批面上工程，黄沙村获评全县最洁美村庄。推进绿色涂茨建设，建成环象绿道24.9公里，新增“一村万树”示范村3个。农村生活垃圾五大分类收运体系基本建立，智能化回收+积分兑换制试点工作成效明显，实现源头减量17%，创建省市级垃圾分类示范村5个，获评农村生活垃圾分类处理示范镇。

【社会保障日益健全】 就业创业环境良好，新增就业岗位1136个，城镇登记失业率1.8%。社保体系扩面提标，本地户籍养老、医疗保险参保率达100%、99.5%以上。多层次社会养老服务建体系加快构建，建成投用镇敬老院，新增区域性居家养老服务中心1家、老年爱心助餐服务1个，适龄化改造6家，政府居家养老购买服务675户。社会救助到位，推进慈善救助、扶残助残、红十字等工作，发放各类补助救助资金600万余元，农村年人均收入9000元以下家庭实现清零，东西部扶贫、山海协作年度任务完成，坚决打赢脱贫攻坚战。

【社会事业协调发展】 重视教育安全，涂茨幼儿园通过省二级幼儿园复评，涂茨小学创建市文明校园，校园交通安全工作全县领先。推动公共卫生发展，开设“PICC”门诊，建立村级巡回医疗点1个，低收入农户家庭医生签约、结直肠癌筛查、两癌筛查等工作完成，创建省市卫生村8个、各类健康支持性环境6个、健康家庭120户。精心组建两员队伍，标出建筑物7720个，划分普查小区94个，高质量完成第七次全国人口普查。加强武装工作，获评市级征兵工作贡献突出单位、市级武装工作先进单位，中堡村获评省级“枫桥式”退役军人服务站。完成镇商会换届。

【文明建设推进】 新时代文明实践中心工作推进，旭拱岙诚信指数考评得到省级各部门肯定，复评创建玉泉等省市级文明村5个，黄沙村获评全省百佳慈善村，村民蔡安玲当选宁波好人。健全“所志愿服务大队、站志愿服务小队”的两级志愿服务队伍体系，关心下一代涂茨志愿分会挂牌成立，涂茨镇学雷锋志愿站获评全县最佳学雷锋志愿服务枢纽站。加强基层文化阵地建设，新建农村文化礼堂2个，开设乡村文旅周末剧场，举办非遗手工制作、走书表演、送戏(电影)下乡等活动100余场次，旭拱岙村歌《向前方》荣获中国村歌大赛二等奖。

【社会治理更加】 实体化运行镇矛调处中心，统筹提升“一中心四平台全科网格”，完成信访代办89件，初信初访实现“动态归零”。乡村治理创新，村民说事、信访说事和乡贤参事等治理品牌打响，旭拱岙党建引领制度治村示范引领作用扩大，新增市级民主法治村2个。建立信访案件系统化调处化解机制，领导包案、首问负责、群众诉求“一件事”闭环处置推进，化解信访积案13件16人，越级访同比下降93.7%，信访“四无”村创建率达95.2%，相关做法在省市县级简报刊登，得到市县领导批示肯定，圆满完成全市信访“四无”村现场会参观点任务并作经验交流。

【平安建设成效明显】 2020年，开展扫黑除恶专项斗争，严厉打击电信网络诈骗等违法行为，圆满完成重大维稳安保任务，社会面防控警情同比下降23.5%。实施安全生产综合治理三年行动，危化品运输、道路交通、消防安全、食品药品等专项整治推进，立体化建设自然灾害防治体系，安全事故数、死亡人数下降35%。抓好抓牢“净海”行动、“一打三整治”等专项工作，查处休渔期使用违规网具捕捞行为3起。常态化开展疫情防控，发动村级志愿者1600余人，推进群防群控、精密智控，700余名外来人员完成核酸检测，317名重点疫区返镇人员和密接人员全部完成隔离或健康观察，境外侨胞联系、发热病人管控等落实，“外防输入、内防反弹”工作。

【重大项目建设】 实行重大项目包干制，大兵团作战、小分队攻坚，长沙村整村迁建项目房屋测量、安置点选址等工作取得突破，骑龙山地块土地征用、环港公路配套管线建设、“21051”、“31036”等项目政策处理推进，完成固定资产投资8.68亿元，同比增长44.2%。

【作风建设】 坚持党要管党、从严治党,机关干部"周二夜学"等制度,深刻领会把握习近平总书记在浙江、宁波考察时的重要讲话精神,推动"不忘初心、牢记使命"学习教育常态化制度化。激励干部担当作为,制定镇村干部目标管理量化考核办法,健全"双对双排"、重点工作月度例会、进度上墙等狠抓落实工作机制,帮助企业、群众、基层解决困难和问题300余个,1名干部获评市级"六争攻坚"好干部,1名干部获评县级担当作为好干部,华统猪场工作团队获评县级担当作为好团队。

【政府管理】 自觉接受镇人大监督,执行重大事项向人大报告制度,办理人大代表建议11件。健全政府法律顾问制度和合法性审查制度,完善重大事务决策报备制度,推行"一窗受理、集中审核、限时办结"工作模式,行政行为更加规范。推进"七五"普法,落实领导干部集中学法制度,开展公务员学法用法轮训,依法履职能力得到提升。推进政务"五公开",统筹规范文件合同会议等管理,集中清理"七多"事项,发布政务信息96条。

【廉政建设】 履行从严治党主体责任,完成省委巡视组、经济责任审计、村级党组织巡察等问题整改,推进帮扶领域、疫情防控、优化营商环境等专项监督检查,提醒、问责51人次。规范重大项目管理和招投标行为,政府采购、国有资产、工程建设等重点领域监管,廉政风险防范机制健全。加强财政预决算执行管理,从严压缩一般性支出,"三公"经费支出下降。首推"清廉指数"考评体系,落实村级重大事务决策申报审核,培育"清廉村居"示范村4个。

【涂茨镇高质量完成村党支部、村委会换届工作】 10月13日召开涂茨镇村级组织换届工作动员会拉开了村级组织换届的序幕。按照"三改五""一肩挑"的要求,开展了村级组织换届业务培训、宣传发动、片区指导,提高了全体镇村干部的工作能力。镇主要领导带队赴上海、杭州等地征求乡贤意见,加强村一肩挑人选排摸,严格资格审查关、程序关、选举关,随着12月26日钱仓村村委会完成选举工作,涂茨镇村党支部、村委会换届选举工作完成,书记、主任一肩挑率100%。

【行政村规模优化调整工作实现同意率双百】 8月6日至7日,钱仓村和新塘村开展了行政村规模优化调整方案和股份经济合作社调整方案户代表表决工作。钱仓村参与率和同意率100%,新塘村参与率100%、同意率98.13%。两村以"高分成绩"表决通过了村规模优化调整方案、村股份经济合作社调整方案和新村章程,圆满完成行政村规模优化调整工作,钱仓、新塘两村自1962年分开后重归一家。

【创建市级垃圾分类示范乡镇】 率先推行村环境卫生、垃圾分类红黑榜制度、垃圾分类管理制度和宣传发动机制,建立志愿服务、网格监督、奖惩结合的管理运行模式,并投入500万元用于垃圾分类人员、设备及宣传等支出,,建成了镇太阳能垃圾处理阳光房,安装智能回收箱和积分兑换机6个村,设立半智能回收与积分兑换点14个村,创建省市级示范村5个,通过市级垃圾分类示范乡镇验收,垃圾分类工作名列前茅。

【中共涂茨镇第十三届代表大会第五次会议胜利召开】 1月13日,中国共产党涂茨镇第十三届代表大会第五次会议召开,来自全镇各条战线的67名正式代表、34名列席人员参加会议。大会总结了2019年全镇社会经济发展情况,谋划布局2020年工作任务,动员全镇广大党员和干部群众,主动作为谋发展,真抓实干谱新篇,高质量推动现代化海湾型特色城镇建设。

【象山涂茨海上风电项目正式签约】 1月13日,中国共产党涂茨镇第十三届代表大会第五次会议召开,来自全镇各条战线的67名正式代表、34名列席人员参加会议。大会总结了2019年全镇社会经济发展情况,谋划布局2020年工作任务,动员全镇广大党员和干部群众,主动作为谋发展,真抓实干谱新篇,高质量推动现代化海湾型特色城镇建设。

【涂茨镇召开"不忘初心、牢记使命"主题教育总结大会】 1月13日,涂茨镇召开"不忘初心、牢记使命"主题教育总结大会。全体机关干部、各行政村书记、村主任、企事业单位负责人、基层站所负责人、市县党代表参加会议。会议回顾总结和巩固了拓展主题教育丰硕成果,并对下一步工作提出要求,号召全体党员不忘初心、牢记使命,攻坚克难、真抓实干,奋力推进涂茨发展各项事业谋新篇、开新局、创新效。

【镇第十八届人民代表大会第六次会议】 1月14日,涂茨镇政府召开第十八届第六次人代会,县人大常委会副主任应伟刚莅临会议进行指导。大会听取并审议《政府工作报告》《人大主席团报告》《镇2019年财政预算执行情况和2020年财政预算》。并票决产生2020年度7大民生实事项目。

【国家统计局宁波调查队赴涂茨镇调研】 5月13日,国家统计局宁波调查队副处长陈江宁,调研员苏文明至涂茨镇旭拱岙村就农民工参与乡村治理情况开展调研,一行人对旭拱岙村乡村治理情况进行了高度肯定。象山县统计局副局长陈巧云,涂茨镇党委副书记何增辉陪同参加。

【县委常委、宣传部部长应建勇赴涂茨镇调研】 7月16日,县委常委、宣传部部长应建勇赴涂茨镇旭拱岙村调研,涂茨镇党委书记鲍明灿、副书记何增辉、宣传统战委员章朝华等陪同参加并召开座谈会,听取了鲍明灿汇报的涂茨镇经济社会发展情况、宣传思想文化工作情况和村党支部书记葛聪敏关于村内"党建引领、制度立村、规则治村"的情况介绍。

【施惠芳赴涂茨镇调研信访“四无”村创建工作】 7月9日，宁波市委常委、秘书长施惠芳，市委副秘书长、信访局局长孙小雄一行赴涂茨镇黄沙村调研信访“四无”村创建工作，象山县委书记潘银浩，县委常委、组织部部长范焕平陪同参加。

【新乐造船3万立方米LNG船舶交付】 7月17日，由浙江新乐造船股份有限公司和上海欧得利船舶工程有限公司共同研发的“恩坎托”轮，在檀头山联检锚地交付荷兰船东。这是近年在象山建造的最大吨位液化天然气（以下简称LNG）船舶，同时是省内首艘自主研发、自行建造的LNG船舶。该轮船长181.3米，总吨25591吨，容量3万立方米，于2014年开始研发建造，历时近7年，由法国BV船级社检验，总耗资5.2亿元。

【涂茨镇召开2020年农村工作会议】 7月22日，涂茨镇召开2020年农村工作会议。会议由涂茨镇镇长盛安刚主持，涂茨镇党委书记鲍明灿出席会议并讲话，各行政村书记、村主任、股份经济合作社董事长、村监会主任及全体联村干部参加会议。会上旭拱岙、涂茨、黄沙、毛湾、长沙等村负责人就取得的工作成效、近期工作情况、未来工作计划等方面作了汇报。政法、农业、社会事务、城建等各线分管领导对上半年工作进行总结回顾并对下步工作进行再部署。会议最后，镇党委书记鲍明灿作工作强调。

【涂茨镇召开2020年工业和开放型经济工作座谈会】 8月13日，涂茨镇召开2020年度工业和开放型经济工作座谈会，规模以上企业、重点项目及“小升规”培育企业负责人、镇党政班子成员、镇发展服务办全体干部参加会议，特别邀请了县派涂茨工作组组长、县委统战部常务副部长俞湛，县经信局、招商发展中心、科技局、税务局、应急管理局、环保局、经济开发区管委会、金融办、基层站所、学校及部分金融机构等相关负责人参加，会议由涂茨镇镇长盛安刚主持召开。会议听取了《2019年以来的涂茨镇工业经济情况和2020年下半年工作思路》，会上，新乐造船、波威重工、劳伦斯表面、恒冠机械等多家企业负责人就企业上半年发展情况、下步计划、发展中遇到的问题进行了讨论发言。县派工作组、经信局、科技局等有关部门就如何做好下阶段工作提出了指导意见，最后镇党委书记鲍明灿作工作强调。

【镇第十八届人民代表大会第七次会议】 8月28日，涂茨镇召开第十八届人民代表大会第七次会议，会议听取、审议镇长盛安刚所作的《涂茨镇人民政府半年度工作报告》，审查《关于涂茨镇2020年上半年财政预算执行情况和2020年下半年财政预算调整（草案）的报告》《2020年政府票决民生实事项目完成情况》和《2019年度环境状况和环境保护目标完成情况报告》，完成大会的各项议程。

【罗来兴一行赴涂茨镇开展走访调研】 9月9日，县人大常委会主任罗来兴一行赴涂茨镇开展走访调研，涂茨镇党委书记鲍明灿、镇长盛安刚、人大主席罗军雷及涂茨镇党政班子成员共同参加该次调研。在会上，镇党委书记鲍明灿汇报了涂茨镇经济社会发展情况及重点工作，人大主席罗军雷汇报年内以来的人大工作情况。会后，一行人走访了钱仓村，了解了村庄经济社会发展情况。

【潘银浩带队赴涂茨镇专题调研港口岸线工作】 9月22日，县委书记潘银浩，县委常委、常务副县长陈兴立率县级有关部门负责人在涂茨镇专题调研港口岸线规划、开发、管理工作。潘银浩一行到象山港沿岸，踏勘港内涂茨镇东屿山岛等部分岛屿地理位置、周边航线条件、码头泊位水深等情况，随后召开座谈会涂茨镇党委书记鲍明灿、镇长盛安刚陪同参加，并汇报相关工作情况。

【宁波大学—象山县乡村振兴设计研究中心揭牌仪式在涂茨镇黄沙村召开】 9月22日，宁波大学—象山县乡村振兴设计研究中心揭牌仪式在涂茨镇黄沙村召开。象山县政府副县长吴志辉、宁波大学副校长乐传永、县农业农村局局长章志鸿、宁波大学潘天寿建筑与艺术设计学院特聘院长徐仲偶共同为研究中心揭牌。县住建局、县自然资源和规划局、县妇联、团县委、涂茨镇相关负责人，宁波大学潘天寿建筑与艺术设计学院领导、导师及毕业班学生等参加揭牌仪式。涂茨镇黄沙村入选宁波大学象山县乡村校地合作项目。

【县政协建成小康社会补短板专项民主监督组赴涂茨镇调研扶贫工作】 9月29日，县政协建成小康社会补短板专项民主监督组赴涂茨镇前山姚村盛腾农业、钱仓村、汤岙村调研扶贫工作。县政协经建委主任赖伟杰、副主任陆振明及部分委员、农业农村局副局长陈顶峰、民政局副局长励祥海参加调研，涂茨镇党委副书记何增辉、农业副镇长马振杰陪同参加并汇报涂茨镇扶贫工作。

【王杰赴涂茨镇调研指导第七次人口普查工作】 10月14日，省人口普查领导小组副组长、省统计局局长王杰一行赴涂茨镇旭拱岙村调研第七次全国人口普查工作开展情况及入户摸底工作情况。市人口普查领导小组副组长、市统计局局长杨馥源，象山县委副书记、县长包朝阳，县政协副主席、县统计局局长杨盛昂，涂茨镇党委书记鲍明灿等陪同调研。

【花漾汤岙·音乐稻香季暨涂茨镇汤岙村第二届开镰仪式】 10月24日，2020年涂茨镇汤岙村“花漾汤岙·音乐稻香季”暨涂茨镇汤岙村第二届开镰仪式在汤岙村千亩稻田举行，涂茨镇党委书记鲍明灿出席活动并宣布开镰，镇长（提名人选）金鑫致欢迎辞。活动由象山县涂茨镇人民政府主办，象山县涂茨镇文学艺术界联合会、象山县涂茨镇汤岙村承办，象山县茶文化促进会、宁波建设工程学校、象山县戏剧家协会协办，象山县农业农村局、象山县文学艺术界联合会支持。活动以“庆丰年·迎小康”为主题,用音乐来表达对幸福生活的赞美,再结合美食,稻田互动游戏,乡村音乐,亲自体验活动等形式丰富人民生活,演绎最淳朴的乡村气息。

【“清廉宁波・你我同行”首站走进涂茨旭拱岙村】 10月28日,“清廉宁波・你我同行”系列活动第一站在涂茨镇旭拱岙村举行,宁波市委常委、市纪委书记、市监委主任傅祖民,宁波市纪委副书记、市监委副主任杨晔,县委书记潘银浩及各区县(市)纪委领导、宣教室负责人及乡镇(街道)、村(社区)代表约150人参加该次会议,省纪委省监委宣传部副部长黄剑伟应邀出席会议。该次活动主要内容有清廉乡村建设经验交流,清廉村居微视频获奖单位宣布及视频展播,清廉文化云地图发布仪式及“象廉相依”剪纸作品征集大赛发布。会上,涂茨镇向全市首发“清廉指数”评价体系。

【“村民说事”省级标准化项目验收专家组赴旭拱岙村检查工作】 10月29日,“村民说事”省级标准化项目验收专家组赴涂茨镇旭拱岙村现场察看建设情况并召开验收汇报会。

【涂茨镇敬老院完成搬迁】 10月30日,涂茨镇新建敬老院完成全员搬迁入住新居工作,原居住在老涂茨镇敬老院,平均年龄超78岁的28名老人,在综治办及涂茨镇敬老院第三方服务机构工作人员的共同帮助下,搬迁入住新建敬老院。

【2020“恒鼎建设杯”第二届象山山地风车马拉松在汤岙村开跑】 11月7日,2020“恒鼎建设杯”第二届象山山地风车马拉松在涂茨镇汤岙村举办。该赛事由象山县涂茨镇人民政府主办,涂茨镇汤岙村承办。赛事共设21公里半程山地赛及7公里休闲欢乐跑两种项目,来自全国各地的800名运动员参赛,10名冠军领跑。该活动特别邀请了浙江省水上运动管理中心副主任、浙江省帆船协会秘书长赵伟军,宁波市体育局党组成员、副局长徐健,宁波市全民健身指导中心副主任崔鲁勇,象山县人大常委会副主任应伟刚,象山县副县长钮晶莹,象山县文化和广电旅游体育局局长陈淑萍,象山县卫生健康局局长林法星,象山县旅游发展中心主任袁明全,象山县涂茨镇党委书记鲍明灿、镇长金鑫等领导出席活动。比赛共产生欢乐跑男女组前三名6人,半程马拉松男女组前三名6人。

【旭拱岙村歌《向前方》荣获中国村歌大赛二等奖】 11月21日,2020年“庆丰收・迎小康”中国村歌大赛总决赛在江山市大陈村举办。涂茨镇旭拱岙村歌《向前方》是浙江唯一晋级决赛的队伍,最终以全国六强的优异成绩荣获二等奖。

【县人大常委会副主任应伟刚带队赴涂茨镇开展美丽乡村建设调研】 12月8日,县人大常委会副主任应伟刚,县农业农村党组书记、局长章志鸿赴前山姚村开展美丽乡村建设调研,一行实地参观了解银杏公园的建设情况。镇长金鑫陪同。

【浙江省纪委副书记、省监委副主任暨军民赴旭拱岙村调研乡村治理、清廉村居工作】 12月10日,浙江省纪委副书记、省监委副主任暨军民赴涂茨旭拱岙村调研乡村治理、清廉村居工作。宁波市委常委、市纪委书记傅祖民,象山县委书记潘银浩,县委常委、县纪委书记、县监委主任陈善方,涂茨镇党委书记鲍明灿陪同。

【象山县关爱下一代志愿者协会涂茨分会成立大会】 12月10日,涂茨镇召开象山县关爱下一代志愿者协会涂茨分会成立大会,首批29名会员代表及40余名退休教师参加会议。会上选举产生了第一届理事会理事、会长、副会长、秘书长,并成立了善行育苗队、至善宣讲队、向善呵护队、巾帼关爱队、军绿护苗队5个工作队伍。镇党委副书记何增辉主持会议并为工作队授旗,镇关工委常务副主席赖建良参加会议。

【涂茨商会完成换届】 12月11日,涂茨商会第三届第一次会员大会召开,选举产生了新一届第三届理事会会长、副会长、秘书长及监事会监事长。县委统战部副部长、县工商联党组书记苏峰,镇党委书记鲍明灿,县工商联副主席黄畅畅,涂茨商会42名会员参加该次大会,党委副书记何增辉主持会议。

(徐源)

表86　　**涂茨镇2020年行政村经济情况一览表**

村　名	户　数（户）	人　口（人）	承包耕地（公顷）	水产养殖（公顷）	渔　船（艘）	农村经济总收入（万元）	村级资产（万元）	村集体年收入（万元）	村集体年支出（万元）	书　记	主　任
珠　山	303	960	28.16	0	0	32.98	1608.62	11.11	15.67	刘林光	周吉余
泊戈洋	549	1583	66.97	0	0	100.20	1170.78	37.85	38.78	史悠波	虞秀伦
下盆岙	208	638	30.15	0	0	42.38	737.98	19.18	19.58	黄彩英	冯德驰
涂　茨	810	2222	51.5	0	4	1497.36	3474.40	16.35	25.44	陈　斌	袁争光
旭拱岙	347	1087	22.35	32	2	498.71	2436.34	45.79	27.14	葛聪敏	黄　平

续表86

村名	户数（户）	人口（人）	承包耕地（公顷）	水产养殖（公顷）	渔船（艘）	农村经济总收入（万元）	村级资产（万元）	村集体年收入（万元）	村集体年支出（万元）	书记	主任
庵后	194	709	16.76	0	0	68.59	541.12	15.09	14.70	徐德宁	徐星海
玉泉	276	765	25.5	0	0	69.07	619.46	15.15	14.60	聂其云	周岳
永联	279	844	17.92	0	6	58.61	1918.82	18.17	74.56	陈光明	殷立葵
东港	519	1477	48.82	0	0	136.49	1357.46	41.42	41.16	陈锐铭	郑永定
里庵	241	591	42.13	0	0	46.43	599.11	23.18	24.65	陈敬森	徐贤
前山姚	226	615	19.21	0	0	92.54	638.39	24.03	45.06	蔡明增	姚永来
毛湾	440	1465	11.03	35	27	260.34	1556.15	15.93	42.39	陈龙灵	陈利敏
大岭后	179	590	7.23	38	14	100.67	1102.23	11.20	67.04	夏苏敏	何忠林
长沙	81	266	1.93	30	13	43.56	665.13	21.21	5.8	李忠伦	李海挺
大坦	216	694	6.19	25	20	42.82	812.77	10.49	14.37	陈忠国	洪凤展
中堡	249	763	24.57	0	0	205.21	1340.58	20.46	16.98	钟真理	郑萍红
钱仓	653	2035	84.71	93	29	361.99	2308.15	107.63	271.67	张才云	陈亚武
汤岙	409	1295	72.54	0	1	309.40	1527.76	44.16	74.26	仲立东	朱平安
黄沙	346	944	36.56	35	1	202.98	1202.39	27.32	25.22	朱恩位	黄夏方
屿岙	297	886	13.05	47	2	88.27	1301.83	12.26	52.31	周秀成	叶成军

表87

涂茨镇2020年规模企业情况表

单位：万元

序号	企业名称	工业总产值	工业销售产值	主营业务收入	主营业务成本	利润总额	实缴税金	项目经费支出
1	浙江新乐造船股份有限公司	72005.6	67890.1	8181.0	5917.5	-799.6	383.6	454.2
2	浙江波威重工有限公司	84805.2	56116.2	45369.2	43988.3	-111.3	14.5	467.7
3	宁波劳伦斯表面技术有限公司	26054.9	22003.0	22003.1	12933.6	3425.3	1268.1	760.1
4	象山县美亚混凝土制品有限公司	16477.6	16477.6	15682.0	13615.0	713.6	527.1	272.5
5	中广核（浙江象山）风力发电有限公司	7872.1	7823.9	6650.0	3251.3	2279.6	924.1	150.5
6	宁波茸发新材料科技有限公司	4970.3	4410.4	4410.4	3566.2	150.1	84.1	263.3
7	象山新港服饰有限公司	5312.1	5120.5	4358.6	3926.2	-96.5	77.3	1.0
8	浙江华慧塑业有限公司	2088.4	1800.6	1800.7	1613.7	-158.6	22.7	109.2
9	象山县银恒矿业有限公司	6271.0	5910.9	4222.4	3554.9	195.2	232.6	10.0
10	宁波恒辉照明电器有限公司	4502.0	3844.5	3844.7	3227.0	371.6	31.1	35.0

续表87

序号	企业名称	工业总产值	工业销售产值	主营业务收入	主营业务成本	利润总额	实缴税金	项目经费支出
11	宁波山岳金属建材有限公司	5629.9	5021.8	4444.3	3950.2	39.4	93.5	171.6
12	宁波龙康塑料科技有限公司	2038.0	1284.4	1284.5	1022.3	20.2	36.2	50.0
13	宁波三诚压铸模具有限公司	4697.4	3412.4	3420.2	2666.0	99.2	114.2	207.0
14	象山茶飘香茶牧发展农场	6050.6	5115.5	5116.5	5040.7	-14.3	17.9	1.5
15	宁波天意卓越新材料科技有限公司	1514.0	1277.1	1117.6	772.7	269.6	0.2	6.5
16	象山东闵服饰有限公司	2028.3	1823.3	1324.3	1191.1	-110.6	93.7	1.1
17	象山日升针织厂(普通合伙)	2612.8	2144.2	2146.7	1938.7	702.7	159.1	21.4
18	宁波森骏服饰有限公司	1684.1	1384.1	1398.1	1210.3	15.9	35.0	7.3
19	宁波鑫象不锈钢制品有限公司	2393.0	2033.0	2033.0	1750.8	18.4	84.1	121.0
20	宁波鸿顺门窗装饰有限公司	4261.1	3992.9	3997.6	3546.2	48.7	158.8	27.0
21	宁波诚鑫能源科技有限公司	2494.8	2494.8	2494.8	935.3	742.7	0.5	0
22	宁波群惠新型墙体材料科技股份有限公司	6481.4	5815.1	5219.9	3605.3	-85.9	11.3	391.5
	合计	272244.5	227196.3	150519.6	123223.3	7715.0	4369.7	3529.4

大徐镇

【概况】 大徐镇位于象山县东北部，71省道盛宁线、汤鲁线、丹大线和亭船线纵横分布，大徐溪和雅林溪贯穿全境，镇域总面积56.6平方公里，耕地面积1.15万亩，山林面积4.57万亩，总人口2.02万人，原有24个行政村，后调整为18个行政村。2020年，全镇实现地区生产总值66.17亿元，财政总收入1.4亿元，固定资产投资4.96亿元。农民人均纯收入2.21万元，同比增长8.1%。

【工业经济承压回稳】 复产复工成效显著。组建15支“组团联企”队伍，建立驻企联企服务指导会商制度，实行“线上、线下”三色管理，指导企业开复工，包车协助企业员工返象59人，开展核酸检测627人次，发放“复工保、复工担、复工贷”等帮扶资金25.3万元。34家规模企业全年累计实现产值22.5亿元，规模以上工业增加值4.6亿元，其中前三季度呈V形走势，第四季度呈平稳走势，特别是创亿金属、万邦电器、赛科效时等企业均实现25%以上增长。投资增量逐月放大。全年完成工业投资1亿元，共有500万元以上投资项目16个，其中过亿项目3个，大徐智能小微企业集聚区项目开工建设，累计投资4031万元；恒洲电子智慧消防项目通过资产置换实现稳步推进。对外及对港澳台贸易出口加速回暖。进出口呈前低后高走势，降幅逐月收窄，全年累计进出口6.3亿元、出口4.6亿元、实际国内资金2.1亿元、浙商回归2亿元。科技硕果琳琅满目。实现规模以上R&D7990万元，占比3.6%，为大徐历年最高；共获评科技型小微企业9家、国家高新技术企业6家、县级工程技术中心1家，市级劳模创新工作室1家，为大徐历年成绩最好。

【农业经济转型升级】 现代农业推进。完成大壮农场、绿海洲等农业基地水毁修复项目，创建大壮农场省级精品果园、青果柑橘精致示范园、大旸农业物联网智能基地，实施林善岙、黄岔岙等村3400余亩高标准农田建设。基础设施逐步完善。推进水利、防汛工作，开展防汛检查5次，消除山塘水库隐患16处，完成4座山塘渗漏处理、2条河道维修以及陈山海岸线整治修复等项目，实施军民塘新闸修建工程。为农服务落到实处。村级三资管理规范运行，完成2020年度村级集体资产清产核资。“一户一策一干部”低收入农户帮扶制度，完成脱贫帮扶工作。做好粮食生产、生猪增产保供、政策性农业保险等工作。

【乡村旅游加速发展】 推进示范创建。创建省AAA级景区镇及4个A级景区村，其中大徐村建成省AA级景区村，大磊头、夏雨岙、相思岭村建成省A级景区村，累计建成省A级景区村10个，景区村覆盖率达55.6%。扶持民宿经济。全年民宿接待游客量约2.5万人次，其中过夜游客近0.8万人次。雅林花溪精品民宿完成“三通一平”，海米木木、别处小白、三希棠等民宿游客接待量激增，三希棠获评省银宿级民宿。推动农旅融合。杨梅、桑果、蓝莓种植基地效益喜人，休闲观光农业采摘游名气大增。举办网上线下直播带货活动，助力杨梅、西瓜等特色农产品销售。引入第三方团队，打造“大爱徐来”旅游品牌。全年旅游接待人数约8万人次，同比增长5.9%；旅游总收入2000万元，同比增长7.84%。

【专项工作开展】 推进生态治理。巩固省级森林城镇创建成果，完成下院、夏雨岙等村“一村万树”工程，推进大磊头村森林抚育项目。完成华升灯饰南侧地质灾害点治理，汤家山废弃矿山生态修复工程完成过半。创建省级“污水零直排区”，完成11个村的污水终端提标改造工程。推进“三改一拆”。从紧从严落实拆违控新工作，全年累计拆除违章建筑7000余平方米；巡查整治盛宁线、丹大线以及农村公路等沿线两侧各类问题点位40余起；排查农房5000余户，完成困难家庭危旧房改造3户。推进“一打三整治”。落实编组生产和“定人联船”制度，建立养殖筏“一船一档”，严格实行每月两次“清港”行动，不定期、高频率对渔船、滩涂、市场、饭店等进行抽查。

【城镇形象加快提升】 美丽城镇创建推进。围绕省、市、县高水平推进美丽城镇建设的决策部署，聚焦“五个美、十个一”要求，研究编制美丽城镇“一镇一方案”，有序推进入库项目建设，强势推动环境综合整治，创建首批省级美丽城镇达标乡镇；实施国土空间规划编制研究，合理划定三区三线，开展“十四五”重大项目研究。城镇基础设施提能升级。完成环港公路绿化工程及丹大线节点等项目建设，镇域主干道路沿线绿化及门户节点形象基本成型。完成下院至塔幢公路、安东至海口公路提升、盛宁线至沙地路面修复、瑞云桥改建等工程，新建港湾式公交候车亭4座，环军民塘最美滨海风景道项目开工建设。集镇管理长效机制逐步形成。围绕“五乱”整治要求，实行城管中队专人定点定时网格化巡查机制，全年联合交警、路政、供电等部门开展联动执法集中整治30余次，镇区整体秩序日趋完善。大徐综合行政执法中队创建省级规范化中队。

【乡村风貌日益精美】 推进美丽乡村建设。创建相思岭县级特色村、林善岙县级“美丽庭院”精品村，培育雅林溪县级特色村，推进下院市级美丽宜居示范村创建及美丽乡村风景线创建。卫生保洁工作。继续落实环卫保洁常态化考核机制，开展环境卫生集中整治，建成全县首个垃圾渗滤液全生化处理系统，完成农村公厕改造7座，全镇环境卫生情况得到好转。实施农房及宅基地确权登记工作。完成农房确权登记1166幢，累计发放“三权分置”不动产登记2户。完成宅基地复垦及梳理式改造60余亩，盘活存量用地指标。

【防控落实】 突出强部署。第一时间成立专班，先后抓好“清楼”行动、小周期滚动排查、“封闭式”管理、硬隔离管控、发热病人全周期管理、分年段有序开学等工作，共排摸6100多户近2万人，累计核酸检测280多人，配合县专班处置第二例确诊病例。突出常态化防控。排摸报送10余例中高风险地区返大徐人员，抓好防疫物资储备、重点场所防控、聚集性活动规范、防疫知识宣传等工作，确保“外防输入、内防反弹”防疫措施不松懈。突出重点性安排。抓好秋冬季疫情防控工作，不定期印发工作提示单，落实出国人员新冠疫苗接种工作，开展爱国卫生运动，推进疫情防控与换届选举“两手抓、两手硬”。

【民生事业协调发展】 坚定不移促文明。推进新时代文明实践所（站）建设，建成实践所1个、实践站24个，“和美大徐”新时代文明实践示范线“云”开线。新建虎啸铺、陈山等文化礼堂6家，实现全覆盖。弘扬殷夫精神，举办殷夫110周年诞辰系列活动，启动殷夫故居修缮工程。挖掘元代汤式文化，建设汤式纪念馆。婚丧礼俗整治，营造婚丧文明新风。落实意识形态工作责任制，壮大主流意识形态，坚实守住意识形态主阵地。坚持不懈抓教卫。完成新凉亭校车停靠项目，确保学生出行安全；推进奖教惠师、“平安校园”建设等工作；慢病随访及契约式家庭医生签约工作实现村级全覆盖，重点人群签约率80%以上，居全县前列。持之以恒保民生。完成直肠癌筛查2831人、“两癌”筛查500人、70岁以上老人流感疫苗接种773人、无偿献血3.37万毫升等省市民生项目，城乡养老和医疗保险参保率保持在98%以上，完成新增就业608人，处置劳动欠薪案件7件。圆满完成第七次全国人口普查工作，短表与长表完成率均为100%。大徐综合市场通过省三星级文明规范市场验收。开展低保、低边、残疾人、重症儿童等特困家庭救助760余户，发放困难救助资金650余万元。

【加强社会治理】 巩固“大徐经验”，围绕社会矛盾化解“最多跑一次”“最多跑一地”改革重点，推进镇社会矛盾纠纷调处化解中心规范化建设和信访“四无村”创建工作，创新实践民生民诉“四级三色”交办督办预警机制，开展信访积案化解，完成共治共享社会治理智慧平台搭建及“大徐经验”成果展示。全年累计梳理收集信息5241条，分级交办530条，三色预警督办108件，矛盾化解率达98%以上，18个行政村均达到信访“四无村”标准，创建民主法治村2个。推进社会治安立体防控，推进“扫黑除恶”专项斗争行动，加强社会治安群防群治，严厉打击各类违法犯罪，发案率较往年同期下降34.8%，未发生涉黑涉恶案件。安全监管，关注道路交通、消防、建筑工地、山塘水库等重点领域，完成盛宁线、新丹大线道路交通安全市级挂牌整治项目，通过市县出租房屋管理安全验收，常态化开展“两类车三小车”整治。全年未发生重大安全生产事故和政治性案事件，未发生越级访和进京非访，重大敏感时期实现“零出县”，社会基本面始终保持稳定。

【基层基础夯实】 圆满完成11个行政村规模优化调整，全镇从原有24个行政村精减至18个。完成村级组织换届选举工作，实现“一肩挑”任务，选好班子、配强班长，基层组织力，增强村庄发展的性。

【重点改革】 纵深推进“最多跑一次”改革，精简事项，推动办事标准化。开展“干部能力提升年”活动，机关干部摇号汇报、夜学夜议、周二会商等制度，建立健全“双对双排”考核机制。“村民说事”，累计接待说事群众1500人次，开展集中说事663次，办结率100%，营造“有事要商议、群众能当家、干部善干事”的良好氛围。

【行政效能提升】 完善财政管理体制，控制政府债务，降低财政运行成本。对标落实小微权力运行机制，从严控制行政村非生产性开支，严格实行村级小型工程项目监督管理、村经济合作社财务管理、村干部值班坐班等制度。开展“三服务”活动，成立9个专班，帮助企业、基层、群众解决各类难题200余个。着力开展正风肃纪行动，加强机关效能建设，对上下班、就餐值班、住夜下村、公车使用和公务接待等方面纪律进行“体检”，机关作风得到明显提升。自觉接受镇人大监督，共办理人大代表建议25件，满意或基本满意率100%。

【省信访局局长王忠志到访】 1月2日，省委副秘书长、省信访局局长王忠志一行到大徐镇调研代表督事制度，市委副秘书长、信访局局长孙小雄，县委副书记、代县长包朝阳，镇党委书记虞先兵陪同。大徐镇党委书记虞先兵向调研组详细汇报了人大代表督事制度做法和成效。调研组听取报告后表示该制度具有极大的推广价值，是一项为民办实事、谋福利的好制度。

【严萍赴企业慰问】 1月7日，市总工会副主席严萍到大徐镇象山兴泰色彩有限公司慰问困难职工。严萍与他们亲切交流，鼓励他们向上，克服困难，并送上2万元春节帮扶慰问金。县总工会副主席童立琴、镇总工会主席邵先威陪同。

【褚银良到大徐镇调研代表督事制度】 1月15日，宁波市委常委、鄞州区委书记褚银良一行到大徐镇调研代表督事制度，县委书记叶剑鸣、部分县局领导、镇党委书记虞先兵、镇人大主席胡安武等陪同。镇党委书记虞先兵向调研组详细汇报了大徐镇人大代表督事制度做法和成效。调研组听取报告后表示该制度具有极大的推广价值，是一项为民办实事、谋福利的好制度。

【大徐镇包车接送外来员工返回象山】 2月22日晚，大徐镇第一辆包车护送外来员工返象，接回安徽省宿州市埇桥区和灵璧县近20名员工，分属能塑汽车部件、德远洁具、顺声通讯等多家企业。

【余红艺赴大徐镇调研】 2月24日，市人大常委会主任余红艺赴象山调研备春耕、农渔业复工复产、农产品保供等情况，并来到大徐镇调研象山青果合作社生产情况，镇长胡柳等陪同。

【大徐镇召开春季用工招聘会】 为帮助村民实现家门口就业，解决复工复产企业的“燃眉之急”，3月7日，大徐镇“抗疫情、促复工、建家乡”春季企业招聘会在大徐镇政府广场内举办。共有200余人参加该次招聘会，达成就业意向79人。

【大徐镇获评宁波市“四好农村路”示范乡镇】 3月10日，宁波市高水平建设“四好农村路”工作领导小组办公室公布了2019年度“四好农村路”示范乡镇考核结果，全市16个乡镇通过考核，大徐镇入选。

【俞骏赴大徐镇调研指导】 3月19日，县政协主席俞骏带领相关人员来到大徐镇调研指导工作，大徐镇党委书记张浩、镇长胡柳等陪同。俞骏主席强调，当前工作的重心要实现从疫情防控向“两手都要抓、两战都要赢”进行转变，把万众一心、共克时艰的防疫精神转化为加快发展的强大能量。

【吴志辉带队赴大徐镇开展“三服务”活动】 3月30日，农业副县长吴志辉、县政协副主席杨盛昂带队赴大徐开展“三服务”活动，分别走访威斯登针纺织品有限公司、华升灯饰、旭日灯饰等对外及对港澳台贸易企业，了解企业复工复产情况及存在的困难，帮忙想办法，出点子，为企业加快复工复产脚步助力。镇党委书记张浩、工业副镇长金波陪同。

【朱恒毅赴大徐镇调研“大徐经验”】 4月17日，省委政法委副书记朱恒毅率队赴大徐调研“大徐经验”、信访源头治理工作。副县长、公安局局长范建富、县政法委常务副书记曾伟标、镇党委书记张浩、镇长胡柳等陪同。调研组详细听取了“大徐经验”的有关介绍，并对相关问题展开讨论。调研组表示“大徐经验”是值得推广的好做法，希望做好完善提升工作。

【罗来兴赴大徐镇调研】 4月20日，县人大常委会党组副书记、县委宣传部部长罗来兴、县人大常委会副主任黄敏求率队赴大徐镇开展调研，镇党委书记张浩、镇长胡柳陪同。罗部长一行实地走访了康达电子、申达机械等企业了解复工复产情况。随后召开座谈会，调研组一行听取了大徐镇“打赢两战促发展”工作以及人大代表督事工作情况。罗来兴表示“大徐经验”是值得推广的好做法，要打造好相关配套设施，做好“大徐经验”的提升工作。

【严庆良赴大徐镇督查】 4月22日，省自然资源规划厅土地开发整理中心主任严庆良一行赴大徐镇开展宅基地复垦项目现场指导督查工作，县自然资源和规划局副局长叶舟、镇农业副镇长陈实等陪同。指导组对大徐镇的复垦工作表示肯定，同时提出要求，希望推进复垦工作，提升土地利用率。

【走访非遗传承人】 4月22日，县文化和广电旅游体育局副局长郑华华到大徐镇走访县级非遗传承人，镇宣传委员秦旭辉陪同。分别看望了上岙村传统工艺白药制曲传承人俞祥善、三角地村紫云乱弹传承人钟维行、大徐村民间刺绣传承人徐嫦月，每到一处，都与传承人亲切交流，并鼓励他们在疫情期间克服困难，发挥自身优势，转变思路，自主创新。

【宁波市农科院党委书记李千火赴大徐镇指导工作】 5月8日，宁波市农科院党委书记李千火、党委委员杨正良带领科技人员赴大徐镇大壮农场开展调研和技术指导，镇长胡柳等陪同。李千火一行首先迈入樱桃大棚，仔细查看了大樱桃植株生长和果实成熟情况。专家组指出，年内春季气温反复多变，对樱桃开花、坐果带来一定影响，要做好避雨栽培、田间管理和水肥控制，保证樱桃产量和果品质量。

【开展“一打三整治”专项行动】 5月8日，镇党委书记张浩、镇长胡柳带队率领镇人大、农办、社会事业办、市场监督所等部门组成的专项检查组对镇区内的菜市场、饭店等开展突击检查。现场察看海鲜经营户是否有违禁渔获物出没及是否执行索证索票制度，重点检查伪造票证、进货渠道不规范、票证不齐全的违法行为，严打休渔期非法违规销售违禁渔获物行为。

【省应急管理厅减灾处赴大徐镇指导检查】 5月20日，省应急管理厅减灾处联同市应急管理局、县应急管理局对大徐镇汤家店防灾减灾避灾点示范村创建情况进行现场检查指导。省应急管理厅减灾处调研员邵琦仔细询问该村低洼处情况，查看该村物资仓库相关应急物资准备情况及男女避灾室、淋浴卫生间等配套设施情况。检查之后，对该村防灾减灾建设工作表示肯定，并强调要在做好基础设施建设的同时，提升灾害应急处理能力，筑牢生命安全防线。

【召开“一线攻坚‘三服务’、争先创优促发展”活动动员大会】 5月26日，大徐镇召开“一线攻坚‘三服务’、争先创优促发展”活动动员大会，会议由镇长胡柳主持。县“三服务”工作组成员、镇全体机关干部、各行政村书记、主任等参加会议。会议通报了2019年度大徐镇“三农”工作主要荣誉，对镇五星党组织优秀村干部、镇优秀党支部书记、村主任进行颁奖，并就近期重点工作作部署。

【省建设厅党组副书记、副厅长应柏平赴大徐镇督查危房改造】 5月27日，省建设厅党组副书记、副厅长应柏平带队到大徐镇开展农村困难家庭危房改造专项督察，县委常委周坚栋、县府办副主任叶国栋、县住建局党组书记、局长黄秀贵、镇长胡柳、城建副镇长陈英宽等陪同。督察组随机抽查了三角地村困难家庭危房新建和改造各1户，实地督察后对镇农村困难家庭危房改造工作给予肯定。2020年是农村困难家庭危房改造决战决胜脱贫攻坚年，下步大徐镇将做好危房改造工作。

【象山县殷夫研究会换届大会召开】 5月29日，象山县殷夫研究会换届大会在镇政府召开，来自全县60家会员单位参加会议，县政协老领导王庆祥、县委宣传部常务副部长励胜利、镇党委书记张浩莅临参加会议。会议由县委宣传部常务副部长励胜利主持。会议通过了《象山县殷夫研究会章程》，按照大会议程，以实行等额推荐，采取举手表决的方式，选举产生殷夫研究会会长1名，张利民当选为会长；副会长3名，王增良、秦旭辉、周孝辉3人当选为副会长。会议还邀请王庆祥担任名誉会长。

【县委书记潘银浩赴大徐镇调研指导工作】 6月2日，县委书记潘银浩赴大徐镇调研指导工作，县政协副主席、大徐镇联系领导杨盛昂、大徐镇全体班子成员参加会议。会上，镇党委书记张浩汇报了大徐镇基本情况、“大徐经验”和基层信访源头治理体系的运行状况、行政村规模优化调整工作及重点工作。潘银浩书记肯定了大徐镇的各项成绩和工作，并殷切希望大徐镇按照现有目标思路继续往深里走，往深里做。

【举办殷夫诗歌朗诵比赛】 6月9日，大徐镇文明办、镇团委、镇文化站、镇文联联合举办大徐镇“缅怀革命烈士、传承红色基因”殷夫诗歌朗诵比赛。镇长胡柳、镇人大主席胡安武、镇宣传委员秦旭辉、镇农业副镇长陈实、镇社会事业副镇长孙丽姹出席该次比赛，全国书香家庭获得者、省朗诵协会会员、县传媒中心资深主持人、县朗诵协会副主席、主任播音员孙平华，国家一级播音员、县传媒中心主持人、县朗诵协会理事刘虹，市第二届“一人一艺”杯十佳朗读者、县传媒中心主持人、县朗诵协会会员张薇担任该次比赛嘉宾评委。

【大徐镇组织召开“纪念殷夫110周年诞辰座谈会”】 6月11日，大徐镇组织召开“纪念殷夫110周年诞辰座谈会”，各相关部门负责人、县内外专家学者、殷夫家属代表及殷夫中学教师和学生代表齐聚一堂，共同回顾革命先辈的光辉一生，弘扬革命精神，继承革命传统，汲取精神力量。县委常委、宣传部部长应建勇出席座谈会并讲话，会议由副县长钮晶莹主持。

【市政协副主席叶剑鸣、县委书记潘银浩赴青果合作社调研】 6月11日，市政协副主席叶剑鸣、县委书记潘银浩、县政协主席俞骏，农业副县长吴志辉率队赴大徐镇青果合作社调研，镇党委书记张浩陪同。调研组一行“红美人”柑橘种植棚，详细了解柑橘种植、病害防治和技术研发等情况。叶剑鸣对合作社在柑橘品种筛选、技术研发、种苗培育等方面取得的成效给予肯定，希望加快研发柑橘种苗脱毒等核心技术，为宁波柑橘产业发展和品牌农业建设作出新的贡献。

【县委常委、统战部部长干维岳赴大徐镇调研新乡贤以及党外人士工作】 7月7日，县委常委、统战部部长干维岳赴大徐镇调研新乡贤以及党外人士工作。镇党委书记张浩、镇长胡柳等陪同调研。干部长听取了相关汇报，走访了大徐村乡贤工作室，对大徐镇新乡贤工作表示肯定。并要求大徐镇继续做好新乡贤工作，服务于中心工作。

【召开人民调解培训会】 7月13日，大徐司法所组织辖区24名治保调解主任开展人民调解培训暨行政村规模优化调整矛盾分析研讨会，学习《中华人民共和国社区矫正法》和《中华人民共和国民法典》的产生背景、意义等基本情况，并详细阐述了新法律对调解工作的指导意义。

【青年之家揭牌】 7月17日，大徐镇团委在殷夫故居正式挂牌成立“青年之家”。当天，团县委书记郑波波，大徐镇农业副镇长、团委书记陈实为殷夫故居“青年之家”揭牌，团县委全体班子成员、团干部以及各镇乡、街道团委书记参加。

【行政村规模调整首个新村诞生】 7月18日，大徐镇黄盆岙村与大磊头村合并新村“望海岭村”，这是大徐镇并村工作开展以来第一个“新村”诞生。黄盆岙村179户、大磊头村165户村民(社员股东)对行政村规模优化调整和股份经济合作社调整分别进行表决，全票通过，同意率为100%。

【陈建涛指导退役军人服务站建设】 7月24日，宁波市退役军人事务局副局长陈建涛带队指导大徐镇退役军人服务站建设，县退役军人事务局副局长张韩辉、镇政法委员汤伟力等陪同。陈建涛对大徐镇退役军人服务站建设能结合“殷夫精神”“三代军人”“人大代表督事”等大徐镇特色给予了高度肯定。

【行政村规模优化调整圆满完成】 7月26日18时，随着海口村、安东村的行政村规模优化调整的村民(社员股东)会议表决签字完成，大徐镇黄盆岙村、大磊头村、后林村、汤家店村、新罗岙村、上岙村、下岙村、里考坑村、夏雨岙村、海口村、安东村共11个村的行政村规模调整方案全部通过。该次调整后，大徐镇原有的24个行政村将精减至18个行政村。

【召开“大徐经验”推进会暨村干部例会】 8月17日，大徐镇召开2020年社会源头治理“大徐经验”推进会暨村干部例会，县派“三服务”工作组、大徐镇全体机关干部、24个行政村支部书记、村主任参加会议。会议由镇长胡柳主持。

【举办垃圾分类晚会】 8月17日晚，由大徐镇团委、大徐镇文化站、铁拾村党支部、铁拾村村委会联合县绿丝带志愿者协会等单位共同举办的“大徐镇铁拾村‘垃圾分类、从我做起’新时代文明实践主题活动”在大徐镇铁拾村沙地自然村举行，志愿者们通过表演的形式宣传了垃圾分类知识。

【举办“阅享大徐”青年干部读书会】 8月21日，大徐镇团委联合镇妇联、镇文化站开展新时代文明实践主题活动——“阅享大徐”青年干部读书会。该次读书会特别邀请省级民间文艺家协会会员、市非物质文化遗产(宁波农民画)代表性传承人、县优秀民间文艺人才顾圣亚老师，开展“以殷夫之名、担青春使命”为主题的农民画创作培训活动。

【举办戏曲纳凉晚会】 8月24日晚，由大徐镇文化站、大徐镇团委、大徐镇妇联、大徐镇文联、大徐村党支部、村委会联合举办的新时代文明实践主题活动——戏曲专场纳凉晚会在枫溪公园上演。活动邀请象山群芳越剧团、丹城戏迷俱乐部的专业老师参加演出

【大徐镇十八次人民代表大会第七次会议胜利召开】 9月3日，大徐镇第十八届人民代表大会第七次会议召开，来自全镇各条战线的49名正式代表、44名列席人员参加会议。大会听取并审议《2020年大徐镇人民政府半年度工作报告》《大徐镇人民政府关于2020年上半年财政预算执行情况和2020年下半年财政预算调整(草案)报告》《大徐镇2019年度环境状况和环境保护目标完成情况报告》《大徐镇2020年民生实事项目上半年进展情况报告》。以无记名投票的方式，选举产生大徐镇人民政府副镇长1名，郑春芳全票当选为大徐镇人民政府副镇长。

【李晓东赴大徐镇调研指导工作】 9月3日，新任县委副书记李晓东赴大徐镇调研指导工作，镇党委书记张浩、镇长胡柳等陪同。李晓东副书记一行参观了大徐镇矛调中心，并观看了大徐经验专题片、四级三色平台，随后召开座谈会。

【彭佳学到大徐镇青果柑橘精致示范园调研柑橘生产】 9月16日，浙江省副省长彭佳学到大徐镇青果柑橘精致示范园调研柑橘生产，省政府副秘书长蒋珍贵、省农业农村厅厅长王通林、省自然资源厅副厅长盛乐山、市人民政府副市长卞吉安、市农业农村局局长李强、县委书记潘银浩、副县长吴志辉、镇党委书记张浩等领导陪同调研。

【开展“象山发展我担当”大讨论活动】 9月18日，大徐镇全体领导班子成员赴宁波能塑汽配有限公司参观学习，随后召开“象山发展我担当”大讨论活动。班子成员结合自身工作分工，对照“四反思四树立”，谈想法、谈心得、谈发展。

【举行新村授牌大会】 9月22日，大徐镇召开行政村规模优化调整新村授牌大会，县联系领导副县长张微燕、县派“三服务”指导组、大徐镇全体机关干部、行政村书记、主任参加会议。大徐镇党委副书记周如江主持会议。会议宣读了象山县人民政府批复、股份经济合作社成立批复、行政村规模优化调整后新村党组织设置和人员配备的通知等相关文件，并为各行政村授牌

【开展“巧手刺绣、喜迎双节”活动】 9月30日，大徐镇团委、妇联、文化站在殷夫故居联合开展大徐镇“巧手刺绣

喜迎双节”非遗传承活动。30余名青年、妇女参加该次活动。专业刺绣老师手把手地教授大家刺绣针法，让大家亲身感受、传承刺绣这门非遗技艺。

【召开村组织换届工作会议】 10月12日，大徐镇召开村组织换届工作会议，对大徐镇的村组织换届工作再学习、再动员、再部署。镇全体机关干部；县派“三服务”工作组；各行政村村书记、副书记；村主任、村务副组长等参加会议。会议由镇长胡柳主持。会议解读了换届选举相关文件，并对相关业务知识进行了培训。

【潘银浩赴大徐镇调研】 10月19日，县委书记潘银浩赴大徐镇调研村级组织换届以及企业生产情况，大徐镇党委书记张浩等陪同。

【举行“庆重阳、迎小康”十里相思古道全民健康行活动】 10月24日，大徐镇“庆重阳 迎小康”十里相思古道全民健康行活动在风景秀美的相思岭村举行。参与该次活动的有来自全县广大登山爱好者，以及镇、村、企业、绿丝带志愿者协会等代表队共300余名。大徐镇党委书记张浩、县派大徐“三服务”工作组组长郑家锡、县卫生健康局党委委员郑玲飞、团县委副书记王潇、县妇联副主席周华琴等领导参加启动仪式并参与各项活动。

【召开侨联小组成立大会】 10月28日，大徐镇召开侨联小组成立大会，会议选举产生了侨联小组组长1名，副组长1名。镇党委副书记周如江、镇宣统委员秦旭辉及部分侨眷代表参加该次会议。

【举办“共建平安大徐 点亮美丽乡村”法治宣传晚会】 11月2日晚上，“共建平安大徐 点亮美丽乡村”林善岙村平安法治宣传文艺晚会在林善岙村文化礼堂举行。大徐镇党委书记张浩、大徐镇镇长胡柳、县民政局副书记郑盈、县政法委副局级干部李刚、县农业农村局副局长胡巍巍、县交通运输局副局长俞幼红、县水利和渔业局党组成员张华刚、县司法局党组成员高素贞、象山经济开发区党工委委员张静律、县派“三服务”工作组副组长史静波等领导出席。

【省级“污水零直排区”创建预验收】 11月5日，市五水办省级“污水零直排区”创建验收小组赴大徐镇对省级“污水零直排区”创建进行预验收，县五水办副主任郭荣军、镇长胡柳、农业副镇长陈实陪同。验收小组查看创建台账资料后实地抽查了镇政府、卫生院、小学、菜场、东昭路沿线餐饮、洗车等“六小”行业及天香阁涂料厂、镇垃圾中转站、澳林服饰等企业雨污分流情况。

【美丽城镇考核验收】 11月12日，美丽城镇考核组赴大徐验收美丽城镇创建工作。考核组通过实地走访、查阅台账、听取汇报等形式对大徐镇创建情况作了了解，并对镇创建工作总体表示满意。

【AAA级景区镇创建验收】 11月17日，宁波市景区镇专家组赴大徐镇验收镇AAA级景区镇创建工作，镇长胡柳、镇人大主席胡安武等陪同。专家组通过实地走访、查阅台账、观看旅游宣传片、听取汇报等对大徐镇创建工作做了的了解，表示对大徐镇创建工作总体满意。

【召开中共十九届五中全会精神传达贯彻学习会】 12月1日，借助周二夜学，大徐镇组织召开中共十九届五中全会精神传达贯彻学习会，镇全体干部职工参加会议。该次学习会特别邀请了县委党校教研室主任、县政治理论宣讲团成员魏行进老师进行专题授课。

【市委常委、秘书长施惠芳赴大徐镇调研】 12月3日，市委常委、秘书长施惠芳一行走进大徐镇人大代表联络站，就《宁波市全民健身条例（草案）》《宁波市住宅小区物业管理条例（修订草案）》的修改完善，向人大代表、基层群众和有关单位征求意见建议。县人大常委会主任罗来兴参加活动。座谈会上，人大代表、群众代表和有关单位负责人踊跃发言、各抒己见，结合条例草案和各自工作实际，就破解物业费收费难、物业监管、科学规划基层体育设施配套等提出意见建议。

【荣获美丽城镇省级达标乡镇】 12月21日，根据浙城乡环治〔2020〕1号文件《关于全省新时代美丽城镇建设工作2020年度样板城镇和达标城镇考核验收结果的通报》，大徐镇获评美丽城镇省级达标乡镇称号。

【副县长张微燕赴大徐宣讲】 12月30日，县联系领导副县长张微燕赴大徐镇宣讲中共十九届五中全会精神，随后调研大徐镇村级换届情况，及黄家山、新罗岙等信访积案情况及2021年重点工作安排。镇党委书记张浩、镇长胡柳及相关分管领导陪同。

（徐洪珂）

表88　　**2020年象山县大徐镇行政村经济情况一览表**

村名	户数（户）	人口（人）	耕地面积（公顷）	水产养殖（公顷）	渔船（艘）	农村经济总收入（万元）	村级资产（万元）	村集体年收入（万元）	村集体年支出（万元）	书记	副主任
林善岙村	258	918	28.07	0.07	1	6683	1953.71	122.26	24.53	郑清和	郑岳元

续表88

村　名	户　数（户）	人　口（人）	耕地面积（公顷）	水产养殖（公顷）	渔　船（艘）	农村经济总收入（万元）	村级资产（万元）	村集体年收入（万元）	村集体年支出（万元）	书　记	副主任
望海岭村	379	1165	41.00	0.07	1	7776	1697.15	105.27	20.24	傅金位	黄圻方
相思岭村	302	1025	40.13	0.13	0	6720	1476.30	100.50	18.20	蔡带娣	范景宝
里雨村	428	1280	26.40	0	0	9606	929.69	104.42	25.11	沈国兰	王久松
虎啸铺村	165	428	10.80	0	0	3426	1594.49	66.15	6.09	王祥林	张贤
延寿岙村	661	1964	74.33	0	0	11689	1352.99	130.36	31.63	邵先威	王国锋
雅林溪村	224	716	24.40	0.07	0	5159	759.98	44.58	25.90	童珍成	张怀良
章家弄村	248	789	27.67	0	0	5744	1020.80	69.43	23.72	陈存明	鲍云初
汤家店村	345	1045	28.00	0	0	7395	1211.86	55.20	16.13	陈彩金	冯明昌
铁拾村	338	1085	27.27	0	0	16686	1936.05	141.05	41.96	李文阳	陈世根
军湖村	423	1372	78.60	0	0	10255	1805.51	137.46	39.63	徐建平	徐振玉
三角地村	289	890	43.80	0.07	0	6339	818.39	39.91	9.30	余敏伟	黄建民
陈山村	361	1235	98.47	0.07	3	10282	979.02	260.22	30.53	吴凯飞	钱照建
甲田弄村	286	825	24.87	0.07	0	8582	591.90	500.57	18.03	倪素芬	王家虎
大徐村	518	1487	27.13	0.13	0	11753	1740.05	50.79	265.22	翁荣良	郑生林
塔幢村	418	1297	45.00	0	0	8046	854.49	61.88	18.55	辛余峰	谢章云
下院村	251	816	28.60	0.20	0	11568	1533.30	88.94	35.08	王城丹	徐万根
杉木洋村	362	1050	43.33	0.07	0	9659	1622.15	68.82	13.29	徐玉成	郎国位

表89　**2020年大徐镇企业经营情况表**

单位：万元

序号	企　业　名　称	联　系　地　址	工业总产值	营业收入
	合　　计		228769.2	225324
1	宁波博禄德电子有限公司	工业开发区蓬莱路312号	73782	74045
2	宁波顺声通讯设备有限公司	工业示范园区沿区路28号	7602	7489
3	宁波康达电子有限公司	象山县大徐镇铁拾村	7201	7486
4	宁波旭日灯饰有限公司	象山县大徐镇铁拾村	2966	3430
5	宁波华升灯饰有限公司	象山县大徐镇铁拾村	2083	1237
6	宁波能塑汽车部件有限公司	城东工业园区玉盘路9号	9090	8240
7	象山申达轿车配件有限公司	象山县大徐镇汤家店工业小区	15794	15794

续表89

序号	企业名称	联系地址	工业总产值	营业收入
8	象山联强汽车模具有限公司	大徐镇新凉亭	2502	2416
9	宁波赛科效实科技股份有限公司	大徐镇后林村	3642	3226
10	宁波亚大金属表面处理有限公司	城东工业园浙东表面园内	8626	8643
11	宁波骏维金属表面处理有限公司	城东工业园浙东表面园内	1788	1788
12	宁波卫丝登服装有限公司	大徐镇汤家店工业区	2595	2574
13	宁波澳林服饰有限公司	大徐镇汤家店工业区	2006	2006
14	象山顺腾针织有限公司	象山县大徐镇铁拾村	2044	2044
15	宁波安通电气科技有限公司	城东工业园玉盘路22号	2181	2002
16	象山万邦电器有限公司	城东工业园万隆路	7679	7679
17	宁波粤海电力设备制造有限公司	象山白岩山产业区	1907	1907
18	宁波珂翔电力机械有限公司	城东工业区闻涛路18号	2405	2405
19	象山滨港机械厂	汤家店工业区	2018	1832
20	宁波华启轴承有限公司	城东工业园珙桐路	5579	4770
21	象山东方输煤设备有限公司	大徐镇汤家店工业区	4784	4430
22	象山创亿金属制品有限公司	象山县大徐镇东昭路215号	6004	6004
23	象山壹诺金属制品有限公司	大徐镇新凉亭船倒山道士洋	3009	3004
24	宁波鸿智工业智能科技有限公司	城东工业区银河路228号	2035	2305
25	宁波德远洁具有限公司	城东工业园浙东表面园内	8913	8923
26	宁波斯洛曼智能科技有限公司	丹西街道白鹤路149号	3476	3471
27	宁波甬金防护设备有限公司	城东工业园区宏图路29号	5341	5312
28	宁波象山宏鑫混凝土有限公司	城东工业园区玉盘路68号	21527	21146
29	浙江飞宜光电能源科技有限公司	城东工业区映玉路32号	5061	5061
30	宁波和民纸业有限公司	大徐镇西昭路	3123	3154
31	象山兴泰色材有限公司	大徐镇新凉亭	2010	1502

新桥镇

【概况】 新桥镇地处象山半岛中部，北与茅洋乡接壤；东北连接东陈乡，东濒大目洋，南与石浦镇、定塘镇相邻，西临蟹钳港、马岙门，与宁海县、泗洲头镇隔港相望。辖23个行政村、1个居民委员会（新桥），常住户数6706户2.2万人。总面积126.28平方公里，林地3869.2公顷，耕地1597.4公顷，水田1560公顷，旱地297.53公顷，浅海滩涂38.28平方公里。

2020年，面对新冠肺炎疫情带来的严重冲击，新桥镇学习贯彻习近平总书记考察浙江、宁波重要讲话精神，在县委、县政府和镇党委的坚强领导下，在镇人大的监督支持下，做好“六稳”工作，落实“六保”任务，完成镇十八届人大七次会议、八次会议确定的主要目标任务。全年实现社会总产值34.82亿元,同比增长5.8%;财政总收入1.67亿元,同比增长5.9%;农渔民人均纯收入23600元,同比增长8.0%。2020年,该镇先后荣获省级森林城镇、省级美丽城镇风景线、省级美丽城镇达标镇、省放心农贸市场、市级征兵先进集体、市级“四好农村路”示范乡镇等荣誉。

【防疫及复工复产成效明显】 全年累计排摸风险地区对象1423人,隔离观察143人,报备发热人员532人,实现疫情零输入、零感染、零传播。开展复工复产行动,有序开展企业返乡人员登记、企业复工备案等工作,实现人员“点穴式”管控、防疫物资智能调配,同时调配专人入企指导,支持企业快速复工复产,引导对外及对港澳台贸易企业出口转内销,帮扶企业解决融资需求5200万元。

【平台动能积蓄】 航天科技城建设跨入新阶段,商业航天发射基地项目通过三大国家航天单位选址技术论证,生产力中心主楼、双创中心主体完工,市政道路及配套工程投入使用。象保合作区平台加快市场布局,奥特莱斯正式入驻象保合作区,14个总投资50亿元的项目集中开工。影视文化产业快速发展,首届5G产业峰会举办,创建AAAAA级旅游景区稳步推进,国家级影视拍摄基地服务业标准化试点通过终期验收,国家AAAAA级旅游景区品质提升工程等待验收。景区基础配套设施提升,射雕广场改造完成,新游客中心投入使用,浙江广电象山影视基地三期体验中心主体结顶,环线观光道及旅游驿站打通,公交首末站、游客集散中心及小镇客厅配套项目土地征用基本完成。

【工业经济态势良好】 全年完成固定资产投资17.2亿元,其中工业投资8.6亿元,实现规模以上工业总产值7.1亿元,对外及对港澳台贸易2.8亿元,新上规企业3家。超额完成年度指标264%和254%。招商引资成效显著,围绕膜材料、新材料等产业引进产业链项目,引进注册资金5亿元的中化(浙江)膜产业发展有限公司。实到国内资金5.3亿元、浙商回归投资2.5亿元。高新技术企业培育工作成效初显,浙江继望、华子制药入列国家高新技术企业,浙江钰烯荣获“浙江制造精品”,中化(宁波)润沃曹春团队入选宁波市“3315”高层次人才团队。加大技术改造力度,累计技改投入4823万元,华益、继望、多成等7家传统企业先后实施“机器换人”“重点产业链”和“战略新兴产业”技术改造。用好“亩均论英雄”政策,实施差异化政策和资源激励,整治11家低散乱企业,加快工业经济提质增效。

【农旅融合势头强劲】 2个休闲农业项目陆续建成投产,2个田园项目开工建设,多个特色资源项目密切跟踪。创建首批省AAAA级景区镇、2个美丽乡村示范村、8个A级以上景区村。探索现代化农业产业新技术,青柯果园草莓种植完成无土立体化、水肥一体化栽培,实现亩产超5万元,日月明南美白对虾基地完成工厂化养殖,亩产超6000公斤,神韵红美人基地完成数字一体化建设,实现湿度、温度等24小时监控。助推民宿经济转型升级,农家客栈发展至340家、近万张床位,海的那边、灵岩山居等精品民宿酒店陆续开门营业。加大乡村旅游宣传力度,投资120万元的旅游标识标牌制作完工,多渠道推介西海岸风情线、白岩山等特色资源。打造农旅文融合示范地,以“一线、四区”为主体的“双色”农业产业布局,将人文、休闲、餐饮、娱乐等元素融入农业休闲基地建设,谋划将红达莲藕、对红枇杷园等产业基地串点成线,首次举办采摘游活动,举办枇杷节、泼水节、音乐节等节庆活动,带动农旅产业发展成效显著,新桥镇农村年接待游客70万人次,经营收入超亿元。

【镇村建设成效初显】 完成关头塘美丽田园、崇站美丽渡口节点打造,省旅游风情小镇加速推进。启动美丽城镇建设三年行动方案,2020年完成投资2亿元,建设24个项目,创建美丽城镇市级样板、省级美丽城镇达标镇。巩固“三改一拆”“无违建镇”创建成效,年度拆违完成率位居全县第二。借力人大代表督事制度,完成历史遗留危房解危任务。完善镇域路网体系,沈海高速连接线新桥至石浦段高架桥施工稳步推进,站前路、安泰路、玉秀路亮化工程完工,老茅石线至高塘村农村公路、茅石线至宁丰路市政道路等建成通车。综合服务功能完善,迎丰家园基础配套提前完工,新桥农贸市场提升改造工程通过验收,市民广场灯光篮球场建成开放,居家养老服务中心正式运营。

【城乡秩序改善】 创建省级文明规范公正基层综合执法中队,结合智慧城市管理平台系统,组建“智慧城管”队伍。实施小城镇环境风貌长效管理机制,着重整治道乱占、车乱开、摊乱摆、房乱建、线乱拉现象。划定商区网格区域,推选商户网格长,探索街区商户网格自治路径。建立健全集公益服务、生活服务、便民服务及综治于一体的村级综合治理服务中心,推动综合治理服务线下线上无缝对接。完善构建以网格为基础、以信息共享为支撑、景地和部门协同联动的特定区域治理模式,推进“智治影城”基层社会治理试点创建。争创“市级枫桥式公安派出所”,狠抓交通治理工作,交通亡人事故下降率居全县第一。

【人居环境优化】 牢固树立“两山”理念,坚定不移走生态优先、绿色发展之路,统筹改变城乡面貌,彰显自然环境生态之美。创建省级森林城镇,新增森林休闲公园5个,新增山地造林1000亩,城镇建成区林木覆盖率25%,人均公园绿地面积14.3平方米/人。小流域治理获得阶段性成效,省污水零直排区创建通过验收,5个村“一户一表”和污水处理终端提标改造完工。第二轮中央环保督察问题整改进度加快,上盘岭左侧治理工程、狗盘山生态治理项目通过验收,冷水坑复绿工程动工建设,密切关注扬尘、建筑废弃料乱倾倒等不文明施工现象。

【社会事业运转有序】 落实教育优先发展战略，坚持立德树人，提升教育内涵品质，中考象中录取7人，高居全县乡村学校前列，推进威顿书院高端民办学校项目洽谈。文明创建工作，七林湾村、下七里村、原双岙村等7个村文化礼堂和文旅融合“艺+堂”创建。繁荣乡村文化体育事业，开展室外公共场所体育器材隐患排查和设施更新，井头村体育小康村提升工程、石柱岙村多功能运动场、黄公岙村百姓健身房和周末剧场完成建设，“思源白岩山”登山步道荣获2020年度象山县最美健身步道。完成全国第七次人口普查入户登记和复查工作，新桥镇共普查登记30768人。弘扬慈善美德，继续实行“村村慈善帮扶基金”工程，共募集捐款33余万元。开展拥军护军工作，创建省级“枫桥式”退役军人服务站1个，东溪退役军人服务站站长钱勇臻获全国百名优秀退役军人中心（站）主任（站长）称号。

【民生保障】 “最多跑一次”改革，完成便民窗口一站式服务工程，民生关键事办理实现“零跑腿”，城乡居民养老保险、基本医疗保险参保率稳步提升，社会救助制度完善。健全脱贫攻坚政策机制，落实“一户一策一干部”结对帮扶，灵活运用公益性岗位招收、项目补足等手段带动68户低收入农户增收脱贫。健全医疗卫生服务体系，投用B超、DR机等一批医疗基础设施硬件，完成农民体检2700人次，妇女免费两癌筛查975人次，契约式家庭医生签约服务5001人次。低保工作规范化，新增低保47户80人，取消低保42户55人。坚持保就业就是保基本，新增就业登记246人，完成本地富余劳动力就业转移258人。全力发展村级卫生系统，创建井头村、上盘村、原双岙村省级卫生村，山头王村、黄公岙村市级卫生村。

【平安建设】 统筹推进村级人防、物防、技防和消防“四防”体系建设，防范重大治安灾害事故和公共安全事故，确保全年无重大安全事故发生。推行党政领导接访约访和“5+X”信访会办制，创新“村民说事”“剧组说事”“群演说事”制度，开展信访“四无村”创建。建成投用人大代表联络站，信息主动收集、分级研判处置、信访治本堵源等机制健全，接访78批次134人次，现场停诉息访36起，群众满意率达98%。开展扫黑除恶专项行动，严厉打击各类违法犯罪行为，破获涉黑涉恶案件3起，刑拘9人。建立健全预防和惩治走私工作体系，开展码头反走私隐患排查，共发现整改隐患问题12个，上报移交疑似走私船只1只。

【意识形态建设】 坚持整体智治、唯实唯先，学习习近平新时代中国特色社会主义思想，增强“四个意识”，坚定“四个自信”，做到“两个维护”。稳步推进行政村规模优化调整，行政村数减至23个，完成村社组织换届，基层基础优化。全年召开党委会议15次、理论中心组学习会议12次，做到理论学习常态化、长期化。落实市提级巡察组巡查反馈意见，全盘接受问题和不足，落实系列整改。坚持依法行政，主动接受人大和社会舆论监督，办复人大代表建议意见18件。政府法律顾问制度、规范性文件和重大行政决策合法性审查、重大决策社会稳定风险评估制度完善，严格执行“三重一大”集体决策制，落实科学民主依法决策机制。严格落实党风廉政建设主体责任和监督责任，整治“慵、懒、散、漫”作风顽疾，政府作风建设和廉政建设加强。

【召开第十三届代表大会第五次会议】 2020年1月2日，中共新桥镇第十三届代表大会第五次会议召开。共57名正式代表、36名列席人员参加会议。会议审议并通过镇党委、纪委工作报告和决议。镇党委副书记吴兴定、镇党委委员、人武部部长胡益作个人述职述廉述党建报告，其余党委班子成员作书面报告。代表对新桥镇党委班子及成员进行民主评议。

【叶剑鸣赴新桥检查指导疫情防控和复工复产工作】 3月2日，县委书记叶剑鸣赴新桥镇检查指导疫情防控和复工复产工作时强调，要落实疫情防控不松劲，抢抓复产达产再加力，确保打赢疫情防控人民战争、总体战、阻击战，实现全年经济社会发展目标任务。县委常委、纪委书记陈善方参加。

【召开第二届乡贤理事会议】 4月5日，新桥镇召开乡贤参事会第二届理事会议，县委统战部常务副部长俞湛出席会议。会议总结了2019年乡贤工作情况，研究部署2020年乡贤工作计划，乡贤们围绕农文旅融合发展、影视文创、编撰《新桥镇志》、西海岸项目等提出意见建议。

【新桥镇召开第十四届新桥枇杷】 5月15日，新桥镇举办“第14届新桥白沙枇杷促销会”，开展枇杷集市、旅游商品推介、云游新桥等活动，在枇杷基地向市民、游客进行推销枇杷及枇杷膏等其他枇杷衍生产品，新桥高湾思源枇杷基地开园首日迎来了近200名采摘游客。

【象山县新联会理事企业助力新桥东溪退役军人就业启动仪式召开】 5月21日，象山县新联会理事企业泾渭水务管理公司助力退役军人就业启动仪式在新桥镇东溪村退役军人服务站举行，启动仪式上泾渭水务管理公司与新桥镇东溪村退役军人服务站进行了合作签约。

【潘银浩赴新桥镇调研】 6月2日，县委书记潘银浩赴新桥镇走访调研，听取工作汇报，了解工作情况，县委常委、宣传部部长应建勇等参加调研。

【新桥镇召开“一线攻坚三服务、争先创优促发展”活动推进会】 6月14日，新桥镇召开“一线攻坚三服务、争先创优促发展”活动推进会。县派新桥工作组全体成员，全体行政事业干部，镇争先创优工作专班成员，各村四套班子主要负责人、村妇联主席及相关部门负责人参加会议。

【象新力法律服务工作站举行揭牌仪式】 6月19日，象新力法律服务工作站在新桥镇“象漂之家”新的社会阶层人士统战工作实践创新基地举行揭牌仪式，县委统战部常务副部长俞湛，宁波影视文化产业区管委会、新桥镇和县新联会等单位负责人出席并为工作站揭牌。

【县微型党课巡回宣讲团首站于新桥镇关头村、下七里村文化礼堂开讲】 7月14日，“决战脱贫攻坚、决胜小康”微型党课巡回宣讲团7位宣讲员在新桥镇镇关头村和下七里村开讲。

【召开第十八届人民代表大会第八次会议】 9月10日，新桥镇第十八届人民代表大会第八次会议开幕，来自新桥镇各条战线的53位镇人大代表和34位列席人员出席会议。全体会议表决通过了镇人民政府上半年工作报告、镇2020年度民生实事项目上半年进展情况报告、镇2019年度环境状况和环境保护目标完成情况报告、镇2019年度财政决算情况、本年度财政预算调整方案和上半年财政预算执行情况的报告。会议补选产生新桥镇人大副主席1名，徐勇满票当选。

【开展国庆节前安全生产大检查】 9月27日，新桥镇镇长朱向忠、镇人大主席林琼对宾馆民宿、敬老院、道具加工储放点、剧组群租房等重点单位、场所开展安全生产大检查。

【召开村级组织换届选举工作会议】 10月12日，新桥镇召开村级组织换届选举工作会议，部署新桥镇村级组织换届选举工作。新桥镇领导班子成员、联村干部、各行政村主要干部、县派工作组成员、各基层站所负责人、村“第一书记”、农村指导员等100余人参加会议。

【浙江省放心市场考核组赴新桥农贸市场开展考核验收工作】 10月21日，浙江省市场监管局流通处四级调研员江仁生带队赴新桥对省放心农贸市场创建工作进行考核验收，实地察看了新桥农贸市场创建情况，重点对环境卫生、食品安全检测、消防安全和市场布局等进行检查并逐一查阅创建台账资料。

【新桥镇开展“三送”服务进企业安全知识培训讲座】 10月19日、20日，新桥镇贯彻落实省、市、县文件精神要求，新桥镇依托县培训中心分别在浙江钰烯腐蚀控制有限公司，宁波伟益服饰有限公司开展“三送”服务进企业安全知识培训讲座，共计200余名一线从业人员参加该次培训。

【致敬抗美援朝出国作战的老兵】 2020年10月25日，是中国人民志愿军抗美援朝出国作战70周年，象山县、新桥镇领导走访慰问了新桥镇抗美援朝出国作战的老兵们，并颁发“中国人民志愿军抗美援朝出国作战70周年”纪念章。

【召开2020年新乡贤参会上海片区联谊会】 11月7日，新桥镇召开2020年新乡贤参会上海片区联谊会。象山长三角（上海）联络中心主任金良、副主任宓盈、中化（浙江）膜产业发展有限公司总经理周海明、象山县工业投资集团总经理叶敏刚、浙江弘日宝玺董事长周宏等特邀出席会议，共叙新桥桑梓情，同绘征程家乡景。

【“美丽乡村　携手共建”走进新桥西海岸健步走活动】 11月29日，象山县总工会、中共新桥镇委员会主办，新桥镇总工会、镇团委、镇妇联承办，浙江钰烯腐蚀控制股份有限公司协办的“美丽乡村 携手共建”象山县职工走进新桥西海岸健步走活动举行。活动中，新桥镇妇联主席、副主席们发挥巾帼力量，结合低碳环保徒步活动，宣传垃圾分类知识理念。

【第一次归侨侨眷代表大会暨侨联成立大会胜利召开】 12月1日，新桥镇组织召开第一次归侨侨眷代表大会暨侨联成立大会。该次会议审议并通过《新桥镇侨联工作细则》和《选举办法》，并产生7名新桥镇侨联第一届委员会委员。

【村委会换届选举圆满完成】 12月13日，新桥镇23个行政村村委会换届选举工作圆满完成，23名村支部书记通过法定程序当选为村委会主任。该次换届共产生村委会成员106名，村委班子平均年龄比上届明显下降；高中学历以上57名，占比54%；35岁以下村级后备干部进“两委”班子的比例为15.2%；选民平均参选率达到90.2%，整个换届过程总体平稳有序可控。

【联合工会成立并举办誓师大会】 12月16日，新桥镇凝聚力、向日葵、关爱老小服务站3个志愿者协会成立志愿者联合工会，并举行誓师大会，共有60余名志愿者参加。

【新桥派出所郭克亮获得“最美象山人”称号】 12月22日晚上，第七届最美象山人颁奖典礼在县文化活动中心拉开序幕。新桥镇新桥派出所郭克亮荣获“最美象山人”称号。

【完成新一任村主要干部集中轮训】 12月23日，新桥镇党委组织新一任村主要干部在县委党校进行为期两天的集中轮训，23个行政村书记、副主任、村监会主任等70余名干部参加轮训，轮训内容包含党的理论知识、乡村振兴、党风廉政教育和农村小微权利规范运行等专题。培训期间，新桥镇党委副书记吴兴定带领村主要干部到旭拱岙村、方家岙村进行现场学习。

（张雅晶）

表 90　　新桥镇 2020 年行政村经济情况一览表

村　名	户　数 （户）	人　口 （人）	面　积 （公顷）	村级资产 （万元）	集体经济收入 （万元）	经营性收入 （万元）	书　记
合　计	8123	21602	12600	46541.2	3745.5	1129.7	—
七林湾村	232	802	399	1671.1	76.5	15.3	张月年
高湾村	609	2093	480	2725.9	251.2	32.8	胡松定
高塘村	300	979	100	2537.6	111.3	46.4	舒继岳
黄公岙村	633	2086	233	1821.1	200.7	117.3	邵兴吉
上盘村	239	802	24	1704.8	68.3	40.5	曹善东
灵岙村	109	667	150	1238.5	66.4	35.3	胡余明
下七里村	392	1274	244	2320.4	197.5	73.5	陈家明
山根村	363	1232	75	869.7	152.1	85.3	顾英彪
井头村	310	1051	107	3547.8	141.7	78.6	顾贤丁
五兴村	248	847	218	1046.0	127.3	85.6	郑志江
东溪村	888	2706	850	4385.9	261.4	113.2	钱勇臻
庙前杨村	209	686	157.4	594.3	40.3	15.0	杨生发
洋坑村	247	715	250	1177.3	126.0	14.7	吴允眺
山头王村	218	691	197	830.8	44.1	15.9	王云平
关头村	785	2621	467	4080.3	209.6	136.0	史济代
海丰村	196	654	262	934.5	108.2	15.0	陈优苗
板岭村	275	845	248	2478.6	97.2	48.1	陈杏成
兴海村	192	596	136	1080.9	40.0	16.7	励小安
吉里村	338	1219	421	2914.0	335.4	20.4	林　晨
石柱岙村	397	1358	263	2837.1	177.9	16.1	陈　皓
海台村	435	1422	534.5	2494.4	290.0	50.2	宋罗平
西海村	160	584	90.6	1114.4	459.0	15.1	柯国辉
新桥村	348	1119	57.8	2135.8	163.4	42.6	史永国

东陈乡

【概况】　东陈乡位于象山半岛中部，县城南郊，东濒大目涂，南接新桥镇，西邻茅洋乡，北连中心城区。辖区总面积 56 平方公里，海岸线长 32 公里，2020 年有耕地面积 597.27 公顷，全乡共有 6723 户、23040 人，下辖 16 个行政村，乡政府驻地沙岗村。2020 年，在县委、县政府的正确领导下，东陈乡围绕“聚力一二五，奋力上台阶”，主动对标“重要窗口”建设，做好“六稳”“六保”各项工作，应对国际贸易摩擦的新挑战、新冠疫情防控的新考验和区域发展竞争的新态势，全乡经济社会平稳健康发展。实现地区生产总值 78 亿元；财政总收入 2.28 亿元，同比增长 11.8%；农渔民人均收入 27400 元，同比增长 4.6%。2020 年，先后获评县年度水利大禹杯铜奖、县级法治象山建设工作先进集体、县新乡贤工作先进集体、县组织工作特色工作二等奖等荣誉，县静脉产业园沼气综合利用项目群众工作荣登市“六争攻坚”先锋榜，东陈流域治理工程南堡河段建设指挥部获评宁波市第九届“大禹杯”竞赛优秀集体。

【“两手硬、两战赢”取得实效】　自

2020年新冠肺炎疫情发生来,乡党委、政府第一时间成立东陈乡防疫工作领导小组,采取“大数据+健康码+公安+网格”等精密智控手段,守住小门、防控,疫情防控工作取得零感染、零疑似、零确诊的显著成效。统筹抓好疫情防控与经济社会发展,有序推动各行各业复工复产,锦浪科技“共享员工”模式获央视报道。开展“三服务”,组建驻企联企服务指导组,走访企业近万次,推动“惠企20条”“复工保、复工担、复工贷”等系列政策落地,全年共兑现“两直”资金、防疫政策补贴230余万元。“战疫”期间,涌现了一批感人至深、催人奋进的先进典型,其中孙茂芳公益救援队队长孙德照获评浙江省抗疫先进个人,锦浪科技股份有限公司党支部获评宁波市抗疫先进基层党组织。

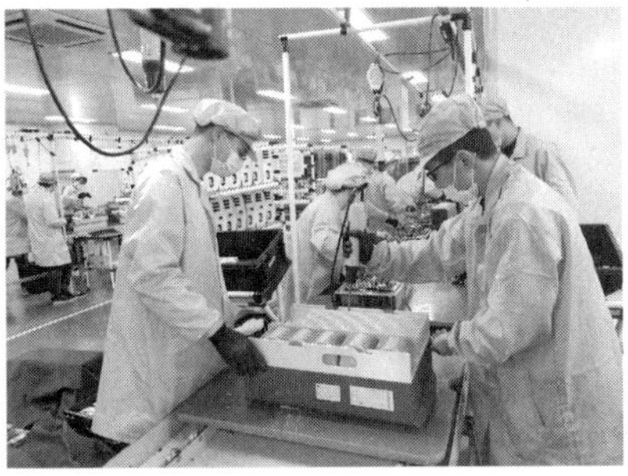

锦浪科技股份有限公司车间复工复产现场

【制造业转型升级】 科创平台建设、科技型企业培育、创新人才引进等工作,组建市县级工程技术中心5家,新增高新技术企业4家、市科技型中小企业11家;锦浪科技获批“国家企业技术中心”,现基本形成新能源及电力装备制造、汽车零部件及模具制造、新材料、时尚休闲和针织服装四大产业集群,占比调整优化到57∶19∶16∶8。2020年新增规模以上工业企业7家、亿元以上项目3个,实际利用国内资金6.7亿元、浙商回归6.5亿元,同比分别增长45%、49%。对外开放向好,全年利用外资及港澳台资金、进出口总额分别达595万美元、20.3亿元,同比增长1.3%、46.7%。面对新冠疫情影响,工业经济依然突破“全年红”目标,规模以上工业产值38.6亿元、规模以上工业增加值5.5亿元、工业投资4.5亿元,同比分别增长19.8%、21.3%、26.2%。

【农旅产业融合发展】 现代农渔业稳产增效,粮食生产保持稳定,白鹅产业扶贫成效显著,入选国家扶贫典型案例。有序推动数字农业建设试点工作,提升农田水利设施水平,东陈流域南堡河段治理工程推进,先后获评2020年度县水利“大禹杯”铜奖和宁波市第九届“大禹杯”竞赛优秀集体。旅游产业跨越发展,编制完成《东陈乡全域旅游发展总体规划(2020—2035)》,成立象山县民宿经济促进会东陈分会,全年新增民宿15家,新引进竹根雕文化产业园、灵芝康养园等优质项目3个,东旦、上周、马岗分别创建省AAA级、AA级、A级景区村。全年接待游客25万余人次,旅游综合收入突破2000万元,实现增长翻两番,形成以沿海南线为主轴,东陈、樟岙、红岩、东旦为枢纽的“一轴四点”人文休闲旅游新格局。现代服务业发展壮大,全乡限上社会消费品零售总额15.38亿元,在全县占比达38%。

象山县东陈乡东旦时尚运动海滩

【城乡品质加快提升】 围绕县“迎接亚运、城市双修”行动要求,加快美丽城镇建设工作,优化城镇发展布局。全年完成污水终端提标改造4座,接户6480户;建成厨余垃圾太阳能阳光房,实施生活垃圾“以桶换桶”清运模式;扩大智慧城管覆盖面,累计处置各类案件379起;执法规范化建设有序推进,创建省规范化综合执法中队。聚焦美丽乡村示范建设,创建松岙、王家兰县级特色村,新培育旦门市级美丽乡村示范村和市新时代美丽乡村小集镇式中心村;樟岙村创建县级美丽庭院精品村,获评市县级美丽庭院示范户10户、绿色家庭4户。

厨余垃圾太阳能阳光房,占地约500平方米,日处理厨余垃圾量达20吨

【生态环境美化】 实施蓝天碧水净土清废四大行动,“五水共治”、“污水零直排区”创建、“三改一拆”、危旧房排查整治等工作纵深推进。2020年,在巩固“五水共治”“清三河”治理成效的基础上,落实“河长制”,完善河道保洁制度,通过市“污水零直排区”复验;全年完成“三改”约4000平方米和梳理式改造任务,拆后利用率达95.1%;推动县级“无废城市”创建工作,生活垃圾焚烧发电项目点火试运行,县静脉产业园沼气综合利用项目动工建设,该项目群众工作荣登市“六争攻坚”先锋榜。此外,开展安全生产检查、渔业领域“一打三整治”行动和伏季休渔工作,全年安全生产零事故发生。

【实事工程】 以开展“产业项目攻坚年”活动为载体,2020年涉及县、乡两级重点工程上墙项目19个,全年完成投资19亿元,居全县前列。中心城区环城西路工程、现代物流园公共服务中心二期完成政策处理,东陈流域南堡河段治理工程、生活垃圾循环改造等工程有序推进,锦浪科技年产12万台分布式租串并网逆变器新建项目、红星美凯龙家居广场项目开始动建,红岩东湾安置区配套基础设施、三村人居环境提升等项目完成年度工程进度,反修闸至大门山闸河道清淤工程、农村网络公路提升、高标准农田建设等项目完工,金瑞包装科技、科普特新材料等工业项目建成投产。

【计生教卫事业协调发展】 统筹做好

人口和计生工作，第七次全国人口普查完成，累计完成妇女宫颈癌和乳腺癌两癌筛查2032人次，创建家庭养育健康指导试点村。加强公共卫生工作，结直肠癌筛查3751人，60周岁以上老年人免费接种流感疫苗865人。健康促进机关、健康村、健康家庭创建工作稳妥起步，乡社会心理服务站投入使用，健康支持性环境创建和健康素养进农村文化礼堂活动覆盖面提高。教育事业健康发展，中小幼教育资源供给稳步增加，中学教学楼扩建工程结顶。社保就业、创业、参保工作，困难群体基本保障全覆盖，累计发放各类救助补贴914.8万元。

【打造“新时代文明实践中心”】 以开展新时代文明实践中心创建工作为契机，推动全乡文体事业蓬勃发展。2020年，建成乡级文明实践所，东陈村创建文明实践示范站；沙岗村文化礼堂完成改建，实现村级文化礼堂“全覆盖”；依托陈汉章故居、才华剪纸艺术馆等文化阵地，举办第十四届陈汉章读书节；加强体育事业发展，组织开展生态健步走活动，老年体育工作获评年度县优秀集体奖项；推进婚丧礼俗整治工作长效管理，完善红白理事会机制，营造良好社会风气。

【行政村规模优化调整】 严格按照中央、省市县决策部署，在全县范围内率先完成行政村规模优化调整，8个涉及调整村村民（社员）户代表会议的表决同意率均达100%。2020年9月8日，东陈乡召开行政村规模调整新村成立授牌大会，为新成立的北山下村、西庄村、金武村、东旦村4个新村授牌授印，系县首个完成新村挂牌的乡镇。该次优化调整后，全乡行政村数量减少4个，保留16个，减幅20%，行政村平均常住人口达到1443人，平均辖区面积3.5平方公里，基本构建起适应乡村振兴和高质量发展需要的农村基层治理体系。

【村级组织换届选举】 自2020年10月14日启动村组织换届选举工作以来，坚持“干中换、换中干”，完成了16个村组织换届选举工作，选优配强村级班子，共选举产生了村四个组织干部232人，班子年龄结构优化调整，全乡村“两委”干部交叉兼职29人，其中40周岁以下有22人；支委86人，平均年龄52.6岁，较上届下降1.7岁；16个行政村全部实现书记、主任、社长“一肩挑”，村监会主任全部由支委兼任，基层基础焕发新活力。

【市防汛安全检查组指导检查防汛防台工作】 2020年3月27日，市防汛安全检查组对东陈乡防汛防台工作汛期安全进行指导检查，提出要加快桥梁施工等影响汛期排涝排洪的施工进度，落实应急预案，确保汛期无障碍排水通畅。

【开展“一线攻坚三服务、争先创优促发展”活动】 2020年5月20日起，东陈乡围绕“经济发展、信访化解、项目攻坚、新村融合”四个方面内容，制定《关于开展“一线攻坚三服务、争先创优促发展”活动的实施方案》，出台“六个一”攻坚任务责任清单，开展“三服务”活动。县派“三服务”工作组东陈组同步入驻东陈乡，开展指导督查和攻坚帮扶工作。

5月20日，副县长石坚定（右二）在宁波金瑞包装有限公司开展“三服务”活动

【县静脉产业园沼气综合利用项目】 2020年6月8日，东陈乡召开松岙、旦门、王家兰三村“一线攻坚三服务，争先创优促发展”活动动员会，会上对县静脉产业园沼气综合利用项目推进工作做了部署和强调。该项目于7月正式通过“两评一选址”公示，为项目建设奠定坚实基础。

【“平安东陈”宣传月】 2020年9月9日，东陈乡在汉章小学举行“平安东陈”宣传月启动仪式，县乡人大代表、驻乡部门、网格长等180余人参加启动仪式，县委政法委副书记励日耐、东陈乡乡长应建宁等出席活动。

9月9日，东陈乡举行“平安东陈”宣传月启动仪式

【“生态象山·携手同行”健步走活动】 2020年10月25日，在东陈乡举行以“生态象山·携手同行”为主题的县职工“时尚运动·海岸风情”健步走活动，该次健步走活动由县总工会、东陈乡党委主办，东陈乡总工会、东陈乡团委、东陈乡妇联承办，东陈乡汽车城4s店工会联合会协办，全县300余名职工参与。

10月25日，县职工“时尚运动·海岸风情”健步走活动在东陈乡举行

【乡贤剪纸馆揭牌开馆】 2020年12月8日，东陈乡乡贤剪纸馆揭牌暨开馆仪式在东陈乡樟岙村举行，是全国唯一一家用剪纸形式表现的乡贤馆。县委常委、统战部部长干维岳、县委统战部常务副部长俞湛、东陈乡党委书记应建宁、县委组织员陈秋华等出席开馆仪式。

（陈怡）

表 91　　东陈乡 2020 年各行政村基本情况一览表

村　名	户　数	人　口	耕　地（亩）	园　地（亩）	林　地（亩）	养殖水面(亩)	村级集体经济总收入（万元）	村级集体经济总支出（万元）	村级集体资产总额（万元）	书记、主任
合　计	6723	23040	8959	3613	41743	424	3913. 15	580. 15	38710. 43	—
北山下	190	632	132	0	51	8	86. 59	10. 85	1440. 8	陈小云
岳　头	633	2257	1395	120	2711	22	139. 46	20. 68	2209. 83	吴秀丽
东　陈	274	932	450	300	1114	8	82. 66	28. 62	1535. 37	陈台生
大　塔	217	809	610	100	1470	65	103. 9	4. 7	1255. 15	屠国敏
西　庄	252	810	80	70	368	21	39. 77	20. 42	1579. 99	胡宝法
马　岗	243	816	98	170	723	35	46. 12	25	1196. 51	葛志龙
沙　岗	609	2340	750	480	2326	9	306. 03	92. 54	3674. 75	陈　挺
金　武	155	546	172	23	237	23	71. 47	9. 14	1116. 14	陈会祥
南　盘	106	396	179	20	1188	6	46. 69	6. 41	2643. 05	陈奉叶
樟　岙	855	2948	1401	690	5793	65	89. 05	69. 37	4657. 95	鲍雷锋
南　堡	611	1912	1135	350	2718	51	107. 1	36. 47	2058. 25	张　林
松　岙	658	2229	605	230	5315	19	480. 21	64. 19	3847. 98	马执勇
旦　门	953	3146	730	310	4963	35	1842. 84	85. 55	6015. 27	杨再宽
上　周	205	720	289	320	4248	6	107. 1	20. 33	1124. 92	谢定再
东　旦	192	662	34	120	1050	8	276. 58	19. 74	1813. 58	郭建军
红　岩	467	1750	421	210	5060	43	87. 58	66. 09	2540. 9	施朝飞

表 92　　东陈乡 2020 年社会经济基本情况表

指标名称	计量单位	代　码	数　量
甲	乙	丙	1
(一)面积与人口	—	—	—
建成区面积	公顷	Z71	5600
常住户数	户	Z72	11395
常住人口	人	Z73	23040
其中:外来人口	人	Z74	8176
(二)经济	—	—	—
企业个数	个	Z75	656

续表92

指标名称	计量单位	代　　码	数　　量
企业从业人员	人	Z76	8223
工业企业单位数	个	Z77	453
其中：规模以上工业	个	Z78	40
工业总产值	万元	Z79	505104
其中：规模以上工业	万元	Z80	386107
批发和零售法人企业个数	个	Z81	203
批发和零售法人企业商品销售额	万元	Z82	209435
亿元以上商品交易市场个数	个	Z83	1
亿元以上商品交易市场交易额	亿元	Z84	2
住宿业法人企业个数	个	Z85	2
其中：星级饭店个数	个	Z86	0
住宿业法人企业客房数	间	Z87	22
其中：星级饭店客房数	间	Z88	0
旅行社个数	个	Z89	0
（三）公用事业	—	—	—
集中供暖户数	户	Z90	0
公交车通车线路	条	Z91	16
金融机构网点数	个	Z92	3
绿化面积	平方米/人	Z93	35.4
公共卫生间	座	Z94	47

晓塘乡

【概况】 晓塘乡地处象山半岛南部，东接石浦港，西临南湾新区，甬台温高速石浦连接线（在建）、527国道（规划）贯穿其中，行政区域面积45.5平方公里，辖设19个行政村（行政村规模优化调整后为16个），人口1.9万人，耕地面积1.9万亩，山林面积1.9万亩，森林覆盖率达62%，是国内“红美人”柑橘的发源地、县农业“万元美金田”改革示范地，曾获评全国环境优美乡镇、全国生态乡、省小城镇综合治理样板乡镇、县首批特色小镇等称号，素有“钟灵毓秀”生态农业之乡的称号。2019年，晓塘乡实现社会总产值22.15亿元，财税总收入5300万元，固定资产投资4.5亿元。

【农业经济】 立足“红美人”柑橘发源地和县农业“万元美金田”改革创新项目优势，打通柑橘种、产、销、运各个环节，提高柑橘产业核心竞争力。2020年，全乡实现农业生产总值3.79亿元，同比增长3.6%，精品柑橘累计种植5000亩。规范提升示范基地，甬红果蔬通过绿色农产品主体评定，获全省首批“品字标浙江农产”品牌授权，“中国第一棵红美人”揭牌；融德农业完成土壤有机肥改良和22个柑橘品种种植，万木春与华中农大合作种植130亩柑橘种苗砧木。科技创新，完成智慧农业物联网传感控制系统建设，象山晓塘果蔬数字植物工厂入围省第二批数字农业工厂创建试点，象山柑橘小镇获评2021年省级星创天地。农产品质量安全工作成效明显，受到省政府通报表扬，获评省农产品质量安全卫士集体。落实粮食安全保障目标任务，完成早稻种植320亩、晚稻种植2442.5亩。

【工业经济】 主动把握“两区两路”建设机遇，疫情防控与复工复产“两手抓、两手硬”。2020年全乡实现规模以上工业总产值9.58亿元、规模以上工业增加值2.21亿元，龙泰电讯主营业务收入首次过亿,时空智能、和信制药、葆蓝服饰主营业务收入超过5000万元。平台能级提升,晓塘工业区实现投产13家,三期土地政策处理完成。欧乐机械二期厂房主体工程基本完成,龙泰电讯、锦和食品、新路智能等企业技改项目完工。科技创新发力,新增高新技术企业3家、科技型小微企业6家、县市两级工程技术中心3个。为企服务,围绕人员返岗、金融扶持、政策落地等方面,合力助推复工复产,共发现和解决影响企业生产经营的苗头性、趋势性问题50余起,累计兑现各类补贴83.6万元。

【美丽乡村建设】 全力打造环大塘港精品农业观光带、沿九龙江美丽乡村休闲带,创建省AAAA级景区镇,全年累计接待游客31万人次,实现旅游经济收入3600余万元。全乡A级景区村增至8个,其中3A级景区村2个,民宿发展至25家,其中精品民宿4家,床位达447个。做好"以节促旅"文章,举办县第十四届民族和睦邻里节暨第十五届西边塘葡萄节、第四届象山柑橘文化节晓塘乡系列活动,创新"书记携手少数民族代表+网红"直播带货形式。全域旅游纵深推进,海之湾景区二期项目陆续投用,串联象山影视城、石浦渔港古城、海洋休闲旅游等资源,形成一日游、两日游线路4条。

【两美创建】 坚持规划引领,编制"两美"建设规划方案,明确"农业+运动+文化"区域功能定位,建设环境美、生活美、产业美、人文美、治理美"五美"同创美丽村镇,美丽城镇建设方案荣获省级优秀。抓牢环境整治,制定"清洁晓塘"综合整治行动方案,围绕"六大行动",在全乡范围开展大整治,强力推进环境卫生督查整改工作。加快建设美丽乡村,创建中岙省级美丽宜居示范村、西边塘市级美丽乡村示范村和青山头县级美丽庭院精品示范村,青山头村入选国家级体育现代化社区(村)标准化试点,蒋秋军荣获2020年全国体育事业突出贡献奖。

【实事工程】 坚持主要领导干部包干制和项目作战图上墙制,全力保障县、乡两级重点工程无障碍施工。美礁碶城门头河、励家坪溪坑、胡家峙河道等水利面上工程竣工,完成1001亩高标准农田建设。"四好农村路"示范乡镇创建完成验收,盐三线至邓家公路工程,双连峙、西边塘2条农村公路大中修,全乡31条农村公路中修工程完工,完成黄埠至花湾危桥改造,黄埠盐三线至公墓区公路工程有序推进。

【专项行动】 开展"一线攻坚三服务、争先创优促发展"活动,成立经济、社会领域争先创优专班,高质量完成三服务"六个一"任务。开展"平安守护"专项行动,纵深推进"一打三整治",巩固"五水共治""清三河"治理成效,落实"河长制",组织"两代表一委员"建立监督队伍巡河"问水",提标改造5个生活污水处理终端。开展"三改一拆",拆除违法建筑9700余平方米,拆后利用率达100%,全年无重大新增违建案件发生。

【科教文卫】 完成幼儿园改造前期准备,中心小学获评"县文明校园",晓塘卫生院获评"宁波市基本公共卫生服务项目单位之星"。完成第七次全国人口普查。统筹做好计生宣传、奖扶和优质服务工作,完成"两癌"筛查805人、结直肠癌筛查2776人,建立慢性非传染性疾病专项健康档案2704人,乡婴幼儿照护服务点建成投用。疫情防控及时,"清楼"行动排摸重点人员992人,落实集中隔离和居家隔离医学观察对象181人,劝阻各类红白喜事73起。

【社会保障】 社保提质扩面,本地户籍人员养老保险参保率达93%。完善新型社会救助体系,发挥慈善分会、残联、敬老院、红十字等机构作用,开展慈善一日捐活动,维护残疾人、妇女、儿童等弱势群体合法权益,共发放各类扶贫救助资金580.4万元,残疾人"两项"补贴236.9万元,完成1家AAA级居家养老服务中心、7家AA级居家养老服务站评定工作。就业扶持力度,新增办理就业登记1275人,办理失业认证90人,灵活就业登记50人,授牌成立县少数民族创业实践基地,帮助12名少数民族同胞及其家属解决就业问题。加强退役军人保障体系建设,建成美礁碶村与青山头村2个枫桥式退役军人服务站。

【文化建设】 打造乡级新时代文明实践平台,创建省、市级文明村5个、"四会说四风"示范村2个,举办各类巡演、文化活动40余场次,推动"送文化下乡"向"育文化于民"转变。加强文明晓塘建设,挖掘好人好事,营造尊重模范、学习榜样的良好氛围,西边塘村少数民族创业致富能手茶光菊荣登浙江好人榜,获评诚信浙江人、"最美象山人"。

【平安建设】 加强网格巡查、联合处置,完善"一中心四平台全科网格"运行机制,乡社会矛盾纠纷调处化解中心建成投用,组织体系和工作机制理顺。网格管理优化,网格走访4.24万次,巡查19.46万次,网格出勤率达100%,事件质量、数据质量居全县前列。新增信访"四无"村8个,创建青山头村省级民主法治村、黄埠村市级民主法治村,化解国家级、省级信访积案7件,流转办结各类事件82件,协调处理各类矛盾纠纷116起,做到信访受理"件件有着落、事事有回应",确保重大活动、敏感时期无越级访、串访等现象。编制基干民兵队伍,基层武装部规范化建设获评四星级。

【安全生产】 有序推进农村房屋安全隐患排查整治工作,开展安全生产整治"百日大会战"专项行动,率先完成一般工贸企业安全生产责任保险工作,组织企业安全生产大培训4次,开展安全应急演练8次,排查从事生产危化品企业90家,印发整改通知书16份,整改安全隐患288处。紧盯消防安全整治,组织"11·9"消防宣传日活动和消防志愿者百人队伍建设,排查整治70户出租房屋消防隐患。及时防御低温寒潮极端天气,妥善做好旱情应对和节水保供工作。

【村民说事】 按照标准化推进、常态化开展要求，创新开展产业说事、干部晒事、乡贤说事，走出共商共信、共建共享的治村新路子。全年组建各类乡贤产业小组3个，设立晓塘籍新乡贤乡情驿站6个，累计接待说事群众524人次，开展集中说事216次，办结各类事项417件，营造"有事要商议、群众能当家、干部善干事"的良好氛围。

【换届选举】 完成行政村规模优化调整工作，高票通过户代表表决，行政村数量缩减至16个。按"全程稳、稳"标准高质量完成村级组织换届，产生新一届"两委"126人，实现"一肩挑"率100%，村主职干部年龄、学历优化。组织开展新任村主职干部培训会，配套开展现场教学、经验交流等专题活动，提升新任村主职干部政治素养和履职能力。

【范焕平赴晓塘乡指导新冠疫情联防联控工作】 1月26日，县委常委组织部部长范焕平赴晓塘乡指导新冠疫情联防联控工作，听取乡党委书记孔侠对疫情防控工作情况的汇报并提出意见建议。

【走访调研企业复工复产情况】 2月14日，乡党委书记孔侠、乡长吴丹、县委第三巡察组副组长陈平先后走访欧乐机械、和信制药、恒得源 、依克尔电力、旭鹰塑料五家企业，各厂区临时隔离点、生产车间、餐厅食堂等处，实地察看防护物资储备、疫情防控落实等情况。

【谋划2020年度重点工作】 3月23日，晓塘乡召开2020年度重点工作部署座谈会，党建、人大、纪检、宣传统战、社会事业（社保）、政法人武、工业、农业、城建、工会安监、妇联、新农村旅游等相关线办负责人集思广益、共话发展，对做好年内工作打下坚实基础。

【理论中心学习组学习扩大会】 4月15日，晓塘乡召开理论中心组学习扩大会，学习传达习近平总书记考察浙江时重要讲话精神，就如何贯彻落实，乡党委书记孔侠提出要求。

【"两美一强"专班会议】 5月13日，晓塘乡召开"两美一强"工作专班会议，研究讨论晓塘乡美丽乡村示范镇创建计划行动方案（2020—2022年），加强专班成员交流合作，落实工作专班推进项目的指导、协调、实施和监督工作职责，推进"两美一强"工作走深走实。会议由"两美一强"专班常务副组长、乡党委副书记金鑫主持，乡党委书记孔侠、乡长吴丹、县农业农村局副局长胡巍巍、农业农村局农业社会事业促进科科长何贤彪、专班成员、规划设计公司工作人员参加会议。

【县委书记潘银浩赴晓塘乡走访调研】 6月4日，县委书记潘银浩赴晓塘走访调研，县人大常委会副主任陈柳松，县派工作组组长、县委党校常务副校长陈东陪同，晓塘乡全体班子成员出席汇报会。会上，乡党委书记孔侠汇报了晓塘乡基本情况、"两美一强"柑橘小镇建设、行政村规模优化调整及下阶段重点工作，陈柳松副主任高度概括评价晓塘乡党委政府工作，潘银浩肯定了晓塘乡在柑橘小镇建设、工业经济发展、干部队伍打造等方面的工作和成绩，并对晓塘乡下阶段工作提出要求。

【"一线攻坚三服务、争先创优促发展"暨农业农村工作推进会】 6月12日，晓塘乡召开"一线攻坚三服务、争先创优促发展"暨农业农村工作推进会。会议由乡党委副书记金鑫主持，县"三服务"工作组成员、各村四套班子负责人、规模以上农业主体、民宿旅游经营主体、乡机关干部及各类受表彰对象等参加会议。会上，表彰2019年新农村工作先进，黄埠村、西边塘村以及海之湾景区负责人针对各自领域作典型发言，分享新农村建设的经验和做法。乡党委副书记、乡长吴丹做具体工作部署，县委党校党委书记、常务副校长、县派晓塘乡"三服务"工作组组长陈东作重要讲话，乡党委书记孔侠作总结发言。

【圆满完成行政村规模优化调整】 7月31日12时，随着行政村规模优化调整村民表决投票的结束，标志着晓塘乡行政村规模优化工作圆满完成。鹤洋村、后岭村、黄埠村、支坑村、里塘村、中央站村开展投票表决，通过了村庄优化方案。晓塘乡将19个村优化调整为16个行政村，下一步，晓塘乡将以此为契机，根据个村优势找准发展着力点，开展乡村振兴新篇章。

【"书记"携手"少数民族代表"走进直播间】 8月1日，2020象山县第十四届民族和睦邻里节暨第十五届西边塘葡萄节在海之湾户外大本营的荷花池内举办。该次活动中，晓塘乡党委书记携手少数民族代表走进直播间，皆在用直播带货的形势促进晓塘旅游行业在疫情缓解后的复苏发展，同时帮助少数民族创业致富，唱响民族大团结之歌。

【第十八届人民代表大会第八次会议胜利召开】 9月8日，晓塘乡第十八届人民代表大会第八次会议胜利召开，来自全乡各条战线上的41名人大代表和46名列席人员，肩负重托，共聚一堂，凝心聚力，共谋发展。

【工业会议】 9月11日，晓塘乡召开高质量发展座谈会。规模以上企业及重点企业负责人、部门（银行）负责人、乡党政班子成员、乡发展服务办干部参加会议。会议由乡长吴丹主持。会上，龙泰电讯、和信制药、创丰机械、宏毅机械、恒峰汽配等多家企业负责人就上半年发展情况、下步计划、发展中遇到的问题进行了讨论发言。定塘税务所及市场监督管理所负责人进行相关政策解读。最后，乡党委书记孔侠作会议总结。

【新乡贤中秋恳谈会】 9月30日，由晓塘乡党委、政府主办的"晓塘乡2020年新乡贤中秋恳谈会"在西边塘村向风铃民宿召开，来自全国各地的30余位晓塘籍乡贤共聚一堂，共叙乡情，共商发展大计。

【村级组织换届选举工作会议】 10月13日，晓塘乡召开村级组织换届选举工作会议，乡全体机关干部、县派工作组成员、各行政村书记、村主任和第一书记参加会议。会议由乡党委副书记陈兆季主持，乡党委书记孔侠作换届工作动员部署。

【央视《远方的家》奔赴晓塘乡探访“红美人”柑橘】 10月24日，CCTV-4《远方的家》到晓塘乡走进象山甬红果园，中国林业乡土专家顾品为观众朋友们详细介绍了种植“红美人”的经历以及“红美人”的种类。晓塘乡农业副乡长何贤彪为观众朋友们介绍了晓塘乡柑橘种植的历史。

【青山头村荣获国家级体育现代化社区（村）标准化试点】 11月5日，国家级体育现代化社区（村）标准化试点动员大会举行，公布试点项目承担单位和试点社区，其中象山县晓塘乡青山头村将作为宁波市9个试点之一率先按标准开展试点工作。

【宁波市全民健身季“美丽乡村健身行”暨“红美人”趣味运动会】 11月29日，2020宁波市全民健身季“美丽乡村健身行”象山晓塘站暨“红美人”趣味运动会在晓塘乡青山头村拉开帷幕，这是宁波市全民健身季“美丽乡村健身行”的收官之战。

【象山县村（社区）妇联换届试点观摩会在晓塘乡西边塘村召开】 12月17日，象山县村（社区）妇联换届选举工作观摩会在晓塘乡西边塘村召开。县妇联主席蒋凌燕、副主席周华琴、晓塘乡党委副书记陈兆季、妇联主席杨溢、西边塘村党支部书记干中才等出席会议，全县18个镇（街道）妇联主席、副主席、晓塘乡各村妇联主席到场观摩，西边塘村各界妇女代表39人参加了大会。

表93　　晓塘乡2020年行政村经济情况一览表

村　名	户　数（户）	人　口（人）	耕地面积（亩）	水产养殖（亩）	村级资产（万元）	村集体年收入（万元）	村集体年支出（万元）	书　记 副主任
岭头村	88	292	398	0	373.79	30.9	3.9	洪文明、洪爱方
东浦村	264	890	573	0	880.75	123.2	10.5	潘满昌、练开通
美礁碶村	310	1067	703	12	1376.79	309.2	23.8	潘兆宗、
月楼村	419	1408	1501	168	2038.04	136.7	13.2	黄和振、王小友
做布厂村	209	708	630	60	799.20	69.2	1.3	周来根、黄驰实
中岙村	389	1271	1502	0	1806.65	347.5	11.9	陈兆播、叶国营
新厂村	387	1379	1545	73	3007.82	309.5	17.4	干则亿、刘云卓
胡家峙村	450	1512	1783	0	2876.96	34.9	5.6	冯益东、徐君品
晓塘村	429	1434	1377	0	2341.57	47.5	7.1	杨志刚
励家坪村	387	1278	1080	0	1520.64	58	13.8	黄修成、黄林威
青山头村	329	1160	1194	121	2285.65	239.8	21.3	蒋秋军、舒亮明
双连峙村	239	803	1011	90	1734.84	77.2	15.1	王学光、朱光辉
西边塘村	470	1774	1798	133	4228.92	37.6	8.5	干中才、张国营
鹤岭村	215	716	730	40	710.53	550.2	21.6	潘阿生、林永财
黄埠村	483	1633	686	0	3261.41	115.8	15.9	张学武、章哲明
中里村	355	1193	1528	35	2727.3	218.7	16.5	麻万清、邱家忠

黄避岙乡

【概况】 黄避岙乡因“南宋康王避金南渡至此得救”传说，故得名“王（黄）避岙”，是象山的北部门户乡镇，三面环海，南依西沪港与墙头、西周毗邻，北靠象山港与奉化、鄞州隔港相望，象山港大桥穿乡而过。全乡陆域面积43.6平方公里，海岸长28.6公里，辖13个行政村，人口1.37万人。2020年实现地区生产总值29.04亿元，同比增长5.99%；财政总收入2.09亿元，同比增长51.04%；全社会固定资产投资4.16亿元，同比增长43.45%，主要有大型风电装备、网箱（浅滩）养殖等产业，全乡经济社会发展再上新台阶。2020年获评省AAAA级景区镇、市全域旅游示范区、市美丽乡村示范乡镇、市文明乡镇、市美丽水乡、“大禹杯”银奖等荣誉。

【工业经济】 2020年完成规模以上企业产值45.096亿元、工业销售额50.49亿元、工业利润7.71亿元，分别同比增长24.6%、39.4%、87.3%，增幅位居全县前列。发展质量显著增强，完成工业增加值11.43亿元，同比增长28.8%，其中高新企业增加值9.73亿元，占比85.1%。企业梯队壮大，日星铸业实施“两海战略”引领发展，数字化车间通过市级验收，建成国内最大的风电铸件生产基地；象山港水泥公司深耕周边市场实现产销两旺，易锻精机获评国家级“专精特新”小巨人、省级工程技术中心，获得宁波市重点智能装备优势企业称号。

【农业经济】 完成春夏秋季种植面积调查、粮食监测和粮食收购。农业基础设施建设推进，完成谢家、鸭屿高标准农田建设项目验收，建成高标准农田720亩。河长制、滩长制、防汛责任体系和水利标准化建设等任务完成。高效推动高标准农田建设，创新培育精尖种植业，斑斓农业、高登洋茶场获评省级农业精品园，初步建立农产品安全可追溯体系。海洋经济发展推进，全县首个新型环保网箱落户并下水投用，创设养殖排筏“三色管理法”。土地确权工作稳步推进，浅海滩涂确权试点工作圆满完成。

【旅游发展】 按照“一线一核多点”思路布局，坚持“引进来”和“走出去”同步发展，升级打造“斑斓海岸”文明示范线2.0版本。闲置资源开发高效推进，宁波南铂酒店项目动建开工、北黄数字康养中心项目进入改建阶段、竹艺馆项目主体工程完成。示范创建取得新进展，列入全县唯一的市级乡村全域旅游示范区创建名单，引进夏雨西沪民宿、精灵谷、山海间主题精品民宿等项目，创建升级4个A级景区村庄。文、体、旅宣传深度融合，举办象山首届国际茶日、“醉美黄避岙”摄影大赛、龙屿首届山地定向挑战赛、冬日健步走等活动，“黄鱼捕捞”直播活动引发152万人在线观看，活动关注度超700万人次。全年累计接待游客33.61万人次，实现旅游综合收入4320万元。

【民生事业】 落实低保、五保、优抚对象提标政策，新增本地户籍养老保险参保180人次，医疗保险参保率99%，退役军人、妇女儿童、残疾人权益得到保障。教育基础设施建设完善。“平安校园”建设、学生饮食放心工程推进，黄避岙乡中心幼儿园工程项目正式动建开工。社会体系覆盖面扩大，本地户籍养老保险、医疗保险参保人次、参保率创新高。健康乡村建设稳步推进，落实健康宣讲、病媒防治、公共卫生防疫等工作，高质量完成直肠癌筛查、特殊人群医生签约等服务，全年创建省级卫生村3个，实现市级卫生村全覆盖。

【基层治理】 借助“村民说事”“渔排说事”等有利载体，“书记账本”制度，巩固“党建引领”意识，推进“三治融合”，创建村民说事示范村2个，基层党组织标准化建设覆盖率100%，信用村覆盖率100%。纵深推进“最多跑一次”改革，108个事项实现智能“秒办”，跑出便民利企加速度。武装工作稳扎稳打，全年征兵工作圆满完成。行政村规模优化调整工作圆满完成，以100%表决通过率高质量完成5个行政村到2个行政村的撤并。村级组织换届选举工作高质量完成，村干部队伍结构优化。

【村镇建设】 实施垃圾分类，常态化开展环境整治活动。“厕所革命”推进，全乡22个农村公共厕所全部改造升级，新建农村公共厕所12个。“三改一拆”攻坚，全年实现拆违5407平方米，完成年度任务数的129.8%。“四好农村路”建设推进，环港公路亮化、高速公路桥下空间整治等工程逐步完成。巩固“六乱现象”整治成效，取缔主次干道流动摊点，提升农贸市场经营秩序，推进黄避岙乡公交客运站配套商业项目建设，集镇业态逐步完善，改善乡域环境质量。

【平安建设】 “平安黄避岙”建设，“一中心四平台全科网格”提升。坚持推行依法行政，完善乡村法律顾问一体化机制，以开展“七五”普法宣传、创建市级民主法治村等方式提升农村法治建设水平。重视初信初访，全年调处各类矛盾纠纷60起，严格做好各级两会、中共十九届五中全会、世界互联网大会等重要时期安保维稳工作，确保社会大局和谐稳定。开展护航复工复产安全生产攻坚行动，推进“安全生产月”活动，累计检查、指导企业112家次，排查隐患182处，整改完成率100%，安全生产有序可控。完善社会治安防控体系，推进“雪亮工程”建设。

【政府管理】 推进依法行政，自觉规范决策程序，严格落实“三重一大”议事规则。政务公开工作，做好财政预决算公开。修订完善《黄避岙乡财务管理制度》等行政事务类制度，规范基层政务程序和政务行为。主动自觉接受人大法律监督和社会各界民主监督，办理人大建议25件。严格落实政府系统党风廉政建设和意识形态工作责任制，累计开展“正风肃纪”专项检查36次。严格落实中央八项规定精神，从严控制行政成本，“三公”经费同比下降42.8%。

【第十三届代表大会第五次会议召开】 1月14日，中共黄避岙乡第十三届代表大会第五次会议召开。来自全乡各条战线的43名正式代表，32名列席人员参加会议。大会听取并审查通过了黄避岙乡党委工作报告，审查通过了黄避岙乡纪委工作报告。

【叶剑鸣赴黄避岙乡检查疫情防控工作】 1月28日，县委书记叶剑鸣率相关部门负责人赴黄避岙乡检查新冠肺炎疫情防控工作，并慰问一线工作人员。

【包朝阳赴黄避岙乡督查调研】 2月14日，县委副书记、代县长包朝阳率队赴黄避岙乡督导企业疫情防控和复工复产工作，主要走访宁波日星铸业有限公司。

【郑栅洁赴黄避岙乡督导考察】 2月20日，省委副书记、市委书记郑栅洁赴象山县黄避岙乡督导考察疫情防控、复工复产工作。县委书记叶剑鸣、县委副书记、代县长包朝阳陪同考察。

【乡党委理论学习中心组学习“习近平总书记在浙江、宁波考察时的重要讲话精神”】 4月9日，黄避岙乡召开党委理论中心组学习会，学习习近平总书记在浙江、宁波调研时的重要指示精神及县组工会议精神，会议由乡党政班子成员全体参加。

【组织召开2020年一季度党建工作例会】 4月21日，黄避岙乡组织召开2020年一季度党建工作例会，乡领导班子成员、各行政村书记、村主任及联村干部参加会议。

【举办象山县首个国际茶日活动】 5月24日，以“海上茶路，话说象山”为主题的象山县首个国际茶日活动在黄避岙乡高登洋茶场举行，副县长吴志辉、《宁波海上茶路》杂志主编竺济法参加。

【工行宁波市分行与驿角岙村开展文明结对共建仪式】 5月23日，中国工商银行宁波市分行与黄避岙乡驿角岙村举行文明结对共建仪式，并组织开展一档生动的“防诈骗及识别假币”的知识讲座，发挥党建引领作用，助推乡村振兴。

【黄避岙乡召开“一线攻坚‘三服务’、争先创优促发展”活动动员会暨行政村规模优化调整部署会议】 6月18日，黄避岙乡召开“一线攻坚‘三服务’、争先创优促发展”活动动员会暨行政村规模优化调整部署会议，县派黄避岙乡“三服务”工作组、乡领导班子成员、各村“两委”班子、联村干部及驻乡机构部门负责人参加会议。

【举办2020“玫瑰之约”象山县企业职工交友活动】 7月11日，由浙江省总工会女职工委员会、县总工会主办，黄避岙乡总工会、宁波象导网络科技有限公司承办，宁波水调歌头文旅发展有限公司协办的“助力六稳六保，关爱幸福生活”——2020“玫瑰之约”象山县企业职工交友活动，在黄避岙乡大斜桥村水调歌头民宿举行，来自全县企事业单位的110余名单身青年参与了该次活动。

【黄避岙乡做好台风“黑格比”防御工作】 8月3日，黄避岙乡召开4号台风“黑格比”防御工作部署会。乡党委书记杨雪娟就防御“黑格比”作出相关部署。

【孙小雄赴象山县黄避岙乡调研座谈】 8月14日，市委副秘书长、市信访局局长孙小雄带领调研组赴象山县黄避岙乡考察调研，就黄避岙乡信访“四无”村参观点筹备情况和黄避岙村信访维稳工作基本情况进行调研座谈。县委副书记、政法委书记李晓东，县信访局局长盛直超，乡党委书记杨雪娟等陪同。

【象山县委书记潘银浩赴黄避岙乡走访调研】 8月17日，县委书记潘银浩率县委办、县委组织部、县经信局、县农业农村局、县自然资源规划局等部门负责人赴黄避岙乡调研行政村规模优化调整、村组织换届及企业复工复产工作情况。

【第十八届人民代表大会第八次会议召开】 8月26日，黄避岙乡第十八届人民代表大会第八次会议召开。会议听取并审议2020年黄避岙乡半年度政府工作报告，审议2020年黄避岙乡半年度财政预算执行情况报告、黄避岙乡2019年度环境状况和环境保护目标完成情况报告。

【宁波市民政局局长周忠贤赴黄避岙乡调研村级组织换届准备工作】 9月8日，市民政局局长周忠贤到黄避岙乡塔头旺村调研村级组织换届准备工作，县委组织部副部长张荣飞、乡党委书记杨雪娟、党委副书记赖奇鲲等陪同。

【黄避岙商会第三届第一次会员大会召开】 9月10日，黄避岙商会第三届第一次会员大会召开，会议共有商会会员37名，以及来自县工商联及乡党委、政府有关领导出席。会议听取并审议黄避岙商会第二届工作报告、黄避岙商会第二届财务工作报告。

【召开行政村规模优化调整新村授牌大会】 9月16日，黄避岙乡行政村规模优化调整新村授牌大会召开。县人大常委会副主任伊珍林，县派黄避岙乡“三服务”指导组，乡全体机关干部，行政村主要干部参加会议。

【南铂黄避岙度假酒店奠基仪式圆满】 9月25日，宁波南铂黄避岙度假酒店奠基仪式盛大启幕。本项目位于象山县黄避岙乡白屿村马滩东侧地块，用地南侧紧邻村庄主干道，场地南侧为海塘，周边环境依山傍海，具有独特的区位优势。

【召开村组织换届工作会议】 10月

13日，黄避岙乡召开村组织换届工作会议，对黄避岙乡村组织换届工作再学习、再动员、再部署。乡全体联村干部、各村党支部书记、主任，县派“三服务”工作组等参加会议。

【延边州政协副主席、龙井市委书记安明植赴黄避岙乡考察】 10月29日，延边州政协副主席、龙井市委书记安明植一行到黄避岙乡高泥村考察。县委副书记、政法委书记李晓东，县委常委、县纪委书记陈善方，乡党委书记杨雪娟等陪同考察。

【斑斓海岸秋天第一场健步走】 10月31日，“厉行节约，反对浪费”合力推进大花园典型示范建设“重点工程”青年职工主题健步走活动在黄避岙乡举行。来自全县重点工程的青年职工、机关单位青年干部、各乡镇青年干部200余人共享北纬30°的斑斓海岸之美

【中央、省级媒体齐聚黄避岙斑斓海岸，共寻最美乡愁】 11月2日，由浙江省交通运输厅主办“我和我的家乡路”采风活动走进黄避岙乡，来自新华社、中新社、浙江日报、浙江之声、钱江晚报、新蓝网、钱江台等20余家媒体齐聚斑斓海岸，共同探访被评为2019年宁波市美丽公路走廊第一名的“三高线”。

【黄避岙乡“学习贯彻党的十九届五中全会精神”专题学习会】 11月17日，黄避岙乡举行“学习贯彻党的十九届五中全会精神”专题学习会，传达学习中共十九届五中全会精神，会议由乡全体机关干部、行政村主要干部、社会各界等100余人参加。

表94　　**黄避岙乡2020年行政村经济情况一览表**

村名	户数（户）	人口（人）	耕地（亩）	渔船（艘）	村级资产（万元）	村集体年收入（万元）	村集体年支出（万元）	书记	副主任
白屿村	340	1039	464	1	2629.89	110.5	44.7	沈广西	徐振标
兵营村	310	912	741	5	1420.94	256.21	37.73	陈先定	胡文斌
大林村	436	1292	724	0	1610.49	52.53	33.95	林宜定	林国民
湖头新村	299	939	829	0	1597.06	192.89	41.09	谢贤华	竺家表
高泥村	262	795	654	2	4046.79	269.22	89.38	朱中华	钱德所
横里村	197	570	293	2	1259.55	207.23	19.27	沈贤松	沈贤敏
横塘村	247	657	597	0	1181.36	45.38	83.73	陈春根	陈　旭
黄避岙村	525	1504	728	0	2753.98	85.53	16.98	林　达	竺有武
龙屿村	635	1840	1802	0	5615.83	177.6	26.28	邱争先	张永光
鲁家岙村	187	526	378	2	1495.9	65.79	20.6	谢国生	陈贺彪
沪港村	455	1432	717	0	5177.28	372.4	79.4	周斌权	张林法
谢家村	263	745	599	6	1100.22	77.54	8.49	谢秀杰	谢宝能
驿角岙村	229	775	371	2	2466.28	78.36	21.82	李达震	夏自立

茅洋乡

【概况】 茅洋乡行政区域总面积47平方公里，下辖13个行政村，人口1.3万人，拥有耕地面积562公顷、山林3101公顷、滩涂53公顷。2020年，实现社会生产总值35.3亿元，同比增长2.1%；财政总收入0.97亿元；农民人均纯收入24223元，同比增长6%。创建省旅游风情小镇、省乡村旅游产业集聚区、省景区乡镇。

【工业经济】 2020年，受疫情影响，部分指标出现不同程度下滑。24家规模以上企业累计实现工业总产值15.4亿元，同比下降9.8%；主营业务收入13.9亿元，同比下降5.4%；实缴税金7120万元，同比增长0.5%。完成工业固定资产投资1.55亿元。开放型经济累计完成对外及对港澳台贸易自营出口额9.3亿元。引进实际利用外资及港澳台资金55万美元、国内资金1.05亿元，完成浙商回归资金1亿元。引进锦路家居、博思特、新佩卡等项目4个，其中工业人才项目2个。坚持科技赋

能,认定市高新技术企业4家、市科技型中小企业6家、县企业工程(技术)中心3家、科技型小微企业6家、"小巨人"培育企业1家。

【农村经济】 2020年,全乡农业经济总产值实现4.05亿元,同比增长17%。全乡粮食种植面积达5000亩,签订粮食订单30万公斤,完成种植业保险2700余亩。开展绿化造林,森林抚育2000亩,创建一村一树示范村3个。疫情期间,开展农副产品助销活动,全乡柑橘(红美人)、对虾、杨梅、水蜜桃等农业产业累计收入达1.5亿元。

【全域旅游】 2020年,全乡游客量达114.72万人次,旅游直接收入1.35亿元,同比分别增长8.9%和8.2%。茅洋国际乡野俱乐部、花墙农旅综合体验园落户建设,粮仓文旅体验中心、蟹钳港·乡村欢乐世界及仙岩风景区三期建成运营,朴舍民宿获评浙江省金宿。蟹钳港景区成为节假日客流高地,获评"宁波市乡村旅游季"最具人气乡村旅游目的地。开展"两山跑团进茅洋"、长三角滩涂赶海运动会等活动,成为浙江报业集团采风基地。

【村镇建设】 2020年,启动盛宁线茅洋至泗洲头改建工程。通过"四好农村路"创建验收,上缸厂、银洋、大地园等3条网络公路基本完成,溪东至屠家园公路路基贯通。完成管溪桥、盛宁线至茅石线公路、乌石岭至小白岩公路等路面修复工程。风雨操场(文化活动中心)、桥下空间文体设施项期工作正在推进。管溪下游生态闸门工程竣工运行,增强集镇区泄洪防洪能力。谋划新一轮国土空间规划布局,完成美丽城镇规划修编,获省级优秀规划方案。对接交通集团做好迎亚运高速互通区域景观提升方案,推进微小品建设,两路两侧主要节点基本形成。创示范村3个、景区村3个、文明村2个、特色村1个,"一事一议"、农村公益事业财政奖补等美丽乡村建设项目实施。重视耕地保护,查处整改违法用地及违章建筑9处,立案查处1件。推进第二轮中央环保督察问题整治,整改各类环保问题14处。落实滩长制,开展伏季休渔期"一打三整治"工作。实施污水零直排区创建,完成3个村污水终端改造项目。推行垃圾分类,完成厨余垃圾太阳能处理站改造升级。

【民生事业】 2020年,教学质量逐步提高,茅洋学校中考象中录取1名,三中录取1名。完成省级文明村镇复评,建成新时代文明实践所,增创新时代文明实践示范站2个、文化礼堂5家。完成第七次人口普查,两癌筛查、孕妇教育及生育服务水平得到加强。健全退役军人服务保障体系,完成规范化退役军人服务站创建4个。抓好武装工作,完成基干民兵调整改革任务,兵员征集工作有序推进。

【社会保障】 2020年,全乡打好脱贫攻坚战,完成386户低收入家庭调查和建档管理,落实脱贫帮扶措施,动态管理。落实旅游帮扶,通过众筹入股,46户低收入家庭增加收入。做好疫情期间民生保障,累计发放各类慈善、救灾、扶贫、济困、助残、救孤、助医、养老等补助资金600余万元。社会保险和就业服务扩面增量,新增参保人数360人,区域性养老服务中心建成运营。

【平安建设】 2020年,推进乡域社会治理现代化试点,推进"村民说事"常态化,实现矛调中心实体化运作,基层社会治理水平得到提升。推进领导干部接访约访,完成信访"四无"村创建7个。落实"平安茅洋"建设,抓好特定群体管控帮教,打击违法犯罪活动。开展扫黑除恶、护航复工复产安全生产攻坚行动、反电信诈骗、防溺水、食品药品、民间信仰点等专项整治行动,保障人民群众生命财产安全。

【政府管理】 2020年,落实"清廉茅洋"建设,履行从严治党"两个责任",支持纪检监察监督执纪,重视干部队伍作风建设,防止"四风"问题反弹。严格执行"三重一大"制度,加强资金、项目等重点领域监管,保持反腐高压态势。加强"三公"经费支出和财政资金绩效管理,落实投融资体制改革,防范债务风险。落实"清廉村居"建设,健全村级重大事项报备、农村"三资"管理。开展农村基层权力规范运行情况检查,处理票据不规范等问题13例。纪委监督执纪问责,处理涉纪信访18件次,上报"第一种形态"处理人员19例。

【茅洋乡第十三届代表大会第五次会议】 1月8日,茅洋乡召开中共茅洋乡第十三届代表大会第五次会议,总结回顾2019年工作,研究部署2020年任务,代表对茅洋乡党委班子及成员进行民主评议并票决产生茅洋乡2020年度党委重要事项5个。

【第十八届人民代表大会第七次会议】 1月10日,茅洋乡召开第十八届人民代表大会第七次会议,大会审议通过关于乡人民政府年度工作报告的决议、关于乡年度财政执行情况及下年财政预算计划安排等决议,并票决2020年政府实事工程。选举赖光明为茅洋乡发展服务副乡长。

【"不忘初心、牢记使命"主题教育总结大会】 1月15日,茅洋乡召开"不忘初心、牢记使命"主题教育总结大会,总结主题教育的成效、做法和经验,并表彰"四大攻坚"行动优秀人员。全体乡机关干部、基层党组织负责人、行政村主要干部参加会议,县委第九巡回指导组列席参会。

【新冠肺炎疫情防控及企业开复工工作会议】 2月12日,茅洋乡召开新冠肺炎疫情防控及企业开复工工作会议,肯定上阶段疫情防控工作,对下阶段任务进行部署,全体机关干部、各村书记及主任参加会议。

【刘嫔珺一行赴茅洋乡调研指导工作】 4月17日,省农业农村厅副厅长刘嫔珺、省农业农村厅社会事业处处长邵晨曲、省农业农村厅社会事业处四级调员孔朝阳一行到茅洋调研,先后考察茅洋乡镇域农村生活垃圾资源化处理中心，随后到溪东村考察农村生活垃圾分类、“党员+”网格化管理、梳理式改造、乡村治理等内容。茅洋乡党委副书记、乡长张冬青，乡党委副书记韩天山陪同调研。

【包朝阳赴茅洋乡调研防汛防台工作】 5月26日，县委副书记、县长包朝阳赴茅洋调研防汛防台工作，实地考察溪口水库，检查水库蓄水情况，并对相关工作进行部署。副县长穆锦斌参加调研。

【“一线攻坚‘三服务’、争先创优促发展”活动动员大会】 5月29日，茅洋乡召开“一线攻坚‘三服务’、争先创优促发展”活动动员大会。宣读在美丽茅洋建设工作中成绩突出的先进集体和个人表彰文件，通报茅洋乡2019年度村庄目标考核情况，总结回顾了前阶段工作并对2020年相关工作作了具体部署。县“三服务”工作组成员、乡全体机关干部、各行政村书记和主任、部分基层站所负责人等参加会议。

【潘银浩赴茅洋乡调研指导工作】 6月5日，象山县委书记潘银浩赴茅洋调研指导工作，潘银浩肯定茅洋乡在美丽产业发展、美丽乡村建设、招商引资和人才引进等方面工作取得的成绩，并对茅洋下阶段工作提出抓党建、抓惠民、发展美丽经济和乡贤经济等意见建议。

【县委常委、统战部部长干维岳赴茅洋乡调研基层统战工作】 8月6日，县委常委、统战部部长干维岳赴茅洋乡调研基层统战工作，先后走访竹创体验馆、文山村乡贤工作室、花墙农旅综合体验园等地，干维岳对茅洋的统战工作给予肯定，并对下一步工作推进提出意见和建议。

【2020年工业经济高质量发展座谈会】 9月7日，茅洋乡召开2020年工业经济高质量发展座谈会，大会表彰2020年度工业经济和开放性经济先进单位。12家企业负责人就上半年复工复产情况、企业当前运营状况和年度目标等进行汇报，县级有关部门领导代表做交流发言并针对企业存在的政策性问题作出解答。乡党委政府主要领导、县级有关部门领导代表和乡域内22家规模以上企业及小升规培育企业负责人参加该次会议。

【行政村规模优化调整新村成立授牌大会】 9月15日，茅洋乡召开行政村规模优化调整新村成立授牌大会，大会宣读《象山县人民政府关于同意茅洋乡优化调整部分行政村规模的批复》《关于同意设立蓬溪村股份经济合作社等5个村股份经济合作社的批复》以及过渡时期新村组织设置、班子配备和下派“第一书记”的通知。前21个村党支部书记、村委会主任、村监会主任及乡全体机关干部参加会议。县派工作组组长、县总工会党组书记、常务副主席翁华清参加授牌仪式。

【第十八届人民代表大会第八次会议】 9月18日，茅洋乡召开第十八届人民代表大会第八次会议，大会审议通过了关于乡人民政府半年度工作报告的决议、关于乡半年度财政执行情况及下半年财政预算计划安排等决议。选举产生茅洋乡人大副主席阮赛芬、茅洋乡人民政府副乡长林旭波。

【村级组织换届工作会议】 10月14日，茅洋乡召开村级组织换届工作会议，对村级组织换届选举工作的总体目标、政策变化、任职资格条件、时间总体安排及工作要求等进行部署，宣读《关于严肃村级组织换届纪律的通知》并开展村党组织换届选举工作业务培训。县派茅洋工作组副组长俞幼红，基层站所负责人，行政村规模优化调整前21个村党支部书记、村委会主任，村“第一书记”及全体机关干部等参加会议。

【换届选举工作动员大会】 12月11日，茅洋乡召开换届选举工作动员大会，推进13个行政村先后完成换届选举工作。全体领导班子成员、联村干部、各行政村党组织成员及村委会主任参会。

（孙晟杨）

表95　　**茅洋乡2020年社会经济基本情况一览表**

指标名称	计量单位	代码	数量
一、基本情况	—	—	—
行政区域面积	公顷	06	4700
居民委员会(社区)	个	07	0
村民委员会	个	08	13
其中:通公共交通的村	个	09	13
通宽带互联网的村	个	10	13
通有线电视的村	个	11	13

续表95

指 标 名 称	计量单位	代 码	数 量
通自来水的村	个	12	13
生活垃圾全部集中处理的村	个	13	13
生活污水全部集中处理的村	个	14	13
二、人口	—	—	—
户籍户数	户	15	4303
户籍人口	人	16	13445
三、农业	—	—	—
耕地面积	公顷	17	562
耕地灌溉面积	公顷	18	562
农业技术服务机构	个	19	2
农业技术服务机构从业人员	人	20	4
农业企业	个	21	1
家庭农场	个	22	47
农民专业合作社	个	23	28
农民专业合作社成员	户	24	205
四、财政、经济、贸易	—	—	—
一般公共预算收入	万元	25	7822
一般公共预算支出	万元	26	7822
资产总额	万元	27	41005
债务总额	万元	28	42750
工业企业	个	29	82
其中:规模以上工业企业	个	30	24
建筑业企业	个	31	0
住宿餐饮业企业	个	32	1
商品交易市场	个	33	1
营业面积50平方米以上的综合商店或超市	个	34	4
五、教育、文化、卫生	—	—	—
幼儿园、托儿所	个	35	1
小学校	所	36	1
小学专任教师	人	37	23
小学在校学生	人	38	239

续表95

指标名称	计量单位	代码	数量
图书馆	个	39	0
剧场、影剧院	个	40	0
体育场馆	个	41	1
医疗卫生机构	个	42	8
医疗卫生机构床位	张	43	5
执业（助理）医师	人	44	21
兽医（防疫）技术人员	人	45	1
六、社会保障	—	—	—
提供住宿的社会工作机构	个	46	3
其中：本级政府创办的养老机构	个	47	1
提供住宿的社会工作机构床位	张	48	164
城乡居民基本养老保险参保人数	人	49	12275
城乡居民基本医疗保险参保人数	人	50	12711
城乡居民最低生活保障人数	人	51	416
七、公用事业	—	—	—
自来水用户	户	52	3624
管道燃气用户	户	53	0
金融机构网点	个	54	2
公园及休闲健身广场	个	55	4

表96 **茅洋乡2020年行政村经济情况一览表**

村名	户数（户）	人口（人）	耕地（公顷）	林地（公顷）	村级资产（万元）	村集体年收入（万元）	村集体年支出（万元）	书记主任
南充村	569	1876	42.6	580.27	1949.45	68.22	8.61	郑忠明
屠家园村	346	1155	35.8	316.6	1167.68	92.01	33.23	屠雪芬
溪东村	276	897	48.87	211.13	3295.75	185.28	22.71	石维坚
杨家岙村	213	706	28.73	128.67	1275.08	80.34	19.71	应德伟
蓬溪村	532	1720	60.87	242.13	3289.77	474.88	61.97	郑敏建
小白岩村	364	1166	63.73	248.47	1488.47	46.44	15.9	周鹏飞
溪口村	506	1640	43.67	132.2	3191.9	138.90	15.98	邓海勇
银洋村	178	659	30.53	83.27	1712.96	119.03	14.45	丁道理

续表96

村名	户数（户）	人口（人）	耕地（公顷）	林地（公顷）	村级资产（万元）	村集体年收入（万元）	村集体年支出（万元）	书记主任
茅洋村	546	1635	72.4	196.27	3810.48	353.44	82.33	陈宝国
蚶港兴村	388	1216	44.13	157.47	2250.82	233.55	93.63	陈兆根
花墙村	104	324	16.67	85.27	871.99	52.67	18.47	朱仁利
文洋村	384	1298	36.87	254.67	2029.64	191.1	44.1	石中于
白岩下村	349	1137	37.34	157.8	1442.71	134.05	58.55	胡　凯

高塘岛乡

【概况】 高塘岛乡位于象山县境最南端，东接鹤浦镇，南濒猫头洋，西临三门湾，北连中国六大中心渔港之一的石浦港。辖区陆域面积58.8平方公里、海域面积38.2平方公里，由高塘和花岙两岛以及52个大小岛礁组成，其中高塘岛面积39.1平方公里，是宁波市第二大岛。下辖18个行政村、1个居民区，常住人口2.11万人。旅游资源得天独厚，花岙岛获评国家级海洋公园和省级地质公园。农渔资源优势突出，素有"渔埠高塘、源头海鲜"美誉，高塘西瓜、海鸭蛋、红美人、紫菜等高塘"十宝"享誉象山县内外，曾获省梭子蟹之乡、省柑橘之乡等称号。2020年实现地区生产总值26.3亿元，同比增长7.5%，财政收入6814.8万元，农渔民人均可支配收入达到2.1万元。

【工业经济】 2020年，全乡经济产值提升，实现规模以上工业总产值3.6亿元，完成工业投资2.3亿元。招商引资形势喜人，实现外资及港澳台资金1288万美元、国内资金2.8亿元。坚持企业发展壮大，广天重工实现产值1.3亿元，憬谐环保实现产值5918万元，新增规模企业2家。科技创新赋能增效，投入科技研发经费792万元，新增高新技术企业2家，协助林氏汽车零部件入选县级科技型"小巨人"培育企业，推动长大涂浅海滩涂光伏发电项目实现当年签约、当年动建。

【农业经济】 农渔经济稳中向好，实现农业总产值11.8亿元，其中渔业产值8.7亿元。坚持壮大柑橘产业规模，柑橘种植总面积达800公顷，其中红美人柑橘种植面积447公顷，实现亩均效益4.5万元。新增家庭农场946家，建成高标准农田255公顷。抓好农业服务，完成农业投保635公顷，实现村集体经济组织登记赋码，集体经济创收2233万元，完成农村土地承包经营权确权颁证和村级审计工作，创建余江村、三五村"一村万树"示范村。开展平安农机，获评浙江省平安农机示范乡镇。

【商贸旅游】 加快农村宅基地和农房"三权分置"改革，农渔家乐及农家客栈运行更加规范。发展民宿经济，加速直落岙"语自在"精品民宿主体建筑建设，加快打造田园综合体芸苔农业公园项目，推进海上潮汐艺术中心项目动工建设。升级海岛旅游品质，竣工验收花岙岛生态岛礁一期项目，加快推进金高椅旅游集散中心、直落岙渔业码头等项目。

【村镇建设】 围绕产业特色和布局，编制完成新一轮国土空间规划。实行挂图作战动态管理，统筹推进城乡建设项目41个，完成投资2.5亿元，竣工验收25个项目，加速推进16个工程。完成三五村、纱帽绿村、花岙岛村和高涂岙等农村公路，拆除违章建筑25处、4000平方米，排查核对国土卫片图斑案件1460宗、整治12处、面积1.3公顷。"五水共治"，完成河道网具清理2000余顶。实施4村污水处理终端标准化改造和3村污水处理终端提标改造。完成垃圾处理站渗滤液处理，新建公厕3座、对标改造4座。乡村振兴，完成三五村美丽乡村提升改造、余江村县级特色村、龙珠村美丽庭院示范村、珠益村美丽庭院精品村，全速推进金高椅村、上江村等2个农村公益事业财政奖补项目以及罗元村登山步道工程。

【民生事业】 疫情防控全力以赴，200余名乡村两级干部第一时间驻守卡口、严查信息，累计清查2.13万人，排摸市外来返人员2183人。组建三门口大桥"战疫"桥头堡，落实24小时动态监管，实施外来人员"零报告"制度，确保"零输入、零感染、零确诊、零病例"。高塘学校新教学楼及新宿舍楼工程相继投用。加快推进乡风文明，创建高塘岛乡新时代文明实践所，辐射建立18个新时代文明实践站，新建五彩同心驿站、侨之家、百姓健身房，实现文化礼堂18村全覆盖、非遗课堂进万家。成立"七彩"志愿服务队、高塘岛巡控救援队，助力志愿服务。落地医共体建设，健康服务提质升级。承办第四届象山柑橘文化节，开展高塘岛乡红美人采摘行动，花岙海岛、古法盐场等特色风景线获凤凰网宁波频道及长三角主流媒体采风报道。

【社会保障】 纵深推进"最多跑一次"改革，完成便民中心集成改革，办结便民服务9978项，一次完成率达100%。整合"农合联""青创联盟""柑橘联盟高塘分会”等3个社会组织，组建现代农渔业服务中心。开展低收入农户扶持行动，帮助27家低收入农户增收致富，发放低保、临时救助等补助救助资金556万元，完成慈善救助31万元、慈善募捐30万元。保障农村妇女免费“两癌”筛查400人次。征兵、双拥、档案等事业取得新成绩。

【平安建设】 渔业安全监管体系创新建立，编制《高塘岛乡渔船安全“三全”管理体系》，排查编组在册渔船354艘，落实落细渔船出港预审机制和渔船定点离港靠岸制度。常态化开展清港行动20次，清缴违禁网具2943顶，查获“三无”渔船13艘，巡查码头1876次、岸线3899公里。开展安全生产和消防安全百日大会战，排查消防、危化等隐患295项。扫黑除恶专项斗争取得阶段性成效，破获刑事案件17起、治安案件45起，行政处罚70人。社会矛盾纠纷调处化解中心建设，排查较大不稳定问题4件，集中化解矛盾纠纷88件，办结信访案件123件。创新开展“乡情网格”试点工作，解决民生诉求32件，办结说事事项268件，农村基层社会精细化管理水平显著提高。

【政府管理】 执行人大决议、决定，自觉接受人大监督和社会监督，重视人大建议、政协提案办理。“三服务”活动，帮助群众、企业解决难题124个，补助“两直”企业371家、178万元，复工复产惠企政策受惠企业14家、个人13人。执行《正风肃纪专项整治方案》《高塘岛乡机关工作人员问责办法》等制度，开展党风廉政宣传15次，正风肃纪、中央八项规定执行情况等专项检查28次，通报批评1人，问责1人。

【第十八届人民代表大会第七次会议】 1月12日，高塘岛乡召开第十八届人民代表大会第七次会议，全乡各条战线的105名人大代表和列席人员到场参会。大会听取、审议并通过乡人民政府工作报告和乡财政预决算执行情况报告，圆满完成各项既定任务。

【新型冠状病毒感染的肺炎疫情防控工作部署会议】 1月21日，高塘岛乡针对新型冠状病毒感染的肺炎疫情防控工作召集全体班子、乡干部、村主要干部及网格员召开工作部署会议，上下同心、联防联控，坚决打赢新型冠状病毒感染的肺炎疫情防控阻击战。

【花岙岛田园综合体芸苔农业公园项目在杭州正式签约】 3月11日，县“海岛大花园”建设标志性工程——高塘岛乡花岙岛田园综合体芸苔农业公园项目在杭州正式签约。

【宁波市纪委检查组到高塘岛乡检查疫情防控与企业复工复产工作】 3月24日，宁波市纪委检查组到高塘岛乡检查疫情防控与企业复工复产工作，高塘岛乡党委书记、副书记、发展服务办及渔办分管领导等人陪同检查。

【象山县委第四巡察组巡察村级党组织情况反馈】 4月9日，象山县委第四巡察组巡察村级党组织情况反馈会在高塘岛乡会议室召开。象山县委第四巡察组对高塘岛乡被巡察村作了巡察反馈，向被巡察村级党组织和乡党委提出整改意见和要求。

【渔业领域“一打三整治”暨渔业安全工作会议】 4月23日，高塘岛乡召开渔业领域“一打三整治”暨渔业安全工作会议。高塘岛乡“一打三整治”工作领导小组成员、机关干部、渔村干部、东航渔业公司负责人及定人联船责任人参加会议。

【党建暨党风廉政建设大会】 4月29日，高塘岛乡召开党建暨党风廉政建设大会，贯彻落实上级有关会议精神，总结2019年党建和党风廉政工作，安排部署年内重点工作。

【重启“书记巡诊”行动】 5月11日，高塘岛乡党委书记郑祥华带领各线分管领导以及组织办、纪检、城建办、农办等科室骨干，来到珠益村，聚焦村级发展难题，重新启动2020年“书记巡诊”行动。

【青年干部“初心小课堂”】 5月12日，高塘岛乡拉开了2020年度第一堂青年干部“初心小课堂”的序幕。高塘岛乡党委书记郑祥华、乡长项跃波、组织委员周贤出席该次“初心小课堂”，18名机关青年干部参加学习。

【“一线攻坚‘三服务’、争先创优促发展”活动动员会暨农村工作会议】 5月27日，高塘岛乡召开“一线攻坚‘三服务’、争先创优促发展”活动动员会暨农村工作会议，贯彻落实上级农村会议精神，总结2019年度乡村振兴工作推进情况，分析当前形势和任务，研究部署年内重点工作任务。

【便民服务中心完成“最多跑一次”集成改革】 高塘岛乡便民服务中心按照服务审批“一站办理、一次办好”总体要求，完成“最多跑一次”集成改革，从6月22日起，该中心将试运行分区域“全科一站式服务”。

【成立象山县首个功能性妇联组织】 8月13日，象山县首个功能性妇联组织“东航渔嫂”妇女联合会在高塘岛乡成立。来自高塘岛乡18个行政村的305名渔嫂成员，按照渔船作业编组方式分成6组，构建起渔嫂自治网络，为渔区平安建设和渔业振兴贡献巾帼力量。

【第十八届人民代表大会第八次会议】 8月27日，高塘岛乡第十八届人民代表大会第八次会议召开，来自全乡各行各业的50名人大代表及28名列席代表出席会议。会议审议并表决通过了半年度政府工作报告、上半年财政预算执行情况等报告，选举产生了乡人民政府副乡长，圆满完成各项议程。

【非遗走书表演、非遗提现木偶演出走进高塘岛】 10月1日至3日，“迎国庆　贺中秋”，非遗走书表演、非遗提现木偶演出走进高塘岛乡纱帽绿村文化礼堂、江北村文化礼堂，海岛群众度过一个独具文化特色的假期。

【高塘岛乡村级组织换届选举工作会议】 10月14日，高塘岛乡召开村级组织换届选举工作会议，学习贯彻省、市、县村组织换届工作会议精神，研究部署高塘岛乡村级组织换届选举工作。

【长三角凤凰网城市联盟新媒体采风】 11月1日，由宁波市文化广电旅游局主办、象山县旅游发展中心、凤凰网宁波频道联合承办的，"顺着运河来看海"——长三角凤凰网城市联盟新媒体一行约30名媒体人，共赴素有"海上仙子国人间瀛洲城"之称的象山高塘岛乡采风。

【第四届象山柑橘文化节暨高塘岛乡红美人采摘季活动】 11月15日，第四届象山柑橘文化节暨高塘岛乡红美人采摘季正式启幕。活动由宁波市商务局、宁波市文化广电旅游局指导，象山县高塘岛乡人民政府、象山县农业农村局、象山县旅游发展中心、象山县供销联社，宁波海丝国际旅游交流中心承办，宁波市社会组织促进会、象山县网络界人士联谊会协办。

【花岙岛生态岛礁建设项目通过验收】 12月14日，花岙岛生态岛礁建设项目通过省自然资源厅及相关单位专家组成的验收组验收。

【央视四套栏目组到高塘岛乡取景拍摄】 12月23日，央视四套中文国际频道《美食中国》栏目组到高塘岛乡取景拍摄。栏目组先后到金高椅村、江南村文化礼堂等地取景，拍摄了晒鱼鲞、乡厨年饭的烹饪过程和饮食文化。

（俞笠）

表97 **高塘岛乡2020年行政村经济情况一览表**

村　名	户籍户数（户）	户籍人口（人）	耕地面积（公顷）	水产养殖（公顷）	渔　船（艘）	村级资产（万元）	村集体收入（万元）	村集体支出（万元）	村书记
江　北	615	1980	59	33	14	947	422	185	张贵宝
江　南	515	1586	50	26	24	717	121	110	项国兴
龙　珠	280	957	36	15	17	603	163	114	王阿德
乌岩头	524	1704	119	11	32	413	119	63	郑国根
金高椅	169	534	0	8	14	353	56	43	张建军
花岙岛	322	1083	8	126	53	977	300	123	杨法增
林　港	613	2017	82	14	84	854	121	82	陈前钢
三　五	422	1376	86	2	15	826	131	54	史久松
孝贤湾	338	1219	56	75	8	695	63	77	项官法
杏　八	320	1121	102	22	23	275	37	30	黄信富
珠　益	474	1585	95	53	11	641	136	71	徐明月
渔　潭	275	905	37	2	3	957	33	54	李建友
纱帽绿	229	827	46	12	0	1043	137	105	泮克富
余　江	256	907	59	30	8	544	61	47	洪伟国
上　江	233	821	57	26	13	398	106	50	牟爱勤
中　江	232	784	66	18	23	833	264	45	张礼广
罗　元	212	750	42	28	10	391	52	39	林兴涛
珠　门	287	977	45	42	2	519	45	53	任传博

表 98　　高塘岛乡 2020 年社会经济基本情况一览表

指标名称	计量单位	代码	数量
甲	乙	丙	1
一、基本情况	—	—	—
行政区域面积	公顷	06	5280
居民委员会(社区)	个	07	1
村民委员会	个	08	18
其中:通公共交通的村	个	09	18
通宽带互联网的村	个	10	18
通有线电视的村	个	11	18
通自来水的村	个	12	18
生活垃圾全部集中处理的村	个	13	18
生活污水全部集中处理的村	个	14	18
二、人口	—	—	—
户籍户数	户	15	6316
户籍人口	人	16	21133
三、农业	—	—	—
耕地面积	公顷	17	1045
耕地灌溉面积	公顷	18	631
农业技术服务机构	个	19	1
农业技术服务机构从业人员	人	20	3
农业企业	个	21	57
家庭农场	个	22	1144
农民专业合作社	个	23	64
农民专业合作社成员	户	24	1125
四、财政、经济、贸易	—	—	—
一般公共预算收入	万元	25	5492.46
一般公共预算支出	万元	26	5492.46
资产总额	万元	27	—
债务总额	万元	28	62280
工业企业	个	29	48
其中:规模以上工业企业	个	30	10

续表98

指 标 名 称	计量单位	代 码	数 量
建筑业企业	个	31	1
住宿餐饮业企业	个	32	3
商品交易市场	个	33	1
营业面积50平方米以上的综合商店或超市	个	34	2
五、教育、文化、卫生	—	—	—
幼儿园、托儿所	个	35	2
小学校	所	36	1
小学专任教师	人	37	58
小学在校学生	人	38	860
图书馆	个	39	1
剧场、影剧院	个	40	0
体育场馆	个	41	1
医疗卫生机构	个	42	1
医疗卫生机构床位	张	43	10
执业(助理)医师	人	44	20
兽医(防疫)技术人员	人	45	2
六、社会保障	—	—	—
提供住宿的社会工作机构	个	46	1
其中:本级政府创办的养老机构	个	47	0
提供住宿的社会工作机构床位	张	48	66
城乡居民基本养老保险参保人数	人	49	378
城乡居民基本医疗保险参保人数	人	50	10906
城乡居民最低生活保障人数	人	51	94
七、公用事业	—	—	—
自来水用户	户	52	6623
管道燃气用户	户	53	0
金融机构网点	个	54	2
公园及休闲健身广场	个	55	1